刑法学文丛

● 陈兴良 /著

规范刑法学（第五版）

上册

Normative Criminal Law

中国人民大学出版社
·北京·

总　序

　　一个人开始对自己的学术生涯进行总结的时候，也就是学术创造力衰竭的时候。"刑法学文丛"这一作品集就是对我的刑法学研究生涯的一个总结，因此也是我的学术创造力衰竭的明证。

　　刑法学研究是我毕生从事的事业。与刑法学的结缘，始于1978年，这年2月我以77级学生的身份入读北京大学法律学系。1978年被称为中国改革开放的元年，这一年12月召开的中国共产党第十一届三中全会确定了改革开放的方针。至于说到法制的恢复重建，是以1979年7月1日刑法等7部法律通过为标志的。从1949年到1979年，在这30年的时间里我国是没有刑法，也没有民法的，更不要说行政法。1979年刑法是社会主义中国的第一部刑法，从1950年开始起草，共计33稿，至1979年仓促颁布。这部刑法的起草经历了我国与苏联的政治蜜月期，虽然此后我国与苏联在政治上决裂，但刑法仍然保留了明显的苏俄痕迹。同时，从1950年代成长起来的我国刑法学家，基本上都是接受苏俄刑法学的学术训练，他们在荒废了20年以后回到大学重新执教，恢复的是苏俄刑法学的学术传统，我们是他们的第一批正规学生。1979年7月1日通过的刑法，生效日期是 1980 年 1 月 1 日。而根据课程安排，我们这个年级从 1979 年 9 月开始学习刑法这门课程。也就是说，我们是在刑法尚未生效的时候开始学习刑法的，课程一直延续到 1980 年 7 月。一年时间，学完了刑法的总则与分则。对于刑法，我们只是粗略地掌握了法条，对其中的法理则不知其然，更不用说知其所以然。至于司法实务，更是因为刑法刚开始实施，许多罪名还没有实际案例的发生，所以不甚了然。大学期间，我国学术百废待兴，刚从"文化大革命"中走出来，受到摧残最为严重的法学学科几乎是一片废墟，我们经历了这个过程。现在很难想象，我们在整个大学四年时间里，每一门课程都没有正式的教科书，我们是在没有教科书的情况下完成学业的。也正是如此，我们阅读了大量非法学的书籍，基于本人的兴趣，我更是阅读了当时在图书馆所能借阅的大量哲学著作，主要是西方 17 世纪以来的，包括英国、法国、德国的哲学著作，对康德、黑格尔的德国古典哲学尤其着迷。因为原来就有一定的马克思主义哲学的基础，所以我对于马克思主义来源之一的德国古典哲学理解起来较为容易。这段阅读经历，在一定程度上培养了我的哲学气质，也对我此后的刑法研究产生了重大影响，我在 1980 年代后期至 1990 年代初期的刑法哲学研究，就是这段读书经历的衍生物。我在 1981 年年底完成的学士论文题目是《论犯罪的本质》，这就是一个具有本体论性质的题目。从这个题目也可以看出当时我的学术偏好。但这篇论文很不成功，只是重复了马克思主义关于犯罪的阶级性等政治话语，缺乏应有的学术性。因此，论文的成绩是良好而没有达到优秀。我的本科刑法考试成绩也只是良好，当时我的兴趣并不在刑法，后来只是因为一个偶然的原因才走上刑法的学术道路。

在我 1982 年 2 月大学毕业的时候，正是社会需要人才的时候，我们班级的大部分同学被分配到最高人民法院、最高人民检察院和中央机关，也有部分同学回到各省的高级法院和检察院，还有部分同学到各个高校担任教师，从事学术研究。而我们这些较为年轻的同学则考上了硕士研究生，继续在大学学习。我考上了中国人民大学法律系（从 1988 年开始改称法学院）研究生，师从我国著名的刑法学家高铭暄教授和王作富教授，开始了我的刑法学习生涯。

1982 年 2 月，我从北京大学来到中国人民大学。中国人民大学成为我接受法学教育的第二所大学。正是在这里，我接受了最为经典的带有明显苏俄痕迹的刑法学的学术训练。我的硕士论文是王作富教授指导的，题目是《论我国刑法中的正当防卫》，这是一篇贴近司法实务的论文，也是我最初的论文写作。该文答辩时是 4 万字，后来扩充到 20 余万字，于 1987 年以《正当防卫论》为书名在中国人民大学出版社出版，成为我的第一部个人专著。到 1988 年 3 月获得法学博士学位的时候，我娴熟地掌握了已经在中国本土化的苏俄刑法学，这成为我的刑法学的学术底色。

1984 年 12 月，我在硕士毕业的时候就已经办理了在中国人民大学法律系留校任教的手续，因此博士学位相当于是在职攻读。当然，当时课时量较少，没有影响博士阶段的学习。1988 年 3 月博士论文答辩获得通过，论文是高铭暄教授指导的，题目是《共同犯罪论》，有 28 万字。这是我第一次完成篇幅较大的论文。博士论文虽然以我国刑法关于共同犯罪的规定为基本线索，但汲取了民国时期所著、所译的作品，例如较多的是日本 20 世纪 30、40 年代的作品，试图将这些学术观点嫁接到我国刑法关于共同犯罪的理论当中。其中，以正犯与共犯二元区分为中心的理论模型就被我用来塑造我国刑法中的共同犯罪的理论形象。后来，我的博士论文被扩充到 50 余万字，于 1992 年在中国社会科学出版社出版。以上在硕士论文和博士论文基础上修改而成的两部著作，是我早期学习以苏俄刑法学为基础的刑法知识的产物，由此奠定了我的学术根基。

从 1984 年开始，我在中国人民大学法学院任教，从事刑法的学术研究。在中国人民大学法学院，我完成了从助教到教授的教职晋升：1984 年 12 月任助教、1987 年 12 月任讲师、1989 年 9 月任副教授、1993 年 6 月任教授、1994 年任博士生导师。及至 1998 年 1 月，我回到母校——北京大学法学院任教。在大学担任教职，培养学生当然是主业。但对于研究型大学的教师来说，学术研究也是其使命之所在、声誉之所系。因此，我将相当的精力投入刑法的学术研究，见证了我国刑事法治的演进过程，也参与了我国刑法学术的发展进程。在我自己看来，我在提升我国刑法研究的学术水平与拓展我国刑法研究的理论疆域这两方面作出了努力，有所贡献。我的研究领域主要在以下五个面向：

（一）刑法哲学

1992 年由中国政法大学出版社出版的《刑法哲学》一书，可以说是当时篇幅最大的一部刑法著作，也是我的成名作，这一年我 35 岁，距离大学本科毕业正好 10 年。《刑法哲学》一书可以说是我对过去 10 年学习与研究刑法的总结之作，完成了我对以苏俄刑法学为源头的我国刑法学的理论提升与反思，并且确定了我进一步研究的学术方向。这是我国整个法学界第一部采用哲学方法研究部门法的著作，因而受到瞩目。在《刑法哲学》的基础上，我于 1996 年在中国方正出版社出版了《刑法的人性基础》一书，并于 1998 年在中国人民大学出版社出版了《刑法的价值构造》一书。以上三部著作构成了我的刑法哲学研究三部曲，成为我的刑法学术研究的一个独特面向。

我的刑法哲学研究是在一种十分独特的学术生态环境下进行的，也是我在极度贫乏的我国刑法学中试图突破，寻求前途的一种学术能力。如前所述，当我在 1980 年代中期进入刑法学术界的时候，我国刑法理论还是苏俄刑法学的"拷贝"，当然也结合刚刚颁布的我国刑法进行了一些阐述。但从总体上来说，我国当时的刑法理论是十分肤浅的，这对于正处于知识饥渴阶段的我来说，是很不解渴的。1988 年当我获得博士学位的时候，现有的刑法知识我已经完全掌握了。当时我国学术尚未对外开放，在一个自闭的学术环境中，我基于对拘泥于法条的低水平解释的刑法理论现状的不满，以为刑法理论的出路在于从刑法解释学提升为刑法哲学。因此，在刑法哲学的名义下，我对现有的刑法知识进行了体系化的整理，并试图探索我国刑法学的出路。在刑法哲学的三部曲中，《刑法哲学》一书是在对苏俄刑法知识的系统化叙述的基础上，以罪刑关系为中心建构了一个刑法学的理论体系，可以看作是对苏俄刑法知识的哲理化改造。如果说，《刑法哲学》一书还是以叙述刑法本身的知识为主的，那么，《刑法的人性基础》与《刑法的价值构造》两书则是对刑法的形而上的研究，实际上可以归属于法理学著作而非刑法学著作。这是在学术境况晦暗不明的情况下，从哲学以及其他学科汲取知识，寻求刑法学的突破的一种努力。刑法哲学的研究从 1990 年持续到 1996 年，这是我从 33 岁到 38 岁这样一段生命中的黄金季节。尽管刑法哲学的研究给我带来了较高的声誉，但这只是我进入真正的刑法学研究的学术训练期。正是刑法哲学的研究使我能够把握刑法的精神与哲理，从思想的高度鸟瞰刑法学术。

（二）刑法教义学

1997 年我国完成了一次大规模的刑法修订，从这时起，我将学术目光转向刑法条文本身。1997 年 3 月，我在 40 岁的时候于中国人民公安大学出版社出版了《刑法疏议》一书，这是一部以法条为中心的注释性的刑法著作，是我从刑法哲学向刑法解释学的回归。《刑法疏议》一书中的"疏议"一词，是一个特定的用语，不仅仅具有解释的意思，而且具有疏通的含义。我国唐代有一部著名的著作，称为《唐律疏议》，流传千古，被认为是我国古代最为重要的律学著作。《刑法疏议》这个书名就带有明显的模仿《唐律疏议》的色彩，这也表明我试图从我国古代律学中汲取有益的知识。我国古代的律学，是一门专门的学问。律学与现在的法学还是有所不同的，法学是清末从国外移植的学术，主要是从日本，以及通过日本而吸收德国的刑法知识。因为该书是对刑法条文的逐条注释，随着时间的推移，该书的内容很快就过时了。该书成为我的著作中唯一一部没有修订再版的著作，这次也同样没有收入"刑法学文丛"作品集。

2001 年我在商务印书馆出版了《本体刑法学》一书，这是继《刑法疏议》之后又一部关注刑法本身的著作。但《本体刑法学》完全不同于《刑法疏议》：后者是逐条逐句地注释刑法条文的著作；前者则是没有一个刑法条文，而以刑法法理为阐述客体的著作。《本体刑法学》是《刑法疏议》的后续之作，力图完成从法条到法理的提炼与升华。《本体刑法学》这个书名中的"本体"一词来自康德哲学，具有物自体义。我将法条视为物之表象，把法理看作是隐藏在法条背后的物自体。因此，《本体刑法学》是纯粹的刑法之法理的叙述之作。这里应该指出，在整个 1980 年代我国刑法学还是在一种与世隔绝的状态下进行学术研究的。只是从 1990 年代初开始，随着我国对外开放，与国外的学术交流也随之展开。尤其是英美、德日的刑法学译著在我国的出版，为我国刑法学者打开了一扇学术之窗。从刑法的对外学术交流来看，最初是与日本的交流，后来是与德国的交流，这些都在相当程度上为我国的刑法学研究提供了学术资源。刑法学界开始对我国传统的刑法学进行反思，由此开启了我国当代的刑法知识的转型之路。

2003 年我在中国政法大学出版社出版了《规范刑法学》一书，这是我的第一本刑法教科书，或者也可以称为刑法体系书。该书以我国的刑法条文为中心线索，完整地展开对刑法总论和刑法各论的知识铺陈，以适应课堂教学的需要。该书到目前已经出版了第三版，篇幅也做了较大规模的扩充。《规范刑法学》对于刑法总则的法理阐述是较为简单的，其重点是对刑法分则的分析。我国刑法是一部所谓统一的刑法典，所有罪名都规定在一部刑法之中，有近 500 个罪名，其他法律中都不能设立罪名。《规范刑法学》对这些罪名逐个进行了构成要件的分析。对于重点罪名分析得尤为详细，这对于正确把握这些犯罪的法律特征，具有一定的参考价值。除了刑法规定以外，我国还存在司法解释制度，即最高人民法院和最高人民检察院可以就审判与检察中涉及的法律适用问题作出解释。这种解释本身就有法律效力，可以在判决书中援引。自从刑法实施以来，最高人民法院和最高人民检察院作出了大量的司法解释，这种解释实际上成为一种准法律规范。《规范刑法学》一书中所称的"规范"，不仅包括刑法规定，而且包括司法解释。因此，《规范刑法学》尽可能地将司法解释融合到法理叙述当中，并且随着司法解释的不断颁布该书也不断进行修订。

2010 年我在中国人民大学出版社出版了《教义刑法学》一书，这是一部以三阶层的犯罪论体系为中心线索，并对比四要件的犯罪论体系，系统地叙述德日刑法知识的著作。该书所称的教义刑法学，是指教义学的刑法学。该书以教义或曰信条（Dogma）为核心意念，以三阶层的犯罪论体系为逻辑框架，在相当的深度与广度上，体系性地叙述了刑法教义的基本原理，充分展示了以教义学为内容的刑法学的学术魅力。该书对三阶层的犯罪论体系和四要件的犯罪构成理论进行了比较研究，是对三阶层的犯罪论体系的本土化的知识转换，为引入三阶层的犯罪论体系清理地基创造条件。该书是我为推动我国当代刑法知识的转型，以德日刑法知识取代以苏俄刑法学为底色的刑法知识所做的一种学术努力。

（三）刑事法治

1998 年对于我来说又是人生道路上的一个转折点，这一年 1 月我回到了母校——北京大学法学院任教。与此同时，从 1997 年到 1999 年我在北京市海淀区人民检察院兼职担任副检察长，这段挂职经历使我进一步了解司法实务工作，尤其是对于我国刑事诉讼程序的实际运作情况有了切身的了解，这对于我此后进行的刑事法治研究具有重要助益。这也在一定程度上使我的学术视野超出刑法学，建立了刑事一体化，即整体刑法学的观念，从而开阔了理论视域。2007 年我在中国人民大学出版社出版的《刑事法治论》一书，就是这一方向的努力成果。这是一部面向法治现实之作，而且是以刑事司法实际运作为结构，贯穿了刑事司法体制改革的中心线索。该书讨论了刑事法治的一般性原理，基于刑事法治的理念，我对警察权、检察权、辩护权和审判权都进行了法理探究：寻求这些权力（利）的理性基础，描述这些权力（利）的运作机理，探讨这些权力（利）的科学设置。同时，我还对劳动教养和社区矫正这两种制度进行了研究。尤其是劳动教养，它是中国独特的一种带有一定的保安处分性质的制度。但由于保安处分的决定权被公安机关所独占，其被滥用日甚一日。我在该部分内容中明确提出了分解劳动教养，使其司法化的改革设想。

刑事法治，是我在过去 20 多年时间里始终关注的一个现实问题，也是基于对我国的社会现状所进行的刑事法的理论思考，为推进这个领域的法治建设所做的一份学术贡献。尽管现实与理想之间存在巨大的差距，这种差距难免使我们失望，但学术努力仍然是值得的。我国目前正处在一个法治国家建设的关键时刻，既需要改革的勇气，也需要改革的思想。

（四）刑法知识论

2000 年我在《法学研究》第 1 期发表了《社会危害性理论：一个反思性检

讨》一文，这是我对深受苏俄影响的我国刑法学反思的开始。社会危害性是苏俄刑法学中的一个核心概念，被认为是犯罪的本质特征。正是在社会危害性的基础之上，建构了苏俄刑法学的理论体系。我国刑法学也承继了社会危害性理论，以及在此基础上的四要件的犯罪构成体系，由此形成我国刑法学的基本理论框架。对社会危害性理论的批判，成为我对苏俄刑法学的学术清算的切入口。2006 年我在《政法论坛》第 5 期发表《刑法知识的去苏俄化》一文，明确地提出了去除苏俄刑法知识的命题，从知识社会学的角度展开对苏俄刑法学的批判，并对我国刑法知识的走向进行了探讨。其结论反映在我发表在《法学研究》2011 年第 6 期的《刑法知识的教义学化》一文当中，这就是吸收德日刑法知识，建构我国的刑法教义学知识体系。在这当中，完成从苏俄的四要件到德日的三阶层的转变，可以说是当务之急。当然，我国的知识转型并没有完成，四要件的犯罪构成体系仍然占据着通说的地位，但三阶层的犯罪论体系已经开始普及，走向课堂，走向司法。围绕着以上问题的思考，我于 2012 年在中国人民大学出版社出版了《刑法的知识转型（学术史）》和《刑法的知识转型（方法论）》两书，为 10 年来我对我国刑法知识的研究画上了一个句号。刑法知识论的研究，使我从具体的刑法规范与刑法法理中抽身而出，反躬面向刑法学的方法论与学术史。这是一个刑法学的元科学问题，也是我的刑法学研究的最终归宿。

（五）判例刑法学

在我的刑法研究中还有一个独特的领域，这就是判例刑法学。我国传统的刑法学研究都是以刑法的法条为中心的，这与我国存在司法解释制度但没有判例制度具有一定的关联性。然而，判例对于法律适用的重要性是不言而喻的。因此，深入的刑法学研究必然会把理论的触须伸向判例。前些年，我国虽然没有判例制度，但最高人民法院公报以及最高人民法院刑事审判庭出版的案例选编等司法实际素材，为刑法的判例研究提供了可能性。我在法学院一直为刑法专业的硕士生开设案例刑法研究的课程，作为刑法总论与刑法各论学习的补充，受到学生的欢迎。在这种情况下，我以最高人民法院刑事审判庭出版的有关案例为素材，进行判例刑法学的研究，于 2009 年在中国人民大学出版社出版了《判例刑法学》（上下卷）一书。该书从案例切入，展开法理叙述，将案例分析与法理研究融为一体，成为刑法学研究的一个新面向。

2010 年中国正式建立了判例制度，这是一种具有中国特色的判例制度，称为案例指导制度。这种判例制度完全不同于德日国家的判例制度，它是以最高人民法院不定期颁布指导性案例的方式运行的。最高人民法院颁布的指导性案例在下级法院审判过程中具有参照的效力。这里的参照，既非具有完全的拘束力，又不是完全没有拘束力，而是具有较弱的拘束力。这些指导性案例虽不能在判决书中援引，但判决与指导性案例存在冲突的，可以作为上诉的理由。尽管这一案例指导制度仍然具有较强的行政性，它是以颁布的方式呈现的，而不是在审判过程中自发形成的规则秩序；但它毕竟是一种新的规则提供方式，对于我国司法实践具有重要的意义。判例制度的关键功用在于通过具体判例形成具有可操作性的司法裁判规则，因此，对于裁判规则的提炼是一项重要的工作。我作为首席专家，从 2010 年开始承担了《中国案例指导制度》的国家社科重大项目，并于 2013 年年初在北京大学出版社出版了《人民法院刑事指导案例裁判要旨通纂》（上下卷）一书。该书在对既有的刑事指导案例进行遴选的基础上，提炼出对于刑事审判具有指导意义的裁判要旨，并对裁判要旨进行了法理阐述，以此为司法机关提供参考。

刑法学属于部门法学，它与公民权利具有密切的联系。因此，刑法学者不仅是一个法条主义者，更应该是一个社会思想家；既要有对于国家法治的理想，又要有对于公民社会的憧憬；既要有对于被害人的关爱之情，又要有对于被告人的悲悯之心。

罪刑法定主义是我所认知的刑法学的核心命题：它是刑法的出发点，同时也是刑法的归宿。在我的刑法理论研究中，罪刑法定主义占据着极为重要的位置。中国 1979 年刑法并没有规定罪刑法定原则，反而在刑法中规定了类推制度。及至 1997 年刑法修订，废弃了类推制度，规定了罪刑法定原则，由此而使中国刑法走上了罪刑法定之路。在我国刑法规定罪刑法定原则的前后，我先后撰文对罪刑法定主义进行了法理上的深入探讨。这些论文编入《罪刑法定主义》一书，由中国法制出版社于 2010 年出版。在该书的封底，我写了这样一句题记，表达了我对罪刑法定主义的认知："罪刑法定主义：正义之所归，法理之所至。"罪刑法定主义应当成为刑法的一种思维方式，并且贯穿于整个刑法体系。我国刑法虽然规定了罪刑法定原则，但这只是一个开端，还会经历一段罪刑法定司法化的艰难进程。在相当一个时期，我国刑法学者还要为实现罪刑法定原则而奋斗。

整体刑法学的研究也是值得提倡的。李斯特提出了整体刑法学的命题，这对于今天我国的刑法学研究仍然具有指导意义。北京大学法学院教授、我的前辈学者储槐植教授提出了刑事一体化的思想，追求刑法的内在结构合理（横向协调）与刑法运行前后制约（纵向协调）。作为一种方法论，刑事一体化强调各种刑法关系的深度融合。应该说，整体刑法学与刑事一体化都是从系统论的角度看待刑法，反对孤立地研究刑法，提倡把刑法置于整个法律体系与社会关系中进行分析。对于这样一种刑法研究的方法论，我是十分赞同的。因为刑法本身的研究领域是较为狭窄的，必须拓宽刑法的研究领域，并且加深刑法的研究层次。对于刑法，应当以教义学为中心而展开。如果说，刑法教义学是在刑法之中研究刑法，那么，还需要在刑法之上研究刑法的刑法哲学、在刑法之外研究刑法的刑法社会学、在刑法之下研究刑法的判例刑法学，等等。除了对刑法的学理研究以外，刑法学者还应当关注社会现实，关注国家法治建设。只有这样，才能使刑法学不仅是一种法教义学，而且具有经世致用的功效。

刑法是具有国别的，刑法效力是具有国界的；然而，刑法知识与刑法理论是具有普世性的，是可以跨越国界的。因此，我始终认为我国刑法学应当融入世界刑法学的知识体系中去，而不是游离于世界刑法学之外。在这种情况下，我国应当向德、日、英、美等法治发达国家学习先进的刑法理论。相对而言，由于历史的原因，我国借鉴的是大陆法系的法律制度，包括法律技术与思维方法。因此，吸收与汲取德日刑法知识是更为便利的。从 1980 年代以来中国刑法学演进的路径来看，其也是在学术上的对外开放当中发展起来的。最初是引进日本的刑法知识，后来是引进德国的刑法知识；开始是以引进刑法总论知识为主，后来逐渐引进刑法各论知识；从翻译出版刑法体系书（教科书），到后来翻译出版刑法学专著，经历了一个发展过程。这些来自德日的刑法知识对于中国刑法学的发展起到了重要的促进作用，推动了我国刑法学的发展。我国学者将这些舶来的刑法知识用于解决中国刑事立法与刑事司法中的问题，其实践功能也是十分明显的。可以说，我国刑法学正在融入德日刑法知识的体系之中。

"刑法学文丛"作品集将对已经出版的个人著作进行修订整理，陆续出版。我的著作初期散落在各个出版社，首先要对各个出版社的编辑在我的著作出版过程中付出的辛勤劳动，表示衷心感谢。自 2006 年起，我的著作列入中国人民大学出版社的"中国当代法学家文库"，出版了 20 余种。现在，我的个人专著以"刑法学文丛"的名义修订出版，作为本人学术生涯的一个总结。对于中国人民大学出版社的编辑在我的著作出版过程中的敬业、细致和认真的职业精神，表示敬意。30 年来以学术为旨归，以写作为志业，虽劳人筋骨，伤人心志，亦执着以求，守职不废。这对于一个学者来说，当然是本分。然此盈彼亏，心思用于学问多，则亏欠家人亦多。因此，对于夫人蒋莺女士长久以来对我的理解与襄助，深表谢意。

自从 1987 年我在中国人民大学出版社出版第一本个人专著《正当防卫论》以来，正好 30 年过去了。这 30 年是我学术研究的黄金时节，在此期间，出版了数十种个人专著，主编了数十种著作以及两种连续出版物，即《刑事法评论》（40 卷）和《刑事法判解》（9 卷），发表了数百篇论文。收入"刑法学文丛"的，是我在这 30 年间出版的个人专著，共计以下 14 种，分为 18 卷（册），计一千余万字：

1.《刑法哲学》

2.《刑法的人性基础》

3.《刑法的价值构造》

4.《刑法的知识转型（方法论）》

5.《刑法的知识转型（学术史）》

6.《刑事法治论》

7.《正当防卫论》

8.《共同犯罪论》

9.《刑法适用总论》（上卷）

10.《刑法适用总论》（下卷）

11.《规范刑法学》（上册）

12.《规范刑法学》（下册）

13.《判例刑法学》（上卷）

14.《判例刑法学》（下卷）

15.《本体刑法学》

16.《教义刑法学》

17.《口授刑法学》（上册）

18.《口授刑法学》（下册）

　　学术是一个逐渐累积的过程，每个人都只是一门学科所形成的知识链中的一个节点。我作为从20世纪80年代开始登上我国刑法学术舞台的学者，学术生命能够延续到21世纪20年代，正好伴随着我国刑事法治的恢复重建和刑法学科的起死回生，以及刑法知识的整合转型，何其幸也。"刑法学文丛"所收入的这些作品在刑法学术史上，都只不过是"匆匆过客"。这些作品的当下学术意义日渐消解，而其学术史的意义日渐增加，总有一天，它们会成为刑法学术博物馆中的古董摆设，这就是历史的宿命。

　　在"刑法学文丛"作品集的编辑过程中，总有一种"人书俱老"的感叹。我知道，这里的"书"并不是一般意义上的书，而是指书法的"书"。但在与"人"的对应意义上，无论对这里的"书"作何种理解都不重要，而对"俱老"的意识和体悟才是最为真实和深刻的。对于一个写作者来说，还有什么比亲笔所写的书，伴随着自己一天天老去，更令人激动的呢？

最后，我还要感谢中国人民大学出版社对我的厚爱。如前所述，我的第一本专著《正当防卫论》就是 1987 年在中国人民大学出版社出版的。从 2006 年开始人大出版社将"陈兴良刑法研究系列"纳入"中国当代法学家文库"，这次又专门为我出版"刑法学文丛"作品集。我还要感谢北京冠衡刑辩研究院院长刘卫东律师为作品集的出版慷慨解囊，提供资助。作为我指导的法律硕士，刘卫东在律师从业生涯中践行法治，成为业界翘楚。为师者，我感到十分荣幸。

是为序。

陈兴良

谨识于北京海淀锦秋知春寓所

2017 年 9 月 1 日

第五版出版说明

随着《刑法修正案（十一）》的出台，《规范刑法学》的修订势在必行。《刑法修正案（十一）》是近年来对《刑法》内容从总则到分则的一次较大规模的修订，同时也带来刑法内容的重大变化，因此，本书需要及时加以修改补充。《规范刑法学》（第五版）就是在这个背景下修订出版的，这也是本书的一次较大规模的内容更新。

自从我国立法机关采用刑法修正案的修订方式以后，对《刑法》的修订更为便捷，使我国的刑法立法能够更为快速地回应现实生活对刑法规范的客观需求。例如，这次《刑法修正案（十一）》对刑法的内容做了较大程度的修订，其中，新增罪名就达到 16 个之多，给司法活动带来重大影响。刑法学界对于当前我国刑法立法大举新增罪名的趋势，产生了不同的见解。对于新增罪名的立法趋势，有学者描述为"刑法的扩张，"[①] 并在学理上概括为积极刑法观。例如付立庆教授将围绕着新增罪名展开的争论概括为过度刑法化与适度刑法化之争，认为适度

[①] 喻海松. 刑法的扩张. 北京：人民法院出版社，2015.

1

的犯罪化是一种理性的犯罪化，而非情绪的犯罪化。在确立刑法的调控范围时，要适应社会的情势，根据规制犯罪的需要来决定是否予以犯罪化。① 对于积极的刑法观，周光权教授也予以充分的肯定，指出：近年来的刑法立法呈现活跃态势，展示了一种积极立法观。增设必要的轻罪，对于提供足够的裁判支撑，消除司法困惑，防止重罪被误用和滥用，实现妥当的处罚，均具有重要意义。② 由此可见，积极的刑法观是在我国占据优势地位的见解。我个人对于增设新罪持一种肯定的态度，当然，一味地加重刑罚并非我所乐见。考虑到我国目前的犯罪范围存在一定的局限，通过增设新罪适度地扩张刑事处罚范围具有一定的现实合理性。而且，从新增罪名的内容来看，也不是简单地扩张犯罪范围，而是在扩大刑事处罚范围的同时，还将原先在司法实践中已经作为犯罪处理的情形予以刑法化，这些规定反而在一定程度上降低了刑事处罚的力度。例如，根据《刑法修正案（十一）》的规定，新增罪名存在以下三种情形，其各有不同，需要对此进行细致分析。

第一，基于刑事扩张的新增罪名。

在通常情况下，新增罪名意味着犯罪范围的夸张，也就是将此前不是犯罪的行为规定为犯罪。在新增罪名中，大多数新增罪名都属于此种情形。例如《刑法修正案（十一）》设立的非法采集人类遗传资源、走私人类遗传资源材料罪，非法植入基因编辑、克隆胚胎罪，非法引进、释放、丢弃外来入侵物种罪等，均属于此种情形。这些罪名是随着我国《生物安全法》等法律的颁布、生物安全制度的建立与健全，为了保障《生物安全法》的正确实施而设立的，并且将刑事处罚引入生物安全领域。其实，即使是这种控制刑罚处罚范围的罪名，在其设立之前也已经在现实生活中出现，并作为其他犯罪处理。例如，2018 年我国曾经处理贺某等人基因编辑婴儿案。深圳市南山区人民法院经审

① 付立庆. 论积极主义刑法观. 政法论坛，2019（1）.
② 周光权. 论通过增设轻罪实现妥当的处罚——积极刑法立法观的再阐释. 比较法研究，2020（6）.

理查明：自 2016 年以来，南方科技大学原副教授贺某得知人类胚胎基因编辑技术可获得商业利益，即与广东省某医疗机构张某、深圳市某医疗机构覃某共谋，在明知违反国家有关规定和医学伦理的情况下，仍以通过编辑人类胚胎CCR5 基因可以生育免疫艾滋病的婴儿为名，将安全性、有效性未经严格验证的人类胚胎基因编辑技术用于辅助生殖医疗。贺某等人伪造伦理审查材料，招募男方为艾滋病病毒感染者的多对夫妇实施基因编辑及辅助生殖，以冒名顶替、隐瞒真相的方式，由不知情的医生将基因编辑过的胚胎通过辅助生殖技术植入人体内，致使 2 人怀孕，先后生下 3 名基因编辑婴儿。法院认为：3 名被告人未取得医生执业资格，追名逐利，故意违反国家有关科研和医疗管理规定，逾越科研和医学伦理道德底线，贸然将基因编辑技术应用于人类辅助生殖医疗，扰乱医疗管理秩序，情节严重，其行为已构成非法行医罪。根据 3 名被告人的犯罪事实、性质、情节和对社会的危害程度，依法判处被告人贺某有期徒刑 3 年，并处罚金人民币 300 万元；判处张某有期徒刑 2 年，并处罚金人民币 100 万元；判处覃某有期徒刑 1 年 6 个月，缓刑 2 年，并处罚金人民币 50 万元。值得注意的是，对本案是以非法行医罪定罪处罚的，因为当时我国《刑法》并没有设立基因编辑和克隆胚胎等罪名，但因为其行为属于行医，而被告人并没有取得行医执照，所以按照非法行医罪处理是具有法律根据的。《刑法修正案（十一）》正式设立非法植入基因编辑、克隆胚胎罪，这是生物安全犯罪首次入刑，也是对 2018 年基因编辑婴儿案的正式回应。根据《刑法修正案（十一）》的规定，无论是否具有行医执照，实施基因编辑行为都构成犯罪。在没有取得行医执照的情况下，实施基因编辑行为的，则具有犯罪竞合的性质，应当按照较重的规定定罪处罚。

第二，基于立法技术的新增罪名。

在新增罪名中，有些行为是原先就属于《刑法》中的犯罪，只不过附属于其他罪名。这次《刑法修正案（十一）》将其设置为独立罪名。例如《刑法修正案（十一）》新增的袭警罪，它本身是一种妨害公务行为，在司法实践中一直都以妨害公务罪论处。考虑到袭警行为具有一定的特殊性，《刑法修正案（九）》在《刑法》第277条规定的妨害公务罪中增加1款作为第5款："暴力袭击正在依法执行职务的人民警察的，依照第一款的规定从重处罚。"在这种情况下，袭警并不是一个独立罪名，而是妨害公务罪的从重处罚情节。《刑法修正案（十一）》在此基础上，进一步将暴力袭警行为独立设置为罪名，对于现实生活中发生的暴力袭警行为具有一定的震慑力。从袭警罪的形成过程，我们可以看出，一个罪名的演变过程是极为曲折的。就袭警罪而言，虽然罪名是新增的，但这并不意味着《刑法》所规定的犯罪范围的扩张，而只是一种立法技术的安排。

第三，基于司法解释的新增罪名。

新增罪名的行为在某些情况下，还可能曾经由司法解释规定过，并且在司法实践中被认定为相关犯罪。全国人大常委会授权最高人民法院、最高人民检察院行使司法解释的权力，司法解释涉及对定罪量刑疑难问题作出规定。当然，司法解释本身是司法权的组成部分，它只能解释刑法。根据罪刑法定原则，司法解释不能将刑法没有规定为犯罪的行为解释为犯罪。当然，在对刑法进行解释的时候，由于刑法规定本身的复杂性，存在一定的解释空间，因而对于某些刑法虽然没有显性规定，却被现有的其他规定所涵盖，因而被认为具有隐性规定的情形，司法解释可以作出规定。例如，高空抛物行为，具有一定的法益侵害性。对此，在《刑法修正案（十一）》颁布之前，《刑法》并没有明确将其规定为犯罪。2019年10月21日最高人民法院颁布了《关于依法妥善审理高空抛物、坠物案件的意见》（以下简称《意见》），由此开启了高空抛物行为入罪的进程。《意见》对高空抛物的刑事责任作了规定，于第5条规定："故意从高空抛弃物品，尚未造成严重后果，但足以危害公共安全的，依照刑法第一百一十四条规定的以危险方法危害公共安全罪定罪处罚；致人重伤、死亡或者使公私财产遭受重大损失的，依照刑法第一百一十五条第一款的规定处罚。为伤害、杀害特定人员实施上述行为的，依照故意伤害罪、故意杀人罪定罪处罚"。根据上述规定，高空抛物行为属于《刑法》第114条、第115条规定的以其他危险方法危害公共安全的行为，根据是否造成严重后果，分别以以危险方法危害公共安全罪的危险犯和实害犯论处。《意见》颁布以后，在我国司法实践中，对高空抛物行为都按照《意见》的规定办理。例如，安徽蚌埠刘某以危险方法危害公共安全案[①]：2016年6月22日21时，刘某饮酒后回家，在蚌埠市禹会区××小区×号楼×单元7楼平台，将放在该处的毛竹梯、儿童自行车、儿童滑板车等物品陆续从平台窗户扔下，险些砸到途经单元楼门口的居民牛某某。2017年7月3日17时，刘某饮酒后回家，再次将放在7楼平台处的毛竹梯从窗户扔下，将途经单元楼门口的葛某砸伤。法院经审理认为：被告人刘某从高空向公共通道抛物，危及不特定多数人的生命、健康及公共财产安全，尚未造成严重后果，其行为已构成以危险方法危害公共安全罪。被告人刘某经电话通知后主动到案，且能如实供述所犯罪行，系自首，可以依法从轻或减轻处罚。法院判决被告人刘某犯以危险方法危害公共安全罪，判处有期徒刑1年10个月。被告人刘某不服，提起上诉。在二审审理过程中，上诉人刘某申请撤回上诉。二审法院准许上诉人刘某撤回上诉。安徽蚌埠刘某以危险方法危害公共安全案，属于高空抛物构成的以危险方法危害公共安全罪的危险犯。刘某的高空抛物行为虽然没有造成严重后果，但具有造成严重后果的危险，因而法院对刘某以以危险方法危害公共安全罪论处，考虑到其具有自首情节，予以减轻处罚，判处有期徒刑1年10个月。虽然高空抛掷重物，会对不特定的他人造成重大人身伤亡后果，因而具有一定的危害公共安全的性质，但即使是未造成严重后果，按照《刑法》第114条的规定，以以危险方法危害公共安全罪定罪处罚，对罪轻者也应当判处3年以上10年以下有期徒刑，可见其法定刑较重。在上述案子中，之所以判处3年以下有期徒刑，主要是根据自首情节予以减轻处罚。现在《刑法修正案（十一）》明确设立了高空抛物罪，并且归

---

① 安徽首例以危险方法危害公共安全"高空抛物"案件宣判．［2021-01-04］．https：//www.sohu.com/a/241325257_559150.

之于扰乱公共秩序罪。《刑法修正案（十一）》增设的《刑法》第291条之二规定："从建筑物或者其他高空抛掷物品，情节严重的，处一年以下有期徒刑、拘役或者管制，并处或者单处罚金。有前款行为，同时构成其他犯罪的，依照处罚较重的规定定罪处罚。"从司法解释中的危害公共安全罪到《刑法修正案（十一）》中的扰乱公共秩序罪，高空抛物行为在犯罪性质的归属上完全不同。从根据司法解释认定为以危险方法危害公共安全罪处以较重的刑罚，到《刑法修正案（十一）》独立设置高空抛物罪、规定了较轻的刑罚，表明该新罪的设立更有利于行为人。

　　从逻辑上说，积极的刑法观可以分为积极的立法观与积极的司法观。在我看来，基于积极的立法观而增设轻罪，具有一定的合理性。然而，积极的司法观需要谨慎对待。有罪必罚的思维对我国刑法司法影响至深，甚至被误以为这是我国刑法中的罪刑法定原则的应有之义。在我国，刑法的立法与司法之间的关系如何处理，对于司法公正的实现具有十分重大的意义。在某种意义上说，我国刑法立法具有一定的框架立法的性质，大量的空白规定和兜底条款，都为司法解释留下了广阔的空间。在这种情况下，司法解释不仅应当作入罪的扩张解释，而且还应当作出罪的限缩解释。例如，危险驾驶罪是《刑法修正案（八）》增设的罪名，这本身是一个轻罪，然而，自从醉酒驾驶行为入刑以来，相关案件数量激增。中国社会科学院法学研究所、社会科学文献出版社联合发布2020年《法治蓝皮书》，全面分析了2019年犯罪形势。值得关注的是，该蓝皮书指出：以"醉驾"为主体的危险驾驶罪成为2019年上半年审理最多的刑事案件，首次超过侵财类犯罪的盗窃罪。而2019年的最高人民检察院工作报告中也指出，"醉驾"取代盗窃，成为刑事追诉第一犯罪。根据周光权教授介绍，全国每年共查处"酒驾"、"醉驾"近200万起，其中，构成犯罪的"醉驾"有30余万起，占我国刑事案件总数的20%以上。[①] 应该指出，醉酒驾驶案件数量如此之高是极不正常的，然

---

① 全国每年查处醉驾犯罪30余万起 占刑案总数20%以上. 人民日报, 2020 - 06 - 16.

而，并不能以此为由指责立法机关将醉酒驾驶行为入刑。其实，这种现象的形成与司法解释之间存在密切关系。因为《刑法》第133条之一只是规定醉酒驾驶机动车的，构成危险驾驶罪。然而，醉酒驾驶的标准是司法解释确定的，2013年最高人民法院、最高人民检察院、公安部《关于办理醉酒驾驶机动车刑事案件适用法律若干问题的意见》第1条第1款明确规定："在道路上驾驶机动车，血液酒精含量达到80毫克/100毫升以上的，属于醉酒驾驶机动车，依照刑法第一百三十三条之一第一款的规定，以危险驾驶罪定罪处罚。"这里的醉酒驾驶的酒精含量标准，直接决定了本罪的入罪数量规模。此外，上述司法解释对醉酒驾驶入罪只规定了从重处罚情节，而没有规定从轻或者免除处罚情节，这就导致只要达到醉酒驾驶的酒精标准就一律定罪，因而醉酒驾驶案件数量居高不下。因此，相对于刑法立法，我认为更应当关注的是刑事司法，尤其是司法解释。其实，无论刑法立法如何规定，通过司法解释和司法活动，都能够进行案件数量和刑罚轻重的适当调整。从这个意义上说，刑法立法可以积极，刑法司法却应当谦抑。只有这样，才能实现刑法公正。

《规范刑法学》（第五版）的修订，主要任务是将《刑法修正案（十一）》的内容纳入本书。除此以外，此次修订还对部分内容做了补充，尤其是根据自本书第四版出版以来颁布的司法解释，对相关内容做了增订。这里还要指出，本书第五版将与本书内容密切相关的最高人民法院和最高人民检察院的指导案例吸纳到本书相关章节，并做了适度的解读与评论，以此充实本书的内容。自从2010年案例指导制度建立以来，最高人民法院和最高人民检察院颁布了一系列指导案例，这些案例虽然不像司法解释那样具有法律效力，但它对于司法机关处理类似案件具有重要的指导意义。2020年7月15日最高人民法院出台了《关于统一法律适用加强类案检索的指导意见（试行）》，规定：类案是指与待决案件在基本事实、争议焦点、法律适用问题等方面具有相似性，且已经人民法院裁判生效的案件。对于类案，应当进行检索。检索到的类案，人民法院可以作为作出裁判的参考。因此，类案检索制度的建立与运行极大地强化了指导案例在司法实践中的功能。本书对最高人民法院和最高人民检察院指导案例加以引用，使其成为《规范刑法学》一书的主要组成部分，由此而强化了本书的司法适用性。

谨识于昆明滨江俊园寓所

2022 年 8 月 8 日

总 目 录

上册目录

第二编　犯罪总论

第三编　刑罚总论

第四编　罪刑各论

导　论

第一节　刑法学的研究对象

　　刑法学是法学的一个分支学科，属于部门法学。刑法学以刑法为研究对象，是研究犯罪和刑罚的科学。

　　刑法学作为研究刑法的科学，是随着刑法的产生而出现的。在漫长的历史发展过程中，随着人类对犯罪和刑罚的认识不断深入，积累了大量的刑法文化遗产，这些遗产成为人类文明的重要组成部分。我国古代刑律十分发达，古代律学的主体部分是研究刑律的学问，也就是现在的刑法学。例如，我国春秋时期就有所谓刑名之学。但是，刑法学作为一门独立学科却是近代才出现的。一般认为，1764 年意大利著名刑法学家贝卡里亚《论犯罪和刑罚》一书的出版，标志着刑法学的正式诞生。此后，经费尔巴哈、龙勃罗梭、菲利、李斯特等人的不断努力，先后出现了刑事古典学派与刑事实证学派（包括刑事人类学派和刑事社会学派），创立和发展了刑法理论体系。

刑法学分为以下类型：（1）规范刑法学，是指以本国的现行刑法为研究对象，主要采取注释方法揭示法条的内容，并加以评注而形成的刑法知识体系。（2）理论刑法学，是指采用思辨方法，对蕴含在法条背后对法条起支撑作用的法理加以阐述而形成的刑法知识体系。在理论刑法学中，按照其内容又可以分为刑法法理学与刑法哲学。（3）比较刑法学，是指采用比较方法，研究各国刑法，探求其立法思想和原理的异同，阐述其特征而形成的刑法知识体系。（4）国际刑法学，是指对国际刑事法律规范（包括刑事实体法规范和刑事程序法规范）进行研究而形成的刑法知识体系。本书是以我国现行刑法规范为研究对象的，属于规范刑法学。规范刑法学是刑法学的基础，也是刑法入门的基本知识。

第二节　刑法学的知识形态

在我国法理学界存在社科法学与法教义学之争，这一争论也在一定程度上波及部门法学，包括刑法学。社科法学与法教义学之争涉及法学研究对象和法学研究方法，以及法学知识形态等问题。社科法学是指采用哲学、社会学、经济学等哲学社会科学的方法对法进行研究而形成的法学知识形态，而法教义学则是采用语言与逻辑的解释与分析的方法对法进行研究而形成的法学知识形态。就此而言，社科法学与法教义学之间并不存在冲突与对立，毋宁说具有互补的关系。法学是一个从法教义学到社科法学不断进化与开放的知识累积过程，由此推动了法学的学术扩张与理论更迭。注释法学是纯粹法学，它以法律规范为研究对象，以法律适用为研究功能，以法律解释为研究方法。而社科法学则是采用其他社会科学的研究方法对法进行研究所形成的知识形态。如果将法学限制在注释法学，则法学的范围是极其狭窄的，对法的认知也是较为表面的。随着社会科学方法在法学研究的广泛适用，法学与其他社会科学形成交叉研究，由此拓宽了法学学科的边界，使法学知识融入社会科学知识之中，为法学提供了广阔的发展空间。

刑法学的知识性质，在很大程度上取决于其研究对象和研究方法这两个要素。从研究对象的角度来说，刑法作为一种规则体系，可以从不同维度进行考察，因而将刑法知识区分为刑法社科法学与刑法教义学。

（一）刑法的整体性研究与个体性研究

刑法社科法学与刑法教义学都是以刑法为研究对象的，因而可以归之于刑法学的范畴。然而，刑法社科法学所研究的是整体刑法，刑法教义学所研究的是个体刑法。或者说，刑法社科法学是在整体意义上考察刑法，而刑法教义学是在个体的意义上考察刑法。刑法社科法学把刑法当作一种社会事实进行观察和分析，因而在刑法社科法学的视野中，刑法是一种整体性存在。无论是静态意义上法律体系的考察，还是动态意义上法律运行的描述，刑法具有高度的抽象性与统合性。刑法社科法学关注的是法的运行和发展的一般规律，因而并不涉及具体的刑法条文。与之不同，刑法教义学是以刑法适用为功用的，因而它所考察的不是整体意义上的刑法，而是个别的刑法条文或者刑法文本。在这个意义上，刑法教义学也可以说是刑法文本之学或者刑法法条之学。因此，刑法教义学是以解释法条、解决个案的疑难问题为皈依的刑法释义学。这里需要对刑法教义学和法条主义或者概念法学加以厘清。在某些人的观念中，法条主义或者概念法学似乎都是贬义词，似乎只是拘泥于法条，其实不然。如果说，法条主义是指以法条为中心，那么，刑法教义学确实具有法条主义性质。刑法教义学将法条作为思考的出发点和根据，然而刑法适用并不是一种机械活动，而是体现适用者主观能动性的活动。至于概念法学，是相对于利益法学而言的，这是两种不同的法学理论形态，它们之间并不存在此薄彼厚，而是在不同阶段出现的对法律的不同解读，各自具有其合理性。

（二）刑法的外部性研究与内部性研究

刑法的研究存在内外之分。刑法社科法学是对刑法的外部性研究，而刑法教义学则是对刑法的内部性研究。也就是说，刑法社科法学是在刑法之外研究刑法，刑法教义学是在刑法之中研究法律。德国社会学家尼克拉斯·卢曼以社会系统论而著名，在《法社会学》一书中，卢曼以系统论的观点分析法律与社会，指出：从社会学来看，法律理论、法律教义学以及对法律的各种类型的"科学性"研究，都可以被理解为法律系统自我描述的形式。卢曼将这一法律系统称为自我指涉系统，指出：在这一自我指涉系统产生了一个对自己的简化的描述——比如对法律的意义或者适应法律的法律系统"部门"的表述，并且系统将会使自身的操作适应于这些语义。与之不同，卢曼认为法社会学理论是从外部来观察和描述这一系统的。它提供了一种对法律系统的外在的描述，而不是自我描述。^①在此，卢曼就是从法律系统的内部视角与外部视角来区分法教义学和法社会学的不同立场。因此，法社会学将法作为一种社会现象，从外部考察法与社会、经济、宗教、地理、气候等各种因素之间的关联性。例如法国著名学者孟德斯鸠揭示了法律应该与国家自然状态相适应、法律应该与国家政体相适应，以及法律应该与居民的宗教、财富、人口、贸易、习惯相适应。^②不同于法社会学，法教义学是对法律规范的内部视角的分析，尤其侧重于对法律规范的语义探究，为司法适用提供指引。在刑法学中，犯罪学属于社科法学，它以犯罪现象和犯罪事实为研究对象，主要采取社会学以及实证分析方法，因而它对犯罪现象所做的是整体性研究。而刑法教义学是对刑法法条的解释与分析，它以刑法适用为研究对象，主要采取解释方法，因而是对刑法所做的个别性研究。

（三）刑法的价值性研究与规范性研究

价值是近代哲学中的重要概念，自从德国哲学家文德尔班创立价值哲学，价值概念被引入社会科学，价值成为理解社会事物的一种工具。价值可以与许多概念形成对应关系，其中较为通行的是价值与事实。价值是能够满足主体需要的某种事物的属性和功能。因而，价值判断标准具有主观性。事实则是不以人的意志

---

① 尼克拉斯·卢曼. 法社会学. 宾凯、赵春燕，译. 上海：上海人民出版社，2013：429，430.

② 孟德斯鸠. 论法的精神：上册. 张雁深，译. 北京：商务印书馆，1961：7.

为转移的存在，因而，事实判断标准具有客观性。一般认为，价值的应然性是一个应与不应的问题；而事实的实然性是一个是与不是的问题。规范是与价值相对应的另一个范畴，规范与价值与是法学中经常讨论的问题。规范的性质问题较为复杂，就其作为一种衡量人们行为的正当与不正当、合法与不合法的标准而言，规范是价值的载体，或者价值内容的规则化。然而，规范本身作为一种存在，它又具有事物的客观属性。奥地利法学家凯尔森提倡纯粹法学，它以认知对象为根据区分法学与法社会学，指出："以法律为规范，而将法律科学限于对规范之认知，一方面使法律独立于自然，另一方面则令作为规范认知科学的法律科学同一切试图以因果律解释自然事实之其他认知科学成为殊途"①。在此，凯尔森区分了规范认知科学与事实认知科学。在某种意义上说，刑法教义学是一种规范认知科学，而刑法社科法学则是一种事实认知科学。刑法教义学是以刑法规范为依据，并以刑法规范内容为认知客体的科学。在刑法教义学中虽然并不完全排斥价值判断，但价值判断应当受到刑法规范的严格限制。例如，在刑法教义学中，只能在坚守罪刑法定原则的前提下进行价值判断，而不能将价值判断置于罪刑法定原则之上。刑法社科法学则是以事实为认知对象的，它并不受到刑法规范的限制，因而价值分析在刑法社科法学中是广泛采用的方法。当然，刑法社科法学也并不能等同于价值法学，因为事实认知科学同样包含着对刑法的因果性和实证性等多个面向的研究。例如，刑事政策学是以犯罪学所确认的犯罪事实和犯罪规律为依据所进行的刑法对策学或者政策学的研究。刑事政策学不同于刑法教义学，它是对刑法的整体性研究而不是个体性研究，它是对刑法的实证性研究而不是规范性研究。在这个意义上说，刑事政策学不是刑法教义学而属于刑法社科法学。然而，刑事政策学又不同于犯罪学，犯罪学是事实科学，具有研究方法的中立性，奉行价值无涉原则。而刑事政策学则是价值科学，它所确定的基本刑事政策和具体刑事政策都具有十分明显的价值取向。

---

① 凯尔森. 纯粹法理论. 张书友，译. 北京：中国法制出版社，2008：43.

社科法学与法教义学的分立是法学知识分化的结果，由此形成的法学知识形态，对于法学研究的发展具有重要意义。社科法学与法教义学具有互相支持的关系，社科法学的发展能够促进法教义学的进步。法教义学需要从社科法学汲取知识营养，而社科法学则通过法教义学间接地为法律的司法适用提供理论资源。在理论学中，社科法学占据主体地位，而法教义学主要研究教义学方法论，为部门法的法教义学提供支持。理论法学与部门法学是不同的，理论法学是对法的整体性、外部性和价值性研究，因而需要利用社会科学的知识和方法。当然，理论法学中的一般法理学，具有价值论与方法论统一的性质。一般法理学是归属于法学所特有的，与其他社科法学不同。其他社科法学可以归之于其他社会科学，成为法学与这些社会科学的交叉学科，而一般法理学则只能说是法学学科的内容。

在部门法学中，尤其是司法化程度较高的部门法，法教义学知识必然占据主导地位，但同样并不排斥社科法学的研究。例如，在刑法学科中，刑法教义学是主体内容，而犯罪学、刑事政策则属于一定意义上的社科法学。历史上的刑事古典学派和刑事实证学派都具有社科法学的性质。刑事古典学派主要是刑法哲学和刑法社会学。而犯罪学就是采用社会学方法对犯罪现象进行研究的产物，菲利的《犯罪社会学》是这个领域的经典著作。刑事政策同样是社科法学的产物，它主要采用政策学等知识研究社会对犯罪的反应及其策略。应当指出，即使在法教义学研究中也离不开社科知识和方法。例如，哲学、逻辑学、伦理学、心理学等知识对于刑法教义学研究具有重要的工具价值。德国的刑法教义学就深受德国古典哲学的影响。德国的刑法教义学主要是指犯罪论，德国学者帕夫利克主张建立一般犯罪论，这里的一般犯罪论不是疏离于刑法教义学的刑法哲学，而是刑法教义学的基础理论。德国刑法学是建立在德国古典哲学基础之上的，德国刑法学家帕夫利克驳斥了那种认为刑法应当是教义学、否定哲学在刑法学中的重要作用的见解。帕夫利克提出"古典哲学基础上的德国刑法学"的命题，明确地指出："刑法学应当是教义学，而哲学在这里并无一席之地，这是一种肤浅的见解。在德国，从哲学汲取养分的刑法学具有悠久且辉煌的历史，但这条路还没有走到尽头。"① 刑法教义学中的不法理论、责任理论、预防理论、行为理论都与哲学思考密切相关。在对刑法的正当性进行整体性考察的时候，当然属于刑法哲学，但对正当防卫的正当性的思考就是正当防卫教义学的应有之义。

第三节　刑法学的基本问题

任何一门学科都存在贯穿始终并决定这一学科特殊性的基本问题。正如同哲学的基本问题是精神与物质的关系问题，到底是精神决定物质还是物质决定精神，即精神和物质谁是第一性的问题。对这一问题的不同回答形成了不同的哲学流派：主张精神决定物质的是唯心主义哲学，而主张物质决定精神的是唯物主义哲学。在刑法学中，同样也存在这样一个基本问题，这就是报应与预防问题。主张刑法的正当性根据在于报应的，是报应主义；而主张刑法的正当性根据在于预防的，是预防主义。

一、报应主义

报应主义认为，刑法的正当性就在于它是对犯罪的一种回报。因此，按照报应论者的形象说法，罪犯对社会有一种应偿付之债，社会则因犯罪的恶行而向其回索。正是在这个意义上，杀人偿命与欠债还钱一样，被认为是公正之常理。报应思想来源于原始社会的复仇观念，但两者又有所不同。这种差别主要在于：复仇具有强烈的主观性，而报应具有一定的客观性，所以它是有节制的。因为报应兼指以恶报恶与以善报善，以恶害报以恶行是谓报应，以善果报以善行也为报

---

① 米夏埃尔·帕夫利克. 目的与体系：古典哲学基础上的德国刑法学新思考. 赵书鸿，等译. 北京：法律出版社，2018：1.

应，报应中的恶与恶、善与善务必成对等相称关系。所以，报应有一定的限度，而复仇则常是放纵而漫无节制的。因此，复仇与报应不能等同视之。在一定意义上，复仇是一种原始的未经过滤的报复情感，虽然它孕育着报应的成分，但只是报应的粗俗形态，还不能视为报应本身。报应观念在其发展过程中，经历了神意报应、道义报应与法律报应三种形态，由此构成报应理论。

　　神意报应是万事皆求诸神的古代社会中生产力低下、认识上愚昧无知的必然产物。在这种情况下，人们将法律规范与自然规律相等同，并对之作出一种超自然的解释，由此形成了神意报应的观念。神意报应的特点是以神意作为刑罚权的根据，以此论证刑法的正当性。在中国古代社会，存在天罚之说。天罚是指代天行罚，天罚的观念使世俗社会的刑罚神圣化。在西方中世纪，神意报应的思想在救赎理论中发挥得淋漓尽致。这里的救赎是指犯罪人不仅要悔过，而且还要为其犯罪付出一份代价。这种神意报应的观念强化了犯罪人赎罪的思想，成为当时情况下刑法正当性的有力证明。应当指出，神意报应虽然在刑法史上对于刑法根据的正当化起到了理论支撑的作用，但毕竟带有浓厚的宗教神秘色彩。在现代世俗社会，这种神意报应论已经没有市场。

　　道义报应主义为德国著名哲学家康德所主张。道义报应论之报应，是一种基于道德义务而产生的报应。换言之，道德义务是报应的根据，也是刑法正当性的根据。因此，道德义务是理解康德的道义报应论的关键。义务一词源自拉丁语的债务和法语的责任，是指负有或应支付他人而又必须履行的一种法律上的不利条件。由此可见，义务与两个概念有关：债务和责任。债务是债务人对债权人所负的特定的给付义务。因此，债务是一种特定的义务。从债务到义务，是从具体到抽象的转化过程。责任也与债务有一定的关联，指为债务不履行所提供的一定财产的抵押（担保）。由此可见，责任与一定债务之不履行有关，侧重于所处的一种道德上或者法律上的不利地位。从债务与责任当中引申出来的义务，具有应当实施一定行为之含义。道德义务是指道德上的义务，是道德哲学中的一个重要概念，指对行为的道德约束。那么，这种义务源于何处呢？康德认为，自律性是道德的唯一原则。这里的自律性就是理性自己给自己颁布命令，这是一种绝对命令。道德法则要求每一个有理性的人根据普遍法则行动，因而这种道德法则是自律性法则。康德认为，由于绝对命令表示去做某些行为是一种责任，绝对命令便是道德上的实践法则。但是，由于责任在这样一种法则中所表明的，不仅仅包含实践中的必要性，而且还表明确实的强迫性，所以，绝对命令就是法则，绝对命令表现为一种义务。某种违背义务的行为就引起责任，这种责任就是道义责任。从道德含义上看，责难是一种判断，任何人通过这个判断就宣布他是一种行为的行为者，或者是一种行为自由动机的承担者，这个行为被认为是行为者的道德表现或德行，并且受到法则的约束。因此，违反道德义务行为的责任及其惩罚，是建立在人的意志自由基础之上的，这种惩罚具有道义根据。康德从道德义务的自律性中引申出报应的正当性，正是基于这种道义的神圣不可违抗性，违反道义的犯罪才获得了道德罪过性，因而对于道德罪过的惩罚也就具有刑法上的正当性。因此，康德的道义报应论为刑罚的内在正确性提供了理由。那么，由道义报应而产生的道义责任到底是一种道德责任还是一种法律责任呢？这里涉及道德与法律的关系问题。世界上不存在道德刑法，人不能因为犯有道德过错而受到法律的惩罚。在这个意义上，康德确有将道德责任与法律责任混为一谈之嫌，但康德的道义报应论可以看成是一种对刑罚的道德论证，或者说是对刑罚公正性的道德论证。

法律报应主义为德国著名哲学家黑格尔所主张。黑格尔从法的特殊运动的视角论证了刑法的正当性。黑格尔的论证始于道德与法律的区分。在黑格尔看来，法和道德是存在明显区别的，道德完全是内心的东西，不能加以任何强制，所以国家的法律不可及于人的心意，因为在道德的领域中，我是对我本身存在的，在这里暴力是没有什么意义的。因此，只有法才具有强制性，道德则不具有这种强制性。法的正当性不能由道德来论证，而只能从法本身得以论证。黑格尔认为，刑法的正当性来自法的自我实现，是法的自我辩证运动的必然结果。刑法的这种正当性不仅由法的辩证运动得以证明，而且从具有意志自由的犯罪人的行为中得到支持。由于犯罪是犯罪人选择的结果，因而刑罚也可以合乎逻辑地从犯罪人的行为中引申出来，获得合理性。自在的正义与自为的正义，这就是黑格尔的法律报应论为刑法的正当性提供的法理论证。

二、预防主义

预防主义完全不同于报应主义，它以刑法通过惩罚犯罪所追求的功利价值来论证刑法的正当性。预防理论中又可以分为威慑论与矫正论。威慑论把刑罚当作对犯罪的一种遏制手段，而矫正论则把刑罚当作对犯罪的一种改造措施，两者都证明刑法的目的性，即以目的的正当性证明手段的正当性。建立在目的理论之上的预防论，改变了报应论的因果机械性，强调惩罚的目的性，从更为广阔的社会背景去理解刑法的正当根据，使刑法具有一定的主观能动性。如果说目的理论只是强调了刑法的目的，由此成为预防论对刑法正当性论证的一个方面，那么，功利主义强调刑法的效果，为预防论对刑法正当性的论证提供了更为有力的根据。根据功利主义，刑法的适用必然会给罪犯造成一定的痛苦，它之所以必要就在于它能够避免更大害处，包括预防犯罪。这里的预防犯罪可以分为一般预防与特殊预防，预防主义意图通过论证刑法的功利效果来论证刑法的正当性。

一般预防主义，也称为威慑论，主张对社会一般人进行刑罚威吓，以达到预防犯罪的功利效果。意大利著名刑法学家贝卡里亚认为，犯罪对于行为人具有一种引力，而刑罚则是一种阻力，其目的在于抵消犯罪的引力。因此，贝卡里亚得出结论：一种正确的刑罚，它的强度只要足以阻止人们犯罪就够了。正义的刑罚应该是必要的刑罚。这里的必要性，就在于阻止犯罪。英国著名哲学家边沁是近代功利主义哲学创始人，他明确地把刑罚视为一种必要的恶，使刑罚彻底功利化。边沁认为，所有惩罚都是损害，所有惩罚本身都是恶。根据功利原理，如果刑罚应当被允许，那只是因为它有可能排除某种更大的恶。德国著名刑法学家费尔巴哈则在心理强制说的基础上提出了"用法律进行威吓"的名言。费尔巴哈认为，在违法行为中蕴含着某种快乐，抑制违法行为则具有某种痛苦，具有违法动机的人不得不在违法行为可能带来的快乐与抑制违法行为可能带来的痛苦之间进行细致的权衡。行为主体会基于趋利避害的本能，自我抑制违法动机，使之不发展成为犯罪行为。据此，费尔巴哈认为刑罚的威吓能够起到心理强制作用，实现一般预防的目的。

特殊预防主义，也称为矫正主义，主张通过对犯罪人的矫正，来实现预防犯罪的功利目的。意大利著名刑法学家龙勃罗梭通过对犯罪人的生物特征的考察，得出了"天生犯罪人"的结论，认为犯罪是由人的遗传基因造成的。犯罪的本质是基于个人性格的危险性，因而刑罚的目的就是消除这种人身危险性。这就是所谓特殊预防。在此基础上，龙勃罗梭创立了刑事人类学派。意大利著名刑法学家菲利在龙勃罗梭思想的基础上，进一步提出了社会防卫论，认为犯罪是由人的素质、地理和社会环境所决定的，而不是意志自由的结果，因而对犯罪人适用刑罚的目的既非报应也非威吓，而是矫正。德国著名刑法学家李斯特创立了刑事社会学派，主张"矫正能矫正的罪犯，不能矫正的罪犯不使为害"，因而提出保安处分，实现刑罚个别化。

三、报应与预防的统一

报应主义与预防主义各执一词，都自认为是刑法唯一的正当根据。其实，仅从报应或者仅从预防一个方面论证刑法的正当性，都是片面的。只有从报应与预防的统一上，才能全面而科学地揭示刑法的正当性根据。

就报应论而言，根据既存的犯罪决定对这一犯罪的惩罚，无疑具有一定的真理性，它使刑法的正当根据建立在坚实的事实基础之上。但是，一种不考虑任何社会效果的刑法又在多大程度上具有科学性呢？尽管报应论以制度化的复仇满足了犯罪行为受害者的愿望，从而减少了他们自己很可能要寻求的报复，因而具有一定的社会利益，但建立在报应理论基础上的惩罚，其社会意义相当有限。总

11

之，报应论为单纯地满足社会正义感而确立惩罚，不考虑刑法的社会效果，在很大程度上贬低了刑法的社会意义。

就预防论而言，威慑论把刑法的正当根据建立在刑法的威慑性之上，矫正论则把刑法的正当根据建立在刑法的矫正性之上，意在通过刑法的适用获取预防犯罪的社会效果。但如果不以报应为基础，单纯地以预防犯罪的功利目的来论证刑法的正当性，则首先涉及的一个问题是：如果惩罚一个无辜者能够取得更大的社会效益，那么，这种惩罚是否具有正当性呢？根据功利主义的逻辑推论，回答是肯定的。显然，威慑论本身潜藏着罚及无辜的危险性。至于矫正论，按照黑格尔的话来说，是把犯人看作应使其变成无害的有害动物。那么，国家与社会，严格地说，是国家统治者或者社会中的某一部分人为什么有权矫正犯人？犯人的理性尊严又何在？在这种矫正与被矫正的刑法模式中，如果把矫正者的价值观绝对化，并将其强加于一切与之相悖的人，由此作为控制社会的终极方案，那么，结局也将会是十分可怕而可悲的。由于报应论与预防论都不足以独自对刑法的正当性作出完整的论证，因而一体论便应运而生。即使在报应论与预防论中，也出现了所谓变相报应论与修正功利论。由此表明，极端的报应论与极端的预防论已经明显失势。一体论的特点是把报应论与预防论融为一体，其最基本的立论就是：报应与预防都是刑法赖以存在的正当根据。一体论具有折中的性质，但这种折中又是必要的，它可以克服报应论与预防论各自的片面性，也能避免两者在论战中两败俱伤。我认为，报应与预防作为刑法正当性的根据，植根于社会结构之中，任何脱离社会结构抽象地讨论报应与预防或者两者统一的观点，都是肤浅的。因此，只有从社会正义论出发，才能对刑法的正当性根据作出科学的论证。

刑法属于社会制度的范畴，刑法的正当性是社会制度正义性的重要内容。从社会正义论的立场出发，我认为报应与预防都是刑法的正当根据。报应是从原始社会的复仇演化而来的，复仇是个人行为。从对侵害行为的报复这一点上来说，它区别于侵害行为，因而具有一定的正当性。但复仇既属个人行为，完全凭个人感情行事，缺乏客观标准，容易招致报复之报复，形成世仇，这就是所谓恶的无限性，正义也就变成不义。此后出现的同态复仇，以其人之道还治其人之身，形成了一个客观标准，使复仇有所节制。但同态复仇仍然是个人行为，而且除人身伤害、财产损害等少数情况以外，同态性难以掌握。这样，就出现了由社会出面的和解、赔偿等制度。社会介入个人之间的冲突，成为调停人。在国家权力扩大以后，个人不再享有复仇权，而由国家直接行使刑罚权。由于国家刑罚权在很大程度上来自于个人的复仇权，因此报应论就成为刑法正当性的重要根据。报应论把刑法视为一种社会复仇，是社会公正感的满足。在一个社会里，如果有罪不罚、无罪受罚，那么，刑法也就丧失了其正当性。在这个意义上，报应是正当性的题中应有之义：它既满足了被害人的复仇愿望，又将刑罚限制在与犯罪行为相对等的限度之内，从而达到被害与加害之间的利益和心理上的平衡。在这中间，社会除满足正义感以外，别无所求。报应虽然是刑法正当性的根据，但单纯的报应使刑法又有可能成为一种复仇欲的发泄，不能体现刑法存在的社会价值。刑法的社会价值不仅仅是社会正义感的满足这样一种消极性的存在价值，而且是要使社会另有所获的积极价值。

以功利主义为基础的预防论，从预防犯罪出发论证刑法存在的正当根据，这就是它的目的性价值。预防论摆脱了报应论所具有的直觉性与情绪性，将刑法置于功利的天平上，进行利弊权衡与苦乐计算，形成理性化的刑法制度。但是，如果预防论不受报应论的制约，就会走向完全以目的的正当来证明手段正当的非道德主义。这里涉及报应与预防如何调和的问题，这也是刑法根据的二元论所面临的一个理论难题。我认为，刑法的正当性根据是报应与预防的有机统一。确定某一行为是否犯罪，并非仅仅考虑报应的因素，同样要考虑预防的需要，即对这一行为的惩罚是否能够预防这一行为的发生。例如，精神病人的危害行为，从报应的角度说，将之作为犯罪予以惩罚是不公正的；从功利的观点看，这种惩罚是无效的，不可能防止其发生。因此，从报应与预防的统一上看，都不能将这种行为作为犯罪予以惩罚。不仅如此，报应与预防还有互相制约的意义：预防追求刑法的功利性，可以得出惩罚无辜是正当的这种极端结论；但受到报应的节

制，将刑罚限于罪犯是构成刑法之正当性根据的无条件的前提。因此，在发动刑罚的时候，面临着报应与预防的双重考量，也是双重限制，刑法的正当性由此得以说明。

第四节　刑法学的研究方法

刑法学自身并无独特的研究方法，法学研究的一切方法在刑法学中都可采用。如前所述，刑法学可以分为规范刑法学、理论刑法学、比较刑法学和国际刑法学等理论形态，因而在研究方法上各有倚重。例如，在规范刑法学中更强调注释方法，在理论刑法学中更强调思辨方法，在比较刑法学中更强调比较方法等。下面，将这三种研究方法阐述如下：

一、注释方法

注释方法虽非刑法学研究的独特方法，但与思辨方法和实证方法相比，法学研究中的注释方法却是更为古老的方法。在中国封建社会，（刑）法学又称为律学，就是以对律条的注释为主的。例如，《唐律疏议》就是一部律条与注释合为一体的著作，其对法条的注释达到了炉火纯青的程度。在西方中世纪，运用注释方法研究法学的结果曾经形成著名的注释法学派。注释法学派的奠基人是伊尔内留斯（约1055—1125）。这些法学家的主要工作是对有关罗马法的文献进行文字注释，以后发展为较详尽的注释，包括列举注释者之间的分歧意见、各方论据以及作者本人结论，提供适用法律规则参考的有关案例，为便于记忆而归纳的简要准则和定义，以及对某一法律问题的论述等。注释方法具有这种源远流长的历史，这种方法在我国目前的刑法学研究中占主导地位。我认为，在刑法学研究中采取注释方法是必要的，当然还要与其他方法相结合。

二、思辨方法

思辨方法，从本质上说是一种抽象的或者说是定性的方法。思辨方法起源于古希腊，经柏拉图发展到顶峰。柏拉图将思辨方法归纳为辩证法，成为人类文化宝藏之一。近代德国哲学家运用思辨方法，创立了一个唯心主义的辩证法体系。由此可见，思辨方法在西方文化史上具有重要的地位。思辨方法从其产生之日起，就开始了在法学研究中的运用。古代自然法思想正是抽象的思辨方法的产物。在刑法学领域内，同样具有运用思辨方法的传统。在刑法学研究中运用思辨方法，是进一步深化刑法理论的必然要求。刑法学在研究犯罪与刑罚的时候，不是简单地描述其规范的表象，不是单纯地解释法条，而是要揭示隐藏在这些表象与法条背后的客观规律。

三、比较方法

有比较才有鉴别，有鉴别才有发展。因此，比较是刑法学研究的重要方法，它可以开拓理论视野。比较作为法学研究的方法，具有悠久的历史。我国比较刑法的研究才刚刚起步，因而倡导在刑法学研究中的比较方法具有重要意义。这种比较不仅仅是不同国家之间刑法条文的比较，而且是学术观点的比较，在比较中发现真理、论证真理并且发展真理。唯有如此，才能使我国刑法学进入一个全新的理论境界。

第五节　刑法学的理论体系

体系是理论内容的逻辑表达形式，也是思想观点的结晶与积淀。可以说，学科体系的科学化是任何一门学科成熟的标志。正是通过一定的理论体系，形成体系性的刑法知识。

刑法学的理论体系是以刑法条文体系为摹本的，与其具有密切的相关性。刑法条文体系是指刑法典的条文按照刑法条文内在逻辑关系排列起来的法律体系。各国刑法条文体系大同小异，一般都分为总则与分则两大部分。总则是关于犯罪与刑罚的一般规定，分则是对具体犯罪及其法定刑的规定。相应地，刑法学的理论体系也分为总论与分论两大部分，总论中又分为犯罪论与刑罚论，分论是罪刑各论，由此与刑法条文体系形成对应关系。当然，刑法学理论体系不是刑法条文体系的简单模仿，它在一定程度上超越刑法条文体系，而服从于刑法学理论的内在逻辑关系。尤其是犯罪论体系，它是以犯罪构成理论为中心建构的理论体系。犯罪构成理论不是刑法关于犯罪成立条件的机械相加，而是按照认定犯罪的司法过程，根据法逻辑构筑的犯罪构成要件的理论体系。由于犯罪构成要件结构存在差别，因而形成各具特色的犯罪论体系。例如，本书所采用的罪体—罪责—罪量三位一体的犯罪构成体系，就不同于其他犯罪论体系。当然，在刑法学理论体系中，刑法教科书体系与理论刑法学体系又存在区别。刑法教科书体系是参照刑法条文体系，同时又照顾到叙述的方便而排列起来的教材体系。出于教学安排上的考虑，刑法教科书体系对理论内容的先后顺序有着较为严格的要求。刑法教科书的内容具有通识性与定型性，当然，它也应当引入刑法学理论的前沿性成果，并及时地反映刑事立法与刑事司法的变动。

本书作为一本以规范为中心的刑法体系书，在框架设置上参照刑法条文体系，按照刑法理论的内在逻辑，并适当照顾教学上的便利，注重吸收刑法学理论研究的最新成果，使之成为刑法的基本读本。

第一编

刑法绪论

第一章

刑法概说

第一节　刑法的概念

一、刑法的特征

刑法是规定犯罪和刑罚的法律。刑法作为一个独立的部门法，具有以下特征：

（一）公法的特征

公法是与私法相对应的概念。公法是指涉及公共利益，尤其是国家利益的法律，因此，公法调整的是纵向的法律关系。在公法关系中，公民相对于国家处于法律上的从属地位。而私法是指涉及私人利益的法律，因此，私法调整的是横向的法律关系。在私法关系中，公民之间或者公民与国家之间处于法律上的平等地位。刑法作为一种公法，公民处于受国家权力支配的法律地位，只要主体的行为触犯刑律构成犯罪，即应当受到司法机关的刑事追究。

（二）刑事法的特征

刑事法是与民事法、行政法相对应的概念，指以犯罪为规制对象，关于犯罪的侦查、认定与刑罚的裁量、执行及其程序的法律规范的总和。凡与刑事（犯罪）有关的一切法律，均可称为刑事法。这个意义上的刑事法，包括刑法、刑事诉讼法、监狱法等，被称为全体刑法。刑事法的特点是与犯罪相关，在这个意义上，刑事法可以说是犯罪规制法，从而区别于民事法和行政法。在一个国家的法律体系中，刑事法与民事法和行政法之间具有后置法与前置法的关系：民事法和行政法是刑事法的前置法，而刑事法是民事法和行政法的后置法，它对民事法和行政法起到保障功能。在刑事法中，刑法居于核心地位，是主法，是实体法，又称为本体刑法。其中，主法是与助法相对而言的，助法是指从属性法律或者辅助性法律，程序法往往被认为是助法；而主法是指规定权利义务之实体内容的法律，实体法往往被认为是主法。刑法作为刑事法，与犯罪和刑罚具有密切联系，可以说是刑事基本法。

（三）强行法的特征

强行法是与任意法相对应的概念。任意法又称任意性法律规范，指在法定范围内允许法律关系的参加者自己确定相互权利义务的具体内容的法律规范。而强行法，又称为强行性法律规范，指必须绝对执行的法律规范。在法学理论上，一般认为刑法主要是强行法，只有在告诉才处理的情况下才具有任意法的性质；而民法主要是任意法，只有少数强行性法律规范。刑法由于具有这种强行法的特征，因而相对于其他部门法，其国家强制力体现得尤为明显。

二、刑法的分类

（一）狭义刑法与广义刑法

根据刑法规定范围的大小，可以将刑法分为狭义刑法与广义刑法。狭义刑法又称刑法典，是指条理化和系统化地规定犯罪与刑罚的一般原则和具体罪名及其法定刑的法律规范。对于狭义刑法，有些国家明确标明是刑法典，例如《法国刑法典》；有些国家未明确标明是刑法典，而只是一般地称为刑法，例如《日本刑法》，我国亦如此，这只是一个习惯问题。在没有标明是刑法典的情况下，实际上仍然具有刑法典的性质。当我们在一般意义上使用刑法这个概念时，指的就是狭义刑法。广义刑法，一般指一切刑法规范的总和，不仅包括刑法典，而且包括单行刑法和附属刑法。

（二）普通刑法与特别刑法

根据刑法适用范围的大小，可以将刑法分为普通刑法与特别刑法。普通刑法是指效力及于一国领域内任何地区和个人的刑法规范。这种刑法规范具有普遍适用的性质，通常不局限于某一类主体，也没有特殊的时间、地点限制，是刑法的基本构成部分。普通刑法的主要表现形式是刑法典，还包括作为刑法典补充的并具有相同效力范围的其他单行刑法。特别刑法有实质意义上的特别刑法与形式意义上的特别刑法之分。实质意义上的特别刑法是指国家为了适应某种特殊需要而颁布的，效力仅及于特定人、特定时间、特定地域或者特定条件的刑法规范。这种特别刑法可以分为以下四种情形：（1）时间的特别刑法，例如战时特别法。（2）地域的特别刑法，例如特定地区的戒严法。（3）对人的特别刑法，例如军事刑法。（4）对事的特别刑法，例如禁毒法。形式意义上的特别刑法是指现行刑法典以外的一切有关犯罪及其刑罚的法律规范，包括单行刑法与附属刑法。这种形式意义上的特别刑法是国家为了弥补现行刑法典的不足而颁布的刑法规范。在一般情况下，特别刑法是指实质意义上的特别刑法。

（三）单一刑法与附属刑法

根据刑法规范的独立性和附属性，可以将刑法分为单一刑法与附属刑法。单一刑法是指内容全部是刑法或者基本上是刑法的法律规范。在这种情况下，刑法规范是这些法律规范的主体内容。单一规范又可以分为三种：一是刑法典，其内容均为刑法规范。二是单行刑法，是为补充或者修改刑法典而颁布的刑法规范。三是刑法修正案。刑法修正案是对刑法典的内容进行修改或者补充的刑法规范，在外在形式上似乎属于单行刑法。然而，刑法修正案与单行刑法的不同之处在于：单行刑法是存在于刑法典之外，可以作为定罪量刑根据的刑法规范。而刑法修正案则不能作为独立存在的定罪量刑根据。因为刑法修正案是采用对刑法典的条文进行直接修改，或者以刑法某某条之一的形式增设刑法条文，所以，在刑法修正案颁布以后，根据刑法修正案对刑法典进行重新编纂，相关内容被刑法典所吸纳。在这种情况下，刑法修正案就完成了其使命，不再具有独立存在的价值。采用刑法修正案的方式对刑法典进行修改或者补充，不至于打乱刑法典的条文序列，对于保持刑法典的完整性具有重要意义。单行刑法的内容基本上是刑法规范，但也不排除在个别单行刑法中包含某些非刑法规范的内容，例如行政处罚。单一刑法在外形或者名称上具有刑法的性质，因而又称为形式刑法。附属刑法是指非刑事法律中关于犯罪及其刑罚的法律规范。在这些法律中，刑法规范不是其所依存的法律的主体部分，因而称为附属刑法。由于附属刑法在外形或者名称上不具有刑法的性质，因而又称为实质刑法。

（四）国内刑法与国际刑法

根据刑法规定是否涉及国际关系，还可以将刑法分为国内刑法与国际刑法。国内刑法是指由一定的主权国家制定，在其刑事管辖权范围内适用的刑法。一般意义上的刑法，都是国内刑法。国际刑法有狭义与广义之分。狭义的国际刑法是指国际公约中旨在制裁国际犯罪、维护各国共同利益的各种刑事法规范。广义上的国际刑法，除狭义的国际刑法以外，还包括刑法适用范围中的空间效力问题，即国内刑法中与国际相关的内容，以及各国为避免刑事管辖权的冲突而缔结的国际公约。由此可见，国内刑法与国际刑法是两种不同的刑法。尤其是国际刑法，既不完全相同于国际法，又与国内刑法有着明显的区分，对其特殊性更应予以充分的关注。国际刑法，往往与国内刑法有着密切联系，但又超越国内刑法，成为自成一体的刑法体系。因此，国际刑法是国际法的刑法方面与刑法的国际方面的统一，具有国际法与刑法的二重性。在这个意义上，我认为国际刑法具有独立存在的根据。当然，对于国际刑法之所谓刑法，应当理解为刑事法，包括刑事实体法与刑事程序法。因此，国际刑法是国际社会惩治国际犯罪的刑事实体法规范和刑事程序法规范的总和。这里的国际刑事程序法规范，主要是指国际刑事司法协助的法律规范，它是刑事诉讼国际化的反映。由于国际刑事司法协助与国际刑法存在密切联系，因而将其归入国际刑法并无不可。

三、刑法的界定

刑法的界定主要涉及刑法与相关刑事法及刑事法学的区分问题。在法律体系中，刑法是一个重要的部门法，以其为核心，形成刑事法。刑事法中的各个法律部门之间既具有密切联系，又存在性质上的区分。现界说如下：

（一）刑法与刑事诉讼法

刑法与刑事诉讼法的关系，是实体法与程序法之间的关系。刑法规定的是犯罪与刑罚的实体内容，刑事诉讼法规定的是处理刑事案件的诉讼程序；两者的关系十分密切，是一种内容与形式的关系。从世界各国的情况来看，大陆法系国家严格区分实体法与程序法，而且对实体法予以格外重视，可以说是实体优先。而在英美法系国家，实体法与程序法并未严格区分，但对程序法特别强调，可以说是程序优先。随着法治的发展，从程序工具主义向程序本位主义转变，程序的独立价值越来越受到强调。在这种情况下，对于刑法与刑事诉讼法的关系应当重新认识，尤其应当克服重实体轻程序的偏见，确立程序正义优先的法治理念。

（二）刑法与监狱法

监狱法是以规制刑事执行为主要内容的，因此，监狱法又称为行刑法。在性质上，监狱法属于刑事法。监狱法与刑法的关系也十分密切，监狱法的任务在于保证刑罚实施并实现行刑目的。随着目的刑思想的流行，行刑问题越来越受到重视，因而监狱法成为与刑法、刑事诉讼法并列的刑事法的三大支柱，由此形成全体刑法的框架。可以说，没有监狱法的正确实施，刑法就难以实现其正当的目的性。

第二节 刑法的创制

一、刑法立法的历史背景

刑法是治国安邦的基本法之一，对于惩治犯罪和保障犯罪人权具有十分重要的意义。刑法是最古老的法律之一，因为随着人类的进化、国家的产生，人类生活以有组织的制度性安排代替了原始野蛮的丛林生活状态。在这种情况下，国家对违反共同生活规则的个人行使具有公共性质的惩罚权，而建立在恃强凌弱基础之上的自力救济或者团体制裁退出了历史舞台。在相当长的一个历史时期，刑法都是维护社会秩序、保障公民权利的不可或缺的基本法律。然而，从1949年建立中华人民共和国一直到1979年颁布《刑法》，这30年刑法处于空白状态，这是古今中外所罕见的。当然，这个时期虽然没有刑法，并不等于没有任何规范性治理，这种规范性治理主要依赖于政策，这种政策法的治理，实际上可以分为以下三种不同的情形：第一种是以政策填补法律空白。在诸多领域，当时并没有制定法律，在这种情况下，政策具有弥补立法空白的功能。第二种是以政策代替法律。在某些领域虽然存在法律，但如果认为法律不合时宜，就以政策代替法律。第三种是以政策指导司法活动。对于已经有法律规范的领域，法律规范的适用应当以政策为指导。由此可见，在特定的历史时期，政策在社会治理中发挥了主要作用。在刑事领域也是如此。当时我国没有制定刑法，但颁布了若干单行刑法，例如《惩治反革命条例》（1951年）、《妨害国家货币治罪暂行条例》（1951年）和《惩治贪污条例》（1952年）。这些单行刑法只是就某个特定领域的犯罪进行规制，具有专门法的性质。政策虽然也具有一定的规范特征，但它与政治的关联性更加密切，而与法律存在相当程度的疏离与背反。例如政策的变动性和原则性，相对于法律的稳定性和规则性来说，在性质上完全不同。可以说，政策更多地与人治相联系，而只有法律才能成为法治的载体。

在没有《刑法》的情况下，司法机关认定犯罪的主要根据是党和国家的有关决议、决定、命令、指示和政策。当然，在认定犯罪中起到主要作用的还有逐渐累积的司法实践经验，例如最高人民法院的指导意见或者经验总结等。例如，1976 年发行的《刑事政策讲义》指出："精神病人（主要是指患精神分裂症等）在其由于患精神病而丧失认识和控制自己希望的能力的情况下，可能发生杀人、伤害、破坏公私财物、呼喊反动口号等情况。对于这种人，是否能作为犯罪者依法判刑，我国法律上未作明确规定。但是，最高人民法院 1955 年对河北省高级人民法院的批复中，曾对这个问题提出以下意见：'精神病人在不能辨认或者不能控制自己希望的时候实行对于社会有危险性的行为，不负刑事责任。'过去，在审判实践中，基本上也是这样做的。"① 在此，最高人民法院的批复实际上起到了法律的作用。此外，在刑法没有颁布的情况下，刑罚种类也是缺乏规范根据的，因而出现了各种混乱状态。我国学者在论及这段历史时指出："由于当时还没有统一的刑法典来规定刑罚体系，各地人民法院使用的刑罚名称很不一致，有的是同种异名，有的是同名异种。据 1956 年最高人民法院根据 5 500 余个刑事判决的统计，使用的刑罚名称有 132 个之多。在这种情况下，1956 年最高人民法院对刑事案件的罪名、刑种进行了研究总结，把各地使用过的刑种加以整理，初步归纳为 10 种刑罚方法：（1）死刑；（2）无期徒刑；（3）有期徒刑；（4）劳役；（5）管制；（6）逐出国境；（7）剥夺政治权利；（8）没收财产；（9）罚金；（10）公开训诫。它对我国现行刑法实施以前统一各地人民法院的刑罚方法起到了重要作用。"② 由此可见，在没有颁布刑法的特殊背景下，我国司法机关实际上起到了制定法律规则和适用法律规则的双重职责，这在一定意义上可以说是一种规则自足型的司法。

---

① 北京大学法律系刑法教研室. 刑事政策讲义（讨论稿）. 1976.
② 高铭暄. 刑法学原理：第 3 卷. 北京：中国人民大学出版社，1994：104.

1976 年 10 月"文化大革命"结束了，由此我国进入了一个缓慢的恢复期。随着对法律虚无主义带来的混乱状态的深刻反思，我国开始重建法制，刑法立法进程由此启动。

二、1979 年《刑法》的制定与修改

我国第一部《刑法》虽然是 1979 年颁布的，但其立法准备起始于 1978 年，至于刑法草案则可以追溯到 1950 年。从 1950 年到 1963 年，刑法已经起草了 33 稿。之后，刑法起草工作长期处于停滞状态。1978 年才旧事重提，该年对宪法进行了修改，同时也提及其他法律的立法工作。例如，受中共中央的委托，叶剑英在 1978 年 3 月召开的第五届全国人民代表大会第一次会议上所作的《关于修改宪法的报告》中指出："我们还要依据新宪法，修改和制定各种法律、法令和各方面的工作条例、规章制度。"宪法的修改可以说是刑法制定的序幕，刑法立法工作由此启动。

（一）1979 年《刑法》的制定

高铭暄教授在谈及当时刑法起草工作时指出："1979 年 2 月中旬，全国人大常委会法制委员会宣告成立，在彭真同志的主持下，从 3 月中旬开始，抓紧进行立法工作。刑法典草案以第 33 稿为基础，结合新情况、新经验和新问题，征求了中央有关部门的意见，作了较大的修改。先后拟了三个稿子。第二个稿子于 5 月 29 日获得中共中央政治局原则通过，接着又在法制委员会全体会议和第五届全国人大常委会第八次会议上进行审议，之后提交第五届全国人民代表大会第二次会议审议，审议中又作了一些修改和补充，最后于 7 月 1 日获得一致通过。7 月 6 日正式公布，并规定自 1980 年 1 月 1 日起施行。"① 从高铭暄教授的描述中可以看到，从 1979 年 3 月启动刑法立法，到 1979 年 7 月 1 日正式通过，前后只

---

①　高铭暄. 中华人民共和国刑法的孕育诞生和发展完善. 北京：北京大学出版社，2012："前言" 12.

有 4 个月的时间。在此期间对第 33 稿进行了修改，形成了第 34、35、36 稿，最后提交大会通过的刑法是第 37 稿，几乎是每月一稿。在这个意义上，将 1979 年《刑法》称为急就章，并不过分。

根据 1979 年 6 月 7 日彭真副委员长在第五届全国人大常委会第八次会议上所作的《关于刑法（草案）刑事诉讼法（草案）的说明》（以下简称《说明》）和 1979 年 6 月 26 日在第五届全国人民代表大会第二次会议上所作的《关于七个法律草案的说明》[以下简称《说明（二）》]，1979 年《刑法》对 1963 年刑法草案第 33 稿主要作了如下修改。

1. 关于刑法指导思想

1963 年刑法草案第 33 稿的第一章章名是"刑法的任务和适用范围"，其中第 1 条规定："中华人民共和国刑法，以宪法为根据。依照严格区分敌我矛盾性质的犯罪和人民内部矛盾性质的犯罪的原则和惩办与宽大相结合的政策制定。"在此，区分敌我矛盾性质的犯罪和人民内部矛盾性质的犯罪的原则是毛泽东区分两类不同性质的矛盾这一思想在刑法中的具体落实。1979 年《刑法》第一章的章名修改为"刑法的指导思想、任务和适用范围"，增加了刑法指导思想的内容，体现在第 1 条中，表述为"以马克思列宁主义毛泽东思想为指针"，并删去了区分两类不同性质的犯罪的内容。这种将政治指导思想写入刑法的做法前所未见，在我国其他部门法中也极为罕见。值得注意的是，在 1997 年《刑法》修订中，删去了以上具有明显政治意识形态色彩的内容，修改为："为了惩罚犯罪，保护人民，根据宪法，结合我国同犯罪作斗争的具体经验及实际情况，制定本法。"

2. 关于保护公民私人财产

彭真副委员长在《说明》中强调了刑法对公民个人所有的合法财产的保护。从第 33 稿和 1979 年《刑法》对此的规定来看，后者只是对前者规定的具体化，并没有实质内容的增补。例如，第 33 稿第 89 条规定："本法所说的公民所有的合法财产是指下列财产：（一）公民个人或者家庭所有的生活资料；（二）依法归个人所有或者家庭所有的生产资料。"1979 年《刑法》第 82 条规定："本法所说的公民私人所有的合法财产是指下列财产：（一）公民的合法收入、储蓄、房屋和其他生活资料；（二）依法归个人、家庭所有或者使用的自留地、自留畜、自留树等生产资料。"以上两个条文的规定都是将公民个人的合法财产界定为生活资料和生产资料，只不过 1979 年《刑法》进行了列举而已，并没有根本不同。

3. 关于增加禁止性条款

彭真副委员长在《说明（二）》中指出："在'文化大革命'中，由于林彪、'四人帮'大搞刑讯逼供、打砸抢、非法拘禁和诬陷、迫害，造成了大批冤案、假案、错案，后果极为严重。因此，在刑法中规定'严禁'这些罪行是符合群众愿望的，也是完全必要的。"① 在 1979 年《刑法》中，增加了数个严禁的条款，主要是：（1）第 131 条："保护公民的人身权利、民主权利和其他权利，不受任何人、任何机关非法侵犯。违法侵犯情节严重的，对直接责任人员予以刑事处分。"（2）第 136 条："严禁刑讯逼供。"（3）第 137 条："严禁聚众'打砸抢'。"（4）第 143 条："严禁非法拘禁他人，或者以其他方法非法剥夺他人人身自由。"（5）第 158 条："禁止任何人利用任何手段扰乱社会秩序。"这些条款虽然具有其现实意义，但并不符合刑法立法的科学规律，正确的立法方式是应当将这些禁止的内容转化为具体犯罪的构成要件，以罪状的形式加以表述。在 1997 年《刑法》修订时，1979 年《刑法》第 131 条宣言式的禁止条款被删去。其他严禁的规定也被修改，例如对 1979 年《刑法》第 143 条，最高人民法院刑法修改小组提出，司法实践表明，该条规定在适用过程中存在问题，对罪状的表述不规范。在刑法分则具体规定犯罪与刑罚的条文中，使用"禁止……违反……"的文字表述形式是不符合立法语言应当科学、规范的要求的，也与刑法分则条文的体例不相协调。②

---

① 高铭暄，赵秉志. 中国刑法立法文献资料精选. 北京：法律出版社，2007：361.
② 周道鸾，等. 刑法的修改与适用. 北京：人民法院出版社，1997：507.

4. 关于死刑罪名

相对于第 33 稿的规定，1979 年《刑法》减少了死刑罪名。对此，彭真副委员长在《说明（二）》论及死刑时指出：我国现在还不能也不应废除死刑，但应尽量减少使用。早在 1951 年，中共中央和毛泽东同志就再三提出要尽量减少死刑。现在，建国将近三十年，特别在粉碎"四人帮"以后，全国形势日益安定，因此刑法（草案）减少了判处死刑的条款。①1979 年《刑法》规定了 28 个死刑罪名，相对来说是比较少的。当然，在 1979 年《刑法》实施后不久，我国立法机关在"严打"的背景下，开始大规模地增加死刑罪名。

对刑法草案的修改还是较为有限的，1979 年《刑法》绝大部分内容都承袭了刑法草案第 33 稿的规定。刑法草案第 33 稿成稿至 1979 年，已经过去了 16 年。在这 16 年间，从经济和社会这两个层面来看，没有根本性的变化。这也决定了在没有其他选择的情况下，16 年前的刑法草案还具有其可采用性。而且，由于刑法制定的时间紧迫，因此，1979 年《刑法》在这样一种背景下仓促出台。其中，临时添加进刑法的某些内容，被后来的事实证明是没有生命力的。

（二）1979 年《刑法》的修改

我国 1979 年《刑法》是 1980 年 1 月 1 日正式生效的。如前所述，1979 年《刑法》是在较短时间内对 1963 年刑法草案第 33 稿进行删改以后形成的。在一定意义上说，1979 年《刑法》存在先天不足。当然，更主要的原因在于：自 20 世纪 80 年代初期开始，我国实行改革开放的政策，因而犯罪形势发生了重大的变化，尤其是在经济领域的体制改革，经济关系与经济格局已经从单一的计划经济体制向着市场经济体制转换，因而 1979 年《刑法》已经明显不能适应社会治理和经济发展的客观要求。而且当时犯罪猖獗、治安形势严重恶化。在这一背景下，在 1979 年《刑法》实施不久，我国就展开了"严打"的立法与司法活动。"严打"对我国的刑法立法和刑法司法都造成了重大影响，除 1983 年"严打"以

---

① 高铭暄，赵秉志. 中国刑法立法文献资料精选. 北京：法律出版社，2007：362.

外，我国还在 1996 年、2001 年开展了两次"严打"。可以说，"严打"贯穿了 1979 年《刑法》和 1997 年《刑法》。

1. "严打"背景下的刑法修改补充

"严打"虽然是从 1983 年正式开始，以全国人大常委会 1983 年 9 月 2 日《关于严惩严重危害社会治安的犯罪分子的决定》（以下简称《决定》）为标志的，但前兆出现在 1981 年。这就是 1981 年 6 月 10 日第五届全国人大常委会第十九次会议通过的《关于死刑案件核准问题的决定》[以下简称《决定（二）》]。关于死刑案件的核准权问题，刑法草案第 33 稿第 47 条第 2 款规定："死刑案件由最高人民法院判决或者报请最高人民法院核准。"而且，在当时的司法实践中，死刑案件的核准权由最高人民法院行使。但在"文化大革命"运动中，死刑案件的核准制度也受到冲击。因此，在 1979 年《刑法》制定时，彭真副委员长在《说明（二）》中指出，"为了贯彻少杀的方针和力求避免发生不可挽救的冤案、假案、错案，这次恢复了死刑一律由最高人民法院判决或者核准的规定。"因此，1979 年《刑法》第 43 条第 2 款明确规定："死刑除依法由最高人民法院判决的以外，都应当报请最高人民法院核准。"但在 1979 年《刑法》生效 1 年以后，1981 年 6 月 10 日全国人大常委会就通过了下放部分犯罪死刑核准权的规定。《决定（二）》指出，为了及时打击现行的杀人、抢劫、强奸、爆炸、放火等严重破坏社会治安的犯罪分子，在 1982 年至 1983 年内，对犯有杀人、抢劫、强奸、爆炸、放火、投毒、决水和破坏交通、电力等设备的罪行，由省、自治区、直辖市高级人民法院终审判处死刑的，或者中级人民法院一审判处死刑，被告人不上诉，经高级人民法院核准的，以及高级人民法院一审判处死刑，被告人不上诉的，都不必报最高人民法院核准。这是 1979 年《刑法》实施后第一次对刑法的修改。《决定（二）》对死刑核准权的下放虽然以 3 年为限，但事实上，此后一直到 1997 年，这部分死刑案件的核准权再也没有被收回来。因此，该《决定》所规定的 3 年之限也就成为一纸具文。此后，最高人民法院又陆续将毒品案件的死刑核准权下放，最高人民法院自己行使核准权的死刑案件范围越来越小。

在通过上述《决定（二）》的同一天，全国人大常委会还通过了《关于处理逃跑或者重新犯罪的劳改犯和劳教人员的决定》［以下简称《决定（三）》］。《决定（三）》规定："劳教人员解除教养后三年内犯罪、逃跑后五年内犯罪的，从重处罚，并且注销本人城市户口，期满后除确实改造好的以外，一律留场就业，不得回原大中城市。""劳改犯逃跑的，除按原判刑期执行外，加处五年以下有期徒刑；以暴力、威胁方法逃跑的，加处二年以上七年以下有期徒刑。""劳改犯逃跑后又犯罪的，从重或者加重处罚。刑满释放后又犯罪的，从重处罚。""刑满后一律留场就业，不得回原大中城市。"以上规定对劳教人员、劳改人员逃跑或者重新犯罪的，规定了十分严厉的处罚措施，包括刑罚和保安处分，体现了对两劳人员严惩不贷的政策。

　　时隔不到一年，1982 年 3 月 8 日全国人大常委会又通过并发布了《关于严惩严重破坏经济的罪犯的决定》［以下简称《决定（四）》］。《决定（四）》在论及制定背景时指出："鉴于当前走私、套汇、投机倒把牟取暴利、盗窃公共财物、盗卖珍贵文物和索贿受贿等经济犯罪活动猖獗，对国家社会主义建设事业和人民利益危害严重，为了坚决打击这些犯罪活动，严厉惩处这些犯罪分子和参与、包庇或者纵容这些犯罪活动的国家工作人员，有必要对《中华人民共和国刑法》的一些有关条款作相应的补充和修改。"从《决定（四）》的具体内容来看，主要还是提高了某些经济犯罪的法定刑，尤其是将走私、套汇、投机倒把罪、盗窃罪、贩毒罪、盗运珍贵文物出口罪、受贿罪的法定最高刑提高到死刑，从而开启了增设死刑的立法进程。

　　1983 年 9 月 2 日全国人大常委会通过并发布的《决定》，是"严打"的标志性立法。《决定》对 6 类严重危害社会治安的犯罪设立了死刑：（1）流氓罪；（2）故意伤害罪；（3）拐卖人口罪；（4）非法制造、买卖、运输或者盗窃、抢夺枪支、弹药、爆炸物罪；（5）组织反动会道门，利用封建迷信，进行反革命活动罪；（6）引诱、容留、强迫妇女卖淫罪。由此可见，《决定》也是以增设死刑，加重对严重危害社会治安的犯罪的刑罚惩治力度为内容的，体现了严厉打击的政策精神。尤其值得注意的是，在上述《决定》通过的大会上，时任全国人大常委会秘书长、法制委员会副主任的王汉斌同志在《关于修改"人民法院组织法"、"人民检察院组织法"的决定和"关于严惩严重危害社会治安的犯罪分子的决定"等几个法律案的说明》[以下简称《说明（三）》]中谈到了刑法的修改补充问题，指出："'刑法'公布已经四年多，实践中发现有的规定不够完善，有的规定由于情况的发展变化，已经不能适应或者不能完全适应，需要修改、补充。去年全国人大常委会已经通过了关于严惩严重破坏经济的罪犯的决定，这次主要对当前需要严惩的几种严重危害社会治安的罪犯做出修改补充决定。今后还需要进一步研究修改补充。"[①] 这是立法机关负责人首次谈及对 1979 年《刑法》的修改补充的话题，此时距离《刑法》的正式实施正好 4 年。就是在这样一种"严打"的背景下，开启了对 1979 年《刑法》修改、补充的大幕。

2. 普通刑事犯罪的修改补充

对 1979 年《刑法》的修改补充主要采取了单行刑法的方式，立法机关先后发布了 24 个决定或者补充规定。在这些决定或者补充规定中，涉及普通刑事犯罪的主要有：（1）1988 年 9 月 5 日《关于惩治泄露国家秘密犯罪的补充规定》；（2）1988 年 11 月 8 日《关于惩治捕杀国家重点保护的珍贵、濒危野生动物犯罪的补充规定》；（3）1990 年 6 月 28 日《关于惩治侮辱中华人民共和国国旗国徽罪的决定》；（4）1990 年 12 月 28 日《关于惩治走私、制作、贩卖、传播淫秽物品的犯罪分子的决定》；（5）1990 年 12 月 28 日《关于禁毒的决定》；（6）1991 年 6 月 29 日《关于惩治盗掘古文化遗址古墓葬犯罪的补充规定》；（7）1991 年 9 月 4 日《关于严惩拐卖、绑架妇女、儿童的犯罪分子的决定》；（8）1991 年 9 月 4 日《关于严禁卖淫嫖娼的决定》；（9）1992 年 12 月 28 日《关于惩治劫持航空器犯罪分子的决定》；（10）1994 年 3 月 5 日《关于严惩组织、运送他人偷越国（边）境犯罪的补充规定》。以上全国人大常委会的决定或者补充规定主要涉及对 1979 年

---

① 高铭暄，赵秉志. 中国刑法立法文献资料精选. 北京：法律出版社，2007：378.

《刑法》中普通刑事犯罪的修改和补充。其中，有些是对刑法已有规定但已过时的内容的修改，有些是对刑法没有规定但需要规定的内容的补充。

普通刑事犯罪主要是指危害社会治安的犯罪，从修改补充的内容来看，主要是淫秽物品犯罪，毒品犯罪，拐卖、绑架妇女、儿童犯罪，卖淫嫖娼犯罪和组织、运送他人偷越国（边）境犯罪。这些犯罪在 1979 年《刑法》颁布之前极少发生，或者根本就不存在，是随着改革开放而出现的犯罪类型。以妨碍国（边）境管理犯罪为例，在改革开放之前，我国的国门处于紧闭的状态，除公务出入境以外，公民个人只有极为个别的探亲等出入境的情况。除在 20 世纪 70 年代毗邻香港、澳门地区的公民因向往港澳地区的富裕生活而偷渡以外，其他地区偷渡现象还是较少的。因此，在 1979 年《刑法》中，只规定了偷越国（边）境罪和组织、运输他人偷越国（边）境罪，而且法定刑较低。其中，偷越国（边）境罪的法定最高刑只有 1 年，组织、运输他人偷越国（边）境罪的法定最高刑是 5 年。改革开放以后，国门逐渐打开，公民出国探亲、留学、旅游等情况大量增加，以至于出现了出国潮。其中大部分公民都是合法出境，但同时也出现了非法的偷渡现象，尤其是在蛇头组织下的大规模的偷渡，对我国出入境管理秩序造成了破坏。① 据有关部门统计，1988 年前的 10 年间，全国边防部门共查获偷渡人员58 000 余名，而 1990 年全国边防部门查获偷渡人员 13 000 余名，1992 年查获偷渡人员 20 000 余名，平均每年查获案件数增加 14.6%，查获偷渡人数增加16.8%。上述偷渡活动不仅严重破坏了国家的出入境管理秩序，而且直接损害了我国的国际声誉和对外形象，造成了极坏的影响。② 从以上查获偷渡案件和偷渡人员数量的增长情况来看，确实是触目惊心的。显然，1979 年《刑法》对妨碍国（边）境管理犯罪的规定不能适应惩治偷渡犯罪的需要。为此，中共中央于1993 年 8 月在北京召开了反偷渡工作座谈会。会议指出，为了维护中国改革开

---

① 但伟. 偷渡犯罪比较研究. 北京：法律出版社，2004：54.
② 高西江. 中华人民共和国刑法的修订与适用. 北京：中国方正出版社，1997：680.

放和经济发展的大局、巩固和提高中国的国际威望、保障和发展经济建设的成果，必须下大决心，尽快从根本上制止偷渡活动。会议要求一切有关部门严格把关、堵塞各种漏洞、严厉打击偷渡活动的组织者；对蛇头要依法从重判处，有的要根据其罪行实行数罪并罚，处以重刑直至死刑。[①] 在这一背景下，全国人大常委会于1994年3月5日通过了《关于严惩组织、运送他人偷越国（边）境犯罪的补充规定》[以下简称《补充规定（一）》]，为惩治偷渡犯罪提供了法律根据。《补充规定（一）》对已有的犯罪提高了法定刑，将偷越国（边）境罪的法定最高刑从1年提高到2年，将组织、运输他人偷越国（边）境罪分立为两个独立的罪名，将这两种犯罪的法定最高刑从5年提高到死刑，并且对死刑适用的情节作了具体规定，即对被组织人有杀害、伤害、强奸、拐卖等犯罪行为，或者对检查人员有杀害、伤害等犯罪行为的，可以依照法律规定判处死刑。在运送他人偷越国（边）境中造成被运送人重伤、死亡，或者以暴力、威胁方法抗拒检查的，处7年以上有期徒刑，并处罚金。对被运送人有杀害、伤害、强奸、拐卖等犯罪行为，或者对检查人员有杀害、伤害等犯罪行为的，可以依照法律规定判处死刑。此外，《补充规定（一）》还设立了相关罪名，包括骗取出境证件罪，提供伪造、变造的出入境证件罪，倒卖出入境证件罪，非法办理出入境证件罪，放行偷越国（边）境的人员罪等。通过以上修改，完善了对妨碍国（边）境管理秩序犯罪的立法，也为1997年《刑法》的修订创造了条件。

3. 经济犯罪的修改补充

除对普通刑事犯罪的修改补充以外，单行刑法还对经济犯罪作了大量的修改补充。相对于普通刑事犯罪，1979年《刑法》对经济犯罪的规定更是欠缺。因为1979年《刑法》是在计划经济体制下制定的，就关于经济犯罪的规定而言，可以说1979年《刑法》是一部保护计划经济的法律。1979年《刑法》关于经济犯罪的规定，主要集中在《刑法》分则第3章破坏社会主义经济秩序罪当中，共

---

① 赵秉志，等. 跨国跨地区犯罪的惩治与防范. 北京：中国方正出版社，1996：207.

计 15 个条文，规定了 13 个罪名。这些罪名涉及海关、市场管理、税收、货币、有价证券、车船票、商标、自然资源等内容，法定刑较轻。其中，最为突出的是关于投机倒把罪的规定："违反金融、外汇、金银、工商管理法规，投机倒把，情节严重的，处三年以下有期徒刑或者拘役，可以并处、单处罚金或者没收财产。"这一规定采取了空白罪状的方式，而在金融、外汇、金银、工商实行严格管制的计划经济之下，投机倒把罪就是维护这种管制的有效法律工具。例如，根据 1981 年国务院《关于加强市场管理打击投机倒把和走私活动的指示》，当时的投机倒把行为包括坐地转手批发、黑市经纪、买空卖空、转包渔利等市场经济条件下被认为是正当的经济行为。随着市场经济的发展，投机倒把行为的内容也不断发生变化，这主要是通过司法解释的修改而完成的。例如，我国学者指出："在党的十一届三中全会以前，多年被禁止的私商长途贩运活动，在三中全会以后由于放宽政策变为合法的了。1981 年国务院《关于加强市场管理打击投机倒把和走私活动的指示》中，列举了十二种投机倒把活动的表现形式。但是，今天有些情况又发生了变化，几年前的规定又有些被突破，不能适用了。例如，原来说转包渔利是投机倒把，现在认为，承包转包是经济改革的一个内容，不能笼统说转包渔利是投机倒把。过去认为买空卖空是投机倒把行为，现在看来也不能一概而论。因为，现在国家允许期货交易，这里就有一定的买空卖空的性质，然而这是有利于搞活经济的交易方式。"①由此可见，1979 年《刑法》关于经济犯罪的规定随着经济体制改革、市场经济的发展，很快就不能适应惩治犯罪的需要了。

正是在这一背景下，全国人大常委会以单行刑法的方式对经济犯罪作了较大幅度的修改补充。在 24 个单行刑法中，涉及普通刑事犯罪的主要有：（1）1988 年 1 月 21 日《关于惩治贪污贿赂罪的补充规定》；（2）1988 年 1 月 21 日《关于惩治走私罪的补充规定》；（3）1992 年 9 月 4 日《关于惩治偷税、抗税犯罪的补充规定》；（4）1993 年 2 月 22 日《关于惩治假冒注册商标犯罪的补充规定》；

---

① 王作富. 中国刑法适用. 北京：中国人民公安大学出版社，1987：368.

（5）1993年7月2日《关于惩治生产、销售伪劣商品犯罪的决定》；（6）1994年7月5日《关于惩治侵犯著作权的犯罪的决定》；（7）1995年2月28日《关于惩治违反公司法的犯罪的决定》；（8）1995年6月30日《关于惩治破坏金融秩序犯罪的决定》；（9）1995年10月30日《关于惩治虚开、伪造和非法出售增值税专用发票犯罪的决定》。以上单行刑法分为补充规定和决定两种形式。其中，补充规定是对1979年《刑法》中原有罪名的修改补充，例如《关于惩治贪污贿赂罪的补充规定》。在1979年《刑法》中本来就已有关于贪污贿赂罪的规定，该单行刑法对此作了修改，同时又补充规定了相关罪名，例如挪用公款罪等。而决定是指对1979年《刑法》中原来没有规定的内容所作的补充规定，例如《关于惩治虚开、伪造和非法出售增值税专用发票犯罪的决定》。虚开增值税专用发票的犯罪是随着1994年我国税制改革新出现的犯罪。增值税专用发票使用以后，在现实生活中出现了大量虚开增值税专用发票骗取国家税款的案件，称为税案。这些税案的涉案金额动辄数亿、数十亿，甚至上百亿，在这种情况下，全国人大常委会发布了《关于惩治虚开、伪造和非法出售增值税专用发票犯罪的决定》，设立了虚开增值税专用发票等罪名，并且规定了死刑。当然，考虑到该罪具有诈骗罪的性质，实际上是对特殊的诈骗罪规定死刑。

经济犯罪与经济体制改革具有重大的关联性，经济犯罪的罪名存废与新旧体制的转换是密切相关的。随着我国从计划经济向市场经济的转型，经济犯罪的形式与内容也发生了翻天覆地的变化，尤其是随着各种新型的经济形态的出现，例如公司、证券、期货、知识产权、金融凭证等，随之而出现了公司犯罪、证券犯罪、期货犯罪、知识产权犯罪、金融票证犯罪等各种新型的经济犯罪形态。而单行刑法的及时颁布弥补了1979年《刑法》的不足，为惩治新型经济犯罪提供了明确的法律根据。

（三）刑法修订方式的反思

采用单行刑法对1979年《刑法》进行修改补充，这是立法机关当时的一种选择。当然，除单行刑法以外，立法机关还在附属刑法中以照应性或者类推立法的方式对刑法某些内容进行了补充规定。例如玩忽职守罪是 1979 年《刑法》规定的一个渎职罪的罪名，但该罪名具有一定的口袋罪的性质，其内容缺乏明确性。在这种情况下，全国人大常委会在有关经济、行政法律中对某些具体的玩忽职守行为规定参照或者比照 1979 年《刑法》的玩忽职守罪定罪量刑，以此起到立法补充的功能。例如，1985 年 9 月 6 日《中华人民共和国计量法》（以下简称《计量法》）第 29 条规定："违反本法规定，制造、修理、销售的计量器具不合格，造成人身伤亡或者重大财产损失的，比照《刑法》第一百八十七条的规定，对个人或者单位直接责任人员追究刑事责任。"这里的《刑法》第 187 条的规定就是关于玩忽职守罪的规定，对此，《计量法》以"比照"的立法类推方式，规定以玩忽职守罪论处。因此，附属刑法在对 1979 年《刑法》的发展完善方面也发挥了一定的作用。当然，囿于附属刑法本身的局限性，它在对 1979 年《刑法》修改方面发挥的作用还是有限的，而单行刑法则发挥了主要的作用。

单行刑法的修订方式虽然具有一定的合理性，但也存在与刑法典之间的疏离性，由此引发了单行刑法与刑法典之间的紧张关系。这种紧张关系主要表现为单行刑法存在于刑法典之外，两者之间形成刑法规范的"两张皮"现象，导致单行刑法对刑法典内容的切割与架空。

从刑法形式上来说，单行刑法是与刑法典和附属刑法并存的第三种刑法规范的载体。其中，刑法典是集中规定犯罪与刑罚的法律，而单行刑法是对犯罪与刑罚的特别规定或者例外规定，附属刑法则是栖身于其他法律中的刑法规范。因此，刑法典是刑法规范的基本载体，单行刑法只是那些不便于放置在刑法典中的刑法规范的存在形式，通常表现为特别刑法，对刑法典起到补充作用。附属刑法则是在其他法律中附带地将那些具有专业性或者专门性的刑法规范加以规定。当然，在某些情况下，单行刑法也具有对刑法典的修改补充功能，但这是例外情形。如果按照以上标准处理刑法典、单行刑法和附属刑法之间的关系，则可以保持三者之间的合理关系。但我国对 1979 年《刑法》广泛地采取了单行刑法作为修改补充的方式，在刑法典之外创设了大量刑法规范。从立法形式上看，大量单行刑法在刑法典之外的积存，形成对刑法典的侵蚀与破坏。

　　从刑法内容上看，如前所述，单行刑法对刑法典的修改补充分为两种情形：第一种是对刑法典的补充，采取决定的方式；第二种是对刑法典的修改，采取补充规定的方式。如果决定规定的内容对于刑法典来说是全新的内容，那么与刑法原有的规定之间并不存在重合或者冲突。例如《关于惩治侵犯著作权的犯罪的决定》增设了侵犯著作权罪和销售侵权复制品罪，这两个罪名是1979年《刑法》中所没有的。新罪的设立对于惩治侵犯著作权的犯罪起到了重要作用，对于《刑法》也是一种补充，就其内容而言，并不存在与1979年《刑法》的抵牾。而补充规定的内容则与1979年《刑法》有着一定的关联，在一定程度上取代了原《刑法》的内容。例如，《关于惩治偷税、抗税犯罪的补充规定》[以下简称《补充规定（二）》]是对税收犯罪的规定，在1979年《刑法》中，原来规定了偷税罪和抗税罪两个罪名，上述《补充规定（二）》对这两个罪名的内容作了修改，同时又增设了骗取国家出口退税罪。就骗取国家出口退税罪而言，因为1979年《刑法》中没有这个罪名，所以，在《补充规定（二）》颁布以后，应当按照该规定定罪量刑，这当然是没有问题的。而《补充规定（二）》关于偷税罪和抗税罪的修改，基于新法优于旧法的法律适用原则，在《补充规定（二）》颁布以后，对于偷税罪和抗税罪都应当按照《补充规定（二）》定罪量刑，而1979年《刑法》关于偷税罪和抗税罪的规定实际上失效了。在这个意义上说，单行刑法的大量颁布必然架空1979年《刑法》，使其部分内容作废。

　　作为一种刑法的立法方式，单行刑法具有其存在的根据与边界，只有妥当地运用才能合理地发挥其功能。如果广泛地动用对刑法典修改补充的方式，则会产生负面的效果。可以说，正是单行刑法对1979年《刑法》不断修改补充所累积的处于刑法典之外的刑法规范的大量增加，推动了1979年《刑法》全面修改的进程。

三、1997 年《刑法》的修订

1979 年《刑法》从 1980 年 1 月 1 日生效到 1997 年 10 月 1 日被 1997 年《刑法》所取代，前后存续了 17 年零 9 个月。与那些存续了百年甚至数百年的刑法典相比，1979 年《刑法》可谓短命。当然，这也不完全是 1979 年《刑法》本身的问题，而是社会剧烈变动所造成的结果。根据有关资料，早在 1982 年，立法机关就决定要修改刑法，1988 年提出了初步修改方案。① 如果以 1988 年作为刑法修改正式启动的时间，那么到 1997 年《刑法》修改完成，正好是十年。在这个意义上说，我国刑法的修改可谓十年磨一剑。

（一）刑法修订的过程

我国学者把刑法修订分为三个阶段：第一，酝酿准备阶段；第二，修订草案起草阶段；第三，立法机关的审议阶段。②

1. 酝酿准备阶段

如前所述，在 1982 年，也就是 1979 年《刑法》生效的第三年，我国立法机关就已经有了修改刑法的计划。但刑法修订的正式启动还是要追溯到 1988 年，因为在这一年，第七届全国人大常委会将刑法修改列入立法计划。此后，全国人大常委会法制工作委员会经过大量的调查研究拟出了修改意见，并形成了 1988 年 12 月 25 日《中华人民共和国刑法（修改稿）》。③ 1989 年 5 月，全国人大法律委员会和法制工作委员会对刑法修改问题进行了讨论。后来由于种种原因，刑法修改工作被搁置。及至 1993 年第八届全国人大常委会再次将修改刑法列入立法规划。为修改刑法，全国人大常委会法制工作委员会组织了刑法修改小组，并且

---

① 周道鸾，等. 刑法的修改与适用. 北京：人民法院出版社，1997：6.
② 王汉斌. 关于中华人民共和国刑法（修订草案）的说明（1996 年 12 月 24 日）//高铭暄，赵秉志. 中国刑法立法文献资料精选. 北京：法律出版社，2007：680.
③ 高铭暄，赵秉志. 中国刑法立法文献资料精选. 北京：法律出版社，2007：496 以下.

委托中国人民大学法学院刑法专业修改刑法总则。在接受该项委托任务后，中国人民大学法学院刑法专业成立了刑法总则修改小组，我亦参与其中。刑法修改小组从1993年12月到1994年9月，进行了为期10个月的较为集中的研讨和起草工作，其间集会数次，先后起草了刑法典总则的一个大纲和四个稿本。①在该刑法总则草案中，对刑法总则的规定作了较大幅度的修改，尤其是吸收了刑法学界的理论研究成果。例如我撰写的共同犯罪、罪数、正当行为等节，与1979年《刑法》存在相当大的差异。后来，由于刑法修改的指导思想改变为能不改的不改，非改不可的才改，刑法总则的修改幅度甚小，因而学者的草案并未被吸收。

2. 修订草案起草阶段

刑法修订草案的正式起草是在1996年，这一年完成了我国刑事诉讼法的修改，全国人大常委会法制工作委员会转而将立法工作重心转向刑法修改。1996年6月在过去准备的基础上，全国人大常委会法制工作委员会草拟出了刑法修订草案，并召开座谈会和广泛征求意见，要求各单位就刑法修改中的以下10个问题提出意见：（1）是否明确规定罪刑法定原则的问题；（2）我国公民在境外犯罪适用刑法的范围问题；（3）如何强化对公民正当防卫权利的保护问题；（4）刑种的调整与适用的问题；（5）如何强化对累犯的打击，是否增加加重处罚原则的问题；（6）是否专章或者专节规定保安处分和劳动教养是否纳入保安处分制度的问题；（7）如何确立单位犯罪的刑事责任的问题；（8）增设新罪名的问题；（9）分则条文的具体化，包括投机倒把罪、流氓罪和玩忽职守罪三个口袋罪是否分解和如何分解问题，罪与非罪、重罪与轻罪如何区分的问题；（10）死刑的适用范围问题。② 围绕上述问题，全国人大常委会法制工作委员会分别邀请了中央有关单位和学者进行了专题讨论，最终形成了正式的《中华人民共和国刑法（修订草案）》，提交立法机关进行审议。

---

① 中国人民大学法学院刑法专业刑法总则修改小组起草的刑法总则一个大纲、四个刑法总则稿本。高铭暄，赵秉志. 新中国刑法立法文献资料总览：下. 北京：中国人民公安大学出版社，1998：2877以下.
② 周道鸾，等. 刑法的修改与适用. 北京：人民法院出版社，1997：7.

3. 立法机关的审议阶段

我国法律草案需要经过三读才能通过,《中华人民共和国刑法(修订草案)》首先提交给 1996 年 12 月下旬召开的第八届全国人大常委会第 23 次会议进行初步审议;此后,又对修订草案中涉及的重大、有争议的问题,组织高层次协调会议进行讨论,形成了《中华人民共和国刑法(修订草案)》(修改稿),提交给 1997 年 2 月 19 日召开的第八届全国人大常委会第 24 次会议进行第二次审议。按照立法程序,刑法修订草案(修改稿)经全国人大常委会两次审议后,于 1997 年 3 月 1 日将《中华人民共和国刑法(修订草案)》提交第八届全国人大第五次会议审议。1997 年 3 月 14 日,第八届全国人大第五次会议表决通过了《中华人民共和国刑法(修订草案)》,由此完成了长达十年的刑法修改活动,标志着 1997 年《刑法》正式诞生。

(二)刑法的体例修订

在刑法的修改过程中,立法机关力图制定一部统一的、比较完备的刑法典。例如 1997 年 3 月 6 日王汉斌副委员长在第八届全国人民代表大会第五次会议上所作的《关于〈中华人民共和国刑法(修订草案)〉的说明》中指出,这次修订刑法,要制定一部统一的、比较完备的刑法典。制定一部统一的、比较完备的刑法典,是继 1996 年 3 月全国人大通过修改刑事诉讼法以后,进一步完善我国刑事法律制度和司法制度的重大步骤,对于进一步实行依法治国,建设社会主义法治国家,具有重要意义。[①] 因此,如何调整刑法分则的框架结构是一个争议较大的问题。1979 年《刑法》将罪名分为八类,因此,刑法分则由八章组成,属于大章制的立法体例。随着 24 个单行刑法的颁布,我国刑法中的罪名越来越多,八章的篇幅难以容纳。在这种情况下,如何设置刑法分则的框架结构,是一个值得重视的问题。换言之,这是刑法分则是否改为小章

[①] 高铭暄,赵秉志. 中国刑法立法文献资料精选. 北京:法律出版社,2007:864.

制的问题。因此，大章制与小章制之争，就成为一个刑法修改中的焦点问题。①小章制与大章制不只是罪名的排列问题，也涉及犯罪分类的标准问题，因此，其不仅仅是一个立法技术问题。这个问题之所以被提出，是与单行刑法的大量新罪增设相关。小章制是将单行刑法独立作为一章纳入刑法分则的体系之中，如此，既保留了单行刑法的相对完整性，又扩大了刑法分则的框架结构，并且与大陆法系各国刑法的分则立法体例接轨。应该说，这是一种较好的选择。大章制则体现了刑法分则体例的延续性，在罪名大量增加的情况下，将相关内容以章下设节的方式融入各大章之中。例如，刑法分则第 3 章下设 8 节，刑法分则第 6 章下设 9 节，以此容纳单行刑法增加的罪名。最终，立法机关采纳了大章制。尽管大章制在各章的条文数量上不协调，章下设节的第 3 章和第 6 章，在其内容上显得有些臃肿，但大章制还是基本上解决了刑法分则框架结构的调整问题。

（三）刑法的内容修订

在刑法的修改过程中，还涉及对刑法中一些重大问题的修订。如前所述，这些问题共有 10 个，其中，最为重要的是以下三个。

1. 罪刑法定问题

罪刑法定原则是在刑法修改过程中刑法学界争论较为激烈的一个问题，但对于立法机关来说，这并不是一个太难的选择。确实，1979 年《刑法》规定了类推制度，但在参与立法的相关人员的观念中，还是认为我们的立法是倾向于罪刑法定主义的。例如，时任全国人大常委会法制工作委员会副主任的陶西晋同志指出，过去"四人帮"横行霸道，无法无天，以言代法，搞得乱七八糟十多年，现在要彻底拨乱反正，肃清流毒，所以强调一下罪刑法定是很有必要的。只是因为我们国家大，情况复杂，法定罪行不宜规定得过细、过死，所以采取必要的类

---

① 关于小章制与大章制之争，参见周道鸾，等. 刑法的修改与适用. 北京：人民法院出版社，1997：10 - 11.

推。① 由于 1979 年《刑法》对类推作了严格限制，并且要报经最高人民法院核准，因此，在司法实践中类推定罪的案件数量十分有限。在刑法修改过程中，立法机关秉承了以上思路，主张废除类推，规定罪刑法定原则。例如，时任全国人大常委会副委员长的王汉斌同志 1996 年 12 月 24 日在《关于中华人民共和国刑法（修订草案）的说明》中指出，这次修订，刑法分则的条文从原来的 103 条增加到 281 条，对各种犯罪进一步作了明确、具体的规定。事实上，1979 年《刑法》虽然规定了类推，但是实际办案中使用的很少，现在已有必要也有条件取消类推的规定。因此，草案明确规定了罪刑法定原则。② 由此可见，罪刑法定原则入法并不是突然的决定，而是具有其一定立法思想传承的。

2. 死刑问题

死刑问题在刑法修改中是一个争议较大的问题。应该说，1979 年《刑法》只规定了 28 个死刑罪名，是一部较为轻缓的刑法。然而，从 1983 年开始的"严打"，立法机关通过单行刑法的方式不断增加死刑罪名。及至 1997 年《刑法》修订之时，我国刑法中的死刑罪名已经达到 75 个。与此同时，随着我国刑法学界对死刑问题研究的深入，尤其是了解了废除死刑的国际性趋势，刑法学者主张对我国刑法中死刑进行限制的呼声越来越高。例如，1996 年 11 月 5 日至 10 日召开的中国法学会刑法学研究会年会上对刑法修改问题进行了专门讨论，其中就涉及死刑问题。在讨论中，绝大多数同志认为，应减少和限制死刑的适用，删除不必要的死刑条文和罪名。此外，还提出明确死刑适用条件，完善死缓制度，将死刑复核权收回最高人民法院统一行使。③ 最终，立法机关对死刑还是采取了既不增加也不减少的态度，维持死刑罪名的现状，只是作了个别的调整，将死刑罪名保持在 68 个。

3. 口袋罪问题

在 1979 年《刑法》中存在三个口袋罪，这就是投机倒把罪、流氓罪和玩忽

---

① 陶西晋. 学习刑法中的几个问题. 法学研究，1979（5）.

② 高铭暄，赵秉志. 中国刑法立法文献资料精选. 北京：法律出版社，2007：681.

③ 高铭暄，赵秉志. 中国刑法立法文献资料精选. 北京：法律出版社，2007：3036.

职守罪。口袋罪的特征是采取了空白罪状或者兜底式条款的规定方式，使其行为和其他构成要件要素处于一种开放的状态。口袋罪是典型的立法粗疏的表现，因此，在刑法修改中也是立法机关着力解决的问题。在 1979 年制定刑法时，采取的是宜粗不宜细的立法指导思想。刑法修改中对条文是规定得粗一些还是细一些的问题进行了讨论，达成的共识是：我国刑法分则对犯罪、处刑的规定比较原则，不便于适用，因此，应当尽量改得细一些，特别是对多发性的犯罪，如盗窃罪、投机倒把罪等，原刑法太简单，适用中任意性很大，应当具体化。[①] 基于以上指导思想，在刑法修改中，对三个口袋罪分别作了以下不同的处理：（1）废除投机倒把罪的罪名，将其中非法倒卖行为规定为非法经营罪；（2）废除流氓罪的罪名，将较为定型的行为分解为四个罪名，即侮辱、猥亵妇女罪，聚众淫乱罪，聚众斗殴罪，寻衅滋事罪；（3）保留玩忽职守罪的罪名，将十几年来民事、经济、行政法律中依照、比照玩忽职守罪追究刑事责任的条文改为刑法的具体条款。经过以上修改，基本上解决了三个口袋罪的问题。但从目前司法实践的情况来看，非法经营罪和寻衅滋事罪再次沦为口袋罪，这对罪刑法定原则是严峻的挑战。

四、1997 年《刑法》的修改补充

1997 年《刑法》的诞生是立法机关和参与立法的其他部门以及刑法学者共同努力的结果。相对于 1979 年《刑法》，修订后的刑法更为完整和完善，并为我国刑法在将来数十年的发展预留了空间。至此，我国的刑法立法进入到一个后刑法典的时代。

（一）修正案的刑法修改方式的确立

1997 年《刑法》的颁布标志着我国刑法立法取得了重大成果，它为司法活

---

① 1988 年全国人大常委会法制工作委员会刑法室. 关于修改刑法的初步设想（初稿）//高铭暄，赵秉志. 新中国刑法立法文献资料总览：下. 北京：中国人民公安大学出版社，1998：2106.

动提供了规范根据。当然，立法绝不是可以停滞的，因为社会生活是不断发展的，犯罪现象是不断变动的。就在1997年《刑法》生效一年多时间，突发亚洲金融危机，在外汇领域出现了大量的违法犯罪现象。事实上，在以往计划经济体制下，我国实行严格的外汇管制。随着经济体制改革，对外汇管理体制也进行了改革。因此，在刑法修改的时候，取消了套汇罪，只保留了逃汇罪。但在亚洲金融危机中，骗购外汇、非法截留外汇、转移和买卖外汇的活动十分猖獗，发案量急剧增加。为了有力地打击骗购外汇、逃汇、非法买卖外汇的违法犯罪行为，1998年12月29日第九届全国人大常委会第六次会议通过了《关于惩治骗购外汇、逃汇和非法买卖外汇犯罪的决定》（以下简称《决定》）。该《决定》增设了骗购外汇罪，同时对逃汇罪的主体作了修改，并提高了法定刑。此外，还对非法买卖外汇行为的定罪问题作了规定。

值得注意的是，立法机关对刑法采取决定的方式进行修改补充，属于单行刑法。因此，立法机关实际上是延续了在1997年《刑法》修订之前的习惯。在刑法修改的时候，立法机关强调要制定一部统一的刑法典。但刑法修订完成不过一年，其完整的框架结构就被《决定》打破，这是十分遗憾的。如果按照这个立法思路往前走，必然会重蹈1979年《刑法》的覆辙，即在刑法典之外，淤积着大量单行刑法，由此形成对刑法典的冲击。果真如此，刑法修改的希望就会落空。

好在单行刑法的修改方式很快就被修正案的修改方式所取代。在我国立法中，最早采取修正案方式对法律进行修改补充的是宪法。而修正案立法方式最为成功的还是刑法的修改补充。论及采用修正案的立法方式对刑法进行修订，还具有一定的偶然性。1999年6月，国务院在第九届全国人大常委会第十次会议上提出了《关于惩治违反会计法犯罪的决定（草案）》和《关于惩治期货犯罪的决定（草案）》，全国人大常委会法律委员会在审议后指出，鉴于现行刑法中对大多数做假账构成犯罪的行为已有不少规定，如再作一个惩治违反会计法犯罪的决定，困难很多。《关于惩治期货犯罪的决定（草案）》中规定的犯罪行为，许多与刑法中已有规定的证券犯罪行为相类似。一些委员、部门和专家提出，考虑到刑法的统一和执行的方便，不宜再单独搞两个决定，认为采取修改刑法的方式比较合适。同时，根据惩治犯罪的需要，对刑法中有关国有公司、企业工作人员严重不负责任、滥用职权方面的犯罪也需要扩大规定。因此，法律委员会建议将上述三项内容合并规定为《中华人民共和国刑法修正案》，10月18日委员长会议同意采用修正案方式修改刑法。① 至此，我国正式确立了通过修正案的方式对刑法进行修改补充。全国人大常委会法制工作委员会的郎胜在论及我国修正案的刑法修改方式时指出，在修改刑法的立法形式上，从采用决定、补充规定这种制定单行刑法或者附属刑法的形式对刑法进行修改，过渡到采用刑法修正案修改刑法，从而使刑法更便于引用和今后的编纂。郎胜认为，立法机关在立法形式上进行积极探索，有所创新，取得了巨大进展。②

（二）刑法总则的修改补充

从1999年开始，我国先后颁布了11个刑法修正案。其中，《刑法修正案（八）》、《刑法修正案（九）》和《刑法修正案（十一）》对刑法的修改补充的幅度最大，这三个《刑法修正案》每个都相当于对《刑法》的一次小规模修订。在通常情况下，刑法总则是相对稳定的，除非进行正式的刑法修改，一般都不会对总则进行修订。但《刑法修正案（八）》、《刑法修正案（九）》和《刑法修正案（十一）》涉及对刑法总则规范较为重大的修改。就修改的内容而言，除《刑法修正案（十一）》涉及对刑事责任年龄的调整以外，《刑法修正案（八）》和《刑法修正案（九）》主要是对刑罚结构进行了调整。这种调整表现为减少死刑和加重生刑这两个方面。

减少死刑主要是废除了部分死刑罪名，其中，《刑法修正案（八）》废除了13个死刑罪名，《刑法修正案（九）》又废除了9个死刑罪名。虽然这些废除的

---

① 全国人大常委会法律委员会主任顾昂然1999年9月25日在第九届全国人民代表大会常务委员会第十二次会议上关于《中华人民共和国刑法修正案（草案）》的说明//高铭暄，赵秉志. 中国刑法立法文献资料精选. 北京：法律出版社，2007：95-96.
② 胡康生，郎胜. 中华人民共和国刑法释义. 3版. 北京：法律出版社，2006：序2.

死刑罪名大多是很少适用的，但其宣示意义不容小觑。这是在 1983 年"严打"开始大规模增加死刑罪名以后，第一次减少死刑罪名。

加重生刑主要是指提高死缓和无期徒刑的实际执行期限，加大对这两种刑罚的惩治力度，尤其是对于死缓，通过限制减刑和设置终身监禁的方法，延长了实际执行期限。例如，根据《刑法修正案（八）》规定的限制减刑制度，对被判处死刑缓期执行的累犯以及因故意杀人、强奸、抢劫、绑架、放火、爆炸、投放危险物质或者有组织的暴力性犯罪被判处死刑缓期执行的犯罪分子，人民法院根据犯罪情节等情况可以同时决定对其限制减刑。人民法院对适用限制减刑的死刑缓期执行的犯罪分子，缓期执行期满后依法减为无期徒刑的，不能少于 25 年，缓期执行期满后依法减为 25 年有期徒刑的，不能少于 20 年。根据上述规定，死缓的实际执行的最高期限大幅提高到 25 年。而《刑法修正案（九）》对贪污罪和受贿罪规定终身监禁制度，则使这两种犯罪的死缓的实际执行期限达到无期的程度。应当指出，终身监禁虽然规定在刑法分则条文中，但其内容是对死缓执行方法的规定，因而在性质上属于刑法总则规范。经过以上修改，我国刑法中的死缓，根据执行方法的不同，可以区分为三种情形：第一是普通的死缓；第二是限制减刑的死缓；第三是终身监禁的死缓。我国刑法加重生刑的目的并不是单纯地提高处罚的严厉性，而是为减少死刑的适用创造条件。

（三）刑法分则的修改补充

《刑法修正案》对刑法分则的修改表现为修改旧罪和增设新罪这两方面，其中以增设新罪为主。修改旧罪是指对原有罪名的构成要件进行修改，通常是由此而扩张犯罪的外延。而增设新罪是指根据惩治犯罪的实际需要，设置新罪，使更多的行为入刑。增设新罪可以分为二种情形：第一是随着劳动教养制度的废除，某些以往按照劳动教养处罚的违法行为丧失了处罚根据。在这种情况下，除对某些犯罪通过司法解释的方法降低入罪门槛以外，还需要设立某些轻罪。例如，《刑法修正案（十一）》增设的冒名顶替罪、高空抛物罪等。第二是随着社会的发展出现了大量新型犯罪，需要在刑法中加以规定，例如网络犯罪、侵犯公民个人信息犯罪、考试作弊犯罪等。新设罪名对于完善我国刑法分则的罪名体系具有重要意义。有些罪名新增以后，又作了补充。例如《刑法修正案（八）》增设危险驾驶罪，规定了追逐竞驶和醉酒驾驶机动车这两种行为方式，而《刑法修正案（九）》又增加了从事校车业务或者旅客运输，严重超过额定乘员载客，或者严重超过规定时速行驶的和违反危险化学品安全管理规定运输危险化学品，危及公共安全这两种行为方式，从而扩大了危险驾驶罪的罪体范围。

五、刑法创制的历史经验

从 1979 年《刑法》到现在，四十多年过去了，即使是 1997 年《刑法》修订至今也已经过去了二十多年。前后两个二十年是我国刑法立法迅猛发展的时期，其间的变化可以说是翻天覆地的：我国刑法经历了从无法可依到有法可依的巨大转变，并且通过刑法的不断修改而日趋完善。

刑法立法四十多年的历史表明，刑法是社会治理的主要手段。刑法具有双重性：一方面它是打击犯罪的有效工具，刑法载明犯罪行为以及应当受到的刑罚处罚，对于犯罪分子具有一定的威慑力。司法机关根据刑法规定认定犯罪和惩治犯罪，因而使刑法在打击犯罪中发挥着重要作用。另一方面刑法又是保障公民不受非法追诉的法律武器，它具有对刑罚权的限制机能。只有刑法明文规定的行为，才能依照法律规定定罪处罚；对于刑法没有明文规定的行为，不得定罪处罚，这是罪刑法定原则的含义，它勘定了司法机关惩治犯罪活动的边界，这对于公民来说是一种法律保障。因此，在一个没有刑法的社会，惩治犯罪的国家活动也就缺乏规范限制，公民权利也就不能得到有效保障。从 1979 年《刑法》的类推到 1997 年《刑法》的罪刑法定，这是我国刑法的历史性进步，对此应当充分肯定。当然，我国刑法立法无论是形式还是内容，都还存在需要完善之处。

从刑法规定的外在形式上来说，目前这种统一刑法典的立法体例能够维系多久，是一个值得观察的问题。以刑法典的方式将所有犯罪囊括其中，这当然具有便利性。而且，随着修正案的刑法修改方式的确立，能够通过刑法修改保持刑法典的体例不变，而又使刑法规范内容得以更新。然而，随着刑法不断修改，增补的罪名日积月累越来越在，刑法典规模越来越大，总有难以容纳之时。根据各国刑法立法的经验，一般都将刑法分为刑法典、单行刑法和附属刑法三部分。其中，刑法典规定普通犯罪，这里的普通犯罪是指与公民日常生活具有直接影响的犯罪。而单行刑法规定特殊犯罪，具有特别法的性质。至于附属刑法则规定与普通公民关系不大、具有专业或者职业性质的犯罪。这些犯罪即使规定在民事、行政或者经济法律中，也不会影响对这些犯罪的定罪处罚。以上三种刑法形式以集中与分散的方式各自独立存在，而单行刑法和附属刑法又都受刑法总则一般原则和制度的制约，由此形成具有内在联系的刑法体系。对于我国刑法来说，目前这种统一刑法典的方式如果能够维系当然可以继续保留，如果将来立法突破了目前的刑法框架结构，则另外开辟单行刑法和附属刑法的形式，不失为一种合理的选择。

从刑法规范的价值内容上说，我国刑法在犯罪规定和刑罚设置这两个方面都还存在较大的调整空间。就犯罪规定而言，目前我国刑法中的犯罪圈较小，因此在将来很长一个时期，立法上的犯罪化是刑法立法的主旋律。当然，犯罪内部的结构还需要进行适当的调整，尤其是应当通过增设轻罪，建立轻罪体系。就刑罚结构而言，目前还存在失调之处。死刑罪名仍然需要大幅度减少，而生刑内部的轻重也需要进行调整。只有这样，才能建立起合理的刑罚体系。

第三节　刑法的根据

我国《刑法》第 1 条规定："为了惩罚犯罪，保护人民，根据宪法，结合我国同犯罪作斗争的具体经验及实际情况，制定本法。"这一规定明确了我国刑法的根据，包括宪法根据和实践根据。现分述如下：

一、刑法的宪法根据

宪法作为国家的根本大法，对刑法制定具有制约性，是刑法的法源根据。我国宪法规定的是我国社会制度和国家制度的根本原则、国家机关组织和活动的基本原则，以及公民的基本权利和义务等根本性的问题。而各个部门法律则是从不同的领域，用不同的手段，为保障和实施宪法所规定的基本内容和各项基本原则服务的。因此，宪法是我国其他一切法律的立法根据，当然也是刑法的立法根据。我国刑法以宪法为其立法根据，就必须在自己的领域内具体贯彻宪法的规定，刑法的规定及其解释都不能与宪法相抵触，否则便没有法律效力。刑法的有关具体规定都是以宪法为依据的，并且通过惩治各种犯罪行为，保障宪法的正确实施。例如，我国《宪法》第33条第2款规定："中华人民共和国公民在法律面前一律平等。"我国《刑法》第4条规定："对任何人犯罪，在适用法律上一律平等。不允许任何人有超越法律的特权。"我们可以看出，刑法的这一规定是以宪法规定为根据制定的，是宪法关于法律面前人人平等原则在刑法中的体现。

二、刑法的实践根据

我国同犯罪作斗争的实践经验和实际情况，是我国制定刑法的实践根据。调查研究，实事求是，一切从实际出发，是我国刑事立法的根本指导思想。按照这一思想，制定刑法的时候，应当认真地总结我国长期同犯罪作斗争的经验，立足于我国的实际情况。在立法过程中，我国刑法借鉴、吸取了中外刑事立法的经验，并从我国目前的实际情况出发，使我国的刑法成为一部具有中国特色的刑法。从刑法规定的内容来看，对于我国多年来同犯罪作斗争行之有效的、成熟的经验以及我国独创的制度，刑法都作了规定，例如管制、死缓、减刑、自首等。

事实说明，现实生活决定法律的废、改、立，法律只有立足于客观实际，才有生命力，刑法也不例外。

第四节　刑法的任务

我国《刑法》第2条规定："中华人民共和国刑法的任务，是用刑罚同一切犯罪行为作斗争，以保卫国家安全，保卫人民民主专政的政权和社会主义制度，保护国有财产和劳动群众集体所有的财产，保护公民私人所有的财产，保护公民的人身权利、民主权利和其他权利，维护社会秩序、经济秩序，保障社会主义建设事业的顺利进行。"根据这一规定，我国刑法的任务可以从以下两个方面加以说明：

一、打击犯罪与保护人民的统一

打击犯罪与保护人民是手段和目的的关系。打击犯罪是指采用刑罚即刑事制裁的方法，同一切危害国家安全的和其他的刑事犯罪行为作斗争。打击犯罪的目的是保护人民。根据我国刑法的规定，保护人民主要是指保护国家的根本政治制度和公民的合法权益。具体地说，表现在以下四个方面：（1）保卫人民民主专政的政权和社会主义制度。严厉打击直接危害我国人民民主专政政权和社会主义制度的危害国家安全的犯罪行为，这是我国刑法的首要任务。（2）保护公共财产和公民私人所有的财产。国有财产和劳动群众集体所有的财产，是社会主义的物质基础，是我国进行现代化建设的物质保证，因而保护公共财产是我国刑法的重要任务。公民私人所有的财产，是公民生产、工作、生活必不可少的物质条件。保护公民私人所有的财产，是宪法的原则在刑法中的体现。（3）保护公民的人身权利、民主权利和其他权利。保护人民的合法权益是我们社会主义国家的根本任务，也是我国刑法任务的重要内容之一。（4）维护社会秩序和经济秩序。良好的社会秩序和经济秩序，是社会主义建设事业顺利进行的保障，同人民的切身利益密切相关，因此，维护社会秩序和经济秩序，是刑法的一项重要任务。

二、保障机能与保护机能的统一

刑法的保障机能首先是指刑法为无罪的人不受法律追究提供法律保障。刑法以罪刑法定为基本原则，而无罪不罚是罪刑法定的必然要求。从无罪不罚的角度出发，任何人，只要未实施犯罪，便不受刑罚惩罚。因此，刑法是公民自由的重要保障。同时，刑法的保障机能还指保障犯罪人不受法外刑。按照罪刑法定的要求，任何犯罪人，都只能依法受刑罚惩罚，不得对其法外施刑。因此，刑法也为犯罪人不受法外刑提供了法律保障。刑法的保护机能，是指刑法通过制裁侵害一定社会关系的犯罪行为，达到使社会关系不再受犯罪侵害的目的。刑法的保障机能与保护机能是有机统一的，两者不可偏废。

第五节　刑法的体系

刑法的体系，是指各种刑法规范按照一定的规律、顺序、联系，有机地排列，组成统一的整体。各国刑法典一般都分为总则和分则两编，个别的还有附则。编之下，再根据法律规范的性质和内容有次序地划分为章、节、条、款、项等层次，从而构成刑法的统一整体。

一、编

编是刑法典的第一级单位。我国刑法将总则和分则列为两编，附则不另立一编，但性质上与总则、分则并列。以总则、分则为基本框架，我国刑法把各种刑法规范科学而系统地纳入总则和分则之中，并使两者有机地结合起来。刑法总则是关于刑法的基本原则和适用范围，以及关于犯罪和刑罚一般规定的规范体系，这些法律规范是定罪量刑必须遵守的共同规则。刑法分则是关于具体犯罪及其法定刑的规范体系，这些法律规范是定罪量刑的具体规则。根据上述标准，可以将刑法规范分为总则性规范和分则性规范。在刑法典中，刑法总则规定的是总则性规范，刑法分则规定的是分则性规范。不仅刑法典的规范可以分为总则性规范与分则性规范，而且单行刑法与附属刑法按其内容属性也可以做这样的划分。单行刑法和附属刑法的内容大多属于刑法分则性规范，但也有个别总则性规范。应当指出，刑法总则性规范的效力不仅及于刑法典，而且及于单行刑法与附属刑法。对此，我国《刑法》第101条明确规定："本法总则适用于其他有刑罚规定的法律，但是其他法律有特别规定的除外。"这里的有刑罚规定的法律，就是指单行刑法与附属刑法。从理论上说，刑法总则与刑法分则的关系是一般与特殊、抽象与具体的关系。附则是关于刑法内容的附属性规定，一般涉及刑法的非实体性内容。

二、章

编下是章，章是总则和分则两编之下的单位。刑法总则和分则各自独立设章。我国刑法总则分设五章，刑法分则分设十章。在刑法分则中，罪名往往按章排列，各章的排列有一定的顺序，形成一个有机的整体。

三、节

章下是节，节是章根据需要而下设的单位，反映章内部的有机联系。我国刑法根据内容决定章下是否设节。在刑法总则中，凡内容较多并且有明确的层次之分的章，往往章下设节，其他章下就不设节。在刑法分则中，第三章与第六章因章下罪名较多而设节，其他章下均不设节。

四、条

节下是条，条是表达刑法规范的基本单位。刑法规范通常都是以条文形式出现的，因而条是刑法规范的基本构成元素。配置在各编、章、节中的刑法条文，全部用统一的顺序号码进行编号。我国刑法修正案对刑法条文进行增补的时候，采用"刑法第某某条，后增加一条，作为某某条之一"的方式，保持了刑法条文的编号不变。我国刑法条文的编号自成系统，不受编、章、节划分的影响。刑法条文采用统一编号，便于检索，引用方便。刑事判决书在引用法条的时候，不应引用刑法修正案的条文，而应当引用经刑法修正案修订或者补充的刑法条文。

五、款

条下是款，款是设于某些条文之下的单位。有些条文表达的内容简单，只有一段，因而没有必要在条下设款。在条文所要表达的内容比较丰富，存在若干层次的情况下，需要在条下设款。我国刑法中的款采用另起一行的方法表示。例如，我国《刑法》第 23 条分为两款，第 1 款规定的是犯罪未遂的概念，第 2 款规定的是未遂犯的处罚原则。

在款的内部还有段之分。在某些情况下，在同一款里还会包含两个甚至三个意思。在学理上，对于同一款里包含的两个意思，分别称为前段与后段；对于同一款里包含的三个意思，分别称为前段、中段与后段。在具有这种结构的条款当中，如果用"但是"这个连接词表示转折关系，则从"但是"开始的这段文字，在学理上被称为但书。刑法中的但书所表示的大致有以下三种情况：

（1）补充性但书。这种但书是前段的补充，使前段的意思更为明确。例如我国《刑法》第13条前段规定了犯罪的概念，后段规定，"但是情节显著轻微危害不大的，不认为是犯罪"，就是补充性但书的适例，它从反面使犯罪概念更加明确。（2）例外性但书。这种但书是前段的例外。在条款中，凡是以"但是……除外"这种句型出现的但书，都属于例外性但书。例如我国《刑法》第65条前段规定了累犯的概念和处罚原则，后段规定：但是过失犯罪和不满18周岁的人犯罪的除外，这就是例外性但书的适例。因此，过失犯罪是累犯构成的排除性条件。（3）限制性但书。这种但书是对前段的限制。例如，我国《刑法》第20条第2款规定："正当防卫明显超过必要限度造成重大损害的，应当负刑事责任，但是应当减轻或者免除处罚"，这就是限制性但书的适例。

六、项

条与款下有项，项是某些条或款之下设立的单位。刑法典中的项，往往采用基数号码进行编号。一般来说，列为项的内容之间往往具有并列关系，并共同从属于条或款。例如，我国《刑法》第33条规定："主刑的种类如下：（一）管制；（二）拘役；（三）有期徒刑；（四）无期徒刑；（五）死刑。"以上五种主刑，刑法分为五项加以规定。

七、目

条与款下还有目，目也可能设于节下条上。一般来说，目是某些条与款之下设立的单位。

第六节　刑法的条文

一、刑法总则条文

刑法总则是关于定罪量刑的一般原则与制度的规定，例如关于犯罪构成要件的规定和刑罚适用条件的规定等。从形式上来看，刑法总则条文主要由两部分构成，即定义与规则。

（一）定义

定义式规定，在刑法总则条文中占有主要地位。因为刑法总则条文的内容具有一般性，在规定的时候采用定义的方法是较为合适的，定义可以对某一原则与制度的本质特征加以表述。尤其是某些主要概念，都应当尽量采用定义方式加以规定，防止定义权旁落。我国刑法总则条文中，存在大量定义式规定，最为著名的是《刑法》第13条关于犯罪概念的规定，揭示了犯罪的特征。此外，故意犯罪、过失犯罪、正当防卫、紧急避险、犯罪预备、犯罪未遂、犯罪中止、犯罪集团、主犯、从犯、胁从犯、自首、立功等都是定义式规定。此外，我国刑法总则第五章其他规定，对公共财产、公民私人所有的财产、国家工作人员、司法工作人员、重伤、违反国家规定、首要分子、告诉才处理等法律用语加以定义，以便于适用。定义式规定的特征是简明性与确切性，尤其适合于刑法总则条文的规定。

（二）规则

刑法总则条文的内容除定义以外，还包含大量处理规则。例如，《刑法》第23条第1款是关于犯罪未遂概念的规定："已经着手实行犯罪，由于犯罪分子意志以外的原因而未得逞的，是犯罪未遂。"第2款则是关于犯罪未遂处罚原则的规定："对于未遂犯，可以比照既遂犯从轻或者减轻处罚。"处理规则直接明确地规定了某一行为的法律后果，因而是刑法总则条文的主要组成部分。我国刑法总则条文关于处理规则的设置，采用了不同的模态词，从而反映了不同的立法意图，对于司法适用具有重要意义。这些模态词包括：（1）应当，例如《刑法》第18条第4款规定："醉酒的人犯罪，应当负刑事责任。"这里的应当，是指必须，具有强制性，不能作相反的处理。（2）可以，例如《刑法》第19条规定："又聋又哑的人或者盲人犯罪，可以从轻、减轻或者免除处罚。"这里的可以，是指一般情况下应当如此，带有倾向性，允许在特殊情况下作出相反的处理。此外，还有些处理规则未采用模态词，我认为对此都应当理解为强制性规定。例如《刑法》第20条关于正当防卫不负刑事责任的规定，这里的不负刑事责任，就是指应当不负刑事责任。

二、刑法分则条文

刑法分则条文是规定具体犯罪的法律条文，是定罪量刑的直接根据。刑法分则条文中，除个别定义式条文以外，基本上都是罪刑式条文。罪刑式条文由两部分构成，即罪状与法定刑。

（一）罪状

罪状是指刑法分则条文对具体犯罪的基本构成特征的描述。按照苏联著名刑法学家 A. H. 特拉伊宁的形象说法，罪状是犯罪构成的"住所"。立法者通过罪状设置具体犯罪，司法者通过罪状认定具体犯罪。因此，罪状在刑法中具有重要意义。在刑法理论上，罪状可以分为以下四种情形：

1. 简单罪状

简单罪状是指刑法分则条文对能被罪名加以概括的具体犯罪的构成要件行为的类型化表述。因此，简单罪状基本上等同于罪名，其对具体犯罪的构成特征的描述未能超出罪名的范围。《刑法》第232条规定的故意杀人罪，其罪状是故意杀人。在这种情况下，罪状内容正好与罪名相重合。因此，在刑法理论上将这种罪状称为简单罪状。简单罪状由于其罪状的简单性，因而具有简明扼要的特点，便于掌握。对于那些众所周知的犯罪，采用简单罪状的立法方式，可以消除法条在表述上的烦琐累赘，具有其优越性。当然，简单罪状不可超范围地采用。因为简单罪状除罗列罪名以外，未对具体犯罪的构成特征加以进一步的描述。对于那些构成特征不为人所周知的犯罪采用简单罪状的立法方式，就无法发挥通过罪状设置具体犯罪的构成要件这一罪状的基本功能，因而无法实现罪之法定。在这个意义上说，简单罪状应当慎用。

2. 叙明罪状

叙明罪状是指刑法分则条文对超出能被罪名加以概括的具体犯罪的构成要件行为的类型化表述。叙明罪状对具体犯罪的构成要件行为进行了详细描述，因此对于正确地理解某一具体犯罪的构成要件行为具有重要意义。在一般情况下，对于法定犯往往采用叙明罪状的立法方式。当然，叙明罪状对具体犯罪的构成要件行为的描述，在不同条文中，详细程度是有所不同的。但是，叙明罪状对具体犯罪的构成要件行为的描述，必须超出罪名概括的内容。唯有如此，才能将叙明罪状与简单罪状加以区分。在我国刑法中，典型的叙明罪状是《刑法》第 305 条伪证罪的罪状："在刑事诉讼中，证人、鉴定人、记录人、翻译人对与案件有重要关系的情节，故意作虚假证明、鉴定、记录、翻译，意图陷害他人或者隐匿罪证。"在这一罪状中，既有罪体的特征，又有罪责的特征，可谓叙述详细。

3. 引证罪状

引证罪状是指刑法分则条文援引其他条文对具体犯罪的构成要件行为的类型化表述。例如，《刑法》第 124 条第 1 款规定了破坏广播电视设施、公用电信设施罪的罪状，第 2 款规定："过失犯前款罪的，处三年以上七年以下有期徒刑；情节较轻的，处三年以下有期徒刑或者拘役。"这里的"犯前款罪"，就是引证罪状：以前款规定之罪状为本款规定之罪状的一部分。采用引证罪状，可以避免法条之间的重复。

4. 空白罪状

空白罪状是指刑法分则条文参照其他法律、法规对具体犯罪的构成要件行为的类型化表述。在空白罪状中，刑法对具体犯罪的构成要件行为未加描述，而是指明参照法规，根据参照法规确定某一具体犯罪的构成要件行为。例如《刑法》第133条规定的交通肇事罪，其罪状是："违反交通运输管理法规，因而发生重大事故，致人重伤、死亡或者使公私财产遭受重大损失的"。在这一罪状中虽然描述了发生重大事故，致人重伤、死亡或者使公私财产遭受重大损失这一结果，但交通肇事行为在罪状中未加描述，因而属于空白罪状。可见，空白罪状之空白，主要是指刑法分则条文对行为要素未作规定，而是要参照其他法律、法规确定。应当指出，并非所有刑法分则条文规定了违反国家规定的罪状都是空白罪状，只有那些具体犯罪的行为要素需要根据参照法规确定的才是空白罪状。虽然载明违反国家规定，但在刑法分则条文中对具体犯罪的构成特征已经加以详细描述的，就不是空白罪状，而是叙明罪状。例如《刑法》第338条规定的污染环境罪，其罪状是："违反国家规定，排放、倾倒或者处置有放射性的废物、含传染病病原体的废物、有毒物质或者其他有害物质，严重污染环境"。在这一罪状中，虽有违反国家规定的前置词，但关于本罪的构成特征已在法条中作了详细描述，无须参照国家有关规定而确定，因而不属于空白罪状，是典型的叙明罪状。空白罪状使刑法对具体犯罪的规定与相关法律、法规相衔接，从而使刑法保持相对稳定性，这是其优点。当然，在刑法理论上也存在空白罪状是否违反罪刑法定原则的疑问。我认为，空白罪状并非对具体犯罪的构成要件行为未作规定，只是未加直接规定，而是需要参照其他法律、法规来确定，这是一种间接规定。从这个意义上说，空白罪状不等于罪状空白，因而并不违反罪刑法定原则关于罪之法定的要求。当然，空白罪状以参照法规的存在并且完善为前提，因此应当慎用。

（二）法定刑

法定刑是指刑法分则条文对具体犯罪规定的刑罚种类和刑罚幅度。法定刑是刑法分则条文的重要组成部分，也是司法机关对犯罪人量刑的根据。法定刑与宣告刑是有所不同的：法定刑是立法机关对具体犯罪规定的刑罚，而宣告刑是司法机关对具体犯罪判处的刑罚。因此，宣告刑是司法机关适用法定刑的结果。在刑法理论上，法定刑可以分为以下三种情形：

1. 绝对确定的法定刑

绝对确定的法定刑是指刑法分则条文对具体犯罪或者具体犯罪的某种情形规定的没有量刑幅度的法定刑。在绝对确定的法定刑的情况下，法官没有任何酌情科处刑罚的自由裁量权。因此。绝对确定的法定刑使法官不能根据犯罪的具体情节，对犯罪人判处轻重适当的刑罚，存在一定的缺陷。在我国刑法中，不存在对具体犯罪规定的绝对确定的法定刑。

2. 绝对不确定的法定刑

绝对不确定的法定刑是指刑法分则条文对具体犯罪不规定具体的刑种和刑度，只规定对该种犯罪判处刑罚，至于判处何种刑罚完全由法官自由裁量。绝对不确定的法定刑违反罪刑法定原则所要求的刑之法定，因而为我国刑法所不取。

3. 相对确定的法定刑

相对确定的法定刑是指刑法分则条文对具体犯罪规定了数个刑种或者具有一定刑度，法官可以根据法定刑对具体犯罪裁量适用。我国刑法分则条文规定的法定刑绝大多数都是相对确定的法定刑。我国刑法规定的相对确定的法定刑具有以下五种情形：（1）刑法分则条文只规定法定刑的最高限，对最低限则未作规定，而是按照刑法总则的有关规定确定。例如，《刑法》第448条规定，犯虐待俘虏罪的，处3年以下有期徒刑。《刑法》第45条规定有期徒刑的下限为6个月，因此，虐待俘虏罪的法定刑是6个月以上3年以下有期徒刑。（2）刑法分则条文只规定法定刑的最低限，对最高限则未作规定，而是按照刑法总则的有关规定确定。例如《刑法》第425条规定，犯战时擅离、玩忽军事职守罪的，处5年以上有期徒刑。《刑法》第45条规定有期徒刑的上限为15年，因此，战时擅离、玩忽军事职守罪的法定刑是5年以上15年以下有期徒刑。（3）刑法分则条文同时规定法定刑的最高限和最低限。例如《刑法》第232条规定，犯故意杀人罪，情节较轻的，处 3 年以上 10 年以下有期徒刑。（4）刑法分则条文规定两种以上主刑或者两种以上主刑和附加刑。例如《刑法》第 238 条规定，犯非法拘禁罪的，处 3 年以下有期徒刑、拘役、管制或者剥夺政治权利。（5）刑法分则条文规定了援引性法定刑，即规定某一具体犯罪援引其他条款的法定刑处罚。例如，《刑法》第 386 条规定，犯受贿罪的，根据受贿所得数额及情节，依照《刑法》第 383 条的规定处罚。

第七节　刑法的解释

一、刑法解释的概念

刑法的解释是指对刑法规范蕴含的阐述。刑法条文所具有的一定程度的抽象性和稳定性，决定了刑法解释在正确领会立法意图、准确适用法律上的必要性。

（一）主观解释论与客观解释论

主观解释论认为，法律是立法者为社会一般人设计的行为规范，表达了立法者希望或不希望、允许或不允许人们从事什么样的行为的主观愿望，因而法律应该具有明确性。就刑法而言，刑法应以成文法的形式明确规定什么行为是犯罪以及应受何种刑罚处罚。依据法律规定的行为规范，人们就可以在社会生活中选择自己的行为方式，预见到自己行为的法律后果。法律的明确性同时促使法官严格依法办案，在法律规定的权限范围内行使权力，禁止法官滥用职权，侵犯公民的合法权利，即使是犯罪人也不应受到法外制裁。法律的这种可示人以规范的明确性是安全价值的保障。因此，任何对法律的解释都是对立法者在立法时表达的立法原意的理解，亦即找出立法原意。由于这种法律解释的主张以立法原意为认识目标，企图达到立法者的主观状况，因而被称为法律解释上的主观解释理论。

客观解释论认为，法律是社会的产物，法律解释必须符合实际的社会生活。

因此，所谓客观，在词义上是指客观的社会现实的需要，以此对应于主观解释理论主张的立法者的主观状况。客观解释论者指出，法律并非死文字，而是具有生命的、随时空因素的变化而变化的行为规范。立法者一旦颁布了法律，法律便随着时间的变化而逐渐地并越来越远地脱离立法者而独立自主地生存下去，并逐渐地失去了立法者赋予它的某些性质，获得了另外一些性质。法律只有在适应社会需要的情况下才能保持活力。激进的客观解释论者甚至认为，所谓立法意图只是一个纯属虚构的概念。从否定立法意图开始，法官对法律的解释逐渐演变为在法律解释的名义下对法律的创造，即法官造法。

我认为，激进的客观解释论显然有悖于解释一词的原意，从而混淆了立法与司法的界限。解释一词，字面含义是指分析说明。解释不同于创作，而颇类似于翻译，它是以一定的客体（往往是文本）为前提的，是在对文本所包含的意义的理解基础上的阐发。创作虽然要有所本，但其所本的客体并非一定的文本，创作是直接面对社会生活的一种精神性创造。立法，根据马克思的说法，是将一定的客观规律以法律条文的形式确认下来。虽然马克思在说明立法对客观规律的反映时使用翻译一词，但这只是借喻而已。立法是否反映了客观规律以及反映得好坏，是评价立法的一个客观标准。因此，立法者在立法时有着充分的自由度。解释则有所不同，它受到文本的制约，不像立法那样是一种从无到有的确立，而是一种从隐到显的阐发。法律解释即是如此，它只是把已经或者应当包含在法律文本中的意义（可以称为立法意蕴）阐发出来。因此，离开了法律文本的意义，像激进的客观解释论者所主张的那样，从根本上否认立法意图的存在，则已经不是在解释法律，而是创制法律。因此，只有从解释的特定含义出发，才能进一步阐发如何解释的问题。我认为，刑法解释应当坚持罪刑法定原则，不得僭越刑事立法权，应坚持严格解释。刑法的严格解释，在一定程度上可以引申出有利于被告人解释的原则。当然，刑法解释又不能拘泥于立法原意，而应在立法意蕴所允许的范围内，使刑法解释起到阐明立法精神、补救立法不足的功效。

（二）形式解释论与实质解释论

形式解释论主张以罪刑法定原则为核心，在对法条进行解释时，先进行形式判断，即以可能的语义作为刑法解释的界限，从而为确认对某一行为刑法是否有明文规定提供一个客观可以验证的标准。在此基础上再进行实质判断，即行为是否具有法益侵害性。如果根据形式判断，某一行为属于法律有明文规定，但根据实质判断，该行为不具有法益侵害性，同样不应认定为犯罪。

实质解释论主张以处罚必要性为出发点，在对法条进行解释时，应当进行实质判断。即当刑法有形式规定，但行为具有严重的法益侵害性时，根据实质解释论，应当予以入罪。因此，实质解释论所确认的解释容许范围，与处罚必要性成正比，与刑法用语核心的距离成反比。也就是说，处罚必要性越高，对与刑法用语核心含义距离的要求就越缓和，因而解释容许的范围越为宽泛。

形式解释论与实质解释论的根本对立在于：在刑法没有所谓形式规定的情况下，能否将具有实质上的处罚必要性的行为通过解释的方法予以入罪。对此，形式解释论基于罪刑法定原则的形式理性，予以断然否定。而实质解释论则根据处罚必要性的标准，予以充分肯定。

我认为，形式解释论与实质解释论之争，并不仅仅是一个解释方法问题，而且涉及对罪刑法定原则的理解，对刑法机能的认识问题。形式解释论与实质解释论之争，也并不是一个要不要实质判断的问题，而是形式判断是否应当独立于、前置于实质判断，从而在形式判断与实质判断之间形成逻辑上的位阶关系的问题。我主张形式解释论，认为这是从罪刑法定原则中引申出来的必然结论。在可能的语义与处罚必要性之间，应当以可能的语义限制处罚必要性，而不是以处罚必要性决定可能的语义，只有这样，才能严格限制司法权，从而实现刑法的人权保障机能。

二、刑法解释的种类

刑法解释一般可以分为立法解释、司法解释和学理解释。下面分别加以论述。

(一) 立法解释

立法解释是指立法机关对刑法的含义所作的解释。立法机关具有立法权,当然也有权对法律加以解释,这种解释具有与立法相同的法律效力。刑事立法解释对于弥补刑法规范中的漏洞,使刑法规范适应复杂多变的犯罪活动,维护刑法规范的稳定性,具有重要作用。

在 1997 年刑法颁行以后,我国立法机关开始注重通过立法解释进一步明确立法意蕴。尤其是对于司法机关存在异议的问题,通过立法解释加以明确。例如,2002 年 4 月 28 日全国人大常委会《关于〈中华人民共和国刑法〉第二百九十四条第一款的解释》[以下简称《解释(一)》]和《关于〈中华人民共和国刑法〉第三百八十四条第一款的解释》[以下简称《解释(二)》],是在刑法实施以来,第一次在有关的法律问题已有司法解释的情况下,由于司法机关对法律规定认识不一致,而由全国人大常委会又作出立法解释。其中《解释(一)》是对黑社会性质的组织的立法解释,《解释(二)》是对挪用公款归个人使用的立法解释。关于这两个问题最高人民法院都曾经作过司法解释,最高人民检察院存在不同意见,因而全国人大常委会作出立法解释。这些立法解释对于明确法律规定的立法本意,进一步规范司法解释具有重要意义。

关于立法解释的效力问题,刑法未作规定。我国刑法理论认为,立法解释是对立法原意的阐释或者对法律含义的进一步明确,并不涉及对法律的修改或者补充。而法律规定的含义应当是在法律生效时就存在的,因此,立法解释对法律的效力没有影响。对于立法解释颁布前还没有判决的案件,应当适用立法解释。

(二) 司法解释

司法解释是指司法机关对刑法的含义所作的解释。在刑法适用中,经常出现一些疑难问题,需要通过司法解释加以明确。因此,司法解释对于刑法的正确适用具有重要意义。

我国的司法解释是指最高司法机关(最高人民法院和最高人民检察院)对刑

法适用中的有关问题所作的解释。1981 年 6 月 10 日全国人大常委会《关于加强法律解释工作的决议》规定："凡属于法院审判工作中具体应用法律、法令的问题，由最高人民法院进行解释。凡属于检察院检察工作中具体应用法律、法令的问题，由最高人民检察院进行解释。"因此，最高人民法院和最高人民检察院均有司法解释权。从 1997 年《刑法》颁行以来，最高人民法院和最高人民检察院就审判和检察工作中具体适用刑法的问题分别作出了大量的司法解释，同时就一些刑法适用的共同性问题，最高人民法院和最高人民检察院联名作出司法解释。此外，最高人民法院和最高人民检察院还与有关行政主管部门，共同对刑法适用中的问题进行解释，这可以视为一种准司法解释。我国的司法解释就内容而言，可以分为规范性解释与个案性解释。规范性解释通常以"规定""解释"等形式发布，而个案性解释则通常以"批复""答复"等形式发布。此外，以"座谈会纪要"的形式出现的司法解释性文件，也同样具有司法解释的性质，只是在法律效力上略逊于正式的司法解释，因而在法理上也被称为准司法解释。

关于司法解释的效力问题，刑法未作规定。2001 年 12 月 17 日最高人民法院、最高人民检察院《关于适用刑事司法解释时间效力问题的规定》第 2 条规定："对于司法解释实施前发生的行为，行为时没有相关司法解释，司法解释施行后尚未处理或者正在处理的案件，依照司法解释的规定办理。"由此可见，司法解释作为对刑法的解释，其适用的时间效力依附于刑法的效力。但前引司法解释第 3 条规定："对于新的司法解释实施前发生的行为，行为时已有相关司法解释，依照行为时的司法解释办理，但适用新的司法解释对犯罪嫌疑人、被告人有利的，适用新的司法解释。"因此，在具有新、旧司法解释的情况下，应当按照从旧兼从轻的原则解决司法解释的时间效力问题。

（三）学理解释

如果把立法解释与司法解释称为有权解释，即其法律解释具有法律上的拘束力，那么，学理解释就是一种无权解释，但具有学理上的参考价值。尽管学理解释不具有法律效力，但它在刑法适用中仍然具有十分重要的意义。

三、刑法解释的方法

刑法解释的方法一般可以分为文理解释和论理解释，而论理解释又可分为扩张解释、限制解释、当然解释、沿革解释、目的解释等。下面分别加以论述。

（一）文理解释

文理解释，又称为文义解释或者平义解释，是指对法律条文的字义，包括单词、概念、术语以及标点符号，从文理上所作的解释。

对于法律解释来说，文理解释是一种首选的解释方法。在一般情况下，通过文理解释可以获得对于刑法条文的正确理解的，就不应当再采用其他解释方法。文理解释依赖的是法律赖以表达的语言的日常意义。由于语言的文义具有多重性，因而有时需要在数个文义中根据立法精神加以选择。为了避免日常语言的歧义性而引起对法律的误解，在法律实践中创设了专业语言，即所谓法言法语，这种专业语言是法律所特有的，例如刑法中的累犯、假释等概念，对这种法律专业术语的解释被认为是一种特殊文义解释方法。当然，在法律文本中，法言法语只是少数，大多数采用的是自然语言。由于自然语言的含糊性，文理解释方法是具有局限性的，正确的法律解释还需借助于论理解释方法。

（二）论理解释

论理解释是指按照立法精神，联系有关情况，对刑法条文从逻辑上所作的解释。论理解释可以分为以下五种：

1. 扩张解释

扩张解释是指将刑法条文用语从通常含义扩大到可能语义边缘的解释方法。在扩张解释的情况下，解释的内容已经超出了刑法条文用语的通常含义。这种超出条文通常含义的解释之所以是正当的，主要是因为所解释的内容没有超出刑法条文用语的可能语义的范围。一般的用语都有核心意义与边缘意义之分，其核心意义就是通常含义，而边缘意义是指处于可能语义边缘的含义。因此，扩张解释并没有超出刑法条文用语的可能语义，这也是扩张解释与类推解释的根本区分之所在。例如《刑法》第 252 条侵犯通信自由罪中的信件，通过扩张解释可以包括电子邮件。信件的通常含义是指纸质信件，电子邮件虽非纸质，将其视为信件并没有超出信件的可能语义范围。

2. 限制解释

限制解释是指将刑法条文的含义作限制范围的解释方法。在限制解释的情况下，解释的内容较之刑法条文用语的通常含义范围为小。例如《刑法》第 111 条为境外窃取、刺探、收买、非法提供国家秘密、情报罪中的情报，2001 年 1 月 17 日最高人民法院《关于审理为境外窃取、刺探、收买、非法提供国家秘密、情报案件具体应用法律若干问题的解释》第 1 条第 2 款将其规定为"关系国家安全和利益、尚未公开或者依照有关规定不应公开的事项"，这就是一种限制解释。通过限制解释，将与国家安全和利益无关的情报排除在外，从而使本罪处罚范围予以收缩，使这一处罚规定更为合理。

3. 当然解释

当然解释是指刑法条文表面虽未明确规定，但实际上已包含在法条的意义之中，依照当然的道理阐明法条含义的解释方法。例如，《刑法》第 329 条规定了抢夺国有档案罪，但未规定抢劫国有档案罪。那么，在行为人使用暴力抢劫国有档案的情况下，能否以抢夺国有档案罪论处呢？我认为是可以的，这里适用的就是举轻以明重的当然解释。因为抢劫行为本身包含抢夺的内容，是使用暴力抢夺。在抢夺与抢劫之间存在着逻辑上的递进关系。如果不存在这种逻辑上的递进关系，而是具有逻辑上的类似关系，就不能根据举轻以明重而予以当然解释。

4. 沿革解释

沿革解释，又称历史解释，是指根据刑法条文制定的历史背景以及其因袭与演变的情况阐明条文含义的解释方法。法律是一个发展的过程，在这种发展过程中，具有连续性与变动性的双重变奏。沿革解释就是从连续与变动的相关性上阐明刑法条文的含义。在某些情况下，这种沿革解释优于其他解释。对于正确领会刑法条文的含义来说，沿革解释具有重要的意义。

5. 目的解释

目的解释是指根据刑法条文制定的立法目的，阐明条文含义的解释方法。目的解释可以分为目的性限缩与目的性扩张，因目的性扩张与罪刑法定原则相悖，故在刑法解释中目的解释通常是指目的性限缩。目的性扩张是指将刑法条文的含义解释得较宽，因而将刑法条文所并不包含的部分内容涵括在内。根据罪刑法定原则，法无明文规定不为罪。因此，对刑法分则关于犯罪的构成要件进行目的性扩张，是与罪刑法定原则相抵触的，不能采用。然而，对于其他有利于被告人的目的性扩张，并不违反罪刑法定原则，因而是可以采用的。例如，我国《刑法》第49条第1款规定，审判的时候怀孕的妇女，不适用死刑。如果仅仅从刑法条文的字面规定来看，只有当妇女在法院审理期间怀孕的，才不适用死刑。那么。在侦查期间或者审查起诉期间怀孕的，是否适用死刑呢？对此，司法解释规定，如果人民法院在审判时发现，在羁押受审时已是孕妇的，仍应依照上述法律规定。因此，将这里的"审判的时候"扩张解释为包括所有羁押期间。此外，如果在羁押期间怀孕，但在审判的时候已经自然流产或者人工流产，在这种情况下，是否属于怀孕的妇女呢？对此，司法解释规定，在这种情况下，仍然视为怀孕的妇女，不适用死刑。对"审判的时候怀孕的妇女，不适用死刑"进行以上目的性扩张，明显有利于保护孕妇的合法权利，因此完全可以采用。

第二章

刑法原则

第一节　罪刑法定原则

一、罪刑法定原则的概念

罪刑法定原则的基本含义是法无明文规定不为罪，法无明文规定不处罚。罪刑法定原则的基本要求是：（1）法定化，即犯罪和刑罚必须事先由法律作出明文规定，不允许法官擅断。（2）实定化，即对于什么行为是犯罪和犯罪所产生的法律后果，都必须作出实体性的规定。（3）明确化，即刑法文字清晰，意思确切，不得含糊其词或模棱两可。罪刑法定的思想，一般认为是渊源于1215年英王约翰签署的《大宪章》，《大宪章》第39条确定了适当的法定程序的基本思想。该条规定："凡是自由民除经其贵族依法判决或遵照国内法律之规定外，不得加以扣留、监禁、没收其财产、褫夺其法律保护权，或加以放逐、伤害、搜查或逮捕。"到了17、18世纪，欧洲大陆启蒙思想家针对封建刑法中罪刑擅断、践踏人权的黑暗现实，更加明确地提出了罪刑法定的主张，并以"三权分立"说和心理强制说作为其理论基础，使罪刑法定的思想更为系统，内容更加丰富。法国大革命胜利后，罪刑法定这一思想由学说转变为法律，在宪法和刑法中得到确认。1789 年法国《人权宣言》第 8 条规定："法律只应规定确实需要和显然不可少的刑罚，而且除非根据在犯罪前已制定和公布的且系依法施行的法律以外，不得处罚任何人。"在《人权宣言》这一内容的指导下，1810 年《法国刑法典》第 4 条首次以刑事立法的形式明确规定了罪刑法定原则。由于这一原则符合现代社会民主与法治的发展趋势，至今已成为不同社会制度的世界各国刑法中最普遍、最重要的一项原则。

罪刑法定原则从产生之日起发展演变到今天，已经历了数百年的历史。在这期间，世界各国的政治、经济、文化和社会状况都发生了深刻的变化。这些变化必然反映在立法上，要求罪刑法定原则适应社会生活的需要。正是在这一时代背景下，罪刑法定原则发生了从绝对罪刑法定原则到相对罪刑法定原则的重大转变。绝对罪刑法定原则是一种严格的、不容变通的原则，它要求犯罪和刑罚的法律规定必须是绝对确定的，法官没有任何自由裁量权。这一立法思想反映在刑法立法上就形成了绝对的罪刑法定原则，其基本内容是：（1）绝对禁止适用类推和扩大解释，把刑法的明文规定作为定罪的唯一根据。对于法律没有明文规定的行为，不能通过类推或者类推解释以犯罪论处。（2）绝对禁止适用习惯法，把成文法作为刑法的唯一渊源。对于刑法上没有明文规定的行为，不允许通过适用习惯法定罪。（3）绝对禁止刑法溯及既往，把从旧原则作为解决刑法溯及力问题的唯一原则。对于行为的定罪量刑，只能以行为当时有效的法律为依据，行为后颁行的新法没有溯及既往的效力。（4）绝对禁止法外刑和不定期刑。刑罚的名称、种类和幅度，都必须由法律加以确定，并且刑期必须是绝对确定的，既不允许存在绝对的不定期刑，也不允许规定相对的不定期刑。相对罪刑法定原则是对传统的绝对罪刑法定原则的修正，其基本内容是：（1）在定罪的根据上，允许有条件地适用类推和严格限制的扩大解释，即适用类推必须以法律明确规定类推制度为前提，以有利于被告人为原则，不允许不利于被告人的类推；进行扩大解释必须以不超越解释权限为前提，以符合立法精神为原则，不允许越权解释或违背立法本意作任意解释。（2）在刑法的渊源上，允许习惯法成为刑法的间接渊源，但必须以确有必要或不得已而用之为前提。只有当构成犯罪的要件确定后，必须借助习惯法加以说明时，习惯法才能成为对个案定性处理的依据。（3）在刑法的溯及力上，允许采用从旧兼从轻的原则，作为禁止刑法溯及既往的例外。新法对于其颁布施行前的行为，原则上没有追溯的效力。但是，当新法不认为是犯罪或处罚较轻时，则可以适用新法。（4）在刑罚的种类上，允许采用相对的不定期刑，即刑法在对刑罚种类作出明文规定的前提下，可以规定具有最高刑和最低刑的量刑幅度，法官有权根据案件的具体情况，在法定的量刑幅度内选择确定适当的刑种和刑度。从当今世界各国的刑法立法和司法状况来看，早期的绝对罪刑法定原则已被废弃，代之而起的相对罪刑法定原则，成为各国刑法改革的发展方向。

1949年中华人民共和国成立以后，以《大清新刑律》为开端的我国近代刑法史戛然而止，罪刑法定主义也随之被废弃。1979年制定的刑法规定了类推制度，罪刑法定主义不见踪影。当然，这也并非我国古代比附援引的复活，而是师法苏俄的结果。因为苏俄刑法典长期以来一直都有类推规定，一直到1958年12月通过《苏联和各加盟共和国刑事立法纲要》，类推才被取消。[1] 而在我国罪刑法定主义被列为旧法观念，从一开始就被禁止。在刑法起草过程中，虽然在类推与罪刑法定主义之间曾经存在争论，但类推的主张始终占上风。高铭暄教授对此作了生动的描述："我国刑法在罪刑法定原则的基础上，应当允许类推，作为罪刑法定原则的一种补充……为了使我们的司法机关能及时有效地同刑法虽无明文规定、但实际上确属危害社会的犯罪行为作斗争，以保卫国家和人民的利益，就必须允许类推。有了类推，可以使刑法不必朝令夕改，这对于保持法律在一定时期内的相对稳定性是有好处的。而且，有了类推，可以积累同新的犯罪形式作斗争的经验

① А.А.皮昂特科夫斯基等.苏联刑法科学史.曹子丹，等译.北京：法律出版社，1984：35.

材料，这就为将来修改、补充刑法提供了实际依据"①。可见，在当时历史条件下，类推制度在打击犯罪的名义下获得了政治上的正确性。尽管如此，以类推为补充的罪刑法定主义是前所未闻的，因为罪刑法定主义与类推之间存在逻辑上的矛盾：一部刑法只要是规定了类推，就不可能是罪刑法定主义的；一部刑法只要是标榜罪刑法定主义，就必然是禁止类推的。而在相当长的一个时期内，我国1979年《刑法》却被称为实行以类推为补充的罪刑法定主义。在1997年《刑法》修订中，在《刑法》中明确规定罪刑法定主义原则，同时废除类推的呼声高涨，虽然也有个别主张保留类推的观点，但那只是极个别说。② 最终在1997年《刑法》第3条规定了罪刑法定原则。尽管罪刑法定主义已经被我国刑法所采用，然而，在罪刑法定主义的理解上，仍然存在着模糊之处。近年来，我国刑法学界围绕着罪刑法定主义的含义以及我国刑法关于罪刑法定原则规定的理解，展开了具有深度的学术争议，这对于加深我们对罪刑法定主义的正确理解具有重要意义。

（一）绝对的罪刑法定与相对的罪刑法定

罪刑法定主义存在一个从绝对的罪刑法定到相对的罪刑法定的嬗变过程，其内容主要表现为：从完全取消司法裁量到限制司法裁量；从完全反对法官对刑法进行解释到允许法官对刑法进行严格解释；从完全否定类推到容许对被告人有利的类推；从完全禁止事后法到从旧兼从轻；从绝对确定的法定刑到相对确定的法定刑。这些变化使罪刑法定主义更加适应保障人权的需要，同时又克服其僵硬性，获得了一定的灵活性。因此，从绝对的罪刑法定到相对的罪刑法定，并不是罪刑法定主义之死亡，而恰恰是罪刑法定主义之再生。

在相对的罪刑法定的语境中，法律专属主义的相对化是一个显著的特征。罪刑法定主义以"法无明文规定不为罪"为其基本内容，那么，这里的"法"并非

---

① 高铭暄. 中华人民共和国刑法的孕育和诞生. 北京：法律出版社，1981：126.

② 彭凤莲. 中国罪刑法定原则的百年变迁研究. 北京：中国人民公安大学出版社，2007：219.

一般意义上的"法"，而是特指法律。这也就是所谓法律专属主义。法律专属主义被认为是罪刑法定主义的应有之义，即只有法律才能规定犯罪。这里的法律，是指刑法，包括形式刑法与实质刑法。我国采取统一的刑法典的立法方式，即我国只有形式刑法，而不存在实质刑法。因此，在我国的法律语境中，罪刑法定主义中的"法"是指刑法典。就此而言，我国刑法是坚持法律专属主义的。

法律专属主义可以分为绝对的法律专属主义与相对的法律专属主义。绝对的法律专属主义认为法律专属性具有绝对的意义，即行政机关无权制定与犯罪和刑罚有关的法规。而相对的法律专属主义则认为在法律规定了犯罪的基本特征和法定刑的情况下，可以授权其他机关规定具体的犯罪要件。[①] 就此而言，我国刑法显然是采取相对的法律专属主义的。因为我国刑法分则存在大量的空白罪状，它只规定了某一犯罪的基本框架，该犯罪的具体内容有待于行政法规加以填充。例如，我国《刑法》第 225 条规定的非法经营罪，是指违反国家法律，进行非法经营，扰乱市场秩序，情节严重的行为。刑法分四项列举了非法经营行为，其中前三项是具体行为，但第四项是空白规定，其内容为："其他严重扰乱市场秩序的非法经营行为"。在认定这里的"其他扰乱市场秩序的非法经营行为"的时候，"违反国家规定"是一个重要的参照依据。因为《刑法》第 225 条规定了"违反国家规定"这一要素，它同样适用于第 225 条第 4 项。也就是说，《刑法》第 225 条第4 项"其他严重扰乱市场秩序的非法经营行为"，必须具备"违反国家规定"这一前提。那么，如何理解这里的"违反国家规定"呢？对此，我国《刑法》第 96 条专门对违反国家规定的含义作了规定，指出："本法所称违反国家规定，是指违反全国人民代表大会及其常务委员会制定的法律和决定，国务院制定的行政法规、规定的行政措施、发布的决定和命令"。由此可见，违反国家规定中所称国家规定，只限于国家立法机关制定的法律和国家行政机关制定的行政法规的规定。这

---

① 杜里奥·帕多瓦尼. 意大利刑法学原理：注评版. 陈忠林，译评. 北京：中国人民大学出版社，2004：23.

里的国家规定属于认定具体犯罪的参照法规，在刑法对某一构成要件行为规定不明确的情况下，通过参照法规予以明确。因此，参照法规就在某种意义上承担了实质上对构成要件予以明确化的职能。尤其是在空白罪状的情况下，刑法空白完全有赖于参照法规来填补，因而参照法规的层级直接关系到法律专属性原则。在我国刑法采取相对的法律专属主义的情况下，尽管行政性法规和司法解释不能直接规定犯罪，但实际上具有间接地规定犯罪的功能，是认定犯罪的规范根据。在这个意义上，行政性法规对于犯罪成立具有重要影响。

事实上，不仅行政法规对于犯罪的认定具有规范根据的功能，而且，司法解释在很大程度上也是认定犯罪的根据。可以说，司法解释对于空白罪状的犯罪要件的明确化与具体化，也具有重要意义。在我国司法实践中，大量的空白罪状都是通过司法解释予以充实的，从而为司法机关适用空白罪状提供了法律根据。例如，对于我国《刑法》第225条第4项的"其他严重扰乱市场秩序的非法经营行为"，迄今为止，最高人民法院将以下9种行为解释为《刑法》第225条第4项规定的其他严重扰乱市场秩序的非法经营行为：（1）非法经营出版物；（2）非法经营电信业务；（3）非法传销或者变相传销；（4）在生产、销售的饲料中添加盐酸克伦特罗等禁止在饲料和动物饮用水中使用的药品或者销售明知是添加有该类药品的饲料，情节严重的行为；（5）非法经营互联网业务；（6）非法经营彩票；（7）非法经营非上市公司股票；（8）违反国家规定，使用销售类终端机具（POS机）等方法，以虚拟交易、虚开价格、现金退货等方式向信用卡持卡人直接支付现金；（9）擅自发行基金份额募集资金。由此可见，在我国司法实践中，司法解释对于认定犯罪具有第二法源的性质，即间接法源。

这里应该指出，司法解释对于"其他严重扰乱市场秩序的非法经营行为"的规定，也同样应当受到"违反国家法律规定"这一前置性要件的限制。但在1997年《刑法》适用以后，最高司法机关陆续发布的关于《刑法》第225条第4项的司法解释中有些并不具有与行政许可的相关性，甚至连违反国家规定这一前置性条件也不具备。在上述司法解释对《刑法》第225条第4项的规定中，存在着不具备"违反国家规定"这一前提的情形。例如 2000 年 4 月 28 日《关于审理扰乱电信市场管理秩序案件具体应用法律若干问题的解释》（法释［2000］12 号）第 1 条规定，违反国家规定，采取租用国际专线、私设转接设备或者其他方法，擅自经营国际或者涉港澳台电信业务进行营利活动，扰乱电信市场管理秩序，情节严重的，依照《刑法》第 225 条第 4 项的规定，以非法经营罪定罪处罚。但 2000 年 9 月 25 日国务院发布的《电信条例》第 59 条才将上述行为规定为禁止性行为，且只对其中三种行为规定可以追究刑事责任，而并未涉及上述非法经营行为。非法经营行为是否只有法律、法规明文规定应当追究刑事责任才能纳入其他非法经营行为的范围，这当然是可以讨论的。但仅就司法解释和《电信条例》出台时间来看，司法解释发布于 2000 年 4 月 28 日，生效于 2000 年 5 月 24 日，早于《电信条例》（2000 年 9 月 25 日发布）出台。对此，我国学者指出：该解释制定之时尚没有明确的行政法规作为参照规定，该解释第 1 条中的"违反国家规定"也就没有相关法规作依据，该解释第 1 条严格来说是"无效条款"①。我以为，以上质疑是能够成立的。至少在 2000 年 5 月 24 日至 2000 年 9 月 25 日这一期间，上述司法解释属于内容超前的无效条款。因此，"违反国家规定"是其他非法经营行为构成犯罪的前置性条件。如果这个问题不解决，司法解释虽然试图解决刑法的明确性问题，但却与罪刑法定原则所派生的法律专属性原则相悖。

（二）形式的罪刑法定与实质的罪刑法定

形式的罪刑法定又称为罪刑法定的形式侧面，而实质的罪刑法定又称为罪刑法定的实质侧面。形式的罪刑法定与实质的罪刑法定这对范畴，涉及对罪刑法定主义精神的理解，这也是日本学者山口厚教授所说的罪刑法定主义的思考方法问题。② 可以说，形式的罪刑法定与实质的罪刑法定的提法主要来自日本。日本学者曾根威彦教授曾经提出，罪刑法定原则可以分为形式内容与实质内容。其中，

---

① 刘树德，王冕. 非法经营罪罪状"口袋径"的权衡——对法释［2000］12 号第 1 条的质疑. 法律适用，2002（10）.

② 山口厚. 刑法总论. 2 版. 付立庆，译. 北京：中国人民大学出版社，2011：10.

罪刑法定原则的形式内容基本上是传统的"法无明文规定不为罪"。而罪刑法定原则的实质内容则是指人权保障。曾根威彦教授指出："罪刑法定原则要成为实质的保障人权原理，除了仅仅要求在行为时存在规定有犯罪和刑罚的法律还不够，而且，该刑罚法规还必须是适当的。"① 曾根威彦将刑法用语的明确性和刑法内容的适当视为罪刑法定原则的实质内容。应该说，曾根威彦在罪刑法定原则的形式内容与实质内容之间建立了某种递进关系：罪刑法定原则的形式内容是其基本之义，而罪刑法定原则的实质内容是其补充之义，这是完全正确的。但日本学者前田雅英教授提出了罪刑法定主义的实质化的命题，在这一命题下，除刑法用语的明确性和刑法内容的适当性以外，还提出了实质的刑法解释的概念，认为解释容许范围与处罚必要性成正比而与可能语义的边界成反比。② 在此，前田雅英将处罚必要性当作了实质的刑法解释的核心概念，以此确定刑法解释的标准。可以看出，前田雅英教授以处罚必要性为核心的罪刑法定主义的实质化命题，本身包含着突破罪刑法定主义的危险性。究其原委，是这种所谓处罚必要性没有受到罪刑法定主义的形式内容的限制，由此而使处罚必要性具有了相当程度上的入罪功能。恰恰在这一点上，日本的其他刑法学者是将处罚必要性作为限制处罚的实体根据而确立的。日本学者山口厚教授在论及罪刑法定主义的思考方法时指出："罪刑法定主义并不是单纯的形式原理，而有必要作为实质的处罚限定原理加以理解。"③ 在这个意义上理解罪刑法定主义的实质内容当然是没有问题的，因为在罪刑法定主义的形式要素的限制下，处罚必要性就成为进一步出罪的实质根据。换言之，按照罪刑法定主义的形式内容，只要有法律的明文规定，在具备其他犯罪成立要件的情况下，就可以构成犯罪。而按照罪刑法定主义的实质内容，则即使法律有明文规定，也并不一定具备了犯罪成立的构成要件，还要根据是否具有实质上的处罚必要性加以进一步的排除。因此，罪刑法定主义的形式内容与罪刑

① 曾根威彦. 刑法学基础. 黎宏，译. 北京：法律出版社，2005：12.

② 前田雅英. 刑法总论讲义. 4 版. 东京：东京大学出版社，2006：78 - 79.

③ 山口厚. 刑法总论. 2 版. 付立庆，译. 北京：中国人民大学出版社，2011：10.

法定主义的实质内容之间存在逻辑上的递进关系。根据罪刑法定主义的实质内容所确定的犯罪范围明显要小于根据罪刑法定主义的形式内容所确定的犯罪范围。

我国学者张明楷教授较早地从日本引入了罪刑法定主义的形式内容和实质内容的学说，张明楷教授称之为罪刑法定的形式侧面和实质侧面。但在对罪刑法定的形式侧面与实质侧面的理解上，张明楷教授的观点更加接近于前田雅英教授。在一定程度上，以处罚必要性为核心概念强化了罪刑法定的实质侧面的功能，并且在此基本上倡导刑法的实质解释论。张明楷教授指出：罪刑法定原则的具体内容分为形式侧面与实质侧面。法律主义、禁止事后法、禁止类推解释、禁止不定（期）刑，是罪刑法定原则的传统内容，被称为形式侧面。罪刑法定原则的形式侧面的法律主义，要求司法机关只能以法律为根据定罪量刑，而不能以习惯等为理由定罪判刑，以及法官不得溯及既往、不得类推解释法律、不得宣告不定期刑等，都是为了限制司法权力，保障国民自由不受司法权力的侵害。所以，罪刑法定原则的形式侧面，完全体现了形式法治的要求。而罪刑法定原则的实质侧面包括两个方面的内容：一是刑罚法规的明确性原则；二是刑罚法规内容的适正的原则。实质侧面主要在于限制立法权，充满了对立法权的不信任。换言之，实质的侧面反对恶法亦法，这正是实质法治的观点。[①] 张明楷教授将罪刑法定原则的形式侧面与形式法治相连接，又把罪刑法定原则的实质侧面与实质法治相连接，并对罪刑法定原则的形式侧面与实质侧面的功能做了分工：前者限制司法权，后者限制立法权。至此，张明楷教授的逻辑推演均没有问题。问题出在罪刑法定原则的形式侧面与实质侧面的关系上，正是对两者关系的论述暴露了对罪刑法定原则的实质侧面的推崇，以及以处罚必要性为根据的强势介入，形成对罪刑法定原则的形式侧面的消解。张明楷教授提出了罪刑法定原则的形式侧面与实质侧面之间具有冲突性的命题，认为在形式侧面与实质侧面之间存在以下两个方面的冲突：一是成文法的局限性决定了刑法不可能对所有犯罪作出毫无遗漏的规定，即存在

---

① 张明楷. 罪刑法定与刑法解释. 北京：北京大学出版社，2009：27，46 - 47.

实质上值得科处刑罚，但缺乏形式规定的行为；二是成文法的特点决定了刑法条文可能包含了不值得科处刑罚的行为，即存在符合刑法的文字表述，实质上却不值得处罚的行为。对于这两方面的冲突，不可能仅通过强调形式侧面，或者仅通过强调实质侧面来克服；只有最大限度地同时满足形式侧面与实质侧面的要求，才能使冲突减少到最低限度。① 罪刑法定原则的形式侧面与实质侧面，本来是分别限制司法权与立法权的，具有各自独立的机能。但关于罪刑法定原则的形式侧面与实质侧面的冲突的论述，则完全破坏了两者之间的逻辑关系，其所反映的是一种强烈的贬罪刑法定原则的形式侧面而褒罪刑法定原则的实质侧面的思想倾向。例如，我国学者刘艳红教授指出："形式的罪刑法定原则过分钟情于形式法治国的形式与程序，远离法律的自由与价值，特别是缺乏限制立法者的立法权限的机制，容易使刑法成为统治者推行自己意志的工具，将不公正的规则制定为强有力的国家法律，以合法的形式干涉公民正常的生活。"② 以上从罪刑法定原则的实质侧面对形式侧面的指摘，是十分吊诡的。按照以上学者对罪刑法定原则的形式侧面与实质侧面的功能分工，形式侧面的功能本来就是限制司法权，限制立法权的职责是由实质侧面来承担的，缺乏对立法权的限制机能何以成为形式侧面的罪过？更甚之，罪刑法定原则的形式侧面"远离法律的自由与价值"的缺陷何以存在？其实，在对罪刑法定原则的内容理解上，"法无明文规定不为罪，法无明文规定不处罚"本身就包含了对司法权与立法权的双重限制。其中，刑法不得溯及既往的派生原则，并不仅仅是对司法权的限制，同样具有对立法权的限制功能，即立法者不得制定事后法。而刑法的明确性，也完全可以包含在罪刑法定原则的明文规定这一要素之中，即可以通过对刑法规定的明文性的解释而获得。至于刑罚处罚的合理性问题，并不完全由罪刑法定原则解决，罪刑法定原则主要是构成要件的原则，它主要解决的是刑法的形式合理性问题。而刑法的实质合理性，还

---

①　张明楷. 罪刑法定与刑法解释. 北京：北京大学出版社，2009：68.

②　刘艳红. 实质刑法观. 北京：中国人民大学出版社，2009：68.

有赖于第二阶层的违法性的判断原则——法益保护原则和第三阶层的有责性的判断原则——责任主义共同发挥作用。如果以为罪刑法定原则可以解决刑法中的所有问题，这是对罪刑法定原则功能的误解。罪刑法定原则的重要性，并不在于它能够解决刑法中的所有问题，而在于它所解决的是犯罪成立的第一阶层的问题，是为入罪所建构的第一道法律防线。

建立在罪刑法定原则的形式侧面与实质侧面的冲突这一虚幻的理论判断基础上，为克服这一冲突，张明楷教授倡导刑法的实质解释论。实质解释论所要解决的问题是：实质上值得科处刑罚，但缺乏形式规定的行为如何入罪？形式上符合刑法的文字表述，实质上却不值得处罚的行为如何出罪？正如我前文所言，后一个问题本来并不是罪刑法定原则所要解决和所能解决的问题，它是法益保护原则所要解决的问题，本来就与罪刑法定原则无关。而前一个问题如何解决，才是刑法价值观的分歧之所在。正是在此基础上，在张明楷教授与我之间展开了实质解释论与形式解释论之争。① 在我看来，以上形式解释论与实质解释论的对立，其实质是对罪刑法定原则的理解之辨。

对于实质上值得科处刑罚，但缺乏形式规定的行为，按照形式解释论的立场当然是不能入罪的。因为这里的没有形式规定，就是没有法律的明文规定。事实上，法律规定本身并不能分为形式规定与实质规定。法律有没有规定，当然在一定程度上取决于对法律的解释。但是，刑法的解释是有限制的，这一限制就是可能语义。凡是超出可能语义的解释都是违反罪刑法定原则的，因而就是不被允许的。这是形式解释论的基本立场，这一立场的原理是罪刑法定原则的形式理性与

---

① 这场争论的缘起是刘艳红教授《实质刑法观》（中国人民大学出版社 2009 年版）与邓子滨研究员同年出版的《中国实质刑法观批判》（法律出版社 2009 年版）的交锋。此后，我和张明楷教授同时在《中国法学》2010 年第 4 期发表了《形式解释论的再宣示》与《实质解释论的再倡导》两文，由此引起学术围观，并先后有评论性论文问世。例如：周详. 刑法形式解释论与实质解释论之争. 法学研究，2010 (3). 刘树德. 学派如何形成——刑法学论争中的形式与实质//陈兴良. 刑事法评论：第 28 卷. 北京：北京大学出版社，2011. 崔家鲲. 实质解释论——一种无法克服的矛盾//陈兴良. 刑事法评论：第 28 卷. 北京：北京大学出版社，2011. 程红. 形式解释论与实质解释论对立的深度解读. 法律科学，2012 (5).

限制机能。罪刑法定原则的形式理性，是罪刑法定原则所具有的思维方式：只有法律规定为犯罪行为的，才能定罪处刑；法律没有规定为犯罪行为的，无论该行为具有多么严重的社会危害性，都不能定罪处刑。也就是说，为获得形式合理性，在某些情况下，我们不能不丧失实质合理性为必要的代价。① 按照这种形式理性的刑法思维方式，对于法律没有规定的行为，不予定罪处刑是理所当然的。从罪刑法定原则的形式理性，可以合乎逻辑地引申出罪刑法定原则的限制机能。这里的限制机能，主要是指对司法机关入罪的限制，即那些法律没有规定的行为，即使具有社会危害性，也不能入罪。应当指出，罪刑法定原则的限制机能，是对入罪的限制，但对于出罪并不限制。罪刑法定原则的限制机能体现了其所具有的人权保障价值，是罪刑法定原则的应有之义。

对于实质上值得科处刑罚，但缺乏形式规定的行为，按照实质解释论的立场，应当在不违反民主主义与预测可能性的原理的前提下，对刑法作扩大解释。张明楷教授指出："就一个行为而言，其离刑法用语核心含义的距离越远，被解释为犯罪的可能性就越大。所以，不能只考虑行为与刑法用语核心含义的距离远近，也要考虑行为对法益的侵犯程度；因此，处罚的必要性越高，对与刑法用语核心含义距离的要求就越缓和，作出扩大解释的可能性就越大。"② 对于以上论述，可以从三个方面进行分析。

首先，法律的明文规定是否可以分为实质规定与形式规定？这个问题的引申含义是：缺乏形式规定是法律有规定还是没有规定？法律规定是以文本为载体的，法律文本是一种规范性文本，因此，法律规定的文本又是通过语言与逻辑完成的。法律是否有规定的问题，就是一个某一行为是否被法律文本的语言或者逻辑所涵摄的问题。就此而言，法律规定只有显形规定与隐形规定之分。凡是被法律文本的字面所记载的，就可以说是法律有显形规定。凡是法律文本的字面所未

---

① 陈兴良. 罪刑法定主义. 北京：中国法制出版社，2010：34.

② 张明楷. 罪刑法定与刑法解释. 北京：北京大学出版社，2009：68 - 69.

能载明，但被其逻辑所包含的，就可以说是法律有隐形规定。无论是显形规定还是隐形规定，都是法律的明文规定，这是没有疑问的。那么，何谓法律的形式规定？显然，形式规定是相对于实质规定而言的。就文义本身而言，形式是指现象，而实质是指现象背后的根据。在形式与实质相对应的情况下，实际上已经预设了贬褒，即形式是表面的东西，而只有实质才是决定事物性质的东西。所谓形式规定就是法律的明文规定。而没有形式规定，就是指没有法律的明文规定。所谓实质规定就是虽然没有法律的明文规定，但根据行为性质应当予以入罪的情形。这里的行为性质，就是指处罚必要性。基于处罚必要性的实质考量，而将法律没有规定的行为予以入罪或者加重罪责，这就是实质解释论的必然结论。

其次，如何确定可能语义的边界？任何用语都存在核心含义与边缘含义，当某一行为处于用语的核心地带的时候，该行为被某一用语所涵摄，这是没有问题的。关键在于，该行为是否被某一用语所涵摄，就要看是否超出可能语义的边界。而该可能语义的边界是先在的、客观的，并且是可以确定的。但是，按照张明楷教授的观点，可能语义的边界并不是先在的、客观的，而是取决于处罚必要性的大小：当处罚必要性较大的时候，可能语义的边界就越远；当处罚必要性较小的时候，可能语义的边界就越近。这种可能语义边界的可伸缩性也是实质解释论的一个特色。

最后，如何看待扩大解释？扩大解释是相对于缩小解释而言的，其扩大与缩小是以某一用语的核心语义为基准的：将某一用语的语义缩小为比核心语义更小，就是缩小解释。将某一用语的语义扩大为比核心语义更大，就是扩大解释。与缩小解释和扩大解释相对应的是平义解释：以核心语义解释某一用语，既不缩小也不扩大。因此，扩大解释无论如何扩大，其解释都不能超出可能语义的边界。目前刑法学界一再讨论扩大解释与类推解释之间的关系。我认为，类推解释可以行扩大解释之名，但超出可能语义边界的所谓扩大解释并不都是类推解释。类推解释是指基于类似关系所作的解释，将与法律规定的内容具有类似关系但已经超出可能语义边界的行为解释为法律已有明文规定。这个意义上的类推解释，就已经超出可能语义边界而言，已经不是扩大解释而是类推解释。如果将已经超出可能语义边界的行为解释为法律已有明文规定，但该行为与法律规定的内容之间并没有类似关系，则不仅不是扩大解释，也不是类推解释。就此而言，对于扩大解释与类推解释的关系不能认为是非此即彼的关系：套用出礼入刑的句式，就是出扩大解释入类推解释；其实不然。对于被告人不利的扩大解释并不违反罪刑法定原则，因为没有超出可能语义的边界。但是，如何把握可能语义的边界确是一个较为疑难的问题。过分强调处罚必要性，则可能消解可能语义的边界。

在实质解释论中，处罚必要性始终是一个极为强势的概念，它以一种实质合理性的名义在很大程度上主导着解释的方向，这也就潜藏着突破可能语义边界的危险。例如，我国《刑法》第 263 条关于抢劫罪的规定，将冒充军警人员抢劫的作为法定的加重处罚事由。如何理解这里的冒充军警人员抢劫？一般都认为，非军警人员假冒军警人员抢劫的，就是这里规定的冒充军警人员抢劫。但是，张明楷教授主张真正军警人员抢劫的，也应适用《刑法》第 263 条关于冒充军警人员抢劫的规定，其理由如下："从实质上说，军警人员显示其真实身份抢劫比冒充军警人员抢劫，更具有提升法定刑的理由。因为，刑法将'冒充军警人员抢劫'规定为法定刑提升的条件，主要是基于两个理由：其一，由于军警人员受过特殊训练，其制服他人的能力高于一般人，故冒充军警人员显示军警人员身份抢劫给被害人造成的恐怖心理更为严重，因而易于得逞。其二，冒充军警人员抢劫，会严重损害国家机关的形象。然而，真正的军警人员显示军警人员身份抢劫时，同样具备这两个理由。而且，非军警人员抢劫后，由于被害人及其他人事后得知行为人的真相，可以挽回国家机关的形象；而真正的军警人员抢劫，对国家机关形象的损害更为严重。既然如此，对真正的军警人员显示军警人员身份抢劫的，应当比冒充军警人员抢劫的，受到更为严厉的制裁。由此可见，根据举轻以明重的当然解释原理，对真正的军警人员抢劫适用'冒充军警人员抢劫'的规定，具有实质上的合理性"[1]。在此，张明楷教授提到了当然解释。对于当然解释，我在前

---

① 张明楷. 刑法分则的解释原理：上. 2 版. 北京：中国人民大学出版社，2011：67.

文已经论及。关于当然解释与罪刑法定原则的关系，比类推解释与罪刑法定原则的关系更为复杂。首先涉及的一个问题就是，当然解释是否以法律没有明文规定为前提。对此，张明楷教授指出："当然解释（当然推理），也是以刑法没有明文规定为前提的。亦即，在所面临的案件缺乏可以适用的法条时，通过参照各种事项，从既有的法条获得指针，对案件适用既有法条的一种解释。"① 按照以上理解，当然解释是对于法律没有明文规定的行为，依照当然解释而予以入罪。既然是法律没有明文规定，又怎么能够通过法律解释的方法而以犯罪论处呢？这难道不是与罪刑法定原则相矛盾吗？其实，当然解释可以分为两种情形：一是事理上的当然解释，二是逻辑上的当然解释。就前者而言，是以法律没有明文规定为前提的，因而是违反罪刑法定原则的。但就后者而言，是被法律规定所涵摄的，并非法律没有规定。因此，按照逻辑上的当然解释入罪，并不违反罪刑法定原则。如果对当然解释不加以区分，以事理上的当然解释，亦即所谓事物的本质作为入罪解释的根据，我认为显然是不妥的，为罪刑法定原则所禁止。

对于真正的军警人员显示军警人员身份抢劫，是否应当加重处罚，这是一个立法上应该考虑的问题。至于能否通过解释的方法予以论处，则要看能否被法律规定所涵摄。具体地说，就是要看《刑法》第263条所规定的冒充能否分别解释为假冒与充当。因为张明楷教授认为非军警人员冒充军警人员抢劫的是所谓假冒，而真正的军警人员显示军警人员身份抢劫的则是充当。②但是，这种解释显然超出了冒充一词的可能语义的边界。在此，首先需要进行的是以语义分析为内容的文理解释。显然，文理解释只能将冒充解释为假冒而不能包括充当。③ 在这种情况下，通过衡量非军警人员假冒军警人员抢劫与真正的军警人员显示军警人员身份抢劫的轻重，采用举轻以明重的当然解释方法予以入罪，就涉及是否超出可能语义的边界的问题。就此而言，我认为是一种事理上的当然解释而非逻辑上的

---

① 张明楷. 刑法学中的当然解释. 现代法学，2012（4）.

② 张明楷. 刑法学. 4版. 北京：法律出版社，2011：864.

③ 程红. 形式解释论与实质解释论对立的深度解读. 法律科学，2012（5）.

当然解释，因此已经超出了可能语义的边界。

（三）消极的罪刑法定与积极的罪刑法定

消极的罪刑法定与积极的罪刑法定是一个极具中国特色的命题，是我国学者基于对我国《刑法》第3条关于罪刑法定原则规定的解读而得出的结论。

罪刑法定主义的基本含义是"法无明文规定不为罪，法无明文规定不处罚"。我们往往把这一含义中的前半句称为犯罪的法定性，后半句则称为刑罚的法定性。因此，罪刑法定主义是指犯罪的法定性与刑罚的法定性之统一。"法无明文规定不为罪"是罪刑法定主义的基本含义。在狭义上，罪刑法定主义都是指"法无明文规定不为罪"，但"法无明文规定不处罚"是对于"法无明文规定不为罪"的必要补充。因为在某些情况下，即使刑法明文将某一行为规定为犯罪，但这一规定是在行为发生以后，对此，同样不能对该行为加以处罚。不仅如此，在法律加重既有犯罪的法定刑的情况下，只有根据"法无明文规定不处罚"的原则，才能禁止加重的刑法溯及既往。对于以上两者之间的关系，德国学者罗克辛曾经指出："没有法律就没有犯罪"这个原理通过"没有法律就没有刑罚"（法无明文规定不处罚）这个公式得到补充。在这里指的是：不仅一种确定的举动行为是否应受刑事惩罚的情形，必须在这个行为实施前在法律中加以规定，而且刑罚的种类和其可能的严厉程度，也必须在行为实施前在法律中加以规定。[①] 因此，只有结合以上两个方面，才能完整地理解罪刑法定主义。当然，不可否定的是，"法无明文规定不为罪"是罪刑法定主义的基本含义。从世界各国刑法关于罪刑法定原则的立法规定来看，尽管具体表述有所不同，但基本上都是采用"法无明文规定不为罪"这样一种反向的句式来规定罪刑法定原则。然而，我国刑法对罪刑法定原则的规定则采取了一种极为特殊的表达句式。我国《刑法》第3条规定："法律明文规定为犯罪行为的，依照法律定罪处刑；法律没有明文规定为犯罪行为的，不得定罪处刑。"我国学者正是根据这一规定，得出了罪刑法定原则可以分为消

---

① 克劳斯·罗克辛. 德国刑法学总论：第一卷. 王世洲，译. 北京：法律出版社，2005：78.

极的罪刑法定与积极的罪刑法定的命题。

　　我国刑法关于罪刑法定原则的规定可以明显地分为前后两段，我国学者何秉松教授将前段称为积极的罪刑法定原则，将后段称为消极的罪刑法定原则。[①] 应该说，积极规定与消极规定这一概括是恰当的，但对于所谓积极的罪刑法定原则如何理解则是值得商榷的。那么，什么是积极的罪刑法定原则呢？我国学者认为，积极的罪刑法定原则是从扩张刑罚权的方面，积极地运用刑罚，惩罚犯罪，保护社会。[②]因此，积极的罪刑法定原则是倾向于扩张刑罚权的，它与倾向于限制刑罚权的消极的罪刑法定原则是对应的。对于积极的罪刑法定原则与消极的罪刑法定原则这样一种说法，在我国刑法学界受到一些学者的肯定，认为这是从《刑法》第 3 条的文字表述中引申出来的结论。例如我国学者曲新久教授指出："罪刑法定的历史以及蕴含于历史之中的防止刑罚权滥用以保障人权的意义告诉我们，罪刑法定原则显然不包括所谓的积极的罪刑法定原则。但是，我国刑法学界一些刑法学教科书借此否定我国《刑法》第 3 条关于罪刑法定的观点，则是不妥当的。从刑法解释学上讲，《刑法》第 3 条明显地是将罪刑法定原则区分为两个基本方面，即积极的罪刑法定和消极的罪刑法定，这是《刑法》第 3 条的实然状况。"[③]曲新久教授的这一论述是认同积极的罪刑法定原则与消极的罪刑法定原则的命题的。

　　对于所谓积极的罪刑法定原则与消极的罪刑法定原则之间的关系，何秉松教授作了以下阐述："从这个意义来说，正确运用刑罚权，惩罚犯罪，保护人民，这是第一位的；而防止刑罚权的滥用，以保障人权，则是第二位的。但是两者都是非常重要的，二者是密切联系，不可分割的"[④]。根据何秉松教授的这一论述，对于积极的罪刑法定原则与消极的罪刑法定原则这两者而言，积极的罪刑法定原则

---

① 何秉松. 刑法教科书：上卷. 北京：中国法制出版社，2000：63.

② 曲新久. 刑法学. 北京：中国政法大学出版社，2004：35.

③ 曲新久. 刑法学. 北京：中国政法大学出版社，2004：35.

④ 何秉松. 刑法教科书：上卷. 北京：中国法制出版社，2000：67.

是更为重要的，应该放在第一位。尽管曲新久教授承认存在积极的罪刑法定原则与消极的罪刑法定原则之分，但在两者的关系上，曲新久教授认为积极的罪刑法定原则和消极的罪刑法定原则并非不可分割的两个基本方面，这两个基本方面是对立统一的关系。尤其注意以下这段话："当罪刑法定原则的积极方面与消极方面发生冲突的时候，也就是刑法的社会保护机能与人权保障机能之间出现对立的时候，应当以罪刑法定的那个的消极方面为优先考虑，在此前提下寻求个人自由与社会秩序的统一。"① 显然，在曲新久教授看来，积极的罪刑法定原则与消极的罪刑法定原则并非积极的罪刑法定原则是第一位而消极的罪刑法定原则是第二位的；恰恰相反，在两者发生冲突的情况下，消极的罪刑法定原则的价值优先于积极的罪刑法定原则。只有在不发生冲突的情况下，两者的价值才是相同的。

如果按照积极的罪刑法定原则的理解，它要为司法机关扩张刑罚权提供法律根据，只要是刑法规定为犯罪的，就应当追究，定罪处刑，即所谓有罪必罚，否则就是有法不依，执法不严。那么，如今的刑事和解，难道不正是在一定条件下的有罪不罚吗？这样说来，刑事和解是违反积极的罪刑法定原则的。积极的罪刑法定原则难道真是一条错误的法律？我认为，在一定意义上说，法律本身无所谓对错，关键是如何解释。其实，积极的罪刑法定原则与消极的罪刑法定原则是一种反向解释。对此，我国学者指出："法无明文规定不为罪"的反向解释是，"只有法律才能规定犯罪"；"法无明文不处罚"的反向解释是，"只有法律才能规定刑罚"。其核心内容在于禁止没有法律规定的处罚，保障个人不受法外之刑。而如果把"法无明文规定不为罪，法无明文规定不处罚"的反向解释理解成"必须用法律对犯罪作出规定，必须对犯罪作出处罚"，则是对罪刑法定原则的错误理解，因为这种理解强调了对刑罚权的促进，而不是限制，实际上等于剔除了罪刑法定的内核，而只保留了"罪刑法定"的皮囊。② 这一解读是合理的。当然，所谓积

---

① 曲新久. 刑法学. 北京：中国政法大学出版社，2004：35 - 36.
② 周少华. 刑法理性与规范技术——刑法功能的发生机理. 北京：中国法制出版社，2007：266.

极的罪刑法定原则是对一般意义上的罪刑法定，也就是所谓消极的罪刑法定原则的另一种反向解释，这也是不可否认的。关键在于，积极的罪刑法定原则是否符合法律文本的含义。对所谓积极的罪刑法定原则究竟应当如何评判呢？先来看一下立法机关对此的解释："本条规定的罪刑法定的内容有两个方面：一方面是只有法律将某一种行为明文规定为犯罪的，才能对这种行为定罪处刑，而且必须依照法律规定定罪处刑。另一方面，凡是法律对某一种行为没有规定为犯罪的，对这种行为就不能定罪判刑。这是一个问题的两个方面。"① 如何理解这里的"一个问题的两个方面"呢？我们再来听一下直接执笔撰写这一条文的郎胜（时为全国人大法工委刑法室副主任）的说法："其实，我前面讲话的时候，并不很赞成将《刑法》第3条前半句理解为积极意义上的罪刑法定原则，为什么呢？因为如果按照积极意义上的罪刑法定和消极意义上的罪刑法定，那么罪刑法定应当这样表述：法律明文规定为犯罪的，应当定罪处刑；法律没有明文规定的，不得定罪处刑。这样，才能说前半句是积极的，后半句是消极的。而我国《刑法》第3条前半句恰恰讲的不是这个，而讲的是法律明文规定为犯罪行为的，依照法律定罪处刑，因此，它强调的是'依法'，而不是所谓的积极意义上的'应当'。"② 以上是郎胜对关于《刑法》第3条规定如何正确理解的一个解答。因此，"法律明文规定为犯罪的，依照法律定罪处刑"的含义是指："只有法律明文规定为犯罪行为的，才能依法定罪处刑。"这一含义与后半段相比，是完全相同的，都是为了限制国家的刑罚权。当然，这一条文的表述如果作以下调整，也许更为明确："法律没有规定为犯罪行为的，不得定罪处罚；法律明文规定为犯罪行为的，依照法律定罪处刑"。由此可见，我国刑法关于罪刑法定原则的表述虽然不同于其他国家，但其基本精神是完全一致的，即通过限制国家刑罚权，尤其是司法机关的定罪量刑权，从而保障公民个人的权利与自由。

---

① 胡康生，郎胜. 中华人民共和国刑法释义. 3版. 北京：法律出版社，2006：4.
② 张军，等. 刑法纵横谈：总则部分. 修订版. 北京：北京大学出版社，2008：19.

所谓积极的罪刑法定原则之所以不能被认同，我认为其最大的问题是会对罪刑法定原则产生误读。这种误读在我国司法实践中本来就已经存在，这就是"出罪需要法律规定"。罪刑法定原则的"法无明文规定不为罪"也可以解读为"入罪需要法律规定。"这也是所谓消极的罪刑法定原则的应有之义。那么，能否将与之相对应的"出罪需要法律规定"也视为是罪刑法定原则的内容呢？我的回答是否定的。概言之，出罪根本就不需要法律根据。正如我国学者指出："入罪必须法定，出罪无须法定，这是本书一贯强调的理念，也是世界各国刑法实践所一致赞同的。例如，超法规的违法阻却事由，既是没有法律规定却能出罪的范例。而作为罪刑法定的派生原则的禁止类推，也只是禁止不利于被告人的类推（即入罪类推），而允许有利于被告人的类推（即出罪类推）。因此，法定原则，亦即只有法有明文规定才可作出有效裁判的原则，只是限制入罪判断的原则，而不是限制出罪判断的原则。"[①] 对于这一观点，我是完全赞同的。我国刑法规定了某种出罪事由，这是法定的出罪事由，包括正当防卫、紧急避险等法定的违法阻却事由，是有法律明文规定的。但除法定的出罪事由以外，还存在非法定的出罪事由，可以说，出罪事由是一个开放性的体系。

　　如前所述，罪刑法定原则中"法无明文规定不为罪"，不能反向解读为"法有规定即为罪"。这里涉及对"法"的理解、对"明文规定"的理解以及对"罪"的理解。"法"是指刑法，但刑法可以分为总则与分则。那么，罪刑法定主义的法定是指整个刑法，包括总则与分则的规定还是仅指刑法分则的规定？"明文规定"，是指对犯罪成立的全部要件的规定还是指对于犯罪成立的构成要件的规定？"法无明文规定不为罪"中的"罪"是指构成要件意义上的犯罪还是指构成要件、违法、有责意义上的犯罪？以上三个问题存在直接的关联性。对此，需要从罪刑法定原则的起源说起。

　　罪刑法定主义的起源一般都追溯到费尔巴哈，费尔巴哈将罪刑法定主义称为

----

　　① 方鹏. 出罪事由的体系与理论. 北京：中国人民公安大学出版社，2011：306.

刑法的最高原则。这一原则又可以分为三个从属原则，这就是：（1）无法无刑（法无明文规定不处罚）；（2）无法无罪（法无明文规定不为罪）；（3）有罪必罚。[①]虽然这一论述还是标语口号式的，但已经具备了罪刑法定主义的雏形。尤其是，费尔巴哈在解释无法无罪时指出："法律规定对特定的行为给予刑罚威慑，是法律上的必要的前提条件。"而这一特定行为特征的整体，或者包含在特定种类的违法行为的法定概念中的事实，叫作犯罪的构成要件。费尔巴哈指出："客观的可罚性取决于犯罪构成要件是否存在，而具体法律的适用则取决于拟适用法律已将其作为法律后果的条件加以规定的构成要件的特定事实。"[②]在此，费尔巴哈将刑法的明文规定与构成要件相勾连，使我们体会到其所称刑法的明文规定是指刑罚法规，即刑法分则条文，也就是中国古代刑法所称之正条，对特定行为的构成要件的规定。但是，在费尔巴哈时代，构成要件的概念并没有成熟，因此，罪刑法定主义与构成要件之间的关联也处在晦暗不明的状态。及至贝林将构成要件确定为犯罪类型的指导形象，构成要件对于罪刑法定主义的保障功能才得以明确。所谓刑法的明文规定，实际上就是对构成要件的规定。而这种规定是通过刑法分则完成的，因为构成要件本身就是一个分则性的概念。贝林的构成要件并非直接等同于犯罪类型，而是犯罪类型的指导形象，它虽然不能直接等同于犯罪，但却是犯罪成立的前置性要件。因此，贝林指出："法定构成要件就被证实为刑法的根源概念，其他刑法概念无一例外地都发源于这一概念，没有它，其他概念根本就不能得出确定的、最终有效的刑法性结论。"[③]贝林在这里所说的法定构成要件就是构成要件，其法定是指刑法分则的规定。贝林将构成要件描述为客观的、叙述性的犯罪图景，这是在第一个阶层上的犯罪，也是犯罪的基础。正是构

① 安塞尔姆·里特尔·冯·费尔巴哈. 德国刑法教科书. 14 版. 徐久生，译. 北京：中国方正出版社，2010：31.

② 安塞尔姆·里特尔·冯·费尔巴哈. 德国刑法教科书. 14 版. 徐久生，译. 北京：中国方正出版社，2010：83-84.

③ 恩斯特·贝林. 构成要件理论. 王安异，译. 北京：中国人民公安大学出版社，2006：12.

成要件成为罪刑法定主义的明文规定的载体，从而为罪刑法定主义的实现提供了保障。因此，罪刑法定主义之所谓法律的明文规定，是指刑法分则对构成要件的规定，而不是对犯罪成立的全部要件的规定。在这个意义上的犯罪，是指具备构成要件的行为。在这个意义上，罪刑法定主义的"无法，则无罪"也可以表述为"没有构成要件，则没有犯罪"，但不能反过来说"有法，则有罪"。因为，具备构成要件的行为是否构成犯罪，还要看是否具备犯罪成立的其他两个阶层的要件，即违法性与有责性。

二、罪刑法定原则的立法体现

（一）罪之法定

罪之法定是法无明文规定不为罪的罪刑法定原则的根本要求。我国刑法中的罪之法定，主要是通过以下三个层次的内容体现出来的：一是对犯罪概念的规定。我国《刑法》第13条规定了犯罪的概念，这一犯罪的法定概念从根本上回答了什么行为是犯罪的问题，从而为划分罪与非罪的界限作出了原则性的规定。二是对犯罪构成共同要件的规定。犯罪概念是对犯罪特征的高度概括，它仅是区分罪与非罪的基本尺度。为了具体区分罪与非罪以及此罪与彼罪的界限，还必须要有一个明确的法律规格，这就是犯罪构成。我国刑法对犯罪构成的共同要件作了明确规定，例如《刑法》第14条规定了故意犯罪；第15条规定了过失犯罪；第16条是对意外事件与不可抗力的规定，将其排除在犯罪之外；第17条是对刑事责任年龄的规定；第18条是对刑事责任能力的规定。上述规定，结合《刑法》第13条关于犯罪的概念中对犯罪行为的规定，就是我国刑法中犯罪构成的共同要件，它为认定犯罪提供了一般标准。三是对具体犯罪的规定。我国刑法分则对各种犯罪都作了明文规定，从而为司法机关的定罪活动提供了具体标准。

（二）刑之法定

刑之法定是法无明文规定不处罚的罪刑法定原则的必然要求。我国刑法中的刑之法定，主要通过以下三个层次的内容体现出来：一是对刑种的规定。我国刑法规定了5种主刑、4种附加刑，并对各种刑种的适用条件作了规定。二是对量刑原则的规定。我国《刑法》第61条规定了以犯罪事实为根据、以刑事法律为准绳的量刑一般原则。此外，刑法还对量刑的基本原则作了规定，例如未成年人犯罪的量刑原则、未完成罪的量刑原则、共同犯罪的量刑原则等。三是对具体犯罪的法定刑的规定。我国刑法对具体犯罪规定了相对确定的法定刑，体现了相对罪刑法定的精神，既可以使司法人员在法定刑幅度内根据案情适当地确定宣告刑，又避免了司法人员因无法可依而滥施刑罚。

三、罪刑法定原则的司法适用

（一）司法认定

在罪刑法定原则之下，法之明文规定是司法活动的前提性根据。因此，在罪刑法定原则的司法适用中，首先面临的是找法活动，也就是正确地理解法的明文规定。我认为，法的明文规定不仅是指法律的字面规定，而且指法律的逻辑包容。也就是说，法的明文规定包括两种情况：一是显形规定，二是隐形规定。显形规定是指字面上的直观规定，而隐形规定是指内容上的包容规定。显形规定通过字面就可以确定，而隐形规定一般通过字面难以确定，需通过对内容的逻辑分析才能确定。因此，显形规定固然是法的明文规定，隐形规定也同样是法的明文规定。

（二）司法解释

司法解释是沟通立法与司法的桥梁，对于刑法适用具有重要意义。但在罪刑法定原则的制约下，司法解释是有限度的，超越这种限度的司法解释是越权的，也是违反罪刑法定原则的。在罪刑法定原则下，司法解释不能采用类推解释的方法。类推解释是指对于法无明文规定的行为，按照刑法中最相类似的条文加以解释。因此，类推解释是以法无明文规定为前提的。类推解释使刑法适用于法无明文规定的行为，因而有悖于罪刑法定原则，是应予禁止的。此外，不利于被告人的扩张解释，由于解释已经超出刑法条文词义的范围，因而也是违背罪刑法定原则的，不应允许。

（三）司法裁量

罪刑法定原则可以分为绝对罪刑法定与相对罪刑法定。绝对罪刑法定是完全排斥法官的自由裁量的，认为法官应当逐字地适用刑法。而相对罪刑法定并不排斥法官的自由裁量，它能够在一定程度上容纳司法裁量。我国刑法实行的是相对罪刑法定，因而给法官的司法裁量留下了广阔的空间。尤其是在空白罪状和概括条款的情况下，法官能够根据案件的具体情况加以裁量。当然，在罪刑法定原则下，法官的自由裁量是有限度的，应当将司法裁量权限制在一定的合理范围之内。只有这样，罪刑法定原则才有可能真正实现。

第二节 罪刑平等原则

一、罪刑平等原则的概念

法律面前人人平等是我国宪法确立的一般原则。鉴于我国司法实践中适用刑法不平等的现象在现阶段还较为严重，为贯彻宪法规定，《刑法》第 4 条明确规定：“对任何人犯罪，在适用法律上一律平等。不允许任何人有超越法律的特权。”这就是罪刑平等原则。罪刑平等原则的基本含义是：就犯罪人而言，任何人犯罪，都应当受到法律的追究；任何人不得享有超越法律规定的特权；不论犯罪人的社会地位、家庭出身、职业状况、财产状况、政治面貌、才能业绩如何，都一律平等地适用刑法，在定罪量刑时一视同仁，依法惩处。就被害人而言，任何人受到犯罪侵害，都应当依法追究犯罪、保护被害人的权益；被害人同样的权益，应当受到刑法同样的保护；不得因为被害人的身份、地位、财产状况等情况的不同而对犯罪人在定罪量刑上有所区别。

二、罪刑平等原则的立法体现

（一）定罪上的平等

定罪上的平等，是指任何人犯罪，无论其地位多高、功劳多大，都应当受到刑事追究而不得例外。在我国社会，虽然消灭了法律特权，但由于封建特权思想还根深蒂固地存在，封建等级制度的社会基础还在一定程度上残存着，因而定罪上的平等具有重要意义。刑法在具体规定中都体现了定罪上的平等原则，例如《刑法》第 6 条至第 8 条，明确规定了我国刑法适用的空间范围。这些规定表明，只要实施了我国刑法规定的犯罪行为，无论是在我国领域内还是领域外，也不论是中国人还是外国人，除法律另有规定以外，在适用我国刑法上一律平等，不存在任何超越法律的特权。此外，我国刑法分则关于具体犯罪的规定，同样体现了罪刑平等原则，尤其是适应我国经济格局的变化，由过去仅重视对公有财产的法律保护，发展到对公私财产的同等保护。例如，将 1979 年《刑法》第 125 条规定的破坏集体生产罪，修改为 1997 年《刑法》第 276 条规定的破坏生产经营罪，将保护范围从集体生产扩大到个体生产。

（二）量刑上的平等

量刑上的平等是指犯相同之罪，除具有法定的从重、从轻或者减轻处罚的情节以外，应当处以相同之刑。因此，量刑上的平等并非不考虑犯罪情节的绝对的同罪同罚。《刑法》第 61 条规定："对于犯罪分子决定刑罚的时候，应当根据犯罪的事实、犯罪的性质、情节和对于社会的危害程度，依照本法的有关规定判处。"这一量刑原则体现了以事实为根据、以法律为准绳的精神，同时也包含着对一切犯罪人都应当公正、平等地依法处刑的内容。

（三）行刑上的平等

行刑上的平等是指在刑罚执行上，犯罪人应当受到相同的处遇，不因身份、地位而有所特殊。以往论及罪刑平等原则，往往注重定罪与量刑上的平等，忽视行刑上的平等，这是不应该的。尤其是在现实生活中，行刑上的不平等现象是客观存在的，特别是有些人通过各种手段获得非法减刑和假释，极大地损害了判决的严肃性。为此，刑法严格地规定了减刑和假释的程序。《刑法》第 79 条规定："对于犯罪分子的减刑，由执行机关向中级以上人民法院提出减刑建议书。人民法院应当组成合议庭进行审理，对确有悔改或者立功事实的，裁定予以减刑。非经法定程序不得减刑。"这一规定体现了行刑上的平等。

三、罪刑平等原则的司法适用

（一）克服特权思想

由于封建传统等级思想的影响，加之现实生活中各种因素对司法活动的干扰，以及司法水平、司法意识和司法人员素质等方面的原因，目前我国司法实践中仍然存在着刑法的适用有悖于罪刑平等原则的现象。坚持刑法面前人人平等，在刑事司法活动中就必须克服形形色色的特权思想，做到只要是犯罪，就要平等地适用刑法，追究犯罪人的刑事责任，予以惩处，而不允许任何人有超越法律的特权。

（二）实现实体平等

罪刑平等原则体现在司法适用上，首先是指实体平等，即依法裁量而使不同的人受到平等的实体处罚。当然，罪刑平等并不意味着绝对的同罪同罚，因此，在司法活动中应当正确地协调平等与差别的关系。实体平等并不完全否认差别，而恰恰是建立在对不同情况的正确区别的基础之上的，没有差别也就不可能存在平等。实体平等的要旨在于公正，只要是有助于实现刑法公正性的差别都是应当承认的，都不违背罪刑平等原则。

（三）注重程序平等

罪刑平等原则之平等，不仅仅指实体上的平等，而且还包括程序平等，即犯罪嫌疑人在刑事程序上享有相同的诉讼权利。例如最高人民法院曾经将部分省、市、自治区的毒品犯罪案件的死刑核准权下放，导致不同地区犯毒品犯罪被判处死刑的，有些案件由最高人民法院进行死刑复核，有些案件由高级人民法院进行死刑复核，由此造成程序上的不平等。现在这个问题已经通过收回死刑复核权，即由最高人民法院统一行使死刑复核权，得以最终解决。因此，程序平等是罪刑平等原则的题中之义。

第三节　罪刑均衡原则

一、罪刑均衡原则的概念

罪刑均衡的观念，最早可以追溯到原始社会的同态复仇和奴隶社会的等量报复。以眼还眼、以牙还牙，是罪刑均衡思想最原始、最粗俗的表现形式。而作为刑法的一项基本原则，罪刑均衡则是由18世纪启蒙思想家首先提出来的，并在法国大革命以后，成为一项重要的刑法原则。值得注意的是，19世纪末期以来，随着刑事人类学派和刑事社会学派的崛起，传统的罪刑均衡原则受到了有力的挑战。行为人中心论和人身危险性论的出现，保安处分和不定期刑制度的推行，使罪刑均衡原则在刑事立法上受到削弱和排挤。但是，罪刑均衡原则所蕴含的公正性始终是人类所追求的重要刑法价值内容。因此，从当今世界各国的刑事立法来看，尽管罪刑均衡原则在内容上有所修正，但其作为刑法基本原则的地位，却是不容动摇的。

我国《刑法》第5条规定："刑罚的轻重，应当与犯罪分子所犯罪行和承担的刑事责任相适应。"由此可见，我国刑法中的罪刑均衡原则，实际上包含了刑罚的轻重与所犯罪行相适应、刑罚的轻重与所承担的刑事责任相适应这两个方面的内容。刑罚的轻重与所犯罪行相适应，体现的是报应观念，要求刑罚的轻重与犯罪行为的社会危害性相适应，也就是重罪重判、轻罪轻判。而刑罚的轻重与所承担的刑事责任相适应，体现的是预防观念，要求刑罚的轻重与犯罪人的人身危险性相适应。因此，我国刑法关于罪刑均衡原则的规定，反映了报应与预防相统一的刑法观念。当然，这种统一并非平分秋色，而是应当有所侧重，这就是以报应为主、以预防为辅，反映在《刑法》第5条的规定上，就是以刑罚的轻重与所犯罪行相适应为主，以刑罚的轻重与承担的刑事责任相适应为辅。

二、罪刑均衡原则的立法体现

（一）刑法体系严密化

我国刑法总则确定了一个科学的刑罚体系，这一刑罚体系按照刑罚方法的轻重次序分别排列，各种刑罚方法相互区别又互相衔接，能够根据犯罪的各种情况灵活地运用，从而为刑事司法实现罪刑均衡奠定了基础。

（二）处罚原则科学化

我国刑法总则根据各种行为的社会危害性程度和行为人人身危险性的大小，规定了轻重有别的处罚原则。例如对于防卫过当、避险过当而构成犯罪的，应当减轻或免除处罚；预备犯可以比照既遂犯从轻、减轻或者免除处罚；未遂犯可以比照既遂犯从轻或者减轻处罚，等等。此外，刑法总则还侧重于刑罚个别化的要求，规定了一系列刑罚裁量与执行制度，例如累犯制度、假释制度，等等。

（三）量刑幅度合理化

我国刑法分则不仅根据犯罪的性质和危害程度，建立了一个犯罪体系，而且还为各种具体犯罪规定了可以分割、能够伸缩、幅度较大的法定刑。这就使得司法机关可以根据犯罪的性质、罪行的轻重、犯罪人主观恶性的大小，对犯罪人判处适当的刑罚。

三、罪刑均衡原则的司法适用

（一）量刑规范化

在司法实践中贯彻罪刑均衡原则，应当纠正量刑轻重悬殊的现象，实现量刑平衡。按照罪刑均衡原则的要求，类似的案件在处理的轻重上应基本相同。从我国的实际情况来看，存在对类似案件的处理上轻重悬殊的现象。情节基本相同的案件，由不同的法院审理，甚至由同一法院不同的法官审理，最终判决的结果可能差别很大。造成这种现象的原因既有立法上的粗疏，也有司法活动中没有统一标准可循，还有法官个人业务素质有待提高等各种复杂因素。为解决量刑失衡问题，最高人民法院开展了量刑规范化改革，主要内容是对量刑原则、量刑方法和量刑步骤以及常见罪名的量刑情节具体运用进行统一规定。最高人民法院从2010年开始进行量刑规范化改革的试点，2014年1月1日起在全国法院正式实施量刑规范化工作。最高人民法院专门制定了《关于常见犯罪的量刑指导意见》，要求各高级人民法院根据《意见》制定实施细则，并正式实施量刑规范化工作。量刑规范化改革对于在审判活动中实现同案同判，罪刑均衡，具有重要指导意义。此后，2021年6月，最高人民法院、最高人民检察院又发布了《关于常见犯罪的量刑指导意见（试行）》，除了对量刑的指导原则、基本方法和常见量刑情节的适用作了规定以外，还对23种常见犯罪的量刑规则作了具体规定，对于规范量刑活动，落实宽严相济刑事政策和认罪认罚从宽制度，增强量刑的公开性，实现量刑公正，具有重要指导意义。

（二）量刑轻缓化

在司法实践中贯彻罪刑均衡原则，必须摈弃重刑主义，推进刑罚轻缓化进程。由于各种复杂的历史和现实的原因，我国深受封建刑法观念的影响，重刑主义传统至今在社会生活中还有一定的市场；尤其是在社会治安不好的时期，重刑主义观念表现得尤为突出。重刑主义是与罪刑均衡原则直接对立的刑法观念，只有刑罚轻缓化才是罪刑均衡原则的应有之义。刑罚轻缓化在司法实践中的开展，主要包括限制死刑适用和扩大非监禁刑适用这两个方面：从《刑法修正案（八）》开始，立法机关启动了减少死刑罪名的立法进程，《刑法修正案（九）》又进一步减少了死刑罪名。与此同时，在司法实践中应当严格控制死刑的适用，尤其是死刑立即执行的适用。除限制死刑适用以外，扩大非监禁刑的适用也是刑罚轻缓化的重要内容。

（三）量刑合理化

在司法实践中贯彻罪刑均衡原则，还应当努力实现量刑合理化。量刑均衡并不意味着犯罪与刑罚之间的机械对等，而是应当充分考虑案件的特殊情节，在法定刑幅度内，衡量犯罪行为的法益侵害程度和人身危险大小，处以与之相适应的刑罚。同时，还要在重视监禁刑的同时，注重非监禁刑的适用。随着《社区矫正法》的颁布，对适用非监禁刑的犯罪分子纳入社区矫正的范围，从而为非监禁刑的扩大适用奠定了基础。

在依法量刑的基础上，注重量刑结果符合社会公正的期待。量刑活动的最终评价标准是公正，而这种公正可以分为一般公正和个别公正。量刑结果应当在一般公正的基础上进一步体现个别公正。如果说，一般公正主要反映不同案件在相同犯罪事实上的共性，那么，个别公正则更多地反映不同案件的特殊性。例如，同是杀人案件，适用的法定刑是相同的。然而，杀人案件之间的差别又是十分巨大的。正当防卫杀人和普通杀人就应当进行不同的刑罚评价。因此，量刑的合理化主要在于刑罚裁量的适用，充分关注案件的前因后果和各种细节，考虑伦理等各种因素，使量刑结果在获得法律效果的同时，获得较好的社会效果。

第三章

刑法效力

第一节　刑法的空间效力

一、刑事管辖原则

刑法的空间效力，是指刑法对地和对人的效力，也就是解决一个国家的刑事管辖权的问题。这里的刑事管辖权，是指一个国家根据主权原则所享有的，对在其主权范围内所发生的一切犯罪进行起诉、审判和处罚的权力。刑事管辖权的行使，事关国家主权，各国刑法对此都有明文规定，我国刑法亦不例外。各国由于社会政治情况和历史传统习惯的差异，在解决刑事管辖权范围问题上所主张的原则不尽相同。一般而言，刑事管辖具有以下原则。

（一）属地原则

属地原则以地域为标准，凡是在本国领域内犯罪，无论是本国人还是外国人，都适用本国刑法；反之，在本国领域外犯罪，都不适用本国刑法。

（二）属人原则

属人原则以人的国籍为标准，凡是本国人犯罪，不论是在本国领域内还是在本国领域外，都适用本国刑法。

（三）保护原则

保护原则以保护本国利益为标准，凡侵害本国国家或者公民利益的，不论犯罪人是本国人还是外国人，也不论犯罪地在本国领域内还是在本国领域外，都适用本国刑法。

（四）普遍原则

普遍原则以保护各国的共同利益为标准，凡发生国际条约所规定的侵害各国共同利益的犯罪，不论犯罪人是本国人还是外国人，也不论犯罪地在本国领域内还是在本国领域外，都适用本国刑法。

上述原则都有其正确性，也有其局限性。属地原则直接维护了国家领土主权，但无法解决本国人或外国人在本国领域外侵害本国国家或公民利益的犯罪的刑事管辖问题。属人原则，就对本国公民实行管辖而言无可非议，但根据这个原则，外国人在本国领域内犯罪，不能适用本国刑法，显然有悖于国家主权原则。保护原则，能够有效地保护本国利益，但如果犯罪人是外国人，犯罪地又在国外，这就涉及本国与他国之间的主权交叉和刑法冲突问题，因此，实行这个原则存在一定的限制。普遍原则的法律基础不是本国刑法，而是国际公约、条约，涉及国际犯罪，诸如灭绝种族、劫持航空器、侵害外交人员等，其适用范围本身就是狭窄的，只能是刑事管辖的补充原则。由此可见，上述原则不能只取其一，而排斥其他。尽管从历史传统上看，英美法系国家大多采取属地原则，大陆法系国家大多采取属人原则，但及至近代，世界大多数国家的刑法，都是以属地原则为主，兼采其他原则。这就是说，凡是在本国领域内犯罪的，不论本国人或外国人，都适用本国刑法；本国人或外国人在本国领域外犯罪的，在一定的条件下，也适用本国刑法。这种折中型的刑事管辖体制，既有利于维护国家主权，又有利于同犯罪行为作斗争，比较符合各国的实际情况和利益，所以能为各国所接受。

我国刑法关于空间效力的规定，采取的也是这种以属地原则为主、兼采其他原则的刑事管辖体制。

二、刑法的属地管辖

我国《刑法》第 6 条第 1 款规定："凡在中华人民共和国领域内犯罪的，除法律有特别规定的以外，都适用本法。"这是我国刑法关于刑法空间效力的基本原则，它包括以下两项主要内容。

（一）中华人民共和国领域内的含义

所谓中华人民共和国领域内，是指我国国境以内的全部空间区域，具体包括：（1）领陆，即国境线以内的陆地及其地下层，这是国家领土的最基本和最重要的部分。（2）领水，即国家领陆以内和与陆地邻接的一定宽度的水域，包括内水、领海及其地下层。内水包括内河、内湖、内海以及同外国之间界水的一部分，通常以河流中心线或主航道中心线为界。领海即与海岸或内水相邻接的一定范围的水域，包括海床和底土。根据我国政府于 1958 年 9 月 4 日发表的声明，我国的领海宽度为 12 海里。（3）领空，即领陆、领水的上空。

同时，根据国际条约和国际惯例，以下两部分属于我国领土的延伸，适用我国刑法：（1）我国的船舶、航空器。我国《刑法》第 6 条第 2 款规定："凡在中华人民共和国船舶或者航空器内犯罪的，也适用本法。"这里所说的船舶、航空器，既可以是民用的，也可以是军用的；既可以是航行途中的，也可以是处于停泊状态的；既可以是航行或停泊于我国领域内的，也可以是航行或停泊于我国领域外或公海及公海上空的。这些船舶或者航空器必须在我国登记注册，悬挂我国国旗、国徽或军徽等标志。（2）我国驻外使、领馆。根据我国承认的《维也纳外交关系公约》的规定，各国驻外大使馆、领事馆不受驻在国的司法管辖而受本国的司法管辖。这些地方亦视同我国领域，在其内发生的任何犯罪都适用我国刑法。

除此之外，根据犯罪行为与犯罪结果在时间或地点方面存在跨越国界等情况，我国刑法又进一步明确了属地管辖的具体标准。我国《刑法》第6条第3款规定："犯罪的行为或者结果有一项发生在中华人民共和国领域内的，就认为是在中华人民共和国领域内犯罪。"这里包括三种情况：（1）犯罪行为与犯罪结果均发生在我国境内，这是通常的情况。（2）犯罪行为在我国领域内实施，但犯罪结果发生于国外。例如在我国境内邮寄装有炸药的包裹，在境外发生爆炸。（3）犯罪行为在国外实施，但犯罪结果发生在我国境内。例如在我国境外开枪，打死境内居民。根据我国刑法的规定，上述三种情况均适用我国刑法。

（二）法律有特别规定的含义

我国《刑法》第6条在确立属地管辖基本原则的同时，还对例外情况作了特别规定。这些特别规定主要包括以下内容。

1. 关于外交特权和豁免权的特别规定

《刑法》第11条规定："享有外交特权和豁免权的外国人的刑事责任，通过外交途径解决。"所谓外交特权和豁免权，是指根据国际公约，在国家间互惠的基础上，为保证驻在本国的外交代表机构及其工作人员正常执行职务而给予的一种特别权利和待遇。1961年在联合国主持下签订的《维也纳外交关系公约》，是关于外交特权和豁免权的基本法律文件。我国于1975年加入该公约，1986年9月5日通过了《中华人民共和国外交特权与豁免条例》，详细规定了外交特权与豁免权的具体内容，涉及刑事、民事、行政等诸方面。与刑事有关的规定主要包括：使馆馆舍不受侵犯；外交代表、外交信使人身不受侵犯，不受逮捕或者拘留；外交代表享有刑事管辖豁免权；非中国公民的外交代表的配偶及未成年子女，来中国访问的外国国家元首、政府首脑、外交部长及其他具有同等身份的官员等，也享有与外交代表相同的特权与豁免权。这些人都不受我国刑法管辖。但这里需要注意的是：（1）外交代表和非中国公民的与外交代表共同生活的配偶及未成年子女所享有的豁免权，可以由派遣国政府明确表示放弃。如果那样，将可以适用我国刑法。（2）享有外交特权和豁免权的有关人员承担着尊重我国法律、法规的义务，不得侵犯我国国家主权，违反我国法律。一旦发生违法犯罪现象，我们当然不能听之任之，而应通过外交途径加以解决，诸如要求派遣国召回，宣布其为不受欢迎的人，限期离境等。

2. 关于民族自治地方的特别规定

《刑法》第 90 条规定："民族自治地方不能全部适用本法规定的，可以由自治区或者省的人民代表大会根据当地民族的政治、经济、文化的特点和本法规定的基本原则，制定变通或者补充的规定，报请全国人民代表大会常务委员会批准施行。"这是为了照顾少数民族的风俗习惯和文化传统，切实保证民族自治权的行使，巩固多民族国家的团结、稳定与发展。但在实施这一例外规定时，应注意以下几点：（1）民族地区对刑法效力的限制不同于外交特权和豁免权，它不是完全排斥刑法的适用，而仅仅是不适用其中的一部分，即与少数民族特殊的风俗习惯、宗教文化传统相关的部分，诸如情节轻微的械斗、聚众扰乱公共场所秩序等。这种变通或补充规定相对于刑法全文而言，只是一小部分。因此，从总体上看，刑法基本上还是适用于民族自治地方的。（2）免予适用刑法的部分必须有明确的法律依据，即由自治区或者省的国家权力机关制定变通或补充规定，并报请全国人大常委会批准，而不能由有关当事人、各级司法机关或行政机关随意解释，随意行事。（3）民族地区制定的变通或者补充规定不能与刑法的基本原则相冲突。

3. 关于新法的特别规定

刑法施行后国家立法机关制定的特别刑法的规定，包括单行刑法和附属刑法。若出现新法与旧法对同一事项的规定相矛盾，而新法又未明令废止旧法的，应当按照新法优于旧法的原则适用新法。

4. 关于属地管辖范围的特别规定

由于政治、历史的原因，我国刑法的效力还无法及于港澳台地区，这属于对刑法属地管辖权的一种事实限制。1997 年 7 月 1 日我国恢复对香港行使主权，香港于同日成为中央人民政府直辖的一个特别行政区。但是，《香港特别行政区基本法》第 2 条规定："全国人民代表大会授权香港特别行政区依照本法的规定实行高度自治，享有行政管理权、立法权、独立的司法权和终审权。"这样，除了恢复对香港行使国家主权，统一管理外交与国防事务，香港的政治、经济、法律制度保持不变，我国刑法对其没有适用的效力，这就构成了对刑法属地管辖权的又一特别法限制。澳门的情况与香港相同。台湾地区的政治状况及法律地位不同于香港、澳门，两岸统一的具体方式及进程还不能准确预测，但根据"一国两制"的基本构想，其未来的刑事立法仍然是独立的。因此，即使两岸统一，也不会适用《中华人民共和国刑法》，台湾地区也是排除其效力的又一特殊地区。上述情形，构成对我国刑法适用范围的事实上的限制。

三、刑法的属人管辖

我国《刑法》第 7 条第 1 款规定："中华人民共和国公民在中华人民共和国领域外犯本法规定之罪的，适用本法，但是按本法规定的最高刑为三年以下有期徒刑的，可以不予追究。"第 7 条第 2 款规定："中华人民共和国国家工作人员和军人在中华人民共和国领域外犯本法规定之罪的，适用本法。"根据上述规定，我国公民在我国领域外犯罪的，无论按照当地法律是否认为是犯罪，亦无论罪行是轻是重，以及是何种罪行，也不论其所犯罪行侵犯的是何国或何国公民的利益，原则上都适用我国刑法。只是按照我国刑法的规定，该中国公民所犯之罪的法定最高刑为 3 年以下有期徒刑的，才可以不予追究。所谓可以不予追究，不是绝对不追究，而是保留追究的可能性。此外，如果是我国的国家工作人员或者军人在域外犯罪，则不论其所犯之罪按照我国刑法的规定法定最高刑是否为 3 年以下有期徒刑，我国司法机关都要追究其刑事责任。这主要是考虑到对国家工作人员和军人在域外犯罪的管辖应从严要求。

我国《刑法》第 10 条规定："凡在中华人民共和国领域外犯罪，依照本法应当负刑事责任的，虽然经过外国审判，仍然可以依照本法追究，但是在外国已经受过刑罚处罚的，可以免除或者减轻处罚。"这里的在中华人民共和国领域外犯罪，既包括我国公民在域外犯罪的情况，又包括外国公民在域外犯罪的情况。这一规定表明，我国作为一个独立自主的主权国家，其法律具有独立性，外国的审理和判决对我国没有约束力。但是，从实际情况及国际合作角度出发，为了使被告人免受双重处罚，规定对于在外国已经受过刑罚处罚的犯罪人，可以免除或者减轻处罚。这样既维护了我国的国家主权，又从人道主义出发对被告人的具体情况予以实事求是的考虑，充分体现了原则性与灵活性的统一。

四、刑法的保护管辖

我国《刑法》第 8 条规定："外国人在中华人民共和国领域外对中华人民共和国国家或者公民犯罪，而按本法规定的最低刑为三年以上有期徒刑的，可以适用本法，但是按照犯罪地的法律不受处罚的除外。"根据这一规定，外国人在我国领域外对我国国家或者公民犯罪，我国刑法有权管辖。但是，这种管辖权是有一定限制的：一是这种犯罪按照我国刑法规定的最低刑必须是 3 年以上有期徒刑，二是按照犯罪地的法律也应受刑罚处罚。当然，要实际行使这种保护管辖的管辖权存在着一定的困难。因为犯罪人是外国人，犯罪地点又在国外，如果该犯罪人不能依法引渡，或者没有在我国领域内被抓获，我国就无法对其进行刑事追究。但是，如果刑法对此不加以规定，就等于放弃自己的管辖权。因此，作出这样的规定，是为了在法律上表明我国的立场，这对于保护我国国家利益，保护我国驻外工作人员、考察访问人员、留学生、侨民的利益是完全必要的。值得注意的是，我国 2018 年修正后的《反恐怖主义法》第 11 条规定："对在中华人民共和国领域外对中华人民共和国国家、公民或者机构实施的恐怖活动犯罪，或者实施的中华人民共和国缔结、参加的国际条约所规定的恐怖活动犯罪，中华人民共和国行使刑事管辖权，依法追究刑事责任。"这是对恐怖主义犯罪采用保护管辖原则的提示性规定。

五、刑法的普遍管辖

我国《刑法》第 9 条规定："对于中华人民共和国缔结或者参加的国际条约所规定的罪行，中华人民共和国在所承担条约义务的范围内行使刑事管辖权的，适用本法。"根据这一规定，凡是我国缔结或者参加的国际条约中规定的罪行，不论罪犯是中国人还是外国人，也不论其罪行是发生在我国领域内还是领域外，在我国所承担条约义务的范围内，如不引渡给有关国家，我国就应当行使刑事管辖权，依照我国刑法的有关规定对罪犯予以惩处。

普遍管辖权的行使，应当注意掌握我国缔结或者参加的国际条约的有关内容，确定我国所承担的义务。只要我国缔结或者加入了某一规定有国际犯罪及其惩处的公约，我国便承担了对国际公约规定的罪行行使刑事管辖权的义务。当然，普遍管辖权的行使，在司法实践中会受到一定的限制。只有当犯有国际条约规定的罪行的罪犯在我国境内，并不予以引渡时，我国才能对罪犯实施管辖，依照我国刑法的规定予以惩处。

第二节　刑法的时间效力

刑法的时间效力，是指刑法的生效时间、失效时间以及对刑法生效前所发生的行为是否具有溯及力的问题。

一、刑法的生效时间

刑法的生效时间与其他法律的生效时间相似，主要有两种方式：一是从公布之日起生效。例如，1990 年全国人大常委会通过的《关于禁毒的决定》中规定，本决定"自公布之日起施行"。二是公布之后经过一段时间再施行。这是世界上多数国家关于刑法生效时间的通行做法。例如，我国《刑法》于 1979 年 7 月 1 日通过，自 1980 年 1 月 1 日起生效；1997 年 3 月 14 日修订通过后的《刑法》从 1997 年 10 月 1 日起施行。这样做是考虑到国家幅员辽阔，人们对新法较为生疏，通过一定时间的宣传、教育，便于司法工作人员和普通公民做好实施新法的心理、组织及业务准备工作，确保新法在全国范围内的统一实施。

二、刑法的失效时间

法律的失效时间，即法律终止效力的时间，通常要由立法机关作出决定。从世界范围看，法律失效的方式有很多种，诸如新法公布实施后旧法自然失效，立法机关明确宣布废止某一法律，某一法律在制定时即规定了有效期限等。我国刑法的失效基本上包括两种方式：一是由立法机关明确宣布某些法律失效。例如，我国《刑法》第 452 条第 2 款规定，列于本法附件一的全国人大常委会制定的《关于严惩严重破坏经济的罪犯的决定》等 15 件单行刑法，自 1997 年 10 月 1 日起予以废止。二是自然失效，即新法施行后代替了同类内容的旧法，或者由于原来特殊的立法条件已经消失，旧法自行废止。

三、刑法的溯及力

刑法的溯及力，是指刑法生效以后，对于其生效以前未经审判或者判决尚未确定的行为是否适用的问题。如果适用，就是有溯及力；如果不适用，就是没有溯及力。

（一）刑法溯及力的原则

对于刑法的溯及力问题，各国采用的原则有所不同。概括起来，大致包括以下四种原则。

1. 从旧原则

新法对于其生效前未经审判或判决尚未确定的行为一律没有溯及力，完全适用旧法。这一原则充分考虑了犯罪当时的法律状况，反对适用事后法，对行为人比较公平。但如果某一行为按旧法构成犯罪而按新法不认为是犯罪，再依旧法进行处罚就不能实现刑法的目的，因而也存在弊端。

2. 从新原则

新法对于其生效前未经审判或判决尚未确定的行为，一律具有溯及力，完全适用新法。这一原则强调新法的适用，适应当前的社会情况，有利于预防犯罪。但是，对于行为时的法未规定为犯罪的行为，依新法按照犯罪进行处罚，违背罪刑法定原则，因而有失妥当。

3. 从新兼从轻原则

新法原则上有溯及力，但旧法不认为是犯罪或者处刑较轻时，则按照旧法处理。这一原则弥补了绝对从新原则的不足，既充分发挥了新法适应当前形势的优点，又认真考虑了旧法当时的具体规定，但仍有适用事后法之嫌，因此采用的国家不多。

4. 从旧兼从轻原则

新法原则上没有溯及力，但新法不认为是犯罪或者处刑较轻时，则按照新法处理。这一原则弥补了绝对从旧原则的缺陷，既符合罪刑法定原则，又适应当前需要，因而为绝大多数国家所采用。

（二）刑法溯及力的法律规定

我国刑法规定了罪刑法定原则，从罪刑法定原则中必然引申出刑法不溯及既往的派生原则。因此，我国刑法原则上否认刑法具有溯及力。但从有利于被告的原则出发，对于那些旧法认为是犯罪或者处刑较重，而新法不认为是犯罪或者处刑较轻的行为，例外地承认刑法的溯及力。申言之，我国刑法关于刑法的溯及力，采用的是从旧兼从轻原则。

我国《刑法》第 12 条第 1 款规定："中华人民共和国成立以后本法施行以前

的行为，如果当时的法律不认为是犯罪的，适用当时的法律；如果当时的法律认为是犯罪的，依照本法总则第四章第八节的规定应当追诉的，按照当时的法律追究刑事责任，但是如果本法不认为是犯罪或者处刑较轻的，适用本法。"第 12 条第 2 款规定："本法施行以前，依照当时的法律已经作出的生效判决，继续有效。"根据这一规定，对于 1949 年 10 月 1 日中华人民共和国成立至 1997 年 10 月 1 日新刑法施行前这段时间内发生的行为，应按以下不同情况分别采取不同的原则处理。

1. 从旧原则

当时的法律不认为是犯罪，而修订后的刑法认为是犯罪的，适用当时的法律，即修订后的刑法没有溯及力。对于这种情况采取从旧原则，不能以修订后的刑法规定为犯罪为由而追究行为人的刑事责任。

2. 从新原则

当时的法律认为是犯罪，但修订后的刑法不认为是犯罪的，只要这种行为未经审判或者判决尚未确定，就应当适用修订后的刑法，采取从新原则，即修订后的刑法具有溯及力。

3. 从轻原则

当时的法律和修订后的刑法都认为是犯罪，并且按照修订后的《刑法》总则第四章第八节的规定应当追诉的，原则上按当时的法律追究刑事责任，即修订后的刑法不具有溯及力。但是，如果修订后的刑法处刑较轻的，则应适用修订后的刑法，即修订后的刑法具有溯及力。因此，对于这种情况应当采取从轻原则。这里的处刑较轻，根据 1997 年 12 月 31 日最高人民法院《关于适用刑法第十二条几个问题的解释》第 1 条的规定，是指刑法对某种犯罪规定的刑罚即法定刑比修订前刑法轻。法定刑较轻是指法定最高刑较轻；如果法定最高刑相同，则指法定最低刑较轻。前引司法解释第 2 条还规定：如果刑法规定的某一犯罪只有一个法定刑幅度，法定最高刑或者最低刑是指该法定刑幅度的最高刑或者最低刑；如果刑法规定的某一犯罪有两个以上的法定刑幅度，法定最高刑或者最低刑是指具体犯罪行为应当适用的法定刑幅度的最高刑或者最低刑。

（三）刑法溯及力的复杂情形

在一般情况下，刑法的溯及力是不难确定的，但在某些情况下，由于刑法的修改或者犯罪行为跨越新、旧法，出现了刑法溯及力确定上的以下三种复杂情形。

1. 刑法修改而产生的刑法溯及力的复杂情形

在一般情况下，作为刑法溯及力确定的参照物的新法与旧法是容易认定的。但在刑法修改频繁的情况下，新法与旧法就难以认定，因而刑法的溯及力问题更为复杂。例如，1979 年《刑法》规定渎职罪的主体是国家工作人员，1997 年《刑法》规定渎职罪的主体是国家机关工作人员。根据 1997 年《刑法》的规定，国家机关工作人员以外的其他国家工作人员的渎职行为，只有符合《刑法》第 168 条规定的徇私舞弊造成破产、亏损罪，才能追究刑事责任，否则不构成犯罪。但 1999 年 12 月 25 日全国人大常委会通过的《刑法修正案》对《刑法》第 168 条进行了修改，罪名相应地改为国有公司、企业工作人员失职罪与国有公司、企业工作人员滥用职权罪。根据《刑法修正案》，国家机关工作人员以外的其他国家工作人员的渎职行为又被规定为犯罪。在这种情况下，就出现了以下情形：1979 年《刑法》认为是犯罪，1997 年《刑法》不认为是犯罪，《刑法修正案》认为是犯罪。如果将 1979 年《刑法》当作旧法，《刑法修正案》当作新法，不考虑 1997 年《刑法》，那么，旧法与新法均认为是犯罪，应适用处刑较轻的旧法。但如果将 1997 年《刑法》当作旧法，《刑法修正案》当作新法，那么，旧法不认为是犯罪，新法认为是犯罪，根据从旧原则，适用 1997 年《刑法》，其行为不认为是犯罪。对此，我认为应当严格按照法律更替的时间顺序确定新法与旧法。既然 1979 年《刑法》的规定已被 1997 年《刑法》作了修改，那么，相对于《刑法修正案》而言，1997 年《刑法》是旧法，由此确定刑法溯及力。

2. 行为跨越新、旧法而产生的刑法溯及力的复杂情形

在一般情况下，行为或者发生在旧法时，或者发生在新法时，因而刑法的溯

及力问题容易确定。但在犯罪行为连续或者继续的情况下，行为跨越新、旧法，在这种情况下，到底是适用旧法还是适用新法，以及在何种情况下适用旧法，在何种情况下适用新法，是一个较为复杂的问题。我认为，对这一问题的解决，仍应以从旧兼从轻原则为基本精神。行为跨越新、旧法，新、旧法规定为同一犯罪的，无论新、旧法的轻重，均应适用新法定罪处罚。行为跨越新、旧法，旧法认为是犯罪，新法不认为是犯罪的，适用新法，不以犯罪论处。行为跨越新、旧法，新、旧法规定为不同犯罪，旧法轻的，适用旧法定罪处罚；新法轻的，适用新法定罪处罚。行为跨越新、旧法，旧法不认为是犯罪，新法认为是犯罪的，对新法施行以后的行为适用新法定罪处罚。对于这一点，1997 年 10 月 6 日最高人民检察院《关于检察工作中具体适用修订刑法第十二条若干问题的通知》第 3 条规定：如果当时的法律不认为是犯罪，修订刑法认为是犯罪的，适用当时的法律；但行为连续或者继续到 1997 年 10 月 1 日以后的，对 10 月 1 日以后构成犯罪的行为适用修订刑法追究刑事责任。

3. 行为与结果跨越新、旧法而产生的刑法溯及力的复杂情形

在即成犯的情况下，行为完成时结果随之发生，因而其刑法的溯及力问题容易确定。但在隔时犯的情况下，行为与结果之间存在一定的时间间隙。如果行为发生在旧法时，结果发生在新法时，应当如何解决刑法的溯及力问题呢？我认为，在这种情况下，行为完成时与结果发生时均属于犯罪时。按照从旧兼从轻原则，旧法（行为完成时法，下同）不认为是犯罪，而新法（结果发生时法，下同）认为是犯罪的，适用新法，以犯罪论处；旧法认为是犯罪，而新法不认为是犯罪的，适用新法，不以犯罪论处；旧法与新法均认为是犯罪的，以犯罪论处。

（四）立法解释和司法解释的溯及力

立法解释和司法解释都属于对现行生效法律所做的解释，因此，没有自己独立的溯及力问题。换言之，在被解释法律的效力范围内，无论是立法解释还是司法解释都具有溯及力。对于司法解释的溯及力问题，最高人民法院、最高人民检察院 2001 年 12 月 7 日《关于适用刑事司法解释时间效力问题的规定》（以下简

称《规定》）曾经做过规定。根据上述《规定》，司法解释在实施以后，对于司法解释实施之前的行为具有溯及力。对此，《规定》第2条指出："对于司法解释实施前发生的行为，行为时没有相关司法解释，司法解释施行后尚未处理或者正在处理的案件，依照司法解释的规定办理。"但如果司法解释实施之前曾经有司法解释，而且在新旧司法解释之间存在抵触的，应当按照从旧兼从轻原则处理。对此，《规定》第3条指出："对于新的司法解释实施前发生的行为，行为时已有相关司法解释，依照行为时的司法解释办理，但适用新的司法解释对犯罪嫌疑人、被告人有利的，适用新的司法解释。"对于立法解释的溯及力问题没有相关的法律规定，但从法理上来说，既然是对法律所做的解释，也同样应当按照被解释的法律确定适用效力，因此没有自己的独立溯及力问题。

第二编
犯罪总论

第四章

犯罪概说

第一节 犯罪的概念

犯罪概念是犯罪论的核心与基础。犯罪是一种法律现象，同时也是一种社会现象。因此，对于犯罪既可以从规范的视角进行界定，从而形成犯罪的规范概念，也可以从事实的观点进行界定，从而形成犯罪的事实概念。在刑法教义学中所讨论的是犯罪的规范概念，尤其是刑法所规定的犯罪概念，也称为犯罪的法定概念。各个刑法典对犯罪概念采用不同的方法进行界定，可以分为以下三种犯罪概念。

一、犯罪的形式概念

犯罪的形式概念是指从犯罪的法律特征上描述犯罪而形成的犯罪概念，也就是将犯罪表述为是触犯刑律、具有刑事违法性而应受刑罚处罚的行为。例如1810 年《法国刑法典》第 1 条规定："法律以违警刑所处罚之犯罪，称为违警罪；法律以惩治刑所处罚之犯罪，称为轻罪；法律以身体刑所处罚之犯罪，称为重罪。"这就是犯罪的形式概念的立法例。犯罪的形式概念源于罪刑法定原则，可以说是从罪刑法定原则引申出来的犯罪概念。犯罪的形式概念注重的是行为的刑事违法性，将刑事违法性作为区分罪与非罪的唯一标准。犯罪的形式概念之所谓形式，是指从法律规范的意义上界定犯罪。因此，犯罪的形式概念，又可以称为犯罪的法律概念。法律相对于社会来说，是一种形式的东西，是对某种社会关系或者社会事实的认可。但法律这种形式又具有对于社会关系或者社会事实的规范作用，从而使这种社会关系或者社会事实法定化。在犯罪问题上，犯罪是一种客观存在的社会事实，是社会根据一定的价值标准予以否定评价的行为。但在经刑法规定以前，这种行为尚不具有刑事违法性，不能成为刑法意义上的犯罪。正是通过刑法的规定，一定的行为才由社会否定评价的行为转换为刑法上的犯罪行为。由此可见，犯罪的形式概念具有实体的法律内容。更为重要的是，犯罪的形式概念赋予犯罪以刑事违法性，从而为认定犯罪提供了法律标准，这对于保障人权具有极为重要的意义，可以保证刑法的正确实施。

犯罪的形式概念似乎只是对刑法分则规定的各种犯罪的简单归纳，因而难以从犯罪的形式概念获得犯罪的实体内容。然而，犯罪的形式概念严格地将犯罪范围限制在刑法分则规定的范围之内，恪守犯罪的法律边界，对于贯彻罪刑法定原则具有重要意义。

二、犯罪的实质概念

犯罪的实质概念是从犯罪的社会内容上描述犯罪而形成的犯罪概念，也就是将犯罪表述为具有社会危害性的行为。例如 1922 年《苏俄刑法典》第 6 条规定："威胁苏维埃制度基础及工农政权在向共产主义制度过渡时期所建立的法律秩序的一切危害社会的作为或不作为，都被认为是犯罪。"这就是犯罪的实质概念的立法例。犯罪的实质概念不满足于对犯罪的法律界定，而力图揭示隐藏在法律背后的社会政治内容。犯罪的实质概念不是把犯罪当作一种单纯的法律现象，而是首先把它视为一种社会现象，在与社会的关联上揭示犯罪的性质。犯罪的实质概念突破法律形式理解犯罪，因而它在一定程度上回答了一种行为为什么会被刑法规定为犯罪这一具有实质意义的问题。犯罪的实质概念的确立，将犯罪置于社会的视野中进行考察，分析了犯罪与社会的关联性，揭示了犯罪之所以应当受到刑罚处罚的根据，对于加深对犯罪这种社会现象的理解显然具有重要意义。

犯罪的实质概念是在破除犯罪的形式概念的基础上产生的，它从实体内容上界定犯罪，对于理解犯罪的本质具有指导意义。然而，刑法典规定犯罪概念并不是为了揭示犯罪的社会性质，而是为了提供犯罪司法认定的规范根据。而且，过分强调犯罪的实质特征，甚至将犯罪的实质特征凌驾于犯罪的规范特征之上，潜藏着突破罪刑法定原则的危险。

三、犯罪的混合概念

犯罪的混合概念，是指形式与实质相统一的犯罪概念，即在犯罪概念的规定中，既揭示犯罪的实质社会内容，又强调犯罪的法律形式特征，使犯罪的实质社会内容和法律形式特征统一在同一个犯罪概念之中。1960年《苏俄刑法典》第7条被认为是犯罪混合概念的典型立法例："凡刑事法律所规定的侵害苏维埃的社会制度、政治和经济体系，侵害社会主义所有制，侵害公民的人身权利和自由、政治权利和自由、劳动权利和自由、财产权利和自由及其他权利和自由的危害行为，都认为是犯罪。"在这个犯罪概念中，指出了犯罪的形式特征，犯罪限于刑法所规定的范围，从而明确了犯罪的刑事违法性。更为重要的是，这个犯罪概念揭示了犯罪的实质内容，尤其是揭示了犯罪的法益侵害性。因此，犯罪混合概念既不同于犯罪的形式概念，又不同于犯罪的实质概念。

犯罪的混合概念将犯罪的实体内容与规范特征相并列，从实质与形式的双重视角描述犯罪，似乎更为全面。然而，在犯罪的混合概念中，当形式与实质相一致的时候，犯罪的认定问题是容易得到解决的。但是，当形式与实质相冲突时，例如在行为有刑事违法性而无法益侵害性或者有法益侵害性而无刑事违法性的情况下，究竟是形式特征服从实质内容还是实质内容服从形式特征，就会使人陷入两难境地。在这种情况下，我认为，根据罪刑法定原则，都不应认定为犯罪。

四、我国刑法中的犯罪概念

我国刑法中的犯罪概念，是形式与实质相统一的犯罪的混合概念。我国《刑法》第 13 条规定："一切危害国家主权、领土完整和安全，分裂国家、颠覆人民民主专政的政权和推翻社会主义制度，破坏社会秩序和经济秩序，侵犯国有财产或者劳动群众集体所有的财产，侵犯公民私人所有的财产，侵犯公民的人身权利、民主权利和其他权利，以及其他危害社会的行为，依照法律应当受刑罚处罚的，都是犯罪，但是情节显著轻微危害不大的，不认为是犯罪。"这一犯罪概念是对各种犯罪现象的理论概括，它不仅揭示了犯罪的法律特征，而且阐明了犯罪的社会政治内容，从而为区分罪与非罪的界限提供了原则标准。

我国刑法中的犯罪概念受到《苏俄刑法典》的较大影响，在正面规定犯罪概念的同时，还规定了犯罪概念的但书条款。但书规定是对犯罪概念的重要补充，它为那些虽然符合犯罪特征但情节显著轻微危害不大的行为出罪提供了法律依据。对于符合但书规定的行为，刑法明确规定不认为是犯罪，将其从犯罪中予以排除，从而限缩了我国刑法中的犯罪范围。

第二节　犯罪的特征

一、刑事违法性

刑事违法性是指触犯刑律，即某一个人的行为符合刑法分则所规定的犯罪构成要件。刑事违法性是犯罪的法律特征，是对犯罪行为否定的法律评价。在罪刑法定原则下，没有刑事违法性，也就没有犯罪。因此，刑事违法性是犯罪的基本特征。

　　刑事违法性之违法具有不同于其他违法行为的特殊性。在法理上，违法行为可以分为民事违法行为、行政违法行为和刑事违法行为，此外还存在诉讼违法行为。违法行为的共同特征是违反法律规定，因此，法律规定是违法行为产生的法律原因。而法律规定是各种各样的，由此形成一个国家的法律体系。在这一法律体系中，刑法是其他部门法的制裁力量，其规范主要由假定与处理两部分构成。例如，"故意杀人的，处死刑、无期徒刑或者十年以上有期徒刑"这一刑法规定中，"故意杀人的"是罪状，"处死刑、无期徒刑或者十年以上有期徒刑"是法定刑。罪状就是刑法规范的假定部分，法定刑是刑法规范的处理部分。当行为符合刑法所规定的故意杀人这一假定性条件时，就应当处以死刑、无期徒刑或者 10 年以上有期徒刑这一法定刑。在刑法理论上，刑法规范的假定部分规定的是犯罪构成要件。只有当行为人的行为符合这一犯罪构成要件时，其行为才构成犯罪并被处以刑罚。因此，刑事违法性之违法并非指对刑法规范中的假定性条件的违反，而恰恰是符合。显然，刑事违法性之违法是指违反作为刑法规范前提的禁止性规定。例如，刑法关于故意杀人罪的规定，表明刑法禁止杀人。当行为符合故意杀人罪的构成要件时，就是违反了刑法禁止杀人的规定。由此可见，刑法的禁止性规定是内在于刑法规范的，一个人的行为是否具有刑事违法性，应以其行为是否符合刑法所规定的犯罪构成要件为根据。

　　刑事违法性尽管在其性质上不同于其他违法性，但这并不意味着刑事违法性与其他违法性毫无关系。恰恰相反，在某些情况下，刑事违法性是以其他违法性为前提的，因而存在所谓双重违法的问题。在我国刑法分则中，某些犯罪是以违反国家规定（《刑法》第 137 条规定的工程重大安全事故罪）或违反法律、行政法规规定（《刑法》第 186 条规定的违法发放贷款罪）、违反规定（《刑法》第 188 条规定的违规出具金融票证罪）为前提条件的。尤其是《刑法》第 96 条对于违反国家规定的含义作出了解释："本法所称违反国家规定，是指违反全国人民代表大会及其常务委员会制定的法律和决定，国务院制定的行政法规、规定的行政措施、发布的决定和命令。"关于如何理解这里的"国家规定"，2011年4月8日最高人民法院曾经发布《关于准确理解和适用刑法中"国家规定"的有关问题的通知》（以下简称《通知》）。根据《通知》的规定，《刑法》第96条规定中的"国务院规定的行政措施"应当由国务院决定，通常以行政法规或者国务院制发文件的形式加以规定。以国务院办公厅名义制发的文件，符合以下条件的，亦应视为刑法中的"国家规定"：（1）有明确的法律依据或者同相关行政法规不相抵触；（2）经国务院常务会议讨论通过或者经国务院批准；（3）在国务院公报上公开发布。《通知》还规定，各级人民法院在刑事审判工作中，对有关案件所涉及的"违反国家规定"的认定，要依照相关法律、行政法规及司法解释的规定准确把握。对于规定不明确的，要按照本通知的要求审慎认定。对于违反地方性法规、部门规章的行为，不得认定为"违反国家规定"。对被告人的行为是否"违反国家规定"存在争议的，应当作为法律适用问题，逐级向最高人民法院请示。因此，在认定这些犯罪的时候，其行为是否具有上述行政违法性，就成为确认其行为的刑事违法性的标准。

二、法益侵害性

法益侵害性是指对于刑法所保护的利益的侵害。这里所谓刑法所保护的利益，就是法益。刑法法益是关涉社会生活的重要利益，对此，我国《刑法》第13条关于犯罪概念的规定中作了明文列举，这就是国家主权、领土完整和安全、人民民主专政的政权和社会主义制度、社会秩序和经济秩序、国有财产或者劳动群众集体所有的财产、公民私人所有的财产，以及公民的人身权利、民主权利和其他权利。上述法益可以分为国家法益、社会法益和个人法益，这些法益被犯罪所侵害而为刑法所保护。因此，法益侵害性揭示了犯罪的实质社会内容。

法益侵害行为是刑法明文规定的，因此行为是否具有法益侵害性，应以刑法规定为根据。在这个意义上说，刑事违法性是法益侵害性的前提。一个行为如果不具有刑事违法性，就不可能具有法益侵害性。因此，超越刑事违法性的法益侵害性是不被承认的，这也是罪刑法定原则的必然要求。由此可见，法益侵害性虽然是对犯罪的实质社会内容的阐述，但它仍然受到犯罪的刑事违法性的限制。在这个意义上说，法益侵害性是刑事违法范围内的法益侵害性。

　　法益侵害具有两种情形：一是实害，二是危险。实害是指行为对法益造成的现实侵害，例如故意杀人，已经将人杀死，造成对他人生命法益的侵害。危险是指行为对法益具有侵害的可能，在这种情况下，实际损害并未发生，但法益处于遭受侵害的危险状态，因而同样被认为具有法益侵害性，并具有刑事违法性。在我国刑法中，大多数行为是因为具有法益侵害的实害性而被规定为犯罪，例如以发生一定的法益侵害结果为法定犯罪构成要件的结果犯就是如此。也有少数行为是因为具有法益侵害的危险性而被规定为犯罪，这种危险包括抽象危险与具体危险。其中抽象危险是指立法推定的危险，在司法活动中无须认定，只要具有法律规定的行为就可构成犯罪。具体危险是指司法认定的危险，如果不具有这种危险，即使存在法律规定的行为也不构成犯罪。此外，犯罪的预备行为、未遂行为和中止行为，都没有造成法益侵害的实害结果，也是因其具有法益侵害的危险而被处罚。

三、应受惩罚性

　　应受惩罚性是犯罪的重要特征，是国家对于具有刑事违法性和法益侵害性的行为赋予的刑罚后果。犯罪是适用刑罚的前提，刑罚是犯罪的法律后果。如果一个行为不应受刑罚惩罚，也就意味着它不是犯罪。应受惩罚性并不是刑事违法性和法益侵害性的消极的法律后果，它对于犯罪的立法规定与司法认定具有重要意义。在立法上，应受惩罚性对于立法机关将何种行为规定为犯罪具有制约作用。对于某种行为，只有当立法机关认为需要动用刑罚加以制裁的时候，才会在刑法上将其规定为犯罪，给予这种行为以否定的法律评价。在司法上，应受惩罚性对于司法机关划分罪与非罪的界限也具有指导意义。根据《刑法》第13条关于犯罪概念的但书规定，某种行为情节显著轻微的不认为是犯罪。这些不认为是犯罪的行为，也是没有必要予以刑罚惩罚的行为。因此，是否具有应受惩罚性也是犯罪的重要特征。

这里应当指出，应受刑罚惩罚与实际受到刑罚惩罚，是两个不同的概念。某一行为如果缺乏应受刑罚惩罚性，就不构成犯罪。当然，行为即使构成犯罪也不一定实际受到刑罚惩罚。我国《刑法》第37条规定："对于犯罪情节轻微不需要判处刑罚的，可以免予刑事处罚。"在我国刑法中，免予刑事处罚是以行为构成犯罪为前提的。这种情节轻微的犯罪行为虽然具有应受惩罚性，但因其不需要被判处刑罚而免予刑事处罚。

第三节　犯罪的分类

一、重罪与轻罪

在所有犯罪分类中，重罪与轻罪是最经典的一种分类法。这种分类法不仅盛行于大陆法系国家，而且也为英美法系国家所认可。在大陆法系国家，重罪与轻罪的区分来自1810年《法国刑法典》，除重罪与轻罪外，还有违警罪。在英美法系国家，重罪（felony）作为一类特殊的犯罪，具有特定的含义，指某种残酷、凶暴、邪恶或卑鄙的东西。因此，同是重罪与轻罪的分类，在两大法系具有不同的蕴含。

重罪与轻罪，主要是根据犯罪的轻重程度划分的，其划分的意义在于实体与程序两个方面：从实体上来说，重罪与轻罪的划分在犯罪的认定与刑罚的适用上具有一定的意义。例如，未遂犯的处罚范围就与重罪和轻罪有关，重罪的未遂一般都要处罚，而轻罪的未遂只是在法律有规定的场合才予以处罚。刑罚的适用与重罪和轻罪的划分更具有直接关联。例如缓刑，一般来说只能适用于轻罪。从程序上来说，重罪与轻罪的划分在诉讼程序的选择和管辖级别的确定上都具有一定的意义。例如，在诉讼程序分为普通程序与简易程序的情况下，对于轻罪一般只能适用简易程序。此外，在确定管辖级别的时候，重罪由较高级别的法院管辖，轻罪由较低级别的法院管辖，这也是一般的原则。

　　我国刑法没有重罪与轻罪的明文规定，但在刑法中存在"犯罪较轻的"和"处刑较轻的"规定，相对于"犯罪较轻的"和"处刑较轻的"情形，当然就有"犯罪较重的"和"处刑较重的"情形。这里的犯罪较轻与犯罪较重，并非指不同种犯罪之间的轻重之分，而是指同一种犯罪中的轻重之别。例如，我国刑法中的故意杀人罪，分为两种情形：一是基本构成，处死刑、无期徒刑或者 10 年以上有期徒刑；二是减轻构成，处 3 年以上 10 年以下有期徒刑。这里的情节较轻的故意杀人罪，就是故意杀人罪中的轻罪。

二、自然犯与法定犯

　　自然犯与法定犯，是学理上的一种犯罪分类。这种分类涉及对犯罪性质的基本认识，因而十分重要。

　　自然犯与法定犯的区分可以追溯到古罗马法。古罗马法将古希腊伦理学中的恶性理论适用于对犯罪的理解，确立了自体恶（mala in se）与禁止恶（mala prohibita）两种不同的犯罪类型。及至近代，加罗法洛在其自然犯罪的概念中，明显包含古罗马法中自体恶的内容，在此基础上形成自然犯与法定犯的两分法。在现代大陆法系刑法理论中，自然犯与法定犯的分类被广泛承认，但在两类犯罪区分的标准上则莫衷一是。在英美法系刑法理论中同样存在类似自然犯与法定犯的分类，但由于分类标准的模糊性，理论上不乏对此否认的观点。我认为，自然犯与法定犯的区分涉及伦理与法律的关系问题。在一般情况下，伦理与法律是统一的：凡是违反法律的，均是违反伦理的，反之则不然。但在违反伦理的程度上，有些重一些，有些轻一些，这也是一个不可否认的事实。尤其是在附属刑法日益发达的情况下，某些单纯由于违反法律规则而与伦理无涉的犯罪逐渐增加。在这种情况下，自然犯与法定犯的区分具有一定意义。当然，自然犯与法定犯的区分是相对的，相互之间是可以转化的。在社会伦理道德演变过程中，环境犯罪等法定犯越来越具有自然犯的色彩，这就是所谓法定犯的自然犯化。自然犯与法定犯的分类在刑法上具有一定的意义。例如，在违法性认识问题上，关于故意犯罪的成立是否要求具有违法性认识，存在各种不同的见解，其中自然犯与法定犯区别论，就是着眼于自然犯与法定犯在犯罪性质上的区分，主张自然犯的故意不需要违法性认识，法定犯的故意则要求具有违法性认识。尽管这种见解未必完全正确，但还是说明自然犯与法定犯在性质上的差别，可能影响其构成要件的内容。

法定犯具有不同于自然犯的特征，对于法定犯的特征可以从犯罪学和刑法学的双重视角进行论述，由此从事实和规范两者层面加深对法定犯性质的理解。

1. 法定犯的变动性

在某种意义上说，自然犯具有稳定性，无论是哪个社会，诸如杀人、放火、强奸、抢劫这样的犯罪都会被刑法规定为犯罪，它的犯罪性质不以法律的变更为转移，也不受政治体制变化的影响。然而，法定犯则与之不同，它本身不具有伦理恶的性质，之所以成为犯罪，完全是因为法律的禁止性规定。因此，法定犯的犯罪性质具有变动性。

不可否认，自然犯和法定犯都是会发生变化的，不可能一成不变。相对而言，自然犯的变化是十分缓慢的。例如，通奸行为在我国古代刑法中是奸罪的一种，亦称和奸。"不以义交谓之奸。"也就是说，违反礼教规范的男女之间的性行为就是奸。通奸是相对于强奸而言的，它是一种和奸。这里所谓"和奸"，谓彼此和同者，也就是基于男女双方的合意而的发生性行为。[①]奸罪是古代礼制社会

---

① 唐律疏议. 刘文俊，点校. 北京：法律出版社，1999：534.

的产物，现在社会的婚姻制度赋予男女性自主决定权，除了有配偶而通奸的行为是违反婚姻法的，一般意义上的通奸就不复存在了，因而除极个别国家或者地区刑法中还规定通奸罪以外，大多数国家和地区刑法中的通奸罪已经废除。由此可见，自然犯在一定条件下也会发生变化。而法定犯的变化则要比自然犯迅速得多，如果说自然犯的变化可能是以百年计，那么，法定犯的变化有时甚至以年计。例如，买卖外汇，在我国 1997 年《刑法》修订之前是犯罪，1997 年《刑法》取消了买卖外汇罪，但 1998 年在亚洲金融危机爆发以后，1998 年 12 月 29 日发布的《关于惩治骗购外汇、逃汇和非法买卖外汇犯罪的决定》，又将买卖外汇规定为犯罪，以非法经营罪论处。因此，买卖外汇自 1997 年《刑法》于该年 10 月 1 日生效，从有罪变成无罪，到 1998 年 12 月 29 日，又从无罪变成有罪，其法律上无罪的时间短暂到只有一年零两个月的时间，可能一个无罪案件都来不及判处，就恢复有罪了。这个罪名的频繁变动，生动地说明了法定犯的犯罪性质的变动不居。

在世界各国或者各个地区，自然犯的差异并没有那么大。然而，法定犯在国家或者地区之间的差异却是十分巨大的。例如，对于公民持枪，世界各国存在合法化和非法化两种政策。在实行合法化政策的国家，允许公民持枪，持枪是宪法规定的公民权利，并且枪支是可以合法买卖的，因而持枪和买卖枪支都不是犯罪，当然没有持枪证而持有枪支或者没有经营许可而买卖枪支也是违法的。在实行非法化政策的国家，禁止公民持枪，并且刑法将未经许可的持枪行为规定为犯罪。至于买卖枪支更是刑法规定的严重犯罪。由此可见，在公民持枪和买卖枪支问题上，实行枪支合法化的国家和实行枪支非法化的国家之间的差距是十分巨大的，这就是在不同国家之间产生的法定犯的差别。

2. 法定犯的竞合性

应该指出，自然犯和法定犯虽然是两种不同的犯罪类型，但是两者之间并没有绝对可分的界限。而且在一定条件下，自然犯和法定犯之间是会发生转化的，这种转化既可能是自然犯的法定犯化，也可能是法定犯的自然犯化。当然，这种自然犯和法定犯之间的互相转化需要漫长的时间，在我国刑法中较为常见的是自然犯和法定犯的竞合。

这里应当指出，自然犯和法定犯的竞合涉及自然犯和法定犯的区分标准问题。自然犯与法定犯的区分，实际上存在两个标准：第一是形式标准，第二是实质标准。所谓形式标准是指以是否违反行政法规作为区分自然犯与法定犯的标准：法定犯存在构成要件的规范要素，以违反行政法规为前提，而自然犯则不存在构成要件的规范要素，由此区别于法定犯。所谓实质标准是指以是否具有伦理违反性作为区分自然犯与法定犯的标准：自然犯具有伦理违反性，而法定犯则不具有伦理违反性。如果只有根据以上形式标准或者实质标准之一，还难以区分自然犯和法定犯。只有同时根据以上两种标准，才能准确地区分法定犯和自然犯。也就是说，法定犯是存在构成要件的规范要素并且不具有伦理违反性的犯罪，而自然犯是指具有伦理违反性并且不存在构成要件的规范要素的犯罪。根据上述形式标准和实质标准，就能够将法定犯和自然犯加以彻底区分。

伦理标准本来就是随着社会发展而变迁的，不是一成不变的，因此，某些本来没有伦理违反性的行为随着伦理观念的变化而获得了伦理违反性，因而就出现了某些存在构成要件规范要素的犯罪，同时具有伦理违反性。换言之，这种犯罪虽然具有法定犯的形式要件，但同时具有自然犯的实质特征，因而将这些犯罪划入自然犯的范畴，这就是所谓法定犯的自然犯化。例如，污染环境等公害犯罪，是以违反环境管理法规为前提的，具有法定犯的性质。然而公害犯罪不仅具有伦理违反性，而且其具体行为无异于自然犯。例如日本学者藤木英雄认为公害存在广义和狭义之分，广义上的公害包括食品、药品等对生命和健康造成的损害和威胁，而狭义上的公害是指环境破坏对生命和健康造成的损害和威胁。藤木英雄论述了公害犯罪的行政犯和刑事犯的双重属性。[①] 我国《刑法》第 338 条规定的污染环境罪，是指违反国家规定，排放、倾倒或者处置有放射性的废物、含传染病

---

① 藤木英雄. 公害犯罪. 丛选功，等译. 北京：中国政法大学出版社，1992：1 以下.

病原体的废物、有毒物质或者其他有害物质，严重污染环境的行为。在以上环境污染罪的概念中，行政违法性特征依然存在，然而却已经具备一定的自然犯特征，因而属于自然犯和法定犯的竞合。对于污染环境罪来说，违反国家规定属于构成要件规范要素，因而可以将该罪归入法定犯。而该罪的排放、倾倒或者处置有毒、有害物质行为，又明显具有自然犯的性质，因而具有法定犯和自然犯的双重属性。

行政法规也不是一成不变的，尤其是随着经济行政法规的扩展，某些传统的自然犯也会改头换面，因具备行政违法性而以法定犯的形式出现，这就是所谓自然犯的法定犯化。例如我国《刑法》第 266 条规定的诈骗罪，属于财产犯罪，这是一种自然犯。同时，我国刑法又在《刑法》分则第三章破坏社会主义市场经济秩序罪中规定了经济诈骗罪，例如合同诈骗罪。根据《刑法》第 224 条的规定，合同诈骗罪是指在经济活动中，违反经济合同法的规定，以签订、履行合同为欺骗手段，骗取合同相对人的合同项下财物的行为。合同诈骗罪是以违反经济合同法为前提的，因而具有行政违法性，属于法定犯。同时，合同诈骗罪又是一种诈骗类犯罪，具有自然犯的性质。因此，合同诈骗罪是法定犯和自然犯的竞合。

3. 法定犯的规范性

犯罪成立以构成要件为条件，而构成要件是指刑法分则规定的犯罪基本架构。无论是自然犯还是法定犯，构成要件都是犯罪成立的基本条件。然而，自然犯和法定犯在构成要件上存在重大区分，这就是自然犯的构成要件一般都是由事实要素构成的，而法定犯的构成要件则不仅存在事实要素，更为重要的是还存在规范要素。

德国刑法教义学中的构成要件，存在着从古典的事实的构成要件到新古典的规范的构成要件的转变。古典学派学者认为构成要件具有事实性，是价值无涉的。而新古典派学者则"发现"了构成要件的规范性，因而提出了规范的构成要件要素的概念，以此对应于事实的构成要件要素。所谓规范的构成要件要素是指需要由社会规范或者法律规范来确定的特征。① 例如，我国刑法中侮辱、诽谤等要素，这些要素本身包含了价值评判，因而不同于妇女、财物等纯粹描述性的事实要素。我国学者认为，规范的构成要件要素具有三种类型：第一，法律的评价要素。第二，经验法则的评价要素。第三，社会的评价要素。② 应该说，无论是自然犯还是法定犯，都存在这种规范的构成要件要素。然而，法定犯则更进一步，它的构成要件中不仅存在规范的构成要件要素，而且存在以违反行政法规为内容的规范要素，我称之为构成要件的规范要素。我曾经将这种法定犯的构成要件规范要素称为刑法分则规定的规范要素，在规范的构成要件的题目下进行论述，而没有独立出来。③ 构成要件的规范要素不同于规范的构成要件要素，规范的构成要件要素是对构成要件事实因素中的价值评判要素的描述，仍然属于构成要件的事实因素。而构成要件的规范要素则是独立于构成要件的事实因素的，只有在法定犯中才存在构成要件的规范要素。这也正是法定犯的构成要件构造不同于自然犯的特点之所在。

　　法定犯构成要件的规范要素，在通常情况下，都是在刑法中有明文规定的，例如违反国家规定或者违反法律、行政法规等，还有的法定犯以未经许可等形式标示其行政违法性。然而，某些法定犯在刑法条文的罪状中并没有表述违反行政法规，从该罪的构成要件内容考察，它是以违反某种行政法规为前提的，因而也可以归之于法定犯。因此，从刑法条文是否明文规定违反行政法规为标准，法定犯可以区分为显形的法定犯和隐形的法定犯。之所以将某些刑法条文的罪状没有明文规定违反行政法规的犯罪也归属于法定犯，是因为对于这些犯罪来说，行政法规是前置法，违反行政法规是该罪构成要件的规范要素。例如，根据我国《刑法》第 223 条的规定，串通投标罪是指投标人互相串通投标报价，损害招标人或者其他投标人利益，情节严重的行为。对于该罪，刑法条文的罪状虽然并没有规

---

① 蔡桂生. 构成要件论. 北京：中国人民大学出版社，2015：283.

② 张明楷. 规范的构成要件要素. 法学研究，2007（6）.

③ 陈兴良. 教义刑法学. 3 版. 北京：中国人民大学出版社，2017：198.

定违反投标法这一行政违法要素，但是，投标法是串通投标罪的前置法，如果没有违反投标法，则其行为不可能构成串通投标罪。因此，我国刑法中的串通投标罪属于隐形的法定犯。

这里应当指出，法定犯的规范要素是刑法条文的罪状所规定的，然而，并非所有罪状所规定的规范要素都是法定犯的标示。例如，我国《刑法》第245条规定的非法侵入住宅罪，是指非法侵入他人住宅的行为。在此，就有"非法"这一规范要素。那么，能不能说，非法侵入住宅罪是法定犯，这里的"非法"是该罪构成要件的规范要素呢？答案是否定的。非法侵入住宅罪中的"非法"，虽然从文字上来看，是指违反法律规定，似乎属于构成要件的规范要素。不过，这里的非法侵入他人住宅是相对应合法进入他人住宅而言的。因此，非法侵入住宅罪的"非法"并不是构成要件规范要素，而是进入他人住宅行为的评价要素。

三、侵害私法益的犯罪与侵害公法益的犯罪

在大陆法系刑法理论中，根据犯罪侵害的法益的性质，可以把犯罪分为侵害私法益的犯罪与侵害公法益的犯罪。由于公法益又可以分为社会法益与国家法益，因而又可以把犯罪分为以下三类：侵害个人法益的犯罪、侵害社会法益的犯罪和侵害国家法益的犯罪。这是大陆法系刑法理论中最为通行的犯罪分类法。

侵害个人法益的犯罪、侵害社会法益的犯罪和侵害国家法益的犯罪三分法，最初的历史渊源可以追溯到古罗马法。在古罗马法中，犯罪被分为公罪和私罪或称公犯和私犯两大类。公罪是指侵害国家法益和社会法益的犯罪，其法律后果是刑罚；私罪是指侵害个人法益的行为，最初被看成是个人之间的纠纷，只发生债的关系，被害人只能依据普通程序要求损害赔偿。后来，被害人才可以对私罪提起刑事自诉，不过因此而丧失要求损害赔偿的权利。及至中世纪，公罪与私罪的

分类被世俗犯罪与宗教犯罪所取代：世俗犯罪是指世俗当局管辖的犯罪，包括叛逆罪、犯上罪等。宗教犯罪是指由教会审判处理的犯罪，包括亵渎神灵罪、异端罪等。贝卡里亚将犯罪分为三大类：第一类是直接地毁伤社会或社会的代表的犯罪，即危害国家法益的犯罪。第二类是侵犯私人安全的犯罪，即危害个人法益的犯罪。第三类犯罪属于同公共利益要求每个公民应做和不应做的事情相违背的行为，即危害社会法益的犯罪。在上述三类犯罪中，第一类和第三类实质上是侵害公法益的犯罪，类似于罗马法中的公罪，而第二类实质上是侵害私法益的犯罪，类似于罗马法中的私罪。这一犯罪分类经过刑事古典学派其他刑法学家的发扬光大，成为大陆法系刑法理论中犯罪分类的通说，并且为大陆法系国家刑法分则体系的建构奠定了基础。例如，1810 年《法国刑法典》就是以侵害公法益的犯罪与侵害私法益的犯罪作为其刑法分则的基本框架的。它将犯罪分为两大类，即妨害公法益之重罪及轻罪和妨害私法益之重罪及轻罪，以妨害公法益之重罪及轻罪为刑法分则第一编，以妨害私法益之重罪及轻罪为刑法分则第二编，由此形成刑法分则体系。又如，1871 年《德国刑法典》，虽然未将犯罪分为侵害公法益的犯罪与侵害私法益的犯罪，但是根据侵害国家法益的犯罪、侵害社会法益的犯罪与侵害个人法益的犯罪这样一种概括，建立刑法分则体系。由此可见，侵害公法益的犯罪与侵害私法益的犯罪的分类对于刑法分则体系的建立具有重要意义。

我国刑法没有采用关于侵害私法益的犯罪与侵害公法益的犯罪的划分法，我国刑法分则体系主要是根据犯罪所侵害的社会关系的性质而建构的。但社会关系的性质，其内容同样也可以从侵犯国家利益的犯罪、侵犯社会利益的犯罪与侵犯个人利益的犯罪的角度进行划分。例如，危害国家安全罪、危害国防利益罪、贪污贿赂罪、渎职罪和军人违反职责罪具有侵害国家法益的犯罪的性质。危害公共安全罪、破坏社会主义市场经济秩序罪和妨害社会管理秩序罪具有侵害社会法益的犯罪的性质。侵犯公民人身权利、民主权利罪和侵犯财产罪具有侵害个人法益的犯罪的性质。由此可见，侵害私法益的犯罪与侵害公法益的犯罪之区分，对于正确地理解我国刑法分则体系具有一定的意义。

四、国内犯罪与国际犯罪

从刑法的一般意义上说，犯罪指的就是国内犯罪。当涉及国际刑法的时候，才产生国际犯罪的问题，国内犯罪与国际犯罪的区分才具有理论意义。

国内犯罪是指违反国内刑法的行为，因而，根据各国刑法可以确定其犯罪行为。国际犯罪是指违反国际刑法的行为，由于对国际刑法理解上的差别，国际刑法的范围与种类并不像国内刑法那样具有确定性。通常认为，犯罪最初都是国内刑法上的犯罪，国际犯罪是从涉外犯罪、跨国犯罪中发展起来的，因而国际犯罪与国内犯罪有着密切联系。涉外犯罪是指具有涉外因素的犯罪，包括主体涉外，例如犯罪主体是外国人；客体涉外，例如被害人是外国人或者危害的是外国财物；犯罪地涉外，例如域外犯罪；等等。涉外犯罪虽然具有涉外因素，但由于这种犯罪认定的标准是国内刑法，因而它与国际犯罪仍然是有所不同的，两者不可混淆。至于跨国犯罪是指犯罪跨越两个或两个以上国度的犯罪。与此相类似的，还有跨境犯罪，指犯罪跨越两个或两个以上地区的犯罪。跨国犯罪的跨国性，使之具有涉外犯罪的性质，但跨国犯罪又具有不同于一般涉外犯罪的特点，即犯罪行为跨越不同的国度。这种跨国犯的最狭义的表现是隔地犯，即行为实施地与结果发生地分别在两个不同国度，其中一项在本国领域内而形成的跨国犯罪。从广义上说，犯罪行为本身在不同国家实施，例如跨国贩运毒品，或者同一犯罪分别在不同国家实施等。

上述涉外犯罪与跨国犯罪现象的存在表明：犯罪并非局限在一个国家的领域内，随着国际社会交往的增加，必然会出现与各国相关的犯罪。正是为了维护国际公共秩序，有必要把某些侵犯国际社会共同利益的犯罪视为国际犯罪。相对于国内犯罪而言，国际犯罪具有独立性与依从性。国际犯罪的独立性，是指国际犯罪作为一种危害国际社会的犯罪，其所违反的不仅是有关国家的国内刑法，而且违反国际社会通过缔结国际公约的形式而制定的国际刑法规范。国际犯罪也需要在国内刑法中得以确认,这就是所谓国际犯罪国内化。因此,国际犯罪又具有对国内犯罪的依从性。在这个意义上,一个国家刑法中确认的国际犯罪,同时必然是其国内犯罪。由此可见,国内犯罪与国际犯罪的区分是相对的,应当看到两者之间的密切联系。

第五章
犯罪论体系

第一节　犯罪论体系概述

犯罪论体系是指以刑法关于犯罪成立条件的规定为中心，将这些犯罪成立条件按照一定原理进行系统化而形成的刑法知识体系。这里所说的犯罪成立条件，在我国刑法学中亦称为犯罪构成。

犯罪构成是指犯罪成立条件的总和，犯罪成立条件包括犯罪成立的客观条件和主观条件，这些条件按照一定的内在逻辑关系形成一个体系，称为犯罪论体系。

犯罪成立条件是由刑法规定的，刑法规定可以分为总则规定与分则规定。刑法总则规定的是犯罪成立的一般条件，刑法分则规定的是犯罪成立的特殊条件。基于罪刑法定的原则，刑法分则对犯罪成立特殊条件的规定往往是较为明确的。刑法总则对犯罪成立一般条件的规定有时是较为粗疏的，甚至对刑法中的某些重要概念未作规定。例如我国刑法总则只有关于犯罪行为的一般性规定，对于作为、不作为和持有等行为方式未作规定。此外，刑法对因果关系等问题也未作规定。在这种情况下，犯罪成立条件需要通过刑法理论的填补才能得以充实。因此，犯罪论体系不仅仅是一种法律规定，而且是一种知识形态。

犯罪构成是我国刑法学在讨论犯罪论体系时经常使用的概念。我国刑法学中的犯罪构成这一概念，是从苏俄刑法学引入的。苏俄刑法学中的犯罪构成概念又是在对德日刑法学中的构成要件这一概念进行改造的基础上形成的。因此，犯罪构成与构成要件这两个概念是存在区别的：犯罪构成是犯罪成立条件的总和，而构成要件只是犯罪成立的一个要件。

在德日刑法学中，犯罪成立必须具备三个条件：构成要件该当性、违法性和有责性。这三个要件形成的犯罪成立及形式的一般理论，在德日刑法学中被称为犯罪论体系。因此，犯罪论体系和我国刑法学中的犯罪构成体系是同一层次的概念。当然，在犯罪论体系和犯罪构成体系之间存在某些差别。例如在我国刑法学中，犯罪构成体系只是犯罪论的一部分，犯罪论除讨论犯罪成立条件以外，还讨论未完成犯罪、共同犯罪、犯罪竞合等问题。尤其是我国刑法对单位犯罪作了专门规定，单位犯罪不是作为主体问题而是作为一种犯罪特殊形态在犯罪论中加以讨论。但在德日刑法学中，犯罪论体系不仅讨论犯罪的成立条件，而且讨论未遂与共犯等问题。在这个意义上，犯罪论体系又等同于我国刑法学中的犯罪论，讨论与定罪相关的全部问题。

考虑到犯罪构成的概念已经被我国刑法学所广泛采用，本书在犯罪成立条件的意义上使用犯罪构成一词。在论及德日犯罪构成理论时，为叙述上的方便，主要使用犯罪论体系的概念。

第二节　犯罪论体系的演变

我国刑法学中的犯罪论体系是从苏俄刑法学引入的，而苏俄的犯罪构成又是在改造德日的构成要件的基础上形成的。因此，从犯罪论体系的学术谱系上来说，其经历了从德日刑法学的构成要件到苏俄刑法学的犯罪构成这样一个理论演进过程。为使我们对犯罪论体系具有更深入的认识，本书对犯罪论体系的学说史简略地叙述如下：

一、构成要件概念的起源

德日的犯罪论体系是以构成要件的概念为中心的，因此，德日的犯罪论体系的沿革，可以追本溯源到构成要件概念的起源。

德日的构成要件的概念，最早可以追溯到 13 世纪。当时的历史文献中出现过犯罪确证这一概念，它是中世纪意大利纠问式诉讼程序中使用的概念，指在对犯罪人进行刑事追究前必须首先证明犯罪事实的存在。1581 年意大利刑法学家法利斯从犯罪确证中引申出犯罪事实的概念，用以表示已被证明的犯罪事实。1796 年德国刑法学家克莱因将犯罪事实概念译成德语，始有构成要件一词，当时只有诉讼法的意义。

19 世纪初，德国著名刑法学家费尔巴哈明确地把构成要件一词引入刑法，使之成为一个实体法上的概念。费尔巴哈从罪刑法定主义出发，要求在确认任何行为为犯罪并对之处以任何刑罚时，都必须根据法律的规定。从这一原则出发，费尔巴哈把刑法分则规定的犯罪成立条件称为构成要件，指出：构成要件乃是违法的（从法律上看）行为中所包含的各个行为的或事实的诸要件的总和。这个意义上的构成要件，是特殊的构成要件、客观的构成要件和事实的构成要件。所谓特殊的构成要件，是指刑法分则规定的具体犯罪的成立条件。在特殊的构成要件的基础上，形成一般的构成要件的概念。所谓客观的构成要件，是指构成要件的内容具有客观的属性，不包括犯罪成立的主观要件，因此也称为构成要件的客观结构。所谓事实的构成要件，是指构成要件的内容具有事实的属性，不包括犯罪成立的规范要素，在价值上具有中立性。费尔巴哈关于构成要件的理论对此后德日犯罪论体系的形成与发展产生了深远的影响。

二、德国犯罪论体系的演进

一般认为，德国的犯罪论体系是 20 世纪初期建立的，经历了以下四个发展阶段：

（一）古典的犯罪论体系

古典的犯罪论体系以德国刑法学家贝林和李斯特为代表，因而这一体系也称为贝林—李斯特体系。李斯特在 1881 年的刑法教科书中就区分了违法性与罪责的概念，明确了违法性与罪责之间的位阶关系：在任何一个刑法制度中，罪责只能在违法性之后来探讨，而不可能反过来先探讨罪责后探讨违法性。这一逻辑关系成为此后大陆法系犯罪论体系的基础，也是李斯特对犯罪论体系作出的重大贡献。当然，完整的犯罪论体系是贝林在 1906 年出版的《犯罪论》一书中提出来的。该书以构成要件为中心，形成了构成要件理论。贝林采用构成要件这个概念以表示刑法分则所规定的抽象的犯罪行为事实，亦即所谓犯罪类型。贝林指出：犯罪不只是违法有责的行为，而且是符合刑法规定的犯罪类型，亦即构成要件该当之行为。因此，任何行为之成立犯罪均应以构成要件该当性为其第一属性，此外并须具备违法性及有责性。因此，贝林的构成要件具有客观性、记述性和法定性。

（二）新古典的犯罪论体系

新古典的犯罪论体系，是在对古典的犯罪论体系进行局部改良的基础上形成的，其代表人物是德国著名刑法学家麦耶和迈兹格。1915 年在《刑法论》一书中，麦耶揭示了构成要件中的规范要素与主观要素，例如伪证罪中的伪证和侮辱罪中的侮辱。这些犯罪的构成要件本身具有规范性和主观性，因此动摇了古典的犯罪论体系关于构成要件乃中性、无色、纯客观的命题。当然，麦耶只是将目的犯的目的和倾向犯的倾向等个别要素理解为主观的违法要素，仍然认为故意与过失属于责任要素，因而在犯罪论体系的总体结构上并未完全与古典的犯罪论体系背离。迈兹格在1926年发表的《刑法构成要件的意义》一文中，首次将不法引入构成要件概念。迈兹格认为构成要件是可罚的违法行为而由刑法加以类型性的记述，凡行为与构成要件相符合的，除了例外的情形有阻却违法原因者外，即系具有违法性。因为刑事立法对于构成要件该当之行为规定刑罚效果，就是为了明确显示该行为的违法，所以，构成要件的作用在于：（1）表明一定的法律禁止对象，从而建立客观生活秩序；（2）表明评价规范作为法律准绳。迈兹格反对贝林所主张的构成要件中性、无色的见解，将客观的构成要件与违法性相结合，形成客观的违法性论，成为其学说的一大特色。迈兹格认为，在客观方面，犯罪乃构成要件的违法，亦即构成要件的违法行为，而不是该当于构成要件并且违法的行为。因此，迈兹格不同意贝林将构成要件该当性视为犯罪成立之第一属性的观点，认为构成要件该当性并非独立的犯罪成立要件，而只是限制、修饰各种成立要件的概念，如构成要件该当的行为、构成要件该当的违法以及构成要件该当的责任，而行为、违法、责任三者构成其犯罪论的核心。

（三）目的主义的犯罪论体系

如果说古典的犯罪论体系和新古典的犯罪论体系在内容与结构上基本上是一致的，只是局部的改良，那么，目的主义的犯罪论体系就是犯罪论体系上的一场革命。目的主义的犯罪论体系是由德国刑法学家威尔泽尔创立的，威尔泽尔对于因果行为论彻底地予以否定，以目的行为论取而代之。根据威尔泽尔的见解，作为犯罪论基石的刑法上的行为，是人根据预定目的选择手段加以实现的举止，而不是像因果行为论所认为的那样，仅是纯粹因果历程。随着心理责任论向规范责任论的转变，故意与过失不再是责任要素，作为主观要素从有责性中调整到构成要件中，在有责性中讨论责任能力、禁止错误和期待可能性等归责要素，从而完成了犯罪论体系的结构性调整。

（四）目的理性的犯罪论体系

当代德国占主导地位的犯罪论体系，是组合新古典和目的主义的犯罪论体系，其中以德国著名刑法学家罗克辛的目的理性的犯罪论体系为代表。这一犯罪论体系在构成要件中提出了客观归责理论，使客观构成要件完成了从归因到归责的实质性转变。尤其是在有责性中，不仅把责任理解为对个人的主观归责，而且在有责性中引入刑事惩罚的预防必要性，把罪责范畴与预防性目标设定相结合。可以说，在犯罪论体系的基本结构上，目的理性的理论没有加以改动，只是在各个要件中注入了具有创新性的内容。

三、日本犯罪论体系的承继

日本的犯罪论体系是从德国引进的，时间大体上是在贝林以后。一般认为，日本刑法学家大场茂马是日本犯罪论体系的先驱者，其引用了贝林的著作并深受贝林的影响。此后，经过数代日本学者的努力，德国的犯罪论体系在日本生根开花，并且发展出日本的本土特色。日本的犯罪论体系大体上经过了三个发展阶段。

（一）初创阶段

日本的犯罪论体系开始专门性研究，是在20世纪20～30年代。其中，以小野清一郎和泷川幸辰为代表。

小野清一郎在1920年到德国留学，深受当时德国贝林、麦耶等古典主义刑法学家的影响。回国以后，小野清一郎在1928年发表了《构成要件充足的理论》一文，开始建立犯罪论体系，并在1953年出版了其代表作《犯罪构成要件理论》，该书系统地展示了小野清一郎的犯罪论体系的特色。小野清一郎认为，犯罪构成要件理论是指在刑法总论亦即刑法的一般理论中，以刑法分则的特殊构成要件概念为契机构筑犯罪论体系的一种努力。在小野清一郎的犯罪论体系中，明显地具有客观主义的倾向。在责任论中，小野清一郎强调道义责任的伦理性，注重行为的伦理的道义的价值。此外，小野清一郎还将构成要件概念扩展到刑事诉讼法领域，认为构成要件概念的理论机能不能仅限于刑法领域，也要成为刑事诉讼的指导形象。小野清一郎不仅从德国将古典的犯罪论体系引入日本，而且进行了开创性的研究，成为日本犯罪论体系的创始人，为此后日本犯罪论体系的繁荣作出了重要贡献。

泷川幸辰在1923年到德国留学，曾经师从新古典的犯罪论体系的代表人物麦耶，1925年回国以后将犯罪论体系引入日本。在1938年出版的《犯罪论序说》一书中，泷川幸辰对德国的犯罪论体系作了内容充实的介绍，间或也提出了个人的见解。例如，泷川幸辰提出了作为违法类型的构成要件的命题，指出：刑法根据极其富有经验性的辅助手段确定成立犯罪的限度，这就是包含着犯罪类型的构成要件或指导形态。在这个意义上，构成要件或指导形态就是违法的类型。从泷川幸辰的违法类型论中，可以明显地窥见德国新古典的犯罪论体系的影子。

（二）发展阶段

在小野清一郎、泷川幸辰之后，日本的犯罪论体系逐渐成形并稳步发展。在犯罪论体系的构造上出现了不同的观点，其中以大塚仁和西原春夫最具特色。

大塚仁教授在犯罪论体系上基本上承袭了自小野清一郎以来的传统，严守构成要件该当性、违法性和有责性的古典体系。从罪刑法定主义出发，大塚仁主张使构成要件理论彻底化，认为构成要件理论性是犯罪成立的第一要件，同时对于作为犯罪成立的第二个要件的违法性及作为犯罪成立的第三个要件的责任，重叠地一并考虑其形式的一面和实质的一面，构筑了确定犯罪的成立与否、在成立犯罪时也判定其具体程度的犯罪论体系。其中，人格行为论与人格责任论是其理论特色，由此形成所谓人格刑法学，以具有主体性的人格性存在的人的行为为核心论及犯罪，并给刑罚奠定基础。当然，在大塚仁的犯罪论体系中，对于故意与过失分别地在构成要件和责任中讨论，表明其犯罪论体系尚没有完全脱离古典主义犯罪论体系的影响。

西原春夫在同时代的刑法学家中是具有离经叛道精神的一位学者。西原春夫对构成要件论进行了深入的批判，以此作为展开脱离构成要件论的犯罪论而设定的出发点。西原春夫指出，纵观德国与日本构成要件论发展的历史，简直就是构成要件论向违法论靠近的历史。西原春夫主张在违法性中包含构成要件，采用行为、违法、责任这种三要素的犯罪论体系，坚持一种并不承认构成要件或者构成要件该当性是独立的犯罪要素的立场。这一立场使西原春夫的观点成为日本刑法学界无可争议的少数说。当然，从西原春夫对构成要件与违法性关系的论述中，我们还是可以受到深刻的启迪。

（三）成熟阶段

目前日本已经形成了蔚为可观的犯罪论体系理论，可以说犯罪论体系已经成为日本刑法学叙述的基本框架，现在日本的犯罪论体系虽然还在相当程度上受到德国犯罪论体系的影响，但日本犯罪论体系已经具备了独立发展的品格，进入一个成熟阶段。以下，通过西田典之和前田雅英的犯罪论体系来展示日本在犯罪论体系上的理论现状。

西田典之的犯罪论体系仍然维持构成要件该当性、违法性、有责性的结构，其理由在于：是否该当于可罚性行为类型这一构成要件的判断在某种程度上具有形式性、明确性，正因为如此，若由此首先设定一个限制性框架，即使其后对违法性、有责性进行实质判断，也不会扩大处罚范围。正是出于这种考虑，西田典之认为犯罪论体系通过阶段性的深入，即由形式性判断进入实质性判断、由对客观性要素的判断进入对主观性要素的判断，力图保障法官判断的正确与适当。在西田典之的犯罪论体系中，构成要件可以分为类型化的违法构成要件和类型化的责任构成要件。在构成要件该当性中主要讨论作为违法构成要件的客观要素，主观性构成要素则只论及目的和倾向等特殊内容，而故意与过失则作为责任构成要件要素在有责性中讨论。

前田雅英则提出了具有个人特色的犯罪论体系，这在日本刑法学界也是极为独特的。前田雅英反对形式的构成要件论，而主张构成要件包含成立犯罪的实质内容，并使符合主、客观构成要件的行为原则上成立犯罪，只是在具有违法或责任阻却事由时，才例外地不成立犯罪。因此，前田雅英的犯罪论体系由客观的构成要件与主观的构成要件组成。首先探讨客观的构成要件（实行行为、构成要件的结果、因果关系等），然后说明虽然符合客观的构成要件却不具有违法性的事由（即违法阻却事由）。其次探讨主观的构成要件（故意、过失、目的等），然后说明虽然符合主观构成要件却不具有责任的事由（即责任阻却事由）。

四、苏俄犯罪论体系的形成

在苏俄十月革命以前，俄国刑法学者对构成要件理论缺乏专门研究。例如1902 年沙俄时期著名刑法学家 H. C. 塔甘采夫教授在《刑法教程》（第 1 卷）中论及犯罪构成时，将犯罪构成要件归结为三类：（1）行为人；（2）侵害的客体或对象；（3）犯罪的侵害行为本身。由此可见，沙俄时期没有形成构成要件的一般理论。在十月革命以后，苏俄刑法学家在批判地借鉴德国刑法理论中的构成要件论的基础上，创立了独具特色的以犯罪构成为中心的犯罪论体系。这里的犯罪构成，是指犯罪成立的条件，而已经不是作为犯罪成立条件之一的构成要件。在苏俄犯罪论体系中，明显存在以 A. A. 皮昂特科夫斯基为代表、具有官方性质的教科书派和以 A. H. 特拉伊宁为代表的反教科书派之争。

苏俄犯罪论体系的教科书派，以皮昂特科夫斯基为代表。这里的教科书是指苏联司法部全苏法学研究所主编的刑法总则教科书。该书在 1938 年、1939 年、1943 年出版了三版。我国 1950 年就有彭仲文的中译本，由上海大东书局出版。该教科书奠定了苏维埃刑法总论的基本框架，成为苏俄刑法学的通说。该书的犯罪构成部分是皮昂特科夫斯基执笔的，皮昂特科夫斯基把犯罪构成定义为犯罪成立条件的总和，认为每一种犯罪构成都是由以下四种基本因素形成的：（1）犯罪的客体；（2）犯罪的客观因素；（3）犯罪的主体；（4）犯罪的主观因素。这四种犯罪构成的要件，缺少一种犯罪构成即不能成立。这就是四要件的犯罪构成论的概括。从这一犯罪构成概念很容易引申出犯罪构成是刑事责任唯一根据的命题，而这恰恰是教科书派的标志性观点。

特拉伊宁是苏俄著名刑法学家。在 1925 年出版的《苏俄刑法教科书》（分则）中，特拉伊宁指出："有一条基本原则始终是不可动摇的，即行为只有符合分则罪状规定的犯罪构成才能受到刑事惩罚。"特拉伊宁在此所界定的犯罪构成与贝林的法定的构成要件概念是完全相同的，它强调了构成要件的刑法分则规定性。特拉伊宁于 1946 年出版的《犯罪构成的一般学说》一书，是苏俄关于犯罪构成理论的第一部专著，它全面地、系统地论述了犯罪构成的概念、意义和犯罪构成理论的内容体系结构，研究了与犯罪构成有关的各种问题。该书出版了三版，其中译本于 1958 年由中国人民大学出版社出版。在特拉伊宁的犯罪构成学说中，引人注目的是关于犯罪构成与犯罪构成因素的二元区分。特拉伊宁指出：犯罪构成乃是苏维埃法律认为决定具体的、危害社会主义国家的作为（或不作为）为犯罪的一切客观要件和主观要件（要素）的总和。而这里的犯罪构成要素是指刑法分则规定的决定行为成立犯罪的具体条件。

在皮昂特科夫斯基与特拉伊宁之间，存在着对犯罪构成概念理解上的重大分歧，由此形成教科书派与反教科书派之争。皮昂特科夫斯基始终强调一般的犯罪构成概念，从中引申出犯罪构成的共同要件，由此形成犯罪客体、犯罪客观方面、犯罪主体、犯罪主观方面的四要件的犯罪构成体系。而特拉伊宁则坚持犯罪构成的具体性、个别性与分则性，以此区别于皮昂特科夫斯基所主张的犯罪构成的一般性、共同性与总则性。特拉伊宁所确定的犯罪构成并不是犯罪成立条件的总和，而只是刑法分则规定的具体犯罪的客观要件和主观要件的总和。在苏俄刑法学界，教科书派具有官方背景，四要件的犯罪构成定于一尊。而特拉伊宁则受到批判，不得不反复修改自己的观点，并逐渐地向教科书派所主张的四要件的犯罪构成论靠拢。

苏俄犯罪论体系的特点是，赋予犯罪构成以社会政治的实质内容，在社会危害性的基础上建构犯罪构成，使犯罪构成成为社会危害性的构成。尤其是将德日刑法理论中作为犯罪成立条件之一的构成要件论改造为犯罪成立条件之全部的犯罪构成论，形成了完整的犯罪论体系。

五、我国犯罪论体系的发展

我国刑法中的犯罪构成理论是在参照苏俄模式的基础上建立起来的。早在1957 年以前我国已经开始犯罪构成的理论研究，例如当时出版的有关刑法论著中阐述了犯罪构成理论的重要性。犯罪构成理论在司法实践中对于区分罪与非罪的界限起到了积极作用。1957 年以后，随着政治形势的变化，法律虚无主义的泛滥，犯罪构成理论遭到了批判，甚至连犯罪构成一词也讳言，被打入冷宫，犯罪构成各个要件也不能再分析了，由此导致理论与实践的混乱。及至 1979 年我国第一部《刑法》颁布，犯罪构成理论开始恢复，并在研究中逐渐深入与创新。尤其是随着 20 世纪 80 年代后期至 90 年代初期，大陆法系与英美法系各种刑法译著在我国出版，犯罪论体系的学术视野不断扩大，对于推动我国犯罪论体系的发展起到了积极作用。

在对我国现存的犯罪论体系的反思中，我国学者揭示了这一犯罪论体系的根本缺陷在于未能正确解决事实与价值、形式与实质之间的关系。在犯罪构成之外讨论排除社会危害性行为，致使犯罪构成形式化。而将社会危害性判断置于犯罪构成之外，又存在破坏犯罪构成的危险性。更为重要的是，在客体、客观方面、主体、主观方面这四个要件之间没有形成位阶关系，而是可以随意排列的，因而有损于犯罪论体系的逻辑性。

在批判现行的犯罪论体系的基础上，我国学者要求引入德日犯罪论体系的呼声越来越高。当然，德日犯罪论体系的一般结构为我国犯罪论体系的重构提供了重要借鉴。在此基础上，我国刑法学家也提出了具有个人特色的犯罪论体系。例如张明楷教授认为犯罪论体系具有两个共同要件：一是客观构成要件，或称犯罪客观要件，是表明行为的违法性的要件，其内容为违法性（法益侵害性）奠定基础、提供根据，因而也可以称为违法构成要件。在客观构成要件中，先作客观构成要件符合性的判断，然后再作违法性阻却事由的判断。二是主观构成要件，或者犯罪主观要件，是表明行为的有责性要件，其内容为有责性（非难可能性）奠定基础、提供根据，因而也可以称为责任构成要件。在主观构成要件中，先作主观构成要件符合性的判断，然后再作有责性阻却事由的判断。张明楷教授的这一犯罪论体系与前田雅英教授的犯罪论体系之间具有明显的传承关系，考虑到我国客观要件与主观要件相区分的传统，这一犯罪论体系具有一定的可行性。周光权教授则提出了犯罪客观要件、犯罪主观要件、犯罪阻却事由的新三阶层论，这一体系的特点是将违法性阻却事由与责任阻却事由合并为一个独立的犯罪阻却事由要件加以讨论。周光权教授在新三阶层论中，坚持在犯罪认定上采取阶层思维方法。对行为的定性，首先通过犯罪客观要件展示行为客观上符合构成要件且违法的侧面，然后再由犯罪主观要件展示责任的侧面，最后，再例外地考虑是否存在足以排除犯罪的特殊性。上述学者在犯罪构成理论上的创新，为推动我国犯罪论体系的改革作出了重要贡献。

第三节　犯罪论体系的类型

一、德日递进式的犯罪论体系

以德日为代表的递进式犯罪论体系，由构成要件该当性、违法性和有责性构成，由于这三个要件之间具有递进式的逻辑结构，因而可以称为递进式的犯罪构成体系。

（一）构成要件该当性

构成要件该当性是指行为符合刑法分则所规定的某种具体犯罪的特征。构成要件该当性中又包括以下内容：（1）构成要件的行为，指该当构成要件的行为。（2）因果关系，指行为与结果之间的关系。（3）构成要件的故意，指认识符合构成要件的决意实施的主观心理状态。（4）构成要件的过失，指由于违反注意义务或者结果回避义务而引起法益侵害结果的主观心理状态。

（二）违法性

行为具备构成要件该当性还不构成犯罪，是否构成犯罪还需考察该行为是否具有违法性。构成要件是违法行为的类型，如果行为符合构成要件，一般可以推定该行为属于违法。但如果行为具有刑法上所规定或者法秩序所认可的违法性阻却事由，则该行为就不构成犯罪。这种违法性阻却事由包括正当防卫、紧急避险等法定的违法性阻却事由，以及自救行为、义务冲突等超法规的违法性阻却事由。

（三）有责性

有责性是指行为人的行为具有主观上的可谴责性。某一行为构成犯罪，除行为该当构成要件并属于违法之外，还必须具备有责性。有责性包括以下要素：（1）责任能力，即作为谴责可能性前提的资格。凡是具有认识能力和控制能力的人，均被认为具有责任能力。（2）故意责任。作为责任要素的故意是指在认识构成要件事实的基础上，具有违法性意识以及产生这种意识的可能性。（3）过失责任。作为责任要素的过失是指违反主观注意义务而具有谴责可能性。（4）期待可能性，是指在行为当时的具体情况下，期待行为人作出合法行为的可能性。尽管对于期待可能性在有责性中的地位存在不同见解，但期待可能性作为责任要件是大陆法系刑法理论的共识。

二、苏俄及我国耦合式的犯罪论体系

以苏俄及我国为代表的犯罪论体系，由犯罪的客体、犯罪的客观方面、犯罪的主体、犯罪的主观方面构成。由于这四个要件之间具有耦合式的逻辑结构，因而可以称为耦合式的犯罪论体系。

（一）犯罪客体

犯罪客体是指刑法所保护而为犯罪所侵害的社会主义社会关系。刑法总则条文在规定犯罪的概念时概括列举了刑法所保护的社会关系的各个方面，分则条文则规定了各个具体犯罪所侵犯的社会关系的某一方面。由于犯罪的社会危害性集中表现在犯罪对社会关系造成或可能造成的侵害上，因而犯罪客体是任何犯罪成立都不可缺少的要件，只不过不同的犯罪所侵犯的具体客体有所不同而已。由于犯罪对社会关系的侵犯通常通过对一定的物或人即犯罪对象的侵犯体现出来，故犯罪对象也是许多犯罪成立的必备要件。当然，犯罪行为作用于犯罪对象只是一种表面现象，其背后体现的仍是侵犯具体的社会关系。

（二）犯罪客观方面

犯罪客观方面是指犯罪活动的客观外在表现，包括危害行为、危害结果以及危害行为与危害结果之间的因果关系。因此，犯罪客观方面是表明犯罪活动在客观上的外在表现的要件。说明犯罪客观方面的事实特征是多种多样的，概括起来，首先，包括危害行为。只有通过危害行为，社会关系才会受到侵犯。犯罪本身就是具有严重社会危害性的行为，犯罪构成的其他要件其实都是说明行为的社会危害性及其严重程度的事实特征。因此，危害行为是犯罪构成的核心要件。其次，犯罪客观方面包括危害结果。危害结果即危害行为对社会造成或可能造成的危害。如果行为不可能给社会造成危害，则不属于犯罪行为。危害行为和危害结果是任何犯罪成立必须具备的犯罪客观方面要件，除危害行为和危害结果外，有些行为必须在特定的时间、地点实施，或者采取特定的方法、手段实施才能构成犯罪。因此，特定的时间、地点和方法成为犯罪构成客观方面的选择要件。这些选择要件对于某些犯罪的成立具有决定性的意义。

（三）犯罪主体

犯罪主体是指达到法定刑事责任年龄、具有刑事责任能力、实施危害行为的自然人与单位，因此，犯罪主体是表明行为必须由什么人实施才能构成犯罪的要件。犯罪主体主要是指达到刑事责任年龄，具备刑事责任能力，实施了危害行为的自然人。除自然人外，单位也可以成为犯罪主体。根据刑法规定，未达到法定刑事责任年龄或者不能辨认、不能控制自己行为的自然人不具备犯罪主体资格，达到相对负刑事责任年龄的自然人只能成为刑法所列举的某些特别严重犯罪的主体。达到刑事责任年龄、具备刑事责任能力的自然人称为一般主体。此外，有些犯罪还需要行为人具有特定的身份或者职务才能构成，这类犯罪的主体称为特殊主体。

（四）犯罪主观方面

犯罪主观方面是指行为人对于危害社会的结果的主观心理状态。因此，犯罪主观方面是表明在实施危害行为时行为人所具有的主观心理状态的要件。犯罪主观方面首先包括罪过，即犯罪的故意或过失。根据刑法规定，主观上既无故意又无过失，即使行为在客观上造成了损害结果，行为人也不负刑事责任。因此，罪过是一切犯罪成立所必备的主观方面要件。此外，刑法规定某些犯罪必须具备一定的目的才能构成，因此犯罪目的是某些犯罪主观方面不可缺少的内容。

三、英美双层次的犯罪论体系

以英美为代表的犯罪论体系，具有双层次性的特点。英美刑法的犯罪论体系分为实体意义上的犯罪要件和诉讼意义上的犯罪要件。实体意义上的犯罪要件是指犯罪行为和犯罪意图，这种要件包含在犯罪定义之中。犯罪定义之外的责任要件是诉讼意义上的犯罪要件，通过合法抗辩事由体现出来。由于这种构成要件具有双层次的逻辑结构，因而可以称为双层次的犯罪论体系。

（一）犯罪行为

犯罪行为是英美犯罪构成的客观要件。犯罪行为有广义与狭义之分：广义上的犯罪行为，指犯罪心理以外的一切犯罪要件，也就是犯罪构成的客观要件，包括犯罪行为、犯罪结果和犯罪情节等。狭义上的犯罪行为指有意识的行为，它由行为和意识构成。犯罪行为是法律予以禁止并力求防止的有害行为，它是构成犯罪的首要因素。

（二）犯罪意图

犯罪意图，又称为犯罪心理，是英美犯罪构成的主观要件。"没有犯罪意图的行为，不能构成犯罪"是英美刑法的一条原则，它充分体现了犯罪意图在构成犯罪中的重要意义。在美国刑法中，犯罪意图分为以下四种：（1）蓄意，指行为人行动时的自觉目的就是引起法律规定为犯罪的结果，或者自觉目的就是实施法律规定为犯罪的行为；（2）明知，指行为人行动时明知道他的行为就是法律规定为犯罪的行为或者明知道存在着法律规定为犯罪的情节；（3）轻率，指行为人轻率地对待法律规定为犯罪的结果或情节，行动时认识到并有意漠视可能发生此种结果或存在此种情节的实质性的无可辩解的危险；（4）疏忽，指行为人疏忽地对待法律规定为犯罪的结果或情节，行为时没有察觉到可能发生此种结果或者存在此种情节的实质性的无可辩解的危险。从犯罪意图的内容来看，主要是行为人对于其犯罪行为的一种心理状态，它是构成犯罪的基本因素。

（三）合法抗辩

合法抗辩，又称为免责理由，它具有诉讼法的特点，是长期司法实践中通过对刑事诉讼中的辩护理由加以理性总结形成的，并从诉讼原则上升为实际上的总则性规范。内容包括：未成年、错误、精神病、醉态、胁迫、圈套、安乐死、正当防卫和紧急避险等。

四、三位一体的犯罪论体系

犯罪论体系虽然可以分为各种不同类型，各个类型之间存在着逻辑上的明显区别，但是，犯罪论体系的使命是为犯罪成立提供一般性的法律模型。就此而言，各种犯罪构成体系的功能是相同的。而且，各种犯罪论体系之间的差别表明了采用这一犯罪论体系的国家的法律文化传统，因而各具有其现实合理性。

在我国当前占主导地位的是从苏俄引入的耦合式的犯罪论体系，它在我国司法活动中始终占有统治地位。随着德日和英美的犯罪论体系介绍到我国，刑法学界对于耦合式的犯罪论体系的反思与重构之呼声此起彼伏，要求直接采用德日的三阶层的犯罪论体系的观点也时有所闻。我认为，犯罪论体系之间不存在非此即彼的对立关系。目前，我国犯罪论体系处于重新被审视与清理阶段，在这种情况下，犯罪论体系应当多元化。

当然，犯罪论体系的多元化并非无视各种犯罪论体系的优劣，在决定采用某一犯罪论体系的时候，应当确立一个基本的评价标准，这就是实用性与逻辑性。就实用性而言，英美的双层次的犯罪论体系具有诉讼法的特征，只有在采用当事人主义的英美法系的司法过程中才具有实用性，在实行职权主义的大陆法系国家不具有可操作性。就逻辑性而言，主要是指犯罪构成要件之间的位阶关系。德日的递进式犯罪论体系与苏俄和我国的耦合式犯罪论体系相比较，在递进式的犯罪论体系构成要件之间存在位阶关系，因而定罪过程呈现出递进性；在耦合式的犯罪论体系构成要件之间存在相互依存关系，因而定罪过程呈现出耦合性。根据递进式的犯罪论要件进行判断，犯罪是同时符合三个构成要件的最终结果，而非罪则呈现出不同情形：不具备构成要件该当性的非罪，具备构成要件该当性但不具备违法性的非罪，具备构成要件该当性和违法性但不具备有责性的非罪。一个构成要件又是由各种构成要素组合而成的，例如，构成要件该当性中又包括构成要件该当的行为、结果及其因果关系，构成要件该当的故意或者过失。在这种情况下，即使是对构成要件该当性的判断，也不是一个简单的有或无的问题，同样可以区分出层次：不具备构成要件该当的行为的无；具备构成要件该当的行为但不具备构成要件该当的结果的无；具备构成要件该当的行为与结果但不具备构成要件该当的因果关系的无；具备构成要件该当的行为、结果及其因果关系但不具备构成要件该当的故意或者过失的无；等等。这些构成要件或者要素之间的位阶性就表现为：具备前一个构成要件或者要素并不一定具备后一个构成要件或者要素，具备后一个构成要件或者要素则以具备前一个构成要件或者要素为前提。在这种情况下，前一个构成要件或者要素对后一个构成要件或者要素不存在依存性，后一个构成要件或者要素对前一个构成要件或者要素则存在依存性，这是一种单向的依存，因而不同于苏俄及我国犯罪构成要件之间的双向依存关系。这里的双向依存，是指构成要件之间的相互依存：一无俱无、一有俱有。在这种情况下，根据耦合式的犯罪构成要件进行判断，要么有罪，要么无罪。在非罪上，不能呈现出各种欠缺某一犯罪构成要件或者要素的情形。就此而言，递进式的犯罪论体系的逻辑性显然优于耦合式的犯罪构成体系。

在本书采用的罪体—罪责—罪量三位一体的犯罪论体系中，我力图构建三大要件之间的位阶性（见图5-1）。罪体是犯罪成立的第一个要件，罪体首先包括主体、行为、结果及其因果关系等罪体构成要素，这些要素之间具有位阶关系，应当依次进行判断。在具备罪体构成要素的基础上，如果存在罪体排除事由，则罪体仍然被否认。在具备罪体的基础上，再进行罪责的判断。因此，罪责是犯罪成立的第二个要件，罪责包括故意、过失及动机、目的等罪责构成要素，这些要素之间同样具有位阶关系。在具备罪责构成要件的基础上，如果存在罪责排除事由，则罪责仍然被否认。在一般犯罪中，只要具备罪体和罪责这两个主、客观要件，就可以成立犯罪。但在刑法规定以情节严重或者数额较大作为犯罪成立要件的情况下，在具备罪体和罪责的基础上，还需要进行罪量的判断。因此，罪量是第三个要件。当然，罪量并非每一个犯罪的必备要件，只是选择性要件。在上述三个要件中，罪体是客观要件，罪责是主观要件，罪体可以独立于罪责而存在，罪责则必须以罪体为前提，即没有罪体则无罪责，没有罪责但可以有罪体。罪量是犯罪的数量规定，它当然以罪体与罪责为前提。

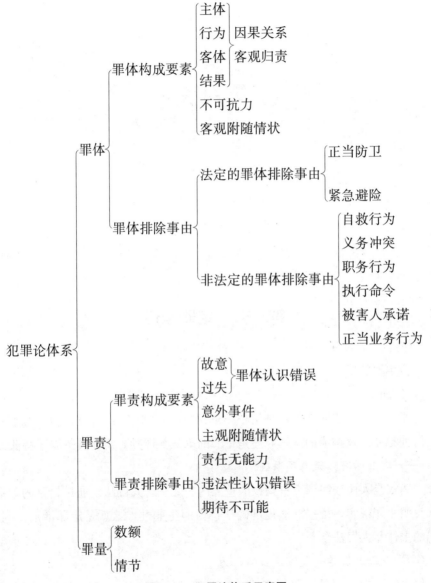

图 5-1 犯罪论体系示意图

第六章

定　罪

第一节　定罪概述

一、定罪的概念

定罪，又称为犯罪认定，是指根据刑法规定，对于某一行为是否构成犯罪、构成何种犯罪以及构成的是轻罪还是重罪的确认与评判。定罪具有以下特征：

（一）定罪的主体是人民法院

定罪权是人民法院刑事审判权的重要内容之一。人民法院通过自己的职能活动，查明犯罪事实，根据刑法规定确认行为的犯罪性，这就是定罪活动。因此，定罪的主体是人民法院。

（二）定罪的客体是侵害法益的行为

侵害法益的行为是定罪的客体，因而只有侵害法益的行为才能被认定为犯罪。思想不能被定罪，言论如果没有侵害一定的法益也不能被定罪。至于人的身份、职业、宗教等都不能被定罪，这是现代法治原则的必然要求。

（三）定罪的性质是刑事司法活动

定罪是人民法院根据刑法规定，对某一行为是否有罪的确认与评判，具有刑事司法活动的性质。定罪是以刑法规定为前提的，同时又是量刑与行刑的前提和基础。通过定罪活动，使有罪的人入罪，受到应有的刑事追究；使无罪的人出罪，保障公民的合法权益。因此，定罪活动关系到对一个人的生杀予夺，是一项重要的刑事司法活动。

二、定罪的内容

定罪是追究刑事责任的前提，定罪的最终目的是解决行为的犯罪性问题。这里的犯罪性，从狭义上来说，是指罪与非罪的问题。从广义上来说，还包括此罪与彼罪的问题、轻罪与重罪的问题。我在这里所讲的定罪，是指广义上的定罪。因此，定罪包括以下内容：

（一）罪与非罪的认定

定罪的主要任务就是区分罪与非罪的界限。罪与非罪的界限可以分为以下两种情形：（1）根据行为性质区分罪与非罪的界限。任何犯罪都是一种行为，这种行为具有特定的性质。因此，是否属于刑法规定的某种行为，就成为定罪的主要根据。各国刑法一般都以行为性质作为区分罪与非罪的标准。只要是刑法规定的某种行为，即构成犯罪，无论这种行为的情节轻重。（2）根据行为程度区分罪与非罪的界限。在这种情况下，不仅要考虑行为的质，还要考虑行为的量，即犯罪的定量因素。换言之，并非实施了刑法规定的一定的行为即构成犯罪，是否构成犯罪还要看行为的严重程度。区分罪与非罪的上述两种标准与各国刑法中的犯罪概念有关。大陆法系国家的刑法大多区分重罪、轻罪与违警罪。因此，只要实施了刑法规定的行为，一概视为犯罪，然后再根据行为的严重程度，分别按照重罪、轻罪与违警罪处理。我国刑法中的犯罪概念存在定量因素，因此，只将某些性质严重的行为径直认定为犯罪，而在大多数情况下，尚需根据行为的严重程度区分罪与非罪的界限。

（二）此罪与彼罪的认定

此罪与彼罪的区分也是定罪的任务。每一种犯罪都具有特定的违法蕴含，并且刑法上作了不同的法律评价。因此，在定罪的时候，应当严格地区分此罪与彼罪的界限，以便正确地适用刑法。

（三）轻罪与重罪的认定

犯罪有轻重之别，根据同一犯罪的轻重，刑法往往规定了两个以上量刑幅度。我国刑法是根据情节和数额区分轻罪与重罪的，因此，正确地认定犯罪情节和犯罪数额是区分轻罪与重罪的关键。

三、定罪的意义

（一）定罪对于实现报应的意义

定罪是刑罚处罚的前提，某一个人的行为只有在被确定有罪以后，才能受到刑罚处罚。而刑罚处罚是刑罚报应的必然后果，因为刑罚报应追求的是有罪必罚，即刑罚的必然性与确定性。因此，正确地定罪，对于实现刑罚报应具有重要意义。

（二）定罪对于实现预防的意义

定罪是对犯罪人及其行为的否定评价，通过定罪使犯罪人认识到其行为已经触犯刑律构成犯罪，因而定罪具有个别预防之功能。同时，通过定罪也使社会上的其他人认识到犯罪将会受到刑罚惩罚，使之感受到刑罚威吓的存在，因而定罪还具有一般预防之功能。

（三）定罪对于报应与预防的双重意义

在定罪过程中，首先应当考虑报应的因素，因为某一行为是否构成犯罪，主要是由犯罪构成要件决定的，而犯罪构成的罪体与罪责反映的是行为的客观危害与行为人的主观恶性。同时，定罪还包括对预防因素的考虑，这主要是指在定罪的时候，犯罪人的人身危险性程度也起一定的作用。尤其是在区分轻罪与重罪的时候，人身危险性程度更是不可或缺的内容。而且，定罪是在一定的社会中进行的，治安形势、犯罪率、民愤等因素也会影响定罪。当然，在定罪的时候，报应因素起决定作用，预防因素起补充作用。只有正确地处理报应与预防的关系，定罪才能实现公正与功利的双重预期。

第二节　定罪原则

定罪是以刑法规定的犯罪成立条件为根据的，因而定罪是对犯罪构成要件逐一认定的过程。定罪原则，就是定罪活动应当遵循的规则。我认为，定罪活动应当遵循以下三个原则：

一、法益原则

法益原则，又称法益保护原则。法益原则的基本含义是：无法益侵害则无犯罪。因此，根据法益原则，法益侵害性是犯罪的客观要素。不具有法益侵害性则因不具备犯罪的客观要素而不构成犯罪。在这个意义上说，是否具有法益侵害性的判断就成为定罪的应有之义。

（一）法益的概念

法益是指法律所保护的利益。在这个意义上说，法益是指合法利益。法益概念，是德国刑法学家毕伦巴姆首倡的，以此作为刑法保护的客体。社会生活是丰富多彩的，在社会生活中存在各种利益关系，这种利益可以说是生活利益，它是先于法律而存在的，是社会本身的产物。刑法在调整社会关系、干预社会生活的时候，是有其限制的，这就是为保护利益所必需。因此，在刑法理论中将需要通过刑法保护的生活利益上升为法益，保护法益就成为刑法的正当性根据。犯罪，正是通过法益概念而获得了实体性的存在，并为定罪提供了价值根据。应当指出，刑法所保护的并非一切生活利益，而是涉及人们基本生存的利益。因此，凡是纳入刑法保护范围的利益，都是重大利益，这也表明刑法所保护的法益在社会生活中的极其重要性。

刑法对法益的保护，采取的是一种规范性保护的方法，即将刑法保护的法益在刑法规范中加以明确规定。刑法对法益的规定通过设置犯罪的形式体现出来。换言之，刑法并不是抽象地列举法益，而是将侵害法益的行为规定为犯罪，通过对犯罪加以刑罚处罚体现对法益的保护。因此，行为具有对法益的侵害性就成为犯罪的本质内容。行为对法益的侵害，可以概括为法益侵害性，是犯罪的本质属性，也是定罪的实体根据。

（二）法益的判断

在定罪过程中，对于行为是否具有法益侵害性要作出正确的判断。法益侵害性的判断是对行为性质的一种实质判断，这种实质判断必须受到形式判断的限制。因此，形式判断先于实质判断是法益判断中应当遵循的一个基本规则，这也决定了法益判断在定罪中只有出罪机能，是一种否定性的消极判断。

在犯罪成立的客观要件中，包含行为事实与规范评价这两个层次的判断。行为事实是犯罪成立的客观方面的事实要素，在一般情况下，具备这些要素即可推定犯罪客观要素的成立，但若存在正当防卫、紧急避险等排除犯罪的事由，则可以否定犯罪客观要件的成立。排除犯罪的事由的认定就是一个法益的判断问题。也就是说，在具备行为事实的基础上，具有法益侵害性的，即应认定犯罪的客观要件的成立。如果不存在法益侵害性，则犯罪的客观要件不能成立。犯罪排除事由就是具备行为事实而不具有法益侵害性的情形，因而也是出罪事由。

在犯罪的客观要件中，行为事实具有推定机能，因为构成要件该当的行为是违法类型。在一般情况下，具备行为事实就可以推定犯罪客观要件的成立，除非存在正当防卫、紧急避险等犯罪排除事由。关于正当防卫、紧急避险等犯罪排除事由，在本书第一版中是作为正当化事由，在犯罪构成以外予以讨论的。当时这种刑法理论叙述体例的安排，主要是考虑到正当防卫和紧急避险在刑法规定上自成一体，具有相对独立性。而且这部分内容较为丰富，担忧将其纳入犯罪构成体系以后会冲淡犯罪构成的肯定性内容。在更为隐蔽的原因上，还是受到犯罪构成是犯罪成立的积极的、正面的要件这一观念的影响，将犯罪构成的消极的、否定的要件纳入以讨论犯罪成立为主的犯罪构成体系，似乎与犯罪构成是犯罪成立的要件体系这一观念不符。但从逻辑上考虑，将正当化事由放在犯罪构成体系之外讨论，存在着使犯罪构成要件形式化之虞。也就是说，犯罪构成齐备还不一定构成犯罪，还要看是否存在犯罪排除事由。这一逻辑矛盾在一定程度上损害了犯罪构成体系的科学性。因此，应当将犯罪构成理解为犯罪成立的积极要件与犯罪成立的消极要件的统一。唯此，才能将犯罪排除事由纳入犯罪构成体系而不是置于犯罪构成体系之外。因为正当防卫与紧急避险等犯罪排除事由，主要是形式上具备犯罪的客观要件，但实质上不具备法益侵害性，所以不构成犯罪的情形。因此，本书从第二版开始将正当防卫与紧急避险等正当化事由改为罪体排除事由，纳入犯罪构成体系。

二、责任原则

责任原则，又称责任主义。不具有客观上的法益侵害性的行为，当然是不构成犯罪的。但是，具有客观上的法益侵害性的行为也并不一定构成犯罪。是否构成犯罪，还要考察行为人主观上是否有责。因此，主观上的有责性，是责任原则所要解决的根本问题。

（一）责任的概念

责任是指对行为人的主观上的非难可能性。正如同无法益侵害则无犯罪是法益原则的要旨，无责任则无刑罚则是责任原则的精髓。

责任的概念存在一个从客观责任到主观责任的转变过程。最初的责任是客观责任，只要存在客观上的损害结果即要对行为人加以刑罚惩罚，因而客观责任是一种结果责任。我国《刑法》第16条明文规定在意外事件的情况下，即使行为在客观上造成了损害结果，但主观上不是出于故意或者过失，而是由于不能预见的原因所引起的，不是犯罪。这一规定表明，我国刑法是彻底否定客观责任的。主观责任的思想，在"违法是客观的，责任是主观的"这句格言中体现得十分明显。主观责任经历了一个从心理责任到规范责任的演变过程。心理责任论揭示了责任的主观性，把责任理解为行为人的心理关系。根据这种心理关系的不同把罪责形式分为：在现实中以对客观构成事实有认识并且是有意地实施为要素的故意，与以对客观事实缺乏认识或者虽然有认识但误以为其不会发生为要素的过失。只要行为人具有责任能力，同时具备故意或者过失，即应承担责任。因此，责任完全是由主观心理事实要素构成的。心理责任论只是揭示了非难可能性的主观基础，还没有涉及非难可能性本身。因此，心理责任论虽然较之客观责任的思想是具有进步意义的，但并未揭示责任的真谛。在心理责任论的基础上形成的规范责任论，才使责任主义得以完善。规范责任论认为，责任的本质是从规范的角度对心理事实加以非难的可能性。根据规范责任论的观点，即使存在心理意义上的故意或者过失，亦不一定构成犯罪，还要看是否存在主观上的归责可能性。因此，规范责任论的形成表明责任主义的最终确立。

责任的概念在现代刑法中具有重要意义，它使刑事责任合理化，消解了刑罚的残暴性。如果说，法益原则是从犯罪的客体是否受到犯罪的实际侵害来设置犯罪的构成要件，那么，责任原则就是从犯罪的主体是否具有可谴责性来设置犯罪的构成要件。

（二）责任的判断

在定罪过程中，犯罪的客观要件的肯定性判断为定罪提供了客观根据。在此基础上，还要进行犯罪的主观要件的判断。犯罪的主观要件的判断必然以犯罪的客观要件的肯定性判断为前提，为定罪提供主观根据。

责任的判断是在具备心理事实基础上的一种可归责性判断。在一般情况下，行为人对行为事实具有故意或者过失的心理，就可以推定责任的存在。但在存在责任排除事由的情况下，则责任同样不能成立。因此，责任的判断表现为一种否定性的判断，是一种出罪判断。关于归责要素在犯罪构成中的体系性地位问题，在刑法学中存在争议。例如关于期待可能性的体系性地位，在大陆法系刑法理论中存在以下三种观点：一是故意与过失的构成要素说，认为故意、过失是责任形式，故意责任与过失责任共同包含非难可能性要素而欠缺期待可能性时，阻却故意责任与过失责任。二是第三责任要素说，认为作为客观的责任要素的期待可能性，与作为主观责任要素的故意与过失区别开来，是和故意与过失并列的积极要素。三是阻却责任事由说，认为期待可能性的不存在是阻却责任事由，是例外妨碍犯罪成立的情形。在我国刑法学界，对于期待可能性是作为积极的归责要素还是作为消极的排除责任事由，也是存在争议的。在本书第一版中，我是将违法性认识和期待可能性等归责要素纳入犯罪故意与犯罪过失的概念，从正面加以肯定的，更类似于把归责要素作为积极的责任要素加以确认。从我国刑法关于犯罪故意与犯罪过失的定义性规定出发，建构心理事实与规范评价相统一的犯罪故意与犯罪过失的概念，具有一定的合理性。但考虑到故意与过失作为责任类型，本身具有推定机能。在一般情况下，只要存在故意与过失，就可以推定责任的成立，除非存在责任无能力、违法性认识错误和期待不可能等事由。而且，从举证责任上来说，故意与过失是需要控方加以举证的。在控方完成故意与过失的举证责任以后，被告人若要推翻罪责成立的推定，就要提出不具备归责要素的反证。责任无能力、违法性认识错误和期待不可能等罪责排除事由，应当由被告方承担举证责任。因此，这样一种一般—例外的逻辑安排，具有刑法理论体系表述上的便利。责任排除事由属于刑法总论性的、一般的消极构成要素，只要在刑法总论中加以研究即可。至于在刑法分论对具体犯罪构成要件的叙述中，没有必要再逐一地论及归责要素，除非刑法对责任要素有特别规定。基于以上考虑，在本书第二版中，把归责要素改为罪责排除事由，纳入犯罪论体系。

三、当罚原则

当罚原则，又称为可罚性原则，也是在犯罪认定中应当遵循的原则。当罚原则表明：法益侵害行为只有达到一定程度时才应受到刑罚处罚。犯罪情节显著轻微时，不具有可罚性，因而不能认定为犯罪。

（一）当罚的概念

我国《刑法》第13条关于犯罪概念的规定中，明确地提出了犯罪具有应当受到刑罚处罚的特征。尤其是我国刑法中的犯罪概念存在但书规定：情节显著轻微危害不大的，不认为是犯罪。因此，这里的当罚，就是指应当受到刑罚处罚。

在刑事司法活动中，并不是所有的犯罪都会受到刑罚处罚，情节显著轻微的犯罪是不具有可罚性的。只不过大陆法系国家一般都从刑事司法程序上加以排除，在刑法上还是认为只要具备犯罪构成要件都是成立犯罪。因此，只要是盗窃，即便盗窃一张纸也是犯罪，至于是否按盗窃罪处罚那是另一个问题。可罚的违法性理论，为这个问题的解决提供了某种理论根据。在日本刑法理论上，最早承认可罚的违法性概念的是宫本，此后进一步发展了这一理论的是佐伯。根据可罚的违法性理论，各种犯罪都被预定了一定严重程度的违法性，即使行为符合犯罪构成要件，但如果其违法性极其轻微，没有达到法所预定的程度时，就不成立犯罪。至于可罚的违法性在犯罪论体系中的地位，日本刑法学界存在以下两种观点的分歧：第一种观点认为，可罚的违法性是一个构成要件该当性问题。因为犯罪构成要件以典型事态为中心，预定了一定类型程度的严重性，没有满足这种程度的违法行为缺乏构成要件该当性。例如盗窃罪，窃取的财物应当具有一定的财产价值。如果窃取一张纸，由于一张纸的财产价值极其轻微，不值得刑法保护，因而该行为因其欠缺作为盗窃罪客体的财物而不构成犯罪。根据这种观点，可罚的违法性应在构成要件该当性中讨论。第二种观点认为，可罚的违法性是一个违法性的程度问题。缺乏可罚的违法性，是指具备构成要件该当性的行为缺乏实质的违法性，不值得在刑法上予以处罚。根据这种观点，可罚的违法性应在违法性中讨论。这个问题涉及对构成要件是作形式解释还是作实质解释：若对构成要件作形式解释，则可罚的违法性应当在违法性中加以讨论；如果对构成要件作实质解释，则可罚的违法性应在构成要件该当性中加以讨论。

我国刑法关于犯罪概念的但书规定，明确地将轻微的犯罪行为排除在犯罪概念之外。并且在我国刑法分则中，都有关于数额犯与情节犯的规定。因此，在定罪的时候，应当考虑行为的可罚性，这是具有刑法根据的。对此，我国刑法学界并不存在争议。在我国目前耦合式的犯罪论体系中，当罚要素一般被作为犯罪客观要件讨论，也有个别学者认为其是四要件以外的综合要件。我认为，当罚要素应该独立于犯罪构成的客观要件与主观要件。对于犯罪成立来说，当罚性是一个必不可少的要件。

（二）当罚的判断

当罚要素在我国刑法中都有法律与司法解释的明文规定。因此，应当严格地依照法律与司法解释的规定认定当罚要素。例如我国《刑法》第 274 条规定的敲诈勒索罪，刑法规定数额较大的才构成犯罪。没有达到数额较大程度的敲诈勒索行为显然不能作为犯罪加以惩罚。因此，数额较大才构成敲诈勒索罪，表明该罪必须具备当罚性。至于数额较大的具体标准，由司法解释加以规定。2013 年 4 月 23 日最高人民法院、最高人民检察院发布的《关于办理敲诈勒索刑事案件适用法律若干问题的解释》第 1 条规定，敲诈勒索公私财物价值 2 000 元至 5 000 元为数额较大的起点。这一规定为认定敲诈勒索罪提供了明确的法律根据。有些犯罪，虽然刑法没有规定以一定的数额或者情节作为构成犯罪的要件，但有关司法解释对此作了规定，也应认为这些犯罪具有当罚要素。例如我国《刑法》第 238 条规定的非法拘禁罪，刑法并未规定情节严重才构成犯罪。但 2006 年 7 月 26 日最高人民检察院《关于渎职侵权犯罪案件立案标准的规定》规定，国家机关工作人员利用职权非法拘禁，涉嫌下列情形之一的，应予立案：（1）非法剥夺他人人身自由 24 小时以上的；（2）非法剥夺他人人身自由，并使用械具或者捆绑等恶劣手段，或者实施殴打、侮辱、虐待行为的；（3）非法拘禁，造成被拘禁人轻伤、重伤、死亡的；（4）非法拘禁，情节严重，导致被拘禁人自杀、自残造成重伤、死亡，或者精神失常的；（5）非法拘禁3人次以上的；（6）司法工作人员对明知是没有违法犯罪事实的人而非法拘禁的；（7）其他非法拘禁应予追究刑事责任的情形。在这种情况下，非法拘禁行为，必须具有上述情形之一才能构成犯罪。

第三节　定罪过程

一、定罪过程的概念

定罪是一个以确认行为的犯罪性为内容的司法过程。在定罪过程中，根据刑法规定对于行为是否符合犯罪构成要件依次进行判断。因此，定罪过程具有以下特征：

（一）动态性

定罪是一个动态的过程。定罪是对犯罪的认定，因而是否有罪是这一司法活动最终需要解决的问题。在这个意义上，定罪过程作为一种司法活动与对犯罪的构成要件解析是有所不同的。对犯罪的构成要件解析是指从刑法对犯罪的规定出发，将这种犯罪规定的构成要件进行分解与阐析。这种解析以犯罪模型为客体，试图对犯罪的内在结构进行剖析，这是一种对犯罪的静态分析。例如，在刑法分则中，根据刑法关于盗窃罪的规定，分析盗窃罪的各种构成要素，以便掌握盗窃罪的成立条件。但定罪过程作为一种司法活动，是一个对行为是否构成犯罪的确认过程，犯罪是定罪过程的肯定性结果而非其出发点。

（二）程序性

定罪过程是根据诉讼程序而展开的一种司法活动，因而必然受到刑事诉讼程序的制约。只有经过一定的刑事诉讼程序，才能确认一个人有罪，这是刑事法治的必然要求。在程序意义上的定罪过程，从广义上说，始于侦查终于审判，整个刑事诉讼过程都是以定罪为中心的。从狭义上说，定罪过程主要是指审判活动，包括一审与二审程序。只有通过庭审活动，才能最终确定一个人的刑事责任。由于庭审活动是由控、辩、审三方构成的，控辩对抗、法院居中裁判的诉讼结构对于定罪会带来深刻的影响。英美法系国家强调诉讼程序，因而其定罪模式带有明显的诉讼印记。大陆法系国家虽然重视实体，但在定罪过程中仍然给辩护留下了充分的余地。

（三）依次性

定罪过程是在刑法规定与案件事实之间进行同一性的判断，这一判断并非一次性完成而是一个依次渐进的过程。刑法规定作为定罪根据，在刑法理论中是以犯罪构成形式出现的，而犯罪构成作为评判根据是由各个构成要件组建而成的，在运用犯罪构成对案件事实进行评判的时候，从客观到主观有一个依次递进的过程。这一过程既是一个入罪过程，也是一个出罪过程，即犯罪嫌疑不断被排除的过程。

二、定罪的逻辑

定罪过程是根据犯罪构成对案件事实进行罪与非罪的评判过程，这一评价活动应当严格遵循定罪的司法逻辑。定罪过程中应当坚持以下三个原则：

（一）客观判断先于主观判断

犯罪构成是主、客观要件的统一，主观与客观统一是犯罪成立的必然要求，这是不容否认的。那么，在定罪过程中，对主、客观要件的判断是否存在依次性呢？回答是肯定的，这就是客观判断先于主观判断。以故意杀人罪为例，客观要素是故意杀人罪的罪体要素，即杀人行为和死亡结果以及两者之间的因果关系。主观要素是故意杀人罪的罪责要素，即杀人故意，包括直接故意和间接故意。在罪体要素中，行为、结果与因果关系这三者之间存在先后顺序。只有在经过判断存在杀人行为与死亡结果的基础上，才能进行行为与结果之间因果关系的判断。在确定存在罪体以后，再进行罪责的判断。因为在没有杀人行为的情况下是不可能有杀人故意的，所以客观要素具有对故意的规制机能。由此可见，客观判断先于主观判断对于正确定罪具有重要意义。

在大陆法系国家的刑法理论中，古典派的犯罪论体系提出了一个命题：违法是客观的，责任是主观的。基于这一命题，在构成要件中主要是做客观判断。"违法是客观的"这一命题所包含的含义是指，考察一个人行为是否违法，是否构成犯罪，主要应当根据客观行为进行判断，而不能根据主观心理进行判断。这是一种客观违法论，它在当时的条件下具有历史进步意义。因为在中世纪的时候，盛行的是主观归罪，即将行为人的主观心理作为有罪还是无罪的根据。这种刑法称为心情刑法，它调整人的精神，干涉人的内心，这样的刑法就是专制的工具。因为人的内心活动，是难以认定的。根据人的内心进行定罪，就会导致主观归罪，刑法就会成为专制镇压的工具。古典派的犯罪论体系就确立了客观违法论，在考察一个行为是否违法的时候，主要考虑的是客观要素。因此，这个命题后面还有一句话，"责任是主观的"。"违法是客观的"对应于"责任是主观的"。只有在根据构成要件该当性的判断认定存在违法以后，再来考虑主观要素，这样就奠定了先客观、后主观的基本逻辑关系。根据古典派的犯罪论体系的设计，构成要件是一个纯客观的，并且是价值无涉的、中性的要素，在违法性要件进行价值判断，在有责性要件进行主观判断。

此后，新古典派的犯罪论体系发现了所谓主观的违法要素，在通常情况下，一个行为是否违法，是由客观要素所决定的。但在某些特殊情况下，一个行为是否违法，不仅是由客观要素所决定的，而且是由主观要素所决定的，这种主观要素就被称为主观的违法要素。基于这种主观违法要素，新古典派的犯罪论体系提出了主观违法论。主观违法论并不是对客观违法论的否定，而是对客观违法论在例外情况下的一种补充。它仍然承认，在通常情况下，违法是由客观要素决定的。只是在个别情况下，存在着主观的违法要素。主观的违法要素最典型的例子就是刑法中的目的犯，在这种目的犯中存在一种所谓主观的超过要素。在某些犯罪中，犯罪成立不仅要求具有客观行为、主观故意，而且要求一种超过的主观要素，这就是目的。主观的违法要素发现以后，因为主观的违法要素和责任是没有关系的，它实际上是一种主观的构成要素。主观违法要素的发现，就打破了"违法是客观的"这一命题。因为在例外的情况下，违法可能也是由主观要素决定的。因此，新古典派的犯罪论体系例外的承认在构成要件中包含着主观要素。

与此同时，随着从心理责任论到规范责任论的转变，"责任是主观的"这一命题也被打破了。根据心理责任论，行为人的故意、过失本身就是责任。在考虑有没有责任的时候，就看行为人有没有故意、过失。在心理责任论中，故意、过失等心理事实是一种责任要素。后来出现了规范责任论，规范责任论认为故意、过失本身并不是责任要素，所谓责任要素是指违法性认识和期待可能性。具有故意、过失还不一定具有责任，还要看有没有违法性认识和期待可能性。如果虽然有故意、过失，但没有违法性认识和期待性可能，仍然不能从主观上予以归责。这里的期待可能性，就成为一种所谓客观的责任要素，而责任不再是主观的了，也是客观的。规范责任论的出现把故意、过失这样的心理要素，从责任领域给排除出去，将它纳入构成要件里面，这样的构成要件就包含着客观的构成要素和主观的构成要素。在有责性要件中，主要考察刑事责任能力和期待可能性、违法性认识等这样一些规范的责任要素。应当指出，在犯罪构成中的事实要素和评价要素这两者是有所不同的：客观的构成要素是事实要素，违法性是评价要素。故意、过失是主观的事实要素，而违法性认识、期待可能性则是评价要素。

三阶层的犯罪论体系经过新古典派犯罪论体系的改造以后，到了目的行为论的犯罪论体系，虽然仍然保留三阶层的框架，但是对各个要件的内容做了重大的调整。构成要件不仅仅是客观的构成要件，而且包含了主观的构成要件。而有责性已经不包含主观的心理要素，只是主观的归责要素。尽管做了这样一种调整，客观判断先于主观判断这样一种的基本规则并没有被破坏。故意、过失等主观要素虽然放到构成要件中考察，但在构成要件内部仍然首先是判断客观的构成要素是否存在，在此基础上，再来判断主观的构成要素。因此，故意、过失等主观要素，无论是放在构成要件中还是放在有责性中，客观判断先于主观判断的原则不会改变。

在四要件的犯罪构成体系中，客观判断先于主观判断这一原则，在犯罪构成体系的结构中是得不到体现的。虽然按照我国刑法教科书对四要件的通行排列，是犯罪客体、犯罪客观方面、犯罪主体、犯罪主观方面，似乎是先客观、后主观的顺序，但这种排列只是表述上的顺序，并不反映犯罪构成要件之间的逻辑关系。正因为如此，在根据四要件的犯罪构成体系定罪的时候，并没有严格遵循客观判断先于主观判断这个原则，因此往往导致混乱。这就表明，在我国司法活动中，司法人员并没有严格地遵循客观判断先于主观判断的原则，在具体案件的讨论中，都不先去判断客观要素，而是直接讨论主观要素，这样就容易把无罪的行为认定为有罪的行为。例如，教唆、帮助自杀的行为是不是构成犯罪？日本刑法对此有专门有规定，规定了自杀相关罪。也就是说，这种教唆、帮助他人自杀行为，是故意杀人罪是之外的一个独立罪名。但在我国刑法中并没有规定自杀相关罪，在这种情况下，教唆、帮助自杀的行为能不能直接定故意杀人罪就成为一个问题。我国刑法教科书过去通常都是把这种教唆、帮助他人自杀的行为认定为杀人行为。为什么这种教唆、帮助他人自杀的行为是一种杀人行为？在论证的时候，就没有严格遵循客观判断先于主观判断的原则。如果严格遵循客观判断先于主观判断的原则，在讨论教唆、帮助他人自杀的行为是不是构成故意杀人罪的时候，首先需要讨论教唆、帮助自杀的行为是不是杀人行为。杀人中的人指的是他人，自杀当然不是杀人。在通常情况下，被教唆、帮助的人是一个具有意志自由的人，自杀行为是本人实施的，因此教唆、帮助自杀的行为和杀人的行为不能直接等同。根据客观判断先于主观判断原则，在构成要件该当行为这个阶层，就可以把教唆、帮助自杀行为从故意杀人罪的构成要件中排除出去。我国刑法教科书在讨论教唆、帮助自杀行为为什么构成故意杀人罪的时候，首先考虑的是这种行为具有严重的社会危害性，然后再说行为人主观上知道被害人要死亡，在客观上还要实施教唆、帮助他人自杀，因此行为人主观上具有杀人故意，然后再把教唆、帮助自杀行为等同于杀人行为。经过这样一种逻辑的判断过程，就得出了有罪的结论。在论证过程中，经常有这样一句话：对自杀人的死亡是具有希望或者放任的态度的，所以主观上具有杀人故意。正因为有杀人故意，所以教唆、帮助自杀行为是杀人行为。这样的逻辑过程完全是混乱的，是一种循环论证。怎么能够说对于死亡结果是希望和放任就具有了杀人故意。杀人故意是以杀人行为为前提的，在这个前提之下，当杀人行为是主观上对于死亡结果具有希望或者放任的支配下实施的，才能构成故意杀人罪。但杀人故意是以杀人行为作为逻辑前提的，如果没有杀人行为，怎么可能有杀人故意呢？因此，对被教唆、帮助人死亡结果的希望或者放任的主观心理状态，根本就不是杀人故意。那么，我们为什么容易把这种主观心理混同于杀人故意呢？就是因为我们先作主观判断，然后再作客观判断，其结果就把一个无罪的行为当作有罪来处理。由此可见，如果我们不是严格按照客观判断先于主观判断的原则来定罪，就容易造成定性上的错误，把无罪的行为变成犯罪。

（二）形式判断先于实质判断

在定罪过程中，既存在形式判断又存在实质判断。例如，规范的判断通常都是形式的判断，而价值的判断都是实质的判断。一个行为是否具有构成要件的客观要素，这是形式判断。具备构成要件的客观要素行为是否具有法益侵害性，则是实质判断。只有在形式上作出肯定性判断以后，才能进入实质判断。在定罪过程中，坚持形式判断先于实质判断，可以通过形式判断限制实质判断，使实质判断不具有超越形式判断的入罪功能，并只有在作出肯定性的形式判断以后因否定性的实质判断而出罪。形式判断先于实质判断是罪刑法定原则的必然要求，也是保证定罪正确的逻辑基础。

在我国传统的刑法理论中，在形式与实质的关系问题上，存在着重实质而轻形式的倾向。这一传统来自苏俄刑法学，并隐含在四要件的犯罪构成体系的逻辑之中。在苏俄刑法理论中，如何处理形式和实质的关系，始终处于一种混乱状态。在苏俄十月革命以后相当长的一段时间里，由于受法律虚无主义思想的影响，当时有的苏俄刑法学者甚至提出在社会主义国家不需要刑法的观点。苏俄学者认为刑法是资产阶级的东西，不仅把刑法，而且把整个法律都看作是形式主义的东西，把所谓资产阶级的法学看作是形式主义的法学。后来苏俄学者发现，在社会主义国家仍然存在犯罪，还得要有刑法。那么，要什么样的刑法呢？既然形式主义是资产阶级刑法的特征，那么，社会主义刑法就应当是实质主义的刑法。实质主义刑法是以社会危害性为核心的，苏俄学者甚至认为苏维埃刑法只要总则就可以了，而刑法总则的核心内容是以社会危害性为本质特征的犯罪实质概念。刑法分则都可以不要，犯罪概念的实质性内容是社会危害性，以此作为认定犯罪的标准，法官就可以进行正确判断。在这种刑法观念中，包含着在刑法中贬低形式，追求实质的强烈冲动。这个意义上的所谓实质主义基本上是反法治的法律虚无主义的代名词。从法理学考察，法律作为规范，其本身就具有形式的性质。法律把活生生的社会生活以一种规范的方式固定下来，刑法更是如此，因为刑法涉及对公民的生杀予夺。一个行为构成犯罪，那就要受到严厉的法律制裁。因此，为了对国家司法权加以限制，在刑法中确立了罪刑法定原则。罪刑法定原则所倡导的是形式理性，形式理性当然不能等同于形式主义，然而，形式理性是建立在形式的基础之上的，具有对于形式的依赖性。罪刑法定原则就要用形式的东西限制国家刑罚权。罪刑法定原则的基本含义是法无明文规定不为罪：一个行为是不是构成犯罪，取决于法律有没有明文规定。正是从罪刑法定原则中，合乎逻辑地引申出犯罪的形式概念。因此，在实行罪刑法定原则的大陆法系国家，刑法典所规定的都是犯罪的形式概念，即凡是本法分则所规定的、应当受到刑罚处罚的，就是犯罪。犯罪的形式概念好像是一种同义反复，无益于揭示犯罪的实质内容，但实际上它是罪刑法定原则在犯罪概念上的生动体现。

犯罪构成理论是实现罪刑法定原则的制度保证，同时，罪刑法定原则的实质价值内容又是通过构成要件来实现的。如果没有犯罪构成理论，罪刑法定原则是空洞的。因此，在犯罪构成理论和罪刑法定原则之间具有直接的关联。最早提出构成要件概念的，是德国著名刑法学家费尔巴哈，而费尔巴哈也正是罪刑法定原则的首倡者。是否有法律规定是一个行为区分罪与非罪的标准，那么，如何判断一个行为是否有法律规定呢？这就要通过构成要件来判断。构成要件对于罪刑法定原则的实现，具有一种工具价值。

　　早期古典派的犯罪论体系强调客观主义刑法观，正是为了实现构成要件的人权保障价值，体现为严格的罪刑法定原则。后来新古典的犯罪论体系发现了主观的违法要素，目的行为论的犯罪论体系又把主观的心理要素和责任要素加以区分，一步步地推动了犯罪论体系的发展。但是，形式判断先于实质判断原则始终没有动摇。在大陆法系的犯罪论体系的演变过程中，存在一个所谓犯罪论体系的实质化过程。最初的犯罪论是非常形式化的，例如贝林的构成要件就是一个客观的轮廓，以此限制司法权。但是，后来在犯罪论体系实质化的过程中，对于如何处理构成要件和违法性的关系出现了争议。因为构成要件在古典派的犯罪论体系中是形式判断，而违法性则是实质判断，两者是分开的。与此同时，构成要件又具有违法性的推定性能，在一般情况下，具备构成要件也就具备了违法性。只是在例外的情况下，如果存在违法阻却事由，才能排除违法性。后来刑法学者对构成要件与违法性的关系进行了反思，认为两者没有必要分开。日本学者西原春夫教授甚至提出了犯罪论体系发展的历史就是构成要件走向崩溃的历史的命题，主张把构成要件和违法性予以合并，其结果是以违法性吞并构成要件：构成要件只是违法性的印记，是违法性的外在征表，实质还是违法性。因此，构成要件没有必要成为独立要件。当然，这是一种极端的做法。另外一种做法是仍然将构成要件加以区分，然而将法益侵害的实质判断前置到构成要件阶层，违法性只处理违法阻却事由。例如，德国学者罗克辛教授通过客观归责理论使构成要件实质化。

　　应当指出，即使是那种认为构成要件本身没有必要单独存在，把它合并到违法性中的观点也并没有完全否定构成要件的价值。在这种情况下，仍然要先判断是否具有构成要件该当性，然后判断违法性。例如，罗克辛教授的客观归责理论虽然包含着构成要件实质化的内容，但这种实质化仍然是以形式判断为前提的。首先考虑某个行为在形式上是否符合构成要件，再来判断这个行为是否制造了法律所禁止的风险。再如因果关系，最早的因果关系判断标准是条件说，前后行为与结果之间存在着"若无前者就无后者"的关系，就具有因果关系。因此，古典派的刑法学家都主张条件说。但是，后来出现了因果关系问题上的实质判断，也就是原因说，根据对结果发生的实质作用力大小判断因果关系。罗克辛的客观归责在某种意义上也是一种因果关系理论，但这种实质化都是以条件所确立的"若无前者就无后者"的关系为前提。在此基础上，再进行实质判断。形式判断先于实质判断的原则所包含的最主要价值，就在于利用形式判断限制实质判断，使实质判断只具有出罪的功能，没有独立于形式判断之外的入罪功能。

在认定犯罪的时候，首先要对构成要件该当性进行判断，再来进行违法性的实质判断。如果经过实质判断得出否定的结论，尽管具有犯罪构成的形式要件，仍然不能构成犯罪。因此，这种实质判断只具有出罪的功能，而这一点和我国传统的社会危害性理论是有巨大差别的。我国刑法学中的社会危害性理论，也是来自苏俄刑法学的犯罪实质概念。基于这种观点，一个行为之所以被立法者规定为犯罪，就是因为这个行为具有社会危害性，这种社会危害性的判断就是实质判断。从这个意义上来说，社会危害性理论所包含的实质主义的倾向和罪刑法定原则所倡导的形式理性的价值观念之间存在明显的矛盾和冲突。我国刑法虽然规定了罪刑法定原则，但长期以来受社会危害性理论影响，因此在司法活动中仍然首先考虑行为的社会危害性，这已经成为我国司法人员在定罪当中的思维定式。而四要件的犯罪构成体系并没有很好地处理犯罪构成中的形式判断和实质判断之间的关系，没有以形式判断限制实质判断。

可以说，在形式判断和实质判断的关系上，在四要件的犯罪构成体系中是最为混乱的。我国司法人员在定罪的时候存在一个基本倾向，就是首先作实质判断，由于实质判断的强势地位和主导地位，从而使得形式判断变得可有可无，因而罪刑法定原则就得不到切实遵循。因为不受形式判断限制的实质判断，就是直接违反罪刑法定原则的。如果先作实质判断，这种实质判断就具有入罪功能，就会取代形式判断，使形式判断变得可有可无，这样的情况是非常危险的。就形式判断和实质判断这个关系而言，形式判断必须要先于实质判断。这样的方法论在三阶层的犯罪论体系中，是通过构成要件该当性、违法性和有责性这三者的结构给固定下来。因此，不管构成要件怎么调整，形式判断先于实质判断的原则始终不变。

（三）定型判断先于个别判断

在犯罪构成的事实性要素中，既存在定型性要素，又存在个别性要素，定型性要素具有规范性特征。定型判断具有明确的法律标准可以遵循，因而更容易把握。而个别性要素大多具有价值性特征，个别判断有时不易把握，更具有自由裁量的性质。例如我国《刑法》第246条规定的侮辱罪、诽谤罪都以情节严重为构成犯罪的条件。侮辱、诽谤行为的认定是一种定型判断，而情节严重则是一种个别判断。对此，应当严格遵照定型判断先于个别判断的原则依次认定。

在犯罪认定过程中，类型性的判断是要绝对占主导地位的，类型性的判断意味着定罪的过程，是按照一般的法律标准判断行为性质的过程。所谓构成要件就是一种类型，具有类型性的特征。立法者在设定构成要件的时候，实际上就对犯罪成立条件进行了类型性的处理。在刑法中，有些犯罪的定型性特征较好把握，犯罪边界清晰明确。犯罪类型是在历史的过程中逐渐形成的，诸如盗窃、抢劫、强奸、放火等罪名都是独立的犯罪类型。立法者就是通过类型化了的构成要件提供类型性的标准，使司法人员能够准确把握某一犯罪。当然也不可否认，在刑法中存在一些类型性较差的犯罪类型。例如过失犯的实行行为。构成要件一般来说是类型性的判断，类型性的判断能够保证定罪标准的统一性。除类型性的判断以外，在定罪活动中还存在着个别性的判断。在定罪过程中，个别性的判断也是不可缺少的。例如疏忽大意的过失中的应当预见，应当预见实际上是把裁量权交给法官，法官认为应当预见就是应当预见。因此，应当预见的判断就是个别性的判断，需要根据一个人在特定的情形下所面对的具体主客观情况进行判断。

我们可以得出结论：规范的判断基本上是类型性的判断，而价值判断往往都是个别性的判断。在构成要件的发展过程中，逐渐出现这样一种趋势：把个别性的判断转化为类型性的判断。例如，在违法阻却事由的类型化问题上，这种趋势就体现得十分明显。违法性的判断本来是一个实质判断，因此也是一种个别性的判断。通过设置类型化了的违法阻却事由，就使得这种个别性的违法性判断转变为类型性的判断。也就是说，借助于构成要件的违法性推定机能，使行为是否具有违法性的判断，通过是否存在违法阻却事由进行反向认定。如果存在违法阻却事由，就不具有违法性；如果不存在违法阻却事由，就具有违法性。这种情况就使得本来是个别性的违法性判断，变成了类型性的违法阻却事由的判断。

　　尽管如此，在定罪过程中，个别性的判断仍然是不可或缺的。应当注意的是，个别性的判断必然是以类型性的判断为前提的。例如在因果关系判断中，根据条件说确定的"若无前者就无后者"的关系进行的判断，就是类型性判断。而相当性的判断，则是个别性的判断。这种个别性判断是以条件说所确定的"若无前者就无后者"这种类型性的判断为前提的。因此，个别性判断受到类型性判断的制约，这样就能保证个别性判断能够符合一般规范的要求。因为类型性主要是为了保证定罪过程的一般公正，避免法官在定罪过程中的恣意，而个别性判断主要为了保证定罪过程中的个别公正。类型性的和个别性的关系实际上是一般公正和个别公正的关系。定罪要有统一标准，这个统一标准主要由类型性判断来完成。同时，定罪又要考虑个别人的具体情况，因为每个案件都有它的特殊性，需要具体情况具体分析，这就要进行个别判断。就一般公正和个别公正的关系而言，首先要考虑一般公正。在一般公正的前提下，再考虑个别公正，而不能个别公正凌驾于一般公正之上。因此，类型性的判断先于个别性判断的原则也是定罪中必须要遵循的基本准则。在三阶层的犯罪体系当中，类型性的判断先于个别性判断的原则，也是通过构成要件的结构固定下来的。只要按照三阶层来定罪，必然会遵循类型性判断先于个别性判断的原则。

三、定罪的方法

定罪过程是将法律规定与案件事实进行同一性认定的过程，这个过程可以被视为一个司法三段论的推理过程。在定罪的不同步骤应当相应地采用以下方法：

（一）法律的解释方法

定罪始于找法，尤其是在罪刑法定的原则下，定罪必须严格以法律规定为准绳。因此，找法活动是定罪过程的第一个步骤。在找法中，要采用法律解释方法。任何法律规定只有通过解释才能被适用，因而正确地解释法律是法律适用的应有之义。刑法关涉对公民的生杀予夺，因此对刑法应该加以严格解释。刑法解释可以采用文理解释和论理解释各种方法，在运用这些方法对刑法规定进行解释时，应该遵循一定的规则。在一般情况下，只要通过语义解释即可明确刑法规定的含义的，当然就无须采用其他解释方法。在这个意义上说，语义解释是最为常见的解释方法。但语义解释又非万能，在某些情况下严格解释又会形成对语义解释的限制。

（二）事实的认定方法

事实是定罪的根据，因此事实认定是定罪的基本环节。在事实认定中，一般采用确认和推定两种方法。确认是认定事实的一种直接方法。例如一具尸体，表明人的死亡这一事实的存在，可以采用确认方法认定这一事实。在定罪过程中，确认是主要采用的一种方法，尤其是对客观事实的认定，更是离不开确认的方法。推定是认定事实的一种间接方法。某些事实，例如心理事实是行为人的一种主观心理活动，除非行为人供述，难以直接确认。在这种情况下，就存在一个根据客观事实加以推断的问题。这种推断，在理论上称为推定。推定是指根据已知的事实推断未知的事实的一种逻辑推理。在定罪活动中，推定的方法是经常采用的，尤其是主观罪过的认定更是如此。

（三）推理的演绎方法

在找法与事实认定的基础上，应当在法律规定与案件事实之间求得同一性，这是一个从法之一般到案件之个别的演绎过程。在定罪活动中，刑法关于构成要件的规定是对犯罪现象的一般概括，个别案件事实只有该当构成要件时，才能视为犯罪。因此，将个别案件事实归属于一定的构成要件，通过演绎方法获得了定罪的正确性。

第七章
罪　体

第一节　罪体概述

一、罪体的概念

罪体是犯罪构成的本体要件之一，是指客观不法构成要件。罪体具有以下特征：

（一）法定性

罪体作为犯罪的构成要件是由刑法分则在罪状中予以明文规定的，因而具有法定性。在刑法分则条文中，罪状对各种具体犯罪成立的客观要素都作了规定。例如，《刑法》第236条第1款规定："以暴力、胁迫或者其他手段强奸妇女的，处三年以上十年以下有期徒刑。"这一条文中的前段就是强奸罪的罪状，它对强奸罪成立的客观要件作了具体描述，为认定强奸罪提供了法律根据。

（二）客观性

罪体作为犯罪的客观要件是犯罪的事实性呈现，是犯罪类型的外在形态，因而具有客观性。罪体以一定的行为事实为其表现形态，对于犯罪的类型性把握具有统摄的作用。例如，《刑法》第 270 条第 1 款规定，将代为保管的他人财物非法占为己有，数额较大，拒不退还的，处 2 年以下有期徒刑、拘役或者罚金；数额巨大或者有其他严重情节的，处 2 年以上 5 年以下有期徒刑，并处罚金。在这一规定中，将代为保管的他人财物非法占为己有是侵占罪的客观要件，它描述了侵占罪的类型性特征，从而为认定侵占罪提供了客观根据。

（三）不法性

罪体是表明行为的法益侵害性而为犯罪成立所必须具备的构成要件，因而罪体在其性质上具有不法性。这种不法性反映了犯罪对法益的侵害与威胁，例如，故意杀人罪是对人的生命权的侵害，故意伤害罪是对人的健康权的侵害等。不法性是对行为事实的实质评价，如果具有行为事实，却不具有法益侵害性，同样不具备罪体。例如，正当防卫杀人和正当防卫伤害，虽然造成了他人死亡或者伤害的后果，但由于该行为本身是为制止正在进行的不法侵害而实施的，因而不具有不法性，属于罪体排除事由。

二、罪体的内容

罪体是犯罪成立的客观不法要件，是罪体构成要素与罪体排除事由的统一。

（一）罪体构成要素

罪体构成要素是罪体的积极要件，是指在定罪过程中应当加以正面认定的客观事实要素。罪体构成要素包括以下内容：

1. 主体

主体是指行为人。没有行为人就没有行为，因而也就没有犯罪。在罪体中，主体是基本的构成要素。

2. 行为

行为是刑法的基础，是犯罪成立的前提。"无行为则无犯罪"这一法律格言广为流传，表明行为对于犯罪成立的决定性意义。因此，行为是任何犯罪成立所必需的构成要素。

3. 客体

客体是指行为指向的人和物。尽管某些行为对法益的侵害是可以不以客体的存在为前提的，但大多数行为都是通过客体而实现对法益的侵害的。因此，客体也是罪体的构成要素之一。

4. 结果

结果反映了行为对法益的实际损害，因而也是罪体的重要构成要素。当然，结果并非任何犯罪成立的必备要件。只有对于结果犯来说，结果才是必不可少的。在行为犯的情况下，只要对法益具有侵害危险，犯罪即可成立，并不需要结果这一构成要素。

5. 客观的附随情状

罪体还包括时间与地点等客观的附随情状。虽然对于大部分犯罪来说，时间与地点并非犯罪成立的构成要素，但在少数犯罪中是必不可少的构成要素。

（二）罪体排除事由

罪体排除事由是在具备罪体构成要素的基础上，对行为事实所进行的实质审查，审查的根据就是法益侵害性。某一行为虽然具备罪体的构成要素，但存在罪体排除事由的，则仍然不具备罪体。

三、罪体的意义

（一）规制机能

罪体是由刑法明文规定的，它限定了犯罪的范围，因而对于司法机关具有规制机能。根据罪刑法定原则，法无明文规定不为罪。罪与非罪的区分取决于法的明文规定，而罪体作为犯罪存在的客观要件，是刑法条文规定的基本内容。由此，罪体限定了司法机关的定罪范围。

（二）统摄机能

犯罪是一个类型性的概念，在犯罪这一类型中，罪体是其基本框架，统摄各种犯罪构成要素。例如敲诈勒索这一行为，提供了一种既不同于抢劫罪又不同于诈骗罪的犯罪类型，主观上的敲诈勒索的故意和非法占有的目的都在一定程度上依附于敲诈勒索的行为而存在。因此，罪体对于犯罪的类型性塑造起到了关键作用。

（三）区分机能

罪体作为犯罪的存在形式，对于每一种犯罪来说在一般情况下都是独特的，即各种犯罪都具有其特定的罪体。因此，根据罪体可以明确此罪与彼罪的界限，防止罪的混淆。

第二节　罪体构成要素

一、主体

（一）主体的概念

主体是指实施一定的构成要件行为的人，即行为人。因此，作为罪体要素的主体是行为主体。

行为主体揭示了行为是人的行为，将一定的行为归属于人，从而排除了人以外之物成为犯罪主体的可能性。因此，行为主体表明只有人才具有实施犯罪行为的某种资格。

（二）主体的类型

主体在一般情况下是自然人，当然，在单位犯罪的情况下，法人也可以成为行为主体。由于单位犯罪已经成为我国刑法中的一种特殊形态，本书将列专章加以研究。在此，我将主体分为以下两种类型。

1. 一般主体

一般主体是指刑法对行为主体没有身份上特殊要求的主体。因此，所有的自然人都可以成为一般主体。凡是刑法分则条文对主体未作特殊规定的，均为一般主体。

2. 特殊主体

特殊主体是指刑法对行为主体有身份上特殊要求的主体，没有某种特殊身份不能成为某一犯罪的主体。这种身份既包括自然身份，例如性别等，也包括法定身份，例如国家工作人员等。特殊主体是由刑法分则规定的，因此，应当依照刑法分则条文予以认定。

二、行为

（一）行为的概念

作为罪体构成要素的行为，是指主体基于其主观上的自愿性而实施的具有法益侵害性的身体举止。刑法中的行为是以意志自由为前提的，是行为人基于本人意愿选择的结果。因此，刑法中的行为是在具有他行为能力条件下的行为。在刑法理论中，他行为能力概念考察的是，行为人是否具有实施其他行为的能力。因此，当我们采用"他行为"这个概念时，就已经预设了"本行为"。而在讨论行为人是否具有他行为能力时，行为人显然已经实施了"本行为"，只是如何从刑法上评价"本行为"，还取决于行为人是否具有实施"他行为"的能力。因此，分析他行为能力其实是为了处理"本行为"的法律性质问题。在使用他行为能力概念时，行为人并没有实际实施其他行为。因此，他行为能力只是一种可能性，即实施其他行为的可能性。他行为能力与不可抗力有密切关系；只有正确界定不可抗力，才能为他行为能力在犯罪论体系中找到合适的位置。而只有从行为概念出发，才能发现他行为能力与不可抗力的连接点。

在行为的概念上，存在行为论的行为和构成要件论的行为之分。行为论的行为是未经刑法规范评价的行为，或者说是"裸"的行为。构成要件论的行为，则是符合构成要件的行为。虽然前田雅英认为，脱离构成要件该当性的判断来讨论行为本身（裸的行为论），几乎没有什么意义①，即使在日本，刑法学者仍然注重对一般行为的研究，提出了"行为概念是犯罪论的基石"的命题。大塚仁指出："处于犯罪概念基底的，首先是行为。是直视其现实意义来把握行为，还是认为行为具有行为人性格的征表意义，暂且不论，古典学派、近代学派从来都赋予行为在确定犯罪概念上以重要意义。在今日的刑法学中，无疑也必须以行为观念为核心来确立犯罪概念。犯罪定义中以'符合构成要件的违法而且有责的行为'为犯罪，刑罚法规规定的各种犯罪都由一定的行为来赋予特征。"② 这里所谓"各种犯罪都由一定的行为来赋予特征"，是指在犯罪概念中行为是主语，"符合构成要件的""违法的""有责的"都不过是修饰行为的。当然，在区分裸的行为和构成要件行为的基础上，首先应当确定，他行为能力中的"行为"并非构成要件行为而是行为论的行为，即裸的行为。行为论主要讨论的是行为的性质与特征，其为构成要件行为的前提与基础，从而限定犯罪的成立范围。这就是行为所具有的界限要素机能。

根据因果行为论，行为是意思活动的实现，是在意思支配下改变外部世界的因果历程。因此，行为包含两个要素：心素与体素。心素是指意思活动。李斯特指出："每一个任意行为都是意思活动，也就是说，每一个行为都是由人的思想所决定的，与机械的或生理上的强制无关。意思活动可以存在于任意的作为或不作为之中。因此，在痉挛状态下毁坏他人财物，因昏厥而使其履行义务受阻，因绝对的不可抗力而迫使其主动或被动地行为的，均不是（刑法意义上的）行为。"③ 通过将意思活动确定为行为的主观要素，将那些非出于行为人意思决定的行为排

---

① 前田雅英. 刑法总论讲义. 曾文科，译. 北京：北京大学出版社，2017：66.

② 大塚仁. 刑法概说：总论. 3版. 冯军，译. 北京：中国人民大学出版社，2003：107.

③ 李斯特. 德国刑法教科书. 徐久生，译. 北京：法律出版社，2006：177.

除在行为概念之外，实现了行为概念的界限要素机能。大塚仁指出："关于作为犯罪概念基底的行为，其中，特别应该作为问题对待的，是作为界定要素的机能。它不外乎是刑法评价为犯罪的前提，是作为界定要素的行为。"① 通过行为概念的界限要素机能，一般都会把无意识状态下的身体举止，在身体遭受物理强制（例如捆绑）或者在受到他人暴力强制的情况下所产生的身体举止，排除在行为之外。罗克辛指出："行为必须具有把那些从一开始就与行为构成变化特性无关的、在刑法评价中不能考虑的事物全部加以排除的功能。这些事物包括由动物引起的事件，法人的动作，单纯的思想和态度，另外还有外部世界的影响，例如，痉挛性发作，神志昏迷等不在神经系统控制和支配下的情况。"② 对于把这些事件从行为中予以排除，不会发生争议，但其他一些情形的排除就可能引发争议，例如，李斯特所论及的因绝对的不可抗力而被迫主动或被动地行为的情形。这就是所谓的不可抗力。

不可抗力涉及在外力强制下实施的行为，而如何理解强制的形式和强度，是一个有争议的问题。例如，意大利刑法第 45 条规定："因意外事件或者不可抗力而实施行为的，不受处罚。"第 46 条规定："因遭受他人采用的、不可抵抗的或者不能以其他方式避免的暴力而被迫实施行为的，不受处罚。"意大利学者指出：第 45 条规定的不可抗力是一种外在的自然力，它决定主体的身体不可能用其他方式行动。第 46 条规定的身体受强制实际上也是一种不可抗力，但是有一定的区别，即身体受强制是由他人实施的物质性暴力（如果是精神性暴力或威胁，则适用意大利刑法第 54 条第 3 款）。③ 也就是说，狭义的不可抗力是指自然的破坏力，而广义的不可抗力包括身体受强制在内，身体受强制则指向他人实施的物质性暴力。根据意大利刑法第 46 条的规定，身体强制的形式必须是暴力，并且是不可抗拒的暴力。这里有两个值得研究的问题：第一，如何理解这里的暴力；第

---

① 大塚仁. 刑法概说：总论. 3 版. 冯军，译. 北京：中国人民大学出版社，2003：108.
② 克劳斯·罗克辛. 德国刑法学总论：第 1 卷，王世洲，译. 北京：法律出版社，2005：147.
③ 杜里奥·帕多瓦尼. 意大利刑法学原理. 陈忠林，译评. 北京：中国人民大学出版社，2004：112.

二，如何理解这里的不可抗拒。应该说，暴力强制是物理强制，而且必须达到不可抗拒的程度。意大利学者指出："根据通说，这种强制必须是绝对的，即主体不可能实施不同于其被强制实施的行为。在身体受强制的情况下，被强制的人 non agit，sed agitur，纯粹是用暴力进行强制者的工具，因而刑事责任应由强制者来承担。"① "non agit，sed agitur"的含义是："不是（自己）在行动，而是被（他人）强迫行动"。根据意大利的刑法理论，这里的身体强制是一种绝对的强制，使人丧失意志自由，因而属于排除意识与意志的行为。如果是相对的强制，则仍然存在刑法意义上的行为，强制只是排除罪过（责任）的原因，即可原谅的理由（le scusanti）。总之，在绝对强制的情况下，行为人不具有他行为能力；在相对强制的情况下，行为人具有他行为能力。前者属于不可抗力，后者属于罪责排除事由。

我国刑法中也有关于不可抗力的规定，即《刑法》第 16 条：行为在客观上虽然造成了损害结果，但是不是出于故意或者过失，而是由于不能抗拒的原因所引起的，不是犯罪。我国刑法学界一般认为，所谓不可抗力是指在特定的场合下，非人力所能抗拒的力量，它包括自然力和非自然力的强制。自然力通常有：（1）机械力量；（2）自然灾害；（3）动物的侵袭；等等。非自然力主要是指人力的作用。由于这些自然力和非自然力的强制与作用，行为人对于损害结果的发生无能为力，不能加以阻止或排除。例如，铁路扳道工被歹徒捆绑，不能履行扳道职责，致使列车相撞，造成重大事故。扳道工对于自己不履行扳道义务会导致事故发生，在主观上是有预见的，但是，身体受到外力强制而不能履行扳道义务，却不是出自其本意，而是由不可抗力决定的，所以扳道工不成立犯罪，不负刑事责任。② 总之，不可抗力作为出罪根据，应该是基于无行为而非无罪过。③ 关于"不能抗拒的原因"，一般认为是指受到物理强制而不是受到精神强制。例如，冯军认为，人们通常把"不能抗拒"解释为一种物理强制（例如身体被捆住），而不

---

① 杜里奥·帕多瓦尼. 意大利刑法学原理. 陈忠林，译评. 北京：中国人民大学出版社，2004：112.
② 赵廷光. 中国刑法原理：总论卷. 武汉：武汉大学出版社，1992：365.
③ 陈兴良. 论无罪过事件的体系性地位. 中国政法大学学报，2008（3）：32.

是扩大解释为一种精神强制（例如，被人用手枪逼着）。① 在此，冯军将物理强制认定为不可抗力是正确的，但能否把物理强制限制地解释为身体被捆绑从而完全失去人身自由等情形，却将用手枪逼迫只是归为精神强制，是值得商榷的。我国学者在论及不可抗力与被胁迫时认为："所谓强制的不可抗力，应该是他人对行为人身体的绝对强制。这里的绝对强制包括限制与控制。所谓限制，就是对行为人人身的拘禁，使本身负有法定义务的行为人无法履行义务，而这种不作为行为与被胁迫的情况下的不作为的区别是，前者的不作为不具有刑法意义，而是被拘禁的自然后果，排除了行为的可能性；而后者的不作为则是虽然有可能作为，但是由于心理受到压力或者作为后可能导致严重的后果发生，因而不敢实施行为。所谓控制，就是在客观上绝对控制他人身体，如捆绑、用暴力导致昏迷等情况，在这种情况下，行为人的身体被强制人当作无意志之根据和机械来使用，造成后果的，也不能认为系出自行为人自身的行为。"②以上论述对不可抗拒的强制和胁迫的区分提出了个人见解，具有一定的参考价值。

如前所述，在行为人受到捆绑等使人无法行动的物理强制的情况下，认定成立不可抗力，从而否定行为人具有他行为能力，一般是没有疑问的。但问题在于，在精神强制的情况下，能否成立不可抗力从而否定行为人具有他行为能力？对此存在争议。我认为，完全否认在精神强制的情况下可以成立不可抗力的观点，是值得商榷的。精神强制并非只是精神性的胁迫，在许多情况下是以暴力为后盾的。因此，物理强制和精神强制的区分标准有待进一步厘清。如果直接以暴力为后盾相胁迫，则应归为物理强制而不是精神强制；间接以暴力为后盾相胁迫，则应归为精神强制而不是物理强制。前者以即时暴力为内容，如果不服从，暴力即刻降临；后者以未来暴力为内容，如果不服从，暴力不会即刻发生。一般认为，抢劫罪中的暴力胁迫即以即时暴力为后盾，被害人因此会丧失意志自由；敲诈勒

---

① 冯军. 刑事责任论. 北京：社会科学文献出版社，2017：231.
② 孙立红. 刑法被胁迫行为研究. 北京：中国人民公安大学出版社，2010：55.

索罪中的暴力威胁则以未来暴力为后盾，被害人并不会因此而完全丧失意志自由。

行为具有以下特征：

1. 行为的举止性

行为的举止性，是指行为人的身体动静，这是行为的体素。因果行为论曾经强调行为的有体性，即行为人在意欲的支配下，必须导致身体的运动，并引起外界的变动，具有知觉的可能性。这种有体性是单纯地从物理的意义上界定人的行为，追求行为的自然存在性。这对于作为可以作出科学说明，对于不作为则难以贯彻，由此得出否定不作为的行为性的结论。现在看来，认为有体性是行为的体素是不确切的，行为的体素应当是举止性，既包括身体的举动（作为），又包括身体的静止（不作为）。当然，不作为作为一种物理意义上的"无"，如何能够成为一种刑法意义上的"有"，需要引入社会评价的因素。

2. 行为的有意性

行为的有意性，是指行为人的主观意思，这是行为的心素。只有在意志自由的情况下实施的行为才可归属于行为人。因此，心素对于界定刑法中的行为具有重要意义。行为的有意性，可以把不具有主观意思的行为排除在刑法中的行为概念之外。所谓不具有主观意思的行为包括：（1）反射动作，指无意识参与作用的动作。（2）机械动作，指受他人物理强制，在完全无法抗拒的情况下的动作。（3）本能动作，指因疾病发作、触电或神经反射而产生的抽搐、痉挛，梦游等亦属此类。以下人类行为应视为在行为人意思支配下实施的，因而仍属于刑法中的行为：（1）自动化行为，指在一定的思维定式支配下反复实施而成为习惯的行为。（2）冲动行为，指在激情状态下实施的、超出行为人理智控制的行为。（3）精神胁迫行为，指在他人暴力的间接强制下实施的行为。（4）忘却行为，指被期待有所行为时，由于丧失行为意识而造成某种危害后果的情形。忘却行为构成的犯罪，在刑法理论上称为忘却犯。（5）原因上的自由行为，指故意或者过失地使本人处于心神丧失的状态而实施犯罪的情形。原因上的自由行为属于自招行为，是否能作为犯罪行为，关键是如何解释心素与体素的统一性问题。在大陆法系刑法学中，责任能力与实行行为同时并存是一条原则，但原因上的自由行为却有悖于这一原则，因而使得对这种行为的可罚性产生疑问。我认为，在原因上的自由行为中，虽然行为时没有意思决定，即内在意思决定与外在身体举止发生脱节，但这种脱节只是时间上的错位，而非绝对地分离。因此，原因上的自由行为仍然属于刑法中的行为。

3. 行为的实行性

行为的实行性，是指作为罪体之行为具有实行行为的性质，是刑法分则所规定的构成要件的行为。实行行为是刑法中的一个基本概念，对于理解犯罪构成具有重要意义。刑法一般意义上所称之行为，均指实行行为，它存在于罪状之中，是以具体的犯罪构成要件为其栖息地的。刑法理论中的行为概念，就是从罪状规定中抽象出来的。相对于实行行为而言，在刑法理论上还存在非实行行为，例如预备行为、共犯行为（包括组织行为、教唆行为和帮助行为）。这些非实行行为不是由刑法分则规定，而是由刑法总则规定，以此区别于实行行为。因此，只有在构成要件的意义上，才能正确地把握实行行为的性质。

（二）行为形式之一：作为

1. 作为的概念

作为是指表现为通过一定的身体动作违反法律的禁止性规定的情形。作为是通常意义上的行为，论及行为时，首先指的就是作为。作为具有以下特征。

（1）有形性。

作为，在客观上必然通过一定的身体外部动作表现出来，因而具有有形性。作为可以通过各种方式实施，但都离不开行为人一定的身体动作，这种身体动作对外界发生影响，并且产生一定的后果。有形性赋予作为以一定的可以识别的物理特征，使之成为一种显性的行为。

（2）违法性。

作为，在法律上表现为对禁止性法律规范的违反，是一种"不应为而为"的情形。作为之"为"是建立在"不应为"的前提之上的，这里的"不应为"是指刑法设定的不作为义务。因此，作为的违法性特征十分明显，其行为是以禁止的内容为内容的，例如违反禁止杀人的禁令而杀人，杀人就是其行为。对于这一行为的认定，不能脱离法律的规定。在这个意义上，人的身体动作只有经过法律的规范评价才能上升为一定的作为犯罪。因此，应当把一般的身体动作与刑法意义上的作为加以区别。

2. 作为的形式

作为的形式是指作为的表现方式。作为虽然是行为人的一定的身体动作，但行为人在实施作为犯罪的时候，并不限于利用本人的肢体来实现一定的犯罪意图，而且还利用各种犯罪工具及手段，将本人的犯意付诸实施。作为具有以下各种表现形式。

（1）利用自身动作实施的作为。

一个人的身体动作是受大脑的高级神经支配的，因而是人的意识与意志的外在表现。人的四肢五官能够形成各种各样的身体动作，这些身体动作可以用来实施作为犯罪。例如，采用拳打脚踢的方法伤害他人，就是典型的利用自身动作实施的作为犯罪。除四肢移动以外，五官也可以用于作为犯罪。例如，口出秽言侮辱他人，眼神示意教唆他人犯罪等，同样是利用自身动作实施的作为犯罪。

（2）利用机械力实施的作为。

人的自身力量是有限的，为加强人的活动能力，人往往借助于一定的机械力。同样，行为人也可能利用机械力来实施作为犯罪。例如，借助炸药的爆炸力，杀伤人畜，毁坏公私财物，危害公共安全；或者利用枪支杀人等。在这些情况下，犯罪人的肢体本身虽然没有接触被害人，但由于一定的机械力是在犯罪人的操作下作用于被害人的，因而应当归罪于犯罪人。

（3）利用自然力实施的作为。

自然力与机械力在性质上是相同的，只不过前者出于天然，后者来自人工，因此，自然力也可能被犯罪人用来实施作为犯罪。例如，决水冲毁家舍农田，危害公共安全等。

（4）利用动物实施的作为。

动物本身没有意志，因而不能成为犯罪主体。但如果是犯罪人故意地唆使动物去伤害他人或者损害他人利益，犯罪人就是利用动物实施作为犯罪。

（5）利用他人实施的作为。

利用他人实施作为犯罪，是一个间接实行的问题。犯罪既可以是直接实行的，也可以是间接实行的。直接实行的是直接正犯，间接实行的则是间接正犯。间接正犯就是利用他人作为中介实施犯罪。

3. 作为的类型

关于作为的类型问题，以往在我国刑法学界缺乏研究。实际上，根据其性质不同，作为可以分为纯正的作为与不纯正的作为。

（1）纯正的作为。

纯正的作为是指单纯地违反禁止性规范的情形。例如强奸，只能由作为构成，其所违反的是禁止性规范。

（2）不纯正的作为。

不纯正的作为是指形式上违反禁止性规范而实质上违反命令性规范的情形。例如抗税，就其行为方式而言是作为，但通过作为所要达到的是不作为的目的，即以暴力、威胁方法拒不履行纳税义务。这种不纯正的作为，也可以说是以作为方式犯不作为之罪。

（三）行为形式之二：不作为

1. 不作为的概念

不作为是相对于作为而言的，指行为人负有某种行为义务，并且能够履行而不履行的情形。不作为是行为的一种特殊方式，与作为具有一种相反关系。由于不作为的复杂性，它一直是行为理论上争论的焦点问题。不作为是不是一种行为，这本身就是一个有待论证的问题。各种行为理论都力图证明不作为的行为性，可以说，不作为的行为性是检测各种行为理论的试金石。

不作为的行为性在证明上的困难源自它是身体的静止，即不像作为那样存在身体的外部动作，在单纯物理意义上是一种"无"的状态。因此，从物理的意义上难以证明不作为的行为性。为此，在不作为的行为性的论证中，往往从目的性与规范性的视角观察评价，这种努力是有一定价值的，但又都不无片面性。我认为，对于不作为的行为性的解释，不能拘泥于某一方面，而应当采取一种综合的解释，其中，社会的规范评价与行为人的态度这两个方面是至关重要的。在一定的社会中，人与人结成一定的社会关系，这种社会关系经法律的确认而形成以权利义务关系为核心的法律关系。权利和义务是同一法律关系的两个不同侧面，两者互相依赖又互相转化。承担一定的法律义务实际上就是他人的权利赖以实现的前提，而行使本人的权利也必须以他人履行一定的义务为基础。因此，作为是一种公然侵害他人权利的行为，不履行自己应当并且能够履行的义务的不作为同样是一种侵害他人权利的行为。在这个意义上，不作为与作为具有等价性，即在否定的价值上是相同的，这是由社会的规范评价所得出的必然结论。不仅如此，不作为虽然在物理意义上是"无"，但这种"无"的状态本身是受行为人的主观意志支配的，因而从人的态度上来判断也是一种"有"：在故意的不作为的情况下，不作为正是行为人之所欲为；而在过失的不作为（忘却犯）的情况下，从表面上看行为人对于不作为没有意识到，但其存在意识的义务，因而仍然可以归结为是行为人的态度。根据上述论述，我认为不作为的行为性是可以成立的。

2. 不作为的构成

（1）具有一定的作为义务。

具有一定的作为义务，是不作为成立的逻辑前提。不作为犯之作为义务，是一种特定的法律义务。作为义务的这种特定性，是基于某种特定的条件而产生并且随着该条件的改变而改变的。在这个意义上，不作为的作为义务是一种特殊义务。特殊义务是相对于一般义务而言的，一般义务又称绝对义务、无条件义务。只要具有责任能力，一切人都应该遵守的义务就是一般义务。而特殊义务是特定的人应该履行的并且附有某种条件的义务。因此，在认定不作为的作为义务时，应当和一定的条件联系起来加以考察：如果具备这些条件，则负有特殊义务；如果不具备这些条件，则不负有特殊义务。如果先前具有这些条件，现在这些条件已经消失，则先前负有特殊义务，现在不负有特殊义务。

在作为义务来源问题上，存在一个从形式的作为义务论到实质的作为义务论的转变过程。形式的作为义务论之形式，是指法规范。因此，形式的作为义务论先是通过列举作为义务的法律渊源以确定作为义务的根据，即从法源中寻求作为义务的来源。在这个意义上，形式的作为义务论之形式又具有与实质相对应的含义，即只要具有这种法律上的根据，就认定为具有作为义务，而不再追究作为义务背后的实质根据。形式的作为义务论最初是费尔巴哈提出的。费尔巴哈提出以刑法以外的法律、契约作为不作为的作为义务来源。此后，德国学者斯鸠贝尔（Stubel）又提出了先行行为作为不作为义务的来源，从而形成了形式的作为义务三分说。[①] 应该说，形式的作为义务论将作为义务予以体系化、类型化处理，对于把握作为义务的实体性存在具有重要意义。当然，形式的不作为论仍然存在不足之处，即基于某种法律、契约的形式确定不作为的作为义务，可能导致作为义务的范围过于宽泛。在形式的作为义务论的基础上，德国学者提出了实质的作为义务论。我国学者指出：本世纪（指 20 世纪——引者注）60 年代以来，德国的刑法学者们便避开作为和不作为构成上的差别，而从不作为者与危害结果或不作为者与被害者之间的特殊关系出发来确认不作为犯的作为义务的实质根据，并取得了丰硕的成果。其中有阿米·考夫曼及亨克尔（Herkel）的同价值的作为义务说；安德鲁·那克斯（Androulakis）的社会保护关系说；乌尔夫（E. A. Wolf）的本来的依存关系说；威尔普（Welp）的特殊的依存说；贝尔汶格鲁（Barwinkel）的社会的作用说；鲁德尔夫（Rudolphi）的统括者说；等等。这些学说由于抛开作为与不作为存在结构上的差异而从不作为者所起的社会作用及所处的社会坏境来研

---

① 黎宏. 不作为犯研究. 武汉：武汉大学出版社，1997：123－124.

究作为义务的实质内容，而被称为社会的不作为犯论。其共同特点是对传统的义务违反说中规范的形式的方法进行反省而向存在论的实质性的研究方法过渡。这种研究方法论上的变化，给其他国家以很大的影响。① 从形式的作为义务论到实质的作为义务论是一种研究方法的转变。我认为，实质的作为义务论并不是对形式的作为义务论的否定，毋宁说，在两者之间存在一种逻辑上的位阶关系：形式的作为义务论是对作为义务的形式判断，实质的作为义务论是对作为义务的实质判断。只有在对作为义务进行形式判断，确认形式的作为义务存在的基础上，才能进一步对作为义务进行实质判断。形式的作为义务是存在论意义上的作为义务。而实质的作为义务则是价值论意义上的作为义务。对于不作为的作为义务的判断，应当以形式的作为义务论所确定的义务类型为基础，然后对作为义务进行实质判断，由此而为不作为犯的司法认定提供科学根据。

不作为的作为义务可以分为各种类型，因此存在一个不作为的作为义务的分类问题，也可以称为来源问题。由于对不作为的作为义务的性质在理解上存在差别，刑法理论上对作为义务来源的确定也就有所不同。我以为，对于不作为的作为义务的来源，应当根据一定的社会现实加以确定。一般来说，在一个联系较为紧密、关系较为复杂的社会，作为义务将更为广泛一些，反之亦然。就我国目前来说，可将不作为之作为义务分为以下四种情形。

1) 法律明文规定的作为义务。

法律明文规定的作为义务，是不作为之作为义务的主要来源，也是罪刑法定原则的必然要求。在纯正不作为中，作为义务都是由法律明文规定的。这里的法律规定，是指由其他法律规定而经刑法予以认可，如果只有其他法律规定而未经刑法认可，则不能成为不作为之作为义务。

2) 职务或者业务要求的作为义务。

职务或业务要求的作为义务，是指一定的主体由于担任某项职务或者从事某

---

① 黎宏. 不作为犯研究. 武汉：武汉大学出版社，1997：127.

种业务而依法要履行的一定作为义务。在不纯正不作为中，作为义务通常是职务或者业务要求的义务。它们一般都被规定在有关的规章制度中，这些规章制度具有法律上的效力，因此可以成为不作为的作为义务来源。

3）法律行为产生的作为义务。

法律行为是指在法律上能够设立一定权利和义务的行为。在社会生活中，人的法律行为是多种多样的。广义而言，不仅行为人按照有关法律规定实施的行为，而且凡是自愿承担了某种实施一定行为或者防止损害结果发生的义务，都会产生一定的法律义务，因而也属于法律行为。

4）先行行为引起的作为义务。

由于行为人先前实施的行为即先行行为，使某种合法权益处于遭受严重损害的危险状态，该行为人有了积极行动阻止损害结果发生的义务，就是由先行行为引起的作为义务。由于先行行为引起的作为义务具有不同于其他情形的特殊性，在认定由此构成的不作为时，应当充分关注先行行为与由此引起的危害结果之间的关联性。至于先行行为的性质，在所不问。

不作为之作为义务来源，只是一种形式的作为义务论，它为作为义务的判断提供了形式根据。在形式的作为义务基础上，还要对作为义务进行实质判断，这就是实质的作为义务论。在实质的作为义务的认定中，我认为应当坚持以下三种观点。

1）主体具有保证人的地位。

在对不作为犯之作为义务作实质判断的时候，主体是否具有保证人的地位是重要的根据之一。保证人说是德国学者纳格勒首倡的。纳格勒指出：所谓保证人（Garant），是指在发生某种犯罪结果的危险状态中，负有应该防止其发生的特别义务的人，保证人虽然能够尽其保证义务，却懈怠而不作为时，就能成为基于不作为的实行行为。因此，必须把不真正不作为犯中的作为义务理解为构成要件的要素。[1]不作为犯所处的这种保证人地位，使其承担防止结果发生的实质性义务，如果不履

---

[1] 大塚仁. 刑法概说：总论. 3 版. 冯军，译. 北京：中国人民大学出版社，2003：136.

行这种义务，则应对法益侵害结果承担刑事责任。正如德国学者指出：在不纯正的不作为犯情况下，保证人被赋予避免结果发生的义务，结果的发生属于构成要件，违反避免结果发生义务的保证人，应当承担构成要件该当结果的刑法责任。[①] 因此，主体是否具有保证人地位就成为实质的作为义务的一种判断标准。

2) 行为具有等价值的性质。

这里的行为等价值，是指作为与不纯正的不作为之间具有等价值性。因为作为和不纯正的不作为是共用一个构成要件，刑法对不纯正不作为并未作出专门规定。在这种情况下，只有与作为具有等价值性的不纯正的不作为才能认定为犯罪。例如刑法只规定了杀人行为，如果是作为的杀人，当然可以被刑法关于杀人的规定所统摄。在不纯正的不作为杀人的情况下，应当考察与作为杀人的等价值性。这种构成要件的等价值性理论是日本学者日高义博教授提出来的，日高义博教授指出：填补不真正不作为犯与作为犯存在结构上的空隙而使两者价值相等，这种等价值性的判断标准必须在构成要件相符性阶段来考虑。也就是说，为了解决等量问题，首先在犯罪成立的第一步构成要件相符性阶段，不真正不作为犯和作为犯必须是等价值的。[②] 等价值性理论为我们对作为义务进行实质判断提供了一个方向，对于认定不纯正的不作为具有重要意义。

3) 原因设定与结果支配。

在认定不纯正的不作为犯的时候，对作为义务的实质判断中，是否具有原因设定和结果支配，是重要的根据。原因设定是指不作为者在该不作为成立之前，必须自己设定倾向侵害法益的因果关系，它是具有实质性意义的等价值的判断标准。这一观点是日本学者日高义博教授提出来的，也称为实质的原因设定性理论。[③] 原因设定与作为和不作为的的等价值性判断密切相关，但它也可以成为一种

---

① 汉斯·海因里希·耶赛克，托马斯·魏根特. 德国刑法教科书. 徐久生，译. 北京：中国法制出版社，2001：727.

② 日高义博. 不作为犯的理论. 王树平，译. 北京：中国人民公安大学出版社，1992：105 - 106.

③ 黎宏. 不作为犯研究. 武汉：武汉大学出版社，1997. 132.

独立的判断根据。原因设定的观点与危险创制的观点具有相似性，它为作为义务的存在提供了实质性的根据。结果支配是指对结果发生具有支配性。德国学者许乃曼在 1971 年关于《不纯正不作为犯的基础和界限》一文中，提出了对造成结果的原因有支配的对等原则：仅有当不作为人针对造成法益受侵害之事实的法律地位，以对于结果归责具决定性的观点与作为行为人的法律地位可加比较时，那么以作为犯的构成要件处罚不作为才属适当。① 日本学者进一步地强调这种对结果的支配是一种排他性支配。例如日本学者西田典之教授指出：不作为要与作为具有构成要件等价值，不作为者就必须将正在发生的因果流程控制在自己的手中，即获得基于意思的排他性支配。② 这种结果支配的观点，对于认定不作为犯的行为义务具有重要指导意义。结果支配涉及行为对于结果发生的实质上的掌控，而不满足于形式是否具有作为义务，从而起到限定不作为的作为义务的作用。

（2）能够履行而没有履行。

没有履行是不作为成立的事实前提，已经履行作为义务就不发生不作为的问题。而没有履行又是以能够履行为前提的。能够履行是一个履行能力问题。如果行为人虽然没有履行作为义务，但根据实际情况，根本不可能履行，仍然不发生不作为的问题。

1）没有履行。

没有履行是指没有履行法律或者职责所要求履行的作为义务。因此，在认定有没有履行的时候，不能简单地以行为人的身体动静为标准，而是应该以法律或者职责所要求的作为是否能够实施为标准。在某些情况下，行为人虽然具有一定的身体活动，但这一身体活动并非法律或者职责所要求的作为，因而仍应视为不作为。

2）能够履行。

能够履行是指具有履行作为义务的可能性。是否具有履行作为义务的可能

---

① 许乃曼. 德国不作为犯学理的现况. 陈志辉，译//陈兴良. 刑事法评论：第 13 卷. 北京：中国政法大学出版社，2003：397.

② 西田典之. 日本刑法总论. 刘明祥，王昭武，译. 北京：中国人民大学出版社，2007：94.

性，应当根据事实加以判断。

（3）造成一定的法益侵害。

不作为本身具有法益侵害性，这主要表现为不作为已经或者可能造成一定的法益侵害结果。不作为犯罪通常是结果犯，只有产生一定的法益侵害结果才能构成犯罪。当然，在直接故意的不作为犯罪中，存在犯罪未遂问题。在个别情况下，不作为犯罪也可以是行为犯。例如过失危险犯，在不作为犯罪的情况下就由行为犯构成。

3. 不作为的类型

关于不作为的类型，刑法理论的通说是分为纯正的不作为与不纯正的不作为。此外，我国刑法学界还存在一种同时包含作为与不作为两种形式的犯罪的观点。我认为，这种观点混淆了作为与不作为的关系。作为与不作为的区别并非简单地在于身体动静，而主要在于违反的义务法规的性质。作为是违反禁止性义务法规，而不作为是违反命令性义务法规。因此，凡是违反命令性义务法规，应为而不为的，就是不作为。不作为的内容是命令性义务法规规定的作为。如果应为而不为，尽管实施了其他身体动作，仍然是不作为。因此，对于作为与不作为的区分，应当从本质上去把握，否则，就可能导致对纯正不作为的否定。例如，公认为纯正不作为犯的遗弃罪，也并非没有任何身体动作。遗弃婴儿，往往将婴儿置放在街边路旁。在这个意义上，我主张作为与不作为是一种非此即彼的反对关系。

（1）纯正的不作为。

纯正的不作为是指刑法规定只能以不作为构成的犯罪。纯正不作为犯在刑法中都有明文规定，据此可以对纯正不作为犯予以正确的认定。例如，我国《刑法》第261条规定："对于年老、年幼、患病或者其他没有独立生活能力的人，负有扶养义务而拒绝扶养，情节恶劣的，处五年以下有期徒刑、拘役或者管制。"这是纯正不作为犯的立法适例。遗弃罪就是由负有扶养义务的人有能力履行扶养义务而拒不履行这种扶养义务而构成的，是纯正的不作为的犯罪。

（2）不纯正的不作为。

不纯正的不作为是指形式上违反命令性规范而实质上违反禁止性规范的情形。不纯正的不作为在刑法上没有明文规定，因此司法机关在认定不纯正的作为犯时，应当注重考察不作为与作为是否具有等价性。只有在具有等价性的情况下，才能认定为不纯正的不作为犯罪。例如我国刑法关于故意杀人罪的规定，包括作为的故意杀人与不作为的故意杀人，这种不作为的故意杀人就是不纯正的不作为犯。例如，母亲故意不喂养婴儿，致使婴儿因饥饿而死亡。这一不喂养的行为作为一种不纯正的不作为，与作为的故意杀人具有价值上的等同性，应以不纯正的不作为犯罪论处。

（四）行为形式之三：持有

持有是指行为人与某些法律所禁止的物品之间存在的支配关系。在我国刑法中规定了某些以持有为行为方式的犯罪。例如，《刑法》第128条规定的非法持有枪支、弹药罪，第172条规定的持有假币罪，第282条规定的非法持有国家绝密、机密文件、资料、物品罪，第348条规定的非法持有毒品罪，第352条规定的非法持有毒品原植物种子、幼苗罪等。随着我国刑法中广泛地规定持有型犯罪，对于持有行为到底是犯罪的作为还是犯罪的不作为，抑或是第三种行为方式，我国刑法学界存在争议，主要存在以下三种观点：第一种观点认为持有是作为，第二种观点认为持有是不作为，第三种观点则认为持有是有别于作为与不作为的第三种独立的行为方式。从行为的客观外在表现来看，持有是指行为人对物品的控制，这是一种静止状态，因而与处于运动状态的以积极身体动作实施的作为犯罪具有明显的区别。例如，对于持有毒品等犯罪来说，法律关注的不是如何取得，而是对毒品的控制状态。如何取得当然是作为，这已经是持有以外的犯罪，因此，作为说有所不妥。不作为虽然在没有积极的身体动作这一点上能够对持有行为作出正确的描述，但不作为与持有仍然是有区别的，这种区别主要表现在义务问题上。毒品等危险物品一般属于违禁品，持有者存在交出义务，这是没有疑问的。持有者应当交出而不交出，似乎符合不作为的特征，这是不作为说的逻辑判断。但仔细分析，持有之交出义务与不作为的作为义务，仍然存在差别。持有如果被视为不作为，则应是一种纯正的不作为，以具有特定的法律义务为前提。持有虽然也存在义务，但这仅是一般的法律义务，它与特定的法律义务的区分，关键是看某种义务是否是刑法所责难的对象。在纯正不作为的情况下，法律义务之不履行是为刑法所责难的对象，即法律期待的作为未出现，因而应予刑罚处罚；而在持有的情况下，刑法责难的对象是一定的持有状态。虽然在非法持有毒品罪的规定中，也有非法这样的刑法评价，但这里的非法是对持有状态的法律评价，而不是对法律上交出义务之不履行的法律评价。因此，这种并非刑法责难对象的义务，仅是一般的法律义务。由于持有具有上述既不同于作为，也有别于不作为的特征，因而应当把持有视为第三种行为形式。

三、客体

（一）客体的概念

客体是指行为所指向的有形的人或者物。客体是相对于主体而言的，并且是与行为紧密相连的，对于说明行为的性质具有十分重要的意义。因此，客体也可以表述为行为客体，它是罪体的重要内容。

正如在语言学上存在及物动词与不及物动词，行为也相应地存在及物行为与不及物行为。对及物行为之物应作广义理解，包括人与物，就是指行为客体；不及物行为，由其不及物性所决定，没有行为客体。因此，在客观上来说，并非任何行为都具有其客体。当及物行为在刑法上被规定为犯罪的时候，当然存在客体；而当不及物行为在刑法上被规定为犯罪的时候，当然不存在客体。

（二）客体的类型

1. 客体之一：人

作为行为客体的人，是指行为所指向的一切人。例如，杀人罪中的人，就是最为典型的客体。没有人，也就不可能存在杀人这种犯罪。这里的人，既可能是行为所侵害的对象，也可能是行为所作用或者影响的对象。因此，对于作为行为客体的人，不应加以限制。应当指出，关于作为行为客体的人，在某些情况下，刑法规定的是一般之人，即对人的身份没有限制，例如杀人罪中的人即是如此；但在另一些情况下，刑法规定的是特定之人，即对人的身份加以限制，例如强奸罪中的客体——妇女，就具有特殊身份。对于这种以特定的人作为行为客体的犯罪，在司法认定中应予关注。

2. 客体之二：物

作为行为客体的物，是指行为所指向的一切物。例如，盗窃罪中的财物，就是最为典型的客体。没有财物，也就不可能存在盗窃这种犯罪。这里的物，既可能是行为所侵害的对象，也可能是行为所作用或者影响的对象。并且，物的法律性质并不妨害其成为行为客体。物作为行为客体，同样有一般之物与特定之物的区分。在司法认定中，对于特定之物应予注意。

3. 复合客体

人和物作为行为客体，在一般情况下，二者只选其一，即此种犯罪的行为客体是人，彼种犯罪的行为客体是物。但也不排除在某些犯罪中，人与物同时成为行为客体。例如抢劫罪，侵害的是双重法益：人身权利与财产权利。在这种情况下，行为客体也是双重的，包括人身和财物。因此，这种同时具有两种以上的客体，就是复合客体。

四、结果

（一）结果的概念

行为作用于一定的客体，从而导致发生一定的结果。显然，结果在刑法中具有重要意义，它往往是法益侵害程度的标志。因此，结果是罪体的内容。

结果是指行为对于客体所造成的客观影响。只有在及物行为的情况下，由于存在客体，才存在对这种客体的影响，并由此产生一定的结果。在没有发生这种结果而只是具有发生这种结果的危险，立法者将其规定为危险犯的情形下，不存在犯罪结果。此外，在行为犯以及不以犯罪结果发生为构成要件的犯罪未完成形态等情况下，都不存在犯罪结果。

（二）结果的类型

1. 物质性结果

物质性结果是指行为对客体造成的物质性影响，其表现形态是使客体发生物理上的变化。例如杀人，将人杀死；放火，将财物烧毁。在这种物质性结果的情况下，行为作用于客体，使客体发生物理性变化，因而这种结果是有形的，具有可测量性。

2. 精神性结果

精神性结果是指行为对客体造成的精神性影响，其表现形态是使客体遭受精神上的侵害。刑法所保护的法益既包括物质性法益又包括精神性法益。例如作为刑法保护客体的人，是物质性与精神性的统一。杀人，造成人的死亡，是对人的一种物质性的侵害，具有物质性结果。侮辱，使人格和名誉被损害，是对人的一种精神性的损害，具有精神性结果。应当指出，相对于物质性结果而言，精神性结果是无形的，具有不可测量性。

五、因果关系

（一）因果关系的概念

因果关系是指行为和结果之间决定与被决定、引起与被引起的关系。在刑法中，将某一结果归咎于某人的时候，往往需要查明其行为与结果之间是否存在刑法上的因果关系。因此，因果关系和行为与结果等罪体构成要素在性质上是有所不同的，它本身不是罪体构成要素。因为行为与结果是一种事实特征，而因果关系是两者之间一种性质上的联系。因此，不应将因果关系与行为、结果相并列，作为罪体构成要素。当然，这丝毫也不能否定因果关系在犯罪构成中的地位。

因果关系是行为与结果之间的一种客观联系，这种联系具有事实性质。但是，刑法中的因果关系不仅是一个事实问题，更为重要的，是一个法律问题。在这种情况下，对于刑法中的因果关系，应当从事实和法律这两个方面加以考察。事实上的因果关系，是作为一种行为事实而存在的。我国传统刑法理论，在哲学上的因果关系的指导下，对于事实因果关系进行了深入的研究。然而，由于没有从价值层面上研究法律因果关系，使因果关系理论纠缠在必然性与偶然性等这样一些哲学问题的争论上，因而造成了相当的混乱。我曾经提出因果关系是行为事实与价值评判相统一的观点，认为作为行为事实的因果关系只有经过价值评判才能转化为刑法的因果关系。因此，对于刑法中的因果关系，仅仅当作一个事实问题来把握难以完成因果关系在犯罪构成中所担当的使命。在事实因果关系的基础上，还应当从刑法角度加以考察，使之真正成为客观归咎的根据。

　　（二）事实因果关系

　　事实上的因果关系如何确定？在英美法系刑法理论上是按照"but... for"公式来表达的，因此，事实上的原因极为广泛。在大陆法系刑法理论中则引入了哲学上的条件与原因两分说的思想，在条件和原因是否区分以及如何区分问题上展开其学说，由此出现了条件说与原因说的争论。

　　条件说，又称全条件同价值说。此说立足于逻辑的因果关系的立场，认为一切行为只要在逻辑上是发生结果的条件，就是结果发生的原因。此说主张在行为与结果之间，如果存在逻辑上必然的条件关系，即"如无前者，即无后者"的关系（Conditio Sine Qua Non，简称 C. S. Q. N 公式），则存在刑法上的因果关系。条件说的 C. S. Q. N 公式坚持的是一种广义上的因果概念，具有物理的因果关系的性质，将之直接运用于刑法上的因果关系，会使刑事责任的客观基础过宽。为此，主张条件说的学者为限制条件的范围，又提出了因果关系中断说。该说认为，当行为与结果之间介入第三者的故意行为时，可以中断原先的因果关系。此后，中断的原因又扩展到自然性事件以及过失行为。尽管如此，这种观点仍然坚持从物理的角度考察因果关系的立场，未能从根本上克服条件说的缺陷。

原因说，又称原因与条件区别说。此说区分原因与条件，将结果的发生与许多条件相对应，提出将特别有力而重要的条件作为发生结果的原因，其他条件则因不被认为其对于结果的发生具有原因力而称为条件（单纯条件）。原因说是为限制条件说不当扩大刑事责任的范围而产生的学说，故又称为限制条件说。那么，如何区分条件与原因呢？对于这一问题由于认识标准上的不同，又产生种种学说，主要有以下四种：（1）必生原因说（或必要条件说）。此说认为在引起结果发生的各种条件行为中，只有为结果发生所必要的、不可缺少的条件行为，才是刑法上的原因，其余的是单纯条件。（2）直接原因说（或最近原因说）。此说认为在引起结果发生的数个条件行为中，直接引起结果发生的条件行为是刑法上的原因，其余的为单纯条件。（3）最重原因说（或最有力条件说）。此说认为，在引起结果发生的数个条件行为中，对于结果发生最有效力的条件行为，是刑法上的原因，其余的为单纯条件。（4）决定原因说（或优势条件说）。此说认为在结果出现之前，积极引起结果发生的条件（起果条件）与消极防止结果发生的条件（防果条件）处于均势，后来，由于起果条件占了优势，压抑了防果条件，引起结果之发生。因此，凡是占有优势并使结果发生的条件行为，即刑法上的原因，其余的为单纯条件。原因说从客观上对条件说作了某种限制，在一定程度上缩小了因果关系的范围。当然，如何区分原因与条件仍然是一个悬而未决的问题。

条件说与原因说相比较，原因说是限制条件说，因而条件说所确定的因果关系范围大于原因说。对于条件说的批评正在于此，认为它会无限制地扩大追究刑事责任的范围。如果仅从事实上的因果关系考虑，这一批评似乎有理，但如果考虑到条件说只是为法律上的因果关系提供事实根据，其并不直接导致刑事责任，这一批评就失之偏颇。至于原因说，力图限制条件的范围，缩小刑事责任的范围，使行为与结果之间的刑法因果关系定型化，因而具有合理性。但原因说并未提供条件与原因相区分的可操作性标准。更为重要的是，它仍然只是在事实范围内确定刑法的因果关系，因此不能科学地解决刑法因果关系问题。条件说与原因说只是一种事实上的因果关系，从它们是为法律上的因果关系提供事实根据这一立场出发，目前大陆法系各国刑法理论通常采条件说。相当因果关系就是建立在条件说所确定的因果关系之上的。在这个意义上，相当因果关系说并不是对条件说的否定，而是使事实因果关系转化为法律因果关系。

（三）法律因果关系

法律因果关系是在事实因果关系的基础上，确定刑法因果关系。法律因果关系是以相当性为判断标准的，由此形成相当因果关系说。相当因果关系说是按照条件说的观点，当行为与结果被认为有因果关系时，进一步把人类全部经验知识作为基准，基于某种原因的行为引起某种结果的事实，一般人认为相当时，则认为它是刑法上重要的因果关系，属于这种相当性范围以外的结果被认为没有重要性，从而刑法上不予考虑。相当因果关系说的核心问题是相当性。相当性是法律设定的一种判断刑法因果关系的标准，因而是从事实上的因果关系转化为法律上的因果关系的关键。

那么，如何认定因果关系的相当性呢？对此，刑法理论上存在以下三种观点：（1）主观的相当因果关系说。此说认为，应当以行为人在行为时所认识或所能认识的事实为标准，确定行为与结果之间是否存在刑法因果关系。也就是说，凡是行为人在行为时所能认识到的因果关系事实，不论社会上一般人是否能认识到，皆认为存在刑法因果关系。可见，主观的相当因果关系说，完全是以行为人的主观认识能力为标准，确定刑法因果关系之有无。（2）客观的相当因果关系说。此说认为，刑法因果关系是否存在，应当由法官以社会一般人对结果能否认识为标准，作出客观的判断。凡是一般人已经认识或可能认识某种行为会引起某种结果的，就认为行为人的行为与结果之间存在刑法因果关系，否则，就不存在刑法因果关系。（3）折中的相当因果关系说。此说以行为时一般人所认识或可能认识之事实，以及虽然一般人不能认识而为行为人所认识或所能认识的特别事实为基础，判断刑法因果关系之有无。凡是一般人所认识或可能认识到的行为与结果之间的伦理上的条件关系，不论行为人是否认识，都认为存在刑法因果关系；

201

凡是为一般人不能认识,但行为人能认识的,亦认为存在刑法因果关系。在上述三种相当性的判断标准中,在行为人的认识与社会上一般人的认识相一致的情况下,主观说与客观说并无区别。其区分在于:在社会一般人所能认识而行为人所不能认识,或者社会一般人不能认识而行为人所能认识的情况下,是依一般人标准还是依行为人标准?主观说认为应依行为人标准,而客观说则认为应依一般人标准。折中说采一般人标准,即在社会一般人所能认识而行为人所不能认识的情况下,承认其刑法上的因果关系的存在。但在社会一般人不能认识而行为人能认识的情况下,又依行为人标准,承认其刑法上的因果关系的存在。一般认为折中说是妥当的,因而折中说取得了通说的地位。

由于在相当因果关系说的判断中引入了人的认识能力,因而出现对相当因果关系说的批评,即是否否定了因果关系的客观性。我认为,这种批评恰恰是没有区分事实上的因果关系与法律上的因果关系。由于相当因果关系说是以条件说为基础的,因而是在事实因果关系的范围内确定法律因果关系,这就已经解决了因果关系的客观性问题。在事实因果关系的基础上,刑法还要设定一定的标准,从中选择某些事实因果关系成为刑法因果关系。这种刑法选择当然具有主观性,但并不违反因果关系的客观性,恰恰是刑法因果关系区别于哲学因果关系的法律特征的体现。更为重要的是,相当因果关系的相当性,不仅从社会经验法则上考察,而且从构成要件上考察,即对构成要件上的相当性作出判断。从构成要件上说,具有相当性的因果关系是以某一行为具有法益侵害性为前提的。只有具有法益侵害性的行为才可能被刑法确定为犯罪,从而将因果关系限定在法律规定的构成要件范围之内。

六、客观归责

客观归责是在依条件说确定的因果关系范围的基础上,进一步考察其结果是否可以归责于行为主体。如果说,因果关系是解决是否具有可归因性的问题,那么，客观归责就是解决是否具有可归责性的问题。客观归责理论与相当因果关系理论存在一定的重合。相当因果关系说实际上已经不完全是归因的问题，在一定程度上涉及归责问题。但相当因果关系说仍然是以因果关系理论的形式出现的，其对归责问题的解决仍然受到归因逻辑的局限。客观归责理论则彻底将归因与归责加以区分：归因是一种事实判断，而归责是一种规范判断，后者以前者为前提，只有通过客观归责才能完成从归因到归责的转换。应该说，相当因果关系说与客观归责理论在判断方法上是存在重大差别的：相当因果关系说是在行为与结果分别确认以后，对行为与结果两者之间关系的事实性判断。因此，相当因果关系说的判断具有形式判断的性质。而客观归责理论虽然是在条件说所确认的因果关系基础上展开的，但为了考察某一结果是否可以归责于某一行为，它在对行为进行事实判断的基础上再加以规范判断，在形式判断的基础上再加以实质判断。在这个意义上说，客观归责理论不仅仅是因果关系理论，而且是一种行为理论，是对罪体构成要素进行实质考察的理论。客观归责理论包括以下三个规则。

（一）制造法所不容许的风险

在理解制造法所不容许的风险的时候，首先需要对风险加以界定。风险，亦称为危险，在任何一个社会里都是广泛存在的。法律并不禁止任何风险，因为风险与利益同在：没有风险也就没有利益。法所禁止的仅仅是不被容许的风险，某种风险是否为法所容许，关键在于行为人是否尽到了一定的注意义务。如果尽到了注意义务，即使风险发生也不能归责于行为人。反之，如果未尽到一定的注意义务，则应将风险归责于行为人。

1. 降低风险

法所不容许的风险如果是行为人所制造，当然具有客观上的可归责性。即使这种法所不容许的风险虽然不是行为人所制造，但行为人增加或者提高了风险，同样是具有客观上的可归责性的。但是，如果行为人实施了降低风险的行为，即使这种风险仍然发生，也是不具有客观上的可归责性的。例如甲看到一块石头砸向乙的头部，出手挡石头，以致砸伤乙的脚，在这种情况下，虽然风险没有避免，但甲的行为不是提高而是降低了风险，因而不具有客观归责性。

2. 没有制造风险

行为人的行为虽然没有降低风险，但也没有以在法律上值得关注的方式提高风险，因而同样不具有客观归责性。所谓没有制造风险，并非不存在任何风险，而是存在一种法律上不值得关注的风险，这是一种生活风险。例如甲在暴风雨就要来临的时候，把乙支使到森林里散步，希望他会被雷劈死。结果，乙真的被雷劈死。在这一案例中，能否将乙的死亡归责于甲的支使行为，就要对这一行为进行实质审查，看其是否制造了法所不容许的风险。显然，雷击不是甲的行为所制造的，因而不能将乙被雷劈死这一结果归责于甲。

3. 假定的因果过程

假定的因果过程是指存在一个代替性的行为人，假如行为人不实施某一法所禁止的行为，他人也会合法或者非法地实施该行为。在这种情况下，仍然不能否认客观上的可归责性，对于代替性行为人的合法行为不能否认客观归责性。例如在死刑执行时，甲以私人身份撞开了死刑执行官，自己充当死刑执行官而对死刑犯执行死刑。对此，不能以如果甲不杀乙，反正乙也要被执行死刑而否认客观归责性，甲的行为仍然是故意杀人罪。代替性行为人的非法行为不能否认客观归责性，例如某人的财物疏于管理，被窃贼甲与乙盯上，甲捷足先登窃得该人的财物。在这种情况下，某人的财物尽管如果不被甲窃走，也会被乙窃走，但不能以某人的财物反正是要被窃走的而否认甲的行为客观上的可归责性。

（二）实现法所不容许的风险

在客观归责的判断中，不仅要关注是否制造了法所不容许的风险，还应当进一步考察法所不容许的风险是否实现。

1. 未实现制造的风险

虽然制造了法所不容许的风险，但这种风险并未实现。对此，如果是故意犯应当以未遂论处。但在某些情况下，制造了风险并且发生了某种法益侵害结果，但这一法益侵害结果是由于其他介入因素，包括自然力或者第三者的故意或过失行为所造成，则仍应认为风险未实现。例如受枪伤的被害人在医院救治期间被火烧死，就不能将这一死亡结果归责于枪击者。

2. 未实现不被容许的风险

未实现风险当然不具有客观上的可归责性，即使实现了风险，但这种风险并非不被容许，仍然不具有客观上的可归责性。例如一家画笔厂的厂长没有遵照规定事先消毒，就将山羊毛交给女工加工，4 名女工因此被感染上炭疽杆菌而死亡。后来的调查表明，规定的消毒措施对这种杆菌本来是没有作用的。换言之，即使按照规定消毒，也不能避免这一结果的发生。一个人不能因违反了一项即使履行了也无法避免危险发生的义务而受到刑事惩罚，因此不具有客观上的可归责性。

3. 结果不在注意规范保护范围之内

结果虽然发生，也就是风险已经实现，但这一结果并不在注意规范保护范围之内，仍然不具有客观上的可归责性。例如甲、乙两人在路上骑着没有照明灯的自行车前后相随。骑在前面的甲由于缺乏照明而将迎面而来的行人丙撞成重伤。如果骑在后面的乙在自己的自行车上装了灯，这个事故本来是可以避免的。在这种情况下，甲当然应对其过失行为承担刑事责任，那么，乙是否也应对此承担刑事责任呢？根据客观归责理论，乙不可归责。因为照明要求的目的在于避免自己的车直接造成事故，而不在于让另一辆自行车避免相撞。在这种情况下，结果不在注意规范保护范围之内，因而这种结果不具有可归责性。

4. 合法的替代行为和风险提高

合法的替代行为讨论的是如果行为人未违反注意义务，也就是实施合法的行为，结果仍然会发生，在这种情况下，行为人是否具有可归责性。当合法的替代行为必然会导致结果时，应当排除客观上的可归责性。例如在前述山羊毛案例中，即使按照规定消毒，结果仍然发生，厂长可以排除归责。但如果合法的替代行为并非必然导致结果，换言之，违反注意义务的行为提高了风险，那就是可以归责的。例如一辆载重卡车司机要超越一辆自行车，但是没有遵守应当保持一定距离的要求，在超车过程中，骑车人因喝醉了酒反应迟钝而被卡车后轮轧死。事后查明，即使卡车司机遵守交通规则，与骑车人保持法定的距离，事故也可能发生。但根据客观归责理论，这个司机是可归责的。因为即使保持了法定距离，骑车人仍可能死亡，这表明在超车中存在一定的风险。但是，立法者通过自己的许可为开车人接受了这种风险。因此，这个结果本来是不可归责的。但是，行为人超越了允许性风险，并且出现了在超车中存在的危险所作用的结果，因而就是可归责的。因为在这种情况下提高了风险，风险超出了法律所容许的限度。

（三）构成要件的效力范围

构成要件的效力范围讨论的是行为人在何种范围内应对其结果负责。行为人虽然实施了一定的构成要件行为，但如果结果超出了构成要件的效力范围，自然不可归责。

1. 参与他人故意的自危

参与他人故意的自危是指故意或者过失地积极参加由一个具有完全行为能力的人所造成的自我损害，是否应当归责。例如追赶行为造成他人被汽车撞死，或者追赶行为使他人慌不择路，落河逃跑而被水淹死等。这一追赶行为是否属于杀人行为？根据客观归责理论，对于这种参与他人故意自危的行为应当排除归责。

2. 同意他人造成危险

同意他人造成危险是指一个人不是故意地给自己造成危险，而是在意识到这种风险的情况下，让别人给自己造成危险。例如一名乘客强迫掌握方向盘的人违反禁止性规定超速行驶，因为他想及时赶赴一个约会，由于车速太快导致车祸，造成这名乘客死亡。在这个案例中，超速行驶是违法的，由此造成他人的死亡后果，是否应以过失致人死亡罪论处？对此，客观归责理论认为，这名乘客完全认识到风险并且有意识地造成了风险，因而可以排除司机在客观上的可归责性。

3. 第三人责任范围

第三人责任范围是指在他人责任范围之内应当加以防止的结果，对此行为人不具有客观上的可归责性。例如引发火灾的人是否应当对因救火而丧生的消防员负责？疏于注意致使小孩落水的母亲是否应对因救人而丧命的救生员负责？在这些情况下，消防员和救生员均有救火与救人的职责，因此，行为人对于其在履行职责中死亡不应承担过失致人死亡的刑事责任。

七、不可抗力

不可抗力是指行为在客观上虽然造成了损害结果，但不是出于故意或者过失，而是由于不能抗拒的原因所引起的情形。我国《刑法》第 16 条明确规定，行为在客观上虽然造成了损害结果，但是不是出于故意或者过失，而是由于不能抗拒或者不能预见的原因所引起的，不是犯罪。在不可抗力的情况下，行为人虽然已经认识到危害结果的发生但意志上受到外力的强制，丧失意志自由，因而客观上不具备罪体的构成要素，不负刑事责任。

八、客观的附随情状

客观的附随情状指犯罪的时间与地点。任何犯罪都存在于一定的时间与地点，犯罪的时间与地点是犯罪存在的基础。在通常情况下，犯罪的时间与地点对于犯罪的成立并无影响，因而不是罪体的构成要素。但在某些情况下，犯罪的成立以发生在特定的时间与地点为必要，因而这种犯罪的时间与地点就成为罪体的构成要素。因此，有必要论及犯罪的时间与地点。

（一）犯罪的时间

犯罪的时间在某些情况下是定罪的根据。这里的某些情况，是指刑法规定行为只有发生在一定的时间才能构成犯罪的场合。例如，我国《刑法》第434条规定："战时自伤身体，逃避军事义务的，处三年以下有期徒刑。"因此，对于战时自伤罪来说，战时这一特定时间就成为该罪的客观构成要素。

（二）犯罪的地点

犯罪的地点在某些情况下是定罪的根据。这里的某些情况，是指刑法规定行为只有发生在一定的地点才能构成犯罪的场合。例如，我国《刑法》第444条规定："在战场上故意遗弃伤病军人，情节恶劣的，对直接责任人员，处五年以下有期徒刑。"因此，对于遗弃伤病军人罪来说，战场这一特定地点就成为该罪的客观构成要素。

第三节　罪体排除事由

一、罪体排除事由概述

（一）罪体排除事由的概念

罪体排除事由是指虽然具备罪体的构成要素，但实质上不具有法益侵害性，因而在罪体的认定过程中予以排除的情形。由此可见，罪体排除事由具有以下几方面的特征。

1. 形式特征

罪体排除事由是一种非罪行为，既然不是犯罪，本不应在刑法中加以规定。但罪体排除事由不同于一般的非罪行为，它具备罪体中的行为事实。例如正当防卫杀人，就杀人而言，客观上实施了杀人行为，具备故意杀人罪的罪体构成要素。又如，在紧急避险情况下毁坏他人财物。就毁坏他人财物而言，客观上实施了毁坏他人财物的行为，具备故意毁坏财物罪的罪体构成要素。正是这种相似性，容易将其与犯罪相混淆。因此，形式上与犯罪的相似性，是罪体排除事由的前提条件之一。

2. 实质特征

罪体排除事由虽然形式上具备罪体的构成要素，但它与犯罪之间存在本质的区别，这就是罪体排除事由不具有法益侵害性。在正当防卫的情况下，基于保护本人生命而实施的杀害不法侵害人的行为，是一种制止不法侵害的自卫行为，即使造成不法侵害人死亡，也不能认为存在法益侵害性。因为法律对于不法侵害人的生命法益在一定限度内是不予保护的，这也是正当防卫权存在的根据。在紧急避险的情况下，被牺牲的较小权益虽然是受法律保护的，但通过牺牲较小法益可以保护较大法益，至于较小法益可以通过民事或者其他途径得到补偿，因而从总体上来看也不存在法益侵害性。

3. 法律特征

罪体排除事由法律上规定不认为是犯罪，或者虽然在法律上没有明文规定，但在司法实践中不以犯罪论处，因而在罪体认定过程中应予排除。

（二）罪体排除事由的根据

罪体排除事由的根据是指罪体排除事由不负刑事责任的正当理由。在刑法理论上，关于罪体排除事由的根据，主要存在以下三种学说：一是法益衡量说，认为罪体排除事由是法益冲突的结果，在法益冲突的情况下，应当进行法益比较，保全重要法益而牺牲次要法益。二是目的说，认为罪体排除事由之所以正当，就在于它是为达到国家所承认的共同生活的目的而采取的适当手段。三是社会相当性说，认为罪体排除事由的正当根据在于社会相当性。这里的社会相当性是指行为符合历史所形成的社会伦理秩序。以上三种学说各有利弊，相对而言，社会相当性说具有更大的包容性，因而我认为它可以成为罪体排除事由的根据。

那么，社会相当性如何加以判断呢？我认为，社会相当性应当从以下三个方面加以判断：（1）目的的正当性。在社会生活中，存在各种利益冲突。行为人基于本人立场，追求本人的目的，只要这种目的符合社会生活的一般伦理秩序，即应视为正当。例如在正当防卫中，出于防卫的意图，就是一种正当的目的。因此，对于目的的正当性应从行为人的动机、行为人对正当价值的认识等主观的层面予以把握。（2）手段的正当性。这里的手段，是指实现正当目的的方法。目的正当，是正当化事由的成立前提，而非其唯一标准。换言之，不能以目的的正当性证明手段的正当性，否则，将允许行为人不惜采取一切手段实现其正当目的，从而有悖于社会伦理观念。因此，手段的正当性具有独立于目的的正当性的判断价值。如果目的虽然正当，但采取的手段不正当，仍然为社会观念所不允许，因而欠缺社会相当性。（3）法益的均衡性。在判断社会相当性的时候，法益具有重要意义。因此，社会相当性并不排斥法益衡量，而是主张应对保护之法益与损害之法益进行综合判断。通过上述内容，可以使社会相当性的判断标准具体化。

（三）罪体排除事由的分类

在一个法治社会里，罪体排除事由是基于法秩序的统一而加以确立的。社会相当性作为罪体排除事由的一般根据，只是提供了一个基本原理，还要以社会的相当性为指导，将各种罪体排除事由类型化。

根据刑法对罪体排除事由是否有规定，可以把罪体排除事由分为法定的罪体排除事由和超法规的罪体排除事由。法定的罪体排除事由是指刑法有明文规定的罪体排除事由。超法规的罪体排除事由是指刑法无明文规定，从法秩序的精神引申出来的罪体排除事由。某种正当化事由是法定的还是超法规的罪体排除事由，取决于刑法的规定。我国刑法对正当防卫和紧急避险这两种罪体排除事由作了明文规定，因此，正当防卫和紧急避险是我国刑法中的法定的罪体排除事由。对于自救行为、义务冲突、职务行为、执行命令行为、被害人承诺、正当业务行为等，刑法均未作规定，因此这些行为是超法规的罪体排除事由。

二、法定的罪体排除事由Ⅰ：正当防卫

（一）正当防卫的概念

《刑法》第 20 条第 1 款规定："为了使国家、公共利益、本人或者他人的人身、财产和其他权利免受正在进行的不法侵害，而采取的制止不法侵害的行为，对不法侵害人造成损害的，属于正当防卫，不负刑事责任。"刑法关于正当防卫的这一法定概念，正确地揭示了正当防卫的内容，对于司法机关认定正当防卫行为，科学地区分正当防卫与防卫过当具有重要意义。

在刑法教义学中，正当防卫存在狭义、广义和最广义之分。狭义上的正当防卫是指自我防卫，简称自卫。自卫是指本人的人身权利、财产权利遭受正在进行的不法侵害的情况下，为保护本人利益而对不法侵害人所实行的反击。因此，自卫是以防卫权为根据的，它具有天然的正当性。广义上的正当防卫除自卫以外，还包括紧急救助。紧急救助是指为保护他人的人身权利、财产权利而对正在实施不法侵害的行为人所采取的救助。因此，紧急救助是以他人防卫权为依据的，具有代行他人防卫权的性质。最广义上的正当防卫，除自卫和紧急救助以外，还包括为保护国家利益、公共利益而对正在实施不法侵害的行为人所采取的防卫措施。相对于自卫和紧急救助是为个人利益的防卫，最广义上的正当防卫则为保护国家利益、公共利益的防卫，属于为社会利益的防卫，可以简称为社会防卫。各国刑法典对正当防卫的规定各不相同，大部分国家刑法典都规定了自卫和紧急救助，而我国刑法则同时规定了自卫、紧急救助和社会防卫。十分明显，紧急救助和社会防卫具有见义勇为的性质，它是与犯罪行为作斗争的行为。

根据刑法的规定，对于正当防卫的内容可以从以下三个方面来理解：

1. 正当防卫是目的的正当性和行为的防卫性的统一

根据刑法规定，目的的正当性是指正当防卫行为的目的在于使国家、公共利益、本人或者他人的人身、财产等合法权利免受正在进行的不法侵害。正当防卫的目的明确地揭示了正当防卫的社会政治内容：我国刑法中的正当防卫不仅是免除正当防卫行为的刑事责任的法律依据，而且是公民和正在进行的不法侵害作斗争的法律武器。正当防卫的目的在正当防卫的概念中占有主导地位，它对于理解我国刑法中的正当防卫的本质以及确定正当防卫的构成要件都具有重要的意义。行为的防卫性是指正当防卫具有防卫的性质，它对于正在进行不法侵害的违法犯罪分子的人身或者财产所实施的暴力手段，是基于保护国家、公共利益和其他合法权益的需要而采取的，是对正在进行的不法侵害的反击。正当防卫目的的正当性和行为的防卫性之间具有密切的联系。首先，目的的正当性制约着行为的防卫性，它表明正当防卫不是报复侵害，更不是对不法侵害人的惩罚，而是一种有限度的防卫行为。其次，行为的防卫性体现着目的的正当性，是目的的正当性的客观体现，它充分说明了正当防卫行为仅仅是一种在紧急情况下，为保护国家、公共利益和其他合法权利而采取的救济措施，因而具有一定的限度，这一限度就是正当防卫的目的得以实现的必要限度。离开了行为的防卫性，也就没有目的的正当性可言。

2. 正当防卫是主观上的防卫意图和客观上的防卫行为的统一

在正当防卫的情况下，防卫人主观上具有防卫意图。这里所谓防卫意图，是指防卫人意识到正在进行的不法侵害，而为使国家、公共利益、本人或者他人的人身和其他权利免受正在进行的不法侵害，对不法侵害人实行正当防卫的心理状态。因此，正当防卫行为在主观上区别于一般的违法行为。正当防卫行为在客观上对不法侵害人造成了一定的人身或者财产的损害，因此具有犯罪的外观。但是，正当防卫行为和犯罪行为在性质上有着内在本质的区别。我们只有透过正当防卫对不法侵害人造成一定的人身和财产的损害，因而具有不法或者犯罪的外观这一现象，看到正当防卫制止不法侵害，保护国家、公共利益和其他合法权利的本质，才能真正把握正当防卫不负刑事责任的根据。正当防卫的主观上的防卫意图和客观上的防卫行为的统一，清楚地表明它不具备犯罪构成，这正是正当防卫不负刑事责任的理论根据。

3. 正当防卫是社会政治评价和法律评价的统一

正当防卫的目的是使国家、公共利益、本人或者他人的人身、财产等合法权利免受正在进行的不法侵害，而且客观上具有制止不法侵害、保护合法权益的性质。正当防卫没有法益侵害性，这是我国刑法对正当防卫的肯定的社会政治评价；正当防卫不具备犯罪构成，没有刑事违法性，因此，正当防卫行为不负刑事责任，这是我国刑法对正当防卫的肯定的法律评价。在这个意义上说，正当防卫是排除社会危害性和阻却刑事违法性的统一。

（二）正当防卫的本质

正当防卫的本质是指正当防卫的正当性根据，对此，在我国刑法学界存在个人法益保护说和社会秩序维护说的一元论与二元论之争。其中，一元论是指在个人法益保护原则与法秩序维护原则中选择其一，以此揭示正当防卫的本质。二元论则认为，个人法益保护原则与法秩序维护原则两者都是正当防卫的本质。只不过，应当以个人法益保护原则为主，以法秩序维护原则为辅。我国刑法学界的通说是二元论，认为我国刑法中的正当防卫不仅具有保护个人法益的功能，而且具有维护社会秩序的功能。

1. 个人法益保护

个人法益保护是指正当防卫具有对公民个人的人身权利、财产权利和其他合法权利的保护功能，并且以此作为正当防卫的正当性根据。正当防卫是法律赋予公民的权利，这是从公民角度观察所得出的结论。正当防卫通常是指一直行为，然而，它同时又是指一种权利，即防卫权。在法治社会，公民的人身权利和财产权利受到法律保护，这就是所谓公力救济。对于犯罪行为，应当根据刑事诉讼程序予以刑罚惩治，由此保护被害人的合法权益。只有在公民受到突发的不法侵害，来不及获得公力救济的情况下，法律赋予公民以防卫权，借此保护公民个人的法益免受不法侵害。这种防卫行为具有一定的自力救济的属性，同时它还是一种排除不法侵害的权利行为。权力行为赋予了正当防卫法律上的正当性，它受到法律的保障。

2. 社会秩序维护

社会秩序维护是指正当防卫具有对社会秩序的维护功能，并且以此作为正当防卫的正当性根据。我国刑法中的社会防卫，就是以维护社会利益为目的而设立的，因而它不同于个人防卫。在我国刑法中，因为将保护国家利益和公共利益的正当防卫与自卫防卫和防卫他人相并列，所以法秩序维护就不再是隐身于个人法益保护之后，而是直接成为决定正当防卫本质的要素。这也反映出我国刑法中正当防卫立法规定的特殊性，只有从这种特殊性出发，才能正确地揭示正当防卫的本质。

3. 个人法益保护与社会秩序维护的二元论。个人法益保护和社会秩序维护都只是论证了正当防卫指导性根据的某个侧面，不能全面地说明正当防卫的本质。其实，在正当防卫中个人法益保护和社会秩序维护是不可分离的。例如，自卫作为最为典型的保护个人法益的正当防卫，具有一般预防功能。正当防卫通过对不法侵害的反击，在保护个人法益的同时，也确证了法秩序。如果说，正当防卫对不法侵害人是个人预防性保护，那么，对于其他意欲实施不法侵害的人，同时也就施加了一般预防的效果。在这个意义上说，在自卫的情况下，个人法益保护与社会秩序维护这两者并不是并列的，社会秩序维护隐身在个人法益保护之后发生作用。至于紧急救助和社会防卫具有见义勇为、与犯罪作斗争的性质，其社会秩序维护功能显而易见。而在维护社会秩序的同时，它也具有保护个人法益的间接作用。如果说，个人法益保护只是反映了正当防卫所具有的个别公正，那么，法秩序维护就是反映了正当防卫所具有的一般公正。只有从个人与社会两个维度，才能正确揭示正当防卫的正当性根据，这是对正当防卫本质的全面诠释。

（三）正当防卫的构成

正当防卫是公民依法享有的权利，行使正当防卫权利的诸条件的统一，就是正当防卫的构成。根据《刑法》第 20 条关于正当防卫概念的规定，我认为正当防卫的构成是客观条件和主观条件的统一。现分述如下：

1. 防卫起因

不法侵害是正当防卫的起因，没有不法侵害就谈不上正当防卫。因此，防卫起因是正当防卫构成的客观条件之一。作为防卫起因的不法侵害，必须具备两个基本特征：（1）法益侵害性。这里所谓法益侵害性，是指某一行为直接侵害国家、公共利益、本人或者他人的人身、财产等合法权益，具有不法的性质。

（2）侵害紧迫性。这里所谓侵害紧迫性，一般来说是指那些带有暴力性和破坏性的不法行为，对我国刑法所保护的国家、公共利益和其他合法权益造成的侵害具有一定的紧迫性。只有同时具备以上两个特征，才能成为正当防卫的起因。行为的法益侵害性，是正当防卫起因的质的特征。没有法益侵害性就不存在正当防卫的现实基础，因此不发生侵害紧迫性的问题。侵害紧迫性是正当防卫起因的量的特征，它排除了那些没有紧迫性的不法侵害成为防卫起因的可能性，从而使正当防卫的起因限于为实现正当防卫的目的所允许的范围。总之，作为正当防卫起因的不法侵害，是具有法益侵害性的不法侵害，确切地说，是危害国家、公共利益和其他合法权益，并且达到了一定的紧迫程度的不法侵害。

不法侵害是正当防卫的起因，没有不法侵害，也就没有正当防卫可言。根据《指导意见》的规定，"正当防卫的前提是存在不法侵害。不法侵害既包括侵犯生命、健康权利的行为，也包括侵犯人身自由、公私财产等权利的行为；既包括犯罪行为，也包括违法行为。不应将不法侵害不当限缩为暴力侵害或者犯罪行为。对于非法限制他人人身自由、非法侵入他人住宅等不法侵害，可以实行防卫。不法侵害既包括针对本人的不法侵害，也包括危害国家、公共利益或者针对他人的不法侵害。对于正在进行的拉拽方向盘、殴打司机等妨害安全驾驶、危害公共安全的违法犯罪行为，可以实行防卫。成年人对于未成年人正在实施的针对其他未成年人的不法侵害，应当劝阻、制止；劝阻、制止无效的，可以实行防卫。"因此，只有在不法侵害是真实地发生的情况下，才存在正当防卫的问题。在现实生活中，往往发生这样的情形，即一个人由于主观认识上的错误，实际上并不存在不法侵害，却误认为存在，因而对臆想中的不法侵害实行了所谓的正当防卫，造成他人的无辜损害，这就是刑法理论上的假想防卫。我认为，假想防卫属于刑法中的认识错误，具体地说，是行为人在事实上的认识错误，是行为人对自己行为的实际性质发生错误认识而产生的行为性质的认识错误。因此，对于假想防卫应当按照对事实认识错误的一般原则解决其刑事责任问题，即：（1）假想防卫不可能构成故意犯罪。（2）在假想防卫的情况下，如果行为人主观上存在过失，应以过失犯罪论处。（3）在假想防卫的情况下，如果行为人主观上没有罪过，其危害结果是由于不能预见的原因引起的，那是意外事件，行为人不负刑事责任。

2. 防卫客体

正当防卫是通过对不法侵害人造成一定损害的方法，使国家、公共利益、本人或者他人的人身、财产等合法权利免受正在进行的不法侵害的行为。正当防卫的性质决定了它只能通过对不法侵害人的人身或者财产造成一定损害的方法来实现防卫意图。因此，防卫客体的确定对于正当防卫的认定具有重要意义。我认为，防卫客体主要是不法侵害人的人身。因为不法侵害是人的积极作为，它通过人的一定的外部身体动作来实现其侵害意图。为了制止这种正在进行的不法侵害，必须对其人身采取强制性、暴力性的防卫手段。应当指出，在某些特定情况下，物也可以成为防卫客体。根据《指导意见》的规定，"正当防卫必须针对不法侵害人进行。对于多人共同实施不法侵害的，既可以针对直接实施不法侵害的人进行防卫，也可以针对在现场共同实施不法侵害的人进行防卫。明知侵害人是无刑事责任能力人或者限制刑事责任能力人的，应当尽量使用其他方式避免或者制止侵害；没有其他方式可以避免、制止不法侵害，或者不法侵害严重危及人身安全的，可以进行反击。"

正当防卫的性质决定了其防卫客体只能是不法侵害人本身，而缺乏防卫客体的防卫第三者的行为，不得被视为正当防卫。所谓防卫第三者，就是对第三者实行了所谓的正当防卫，即加害于没有进行不法侵害的其他人，使之遭受损害。我认为，对于防卫第三者应当根据以下三种情况处理：（1）防卫第三者而符合紧急避险的条件的，应以紧急避险论，行为人不负刑事责任。（2）防卫第三者而出于侵害之故意的，应以故意犯罪论。（3）防卫第三者而出于对事实的认识错误，但主观上具有过失的，应以过失犯罪论。

3. 防卫时间

正当防卫的时间是正当防卫的客观条件之一，它所要解决的是在什么时候可以进行正当防卫的问题。正当防卫是为制止不法侵害而采取的还击行为，必须面临着正在进行的不法侵害才能实行。所谓不法侵害之正在进行，是指侵害处于实行阶段，这个实行阶段可以表述为已经发生并且尚未结束。因此，防卫时间可以从以下两个方面进行认定：（1）开始时间。这里的关键是要正确地认定不法侵害行为的着手。我认为在确定不法侵害的着手，从而判断正当防卫的开始时间的时候，不能苛求防卫人，而是应该根据当时的主观和客观的因素全面分析。例如，对于入室犯罪来说，只要已经开始入室，未及实施其他侵害行为，也应当视为已经开始不法侵害。在个别情况下，不法侵害虽然还没有进入实行阶段，但其实施却已逼近，侵害在即，形势十分紧迫，不实行正当防卫不足以保护国家、公共利益和其他合法权益。在这种情况下，可以实行正当防卫。（2）终止时间。在不法侵害终止以后，正当防卫的前提条件已经不复存在。因而一般不再发生防卫的问题。所以，必须正确地确定不法侵害的终止，以便确定正当防卫权利的消灭时间。我认为，我国刑法中正当防卫的目的是使国家、公共利益、本人或者他人的人身、财产等合法权利免受正在进行的不法侵害，因此，不法侵害的终止应以不法侵害的危险是否排除为其客观标准。在以下三种情况下，应当认为不法侵害已经终止，不得再实行正当防卫：第一，不法行为已经结束；第二，不法侵害行为确已自动中止；第三，不法侵害人已经被制伏或者已经丧失侵害能力。在以上三种情况下，正当防卫人之所以必须停止防卫行为，是因为客观上已经不存在危险，或者不需要通过正当防卫排除其危险。

　　不法侵害之正在进行是正当防卫的时间。正确认定不法侵害的着手和终止，对于判断正当防卫是否适时具有重大意义。关于如何准确把握正当防卫的时间条件，《指导意见》指出："正当防卫必须是针对正在进行的不法侵害。对于不法侵害已经形成现实、紧迫危险的，应当认定为不法侵害已经开始；对于不法侵害虽然暂时中断或者被暂时制止，但不法侵害人仍有继续实施侵害的现实可能性的，应当认定为不法侵害仍在进行；在财产犯罪中，不法侵害人虽已取得财物，但通过追赶、阻击等措施能够追回财物的，可以视为不法侵害仍在进行；对于不法侵害人确已失去侵害能力或者确已放弃侵害的，应当认定为不法侵害已经结束。对于不法侵害是否已经开始或者结束，应当立足防卫人在防卫时所处情境，按照社会公众的一般认知，依法作出合乎情理的判断，不能苛求防卫人。对于防卫人因为恐慌、紧张等心理，对不法侵害是否已经开始或者结束产生错误认识的，应当根据主客观相统一原则，依法作出妥当处理。"所以凡是违反防卫时间条件的所谓防卫行为，在刑法理论上称为防卫不适时。防卫不适时可以分为两种形式：（1）事前防卫，指在不法侵害尚未发生的时候所采取的所谓防卫行为。由于在这种情况下，不法侵害没有现实地发生，因此，其行为不得被视为正当防卫。（2）事后防卫，指不法侵害终止以后，对不法侵害人的所谓防卫。公民实施防卫行为，已使不法侵害人丧失了侵害能力，有效地制止了不法侵害以后，又对不法侵害人实施侵害的，属于不法行为。这种不法侵害行为构成犯罪的，行为人应当负刑事责任。

4. 防卫意图

正当防卫是公民和正在进行的不法侵害作斗争的行为。因此，防卫人主观上必然具有某种防卫意图，这就是正当防卫构成的主观条件。所谓防卫意图，是指防卫人意识到不法侵害正在进行，为了保护国家、公共利益、本人或者他人的人身、财产等合法权利，而决意制止正在进行的不法侵害的心理状态。因此，防卫意图可以包括两个方面的内容：（1）对于正在进行的不法侵害的认识，即正当防卫的认识因素。这里所谓对不法侵害的认识，是防卫人意识到国家、公共利益、本人或者他人的人身、财产等合法权利受到正在进行的不法侵害。因此认识内容包括防卫起因、防卫人产生正当防卫意志的主观基础，是对客观存在的不法侵害的正确反映。没有正当防卫的认识，就不可能产生正当防卫的意志，也就没有防卫意图可言。（2）对于制止正在进行的不法侵害的决意，即正当防卫的意志因素。正当防卫意志体现在对防卫行为的自觉支配或者调节作用，推动防卫人实施防卫行为，并且积极地追求保护国家、公共利益和其他合法权利等正当防卫的目的。因此，防卫意图是正当防卫的认识因素和意志因素的统一。

防卫意图作为正当防卫构成的主观条件，对于正当防卫的成立具有十分重要的意义。最高人民法院、最高人民检察院、公安部《关于依法适用正当防卫制度的指导意见》（以下简称《指导意见》）指出："正当防卫必须是为了使国家、公共利益、本人或者他人的人身、财产和其他权利免受不法侵害。对于故意以语言、行为等挑动对方侵害自己再予以反击的防卫挑拨，不应认定为防卫行为。"由此可见，根据行为人主观上是否具有防卫意图，可以将那些主观上没有防卫意图的行为排除在正当防卫之外。

　　某些行为，从形式上看似乎符合正当防卫的客观条件，但由于主观上不具备防卫意图，其不能被视为正当防卫。这可以包括以下三种情况：（1）偶然防卫。在刑法理论上，偶然防卫是指行为人出于一定的犯罪故意实施其行为，但该行为在客观上发生了防卫效果的情形。例如，甲在枪杀乙时，恰好丙出于杀害甲的意图向甲开枪将其杀死，从而在客观上使乙免遭甲的杀害。在这种偶然防卫的情况下，丙的行为客观上具有防卫效果，但由于主观上不存在防卫意图，因而其行为不得被视为正当防卫。（2）防卫挑拨。在刑法理论上，把故意地挑逗对方进行不法侵害而借机加害于不法侵害人的行为，称为防卫挑拨。在防卫挑拨中，虽然存在着一定的不法侵害，挑拨人也实行了所谓的正当防卫，形式上符合正当防卫的客观条件，但由于该不法侵害是在挑拨人的故意挑逗下诱发的，其主观上具有犯罪意图而没有防卫意图，客观上实施了犯罪行为，因而依法构成犯罪，其行为不得被视为正当防卫。（3）互相斗殴。在刑法理论上，互相斗殴是指参与者在其主观上的不法侵害故意的支配下，客观上所实施的连续的互相侵害的行为。在互相斗殴的情况下，由于行为人主观上没有防卫意图，其行为也不得被视为正当防卫。《指导意见》对准确界分防卫行为与相互斗殴论述如下："防卫行为与相互斗殴具有外观上的相似性，准确区分两者要坚持主客观相统一原则，通过综合考量案发起因、对冲突升级是否有过错、是否使用或者准备使用凶器、是否采用明显不相当的暴力、是否纠集他人参与打斗等客观情节，准确判断行为人的主观意图和行为性质。因琐事发生争执，双方均不能保持克制而引发打斗，对于有过错的一方先动手且手段明显过激，或者一方先动手，在对方努力避免冲突的情况下仍继续侵害的，还击一方的行为一般应当认定为防卫行为。双方因琐事发生冲突，冲突结束后，一方又实施不法侵害，对方还击，包括使用工具还击的，一般应当认定为防卫行为。不能仅因行为人事先进行防卫准备，就影响对其防卫意图的认定。"

5. 防卫限度

正当防卫的必要限度是它和防卫过当相区别的一个法律界限。根据我国《刑法》第 20 条第 1 款规定，认定防卫过当应当同时具备"明显超过必要限度"和"造成重大损害"两个条件，缺一不可。因此，正当防卫的必要限度，可以从防卫行为是否过当和防卫结果是否过当这三个方面进行考察。

第一，防卫行为是否过当。《指导意见》规定，防卫是否"明显超过必要限度"，应当综合不法侵害的性质、手段、强度、危害程度和防卫的时机、手段、强度、损害后果等情节，考虑双方力量对比，立足防卫人防卫时所处情境，结合社会公众的一般认知作出判断。在判断不法侵害的危害程度时，不仅要考虑已经造成的损害，还要考虑造成进一步损害的紧迫危险性和现实可能性。不应当苛求防卫人必须采取与不法侵害基本相当的反击方式和强度。通过综合考量，对于防卫行为与不法侵害相差悬殊、明显过激的，应当认定防卫明显超过必要限度。关于如何理解正当防卫的必要限度，在刑法理论上主要存在以下三种观点：（1）基本适应说，认为防卫行为不能超过必要的限度，就是说，防卫行为和侵害行为必须基本相适应。怎样才算基本相适应？这要根据侵害行为的性质和强度以及防卫利益的性质等来决定。（2）客观需要说，认为防卫行为只要是为制止不法侵害所需要的，就是没有超过限度。因此，只要防卫在客观上有需要，防卫强度既可以大于，也可以小于，还可以相当于侵害的强度。（3）基本适应和客观需要统一说，认为考察正当防卫行为是否超过必要限度，关键是要看是否为有效制止不法侵害行为所必需，必要限度也就是必需限度。但是，如何认定是否必需，脱离不了对侵害行为的强度、其所保卫权益的性质以及防卫行为的强度作综合的分析研究。我基本上同意上述第三种观点，正当防卫必要限度实际上可以分为两个互相联系而又互相区别的问题：一是何为正当防卫的必要限度，二是如何确定正当防卫的必要限度。关于前者，显然应当以为有效地制止正在进行的不法侵害所必需为限度。这是我们考察必要限度的出发点，是确定必要限度的基本原则。对于后者，应当采取一个综合的标准，从以下三个方面进行考察：

（1）不法侵害的强度。

在确定必要限度时，首先需要考察不法侵害的强度。所谓不法侵害的强度，是指行为的性质、行为对客体已经造成的损害结果的轻重，以及造成这种损害结果的手段、工具的性质和打击部位等因素的统一。对于不法侵害实行正当防卫，如果用轻于或相当于不法侵害的防卫强度不足以有效地制止不法侵害的，可以采取大于不法侵害的防卫强度。当然，如果大于不法侵害的防卫强度不是为制止不法侵害所必需，那就超过了正当防卫的必要限度。

（2）不法侵害的缓急。

不法侵害的强度虽然是考察正当防卫是否超过必要限度的重要因素，但我们不能把侵害强度在考察必要限度中的作用绝对化，甚至认为这是唯一的因素。在某些情况下，不法侵害已经着手，形成了侵害的紧迫性，但侵害强度尚未发挥出来，因此无法以侵害强度为标准，只能以侵害的缓急为标准，确定是否超过了正当防卫的必要限度。所谓不法侵害的缓急，是指侵害的紧迫性，即不法侵害所形成的对国家、公共利益、本人或者他人的人身、财产等合法权益的危险程度。不法侵害的缓急对于认定防卫限度具有重要意义，尤其是在防卫强度大于侵害强度的情况下，考察该大于不法侵害的防卫强度是否为制止不法侵害所必需，更应以不法侵害的缓急等因素为标准。

（3）不法侵害的权益。

不法侵害的权益，就是正当防卫保护的权益，它是决定必要限度的因素之一。根据不法侵害的权益在确定是否超过必要限度中的作用，为保护重大的权益而将不法侵害人杀死，可以认为是为制止不法侵害所必需，因而没有超过正当防卫的必要限度。而为了保护轻微的权益，即使是非此不能保护，造成了不法侵害人的重大伤亡，仍可以认为是超过了必要限度。

第二，防卫结果是否过当。根据《指导意见》的规定，防卫结果超过必要限度是指造成重大损害。这里的重大损害，是指造成不法侵害人重伤、死亡。造成轻伤及以下损害的，不属于重大损害。防卫行为虽然明显超过必要限度但没有造成重大损害的，不应认定为防卫过当。因此，只有在防卫行为超过必要限度，同时造成重大损害的情况下，才能认定为超过必要限度。

（四）防卫过当的处罚

根据《刑法》第 20 条第 2 款的规定，正当防卫明显超过必要限度造成重大损害的，是防卫过当。由此可见，防卫过当之成立，必须同时具备以下两个条件：一是明显超过正当防卫的必要限度。这里的明显，是指超过必要限度的程度较大，而不是一般地超过必要限度。二是造成重大损害。这里的重大，是指造成损害十分严重，而不是造成一般的损害。根据我国刑法规定，防卫过当应当负刑事责任。在我国刑法中，防卫过当并不是一个独立的罪名。因此，在司法实践中，对于防卫过当应当根据行为人的主观罪过与客观后果，援引相应的刑法分则条文定罪。

根据我国刑法规定，对于防卫过当的，应当减轻或者免除处罚。防卫过当之所以应当减轻或者免除处罚，是因为：（1）从主观上看，防卫人具有保护国家、公共利益和其他合法权益的防卫动机。虽然对于过当行为所造成的重大的危害具有罪过，但和一般犯罪相比，其主观恶性要小得多。（2）从客观上看，在防卫过当的全部损害结果中，由于存在正当防卫的前提，所以这种损害结果实际上可以分解为两部分：一是应有的损害，二是不应有的损害。防卫过当人只对不应有的危害结果承担刑事责任，而不对全部损害结果承担刑事责任。以上就是我国刑法明文规定防卫过当应当减轻或者免除处罚的主观和客观的根据，这一规定是罪刑均衡的基本原则的体现。

那么，对防卫过当如何减轻或者免除处罚呢？根据《指导意见》的规定，在对防卫过当适用刑罚的时候，要综合考虑案件情况，特别是不法侵害人的过错程度、不法侵害的严重程度以及防卫人面对不法侵害的恐慌、紧张等心理，确保刑罚裁量适当、公正。对于因侵害人实施严重贬损他人人格尊严、严重违反伦理道德的不法侵害，或者多次、长期实施不法侵害所引发的防卫过当行为，在量刑时应当充分考虑，以确保案件处理既经得起法律检验，又符合社会公平正义观念。根据我国刑法的规定和司法实践的经验，我认为在对防卫过当量刑时，应考虑以下情节：（1）过当程度。过当程度的大小体现了社会危害性程度，因而影响到防卫过当的量刑。（2）防卫动机。在过当程度相同的情况下，其防卫行为是出于何种动机，例如是为保护国家、公共利益，还是保护本人利益，显然影响对防卫过当的量刑。（3）权益性质。正当防卫所保护的权益的性质，在对防卫过当量刑时，应该加以考虑。（4）社会舆论。在对防卫过当量刑时，还应考虑社会影响，既要不挫伤公民正当防卫的积极性，又要维护社会主义法制的严肃性。

案例 7-1　　　　　于欢故意伤害案

（法例第 93 号）

被告人于欢的母亲苏某在山东省冠县工业园区经营山东源大工贸有限公司（以下简称源大公司），于欢系该公司员工。2014 年 7 月 28 日，苏某及其丈夫于某 1 向吴某、赵某 1 借款 100 万元，双方口头约定月息 10％。至 2015 年 10 月 20 日，苏某共计还款 154 万元。其间，吴某、赵某 1 因苏某还款不及时，曾指使被害人郭某 1 等人采取在源大公司车棚内驻扎、在办公楼前支锅做饭等方式催债。2015 年 11 月 1 日，苏某、于某 1 再向吴某、赵某 1 借款 35 万元。其中 10 万元，双方口头约定月息 10％；另外 25 万元，通过签订房屋买卖合同，用于某 1 名下的一套住房作为抵押，双方约定如逾期还款，则将该住房过户给赵某 1。2015 年 11 月 2 日至 2016 年 1 月 6 日，苏某共计向赵某 1 还款 29.8 万元。吴某、赵某 1 认为该 29.8 万元属于偿还第一笔 100 万元借款的利息，而苏某夫妇认为是用于偿还第二笔借款。吴某、赵某 1 多次催促苏某夫妇继续还款或办理住房过户手续，但苏某夫妇未再还款，也未办理住房过户。2016年4月1日，赵某1与被害人杜某2、郭某1等人将于某1上述住房的门锁更换并强行入住，苏某报警。赵某1出示房屋买卖合同，民警调解后离去。同月13日上午，吴某、赵某1与杜某2、郭某1、杜某7等人将上述住房内的物品搬出，苏某报警。民警处警时，吴某称系房屋买卖纠纷，民警告知双方协商或通过诉讼解决。民警离开后，吴某责骂苏某，并将苏某头部按入座便器接近水面位置。当日下午，赵某1等人将上述住房内物品搬至源大公司门口。其间，苏某、于某1多次拨打市长热线求助。当晚，于某1通过他人调解，与吴某达成口头协议，约定次日将住房过户给赵某1，此后再付30万元，借款本金及利息即全部结清。4月14日，于某1、苏某未去办理住房过户手续。当日16时许，赵某1纠集郭某2、郭某1、苗某、张某3到源大公司讨债。为找到于某1、苏某，郭某1报警称源大公司私刻财务章。民警到达源大公司后，苏某与赵某1等人因还款纠纷发生争吵。民警告知双方协商解决或到法院起诉后离开。李某3接赵某1电话后，伙同么某、张某2和被害人严某、程某到达源大公司。赵某1等人先后在办公楼前呼喊，在财务室内、餐厅外盯守，在办公楼门厅外烧烤、饮酒，催促苏某还款。其间，赵某1、苗某离开。20时许，杜某2、杜某7赶到源大公司，与李某3等人一起饮酒。20时48分，苏某按郭某1要求到办公楼一楼接待室，于欢及公司员工张某1、马某陪同。21时53分，杜某2等人进入接待室讨债，将苏某、于欢的手机收走放在办公桌上。杜某2用污秽言语辱骂苏某、于欢及其家人，将烟头弹到苏某胸前衣服上，将裤子褪至大腿处裸露下体，朝坐在沙发上的苏某等人左右转动身体。在马某、李某3劝阻下，杜某2穿好裤子，又脱下于欢的鞋让苏某闻，被苏某打掉。杜某2还用手拍打于欢面颊，其他讨债人员实施了揪抓于欢头发或按压于欢肩部不准其起身等行为。22时07分，公司员工刘某打电话报警。22时17分，民警朱某带领辅警宋某、郭某3到达源大公司接待室了解情况，苏某和于欢指认杜某2殴打于欢，杜某2等人否认并称系讨债。22时22分，朱某警告双方不能打架，然后带领辅警到院内寻找报警人，并给值班民警徐某打电话通报警情。于欢、苏某想随民警离开接待室，杜某2等人阻拦，并强迫于欢坐下，于欢拒绝。杜某2等人卡于欢颈部，将于欢推拉至接待室东南角。于欢持刃长15.3厘米的单刃尖刀，警告杜某2等人不要靠近。杜某2出言挑衅并逼近于欢，于欢遂捅刺杜某2腹部一刀，又捅刺围逼在其身边的程某胸部、严某腹部、郭某1背部各一刀。22时26分，辅警闻声返回接待室。经辅警连续责令，于欢交出尖刀。杜某2等四人受伤后，被杜某7等人驾车送至冠县人民医院救治。次日2时18分，杜某2经抢救无效，因腹部损伤造成肝固有动脉裂伤及肝右叶创伤导致失血性休克死亡。严某、郭某1的损伤均构成重伤二级，程某的损伤构成轻伤二级。裁判结果：山东省聊城市中级人民法院于2017年2月17日作出（2016）鲁15刑初33号刑事附带民事判决，认定被告人于欢犯故意伤害罪，判处无期徒刑，剥夺政治权利终身，并赔偿附带民事原告人经济损失。

一审宣判后，被告人于欢及部分原审附带民事诉讼原告人不服，分别提出上诉。山东省高级人民法院经审理于2017年6月23日作出（2017）鲁刑终151号刑事附带民事判决：驳回附带民事上诉，维持原判附带民事部分；撤销原判刑事部分，以故意伤害罪改判于欢有期徒刑5年。裁判理由如下。法院生效裁判认为：被告人于欢持刀捅刺杜某2等四人，属于制止正在进行的不法侵害，其行为具有防卫性质；其防卫行为造成一人死亡、二人重伤、一人轻伤的严重后果，明显超过必要限度造成重大损害，构成故意伤害罪，依法应负刑事责任。鉴于于欢的行为属于防卫过当，于欢归案后如实供述主要罪行，且被害方有以恶劣手段侮辱于欢之母的严重过错等情节，对于欢依法应当减轻处罚。原判认定于欢犯故意伤害罪正确，审判程序合法，但认定事实不全面，部分刑事判项适用法律错误，量刑过重，遂依法改判于欢有期徒刑5年。

本案的裁判理由指出：本案在法律适用方面的争议焦点主要有两个方面：一是于欢的捅刺行为性质，即是否具有防卫性、是否属于特殊防卫、是否属于防卫过当；二是如何定罪处罚。

（1）关于于欢的捅刺行为性质。《刑法》第20条第1款规定："为了使国家、公共利益、本人或者他人的人身、财产和其他权利免受正在进行的不法侵害，而采取的制止不法侵害的行为，对不法侵害人造成损害的，属于正当防卫，不负刑事责任。"由此可见，成立正当防卫必须同时具备以下五项条件：一是防卫起因，不法侵害现实存在。不法侵害是指违背法律的侵袭和损害，既包括犯罪行为，又包括一般违法行为；既包括侵害人身权利的行为，又包括侵犯财产及其他权利的行为。二是防卫时间，不法侵害正在进行。正在进行是指不法侵害已经开始并且尚未结束的这段时期。对尚未开始或已经结束的不法侵害，不能进行防卫，否则即是防卫不适时。三是防卫对象，即针对不法侵害者本人。正当防卫的对象只能是不法侵害人本人，不能对不法侵害人之外的人实施防卫行为。在共同实施不法侵害的场合，共同侵害具有整体性，可对每一个共同侵害人进行正当防卫。四是防卫意图，出于制止不法侵害的目的，有防卫认识和意志。五是防卫限度，尚未明显超过必要限度造成重大损害。这就是说，正当防卫的成立条件包括客观条件、主观条件和限度条件。客观条件和主观条件是定性条件，确定了正当防卫"正"的性质和前提条件，不符合这些条件的不是正当防卫；限度条件是定量条件，确定了正当防卫"当"的要求和合理限度，不符合该条件的虽然仍有防卫性质，但不是正当防卫，属于防卫过当。防卫过当行为具有防卫的前提条件和制止不法侵害的目的，只是在制止不法侵害过程中，没有合理控制防卫行为的强度，明显超过正当防卫必要限度，并造成不应有的重大损害后果，从而转化为有害于社会的违法犯罪行为。根据本案认定的事实、证据和我国刑法有关规定，于欢的捅刺行为虽然具有防卫性，但属于防卫过当。首先，于欢的捅刺行为具有防卫性。案发当时杜某2等人对于欢、苏某持续实施着限制人身自由的非法拘禁行为，并伴有侮辱人格和对于欢推搡、拍打等行为；民警到达现场后，于欢和苏某想随民警走出接待室时，杜某2等人阻止二人离开，并对于欢实施推拉、围堵等行为，在于欢持刀警告时仍出言挑衅并逼近，实施正当防卫所要求的不法侵害客观存在并正在进行；于欢是在人身自由受到违法侵害、人身安全面临现实威胁的情况下持刀捅刺，且捅刺的对象都是在其警告后仍向其靠近围逼的人。因此，可以认定其是为了使本人和其母亲的人身权利免受正在进行的不法侵害，而采取的制止不法侵害行为，具备正当防卫的客观和主观条件，具有防卫性质。其次，于欢的捅刺行为不属于特殊防卫。《刑法》第 20 条第 3 款规定："对正在进行行凶、杀人、抢劫、强奸、绑架以及其他严重危及人身安全的暴力犯罪，采取防卫行为，造成不法侵害人伤亡的，不属于防卫过当，不负刑事责任。"根据这一规定，特殊防卫的适用前提条件是存在严重危及本人或他人人身安全的暴力犯罪。本案中，虽然杜某 2 等人对于欢母子实施了非法限制人身自由、侮辱、轻微殴打等人身侵害行为，但这些不法侵害不是严重危及人身安全的暴力犯罪。其一，杜某 2 等人实施的非法限制人身自由、侮辱等不法侵害行为，虽然侵犯了于欢母子的人身自由、人格尊严等合法权益，但并不具有严重危及于欢母子人身安全的性质。其二，杜某 2 等人按肩膀、推拉等强制或者殴打行为，虽然让于欢母子的人身安全、身体健康权遭受了侵害，但这种不法侵害只是轻微的暴力侵犯，既不是针对生命权的不法侵害，又不是发生严重侵害于欢母子身体健康权的情形，因而不属于严重危及人身安全的暴力犯罪。其三，苏某、于某 1 系主动通过他人协调、担保，向吴某借贷，自愿接受吴某所提 10% 的月息。既不存在苏某、于某 1 被强迫向吴某高息借贷的事实，又不存在吴某强迫苏某、于某 1 借贷的事实，与司法解释以借贷为名采用暴力、胁迫手段获取他人财物以抢劫罪论处的规定明显不符。可见杜某 2 等人实施的多种不法侵害行为，符合可以实施一般防卫行为的前提条件，但不具备实施特殊防卫的前提条件，故于欢的捅刺行为不属于特殊防卫。最后，于欢的捅刺行为属于防卫过当。《刑法》第 20 条第 2 款规定："正当防卫明显超过必要限度造成重大损害的，应当负刑事责任，但是应当减轻或者免除处罚。"由此可见，防卫过当是在具备正当防卫客观和主观前提条件下，防卫反击明显超越必要限度，并造成致人重伤或死亡的过当结果。认定防卫是否"明显超过必要限度"，应当从不法侵害的性质、手段、强度、危害程度，以及防卫行为的性质、时机、手段、强度、所处环境和损害后果等方面综合分析判定。本案中，杜某 2 一方虽然人数较多，但其实施不法侵害的意图是给苏某夫妇施加压力以催讨债务，在催债过程中未携带、使用任何器械；在民警朱某等进入接待室前，杜某2一方对于欢母子实施的是非法限制人身自由、侮辱和对于欢拍打面颊、揪抓头发等行为，其目的仍是逼迫苏某夫妇尽快还款；在民警进入接待室时，双方没有发生激烈对峙和肢体冲突，当民警警告不能打架后，杜某2一方并无打架的言行；在民警走出接待室寻找报警人期间，于欢和讨债人员均可透过接待室玻璃清晰看见停在院内的警车警灯闪烁，应当知道民警并未离开；在于欢持刀警告不要逼过来时，杜某2等人虽有出言挑衅并向于欢围逼的行为，但并未实施强烈的攻击行为。因此，于欢面临的不法侵害并不紧迫和严重，而其却持刃长15.3厘米的单刃尖刀连续捅刺四人，致一人死亡、二人重伤、一人轻伤，且其中一人系被背后捅伤，故应当认定于欢的防卫行为明显超过必要限度造成重大损害，属于防卫过当。

（2）关于定罪量刑。首先，关于定罪。本案中，于欢连续捅刺四人，但捅刺对象都是当时围逼在其身边的人，未对离其较远的其他不法侵害人进行捅刺，对不法侵害人每人捅刺一刀，未对同一不法侵害人连续捅刺。可见，于欢的目的在于制止不法侵害并离开接待室，在案证据不能证实其具有追求或放任致人死亡危害结果发生的故意，故于欢的行为不构成故意杀人罪，但他为了追求防卫效果的实现，对致多人伤亡的过当结果的发生持听之任之的态度，已构成防卫过当情形下的故意伤害罪。认定于欢的行为构成故意伤害罪，既是严格司法的要求，又符合人民群众的公平正义观念。其次，关于量刑。《刑法》第20条第2款规定："正当防卫明显超过必要限度造成重大损害的，应当负刑事责任，但是应当减轻或者免除处罚。"综合考虑本案防卫权益的性质、防卫方法、防卫强度、防卫起因、损害后果、过当程度、所处环境等情节，对于欢应当减轻处罚。被害方对引发本案具有严重过错。本案案发前，吴某、赵某1指使杜某2等人实施过侮辱苏某、干扰源大公司生产经营等逼债行为，苏某多次报警，吴某等人的不法逼债行为并未收敛。案发当日，杜某2等人对于欢、苏某实施非法限制人身自由、侮辱及对于欢间有推搡、拍打、卡颈部等行为，于欢及其母亲苏某连日来多次遭受催逼、骚扰、侮辱，导致于欢实施防卫行为时难免带有恐惧、愤怒等因素。尤其是杜某2裸露下体侮辱苏某对引发本案有重大过错。案发当日，杜某2当着于欢之面公然以裸露下体的方式侮辱其母亲苏某。虽然距于欢实施防卫行为已间隔约二十分钟，但于欢捅刺杜某2等人时难免带有报复杜某2辱母的情绪，故杜某2裸露下体侮辱苏某的行为是引发本案的重要因素，在刑罚裁量上应当作为对于欢有利的情节重点考虑。杜某2的辱母行为严重违法、亵渎人伦，应当受到惩罚和谴责，但于欢在民警尚在现场调查、警车仍在现场闪烁警灯的情形下，为离开接待室摆脱围堵而持刀连续捅刺四人，致一人死亡、二人重伤、一人轻伤，且其中一重伤者系于欢从背部捅刺，损害后果严重，且除杜某2以外，其他三人并未实施侮辱于欢母亲的行为，其防卫行为造成的损害远远大于其保护的合法权益，防卫明显过当。于欢及其母亲的人身自由和人格尊严应当受到法律保护，但于欢的防卫行为明显超过必要限度并造成多人伤亡严重后果，超出法律所容许的限度，依法也应当承担刑事责任。根据我国刑法规定，故意伤害致人死亡的，处10年以上有期徒刑、无期徒刑或者死刑；防卫过当的，应当减轻或者免除处罚。如上所述，于欢的防卫行为明显超过必要限度造成重大伤亡后果，减轻处罚依法应当在3至10年有期徒刑的法定刑幅度内量刑。鉴于于欢归案后如实供述主要罪行，且被害方有以恶劣手段侮辱于欢之母的严重过错等可以从轻处罚情节，综合考虑于欢犯罪的事实、性质、情节和危害后果，遂判处于欢有期徒刑5年。

本案的裁判要点指出：（1）对正在进行的非法限制他人人身自由的行为，应当认定为《刑法》第20条第1款规定的"不法侵害"，可以进行正当防卫。（2）对非法限制他人人身自由并伴有侮辱、轻微殴打的行为，不应当认定为《刑法》第20条第3款规定的"严重危及人身安全的暴力犯罪"。（3）判断防卫是否过当，应当综合考虑不法侵害的性质、手段、强度、危害程度，以及防卫行为的性质、时机、手段、强度、所处环境和损害后果等情节。对非法限制他人人身自由并伴有侮辱、轻微殴打，且并不十分紧迫的不法侵害，进行防卫致人死亡重伤的，应当认定为《刑法》第20条第2款规定的"明显超过必要限度造成重大损害"。(4)防卫过当案件,如系因被害人实施严重贬损他人人格尊严或者亵渎人伦的不法侵害引发的,量刑时对此应予充分考虑,以确保司法裁判既经得起法律检验,也符合社会公平正义观念。

释评

于欢故意伤害案从一审判决无期徒刑到二审改判为正当防卫宣告无罪,是我国正当防卫制度适用中具有影响力的一个案件。本案的裁判要点与正当防卫有关的主要涉及以下三个问题:第一,不法侵害的认定。以往我国司法实践中,通常都将作为正当防卫对象的不法侵害理解为严重暴力,而本案中不法侵害的主要表现形态是长时间的非法拘禁,其间虽然发生辱母、轻微殴打,但都没有达到较为严重的暴力程度,因而一审判决认为本案不存在不法侵害,这是否定本案于欢的故意伤害行为具有防卫性质的主要根据。本案的裁判理由明确指出,对正在进行的非法限制他人人身自由的行为,应当认定为不法侵害,可以对其进行正当防卫。这一裁判要点不仅肯定了非法拘禁行为可以认定为不法侵害,而且其他正在进行的侵害人身权利的行为,即使没有达到严重暴力程度,也可以对其进行正当防卫,因而具有重要指导意义。第二,特殊防卫的认定。本案于欢的行为是否属于《刑法》第20条第3款规定的特殊防卫,关键在于如何认定"严重危及人身安全的暴力犯罪"。本案的裁判要点认为,在于欢案中,虽然存在轻微殴打等不法侵害行为,但尚未达到严重危及人身安全的暴力犯罪,因而不属于特殊防卫。第三,防卫过当的认定。在本案中于欢的防卫行为造成一人死亡、二人重伤、一人轻伤的严重后果,已经构成防卫过当。裁判要点认为,对于防卫行为是否超过正当防卫的必要限度,应当从防卫行为和不法侵害这两个方面进行综合考察。

(五)特殊防卫

《刑法》第20条第3款规定:"对正在进行行凶、杀人、抢劫、强奸、绑架以及其他严重危及人身安全的暴力犯罪,采取防卫行为,造成不法侵害人伤亡的,不属于防卫过当,不负刑事责任。"这是对防卫过当的一种例外规定,相对于普通防卫而言，它是一种无过当之防卫。对此，我国刑法学界通常称之为特殊防卫。特殊防卫的特殊性表现在以下两个方面。

1. 防卫客体的特殊性

特殊防卫的客体是行凶、杀人、抢劫、强奸、绑架以及其他严重危及人身安全的暴力犯罪。《指导意见》在论及这里的"行凶"时指出，根据《刑法》第20条第3款的规定，下列行为应当认定为"行凶"：（1）使用致命性凶器，严重危及他人人身安全的；（2）未使用凶器或者未使用致命性凶器，但是根据不法侵害的人数、打击部位和力度等情况，确已严重危及他人人身安全的。虽然尚未造成实际损害，但已对人身安全造成严重、紧迫危险的，可以认定为"行凶"。

《指导意见》还规定，《刑法》第20条第3款规定的"杀人、抢劫、强奸、绑架"，是指具体犯罪行为而不是具体罪名。在实施不法侵害过程中存在杀人、抢劫、强奸、绑架等严重危及人身安全的暴力犯罪行为的，如以暴力手段抢劫枪支、弹药、爆炸物或者以绑架手段拐卖妇女、儿童的，可以实行特殊防卫。有关行为没有严重危及人身安全的，应当适用一般防卫的法律规定。根据上述规定，这里的行凶，是指使用凶器的暴力行凶，即对被害人进行暴力袭击，严重危及被害人的人身安全。在这种情况下，防卫人可以对之实行无过当之防卫。杀人，是指故意杀人，而且在一般情况下是指使用凶器，严重危及防卫人的生命安全的情形。对于那些采取隐蔽手段的杀人，例如投毒杀人等，事实上也不存在防卫的问题，更谈不上无过当之防卫。抢劫和强奸，是无过当防卫的客体。我认为，这里的抢劫和强奸只限于使用暴力方法的抢劫和强奸。使用非暴力方法的抢劫和强奸不能成为无过当防卫的客体。如果超过正当防卫必要限度的，仍应以防卫过当追究刑事责任。至于绑架，一般情况下都是采用暴力方法的，因而可以实行无过当的防卫。在个别情况下，采用非暴力方法绑架的，也不允许实行特殊防卫。

刑法规定的其他严重危及人身安全的暴力犯罪，是一种概括性规定。我认为，这里的其他严重危及人身安全的暴力犯罪，是指与行凶、杀人、抢劫、强奸、绑架具有相当性的暴力犯罪。

2. 法律后果的特殊性

在一般情况下，正当防卫存在限度条件，超过必要限度的是防卫过当。根据《指导意见》的规定，《刑法》第 20 条第 3 款规定的"其他严重危及人身安全的暴力犯罪"，应当是与杀人、抢劫、强奸、绑架行为相当，并具有致人重伤或者死亡的紧迫危险和现实可能的暴力犯罪。根据我国刑法规定，防卫过当应当负刑事责任。但对于特殊防卫来说，即使防卫行为造成不法侵害人伤亡，也不构成防卫过当，不负刑事责任。由此可见，特殊防卫的法律后果具有特殊性，这种特殊性实际上是对防卫人的一种豁免，使防卫人解除后顾之忧，从而更为有效地保护本人或者他人的合法权益。

案例 7-2   **张那木拉正当防卫案**

（法例第 144 号）

张那木拉与其兄张某 1 二人均在天津市西青区打工。2016 年 1 月 11 日，张某 1 与案外人李某某驾驶机动车发生交通事故。事故发生后，李某某驾车逃逸。在处理事故过程中，张那木拉一方认为交警处置懈怠。此后，张那木拉听说周某强在交警队有人脉关系，遂通过鱼塘老板牛某找到周某强，请周某强向交警"打招呼"，周某强应允。3 月 10 日，张那木拉在交警队处理纠纷时与交警发生争吵，这时恰巧周某强给张那木拉打来电话，张那木拉以为周某强能够压制交警，就让交警直接接听周某强的电话，张那木拉此举引起周某强不满，周某强随即挂掉电话。次日，牛某在电话里提醒张那木拉小心点，周某强对此事没完。

3 月 12 日早上 8 时许，张那木拉与其兄张某 1 及赵某在天津市西青区鱼塘旁的小屋内闲聊，周某强纠集丛某、张某 2、陈某 2 新，由丛某驾车，并携带了陈某 2 新事先准备好的两把砍刀，至天津市西青区张那木拉暂住处（分为里屋外屋）。四人首次进入张那木拉暂住处确认张那木拉在屋后，随即返回车内，取出事前准备好的两把砍刀。其中，周某强、陈某 2 新二人各持砍刀一把，丛某、张某 2 分别从鱼塘边操起铁锹、铁锤再次进入张那木拉暂住处。张某 1 见状上前将走在最后边的张某2截在外屋，二人发生厮打。周某强、陈某2新、丛某进入里屋内，三人共同向屋外拉拽张那木拉，张那木拉向后挣脱。此刻，周某强、陈某2新见张那木拉不肯出屋，持刀砍向张那木拉后脑部，张那木拉随手在茶几上抓起一把尖刀捅刺了陈某2新的胸部，陈某2新被捅后退到外屋，随后倒地。其间，丛某持铁锹击打张那木拉后脑处。周某强、丛某见陈某2新倒地后也跑出屋外。张那木拉将尖刀放回原处。此时，其发现张某2仍在屋外与其兄张某1相互厮打，为防止张某1被殴打，其到屋外，随手拿起门口处的铁锹将正挥舞砍刀的周某强打入鱼塘中，周某强爬上岸后张那木拉再次将其打落水中，最终致周某强左尺骨近段粉碎性骨折，其所持砍刀落入鱼塘中。此时，张某1已经将张某2手中的铁锤夺下，并将张某2打落鱼塘中。张那木拉随即拨打电话报警并在现场等待。陈某2新被送往医院后，因单刃锐器刺破心脏致失血性休克死亡；张那木拉头皮损伤程度构成轻微伤；周某强左尺骨损伤程度构成轻伤一级。

天津市西青区人民法院于2017年12月13日作出（2016）津0111刑初576号刑事附带民事判决，以被告人张那木拉犯故意伤害罪，判处有期徒刑12年6个月。被告人张那木拉以其系正当防卫、不构成犯罪为由提出上诉。天津市第一中级人民法院于2018年12月14日作出（2018）津01刑终326号刑事附带民事判决，撤销天津市西青区人民法院（2016）津0111刑初576号刑事附带民事判决，宣告张那木拉无罪。

法院生效裁判认为，张那木拉的行为系正当防卫行为，而且是《刑法》第20条第3款规定的特殊防卫行为。本案中，张那木拉是在周某强、陈某2新等人突然闯入其私人场所，实施严重不法侵害的情况下进行反击的。周某强、陈某2新等四人均提前准备了作案工具，进入现场时两人分别手持长约50厘米的砍刀，一人持铁锹，一人持铁锤，而张那木拉一方并无任何思想准备的。周某强一方闯入屋内后径行对张那木拉实施拖拽，并在张那木拉转身向后挣脱时，使用所携带的凶器砸砍张那木拉后脑部。从侵害方人数、所持凶器、打击部位等情节看，以普通人的认识水平判断，应当认为不法侵害已经达到现实危害张那木拉的人身安全、危及其生命安全的程度，属于《刑法》第20条第3款规定的"行凶"。张那木拉为制止正在进行的不法侵害，顺手从身边抓起一把平时生活所用刀具捅刺不法侵害人，具有正当性，属于正当防卫。另外，监控录像显示陈某2新倒地后，周某强跑向屋外后仍然挥舞砍刀，此时张那木拉及其兄张某1人身安全面临的危险并没有完全排除，其在屋外打伤周某强的行为仍然属于防卫行为。

根据《刑法》第20条第3款的规定，对正在进行行凶、杀人、抢劫、强奸、绑架以及其他严重危及人身安全的暴力犯罪，采取防卫行为，造成不法侵害人伤亡的，不属于防卫过当，不负刑事责任。本案中，张那木拉的行为虽然造成了一死一伤的后果，但是属于制止不法侵害的正当防卫行为，依法不负刑事责任。

本案的裁判要点指出：（1）对于使用致命性凶器攻击他人要害部位，严重危及他人人身安全的行为，应当认定为《刑法》第20条第3款规定的"行凶"，可以适用特殊防卫的有关规定。（2）对于多人共同实施不法侵害，部分不法侵害人已被制伏，但其他不法侵害人仍在继续实施侵害的，仍然可以进行防卫。

释评

张那木拉正当防卫案涉及特殊防卫的认定。特殊防卫之所以不存在过当问题，主要是因为它是针对严重危及人身安全的暴力犯罪。这里的严重危及人身安全的暴力犯罪，《刑法》第20条第3款列举了杀人、抢劫、强奸、绑架等情形，这些行为都属于我国《刑法》所规定的暴力犯罪，因而可以根据《刑法》的规定进行认定。然而，《刑法》第20条第3款还规定了"行凶"。在我国《刑法》中，行凶并不是一个独立的罪名，对其如何理解在司法实践中和刑法理论上存在一定的争议。对此，本案的裁判要点指出，对于使用致命性凶器攻击他人要害部位，严重危及他人人身安全的行为，应当认定为《刑法》第20条第3款规定的"行凶"。在此，裁判要点强调了使用致命性凶器和攻击他人要害部位这两个问题。然而，值得注意的是，2020年8月28日，最高人民法院、最高人民检察院、公安部《指导意见》第15条关于准确理解和把握"行凶"，指出：根据《刑法》第

20条第3款的规定,下列行为应当认定为"行凶":(1)使用致命性凶器,严重危及他人人身安全的;(2)未使用凶器或者未使用致命性凶器,但是根据不法侵害的人数、打击部位和力度等情况,确已严重危及他人人身安全的。虽然尚未造成实际损害,但已对人身安全造成严重、紧迫危险的,可以认定为"行凶"。由此可见,根据《指导意见》的规定,不仅使用凶器可以成立行凶,而且未使用凶器也可以成立行凶。因此,《指导意见》所确定的行凶范围较为宽泛。

三、法定的罪体排除事由Ⅱ:紧急避险

（一）紧急避险的概念

根据我国《刑法》第21条第1款的规定,紧急避险是指在法律所保护的权益遇到危险而不可能采用其他措施加以避免时,不得已而采用的损害另一个较小的权益以保护较大的权益免遭损害的行为。我国刑法规定,紧急避险行为不负刑事责任。

紧急避险之所以不负刑事责任,是因为,从主观上看,实行紧急避险的目的,是使国家利益、公共利益、本人或者他人的人身、财产和其他权利免受正在发生的危险。从客观上看,它是在处于紧急危险的状态下,不得已采取的以损害较小的合法权益来保全较大的合法权益的行为。因此,紧急避险行为不具备犯罪构成,不负刑事责任。在一般情况下,国家利益、公共利益和个人利益在根本上是一致的,因此,公民在法律所保护的权益遇到危险时,有权损害较小的权益以保护较大的权益,从而使合法权益可能遭受的损失减少至最低限度。所以,紧急避险对于保护国家利益、公共利益和其他合法权益具有重大的意义。

（二）紧急避险的构成

紧急避险是采用损害一种合法权益的方法来保全另一种合法权益,因此,必须符合法定条件,才能排除其社会危害性,真正成为对社会有利的行为。其条件

如下。

1. 避险起因

避险起因是指只有存在着对国家、公共利益、本人或者他人的人身、财产和其他权利的危险，才能实行紧急避险。不存在一定的危险，也就无避险可言。一般来说，造成危险的原因是以下这些：首先是人的行为，而且必须是危害社会的违法行为。前面已经说过，对于合法行为，不能实行紧急避险。其次是自然界的力量，例如火灾、洪水、狂风、大浪、山崩、地震等。最后是来自动物的侵袭，例如牛马践踏、猛兽追扑等。在以上原因对国家利益、公共利益和其他合法权益造成危险的情况下，可以实行紧急避险。

如果实际并不存在着危险，由于对事实的认识错误，行为人善意地误认为存在这种危险，因而实行了所谓紧急避险，在刑法理论上称为假想避险。关于假想避险的责任，适用对事实认识错误的解决原则。

2. 避险客体

紧急避险是采取损害一种合法权益的方法保全另一种合法权益。因此，紧急避险所损害的客体是第三者的合法权益。明确这一点，对于区分紧急避险和正当防卫具有重大的意义。在行为人的不法侵害造成对国家利益、公共利益和其他合法权益的危险的情况下，如果通过损害不法侵害人的利益的方法来保护合法权益，那就是正当防卫；如果通过损害第三者的合法权益的方法来保护合法权益，那就是紧急避险。损害的对象不同，是紧急避险与正当防卫的重要区别之一。

3. 避险时间

紧急避险的时间条件，是指正在发生的危险必须是迫在眉睫，对国家利益、公共利益和其他合法权益已直接构成了威胁。对于尚未到来或已经过去的危险，都不能实行紧急避险，否则就是避险不适时。例如，海上大风已过，已经不存在对航行的威胁，船长这时还命令把货物扔下海去，就是避险不适时。船长对由此而造成的重大损害，应负刑事责任。

4. 避险意图

避险意图是紧急避险构成的主观条件，指行为人实行紧急避险的目的在于使国家利益、公共利益、本人或者他人的人身、财产和其他权利免受正在发生的危险。因此，行为人实行紧急避险，必须是为了保护合法利益。为了保护非法利益，不允许实行紧急避险。例如，脱逃犯为了逃避公安人员的追捕而侵入他人的住宅，不能认为是紧急避险，仍应负非法侵入他人住宅的刑事责任。

5. 避险可行性

紧急避险的可行性条件，是指只有在不得已，即没有其他方法可以避免危险时，才允许实行紧急避险。这也是紧急避险和正当防卫的重要区别之一。因为紧急避险是通过损害一个合法权益来保全另一合法权益，所以对于紧急避险的可行性不能不加以严格限制，只有当紧急避险成为唯一可以免遭危险的方法时，才允许实行。

我国《刑法》第21条第3款规定：关于避免本人危险的规定，不适用于职务上、业务上负有特定责任的人。这是因为在发生紧急危险的情况下，这些负有特定责任的人应积极参加抢险救灾，履行其特定义务，而不允许他们以紧急避险为由临阵脱逃，玩忽职守。

6. 避险限度

紧急避险的限度条件，是指紧急避险行为不能超过其必要限度，造成不应有的损害。那么，以什么标准来衡量紧急避险是否超过必要限度，造成不应有的损害呢？对此，法律没有明文规定。我认为，其标准是：紧急避险行为所引起的损害应小于所避免的损害。

紧急避险行为所引起的损害之所以应小于所避免的损害，就在于紧急避险所保护的权益同紧急避险所损害的第三者的权益，两者都是法律所保护的。只有在两利保其大、两弊取其小的场合，紧急避险才是对社会有利的合法行为。所以，紧急避险所保全的权益，必须明显大于紧急避险所损害的权益。

那么，在司法实践中如何衡量权益的大小呢？我认为，在衡量权益的大小时，应该明确以下三点：（1）在一般情况下，人身权利大于财产权利。所以，在通常情况下即使财产的价值再大，也不允许以牺牲他人的生命来保全本人的财产。（2）在人身权利中，生命权是最高的权利，通常不容许为了保护一个人的健康而牺牲另一个人的生命，更不容许以牺牲别人的生命来保全自己的生命。（3）在财产权益中，应该用财产的价格进行比较，通常不容许为了保护一个较小的财产权益而牺牲另一个较大的财产权益，尤其不允许牺牲较大的国家利益、公共利益以保全本人较小的财产权益。

现实生活中，往往存在紧急避险行为所引起的损害与所避免的损害相等的情形。例如，以牺牲他人生命的方式保全本人的生命。对于这种情形如何处理？在德国刑法中，将紧急避险分为两种：一是阻却违法的紧急避险；二是阻却责任的紧急避险。其中，紧急避险行为所引起的损害小于所避免的损害的，属于阻却违法的紧急避险；紧急避险所引起的损害与所避免的损害相等的，属于阻却责任的紧急避险。我国刑法对此未作规定。我认为，可以将紧急避险行为所引起的损害与所避免的损害相等的情形视为避险过当，但属于犯罪情节显著轻微危害不大的，不以犯罪论处。

（三）避险过当的处罚

我国《刑法》第21条第2款规定："紧急避险超过必要限度造成不应有的损害的，应当负刑事责任，但是应当减轻或者免除处罚。"在刑法理论上，把紧急避险超过必要限度而造成不应有的损害的行为，称为避险过当。避险过当不是一个罪名，在追究其刑事责任时，应当在确定其罪过形式的基础上，以其所触犯的我国刑法分则有关条文定罪量刑。在避险过当的罪过形式中，大多数是疏忽大意的过失，就是应当预见到紧急避险所损害的权益大于或相当于其所保全的权益，造成不应有的损害。当然，在少数或个别情况下，可能由间接故意或过于自信的过失构成避险过当。由于避险过当在主观上是出于保全合法权益的动机和目的，在客观上发生在紧迫的情况下，因而对于避险过当应当减轻或者免除处罚。

四、超法规的罪体排除事由

（一）超法规的罪体排除事由的概念

超法规的罪体排除事由是指刑法未作明文规定的罪体排除事由。超法规的罪体排除事由在罪体排除的性质上与法定的罪体排除事由是相同的，都是具备罪体构成要素，但不具有法益侵害性，因而在罪体认定过程中予以排除的情形。两者的差别只是在于刑法是否有明文规定：正当防卫、紧急避险等罪体排除事由在刑法中有明文规定，因为这些情形造成的后果（重伤或者死亡）较为严重，更多地需要通过司法程序来解决。而自救行为等罪体排除事由造成的后果并不严重，在日常生活中即可判断其所具有的非犯罪性，因而没有必要在刑法中加以详尽规定。当然，有些国家的刑法对于正当防卫、紧急避险以外的其他罪体排除事由，例如法令行为、被害人同意、行使权利等也作了规定。但大多数国家的刑法只规定了正当防卫和紧急避险。因此，在各国刑法中法定的罪体排除事由与超法规的罪体排险事由的范围是有所不同的。我国刑法像大多数国家的刑法一样，只规定了正常防卫和紧急避险这两种常见的罪体排除事由，其他均为超法规的罪体排除事由。

（二）超法规的罪体排除事由的种类

1. 自救行为

自救行为是指在本人的权利受到他人侵害的情况下，通过公力救济难以恢复权利时，而采取的自力救济行为。例如财物被他人盗窃，盗窃犯走出不远被财物所有人发觉，为保护自己的财产权利，财物所有人奋力将财物从盗窃犯手中夺回，就是一种自救行为。从外观上看，该夺回财物的行为具备抢夺罪的罪体构成要素，但由于是为保护本人的财产权利而夺取财物，不具有法益侵害性，因而排除罪体。

2. 义务冲突

义务冲突是指行为人担负两项或者两项以上义务需要同时履行，根据当时的客观情况，只能履行其中一项义务，因而发生的义务竞合。在义务冲突的情况下，行为人未能履行另一项义务的行为，具备罪体的构成要素。在这种情况下，法定损害后果是义务冲突造成的，可以构成排除罪体的事由。例如正在值班的医生同时接到两个生命垂危的病人，由于只有一套抢救器材，医生对其中一位病人进行抢救，使其得以生还，另一位病人因延误抢救时间而死亡。从抢救义务上来说，医生对该两位病人都具有抢救义务，但根据当时的客观情况，只能择其中一人进行抢救，由此导致另一病人不治身亡，是义务冲突造成的。在义务冲突的情况下，医生对于另一病人的死亡不负刑事责任，因而义务冲突是排除罪体事由。

3. 职务行为

职务行为是指依据行为人所担任的职务而实施的行为。在执行职务过程中，可能造成一定的法益损害后果，行为人对此不负刑事责任。例如消防队员的职责是救火，为切断火源，防止大火蔓延，消防队员将火场临近的房屋予以强行拆除。这种拆除是对房主的财产权益的损害行为，但由于消防员是在履行其职责，因而排除罪体。

4. 执行命令

执行命令是指依照上级发布的命令而实施的行为。在执行命令过程中，可能造成一定的法益损害后果，行为人对此不负刑事责任。执行命令通常发生在军队等组织，军人具有服从命令的天职，不服从命令是违法的。因此，执行命令而造成法益损害结果的，应由命令发布者承担责任，命令执行者不承担责任。当然，执行命令作为罪体排除事由，也是有限制的，并且不能超过必要限度。当发布的命令具有明显的违法或者犯罪性质时，命令执行者应当具有抵制命令的义务。如果不抵制这种明显违法或者有犯罪性质的命令而造成法益损害后果的，不能排除罪体。

5. 被害人承诺

被害人承诺是指行为人经被害人同意而对其法益造成一定的损害。在这种情况下，行为人对造成的一定法益侵害后果不负刑事责任。被害人承诺之所以可以排除罪体，是因为某种法益属于他人可以支配，在其可支配范围内，可以阻却法益损害行为的违法性。例如，医生经病人同意将病人具有传染病菌的衣物予以烧毁，就是一种被害人承诺的行为。如果不属于他人可以支配的法益，即使经他人允许予以损害，也不能阻却违法性。例如生命和身体健康是受法律保护的，不属于本人可支配的法益，因此允许他人杀害或者伤害本人，行为人仍然应当承担故意杀人罪或者故意伤害罪的刑事责任。此外，被害人承诺的方式是多种多样的，既包括明示承诺，也包括暗示承诺，还包括推定的承诺。在推定承诺的情况下，是出于为被害人利益，在紧急情况下，来不及征得被害人同意而采取的损害被害人的某一较轻法益而保护被害人的某一较重法益的行为。例如邻居甲见邻居乙在早上 10 点还未起床，从门缝里闻到一股煤气臭味，敲门仍不见动静，判断乙煤气中毒而丧失知觉，为抢救乙而在来不及征得乙同意的情况下破门而入，将乙送往医院救治。破门造成防盗门等损坏，就是一种推定的被害人承诺的行为。

6. 正当业务行为

正当业务行为是指基于某种业务的要求，正当地从事某种业务活动。在这种情况下，只要在业务的正当范围内，这种业务行为就可以排除法益侵害性，因而属于罪体排除事由。例如正当医疗行为，出于治疗的需要，而对病人进行截肢等损害健康的活动，就是典型的正当业务行为。

第八章

罪　责

第一节　罪责概述

一、罪责的概念

罪责是犯罪构成的本体要件之一，是指犯罪的主观责任要件。罪责具有以下特征：

（一）法定性

罪责作为犯罪构成的本体要件，是由刑法规定的，因而具有法定性。刑法总则对故意与过失等罪责构成要素作了明文规定。刑法分则还对具体犯罪成立的特定的主观要素作了规定，例如我国《刑法》第239条第1款规定："以勒索财物为目的绑架他人的……处十年以上有期徒刑或者无期徒刑，并处罚金或者没收财产。"这是关于以勒索财物为目的的绑架罪的规定，在这一规定中，以勒索财物为目的是这一犯罪的特定的主观要素，因而该罪是目的犯。

（二）主观性

罪责的内容是行为人在实施构成要件行为时的主观心理状态，因而具有主观性。主观是相对于客观而言的，主观要素是内在于客观活动的人的心理态度，对于客观活动具有某种支配性，是刑事责任的根据之一。在对一个人追究刑事责任的时候，不仅要看是否具备一定的构成要件行为，而且要看这一行为是否在故意或者过失的主观心理状态的支配下实施。因此，主观要素对于犯罪成立来说是必不可少的要件。

（三）归责性

罪责是体现行为人的主观恶性从而为犯罪成立所必需的构成要件，因而罪责在其性质上具有主观的可归责性。如果说，罪体要件所要解决的是客观的归责问题，那么，罪责要件所要解决的就是主观的归责问题。因此，罪责要件不仅包括心理要素，而且包括对心理要素的规范评价。

二、罪责的内容

罪责是犯罪成立的主观要件，是罪责构成要素与罪责排除事由的统一。

（一）罪责构成要素

罪责构成要素是罪责的积极要件，是指在定罪的过程中应当加以正面确认的主观事实要素。罪责构成要素包括以下内容。

1. 故意或者过失

故意或者过失是两种基本的罪责形式。以故意为罪责形式而构成的是故意犯罪。我国《刑法》第 14 条第 2 款规定："故意犯罪，应当负刑事责任。"以过失为罪责形式而构成的是过失犯罪。我国《刑法》第 15 条第 2 款规定："过失犯罪，法律有规定的才负刑事责任。"

2. 主观的附随情状

罪责中主观的附随情状是指动机与目的等心理事实。虽然对于大部分犯罪来说，动机与目的并非犯罪成立的必备要素，但在少数犯罪中却是必备要素。例如在目的犯的情况下，是否具有一定的目的对于犯罪成立来说具有决定意义。

（二）罪责排除事由

罪责排除事由是罪责的规范要素，也是罪责的阻却事由。它是在心理事实的基础上，对主观心理进行归责的要素。在通常情况下，具备故意或者过失的心理事实，就可以推定为主观上具有可归责性。但如果责任无能力或者违法性认识错误和期待不可能，则不能加以主观归责。因此，责任无能力、违法性认识错误和期待不可能，是罪责排除事由。

三、罪责的意义

（一）限制机能

罪责的限制机能，是指通过限制刑罚权，防止客观归罪，从而实现刑法的人权保障机能。英美法系刑法理论中存在"没有犯罪意图的行为，不能构成犯罪"的原则。大陆法系刑法理论中则存在"没有责任就没有刑罚"的责任主义原则。责任主义是一种主观责任主义，是在否定客观责任主义或者结果责任主义的基础上形成的。责任主义存在着一个从古典责任主义到现代责任主义的转变。古典责任主义是一种与报应观念相联系的责任主义，而现代责任主义是一种与预防观念相联系的责任主义。这种转变的背景是报应主义与功利主义的融合，从而使刑罚具有复合性质。尽管如此，建立在罪责要件之上的责任主义所昭示的限制机能仍然存在，它对于人权保障具有重要意义。

（二）整合机能

故意与过失作为行为人的主观心理状态，对于客观行为具有某种支配性，行为是为实现一定的犯罪意图而实施的。因此，对于表现为外在的一系列身体举止，只有通过行为人的故意与过失才能整合为一定的构成要件行为。例如，采用枪支射击杀人，在客观上表现为装弹、举枪、瞄准、射击一系列动作，这些动作经过杀人故意的整合形成杀人行为。因此，故意与过失等心理事实对于构成要件行为的认定具有重要作用。

（三）区分机能

罪责构成要素中的故意与过失是两种不同的罪责形式，据此可以将犯罪区分为故意犯罪与过失犯罪。例如，同一种伤害他人身体造成重伤结果的行为，根据主观罪责形式的不同，可以区分为故意伤害罪与过失致人重伤罪。因此，罪责具有区分机能。

第二节 罪责构成要素

一、犯罪故意

（一）犯罪故意的概念

根据我国《刑法》第 14 条第 1 款的规定，犯罪故意是指明知自己的行为会发生危害社会的结果，并且希望或者放任这种结果发生的主观心理状态。这种因犯罪故意而承担的刑事责任，就是故意责任。

（二）犯罪故意的构成

犯罪故意由两个因素构成：一是认识因素，二是意志因素。现分述如下。

1. 认识因素

犯罪故意的认识因素是指对于构成事实的认识。这里的认识包括对以下罪体要素的认识：（1）行为的性质。对于行为性质的认识，是指对于行为的自然性质或者社会性质的认识，对于行为的法律性质的认识属于违法性认识而非事实性认识。（2）行为的客体。对于行为客体的认识，是指对行为客体的自然或者社会属性的认识。例如杀人，须认识到被杀的是人。（3）行为的结果。对于行为结果的认识，是指对于行为的自然结果的认识，在很大程度上表现为一种预见，即其结果是行为的可期待的后果。（4）行为与结果之间的因果关系。对于因果关系的认识，是指行为人意识到某种结果是本人行为引起的，或者是行为人采取某种手段以达到预期的结果。在这种情况下，行为人对行为与结果之间的因果关系都具有事实上的认识。(5)其他法定事实。例如时间、地点等，如果作为犯罪构成特殊要件的，亦应属于认识内容。此外，某种行为的前提条件，亦在认识限度之内。除上述情况以外，法律还规定某些特定事项作为认识对象，无此认识则无故意。例如《刑法》第 259 条规定："明知是现役军人的配偶而与之同居或者结婚的，处三年以下有期徒刑或者拘役。"根据这一规定，破坏军婚罪的构成以明知是现役军人的配偶为认识前提，否则不能构成该罪。

2. 意志因素

犯罪故意的意志因素是指对结果所具有的希望或者放任的心理态度。意志对人的行动起支配作用，并且决定着结果的发生。如果说，意志对于行为本身的控制可以直观地把握的话，意志对于结果的控制就不如对行为那么直接。因为结果虽然是行为引起的，但它又在一定程度上受外界力量的影响。在这种情况下，应当区分必然的结果与偶然的结果。必然结果是由意志力支配的结果，可以归于行为。而偶然结果是受外在因素所支配的结果，不能归于行为。从意志与这些结果的关系上来说，必然结果是意志控制范围之内的、预料之中的结果，偶然结果是出乎意料的结果。从意志对行为结果的支配关系上，我们可以把故意中的意志区分为以下两种形态：(1)希望。希望是指行为人追求某一目的的实现。在刑法理论上，由希望这一意志因素构成的故意被称为直接故意。直接故意是与一定的目的相关联的，只有在目的行为中，才存在希望这种心理性意志。在希望的情况下，行为人是有意识地通过自己的行为实现某一目的，因此，行为与结果之间的关系是手段与目的之间的关系，意志通过行为对结果起支配作用。(2)放任。放任是行为人对可能发生的结果持一种纵容的态度。在刑法理论上，由放任这一因素构成的故意被称为间接故意。放任与希望之间的区别是明显的：希望是对结果积极追求的心理态度，放任则是对某种结果有意地纵容其发生。两相比较，在意志程度上存在区别：希望的犯意明显而坚决，放任的犯意模糊而随意。

（三）犯罪故意的法定类型

根据我国《刑法》第 14 条第 1 款的规定，犯罪故意可以分为以下两种类型。

1. 直接故意

直接故意是指明知自己的行为会发生危害社会的结果，并且希望这种结果发生的心理态度。在直接故意中，存在认识程度上的差别，即明知自己的行为必然发生危害社会的结果与明知自己的行为可能发生危害社会的结果。但这种认识程度上的差异并不影响直接故意的成立。只要对危害结果的发生是明知的，无论是明知其必然发生还是明知其可能发生，并对这种危害结果持希望其发生的心理态度，即可构成直接故意。

在我国刑法关于犯罪故意的概念中，虽然规定犯罪故意是对于危害社会结果的一种主观的心理态度，但危害社会结果并非所有犯罪的构成要素。因此，犯罪故意同样也是对于危害行为的一种主观心理状态。在这个意义上，直接故意具有以下两种情形：一是对危害结果的直接故意，即结果故意。在结果犯的情况下，一定的危害结果是犯罪构成的要素，行为人在认识到自己的行为会发生危害结果的前提下，希望其发生，就是这种结果故意的心理内容。二是对危害行为的直接故意，即行为故意。在行为犯的情况下，刑法规定不以一定的结果作为犯罪构成的要素。在这种情况下，行为人只要明知行为将危害社会而有意实施就构成直接故意。

2. 间接故意

间接故意是指明知自己的行为可能发生危害社会的结果，并且有意放任，以致发生这种结果的心理态度。间接故意的认识因素是指行为人认识到自己的行为可能发生危害社会的结果，而不包括认识到自己的行为必然发生危害社会的结果。因为放任是以行为人认识到危害结果具有可能发生也可能不发生这种或然性为前提的，如果行为人已认识到自己的行为必然发生危害结果而又决意实施的，则根本不存在放任的可能，其主观意志只能是属于希望结果发生的直接故意。间接故意的意志因素，是指行为人对危害结果的发生采取纵容的态度。正因为如此，危害结果的实际发生是认定间接故意的必要条件。如果没有发生危害结果，就不能认定行为人具有放任危害结果发生的心理态度。

间接故意具有以下三种情形：一是为追求某一犯罪目的而放任了另一危害结果的发生，如甲为放火烧乙的房屋而放任了将睡在房中的乙烧死；二是为追求某一非犯罪目的而放任某一危害结果发生，如甲为打一野兔而置可能被误伤的、正在附近采摘果实的乙于不顾，并开枪击中乙致其死亡；三是突发性犯罪中不计后果放任某种严重危害结果的发生，如甲因违法犯罪被乙当场抓获，为挣脱逃跑，甲掏出匕首向乙刺去，致乙心脏被刺破伤重而死。以上三种情况中，行为人对于被害人死亡结果的发生，都是持间接故意的心理态度。

（四）犯罪故意的学理类型

犯罪故意的学理类型，是指刑法理论上对犯罪故意所作的分类。刑法理论从各种不同角度对犯罪故意进行类型性的把握，有助于更为深入地理解犯罪故意，因而犯罪故意的学理类型是对犯罪故意的法定类型的重要补充。

1. 确定故意与不确定故意

在刑法理论上，根据犯意的确定性程度，可以将犯罪故意分为确定故意与不确定故意。确定故意是指行为人对于行为的事实及结果具有明确认识，在此基础上决意实施犯罪的心理状态。不确定故意是指行为人对于构成犯罪的事实没有确定的认识，在此基础上决意实施犯罪的心理状态。不确定故意又可以分为：（1）概括故意。概括故意是指行为人虽然明知自己的行为会发生危害结果，但对于这种犯罪结果发生的客体与范围没有确定认识，在此基础上决意实施犯罪的心理状态。例如向人群扔炸弹，对于会炸死人的结果是明知的，但炸死何人以及炸死多少人则是不确定的。在这种情况下行为人决意实施犯罪行为的主观心理状态就是概括故意。（2）择一故意。择一故意是指行为人不确知自己的行为会对数个客体中的哪一个客体发生危害结果，但明知必有其中之一会发生这种结果，并且在实施行为时希望这种结果发生的心理状态。例如行为人向数人开枪，明知会打死其中一人，但对于到底打死何人并无确定认识。在这种情况下实施犯罪行为，对于打死这个人的心理状态就是择一故意。（3）未必故意。未必故意是指行为人明知自己的行为可能造成危害结果，但对这种结果持一种放任的心理态度。

2. 偶然故意与预谋故意

在刑法理论上，根据犯罪故意形成时间的长短，把犯罪故意分为偶然故意和预谋故意。偶然故意是指行为人非经预谋而出于临时起意实施犯罪的主观心理状态。预谋故意是指行为人经过深思熟虑和反复思考以后着手实施犯罪的心理状态。

3. 危险故意与实害故意

在刑法理论上，根据法益侵害的后果状态，可以把犯罪故意分为危险故意和实害故意。危险故意是指行为人明知自己的行为会对某种法益发生危害结果的危险，并且希望或者放任这种危险发生的心理状态。因此，危险故意是行为故意，是危险犯所具有的犯罪故意。实害故意是指行为人明知自己的行为会对某种法益发生实际侵害的结果，并且希望或者放任这种结果发生的心理状态。因此，实害故意是结果故意，是实害犯所具有的犯罪故意。

二、犯罪过失

（一）犯罪过失的概念

根据我国《刑法》第 15 条第 1 款的规定，犯罪过失是指行为人应当预见自己的行为可能发生危害社会的结果，因为疏忽大意而没有预见，或者已经预见而轻信能够避免，以致发生这种结果的主观心理态度。这种由犯罪过失而承担的刑事责任，就是过失责任。相对于犯罪故意，犯罪过失的主观恶性要小得多。犯罪过失这一主观心理态度具有以下两个特点：一是实际认识与认识能力相分离，即行为人有能力、有条件认识到自己的行为在当时的条件下可能发生危害社会的结果，但行为人事实上没有认识到，或者虽然认识到，但错误地认为可以避免这种危害结果发生；二是主观愿望与实际结果相分离，即行为人主观上并不希望危害社会的结果发生，但由于其错误认识而导致偏离其主观愿望的危害结果发生。

（二）犯罪过失的特征

犯罪过失具有两个特征：一是认识特征，二是意志特征。现分述如下。

1. 认识特征

认识是一切心理活动的基础，过失也不例外。在我国刑法中，过失可以分为疏忽大意的过失和过于自信的过失，这两种过失的认识特征是有所不同的。

疏忽大意的过失是一种无认识的过失，因而其认识特征是一种无认识状态。正是在这一点上，疏忽大意的过失在认识这一构成要素上不同于故意，故意是以明知为前提的，正所谓明知故犯，因此，犯罪故意具有一定的认识因素。而疏忽大意的过失是以缺乏认识为前提的，正所谓不意误犯，因此，疏忽大意的过失没有一定的认识因素，而这种无认识的状态恰恰是疏忽大意的过失的认识特征。疏忽大意的无认识状态，只是一种表象。透过这一表象，我们还应当进一步追问是否应当预见。因此，注意义务和注意能力就成为确定疏忽大意的过失的认识特征的关键。注意义务是指行为人作为时应当注意有无侵害某种法益，不作为时应当注意有无违反某种特定的法律义务的责任。在疏忽大意的过失中，注意义务是指结果预见义务，即对于构成要件结果所具有的预见义务。结果预见义务是一种客观的注意义务，这种义务是社会生活中存在的，因而是社会生活中的一般注意义务。注意能力是指对于应当注意事项主观上注意的可能性。在疏忽大意的过失中，注意能力是指结果预见能力或者认识能力，即对于构成要件结果所具有的预见能力。注意义务履行是以注意能力为前提的，如果仅有注意义务，行为人缺乏注意能力，则仍然不构成疏忽大意的过失。在注意能力的问题上，主要存在一个认定标准问题。对此，在刑法理论上存在以下三说：（1）主观说，亦称个人标准说，以行为人本人的注意能力为确定违反注意义务的过失标准。根据本人的注意能力对于一定的构成事实能够认识，应当认识而未认识，产生了违法后果。依此确定违反注意义务，称主观标准。（2）客观说，以社会一般人或平均人的注意能力为标准，确定某具体人的违反注意义务的过失责任。具体人就是一定的行为者个人，一般人或平均人的标准意味着社会上一般认为是相应的社会相当性的客观标准。（3）折中说，认为把具有相应情况的某些人的注意能力加以抽象化，作为一种类型标准，而这一类型标准是根据社会相当性形成的。根据这样的某些类型标准，再依广泛意义的社会相当性来加以抽象而形成一种一般的普通的类型标准。以这个标准确定注意能力，推导出违反注意义务的过失责任。客观说的主要理由是法律的一般性，即法律是一般规范，它是针对社会一般人的，以此论证客观标准说的合理性。而主观说的主要理由是刑事责任的个别性，即刑事责任的承担者是具体的人，应以该人的注意能力为标准，否则就有客观归罪之嫌。我认为，这里涉及一个法律上对人的推定问题。在一般情况下，立法的对象是一般人，而不可能是个别人，因而法律仅仅将人设定为一个抽象的理性人，民法中更是如此。在刑法中，经历了一个从刑事古典学派的理性人到刑事实证学派的经验人的转变过程。尽管在刑法中，作为犯罪主体的人仍然要求是具有刑事责任能力的理性人，但在刑事责任的追究中，个别化的呼声越来越高，以具体人为标准的主观说似乎更合理。因此，我赞同主观说。

过于自信的过失是一种有认识的过失，尽管在理论上对于这种认识状态尚有争论，刑法明文规定只有在已经预见法益侵害结果发生的可能性的情况下才构成过于自信的过失。关于过于自信的过失的认识特征，首先是对过于自信的过失之有认识的判断，在刑法理论上通常是承认的，其内容是对构成要件结果发生可能性的认识。这种认识是或然性的认识、不确定的认识、未必的认识，但这种事实上的认识是客观存在的，对此否认也是没有必要且没有根据的。正是这种认识的存在，将过于自信的过失与疏忽大意的过失区分开来。

2. 意志特征

如果说故意的意志是一种积极意志，那么，过失的意志就是一种消极意志。

这种意志特征在于：它不是对构成要件结果的希望或者放任，在无认识的疏忽大意的过失中，它是没有履行结果预见义务；在有认识的过于自信的过失中，它是没有履行结果回避义务。

疏忽大意的过失作为一种无认识的过失，其认识特征是在具有预见能力的情况下没有履行预见义务。之所以没有履行预见义务，从意志上分析就是因为没有发挥主观认识能力。这种没有履行结果预见义务的状态，就是疏忽。

过于自信的过失作为一种有认识的过失，其认识特征表现为对构成要件结果发生的抽象可能性的认识。尽管这是一种抽象可能性，但在一定条件下仍然会转化为现实可能性，然后再转化为现实性。但行为人却轻率地以为这种可能性不会转化为现实性，因而在意志上表现为对于结果回避义务的违反。这种结果回避义务违反的状态，就是轻率。

（三）犯罪过失的法定类型

根据我国《刑法》第 15 条第 1 款的规定，犯罪过失可以分为以下两种类型：

1. 疏忽大意的过失

疏忽大意的过失，是指行为人应当预见自己的行为可能发生危害社会的结果，因为疏忽大意而没有预见，以致发生这种结果的心理态度。疏忽大意的过失具有以下两个特征：（1）行为人没有预见其行为可能发生危害社会的结果。疏忽大意的过失是一种无认识的过失，这种无认识的表现就是行为人在行为当时没有预见其行为可能发生危害社会的结果。对危害结果的未认识状态，是构成疏忽大意的过失的前提。（2）行为人应当预见自己的行为可能发生危害社会的结果。所谓应当预见是指行为人在行为时有能力而且有义务预见以避免危害结果的发生。正是由于行为人对其义务的漠不关心以致造成危害社会的结果，才使其构成犯罪过失并因此承担刑事责任。如果行为人并不存在预见危害结果发生的义务，或在当时的情况下不可能预见危害结果的发生，不管造成什么样的危害结果，都不能认为其具有过失而追究刑事责任。

2. 过于自信的过失

过于自信的过失，是指行为人已经预见到自己的行为可能发生危害社会的结果，但轻信能够避免，以致发生这种结果的心理态度。过于自信的过失具有以下两个特征：（1）行为人已经预见到自己的行为可能发生危害社会的结果。过于自信的过失属于有认识的过失，行为人对于可能发生危害结果有所预见，是构成这种过失的认识因素。（2）行为人轻信能够避免危害结果的发生。所谓轻信，是指行为人过高地估计了避免危害结果发生的自身条件或客观有利因素。因此，在主观意志上，过于自信的过失的行为人不仅不希望危害结果的发生，而且危害结果的发生是违背其主观意愿的。这也正是过于自信的过失的意志特征。

（四）犯罪过失的学理类型

犯罪过失的学理类型是指刑法理论上对犯罪过失所作的分类，它对我们全面地理解犯罪过失具有重要意义，是犯罪过失法定类型的必要补充。

1. 普通过失与业务过失

在刑法理论上，根据犯罪过失违反规范的内容，可以将犯罪过失分为普通过失与业务过失。普通过失是指日常生活中的过失，即行为人在从事业务以外的活动中，应当预见自己的行为可能发生危害结果，因为疏忽大意而没有预见或者已经预见而轻信可以避免的心理状态。普通过失发生在日常生活中，其所违反的是日常生活的一般性义务规范。业务过失是指业务人员从事具有发生一定法益侵害结果危险的业务时，应当预见自己的行为可能发生危害结果，因为疏忽大意而没有预见或者已经预见而轻信可以避免的心理状态。业务过失发生在业务活动中，其所违反的是业务活动的义务规范。

2. 事实过失与法律过失

在刑法理论上，根据行为人预见的内容，可以将犯罪过失分为事实过失与法律过失。事实过失是指行为人应当预见到行为可能发生构成要件犯罪事实，由于主观上的疏忽而没有预见，或者已经预见但轻信能够避免的心理状态。法律过失是指行为人应当预见到自己行为的违法性，由于违反注意义务而没有预见，导致发生法益侵害结果的心理状态。

3. 监督过失与管理过失

监督过失是指监督者对被监督者的过失行为没有尽到其监督义务时所构成的过失。在监督过失的情况下，被监督者实施了过失行为造成法益侵害结果，但监督者没有尽到监督职责。因此，不仅被监督者的行为与法益结果之间具有因果关系，应当承担过失犯罪的刑事责任，而且监督者对于被监督者的过失行为以及造成的法益侵害结果也存在因果关系，也应当承担过失犯罪的刑事责任。管理过失是指管理者对被管理事项没有尽到其管理职责时所构成的过失。管理过失主要是一种管理不善的过失，在这种情况下，即使行为人的行为与法益侵害结果的发生没有直接的因果关系，也应当承担犯罪过失的刑事责任。管理者在具有命令从业人员完善物资设备、人事制度的义务的时候，也存在对该从业人员的行为进行监督的问题。因此，管理过失与监督过失存在一定的重合。相对于一般过失而言，监督过失和管理过失都是一种间接过失，对于追究某些领导者的职务过失犯罪的刑事责任具有重要意义。

三、意外事件

意外事件是指行为在客观上虽然造成了损害结果，但是不是出于故意或者过失，而是由于不能预见的原因所引起的情形。我国《刑法》第 16 条明确规定，行为在客观上虽然造成了损害结果，但是不是出于故意或者过失，而是由于不能预见的原因所引起的，不是犯罪。意外事件之所以不是犯罪，是因为在意外事件的情况下，行为人不仅对于危害结果的发生没有认识，而且根据当时的情况也不可能认识，因而主观上不具备罪责的构成要素，不负刑事责任。我国刑法关于意外事件不是犯罪的规定，是对客观归罪的否定。

四、主观的附随情状

主观的附随情状是犯罪的动机与目的。动机和目的是人的主观心理内容，它在任何行为中都是存在的。关于犯罪的动机和目的，尽管在刑法理论上存在争论，但通常认为只存在于直接故意犯罪之中。动机和目的对于定罪量刑具有一定的影响，因此有必要加以研究。

（一）犯罪的动机

犯罪的动机是指激起和推动犯罪人实施犯罪行为的心理动因。犯罪动机的刑法意义在于：它是测定犯罪人的主观恶性的心理指数。犯罪动机之所以能够测定犯罪人的主观恶性，主要是因为它与直接故意中的意志因素密切相连。直接故意犯罪是受犯罪意志支配的，犯罪意志是直接故意的主观恶性的决定因素，而犯罪意志又是在犯罪动机的作用下产生，并且犯罪动机的强度决定着犯罪意志力的强度，从而影响量刑。

（二）犯罪的目的

犯罪的目的是指犯罪人实施犯罪行为希望达到的结果。犯罪目的对于行为的性质具有决定性的意义，是区分罪与非罪的重要标志之一。在直接故意的心理内容中，都存在犯罪目的，这一目的为直接故意所包容。值得注意的是，在刑法上还有一种不为直接故意所包容的犯罪目的，由此构成的犯罪在理论上称为目的犯。目的犯是指具有一定的目的为其特别构成要件的犯罪。目的犯之目的，通常超越构成要件的客观要素范围，所以也称为超越的内心倾向。在这一点上，目的犯通常与上述规定目的的直接故意有别。直接故意本身有一定的目的，这一目的是在构成要件之内的，即使法律不加规定也不影响这种目的的存在。但目的犯之目的却并非如此，它是由法律专门规定的。例如，我国《刑法》第152条第1款规定："以牟利或者传播为目的，走私淫秽的影片、录像带、录音带、图片、书刊或者其他淫秽物品的，处三年以上十年以下有期徒刑，并处罚金。"这里的牟利或者传播目的，就是走私淫秽物品罪构成的主观要素。因此，走私淫秽物品罪是目的犯。此外，在某些情况下，刑法虽然并未规定一定的目的，但规定了目的的实现行为，这种情形也应视为法定的目的犯。例如受贿罪，为他人谋取利益就是受贿罪之主观目的的实现行为。因此，受贿罪是目的犯。如果把刑法明文规定在故意之外的目的作为构成要件的情形称为显形的目的犯，那么，刑法规定以目的实现行为作为构成要件的情形，就可以称为隐形的目的犯。除法定目的犯以外，还存在非法定的目的犯，即刑法未明文规定某种特定目的，但若无这一目的，仍然不能构成犯罪的情形。因此，在目的犯的情况下，犯罪目的的认定对于定罪具有重要意义。

五、罪体认识错误

罪体认识错误，是指行为人对罪体构成要素的错误认识。罪体认识错误关系到对行为人刑事责任的追究问题，因而需要加以研究。

罪体认识错误是主观上的认识与客观上的事实不相符合。对于符合的判断问题，刑法理论上存在以下三种学说：（1）具体符合说，认为行为人所认识或者预见的构成事实与实际发生的事实完全一致时，才构成故意。如果行为人所认识或者预见的构成事实与实际发生的事实不符，就属于事实错误，从而阻却故意。这种观点要求主观认识与客观事实完全一致，显然不妥。例如欲偷手表而得金项链，所知与所为不完全相同，按照具体符合说是认识错误，行为人没有盗窃金项链的故意。又如，欲杀张三而杀死李四，按照具体符合说也是认识错误，应以故意杀人未遂与过失致人死亡论处。（2）抽象符合说，认为行为人所认识或者预见的构成事实与实际发生的构成事实存在抽象的一致时，不论是否存在具体差别和罪质轻重，均认为行为人对于所认识或者预见的事实具有故意，不存在认识错误。抽象符合说放弃与客观事实的具体符合，代之以抽象符合。但该说对行为人主观认识的要求失之过宽，例如故意盗窃财物而意外地窃得枪支，按照抽象符合说，可以成立盗窃枪支罪。如此，则几乎否定了事实错误的存在，同样不妥。
（3）法定符合说，认为行为人认识或者预见的构成事实与实际发生的构成事实在法定构成要件（特别构成要件）的范围内一致时，行为人对于所认识或者预见的构成事实成立故意。法定符合说将故意的认识内容限定在构成要件之内，具有一定的合理性。凡同属一个构成要件的，例如盗窃，即使误金项链为手表，也不发生认识错误的问题，应以盗窃论处。凡不同属一个构成要件的，例如欲盗窃财物而窃得枪支，属于认识错误，不能认为具有盗窃枪支的故意。因此，我赞同法定符合说，应以此来判断罪体要素的认识错误是否阻却故意。在刑法理论上，罪体要素认识错误可以分为以下四种：

（一）客体错误

客体错误是指对行为客体的认识错误，例如欲杀张三而杀死李四或者欲偷手表而偷得金项链，均属客体错误。客体错误是否阻却故意，应视其错误是同一构成要件的错误，还是不同构成要件的错误。如果是同一构成要件的错误，不阻却故意；不同构成要件的错误则阻却故意。至于打击错误，如果超出构成要件范围的，亦应阻却故意；否则不阻却故意。

（二）手段错误

手段错误是指行为人在故意犯罪时，实际采用的犯罪手段与其预想的手段在性质或者作用上不相符合，从而未能发生预期的犯罪结果，构成犯罪未遂，刑法理论上称之为手段不能犯的未遂。在手段错误中有一种迷信犯的特殊情形，即由于行为人极端迷信、愚昧无知，所采取的手段在任何情况下都不可能造成实际的危害结果，因而，刑法理论一般认为对于迷信犯不应以犯罪论处。

（三）打击错误

打击错误，又称为打击偏差或者方法错误，是指行为人意欲侵害某一客体，由于失误导致对另一客体的侵害。例如，欲杀张三，误将李四杀死。在这种情况下，并非将李四误认为是张三而将其杀死，而是由于打击偏差，造成了对与本欲侵害客体不相符的另一客体的侵害结果。关于打击错误是否属于刑法上的认识错误的问题，在刑法理论上存在争论。我认为，打击错误仍然是一种错误，只不过这种错误并非在行为之前发生，而是在行为过程中发生。至于打击错误是否属于因果关系错误，我的结论是否定的。因为因果关系错误是对因果关系发展情况的认识与实际的因果进程不相符合。但在打击偏差的情况下，只是行为发生偏差，致使本欲发生在此一客体上的侵害结果转移到彼一客体上，没有发生对因果关系本身的认识错误。在打击偏差的情况下，对本欲侵害的客体构成犯罪未遂，对非欲侵害的客体在主观上具有过失的情况下构成过失犯罪，但由于是同一行为，因而属于想象竞合犯，应从一重罪处断。当然，如果主观上没有过失，属于意外事件，只应以对本欲侵害客体的犯罪未遂论处。

（四）因果关系错误

因果关系错误是指行为人对于自己的行为与结果之间因果关系发展情况的认识与实际的因果进程不相符合。因果关系错误，在通常情况下并不影响故意成立。例如，行为人误认为自己的行为已经发生了预期的侵害结果，为达到另一目的又实施了另一行为，事实上行为人所预期的结果是另一行为所造成的。对于这种因果关系错误如何处理，涉及客观上是一行为还是两行为，主观上是概括故意还是分别有一个故意和一个过失等诸多法理问题。我认为，在上述情况下，虽然客观上存在事先行为与事后行为之分，但两个行为是密切相联系的，事后行为是事前行为的延续。主观上具有概括故意，因而视为一个故意行为较妥。例如，甲出于杀乙的意图勒其脖颈，使乙陷于假死状态。甲误认为乙已经死去，为湮灭罪证而将乙投入水中，实际上乙是溺死的。在这种情况下，没有必要视为故意杀人未遂和过失致人死亡两个罪，可以径直以一个故意杀人罪论处。这种情形，可以说是因果关系的延后实现。此外，因果关系错误还会发生因果关系的提前实现的情形。例如，甲出于泄愤的目的欲将一个属于国家珍贵文物的宋瓷瓶抱到屋外砸毁，当从桌上抱到门口，在刚要迈出门槛的时候不小心绊倒，将瓷瓶摔碎。这一行为是定故意损毁文物罪还是过失损毁文物罪？因为甲预先具有损毁文物的故意，尽管是出于过失而将瓷瓶摔碎，但这是一种因果关系的认识错误，对甲仍然应以故意损毁文物罪论处。

第三节 罪责排除事由

一、罪责排除事由概述

（一）罪责排除事由的概念

罪责排除事由是指虽然具备故意或者过失等罪责构成要素，但由于不具有可归责性，因而在罪责的认定过程中予以排除的情形。由此可见，罪责排除事由具有以下三个特征：

1. 以具备罪责构成要素为前提

罪责排除事由是以具备罪责构成要素为前提的，只有在具备了故意或过失以及动机、目的等主观心理事实的基础上，在对行为人进行归责的时候，才存在罪责排除事由。如果根本不具备罪责构成要素，则在罪责构成要素的认定过程中就可以否定罪责要件的存在，根本没有必要进行归责判断。例如，意外事件和不可抗力是不存在故意或者过失的情形，在罪责构成要素的认定过程中就予以排除，而不是罪责排除事由。

2. 以具有不可归责性为本质

如果说，罪责构成要素属于心理事实的范围，是一个事实判断的问题，那么，罪责排除事由就是对心理事实进行规范评价的结果，属于价值判断。罪责排除事由的本质是不可归责，因而它是建立在规范责任论的理论基础之上的。按照心理责任论，某一构成要件行为只要是在故意或者过失的心理支配下实施的，行为人就应当承担责任。而规范责任论则将故意或者过失视为归责的基础，而将责任能力、违法性认识和期待可能性作为归责要素。如果不存在可归责性，则即使存在故意或者过失等心理事实，仍然不具备罪责要件。

3. 以罪责的消极要件为形式

罪责排除事由是以罪责的消极要件的形式存在的。责任能力、违法性认识和期待可能性，作为一种归责要素本来是可以成为正面认定的积极要件的。但基于司法便利的考虑，故意或者过失等罪责构成要素是在罪责认定过程中需要确认的心理事实。在一般情况下，只要具备这些心理事实，就可以推定为是可归责的。只是作为例外，存在责任无能力、违法性认识错误或者期待不可能的情形，才应当排除罪责。因此，罪责构成要素是任何一个犯罪都必须具备的主观心理事实，而罪责排除事由只是在个别犯罪中才存在。基于一般与例外的思路，将罪责排除事由作为罪责的消极要件设置较为科学。

（二）罪责排除事由的根据

主观上的归责是在具有罪责构成要素的基础上，对行为人是否具有可责难性的考察。如果具有可责难性，则应当承担罪责；如果不具有可责难性，则不应当承担罪责。罪责是否排除，也就是可归责性的根据，在于行为人是否具有意志自由。因此，意志自由是罪责排除事由的根据。在意志自由问题上，刑事古典学派与刑事实证学派曾经是互相对立的：前者主张意志自由论，后者主张行为决定论。在 19 世纪后半叶以后，出现了刑事古典学派与刑事实证学派在意志自由问题上从对立逐渐走向调和的趋势。现在，在刑法理论上相对的意志自由或者柔和的行为决定论占主导地位。在主观归责问题上，一定程度的意志自由的存在是必不可少的前提。罪责排除事由之所以排除罪责，就在于这些事由本身与意志自由之间存在某种相关性。例如在精神病状况下，行为人丧失了辨认和控制自己行为的能力，实际上就是丧失了意志自由，因而不负刑事责任。又如，在违法性认识错误或者期待不可能的情况下，之所以排除罪责，主要就是因为行为人不具有意志自由，缺乏非难可能性。因此，只有从意志自由出发，才能为罪责排除事由提供法理上的根据。

（三）罪责排除事由的分类

在刑法理论上，罪责排除事由包括责任无能力、违法性认识错误和期待不可能等情形。其中，责任无能力可以说是法定的罪责排除事由，因为在刑法中有明文规定。关于违法性认识错误，在某些国家的刑法中明确规定不知法不免责的情况下，违法性认识错误作为罪责排除事由是存在法律障碍的。某些国家的刑法中明确规定不可避免的禁止错误可以排除罪责，因而尽管免责事由不限于不可避免的禁止错误，但这种罪责排除事由是有法律根据的。我国刑法在关于犯罪故意或者犯罪过失的规定中，都包含了对行为的危害社会性质的认识或者认识可能性，没有这种认识的则不构成犯罪。因此，在我国刑法中将违法性认识错误作为罪责排除事由是具有法律根据的。关于期待不可能性，在各国刑法中均没有规定，因此期待不可能性是一种超法规的罪责排除事由。

二、罪责排除事由Ⅰ：责任无能力

（一）责任无能力的概念

责任无能力是指欠缺辨认能力与控制能力。如果有辨认能力与控制能力，则有责任能力；反之则没有责任能力。辨认能力，是指对于事物性质的判别能力，即行为人是否存在认识能力。控制能力，是指对于自己行为的支配能力，即行为人是否存在意志能力。关于辨认能力与控制能力的关系，辨认能力是前提，只有正确地对事物性质，尤其是事物的法律性质作出判断，才能有效地控制自己的行为，使之合乎法律规定。因此，在辨认能力与控制能力同时丧失的情况下，当然是无责任能力。那么，在有辨认能力而无控制能力，或者有控制能力而无辨认能力的情形下，如何判断责任能力？有辨认能力而无控制能力，是指行为人能够认识到一定行为之不可为而难以控制，从而为之。在这种情况下，行为人应被视为无责任能力。有控制能力而无辨认能力，是指行为人没有认识到一定行为之不可为，而在控制能力的支配下为之。在这种情况下，行为人同样应被视为无责任能力。可见，对于刑事责任能力的成立来说，辨认能力与控制能力缺一不可。在我国刑法中欠缺责任能力主要包括未成年和精神病两种情况，当然，在未成年与精神病中，不仅涉及欠缺责任能力问题，而且涉及责任能力减弱的问题。此外，我国刑法还规定了醉酒与生理功能丧失和刑事责任的关系，在此一并加以讨论。

（二）未成年

根据我国刑法的规定，未成年是欠缺责任能力的法定事由。未成年主要涉及刑事责任年龄。一个人的责任能力并非与生俱来，只有达到一定的年龄才能获得。这一年龄，就是刑事责任年龄。刑事责任年龄是承担刑事责任的根据之一，尤其是未成年人的年龄直接关系到罪与非罪。因此，在审理未成年人刑事案件的时候，应当查明被告人实施被指控犯罪时的年龄。一般情况下，根据户籍记载可以确定一个人的年龄。但在某些情况下，缺乏证明年龄的户籍资料。为此，应当根据相关的证据认定一个人的年龄。根据 2006 年 1 月 11 日最高人民法院《关于审理未成年人刑事案件具体应用法律若干问题的解释》（以下简称《解释》）第 4 条的规定，对于没有充分证据证明被告人实施被指控的犯罪时已经达到法定刑事责任年龄且确实无法查明的，应当推定其没有达到相应法定刑事责任年龄。相关证据足以证明被告人实施被指控的犯罪时已经达到法定刑事责任年龄，但是无法准确查明被告人具体出生日期的，应当认定其达到相应的法定刑事责任年龄。在司法实践中，对于刑事责任年龄的认定应当照此办理。在确认一个人的刑事责任年龄的基础上，根据刑法规定确定其应否承担以及如何承担刑事责任。我国刑法对刑事责任年龄采用三分法，即将刑事责任年龄分为以下三个阶段：

1. 完全不负刑事责任年龄阶段

根据我国刑法的规定，不满 14 周岁是无责任能力年龄阶段。因此，不满 14 周岁的人不管实施何种法益侵害行为，都不负刑事责任。随着在现实生活中犯罪低龄化，出现了个别不满 14 周岁的人犯故意杀人罪等严重犯罪的案例。在这种情况下，向下调整刑事责任年龄的呼声愈高。为此，《刑法修正案（十一）》增设了《刑法》第 17 条第 3 款，规定："已满十二周岁不满十四周岁的人，犯故意杀人、故意伤害罪，致人死亡或者以特别残忍手段致人重伤造成严重残疾，情节恶劣，经最高人民检察院核准追诉的，应当负刑事责任。"在这种情况下，我国刑法中的最低刑事责任年龄在犯故意杀人、故意伤害，致人死亡或者以特别残忍手段致人重伤造成严重残疾，情节恶劣的，经最高人民检察院核准可以追究刑事责任时，有所降低这可以说是对刑事责任年龄的有条件的降低。这里的故意杀人、故意伤害，致人死亡，不是指罪名，而是指犯罪行为。因此，在实施其他严重犯罪过程中，实施了故意杀人或者故意伤害，致人死亡的，尽管以其他犯罪的罪名定罪，仍然可以适用本款规定。

2. 相对负刑事责任年龄阶段

根据我国《刑法》第 17 条第 2 款的规定，"已满十四周岁不满十六周岁的人，犯故意杀人、故意伤害致人重伤或者死亡、强奸、抢劫、贩卖毒品、放火、爆炸、投放危险物质罪的，应当负刑事责任"[①]。因此，已满 14 周岁不满 16 周岁是相对负刑事责任年龄阶段。

《刑法》对已满 14 周岁不满 16 周岁的人应当负刑事责任的 8 种行为进行了明文列举，为司法机关正确地解决已满 14 周岁不满 16 周岁的人的刑事责任问题提供了法律根据。但是，在司法实践中仍然存在以下三个值得研究的问题：

（1）上述 8 种行为中的强奸罪是否包括奸淫幼女？在 1997 年 12 月 9 日最高人民法院《关于执行〈中华人民共和国刑法〉确定罪名的规定》中，奸淫幼女是一个有别于强奸罪的独立罪名。按照这一司法解释，奸淫幼女罪显然难以包含在强奸罪之中。但 2000 年 2 月 16 日最高人民法院《关于审理强奸案件有关问题的解释》（已废止）规定："对于已满 14 周岁不满 16 周岁的人，与幼女发生性关系构成犯罪的，依照刑法第十七条、第二百三十六条第二款的规定，以强奸罪定罪处罚。"这一司法解释使已满 14 周岁不满 16 周岁的人因其奸淫幼女行为负刑事责任，对其按照强奸罪定罪处罚。但已满 16 周岁的人的奸淫幼女行为仍定奸淫幼女罪，由此出现同一种行为按照行为人年龄不同而认定为不同罪名的矛盾现

---

①　这里的投毒罪经《刑法修正案（三）》修订后，增加了投放毒害性、放射性、传染病病原体等物质的内容，因而罪名也相应地被司法解释修改为投放危险物质罪。

象。为此，2002 年 3 月 15 日最高人民法院、最高人民检察院《关于执行〈中华人民共和国刑法〉确定罪名的补充规定》明文取消了奸淫幼女罪的罪名，对奸淫幼女行为均以强奸罪论处，从而解决了这一问题。

（2）上述 8 种行为中的故意杀人罪是否包括绑架罪中杀害被绑架人的行为？这种杀害被绑架人的行为是一种故意杀人行为，但这种故意杀人行为包含在绑架罪中。按照罪名理解已满 14 周岁不满 16 周岁的人实施这种行为的，不能按照故意杀人罪承担刑事责任。对于这个问题，2002 年 7 月 24 日全国人大常委会法制工作委员会《关于已满十四周岁不满十六周岁的人承担刑事责任范围问题的答复意见》（以下简称《意见》）规定："对于刑法第十七条中规定的'犯故意杀人、故意伤害致人重伤或者死亡'，是指只要故意实施了杀人、伤害行为并且造成了致人重伤、死亡后果的，都应负刑事责任。而不是指只有犯故意杀人罪、故意伤害罪的，才负刑事责任，绑架撕票的，不负刑事责任。对司法实践中出现的已满十四周岁不满十六周岁的人绑架人质后杀害被绑架人、拐卖妇女、儿童而故意造成被拐卖妇女、儿童重伤或死亡的行为，依据刑法是应当追究其刑事责任的。"根据《意见》的上述规定，《刑法》第 17 条第 2 款规定的是 8 种行为而非 8 个罪名，由此确定已满 14 周岁不满 16 周岁的人应负刑事责任的范围，不能不说是一种扩大解释，在一定程度上扩大了已满 14 周岁不满 16 周岁的人应负刑事责任的范围。

（3）关于如何确定罪名的问题。已满 14 周岁不满 16 周岁的人实施《刑法》第 17 条第 2 款规定以外的犯罪行为，如何确定罪名也是一个存在争议的问题。例如已满 14 周岁不满 16 周岁的人实施绑架杀人行为，按照法律规定应当追究刑事责任，那么，是以故意杀人罪追究刑事责任还是以绑架罪追究刑事责任？对于这个问题，前引《解释》第 5 条明确规定："已满十四周岁不满十六周岁的人实施刑法第十七条第二款规定以外的行为，如果同时触犯了刑法第十七条第二款规定的，应当依照刑法第十七条第二款的规定确定罪名，定罪处罚。"

3. 完全负刑事责任年龄阶段

根据我国《刑法》第 17 条第 1 款的规定，"已满十六周岁的人犯罪，应当负刑事责任"。因此，已满 16 周岁是完全负刑事责任年龄阶段。我国刑法除对刑事责任年龄作了规定以外，还对负刑事责任的未成年人的处罚原则和不负刑事责任的未成年人的处置原则作了规定。我国《刑法》第 17 条第 4 款规定：对依照前三款规定追究刑事责任的不满十八周岁的人，应当从轻或者减轻处罚。这是未成年人犯罪从轻或者减轻处罚的法定情节，表明我国刑法对未成年人犯罪从宽处罚的刑事政策精神。我国《刑法》第 17 条第 5 款规定："因不满十六周岁不予刑事处罚的，责令其父母或者其他监护人加以管教；在必要的时候，依法进行专门矫治教育。"这里的收容教养是对不负刑事责任的未成年人的一种保安处分措施。

（三）精神病

根据我国刑法的规定，精神病也是欠缺责任能力的法定事由。因为一个人的责任能力并非一旦获得即终身拥有，而是会在某种条件下丧失或者减弱。精神病就是责任能力丧失或者减轻的事由。这里的精神病，是指由于精神障碍而导致的精神异常状态。我国刑法对精神病人的责任能力采用三分法，即将精神病人的责任能力分为以下三种情形：

1. 完全不负刑事责任的精神病人

根据我国《刑法》第 18 条第 1 款的规定，"精神病人在不能辨认或者不能控制自己行为的时候造成危害结果，经法定程序鉴定确认的，不负刑事责任，但是应当责令他的家属或者监护人严加看管和医疗；在必要的时候，由政府强制医疗"。根据这一规定，不负刑事责任的条件是精神病人丧失辨认或者控制能力造成危害结果。在这种情况下，行为人属于无责任能力。

在刑法理论上，责任能力的标准有生物学标准和心理学标准之分。生物学标准是指以是否具有刑法规定的精神障碍作为判定行为人是否具有刑事责任能力的标准。心理学标准是指以是否达到刑法所规定的心理状态或心理状态所导致的结果作为判定行为人是否具有刑事责任能力的标准。依据上述两种不同的标准，在责任能力判断上会得出的结论不完全相同。一般来说，生物学标准的判断较为宽泛，只要行为人具有精神障碍，即判定为欠缺责任能力者。而精神障碍本身是十分复杂的，难以成为责任能力判断的唯一标准，尤其是责任能力的根据是行为人的辨认能力和控制能力。因此，责任能力的判断也应该统一于对行为人的辨认能力和控制能力的判断。心理学标准又称为法学标准，心理状态的判断自然不能完全离开生物学根据。当今世界各国多兼采生物学标准和心理学标准，称为混合标准，即行为人不仅必须患有刑法所规定的精神障碍，而且其精神障碍必须引起法定的心理状态或心理结果，方可被判定为无刑事责任能力或限制刑事责任能力。根据这种混合标准，首先判明行为人是否存在某种法定的精神障碍，然后进一步判明行为人是否由于这种精神障碍而丧失了辨认能力和控制能力。至于行为时是否处于丧失辨认或者控制能力的状态，应当经法定程序通过司法精神病的鉴定加以确认。

丧失责任能力的精神病人，由于缺乏对自己行为的辨认或者控制能力，其行为是在缺乏意志自由的条件下实施的，即使造成一定的危害结果，他也不应承担刑事责任。但这并不意味着对其放任不管。我国刑法规定了精神病人的家属或者监护人对精神病人的看管和医疗责任。同时，刑法还规定了在必要的时候，政府可以对精神病人强制治疗。这种对精神病人的强制治疗，是我国刑法对不负刑事责任的精神病人的一种保安处分措施。

2. 限制刑事责任的精神病人

限制刑事责任的精神病人，又称减轻刑事责任或者部分刑事责任的精神病人，是指部分丧失辨认或者控制能力的精神病人。我国《刑法》第18条第3款规定："尚未完全丧失辨认或者控制自己行为能力的精神病人犯罪的，应当负刑事责任，但是可以从轻或者减轻处罚。"这种尚未完全丧失辨认或者控制自己行为能力的精神病人，就是限制刑事责任的精神病人。这些人的特点是精神病理机制的作用使辨认或者控制自己行为的能力有所减弱而未完全丧失，因此仍应承担刑事责任，但根据刑法规定可以从轻或者减轻处罚。因此，在我国刑法中，限制刑事责任能力的精神病人虽然不是罪责排除事由，却是罪责减轻事由。

3. 完全负刑事责任的精神病人

完全负刑事责任的精神病人是指虽然患有精神病，但行为时处于精神正常状态，或者精神障碍轻微并未影响辨认或者控制自己行为的能力，因而属于完全负刑事责任的精神病人。例如我国《刑法》第18条第2款规定："间歇性的精神病人在精神正常的时候犯罪，应当负刑事责任。"

（四）生理醉酒

醉酒可以分为病理性醉酒与生理性醉酒两种情形。其中，病理性醉酒属于精神病的范畴，应当适用有关精神病人刑事责任的规定。生理性醉酒，又称普通醉酒，是指急性酒精中毒，即因饮酒过量而导致精神过度兴奋甚至神志不清的状态。我国《刑法》第18条第4款规定："醉酒的人犯罪，应当负刑事责任。"由此可见，在我国刑法中，生理性醉酒并非罪责排除事由。生理性醉酒之所以不能免责，并非醉酒人的辨认或者控制能力没有受影响。实际上，在某些醉酒的情况下，由于精神过度兴奋而使辨认或者控制能力有所减弱；如果因为醉酒而神志不清，则可能使辨认或者控制能力完全丧失，那么，在这种情况下醉酒人为什么仍应负刑事责任呢？我认为，对此可用原因上的自由行为理论来加以解释。原因上的自由行为，是指行为时虽没有责任能力，但使之陷入这种无责任能力状况的原因行为是自由的，是在完全责任能力状态下之所为。因此，行为人仍应负刑事责任。在醉酒的情况下，行为人由于酒精中毒而使其责任能力有所减弱甚至完全丧失，但醉酒状态是在行为人意志自由的情况下导致的，具有原因行为的自由性。在这种情况下，刑法规定醉酒的人仍应负刑事责任，我认为是具有正当根据的。那么，行为人主观上是故意还是过失呢？对此，在刑法理论上存在较大的争议，即到底是根据对醉酒状态的造成是故意还是过失来认定罪责形式，还是根据在醉酒以后对构成要件结果的发生是故意还是过失来认定罪责形式？我赞同后一种观点。在存在双重故意的情况下，即醉酒是故意的，对于结果发生也是故意的，认定为故意犯罪当然没有问题。在存在双重过失的情况下，即醉酒是过失的，对结果发生也是过失的，认定为过失犯罪也没有问题。在故意醉酒后过失造成结果，或者过失醉酒后故意造成结果的情况，我认为应当根据对结果的心理态度分别认定为过失犯罪或者故意犯罪。

（五）生理功能丧失

生理功能丧失是指听能丧失（聋）、语能丧失（哑）和视能丧失（盲）等情形。生理功能与责任能力具有一定的联系，生理功能丧失虽然不会导致责任能力的完全丧失，但可能使责任能力有所减弱。我国《刑法》第19条规定："又聋又哑的人或者盲人犯罪，可以从轻、减轻或者免除处罚。"根据我国刑法的这一规定，生理功能丧失虽然不是罪责排除事由，却是罪责减轻事由。

三、罪责排除事由Ⅱ：违法性认识错误

（一）违法性认识错误的概念

违法性认识错误，也称为禁止错误，是指对于行为是否具有违法性所产生的错误认识。因此，违法性认识错误是在认识罪体构成要素的基础上，对其行为的违法性缺乏认识的情形。违法性认识是否阻却责任，取决于在刑法理论上违法性认识是否属于归责要素。如果在刑法理论上不承认违法性认识是归责要素，违法性认识错误当然也就对归责不会产生影响。在刑法理论上承认违法性认识是归责要素，违法性认识错误才会对归责产生影响。在大陆法系国家的刑法理论中，一般并不从正面论及违法性认识是否属于归责要素，而是主张当存在一种不可避免的禁止错误的情形时，是否可以排除责任的问题。我认为，对于违法性发生错误认识，意味着缺乏违法性认识，在这种情况下，尽管行为人具有罪责构成要素，但同样不具有可归责性。因此，违法性认识错误是罪责排除事由。

（二）违法性认识错误排除罪责的根据

刑事责任的承担是否应当具备违法性认识，这个问题与违法性认识错误是否可以成为罪责排除事由是紧密相关的，因而也是揭示违法性认识错误排除罪责的根据之关键。对于这个问题，在刑法理论上存在违法性认识不要说与违法性认识

必要说的争论。

违法性认识不要说认为，在主观上归责的时候，只要行为人认识到构成事实即为已足，不需要有违法性认识或者违法性认识可能性。因此，违法性认识并非责任要素。这种观点是建立在古罗马法中"不知法律不免责"这一格言的基础之上的，对大陆法系国家的刑法曾经产生了深远影响。违法性认识不要说具有明确的国家权威主义立场，要求公民知法，并且把不知法视为法漠视甚至是法敌视的态度。随着罪刑法定主义和责任主义的兴起，刑法越来越强化人权保障功能，因而违法性认识不要说逐渐丧失了存在的正当性，通过修改刑法或者判例摆脱"不知法律不免责"这一原则的影响。违法性认识必要说则认为，违法性认识是归责要素。在违法性认识必要说中，又存在以下诸说：（1）严格故意说。该说认为行为人单纯认识犯罪事实，尚不足以对其进行严格意义上的道义非难，必须在行为人明确地认识到自己所为是为法律所不允许而仍然为之时，才能对其进行道义非难。因此，违法性认识是故意的构成要素。（2）自然犯与法定犯区分说。该说认为自然犯不要求违法性认识，而法定犯则必须具有违法性认识。（3）限制故意说。该说认为应以违法性认识的可能性作为故意的构成要素。换言之，行为人虽然欠缺违法性认识，但是根据其对于犯罪事实的认识程度、经历、一贯表现、受教育程度、性格、人格等情况综合判断，足以认定其具备违法性认识可能性的，就可以判断其具有犯罪故意。（4）责任说。该说认为违法性认识可能性是一种规范性要素，因而属于归责要素而不是故意的内容。对于故意的成立来说，只要具有对构成事实的认识就足矣，没有违法性认识并不影响故意的成立。虽然存在故意，但如果缺乏违法性认识，则不具有主观上的可归责性。显然，在大陆法系递进式的犯罪论体系中，存在构成要件该当的故意与责任的故意之间的区分的情况下，在违法性认识问题上的故意与责任区分说是可以成立的，将违法性认识视为独立的归责要素成为大陆法系刑法理论的通说。

在我国刑法理论中，传统刑法教科书是否认违法性认识作为主观要素的，从而恪守"不知法律不免责"的原则。但在我国刑法关于犯罪故意的规定中，包含了对行为的危害社会性质认识的内容，这实际上是违法性认识的另一种表述。由于我国四要件的犯罪构成理论没有将故意与责任加以区分，而是将责任要素归入故意之中讨论，因此违法性认识应当是犯罪故意的构成要素。从这个意义上说，我国刑法承认违法性认识是刑事责任的主观根据。当然，在大陆法系国家刑法中，虽然没有正面规定违法性认识的缺乏可以负责，但一般都对违法性认识错误，也就是法律认识错误作了规定。例如《德国刑法典》第17条规定："（法律上的认识错误）行为人行为时没有认识其违法性，如该错误认识不可避免，则对其行为不负责任。如该错误认识可以避免，则对其行为依第49条第1款减轻其刑罚。"该规定虽然没有从正面确定违法性认识是归责要素，但将不可避免的违法性认识错误作为免责事由，将可以避免的违法性认识错误作为减责事由，这应当认为在一定程度上确认了违法性认识的归责功能。又如，《法国刑法典》第1223条规定："能证明自己系由于其无力避免的对法律的某种误解，以为可以合法完成其行为的人，不负刑事责任。"这一规定确认了不可避免的违法性认识错误可以阻却责任。正是基于以上规定，大陆法系刑法理论通常都将违法性认识错误作为责任阻却事由。

违法性认识错误之所以排除罪责，是因为故意或者过失等心理事实本身不具有可归责性，归责必须建立在行为人对其行为的违法性具有认识或者认识可能性的基础之上。违法性认识表明行为人是在明知其行为违法的情况下实施其行为的，因而主观上具有法敌对性，这也正是对行为人的心理事实进行归责的根据。在对其行为的违法性发生了错误认识的情况下，当然就缺乏违法性认识，因而可以排除罪责。

（三）违法性认识错误的判断

违法性认识错误的判断是要解决是否存在对违法性错误认识的问题。在讨论这个问题的时候，首先应当将违法性认识与事实性认识加以区分。事实性认识是对于罪体要素的认识，违法性认识则是对于罪体要素在刑法上的评价的认识。例如，在故意杀人罪中，杀的客体是人还是兽的认识，属于事实性认识。对于杀人行为是否触犯刑律的认识，属于违法性认识。又如，在传播淫秽物品犯罪中，对传播的客体是否为淫秽物品（例如淫书）的认识，属于事实性认识；是否认识到淫秽物品（例如淫书）为刑法所禁止，属于违法性认识。由此可见，在自然犯中，罪体构成要素是裸的事实。在这种情况下，事实性认识与违法性认识容易区分。但在法定犯中，罪体构成要素包含着某种规范评价因素，包括法律评价、文化评价、伦理评价等，并非赤裸的事实，因而事实性认识与违法性认识容易混淆。尤其是在我国刑法中，罪体构成要素中包含大量违法要素，因而某一犯罪具有行政违法与刑事违法的双重违法构造。例如我国《刑法》第133条规定，交通肇事罪是指违反交通运输管理法规，因而发生重大事故，致人重伤、死亡或者使公私财产遭受重大损失的行为。在此，违反交通运输管理法规是事实性认识还是违法性认识？由于在交通肇事罪中，刑法并未对交通肇事行为本身加以描述，违反交通运输管理法规是用来定义交通肇事行为的，因而对于是否违反交通运输管理法规的认识，就是对交通肇事行为的认识，这一认识属于事实性认识。又如，《刑法》第284条规定的非法使用窃听、窃照专用器材罪是指非法使用窃听、窃照专用器材，造成严重后果的行为。在此，刑法既规定了使用窃听、窃照专用器材的行为，又规定了这种行为是非法的，这里的非法是指违反国家规定使用窃听、窃照器材，包括无权使用的人使用和有权使用的人违反规定使用。对使用窃听、窃照专用器材的认识当然属于事实性认识。那么，对于使用窃听、窃照专用器材的非法性的认识，是事实性认识还是违法性认识？在此，关键是确定这里的非法在本罪中到底是违法性要素还是罪体构成要素。我认为，这里的非法是本罪的罪体构成要素，因而对于非法使用窃听、窃照专用器材的认识仍然属于事实性认识而非违法性认识。

在正确地区分事实性认识与违法性认识的基础上，还要进一步对违法性认识的判断标准加以界定。违法性认识判断标准，主要涉及对违法性的理解。关于这个问题在刑法理论上主要存在以下三种观点：（1）违反前法律规范的认识说。该说认为只要行为人具有违反前法律规范的意识，就可以认定为具有违法性认识。

（2）法律不允许的认识说。该说认为违法性认识是指行为人认识到不为法律所允许，或者是违反了法秩序。（3）违反刑法的认识说。该说认为违法性认识是指行为人认识到行为违反刑法并应受到刑罚惩罚。以上三种观点的分歧在于违法性认识的法，到底是指实质意义上的法还是形式意义上的法。违反前法律规范的认识说认为，违反的不是形式意义上的法而是违反前法律规范，而又把前法律规范界定为社会伦理规范。因此，这种观点又称为实质的违法性认识说。法律不允许的认识说中的法律，是指实定法规。在法定犯的情况下，违反实定法规是罪体构成要素，对其认识属于事实性认识而非违法性认识。违反刑法的认识说将违法性的法限缩为刑法，要求行为人对其行为违反刑法具有认识。在以上三种观点中，大体上可以分为实质的违法性认识说与形式的违法性认识说这两种情形。我主张刑事违法性认识说，也就是刑法违反的认识说。因为只有认识到自己的行为是违反刑法的，仍然有意实施，才具有主观上的恶性，才应当追究行为人的刑事责任。在判断违法性认识的时候，应当参照刑法规范。在对刑法规范发生认识错误的情况下，需要对行为人是否具有违法性认识进行判断。

　　在判断违法性认识错误的时候，应当注意违法性认识错误的两种情形：一是法律的不知，二是适用的错误。法律的不知是指对于某一行为是否为刑法所禁止的认识错误。因此，不知法其实是禁止错误的表现形式。适用的错误是指认识到某一行为为刑法所禁止，但对于该行为的某一具体要素在刑法上的意义缺乏认识。例如认识到妨害信用卡管理的行为是刑法所规定的犯罪行为，但误以为借记卡不是信用卡而实施该行为。但根据 2004 年 12 月 29 日全国人大常委会《关于〈中华人民共和国刑法〉有关信用卡规定的解释》，刑法规定的"信用卡"，是指由商业银行或者其他金融机构发行的具有消费支付、信用贷款、转账结算、存取现金等全部功能或者部分功能的电子支付卡。根据这一规定，我国刑法中的信用卡不仅包括具有信用贷款功能的狭义上的信用卡，而且包括不具有信用贷款功能但具有消费支付、转账结算、存取现金功能的借记卡。因此，行为人虽然认识到妨害信用卡管理行为是为刑法所禁止的，但并没有认识到借记卡属于刑法中的信用卡，因而也属于违法性认识错误。

在判断违法性认识错误的时候，还应当注意违法性的认识程度问题。在刑法理论上，根据违法性认识程度，将违法性认识分为两种情形：一是违法性认识，二是违法性认识可能性。狭义上的违法性认识说认为，只有对违法性有认识才能归责，违法性认识可能性仍然是缺乏违法性认识，因而不能归责。违法性认识可能性说则认为，只要具有认识到违法性的可能性，就应当认为具有违法性认识。这两种观点对违法性认识含义的理解有所不同，因而也影响对违法性认识错误的判断。当然，也有一种折中的观点，认为对于故意和有认识的过失，应当要求狭义上的违法性认识，但对于无认识的过失，则应要求违法性认识可能性。关于这个问题，大陆法系国家一般都以不可避免的违法性认识错误，作为责任阻却事由。因此，在判断违法性认识错误的时候，不仅要看是否对违法性发生了错误认识，而且要看这种错误认识是否可以避免。如果虽然发生了违法性认识错误，但这种认识错误并非不可避免，也就是说具有违法性认识可能性的，仍然不能阻却责任。由此可见，在大陆法系国家的刑法中一般采违法性认识可能性说。关于违法性认识可能性是否存在，要根据行为人的年龄、职业、学历、经历以及案件具体情节作出综合判断。

四、罪责排除事由Ⅲ：期待不可能

（一）期待不可能的概念

期待不可能是指不具有期待可能性。因此，期待是否可能，实际上是一个期待可能性是否存在的判断问题，只有通过期待可能性才能明确期待不可能的概念。

期待可能性，是指在行为当时的具体情况下，能够期待行为人作出合法行为的可能性。法并不强制行为人作出绝对不可能的事，只有当一个人具有期待可能性时，才有可能对行为人作出谴责。如果不具有这种期待可能性，那么也就不存在谴责可能性。在这个意义上说，期待可能性是一种归责要素。期待可能性是就一个人的意志而言的，意志是人选择自己行为的能力，这种选择只有在期待可能性的情况下，才能体现行为人的违法意志。在一般情况下具有责任能力的人，在具有违法性认识的基础上，实施某一行为，通常就存在期待可能性。但在某些特殊情况下，期待可能性的判断仍然是必要的。例如，有配偶而与他人结婚，构成刑法上的重婚罪，但因自然灾害而流落外地，为生活所迫与他人重婚者，行为人明知本人有配偶，具有事实性认识，明知重婚违法，具有违法性认识，仍然与他人结婚，具有心理性意志，但由于是为生活所迫，缺乏期待可能性，因而没有违法性意志。对此，不能以重婚罪论处。

（二）期待不可能排除罪责的根据

期待不可能之所以成为罪责排除事由，是与期待可能性成为主观上的归责要素密切相关的。关于这个问题，在刑法理论上存在一个从心理责任论到规范责任论的转变。心理责任论把责任理解为行为人的心理关系，根据心理关系的不同，把罪责形式分为故意与过失。由此可见，心理责任论关注的是心理事实，将故意与过失视为归责要素。心理责任论虽然相对于追究无罪过责任的客观归罪来说具有进步意义，但把责任建立在故意与过失的心理事实基础之上，仍然存在缺陷。在这种情况下，规范责任论应运而生，取代心理责任论而成为责任的通说。规范责任论认为，责任并不是故意与过失的心理事实本身，而是从规范的角度对心理事实加以非难的可能性。责任非难的根据是行为人违反了不该作出违法行为决意的法律规范的要求。在具体情况下，可以期待行为人实施合法的行为，这就是所谓期待可能性。从规范责任论的观点来看，期待可能性就是决定责任界限的要素，也就是责任的规范要素。如果没有期待可能性，也就是说，在某种具体情况下，不能期待行为人实施合法的行为，则不能从主观上对行为人加以归责。

期待不可能之所以排除罪责，是因为在这种缺乏期待可能性的情况下，对行为人归责是不合理的。因此，从心理责任论到规范责任论的演进，体现了刑事责任的进一步合理化。刑事责任应当建立在行为人的意志自由基础之上，只有在某种法益侵害结果是在行为人自愿选择或者能够避免而不避免的情况下，才能对行为人进行归责。如果某种法益侵害结果是在行为人无法选择的情况下不以其意志为转移而客观发生的，则对行为人归责显然是强人所难。正是在这个意义上，是否存在期待可能性成为行为人是否具有意志自由的标志。因此，在期待不可能的情况下排除罪责，表明刑事责任是建立在意志自由基础之上的，意志自由就是期待不可能排除罪责的根据。

（三）期待不可能的判断

期待不可能的判断，就是依据一定的征表判断期待可能性是否存在。期待可能性通过一定的征表反映出来。因此，期待可能性的征表对于期待是否可能的判断具有重要意义。

期待可能性的征表如何界定，在刑法理论上存在争议。狭义说认为期待可能性征表指行为时的外部事件，广义说则认为期待可能性的征表既包括外部事件也包括内部事件。这里所谓外部事件，是指行为时的客观事实；内部事件是指行为人的主观事实，例如责任能力等。我认为，责任能力不能成为期待可能性的征表。责任能力是归责的前提，期待可能性的判断是在责任能力的基础上进行的，因此，期待可能性的征表只能是指行为时的客观事实。例如，行为人在行将饿死的情况下偷吃他人食物，行将饿死这样一种客观状态就是期待可能性的征表。由于存在这种客观事实，认定行为人的盗窃系在期待不可能的情况下实施的，因而不具有主观上的可归责性。

期待可能性的判断必须根据一定的标准，唯有如此才能避免期待可能性被滥用。在期待可能性标准问题上，存在以下三种观点的分歧：一是行为人标准说。该说认为以行为人本人的能力为标准，在该具体的行为人情况之下，能够决定期待其实施合法行为是否可能。二是平均人标准说。该说认为通常人处于行为当时的行为人的地位，该通常人是否具有实施合法行为的可能性。三是国家标准说。该说认为行为的期待可能性的有无，不是以被期待的方面，而是以期待方面的国家或法律秩序为标准，应当根据国家或法律秩序的期待内容及期待程度来确定。

在上述三说中，我赞同行为人标准说。国家标准说没有考虑到被判断的具体情状，具有明显的国家主义立场，无益于对期待可能性的正确判断。而一般人标准说虽然将视角从判断者转换成被判断者，但平均人是一个类型化的概念，作为判断标准在掌握上有一定难度，而且它也同样没有顾及行为人的个人特征。只有行为人标准说站在被判断者的立场上，设身处地地考虑其作出意志选择的可能性，使归责更合乎情理。

在期待不可能的判断中，还存在一个如何处理期待可能性的认识错误问题。期待可能性的认识错误，是指对期待可能性征表的错误认识。期待可能性征表，通常是指一种客观的异常情态。行为人对这种客观的异常情态是否具有认识，以及这种认识是否和实际情况相符合，存在一个期待可能性的认识错误问题。期待可能性的这种征表不仅客观存在，而且要求行为人认识到这种征表，只有这种行为人才具有期待可能性。如果行为人主观上没有认识到这种征表，则不具有期待可能性，因而不能对行为人归责。在刑法理论上，期待可能性的认识错误可以分为积极错误和消极错误。积极错误是指客观上不存在期待可能性，主观上误认为存在这种征表；消极错误是指客观上存在期待可能性征表，主观上却误认为不存在这种征表。在积极错误的情况下，由于行为人主观上认为存在期待可能性的征表，即使客观上不存在，也应当阻却责任。在消极错误的情况下，尽管客观上存在期待可能性的征表，但行为人主观上对此并无认识，因而不能阻却责任。

第九章

罪 量

第一节　罪量概述

一、罪量的概念

罪量是在具备犯罪构成本体要件的前提下，表明行为对法益侵害程度的数量要件。罪量具有以下三个特征：

（一）法定性

罪量是由刑法和有关司法解释明文规定的，因而具有法定性。刑法对于罪量的规定包括两个方面：一是刑法总则关于犯罪概念中的但书规定，情节显著轻微危害不大的，不以犯罪论处。这一规定，被认为是犯罪概念中的数量因素。二是刑法分则关于具体犯罪的规定中，有关数额较大、情节严重的规定，这些规定对于认定犯罪具有重要意义。这里应当指出，刑法分则没有规定罪量要素的犯罪，并不表示只要行为一经实施就一概构成犯罪。因为刑法总则关于情节显著轻微危害不大的，不以犯罪论处的规定同样也适用于这些犯罪，因而司法解释对这些犯罪同样规定了罪量要素。

（二）复合性

罪量既不同于罪体具有客观性，也不同于罪责具有主观性，就其内容而言是既有主观要素又有客观要素，因此是主、客观的统一，具有复合性。当然，在罪量要件中客观要素所占比重较大，例如犯罪的数额就属于客观要素。但在罪量要件中仍然包含一些主观要素，例如情节严重或者情节恶劣中的情节，就包括反映行为人主观恶性的情节。

（三）程度性

罪量不同于罪体与罪责这两个犯罪构成本体要件，它反映的是行为的法益侵害程度。如果说，罪体与罪责是犯罪构成的质的要件，那么，罪量就是犯罪成立的量的要件。因此，罪量具有程度性特征。

二、罪量的规定

我国刑法规定的罪量要素，主要表现为数额和情节这两种形式。除个别犯罪以外，刑法关于数额和情节的规定都采取了盖然性的规定方式。即只是规定某一犯罪以数额较大或者情节严重作为犯罪成立的条件，至于具体的犯罪数额和具体的犯罪情节，在刑法中并未规定，而是授权司法机关通过司法解释（包括具有司法解释性质的规范性文件，下同）的形式加以规定。值得注意的是，早期我国刑法对数额和情节采取分别规定的方法，单独规定数额犯或者情节犯。但晚近我国刑法越来越多采用数额加情节的方法，即以一定的数额为基数，另外以具备某种严重情节作为补充。例如，我国《刑法》第 383 条关于贪污罪、受贿罪的处罚，原先规定以数额作为定罪量刑的标准。及至《刑法修正案（九）》修改为数额加情节的方法，在贪污罪、受贿罪的处罚中兼顾数额和情节，这是较为合理的。司法解释对罪量要素的规定，主要存在以下三种情形：

（一）认定标准

最高人民法院单独或者联合最高人民检察院共同发布的司法解释对罪量要素的规定，通常称为认定标准。这里的认定标准，具有定罪标准的性质。2013年4月15日最高人民法院、最高人民检察院《关于办理敲诈勒索刑事案件适用法律若干问题的解释》第1条，敲诈勒索公私财物价值2 000元至5 000元以上、3万元至10万元以上、30万元至50万元以上的，应当分别认定为《刑法》第274条规定的"数额较大""数额巨大""数额特别巨大"。

（二）立案标准

最高人民检察院发布的司法解释对罪量要素的规定，通常称为立案标准。根据我国刑事诉讼法的规定，检察机关对渎职侵权犯罪案件行使侦查权，而立案是刑事诉讼的必经程序。因此，最高人民检察院对渎职侵权犯罪案件专门制定了立案标准。这一立案标准实际上也是批捕标准和起诉标准，对于刑事追诉都具有约束力。同样，立案标准也为审判机关的定罪活动提供了法律标准。例如2006年7月26日最高人民检察院《关于渎职侵权犯罪案件立案标准的规定》，根据刑法、刑事诉讼法和其他法律的有关规定，对国家机关工作人员渎职和利用职权实施的侵犯公民人身权利、民主权利犯罪案件的立案标准作了规定，从而为渎职侵权犯罪案件的定罪提供了法律标准。

（三）追诉标准

最高人民检察院、公安部发布的具有司法解释性质的规范性文件，对罪量要素的规定，通常称为追诉标准。这里的追诉，是指追究刑事责任的整个过程，包括立案、批捕、起诉以及审判。因此，追诉标准是刑事追究必须遵循的法律标准。例如2001年4月18日最高人民检察院、公安部《关于经济犯罪案件追诉标准的规定》（现已失效），根据刑法、刑事诉讼法和其他法律的有关规定，对公安机关管辖的经济犯罪案件的追诉标准作了规定，从而为经济犯罪案件的定罪提供了法律标准。值得注意的是，最高人民检察院、公安部晚近发布的具有司法解释性质的规范性文件对罪量要素的规定改称为立案追诉标准。例如2008年6月25

日最高人民检察院、公安部《关于公安机关管辖的刑事案件立案追诉标准的规定（一）》，就将其对公安机关管辖的刑事犯罪案件的罪量要素称为立案追诉标准。其理由是：立案标准更侧重于规范和约束侦查机关，追诉标准更侧重于规范和约束公诉机关和审判机关。因此，称为立案追诉标准更能体现立案标准与批捕标准、起诉标准和定罪标准在实体上的一致性。

三、罪量的性质

在大陆法系和英美法系的刑法中，犯罪是不存在数量要素的，一行为只要被刑法规定为犯罪，无论情节轻重，都应以犯罪论处。至于是否作为犯罪处理，主要通过诉讼程序加以解决。当然，在大陆法系刑法理论中，从刑法谦抑主义出发，提出了可罚的违法性的概念。这里的可罚的违法性，是指行为虽然具有违法性，但违法性极其轻微，仍然不具有刑法上的可罚性。由此可见，可罚的违法性概念的提出，表明大陆法系刑法理论也开始关注犯罪的数量特征。

我国刑法中的犯罪概念，是从苏俄引进的，同时也就引进了犯罪概念中的数量因素。在我国刑法中，刑法总则的犯罪概念中有但书规定，刑法分则除部分犯罪没有罪量要素的规定以外，其他犯罪都有罪量要素的规定，这些罪量要素对于正确地认定犯罪具有重要意义。在我国刑法理论上，对于这些犯罪的数量要素的性质还存在不同认识，主要有以下四种观点：第一种观点是构成要件说，第二种观点是可罚的违法性说，第三种观点是客观处罚条件说，第四种观点是超过的客观要素说。上述观点从不同角度对犯罪的数量要素的性质作了论述，对于正确地理解犯罪的数量要素具有参考价值。以上所引四种观点，主要是按照三阶层的犯罪论体系对犯罪的数量要素的性质所作的分析。

在以上四种观点中，我主张客观处罚条件说。客观处罚条件是除构成要件该当性、违法性和有责性以外，决定犯罪成立的要件。犯罪的数量要素虽然是构成要件行为的附随结果，但它并不决定构成条件行为的性质，如果把构成要件作为决定行为性质的要件，则将犯罪的数量要素纳入构成要件范畴并不妥当。而且，构成要件具有故意规制机能，但将犯罪的数量要素作为故意的认识要素，会对故意的认定带来较大的难度。至于超过的客观要素说，将犯罪的数量要素从构成要件中独立出来，以维系构成要件的故意规制机能，这一思路是正确的。但犯罪的数量要素独立出来以后，是作为一个独立要件还是纳入客观处罚条件，是可以讨论的。至于可罚的违法性说，则可能会损害构成要件的违法推定机能，也有所不妥。我认为，利用客观处罚条件这一现成的概念容纳犯罪的数量要素，是合适的。

以上是关于在三阶层的犯罪论体系中，犯罪的数量要素的体系性地位问题。在我的罪体—罪责—罪量的犯罪论体系中，犯罪的数量要素是罪体—罪责以外的一个独立要件，这就是罪量要件。

罪量作为犯罪构成的要件之一，是中国司法与行政的双重制裁体制所决定的。在大陆法系和英美法系国家，对违法行为采取的是司法的单一制裁体制。在刑法中，一般都把犯罪分为重罪、轻罪和违警罪，对于犯罪的规定采取立法定性、司法定量的方式。在这种情况下，犯罪没有罪量要件，只要实施刑法所规定的行为，就构成犯罪，这就是所谓立法定性。刑法所规定的犯罪，并非最终必然受到刑罚处罚。在司法过程中，通过刑事诉讼程序的遴选机能，只有那些具有法益侵害性的行为才受到刑罚处罚，这就是所谓司法定量。与此不同，我国存在犯罪和违反治安管理行为之间的明确界限，由此形成刑罚与治安处罚的双重制裁体制。在这种情况下，刑法根据行为是否达到数额较大、情节严重或者具有其他罪量要素而区分罪与非罪。只有犯罪才能成为刑罚处罚的对象，而那些不具备罪量要素的非罪行为，一般都作为违反治安管理的行为加以处罚。在这种情况下，我国刑法对犯罪的规定采取了立法与司法双重定量的方式。因此，数额和情节等罪量要素，就成为罪体与罪责以外的犯罪构成的独立要件。

罪量作为犯罪构成的要件之一，具有明显的刑事政策色彩。刑事政策对于刑法具有指导意义，对于犯罪构成具有制约功能。我国刑法对罪量要素的规定，表明我国刑法限制犯罪范围，因而限制司法权，同时赋予公安机关较大的治安处罚权。此外，我国刑法对罪量要素采用了盖然性的规定方式，从而赋予司法机关在罪量要素认定，也就是犯罪认定上的相当大的自由裁量权。

罪量要素之所以不能归入罪体，除在罪量要素中不单纯是客观性要素而且还包括主观性要素以外，还有一个重要的理由：罪体要素是行为人认识的对象，因而对于判断犯罪故意或者犯罪过失具有重要意义。如果将罪量要素当作罪体要素，在行为人对此没有认识的情况下，就不能成立犯罪故意而属于犯罪过失，因此会使罪责形式的判断产生混乱。

第二节 数 额

一、数额的概念

在我国刑法中，以一定的数额作为犯罪构成要件的，称为数额犯。例如，《刑法》第 173 条规定："变造货币，数额较大的，处三年以下有期徒刑或者拘役，并处或者单处一万元以上十万元以下罚金。"这里的数额较大，就是变造货币罪的成立条件。如果数额达不到较大的程度，就不认为是犯罪。数额通常存在于经济犯罪和财产犯罪之中，是指以货币计量的违法犯罪所得的数量。例如，上述变造货币的数额，因为其变造的货币可以直接当作货币使用，因而本罪以变造货币的数额作为罪量标准。

二、数额的类型

在财产犯罪和经济犯罪中，数额在通常情况下表现为财产的一定价值或者物品的一定数量，因而具有可计量性。当然，刑法关于数额的规定是有所不同的。

从我国刑法的规定来看，数额具有以下类型。

（一）违法所得数额

违法所得数额是指通过犯罪而实际获得的非法利益的数量。财产犯罪和经济犯罪，从行为人的主观来说，都是为了牟取非法利益，而犯罪所得数额的大小反映了这一目的的实现程度，因而对于定罪具有重要意义。我国刑法在大部分情况下规定的犯罪数额就是违法所得数额。例如《刑法》第267条规定：抢夺公私财物、数额较大的，或者多次抢夺的，处三年以下有效徒刑、拘役或者管制，并处或者单处罚金。此外，违法所得数额在某些情况下不是货币数额，而是违法所得财物本身的数量。例如，《刑法》第345条规定："盗伐森林或者其他林木，数量较大的，处三年以下有期徒刑、拘役或者管制，并处或者单处罚金。"根据2000年11月22日最高人民法院《关于审理破坏森林资源刑事案件具体应用法律若干问题的解释》第4条的规定，盗伐林木的数量较大，以2立方米至5立方米或者幼树100株至200株为起点。无论上述规定存在何种表现形式上的差别，其共同之处都是违法所得数额，因而都能够在一定程度上反映行为人非法占有财物之主观目的的实现程度和行为的法益侵害程度。

（二）违法经营数额

违法经营数额是指经营型经济犯罪中存在的货币和物品的数量。经济犯罪的经营数额反映经济犯罪的规模，它对于确定行为的法益侵害程度具有一定的影响，因而对于定罪具有重要意义。应该说，经营型经济犯罪也必然具有违法所得数额，但立法者之所以不以违法所得数额而以违法经营数额作为犯罪成立条件，主要是考虑到在经营型经济犯罪中，在某些经营活动环节，违法所得数额往往难以确定。尤其是在经营亏损的情况下，营利目的未能实现，如果以非法所得数额作为犯罪成立条件，则不利于司法机关对经济犯罪定罪。因此，刑法规定以违法经营数额作为犯罪成立条件。例如，我国《刑法》第140条规定："生产者、销售者在产品中掺杂、掺假，以假充真，以次充好或者以不合格产品冒充合格产品，销售金额五万元以上不满二十万元的，处二年以下有期徒刑或者拘役，并处或者单处销售金额百分之五十以上二倍以下罚金。"这里的销售金额，根据 2001 年 4 月 9 日最高人民法院、最高人民检察院《关于办理生产、销售伪劣商品刑事案件具体应用法律若干问题的解释》第 2 条第 1 款的规定，是指生产者、销售者出售伪劣产品后所得和应得的全部违法收入。这里的所得和应得的全部违法收入，实际上是指伪劣产品的货值，因而是一种经营数额。

（三）特定犯罪数额

我国刑法除规定违法所得数额和违法经营数额以外，在某些情况下还规定了特定犯罪数额。例如《刑法》第 158 条规定的虚报注册资本的数额，第 159 条规定的虚假出资、抽逃出资的数额，第 160 条规定的欺诈发行股票、债券的数额，第 342 条规定的非法占用农用地的数量，第 348 条规定的非法持有毒品的数量等。

三、数额的意义

数额作为犯罪构成的罪量要素，对于犯罪成立具有重要意义。尤其是在财产犯罪和经济犯罪中，违法所得数额和违法经营数额反映了行为的法益侵害程度，刑法以犯罪数额的大小作为区分罪与非罪的标准。

第三节　情　节

一、情节的概念

情节是指犯罪的情状。我国刑法中的犯罪情节，可以分为定罪情节和量刑情节。而定罪情节又可以分为基本情节与加重或者减轻情节：前者是区分罪与非罪的情节，后者是区分轻罪与重罪的情节。这里的情节是指基本情节，也就是作为罪量要素的情节。这种情节是指刑法明文规定的，表明行为的法益侵害程度而为犯罪成立所必需的一系列主观与客观的情状。在我国刑法中，以一定的情节作为构成犯罪要件的，称为情节犯。而情节犯又可以分为纯正的情节犯与不纯正的情节犯：前者是指刑法规定以情节严重或者情节恶劣作为犯罪构成要件的情形；后者是指刑法规定以一定的条件（例如造成严重后果等）作为犯罪构成要件的情形。

二、情节的类型

情节和数额有所不同，它是以综合的形式反映行为的法益侵害程度。从我国刑法的规定来看，情节具有以下类型：

（一）严重情节

以情节严重作为犯罪成立的条件，是我国刑法中最为常见的一种情形。例如，《刑法》第216条规定："假冒他人专利，情节严重的，处三年以下有期徒刑或者拘役，并处或者单处罚金。"按照2004年12月8日最高人民法院、最高人民检察院《关于办理侵犯知识产权刑事案件具体应用法律若干问题的解释》第4条的规定，这里的假冒他人专利情节严重，是指具有下列情形之一：（1）非法经营数额在20万元以上或者违法所得数额在10万元以上的；（2）给专利人造成直接经济损失数额在50万元以上的；（3）假冒2项以上他人专利，非法经营数额在10万元以上或者违法所得数额在5万元以上的；（4）其他情节严重的情形。在上述四种情形中，既有违法所得数额、经济损失数额，又有其他情节，只要具备其中之一，就可以构成假冒专利罪，因而情节的内涵较之数额更为宽泛。

（二）恶劣情节

在我国刑法中，除以情节严重作为犯罪成立条件的情形以外，还有以情节恶劣作为犯罪成立条件的情形。例如，《刑法》第260条规定："虐待家庭成员，情节恶劣的，处二年以下有期徒刑、拘役或者管制。"这里的情节恶劣与情节严重的含义大体相同，只是情节恶劣更强调伦理道德上的否定评价。

（三）特定情节

在我国刑法中，除情节严重和情节恶劣这样的概括性规定以外，在某些情况下，还规定了表明行为的法益侵害程度的特定情节。这些情节的特点是，它们不属于罪体的范畴，因而不需要行为人对其具有主观认识。它们不决定行为的质，但决定行为的量。因而其功能类似于情节，是立法者从刑事政策出发，对于某一行为构成犯罪的范围的一种限制。例如，我国《刑法》第 129 条规定："依法配备公务用枪的人员，丢失枪支不及时报告，造成严重后果的，处三年以下有期徒刑或者拘役。"这一规定中的造成严重后果，并非本罪的犯罪结果，而是本罪构成的罪量要素。没有造成严重后果的丢失枪支不及时报告行为，根据刑法规定不构成犯罪。因此，它具有限制犯罪成立的功能，属于本罪的数量界限，也是罪与非罪的界限。

三、情节的意义

情节作为犯罪构成的罪量要素，对于犯罪成立具有重要意义。值得注意的是，在 1979 年《刑法》中，规定的大多是纯正的情节犯，情节严重或者情节恶劣等盖然性的规定给司法人员留下了自由裁量的广阔空间。在 1997 年《刑法》修订中，除保留了纯正的情节犯以外，增设了大量的不纯正的情节犯。不纯正的情节犯不像纯正情节犯那样概括，而是对构成犯罪的罪量要素作了较为明确的规定。当然，这些现象也在刑法理论上引起了某些争议，例如这些构成要素在犯罪构成中的归属以及这些犯罪的罪责形式的确定等。对此，应当从刑法理论上加以解决。在司法实践中，应当根据罪刑法定原则，严格认定各种情节，正确地区分罪与非罪的界限。

第十章

未完成罪

第一节　未完成罪概述

一、未完成罪的概念

我国刑法分则对具体犯罪的规定，是以既遂为标本的。但是，在现实生活中并非一切犯罪都能达到既遂。有的可能在为犯罪做准备的阶段就被迫停止；有的可能在着手实行犯罪的阶段被迫停止；还有的可能由于犯罪分子自动中止犯罪，使之在犯罪的预备阶段或者实行阶段停止下来。这样，在犯罪过程中，就出现了犯罪的预备、未遂和中止等各种不同的停止状态。相对于犯罪既遂而言，这些犯罪可以称为未完成罪，即犯罪的未完成形态。因此，未完成罪是指在犯罪过程中，由于主观与客观原因，停顿在不同犯罪阶段的各种未完成的犯罪形态。

未完成罪发生在犯罪过程中一定的犯罪阶段。因此，只有具有时间上的演进性的犯罪才存在未完成形态。未完成罪发生在犯罪过程中，这里的犯罪过程，是指犯罪发生与发展，直至完成的时间进程。更确切地说，犯罪过程是指故意犯罪发生、发展和完成所经过的程度、阶段的总和与整体。犯罪过程可以分为若干个犯罪阶段，因此，犯罪阶段是犯罪发展过程的一些时间段落。在刑法理论上，一般将犯罪阶段划分为预备阶段与实行阶段这两个大的阶段。犯罪的预备阶段，是指着手实行犯罪以前为犯罪准备的阶段。犯罪的实行阶段，是指犯罪的实施阶段。除此以外，在犯罪的预备阶段之后，还存在一个预备后阶段。在某些情况下，犯罪预备行为已经完成，但并未继而着手实行犯罪，距离实行犯罪还有一个时间上的间隔，这一时间上的间隔，就是犯罪的预备后阶段。例如，故意杀人，在完成杀人的预备行为以后，尾随被害人或者守候被害人以便伺机作案。因此，预备阶段是处于犯罪预备和犯罪实行之间的一个阶段。与犯罪的预备后阶段相对应的是犯罪的实行后阶段。在某些情况下，犯罪实行行为已经完成，但犯罪结果并未随之而发生，距离犯罪结果发生还有一个时间上的间隔，这一时间上的间隔，就是犯罪的实行后阶段。例如投毒杀人，在投毒完毕后、被害人误食毒物继而毒性发作致其死亡前，还存在一个时间上的间隙。因此，实行后阶段是处于犯罪实行与犯罪结果发生之间的一个阶段。总之，未完成罪存在于犯罪过程中一定的犯罪阶段。

　　未完成罪是犯罪的一种特殊形态，相对于犯罪的完成形态而言，它是犯罪的未完成形态。犯罪的完成形态是指犯罪既遂，而犯罪的未完成形态包括犯罪预备、犯罪未遂和犯罪中止。犯罪既遂作为犯罪的完成形态，是犯罪的典型形态。在一般情况下，刑法分则关于具体犯罪的规定，都是以犯罪既遂为标本的。当然，在个别情况下，刑法分则将事实上的犯罪未遂，甚至犯罪预备，设置为法律上的犯罪既遂。例如危险犯，尚未造成严重后果，但具有造成严重后果的具体危险，实际上是危害犯罪的未遂犯。但刑法分则对其规定了独立的法定刑，实际上是设置为法律上的犯罪既遂。此外，阴谋犯，只要实施阴谋策划行为即构成犯罪，刑法对其规定了独立的法定刑，是将犯罪预备设置为犯罪既遂。因此，未完成罪的犯罪未完成性，应以法律规定为准，法律上的未完成与事实上的未完成在一般情况下是等同的，在个别情况下则不等同。

犯罪未完成，是由于各种原因而造成的，这种原因对于正确地区分各种犯罪未完成形态具有重要意义。一般来说，犯罪未完成的原因可以分为主观与客观这两个方面。基于主观原因而未完成犯罪，是指之所以未完成犯罪，是犯罪人主观选择的结果，由此成立的犯罪未完成形态是犯罪中止。因此，犯罪中止具有犯罪人的自愿性。基于客观原因而未完成犯罪，是指之所以未完成犯罪，是犯罪人意志以外的原因所决定的，由此成立的犯罪未完成形态是犯罪预备和犯罪未遂。因此，犯罪预备和犯罪未遂具有犯罪人的不得已性。在认定各种犯罪的未完成形态的时候，应当注意犯罪未完成的原因，以便正确地区分犯罪预备、犯罪未遂和犯罪中止。

二、未完成罪的构成

未完成罪作为一种犯罪，具有一定的犯罪构成。但是，相对于既遂犯罪的构成条件而言，未完成罪所具有的是修正的犯罪构成。这里所谓修正的犯罪构成，是指以犯罪完成形态的构成为基础进行修正所形成的犯罪构成。对于犯罪完成形态的构成，刑法分则中作了明文规定，只要符合刑法分则某一条文之规定，即可直接依照该条文规定，作为犯罪既遂追究其刑事责任。而犯罪的预备、未遂和中止，是犯罪的特殊形态，这种特殊性表现在它要以刑法分则相应的犯罪构成为基础，由刑法总则的有关规定加以补充，从而确定上述犯罪未完成形态的构成，由此形成对其定罪量刑的根据。

三、未完成罪的范围

未完成罪作为一种特殊的犯罪形态，具有其特定的存在范围。下面，从罪体、罪责和罪量三个方面，对未完成罪的范围加以论述：

（一）未完成罪与罪体

根据立法对犯罪构成罪体要素要求的不同，在刑法理论上可以将犯罪分为阴谋犯、行为犯、结果犯。下面对在这三种犯罪中是否存在犯罪的未完成形态加以分析。

1. 未完成罪与阴谋犯

阴谋犯是指以阴谋实施某种犯罪作为构成要件的犯罪。而这里的阴谋行为，实际上是为进一步实施犯罪而进行的预备行为。阴谋犯是把犯罪预备在法律上设置为既遂。在阴谋犯的情况下，行为人只要进行了阴谋策划就构成既遂，而不存在未遂。当然，阴谋犯不能排除中止的形态。

2. 未完成罪与行为犯

行为犯是指以刑法规定的一定行为作为构成要件的犯罪。只要实施了一定的构成要件行为，不论结果是否发生，都构成犯罪。从行为犯的性质上划分，行为犯可以分为纯正的行为犯与不纯正的行为犯。纯正的行为犯之行为是不及物行为，因而不可能发生一定的结果。不纯正的行为犯之行为是及物行为，可能发生一定的结果，只是法律不以这种结果为罪体要素。因此，不纯正的行为犯在构成特征上是一种截短的犯罪构成。从刑法对行为犯规定的类型上看，行为犯又可以进一步区分为举动犯、程度犯与危险犯。这些犯罪形态的共同特征是都不以结果为其罪体要素，但在行为要素的要求程度或者表现形式上有所不同。（1）举动犯，是指行为人只要着手实施构成要件行为就构成犯罪既遂的情形，因而它不存在犯罪的未完成形态。（2）程度犯，是指行为人在着手实施构成要件行为以后，虽然不要求发生某种结果，但要求将行为实施到一定程度，才构成犯罪既遂的情形。因此，在程度犯的情况下，已经着手实行犯罪，但行为没有实施到一定程度，仍有可能成立犯罪的未完成形态。（3）危险犯，是指行为人的行为只要造成一定的法益侵害危险，就构成犯罪既遂的情形。危险犯又可以分为抽象危险犯与具体危险犯。抽象危险犯之危险，是一种立法推定的危险，因而只要着手实施行为即构成犯罪既遂，因而没有成立犯罪未完成形态的余地。具体危险犯之危险，是一种司法认定的危险。具体危险犯的成立，要求发生一定的危险状态。如果实施了一定的行为，危险状态尚未造成，则仍然存在犯罪的未完成形态。具体危险犯是与实害犯相对而言的。例如我国刑法中的放火罪，分为具体危险犯与实害犯。具体危险犯实际上是实害犯的未遂犯，被立法者设置为既遂。

3. 未完成罪与结果犯

结果犯是指以一定的犯罪结果作为构成要件的犯罪，是一种典型的犯罪完成形态。结果犯可以分为单纯结果犯与实害犯。这些犯罪形态的共同特征是都以结果发生为其罪体要素，不同之处在于：单纯结果犯在法定的结果没有发生的情况下，存在未完成形态。而在实害犯的情况下，如果灾害结果没有发生，就构成危险犯，而不存在未完成形态。

（二）未完成罪与罪责

在刑法理论上，从罪责的意义上可以将犯罪分为故意犯与过失犯。下面对在这两种犯罪中是否存在犯罪的未完成形态加以分析。

1. 未完成罪与故意犯

我国刑法中的犯罪故意可以分为直接故意与间接故意。未完成罪存在于直接故意犯罪中，这是没有疑问的。那么，在间接故意犯罪中是否存在未完成形态呢？对此，在刑法理论上存在争议。通说认为间接故意犯罪不存在未完成形态，间接故意犯罪由其犯罪的性质所决定，其行为的犯罪性应当根据一定的犯罪结果加以确认。当这种犯罪结果未发生时，其行为即无犯罪性，因而不存在犯罪的未完成形态。

2. 未完成罪与过失犯

关于过失犯是否存在犯罪的未完成形态，同样也存在争议。通说认为过失犯不存在未完成形态。因为过失犯是结果犯，如果结果未发生，则其行为的犯罪性难以证明，因而无所谓未完成形态。

3. 未完成罪与目的犯

目的犯是指以一定的犯罪目的作为构成要件的犯罪。目的犯之目的是一种主观违法要素。对于目的犯来说，只有当具备该特定目的时才构成犯罪，但该目的的实现行为则并非目的犯的构成要件。例如我国《刑法》第152条规定的走私淫秽物品罪，必须以传播或者牟利为目的。至于是否实施了传播或者牟利行为，则在所不问。因此，在目的犯的情况下，不以目的的实现行为是否实施作为构成要件齐备的标志。以走私淫秽物品罪为例，只要意图传播或者牟利而走私淫秽物品的，即为本罪之既遂，而不要求实施了传播或者牟利行为。只有在走私淫秽物品行为本身未实施完毕的情况下，才构成本罪之未遂。因此，对于目的犯来说，不以目的的实现行为作为区分犯罪是否完成的标志。

（三）未完成罪与罪量

在刑法理论上，从罪量的意义上可以将犯罪分为数额犯与情节犯。下面对这两种犯罪中是否存在犯罪的未完成形态加以分析。

1. 未完成罪与数额犯

关于达到法定的数额标准才构成犯罪的数额犯是否存在犯罪的未完成形态，以往在刑法理论上是存在争论的。因为没有达到法定的数额标准，即使行为既遂也不能构成犯罪，未遂当然更不能构成犯罪。但考虑到某些数额犯虽然行为未完成，但情节严重的，也应追究刑事责任，因而在有关司法解释中确认了数额犯也具有犯罪的未完成形态。对此，司法解释有以下规定：（1）生产、销售伪劣产品罪的未遂。2001年4月9日最高人民法院、最高人民检察院《关于办理生产、销售伪劣商品刑事案件具体应用法律若干问题的解释》第2条第2款规定："伪劣产品尚未销售，货值金额达到刑法第一百四十条规定的销售金额三倍以上的，以生产、销售伪劣产品罪（未遂）定罪处罚。"根据《刑法》第140条的规定，生产、销售伪劣产品，销售金额达到5万元以上的，构成本罪。因而生产、销售伪劣产品罪是数额犯，法定数额为5万元，未达到这一数额标准的不构成本罪。根据司法的解释规定，伪劣产品虽未销售，但货值数额达到15万元以上的，应以本罪的未遂论处。（2）盗窃罪的未遂。2013年4月4日最高人民法院、最高人民检察院《关于办理盗窃刑事案件适用法律若干问题的解释》第12条规定：盗窃未遂，情节严重，如以数额巨大的财物或者国家珍贵文物等为盗窃目标的，应当定罪处罚。因此，根据这一司法解释，盗窃未遂并非一概追究刑事责任，只有情节严重的才追究刑事责任。（3）诈骗罪的未遂。2011年3月1日最高人民法院、最高人民检察院《关于办理诈骗刑事案件具体应用法律若干问题的解释》第5条规定："诈骗未遂，以数额巨大的财物为诈骗目标的，或者具有其他严重情节的，应当定罪处罚。"根据这一规定，诈骗未遂也以情节严重为追究刑事责任的前提条件。（4）保险诈骗罪的未遂。1998年11月27日最高人民法院研究室《关于保险诈骗未遂能否按犯罪处理问题的答复》规定，"行为人已经着手实施保险诈骗行为，但由于其意志以外的原因未能获得保险赔偿的，是诈骗未遂，情节严重的，应依法追究刑事责任"。依据这一规定，保险诈骗未遂，情节严重的，也应当追究刑事责任。

2. 未完成罪与情节犯

关于情节严重或者情节恶劣才构成犯罪的情节犯是否存在犯罪的未完成形态，刑法理论上也是存在争议的。否定的观点认为，行为之预备、未遂和中止，表明情节尚未达到严重程度，因而情节犯无未完成形态可言。肯定的观点则认为，某些情节犯，虽然行为未完成，但综合考察达到情节严重的程度，同样构成犯罪，因而不能否认在一定情况下，情节犯也具有未完成形态。我认为，情节犯虽然在一般情况下不存在未完成形态，但不能排除未完成形态的存在。因为行为是否完成，只是考察情节是否严重的一个指标，如果其他情节严重，即使行为未完成也可能构成犯罪。

第二节　犯罪预备

一、犯罪预备的概念

我国《刑法》第22条第1款规定："为了犯罪，准备工具、制造条件的，是犯罪预备。"我认为，这是犯罪预备行为的概念。作为犯罪未完成形态的犯罪预备，是指已经实施犯罪的预备行为，由于行为人意志以外的原因而未能着手实行犯罪的情形。根据这一概念，犯罪预备具有以下三个特征。

（一）已经实施犯罪的预备行为

已经实施犯罪的预备行为，是指行为人在萌发犯意以后，已经开始实施为犯罪准备工具、制造条件的行为。

犯罪预备发生在犯意表示以后，因而与犯意表示有所区别。犯意表示是在实施犯罪活动以前，把自己的犯罪意图通过口头或者书面的形式流露出来。犯意表示虽然在客观上也表现为一定的行为，但这一行为仅仅是其犯罪意图的表露，例如扬言杀人等，还不属于为犯罪制造条件的行为。犯意表示不可能对社会造成实际危害，也不具有对社会的现实危险性，因而不是刑法处罚的客体。而犯罪预备则是已经开始为实行犯罪进行具体的准备，对社会存在着现实危险，因而我国刑法明文规定处罚犯罪预备。

犯罪预备是以为犯罪准备工具、制造条件为内容的，因此，对于犯罪预备的内容可以从主观与客观两个方面加以把握：从主观上说，犯罪预备具有主观目的性。行为人进行犯罪预备的主观目的，是便于完成犯罪。这里的"便于完成犯罪"，又可以分为两种情形：第一种情形是不经预备就不可能实行犯罪。例如伪造货币，事先必须准备纸张、油墨、颜料和印刷工具等，否则无法着手伪造。在这种情况下，犯罪预备是实行犯罪的必经阶段。第二种情形是不经预备也可以实行犯罪，但经过预备犯罪意图实现的可能性更大。例如杀人，无须专门准备，拳打脚踢都能致人死亡。但如果准备了杀人工具，杀人意图更便于实现。从客观上说，犯罪预备具有客观行为性。这里的行为，是指准备工具、制造条件的犯罪预备行为。这里的准备工具，是指准备实行犯罪所使用的一切物品。由于犯罪工具是多种多样的，因而准备工具的行为也有各种各样的表现形式。制造条件，是指准备工具以外的其他犯罪预备行为，包括：（1）准备犯罪手段；（2）拟订犯罪计划；（3）为实行犯罪进行事先调查；（4）清除实行犯罪的障碍；（5）勾引他人参加犯罪。以上列举的各种犯罪预备行为，其实质都是为实行犯罪制造条件。

（二）未能着手实行犯罪

未能着手实行犯罪，是指虽然已经实施了犯罪预备行为，但未能开始实行犯罪。在刑法理论上，犯罪的预备行为是实行前的行为，是一种非实行行为。根据未能着手实行犯罪这一特征，可以把犯罪预备的时间限于实行犯罪以前，从而把犯罪的预备与犯罪的实行加以区分。

（三）未能着手实行犯罪是由于犯罪分子意志以外的原因

在犯罪预备的情况下，行为人未能着手实行犯罪而使得犯罪的预备行为停顿下来。之所以未能实行犯罪，是由于行为人意志以外的原因。在这个意义上，犯罪预备可以称为预备阶段的未遂。

二、犯罪预备的类型

犯罪预备具有各种表现形式，因而可以区分为以下犯罪预备的类型：

（一）准备工具的预备与制造条件的预备

我国刑法将犯罪预备行为区分为准备工具与制造条件两种情形，因而犯罪预备可以作上述区分。当然，上述区分是相对的。实际上，犯罪预备的本质是为实行犯罪创造便利条件。但在刑法中明确地将准备工具与制造条件并列，因而两者仍然有所不同。准备工具是犯罪预备常见的一种形式，此外的犯罪预备行为均可归结为制造条件。

（二）有形预备与无形预备

在刑法理论上，根据犯罪预备行为的表现形式，可以将犯罪预备分为有形预备与无形预备。有形预备是指预备行为具有外在情状，例如购买凶器等。无形预备是指预备行为没有外在情状，例如考察犯罪现场等。上述两种犯罪预备形式有所不同，在司法认定中应予注意。

（三）形式预备与实质预备

形式预备与实质预备是根据预备犯是由刑法总则规定还是刑法分则规定对犯罪预备所做的一种分类，其中，形式预备是指刑法总则规定的犯罪预备，而实质预备是指刑法分则规定的犯罪预备。实质预备是预备行为正犯化立法方式的结果，在通常情况下，犯罪预备是由刑法总则规定的，其处罚根据在于刑法总则规定，这种形式预备犯具有对正犯的对应性与从属性。例如，故意杀人罪的预备犯对应于故意杀人罪的正犯，并且对故意杀人罪的正犯具有一定的从属性。然而，在某些情况下，立法机关基于对某种严重犯罪处罚的需要，采取刑事处罚前置化的立法方式，直接将某种犯罪的预备行为规定为正犯，这就是预备行为的正犯化。例如，我国《刑法》第205条规定的虚开增值税专用发票罪，该行为是利用虚开的增值税专用发票抵抗税款的方式，骗取国家税款行为的预备行为，但刑法将其规定为独立罪名，因而成为实质预备犯。

三、犯罪预备的处罚

我国《刑法》第22条第2款规定："对于预备犯，可以比照既遂犯从轻、减轻处罚或者免除处罚。"这就是犯罪预备的处罚原则。在对犯罪预备处罚的时候，应当对犯罪预备的程度和性质等有关情节进行全面分析，以决定对预备犯是从轻、减轻还是免除处罚。所谓犯罪预备的程度，是指为犯罪制造条件的充足程度。例如，甲、乙两人同是意图杀人，甲把所需的犯罪工具和其他条件均已准备妥当，只等下手。而乙则只准备了一把匕首，其他必要的准备活动还未及进行就被发现。准备程度不同，危险性大小也就有所不同，这对量刑不能没有影响。所谓犯罪预备的性质，是指为犯罪制造条件的方式。例如，甲、乙两人同是意图杀人，甲准备的是一颗手榴弹，乙准备的是一把小折刀。显然，甲准备的犯罪工具杀伤力大，还可能危及公共安全，更具危险性，这在量刑时也应加以考虑。总之，对于犯罪预备应当按照量刑的一般原则，综合全部案情予以裁量。

第三节　犯罪未遂

一、犯罪未遂的概念

《刑法》第 23 条第 1 款规定："已经着手实行犯罪，由于犯罪分子意志以外的原因而未得逞的，是犯罪未遂。"根据这一规定，犯罪未遂具有以下三个特征。

（一）已经着手实行犯罪

这一特征是犯罪未遂与犯罪预备相区分的主要标志，它表明犯罪已进入实行阶段。所谓实行行为的着手，是指犯罪分子已经开始实施刑法分则所规定的某一犯罪构成行为。在这种情况下，着手是实行行为的起点。我们应该从主观和客观相统一的意义上去把握着手：主观上，行为人实行犯罪的意志已经通过客观的实行行为开始充分表现出来；客观上，行为人已经开始直接实施具体犯罪构成客观方面的行为。着手的主观和客观这两个基本特征的统一，反映了着手行为的社会危害性程度，为认定着手实行犯罪提供了一般标准。

在司法实践中，由于犯罪实行行为的性质不同，其着手实施犯罪的表现形态也有所不同。根据刑法理论并结合司法实践，可以概括出着手实行犯罪的以下共同特征：（1）着手实行犯罪的行为已经同客体发生了接触，或者说已经逼近了客体。例如，杀人犯已经举刀对准了被害人，这表明其杀人行为已经开始，已经指向客体，并危及客体的安全。（2）着手实行犯罪的行为是可以直接造成犯罪结果的行为。例如，举枪瞄准被害者，这个行为只要再稍微进一步，死亡结果就会发生。所以，举枪瞄准是杀人行为的着手，它是可以引起犯罪结果的行为。（3）着手实行犯罪的行为是刑法分则所规定的罪体要素的行为。因此，要在理解分则条文的基础上，把握每个实行行为的着手。尤其是刑法分则规定以某种犯罪方法作为罪体要素，实施了法定的方法行为，就是实行犯罪之着手。例如，根据我国

《刑法》第 263 条的规定，抢劫罪的罪体要素是以暴力、胁迫等方法夺取公私财物的行为。因此，只要是使用了暴力或发出了威胁，就意味着已经着手实行抢劫行为。

（二）犯罪未得逞

这一特征是犯罪未遂同犯罪既遂相区分的主要标志。犯罪是否得逞，应该以什么为标准？我认为，应该以是否具备刑法分则所规定的犯罪构成的全部要件为标准。只有这样，才能把握统一的判断犯罪未得逞的法律标准。根据这种观点，结合刑法分则的有关条文，可以把犯罪未得逞概括为以下三种情况。

1. 结果犯的未得逞

结果犯应以法定的犯罪结果是否发生，作为犯罪是否得逞的标志。例如，故意杀人罪，刑法分则规定以死亡发生作为其完成的标志。行为人实施了杀人行为而未造成死亡结果的，就是杀人未遂。当然，犯罪未得逞并不是说犯罪行为没有造成任何损害结果，而只是说没有造成法律所规定的作为该犯罪构成要件的犯罪结果。例如，在故意杀人罪中，未能把人杀死，就是杀人未得逞，但可能造成了伤害被害人的结果。这时，仍应以杀人未遂论处。

2. 行为犯的未得逞

行为犯不同于结果犯，结果犯是以一定的构成要件结果作为犯罪既遂的条件，因而构成要件结果没有发生就是犯罪未得逞。而行为犯的犯罪既遂并不要求具备一定的构成要件结果，只要行为实施完毕就成立犯罪既遂。在这种情况下，行为没有实施完毕是行为犯的未得逞的标志。行为犯的未得逞应根据各种不同类型分别认定。在行为犯中，只要着手实施犯罪即告犯罪既遂的举动犯，不存在未完成形态，当然也就不存在未得逞的问题。而以行为达到一定程度才能达到犯罪既遂的程度犯，则应以犯罪行为是否达到一定程度作为犯罪是否得逞的标志。例如，强奸罪中的强奸妇女行为，以强奸行为实施到插入阴道作为既遂标准，即系插入说。如果虽然已经着手实施强奸行为，但尚未达到插入程度的，就是强奸妇女未得逞。强奸罪中的奸淫幼女行为，则以奸淫行为实施到接触阴道作为既遂标准，即系接触说。如果虽然已经实施奸淫行为，但尚未达到接触程度的，就是奸淫幼女未得逞。

3. 危险犯的未得逞

危险犯是指不以一定的构成要件结果但以行为具有一定的危险而构成的犯罪类型。就犯罪既遂不要求具有一定的构成要件结果而言，危险犯不同于结果犯而与行为犯具有相通性。就此而言，危险犯可以归之于行为犯。然而，危险犯是以一定的危险作为其犯罪成立的实质要件的，因而其又具有不同于行为犯的特殊性。在刑法教义学中，危险犯可以区分为抽象危险犯与具体危险犯。抽象危险犯的危险是立法拟制的危险，并不需要司法判断。因此，抽象危险犯不存在犯罪未得逞的问题。至于具体危险犯，其具体危险是司法认定的危险，因此具体危险犯以是否造成了某种危险状态作为犯罪是否得逞的标志。例如，我国《刑法》第116条规定的破坏交通工具罪，只要破坏行为足以使交通工具发生倾覆、毁坏危险，尚未造成严重后果，就是犯罪既遂。但如果刚动手破坏就被当场抓住，尚未造成上述危险，就应该认为是犯罪没有得逞，是破坏交通工具罪的未遂。因此，对于具体危险犯，在认定其是否得逞时，应注意查明其犯罪行为是否已造成某种危害结果的危险状态。

（三）犯罪未得逞是由于犯罪分子意志以外的原因

这一特征是犯罪未遂与犯罪中止相区别的主要标志。所谓犯罪分子意志以外的原因，是指违背犯罪分子本意的原因。我认为，犯罪分子意志以外的原因，应该具备质和量两个方面的特征。从质上来说，只有那些违背犯罪分子本意的原因才能成为犯罪分子意志以外的原因。从量上来说，那些违背犯罪分子本意的原因必须达到足以阻碍犯罪分子继续实行犯罪的程度。因此，有些犯罪分子遇到一些轻微的阻碍因素，例如在抢劫罪中遇到熟人，在强奸罪中由于被害人哀求等，犯罪分子就此而中止其犯罪行为的，应该认为是自动中止而不能认为是犯罪未遂。在司法实践中，所谓犯罪分子意志以外的原因，可以分为本人原因与他人原因两种情形。现分述如下。

1. 本人原因

这里的本人原因包括因能力、力量、身体状况、常识、技巧等缺乏或不佳，或者无法完成犯罪，或者由于犯罪分子主观认识上的错误，而使犯罪未能得逞。例如误以为被害人在室内而枪击，实际上被害人并不在；误以白糖为毒药而用来杀人；误以为其犯罪行为已造成犯罪结果而停止了犯罪活动，实际上犯罪结果并未发生；等等。

2. 他人原因

这里的他人原因主要有：（1）被害人的发现、逃避、反抗等；（2）第三者的出现、制止、抓获等；（3）自然力的破坏，例如放火时因刮大风而无法点着目的物；（4）物质障碍，例如所带工具撬不开门，撬不开保险柜；（5）时间、地点、场合对完成犯罪的不利影响；等等。

二、犯罪未遂的种类

划分犯罪未遂的种类，可以使我们从分类中进一步认识犯罪未遂的性质，了解犯罪未遂状态的多样性。对犯罪未遂可以按照不同的标准进行划分。

（一）实行终了的未遂与未实行终了的未遂

以犯罪行为实行终了与否为标准，可以把犯罪未遂分为实行终了的未遂与未实行终了的未遂两种情形。现分述如下：

1. 实行终了的未遂

实行终了的未遂，是指犯罪分子已将他认为实现犯罪意图所必要的全部行为实行终了，但由于犯罪分子意志以外的原因而未得逞的情形。例如，甲为了毒死妻子，在妻子的饭里投放了毒药。但在吃饭时妻子发现有异味，将饭倒掉，幸免于死。在这种情况下，甲构成的是实行终了的杀人未遂。

2. 未实行终了的未遂

未实行终了的未遂，是指犯罪分子还未将他认为实现犯罪意图所必要的全部行为都实行终了，因而未发生犯罪分子预期的犯罪结果的情形。例如，杀人犯甲正举刀要杀人，被他人将手腕抓住，致使其杀人未遂。在这种情况下，甲构成的是未实行终了的杀人未遂。

这种分类表现出犯罪行为实行程度上的差别，因而在一定程度上反映了行为的法益侵害程度。一般来说，实行终了的未遂的法益侵害程度大于未实行终了的未遂。因此，在对犯罪未遂量刑时，可以其为情节适当地加以考虑。

（二）能犯未遂与不能犯未遂

以犯罪行为实际上能否达到既遂状态为标准，可以把犯罪未遂分为能犯未遂与不能犯未遂两种情形。现分述如下：

1. 能犯未遂

能犯未遂，是指犯罪分子有实际可能实现犯罪，达到犯罪既遂，但由于犯罪分子意志以外的原因，未能得逞的情形。例如，以刀杀人，将人砍伤后被行人抓住。如果不被抓住，完全有可能把人杀死。这就是能犯未遂。

2. 不能犯未遂

不能犯未遂，是指犯罪分子因事实认识错误，其行为不能完成犯罪，不可能达到既遂的情形。其中又可以分为两种情况：一是工具不能犯的未遂，即犯罪分子使用了按其客观性质不能产生犯罪分子所追求的犯罪结果的工具，以致犯罪未得逞。例如，把白糖当作砒霜投毒杀人在任何情况下都绝不可能发生死亡结果。二是客体不能犯的未遂，即犯罪分子行为所指向的客体当时并不存在，或因具有某种属性而不能达到犯罪既遂。例如，误以兽为人而开枪射击，不可能达到杀人既遂。在上述不能犯未遂的情况下，根本不可能把人杀死，为什么还要以其为犯罪未遂追究刑事责任呢？我认为，在不能犯未遂的情况下，行为人主观上具有明显的犯罪故意并且已经外化为犯罪行为，仅仅因为方法不当或者目标错误而未能发生法定的犯罪结果。所以，不能犯未遂同时具备了主观罪过与客观行为这两个犯罪构成中最基本的因素，这就决定了不能犯未遂具有一定的法益侵害性，而这正是不能犯未遂承担刑事责任的根据。

这种分类表现出导致未遂的犯罪分子意志以外的原因的差别，因而也在一定程度上反映了行为的法益侵害程度。在大多数场合，不能犯未遂非但不会产生犯罪结果，而且也不会造成任何实际危害。因此，在一般情况下，能犯未遂的法益侵害程度大于不能犯未遂的。对此，在对犯罪未遂量刑时，应该加以考虑。

三、犯罪未遂的处罚

我国《刑法》第 23 条第 2 款规定："对于未遂犯，可以比照既遂犯从轻或者减轻处罚。"这就是犯罪未遂的处罚原则。在对犯罪未遂处罚的时候，首先要确定是否从轻、减轻处罚。一般来说，在犯罪未遂情况下，如果综合全部案情看，其法益侵害性并不比既遂轻，未遂情节在全部情节中居于无足轻重的地位，不影响或基本不影响行为的危害程度时，就可以决定不对未遂犯从轻、减轻处罚。当然，即使不对未遂犯从轻、减轻处罚，也应在判决书中引用《刑法》第 23 条关于未遂的条文。那种不对未遂犯从轻、减轻处罚，就不认定其为未遂的做法，是错误的。经过把未遂情节置于全案情节中考察，如果决定对未遂犯比照既遂犯从轻或者减轻处罚，那就要进一步解决是从轻还是减轻及其量刑幅度的选择问题。我认为，在对未遂犯处罚时，要注意以下两个因素：

从客观上说，要看犯罪的性质以及未遂行为距离犯罪完成的远近程度。例如同样是未遂，杀人未遂与盗窃未遂就有很大差别，对于杀人未遂，一般不宜减轻处罚；而对于盗窃未遂，在实践中除盗窃金库等特定场所的财物和数额巨大或特别巨大的特定财物以外，一般不予判刑。此外，未遂行为距离犯罪完成远近程度的不同，不仅反映了行为的不同危害程度，而且表现出犯罪意图实现的不同程度，所以，在对犯罪未遂处罚时要予以考虑。

从主观上说，要看犯罪意志的坚决程度。犯罪未遂都是犯罪意志被抑制，但未遂行为所表现出来的行为人犯罪意志的坚决程度有所不同：犯罪意志坚决顽强的，其主观恶性大；犯罪意志一般、比较脆弱的，其主观恶性相对较小。对此，在对犯罪未遂处罚时也应予以考虑。

第四节　犯罪中止

一、犯罪中止的概念

《刑法》第 24 条第 1 款规定："在犯罪过程中，自动放弃犯罪或者自动有效地防止犯罪结果发生的，是犯罪中止。"从这一规定中可以看出，犯罪中止的成立必须具备以下三个条件：

（一）犯罪中止的时间条件

犯罪中止的时间条件是指犯罪中止必须发生在犯罪过程中，因此，犯罪中止是一种犯罪的未完成形态。犯罪中止的时间条件，对于认定犯罪中止有着重要的意义。根据犯罪中止的时间条件，以下两种情形不能被视为犯罪中止：（1）犯罪既遂以后自动返还原物。例如，盗窃犯已经把财物偷回家，但又后悔，把原物给被害人送回去。（2）犯罪未遂后主动抢救被害人。例如，杀人犯砍了被害人一刀，未砍死，邻居阻止了其继续行凶。这时，杀人犯有后悔之意，主动协同邻居将被害人护送到医院抢救，使其得救。以上两种行为形式类似于犯罪中止，但由于它不具备犯罪中止的时间条件，因此不得被视为犯罪中止。对于这种事后的悔改表现，在量刑时可以作为酌定从轻情节予以考虑。

这里还有一个问题值得研究：放弃重复侵害，是否属于自动中止？所谓放弃重复侵害，就是放弃可以重复实施的侵害行为。例如，甲要杀死乙，向乙开了一枪，没有打着，虽然枪里还有子弹，本来可以再连续开枪，但这时他后悔了，不想再打，于是停止了射击。关于这种情况是否视为犯罪中止问题，存在着两种观点：第一种观点认为，这是杀人未遂，而不能认为是杀人中止。因为他第一枪已经构成了杀人未遂。至于他放弃了重复侵害，只能说他没有再次实施犯罪。第二种观点认为，上述情况应认为是犯罪中止。因为在放弃重复侵害的场合，从主、客观相统一并结合犯罪实行行为的要求看，犯罪行为并未实行终了，他完全有可能以连续的动作进一步发展为犯罪既遂。在这种情况下，他自动放弃了重复侵害行为，应视为犯罪中止。两种观点的根本分歧就在于：打了一枪以后，行为是否已经终了？我认为，在这种情况下，行为尚未终了，还存在中止犯罪的时间条件。因为在停止重复侵害的场合，从主观上说，犯罪分子存在进一步实行犯罪的条件，所以，存在中止犯罪的可能性。而且，那种认为停止重复侵害是未遂的观点过于机械。如果孤立地看第一枪，似乎是未遂。但犯罪分子开枪杀人，不会指望一枪奏效，只要有子弹，一枪不行，就打两枪，直到打死才肯罢休。这几次射击的动作是紧密联系的，形成一个统一的杀人行为。如果不是这样联系起来看问题，而是孤立地看，一枪未打死就是一个未遂，如果 10 颗子弹有 9 颗都没打着，岂不等于 9 个杀人未遂？并且，将停止重复侵害视为犯罪中止，有利于鼓励犯罪分子悬崖勒马，停止犯罪活动。因此，放弃重复侵害行为，只要在当时的情况下完全有可能连续侵害而致被害人死亡，但行为人主动停止下来了，不想继续实行犯罪行为，就应当认为是犯罪中止。

（二）犯罪中止的主观条件

犯罪中止的主观条件是指犯罪分子在自认为有可能将犯罪进行到底的情况下，出于本人意愿而自动地中止了犯罪。关于犯罪中止的主观条件，在理解的时候应该明确以下两点。

1. 中止犯自认为有可能将犯罪进行到底

在犯罪中止的主观条件中，中止犯罪的意愿是在行为人自认为犯罪能够继续进行下去的前提下产生的。这里的犯罪能否进行下去，应以行为人的主观认识为依据加以判断。如果行为人自认为犯罪还能继续进行下去，即使客观上其犯罪行为不可能进行到底，而他主观上认为是可能进行到底的，并主动把犯罪行为停止下来了，也应该认为是犯罪中止。例如，一天甲带刀要去杀乙，走到半路又打消了杀人的念头。实际上这天乙出差到外地去了，即使甲去了也杀不成。但甲并不知道乙不在家，还是自动放弃了杀人行为，应该认为是犯罪中止。

2. 停止犯罪必须是出于犯罪分子本人的意愿

如果犯罪分子在犯罪过程中遇到了自认为无法克服的困难，不可能把犯罪继续进行下去，而不得不停止犯罪，应视为未遂，而不是自动中止。例如，犯罪分子正在盗窃，忽然听到门外有响声，以为来了人，急忙跳窗逃跑了，未能偷走财物。实际上并没有来人，是大风吹动了门。看起来是他自己停止了盗窃，实际上是他自感当时不能继续作案而被迫中断盗窃。因此，其停止犯罪的行为缺乏自动性，不能视为犯罪中止，而应以未遂论处。至于慑于刑罚的威慑，担心迟早会被揭发而停止了犯罪，即使还算不上真诚悔悟，也应视为自动中止。

（三）犯罪中止的客观条件

犯罪中止的客观条件是指在犯罪完成以前自动放弃犯罪或者有效地防止犯罪结果的发生。这里包括以下两种情形：

1. 自动放弃犯罪

在犯罪未实行终了的情况下，自动放弃犯罪行为。由于犯罪行为尚未实行终了，这时一般只要消极地不再把犯罪行为继续实行下去，就可避免犯罪结果发生，从而也就可以成立犯罪中止。

2. 有效地防止犯罪结果发生

在犯罪实行终了而犯罪结果尚未发生的情况下，由于距离犯罪结果发生还有一段时间，这时如果要中止犯罪，就不能只是消极地停止，还需积极地采取措施，以阻止犯罪结果的发生。例如，甲在乙的饭里投了毒药，如果甲要中止杀人，就要采取积极措施不让乙把饭吃下去。如果乙已经吃下去，甲就要积极抢救，以防止乙死亡。并且，只有有效地阻止了死亡结果的发生，才能视为犯罪中止。

从以上犯罪中止成立的三个条件可以看出，犯罪中止也是主观和客观的统一：主观上自动放弃了犯罪意图，客观上放弃了犯罪或者有效地防止了犯罪结果的发生。这正是对中止犯应当免除或者减轻处罚的根据。

二、犯罪中止的种类

犯罪中止具有各种表现形式，对犯罪中止的种类进行研究，有助于在司法实践中对犯罪中止正确地进行定罪量刑。

（一）预备阶段的中止和实行阶段的中止

1. 预备阶段的中止

预备阶段的中止是指在犯罪的预备过程中，自动地中止预备活动。例如，准备凶器要去杀人，后内心悔悟了，打消了杀人的意念，中断了杀人的预备活动，因而未着手实行杀人行为。

2. 实行阶段的中止

实行阶段的中止是指在犯罪的实行过程中，自动地中止了实行行为。例如，在杀人过程中，已经将被害人砍伤，见被害人痛苦呻吟的惨状，产生了怜悯之心，中止了杀人行为。

从上述分类可以看出，预备阶段的中止与实行阶段的中止的法益侵害性显然有所不同，这在量刑时应加以考虑。

（二）消极中止和积极中止

1. 消极中止

消极中止是指在犯罪未实行终了的情况下，停止继续实施犯罪行为。这是犯罪中止的典型形式。在这种情况下，需要强调的是中止犯罪的彻底性，即必须是彻底地打消了继续或再次侵犯同一客体的意图，而不是暂时停止，伺机再次侵犯。

2. 积极中止

积极中止是指在犯罪行为已经实行终了而犯罪结果尚未发生的情况下，有效地防止犯罪结果的发生。这是犯罪中止的特殊形式。在这种情况下，需要强调的是防止犯罪结果发生的有效性。如果犯罪分子虽然采取了积极的行动，但并未有效地防止犯罪结果的发生，犯罪分子仍然要负犯罪既遂的刑事责任，不能视为犯罪中止。

从上述分类可以看出，消极中止与积极中止在中止的表现形态上有所不同，对此在认定时应加以注意。

三、犯罪中止的处罚

我国《刑法》第 24 条第 2 款规定："对于中止犯，没有造成损害的，应当免除处罚；造成损害的，应当减轻处罚。"这就是犯罪中止的处罚原则。在对犯罪中止处罚的时候，根据犯罪中止是否造成损害，可以分为以下两种情形：一是没有造成损害的，根据刑法规定应当免除处罚。这里的没有造成损害，是指没有造成对侵害客体的任何损害结果。例如投毒杀人，投毒以后在被害人吃下毒药以前自动中止犯罪，对被害人没有造成任何损害。对此应当免除处罚。二是已经造成损害的，根据刑法规定应当减轻处罚。例如用刀杀人，在将被害人砍成重伤以后自动中止犯罪。虽然没有发生死亡结果，但已经造成被害人重伤的结果，对此应当减轻处罚。

第十一章

共同犯罪

第一节　共同犯罪概述

我国《刑法》第 25 条第 1 款规定："共同犯罪是指二人以上共同故意犯罪。"这是我国刑法中共同犯罪的法定概念。在理解这一共同犯罪概念的时候，涉及刑法中的共犯理论。以下，从三个方面对共同犯罪加以分析：

一、行为共同与犯罪共同

共同犯罪是相对于单独犯罪而言的，因此，犯罪的共同性，是共同犯罪的首要特征。这里的共同犯罪，当然是指二人以上的犯罪。但是，犯罪的共同性并非简单地指犯罪主体在二人以上，而且涉及共同性的性质。

关于犯罪的共同性，在刑法理论上存在犯罪共同说与行为共同说之争。犯罪共同说认为，犯罪的本质是侵害法益，共同犯罪是二人以上共同对同一法益实施犯罪的侵害，因此共同犯罪的共同性是犯罪的共同性。共同犯罪关系是二人以上共犯一罪的关系。是否构成共同犯罪，应以客观的犯罪事实为考察基础。在客观上预先确定构成要件上的特定犯罪，由行为人单独完成该犯罪事实的，是单独正犯；由数人协力加功完成该犯罪事实的，是共同犯罪。行为共同说认为，二人以上通过共同行为以实现各自企图的犯罪人，就是共同犯罪。共同犯罪的行为不能与法律规定的构成要件混为一谈，二人以上的行为人是否构成共同犯罪，应以自然行为本身是否共同而论。行为共同说从主观主义的立场出发，认为犯罪是行为人恶性的表现，所以不仅数人共犯一罪为共同犯罪，凡二人以上有共同行为而实施其犯罪的，皆系共同犯罪。行为共同说认为，共同犯罪关系是共同表现恶性的关系，而不是数人共犯一罪的关系。所以，共同犯罪不仅限于一个犯罪事实，凡在共同行为人之共同目的范围内的均可成立。因此，不同的构成要件之间，亦可成立共同犯罪。

上述犯罪共同说与行为共同说之争，关系到犯罪与行为的界定。基于"无行为则无犯罪"的命题，行为与犯罪是不存在对立关系的。然而，犯罪共同说之所谓犯罪，是规范意义上的犯罪，指充足犯罪构成要件的行为；而行为共同说之所谓行为，是事实意义上的行为，是一种"裸"的行为。在这个意义上说，犯罪共同说与行为共同说之间的区分是十分明显的：犯罪共同说从犯罪的共同性出发，以数人行为构成犯罪作为共同犯罪成立的前提。而且，这里的犯罪还必须是同一构成的犯罪，在不同构成之间无所谓共同犯罪。而行为共同说从行为的共同性出发，以具有数人的共同行为作为共同犯罪成立的基础。至于数人行为是否构成犯罪以及是否构成同一犯罪，在所不问。因此，行为共同说确定的共同犯罪范围大于犯罪共同说。我认为，共同犯罪之共同性，是法律规定的构成要件之共同而非事实上行为之共同。在这个意义上，犯罪共同说具有其合理性。因此，在二人以上共同实施犯罪行为的情况下，如果其中一人因不具有责任能力而不构成犯罪，另外一人单独构成犯罪，不成立共同犯罪。同理，二人基于不同的犯意而共同实施犯罪，且犯罪之间不存在重合的，则该二人分别构成不同的犯罪，两者之间也不成立共同犯罪。当然，如果两个犯罪之间存在竞合关系（法条竞合和想象竞合），则在竞合范围内成立共同犯罪，尽管两者之间最终成立不同罪名。例如，甲以勒索财物为目的，乙以索要债务为目的，共同扣押丙。甲成立绑架罪，乙成立非法拘禁罪，但在非法拘禁罪的范围内，甲、乙二人成立共同犯罪。此外，二人基于相同的犯意共同实施犯罪，其中一人在实行中超出犯意构成其他犯罪，在相同犯意内可以成立共同犯罪。例如，甲、乙二人共谋伤害丙，乙在伤害过程中临时起意杀害丙，对乙应定故意杀人罪。但甲、乙二人在故意伤害罪中成立共同犯罪，只不过对甲一人定故意伤害罪而已。上述情况，在刑法理论上称为部分犯罪共同说。

二、共同故意与共同过失

共同犯罪从逻辑上说，可以分为共同故意犯罪和共同过失犯罪。但大多数国家刑法都将共同犯罪界定为共同故意犯罪，我国刑法亦如此。我国《刑法》第25条第2款规定："二人以上共同过失犯罪，不以共同犯罪论处；应当负刑事责任的，按照他们所犯的罪分别处罚。"共同过失犯罪之所以不以共同犯罪论处，是因为在共同过失犯罪的情况下，各主体之间没有犯意联系，虽然共同造成了某一犯罪结果，仍应对行为人分别定罪，这就是共同过失犯罪的分别定罪原则。根据共同过失犯罪的分别定罪原则，行为人只对本人的过失行为承担刑事责任，对他人的过失行为所造成的犯罪结果不承担刑事责任。而在共同故意犯罪的情况下，各共同犯罪人在共同犯罪故意的支配下，使各犯罪人之间的主观意志融合为一体，并将各犯罪人的行为引向共同客体，合力通谋，相互作用，共同造成犯罪结果，因而在法律上发生连带的刑事责任，应当实行共同定罪原则。根据共同故意犯罪的共同定罪原则，各共同犯罪人对共同犯罪故意内无论是本人还是他人的行为造成的犯罪结果都要承担刑事责任，这就是部分行为而全体责任的原则。正因为共同过失犯罪具有犯罪的单独性，应当按照其所犯罪行分别处罚，因而不以共同犯罪论处是正确的。既然共同过失犯罪不成立共同犯罪，一方故意犯罪与一方过失犯罪，两者之间亦不成立共同犯罪。

三、正犯与共犯

共同犯罪是二人以上共犯一罪。那么，共同犯罪之犯罪与单独犯罪之犯罪是否相同呢？这里涉及正犯与共犯的概念。单独犯罪之犯罪是刑法分则所规定的犯罪，属于刑法理论上所称之正犯。而共同犯罪之犯罪，除正犯以外，还包括共犯。这里的共犯包括组织犯、教唆犯与帮助犯。因此，共同犯罪不仅包括共同正犯，而且包括共犯。显然，共同犯罪之犯罪的范围大于单独犯罪之犯罪。在这个意义上说，刑法总则关于共犯的规定，是刑罚扩张事由。它使本来只适用于正犯的刑法分则规定扩张适用于共犯，从而为共犯的定罪提供了法律根据。

共犯与正犯的关系是理解共犯的关键。关于这个问题，在刑法理论上存在共犯的从属性和独立性之争。共犯从属性与共犯独立性之争主要解决的是共犯的犯罪性问题，即共犯的犯罪性来自正犯还是来自本身。

共犯从属性说认为，共犯对于正犯具有从属性，共犯的成立及可罚性，以存在一定的实行行为为必要前提。因此，只有在正犯已构成犯罪并具有可罚性的情况下，共犯才从属于正犯而成立并具有可罚性。关于共犯在何种程度上从属于正犯，存在从属性程度说，通常采德国刑法学家麦耶关于从属性程度的公式。据此，从属性程度可以分为以下四种：一是最小限度从属形式，认为共犯的成立，只要正犯具备构成要件的该当性就够了，即使缺乏违法性及有责性，也无碍于共犯的成立。二是限制从属形式，认为正犯具备构成要件的该当性和违法性，共犯才能成立，即使正犯缺乏有责性也不受影响。三是极端从属形式，认为正犯必须具备构成要件的该当性、违法性与有责性，共犯始能成立。四是最极端从属形式，认为正犯除具备构成要件该当性、违法性与有责性外，并以正犯本身的特性为条件，正犯的刑罚加重或者减轻事由之效力亦及于共犯。共犯从属性说以正犯的行为为中心，使共犯依附于正犯而成立，这就严格地限制了共犯的构成条件，在一定程度上正确地揭示了正犯与共犯的关系。从属性程度的提出，在一定程度上弥补了共犯从属性说的不足，可以认为是对共犯从属性说的一种变相修正。在前述四种从属性程度中，最极端从属形式偏重于正犯的可罚性，而将共犯本身应斟酌的情况一概抹杀，未免过当。而大多数国家都采极端从属形式或者限制从属形式。由此可见，从属性程度大有步步缩小的趋势。

共犯独立性说认为，犯罪乃行为人恶习性的表现，共犯的教唆行为或帮助行为，系行为人表现其固有的反社会的危险性，并对结果具有原因力，即为独立实现自己的犯罪，并非从属于正犯的犯罪，应依据本人的行为而受处罚。换言之，其教唆行为或帮助行为，系行为人表现其固有的反社会的危险性，并对结果具有原因力，即为独立实现自己的犯罪，并非从属于正犯的犯罪，应依据本人的行为而受处罚。换言之，其教唆和帮助不过是利用他人的行为，以实现自己的决意的方法而已，无异于实行行为。因此，在二人以上参与共同犯罪的场合，不应认为存在从属于他人犯罪的情形。教唆与帮助行为本身应认为独立构成犯罪，均可独立予以处罚。共犯独立性说将共犯的可罚性建立在本人行为的基础之上，尤其是对教唆犯的主观恶性予以充分的关注，在一定程度上克服了共犯从属性说的缺陷。但共犯独立性说是建立在主观主义基础之上的，它断然否定共犯对正犯的从属性，因而无助于正确地揭示正犯与共犯的关系。至于共犯独立犯说，将共犯视同正犯，使之直接适用刑法分则条文，这就导致共犯的取消。

共犯的从属性与独立性之争的焦点问题在于：共犯与正犯在实体上是否具有同一性？一般地说，我们还是要承认共犯与正犯的区别。例如杀人与教唆杀人或者帮助杀人，在观念上是有区别的。共犯从属性说的立论基础就是这种区别，对此是应予肯定的。而共犯独立性说否定正犯与共犯之间的这种区别，将正犯与共犯在实体性质上相等同，其偏颇之处显而易见。

第二节　共犯理论

大陆法系的共犯理论具有两个源头，这就是罗马法的主观主义共犯理论和日耳曼法的客观主义共犯理论。对此，我国民国时期著名比较法学家徐朝阳曾经做过论述，指出：主观主义共犯理论代表罗马法系的精神，认为正犯和共犯的犯罪故意，实属一致，刑事责任自应之相等；所以主观说否定从属性的存在，因为无论为正犯、教唆犯或从犯，莫非犯人固有意思之表现，既是犯人固有的意思，为其独立犯罪，而非从属他人犯罪，极为明显。[①] 因此，主观主义共犯理论虽然区分正犯与共犯，但对其采取同一处罚原则，因而使正犯与共犯区分的意义大为降低。而客观主义共犯理论源自日耳曼法系的加洛林纳刑法典第 177 条，该条规定："明知系犯罪行为，而帮助犯罪行为者，则无论用何种方式，均应受刑事处分，其处分按行为者之刑而减轻之。"之所以对从犯，即帮助犯采用减轻处罚原则，正是客观主义必然之结果，因为从犯的行为对于犯罪结果的效力不大，其责任自然也随之减轻。[②] 以上主观主义共犯理论和客观主义共犯理论分别成为单一制和区分制的渊源。主观主义是建立在条件说基础之上的，条件说，又称为全条件同价说，或者条件与原因等同说，它认为条件即原因，而所有条件对结果的作用力相等。以此为基础的主观主义共犯理论认为，无论是正犯还是共犯都对结果具有相同的贡献，因而应当同等处罚，在此基础上形成最初的单一制。例如，李斯特指出："从原因的概念中可以得出结论认为，每个与行为结果的产生有关联者，均是行为结果的造成者。因此，立法者可以从中得出结论，每个原因人，只要他实施了违法的和有责的行为，均可视为正犯，且因此得为实现构成要件承担

---

① 徐朝阳. 比较刑法纲要. 北京：商务印书馆，2014：126.
② 徐朝阳. 比较刑法纲要. 北京：商务印书馆，2014：126.

责任。"① 日本学者高桥则夫把统一正犯概念这一单一制的核心概念的历史追溯到李斯特，认为李斯特关于统一正犯概念的思想包含了以下三个观点：第一，通过对产生的结果设定条件而参与了结果的惹起的人，就是惹起了结果的人。第二，结果的所有条件都具有同等价值，在参与了结果的惹起的各人之间不存在概念性区别。第三，其不同的刑罚仅仅在同一法定刑内部才具有正当性。②但在大陆法系刑法中，对于共犯的立法并没有采用单一制而是采用了区分制。对此，李斯特指出，只有《挪威刑法典》采用单一制，而《德意志德国刑法典》则采用了区分制：对各种促使结果发生的行为作出不同的刑法评价，主要区分正犯与共犯，在不同法律评价的基础上严格区分概念上的不同：正犯为一方面，教唆犯和帮助犯为另一方面。在正犯和共犯的相互关系上，法律更强调前者：共犯的可罚性取决于存在实现全部犯罪特征的"主行为"（Haupttat），共犯因而只能因正犯的符合构成要件的、违法的和有责的行为，在法律评价上只起到参与的作用。③此后，大多数大陆法系国家刑法都采用区分制。建立在区分制基础上的共犯理论属于主流学说，当然，单一制的共犯理论亦占据一定的地位。在阶层犯罪论产生以后，共犯理论就与阶层理论之间发生了密切的联系。可以说，共犯理论是在阶层犯罪论的体系中获得生长空间的。

一、限制正犯论与扩张正犯论

从阶层的犯罪论体系出发，正犯与共犯的区分完全是一个构成要件的问题。因此，德国学者指出："共犯理论（Teilnahmelehre）是构成要件理论的一部

---

① 李斯特. 德国刑法教科书：修订译本. 徐久生，译. 北京：法律出版社，2006：283.
② 高桥则夫. 共犯体系和共犯理论. 冯军，毛乃纯，译. 北京：中国人民大学出版社，2010：8.
③ 李斯特. 德国刑法教科书：修订译本. 徐久生，译. 北京：法律出版社，2006：352.

分。"① 这里涉及对构成要件的理解，即构成要件只是包括正犯行为，还是也包括教唆和帮助等共犯行为？对此的不同回答形成限制正犯论和扩张正犯论这两种不同的观点，并且深刻影响了共犯理论。

限制正犯论认为，构成要件只包括正犯行为而不包括共犯行为，由此区分正犯与共犯。可以说，正犯与共犯是构成要件内外的区分，这种区分是以构成要件为中心轴而展开的。因此，正犯与共犯的区分是以限制的正犯概念为逻辑基础的，由此推导出的命题是：刑法分则是以规定正犯的实行行为为标本的。基于这个逻辑，首先就应当区分总则性的任意共犯和分则性的必要共犯。必要共犯是刑法分则规定，因而各犯罪人的行为均符合构成要件，例如聚众犯和对合犯等犯罪类型，其定罪根据在于刑法分则的规定，而无须适用刑法总则关于共犯的规定。因此，分则性的必要共犯属于广义共犯，严格来说不是共犯理论的内容。总则性的任意共犯属于狭义共犯，只有狭义共犯才是共犯理论需要研究的，这种研究的必要性在于：狭义共犯的定罪根据何在？

围绕着狭义共犯的定罪根据问题，限制正犯论认为，教唆和帮助等共犯行为不是刑法分则规定的构成要件行为，因而不能从构成要件中寻找定罪根据。例如，德国学者贝林在严格意义上区分正犯与狭义共犯，这里所谓狭义共犯就是指教唆犯和帮助犯。贝林指出："所以法定构成要件局限于实施符合法定构成要件行为的人，所以就要求法律特别规定'教唆'和'帮助'的概念。"② 贝林在这里所说的"实施符合法定构成要件行为的人"就是正犯，正犯是由刑法分则规定的。而教唆犯和帮助犯并不是刑法分则规定的，而是如同贝林所说，它是"法律特别规定"的，这里的法律是指刑法总则。日本学者小野清一郎在评论贝林的共犯概念时，曾经将其分为早期和晚期两个时期。早期的贝林把构成要件当成不法行为类型来把握，因而对共犯形式的认定不免或宽或严。他一

---

① 汉斯·海因里希·耶赛克，托马斯·魏根特. 德国刑法教科书：下. 北京：中国法制出版社，2017：868.

② 贝林. 构成要件理论. 王安异，译. 北京：中国人民公安大学出版社，2006：174.

方面认为共犯是"构成要件的核心"，另一方面却又认为它是构成要件的"外围"。实现构成要件核心的行为即是实行行为，但预备行为、事后行为、协助行为等在广义上也是属于构成要件类型的行为。在这种观点里，共同正犯最终也是实现构成要件核心的，而教唆犯及帮助犯（狭义的共犯）虽不能说是"直接地"符合构成要件，但可以承认它们具有"修正后"的相符性。[①] 只是到了晚年，贝林才明确地以是否符合构成要件为标准区分正犯与共犯。值得注意的是，贝林在此提及修正的构成要件的概念，表现了一种欲将构成要件贯穿于共犯的意图。

日本学者小野清一郎接受了贝林关于修正的构成要件的概念，指出："共犯也和未遂犯一样，是构成要件的修正形式。共犯的各种问题全部都应当从这一构成要件修正形式的角度去思考和解决。"[②] 修正的构成要件概念，是以共犯定罪亦应符合构成要件为前提的，但共犯毕竟不同于正犯。正犯是本来就符合构成要件的，共犯则需要经过修正以后才符合构成要件。那么，如何理解这里的"修正"呢？小野清一郎指出："对犯罪来说，仍以满足构成要件的行为为必要。在这个意义上，我才把未遂犯和共犯的规定视为构成要件本身的修正。它们不是在'修正'构成要件相符性时，而是在'修正了的构成要件'的'充分满足'时成立犯罪"[③]。这段话显得有些晦涩，例如，修正构成要件相符性和修正了的构成要件的充分满足之间，到底有何区分？根据我的理解，修正的构成要件是区别于正犯所具有的基本构成要件的，它是以基本构成要件为基础，添加某些要素，由此形成共犯的修正了的构成要件。因此，修正的构成要件并没有改变构成要件本身，它还是以区分正犯与共犯为前提而展开的。

修正的构成要件理论，涉及共犯的体系地位问题。例如，共犯论究竟是在构

① 小野清一郎. 犯罪构成要件理论. 王泰，译. 北京：中国人民公安大学出版社，2004：156 - 157.

② 小野清一郎. 犯罪构成要件理论. 王泰，译. 北京：中国人民公安大学出版社，2004：144.

③ 小野清一郎. 犯罪构成要件理论. 王泰，译. 北京：中国人民公安大学出版社，2004：158.

成要件范围内加以讨论，还是作为犯罪特殊类型加以确定？对此，某些学者将共犯纳入构成要件论。例如日本学者大塚仁将构成要件分为基本的构成要件和被修正的构成要件，指出："在刑法各本条和各种刑罚法规中，被具体规定着的构成要件称为基本的构成要件。相对于此，被修正的构成要件，特别是指未遂犯和共犯的构成要件。基本的构成要件大体上是关于既遂犯而且是单独犯的。关于未遂犯和共犯，是以基本的构成要件为前提，按行为的发展阶段或者复数行为人的参与形态，在总则中设立应该修正的一般规定，由这些规定，对基本的构成要件进行了修正，成为各犯罪的未遂犯和共犯的构成要件。"① 将共犯置身于构成要件论，在很大程度上限制了共犯理论的展开，不利于共犯理论的发展。在这个意义上，将共犯确定为犯罪特殊形态较好。例如，德国学者也提出了正犯与共犯理论的体系地位问题，主张共犯理论是构成要件理论的一部分，在肯定正犯是自己实施构成要件该当的行为或通过他人实施构成要件该当的行为或作为共同正犯参与此等构成要件该当行为的同时，认为教唆犯和帮助犯则处于构成要件之外，它们的可罚性的前提条件，部分产生于相关之构成要件，其次产生于与分则中的构成要件有关的总则中的补充规定。② 在这种情况下，德国学者在刑法教科书中仍然将共犯作为犯罪特殊形态加以讨论。由此可见，对于共犯理论的体系地位存在不同处理方式。我倾向于将共犯理论从构成要件中独立出来，确定为犯罪特殊形态，在此基础上充分展开对共犯的研究。

　　不同于限制正犯论肯定正犯与共犯之间的区分，扩张正犯论则否定正犯与共犯之间的区分，直接将共犯等同于正犯。如前所述，贝林在其早期认为共犯在广义上也是属于构成要件类型的行为。在此基础上，迈耶扩张了构成要件相符性，认为凡是对构成要件的实现给予了因果条件者，全部是实行，都应当是正犯。正如小野清一郎指出，这是把贝林早期的比较含混的类型性构成要件概

----

① 大塚仁. 刑法概说：总论. 3 版. 冯军，译. 北京：中国人民大学出版社，2003：132.

② 汉斯·海因里希·耶赛克，托马斯·魏根特. 德国刑法教科书：下. 北京：中国法制出版社，2017：869.

念再用条件说的因果关系概念进一步加以扩张的结果。按照这种观点，教唆犯、帮助犯也都应当是正犯。因此，麦兹格给正犯下的定义是："所谓正犯，就是用自己的行为赋予构成要件的实现以原因者，不管他的行为是解释还是帮助。"① 扩张正犯论和限制正犯论都认为共犯符合构成要件，但扩张正犯论认为共犯符合的是正犯的构成要件，而限制正犯论认为共犯并不符合正犯的构成要件，它所符合的是修正的构成要件。因此，扩张正犯论和限制正犯论在对构成要件的解释上是完全不同的。在这个意义上说，正犯与共犯理论本身就是一种构成要件理论。

二、共犯处罚根据论

在共犯理论中，核心问题是处罚根据问题。共犯处罚根据利益从立法论和解释论两个方面展开②，其中立法论提供了共犯处罚的规范根据，解释论则为共犯处罚提供教义学根据。共犯并不符合刑法分则规定的构成要件，因此它的处罚根据在于刑法总则的规定。在这个意义上说，只要刑法总则对共犯处罚进行了规定，那么，处罚共犯就具有规范根据。相对于共犯处罚根据的立法论而言，解释论是极为复杂的，它是在立法论的前提下，进一步为共犯处罚提供法教义学的理论根据。因此，在共犯理论中真正需要研究的是共犯处罚的解释论根据。共犯处罚根据论是在三阶层的框架内展开的，因而它必然以阶层的犯罪论体系为基础。

按照阶层顺序，共犯处罚根据可以分为因果共犯论、不法共犯论和责任共犯论。其中，因果共犯论对应于构成要件阶层，不法共犯论对应于违法性阶层，责任共犯论对应于有责性阶层。尽管从阶层顺序来说，是从因果共犯论、不法共犯论到责任共犯论，但从理论演变的顺序来说，从责任共犯论、不法共犯论到因果

---

① 小野清一郎. 犯罪构成要件理论. 王泰，译. 北京：中国人民公安大学出版社，2004：158-159.

② 刘斯凡. 共犯界限论. 北京：中国人民公安大学出版社，2011：23 以下.

共犯论的顺序进行论述，是更为顺畅的。

责任共犯论是较为古老的理论，这种共犯理论认为共犯的处罚根据就在于使正犯堕落，陷入罪责。因此，责任共犯论是从责任要件上，将共犯与正犯相连接。反而言之，如果没有使正犯陷入罪责，则共犯就不能成立。因此，从共犯从属性上来说，这是一种极端从属形式，它对于限制共犯的范围具有一定的意义。然而，责任共犯论将共犯的处罚根据归之于责任，而没有从构成要件角度揭示共犯与正犯的关联性，因而不能正确地揭示共犯的处罚根据。德国学者指出，责任共犯论现今已经站不住脚了，因为它与《德国刑法典》第29条相抵触。^①那么，《德国刑法典》第29条是如何规定的呢？《德国刑法典》是对参与者之独立可罚性的规定："各参与者依其罪责而受处分，无关其他参与者的罪责。"该条揭示"限制从属性原则"。共同正犯、教唆犯或帮助犯，参与他人"故意之违法行为"，即可处罚，与罪责无关。^②因此，《德国刑法典》对共犯之于正犯的关系采用的是限制从属性说，换言之，即使未使正犯达到具有责任的程度，共犯同样具有可罚性。由此，责任共犯论就在德国丧失了规范依据而难以成立。另外，责任共犯论采用了诱使正犯堕落这样充满伦理色彩的用语，表明其具有道义刑法观产物的性质，而与现代法益刑法观格格不入。

违法共犯论是以违法性为基础的一种共犯处罚根据论，它认为共犯的处罚根据在于促使正犯实施符合构成要件并且违法的行为。正是在违法性的意义上，共犯获得了实质性的处罚根据。相对于责任共犯论而言，违法共犯论并不是从正犯的责任而是从正犯的违法性中寻求共犯的处罚根据。因此，在违法共犯论的语境中，共犯成立范围要大于责任共犯论。违法共犯论是建立在德国学者韦尔策尔的人的不法概念之上的，根据韦尔策尔的观点，不法并不仅仅是指客观的法益侵害结果，而且包含了行为人的主观故意。在此，存在从客观违法论到主观违法论的

---

①　汉斯·海因里希·耶赛克，托马斯·魏根特.德国刑法教科书：下.北京：中国法制出版社，2017：929.

②　林东茂.德国刑法翻译与解析.台北：五南出版公司，2018：34.

转变。基于目的行为论，韦尔策尔提出了包含主观故意的人的不法概念。将这种人的不法概念贯彻于共犯的处罚根据，就会自然地推导出违法共犯论。韦尔策尔指出："对于不同的参与者来说，同一个行为事件的不法可能会具有不同的严重性。某个公职人员在行使职务的过程中，伙同一名非公职人员实施身体伤害，对于公职人员来说，该行为的可罚性（《刑法》第 340 条）高于非工作人员的（《刑法》第 223 条）；《刑法》第 50 条第 2 款所规定的重要规则，是以人的不法思想为基础的。甚至，同一个行为事件可能对于一名参与者来说是正当的，而对于另一名参与者来说则是违法的：通过将他人的合法行为作为工具而实施的间接正犯行为具有违法性。"① 因此，共犯是在违法层面从正犯获得处罚根据的，即共犯的处罚根据在于诱发和促使正犯实施了违法行为。如同责任共犯论将共犯的处罚根据归之于正犯的责任，违法共犯论则将共犯的处罚根据归之于正犯的违法性。因而日本学者指出"违法共犯论在使正犯实施了违法行为本身发现共犯独立的犯罪内容，可以说是责任共犯论的违法版。"② 在这个意义上说，违法共犯论与责任共犯论具有相同的逻辑。

因果共犯论是一种在构成要件阶层的因果关系上论证共犯处罚根据的理论，它是以因果行为论为基础的。因果共犯论也称为惹起说或者引起说，其基本原理在于共犯行为与正犯所造成的构成要件结果具有因果性。对于因果共犯论，日本学者山口厚指出："共犯的处罚根据在于，共犯行为引起了构成要件的结果。也就是说，就间接惹起类型的教唆、帮助而言，必要的是介入正犯行为而引起了构成要件结果，必须要肯定教唆、帮助行为与构成要件该当事实（构成要件结果）之间具有因果关系。而且，即便是属于共同惹起类型的共同正犯，自身的因果作用和介入了其他共同者行为的因果作用互相结合，就要求共同正犯行为与构成要

---

① 汉斯·韦尔策尔. 目的行为论导论：刑法理论的新图景. 陈璇，译. 北京：中国人民大学出版社，2015：40.

② 杨金彪. 共犯的处罚根据. 北京：中国人民公安大学出版社，2008. 50.

件该当事实（构成要件结果）之间存在因果关系。"① 就此而言，共犯的因果关系并不只是一个共犯的构成要件问题，更为重要的是一个处罚根据问题。显然，狭义共犯，即教唆犯和帮助犯的因果性和共同正犯的因果性又是存在区分的：狭义共犯又被称为纵的共犯，其共犯行为具有加功于正犯的性质，因此在确认正犯对于构成要件结果具有独立的因果关系的前提下，需要二次性地考察教唆犯、帮助犯对于正犯行为的因果性，这是一种因果链条的延长。一般认为，教唆犯惹起被教唆人的行为，因而两者之间具有因果关系，由此形成二重的因果关系。而帮助行为是在他人实施构成要件行为的前后过程中予以心理和物质上的帮助，虽然帮助行为不像教唆行为那样直接引发正犯行为，但通过介入正犯行为而与构成要件结果之间建立起因果关系。

因果共犯论在构成要件阶层解决共犯的处罚根据，相对于不法共犯论和责任共犯论，共犯对正犯的从属性程度降低。在因果共犯论中，存在纯粹惹起说、修正惹起说和折中惹起说这三种学说的争论。② 争论的焦点在于：共犯是否具有独立于正犯的违法性？纯粹惹起说认为共犯具有独立于正犯的违法性，从违法的独立性得出共犯的独立性的结论。因此，惹起说认为共犯行为本身就是构成要件行为，可以独立于正犯行为而成为共犯的处罚根据。修正惹起说则认为共犯不具有独立于正犯的违法性，共犯对于正犯的违法性具有从属性。共犯行为并不是构成要件行为，它通过正犯实施实行行为，参与引起法益侵害结果。因此，修正惹起说的惹起只是一种间接的惹起，具有对正犯行为的依附性。折中惹起说认为，共犯的处罚根据在于透过正犯间接侵害构成要件所保护的法益。折中惹起说认为共犯既具有独立的违法，又具有从属于正犯的违法，因而具有纯粹惹起说和修正惹起说的折中的性质。以上因果共犯论中三种观点的分歧源于违法的相对性和违法的连带性之争。违法的相对性认为在正犯与共犯的关系中，犯罪参与人的违法性

---

① 山口厚. 刑法总论. 3 版. 付立庆，译. 北京：中国人民大学出版社，2018：317.
② 杨金彪. 共犯的处罚根据. 北京：中国人民公安大学出版社，2008：51 以下.

随着法益侵害的有无和保护法益的范围而有所不同。因此，正犯和共犯各自具有独立的违法性。违法的相对性被纯粹惹起说所主张，从违法的相对性必然推导出承认没有正犯的共犯和没有共犯的正犯的结论。所谓没有正犯的共犯，是指在正犯不具有构成要件违法性的情况下，共犯因具有独立的违法性仍然可以成立。而所谓没有共犯的正犯，是指在尽管正犯具有构成要件的违法性，共犯因不具有违法性因而不能成立。违法的连带性认为在正犯与共犯关系中，只有正犯才具有违法性，而共犯的违法性来自正犯，这就是所谓违法的连带性。违法的连带性被修正的惹起说所主张，从违法的连带性必然推导出否定没有正犯的共犯和没有共犯的正犯的结论。而折中惹起说处于纯粹惹起说和修正惹起说中间的位置，部分否定、部分肯定违法性的相对性和连带性，因而一方面否定没有正犯的共犯，另一方面肯定没有共犯的正犯。

三、共犯理论的阶层构造

在我国刑法学界，最早试图采用德日刑法教义学中的共犯理论阐述我国刑法中的共同犯罪立法的是伍柳村教授。我国 1979 年《刑法》第 26 条第 2 款规定："被教唆的人没有犯被教唆的罪，对于教唆犯，可以从轻或者减轻处罚。"在此，立法涉及教唆犯与被教唆者的关系，实际上就是共犯与正犯的关系。如果不能从共犯与正犯的关系着手，就不可能对我国刑法的上述规定作出科学合理的论述。伍柳村教授明确提出了教唆犯的二重性命题，这里的二重性是指从属性和独立性相统一的二重性。伍柳村教授认为我国 1979 年《刑法》第 26 条第 1 款关于对于教唆犯应当按照他在共同犯罪中所起的作用处罚的规定，是教唆犯的从属性的体现；而第 26 条第 2 款关于被教唆人没有犯所教唆的罪，对教唆犯应当从轻或者减轻处罚的规定，则体现了相对独立性。[①] 马克昌教授在介绍犯罪从属性说和独

---

① 伍柳村. 试论教唆犯的二重性. 法学研究，1982（1）.

立性说的基础上，对我国刑法中的教唆犯性质也确定为从属性和独立性的统一，只不过马克昌教授认为我国 1979 年《刑法》第 26 条第 1 款规定表明，教唆犯既具有从属性又具有独立性，而第 26 条第 2 款规定则只有独立性没有从属性。[①] 我国学者提出的共犯二重性说，区别于德日刑法教义学中的从属性说和独立性说。但由于不是在阶层犯罪论的语境下讨论共犯性质问题，因而难以完全接纳德日刑法教义学中的共犯论。

我在《共同犯罪论》的博士论文中，试图在我国共同犯罪理论中引入正犯与共犯的分析路径，指出："关于正犯与共犯的关系，在刑法理论上出现过五花八门的学说，主要是存在共犯从属性说和共犯独立性说的聚讼。我国刑法否定了区分正犯与共犯的共同犯罪理论的传统格局，确立了统一的共同犯罪的概念，但我国刑法中的共同犯罪，从构成要件来分析，仍然存在符合刑法分则规定的构成要件的实行犯与在刑法分则规定的构成要件的基础上刑法总则加以补充规定的非实行犯（包括组织犯、教唆犯与帮助犯）的区别。因此，确立实行犯与非实行犯的关系，对于认识我国刑法中的共同犯罪的性质具有重要意义。"[②] 只有引入德日刑法教义学以正犯与共犯相区分的逻辑分析方法，才能容纳各种共犯学说，从而丰富和发展我国刑法中的共犯论。

我在共同犯罪研究中，采用了德日刑法教义学的主要概念，例如共同正犯、间接正犯以及主要共犯理论，例如行为共同说与犯罪共同说、共犯从属性说与共犯独立性说等。然而，如果局限于对合犯罪论，则会发生与阶层共犯论的抵牾。例如，我在我国刑法学界引入了间接正犯的概念，用来分析教唆没有刑事责任能力人犯罪的案件处理问题。对于此类案件，我国早期司法实践中往往认定为教唆犯。但教唆犯是以被教唆人具有刑事责任能力为前提的，如果被教唆人缺乏刑事责任年龄，则教唆者不能以教唆犯论处，而应当以间接正犯追究刑事责任。因

---

①　马克昌. 论教唆犯. 法律学习与研究. 1987 (5).

②　陈兴良. 共同犯罪论. 3 版. 北京：中国人民大学出版社，2017：38.

此，我将间接正犯界定为：把一定的人作为中介实施其犯罪行为，其所利用的中介由于其具有某些情节而不负刑事责任或不发生共犯关系，间接正犯对于其通过中介所实施的犯罪行为完全承担刑事责任。这种实施犯罪行为的间接性和承担刑事责任的直接性的统一就是间接正犯。^① 我把间接正犯分为四种：（1）教唆未达到刑事责任年龄的人实施犯罪行为；（2）教唆精神病人实施犯罪行为；（3）利用他人的过失实施犯罪行为；（4）利用他人的意外事件实施犯罪行为。间接正犯是共犯从属性说的产物，如果根据共犯独立性说，例如纯粹惹起说，肯定没有正犯的共犯，因而间接正犯是作为共犯处理的。而根据共犯从属性说，否定没有正犯的共犯，因而共犯的成立应当以正犯存在为前提。在极端从属性程度的情况下，此说当然没有问题。但如果是主张限制从属形式或者最小从属形式，则教唆没有达到刑事责任年龄的人犯罪，因为没有正犯，所以就不能追究刑事责任。为弥补这一漏洞，提出了间接正犯的概念，将其解读为正犯，从而获得处罚的规范根据。

我国刑法并没有规定间接正犯，但间接正犯概念同样可以适用于我国，我国司法机关接受了间接正犯的概念，并在司法实践中加以运用。例如被告人刘某因与丈夫金某不和，离家出走。一天，其女（时龄 12 周岁）前来刘某住处，刘某指使其女用家中的鼠药毒杀金某。其女回家后，即将鼠药拌入金某的饭碗中，金某食用后中毒死亡。因其女没有达到刑事责任年龄，对被告人刘某的行为如何定罪处罚，存在不同意见：第一种意见认为，被告人刘某授意本无犯意的未成年人投毒杀人，是典型的教唆杀人行为，根据《刑法》第 29 条"教唆不满十八周岁的人犯罪的，应当从重处罚"的规定，对被告人刘某应按教唆犯的有关规定来处理；第二种意见认为，被告人刘某授意未成年人以投毒的方法杀人，属于故意向他人传授犯罪方法，同时，由于被授意人未达到刑事责任年龄，不负刑事责任，因此对被告人刘某应单独以传播犯罪方法罪论处。^② 这个案例由于属于审判工作

---

①　陈兴良. 论我国刑法中的间接正犯. 法学研究，1985（1）.

②　最高人民法院刑一庭，刑二庭. 刑事审判参考：第 5 辑. 北京：法律出版社，2001：75.

中遇见的典型问题，因而在审判长会议上进行了讨论。经过讨论以后，得出的结论认为：构成教唆犯必然要求教唆人和被教唆的人都达到一定的刑事责任年龄，具备刑事责任能力。达到一定的刑事责任年龄，具备刑事责任能力的人，指使、利用未达到刑事责任年龄的人（如本案刘某的女儿）或精神病人实施某种犯罪行为，是不符合共同犯罪的特征的。因为在这种情况下，就指使者而言，实质上是在利用未达到刑事责任年龄的人或精神病人作为犯罪工具实施犯罪。就被指使者而言，由于其不具有独立的意志，或者缺乏辨别能力，实际上是教唆者的犯罪工具。有刑事责任能力的人指使、利用未达到刑事责任年龄的人或者精神病人实施犯罪，在刑法理论上称之为间接正犯或间接的实行犯。间接正犯不属于共同犯罪的范畴。因被指使、利用者不负刑事责任，其实施的犯罪行为应视为指使、利用者自己实施，故指使、利用者应对被指使、利用人所实施的犯罪承担全部责任，也就是说，对指使、利用未达到刑事责任年龄的人或精神病人犯罪的人，应按照被指使、利用者实行的行为定罪处罚。本案被告人刘某唆使不满14周岁的人投毒杀人，由于被教唆人不具有刑事责任能力，因此唆使人与被唆使人不能形成共犯关系，被告人刘某非教唆犯，而是间接正犯，故对刘某不能直接援引有关教唆犯的条款来处理，而应按其女实行的故意杀人行为定罪处刑。在最高人民法院审判长会议对这个案件的分析意见中，引入了间接正犯这一概念，从而使刘某利用其不满14周岁的女儿投毒杀人一案得以正确定性。因此，尽管在目前中国的刑法和司法解释中尚未使用间接正犯这一概念，但间接正犯的理论已经进入最高人民法院法官的视野，并在司法活动中发生了实际的作用。如果只是单纯地考察这个案件，其法律适用似乎没有问题。但这一结论实际上是以犯罪共同说为前提的，而如果采用行为共同说，即只要具有共同行为就成立共犯，则这个案件就会得出属于共同正犯而非间接正犯的结论。而在日本刑法中，对于指使未成年人进行犯罪的案件，根据在对背后者有无实施强制行为及强制程度、有无压制未成年人的意思及压制程度进行区分。因此，在母亲指示、命令12岁零10个月的长子实施抢劫行为的案例中，日本判例既不构成抢劫罪的间接正犯，也不构成抢劫罪的教唆犯，而是构成共同正犯，由此看来与我国法院对指使不满 14 周岁的女儿投放毒物案件以间接正犯论处的判例之间存在明显区分。故此，日本学者高桥则夫教授指出："在日本，这是一个共犯从属性问题。原来日本采用严格限制说，既要具备构成要件该当性、违法性和有责性才成立共犯，而现在则主张限制从属性，只要求具备构成要件该当性、违法性就够了。如果小孩有辨别能力，在日本司法中可能认定为共谋共同正犯。"① 由此可见，在阶层犯罪论的语境中，间接正犯与正犯的关系是随着从属性程度不同而消长的。而我国共犯理论是建立在对合犯罪论基础之上的，根据共犯与正犯的逻辑关系分析，不存在共犯对于正犯的从属性，因此采用极端从属形式。与此同时，我国共犯理论采用的是犯罪共同说，只有正犯构成犯罪，共犯才能成立，至于我国 1979 年《刑法》第 26 条第 2 款规定的对被教唆人没有犯被教唆的罪的，对于教唆犯仍然应当处罚，即处罚没有正犯的共犯，只是一种特别规定。在我国刑法中，对于共犯与正犯的关系而言，极端的从属性和极端的独立性并存。就我国刑法采用极端从属程度而言，间接正犯的范围是较为宽泛的，在与采用限制从属形式的日本对比中，就可以清楚地看到这个差别。

　　在采用对合犯罪论的背景下，即使引入阶层共犯论的概念，也会和既有的逻辑发生碰撞。在德日共犯论中，经常涉及没有正犯的共犯是否可罚的问题，并引起各种不同共犯理论的争论。例如主张纯粹惹起说的德国学者吕德森认为，没有正犯的共犯是否可罚，问题的核心在于构成要件上的法益对共犯而言是否受到保护。在构成要件上的法益对共犯而言受到保护的情况下，虽然缺乏正犯行为，也会导致处罚共犯。例如，德国刑法上不受处罚的参与自杀的共犯也是可罚的。因为，自杀者的生命对于外部的人即共犯是受保护的，刑法不允许共犯参与到这一侵害中。而折中的惹起说则认为，批判纯粹惹起说所主张的没有正犯的共犯的观点，认为虽然共犯也和正犯一样引起符合构成要件的结果，但却是通过正犯符合

---

① 马克昌，莫洪宪. 中日共同犯罪比较研究. 武汉：武汉大学出版社，2003：264.

构成要件、违法的行为实现的，共犯行为的违法性是从正犯行为中引出的。因此，主张折中说的德国学者萨姆松认为，自杀的共犯不会作为普通杀人罪的共犯受到处罚。换言之，共犯的成立以违法的正犯行为为必要条件，即使是在这种情况下，在正犯引起的结果对于共犯来说不是符合构成要件的结果时，共犯也不能成立。① 通过以上学术争论，对于正犯与共犯的关系更为明晰。

而在我国对合共犯论中，并不在逻辑上严格区分正犯与共犯，在司法实践中，对于自杀的教唆犯和帮助犯一般都认定为故意杀人罪的正犯而不是共犯予以处罚。在刘祖枝故意杀人案中，被告人刘祖枝（女）与被害人秦继明系夫妻关系。秦继明因患重病常年卧床，一直由刘祖枝扶养和照料。2010 年 11 月 8 日 3 时许，刘祖枝在其出租房内，不满秦继明病痛叫喊，影响他人休息，与秦继明发生争吵。后刘祖枝将存放在暂住地的敌敌畏倒入杯中提供给秦继明，由秦继明自行服下，造成秦继明服毒死亡。这是一起典型的帮助自杀案，对于该案，北京市第二中级人民法院以故意杀人罪判处被告人刘祖枝有期徒刑 7 年，剥夺政治权利 1 年。本案裁判理由是在论证帮助自杀行为应以故意杀人罪论处时，指出："对帮助自杀的行为是否追究刑事责任要根据帮助者的主观和客观两个方面的情况而定：如果帮助者没有意识到他人有强烈的自杀倾向，且所提供的帮助行为与自杀后果之间不具有刑法上的因果关系，对帮助者不追究刑事责任。如果帮助者主观上明知他人有强烈的自杀倾向，客观上仍通过言行进一步强化他人自杀的决意，并提供自杀工具或者帮助他人完成自杀行为的，应当认定帮助行为与他人死亡后果之间具有刑法上的因果关系，对帮助者应当以故意杀人罪追究刑事责任。"② 在上述裁判理由中，十分明显地采用了主客观相统一的对合共犯论的分析思路，而根本没有论及正犯与共犯的关系。在帮助自杀案件中，首先应当解决的问题在于：帮助自杀行为是正犯还是共犯？如果是正犯，定罪当然没有疑问。有些国家

---

① 杨金彪. 共犯处罚根据论. 北京：中国人民公安大学出版社，2008：61，79-80.
② 陈兴良，张军，胡云腾. 人民法院刑事指导案例裁判要旨通纂. 北京：北京大学出版社，2018：646.

刑法典明确设立了教唆、帮助自杀罪,对此,完全可以直接认定为该罪。例如《日本刑法典》第202条规定:"教唆或者帮助人使其自杀的,处六个月以上七年以下的惩役或者禁锢。"这就是所谓参与自杀罪。日本学者大塚仁指出:"不认为自杀是犯罪,并不意味着对自杀的诱惑、挑拨、援助等参与他人自杀的行为也当然是不可罚的,因为这些参与他人自杀的行为是否定他人生命的行为,与本人自身的自杀具有明显不同的性质。只是,既然自杀本身不是犯罪,那么,站在共犯从属性说的立场上,也不能把参与自杀的行为理解为刑法总论上的自杀共犯。因此,在分则中设立独立的构成要件对其予以处罚,乃是各国立法例上所见的态度。"① 而在没有设立该罪的国家刑法中,教唆、帮助自杀行为并不是故意杀人罪的正犯行为。在这种情况下,帮助自杀行为本身并不符合故意杀人罪的构成要件,如果直接对其以故意杀人罪论处,就涉及是否肯定没有正犯的共犯问题。但在刘祖枝故意杀人案的裁判理由中,完全没有涉及这些基本共犯理论,而是仅仅以刘祖枝主观上明知秦继明具有自杀意图,客观上为其自杀提供了帮助,与自杀死亡之间存在因果关系,而直接对刘祖枝认定为故意杀人罪。如果不解决帮助行为是否符合构成要件,而以主观上对他人自杀意图的明知和客观上与他人自杀结果之间具有因果关系为根据,将帮助自杀行为认定为故意杀人罪,显然并不符合刑法教义学的一般原理。

正是因为在我国司法实践中没有严格区分正犯与共犯,并以此为前提论证共犯处罚根据,所以,对正犯行为和共犯行为之间的界限是混淆的,导致逻辑上的混乱。例如夏锡仁故意杀人案,被告人夏锡仁与被害人吴楷容系夫妻关系,因吴楷容伤病,加上面临经济困难,两人产生自杀意图。2004年5月12日凌晨1时许,夏锡仁在租住的地下室准备了凳子和绳子,接着先将吴楷容扶上凳子,将绳子一端系在吴楷容的脖子上,另一端系在地下室的下水管上,然后其将吴楷容脚下的凳子拿开,吴楷容脚动了几下即窒息而死。过了十几分钟,夏锡仁也准备上

---

① 大塚仁. 刑法概说:各论. 3版. 冯军,译. 北京:中国人民大学出版社,2003:37-38.

吊自杀，但想到这样会连累房东，即打消自杀念头，于天明时到派出所投案自首。对于本案中夏锡仁的行为，判决书认定为帮助自杀，以故意杀人罪判处有期徒刑5年。本案的裁判理由指出："我国刑法没有将帮助他人自杀的行为规定为一个罪名，这就带来一个认识问题，即对帮助他人自杀的行为应否定罪。帮助他人自杀结束生命，虽然该帮助人主观上没有剥夺他人生命的故意，但其同意帮助他人自杀结束生命，并且帮助意图自杀而死的人实现了这一目的，其行为在性质上属于故意杀人，符合我国刑法规定的故意杀人罪的构成要件，实践中应当按故意杀人罪予以定性处罚。"① 上述裁判理由对帮助自杀行为的性质的论证思路是极为混乱的。客观上帮助意图自杀的人实现自杀意图，是否就可以直接得出该帮助行为具有故意杀人的性质？既然裁判理由确认帮助人主观上没有剥夺他人生命的故意，其帮助行为又怎么可能构成故意杀人罪？因此，如果仅仅从主客观统一上对帮助自杀行为的性质进行分析，是难以得出正确结论的。更为重要的是，本案被告人夏锡仁的行为真的只是一种帮助自杀行为而不是受托杀人行为吗？对于夏锡仁行为的性质，本案裁判理由指出："本案中意图自杀的吴楷容，经受不了伤痛的折磨和经济的压力，欲以自杀方式自戕，要求作为丈夫的被告人夏锡仁帮助实现自杀目的，被告人不仅接受了吴楷容的要求，并且具体实施了帮助其自杀的行为，使吴楷容达到了自杀而死的目的，依据我国刑法的规定和司法实践经验，应当对被告人夏锡仁以故意杀人罪加以处罚。"② 在此，裁判理由根据死者吴楷容先提出自杀意图并要求被告人夏锡仁帮助其完成自杀愿望，而将夏锡仁的行为认定为帮助自杀。但从本案中夏锡仁实施的具体行为来看，吴楷容只是提出了自杀的想法，而吴楷容的死亡是夏锡仁的行为一手造成的：帮助吴楷容站上凳子，给吴楷容系上绳子，最后拿开吴楷容脚下的凳子，致使吴楷容窒息死亡。在这种情况下，被告人夏锡仁的行为完全符合故意杀人罪的构成要件，应当以故意

---

① 陈兴良，张军，胡云腾. 人民法院刑事指导案例裁判要旨通纂. 北京：北京大学出版社，2018：553.
② 陈兴良，张军，胡云腾. 人民法院刑事指导案例裁判要旨通纂. 北京：北京大学出版社，2018：553.

杀人罪论处，属于刑法理论上的受托杀人行为。对于这种受托杀人行为，在某些国家刑法典中明确规定为单独的罪名，例如《日本刑法典》第202条规定："接受人的自杀嘱托或者得到人的承诺而杀人的人，处六个月以上七年以下的惩役或者禁锢。"日本学者大塚仁指出："同意杀人，即接受被杀者的嘱托或者得其承诺而杀害被害者的行为是以被杀者自身放弃对生命的法益为前提而实施的，从被杀者的立场来看，应该认为是准自杀，因此，其违法性的程度比通常的杀人罪轻。而且，不少情况下，也能减轻行为人的责任。"① 受托杀人行为，如果委托人具有自杀意图，则属于帮助自杀和故意杀人的竞合，因其完全符合故意杀人罪的构成要件，故应当以故意杀人罪论处。但其具有被害人同意的情节，因而属于故意杀人罪的减轻类型，这也是某些国家刑法典对其专门设立罪名的主要根据。但在没有专门设立罪名的国家刑法中，对这种受托杀人行为，完全可以认定为故意杀人罪，这与那种仅仅为他人自杀提供条件，最终由他人自身完成自杀行为是有所不同的。在上述夏锡仁故意杀人案中，虽然是死者提出自杀的要求，而夏锡仁的行为具有帮助死者完成自杀意愿的性质，夏锡仁在死者同意的情况下，完整地实施了将他人杀死的行为，符合故意杀人罪的构成要件，属于故意杀人罪的共犯，不能再认为是帮助自杀的行为。由此可见，正犯与共犯的区分观念，对于相关案件的处理具有重要的指导意义。

在我国逐渐引入阶层犯罪论以后，阶层共犯论的法理也在我国刑法学界获得认同。在这种情况下，发生了从阶层犯罪论到阶层共犯论的发展。只有在阶层犯罪论的框架中，共犯的相关问题才能得以展开。尤其是那些较为复杂的刑事案件，如果只是采用对合共犯论，则难以得出正确的结论。只有采用阶层共犯论，才能更为清晰地对相关案件中涉及的共犯认定问题作出深入的法理论证。例如，在对合犯罪论中，就犯罪共同说与行为共同说之争而言，就会自然得出犯罪共同说的结论。由此而认为，只有在同一罪名中，才能成立共犯；不同罪名之间，没

---

① 大塚仁. 刑法概说：各论. 3版. 冯军，译. 北京：中国人民大学出版社，2003：38.

有共犯成立的余地。我国学者最初是在对合犯罪论的体系中起步采用阶层共犯论的，但对合犯罪论在很大程度上限制了共犯论的展开。在我国司法实践中，否定不同罪名的共犯关系。但在阶层犯罪论引入以后，从犯罪共同说到部分犯罪共同说，再到行为共同说，经历了一个演变过程。例如部分犯罪共同说是在犯罪共同说的阶层基础上发展起来的，根据部分犯罪共同说，如果数个犯罪的构成要件之间存在重合部分，那么在重合的限度内成立较轻之罪的共同正犯。例如，在高海明绑架、郭永杭非法拘禁案中，被告人高海明伙同他人以做生意为名，将与其并无经济纠纷的三个被害人骗至某地加以劫持，对此构成绑架罪没有问题。高海明在绑架被害人期间，欺骗被告人郭永杭被绑架人系债务人，他是为索要债务而拘禁他人，以此让郭永杭帮助看管被害人。在本案中，法院判决认为，被告人郭永杭以为高海明是在追讨生意上的损失费而为其看管被害人，属于《刑法》第238条规定的为索要债务非法拘押、拘禁他人的情形，不构成绑架罪而应以非法拘禁罪论处。① 该判决否定在高海明和郭永杭之间存在共犯关系，因为两者罪名并不相同。但从郭永杭的行为来看，他没有参加高海明等人实施的绑架行为，而是在绑架以后帮助看管，对此不能认定为绑架罪的共犯，这是正确的。但如果否定高海明和郭永杭成立非法拘禁罪的共犯，则不能对郭永杭的行为作出完整的法律评价。对此，我曾经指出："绑架罪和非法拘禁罪之间存在法条竞合关系，绑架罪属于特别法，非法拘禁罪属于普通法。高海明出于勒索财物的目的与没有勒索财物目的的郭永杭共同对被害人进行扣押、监禁。在非法拘禁罪上，高海明与郭永杭之间成立共同正犯。因此，对高海明定绑架罪，对郭永杭定非法拘禁罪，这一最终的定罪结果是正确的。但如果不承认高海明与郭永杭在非法拘禁罪上存在共同正犯的关系，则不利于解决高海明、郭永杭的定罪量刑问题。因为郭永杭是在高海明伙同他人将被害人劫持以后才对被害人看管的，如果郭永杭是非法拘禁罪

---

① 国家法官学院，中国人民大学法学院. 中国审判案例要览：2001年刑事审判案例卷. 北京：中国人民大学出版社，2002：61.

的单独正犯，则其非法拘禁的实行行为是不完整的，令其对高海明的劫持被害人的行为承担刑事责任，就缺乏足够的法理根据。"① 现在，有些学者已经从部分犯罪共同说转向行为共同说。例如张明楷教授在其《刑法学》一书的第三版主张部分犯罪共同说，指出："二人以上虽然实施了不同的犯罪，但当这些不同的犯罪之间具有重合关系的性质时，则在重合的限度内成立共同犯罪。"② 及至该书第五版，张明楷教授主张行为共同说，指出："共同犯罪是不法形态，共同犯罪中的'犯罪'首先是指不法层面意义上的犯罪。而完全意义上的犯罪包含符合构成要件的不法与责任两个层面，所以，对共同犯罪应当采用行为共同说。"③ 显然，只有接受阶层犯罪论，才有可能认同行为共同说。因此，张明楷教授从部分犯罪共同说到行为共同说的观点转变，可以视为是逐渐接受阶层犯罪论的过程。例如，根据犯罪共同说，具有刑事责任能力的甲与不具有刑事责任能力的乙对妇女进行轮奸的，因为只有甲的行为构成犯罪，而乙的行为不构成犯罪，所以甲乙不成立轮奸。但根据行为共同说，只要甲乙共同实施了轮奸行为，即使乙因为不具有刑事责任能力而不构成犯罪，也不能否认甲乙之间成立轮奸，对于甲应当适用轮奸的相关处罚规定。在我国司法实践中，对于此类问题尽管存在争议，但采用行为共同说的倾向也日益显露。

第三节　共同犯罪的形态

共同犯罪的形态，简称共犯形态，是指共同犯罪的形式或者类型。共同犯罪作为一种特殊的犯罪形态，具有单独犯罪无法比拟的复杂性。在共犯教义学中对共犯形态进行研究，有助于揭示共同犯罪的本质，而不至于被共同犯罪的复杂的

---

① 陈兴良. 判例刑法学：上卷. 北京：中国人民大学出版社，2017：425.
② 张明楷. 刑法学. 北京：法律出版社，2003：316.
③ 张明楷. 刑法学. 北京：法律出版社，2016：392.

现象形态所困惑。需要说明的是，刑法本身对共犯形态没有明文规定，而司法实践中对共犯形态的认识又较为混乱。因此，共犯形态成为共犯教义学的一个重要问题。根据我国刑法分则的规定，可以将共犯形态进行如下划分：（1）对合犯罪；（2）聚众犯罪；（3）集团犯罪；（4）恶势力犯罪；（5）黑社会性质组织犯罪。由于黑社会性质组织犯罪在组织、领导、参加黑社会性质组织罪中专门研究，因此，在本节主要对其他四种共同犯罪形态加以论述。

一、对合犯罪的概念

对合犯罪，又称为对合犯，是指存在对合关系的犯罪。对合犯罪的核心是犯罪之间的对合关系，而这种对合关系是建立在行为、对象与结果之间的联系基础之上的。在刑法中，除不及物行为以外，及物行为之实施，总是针对一定犯罪对象的，这种犯罪对象可以分为物与人两种。在犯罪对象为物的情况下，它只是消极的行为客体。在犯罪对象为人的情况下，它与一定之行为人发生一种互动关系。这种互动关系，我认为无非有两种：一是被害关系，二是对合关系。在被害关系中，存在的是加害人与被害人之间的关系。其中，加害人是指实施犯罪行为之人，被害人是指遭受犯罪行为侵害之人。关于这种被害关系，专门有被害人学加以研究。在对合关系中，双方行为人并非加害与被害的关系，而是互为行为对象的关系。犯罪的对合关系，对双方行为人的定罪处罚具有重大影响，因而值得研究。

对合犯罪是以犯罪之间存在对合关系而成立的必要共犯。对合犯罪具有以下特征：

（一）对合性

这里的对合性也可以说是一种相向关系或者对偶关系。犯罪的对合关系，就是互为行为相对人，彼此依存，缺一不可。

（二）犯罪性

这里的犯罪性，既可以是双方构成一罪，也可以是双方构成不同之罪，还可以是一方构成犯罪，另一方不构成犯罪。无论如何，必以至少一方构成犯罪为前提。

（三）法定性

对合犯罪在某种意义上说是一种法定的犯罪形态，是由法律加以规定的，因此应从法律上加以认定。

（四）共犯性

犯罪之间具有对合关系，并不等于对合犯。在某些情况下，犯罪之间虽然具有对合关系，但刑法并未将其规定为共犯，因而这种犯罪虽然在犯罪学上可以称为对合犯罪，但并不是共犯教义学中的必要共犯。

二、聚众犯罪

聚众犯罪，又称为聚合犯，是指法律规定以聚众作为构成犯罪必要条件的犯罪。关于聚众犯罪的概念，我国学者指出："我国刑法中的聚众犯罪，是指刑法分则明文规定的，在首要分子的作用下以聚众的行为方式实施的一种犯罪类型。"① 这一概念较为全面地揭示了聚众犯罪的内容，因而是可取的。我国刑法中的聚众犯罪是一种较为特殊的共犯形态。根据刑法规定，我国刑法中的聚众犯罪从性质上说，可以分为两种：第一种是必要共犯的聚众犯罪，例如《刑法》第317条规定的聚众持械劫狱罪。第二种是任意共犯的聚众犯罪，例如《刑法》第290条规定的聚众扰乱社会秩序罪、第291条规定的聚众扰乱公共场所秩序、交通秩序罪，这些犯罪以首要分子为构成犯罪的必要条件。

（一）必要共犯的聚众犯罪

必要共犯的聚众犯罪是必要共犯的一种特殊类型，这种聚众犯罪本身就属于共同犯罪。值得注意的是，必要共犯的聚众犯罪在刑法规定形式上可以分为两种

---

① 刘德法. 聚众犯罪理论与实务研究. 北京：中国法制出版社，2011：33.

情形：第一种是显形的聚众犯罪。显形的聚众犯罪是指刑法在罪状中明文规定以聚众的形式构成的犯罪。例如《刑法》第292条对聚众斗殴罪规定："聚众斗殴的，对首要分子和其他积极参加的，处三年以下有期徒刑、拘役或者管制；有下列情形之一的，对首要分子和其他积极参加的，处三年以上十年以下有期徒刑：（一）多次聚众斗殴的；（二）聚众斗殴人数多，规模大，社会影响恶劣的；（三）在公共场所或者交通要道聚众斗殴，造成社会秩序严重混乱的；（四）持械聚众斗殴的。聚众斗殴，致人重伤、死亡的，依照本法第二百三十四条、第二百三十二条的规定定罪处罚。"刑法已经将聚众斗殴罪的共同犯罪人区分为两种：（1）首要分子；（2）积极参加者。刑法对这两种人规定了基本犯和加重犯两种不同的法定刑，因而在司法实践中可以直接对这两种人进行定罪量刑。由此可见，本罪属于聚众犯罪。第二种是隐形的聚众犯罪。隐形的聚众犯罪是指刑法在罪状中并没有明文规定以聚众的形式构成，但从其罪状描述来看，只能由聚众的形式成立的聚众犯罪。例如《刑法》第104条对武装叛乱、暴乱罪规定："组织、策划、实施武装叛乱或者武装暴乱的，对首要分子或者罪行重大的，处无期徒刑或者十年以上有期徒刑；对积极参加的，处三年以上十年以下有期徒刑；对其他参加的，处三年以下有期徒刑、拘役、管制或者剥夺政治权利。策动、胁迫、勾引、收买国家机关工作人员、武装部队人员、人民警察、民兵进行武装叛乱或者武装暴乱的，依照前款的规定从重处罚。"在本罪的罪状中虽然并没有出现"聚众"一词，但从罪状描述来看，武装叛乱、暴乱罪只能以聚众的方式实施，而且刑法已经将本罪的共同犯罪人区分为三种：（1）首要分子或者罪行重大者；（2）积极参加者；（3）其他参加者。刑法对这三种人分别规定了轻重不等的法定刑，因而在司法实践中可以直接对这三种人进行定罪量刑。由此可见，本罪属于聚众犯罪。

（二）任意共犯的聚众犯罪

任意共犯的聚众犯罪是指只处罚首要分子的聚众犯罪，我国学者指出："任意共犯的聚众犯罪，是指刑法规定仅处罚实施聚众行为的首要分子，而不处罚其他参与人，但实施聚众行为的首要分子在两人以上而观察共同犯罪的情形。"例如我国《刑法》第 291 条规定的聚众扰乱公共场所秩序、交通秩序罪，其方式是聚众，而具体行为是扰乱车站、码头、民用航空站、商场、公园、影剧院、展览会、运动场或者其他公共场所秩序，堵塞交通或者破坏交通秩序，抗拒、阻碍国家治安管理工作人员依法执行职务，情节严重。根据我国刑法规定，对本罪，只处罚首要分子，其他人员则不予处罚。因此，聚众扰乱公共场所秩序、交通秩序罪虽然以聚众为特征，但却不是共同犯罪的聚众犯罪。需要指出，单独犯罪的聚众犯罪虽然属于单独犯罪，但这并不意味着这种聚众犯罪只能构成单独犯罪，而是说这种聚众犯罪的构成要件是以单独犯罪为模型设立的，但当二人以上共同实施这种聚众犯罪的时候，仍然可以成立共同犯罪。这个意义上的共同犯罪就是任意的共同犯罪，而不是必要的共同犯罪。

三、集团犯罪

集团犯罪，又称为集团犯，是指以犯罪集团形式所实施的犯罪。因此，正确理解集团犯罪的关键在于如何界定犯罪集团。根据我国《刑法》第 26 条第 2 款的规定："三人以上为共同实施犯罪而组成的较为固定的犯罪组织，是犯罪集团。"犯罪集团，又称犯罪组织，是指三人以上为共同实施犯罪而组成的较为固定的犯罪组织。在司法实践中，如何正确地认定犯罪集团，是我们面临的一项重要任务。最高人民法院、最高人民检察院、公安部《关于当前办理集团犯罪案件中具体应用法律的若干问题的解答》为在司法实践中认定犯罪集团提供了一般的规则。我认为，集团犯罪具有以下五个特征：

（一）人数较多，重要成员固定或基本固定

关于犯罪集团的最低人数，在我国刑法学界存在争论。关于这个问题，存在两种观点。第一种观点认为，二人以上就可以构成犯罪集团。其理由是，集团二字与结伙同义，二人何尝不能结伙，有伴即为伙，二人可成伙，犯罪集团二人以上即可成立，无须三人。按照我国现行刑法和世界各国立法例，率以二人以上共同故意犯罪为共犯，并非三人不可。^① 第二种观点认为，三人以上才能构成犯罪集团。其理由是：三人谓之群，有群才有主犯、从犯、胁从犯、教唆犯之分。^②我认为，犯罪集团只能由三人以上构成。首先，结伙与集团是有质的区别的，结伙犯罪是无组织的犯罪，而集团犯罪则是有组织的犯罪。结伙当然可以由二人构成，但集团却只能由三人以上构成。其次，刑法规定共同犯罪是二人以上共同犯罪，这是就一般的共同犯罪而言的，而犯罪集团是特殊的共同犯罪，确定犯罪集团只能由三人以上构成并不违反法律规定。在认定犯罪集团的时候，不仅要看是否有三人以上，而且要看这三人是否长期从事共同犯罪，从而形成了犯罪集团。在人数较多的情况下，还要看重要成员是否固定或基本固定。

（二）经常纠集在一起进行一种或数种严重的犯罪活动

犯罪集团是为实施犯罪活动而组织起来的，同时，也只有实施了犯罪活动以后，才能认定其为犯罪集团。有些犯罪集团是专门从事一种犯罪活动的，例如盗窃犯罪集团，专门从事盗窃犯罪活动。这样的犯罪集团，叫单一的犯罪集团。还有些犯罪集团不限于从事一种犯罪活动，而是从事多种犯罪活动。例如，盗窃犯罪集团同时又从事强奸犯罪。在这种情况下，根据有关司法解释，应按其主罪定性，犯有数罪的，分别按数罪并罚的原则处罚。所谓主罪，按照我们的理解，是相对于从罪而言的，是主要的罪行。在一般情况下，主罪是指法益侵害性较大的罪行，或经常犯的罪行。而从罪则是指法益侵害性较小的罪行，或兼犯的罪行。

我们还必须注意，犯罪集团是经常纠集在一起从事犯罪活动的。如果三人以上在严密的组织下从事了一次犯罪活动，这一次犯罪活动的性质十分严重、社会危害性很大，那么，能否认定其为犯罪集团呢？我们的回答是否定的。因为犯罪集团之所以成为刑法的打击重点，就在于它是一种犯罪组织，是以经常性、专门

① 吴文翰. 略谈共犯中的几个问题. 法学研究. 1982（1）：13.
② 辛明. 集团犯罪问题探讨. 西南政法学院学报，1981（4）：38.

性地从事犯罪活动为前提的。如果只是实施一次犯罪活动，尽管这次犯罪的性质十分严重，也不能认定为犯罪集团。当然，如果犯罪组织建立起来以后只进行了一次犯罪活动就被破获，则另当别论。

（三）有明显的首要分子

犯罪集团的首要分子，是指在该集团中起组织、策划、指挥作用的犯罪分子。在犯罪集团中，必然存在明显的首要分子。认定首要分子，是确定犯罪集团的重要方式。犯罪集团中的首要分子，有的是在纠集过程中形成的，有的是在纠集开始时就是组织者和领导者。如果在共同犯罪中，没有明显的首要分子，就不能认定为犯罪集团。

（四）有预谋地实施犯罪活动

共同犯罪可以分为事前通谋的共同犯罪和事前没有通谋的共同犯罪，犯罪集团属于事前通谋的共同犯罪。因此，犯罪集团都是有预谋地实施犯罪活动。如果不是有预谋地进行犯罪活动，而是一哄而起，临时起意，就不能认定为犯罪集团。例如，成某、曹某、达某、常某、李某等人，一天中午在电影院门口偶遇少女张某，曹、李曾经以谈恋爱为名强奸过张，见张没票，成就找了一张票将张带入电影院。电影散场以后，成以揭发阴私相威胁将张带回自己家中，其他被告一同前往。在成家，成等五人强奸了张。某法院将本案认定为强奸集团，分别判处无期徒刑和有期徒刑。我认为，本案的强奸犯罪活动没有进行预谋。成对张进行威胁，其他被告并不知情。在成家对张进行轮奸，属于临时起意。因此，本案以强奸集团论处是不妥的。当然，我们说犯罪集团是有预谋地实施犯罪活动，并不是说每次犯罪都必须经过精心策划，有周密的犯罪计划。而只要对犯罪事先有过谋划，就应当认为是有预谋地实施犯罪。

（五）较为严重的法益侵害性

犯罪集团不论作案次数多少，都具有较为严重的法益侵害性。犯罪集团的犯罪活动，一般都是在首要分子的策划、指挥下实施的，其手段狡猾，容易得逞，对社会的危害程度十分严重，这些都是单独犯罪所无法比拟的。因此，在认定犯罪集团的时候，必须注意其对法益造成的严重侵害或者危险。

四、恶势力犯罪

黑恶势力是当前我国刑法的打击重点，这里的黑恶势力中的"黑"是指黑社会性质组织，"恶"是指恶势力。对于黑社会性质组织，我国《刑法》第294条已经做了明文规定，相关的立法解释和司法解释都比较完备，从而为认定黑社会性质组织，惩治组织、领导、参加黑社会性质组织犯罪提供了规范根据。然而，我国刑法对于恶势力并未做明确规定，但在相关司法解释或者其他规范性文件中有所涉及。值得注意的是，《反有组织犯罪法》第2条第2款规定："本法所称恶势力组织，是指经常纠集在一起，以暴力、威胁或者其他手段，在一定区域或者行业领域内多次实施违法犯罪活动，为非作恶，欺压群众，扰乱社会秩序、经济秩序，造成较为恶劣的社会影响，但尚未形成黑社会性质组织的犯罪组织。"这是我国法律首次对恶势力犯罪组织的定义进行规定，对于正确理解与界定恶势力犯罪组织具有重要意义。2018年1月16日最高人民法院、最高人民检察院、公安部、司法部《关于办理黑恶势力犯罪案件若干问题的指导意见》（以下简称《2018年指导意见》）和2019年2月28日最高人民法院、最高人民检察院、公安部、司法部《关于办理恶势力刑事案件若干问题的意见》（以下简称《2019年意见》）等司法解释对恶势力的概念作了明确规定，揭示了恶势力犯罪的构成特征，是认定恶势力犯罪的规范根据。根据上述司法解释的相关规定，我们可以归纳总结出恶势力犯罪的以下特征：

（一）人数特征

恶势力犯罪不是一种单个人实施的犯罪，而是多个人实施的犯罪。因此，恶势力犯罪具有共同犯罪的属性，它首先是共同犯罪中的结伙形式。在恶势力基础上发展起来的恶势力犯罪组织，则是共同犯罪中的集团形式。《2019年意见》明确将"经常纠集在一起"作为恶势力犯罪的首要特征，就是强调了恶势力犯罪的这种共同犯罪性质。根据我国《刑法》第25条的规定，共同犯罪的主体是2人以上，而黑社会性质组织的主体一般是10人以上。恶势力犯罪的人数一般是3人以上，对此，《2019年意见》做了明确规定。由此可见，恶势力犯罪并不是一般共同犯罪，而是具有纠集性的共同犯罪，因而其共同犯罪的人数要求高于一般共同犯罪。

应该指出，这里的3人是指恶势力犯罪的最低人数，即不能少于3人。在通常情况下，恶势力犯罪的人数都超过3人。对于恶势力犯罪所要求的3人如何理解，我国学者认为，应该是指相对固定的成员为3人以上，而不是指包括被临时纠集者为3人以上。[①] 对于上述观点，我持保留态度。如果被临时纠集者都构成犯罪的情况下，已经符合刑法所规定的3人以上（包括3人在内）的主体数量要求，不能说还没有达到恶势力犯罪的人数标准。当然，如果被纠集者属于不明真相的人员，其行为并不构成犯罪，则不能将这些人员包含在犯罪所要求的3人以上的主体数量之内。

（二）手段特征

恶势力犯罪的手段特征是指暴力、威胁或者其他手段。恶势力作为一种犯罪形态，其特点在于采用暴力、威胁或者其他手段实施犯罪活动。在我国刑法中，相当一部分犯罪的罪状中采用"暴力、胁迫或者其他方法（手段）"的描述，例如抢劫罪和强奸罪。而在某些经济犯罪的罪状中，则采用"暴力、威胁手段"的描述，例如强迫交易罪。这些犯罪都具有暴力犯罪的性质，但其手段又不限于暴力，而包括暴力胁迫或者暴力威胁。这里的暴力，是指采用殴打、伤害、捆绑、禁闭等足以危及人身健康或者生命安全的手段。胁迫或者威胁，是指以立即使用暴力相威胁，实行精神强制。这里的"其他方法（手段）"是指非暴力的手段。恶势力犯罪在通常情况下采用暴力手段实施违法犯罪活动，因而具有对社会秩序和社会治安的严重破坏性。但在某些情况下，也可能采用非暴力手段。

---

① 黄京平. 恶势力及其软暴力犯罪探微. 中国刑事法杂志，2018（3）.

在恶势力犯罪中，还存在采用软暴力实施违法犯罪活动的情形。这里的软暴力是相对于暴力而言的。暴力的含义是十分清楚的，那么，如何理解软暴力呢？应当指出，我国刑法中并没有软暴力这个概念。《刑法》第 294 条对黑社会性质组织行为特征的描述中，对行为特征作了以下描述："以暴力、威胁或者其他手段，有组织地多次进行违法犯罪活动，为非作恶，欺压、残害群众。"在此，立法机关将威胁或者其他手段和暴力相并列。因此，威胁或者其他手段就是暴力以外的手段。相对于暴力手段而言，威胁或者其他手段就是一种非暴力手段。2009年 12 月 9 日最高人民法院、最高人民检察院、公安部《办理黑社会性质组织犯罪案件座谈会纪要》（以下简称《2009 年纪要》）在论及全国人大常委会《关于〈中华人民共和国刑法〉第二百九十四条第一款的解释》（以下简称《立法解释》）所规定的黑社会性质组织的行为特征时，指出：暴力性、胁迫性和有组织性是黑社会性质组织行为方式的主要特征，但有时也会采取一些"其他手段"。根据司法实践经验，《立法解释》中规定的其他手段主要包括：以暴力、威胁为基础，在利用组织势力和影响已对他人形成心理强制或威慑的情况下，进行所谓的谈判、协商、调解；滋扰、哄闹、聚众等其他干扰、破坏正常经济、社会生活秩序的非暴力手段。在此，《2009 年纪要》明确采用了非暴力手段的概念。最高人民法院相关人员在阐述上述规定的时候，指出："当黑社会组织通过打打杀杀树立恶名后，出于自我保护、发展升级的需要，往往会竭力隐藏起暴力、血腥的本来面目，更多地使用软暴力手段，以此给司法机关打击处理制造障碍。"① 在此，采用了软暴力的概念以诠释《2009 年纪要》中的非暴力。其实，软暴力和非暴力词异而义同。此后，软暴力这个概念逐渐流行。对于黑社会性质组织犯罪来说，是以暴力手段为主，以软暴力为辅。很难想象，黑社会性质组织犯罪可以没有暴力手段。及至《2018 年指导意见》第 4 条，对依法惩处利用软暴力实施

---

① 高憬宏，周川.《办理黑社会性质组织犯罪案件座谈会纪要》的理解与适用//最高人民法院刑一、二、三、四、五庭. 刑事审判参考：第 74 集. 北京：法律出版社，2010：180.

的黑恶犯罪做了明确规定。根据《2018年指导意见》规定，黑恶势力为谋取不法利益或形成非法影响，有组织地采用滋扰、纠缠、哄闹、聚众造势等手段侵犯人身权利、财产权利，破坏经济秩序、社会秩序，构成犯罪的，应当分别依照《刑法》相关规定处理：（1）有组织地采用滋扰、纠缠、哄闹、聚众造势等手段扰乱正常的工作、生活秩序，使他人产生心理恐惧或者形成心理强制，分别属于《刑法》第293条第1款第2项规定的恐吓、《刑法》第226条规定的威胁，同时符合其他犯罪构成条件的，应分别以寻衅滋事罪、强迫交易罪定罪处罚。（2）以非法占有为目的强行索取公私财物，有组织地采用滋扰、纠缠、哄闹、聚众造势等手段扰乱正常的工作、生活秩序，同时符合《刑法》第274条规定的其他犯罪构成条件的，应当以敲诈勒索罪定罪处罚。同时由多人实施或者以统一着装、显露文身、特殊标识以及其他明示或者暗示方式，足以使对方感知相关行为的有组织性的，应当认定为《关于办理敲诈勒索刑事案件适用法律若干问题的解释》第2条第5项规定的以黑恶势力名义敲诈勒索。在司法实践中，有些法院对利用软暴力实施犯罪的恶势力集团进行认定。例如，江苏省太仓市人民法院办理的被告人赵某正等9人恶势力犯罪集团案，以及被告人王某星恶势力犯罪集团案中，被告人实施非法高利放贷、暴力讨债的犯罪活动，并在催收过程中多次采用泼油漆、砸玻璃、堵锁眼等方式造成数十名受害人及其亲友住所财物损失。太仓市人民法院经审理后认定，被告人王某星与被告人赵某正等人的犯罪行为属于典型软暴力犯罪，且被告人作案时间较长、次数较多、涉及被害人多，社会影响恶劣。据此，法院综合考虑被告人在犯罪集团中的地位、作用及悔罪态度，分别对涉案的被告人判处1年4个月至3年3个月不等的刑期。

我认为，软暴力这个概念只有在对其以暴力论处的情况下，才具有实质意义。如果软暴力仍然是非暴力，而且刑法和司法解释都已经明确规定其他非暴力手段也可以构成黑恶犯罪，软暴力的概念没有特殊意义。值得注意的是，《2019年意见》并没有专门提及软暴力的概念。这里应当指出，无论是黑社会性质组织犯罪还是恶势力犯罪，都必然具有暴力犯罪的性质，软暴力手段只是一种辅助性的手段。为非作恶、欺压百姓的恶势力犯罪表现，不可能完全利用所谓软暴力达成。因此，单纯的软暴力不能构成恶势力犯罪。即使是在上述赵某正恶势力犯罪集团案中，被告人以发放高利贷为主要敛财手段，在追讨债务过程中，其既有暴力讨债行为，又采取了软暴力方式进行讨债。由此可见，在恶势力犯罪中，往往是暴力和软暴力同时并用。正如我国学者指出："软暴力手段与暴力性手段交替使用，暴力、暴力威胁作为经常性手段，暴力性手段居于支配性地位，是恶势力组织影响力的基础，是恶势力的基本行为特征。"[①]

（三）地域特征

在一定区域或者行业内多次实施违法犯罪，这是对恶势力犯罪地域特征的描述。应该说，犯罪可以发生在任何地域。但对于某些犯罪来说，则只能发生在特定地域。《2019 年意见》规定，恶势力犯罪发生在一定区域或者行业，这是因为恶势力犯罪具有区域性犯罪或者行业性犯罪的性质。只有在某个特定区域或者行业多次实施犯罪活动，才能对该特定区域或者行业产生严重社会影响。否则，如果不是发生在特定区域或者行业，而是流窜各地实施犯罪活动，或者在较为广泛的区域从事犯罪活动，则难以构成恶势力犯罪。因为恶势力犯罪和黑社会性质组织犯罪一样，具有称霸一方的特点。因此，只能在一定区域或者行业内实施犯罪活动。并且，这种犯罪活动不是一次实施，而是多次实施，由此形成犯罪的威慑力，造成人民群众的心理恐慌。根据《2019 年意见》的规定，这里的"多次"是指在 2 年以内多次实施犯罪，即对多次加以时间的限制。而对于这里的"多次"，在司法实践中一般理解为 3 次以上。

（四）行为特征

根据《2019 年意见》的规定，恶势力实施的违法犯罪活动，主要包括强迫交易、故意伤害、非法拘禁、敲诈勒索、故意毁坏财物、聚众斗殴、寻衅滋事，但也包括主要以暴力、威胁为手段的其他违法犯罪活动。恶势力还可能伴随实施

---

① 黄京平. 黑恶势力利用"软暴力"犯罪的若干问题. 北京联合大学学报（人文社会科学版），2018（2）.

开设赌场，组织卖淫，强迫卖淫，贩卖毒品，运输毒品，制造毒品，抢劫，抢夺，聚众扰乱社会秩序，聚众扰乱公共场所秩序、交通秩序以及聚众打、砸、抢等违法犯罪活动。由此可见，恶势力的违法犯罪活动可以分为主要的违法犯罪活动和伴随的违法犯罪活动两种类型。

1. 主要的违法犯罪活动

主要的违法犯罪活动是指强迫交易、故意伤害、非法拘禁、敲诈勒索、故意毁坏财物、聚众斗殴、寻衅滋事等。这些犯罪具有破坏市场经济秩序、侵犯人身权利、侵犯财产权利和妨害社会管理秩序的性质，涉及刑法分则第三章、第四章和第六章的相关犯罪。

2. 伴随的违法犯罪活动

恶势力伴随的违法犯罪是指开设赌场，组织卖淫，强迫卖淫，贩卖毒品，运输毒品，制造毒品，抢劫，抢夺，聚众扰乱社会秩序，聚众扰乱公共场所秩序、交通秩序以及聚众打、砸、抢等。如果说，主要的违法犯罪活动是恶势力通常所犯之罪，那么，伴随的违法犯罪活动是恶势力所伴生的违法犯罪活动：前者体现的是恶势力的本质，而后者则体现恶势力的特色。

第四节　共同犯罪的定罪

共同犯罪是客观上的共同犯罪行为与主观上的共同犯罪故意的统一，也就是罪体与罪责的统一。共同犯罪行为是共同犯罪定罪的客观根据，共同犯罪故意是共同犯罪定罪的主观根据。

一、共同犯罪的罪体

共同犯罪行为是指二人以上在共同犯罪故意的支配下，共同实施的具有内在联系的犯罪行为。共同犯罪行为是共同犯罪构成的罪体要素，是共同犯罪人承担刑事责任的客观基础。

共同犯罪行为不是单独犯罪行为的简单相加，而是二人以上的犯罪行为在共同犯罪故意基础上的有机结合。只有充分地认识了二人以上的犯罪行为之间的客观联结，才能科学地揭示共同犯罪行为的内部结构。什么是共同犯罪行为的客观联结？我认为，所谓共同犯罪行为的客观联结并不是泛泛地指一切共同犯罪行为之间的联系，而是指某些特定的共同犯罪行为之间的联系。共同犯罪行为可以分为正犯行为和共犯行为。正犯行为是一种实行行为，这种正犯行为是由刑法分则明文规定的，其犯罪性是显而易见的。共犯行为是一种非实行行为，这种共犯行为只有与一定的正犯行为有机地结合起来，才能表明其犯罪性，成为共同犯罪行为。那么，这些行为与实行行为是如何结合的呢？这就是我们所要研究的问题。所以，共同犯罪行为的客观联结是指共犯行为与正犯行为之间的联系方式。具体地说，是指组织行为与正犯行为、教唆行为与正犯行为，以及帮助行为与正犯行为的客观联结。根据上述共同犯罪行为的客观联结的界说，我认为共犯行为与正犯行为之间具有以下三种关系：（1）组织行为与正犯行为之间具有制约关系。组织行为是指组织犯的组织、策划、指挥行为，而组织行为与正犯行为之间的制约关系，就是指组织犯通过对犯罪集团的组织、策划、指挥，对犯罪集团的成员起着支配和控制作用。组织行为与正犯行为的这种制约关系，揭示了组织犯在共同犯罪中所起的主要作用以及组织行为与犯罪结果之间的关系。组织犯虽然可能没有直接实行犯罪，但是，正犯的实行行为是在其组织、策划、指挥下实施的，实行犯罪的方法、工具和侵害对象都受组织犯的制约。因此，组织犯应对在其制约下的正犯行为所造成的一切犯罪结果承担刑事责任。（2）教唆行为与正犯行为之间具有诱发关系。所谓诱发关系，是指产生与被产生的关系。教唆行为是唆使他人实行犯罪的行为，以制造犯意为其特征，没有教唆犯的唆使，被教唆的人就不会产生犯意因而实施某种犯罪行为。被教唆的人的正犯行为是教唆行为的结果，教唆行为对正犯行为具有起始作用。因此，教唆行为与正犯行为之间存在诱发关系。教唆行为与正犯行为之间的这种诱发关系，揭示了教唆行为的社会危害性在于通过实行行为以达到其犯罪目的，其教唆行为与被教唆的人所造成的犯罪结果之间具有因果关系。（3）帮助行为与正犯行为之间具有协同关系。帮助行为是在实行犯决意实施犯罪行为以后，从精神上或者物质上帮助正犯的行为。帮助行为和正犯行为的关系不同于组织行为，不具有对正犯行为的制约性，因为正犯的犯罪是在本人的意志支配下实施的，不受帮助犯的调配和指挥。帮助行为和正犯行为的关系也不同于教唆行为，对正犯行为没有原因力，因为正犯的犯意是自己萌发的，并不是在帮助犯的作用下产生的。帮助行为对于实行行为来说，只是具有一种协同作用。帮助犯通过本人的帮助行为，使实行行为易于完成。这就表明帮助犯在共同犯罪中不起主要作用，而只起辅助作用。以上共犯行为与正犯行为之间的三种关系，对于我们理解共同犯罪行为十分重要。它清楚地告诉我们，组织行为、教唆行为与帮助行为这些不是刑法分则所规定的犯罪构成要件的行为，为什么具有社会危害性并且具有犯罪性，这也正是这些共犯行为能够依法修正成为构成要件的行为并且应受刑罚惩罚的客观基础。

在对共同犯罪行为的一般特征及其正犯行为与共犯行为之间的关系的正确揭示的基础上，以下对各种共同犯罪行为进行具体论述。

（一）正犯行为

正犯行为是刑法分则规定的具体犯罪构成要件的行为。正犯行为在共同犯罪中起着决定性的作用，共犯的犯罪意图都是通过实行行为来实现的。因此，正犯行为不仅决定了共同犯罪的社会危害性程度，而且也在一定程度上决定了共犯的刑事责任。所以，可以说，没有正犯行为就没有共同犯罪行为。由于正犯行为在刑法分则条文中都有明确规定，在此不加赘述。

（二）组织行为

组织行为是指组织犯在犯罪集团中的组织、策划、指挥行为。一般来说，组织行为具有不同于正犯行为的特点，它不是由刑法分则加以规定的，而是由刑法总则规定的。如果某种组织行为已由刑法分则作了规定，那就不仅是组织犯的组织行为，其本身就是正犯行为。刑法分则中规定的组织行为，具有以下两种情形：（1）犯罪的组织行为规定为正犯行为。在刑法分则中，某些犯罪的组织行为被作为正犯行为加以规定，不再按照共同犯罪处理，而是成为一个独立的罪名。在刑法分则中，这种犯罪的组织行为规定为正犯行为而成为一个独立的罪名又有两种情形：一是犯罪集团的组织行为规定为一个独立罪名。例如，《刑法》第294条规定的组织、领导和积极参加黑社会性质的组织罪中，包含组织行为。这种组织行为本来是黑社会性质的组织所实施的犯罪的共犯行为，但刑法直接把这种组织行为规定为犯罪，并规定"犯前三款罪又有其他犯罪行为的，依照数罪并罚的规定处罚"。二是一般犯罪的组织行为规定为一个独立罪名。例如，《刑法》第318条规定的组织他人偷越国（边）境罪中，包含组织行为。该组织行为本来是偷越国（边）境罪的共犯行为，但刑法直接把这种组织行为规定为一种与偷越国（边）境罪相对应的犯罪。（2）非犯罪的组织行为规定为正犯行为。在刑法分则中，某些被组织的行为不是犯罪，但由于这种组织行为具有较大的社会危害性，因而规定为犯罪。例如，《刑法》第358条规定的组织卖淫罪中，包含组织行为，这是一种以组织为特征的犯罪实行行为，被组织的行为不是犯罪，因而区别于犯罪的组织行为。除上述情形以外，在聚众犯罪中也存在组织行为。根据我国《刑法》第97条的规定，在聚众犯罪中存在着首要分子，这些首要分子在聚众犯罪中起组织、策划、指挥作用。但由于我国刑法分则对聚众犯罪都有明文规定，因此，聚众犯罪中首要分子的组织、策划、指挥行为也不是非实行行为的组织行为，而是属于正犯行为，由此可见，只有在集团犯罪中起组织、指挥、策划的行为，才是组织行为。组织行为在集团犯罪活动中，处于十分重要的地位。正是首要分子的组织行为，使犯罪集团中各成员的行为协调一致，从而使犯罪目的更加容易得逞。因此，组织行为是共同犯罪行为中法益侵害程度最为严重的行为之一。

（三）教唆行为

教唆行为是指引起他人实行犯罪意图的行为，是教唆犯承担刑事责任的客观基础。在司法实践中，教唆方法主要表现为：（1）劝说方法，即利用言语对他人进行开导、说服，使之接受教唆的犯罪意图。（2）请求方法，即说明理由，要求他人接受其犯罪意图。（3）挑拨方法，即通过搬弄是非的方法挑逗起他人的犯罪意图。（4）刺激方法，即采取激将的方法使他人产生犯罪意图。尤其是有些人性情急躁，犯罪分子往往利用其性格上的弱点，采取激将法，使这些人走上犯罪道路。（5）利诱方法，即通过利益引诱的手段，使他人产生犯罪意图。（6）怂恿方法，即鼓励、煽动他人去实行犯罪。必须指出，怂恿和纵容是根本不同的，纵容是对他人的犯罪行为不加制止而任其发展，它对犯罪所持的是一种消极态度。如果对制止犯罪具有特定义务，行为人能制止而不加制止，纵容其发展，那么就构成不作为犯罪。更为重要的是，在纵容的情况下，他人犯罪意图是自发地产生的，而不是行为人唆使的结果。因此，即使纵容者构成犯罪，他与被纵容者之间也不存在共同犯罪关系。而在怂恿的情况下，行为人是以积极的行为去鼓动他人犯罪，这是一种作为，他与被教唆人之间存在共同犯罪关系。（7）嘱托方法，即嘱咐、托付他人去实行犯罪，这种情况一般发生在尊亲属与卑亲属之间。（8）胁迫方法，即使用暴力或者其他手段进行威逼，迫使他人接受犯罪意图。教唆犯使用胁迫的方法教唆他人犯罪有以下三种情况：一是以言辞强迫犯罪，即犯罪分子借助自己的地位、权力、凶器及过去行为的威慑性，以书面、口头或他人转达的方法，恐吓他人，迫使其实施某一犯罪行为。二是以直接的人身侵害行为和财产侵害行为强迫犯罪。这种方式必须以实施暴力侵害为前提（一般是轻伤他人）。三是借助特殊的条件强迫犯罪，有些自然的环境，特殊的地点、场合，一旦犯罪分子利用了这些条件的因素，向他人施加压力，就能使他人被迫接受犯罪的意图。当然，如果这种胁迫超过一定的限度，胁迫者就不是教唆犯，而成为间接正犯。胁迫方法是一种使他人在其意志受到一定程度的压抑和束缚的情况下不得不接受犯罪意图的教唆行为。在这种情况下，被胁迫者虽不愿意（不愿意的程度以胁迫程度为转移）实施犯罪，但慑于胁迫者的淫威，或者为了苟全本人的生命、健康和财物，消极地实行了犯罪。在这种情况下，被胁迫者没有完全丧失意志自由，因此应负刑事责任。所以，胁迫者和被胁迫者形成共同犯罪关系，胁迫者是教唆犯，其所采取的教唆方法是胁迫。(9) 诱骗方法，即利用他人不了解实际情况，通过花言巧语欺骗和诱惑，致使他人误信谎言，受了蒙蔽而参加犯罪活动。(10) 授意方法，即将犯罪意图传授给他人，并为他人实行犯罪出谋划策，这种情况往往发生在共谋犯罪之中。以上对教唆行为的十种方法进行了阐述。应该指出，教唆行为除上述十种方法以外，还有其他方法，我们在这里讨论的是一些在司法实践中常见的教唆方法。并且，这些教唆方法往往有着密切的联系，没有截然可分的界限。例如，挑拨方法和刺激方法，都是采取挑逗的形式，两者只存在程度上的差别。况且，教唆犯在实施教唆行为的时候，往往是为了使他人接受犯罪意图而不择手段、想方设法，同时并用各种教唆方法，一种方法不能奏效就采用其他方法。在此之所以对十种教唆方法分而论之，是为了使我们对教唆行为有一个更为明确、直观的认识，绝不意味着在一个教唆犯罪的案件中只能采取其中一种教唆方法。

教唆行为具有不同于正犯行为的特点，它不是由刑法分则加以规定的，而是由刑法总则规定的。如果某种教唆行为已由刑法分则作了规定，那就不再是教唆犯的教唆行为，其本身就是正犯行为。刑法分则中规定的教唆行为，具有以下两种情形：(1) 犯罪的教唆行为规定为正犯行为。在刑法分则中，某些犯罪的教唆行为被作为实行行为加以规定，不再按照共同犯罪处理，而是成为一个独立的罪名。例如，《刑法》第 373 条规定的煽动军人逃离部队罪，军人逃离部队是我国刑法规定的一种犯罪行为，煽动军人逃离部队，就是教唆军人逃离部队。但刑法不是把这种教唆行为当作军人逃离部队罪的共犯处理，而是规定为一个独立的罪名。(2) 非犯罪的教唆行为规定为正犯行为。在刑法分则中，某些教唆的行为不是犯罪，但由于这种教唆行为具有较大的法益侵害性，因而规定为犯罪。例如，《刑法》第 353 条规定的教唆他人吸毒罪。在我国刑法中，吸食、注射毒品行为本身未规定为犯罪，但其教唆行为则作为犯罪加以规定。

（四）帮助行为

帮助行为是指在共同犯罪中起辅助作用的犯罪行为。所谓辅助，一般是相对于正犯行为而言的，是为正犯顺利地实行犯罪创造条件的行为。在司法实践中，帮助行为的表现方式也是各种各样的，但在刑法理论上可以将其归纳为以下几种形式：(1) 从帮助行为的性质来分，可以分为狭义的帮助行为与隐匿行为。狭义的帮助行为是指利用提供犯罪工具、指示犯罪目标或清除犯罪障碍等方法帮助他人实行犯罪。这些帮助行为是在犯罪完成以前实施的，是对实行犯罪的帮助，因此称为狭义的帮助行为。例如，甲要去杀乙，但得知乙家有一条狗很厉害，生人不能接近。甲就去找丙，让丙帮忙把乙家的狗毒死，因丙与乙家的狗比较熟悉。丙就答应了甲的要求，去把乙家的狗毒死，使甲顺利地将乙杀死。在本案中，丙的行为是为甲实施杀人行为排除障碍。隐匿行为是指事先通谋，事后隐匿罪犯、罪证或者湮灭罪证的行为。这些行为主要表现在事后为实行犯隐匿罪证等，这时犯罪结果已经发生，不能说是对实行犯罪的帮助，因此，从严格意义上来说，不属于帮助行为。但因为行为人事先与正犯通谋，答应犯罪以后为其提供各种条件逃避法律制裁，这就对正犯起到了坚定犯罪决意的作用。所以，从广义上来说，事先通谋的隐匿行为属于帮助行为。(2) 从帮助行为的方式来分，可以分为物质性的帮助行为与精神性的帮助行为。物质性的帮助行为是指物质上与体力上的帮助，这种帮助是有形的，因此又可以称为有形的帮助，由此构成的共同犯罪，在刑法理论上称为有形共犯。物质性的帮助在司法实践中常见的是提供犯罪工具。例如，甲、乙都与丙有仇，甲意图杀丙，但苦于找不到合适的凶器，想到乙也恨丙，就找乙帮忙，乙就拿出自己私藏的一把匕首供甲使用，甲利用乙提供的这把匕首将丙杀死。在本案中，乙对甲的犯罪进行了物质性的帮助。精神性的帮助行为是指精神上与心理上的帮助，这种帮助是无形的，因此又可以称为无形的帮助，由此构成的共同犯罪，在刑法理论上称为无形共犯。精神性的帮助在司法实践中常见的是为实行犯出主意、想办法、撑腰打气、站脚助威等。例如，甲、乙共谋杀丙，在甲提出杀人的主张以后，乙十分赞同，并为甲杀丙提建议，甲依计而行，终于将丙杀死。在本案中，杀人是甲提出的，人也是甲杀的，甲是实行罪，应负主要责任。但甲提出杀人之初，还只是一个简单的犯意，是乙提供的精神帮助，一方面坚定了甲杀人的决意，他方面使杀人的犯意具体化、明确化，乙的精神帮助是完成犯罪的必不可少的条件之一。因此，我们对精神性的帮助行为应予以高度重视。（3）从帮助行为的时间来分，可以分为事前帮助行为、事中帮助行为与事后帮助行为。事前帮助行为主要是指事前为实行犯实施犯罪创造便利条件的行为。例如，甲为乙盗窃丙家去察看犯罪地点、指点犯罪活动路线等，就属于事前帮助行为，由此构成的共同犯罪，在刑法理论上称为事前共犯。事中帮助行为主要是指在实施犯罪活动的过程中进行帮助，这种情况只存在于少数犯罪中。在大多数情况下，如果亲临犯罪现场进行帮助，就属于正犯。但在某些情况下则存在事中帮助。例如，甲把一少女骗到家中欲行强奸，其妻子乙见后不但不加制止，反而按住少女的身体，使甲的强奸得以顺利进行。在本案中，乙就实施了事中帮助行为，由此构成的共同犯罪，在刑法理论上称为事中共犯。事后帮助行为主要是事后的隐匿行为，但它以事前通谋为前提，否则就不构成帮助犯。例如，甲在乙盗窃前答应为其销赃，乙盗窃后将赃物交由甲出售，然后二人将赃款共同挥霍。在本案中，甲实施了事后帮助行为，由此构成的共同犯罪，在刑法理论上称为事后共犯。

帮助行为具有不同于实行行为的特点，它不是由刑法分则加以规定的，而是由刑法总则规定的。如果某种帮助行为已由刑法分则作了规定，那就不仅是帮助犯的帮助行为，其本身就是实行行为。刑法分则中规定的帮助行为，具有以下两种情形：（1）犯罪的帮助行为规定为正犯行为。在刑法分则中，某些犯罪的帮助行为被作为正犯行为加以规定，不再按照共同犯罪处理，而是成为一个独立的罪名。例如，《刑法》第358条第4款规定的协助组织卖淫罪，这里的协助行为是组织他人卖淫罪的帮助行为，本来应以组织他人卖淫罪共犯论处，但刑法分则将其规定为一个独立的犯罪。（2）非犯罪的帮助行为规定为正犯行为。在刑法分则中，某些被帮助的行为不是犯罪，但由于这种帮助行为具有较大的法益侵害性，因而规定为犯罪。例如，《刑法》第 307 条第 2 款规定的帮助毁灭、伪造证据罪，这里的帮助当事人毁灭、伪造证据，是指与当事人共谋，或者受当事人指使为其毁灭证据、伪造证据提供帮助的行为，如为贪污犯罪的嫌疑人伪造单据或销毁单据等。在此，当事人本身毁灭、伪造证据是一种不可罚之事后行为，但帮助当事人毁灭、伪造证据的，则作为一种犯罪行为加以规定。

二、共同犯罪的罪责

共同犯罪故意是二人以上在对于共同犯罪行为具有同一认识的基础上，对其所会造成的危害社会的结果的希望或者放任的心理状态，共同犯罪故意是共同犯罪构成的罪责要素，是共同犯罪人承担刑事责任的主观基础。

共同犯罪故意是犯罪故意的一种特殊形态，具备犯罪故意的共性，例如故意的认识因素与意志因素。但共同犯罪故意又具有不同于单独犯罪故意的特点，揭示共同犯罪故意的基本特征对于认定共同犯罪具有重要意义。共同犯罪故意的认识因素，是指共同犯罪人对本人行为性质的认识以及对他人行为性质的认识，这就是共同犯罪故意的双重认识。显然，共同犯罪故意的认识因素不同于单独犯罪故意的认识因素。在单独犯罪的情况下，犯罪故意的认识因素是单纯的对本人行为性质的认识，即明知自己的行为会发生危害社会的结果。而在共同犯罪的情况下，犯罪故意的认识因素是双重的，即对本人行为性质的认识与对他人行为性质的认识的有机统一。共同犯罪故意的意志因素是指共同犯罪人在认识本人的行为和他人的行为的基础上，对于本人行为和他人行为会造成的危害社会的结果的希望或者放任的心理态度，这就是共同故意的双重意志。显然，共同犯罪故意的意志因素不同于单独犯罪故意的意志因素。在单独犯罪的情况下，犯罪故意的意志因素是单纯的对本人行为会造成的危害社会的结果的希望或者放任的心理态度。而在共同犯罪的情况下，犯罪故意的意志因素是双重的，即对本人行为会造成的危害社会结果的希望或者放任的心理态度与对他人行为会造成的危害社会结果的希望或者放任的心理态度的有机统一。例如，教唆犯的意志因素，一方面是对本人的教唆行为会造成他人实施犯罪的希望或者放任的心理态度，他方面是对被教唆的人的行为会造成危害社会的结果的希望或者放任的心理态度。在这里，教唆犯所具有的就是双重意志。

在对共同犯罪故意的一般特征及其正犯故意与共犯故意之间的关系的揭示的基础上，在此对各种共同犯罪故意进行具体论述：

（一）正犯故意

正犯故意是指共同犯罪中的正犯明知自己是在和他人共同进行犯罪活动，明知自己的行为和他人的行为会造成危害社会的结果，希望或者放任这种结果发生的主观心理状态。共同犯罪中的正犯故意和单独犯罪中的故意是有所不同的，在单独犯罪的情况下，行为人在客观上所实施的是刑法分则所规定的构成要件的行为，因此，其主观上所具有的也是一种实行故意。但由于单独犯罪是独自一人实行犯罪行为，主观上不存在与其他犯罪人的心理联系，因而故意的内容是单一的。而在共同犯罪的情况下，正犯故意的内容除对自己的行为会造成危害社会的结果持希望或者放任的态度外，还包括与其他共同犯罪人的主观联系。例如，甲、乙、丙三人共同杀丁，三个人互相配合，协调动作，将丁杀死，这是共同实行犯。在这种情况下，甲、乙、丙三人主观上都具有实行故意，并且每个人都知道自己不是一个人单独实行犯罪，而是和他人共同实行犯罪。正因为行为人主观上具有这种犯罪联系，才使各正犯的行为联结成为一个整体，在法律责任上发生合一的共犯关系。

（二）组织故意

组织故意是指明知自己的行为是组织、策划、指挥犯罪集团进行共同犯罪活动，并且明知组织行为会造成危害社会的结果，而希望或者放任这种结果发生的心理状态。

（三）教唆故意

教唆故意是指唆使他人犯罪的故意。教唆的故意，具有双重的心理状态：在认识因素中，教唆犯不仅认识到自己的教唆行为会使被教唆人产生犯罪的意图并去实施犯罪行为，而且认识到被教唆的人的犯罪行为将会造成危害社会的结果。在意志因素中，教唆犯不仅希望或者放任其教唆行为引起被教唆的人的犯罪意图和犯罪行为，而且希望或者放任被教唆人的犯罪行为引发某种危害社会的结果。教唆故意是教唆犯的主观恶性的直接体现，也是教唆犯承担刑事责任的主观基础。

（四）帮助故意

帮助故意是指明知自己是在帮助他人实行犯罪，希望或者放任其帮助行为为他人实行犯罪创造便利条件，并希望或者放任实行行为造成一定的危害社会的结果。由此可见，帮助犯具有双重的心理状态。在认识因素中具有双重的认识：一方面，必须认识到实行犯所实行的是犯罪行为和这种犯罪行为将要造成一定的危害结果。他方面，必须认识到自己所实行的是帮助他人实施犯罪的行为，即以自己的帮助行为，为实行犯实施和完成犯罪创造便利条件。在意志因素中具有双重的意志：一方面，希望或者放任自己的行为能为他人实行犯罪提供便利。他方面，希望或者放任通过自己的帮助，实行犯能够造成一定的危害结果。帮助故意是帮助犯的主观恶性的直接体现，也是帮助犯承担刑事责任的主观基础。在帮助故意中，明知他人将要实施犯罪是认识因素的重要内容。只有明知他人将要实施的犯罪行为，才能意识到自己所要实施的是帮助他人犯罪的行为。如果在行为人不明真相的情况下，无意中帮助了他人的犯罪行为，就不能认为具有帮助故意。例如，甲为杀乙向丙借一把刀，而丙并不知道甲将此刀用于杀乙，丙就不能构成帮助犯。反之，如果丙明知甲借刀是要去杀乙，那么，丙就具有帮助故意，应以共同犯罪论处。所以，这里的关键问题在于丙是否知道甲借刀是为了去杀乙，只有知道，才构成帮助犯。虽然行为人明知他人将要实施的是犯罪行为，但明知不等于确知，对于他人具体所犯之罪以及犯罪的时间、地点等内容并不要求确切了解。也就是说，帮助犯明知他人欲行犯罪，而积极予以帮助，无论他人所犯何罪，行为人均应构成帮助犯，并以其所帮助之罪论处。

第五节　共同犯罪的处罚

一、共同犯罪人的分类

共同犯罪人的分类是指依照一定的标准，对共同犯罪人进行适当的分类，以便确定各个共同犯罪人的刑事责任。根据我国刑法的规定，共同犯罪是指二人以上共同故意犯罪。而各个共同犯罪人在共同犯罪中的地位、作用和分工是有所不同的。为了规定各个共同犯罪人的刑事责任，必须依据一定的标准，对共同犯罪人进行科学的分类，在此基础上确定共同犯罪人的处罚原则。因此，共同犯罪人的分类是共同犯罪处罚的前提。

关于共同犯罪人的分类，古今中外存在不同的立法例。对这些立法例的比较研究，可以为理解我国刑法中的共同犯罪人的分类提供历史背景与理论基础。

（一）分工分类法

分工分类法是指以犯罪分子在共同犯罪中的分工为标准对共同犯罪人分类的立法例。世界上大多数国家对共同犯罪人的分类，都是分工分类法。这种分类法始于1810年《法国刑法典》。《法国刑法典》把共同犯罪人分为正犯与从犯两类。从犯又包括教唆犯与帮助犯，并对从犯处以与正犯相同之刑。这种分类虽然过于简单化，而且对正犯与从犯采取所谓责任平等主义，使这种共同犯罪人的分类的意义大为逊色，但它毕竟开启了以共同犯罪的分工作为共同犯罪人分类标准的先河，具有一定的历史意义。1871年《德国刑法典》在继承《法国刑法典》关于共同犯罪人分类的立法例的基础上，又有所发展和完善。1871年《德国刑法典》仍然坚持以犯罪分子在共同犯罪中的分工作为共同犯罪人的分类标准，并把共同犯罪人分为以下三类：一是正犯，二是教唆犯，三是从犯，这就是所谓三分法。1871年《德国刑法典》不仅在共同犯罪人的分类上实行三分法，较之《法国刑法典》的二分法有所进步，而且对共同犯罪人实行区别对待，对从犯的处罚采得减主义，较之《法国刑法典》的平等主义有所前进。由于1871年《德国刑法典》具有如上优点，因而其共同犯罪人的三分法至今为大多数国家刑法所沿用。苏联、东欧国家刑法关于共同犯罪人的分类，基本上是以《德国刑法典》为蓝本的，例如1919年《苏俄刑法指导原则》将共同犯罪人分为三类：一是实行犯，二是教唆犯，三是帮助犯。1926年《苏俄刑法典》仍对共同犯罪人实行三分法。但1952年《阿尔巴尼亚刑法典》在上述实行犯、教唆犯、帮助犯的基础上，明确地增加了组织犯这一类。1958年《苏联和各加盟共和国刑事立法纲要》也增加了组织犯，这就形成了共同犯罪人分类的四分法，即实行犯、组织犯、教唆犯和帮助犯。1960年《苏俄刑法典》和其他各加盟共和国刑法典都接受了这种分类。现行《俄罗斯联邦刑法典》第33条第1款规定，俄罗斯刑法中的共同犯罪人除实行犯外，还有组织犯、教唆犯和帮助犯。

（二）作用分类法

作用分类法是指以犯罪分子在共同犯罪中的作用为标准对共同犯罪人分类的立法例。中国古代刑法向来把共同犯罪人分为首犯与从犯两类。这种以犯罪分子在共同犯罪中的作用为标准对共同犯罪人的分类法发轫于《唐律》。《唐律》确立了首犯与从犯的二分法以后，明、清各代的律例相沿不改。由于我国封建刑法强调主观犯意在共同犯罪中的意义，因而规定造意为首。也就是说，在共同犯罪中的作用问题上，更注重犯意发起。

在刑法理论上，一般把分工分类法与作用分类法相提并论。但在对这两种立法例进行比较以前，我们不能忽视一个重要的前提，这就是两种立法例是建立在两种截然不同的共同犯罪观念的基础之上的。大陆法系各国刑法中的共同犯罪，从广义上来说，包括共同正犯与共犯两类。共同正犯在刑法分则有明文规定，大陆法系国家刑法关于共同犯罪的立法的重点就不能不放在共犯的定罪上。也就是说，刑法总则关于共同犯罪的规定，主要是为了解决共犯的定罪问题。而我国封建刑法中的共同犯罪，实际上只是指共同正犯。因为共同正犯的各种犯罪已在各篇明文加以规定，而教唆犯划入教令犯，对某些严重犯罪的帮助犯也在各篇加以规定。这样，大陆法系刑法的教唆犯和帮助犯这两个范畴，在我国封建刑法中，都已经通过立法而转化为正犯。所以，在我国封建刑法中不存在共同犯罪的定罪问题，这个问题已经由各篇的具体规定得以解决。正因为如此，我国封建刑法对共同犯罪的一般规定，采作用分类法是合乎逻辑的。由上分析可知，我国封建刑法对共同犯罪人的作用分类法，重点是要解决共同犯罪的量刑问题，这无疑是正确的。

分工分类法，是以直观的共同犯罪人的分工作为分类标准的。就此而言，分工分类法似乎是一种形式分类法，然而，这种分类法却涉及一个实质问题——共同犯罪的定罪问题。刑法分则规定的是犯罪的实行行为，实施这种行为的人是正犯，对正犯可以直接按刑法分则处罚。而对于教唆行为与帮助行为刑法分则没有规定，由刑法总则加以规定，使犯罪构成得以补充而完备，分工分类法重点是解决共犯的定罪问题，但同时也解决了共犯的量刑问题。例如，1871年《德国刑法典》规定教唆犯之刑依被教唆的人之刑而决定。1908年《日本刑法典》规定教唆犯按照关于正犯的规定处断。这就是说，教唆犯之刑参照正犯决定，而正犯之刑在刑法分则都有明文规定，由此解决教唆犯的量刑问题。又如，1871年《德国刑法典》规定从犯采得减主义，由此解决从犯的量刑问题。一般说来，分工分类法对从犯的定罪量刑问题的解决是比较圆满的，但对正犯的量刑问题的解决则不够圆满。因为在共同实行的情况下，正犯在共同犯罪中的作用是有所不同的。教唆犯在共同犯罪中的作用也存在这种差别，而刑法总则关于共同犯罪的规定却未能加以区别，这是一大缺陷。当然，1952年《阿尔巴尼亚刑法典》和1960年《苏俄刑法典》规定："法院在处刑时，应当考虑每一个共犯参加犯罪的程度和性质"。这些规定有助于解决共同犯罪的量刑问题。当然，分工分类法的特点决定了它不可能十分圆满地解决共同犯罪的量刑问题。

作用分类法，从严格意义上说，是指我国《唐律》创立的共同犯罪人的分类法。它虽然圆满地解决了共同正犯的量刑问题，但它是在把教唆犯与帮助犯排斥于共同犯罪的范畴之外的基础上确立的，这就使它带有不可避免的狭隘性。正因为如此，在当代世界上通行的共同犯罪的概念即共同犯罪人不仅指正犯而且包括共犯的基础上，作用分类法不可能单独地成为共同犯罪人的分类法。例如，将主犯定义为在共同犯罪中起主要作用的犯罪分子，将从犯定义为在共同犯罪中起次要作用的犯罪分子。这里的主犯与从犯只能是存在于共同正犯中的主犯与从犯。因为这里的犯罪是以刑法分则的规定为前提的，而刑法分则只有对正犯的规定。因而，作用分类法的局限性是显而易见的。

以上对分工分类法与作用分类法的优劣分别作了考察。在此基础上，对两种分类法作一比较可以看出：分工分类法虽然对共同犯罪的量刑问题的解决不够圆满，但这种缺陷可以通过其他方法，例如规定处罚共同犯罪的一般原则等得到一定程度的弥补，因此不失为一种较为科学的共同犯罪人分类法。如果不是这样认识，就难以理解世界上绝大多数国家采分工分类法的原因之所在。作用分类法较为理想地解决了共同犯罪的量刑问题，但这只限于共同正犯的量刑，这就使这种分类法具有明显的局限性。

我国刑法对共同犯罪人的分类，是以惩办与宽大相结合的刑事政策为根据的。这一刑事政策的核心思想是对犯罪分子要区别对待。在这一刑事政策的指导下，我国刑法对共同犯罪人的分类，就不能不把重点放在区别共同犯罪人的社会危害性大小上。这样，刑法确立以作用分类为主、以分工分类为辅的共同犯罪人的分类法也就理所当然。因此，我国刑法对共同犯罪人的分类法虽然在一定程度上受历史传统的影响，但主要还是受惩办与宽大相结合的政策的制约。

二、主犯

（一）主犯的概念

我国《刑法》第 26 条第 1 款的规定："组织、领导犯罪集团进行犯罪活动的或者在共同犯罪中起主要作用的，是主犯。"这就是我国刑法关于主犯的法定概念。根据这一规定，我国刑法中的主犯包括以下两种人。

1. 集团犯罪中的主犯

集团犯罪中的主犯是指在集团犯罪中起组织、策划、指挥作用的犯罪分子，也就是组织犯。组织犯的犯罪活动包括建立犯罪集团、领导犯罪集团、制订犯罪活动计划、组织实施犯罪计划、策划于幕后、指挥于现场等。这些活动说明组织犯在共同犯罪中起主要作用，因而是主犯。

2. 其他共同犯罪中的主犯

其他共同犯罪中的主犯包括聚众犯罪中的主犯和起主要作用的正犯。聚众犯罪中的主犯是指在聚众犯罪中起组织、策划、指挥作用的犯罪分子。这些犯罪人在聚众犯罪中起主要作用，因而是主犯。起主要作用的正犯既可能存在于集团犯罪中，也可能存在于聚众犯罪中，但大都存在于一般共同犯罪之中。

（二）主犯的认定

我国《刑法》分别在第26条与第97条两个条文中规定了主犯与首要分子，两者的联系极为密切。那么，如何理解主犯与首要分子的关系呢？我认为，聚众犯罪可以分为两种：第一种是属于共同犯罪的聚众犯罪，第二种是不属于共同犯罪的聚众犯罪。需要说明的是，第二种观点仅从字面上理解聚众是不对的。而且，即使从字面上来说，聚众的含义也不止一种，而是两种。第一种含义是聚集三人以上进行共同犯罪，例如聚众劫狱，在这种情况下，根据刑法的规定，参与者都构成犯罪，这种聚众犯罪中的首要分子当然是主犯。第二种含义是聚集三人以上进行犯罪，例如聚众扰乱社会秩序，在这种情况下，根据刑法的规定，参与者并非都构成犯罪，只有首要分子才构成犯罪。刑法对以上两种聚众及其首要分子的规定是有所不同的：规定第一种聚众犯罪的首要分子的意义在于对构成犯罪的人进行区别对待，惩办首恶，划分重罪与轻罪的界限。规定第二种聚众犯罪的首要分子的意义则在于缩小打击面，将绝大部分被裹胁而参与聚众的人排除在刑法惩办的范围以外，只对聚众者予以论罪，以便划分罪与非罪的界限。显然，上述两种聚众的含义是有本质区别的，不可一视同仁。

（三）主犯的处罚

《刑法》第 26 条第 3 款规定："对组织、领导犯罪集团的首要分子，按照集团所犯的全部罪行处罚。"第 4 款规定："对于第三款规定以外的主犯，应当按照其所参与的或者组织、指挥的全部犯罪处罚。"这就是我国对于主犯按照参与或者组织、指挥的全部犯罪处罚的原则。

三、从犯

（一）从犯的概念

我国《刑法》第 27 条第 1 款规定："在共同犯罪中起次要或者辅助作用的，是从犯。"这就是我国《刑法》关于从犯的法定概念。根据我国《刑法》的这一规定，从犯可以分为以下两种情况：

1. 在共同犯罪中起次要作用的犯罪分子

在共同犯罪中起次要作用的犯罪分子，就是指起次要作用的正犯。所谓起次要作用的正犯是相对于起主要作用的正犯而言的，是指虽然直接参加了实施犯罪构成客观要件的行为，但衡量其所起的作用仍属于次要的犯罪分子。在共同犯罪中起次要作用，通常是指直接参加了实施犯罪行为，但在整个犯罪活动中起次要作用。比如，在犯罪集团中，听命于首要分子，参与了某些犯罪活动；或者在一般共同犯罪中，参与实施了一部分犯罪活动。一般地说，起次要作用的正犯具体罪行较小、情节较轻，没有直接造成严重后果。

2. 在共同犯罪中起辅助作用的犯罪分子

在共同犯罪中起辅助作用的犯罪分子，这就是指帮助犯。所谓帮助犯是相对于正犯而言的，是指没有直接参加犯罪的实行，但为正犯的犯罪创造便利条件的犯罪分子。在共同犯罪中起辅助作用，一般是指为实施共同犯罪提供方便，创造有利条件、排除障碍等，例如，提供犯罪工具，窥探被害人行踪，指点犯罪地点和路线，提出犯罪时间和方法的建议，事前应允帮助窝藏其他共同犯罪人，以及窝赃、销赃等。

（二）从犯的认定

我国《刑法》规定的从犯的次要作用与辅助作用虽然是从不同的角度对共同犯罪中的作用所作的分类，但两者之间有着内在的联系。也就是说，在共同犯罪中起辅助作用，意味着在共同犯罪中起次要作用，反之则不然。由此可以得出结论，帮助犯都属于从犯。

（三）从犯的处罚

我国《刑法》第 27 条第 2 款规定："对于从犯，应当从轻、减轻处罚或者免除处罚。"《刑法》之所以如此规定，是因为从犯与主犯相比，无论是主观恶性还是客观危害都要轻一些。因此，我国《刑法》规定的从犯的处罚原则具有科学根据。

四、胁从犯

（一）胁从犯的概念

根据我国《刑法》第 28 条的规定，被胁迫参加犯罪的人是胁从犯。胁从犯是共同犯罪人的种类之一，因此，胁从犯只存在于共同犯罪之中，他具有共同犯罪人的共性。但胁从犯又是我国刑法中共同犯罪人的独特种类，因此，他具有不同于其他共同犯罪人的个性。在确立胁从犯的概念的时候，我们首先要揭示胁从犯的这种个性，以便把他和其他共同犯罪人正确地加以区别，胁从犯具有以下两个特征。

1. 被胁迫参加犯罪

胁从犯是被胁迫参加犯罪的，这是胁从犯不同于其他共同犯罪人的特征之一，也是构成胁从犯必须具备的前提。在共同犯罪人中，主犯与从犯虽然在共同犯罪中的作用有所不同，但从主观上来说，都是自觉自愿地参加犯罪的，犯意虽然是由其中的某一个人发起的，但通过互相之间的通谋，犯意互相交流，从而取得了犯罪故意的一致性。至于教唆犯，他本人虽然不参与犯罪的实行，但他是犯意的发起者。因此，这些共同犯罪人在共同犯罪中都居于主动的地位，而胁从犯则有所不同。从主观上说，胁从犯不仅本来没有犯罪意图，而且在受到胁迫的时候，他也不完全愿意犯罪，或者说，他去实施犯罪在一定程度上是违反本人意愿的，仅仅为了避免对本人的不利，胁从犯的犯罪故意是别人强加于他的，是共同犯罪中主要成员的故意的延伸或派生物。因此，胁从犯在共同犯罪中居于被动的地位，其参加犯罪具有一定的不得已性。

2. 在共同犯罪中所起的作用较小

胁从犯不仅是被胁迫参加犯罪的，而且在共同犯罪中所起的作用较小。也就是说，胁从犯在共同犯罪的活动中，处于从属的地位，其所起的作用在一般情况下，比从犯还要小，在个别情况下，也可能等于从犯。必须指出，我们说胁从犯所起的作用比较小，这是从他的行为的社会危害性程度上来说的。至于从分工上来看，胁从犯的共同犯罪行为既可能是实行行为，也可能是帮助行为。

（二）胁从犯的认定

胁从犯的上述两个特征同时具备，才能认定为胁从犯。如果仅具备其中的一个特征，就不得以胁从犯论处。一个犯罪分子虽然在共同犯罪中起的作用很小，但是他不是被胁迫参加犯罪，而是自觉自愿地参加犯罪的，这样的人当然不能以胁从犯论处，对于这一点恐怕不会发生疑问。然而一个犯罪分子虽然是被胁迫参加犯罪的，但是在共同犯罪中却起主要作用，例如，甲持枪威胁乙，要乙将一座铁路大桥炸毁，乙为保住自己的性命，不顾大桥上一辆列车正在行驶，将大桥炸毁，造成火车颠覆。在本案中，乙实施犯罪因胁迫所为，但他在共同犯罪中起的作用却是十分恶劣的，那么，对乙能否以胁从犯论处呢？我认为，虽然被胁迫参加犯罪，但是在共同犯罪中起主要作用的，不能以胁从犯论处。因为，我国刑法对共同犯罪的人的分类是以犯罪分子在共同犯罪中的作用为主要标准的，主犯、从犯、胁从犯，其在共同犯罪中的作用呈现出一种递减的趋势。胁从犯之所以应当减轻或者免除处罚，不仅仅在于他是被胁迫参加犯罪的，更重要的是他在共同犯罪中的作用比较小。唯有如此，才能把他纳入作用分类。如果胁从犯在共同犯罪中的作用不是较小，而是较大，甚至等同于主犯，对这样的人仍予以减轻或者免除处罚，显然有悖于我国刑法关于共同犯罪人的分类的立法精神。

那么，胁从犯之所谓被胁迫应当如何理解呢？我认为，这里的胁迫是指由于各种原因而在精神上受到一定程度的威逼或者强制。在这种情况下，行为人没有完全丧失意志自由，因此仍应对其犯罪行为承担刑事责任。例如，甲要抢劫枪支弹药库，用刀逼问看守乙，乙在逼迫下说出了枪支弹药存放地点，并用钥匙打开枪支弹药库，使甲的犯罪行为得以完成。在本案中，乙就是被胁迫参加犯罪的胁从犯。这种胁从犯是受共同犯罪中的主犯的威逼、恐吓而被迫参加犯罪活动的，主观上并非完全出于自愿。但在别人的胁迫下，他们又参加了犯罪活动，并且其行为与犯罪结果之间存在因果关系，这就使他们的行为与主犯发生了一定的联系，成为共同犯罪的参与者之一。上述情况决定了被胁迫参加犯罪的人作为共同犯罪人的独特地位，这也正是我国刑法将胁从犯单列一类的原因。

我国刑法理论表明，行为人的主观罪过包括认识因素和意志因素。在故意犯罪的情况下，认识因素是指行为人必须明知自己的行为会造成危害社会的结果，意志因素则是指对这种危害社会的结果抱着希望或者放任的心理态度。而在被胁迫参加犯罪的情况下，行为人虽然对犯罪结果具有认识，但其意志却受到他人的抑制，具有犯罪的不完全自愿性。

（三）胁从犯的处罚

我国《刑法》第 28 条规定，对胁从犯应当按照他的犯罪情节，减轻或者免除处罚。那么，如何对胁从犯进行处罚呢？我认为，被胁迫的程度与其意志自由的程度是成反比例的，当然，也与其行为的社会危害程度成反比例。被胁迫程度轻，说明他参加犯罪的自觉自愿程度大一些；相应地，其行为的社会危害性程度也要严重一些。反之，被胁迫的程度重，说明他参加犯罪的自觉自愿程度小一些；相应的，其行为的社会危害性程度也要小一些。那么，被胁迫的程度又是由什么决定的呢？我认为是由胁迫的手段决定的。胁迫手段，可以分为三类：第一类是重度胁迫，指以杀害相威胁，这里的杀害对象既可以是被胁迫者本人，也可以是被胁迫者亲属。在这种情况下，被胁迫者如果不参与犯罪，就会当场被杀死，有时胁迫者甚至先杀死一个人，以此来胁迫其他人参与犯罪。这种胁迫程度比较严重，如果被胁迫者违心地屈从于胁迫者的淫威而实施了犯罪，可宽恕性大，一般可以免除处罚。在英美刑法中，以死亡为威胁，构成胁迫，而胁迫是重要的辩护理由。在我国刑法中，因被杀害的胁迫而参加犯罪虽然不能阻却刑事责任，但在通常的情况下予以免除处罚是合适的。第二类是中度胁迫，指以伤害相威胁，包括以重伤与轻伤相威胁，在这种情况下，应结合其在共同犯罪中的作用，以确定对其是减轻处罚还是免除处罚。第三类是轻度胁迫，指以损害财产或揭发隐私等相威胁，在这种情况下，被胁迫人参加了犯罪，在共同犯罪中作用较小，仍然可以构成胁从犯，但一般来说，不宜免除处罚，而应该减轻处罚。

　　胁从犯在共同犯罪中的作用，对于胁从犯的处罚具有决定性的意义。在考察胁从犯在共同犯罪中的作用的时候，首先要看胁从犯实施的是帮助行为还是正犯行为。一般来说，帮助行为的危害小一些，正犯行为的危害大一些。此外，还要看胁从犯实施的行为对于犯罪结果的作用力的大小。总之，在考察胁从犯在共同犯罪中的作用的时候，应当综合全部案件进行认真分析。

五、教唆犯

（一）教唆犯的概念

　　根据我国《刑法》第 29 条的规定，教唆他人犯罪的，是教唆犯。教唆犯是我国刑法关于共同犯罪人分类中较为特殊的一种类型。我国刑法对共同犯罪人的分类基本上是以犯罪分子在共同犯罪中的作用为标准的。但教唆犯却是以犯罪分子在共同犯罪中的分工为标准对共同犯罪人进行分类的结果。这主要是因为教唆犯的定罪量刑，具有一些不同于其他共同犯罪人的特点。教唆犯罪是一种特殊的犯罪形式。在共同犯罪中，教唆犯处于一种十分独特的犯罪地位。对于教唆犯的特征的认识，有助于揭示教唆犯的社会危害性。我认为，教唆犯具有以下两个特征。

1. 犯意的制造者

教唆犯是犯意的制造者。犯意的产生，在大多数情况下，都是犯罪分子的反社会意识的量的积累导致质变的结果，有其直接的内在必然性。但在少数情况下，一个人尽管可能存在犯罪的思想基础——反社会意识，但反社会意识的量还没有积累到发生质变，外化为犯罪行为的程度，也就是说，犯罪的思想基础还没有直接转化为犯罪的动因，但在他人的教唆下，却走上了犯罪的道路。因此，教唆就成为一个人的反社会性意识迅速膨胀的催化剂。教唆犯就是这种以对他人灌输犯罪意图、制造犯意为己任的共同犯罪人。教唆犯之于社会，犹如病菌的携带者，向他人，尤其是那些意志薄弱者传播犯罪毒素，使社会受到犯罪的感染。因此，在某种意义上可以说，教唆犯是犯罪之病源。明确教唆犯的这一特征，使我们更加深刻地认识到教唆犯在共同犯罪中的恶劣作用及其所处的独特地位。

2. 通过他人实现犯罪意图

教唆犯通过他人实现其犯罪意图。教唆犯制造犯罪意图激发起他人的犯罪决意，其目的是假他人之手实现本人的犯罪意图。因此，教唆犯本人并不亲自实行刑法分则所规定的具体犯罪行为，而只是唆使他人去实行，这就决定了教唆犯在共同犯罪中扮演的是幕后策划者的角色。

（二）教唆犯的认定

教唆犯的上述两个特征是同时并存的，这两个特征互相结合，才能揭示教唆犯在共同犯罪中的独特地位，并把教唆犯与其他共同犯罪人加以区别。教唆犯是犯意的制造者这一特征，使教唆犯与帮助犯得以区别。帮助犯虽然也不直接参加犯罪的实行，在共同犯罪中只是起辅助作用，但帮助犯却不是犯意的制造者，他是在实行犯已经产生了犯意的基础上，予以物质的或者精神的支持，即使是精神支持，也只限于为实行犯撑腰打气，巩固与坚定其已经产生的犯意，加速其犯意外化为犯罪行为而已。这与将犯意灌输给没有犯罪意图的人，从而使他人产生犯意进而实行犯罪的教唆犯显然是有所不同的。教唆犯本人不直接实行犯罪这一特征，则使教唆犯与实行犯，尤其是共同实行犯中的造意犯加以区别。共同实行犯中的造意犯是指首先倡议继而与他人共同实行犯罪的人。这种人也是犯意的制造者，其他实行犯就是在他的唆使下产生犯罪意图的，从这个意义上来说，他与教唆犯是有相同之处的，但他在制造他人犯意以后还与他人共同实行犯罪，这是他与教唆犯的相异之处。总之，教唆犯的上述两个特征是教唆犯的质的规定性之所在。据此可以把教唆犯和其他共同犯罪人加以区别。

（三）教唆犯的处罚

根据我国《刑法》第 29 条的规定，对教唆犯的处罚可以分为以下三种情形。

1. 教唆犯处罚的一般原则

根据我国《刑法》第 29 条第 1 款的规定，教唆他人犯罪的，应按照他在共同犯罪中所起的作用处罚，这是我国刑法中的教唆犯处罚的一般原则。那么，什么是教唆犯在共同犯罪中的作用呢？我认为，对于这个问题的理解应以我国刑法中的量刑的一般原则为根据。在分析教唆犯在共同犯罪中的作用，对教唆犯决定刑罚的时候，应当考虑教唆犯的犯罪事实、性质、情节和对于法益的侵害程度。

（1）教唆犯的犯罪事实。

教唆犯的犯罪事实，主要是指教唆犯所采取的教唆方法。教唆犯的特点是本人并不直接参与犯罪的实行，而是唆使他人去实行犯罪，因此，教唆犯在共同犯罪中的作用，不可能是在犯罪的实行中的作用。教唆犯的犯罪事实，也只能是教唆犯罪的事实，也就是其所采取的教唆方法。教唆方法比较恶劣，对被教唆的人影响力大的，应视为起主要作用，以主犯论处；教唆方法比较缓和，对被教唆的人影响力不大，且综合其他犯罪情节，在共同犯罪中不起主要作用的，应以从犯论处。前述教唆行为的十种方法中可以分为比较恶劣与比较缓和两大类，其中，利诱、嘱托、胁迫、欺骗、刺激等方法属于比较恶劣的教唆方法。在利诱的情况下，教唆犯对被教唆的人诱之以利，使之走上犯罪道路，性质较为恶劣。在嘱托的情况下，教唆犯与被教唆的人之间往往存在亲属或者其他关系，教唆犯利用这种关系进行教唆，带有精神强制的性质，被教唆的人不易抵制，因此也比较恶劣。在胁迫的情况下，教唆犯使用暴力或以暴力相威胁，使被胁迫的人不得不屈从于其淫威而接受教唆，情节比较恶劣。在欺骗的情况下，教唆犯虚构事实，制造谎言，使被教唆的人上当受骗，被教唆的人对于犯罪事实虽然有一定的认识，本人应负一定的刑事责任，但教唆犯应承担主要的刑事责任。在刺激的情况下，教唆犯利用被教唆者的性格、脾气上的某些特点，精心策划，以刺激的方式促使他人犯罪，因此性质也比较恶劣。在教唆方法中，劝说、请求、挑拨、怂恿、授意属于比较缓和的教唆方法。在劝说的情况下，教唆犯是以开导、说服的形式进行教唆的，被教唆的人是否接受教唆，具有相当大的选择自由，因此，教唆犯对被教唆的人影响较小。在请求的情况下，教唆犯陈述理由，要求他人实施犯罪，是否接受教唆的决定权也在于被教唆的人，因此，教唆犯对被教唆的人的影响较小。在挑拨的情况下，教唆犯利用某些矛盾并且激化这种矛盾，使被教唆的人走上犯罪道路，其性质较之劝说、请求稍重一些，但比胁迫、欺骗则要轻一些，比较而言，还是属于比较缓和的教唆方法。在怂恿的情况下，教唆犯是鼓励、放纵他人去犯罪，这往往是以被教唆的人有一定的犯罪动机或者犯罪意识为前提的。因此，被教唆人的犯罪应由本人负主要责任。在授意的情况下，教唆犯与被教唆的人往往是具有某种特殊关系，虽然犯罪是教唆犯挑起的，但双方一拍即合，因此它还不属于恶劣的教唆方法。

（2）教唆犯的犯罪性质。

教唆犯的犯罪性质，是指教唆他人所犯之罪的性质。教唆他人所犯罪的性质不同，影响对教唆犯的量刑。

（3）教唆犯的犯罪情节。

教唆犯的犯罪情节，可以从三个方面进行考察：一是教唆的次数。有些教唆犯只是教唆一次，有些教唆犯则一次不成，再次教唆，直至成功为止，表现出教唆犯的主观恶性较深。二是教唆的内容。有些教唆犯教唆的内容比较简单，只是触发他人的犯意，有些教唆犯教唆的内容比较详细、具体，甚至对于犯罪的一些细节以及如何逃避法律制裁也作了揭示。在这种情况下，说明教唆犯参与程度大一些，对其量刑也要重一些。三是教唆对象的情况。有的被教唆的人在教唆以前没有任何犯罪意图，也根本没有犯罪的思想基础，但在教唆犯的拉拢、腐蚀下，思想发生了变化，终于在教唆犯的唆使下走上了犯罪道路。在这种情况下，教唆犯的犯罪情节较重，应该认为其在共同犯罪中起主要作用。也有的被教唆的人在教唆以前虽然没有实施某一具体犯罪的意图，但有一定的犯罪思想基础。在这种情况下，一经教唆犯指明，被教唆的人就产生犯意并去实行犯罪。显然，教唆犯的犯罪情节较轻，应该认为其在共同犯罪中起次要作用。总之，在对教唆犯量刑的时候，要把教唆犯的各种犯罪情节加以综合考察。

（4）教唆犯对于法益的侵害程度。

教唆犯对于法益的侵害程度，应该结合被教唆的人进行考察。因为被教唆的人既是教唆犯的犯罪对象，又是教唆犯达到犯罪目的的犯罪手段。从前者来说，对犯罪对象造成的危害程度，应该成为教唆犯对于法益的侵害程度的标尺之一。从后者来说，通过犯罪手段实现犯罪目的的程度，也应该成为教唆犯对于法益的侵害程度的标尺。所谓教唆犯对犯罪对象造成的危害程度，是指教唆犯对被教唆的人影响的持续性的大小，在有些情况下，被教唆的人完成被教唆的罪以后，没有再犯罪。在另外一些情况下，被教唆的人在教唆犯的教唆下实施了犯罪，一发而不可收，在犯罪的道路上越走越远，虽然此后的犯罪并不是教唆犯教唆的直接结果，但对于这种间接的危害结果，不能说教唆犯没有任何责任。显而易见，在上述两种情况下，教唆犯对于法益的侵害程度是有大小之别的。所谓教唆犯通过犯罪手段实现犯罪目的的程度，是指被教唆的人的犯罪情况，对于教唆犯的量刑也具有重要的影响。根据上述影响量刑的各种因素的综合考察，我们可以正确地评价教唆犯在共同犯罪中的作用，以便对教唆犯量刑。应该指出，在大多数情况下，教唆犯在共同犯罪中是起主要作用的，应以主犯从重处罚。在少数情况下，教唆犯在共同犯罪中是起次要作用的，应以从犯论处，比照主犯从轻或者减轻处罚。

最后必须指出，教唆犯在共同犯罪中的作用是与其他共同犯罪人相比较而言的，在通常情况下，是与被教唆的人即正犯的作用相对而言的。因此，不应脱离其他共同犯罪人而对教唆犯的作用进行孤立的考察，在某些情况下，教唆犯与被教唆的人在共同犯罪中的作用是难分轩轾的，可以都以主犯论处，处以大致相同的刑罚。

2. 教唆不满 18 周岁的人犯罪的处罚

我国《刑法》第 29 条第 1 款还规定：教唆不满 18 周岁的人犯罪的，应当从重处罚。这是刑法对教唆犯的从重处罚的规定，因此，在对教唆犯量刑时应予以足够的重视。刑法之所以这样规定，主要是为了更好地保护青少年，防止坏人唆使和利用青少年实施犯罪活动。因为不满 18 周岁的人正处于社会化的过程中，并且其生理与心理的发展具有不平衡性，所以，从认识上说，不满 18 周岁的人思想不够成熟，社会经验不足，辨别是非的能力弱。从意志上说，不满 18 周岁的人具有情绪体验的勃发性，他们往往容易丧失理智，为细微的刺激所左右，在意志上表现出抑制不足的特点。教唆犯往往利用不满 18 周岁的人这种心理上的弱点，唆使其犯罪。在司法实践中，被教唆的人绝大多数是青少年，而其中不满 18 周岁的人占有一定比例。因此，我国刑法规定对于教唆不满 18 周岁的人犯罪的教唆犯，予以从重处罚是完全必要的。那么，如何理解对教唆不满 18 周岁的人犯罪的从重处罚呢？我认为，在对教唆犯处罚的时候，首先要根据教唆犯在共同犯罪中的作用，区分为主犯或从犯。在此基础上，再看被教唆的人是否满 18 周岁。如果被教唆的人不满 18 周岁，且教唆犯在共同犯罪中起主要作用，这就发生了两个从重处罚的竞合问题。如果被教唆的人不满 18 周岁，但教唆犯在共同犯罪中仅起次要作用，就应先考虑对教唆犯是从轻还是减轻，在此基础上考虑其从重情况，予以适应的处罚。

3. 教唆未遂的处罚

我国《刑法》第 29 条第 2 款规定："如果被教唆的人没有犯被教唆的罪，对于教唆犯，可以从轻或者减轻处罚。"这种被教唆的人没有犯被教唆的罪的情形，在刑法理论上称为教唆未遂。在教唆未遂的情况下，由于教唆他人犯罪的意图未能实现，相对于教唆既遂而言，危害较小，因而刑法规定可以从轻或者减轻处罚。

第十二章
单位犯罪

第一节　单位犯罪概述

一、单位犯罪的概念

单位犯罪是指公司、企业、事业单位、机关、团体为单位谋取非法利益或者以单位名义，经单位集体研究决定或者由负责人员决定，故意或者过失实施的犯罪。

单位犯罪是个人犯罪的对称。个人犯罪，是指以自然人为主体的犯罪。而单位犯罪，是指以单位为主体的犯罪。我国 1979 年《刑法》没有涉及单位犯罪问题，因为当时在现实生活中还不存在单位犯罪这种社会现象，在以往的计划经济体制下，单位尤其是企业、事业单位没有完全的权利能力和行为能力，缺乏应有的独立性，只不过是行政机关的附庸。正是由于这种单位与国家在职能与利益上的绝对同一性，因而单位只是贯彻国家意志的工具，不存在单位犯罪的可能性。

在经济体制改革以后，实行市场经济，国家开始简政放权，赋予企业、事业单位更大的自主权，并使其成为自负盈亏的经济实体，直接面对市场。在这种情况下，企业、事业单位，甚至国家机关以及有关团体也摆脱了以往完全吃"大锅饭"的状况，实行财政包干。除基本经费由国家下拨以外，往往还需要自筹资金。尤其是本单位工作人员福利待遇的改善，在很大程度上依赖单位的创收。在这种情况下，有些企业、事业单位、机关、团体为追求自身的特殊利益而进行违法犯罪活动。因此，法人犯罪的现象之所以存在，究其实质即在于现阶段社会生活中局部利益之间的冲突，正日益超出原有的个人利益与社会利益直接冲突的模式，而更多地代之以特定团体与社会整体的利益矛盾。在这个意义上说，单位犯罪的大量出现是我国社会利益调整的必然产物。例如，进入 20 世纪 80 年代以后，走私犯罪活动法人化，形成了我国走私活动最突出的特点。所谓走私犯罪活动法人化，是指全民所有制、集体所有制（包括设在境外的中资机构等）的单位走私犯罪活动日益严重。在这种情况下，1987 年颁布的《海关法》首次将单位规定为走私罪的主体。1987 年《海关法》第 47 条第 4 款规定：企业事业单位、国家机关、社会团体犯走私罪的，由司法机关对其主管人员和直接责任人员依法追究刑事责任；对该单位判处罚金，判处没收走私货物、物品、走私运输工具和违法所得。这一规定虽然很快就被 1988 年《关于惩治走私罪的补充规定》（现已失效）所取代，但由于它开启了我国单位犯罪立法之先河，因而具有重要意义。此后，随着单位犯罪的蔓延，我国刑事立法中规定的单位犯罪的罪名也急剧增加。根据我国学者的保守统计，在刑法修改之前，单行刑法规定的单位犯罪的罪名已达到 49 个之多，几乎占到全部罪名的 1/5 强。因此，在刑法修改中，增加关于单位犯罪总则的规定已是势所必然。我国 1997 年《刑法》第 30 条规定："公司、企业、事业单位、机关、团体实施的危害社会的行为，法律规定为单位犯罪的，应当负刑事责任。"这一规定虽然不是单位犯罪的概念，但它确定了单位犯罪的定罪原则。由此，在相当短的时间内，我国刑法完成了从个人一元主体到个人与法人二元主体的刑法嬗变，使我国刑法成为个人与法人刑事责任一体化的刑法。

二、单位犯罪的性质

法人不能成为犯罪主体，本来是刑法学中的定论。"社团不能犯罪"乃是古罗马法所奉行的一个原则。罗马法对于法人的本质采拟制说，将法人比拟为自然人，从而获得了自然人的某些法律上的能力。在罗马法中，法人有权利能力而无行为能力。法人的权利能力是指在完成其目的事业的范围内具有享受权利、负担义务的能力。由于法人无行为能力，因而必然得出结论：法人不能犯罪。这种法人拟制说，体现出罗马法中自然人本位的观念，实际上并没有从法律上真正承认法人的独立地位。当然，我们也应当客观地看到，法人拟制说毕竟赋予法人以权利能力，从而为法人参与社会经济活动提供了法律根据，这也为此后的法人的发展奠定了基础。在相当长的时间里，法人拟制说成为一种禁锢，为法人犯罪化设置了理论上的障碍。

随着近代资本主义的发展，个人主义社会向法人社会演变。在法人社会，法人团体取代个人日益成为社会的基础。在这种情况下，团体主义的法律思想开始流行，法人作为个人之间的联合体，成为联结个人与国家的中介。在经济生活甚至社会生活中，国家面临的不再仅仅是以个体为单位的自然人，而是大量的法人。随着法人社会的到来，法人拟制说所确认的法人性质不能适应社会需要，因而法人拟制说衰落，法人实在说崛起。依据法人实在说，法人与个人一样，属于现实的社会实体，法人机构及其代表人以法人名义实施的行为应视同法人的直接行为。这样，法人不仅具有权利能力，而且具有行为能力，由此直接引导出法人可以成为犯罪主体的结论。法人实在说为追究法人的刑事责任提供了理论根据，因而被刑法理论广泛认同，其中日本学者板仓宏的企业组织体责任说，进一步将法人与法人成员加以区分，确定了追究法人组织刑事责任的根据。板仓宏认为，法人是超越于各个法人成员而实际存在于社会的企业组织体。它不仅具有通过法人机关形成的组织体意思，而且组织体任何成员的行为，只要有业务相关性，只要是作为组织体活动的一环来进行的，就应当是企业组织体的行为即法人行为。因此，不应当把它们视为分散的个人行为，更不应把它们与组织体的行为加以割裂，而应当把它们整体性地作为法人统一体的行为来把握。这样才能清楚地看到法人的责任。法人自身是承受刑事责任非难的主体，是刑法上可罚的违法行为的主体，只有如此确立法人的犯罪能力和法人犯罪的主体性，才有实际意义。随着理论的发展，法人犯罪逐渐立法化。英美法系国家通过判例和对制定法的解释，确认了法人犯罪的处罚原则。大陆法系国家则开始在附属刑法中设置了法人犯罪的处罚规定。1994 年生效的《法国刑法典》在总则中明确规定了法人犯罪，使之成为世界上第一部以个人与法人作为双重刑事责任主体的刑法典。

在刑法中确立法人犯罪的情况下，关于法人犯罪的性质仍然是刑法理论上值得研究的问题。关于这个问题，在刑法理论上存在以下四种学说：（1）同一理论，认为法人刑事责任的基础，是一定自然人的行为，实际上就是法人的行为。法人刑事责任的范围，限制在那些法人代表人范围内，包括法人的董事会和高级职员。法人代表人的行为就是法人的行为，这些人为法人而实施犯罪，法人的刑事责任的法律后果理所当然地就要落到法人头上。因此，同一理论强调，只有那些法人代表人的行为才能为法人带来刑事责任。（2）归罪理论，这一理论的实质是替代责任，其渊源是 17 世纪产生的"仆人有过，主人负责"这一民事侵权行为的原则。归责原则引入刑法领域，最初只是在严格责任犯罪的场合才准许把行为归属于法人，后来才允许将雇员的特定犯意归属于法人。（3）许可和容认理论，认为法人对犯罪行为的反应是法人承担刑事责任的基础。这种反应分为认可与容许两种方式：认可，通常是指对代理人的行为的事后同意。容许，则是指明知雇员的活动性质类型并默许其继续进行，但并未明确同意。这种理论认为，法人最高管理机构对雇员的犯罪行为作出这种许可或者容许表示，就应当对这一犯罪行为承担刑事责任。（4）证实理论，认为被视为体现某一机构的人格的某些职务较高人员的意志和行为，就是法人的意志和行为。因此，法人的刑事责任不是替代责任，即不是代替承担由它的成员行为所引起的责任，而是把法人视为直接违反了法定义务，亲自在实施犯罪，某人实施的特定行为是应视为法人的行为，还是应视为法人成员的个人行为，这要在法庭审理中根据证据加以认定。上述这些学说都对法人犯罪的性质及其刑事责任根据作了论证。我认为，在论及法人犯罪性质的时候，首先应当明确法人犯罪与个人犯罪的区分。个人犯罪由于犯罪主体是自然人，而自然人具有刑事责任能力，因而应对本人所实施的犯罪行为承担刑事责任。但法人不同于个人，法人是一个组织体，它通过法人组织中的自然人实施某种行为。这种行为虽然是由自然人实施的，但之所以能够视为法人行为，主要是因为它符合法人意志，所以这种行为的法律后果也应当由法人承担。我认为，法人犯罪具有双重机制：表层是法人代表人的犯罪行为，当这一犯罪行为是由法人作出的决策或者获得法人认可时，就触及了深层的法人的犯罪行为。正是在这个意义上，法人代表人的行为具有双重属性：既作为个人犯罪的行为，又作为法人犯罪的行为。

三、单位犯罪的类型

我国刑法分则对单位犯罪作了具体规定，根据我国刑法的规定，单位犯罪可以分为以下两种类型：

（一）纯正的单位犯罪

纯正的单位犯罪是指只能由单位构成而不能由个人构成的犯罪。例如，我国《刑法》第 327 条规定："违反文物保护法规，国有博物馆、图书馆等单位将国家保护的文物藏品出售或者私自送给非国有单位或者个人的，对单位判处罚金，并对其直接负责的主管人员和其他直接责任人员，处三年以下有期徒刑或者拘役。"这是关于非法出售、私赠文物藏品罪的规定，这一犯罪只能由特定的单位构成，而不能由个人构成。除此以外，还有单位受贿罪与单位行贿罪，这些犯罪从罪名上就可以看出是纯正的单位犯罪。受贿罪与行贿罪无论个人还是单位都可以构成，但我国刑法考虑到单位受贿与单位行贿的特殊性，设置为独立的罪名，从而成为纯正的单位犯罪。在纯正的单位犯罪中，由于立法者为其设置了独立的犯罪构成，因而更加便利司法机关认定。

（二）不纯正的单位犯罪

不纯正的单位犯罪是指既可以由单位构成又可以由个人构成的犯罪。绝大多数单位犯罪都是不纯正的单位犯罪。不纯正的单位犯罪，有些是在本条之后规定，并对单位中的直接负责的主管人员和其他直接责任人员处以与个人相同之刑。例如《刑法》第 187 条第 1 款是关于个人犯用账外客户资金非法拆借、发放贷款罪的规定，第 2 款则规定："单位犯前款罪的，对单位判处罚金，并对其直接负责的主管人员和其他直接责任人员，依照前款的规定处罚。"除在本条规定不纯正的单位犯罪以外，还有的在本节之末设专条规定本节的单位犯罪。例如《刑法》第 220 条规定："单位犯本节第二百一十三条至第二百一十九条之一规定之罪的，对单位判处罚金，并对其直接负责的主管人员和其他直接责任人员，依照本节各该条的规定处罚。"在不纯正的单位犯罪中，由于单位与个人共用一个犯罪构成，因而在司法认定中应当加以注意。

第二节 单位犯罪的定罪

单位犯罪之区别于个人犯罪，不仅仅是一个主体的问题，而且在整个犯罪构成上，都具有不同于个人犯罪的特征，因而单位犯罪是一种特殊的犯罪形态。对单位犯罪的定罪，主要应当从罪体和罪责两个方面加以认定。

一、单位犯罪的罪体

（一）主体

单位犯罪的主体是单位，这里的单位包括公司、企业、事业单位、机关、团体。在我国刑法中，之所以没有采用法人犯罪一词而代之以单位犯罪，主要原因在于法人犯罪这一概念范围较窄，使用单位犯罪一词可以概括更多的虽非法人但亦属一定组织体所实施的犯罪。

1. 单位犯罪主体的种类

根据我国《刑法》第30条之规定，单位犯罪的主体包括下述五种单位：

（1）公司。

公司是指依法定程序设立，以营利为目的的法人组织，它包括股份有限公司和有限责任公司。有限责任公司是指全体股东以各自的出资额为限对公司债务负清偿责任的公司。股份有限公司是指由一定人数的股东发起设立的，全部资本划分为股份，股东以所购的股份承担财产责任的公司。公司是市场经济中经济活动的重要主体，具有其特殊的经济利益。因此，公司是常见的单位犯罪的主体。

（2）企业。

企业是指依法成立并具备一定的组织形式，以营利为目的独立从事商品生产经营活动和商业服务的经济组织。企业具有以下特征：1）从企业存在的社会性质来看，企业是独立从事商品生产经营活动和商业服务的经济组织。2）从企业生存和发展的目的来看，企业是营利性的经济组织。所谓营利性是指主体通过自己的活动追求超额利润，这是企业最重要的特征之一。3）从企业存在的法律条件来看，企业必须依法成立且要具备一定的法律形式，这是企业的法律特征。在我国目前的经济活动中，企业作为经济活动的主体发挥着重要作用。因而，企业也往往成为单位犯罪的主体。

（3）事业单位。

事业单位是指依照法律或者行政命令成立、从事各种社会职能活动的组织。事业单位可以分为三种：1）国家事业单位，这种事业单位依靠国家预算从事活动，领导人有权独立处理经费，能够直接参加与自己的业务和权益有关的民事活动，并享有民事权利和承担经济责任。因此，在理论上，这种国家事业单位称为国家事业法人。2）集体事业单位，这种事业单位可以分为两种：一是由劳动群众集体筹资、独立经营、自负盈亏的事业单位。二是由集体企业预算出资，能够独立处理经费，不自负盈亏的事业单位。在理论上，这种集体事业单位又称为集体事业法人。3）私营事业单位，这种事业单位是由私人投资设立，以从事一定的社会活动为目的的机构。随着我国社会的转型，已经出现或者正在出现各种私营事业单位，例如私营的医疗机构、教育机构等。上述各种事业单位属于法人的范畴，可以成为单位犯罪的主体。

（4）机关。

机关作为单位犯罪的主体有广义和狭义之分。广义地理解，这里的机关包括国家行政机关、立法机关、司法机关、军队、政党等有关机关。狭义地理解，这里的机关主要是指行政机关，一般是地方国家行政机关。根据我国刑法规定，机关可以成为单位犯罪的主体。

（5）团体。

团体，又称为社会团体，是指各种群众团体组织，例如人民群众团体（工会、共青团、妇联等）、社会公益团体、学术研究团体、文化艺术团体、宗教团体等。这些团体的共同特点是：1）在符合我国宪法精神的原则下，为达到一定的目的，由公民或法人自愿结合而成；2）由参加成员出资或由国家资助的办法设立财产和活动基金，这些基金属于社会团体自己所有（除依法规定的特别基金外），并以此担负其债务责任；3）各成员参加本组织事务的管理工作；4）均须制定章程，并经国家主管部门审核批准予以登记后才能进行活动。社会团体因为拥有自己独立的财产，并且在完成自己任务的过程中，能够享有财产方面的权利能力，所以它们都是法人。因此，团体也可以作为单位犯罪的主体。

2. 单位犯罪主体的认定

（1）单位的附属机构能否成为单位犯罪的主体问题。

作为单位犯罪主体的单位，在一般情况下都是一个独立的实体。例如一个国家机关或者一个企业，因其实施了犯罪行为而构成单位犯罪。那么，单位的附属机构能否成为单位犯罪的主体呢？这里所谓单位的附属机构包括单位的分支机构和内设机构。我认为，企业法人的分支机构是独立的单位，其成为单位犯罪的主体没有疑问。但单位的内设机构能否成为单位犯罪的主体，尚可研究。在一般情况下，单位的内设机构不是独立地进行活动，而是以单位的名义进行活动，因而其行为应当视为所在单位的行为。但在当前的社会生活中，单位的内设机构也有独立对外活动的，在这种情况下，如果不将其视为单位犯罪的主体，无论是将其作为所在单位的犯罪还是个人犯罪，都有不妥之处。在这种情况下，我主张单位的内设机构可以成为单位犯罪的主体。对此，2001年1月21日《全国法院审理金融犯罪案件工作座谈会纪要》（以下简称《纪要》）明确规定："以单位的分支机构或者内设机构、部门的名义实施犯罪，违法所得亦归分支机构或者内设机构、部门所有的，应认定为单位犯罪。"根据这一规定，以单位的分支机构、内设机构、部门的名义实施犯罪，但违法所得归个人所有的，应以个人犯罪论处。

（2）承包企业能否成为单位犯罪主体问题。

随着承包制的推行，个人承包各种公司、企业并且以该公司、企业的名义从事经营活动的现象时有发生。在这种情况下，个人以其所承包的公司、企业的名义从事犯罪活动的，是否构成单位犯罪，就成为一个亟待解决的问题。对此，我国司法实践中通常认为，行为人通过签订承包合同，取得对某一企业的经营管理权，并以该企业的名义从事经营活动，是一种经营权的转移，并不意味着所有制改变。行为人通过签订承包协议，取得了企业的经营权，担任厂长或者经理，表明他已取得了企业主管人员的身份。他在经营活动中，不再是以个人名义从事活动，而是以承包企业的名义为该企业的利益从事活动，其行为不是个人行为，而是单位行为。因此，对于承包企业的犯罪行为应以单位犯罪论处。我认为，以上意见对于正确处理承包企业犯罪问题具有指导意义。

（3）犯罪单位发生变更的情况下如何追究刑事责任的问题。

在单位犯罪后，犯罪单位发生变更的情况下如何追究刑事责任，是在单位犯罪主体的认定中需要解决的问题。这里的犯罪单位发生变更，存在以下两种情况：犯罪单位被撤销、注销、吊销营业执照或者宣告破产。对此，最高人民检察院于 2002 年 7 月 9 日发布《关于涉嫌犯罪单位被撤销、注销、吊销营业执照或者宣告破产的应如何进行追诉问题的批复》。根据这一批复，犯罪单位发生上述变更的，应当根据刑法关于单位犯罪的相关规定，对实施犯罪行为的该单位直接负责的主管人员和其他直接责任人员追究刑事责任，对该单位不再追诉。犯罪单位发生分立合并或者其他资产重组等情况的，在司法实践中一般认为，该单位虽主体发生变更，但因其实质上并未消灭，其权利义务由变更后的单位承受，故对其实施的犯罪仍具备刑事责任能力，仍应追究该单位的刑事责任。

（4）外国单位在我国领域内犯罪如何适用法律的问题。

随着对外开放与市场经济的发展，越来越多的外国机构在我国领域内设立公司、企业、事业单位。对于这些外国单位在我国领域内犯罪的，到底应当如何适用法律呢？对此，2003 年 10 月 15 日最高人民法院研究室《关于外国公司、企业、事业单位在我国领域内犯罪如何适用法律问题的答复》指出：符合我国法人资格条件的外国公司、企业、事业单位，在我国领域内实施危害社会的行为，符合我国刑法构成犯罪的，应当依照我国刑法关于单位犯罪的规定追究刑事责任。根据这一规定，外国单位作为单位犯罪主体，必须符合我国法人资格条件。由此可见，没有法人资格的外国单位不能成为我国刑法中的单位犯罪的主体。前引答复还规定，个人在我国领域内进行违法犯罪活动而设立的外国公司、企业、事业单位实施犯罪的，或者外国公司、企业、事业单位设立后在我国领域内以实施违法犯罪为主要活动的，不以单位犯罪论处。

（二）行为

我国刑法关于单位犯罪定罪原则的规定，确立了法定原则，即只有法律规定为单位犯罪的才能负刑事责任。我国刑法分则对于哪些犯罪可以由单位构成都作了明文规定，司法机关应当依法予以认定。这里存在一个值得研究的问题。某些犯罪刑法并未规定为单位犯罪，但在现实生活中都存在着因为谋取非法利益，经单位决策机构集体研究或由负责人员决定实施这些犯罪的现象，例如单位实施贷款诈骗罪、盗窃罪等。在这种情况下，由于刑法未规定单位可以构成这些犯罪，当然不能追究单位的刑事责任，但是否可以追究单位中直接负责的主管人员和其他直接责任人员的刑事责任呢？对此，我国刑法理论上存在否定说与肯定说之争。否定说认为，单位中直接负责的主管人员和其他直接责任人员的刑事责任是以单位构成犯罪为前提的。既然单位不构成犯罪，对于上述人员也不能追究刑事责任。肯定说则认为，在刑法没有规定单位构成犯罪的情况下，对单位不能追究刑事责任，但这并不妨害对单位中直接负责的主管人员和其他直接责任人员以个人犯罪追究刑事责任。对于上述两种观点，我主张否定说，这里主要涉及单位与单位中的直接负责的主管人员和其他直接责任人员之间的关系。我认为，单位犯罪的主体只能是单位，单位中的直接负责的主管人员和其他直接责任人员对于单位的刑事责任具有某种依附性。在单位不构成犯罪的情况下，对单位中直接负责的主管人员和其他直接责任人员以个人犯罪论处，缺乏法理根据。对此，2001年1月21日《全国法院审理金融犯罪案件工作座谈会纪要》作出规定：根据《刑法》第30条和第193条的规定，单位不构成贷款诈骗罪。对于单位实施的贷款诈骗行为，不能以贷款诈骗罪定罪处罚，也不能以贷款诈骗罪追究直接负责的主管人员和其他直接责任人员的刑事责任。但是，在司法实践中，对于单位十分明显地以非法占有为目的，利用签订、履行借款合同诈骗银行或其他金融机构贷款，符合《刑法》第224条规定的合同诈骗罪构成要件的，应当以合同诈骗罪定罪处罚。这一规定对于解决上述问题具有一定的参照价值。此外，最高人民法院研究室在《以单位名义实施盗窃行为如何适用法律问题的解答》中还指出：我们认为，对单位盗窃不能以盗窃罪追究刑事责任。因为根据《刑法》第30条的规定，公司、企业、事业单位、机关、团体实施的危害社会的行为，法律规定为单位犯罪的，应当负刑事责任。而我国刑法中关于盗窃罪的有关条文中，均没有单位犯罪的规定。因此，根据罪刑法定原则，法律没有明文规定为犯罪行为的，不得定罪处刑。此外，从实践中来看，单位盗窃的对象主要涉及电力、天然气等，具有一定的行业性，与普通盗窃罪的社会危害性差别较大，单位盗窃的数额往往很大，如果按照自然人盗窃犯罪的数额标准，量刑又很重；这就与单位盗窃个人并没有得到好处产生量刑失衡的问题。综合上述理由，对于实施盗窃的单位，不能以盗窃罪追究刑事责任。[①] 与之相反，2002 年 7 月 8 日最高人民检察院《关于单位有关人员组织实施盗窃行为如何适用法律问题的批复》明确规定："单位有关人员为谋取单位利益组织实施盗窃行为，情节严重的，应当依照刑法第二百六十四条的规定以盗窃罪追究直接责任人员的刑事责任。"这一规定与最高人民法院的规定之间存在一定矛盾。值得注意的是，最高人民法院关于单位盗窃是否应当追究刑事责任问题的立场发生了重大改变。2013 年 4 月 2 日最高人民法院、最高人民检察院《关于办理盗窃刑事案件适用法律若干问题的解释》第 13 条明文规定："单位组织、指使盗窃，符合刑法第二百六十四条及本解释有关规定的，以盗窃罪追究组织者、指使者、直接实施者的刑事责任。"对此，通过立法机关作出规定是一种较为妥当的办法。2014 年 4 月 24 日全国人大常委会《关于〈中华人民共和国刑法〉第三十条的解释》对公司、企业、事业单位、机关、团体等单位实施刑法规定的危害社会的行为，法律未规定追究单位刑事责任的，如何适用刑法有关规定的问题作出了明确的立法解释，规定："公司、企业、事业单位、机关、团体等单位实施刑法规定的危害社会的行为，刑法分则和其他法律未规定追究单位的刑事责任的，对组织、策划、实施该危害社会行为的人依法追究刑事责任。"根据这一立法解释，单位实施刑法规定的危害社会的行为，即使刑法没有规定单位犯罪，对组织、策划、实施该危害社会行为的人仍然可以依照刑法关于个人犯罪的规定，追究其刑事责任。应该说，立法解释解决了在刑法未规定单位犯罪的情况下，是否可以追究单位中直接负责的主管人员和直接责任人员的刑事责任问题，对于单位犯罪与个人犯罪的区分具有重要意义。

单位犯罪在客观上必须是经单位决策机构决定或者由负责人员决定实施犯罪。单位犯罪，其犯罪行为本身是由刑法分则规定的，应根据刑法分则条文的规

① 最高人民法院研究室. 司法解释与审判指导：第 2 辑. 北京：中国法制出版社，2002：183.

定予以认定。单位犯罪的特点在于：在单位故意犯罪的情况下，这种犯罪行为是经单位集体决定或者负责人员决定实施的；在单位过失犯罪的情况下，这种犯罪行为是单位直接责任人员的职务行为。由此可见，单位犯罪在客观上具有以下两种情况：

1. 经单位集体决定实施

这里的单位集体决定，是指经过单位决策机构决定。在一般情况下，单位决策机构是指单位有权作出决定的机构。例如公司的董事会，董事会是公司的常设机构，负责经营活动，因而有权对公司的各项事务作出决定。在企业、事业单位、机关、团体，决策机构决定一般是指有关单位的行政组织经集体研究作出决定。单位集体决定，是单位故意犯罪常见的方式。在通常情况下，集体决定实施某一行为，可以将这一行为视为单位行为。

2. 经负责人员决定实施

这里的负责人员决定，是指根据法律或者单位章程的规定，有权代表单位行为的个人决定，例如公司的董事长或者总经理、企业的厂长或者经理以及事业单位、机关、团体的行政负责人员作出决定。必须指出，负责人员个人决定实施的犯罪行为，之所以能够归之为单位犯罪行为，就因为这种行为是以单位名义实施的，并且是为单位谋取非法利益。如果单位负责人员个人决定实施某一犯罪行为，但并非为单位谋取非法利益，而是为个人谋取非法利益，就不能认为是单位犯罪，而应视为单位负责人员的个人犯罪。

二、单位犯罪的罪责

（一）责任能力

个人构成犯罪，须有责任能力，单位亦如此。关于单位的责任能力问题，在刑法理论中存在争论。肯定说认为，单位作为一个组织机构是有意识和意志的，其决策机构或者负责人员是产生意识和表示意志的中枢神经。单位的决策机构和负责人员作出的一切决定，都是单位的意志。无论单位的决策机构和负责人员是遵守单位章程还是超越单位章程，都表达或者体现着单位的意志。因此，单位具有责任能力。否定说认为，单位本身是没有意识和意志的，单位仅仅是一种法律上人格化的组织，单位的一切活动都受单位中的自然人的控制。所谓单位的意志实际上是自然人的意志，单位本身没有责任能力。我赞同肯定说，单位虽然是通过其代表人作出决策或者决定，但这种决策或者决定是以单位名义作出并且是为单位谋取非法利益。在这种情况下，单位代表人的决策或者决定应视为单位的意志，因而单位应对侵害法益的行为或者结果承担刑事责任。在这个意义上说，单位的责任能力应予确认。单位的责任能力不同于个人的责任能力在于：个人的责任能力是自然人本身的认识能力或者辨认能力的体现，而在单位犯罪的情况下，单位责任能力是通过单位中的自然人体现出来的，是一种特殊的责任能力。

（二）罪责形式

关于单位犯罪罪责形式，在刑法总则中没有明文规定，因而对此在刑法理论上存在争议。单位犯罪可以由故意构成，这是没有疑问的。关键在于单位犯罪是否可由过失构成，对此存在否定说。从刑法分则关于单位犯罪的具体规定来看，虽然大多数是故意的单位犯罪，但也不可否认存在少数过失的单位犯罪。

1. 单位犯罪的故意

单位犯罪的故意具有不同于个人犯罪故意的特征，主要表现为在单位犯罪中，这种犯罪意志是单位的整体意志。正是这种单位的犯罪意志，为故意的单位犯罪承担刑事责任提供了主观根据。

故意的单位犯罪大多数是经济犯罪，因而往往具有为本单位谋取非法利益的动机。对于这些犯罪来说，是否为本单位谋取非法利益，是单位犯罪的罪与非罪区分的标志。如果单位虽然实施了某一违法行为，但并未为本单位谋取非法利益，就不构成单位犯罪。同时，为本单位谋取非法利益还是单位犯罪与个人犯罪区分的标志。如果单位内部人员假借单位名义实施犯罪为个人谋取私利，那就不是单位犯罪而只能是单位内部人员的个人犯罪。还有个别故意的单位犯罪，虽然不具有为单位谋取非法利益的动机，但往往也是以单位名义实施。例如 1997 年《刑法》第 396 条第 1 款私分国有资产罪，刑法规定为单位犯罪，这种犯罪不仅没有为单位谋取利益，而恰恰是损害单位利益。但这种犯罪之所以规定为单位犯罪，就在于它是以单位名义实施的，因而刑法规定为单位犯罪。

2. 单位犯罪的过失

过失行为一般来说具有个人性，个人行为往往是职务行为。在一般情况下，我国刑法规定的过失的单位犯罪都只处罚单位中的直接责任人员，而不处罚单位。例如《刑法》第 137 条规定的工程重大安全事故罪，该罪的主体是建设单位、设计单位、施工单位、工程监理单位，但刑法并未规定处罚上述单位，而只是处罚单位的直接责任人员。当然，我国刑法中规定的过失的单位犯罪，也有实行双罚制的。例如《刑法》第 229 条第 3 款规定了出具证明文件重大失实罪，本罪自然人犯罪的主体是指承担资产评估、验资、验证、会计、审计、法律服务等职责的中介组织中的人员，这些中介组织中的人员出具证明文件重大失实的，根据《刑法》第 231 条的规定，单位也构成犯罪，并判处罚金。在这种情况下，单位之所以构成犯罪是因为中介组织对其人员的职务行为具有监督职责。没有履行这种职责的，单位应构成犯罪。

第三节　单位犯罪的处罚

一、单位犯罪的处罚根据

关于单位犯罪的处罚，在刑法理论上存在单罚制与双罚制之分。单罚制，又称为代罚制或者转嫁制，指在单位犯罪中只处罚单位中的个人或者只处罚单位本身。总之，在单位与个人之间只处罚其中之一。双罚制，又称为两罚制，指在单位犯罪中，既处罚单位又处罚单位中的个人。在刑法修订以前，1979 年《刑法》中有单罚制的规定，例如 1979 年《刑法》第 127 条规定："违反商标管理法规，工商企业假冒其他企业已经注册的商标的，对直接责任人员，处三年以下有期徒刑、拘役或者罚金。"这一规定，实际上是对单位犯罪采取单罚制，即只处罚单位中的直接责任人员。当时并不承认单位犯罪，因此刑法理论上没有从单位犯罪的角度对此加以理解。1987 年，我国《海关法》首次规定了单位犯罪，并确立了两罚制。1987 年《海关法》第 47 条规定："企业事业单位、国家机关、社会团体犯走私罪的，由司法机关对其主管人员和直接责任人员依法追究刑事责任；对该单位判处罚金，判处没收走私货物、物品、走私运输工具和违法所得。"此后，我国刑事立法对单位犯罪大多规定了两罚制。应该说，单罚制与两罚制相比较，两罚制更为科学。这是因为，单位是一个具有整体性和组织性的主体，所以它应当对其意志支配下的犯罪活动承担刑事责任，而不能将这个责任推卸或转嫁给他人。因此，作为刑事责任必然后果的刑罚，也就应当加诸单位本身。同时，单位毕竟是个人的组合体，个人是单位存在的基础。因而，既然我们把作为自然人的直接负责的主管人员和直接责任人员的行为认定为单位的整体行为，把他们的决定、决策视为单位意志的表现，并且这些人也是有权代表单位作出各种决定和决策并具体地实施犯罪行为，那么，他们就应该对由自己决定实施的单位的犯罪行为承担刑事责任，而不能将这种刑事责任全部推脱或转嫁到单位身上。因此，也就应当对单位犯罪的直接负责的主管人员和直接责任人员进行处罚。这实际上还是由个人承担的单位的刑事责任，处罚的主体还是一个，即单位，只不过刑事责任的承担者有别罢了。由此可见，两罚制不是对两个主体，而是对一个主体即单位的整体处罚，是同一刑事责任根据单位成员在犯罪中所处的地位和作用而作的不同分担，是对单位的犯罪行为的综合性的全面处罚。因此，对单位犯罪实行两罚制，既处罚单位又处罚单位中的直接负责的主管人员和直接责任人员，能够反映对单位犯罪的全面的刑法的否定评价，有利于遏制单位犯罪。当然，在某些情况下，犯罪虽然是以单位形式实施的，但实际上社会危害性主要反映在个人的行为上，因而没有必要对单位进行处罚，只需处罚单位中的直接负责的主管人员和直接责任人员。在这种情况下，实行只处罚个人的单罚制也是必要的。根据以上情况，《刑法》第31条对单位的处罚作出以下规定："单位犯罪的，对单位判处罚金，并对其直接负责的主管人员和其他直接责任人员判处刑罚。本法分则和其他法律另有规定的，依照规定。"由此可见，我国刑法对单位犯罪实行以两罚制为主，以单罚制为辅的处罚原则。

二、单位犯罪的处罚原则

（一）单位犯罪的两罚制

刑法对单位犯罪在绝大多数情况下采取两罚制。在两罚制中，对单位是判处罚金，判处罚金采取无限额罚金制，即对罚金的数额未作规定。

在两罚制中，对直接负责的主管人员和直接责任人员是判处刑罚，这里的刑罚包括自由刑与罚金，主要是自由刑。对个人判处自由刑的，又有以下两种情况：（1）在绝大多数情况下，判处与个人犯罪相同的刑罚。例如《刑法》第220条规定："单位犯本节第二百一十三条至第二百一十九条之一规定之罪（侵犯知识产权罪——引者注）的，对单位判处罚金，并对其直接负责的主管人员和其他直接责任人员，依照本节各该条的规定处罚。"这里所谓依照本节各该条的规定处罚，就是指依照对个人犯罪的规定处罚。（2）在少数情况下，判处低于个人犯罪的刑罚。例如个人犯受贿罪的，最重可以判处死刑，但根据《刑法》第387条规定："国家机关、国有公司、企业、事业单位、人民团体，索取、非法收受他人财物，为他人谋取利益，情节严重的，对单位判处罚金，并对其直接负责的主管人员和其他直接责任人员，处五年以下有期徒刑或者拘役。"由此可见，在单位犯受贿罪的情况下，对直接负责的主管人员和其他直接责任人员判处的刑罚远轻于个人犯受贿罪的情况。

（二）单位犯罪的单罚制

刑法在某些情况下规定了单位犯罪的单罚制，即只处罚自然人而不处罚单位。例如《刑法》第396条规定："国家机关、国有公司、企业、事业单位、人民团体，违反国家规定，以单位名义将国有资产集体私分给个人，数额较大的，对其直接负责的主管人员和其他直接责任人员，处三年以下有期徒刑或者拘役，并处或者单处罚金；数额巨大的，处三年以上七年以下有期徒刑，并处罚金。"这里刑法规定的犯罪主体是国家机关、国有公司、企业、事业单位、人民团体，但只处罚直接负责的主管人员和其他直接责任人员，而不处罚单位。

三、单位犯罪的责任分担

我国刑法关于单位犯罪的规定，在多数情况下，直接负责的主管人员和其他直接责任人员都要被追究刑事责任。在少数情况下，只追究直接责任人员的刑事责任。那么，如何认定单位中的直接负责的主管人员和其他直接责任人员呢？对此，2001年1月21日《全国法院审理金融犯罪案件工作座谈会纪要》明确规定：直接负责的主管人员，是在单位实施的犯罪中起决定、批准、授意、纵容、指挥等作用的人员，一般是单位的主管负责人，包括法定代表人。其他直接责任人员，是在单位犯罪中具体实施犯罪并起较大作用的人员，既可以是单位的经营管理人员，也可以是单位的职工，包括聘任、雇用的人员。应当注意的是，在单位犯罪中，对于受单位领导指派或奉命而参与实施了一定犯罪行为的人员，一般不宜作为直接责任人员追究刑事责任。这一规定，对于司法机关在审理单位犯罪案件中正确地认定直接负责的主管人员和其他直接责任人员具有重要指导意义。

在对单位犯罪的处罚中，还存在一个直接负责的主管人员和其他直接责任人员是否区分主犯、从犯的问题。在一个单位犯罪案件中，如果同时存在直接负责的主管人员和其他直接责任人员的，在一般情况下前者比后者的作用大，前者可以认定为主犯，后者可以认定为从犯。但直接负责的主管人员和其他直接责任人员不是当然的主犯与从犯关系。有时不同职责的人对单位犯罪负有不同的责任，如果一定要区分主犯与从犯，则显得十分勉强。对这种情况，2000年9月28日最高人民法院《关于审理单位犯罪案件对其直接负责的主管人员和其他直接责任人员是否区分主犯、从犯问题的批复》规定："在审理单位故意犯罪案件时，对其直接负责的主管人员和其他直接责任人员，可不区分主犯、从犯，按照其在单位犯罪中所起的作用判处刑罚。"根据这一规定，对于主从关系不明显的，可以不予区分。当然，如果主从关系明显的，仍应区分。

第十三章
竞合论

第一节　竞合论概述

一、竞合论的概念

刑法中的竞合论，又称为罪数论，是指在一人之行为构成数个犯罪的情况下如何适用法条的理论。我国传统刑法教科书中，包括本书第一版，是以一罪与数罪的区分作为罪数论的中心问题。因此，在讨论罪数区分标准的基础上，主要讨论形似数罪实为一罪的情形，包括单纯的一罪（继续犯、持续犯、徐行犯）、法定的一罪（转化犯、惯犯、结果加重犯、结合犯）、处断的一罪（想象竞合犯、连续犯、牵连犯、吸收犯）。在这些概念中，有些概念是以同种数罪并罚为前提的（连续犯），有些概念所描述的现象在我国刑法中并不存在（结合犯），有些概念则对于罪数认定并无实际意义（转化犯），因而大多数概念从规范刑法学的视角来看，都是没有必要存在的，而且显得烦琐，有理论脱离法律之嫌。为此，从本书第二版开始，删繁就简，将单复数罪一章改为竞合论，以竞合为中心线索讨论对于罪数认定具有实际价值的法条竞合、想象竞合和实质竞合。

二、行为单复数的界分

竞合论中一人之行为构成数个犯罪，包括一个行为触犯数个罪名和数个行为触犯同一罪名或者数个罪名这两种情形。因此，区分一行为与数行为就成为刑法竞合论的逻辑起点。在刑法理论上，一行为又称为行为单数；数行为又称为行为复数。行为单复数虽然对于犯罪单复数的区分具有重要意义，但它并不能直接等同于犯罪单复数。

行为单复数的界分，始于对行为的理解。关于行为，存在自然行为说与构成要件行为说之区别。自然行为说以物理的观点对待行为，将行为看作是人的身体举止，未将法的规范考虑在内，因而是一种裸的行为论。根据这种行为理论区分行为单复数，甚至无法将行为与动作加以正确界分，从而将数动作理解为数行为。例如砍6刀将人杀死，从自然行为说会得出6个杀人行为的结论。而构成要件行为说，则在自然行为说的基础上，引入法的规范评价，凡实现一个构成要件所必要的行为，就是一行为。因此，砍6刀将人杀死，虽然存在6个杀人动作，但只实现一个故意杀人的构成要件，因此是一行为而非数行为。显然，在认定行为单复数的时候，应采用构成要件行为说。从构成要件行为说出发，下述情形均为一行为。

（一）持续行为

持续行为是指犯罪行为在一定时间内处于继续状态。例如，非法拘禁罪，从非法地把他人拘禁起来的时候开始，一直到恢复他人的人身自由的时候为止，这一非法拘禁行为处于持续不断的状态。在刑法理论上，持续行为构成的犯罪称为继续犯。持续行为是行为在时间上的持续，并不改变一行为的事实。因此，持续行为是一行为。

（二）接续行为

接续行为是指犯罪行为是以性质相同的数个举动连续地完成的情形。例如，甲入室盗窃，在乙房间窃得一台彩电，又在丙房间窃得一台电脑，还在丁房间窃得一台冰箱。在刑法理论上，接续行为构成的犯罪称为接续犯。接续行为虽然由数个举动构成，但这些举动之间具有接续性，因而只是一行为。

（三）徐行行为

徐行行为是指本来可以即时达到预期目的的犯罪，行为人有意采取徐缓方式陆续完成的情形。例如，甲为毁坏乙的房屋，今天掀其一瓦，明天拆其一砖，天长日久，日积月累，使乙的房屋倒塌，从而达到毁坏他人房屋的目的。在刑法理论上，徐行行为构成的犯罪称为徐行犯。徐行行为虽然由数个举动构成，但这些举动之间具有徐行性，因而只是一行为。

（四）复合行为

复合行为是指犯罪行为是由两个以上自然意义上的行为构成的情形。例如抢劫罪是指使用暴力、胁迫或者其他方法，夺取他人财物的行为。其中，使用暴力、胁迫或者其他方法是手段行为，夺取他人财物是目的行为。在刑法理论上，复合行为构成的犯罪称为复行为犯。复合行为区别于单一行为，但这里的单一与复合都是根据自然行为说标准界定的，从构成要件行为说来观察，复合行为是在同一构成要件之内的复合，因此仍然是一行为。

三、竞合论的意义

竞合论是数罪并罚的前提。在各种竞合形态中，法条竞合是一种法律规定的特殊形态。犯罪竞合，包括想象竞合和实质竞合，则是一种犯罪的特殊形态。这些竞合形式涉及行为单复数与法条单复数，在定罪与量刑上都存在特殊性，因而刑法理论上应当加以专门研究。

第二节 法条竞合

一、法条竞合的概念

法条竞合，是指同一行为因法条的错综规定，出现数个法条所规定的构成要件，在其内容上具有逻辑上的从属或者交叉关系的情形。刑法中的法条竞合关乎定罪问题，受到刑法理论的高度重视。法条竞合的产生，具有刑法价值与立法技术上的深刻原因。在某种意义上说，是一种立法方式，具有其存在的正当性。在定罪的时候，法条竞合所要解决的是在一个犯罪行为该当数个法条的情况下，适用哪个法条的问题。法条竞合具有以下特征。

（一）实施一个犯罪行为

一个犯罪行为是构成法条竞合的必要前提。所谓一个犯罪行为，是指行为人在一定犯意的支配下，一次实施该当某种犯罪构成要件的行为。

（二）符合数法条所规定的犯罪构成要件

在法条竞合的情况下，行为人实施的一个犯罪行为符合数法条所规定的犯罪构成要件，因而形成竞合现象。法条竞合在法律上表现为重叠规定。因此，法条竞合是一种法律现象，区别于作为犯罪现象的犯罪竞合。

（三）犯罪构成要件之间存在逻辑上的从属或者交叉关系

在法条竞合的情况下，犯罪构成要件之间存在逻辑上的从属或者交叉关系，这是法条竞合的逻辑本质。法条竞合现象是法律规定错综复杂的结果，它与法律规定具有密切联系。刑法规定的每一犯罪都反映该种犯罪的本质特征。但是，犯罪现象是复杂的，罪与罪之间都有着不同程度的联系，从而使刑法规定的犯罪构成要件之间产生逻辑上的从属或者交叉关系。

二、法条竞合的种类

法条竞合的种类是根据互相竞合的两个法条之间的逻辑关系，对法条竞合所作的理论分类。法条竞合可以作以下分类。

（一）从属关系的法条竞合

从属关系是指两个事项之间具有一种隶属性，其中一个事项是另一个事项的一部分。从属关系是大量存在的，它是事物之间普遍联系的一种表现。在刑法中，同样存在着罪名概念之间的从属关系，由此形成法条竞合。因此，所谓从属关系的法条竞合是指在两个罪名概念中，其中一个罪名概念隶属于另一个罪名概念。由于罪名概念之间的这种从属关系的表现不同，从属关系的法条竞合又可以分为以下两种情形。

1. 独立竞合（见图 13 - 1）

独立竞合是指一个罪名概念的外延是另一个罪名概念的外延的一部分而形成的法条竞合。在独立竞合的情况下，两个法条之间具有普通法与特别法的从属关系，因此，两个法条所规定的构成要件同样存在这种从属关系。在上述具有从属关系的两个法条中，普通法规定的是属罪名，特别法规定的是种罪名。种罪名由于法律的特殊规定而独立成罪，因而从属罪名中分离出来，两者之间存在排斥关系。显然，如果没有种罪名，则其犯罪行为应当涵括在属罪名之中。因此，当犯罪人实施特别法规定的犯罪行为时，从逻辑上说，其行为同时也符合普通法规定的犯罪构成，从而形成法条竞合。例如，我国《刑法》第 266 条的诈骗罪，是普通法的规定；而《刑法》第 192 条的集资诈骗罪、第 193 条的贷款诈骗罪、第 194 条的票据诈骗罪、金融凭证诈骗罪、第 195 条的信用证诈骗罪、第 196 条的信用卡诈骗罪、第 197 条的有价证券诈骗罪、第 198 条的保险诈骗罪、第 204 条的骗取出口退税罪、第 224 条的合同诈骗罪，则是特别法的规定。在上述情况下，存在普通法与特别法之间的法条竞合关系。

2. 包容竞合（见图 13 - 2）

包容竞合是指一个罪名概念的内容是另一罪名概念的内容的一部分而形成的法条竞合。在包容竞合的情况下，两个法条之间具有整体法与部分法的从属关系。其中，整体法规定的是包容罪名，部分法规定的是被包容罪名。在包容竞合的两个罪名概念中，被包容罪名由于法律规定将其涵括在包容罪名中，因而使其在特定条件下丧失独立存在的意义，两者之间存在吸收关系。当行为人实施某一犯罪行为，完全符合整体法规定的犯罪构成时，该行为的一部分也必然同时符合部分法规定的犯罪构成，从而形成法条竞合。例如，我国《刑法》第 232 条规定了故意杀人罪，而《刑法》第 239 条又规定杀害被绑架人的应定绑架罪，处死刑，并处没收财产。因此，《刑法》第 239 条关于绑架罪的规定是整体法，《刑法》第 232 条关于故意杀人罪的规定是部分法。在上述情况下，存在整体法与部分法之间的法条竞合关系。

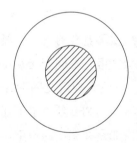
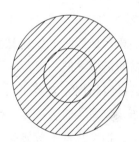

图 13 - 1　独立竞合　　　　　　图 13 - 2　包容竞合

（二）交叉关系的法条竞合

交叉关系是指两个事项之间具有重合性，其中一个事项的内容与另一个事项的内容各有一部分相交。在现实生活中，事物之间的交叉关系也是俯拾皆是的，它反映了客观事物之间千丝万缕的复杂联系。在刑法中，罪名概念之间的交叉关系就形成法条竞合。因此，所谓交叉关系的法条竞合是指在两个罪名概念中，其内容各有一部分相交的情形。由于刑法中的罪名概念之间的这种交叉关系的表现不同，交叉关系的法条竞合可以分为以下两种情形：

1. 交互竞合（见图 13 - 3）

交互竞合是指两个罪名概念之间各有一部分外延互相重合。每个罪名都是独立的，因而绝大多数犯罪的构成要件是互不相同的。但由于犯罪的复杂性和出于立法技术上的考虑，有时两个罪名概念之间会发生部分重合，这就是所谓交互竞合。交互竞合的情况在逻辑上是一种相互的包含关系，法条规定之间存在择一关系。例如，我国《刑法》第 266 条规定了诈骗罪，第 279 条规定了招摇撞骗罪。从客体上说，诈骗罪的客体是财物，而招摇撞骗罪的客体是名誉、地位、职位等，也包括财物，因而立法并没有将财物排除在招摇撞骗罪的客体之外。从犯罪方法上说，诈骗罪在犯罪方法上并无限制，而招摇撞骗罪则限于采用冒充国家机关工作人员的方法。因此，从两个法条的内容分析，冒充国家机关工作人员诈骗财物的行为既符合诈骗罪的规定，又符合招摇撞骗罪的规定，两者之间存在着交互竞合。

2. 偏一竞合（见图 13 - 4）

偏一竞合是指两个罪名概念的内容交叉重合，但实际竞合的内容已经超出所重合范围的情形。偏一竞合也是一种交叉关系的竞合，但它不同于交互竞合，因为其内容已经超出重合范围。在偏一竞合的情况下，法条规定之间存在补充关系。例如，我国《刑法》第 240 条规定了拐卖儿童罪，第 262 条规定了拐骗儿童罪。其中，拐卖儿童罪是基本法的规定，而拐骗儿童罪是补充法的规定，两者之间存在基本法与补充法之间的法条竞合关系。

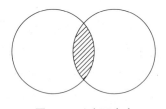

图 13 - 3 交互竞合

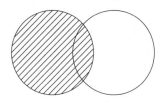

图 13 - 4 偏一竞合

三、法条竞合的适用原则

对法条竞合进行研究的目的，是在合理解释的基础上，科学地提出法条竞合的适用原则。法条竞合作为一种法律竞合，在发生竞合的数法条中，只有一法条可适用，其他法条应予排除。从法条竞合的现象看，一行为涉及两个以上法条，这就存在一个如何适用法条，也就是如何定罪的问题。法条竞合适用法律的根据是禁止重复评价，即在互相竞合的数法条中，选择优位法适用。法条竞合有以下适用原则：

（一）独立竞合的适用原则：特别法优于普通法

独立竞合的两个法条之间存在特殊关系，即特别法与普通法的竞合。在这种情况下，特别法是优位法，应根据特别法优于普通法的原则适用特别法，排斥普通法。例如，《刑法》第 266 条关于诈骗罪的条款中，就有"本法另有规定的，依照规定"的内容。刑法的这一规定表明在诈骗罪与其他特殊诈骗罪发生法条竞合的情况下，应以其他特殊诈骗罪论处。当然，在刑法有明文规定的情况，应当适用重法优于轻法的原则。例如，我国《刑法》第 149 条第 2 款规定："生产、销售本节第一百四十一条至第一百四十八条所列产品，构成各该条规定的犯罪，同时又构成本节第一百四十条规定之罪的，依照处罚较重的规定定罪处罚。"这就是我国刑法在普通法与特别法竞合的情况下，重法优于轻法原则的特别规定。有此特别规定的，不适用特别法优于普通法原则，而应适用重法优于轻法原则。

（二）包容竞合的适用原则：整体法优于部分法

包容竞合的两个法条之间存在吸收关系，即整体法与部分法的竞合。在这种情况下，整体法是优位法，应根据整体法优于部分法的原则适用整体法，排斥部分法。例如，我国《刑法》第 233 条关于过失致人死亡罪的条文中，就有"本法另有规定的，依照规定"的内容，而在《刑法》第 133 条规定的交通肇事罪的构成要件中包括过失致人死亡的内容。在这种情况下，交通肇事罪的规定是整体法，过失致人死亡罪的规定是部分法，应按照整体法优于部分法的原则，以交通肇事罪论处。

（三）交互竞合的适用原则：重法优于轻法

交互竞合的两个法条之间存在择一关系。在这种情况下，重法是优位法，应根据重法优于轻法的原则适用重法，排斥轻法。至于何为重法，何为轻法，应根据案件的具体情况确定。

（四）偏一竞合的适用原则：基本法优于补充法

偏一竞合的两个法条之间存在补充关系，即基本法与补充法的竞合。在这种情况下，基本法是优位法，应根据基本法优于补充法的原则适用基本法，排斥补充法。例如，在拐卖儿童罪与拐骗儿童罪发生竞合的情况下，拐骗儿童罪体现了对儿童的补充保护。在行为符合拐骗儿童罪的情况下，应以拐骗儿童罪论处。如果行为已经超出拐骗儿童罪的范围，符合拐卖儿童罪的构成要件的，则应按照基本法优于补充法的原则，以拐卖儿童罪论处。

第三节　想象竞合

一、想象竞合的概念

想象竞合，又称为想象竞合犯或想象的数罪，是指一个犯罪行为触犯数个罪名的情形。例如，甲意图杀害乙，向乙开了一枪，结果打死一人，打伤一人。甲这一杀人行为触犯了故意杀人罪和故意伤害罪两个罪名，是想象竞合犯的适例。想象竞合具有以下特征。

（一）实施一个犯罪行为

所谓一个犯罪行为，指基于一个犯意所实施的行为。想象竞合犯的一行为并不限于故意的犯罪行为，即使是过失的犯罪行为也不影响想象竞合犯的成立。

（二）触犯数个罪名

所谓触犯数个罪名，就是一个行为在形式上或外观上同时构成刑法规定的数个犯罪。

（三）数个罪名之间不存在逻辑上的从属或者交叉关系

数个罪名之间不存在逻辑上的从属或者交叉关系，这是想象竞合犯与法条竞合的区别。例如盗窃数额较大的通信设施的行为，同时触犯破坏公用电信设施罪和盗窃罪，而且这两种犯罪之间不存在逻辑上的从属或者交叉关系。破坏与盗窃是两种完全不同的表现形式：破坏意在毁灭某种物质或者设施的价值；而盗窃则意在非法占有，使所有权发生非法转移。这两种犯罪在法条上没有任何瓜葛，而是由于犯罪人实施的一个行为，同时触犯了这两个罪名，从而使两者发生关联。

二、想象竞合的种类

想象竞合根据一行为所触犯的数罪名是同种罪名还是异种罪名，可以分为以下两种类型。

（一）同种类的想象竞合

同种类的想象竞合，是指一行为所触犯的是同种罪名。例如，一枪同时打死两人。在这种情况下，行为人实施的一个犯罪行为造成了两人死亡的结果。在同种数罪并罚的情况下，就出现了是否将同种类的想象竞合视为同种数罪因而关系到是否并罚的问题。由于我国刑法对同种罪名不并罚，因而同种类的想象竞合并无法律上的意义。

（二）异种类的想象竞合

异种类的想象竞合，是指一行为所触犯的是异种罪名。例如，一枪打死一人又打伤一人。在这种情况下，行为人实施一个犯罪行为分别触犯了故意杀人罪和故意伤害罪，这就出现了是否实行并罚的问题。我国刑法中的想象竞合，主要是指这种异种类的想象竞合。

三、想象竞合的处理

想象竞合因为一行为而触犯数罪名，在外观上来看，造成两个犯罪结果，具有数罪的特征。但由于想象竞合只有一行为，若对其以数罪论，则势必违反禁止重复评价的原则。因此，在刑法理论上对想象竞合实行从一重处断的原则。

第四节　实质竞合

一、实质竞合的概念

实质竞合，又称为实质数罪，是指数个犯罪行为触犯数个罪名的情形。实质竞合具有以下三个特征。

（一）实施数个犯罪行为

实施数个犯罪行为是实质竞合与法条竞合和想象竞合的根本区分。只有实施数个犯罪行为才构成实质竞合，才能对所有数罪进行实质评价。至于数个犯罪行为的性质在所不论，既可能是作为犯罪，也可能是不作为犯罪；既可能是故意犯罪，也可能是过失犯罪。

（二）数个犯罪行为发生在刑罚执行完毕或者赦免以前

在司法实践中，一人实施数个犯罪行为的情形是常见的，并非所有一人实施数个犯罪行为都是实质竞合。根据我国刑法规定，只有在刑罚执行完毕或者赦免以前的数个犯罪行为，包括审判前的数罪、刑罚执行期间发现的数罪和刑罚执行期间所犯的新罪，保外就医、缓刑和假释考验期间所犯新罪亦包括在内。除此以外再犯罪的，在符合累犯条件的情况下应以累犯论处，不属于实质竞合。

（三）数个犯罪行为应予并罚

实质数罪是以并罚为其法律后果的，因而不同于一般的数罪。一般的数罪可以分为并罚的数罪与不并罚的数罪。但实质数罪只包括并罚的数罪，而不包括不并罚的数罪。

二、实质竞合的认定

实质竞合是以并罚为其法律后果的。因此，虽然是数个犯罪行为但不予并罚的情形就不构成实质竞合。

（一）同种数罪

同种数罪是指行为人实施数个犯罪行为数次触犯同种罪名的情形。同种数罪是异种数罪的对应，异种数罪是指行为人实施数个犯罪行为，数次触犯异种罪名的情形。异种数罪是实行并罚的，因而属于实质竞合，而同种数罪是否属于实质竞合，应根据各国刑法规定而确定：如果刑法规定同种数罪并罚的，则同种数罪就是实质竞合；如果刑法规定同种数罪不并罚的，则同种数罪就不是实质数罪。在我国刑法中，同种数罪是不并罚的，因而同种数罪在我国刑法中不是实质竞合。

（二）牵连犯

1. 牵连犯的概念

牵连犯是指以实施某一犯罪为目的，而其犯罪的方法行为或者结果行为又触犯其他罪名的情况。例如，为了诈骗而伪造公文，该诈骗行为构成诈骗罪，其方法行为则构成了伪造公文罪。又如，盗窃一支手枪后把它私藏起来，该盗枪行为构成盗窃枪支罪，其结果行为又构成了私藏枪支罪。

2. 牵连犯的特征

牵连犯具有以下三个特征。

（1）牵连犯必须具有两个以上的犯罪行为，这是构成牵连犯的前提条件。行为人只有实施了数个行为才有可能构成牵连犯。如果只实施了一个行为，无法形成行为之间的牵连关系。例如，某犯罪分子拎包盗窃，把一个军人的手提包给拎走了，打开一看，手提包里有一支手枪。在这种情况下，虽然涉及盗窃罪与盗窃枪支罪两个罪名，但由于行为人主观上没有盗窃枪支的故意，因而不构成盗窃枪支罪。而且，在上述情况中，因为只有一个行为，所以不存在牵连的可能。

（2）牵连犯的数个行为之间必须具有牵连关系。所谓牵连关系，是指行为人实施的数个行为之间具有手段与目的或者原因与结果的关系。也就是说，行为人的数个行为分别表现为目的行为或原因行为、手段行为或结果行为，并互相依存形成一个有机的整体。

（3）牵连犯的数个行为必须触犯不同的罪名，这是牵连犯的法律特征。牵连犯具有两个以上的危害行为，是事实上的关系；牵连犯触犯两个以上的罪名，是法律上的关系。如果行为人的行为只触犯一个罪名，那就不是牵连犯。例如，犯罪分子盗窃以后销赃的，是否成立盗窃罪与掩饰、隐瞒犯罪所得、犯罪所得收益罪的牵连犯呢？我的回答是否定的。根据我国《刑法》第 312 条的规定：明知是犯罪所得及其产生的收益而代为销售的行为构成掩饰、隐瞒犯罪所得、犯罪所得收益罪。代为销售这一行为特征就排除了盗窃犯本人销售赃物构成掩饰、隐瞒犯罪所得、犯罪所得收益罪的可能性。对于盗窃犯来说，盗窃后的销赃行为只是一种不可罚之事后行为。这种行为并不构成掩饰、隐瞒犯罪所得、犯罪所得收益罪，因而不能成立牵连犯。

3. 牵连犯的性质

牵连犯是否属于实质竞合，也应根据各国刑法规定而确定：如果刑法规定牵连犯并罚的，则牵连犯属于实质竞合；如果刑法规定牵连犯不并罚的，则牵连犯不属于实质竞合。我国刑法对牵连犯是否并罚的规定较为特殊，对于牵连犯既有实行数罪并罚的规定又有从一重罪处断的规定。例如，根据《刑法》第 198 条的规定，投保人、被保险人故意造成财产损失的保险事故，骗取保险金；投保人、受益人故意造成被保险人死亡、伤残或者疾病，骗取保险金，同时构成其他犯罪的，依照数罪并罚的规定处罚。在这种情况下，行为人实施故意杀人等手段制造保险事故诈骗保险金的，是手段行为与目的行为的牵连。对此，刑法明文规定实行数罪并罚。而《刑法》第 399 条第 4 款规定，司法工作人员贪赃枉法，其行为又构成受贿罪的，依照处罚较重的规定定罪处罚。在这种情况下，行为人收受贿赂以后为他人谋利益的行为又触犯了徇私枉法等罪名，是原因行为与结果行为之间的牵连。对此，刑法明文规定从一重罪处断。在上述两种刑法有明文规定的情况下，应当按照刑法规定分别实行数罪并罚或者从一重罪处断。在刑法没有明文规定的情况下，则仍应按照刑法理论，对于牵连犯从一重罪处断。根据上述情形，刑法规定并罚的牵连犯是实质竞合；刑法规定不并罚以及刑法没有规定的牵连犯则不属于实质竞合。

（三）吸收犯

吸收犯是指一个犯罪行为为另一个犯罪行为所吸收，而失去独立存在的意义，仅以吸收的行为论罪，对被吸收的行为不再予以论罪的情形。吸收犯存在两个犯罪行为，但这两个犯罪行为之间存在吸收关系。这里的吸收关系，存在以下三种情形：

1. 重行为吸收轻行为

这里的重轻是根据行为的性质确定的，主要是指行为的法益侵害程度。例如，一个人先非法制造枪支，后又将其所制造的枪支予以私藏，就应以非法制造枪支行为论罪，而将私藏枪支的行为予以吸收。

2. 主行为吸收从行为

这里的主从是根据行为的作用区分的，在共同犯罪中起辅助或次要作用的是从行为，其余是主行为。例如，甲先教唆乙去杀人，后又提供杀人工具。在这种情况下，一个犯罪人兼有教唆犯和帮助犯双重身份，在刑法理论上称为共犯的竞合。在此，教唆是主行为，帮助是从行为，应以教唆行为吸收帮助行为。

3. 实行行为吸收非实行行为

这里的实行行为与非实行行为是根据刑法规定划分的，实行行为是由刑法分则加以规定的行为，而非实行行为是刑法总则加以规定的。例如行为人先帮助他人杀人，后又一起参与实施。在这种情况下，杀人的实行行为吸收杀人的帮助行为。吸收犯虽具有两个犯罪行为，但并不并罚，因而不属于实质竞合。

三、实质竞合的处理

实质竞合，也就是实质数罪。实质数罪可以分为同种数罪与异种数罪。根据我国刑法规定，只对异种数罪实行数罪并罚，对同种数罪并不并罚。

第三编
刑罚总论

第十四章
刑罚概说

第一节　刑罚的概念

刑罚是国家创制的、对犯罪分子适用的特殊制裁方法，是对犯罪分子某种利益的剥夺，并且表现为国家对犯罪分子及其行为的否定评价。对于刑罚的本质，可以从以下三个方面加以理解：

一、刑罚权

刑罚是国家创制并且以国家的名义适用与执行的。因此，在理解刑罚概念的时候，首先就涉及刑罚权问题，也就是从刑罚与国家的关系上来探讨刑罚的本质。

刑罚权是国家基于独立主权对犯罪人实行刑事制裁的权利。在这个意义上说，刑罚权是国家权力的外在表现形式之一，它是一种国家权力。因此，刑罚权的存在是以国家权力为前提的，两者密切相关。在这个意义上说，刑罚权属于公刑权，以区别于私刑权。

刑罚权不是抽象与空洞的，它必然通过一定的方式表现出来，而在刑事法律活动的不同阶段，具有不同的表现，这就是刑罚权的种类。下面分别加以论述：

（一）制刑权

刑罚权作为一种国家权力，首先表现为制刑权即刑罚的创制权。从广义上来说，制刑权的内容包括：（1）废，即废止某一种刑罚制度的权力。（2）改，即修改某一种刑罚制度的权力。（3）立，即确立某一种刑罚制度的权力。对刑罚制度的废、改、立，就是制刑权的全部内容。制刑权是刑罚权的重要表现形式之一。它是由国家权力机关直接以国家名义行使的，因而具有十分重要的意义。

（二）求刑权

刑罚创制以后，还要适用于一定之人。这就发生了由谁通过何种方式请求对犯罪人适用刑罚的问题。这种请求对犯罪人予以刑罚处罚的权力，便是求刑权，也就是起诉权。在古代社会，求刑权往往授予被害人。随着国家权力的扩张，求刑权收归国家所有，并授予检察机关行使，表现为公诉的形式，因而成为国家权力的重要组成部分。但在少数情况下，求刑权仍由个人（一般是被害人）行使，以自诉的形式出现。显然，自诉案件中的求刑权是个人权利，不属于国家刑罚权的范畴。

（三）量刑权

在提起刑事诉讼以后，就发生了一个刑罚裁量的问题。根据求刑权而决定是否科刑以及科处何种刑罚的权力，就是量刑权。量刑权包括是否科刑与科处何种刑罚两个方面的内容。是否科刑，是指在确定被告人是否构成犯罪的基础上，决定其应否受刑罚处罚。科处何种刑罚，则是指在确定对犯罪人应当科刑的基础上，确定刑罚的具体种类和分量。

（四）行刑权

量刑权只是解决了刑罚的裁量问题。判决书所确定的刑罚还有待于付诸实施，这就发生了一个刑罚执行的问题。行刑权，就是对犯罪人执行刑罚的权力。行刑权是量刑权的自然延伸，但它又不是量刑权的消极依附物，而是有其积极的内容，因而应当引起高度的重视。

二、刑罚的内在属性

刑罚是对犯罪分子某种利益的剥夺，并且表现为国家对犯罪分子及其行为的否定评价。因此，我国刑罚的内在属性是惩罚和教育。在某种意义上可以说，我国刑罚是惩罚与教育的辩证统一。通过揭示刑罚的内在属性，可以科学地界定刑罚的内涵。

（一）刑罚的惩罚性

刑罚与惩罚具有紧密不可分离的联系，这是一个众所周知的常识。在这个意义上说，惩罚是刑罚的题中应有之义。没有惩罚，也就没有刑罚。刑罚的惩罚性，主要是通过对犯罪人的某种利益或者权利的剥夺而实现的。各种刑罚方法剥夺的利益或者权利的内容是有所不同的。正是根据这种剥夺的利益和权利的不同，刑罚可以分为生命刑、自由刑、财产刑和资格刑。生命刑以剥夺犯罪人的生命为内容，其惩罚性是不言而喻的。自由刑以剥夺犯罪人的人身自由为内容，使犯罪人遭受铁窗之苦，以示惩罚。财产刑包括没收财产和罚金，前者是对犯罪分子个人所有的财产的一部或全部的剥夺，后者是强制犯罪分子向国家缴纳一定的金钱，无论是前者还是后者，都使犯罪分子的财产遭受损失，从而体现出刑罚的惩罚性。资格刑以剥夺犯罪人的一定的政治或者其他权利为内容，使犯罪人参加国家政治活动或者管理活动的权利化为乌有，借此表达刑罚惩罚的意蕴。毫无疑义，揭示刑罚的内在属性，首推惩罚性。要使刑罚发挥惩治犯罪的作用，就要通过刑罚对犯罪分子造成一定的痛苦，剥夺其一定的权利与利益。这种痛苦和一定权利与利益的剥夺恰恰是刑罚赖以存在的基础。如果没有惩罚这一属性，刑罚就失去了其特性而不成其为刑罚。应该指出，惩罚虽然是刑罚的内在属性，是一切刑罚都具有的共性，但在刑罚进化的不同历史时期，刑罚惩罚性的具体表现形态是有所不同的。刑罚从残酷到轻缓，就是刑罚进化的一般规律。

（二）刑罚的教育性

刑罚不仅是对犯罪人的一定权利和利益的剥夺，而且还表明国家对犯罪分子及其行为的否定的评价，并且从道义上谴责犯罪分子，这对于犯罪人以及其他人都寓有教育的意蕴。因此，教育也是刑罚的内在属性之一。教育作为刑罚的属性，在历史演变过程中，在各个时期的刑罚中所占的比重及其表现方式是有所不同的。在我国的蒙昧时代和西方的复仇时代，刑罚的惩罚性居于核心地位，刑罚的教育性是微乎其微的。在西方的威吓时代，刑罚的教育性主要表现为用残酷的刑罚进行恫吓。当然，与此同时，我国和西方历史上主张发挥刑罚的感化作用的思想家也不乏其人。显然，与恫吓相比，感化与我们现在所说的教育，距离更为接近。及至近代西方教育刑兴起，更是将教育视为刑罚的本质特征。应该说，教育因素在刑罚属性中的地位加强，正是刑罚进化的必然结果。我国刑罚特别重视刑罚的教育性。它通过对犯罪的谴责，使犯罪分子认罪服法，在思想上受到深刻的教育。因此，如果没有教育这一因素，刑罚同样不成其为刑罚。而且可以肯定，随着社会进步、文化发展，刑罚中的教育性这一属性将在我国刑罚中越来越占有重要地位。

（三）刑罚是惩罚与教育的辩证统一

在我国刑罚中，惩罚与教育这两个属性是有机地结合在一起的，互相不可分离。首先，惩罚不能离开教育，没有教育内容的单纯的惩罚不是我国刑法中的刑罚。其次，教育也不能离开惩罚，刑罚的教育性必然要以惩罚为前提，没有惩罚内容的单纯的教育也不成其为刑罚。在这个意义上，作为刑罚内在属性的惩罚与教育，是互为条件、互为前提的，两者不能互相分离而独立存在。刑罚的惩罚与教育的统一就是我国刑法一再强调的惩罚与教育相结合的原则。我们应当从惩罚与教育相结合的意义上，科学地揭示刑罚的内在属性。

三、刑罚的外在特征

刑罚的内在属性，必然通过一定的形式表现为外在特征。根据刑罚的外在特征，我们可以界定刑罚的外延，把它与其他法律强制方法相区别。我认为，刑罚同其他法律强制方法相比较，具有以下三个特征：

（一）强制程度的严厉性

刑罚是最严厉的一种强制方法，这在它所剥夺的权利与利益上得到充分体现。刑罚可以剥夺犯罪人的权利、财产、人身自由乃至生命，可以说是生杀予夺在此一举，其强制程度的严厉性昭然可见。而其他任何强制方法，都不可能达到这样严厉的程度。

（二）适用对象的特定性

刑罚只能对触犯刑律构成犯罪的人适用，无罪的人绝对不受刑事追究。可以说，将刑罚的适用对象限于犯罪人是刑罚正当性的基本前提，这也是刑罚与其他法律强制方法的根本区别之一。

（三）法律程序的专门性

刑罚只能由人民法院代表国家依照专门的法律程序适用。为了使刑罚适用公正合理，我国专门颁布了刑事诉讼法。人民法院追究犯罪分子的刑事责任，对犯罪分子适用刑罚必须按照刑事诉讼法所规定的管辖权限、诉讼程序进行，否则就是非法的，而其他法律强制方法则按照其他的程序适用，两者有着根本区别。

第二节　刑罚的功能

刑罚的功能，是指国家创制、适用与执行刑罚所可能产生的积极的社会作用。如果说，刑罚的内在属性——惩罚与教育，这是从静态上揭示刑罚的本质特征，那么，刑罚的功能应当是刑罚的内在属性在其运动过程中的外在表现，是刑罚内在属性的外化，这是从动态上考察刑罚这一法律制度。刑罚的功能与国家刑事法律活动是密不可分的，它只能表现在国家创制、适用与执行刑罚的过程中。因此，只有结合刑事法律活动的过程，才能科学地揭示刑罚的功能。刑罚的功能还表现为刑罚的社会作用。因而，它不仅发生在犯罪人身上，而且还发生在受害人、社会上的不稳定分子以及其他社会成员身上，我们不能因为刑罚仅适用于犯罪分子，而否定刑罚对犯罪分子以外的人也会发生社会影响。刑罚的功能不仅是一种社会作用，而且是一种可能产生的积极的社会作用。所谓可能产生，是指刑罚的功能还只是蕴含在刑罚之中的一种客观的现实可能性，它的发挥与实现还有待于刑事法律活动的完成。所谓积极，是指刑罚的功能有消极与积极之分，消极的作用也是客观存在，因而是不可否认的。在此，只是在积极意义上探讨刑罚的功能。

一、剥夺功能

刑罚的剥夺功能是针对犯罪人而言的，对犯罪人的权利与利益予以剥夺，这是刑罚的首要功能，也是刑罚的最直观的外在表现。同时，刑罚的剥夺功能还对刑罚的其他功能具有制约作用，是发挥刑罚其他功能的重要前提。离开了刑罚剥夺功能，刑罚的其他功能也就无从谈起。

犯罪分子的权利与利益被剥夺，是犯罪人实施犯罪行为的法律后果，刑罚具有弃恶扬善、制止犯罪、伸张社会正义的特殊作用，而剥夺功能便是刑罚这种作用的直接体现。正是基于这样一种考虑，犯罪分子被剥夺的权利与利益应当尽可能地与犯罪分子的犯罪行为所侵犯的权利与利益相适应。刑罚中的剥夺功能，在剥夺的权利与利益上尽可能地类似于犯罪所侵害的客体。这是现代各国刑罚种类设置的一条不可忽视的原则。例如，对于谋杀等十分严重的犯罪规定死刑，剥夺犯罪人的生命。对于经济犯罪与财产犯罪，除规定自由刑，甚至个别规定死刑以外，大多还规定财产刑，剥夺犯罪人的财产。凡此种种，无不是奠基于报应之上的剥夺功能的表现。

剥夺功能不仅是报应的体现，而且还是预防犯罪的具体措施，在这个意义上，剥夺功能应当是指对于犯罪人再犯能力的剥夺。例如，龙勃罗梭根据天生犯罪人论，认为人类社会中既然存在这些特殊的犯罪人的类型，他们就必然给社会带来危险状态。因此，龙勃罗梭主张依据这些犯罪人的特殊的、明显的生理烙印，不等到他们犯下某种罪行时，就采取断然的社会保护措施，用人工选择的方法，来消灭人类中的坏分子，即对先天犯罪人采取处以死刑、终身隔离、流放荒岛、消除生殖机能等刑罚。此后，李斯特提出教育刑论，主张要根据犯罪人的具体情况，进行教育改造，使其尽快复归社会，从而达到保卫社会的目的。

根据报应与预防，可以对剥夺功能作出迥然不同的理解，在刑法理论上，也确实有一些学者把这两种剥夺功能截然对立起来，在现实生活中，也不可否定两者存在的客观差别。但是，我认为，剥夺功能中的报应与预防还是可以统一的，事实上，各国刑法也无不力求其统一。例如，对于将财产作为工具进行经济犯罪的犯罪分子适用财产刑，一方面是基于报应，因其侵犯他人财产而剥夺其财产；另一方面是基于预防，因其有可能利用财产再次犯罪而剥夺其财产。又如，对于利用政治权利进行犯罪的犯罪分子适用剥夺政治权利，一方面是基于报应，因其侵犯他人政治权利而剥夺其政治权利；另一方面是基于预防，因其有可能利用政治权利再次犯罪而剥夺其政治权利。

二、矫正功能

同剥夺功能一样，矫正也是针对犯罪人的刑罚功能，并且是最主要的功能之一。如果说，刑罚的剥夺功能具有十分悠久的历史，甚至可以说是刑罚与生俱来的功能，那么，刑罚的矫正功能则是近代才提出来的，它的提出，表明人类对刑罚现象的认识的又一次升华。刑罚的剥夺功能主要表现在量刑过程中，行刑是剥夺功能的具体实现的过程，而刑罚的矫正功能则主要发生在行刑阶段。因此，矫正功能具有十分重要的意义。

对犯罪分子的矫正不仅是必要的与有益的，而且是完全可能的。这里涉及对犯罪分子矫正的可能性问题。矫正的可能性是由人的思想的可塑性所决定的。世界是一个运动变化的过程，立足于现实世界的人，是各种社会关系的主体，同时也在这种不断的运动变化中调整自己的行为，人不仅是自然的产物，更重要的是社会的产物。人的意识，包括犯罪分子的思想意识，是自然界和社会客观存在的事物在其头脑中的反映。因此，人的思想既不是天生的，也不是头脑里固有的，而是来自社会实践。正是在这个意义上，人是可以改造的。我国刑罚制度体现了对犯罪分子进行矫正这样一种思想。例如，我国刑法中的无期徒刑和有期徒刑，是将犯罪分子关押在监狱或者其他场所进行劳动改造。我国还规定了死缓制度，对判处死缓的罪犯，强制实行劳动改造。

三、感化功能

感化功能是针对犯罪分子而言的，它主要体现了刑罚的教育性。刑罚的感化功能是指通过区别对待、宽大处理等一系列的政策与制度，使刑罚对犯罪分子产生心理上的感受和影响。

我国刑罚的感化功能，是宽严相济刑事政策的直接体现。根据宽严相济的刑事政策，在处理刑事案件的时候，应当分清不同情况，实行区别对待，该宽则宽，该严则严，宽严有度，宽严有据。这一刑事政策在我国刑法中得到了具体体现。我国刑法规定了自首、缓刑、减刑、假释、死缓等刑罚制度，以及一系列从轻、减轻或者免除处罚的量刑情节。这些制度与从宽处理的情节，都表现了国家对犯罪分子宽大处理的政策精神，可以消除犯罪人的抵触情绪，使其自觉地接受加于自己身上的刑罚，从而对犯罪分子起到攻心作用。许多犯罪分子在受到法律的宽大处理以后，都对政府感恩不尽，决心改恶从善，脱胎换骨，重新做人，这就是刑罚通过宽大处理而感化罪犯的最好说明。对犯罪分子的刑罚感化，不仅表现在量刑过程中，而且体现在行刑过程。行刑既不单纯是对犯罪分子的权利与利益的剥夺，也不仅仅是对犯罪分子的改造，而且是通过各种措施，感化犯罪人。只有这样，才能收到良好的效果。我国刑罚之所以强调感化功能，还立足于这样一个基本思想，即犯罪分子也是人。尽管有些犯罪分子在长期的恶劣环境中，丧失了人之为人的理智与感情，形成变态的心理，有些甚至变成丧心病狂的亡命之徒，但这些犯罪分子仍然是人，对于外界的刺激不会无动于衷，也还会有人的感情需求，在这种情况下，在根据其所犯罪行，予以严肃的法律制裁的同时，应动之以情，晓之以理，打动心灵，启迪理智。因此，刑罚的感化功能是使犯罪分子重新做人的有效方式。

四、威慑功能

刑罚的威慑功能历来受人们重视，在有些时代，甚至被夸张到不恰当的程度。例如，中国历史上的法家代表人物韩非就主张以重刑进行威慑，所谓"重一奸之罪而止境内之邪"。在西方历史上的威吓时代，也无不迷信重刑的威吓作用。及至近代，费尔巴哈更是以心理强制说著称于世。心理强制说的核心就是用法律进行威吓。我认为费尔巴哈过分夸大刑罚的威慑功能固然是不妥的，但根本否认刑罚具有威慑作用，同样是令人难以信服的。实际上，刑罚的威慑作用是客观存在的，我们应当予以充分重视。刑罚的威慑功能，有个别威慑与一般威慑之分。

个别威慑是指刑罚对犯罪分子产生的威吓慑止作用。个别威慑又可以分为行刑前威慑与行刑后威慑。行刑前威慑是指犯罪分子在受到刑罚惩罚前，基于对刑罚的畏惧而采取放弃犯罪或者争取宽大处理的行为。犯罪分子是具有正常理智的人，是在意志自由的情况下实施犯罪的，除个别激情型或义愤型犯罪因具有突发性而往往缺乏对本人行为后果的预见以外，在大多数情况下，犯罪分子都是了解法律规定，对自己行为的法律后果有所预见，基于本身的愿望而选择的。因此，犯罪分子虽然没有亲身感受过刑罚的惩罚，但刑罚的存在无疑对犯罪分子具有强大阻止作用和威慑作用。行刑后威慑是指刑罚的实际执行使犯罪分子因畏惧再次受刑而不敢再犯罪。犯罪分子往往具有侥幸心理，行刑前威慑虽然具有一定的作用，但犯罪分子因心存侥幸而不顾刑罚的威慑以身试法。为此，通过对犯罪分子适用刑罚，使之亲身体验受刑之苦，告知犯罪必须以受惩罚为代价，任何侥幸都是枉然，从而产生犯罪与刑罚之间具有必然联系的确信。这样，犯罪分子就会消除犯罪动机，抑制犯罪意念，使再犯心理不外化为再犯行为。

一般威慑是指刑罚对潜在犯罪人发生的威吓慑止作用。一般威慑又可以分为立法威慑与司法威慑。立法威慑是指国家以立法的形式将罪刑关系确定下来，通过刑法规定犯罪是应受刑罚惩罚的行为，并具体列举各种犯罪应当受到的刑罚处罚。这就为全社会提供一份罪刑"价目表"，使知法欲犯者望而止步，悬崖勒马。司法威慑是指法院对犯罪分子适用刑罚，行刑机关对已决罪犯执行刑罚，使意欲犯罪者因目击他人受刑之苦，而从中得到警戒。应当指出，立法威慑和司法威慑是互相联系，不可分割的，不能片面地强调立法威慑而忽视司法威慑。实际上，没有立法威慑，就不可能有后来的司法威慑；没有司法威慑，立法威慑也不可能产生应有的效果，两者是密切结合的有机整体。在这个意义上说，费尔巴哈和菲兰吉利的观点都是片面的。费尔巴哈主张立法威慑，否认司法威慑，认为要使人们确信犯罪与刑罚之间的联系具有必然性，必须借助立法活动。因为适用刑罚的司法活动只表明某一种犯罪与刑罚具有必然的联系，然而，人们的视野有限，不可能同时目睹各种犯罪都受到刑罚惩罚，无法确信所有犯罪都会受到刑罚惩罚，无法确信所有犯罪都会招致受刑之苦，因而难收威慑效果。而唯有立法威慑，才能收一般威慑之效果。菲兰吉利则主张司法威慑，否认立法威慑，认为立法威慑只是纸上谈兵式追求刑罚的威慑作用。唯有司法威慑，通过行刑才能收到真实的威慑效果。

个别威慑与一般威慑是辩证统一的，将两者割裂开来或者对立起来的观点都是错误的。如果只考虑个别威慑而不考虑一般威慑的需要，个案的处理效果会对社会产生不良的影响。同理，如果脱离个别威慑，过分强调一般威慑，甚至为追求一般威慑的效果不惜加重对犯罪人的刑罚，这当然是不公正的。

五、鉴别功能

刑罚的鉴别功能，是刑罚的教育性的直接体现。鉴别的实质就是教育，通过刑罚的创制、适用及执行帮助犯罪分子以及其他社会成员划清罪与非罪的界限，从而提高法制观念。刑罚的鉴别功能是对刑罚的威慑功能的必要补充，因为刑罚的威慑功能存在一个十分重要的缺陷，就是只对知法已犯或知法欲犯者产生影响，而对于不知法已犯或不知法欲犯者毫无影响。为此，就需要通过刑罚的鉴别功能发挥明辨是非的作用。因此，鉴别功能也具有十分重要的意义。

鉴别是刑罚对社会上的其他人发生的认清某一行为的性质的作用。刑罚功能首先对于不知法而欲犯者具有鉴别功能。在司法实践中，经常发生这样的情形：有些人已经产生实施某一行为的意念，但并不知道这一行为是犯罪，在这种情况下，如果在其实施这一犯罪行为之前，通过一定的方式告知其行为是犯罪的，就会使之不付诸实施。而对实施同样或者类似行为的犯罪人适用刑罚，就是最佳方式。刑罚鉴别不仅对不知法而欲犯者具有鉴别功能，对于自发守法者也具有这种鉴别功能，以促使其向自觉守法者转化。自发守法者尽管没有产生犯罪的意念，是一个合格的守法公民，但这种守法不是建立在对法律内容的了解与对守法价值的认识的基础之上的，因而是一种较为被动的、消极的守法。通过对犯罪分子适用刑罚，可以帮助这些人了解法律内容、认识守法价值。就此而言，刑罚具有鉴别功能。

六、补偿功能

犯罪作为一种危害社会的行为，一般都存在被害人。被害人因受到犯罪的侵害而在物质上受到了不同程度的损失，因而要通过对犯罪分子适用刑罚，一方面满足被害人的报应心理，另一方面使被害人获得一定的经济补偿。因而，刑罚对被害人具有补偿功能。我国刑法对被害人遭受经济损失的，对犯罪分子除依法给予刑事处分外，并应根据情况判处赔偿经济损失。为了实现刑罚的补偿功能，我国《刑事诉讼法》第 101 条专门对刑事附带民事诉讼作了规定。所有这些规定，都是使被害人的物质损失得以补偿的法律保障。

七、安抚功能

刑罚的安抚功能是刑罚的重要功能之一。犯罪行为对社会造成侵害，破坏了社会秩序，引起被害人的激愤与其他人的义愤。在这种情况下，通过对犯罪分子适用刑罚，可以平息民愤，满足社会公正的复仇要求。因此，安抚功能首先是对被害人的功能，满足被害人要求惩罚犯罪分子的强烈愿望，抚慰其受到的精神创伤，并使其尽快从犯罪所造成的痛苦中解脱出来。其次，安抚功能也是对社会上其他成员的功能，对犯罪分子处以刑罚体现了社会的正义要求，恢复被犯罪行为破坏了的心理秩序。

八、鼓励功能

刑罚只能对犯罪分子适用，但其影响却涉及整个社会，对社会全体成员都发生作用。我们不赞成那种把社会全体成员作为刑罚威慑对象的观点，但并不能由此否认刑罚对守法公民也有影响。如果说，刑罚之于犯罪分子主要表现为剥夺、之于潜在犯罪人主要表现为威慑，这都是一种否定的功能；那么，刑罚之于守法公民，则主要表现为鼓励，这是一种肯定的功能，其结果在于强化公民的守法意识。

应当指出，刑罚的上述功能是客观存在的，无论人们是否认识到这些功能，它都不以人的意志为转移。但是，刑罚的这些功能虽然是客观存在的，它的付诸实现却有赖于刑事法律活动，在一定的意义上取决于人如何去发挥它。历史上的立法者与司法者，有的追求刑罚的剥夺功能，有的追求刑罚的威慑功能，因而各个历史时期刑罚功能的实际效果存在巨大差异。这就存在一个主观选择的问题，这个问题已经超出了刑罚功能的范畴，而涉及刑罚目的问题，即根据一定的预定目标发挥刑罚的功能。

第三节　刑罚的目的

刑罚目的是刑法理论中一个极为重要的问题，它对于刑罚的创制与适用，都有着直接的指导意义。

一、刑罚的报应目的

报应是指对某一事物的报答或者反应。在刑法理论中，作为刑罚目的，报应是指刑罚作为对犯罪的一种回报、补偿的性质以及对此的追求。报应是一种十分古老的观念，作为一种理论形态，它经历了从神意报应到道义报应，再到法律报应这样一个演进过程。尽管在各种报应刑论之间存在理论上的差异，但贯彻始终的是报应的基本精神，即根据已然之罪确定刑罚及其惩罚程度，追求罪刑之间的对等性。因此，报应理论被称为一种回溯性的惩罚理论。

（一）道义报应

道义报应是指根据犯罪人的主观恶性程度实行报应。根据道义报应的观点，对犯罪人发动刑罚，应以其道德罪过为基础，使刑罚与道德充分保持一致。道义报应的本质是将刑罚奠基于主观恶性，予以否定的伦理评价。道义报应揭示了刑罚的伦理意义，因而是刑罚的题中应有之义。

（二）法律报应

法律报应是指根据犯罪的客观危害程度实行报应。根据法律报应的观点，对犯罪人发动刑罚，应以其客观上对社会造成的危害为基础。法律报应将刑法与道德加以区分，认为犯罪的本质并不是一种恶，尤其不能把罪过视为犯罪的本质，满足于对犯罪的否定的道德评价，而是强调犯罪是在客观上对法秩序的破坏，刑罚是对犯罪的否定。

（三）道义报应与法律报应

道义报应以道德罪过作为报应的根据，而法律报应以法律规定的客观危害作为报应的基础，两者存在明显的差别。但道义报应与法律报应都是对已然的犯罪的一种报应，对已然的犯罪人予以否定的伦理的与法律的评价，使刑罚兼具伦理上之必要性与逻辑上之必要性，从而体现社会伦理与法律的尊严，因而道义报应与法律报应具有内在同一性。

二、刑罚的预防目的

预防是指对某一事物的预先防范。在刑法理论中，作为刑罚目的，预防是指通过对犯罪人适用刑罚，实现防止犯罪发生的社会功利效果。预防同样是一种古老的观念，作为一种理论形态，存在个别预防论与一般预防论之分。预防观念经历了从威吓到矫正的演进过程。尽管各种预防刑论之间存在理论上的差异，但预防刑论的内在逻辑是一致的，即根据未然之罪确定刑罚及其惩罚程度。因此，预防理论被称为一种前瞻性理论。

（一）个别预防

个别预防，又称特殊预防，是指通过对犯罪人适用一定的刑罚，使之永久或在一定期间内丧失再犯能力。个别预防最初是通过对犯罪人的肉体折磨而实现的，例如亡者刖足、盗者截手、淫者去势，等等，使犯罪人丧失犯罪能力。随着人类文明的发展，人道主义的勃兴，这种残酷的刑罚受到猛烈抨击，以矫正为主要内容的近代个别预防论得以产生。矫正论注重消除犯罪人的人身危险性，通过生理与心理的矫治方法，使犯罪人复归社会。

（二）一般预防

　　一般预防，是指通过对犯罪人适用一定的刑罚，对社会上的其他人，主要是指那些潜在的犯罪人所产生的阻止其犯罪的作用。一般预防的核心是威吓，威吓是借助于刑罚性对社会成员产生的一种威慑阻吓效应。古代社会刑罚威吓是建立在恐怖之上的，并以人的肉体为祭品，这是一种感性的威吓。以恐怖为特征的刑罚威吓是专制社会的特征。当各种专制社会需要以恐怖来维持的时候，刑罚就成为制造恐怖的工具。以肉体威吓为特征的专制社会刑罚的一般预防目的，在18世纪经由启蒙运动的努力，导致以心理威吓为特征的市民社会刑罚的一般预防理念的建立。其中，费尔巴哈的心理强制说最为著名。费尔巴哈提出了用法律进行威吓这句名言，认为为了防止犯罪，必须抑制行为人的感性的冲动，即科处作为恶害性的刑罚，并使人们预先知道因犯罪而受刑的痛苦，大于因犯罪所能得到的快乐，才能抑制其心理萌发犯罪的意念。在费尔巴哈的心理强制说之后，又发展出追求多元的一般预防作用的多元遏制论和以忠诚为内容的积极的一般预防论。

　　（三）个别预防与一般预防

　　个别预防与一般预防在刑罚预防的对象上有所不同：个别预防是以已然的犯罪人为作用对象的，目的在于防止社会上的其他成员犯罪。尽管在预防对象上存在差别，但无论是个别预防还是一般预防，其共同目的都在于预防犯罪，由此决定了两者本质上的共同性。不仅如此，个别预防与一般预防还具有功能上的互补性。例如，刑罚威慑功能中，个别威慑与一般威慑是辩证统一的，将两者割裂开来或者对立起来的观点都是错误的。如果只考虑个别威慑而不考虑一般威慑，个案的处理效果会对社会产生不良的影响。同样，如果脱离个别威慑，过分强调一般威慑，甚至为追求一般威慑的效果不惜加重对犯罪人的刑罚，这是有悖于公正的。

三、刑罚目的二元论

在刑罚目的问题上，长期以来存在报应主义与预防主义之争：前者主张以报应为目的，后者主张以预防为目的。两者均具有一定的合理性，又具有难以克服的片面性。在这种情况下，人们思考这样一个问题：报应与预防是否一定势不两立，难以相容？对此思考的结果便是一体论的崛起。一体论的基本立论在于：报应与功利都是刑罚赖以存在的根据。因此，刑罚既回顾已然的犯罪，也前瞻未然的犯罪。对于已然的犯罪，刑罚以报应为目的；而对于未然的犯罪，刑罚以预防为目的。在预防未然的犯罪上，刑罚的目的既包括防止犯罪人再犯的个别预防，也包括阻止社会上其他人初犯的一般预防。一体论的提出，在一定程度超越了报应刑与预防刑之争，试图将报应与预防兼容在刑罚目的之中。我认为，一体论的思想是可取的，在此基础上，可以提出刑罚目的二元论的命题。

首先，报应与预防是否截然对立，两者是否存在统一的基础？我认为，报应与预防虽然在蕴含上有所不同，但从根本上仍然存在相通之处。报应主义强调刑罚的正当性，反对为追求刑罚的功利目的而违反刑罚正义性。但在不违反刑罚正义性的情况下，可以兼容预防的思想。同样，预防主义强调刑罚的功利性，反对为追求刑罚的报应目的而不顾刑罚功利性。这种刑罚的报应目的在不违反刑罚功利性的情况下，同样可以兼容报应的思想。可以说，没有脱离预防思想的绝对报应，也没有脱离报应思想的绝对预防。从更深层次上说，报应与预防的关系是正义与功利的关系。报应体现了刑罚的正义性，正义要求某一事物的存在要有其内在的正当根据，表现在刑罚上，就是刑罚必须建立在罪有应得的基础上。报应决定着刑罚正当性的目的，是刑法保障机能的体现。预防体现了刑罚的功利性，功利是以最大多数人的最大幸福为目的，为实现这一目的，可以付出一定的代价而不失其正当性，表现在刑罚上，就是刑罚必须以预防犯罪为根据。因此，预防是决定着刑罚效益性的目的，是刑法保护机能的反映。我们追求的，应当是公正的功利。

其次，报应与预防的统一，还存在一个如何统一的问题，即是以报应为主还是以预防为主？一般认为，报应与预防在刑罚目的的体系中并非并列的关系，报应是对刑罚的前提性的限制，而预防是对刑罚的价值性的追求。前者可以表述为"因为"，后者可以表述为"为了"。我认为，"因为"与"为了"都是人的行动的内在根据。在刑罚中，因为一个人犯罪才惩罚它，表明刑罚的这种报应是正当的；为了本人和其他人不再犯罪而加以惩罚，表明刑罚的这种预防是合理的。当然，就报应与预防两者而言，我认为应当以报应为主、预防为辅，即以报应限制预防，只有在报应限度内的预防才不仅是功利的而且是正义的，超出报应限度的预防尽管具有功利性但缺乏正义性。

最后，报应与预防的统一，并且以报应为主、预防为辅，指的是刑罚总体上以报应为主要目的，预防为附属目的，从而保持刑罚的公正性与功利性。但这并非意味着在刑事活动的各个阶段，报应与预防没有轻重之分。我认为，在刑事活动中，应当同时兼顾报应和预防这两个目的，但在刑事活动的不同阶段，两者又有所侧重：第一，刑罚创制阶段，实际上是刑事立法的过程。在这一阶段，立法者考虑的是需要用多重的刑罚来遏制犯罪的发生。因此，一般预防的目的显然处于主导地位，但对一般预防的追求又不能超过报应的限度。并且，在对不同犯罪规定轻重有别的刑罚的时候，又应当兼顾刑罚的报应目的，使两者统一起来。第二，刑罚裁量阶段，司法者应当根据行为人所犯罪行的大小来决定刑罚的轻重，因而是以报应为主。在法定刑幅度内，可以兼顾一般预防和个别预防，使两者得以统一。第三，刑罚的执行阶段，主要是指行刑过程。在这一阶段，行刑者应当根据犯罪人的人身危险性以及犯罪情节，采取有效的改造措施，消除其再犯可能。因此，个别预防成为行刑活动的主要目的。但这一目的的实现同样受到报应与一般预防的限制，例如减刑与假释都受到原判刑期的限制，以免过分追求个别预防效果而有损于报应与一般预防。

第十五章
刑罚体系

第一节　刑罚体系概述

一、刑罚体系的概念

刑罚体系是指按照一定的标准对各种刑罚方法进行排列而形成的刑罚序列。在我国刑法中，刑罚可以分为主刑和附加刑。5 种主刑和 4 种附加刑，按照轻重程度依次排列，形成我国刑法中的刑罚体系。

（一）刑罚体系的构成要素

刑罚体系的构成要素是各种刑罚方法。在刑法理论上，刑罚方法也称为刑罚种类，简称为刑种。我国刑法中的刑种包括以下 9 种：管制、拘役、有期徒刑、无期徒刑、死刑、罚金、剥夺政治权利、没收财产、驱逐出境。

（二）刑罚体系的组合结构

刑罚体系中的各种刑种，并不是任意组合的，而是具有内在逻辑结构的。根据我国刑法的规定，刑罚可以分为主刑与附加刑。主刑是对犯罪适用的主要刑罚方法，它只能独立适用，不能附加适用。因此，一个犯罪只能适用一种主刑，不能适用两种以上主刑。在我国刑法中，管制、拘役、有期徒刑、无期徒刑和死刑均是主刑。附加刑，又称为从刑，是补充主刑适用的刑罚方法。附加刑既可以附加适用，又可以独立适用。在附加适用时，一个犯罪可以同时适用两个以上的附加刑。在我国刑法中，罚金、剥夺政治权利、没收财产、驱逐出境均是附加刑。

（三）刑罚体系的排列顺序

立法者对于刑罚体系中的各个刑种按照一定的标准进行排列，因而形成一定的顺序。我国刑法中的刑罚体系，是按照各个刑种的严厉程度由轻到重对主刑和附加刑依次排列的，反映了我国刑罚体系的内在逻辑关系。

二、刑罚体系的特点

刑罚体系是刑罚的具体表现形式，也是衡量一个国家刑罚设置的科学性的主要标志。我国的刑罚体系是在总结惩治犯罪的司法实践经验的基础上逐渐形成的，反映了我国与犯罪作斗争的实际需要。我国的刑罚体系具有以下特点：

（一）体系的完整性

我国的刑罚体系是由主刑与附加刑构成的一个有机整体。主刑起主导作用，附加刑起补充作用，两者功能互补，从而构筑成一个完整的刑罚体系。

（二）结构的严谨性

我国的刑罚体系中的各种刑罚方法由轻到重排列，主次分明，轻重衔接，具有结构上的严谨性。在各种刑罚方法中，管制、拘役、有期徒刑和无期徒刑是自由刑。在自由刑中，管制是限制自由刑，拘役、有期徒刑和无期徒刑是剥夺自由刑。无期徒刑是终身自由刑，管制、拘役和有期徒刑是有期自由刑。死刑是生命刑，罚金和没收财产是财产刑，剥夺政治权利和驱逐出境是资格刑。自由刑、生命刑、财产刑和资格刑形成我国刑罚体系的合理结构。

（三）内容的合理性

我国的刑罚体系是以自由刑为中心的，自由刑在整个刑罚体系中占据着重要的地位，是刑罚体系的中心。自由刑种类较多，具有一定的幅度，可以适应轻重有别的各种犯罪的惩治需要。而且，像管制这样的限制自由刑，其执行方法具有开放性，对于罪行较轻的犯罪分子适用可以收到较好的矫正效果。当然，死刑在我国的刑罚体系中还占有较大的比重，因而表明我国刑罚体系具有重刑化的倾向，有必要向轻刑化方向发展。

第二节　主　刑

一、管制

（一）管制的概念

管制是指对犯罪分子不予关押，限制其一定自由的刑罚方法。管制具有以下特征：

1. 不予关押

对犯罪分子不予关押，是管制的重要特征之一。被判处管制的犯罪分子在服刑期间，不羁押在监狱、看守所等执行场所中，仍留在原工作单位或居住地，也不离开自己的家庭，不中断与社会的正常交往。不予关押，是管制刑与其他刑罚方法的重要区别。

2. 限制自由

被判处管制的犯罪分子虽然不被关押，但其人身自由受到一定限制。根据《刑法》第38条［《刑法修正案（八）》第2条］第2款规定，判处管制，可以根据犯罪情况，同时禁止犯罪分子在执行期间从事特定活动，进入特定区域、场所，接触特定的人。这是刑法关于对被判处管制的犯罪分子作出禁止令的规定。根据上述规定，并非对所有被判处管制的犯罪分子一概作出禁止令，而是根据犯罪情况决定是否作出禁止令。人民法院有是否作出禁止令的裁量权，其作出的根据在于案件情况确有需要。禁止令的内容是禁止从事特定活动，进入特定区域、场所，接触特定的人。何为"特定"，法律未作具体规定，授权人民法院根据犯罪的性质、情况，行为人犯罪的原因，维护社会秩序、保护被害人免遭再次侵害、预防行为人再次犯罪的需要等情况，在判决时作出具体的禁止性规定。人民法院作出禁止令，可以只涉及上述一个方面的禁止事项，例如只禁止行为人从事特定活动；也可以同时涉及三个方面的事项，即同时禁止其从事特定活动，进入特定区域、场所，接触特定的人。与此同时，《刑法》第38条第4款还规定了被判处管制的犯罪分子违反禁止令的法律责任。根据刑法规定，违反禁止令的，由公安机关依照《治安管理处罚法》的规定处罚。根据《治安管理处罚法》第60条的规定，被依法执行管制的罪犯，有违反法律、行政法规和国务院公安部门有关监督管理规定的行为的，处5日以上10日以下拘留，并处200元以上500元以下罚款。2011年4月28日最高人民法院、最高人民检察院、公安部、司法部发布了《关于对判处管制、宣告缓刑的犯罪分子适用禁止令有关问题的规定（试行）》（以下简称《规定》），该《规定》对禁止令所禁止从事的特定活动、禁止进入的特定区域、场所、禁止接触的特定人，都作了具体规定，从而为司法机关适用禁止令提供了明确的法律根据。

3. 自主劳动

被判处管制的罪犯既可以自谋生计，从事个体劳动；也可以在公司、企业就业。在受聘在公司、企业工作的情况下，被判处管制的罪犯应当与普通公民同工同酬，不得歧视。

（二）管制的期限

管制作为一种限制人身自由的刑罚，期限为3个月以上2年以下；数罪并罚时最高不能超过3年。这一期限既反映了管制作为轻刑的特点，又不失作为刑罚的必要惩罚作用。管制刑期的上限虽然比拘役长，但由于管制只是限制人身自由，而拘役是剥夺人身自由，从性质上讲，管制仍轻于拘役。

管制的刑期，从判决执行之日起计算；判决执行以前先行羁押的，羁押1日折抵刑期2日，之所以规定羁押1日折抵刑期2日，是因为判决执行以前先行羁押的属于剥夺自由，而管制只是限制自由。另外，对于经过批准离开所居住的市、县外出的罪犯，被许可外出的期间，应计入执行期，但超过许可的时间不计入执行期；对于未被批准而擅自离开所在地域的罪犯，其外出期间，不得计入执行期。扣除的执行期，由县级公安机关在其法律文书中注明，并加盖公章，通知本人，同时书面通知同级人民检察院和原审判或批准机关。

（三）管制的执行

《刑法》第38条［《刑法修正案（八）》第2条］第3款规定："对判处管制的犯罪分子，依法实行社区矫正。"社区矫正是一种非监禁刑的执行方式，是指将符合法定条件的罪犯置于社区内，由专门的国家机关在相关社会团体、民间组织和社会志愿者的协助下，在判决、裁定或决定确定的期限内，矫正其犯罪心理和行为恶习，促进其顺利回归社会的非监禁刑的执行活动。目前我国正在试行的社区矫正对象就包括了被判处管制的犯罪分子。刑法明确规定对管制依法实行社区矫正，为对被判处管制的犯罪分子依法实行教育、管理和监督提供了法律根据。

根据《刑法》第39条的规定，被判处管制的犯罪分子，在执行期间，应当遵守下列规定：（1）遵守法律、行政法规，服从监督；（2）未经执行机关批准，不得行使言论、出版、集会、结社、游行、示威自由的权利；（3）按照执行机关规定报告自己的活动情况；（4）遵守执行机关关于会客的规定；（5）离开所居住的市、县或者迁居，应当报经执行机关批准。根据上述规定，管制本身不包含剥夺政治权利的内容。如果被管制的犯罪分子需要剥夺政治权利的，应当把剥夺政治权利作为附加刑判处，其期限与管制的期限相等，同时执行。

被判处管制的犯罪分子，管制期满，执行机关即应向本人和其所在单位或居住地的群众宣布解除管制，并且发给本人解除通知书。附加剥夺政治权利的，同时宣布恢复政治权利。

二、拘役

（一）拘役的概念

拘役是指剥夺犯罪人短期人身自由，就近实行强制劳动改造的刑罚方法。拘役具有以下特征：

1. 刑期较短

拘役是一种短期自由刑，其刑期最短不少于1个月，最长不超过6个月。

2. 短期关押

拘役适用于罪行较轻，不需要判处有期徒刑，但又必须予以短期关押改造的犯罪分子。

3. 就近执行

拘役由公安机关就近执行。所谓就近执行，是指由犯罪分子所在地的县、市或市辖区的公安机关设置的看守所执行。

（二）拘役的期限

根据《刑法》第42条和第69条的有关规定，拘役的期限为1个月以上6个月以下。数罪并罚时，最高不得超过1年。可见，拘役的上限刑期与有期徒刑的6个月的下限刑期相衔接。这较好地体现了拘役的特点，使刑罚体系更为连贯和严密。

拘役的刑期从判决之日起计算。判决以前先行羁押的，羁押1日折抵刑期1日。根据有关规定，凡是由于犯罪嫌疑人、被告人被依法逮捕、刑事拘留而被剥夺人身自由的日期，以及依照海关法规定被扣留而被限制人身自由的日期，都可以折抵刑期。判决前保外就医的日期，也可以折抵拘役刑期。因行政拘留或劳动教养而被限制或剥夺人身自由的日期，如果被行政拘留的行为或者被劳动教养的行为与被判处刑罚的犯罪行为属于同一行为的，也可以折抵刑期。对于人犯在被拘留或被逮捕以前，被依法执行监视居住的期间，因为并非完全限制其人身自由，所以，不予折抵刑期。

（三）拘役的执行

被判处拘役的犯罪分子，由公安机关就近执行。从刑法的规定看，拘役的执行场所较为灵活，既可以在受刑人所在地的县、市或市辖区的公安机关设立的看守所执行，也可以在就近的监狱执行，还可以在看守所内执行。但在监狱或看守所执行的，要实行分管分押，以便把被判处拘役的罪犯与被判处有期徒刑、无期徒刑的罪犯以及未决犯相区别，防止交叉感染或为未决犯通风报信。

被判处拘役的犯罪分子在执行期间享有以下待遇：（1）探亲。每月可以回家1天到2天，路费自理。路途较远的可以累积使用假期。（2）参加劳动的，可以酌量发给报酬。拘役犯的待遇体现了我国刑罚的人道主义精神，可使犯罪分子能够同家庭和社会保持一定的联系，有利于犯罪分子接受来自家庭和社会方面的教育，也有助于解决家庭生活方面的困难，这对于促进犯罪分子的改造和早日回归社会具有积极的意义。

三、有期徒刑

（一）有期徒刑的概念

有期徒刑是指剥夺犯罪分子一定期限的人身自由，实行强制劳动改造的刑罚方法。有期徒刑是自由刑的主体，其刑罚幅度变化较大，从较轻犯罪到较重犯罪，都可以适用。所以，在我国刑罚体系中，有期徒刑居于中心地位。有期徒刑具有以下特征：

1. 剥夺自由

有期徒刑在一定期限内对罪犯实行关押，剥夺其人身自由。因此，有期徒刑属于剥夺自由的刑罚。由于有期徒刑对犯罪分子人身自由的剥夺具有一定的期限，因而是一种有期限地剥夺犯罪分子人身自由的刑罚。

2. 适用广泛

有期徒刑具有广泛的适用性。有期徒刑的刑期从 6 个月到 15 年，其跨度很大，具有较大的可分性。它既可作为重刑适用于危害严重的犯罪行为，也可作为中度刑罚适用于危害较大的犯罪行为，还可以作为轻刑适用于危害较小的犯罪行为。因此，有期徒刑在我国刑罚体系中是一种适用范围最广泛的刑罚方法。刑法分则中，凡是规定了法定刑的，都规定了有期徒刑。

3. 强制劳动

强制接受教育和劳动改造。被判处有期徒刑的犯罪分子，凡是有劳动能力的，都应当参加劳动，接受教育和改造。这种劳动是强制性的，体现了我国对罪犯实行劳动教育改造的政策。

（二）有期徒刑的刑期

《刑法》第 45 条规定，有期徒刑的期限为 6 个月以上 15 年以下。也就是说，在一般情况下，对犯罪分子所犯的一个罪一次判处的有期徒刑最高不能超过 15 年，最低不能低于 6 个月。但是，存在两种例外情况：第一，根据《刑法》第 50 条的规定，判处死刑缓期执行的，在死刑缓期执行期间，如果确有重大立功表现，2 年期满以后，减为 25 年有期徒刑。第二，根据《刑法》第 69 条的规定，数罪并罚，有期徒刑总和刑期不满 35 年的，最高可达 20 年；总和刑期在 35 年以上的，最高可达 25 年。此外，根据《刑法》第 71 条的规定，犯罪分子在服刑期间又犯新罪，以前罪没有执行完毕的刑罚为基础来确定应当执行的刑罚，已执行的刑期不计算在新决定的刑期内。因而犯罪分子实际执行的刑期可超过 15 年。

有期徒刑刑期，刑法规定从判决执行之日起计算；判决执行以前先行羁押的，羁押 1 日折抵刑期 1 日。所谓判决执行之日，是指人民法院签发执行通知书之日。先行羁押，是指同一行为先前被采取剥夺人身自由的刑事措施的情形。由于先行羁押也是剥夺人身自由，因而在计算有期徒刑的刑期时，应当予以折抵。如果被告人只是取保候审，并未被剥夺人身自由，不能视为羁押。

（三）有期徒刑的执行

对于有期徒刑的执行场所和执行方式，我国刑法有明确的规定。根据《刑法》第46条的规定，被判处有期徒刑的犯罪分子，在监狱或者其他执行场所执行。这里的其他执行场所，是指少年犯管教所等。凡是有劳动能力的有期徒刑罪犯，都应当参加劳动，接受教育和改造。这就是说，在我国，劳动改造是有期徒刑执行的法定方式和内容。犯罪分子通过劳动，一方面，可以培养劳动意识、自食其力的观念和习惯，进而消除其身上所存在的好逸恶劳、贪图享受、不劳而获的习气；另一方面，罪犯在劳动中也可以学到正常的谋生技能，有利于其刑满释放后回归社会。同时，劳动还可以为国家创造财富，减轻国家关押罪犯的负担。

四、无期徒刑

（一）无期徒刑的概念

无期徒刑是剥夺犯罪分子终身自由，并强制劳动改造的刑罚方法。

无期徒刑具有以下特征：

1. 严厉性

在我国刑法中，无期徒刑介于有期徒刑和死刑之间，是仅次于死刑的一种严厉的惩罚方法。它主要适用于那些罪行严重，又不必判处死刑，但需要与社会永久隔离的犯罪分子。

2. 替代性

在我国目前还大量存在严重犯罪，刑法还保留死刑的情况下，无期徒刑在刑法体系中占有十分重要的地位，是其他刑罚方法不可替代的。一方面，它是同严重危害国家安全的犯罪以及其他严重刑事犯罪作斗争的有效手段，在惩罚和预防这类犯罪中起着十分重要的作用；另一方面，它又是限制死刑的适用，贯彻少杀方针的有效手段，它的存在在很大程度上可以替代死刑，减少死刑的适用。所以，无期徒刑是我国刑罚体系中的一个重要刑种。

3. 慎重性

这里应当指出，对于未成年人犯罪，应当慎用无期徒刑。根据 2006 年 1 月 11 日最高人民法院《关于审理未成年人刑事案件具体应用法律若干问题的解释》第 13 条的规定，未成年人犯罪只有罪行极其严重的，才可以适用无期徒刑。对已满 14 周岁不满 16 周岁的人犯罪一般不判处无期徒刑。

（二）无期徒刑的执行

根据刑法和监狱法的有关规定，被判处无期徒刑的犯罪分子，在监狱或者其他场所执行；凡是有劳动能力的，都应当参加劳动，接受教育和改造。

无期徒刑是剥夺罪犯终身自由实行监禁的一种刑罚，关押没有期限。但是，在实际执行中，并不是断绝犯罪分子的自新之路，将其一直关押到死，而是给予他们悔过自新，重新做人的机会。根据刑法有关减刑和假释的规定，被判处无期徒刑的犯罪分子在执行期间，认罪服法，接受教育改造，确有悔改或立功表现，可获得减刑，由无期徒刑减为有期徒刑；如果实际执行 13 年以上，还可以获得假释，但累犯以及故意杀人、爆炸、抢劫、强奸、绑架等暴力犯罪被判处无期徒刑的犯罪分子除外。在司法实践中，大多数被判处无期徒刑的犯罪分子，经过一段时期的改造，依法被减为有期徒刑，有的还获得假释。无期徒刑减为有期徒刑后，刑期从人民法院裁定减刑之日起计算。

五、死刑

（一）死刑的概念

死刑是指剥夺犯罪分子生命的刑罚方法。因此，在刑法理论上，死刑属于生命刑，是一种最严厉的刑罚方法。我国刑法中的死刑，有狭义与广义之分：狭义上的死刑是指死刑立即执行，广义上的死刑，除死刑立即执行以外，还包括死刑缓期执行，即死缓。死缓是死刑的一种执行方法，因而亦属于死刑的范畴。

我国刑法对死刑采取的是"不可不杀，不可多杀"的死刑政策。"不可不杀"

表明我国在现阶段保留死刑的基本立场。而"不可多杀"则表明我国对死刑的一种慎重态度。我国 1979 年《刑法》规定了 28 个死刑罪名，此后随着犯罪形势的发展，尤其是"严打"运动的展开，死刑的政策有所松动，及至 1997 年《刑法》，死刑罪名已经增至 68 个。在这种情况下，死刑的司法适用也大量增加。为此，我们需要对死刑的刑事政策加以反思。在目前尚不具备废除死刑的情况下，应当对死刑加以严格限制。值得肯定的是，《刑法修正案（八）》取消了以下 13 个经济性非暴力犯罪的死刑，具体包括：（1）走私文物罪（第 151 条第 2 款）；（2）走私贵重金属罪（第 151 条第 2 款）；（3）走私珍贵动物、珍贵动物制品罪（第 151 条第 2 款）；（4）走私普通货物、物品罪（第 153 条）；（5）票据诈骗罪（第 194 条第 1 款）；（6）金融凭证诈骗罪（第 194 条第 2 款）；（7）信用证诈骗罪（第 195 条）；（8）虚开增值税专用发票、用于骗取出口退税、抵扣税款发票罪（第 205 条）；（9）伪造、出售伪造的增值税专用发票罪（第 206 条）；（10）盗窃罪（第 264 条）；（11）传授犯罪方法罪（第 295 条）；（12）盗掘古文化遗址、古墓葬罪（第 328 条第 1 款）；（13）盗掘古人类化石、古脊椎动物化石罪（第 328 条第 2 款）。上述罪名中死刑的取消，体现了我国死刑立法改革的实质性进展。继《刑法修正案（八）》减少 13 个死刑罪名以后，《刑法修正案（九）》又减少了 9 个死刑罪名，具体包括：（1）走私武器、弹药罪；（2）走私核材料罪；（3）走私假币罪；（4）伪造货币罪；（5）集资诈骗罪；（6）组织卖淫罪；（7）强迫卖淫罪；（8）阻碍执行军事职务罪；（9）战时造谣惑众罪。虽然相比《刑法修正案（八）》减少 13 个死刑罪名，《刑法修正案（九）》减少 9 个死刑罪名，在减少死刑罪名的数量上有所下降，但减少的死刑罪名对司法活动具有实质性影响，因而更具有价值。在我国刑法中，死刑罪名可以分为三类：备而不用的死刑罪名，偶尔适用的死刑罪名，经常适用的死刑罪名。《刑法修正案（八）》减少的 13 个死刑罪名，基本上属于备而不用的死刑罪名，对于司法活动中减少死刑的实际适用并无实质性的影响。但《刑法修正案（九）》减少的 9 个死刑罪名，除少数是备而不用的死刑罪名以外，诸如集资诈骗罪、组织卖淫罪、强迫卖淫罪等都属于偶尔适用的死刑罪名，其废除对于司法活动中减少死刑适用具有实质性的影响。

（二）死刑的适用条件

《刑法》第48条第1款规定："死刑只适用于罪行极其严重的犯罪分子。"根据这一规定，死刑的适用条件是罪行极其严重。这里的罪行极其严重，是指犯罪的客观危害性极其严重和犯罪的主观恶性极其严重，也就是所谓罪大恶极。值得注意的是，1979年《刑法》规定死刑的适用条件是"罪大恶极"的犯罪分子。1997年刑法将这里的"罪大恶极"修改为"罪行极其严重"。从文字上来看，罪行极其严重一语似乎只是指客观上的危害极其严重，而不包括主观上的恶性极其严重。但我国刑法学界通说仍然从客观危害与主观恶性这两个方面考察某一犯罪分子是否达到适用死刑的条件。我亦赞同这一观点，认为罪行极其严重应当包括以下两个方面：

1. 客观上的危害极其严重

客观上的危害是否达到极其严重的程度，是适用死刑首先需要考虑的条件。那么，如何判断客观上的危害是否极其严重呢？我认为，可以从以下三个方面加以判断：

（1）犯罪起因是否极其恶劣。

犯罪起因虽然不是犯罪的构成要件要素，但它在很大程度上对于犯罪的严重程度具有重大影响。例如，1999年10月27日最高人民法院《全国法院维护农村稳定刑事审判工作座谈会纪要》（以下简称《纪要》）明确指出："对于因婚姻家庭、邻里纠纷等民间矛盾激化引发的故意杀人犯罪，适用死刑一定要十分慎重，应当与发生在社会上的严重危害社会治安的其他故意杀人犯罪案件有所区别。"民间矛盾激化引发的故意杀人犯罪之所以不同于社会上其他严重危害社会治安的故意杀人犯罪，就在于民间矛盾激化的故意杀人犯罪的起因决定了故意杀人犯罪性质没有达到极其严重的程度。

（2）犯罪手段是否极其残忍。

犯罪手段是否极其残忍，也是犯罪严重程度的一个重要指标。在故意杀人

435

罪、故意伤害罪以及强奸罪等侵犯人身权利的犯罪中，存在一个犯罪手段是否残忍的问题。例如采取极其残忍手段杀人与一般杀人，在客观危害程度上是存在重大差别的。此外，《刑法》第234条第2款还明确地将以特别残忍手段致人重伤造成严重残疾，作为处10年以上有期徒刑、无期徒刑或者死刑的条件。由此可见，犯罪手段是否达到极其残忍程度，是客观上的危害极其严重的一个判断根据。

（3）犯罪后果是否极其重大。

犯罪后果是否极其重大，同样是犯罪严重程度的考量要素之一。在财产犯罪中，数额特别巨大是犯罪后果极其重大的内容。因此，在财产犯罪死刑适用中，犯罪数额是否达到特别巨大程度是判断客观上的危害极其严重的重要根据。应当指出，犯罪数额是一个数量概念，我国刑法虽然区分为数额较大、数额巨大和数额特别巨大等档次，但也不是说只要达到数额特别巨大就具备了死刑适用条件。在我国司法实践中，要根据宽严相济的刑事政策，掌握死刑适用的数额标准。

应当指出，以上三个判断客观上的危害是否极其严重的标准不能割裂开来，认为只要具备其中之一就已经达到客观上的危害极其严重的程度，而是应当把三个方面结合起来进行综合的考察。

2. 主观上的恶性极其严重

主观上的恶性是否达到极其严重的程度，也是适用死刑需要考虑的条件。主观恶性是行为人对自己行为及社会危害性所抱的心理态度，在一定程度上反映行为人的主观上的可谴责程度。一般来说，主观恶性表现在犯罪动机上。例如经过精心策划的、长时间准备的预谋性犯罪，显示行为人的主观恶性较深。而激情犯罪、临时起意的犯罪，因被害人的过错行为引发的犯罪，显示行为人的主观恶性较小。

应当指出，在判断是否达到罪行极其严重的时候，首先应当考量客观上的危害是否极其严重。只有客观上的危害达到了极其严重的程度，才需要考察主观上的恶性是否达到极其严重。对于死刑适用来说，客观上的危害极其严重与主观上的恶性极其严重缺一不可。

罪行极其严重是刑法总则的一般规定。刑法分则对适用死刑的条件往往加以具体规定，例如情节特别严重、情节特别恶劣、造成严重后果、危害特别严重等。在适用死刑的时候，应当同时遵守上述刑法总则与刑法分则关于死刑适用的条件。

（三）死刑的适用限制

《刑法》第49条［《刑法修正案（八）》第3条］规定："犯罪的时候不满十八周岁的人和审判的时候怀孕的妇女，不适用死刑。审判的时候已满七十五周岁的人，不适用死刑，但以特别残忍手段致人死亡的除外。"根据本条的规定，以下三种罪犯不适用死刑：

1. 犯罪的时候不满18周岁的人

这里的犯罪的时候，是指实施犯罪行为的时候，而不是指审判的时候。如果行为人在实施犯罪行为的那一天不满18周岁，而审判的时候已满18周岁，亦适用本条的规定。在年龄计算上，对刑法中的18周岁，是指实足年龄，一律按公历的年、月、日计算，即从18周岁生日的第2天起，才认为已满18周岁。对不满18周岁的人之所以不适用死刑，是由死刑的特点和不满18周岁的人的年龄特点决定的。死刑是一种最严厉的刑罚，它关系到犯罪人的生死存亡，这一特点就决定了死刑只适用于那些罪大恶极的犯罪分子。不满18周岁的人由于未成年，还处在生理与心理的发育过程中，认识能力和控制能力没有完全成熟，这一特点表明行为人未达到罪大恶极、不堪改造的程度，因而不适用死刑。

2. 审判的时候怀孕的妇女

这里的审判的时候是指从羁押到执行的整个诉讼过程，而不是仅指法院审理阶段。因此，在刑事诉讼的各个阶段上怀孕的妇女，都不适用死刑。这主要是从保护胎儿和实行人道主义考虑的。胎儿是无辜的，不能因为孕妇有罪而株连胎儿。根据1991年3月18日最高人民法院《关于如何理解"审判的时候怀孕的妇女不适用死刑"问题的电话答复》的规定，怀孕的妇女，无论其怀孕是否属于违反国家计划生育政策，也不论其是否自然流产或者经人工流产，以及流产后移送起诉或者审判期间的长短，仍应视同审判时怀孕的妇女，同样不适用死刑。此外，1998年8月7日最高人民法院《关于对怀孕妇女在羁押期间自然流产审判时是否可以适用死刑问题的批复》再次明文规定，怀孕妇女因涉嫌犯罪在羁押期间自然流产后，又因同一事实被起诉，交付审判的，应当视为审判时怀孕的妇女，依法不适用死刑。

3. 审判的时候已满75周岁的人

审判的时候已满75周岁的人，属于老年人，其体力、智力和精力都因年事已高而衰弱，因而刑法规定对其不再适用死刑。但刑法又作了例外规定，即以特别残忍手段致人死亡的，仍然可以适用死刑。这里的特别残忍手段致人死亡，是指以肢解、残酷折磨、毁人容貌等特别残忍的手段致被害人死亡。

对上述三种人不适用死刑，是指既不能判处死刑立即执行，也不能判处死刑缓期2年执行。

（四）死刑的核准权

《刑法》第48条第2款规定："死刑除依法由最高人民法院判决的以外，都应当报请最高人民法院核准。"这是我国刑法对死刑核准权的规定，表明我国刑法对死刑的适用的慎重态度。但1997年9月26日最高人民法院《关于授权高级人民法院和解放军军事法院核准部分死刑案件的通知》（现已失效）指出：鉴于目前的治安形势以及及时打击严重刑事犯罪的需要，有必要将部分死刑案件的核准权继续授权由各高级人民法院、解放军军事法院行使。这一司法解释对刑法规定的死刑核准权作了授权性规定，因此，我国除危害国家安全罪、破坏社会主义市场经济秩序罪、贪污贿赂罪和外国人及港澳台人犯罪以外，大多数犯罪的死刑核准权实际上均由各高级人民法院和解放军军事法院行使。

2006年10月31日全国人大常委会《关于修改〈中华人民共和国人民法院组织法〉的决定》将《人民法院组织法》第13条修改为："死刑除依法由最高人民法院判决的以外，应当报请最高人民法院核准。"这一修改为最高人民法院收回死刑复核权排除了法律障碍。2006年12月28日最高人民法院发布《关于统一行使死刑案件核准权有关问题的决定》，明确废止过去依法发布的关于授权高级人民法院和解放军军事法院核准部分死刑案件的所有通知。该决定规定，根据第十届全国人大常委会第二十四次会议通过的《关于修改〈中华人民共和国人民法院组织法〉的规定》，自2007年1月1日起，死刑除依法由最高人民法院判决的以外，各高级人民法院和解放军军事法院依法判决和裁定的，应当报请最高人民法院核准；2006年12月31日以前，各高级人民法院和解放军军事法院已经核准的死刑立即执行的判决、裁定，依法仍由各高级人民法院、解放军军事法院院长签发执行死刑的命令。最高人民法院统一行使死刑核准权，对于坚持少杀、慎杀的政策具有重要意义。

（五）死刑的缓期执行

1. 死缓的概念

《刑法》第48条第1款规定："对于应当判处死刑的犯罪分子，如果不是必须立即执行的，可以判处死刑同时宣告缓期二年执行。"这就是我国刑法中的死刑缓期执行制度，简称死缓，是死刑制度的重要组成部分。死缓不是一个刑种，而是一种适用死刑的刑罚制度。死缓没有适用的独立性，因此刑罚体系中没有规定死缓。死缓只有在对罪犯判处死刑的前提下，才有适用的可能性。可见，死刑是死缓的前提条件。凡是可以判处死刑的罪犯都可以适用死缓，没有规定死刑的犯罪，都不能适用死缓。

2. 死缓的适用条件

根据《刑法》第48条第1款的规定，适用死缓必须同时具备两个条件：

（1）罪该处死。

罪该处死是适用死缓的前提条件，它表明死刑缓期执行的对象与死刑立即执行的对象均是罪行极其严重的犯罪分子。如果罪不该处死，则不存在适用死缓的问题。对于罪行极其严重如何判断，我在死刑适用条件中已经论述。应该指出，死缓是死刑的一种执行方法，它属于死刑的范畴。正是在罪该处死这一死缓适用条件上，显示了死刑缓期执行与死刑立即执行在性质上的同一性。因此，对于死缓的适用条件，也应当从客观上的危害极其严重与主观上的恶性极其严重这两个方面加以把握。

（2）不是必须立即执行。

不是必须立即执行是区分死刑缓期执行与死刑立即执行的原则界限，也是死缓适用的本质条件。应该说，不是必须立即执行是一个授权性规定，立法机关并没有规定死刑缓期执行的具体条件，而是授权审判机关根据具体案情裁量确定是否适用死缓。我国有关司法解释对某些个罪的死缓适用作出过具体规定，这对于我们正确地理解死缓适用条件具有参考价值。例如，最高人民法院《纪要》规定："对于被害人一方有明显过错或对矛盾激化负有直接责任，或者被告人有法定从轻处罚情节的，一般不应判处死刑立即执行。"显然，在罪行极其严重的情况下，如果被害人一方有明显过错或对矛盾激化负有直接责任，或者被告人有法定从轻处罚情节的，不应判处死刑立即执行，而应适用死刑缓期执行。

死刑立即执行与死刑缓期执行虽然只是死刑执行方法上的区别，但一生一死相差悬殊。从制度设计上来看，我国刑法中的死缓制度是以少杀政策为导向的，意在通过死缓适用以减少死刑立即执行的适用，从而达到限制死刑的目的。因此，死刑立即执行与死刑缓期执行的区分标准具有十分鲜明的刑事政策的色彩。在司法实践中，如何正确区分死刑立即执行与死刑缓期执行，始终是一个十分疑难的问题，如果不能正确地从刑事政策上加以把握，就会有损于死刑适用的法律效果与社会效果。例如，李昌奎故意杀人案①就是一个典型的例子。被告人李昌奎与被害人王家飞存在感情纠纷。2009 年 5 月 14 日，李昌奎之兄李昌国与王家飞之母陈礼金因琐事发生打架，李昌奎得知此事后便于 2009 年 5 月 16 日 13 时许赶到家，在途经王庭金（王庭金系王家飞之父）家门口时，遇见被害人王家飞及其弟王家红（3 岁），李昌奎与王家飞发生争吵，进而抓打，在抓打过程中李

---

① 云南省高级人民法院（2010）云高法终字第 1314 号刑事判决书.

昌奎将王家飞掐晕后抱到王庭金家厨房门口实施强奸。后又将被害人王家飞抱到王庭金家堂屋，王家飞醒来后跑向堂屋，李昌奎便提起一条锄打击王家飞头部致王家飞当场倒地，并将王家飞拖入王庭金家堂屋左面第一间房内，又提起王家红的手脚将其头猛撞门框。后又在王庭金家屋里找来一根绳子勒住已经昏迷的王家红和王家飞的脖子，并逃离现场。经法医鉴定王家飞、王家红均系颅脑损伤伴机械性窒息死亡。对于本案，云南省昭通市中级人民法院以故意杀人罪，判处李昌奎死刑立即执行，剥夺政治权利终身；以强奸罪，判处被告人李昌奎有期徒刑5年，决定执行死刑立即执行，剥夺政治权利终身。被告人李昌奎赔偿附带民事诉讼原告人经济损失共计人民币3万元。一审宣判后，被告人李昌奎不服，提出上诉。云南省高级人民法院经审理后认为，上诉人李昌奎目无国法，将王家飞掐致昏迷后对其实施奸淫，而后又将王家飞、王家红姐弟杀害的行为，分别构成强奸罪、故意杀人罪，应依法严惩。被告人李昌奎在犯罪后到公安机关投案，并如实供述其犯罪事实，属自首；在归案后认罪、悔罪态度好；并赔偿了被害人家属部分经济损失，故上诉人李昌奎及其辩护人所提被告人具有自首情节、认罪、悔罪态度好，积极赔偿被害人家属的上诉理由和辩护意见属实，本院予以采纳。鉴于此，对李昌奎应当判处死刑，但可以不立即执行，改判死刑缓期二年执行，剥夺政治权利终身。李昌奎故意杀人案被改判死缓判决在媒体披露以后，引发社会公众和舆论的广泛质疑。后云南省高级人民法院提起再审。再审判决认为，被告人李昌奎因求婚不成及家人的其他琐事纠纷产生报复他人之念，强奸、杀害王家飞后，又残忍杀害王家飞年仅3岁的弟弟王家红，其行为已分别构成了强奸罪、故意杀人罪，且犯罪手段特别残忍，情节特别恶劣，后果特别严重，社会危害极大，虽有自首情节，但不足以对其从轻处罚。原二审死缓判决量刑不当，故改判死刑立即执行。本案在报请最高人民法院核准以后，对李昌奎执行了死刑。李昌奎故意杀人案二审改判死缓之所以引发社会公众质疑，主要表现为自首等法定从轻处罚情节以及民间纠纷产生的犯罪这一犯罪起因对死缓适用的把握不当。司法解释只是提出民间纠纷引发的故意杀人案，在一般情况下，应当慎重适用死刑立即执行。换言之，民间纠纷引发犯罪这一因素在死刑立即执行与死刑缓期执行之间的区分中并没有绝对的影响性。即使是自首等法定从轻处罚情节，在死缓适用的裁量中的作用也不是决定性的。如果所犯罪行极其严重，则仍然应当判处死刑立即执行。在李昌奎故意杀人案中，虽然系民间纠纷所引发，但杀死二人，尤其是杀害无辜的3岁幼儿王家红，并且对昏迷中的王家飞实施强奸，李昌奎所犯罪行达到了令人发指的程度。在这种情况下，即便存在从轻情节，也应判处死刑立即执行。由此可见，在死刑立即执行与死刑缓期执行的个案裁量上，应当综合考虑客观危害与主观恶性等各种因素，尤其是要对罪行极其严重的程度作出准确判断。只有这样，司法机关才能正确地适用死缓。

为了准确地把握死刑缓期执行的适用条件，最高人民法院曾经发布了两个指导案例，对死缓适用条件进行了正面示范，对于司法机关正确适用死刑缓期执行具有重要指导意义：

案例 15-1 **王志才故意杀人案**

（法例第 4 号）

被告人王志才因婚恋问题，于 2008 年 10 月 9 日中午在宿舍内用一把单刀尖刀，朝被害人赵某某的颈部、胸腹部、背部连续捅刺，致其失血性休克死亡。山东省潍坊市中级人民法院于 2009 年 10 月 14 日以（2009）潍刑一初字第 35 号刑事判决，认定被告人王志才犯故意杀人罪，判处死刑，剥夺政治权利终身。宣判后，王志才提出上诉。山东省高级人民法院于 2010 年 6 月 18 日以（2010）鲁刑四终字第 2 号刑事裁定，驳回上诉，维持原判，并依法报请最高人民法院核准。最高人民法院根据复核确认的事实，以（2010）刑三复 22651920 号刑事裁定，不核准被告人王志才死刑，发回山东省高级人民法院重新审判。山东省高级人民法院经依法重新审理，于 2011 年 5 月 3 日作出（2010）鲁刑四终字 2-1 号刑事判决，以故意杀人罪改判被告人王志才死刑，缓期二年执行，剥夺政治权利终身，同时决定对其限制减刑。山东省高级人民法院重审判决的裁判理由指出：

"被告人王志才的行为已构成故意杀人罪，罪行极其严重，论罪应当判处死刑。鉴于本案是因婚恋纠纷引发，王志才求婚不成，恼怒并起意杀人，归案后坦白悔罪，积极赔偿被害方经济损失，且平时表现较好，故对其判处死刑，可不立即执行。同时考虑到王志才故意杀人手段特别残忍，被害人亲属不予谅解，要求依法从严惩处，为有效化解社会矛盾，依照《中华人民共和国刑法》第五十条第二款等规定，判处被告人王志才死刑，缓期二年执行，同时决定对其限制减刑。"最高人民法院在发布指导案例时，将本案的裁判要点归纳为："因恋爱、婚姻矛盾激化引发的故意杀人案件，被告人犯罪手段残忍，论罪应当判处死刑，但被告人具有坦白悔罪、积极赔偿等从轻处罚情节，同时被害人亲属要求严惩的，人民法院根据案件性质、犯罪情节、危害后果和被告人的主观恶性及人身危险性，可以依法判处被告人死刑，缓期二年执行，同时决定限制减刑，以有效化解社会矛盾，促进社会和谐。"

以上裁判要点，为司法机关正确地适用死缓提供了具体规则。本案被告人虽然罪该处死，但由于其杀人犯罪是由婚恋纠纷引发，且被告人具有坦白悔罪、积极赔偿等从轻处罚情节，即使被害人亲属要求严惩，也不应判处死刑立即执行，而是应当适用死缓。在本案死刑立即执行与死刑缓期执行的裁量中，以下两个因素具有决定性作用：第一，犯罪起因：本案系由婚恋纠纷引发的故意杀人犯罪。第二，坦白悔罪、积极赔偿等从轻处罚情节。根据以上两个因素，对被告人王志才判处死缓，并且适用限制减刑，我认为是完全正确的。

案例 15-2　　李飞故意杀人案

（法例第 12 号）

被告人李飞曾因犯盗窃罪被判处有期徒刑二年，刑满释放后经他人介绍，李飞与被害人徐某某建立恋爱关系。后二人因经常吵架而分手。李飞因怀疑其被单位停止工作与徐某某有关，2008 年 9 月 12 日 23 时许，李飞破门进入徐某某的卧室，持铁锤多次击打徐某某的头部，击打徐某某表妹王某某头部、双手数下。稍后，李飞又持铁锤先后再次击打徐某某、王某某头部，致徐某某当场死亡、王某某轻伤。李飞母亲梁某某在发现李飞行踪后及时报告公安机关，并于次日晚协助公安机关将李飞抓获。在本案审理期间，李飞的母亲梁某某代为赔偿被害人亲属4万元。黑龙江省哈尔滨市中级人民法院于2009年4月30日以（2009）哈刑二初字第51号刑事判决，认定被告人李飞犯故意杀人罪，判处死刑，剥夺政治权利终身。宣判后，李飞提出上诉。黑龙江省高级人民法院于2009年10月29日以（2009）黑刑三终字第70号刑事裁定，驳回上诉，维持原判，并依法报请最高人民法院核准。最高人民法院根据复核确认的事实和被告人母亲协助抓捕被告人的情况，以（2010）刑五复66820039号刑事裁定，不核准被告人李飞死刑，发回黑龙江省高级人民法院重新审判。黑龙江省高级人民法院经依法重新审理，于2011年5月3日作出（2011）黑刑三终字第63号刑事判决，以故意杀人罪改判被告人李飞死刑，缓期二年执行，剥夺政治权利终身，同时决定对其限制减刑。黑龙江省高级人民法院重审判决的裁判理由指出："被告人李飞的行为已构成故意杀人罪，罪行极其严重，论罪应当判处死刑。本案系因民间矛盾引发的犯罪；案发后李飞的母亲梁某某在得知李飞杀人后的行踪时，主动、及时到公安机关反映情况，并积极配合公安机关将李飞抓获归案；李飞在公安机关对其进行抓捕时，顺从归案，没有反抗行为，并在归案后始终如实供述自己的犯罪事实，认罪态度好；在本案审理期间，李飞的母亲代为赔偿被害方经济损失；李飞虽系累犯，但此前所犯盗窃罪的情节较轻。综合考虑上述情节，可以对李飞酌情从宽处罚，对其可不判处死刑立即执行。同时，鉴于其故意杀人手段残忍，又系累犯，且被害人亲属不予谅解，故依法判处被告人李飞死刑，缓期二年执行，同时决定对其限制减刑。"最高人民法院在发布指导案例时，将本案的裁判要点归纳为："对于因民间矛盾引发的故意杀人案件，被告人犯罪手段残忍，且系累犯，论罪应当判处死刑，但被告人亲属主动协助公安机关将其抓捕归案，并积极赔偿的，人民法院根据案件具体情节，从尽量化解社会矛盾角度考虑，可以依法判处被告人死刑，缓期二年执行，同时决定限制减刑。"

释评

王志才故意杀人案与李飞故意杀人案存在性质上的相同之处，都是因婚恋纠纷引发的故意杀人犯罪。但李飞故意杀人案从死刑立即执行改判为死刑缓期执行，更为强调的是被告人亲属主动协助公安机关将其抓捕归案，并代为赔偿被害方经济损失这一从宽情节。因此，本案对于死刑立即执行与死刑缓期执行的区别具有重要指导意义。

3. 死缓期满的处理

对被判处死缓的犯罪分子，在死缓期满后，根据《刑法》第 50 条［《刑法修正案（八）》第 4 条第 1 款、《刑法修正案（九）》第 2 条］的规定，有三种处理办法：（1）在死刑缓期执行期间如果没有故意犯罪，2 年期满以后，减为无期徒刑。这里所说的故意犯罪是指我国刑法规定的主观上在故意的罪过心理支配下所实施的犯罪行为。但对于故意犯罪的性质、种类、轻重等法律未作规定。（2）在死刑缓期执行期间如果确有重大立功表现，2 年期满以后，减为 25 年有期徒刑。这里的重大立功表现是指在接受教育改造过程中，检举揭发其他罪犯的罪行，从而破获重大案件，或者钻研技术，有发明创造。立功必须达到重大的程度，才可以减为 25 年有期徒刑。（3）在死刑缓期执行期间，如果故意犯罪，情节恶劣的，由最高人民法院核准，执行死刑。这是死缓变更为死刑立即执行的规定，变更的实体条件是故意犯罪，情节恶劣；变更的程序条件是最高人民法院核准。（4）在死刑缓期执行期间，故意犯罪未执行死刑的，死刑缓期执行的期间重新计算，并报最高人民法院备案。

4. 死缓期间的计算

根据《刑法》第 51 条的规定，死刑缓期执行期间，从判决确定之日起计算。死刑缓期执行减为有期徒刑的刑期，从死刑缓期执行期满之日起计算。这里的从判决确定之日起计算，根据 2002 年 11 月 4 日最高人民法院《关于死刑缓期执行的期间如何确定问题的批复》，是指从判决或者裁定核准死刑缓期 2 年执行的法律文书宣告或送达之日起计算。

5. 死缓限制减刑的规定

根据《刑法》第 50 条［《刑法修正案（八）》第 4 条］第 2 款的规定，对被判处死刑缓期执行的累犯以及因故意杀人、强奸、抢劫、绑架、放火、爆炸、投放危险物质或者有组织的暴力性犯罪被判处死刑缓期执行的犯罪分子，人民法院根据犯罪情节等情况可以同时决定对其限制减刑。上述 9 类被判处死缓的犯罪分子由于犯罪性质特别严重，如果被判处死缓以后减刑致其执行期限过短，难以起到惩戒作用，不利于社会稳定；同时，与死刑立即执行之间的差距过大，妨碍了死缓在司法实践中的适用，不利于有效控制和减少死刑，因而刑法规定了死缓限制减刑制度，严格限制对法律规定的 9 类判处死缓的罪行严重的罪犯的减刑，延长其实际服刑期。这里应当指出，死缓限制减刑，并非一律不得减刑，而是对减刑以后的实际服刑期加以限制。根据《刑法》第 78 条第 2 款第 3 项的规定，人民法院依照本法第 50 条第 2 款规定，限制减刑的死刑缓期执行的犯罪分子，缓期执行期满后依法减为无期徒刑的，其实际执行刑期不能少于 25 年；缓期执行期满后依法减为 25 年有期徒刑的，其实际执行不能少于 20 年。相对于不适用死缓限制减刑规定的情况而言，根据《刑法》第 78 条第 2 款第 1 项的规定，判处有期徒刑的，减刑以后实际执行的刑期不能少于原判刑期的 1/2。而死缓改判有期徒刑的刑期是 25 年，其 1/2 是 12.5 年。也就是说，不适用死缓限制减刑规定的，有期徒刑实际执行的刑期不能少于 12.5 年。而适用死缓限制减刑规定的，有期徒刑实际执行的刑期不能少于 20 年，实际多执行 7.5 年有期徒刑。根据《刑法》第 78 条第 2 款第 2 项的规定，判处无期徒刑的，减刑以后实际执行的刑期不能少于 13 年。而适用死缓限制减刑规定的，实际执行刑期不能少于 25 年，实际多执行 12 年有期徒刑。此外，2016 年 11 月 14 日最高人民法院《关于办理减刑、假释案件具体应用法律的规定》［以下简称《规定（一）》］对死缓减刑和被限制减刑的死缓减刑问题作了专门规定。《规定（一）》第 10 条对死缓减刑作了以下规定：死刑缓期执行罪犯减为无期徒刑后，符合减刑条件的，执行 3 年以上方可减刑。减刑幅度为：确有悔改表现或者有立功表现的，可以减为 25 年有期徒刑；确有悔改表现并有立功表现的，可以减为 24 年以上 25 年以下有期徒刑；有重大立功表现的，可以减为 23 年以上 24 年以下有期徒刑；确有悔改表现并有重大立功表现的，可以减为 22 年以上 23 年以下有期徒刑。《规定（一）》第 13 条对被限制减刑的死缓的减刑作了以下规定：被限制减刑的死刑缓期执行罪犯，减为无期徒刑后，符合减刑条件的，执行 5 年以上可减刑。减刑间隔时间和减刑幅度依照《规定（一）》第 11 条的规定执行。

6. 死缓终身监禁的规定

根据《刑法》第 383 条第 4 款 [《刑法修正案（九）》第 44 条] 的规定："犯第一款罪，有第三项规定情形被判处死刑缓期执行的，人民法院根据犯罪情节等情况可以同时决定在其死刑缓期执行二年期满依法减为无期徒刑后，终身监禁，不得减刑、假释。"这是对贪污罪和受贿罪终身监禁的规定。同时，根据我国《刑事诉讼法》第 265 条的规定，可以暂予监外执行的对象是被判处有期徒刑或者拘役的罪犯。因此，终身监禁的罪犯，也不得暂予监外执行。这就真正实现了关押终身，从而使无期徒刑在一定范围内名副其实化，由此加重了对贪污罪和受贿罪的处罚力度。

第三节　附加刑

一、罚金

（一）罚金的概念

罚金是指强制犯罪人向国家缴纳一定数额金钱的刑罚方法。罚金作为一种财产刑，是以剥夺犯罪人金钱为内容的，这是罚金与其他刑罚方法显著区别之所在。

（二）罚金的裁量原则

《刑法》第 52 条规定："判处罚金，应当根据犯罪情节决定罚金数额。"根据本条规定，罚金数额应当与犯罪情节相适应。也就是说，犯罪情节严重的，罚金数额应当多些；犯罪情节较轻的，罚金数额应当少些，这是罪刑均衡原则在罚金裁量上的具体体现。在裁量罚金数额时应否考虑犯罪人缴纳罚金的能力，刑法对此没有明确规定，但 2000 年 11 月 15 日最高人民法院《关于适用财产刑若干问题的规定》［以下简称《规定（二）》］第 2 条规定："人民法院应当根据犯罪情节，如违法所得数额、造成损失的大小等，并综合考虑犯罪分子缴纳罚金的能力，依法判处罚金。"由此可见，在司法实践中，从有利于判决执行的角度出发，在裁量罚金的时候应当考虑犯罪分子缴纳罚金的能力。

（三）罚金的适用方式

根据我国刑法规定，罚金有以下四种适用方式：

1. 单科式

刑法规定的单科罚金主要适用于单位犯罪。例如，《刑法》第 387 条规定的单位受贿罪和第 393 条规定的单位行贿罪，对单位判处罚金。在这种情况下，罚金只能单独适用。

2. 选科式

在罚金单独适用的情况下，刑法规定罚金与其他刑种并列，可供选择适用。例如，根据《刑法》第 275 条的规定，犯故意毁坏财物罪的，处 3 年以下有期徒刑、拘役或者罚金。在这种情况下，罚金作为一种选择的法定刑，只能单独适用，不能附加适用。

3. 并科式

在罚金附加适用的情况下，刑法明确规定判处自由刑时，必须并处罚金。例如，《刑法》第 326 条规定的倒卖文物罪，处 5 年以下有期徒刑或者拘役，并处罚金；情节特别严重的，处 5 年以上 10 年以下有期徒刑，并处罚金。在这里，罚金只能附加适用，不能单独适用。

4. 复合式

复合式是指罚金的单处与并处同时规定在一个法条之内，以供选择适用。例如，《刑法》第 216 条规定，假冒他人专利，情节严重的，处 3 年以下有期徒刑或者拘役，并处或者单处罚金。在这种情况下，罚金既可以附加适用，也可以单独适用，究竟是并处还是单处，根据犯罪分子所犯罪行的情节轻重确定。前引《规定（二）》第 4 条对单处罚金的适用条件作了具体规定：“犯罪情节较轻，适用单处罚金不致再危害社会并具有下列情形之一的，可以依法单处罚金：（一）偶犯或者初犯；（二）自首或者有立功表现的；（三）犯罪时不满十八周岁的；（四）犯罪预备、中止或者未遂的；（五）被胁迫参加犯罪的；（六）全部退赃并有悔罪表现的；（七）其他可以依法单处罚金的情形。”

（四）罚金的数额

我国刑法总则规定了裁量罚金数额的一般原则，即根据犯罪情节决定罚金数额，但对于罚金的具体数额未作规定。刑法分则对罚金数额的规定主要有以下五种情形：

1. 无限额罚金制

无限额罚金制是指刑法分则仅规定选处、单处或者并处罚金，不规定罚金的具体数额限度，而是由人民法院依据刑法总则确定的原则——根据犯罪情节，自由裁量罚金的具体数额。在无限额罚金的情况下，根据前引《规定（二）》第 2 条的规定，罚金的最低数额不能少于 1 000 元；未成年人犯罪应当从轻或者减轻判处罚金的，罚金的最低数额不能少于 500 元。

2. 限额罚金制

限额罚金制是指刑法分则规定了罚金数额的下限和上限，人民法院只需要在规定的数额幅度内裁量罚金。例如，《刑法》第 173 条规定，变造货币，数额较大的，处 3 年以下有期徒刑或者拘役，并处或者单处 1 万元以上 10 万元以下罚金；数额巨大的，处 3 年以上 10 年以下有期徒刑，并处 2 万元以上 20 万元以下罚金。类似规定在刑法分则中为数不少，主要集中在破坏社会主义市场经济秩序罪一章中。

3. 比例罚金制

比例罚金制是指以犯罪金额的百分比决定罚金的数额。例如，根据《刑法》

第 158 条规定，对虚报注册资本罪，处 3 年以下有期徒刑或者拘役，并处或者单处虚报注册资本金额 1% 以上 5% 以下罚金。

4. 倍数罚金制

倍数罚金制是指以犯罪金额的倍数决定罚金的数额。例如，《刑法》第 202 条规定，以暴力、威胁方法拒不缴纳税款的，处 3 年以下有期徒刑或者拘役，并处拒缴税款 1 倍以上 5 倍以下的罚金。根据这一规定，罚金数额取决于犯罪数额，犯罪数额越大，罚金数额越高；反之，亦然。

5. 倍比罚金制

倍比罚金制是指同时以犯罪金额的比例和倍数决定罚金的数额。例如，《刑法》第 148 条规定，犯生产、销售不符合卫生标准的化妆品罪，处 3 年以下有期徒刑或者拘役，并处或者单处销售金额 50% 以上 2 倍以下罚金。这类罚金数额的条文主要集中在刑法第三章第一节所规定的生产、销售伪劣商品罪中。

（五）罚金的缴纳

根据《刑法》第 53 条的规定，罚金的缴纳分为五种情况：

1. 限期一次缴纳

限期一次缴纳主要适用于罚金数额不多或者数额虽然较多，但缴纳并不困难的情况。在这种情况下，罪犯在指定的期限内将罚金一次缴纳完毕。关于这里的指定的期限，根据前引《规定（二）》第 5 条的规定，是指从判决发生法律效力第 2 日起最长不超过 3 个月。

2. 限期分期缴纳

限期分期缴纳主要适用于罚金数额较多，罪犯无力一次缴纳的情况。限期分期缴纳使罚金缴纳时间有一定的伸缩余地，在金额支付上可化整为零，有利于罚金刑的执行。

3. 强制缴纳

强制缴纳是指判决缴纳罚金，指定的期限届满，罪犯有缴纳能力而拒不缴纳，人民法院强制其缴纳，强制措施包括查封、扣押、冻结等。

4. 随时追缴

对于不能全部缴纳罚金的，人民法院在任何时候，发现被执行人有可以执行的财产，应当随时追缴。

5. 延期缴纳、酌情减少或者免除缴纳

由于遭遇不能抗拒的灾祸缴纳确实有困难的，经人民法院裁决，可以延期缴纳，酌情减少罚金数额或者免除罚金。这里的由于遭遇不能抗拒的灾祸缴纳确实有困难的，根据前引《规定（二）》第 6 条的规定，主要是指因遭受火灾、水灾、地震等灾祸而丧失财产；罪犯因重病、伤残等而丧失劳动能力，或者需要罪犯抚养的近亲属患有重病，需支付巨额医药费等，确实没有财产可供执行的情形。前引《规定（二）》还规定，具有上述减免事由的，由罪犯本人、亲属或者犯罪单位向负责执行的人民法院提出书面申请，并提供相应的证明材料。人民法院审查以后，根据实际情况，裁定酌情减少或者免除应当缴纳的罚金数额。

二、剥夺政治权利

（一）剥夺政治权利的概念

剥夺政治权利是指剥夺犯罪人参加国家管理和政治活动权利的刑罚方法。剥夺政治权利是一种资格刑，它以剥夺犯罪人的一定资格为内容。我国刑法中的剥夺政治权利，是以剥夺政治权利这种资格为内容的，具有明显的政治性。这里应当指出，对于未成年人犯罪的，应当慎用剥夺政治权利。2006 年 1 月 11 日最高人民法院《关于审理未成年人刑事案件具体应用法律若干问题的解释》（以下简称《解释》）第 14 条规定，除刑法规定"应当"附加剥夺政治权利外，对未成年罪犯一般不判处附加剥夺政治权利。如果对未成年罪犯判处附加剥夺政治权利的，应当依法从轻判处。对实施被指控犯罪时未成年、审判时已成年的罪犯判处附加剥夺政治权利，适用前款的规定。

（二）剥夺政治权利的内容

根据《刑法》第 54 条的规定，剥夺政治权利是指剥夺犯罪分子下列四项权利：（1）选举权和被选举权；（2）言论、出版、集会、结社、游行、示威自由的权利；（3）担任国家机关职务的权利；（4）担任国有公司、企业、事业单位和人民团体领导职务的权利。

（三）剥夺政治权利的适用方式

从刑法规定看，剥夺政治权利既可以附加适用，也可以独立适用，现分述如下：

1. 剥夺政治权利的附加适用

根据《刑法》第56条和第57条的规定，附加适用剥夺政治权利的对象主要是以下三种犯罪分子：（1）危害国家安全的犯罪分子；（2）故意杀人、强奸、放火、爆炸、投毒、抢劫等严重破坏社会秩序的犯罪分子；（3）被判处死刑和无期徒刑的犯罪分子，对该类犯罪分子应当剥夺政治权利终身。根据1997年12月31日最高人民法院《关于对故意伤害、盗窃等严重破坏社会秩序的犯罪分子能否附加剥夺政治权利问题的批复》的规定，对故意伤害、盗窃等其他严重破坏社会秩序的犯罪，犯罪分子主观恶性较深、犯罪情节恶劣、罪行严重的，也可以依法附加剥夺政治权利。

2. 剥夺政治权利的独立适用

独立适用剥夺政治权利，是作为一种不剥夺罪犯人身自由的轻刑，适用于罪行较轻、不需要判处主刑的罪犯。独立适用剥夺政治权利对象的条文均规定在刑法分则当中，共有17个条文，主要包括某些滥用公民自由、民主权利和渎职的罪犯。

（四）剥夺政治权利的期限

剥夺政治权利的期限，除独立适用的以外，依所附加的主刑不同而有所不同。根据《刑法》第55条至第58条的规定，剥夺政治权利的期限有定期与终身之分，包括以下四种情况：

1. 判处管制附加剥夺政治权利的期限

判处管制附加剥夺政治权利，剥夺政治权利的期限与管制的期限相等，同时执行，即 3 个月以上 2 年以下。

2. 判处拘役、有期徒刑附加或者单处剥夺政治权利的期限

判处拘役、有期徒刑附加剥夺政治权利或者单处剥夺政治权利的期限，为 1 年以上 5 年以下。

3. 判处死刑、无期徒刑附加剥夺政治权利的期限

判处死刑、无期徒刑的犯罪分子，应当剥夺政治权利终身。

4. 剥夺政治权利期限的变更

死刑缓期执行减为有期徒刑或者无期徒刑减为有期徒刑的，附加剥夺政治权利的期限改为 3 年以上 10 年以下。

（五）剥夺政治权利刑期的计算

根据刑法和其他有关法律的规定，剥夺政治权利刑期的计算有以下四种情况：

1. 独立适用剥夺政治权利刑期的计算

独立适用剥夺政治权利的，其刑期从判决确定之日起计算并执行。

2. 判处管制附加剥夺政治权利刑期的计算

判处管制附加剥夺政治权利的，剥夺政治权利的期限与管制的期限相等，同时起算，同时执行。管制期满解除管制，政治权利也同时恢复。

3. 判处有期徒刑、拘役附加剥夺政治权利刑期的计算

判处有期徒刑、拘役附加剥夺政治权利的，剥夺政治权利的刑期从有期徒刑、拘役执行完毕之日或者从假释之日起计算。但是，剥夺政治权利的效力当然适用于主刑执行期间。也就是说，主刑的执行期间虽然不计入剥夺政治权利的刑期，但犯罪分子不享有政治权利。如果被判有期徒刑、拘役而未附加剥夺政治权利，犯罪分子在服主刑期间享有政治权利，准予其行使选举权，但其他政治权利的行使受到限制。

4. 判处死刑（包括死缓）、无期徒刑附加剥夺政治权利刑期的计算

判处死刑（包括死缓）、无期徒刑附加剥夺政治权利终身的，刑期从判决发

生法律效力之日起计算。

（六）剥夺政治权利的执行

根据《刑事诉讼法》第 270 条的规定，剥夺政治权利由公安机关执行。被剥夺政治权利的犯罪分子，在执行期间，应当遵守法律、行政法规和国务院公安部门有关监督管理的规定，服从监督；不得行使《刑法》第 54 条规定的各项权利。执行期满，应由执行机关通知本人，并向有关群众公开宣布恢复政治权利。被剥夺政治权利的人在恢复政治权利后，重新享有法律赋予公民的政治权利。但因剥夺政治权利带来的某些消极后果并不因恢复政治权利而消灭，例如不得担任司法机关的职务，等等。当前，我国正在试行社区矫正制度，被单独判处剥夺政治权利的犯罪分子属于社区矫正的服刑人员，按照社区矫正的规定进行管教。

三、没收财产

（一）没收财产的概念

没收财产是将犯罪分子个人所有财产的一部或者全部强制无偿地收归国有的刑罚方法。没收财产也是一种财产刑，但它不同于罚金，是适用于罪行严重的犯罪分子的刑罚方法。

（二）没收财产的范围

根据《刑法》第 59 条的规定，没收财产的范围应当从以下三个方面加以确定：

1. 没收财产的一部或者全部

没收财产是没收犯罪分子个人所有财产的一部或者全部。所谓犯罪分子个人所有财产，是指属于犯罪分子本人实际所有的财产及与他人共有财产中其依法应得的份额。应当严格区分犯罪分子个人所有财产与其家属或者他人财产的界限，只有依法确定为犯罪分子个人所有的财产，才能予以没收。至于没收财产是一部还是全部，应考虑以下几个因素：犯罪分子所处主刑的轻重，其家庭的经济状况和其人身危险性大小。

2. 保留犯罪分子家属必需的生活费用

没收全部财产的，应当为犯罪分子个人及其扶养的家属保留必需的生活费用，以维持犯罪分子个人和其扶养的家属的生活。

3. 不得没收犯罪分子家属所有或者应有的财产

在判处没收财产的时候，不得没收属于犯罪分子家属所有或者应有的财产。所谓家属所有财产，是指纯属家属个人所有的财产，如家属自己穿用的衣物、个人劳动所得财产。家属应有财产，是指家庭共同所有的财产中应当属于家属的那一份财产。对于犯罪分子与他人共有的财产，属于他人所有的部分，也不得没收。应当指出，随着私有经济的发展，个人财产不仅表现为生活资料，而且越来越多地表现为生产资料，例如私有的公司或者企业中的股份或者其他财产权益。在这种情况下，如何区分犯罪分子的个人财产与犯罪分子家属的财产，就成为一个十分复杂的问题。我认为，私有的公司或者企业中的股份或者其他财产权益，无论登记在谁的名下，都应视为家庭共同财产。在没收的时候，首先应当根据物权法的规定进行析产，只有对犯罪分子个人所有的财产才能没收；对于犯罪分子家属所有的财产不得没收。

（三）没收财产的方式

1. 选科式

刑法分则对某种犯罪或者某种犯罪的特定情节规定为并处罚金或者没收财产。也就是说既可以适用没收财产，也可以适用其他刑罚，由法官酌情选择适用。例如，《刑法》第267条规定抢夺公私财物，数额特别巨大或者有其他特别严重情节的，处10年以上有期徒刑或者无期徒刑，并处罚金或者没收财产。在这里，没收财产与罚金可以选其一而判处，如果选择了没收财产，则只能附加适用，不能单独适用。

2. 并科式

并科式，即在对犯罪人科处生命刑或自由刑的同时判处没收财产。我国刑法分则对没收财产在多数情况下作了并科规定，这种方式又可根据是否必须科处没收财产分为两种情况：一是必并制，指在判处其他刑罚的同时必须并处没收财产。例如，《刑法》第263条规定，对犯抢劫罪而具有加重处罚事由的，处10年以上有期徒刑、无期徒刑或者死刑，并处罚金或者没收财产。二是得并制，指在判处其他刑罚的同时可以并处没收财产。

（四）没收财产的执行

根据刑事诉讼法的规定，没收财产的判决，无论附加适用或者独立适用，都由人民法院执行；在必要的时候，可以会同公安机关执行。

关于需要以没收的财产偿还债务的问题，《刑法》第60条规定："没收财产以前犯罪分子所负的正当债务，需要以没收的财产偿还的，经债权人请求，应当偿还。"根据这一规定，只有同时具备了以下三个条件，才能以没收的财产偿还债务：（1）必须是没收财产以前犯罪分子所欠债务，包括所负国家、集体和个人的债务。（2）必须是合法的债务。非法债务，例如赌债、高利贷超出合法利息部分的债务不在此列。对此，前引《规定（二）》第7条明确规定：《刑法》第60条规定的"没收财产以前犯罪分子所负的正当债务"，是指犯罪分子在判决生效前所欠他人的合法债务。（3）必须经债权人提出请求。偿还犯罪分子所负债务，仅限于没收财产的范围内，并按我国民事诉讼法规定的清偿顺序偿还。

四、驱逐出境

（一）驱逐出境的概念

驱逐出境是强迫犯罪的外国人离开中国国（边）境的刑罚方法。

驱逐出境是一种只适用于在中国犯罪的外国人的特殊刑罚方法。它不适用于中国人，不具有适用的普遍性。因此，我国《刑法》第34条没有将它列入具有普遍意义的附加刑种类之中，而是在《刑法》第35条中专条作了规定。所谓外国人，是指依照《中华人民共和国国籍法》不具有中国国籍的人，包括具有外国国籍的人和无国籍的人。犯罪的行为或结果有一项发生在中华人民共和国领域内的，就是在中国领域内的犯罪。我国是一个主权国家。在我国境内工作、居住、旅行或从事其他活动的外国人，必须遵守中国的法律。外国人在我国境内犯罪，除依照《刑法》第11条规定享有外交特权和豁免权的外国人的刑事责任，通过外交途径解决外，一律适用我国刑法。对外国人适用驱逐出境，既防止其继续危害我国的国家和人民利益，也是对国家主权的维护。

（二）驱逐出境的性质

驱逐出境属于资格刑，它是对外国人在中国居留资格的剥夺。因为，外国人在中国境内的居留资格是为中国法律确认的。根据《出境入境管理法》的规定，对中国经济社会发展作出突出贡献或者符合其他在中国境内永久居留条件的外国人，经本人申请和公安部批准，取得永久居留资格。对于不遵守中国法律的外国人，中国政府主管机关可以缩短其在中国停留的期限或者取消其在中国的居留资格。外国人在中国犯罪，法院判处驱逐出境，正是对外国人在中国居留资格的剥夺。

（三）驱逐出境的方式

《刑法》第35条规定，对于犯罪的外国人，可以独立适用或者附加适用驱逐出境。根据这一规定，驱逐出境具有两种适用方式：一是独立适用。对那些犯罪情节比较轻的外国人，没有必要判处主刑的，可以单独判处驱逐出境。二是附加适用。对那些犯罪性质比较严重、被判处主刑的外国人，可在判处主刑的同时附加判处驱逐出境。

在我国，驱逐出境的适用方式比较灵活。刑法规定是可以适用，而不是应当适用。这即是说，对犯罪的外国人不一定要适用驱逐出境，而是不仅要根据案情，考虑犯罪的事实、性质、情节等因素，而且还要考虑我国与所在国的关系以及国际形势的需要加以决定。

第四节 非刑处置

一、非刑处置

非刑处置，是指人民法院根据案件的不同情况，对犯罪分子直接适用或建议主管部门适用的刑罚以外的其他处理方法的总称。

非刑处置虽然由刑法明文规定，但就其性质而言不是刑种，不具有刑罚的性质、作用和后果，而是刑罚的必要补充或替代措施，是强制犯罪分子实际承担其刑事责任的具体表现方式，也具有惩罚、教育、改造罪犯的功能，体现了国家对犯罪行为和犯罪人的否定性评价和谴责。它对于伸张正义，维护受害者的合法权益，教育罪犯，预防和减少犯罪，衔接、协调各种不同性质的处理方法的适用，具有重要的意义。

二、非刑处置的特征

我国《刑法》第 36 条和第 37 条对非刑处置作了规定。从这些规定中看，非刑处置具有以下四个特征：

（一）非刑处置的决定权归人民法院

虽然有些非刑处置如行政处罚和行政处分由有关行政机关执行，但执行的依据是人民法院的判决。否则，这种行政处罚和行政处分，就是一种纯粹的行政处罚和行政处分，而不是非刑罚方法中的行政处罚和行政处分。

（二）非刑处置的适用对象是犯罪分子

非刑处置只适用于犯罪分子，而不适用于其他违法分子。在这一点上，非刑处置与刑罚相同，它是以犯罪为前提的，只能对构成犯罪的人适用。

（三）非刑处置具有非刑罚性

从法律性质上来说，非刑处置不是刑罚，也不具有刑罚的本质属性。

（四）非刑处置具有强制性

非刑处置虽然不是刑罚，但它规定在刑法当中，与刑罚方法密切相连，相辅相成，仍具有法律上的强制性。

三、非刑处置的种类

（一）教育性的非刑处置

1. 训诫

训诫是指人民法院对犯罪情节轻微免予刑事处罚的犯罪人，以口头的方式对其当庭公开谴责和训教，责令其改正，不再重犯的教育方法。

2. 具结悔过

具结悔过是指人民法院对犯罪情节轻微免予刑事处罚的犯罪人，责令其采用书面方式悔过，保证以后不再重新犯罪的教育方法。犯罪分子应当写悔罪书，分析其犯罪的原因，认识犯罪行为的社会危害性，作出悔改的书面保证。

3. 赔礼道歉

赔礼道歉是指人民法院责令犯罪情节轻微免予刑事处罚的犯罪人，责令其公开向被害人当面承认罪行，表示歉意，请求谅解的教育方法。这种非刑处置，具有教育罪犯和安抚被害人的双重功能。

（二）民事性的非刑处置

1. 赔偿经济损失

赔偿经济损失是指人民法院依法对犯罪分子判处刑罚的同时，根据犯罪分子给被害人造成的经济损失的情况，判处向被害人支付一定数额金钱的处理方法。《刑法》第36条规定，由于犯罪行为而使被害人遭受经济损失的，对犯罪分子除依法给予刑事处罚外，并应根据情况判处赔偿经济损失。承担民事赔偿责任的犯罪分子，同时被判处罚金，其财产不足以全部支付的，或者被判处没收财产的，应当先承担对被害人的民事赔偿责任。

2. 赔偿损失

赔偿损失是指人民法院对犯罪情节轻微免予刑事处罚的犯罪人，责令其向被害人支付一定数额的金钱的处理方法。根据《刑法》第 37 条的规定，赔偿损失与上述赔偿经济损失是不同的。前者适用于免予刑事处罚的犯罪人；而后者则适用于被判处刑罚的犯罪人。

（三）行政性的非刑处置

1. 行政处罚

行政处罚是指人民法院根据案件的情况，向免予刑事处罚的犯罪人所在单位提出司法建议，由主管部门给予犯罪人以行政处罚的方法。

2. 行政处分

行政处分是指人民法院根据案件的情况，向免予刑事处罚的犯罪人所在单位提出司法建议，由主管部门给予犯罪人行政处分的方法。

（四）保安处分性的非刑处置

1. 禁止令

禁止令是对于判处管制、宣告缓刑的犯罪分子，根据犯罪情况，同时禁止犯罪分子在管制执行期间或者缓刑考验期限内从事特定活动，进入特定区域、场所，接触特定的人的刑罚方法。

禁止令的内容是剥夺犯罪分子在一定期限内从事特定活动，进入特定区域、场所，接触特定的人的权利，是依附于管制和缓刑而存在的一种保安处分性的非刑罚处置方法。

2011 年 4 月 28 日最高人民法院、最高人民检察院、公安部、司法部《关于对判处管制、宣告缓刑的犯罪分子适用禁止令有关问题的规定（试行）》［以下简称《规定（试行）》］第 2 条对禁止令的裁量原则作了以下规定："人民法院宣告禁止令，应当根据犯罪分子的犯罪原因、犯罪性质、犯罪手段、犯罪后的悔罪表现、个人一贯表现等情况，充分考虑与犯罪分子所犯罪行的关联程度，有针对性地决定禁止其在管制执行期间、缓刑考验期限内'从事特定活动，进入特定区域、场所，接触特定的人'的一项或者几项内容。"根据《刑法》第 38 条第 2 款、第 72 条第 2 款的规定，对判处管制和宣告缓刑的犯罪分子可以同时宣告适用禁止令。因此，在我国刑法中，禁止令是裁量适用而非绝对适用。前引《规定（试行）》是关于禁止令的裁量原则的规定，在裁量适用禁止令的时候，主要应当考量犯罪原因、犯罪性质、犯罪手段、犯罪后的悔罪表现、个人一贯表现等情况，同时还应当考虑与犯罪分子所犯罪行的关联程度等。犯罪原因等因素主要决定是否适用禁止令，而关联程度则主要决定如何适用禁止令。

案例 15 - 3 **董某某、宋某某抢劫案**

（法例第 14 号）

被告人董某某、宋某某（时年 17 周岁）迷恋网络游戏，平时经常结伴到网吧上网，时常彻夜不归。2010 年 7 月 27 日 11 时许，因在网吧上网的网费用完，二被告人即伙同王某（作案时未达到刑事责任年龄）到河南省平顶山市红旗街社区健身器材处，持刀对被害人张某某和王某某实施抢劫，抢走张某某 5 元现金及手机一部。后将所抢的手机卖掉，所得赃款用于上网。对于本案，河南省平顶山市新华区人民法院于 2011 年 5 月 10 日作出（2011）新刑未初字第 29 号刑事判决，认定被告人董某某、宋某某犯抢劫罪，分别判处有期徒刑 2 年 6 个月，缓刑3 年，并处罚金人民币 1 000 元。同时禁止董某某和宋某某在 36 个月内进入网吧、游戏机房等场所。

法院生效裁判认为：考虑到被告人主要是因上网吧需要网费而诱发了抢劫犯罪；二被告人长期迷恋网络游戏、网吧等场所与其犯罪有密切联系；如果将被告人与引发其犯罪的场所相隔离，有利于家长和社区在缓刑期间对其进行有效管教，预防再次犯罪；被告人犯罪时不满 18 周岁，平时自我控制能力较差，对其适用禁止令的期限确定为与缓刑考验期相同的 3 年，有利于其改过自新。因此，依法判决禁止二被告人在缓刑考验期内进入网吧等特定场所。

本案的裁判要点指出：对判处管制或者宣告缓刑的未成年被告人，可以根据其犯罪的具体情况以及禁止事项与所犯罪行的关联程度，对其适用"禁止令"。对于未成年人因上网诱发犯罪的，可以禁止其在一定期限内进入网吧等特定场所。

释评

本案被告人董某某、宋某某犯罪时未满18周岁，属于未成年人犯罪。虽然所犯的抢劫罪属于重罪，然而犯罪情节较轻，考虑到被告人是未成年人，因而适用缓刑。与此同时，本案是被告人经常上网，因为需要上网费而引发的抢劫犯罪，因而法院在对被告人适用缓刑的同时，对被告人适用禁止令，规定其在一定期限内不得进入网吧等上网场所，这对于避免再次因网费而引起犯罪，具有一定的积极作用。

根据我国刑法规定，禁止令是指在一定期限内禁止从事特定活动，进入特定区域、场所，接触特定的人。因此，禁止令的内容包括以下三项：

（1）禁止从事特定活动。

根据前引《规定（试行）》第3条的规定，禁止从事特定活动，是指禁止从事以下一项或者几项活动：1）个人为进行违法犯罪活动而设立公司、企业、事业单位或者在设立公司、企业、事业单位后以实施犯罪为主要活动的，禁止设立公司、企业、事业单位；2）实施证券犯罪、贷款犯罪、票据犯罪、信用卡犯罪等金融犯罪的，禁止从事证券交易、申领贷款、使用票据或者申领、使用信用卡等金融活动；3）利用从事特定生产经营活动实施犯罪的，禁止从事相关生产经营活动；4）附带民事赔偿义务未履行完毕，违法所得未追缴、退赔到位，或者罚金尚未足额缴纳的，禁止从事高消费活动；5）其他确有必要禁止从事的活动。

（2）禁止进入特定区域、场所。

根据前引《规定（试行）》第4条的规定，禁止进入特定区域、场所，是指禁止进入以下一类或者几类区域、场所：1）禁止进入夜总会、酒吧、迪厅、网吧等娱乐场所；2）未经执行机关批准，禁止进入举办大型群众性活动的场所；3）禁止进入中小学校区、幼儿园园区及周边地区，确因本人就学、居住等原因，经执行机关批准的除外；4）其他确有必要禁止进入的区域、场所。

（3）禁止接触特定的人。

根据前引《规定（试行）》第 5 条的规定，禁止接触特定的人，是指禁止接触以下一类或者几类人员：1）未经对方同意，禁止接触被害人及其法定代理人、近亲属；2）未经对方同意，禁止接触证人及其法定代理人、近亲属；3）未经对方同意，禁止接触控告人、批评人、举报人及其法定代理人、近亲属；4）禁止接触同案犯；5）禁止接触其他可能遭受其侵害、滋扰的人或者可能诱发其再次危害社会的人。

我国刑法对禁止令的期限未作规定，前引《规定（试行）》第 6 条对禁止令的期限作了以下规定："禁止令的期限，既可以与管制执行、缓刑考验的期限相同，也可以短于管制执行、缓刑考验的期限，但判处管制的，禁止令的期限不得少于三个月，宣告缓刑的，禁止令的期限不得少于二个月。判处管制的犯罪分子在判决执行以前先行羁押以致管制执行的期限少于三个月的，禁止令的期限不受前款规定的最短期限的限制。禁止令的执行期限，从管制、缓刑执行之日起计算。"以上规定为禁止令的期限的确定提供了法律根据。

前引《规定（试行）》第 9 条规定了禁止令的执行主体是司法行政机关指导管理的社区矫正机构。《规定（试行）》第 10 条规定，人民检察院对社区矫正机构执行禁止令的活动实行监督。此外，前引《规定（试行）》第 13 条还规定，被宣告禁止令的犯罪分子被依法减刑时，禁止令的期限可以相应缩短，由人民法院在减刑裁定中确定新的禁止令期限。

前引《规定（试行）》对违反禁止令如何处理的问题，分为以下两种情况作了规定：

（1）判处管制违反禁止令的处理。

根据前引《规定（试行）》第 11 条的规定，判处管制的犯罪分子违反禁止令，由负责执行禁止令的社区矫正机构所在地的公安机关依照《中华人民共和国治安管理处罚法》第 60 条的规定处罚，即处 5 日以上 10 日以下拘留，并处 200 元以上 500 元以下罚款。

（2）宣告缓刑违反禁止令的处理。

根据前引《规定（试行）》，宣告缓刑违反禁止令的，根据情节是否严重分别处理：《规定（试行）》第 11 条规定，被宣告缓刑的犯罪分子违反禁止令尚不属情节严重的，由负责执行禁止令的社区矫正机构所在地的公安机关依照《中华人民共和国治安管理处罚法》第 60 条的规定处罚。《规定（试行）》第 12 条规定，被宣告缓刑的犯罪分子违反禁止令，情节严重的，应当撤销缓刑，执行原判刑罚。违反禁止令，具有下列情形之一的，应当认定为"情节严重"：1）三次以上违反禁止令的；2）因违反禁止令被治安管理处罚后，再次违反禁止令的；3）违反禁止令，发生较为严重危害后果的；4）其他情节严重的情形。

2. 从业禁止

从业禁止是指限制从事相关职业。这是《刑法修正案（九）》增设的一种非刑处置方法。《刑法》第 37 条之一［《刑法修正案（九）》第 1 条］规定："因利用职业便利实施犯罪，或者实施违背职业要求的特定义务的犯罪被判处刑罚的，人民法院可以根据犯罪情况和预防再犯罪的需要，禁止其自刑罚执行完毕之日或者假释之日起从事相关职业，期限为三年至五年。"根据这一规定，从业禁止的适用条件是：

（1）适用前提，即利用职业便利实施犯罪，或者实施违背职业要求的特定义务的犯罪被判处刑罚。这里的利用职业便利实施犯罪，是指实施业务犯罪。业务犯罪的主体是具有特定身份的人员，并且具有业务上的便利。例如，《刑法》第 183 条规定的职务侵占罪，就属于此类犯罪。而实施违背职业要求的特定义务的犯罪则是指实施亵渎职责的犯罪，例如《刑法》第 169 条之一规定的背信损害上市公司利益罪。实施上述犯罪还必须被判处刑罚。

（2）适用根据，即犯罪情况和预防再犯罪的需要。根据我国刑法规定，并非所有实施上述犯罪而被判处刑罚的,都必须适用从业禁止的处罚措施。只有那些犯罪情节较为严重,尤其是与职务具有密切关联性的犯罪分子,并且人身危险性较大的情形,才有必要适用从业禁止的处罚措施。

(3)适用后果,即禁止其自刑罚执行完毕之日或者假释之日起从事相关职业,期限为3年至5年。禁止从事相关职业,是对犯罪人所实施的某种业务犯罪的附带性的惩罚,同时也具有防止在一定期间再犯业务犯罪的功能。根据刑法规定,禁止从事相关职业的惩罚并非永久性的,而是具有一定的期限,即3年至5年。应该说,从业禁止制度的设立,对于惩罚与预防业务犯罪具有一定的意义。

第十六章

量　刑

第一节　量刑概述

一、量刑的概念

量刑，又称刑罚裁量，是指根据刑法规定，在认定犯罪的基础上，对犯罪人是否判处刑罚、判处何种刑罚，以及判处多重刑罚的确定与裁量。量刑具有以下特征：

（一）量刑的主体是人民法院

量刑权是国家刑罚权的重要内容之一，也是人民法院的刑事审判权的题中应有之义，当然应由人民法院行使，其他任何机关、团体或者个人都没有量刑权。因此，量刑的主体是人民法院。

（二）量刑的客体是犯罪人

量刑是在构成犯罪的基础上，进一步解决是否判处刑罚、判处何种刑罚，以及判处多重的刑罚的问题。因此，只有行为已经构成犯罪的人才是量刑的客体。

（三）量刑的性质是刑事司法活动

量刑是人民法院根据犯罪事实、犯罪性质、情节和对社会的危害程度，并参照犯罪人的个人情况，根据刑法的有关规定，对犯罪人裁量确定刑罚的活动。因此，量刑的性质是刑事司法活动。

二、量刑的内容

量刑是人民法院刑罚裁量活动。因此，量刑是以具有一定的自由裁量权为前提的。我国刑法对于具体犯罪一般都规定了相对确定的法定刑，从而为人民法院根据案件的具体情况正确地裁量刑罚留下了法律空间。因此，量刑主要包括以下内容：

（一）决定是否判处刑罚

犯罪以后，根据有罪必罚的原则，一般都须判处刑罚。但在我国刑法中存在免予刑事处罚的制度，根据《刑法》第 37 条的规定，对于犯罪情节轻微不需要判处刑罚的，可以免予刑事处罚。而且，我国刑法中还有免除处罚的规定，对于具有某种情节的犯罪人应当或者可以免除刑罚处罚。因此，决定是否判处刑罚是量刑的重要内容之一。

（二）决定判处何种刑罚

刑法对某一犯罪，为适应刑罚个别化的需要，一般都规定了数个刑种以供选择。因此，在决定对犯罪人判处刑罚以后，进而还要解决刑种的选择问题，以决定对犯罪人判处何种刑罚。

（三）决定判处多重刑罚

在选择刑种以后，除死刑和无期徒刑等刑种没有一定的刑度以外，其他刑种，包括管制、拘役和有期徒刑等都有一定的刑度，因而需要根据犯罪事实及情节，裁量确定应当判处的刑罚。

三、量刑的意义

（一）量刑对于实现刑罚报应的意义

刑罚报应体现了刑罚的公正性，量刑应当以犯罪事实及情节为根据，对犯罪行为作出恰当的法律评价，从而使裁量的刑罚成为一种公正的刑罚。量刑以刑罚正义为指导，它对于实现刑罚报应具有重大意义。

（二）量刑对于实现刑罚预防的意义

刑罚预防体现了刑罚的有效性，量刑应当以犯罪人的个人情况为参考，对犯罪人作出恰当的法律评价，从而使裁量的刑罚成为一种有效的刑罚。量刑以刑罚效益为指导，它对于实现刑罚预防具有重大意义。

（三）量刑对于报应与预防的双重意义

刑罚目的的二元论决定了在量刑活动中，报应与预防应当兼顾。只有这样，才能把刑罚报应与刑罚预防有机地统一起来，使刑罚正义与刑罚效益兼而得之。在量刑活动中，只求正义不求效益，或者只求效益不求正义都是片面而不可取的，量刑应当实现刑罚报应与刑罚预防的双重使命。

第二节　量刑原则

一、量刑原则的概念

量刑原则是指刑罚裁量时必须遵循的指导思想和基本准则。以往我国刑法学通说都把《刑法》第 61 条规定称为量刑原则，但从该条内容来看主要是关于量刑的基本准则的规定，而量刑的指导思想是量刑的基本准则据以确立的理论根据。因此，量刑指导思想和量刑基本准则都是量刑原则的应有之义。2021 年 6 月 16 日最高人民法院、最高人民检察院《关于常见犯罪的量刑指导意见（试行)》（以下简称《意见》）第 1 条对量刑的指导原则作了 4 项规定，除第 1 项是《刑法》第 61 条规定的量刑基准以外，其余 3 项是对量刑指导思想的规定。从逻辑上来说，量刑指导思想与量刑基本准则是理念与规则之间的关系。理念是规则得以产生的根据，而规则是理念的规范体现。因此，应当把量刑的指导思想列在量刑基准之前，由此形成完整的量刑原则论。

二、量刑的指导思想

量刑是以刑罚裁量为内容的，具有司法裁量的性质。我国刑法对各种犯罪规定了较大的量刑幅度。因而如何规范司法裁量权，实现量刑均衡，维护司法公正，就成为一个重要问题。为此，《意见》第 1 条对量刑指导思想作了明确规定，以下分别加以论述。

（一）惩罚与预防的统一

《意见》第 1 条第 2 项规定："量刑既要考虑被告人所犯罪行的轻重，又要考虑被告人应负刑事责任的大小，做到罪责刑相适应，实现惩罚和预防犯罪的目的。"根据这一规定，在量刑的时候，应当同时考虑惩罚与预防这两个因素，把责任主义与刑罚目的结合起来作为量刑的指导思想。值得注意的是，按照我国目前刑法学界的通说，社会危害性是客观危害与主观恶性的统一，与社会危害性相对应的是人身危险性。量刑时考虑社会危害性，这是报应刑的观念。量刑时注重人身危险性，这是目的刑的思想。因此，上述规定中的主观恶性拟应指被告人的人身危险性。当然，量刑虽然应当同时兼顾社会危害性与人身危险性这两个方面，但应以社会危害性为主，以人身危险性为辅。因此，责任主义仍然是量刑的基本思想，刑罚目的只是补充性原则。

（二）宽严相济的刑事政策

《意见》第 1 条第 3 项规定："量刑应当贯彻宽严相济的刑事政策，做到该宽则宽，当严则严，宽严相济，罚当其罪，确保裁判的政治效果、法律效果和社会效果的统一。"根据这一规定，宽严相济的刑事政策是量刑的指导思想。量刑活动当然必须根据法律规定，注重量刑的法律效果。但量刑活动同时还应当受到刑事政策的指导，追求量刑的社会效果。目前我国司法机关正在司法活动中推行宽严相济的刑事政策，因此，量刑也应当遵照宽严相济的刑事政策。宽严相济的刑事政策在量刑中的体现，首先是区别宽严，然后是该宽则宽，该严则严，最终实现罚当其罪。这里应当指出，在量刑活动中的宽严裁断，都是根据刑法规定的依法裁量。唯有如此，才能使量刑的政治效果、法律效果和社会效果统一起来。

（三）量刑的综合平衡

《意见》第 1 条第 4 项规定："量刑要客观、全面把握不同时期不同地区的经济社会发展和治安形势的变化，确保刑法任务的实现；对于同一地区同一时期案情相似的案件，所判处的刑罚应当基本均衡。"根据这一规定，不同时期、不同地区之间的量刑不必划一，应当考虑不同时期、不同地区的实际情况进行刑罚裁量。但同一时期、同一地区的量刑应当保持基本平衡。尤其是强调在一定意义上追求同案同判，从而实现司法公正。同案同判是一个社会关注的问题，我认为同案同判是量刑平衡的应有之义，但同案同判又不是绝对的，而是相对的。量刑受到各种因素影响，刑罚个别化是量刑的基本理念。因此，不应当片面地追求同案同判，而应当保持量刑的综合平衡。

三、量刑的基本准则

量刑的基本准则，简称量刑基准，是指量刑时应当加以考虑的各种相关因素。我国刑法对量刑基准作了专门规定，《刑法》第 61 条规定："对于犯罪分子决定刑罚的时候，应当根据犯罪的事实、犯罪的性质、情节和对于社会的危害程度，依照本法的有关规定判处。"根据这一规定，量刑原则可以概括为：以犯罪事实为根据，以刑事法律为准绳。这一量刑原则，是由相辅相成、不可分割的两部分内容组成，包括了量刑的两项基本准则，是我国"以事实为根据，以法律为准绳"这一司法原则在量刑上的具体化。

（一）以犯罪事实为根据

犯罪事实是量刑的客观根据，没有犯罪事实就无法确定犯罪，量刑就失去了前提。犯罪事实有广义与狭义之分，这里的犯罪事实是广义的犯罪事实。广义的犯罪事实是指客观存在的与犯罪有关的各种事实情况的总和。它既包括犯罪构成的基本事实，也包括犯罪性质、情节和社会危害程度。因此，作为量刑根据的犯罪事实包括以下四项内容：

1. 犯罪的事实

这里的犯罪事实是指狭义的犯罪事实，即犯罪构成要件的各项基本事实情况。这里的基本事实，在一般情况下是通过罪体与罪责反映的犯罪情况。在以数额较大、情节严重或者其他表明行为侵害法益程度为要件的犯罪中，基本事实还包括罪量要素。罪量要素不仅对于定罪具有重要意义，而且它也是量刑的基础。犯罪的事实是量刑的首要根据，也是正确认定犯罪性质、分析犯罪情节和衡量犯罪社会危害程度的前提。

2. 犯罪的性质

犯罪的性质是指犯罪行为的法律性质，即某一法益侵害行为经由法律规定并通过审判机关确认的犯罪属性。任何犯罪在法律上都有其质的规定性，不同性质的犯罪，其法益侵害程度不同，处罚的轻重也有所区别。正确地认定犯罪性质，不仅是定罪的重要内容，也是正确量刑的前提；定性不准，量刑必然不当。因此，在量刑时应当在查清犯罪事实的基础上，根据刑法分则的有关规定，正确地认定犯罪性质。

3. 犯罪的情节

刑法上的犯罪情节有两种：第一种是定罪情节，即影响犯罪性质的情节，它是情节犯构成犯罪的必备要素。第二种是量刑情节，是指构成犯罪基本事实以外的其他影响和说明犯罪的法益侵害程度的各种事实情况，例如犯罪的动机、手段、环境和条件，以及犯罪人的一贯表现、犯罪后的态度、直接或间接的损害后果，等等。这些事实情况虽然不影响定罪，但它决定着量刑。这里的犯罪情节就是指量刑情节。犯罪情节不同，犯罪行为的法益侵害程度和犯罪人的人身危险性程度也有所不同，因而量刑时所处的刑罚也必然不同。刑法正是根据不同的犯罪情节，对同一犯罪规定了不同的量刑幅度。因此，量刑时在确定犯罪性质的基础上，必须全面掌握犯罪情节，根据不同的情节，决定在哪个量刑幅度以内或者以下裁量应处刑罚或者免除刑罚。

4. 对于社会的危害程度

对于社会的危害程度是指犯罪行为对社会造成或者可能造成损害结果的程度。对社会的危害性程度大小是区分罪与非罪，罪轻与罪重，以及由此而决定的对犯罪分子是否适用刑罚以及如何适用刑罚的重要根据。危害程度，是由犯罪的一系列主观因素和客观因素综合而成的，包括犯罪的事实、犯罪的性质、情节以及犯罪人的主观恶性程度等。因此，正确地判断犯罪行为的法益侵害程度，必须将犯罪的各种因素全面综合地加以考虑，防止片面地强调其中某一方面的因素。只有这样，才能避免出现量刑上的畸轻畸重的现象。

上述作为量刑根据的四项内容，是一个有机的整体，它们既相互区别又相互联系，在量刑时应当客观而全面地加以考察。刑法将这四项内容规定为量刑根据的构成要素，是对量刑活动经验的科学总结。

（二）以刑事法律为准绳

量刑必须以刑事法律为准绳，是指人民法院在认定犯罪事实的基础上，必须按照刑法及其司法解释的有关规定对犯罪分子是否判刑，以及判什么刑、判刑轻重作出裁断。依法量刑，是法制原则的必然要求，也是罪刑法定这一刑法基本原则在量刑中的体现。量刑以刑事法律为准绳，主要是遵守以下刑法及其司法解释的有关规定：

1. 依据刑法总则规定量刑

即根据刑法总则中关于刑罚原则、制度、方法及其适用条件的一般规定，如，对预备犯、未遂犯、中止犯、未成年犯罪人，共同犯罪中的主犯、从犯、教唆犯、胁从犯的处罚原则；有关自首、立功、累犯、缓刑、数罪并罚等制度；有关从重、从轻、减轻以及免除刑罚处罚的规定。

2. 依据刑法分则规定量刑

即根据刑法分则中有关各种具体犯罪的法定刑及其量刑幅度的具体规定。在量刑时不得超越法定的刑种和量刑幅度，而应当在法定刑范围内裁量刑罚。

3. 依据司法解释的有关规定

在量刑的时候，不仅应当依据刑法的有关规定，而且还应当依据司法解释的有关规定。司法解释对量刑的原则、情节等都作了具体规定，对于正确地裁量刑罚具有重要的指导意义。例如，2006 年 1 月 11 日最高人民法院《关于审理未成年人刑事案件具体应用法律若干问题的解释》第 11 条，对未成年罪犯的量刑作了以下规定：对未成年罪犯适用刑罚，应当充分考虑是否有利于未成年罪犯的教育和矫正。对未成年罪犯量刑应当依照《刑法》第 61 条的规定，并充分考虑未成年人实施犯罪行为的动机和目的、犯罪时的年龄、是否初次犯罪、犯罪后的悔罪表现、个人成长经历和一贯表现等因素。这一规定，在对未成年罪犯量刑时应当严格遵守。

第三节　量刑方法

一、量刑方法的概念

量刑方法是指确定基准刑和宣告刑的步骤和方法。量刑作为一种司法裁量活动，不仅应当受到量刑的实体性规则的制约，而且应当遵循一定的程序性规则。只有这样，才能实现量刑规范化。而量刑方法就是在量刑活动中必须遵循的程序性规则，刑罚裁量应当按照量刑方法按部就班地进行操作。《意见》第 2 条对量刑的基本方法作了明确规定，为量刑规范化提供了准则。根据《意见》第 2 条第

1项规定，量刑可以分为以下三个步骤：一是根据基本犯罪事实在相应的法定刑幅度内确定量刑起点。二是根据其他影响犯罪构成的犯罪数额、犯罪次数、犯罪后果等犯罪事实，在量刑起点的基础上增加刑罚量确定基准刑。三是根据量刑情节调节基准刑，并综合考虑全案情况，依法确定宣告刑。这一规定，确立了量刑活动的基本程序：首先是确定基准刑，然后是对基准刑进行调节，最后根据调节结果确定宣告刑。从基准刑到宣告刑，《意见》为量刑活动提供了一个明确的操作程序。而量刑方法就是在每个量刑程序中，确定基准刑，对基准刑进行调节和根据调节结果确定宣告刑的具体操作方法。

二、确定基准刑的方法

基准刑，也称为基本刑罚，是指在不考虑各种法定和酌定量刑情节的前提下，根据基本犯罪事实的既遂状态所应判处的刑罚。基准刑是根据基本犯罪事实确定的，那么如何理解这里的基本犯罪事实呢？这里的基本犯罪事实是指量刑情节以外的事实，包括基本犯罪构成事实和其他影响犯罪构成的犯罪数额、犯罪次数、犯罪后果等犯罪事实。其中，基本犯罪构成事实决定量刑起点，而犯罪数额，犯罪次数、犯罪后果等犯罪事实则增加刑罚量。应当指出，不同的犯罪案件，基准刑是不同的。在确定基准刑的时候，首先应当根据基本犯罪构成事实在相应的法定刑幅度内确定量刑起点。其次根据影响犯罪构成的反映社会危害性的犯罪数额、犯罪次数、犯罪后果等犯罪事实，确定所应增加的刑罚量，在量刑起点的基础上确定基准刑。每种罪名的基本犯罪构成是刑法明确规定的，因此，根据不同罪名的基本犯罪构成事实所确定的量刑起点也是相对确定的。影响犯罪构成的犯罪数额、犯罪次数、犯罪后果等犯罪事实，则需要根据具体犯罪案件确定。例如抢劫罪，可以分为基本犯与加重犯，犯抢劫罪而具有《刑法》第263条规定的8种加重事由的，应处10年以上有期徒刑、无期徒刑或者死刑，并处罚金或者没收财产。而抢劫罪的基本犯则处3年以上10年以下有期徒刑，并处罚金。因此，在确定抢劫罪的基准刑时，首先要认定被告人是否存在《刑法》第263条规定的8种加重事由。如果存在8种加重事由之一，就应将量刑起点确定为10年；而不具有上述8种加重事由的，则将量刑起点确定为3年。然后再根据抢劫致人伤亡的后果、抢劫次数、抢劫数额、抢劫手段等因素，确定所应增加的刑罚量。

根据《意见》第2条第2项的规定，调节基准刑的方法如下所述：

（1）具有单个量刑情节的，根据量刑情节的调节比例直接调节基准刑。

（2）具有多个量刑情节的，一般根据各个量刑情节的调节比例，采用同向相加、逆向相减的方法调节基准刑；具有未成年人犯罪、老年人犯罪、限制行为能力的精神病人犯罪、又聋又哑的人或者盲人犯罪，防卫过当、避险过当、犯罪预备、犯罪未遂、犯罪中止，从犯、胁从犯和教唆犯等量刑情节的，先适用该量刑情节对基准刑进行调节，在此基础上，再适用其他量刑情节进行调节。

（3）被告人犯数罪，同时具有适用于个罪的立功、累犯等量刑情节的，先适用该量刑情节调节个罪的基准刑，确定个罪所应判处的刑罚，再依法实行数罪并罚，决定执行的刑罚。

三、确定宣告刑的方法

基准刑是根据基本犯罪事实确定的。在一个犯罪案件中，除基本犯罪事实以外，还存在各种影响社会危害性程度的量刑情节，这些量刑情节包括未成年犯、未遂犯、中止犯、从犯、累犯、自首、立功、坦白、认罪、前科劣迹、被害人过错或者对矛盾激化负有直接责任、退赃、退赔、积极赔偿被害人经济损失等。在量刑的时候，应当根据上述量刑情节对基准刑进行调节，然后根据调节结果确定宣告刑。根据《意见》第2条第3项的规定，确定宣告刑的方法如下所述：

（1）量刑情节对基准刑的调节结果在法定刑幅度内，且罪责刑相适应的，可以直接确定为宣告刑；具有应当减轻处罚情节的，应当依法在法定最低刑以下确定宣告刑。

（2）量刑情节对基准刑的调节结果在法定最低刑以下，具有法定减轻处罚情节，且罪责刑相适应的，可以直接确定为宣告刑；只有从轻处罚情节的，可以依法确定法定最低刑为宣告刑；但是根据案件的特殊情况，经最高人民法院核准，也可以在法定刑以下判处刑罚。

（3）量刑情节对基准刑的调节结果在法定最高刑以上的，可以依法确定法定最高刑为宣告刑。

（4）综合考虑全案情况，独任审判员或合议庭可以在20%的幅度内对调节结果进行调整，确定宣告刑。当调节后的结果仍不符合罪责刑相适应原则的，应当提交审判委员会讨论，依法确定宣告刑。

（5）综合全案犯罪事实和量刑情节，依法应当判处无期徒刑以上刑罚、拘役、管制或者单处附加刑、缓刑、免予刑事处罚的，应当依法适用。

第四节　量刑情节

一、量刑情节的概念

量刑情节是指刑法明文规定或者司法机关酌情确定的定罪事实以外的，体现犯罪严重程度，据以决定对犯罪人是否处刑以及处刑轻重的各种事实情况。量刑情节具有以下特征：

（一）量刑情节的内容

量刑情节是与犯罪有关的各种事实情况，量刑情节是对量刑发生一定影响的要素，这些要素应当是与犯罪有关的各种事实情况。这也是以事实为根据的量刑原则的直接体现。当然，这里的与犯罪有关的各种事实情况，既可以是罪中情节，也可以是罪前情节和罪后情节。罪中情节在犯罪进程中表现出来的影响是量刑的事实要素，它在量刑过程中起着直接的决定作用。而罪前情节与罪后情节，也能在一定程度上影响量刑。例如，犯罪后的态度，是坦白交代还是拒不认罪，对于量刑也具有重要影响。

（二）量刑情节的功能

量刑情节对决定是否处刑以及处刑轻重具有重要影响。是否处刑以及处刑轻重，是量刑的主要内容，量刑情节对此具有决定作用。因此，量刑情节不同于定罪情节。定罪情节作为一种罪量要素，是决定犯罪成立的事实根据，它所要解决的是罪之有无的问题。而量刑情节是在行为构成犯罪的基础上，解决罪之轻重的问题。因此，应当把量刑情节与定罪情节加以区分，尤其应当禁止重复评价：已经用于定罪的犯罪构成事实要素不能作为量刑情节再次使用。

（三）量刑情节的根据

量刑情节是由刑法明文规定或者司法机关酌情确定的，量刑情节反映了犯罪的严重性程度，因而对于量刑具有影响。而量刑情节又可以分为法定情节与酌定情节。其中，法定情节是由刑法规定的，酌定情节是在刑法中并无明文规定，但司法机关根据审判经验酌情确定的。无论是法定情节还是酌定情节，都应当在对犯罪分子裁量刑罚时予以考虑。

二、法定的量刑情节

法定的量刑情节是指刑法明文规定在量刑时应当予以考虑的各种事实要素。法定的量刑情节在刑法总则与分则中都有明文规定。刑法总则规定的量刑情节是对各种犯罪共同适用的情节，刑法分则规定的量刑情节是对特定犯罪适用的量刑情节。为了便于掌握和运用法定量刑情节，我将其作如下分类排列：

（一）应当从重处罚的情节

（1）教唆不满 18 周岁的人犯罪的（《刑法》第 29 条）；（2）累犯（《刑法》第 65 条）；（3）策动、胁迫、勾引、收买国家机关工作人员、武装部队人员、人民警察、民兵进行武装叛乱或者武装暴乱的（《刑法》第 104 条）；（4）与境外机构、组织、个人相勾结，实施第 103 条、第 104 条、第 105 条规定的犯罪的（《刑法》第 106 条）；（5）掌握国家秘密的国家工作人员叛逃境外或者在境外叛逃的（《刑法》第 109 条）；（6）武装掩护走私的（《刑法》第 157 条）；（7）伪造货币并出售或者运输伪造的货币的（《刑法》第 171 条）；（8）奸淫不满 14 周岁的幼女的（《刑法》第 236 条）；（9）猥亵儿童的（《刑法》第 237 条）；（10）国家机关工作人员非法拘禁他人或者非法扣押他人的（《刑法》第 238 条）；（11）国家机关工作人员犯诬陷罪的（《刑法》第 243 条）；（12）司法工作人员滥用职权非法搜查他人身体、住宅，或者非法侵入他人住宅的（《刑法》第 245 条）；（13）司法工作人员对犯罪嫌疑人、被告人实行刑讯逼供或者使用暴力逼取证人证言致人伤残、死亡的（《刑法》第 247 条）；（14）监狱、拘留所、看守所等监管机构的监管人员对被监管人进行殴打或者体罚虐待致人伤残、死亡的（《刑法》第 248 条）；（15）监管人员指使被监管人殴打或者体罚虐待其他被监管人致人伤残、死亡的（《刑法》第 248 条）；（16）邮政工作人员私自开拆或者隐匿、毁弃邮件、电报而窃取财物的（《刑法》第 253 条）；（17）违反国家有关规定，将在履行职责或者提供服务过程中获得的公民个人信息，出售或者提供给他人的（《刑法》第 253 条之一）；（18）冒充人民警察招摇撞骗的（《刑法》第 279 条）；（19）引诱未成年人参加聚众淫乱的（《刑法》第 301 条）；（20）司法工作人员以暴力、威胁、贿买等方法阻止证人作证或者指使贿买、胁迫他人作伪证的（《刑法》第 307 条）；（21）司法工作人员帮助当事人毁灭、伪造证据情节严重的（《刑法》第 307 条）；（22）有虚假诉讼行为，非法占有他人财产或者逃避合法债务，又构成其他犯罪的（《刑法》第 307 条之一）；（23）盗伐、滥伐国家级自然保护区内的森林或者其他林木的（《刑法》第 345 条）；（24）利用、教唆未成年人走私、贩卖、运输、制造毒品的或者向未成年人出售毒品的（《刑法》第 347 条）；（25）缉毒人员或者其他国家机关工作人员掩护、包庇走私、贩卖、运输、制造毒品的犯罪分子的（《刑法》第 349 条）；（26）引诱、教唆、欺骗或者强迫未成年人吸食、注射毒品的（《刑法》第353条）；（27）因走私、贩卖、运输、制造、非法持有毒品罪被判过刑，又犯本节规定之罪的（《刑法》第356条）；（28）组织、强迫未成年人卖淫的（《刑法》第358条）；（29）旅馆业、饮食服务业、文化娱乐业、出租汽车业等单位的主要负责人利用本单位的条件，组织、强迫、引诱、容留、介绍他人卖淫的（《刑法》第361条）；（30）制作、复制淫秽的电影、录像等音像制品组织播放的，或者向不满18岁的未成年人传播淫秽物品的（《刑法》第364条）；（31）战时破坏武器装备、军事设备、军事通信的（《刑法》第369条）；（32）挪用救灾、抢险、防汛、优抚、扶贫、移民、救济款物归个人使用的（《刑法》第384条）；（33）索贿的（《刑法》第386条）；（34）战时犯阻碍执行军事职务罪的（《刑法》第426条）。

（二）可以从轻或减轻处罚的情节

（1）已满75周岁的人故意犯罪的（《刑法》第17条之一）；（2）尚未完全丧失辨认或者控制自己行为能力的精神病人造成危害结果的（《刑法》第18条）；（3）未遂犯（《刑法》第23条）；（4）如果被教唆的人没有犯被教唆的罪的教唆犯（《刑法》第29条）；（5）自首（《刑法》第67条）；（6）立功（《刑法》第68条）；（7）按照被买妇女的意愿，不阻碍其返回原居住地的（《刑法》第241条）；（8）行贿人在被追诉前主动交代行贿行为的（《刑法》第390条）。

（三）可以从轻处罚的情节

（1）坦白（《刑法》第67条）；（2）收买被拐卖的妇女、儿童，对被买儿童没有虐待行为，不阻碍对其进行解救的（《刑法》第241条）；（3）犯贪污罪，在提起公诉前如实供述自己罪行、真诚悔罪、积极退赃，避免、减少损害结果的发生，有第2、3项规定情形的（《刑法》第383条）。

（四）可以减轻处罚的情节

避免特别严重后果发生的坦白（《刑法》第67条）。

（五）应当从轻或减轻处罚的情节

（1）已满12周岁不满18周岁的人犯罪的（《刑法》第17条）；（2）已满75

周岁的人过失犯罪的（《刑法》第 17 条之一）。

（六）应当减轻处罚的情节

造成损害的中止犯（《刑法》第 24 条）。

（七）可以从轻、减轻或者免除处罚的情节

（1）又聋又哑的人或者盲人犯罪的（《刑法》第 19 条）；（2）预备犯（《刑法》第 22 条）；（3）犯贪污罪，在提起公诉前如实供述自己罪行、真诚悔罪、积极退赃，避免、减少损害结果的发生，有第 1 项规定情形的（《刑法》第 383 条）。

（八）应当从轻、减轻处罚或者免除处罚的情节

从犯（《刑法》第 27 条）。

（九）可以减轻或免除处罚的情节

（1）在外国犯罪已经受过刑罚处罚的（《刑法》第 10 条）；（2）有重大立功表现的（《刑法》第 68 条）；（3）行贿人在被追诉前主动交代行贿行为，犯罪较轻的，对侦破重大案件起关键作用的，或者有重大立功表现的（《刑法》第 390 条）；（4）介绍贿赂人在被追诉前主动交代介绍贿赂行为的（《刑法》第 392 条）。

（十）应当减轻或免除处罚的情节

（1）防卫过当（《刑法》第 20 条）；（2）避险过当（《刑法》第 21 条）；（3）胁从犯（《刑法》第 28 条）。

（十一）可以免除处罚的情节

（1）犯罪情节轻微不需要判处刑罚的（《刑法》第 37 条）；（2）犯罪较轻的自首犯（《刑法》第 67 条）；（3）非法种植罂粟或者其他毒品原植物，在收获前自动铲除的（《刑法》第 351 条）。

（十二）应当免除处罚的情节

没有造成损害的中止犯（《刑法》第 24 条）。

三、酌定的量刑情节

酌定情节，是指人民法院从审判经验中总结出来，在刑罚裁量时应当灵活掌

握酌情适用的情节。酌定情节虽然不是法律所规定的，但是根据立法精神和有关刑事政策，从审判实践经验中总结出来的，因而对于刑罚的裁量也具有重要意义。

酌定情节主要表现在以下七个方面：

（一）犯罪的动机

犯罪动机反映了犯罪人的主观恶性。一般说来，故意犯罪的动机都是不良的，但也有程度上的差异。例如，奸情杀人比义愤杀人的动机更为恶劣，因而对量刑具有一定的影响。

（二）犯罪的手段

犯罪手段反映了犯罪人的客观危害程度。在定罪过程中，犯罪手段一般不起作用，但它对量刑却有影响。犯罪分子的手段和方法残忍或极为狡诈、隐蔽，比使用一般的犯罪手段实施犯罪所产生的危害更大，因而应当予以较重的处罚。

（三）犯罪的时间、地点

犯罪总是发生在一定的时空之中的，除个别以犯罪时间、地点作为选择要件的犯罪以外，犯罪的时间、地点不影响定罪，但在量刑中应当予以考虑。例如，在光天化日下的公共场所实施寻衅滋事行为与在夜间或僻静的地点实施寻衅滋事行为相比，其法益侵害程度是不同的，因而在量刑上应有所区别。

（四）犯罪结果

犯罪结果是犯罪对客体所造成的损害结果，它直接反映了法益侵害程度。因此，犯罪结果严重与否，对量刑具有重要意义。例如，强奸多人比强奸一人严重，等等。

（五）犯罪客体

犯罪客体不同，行为的法益侵害程度也不同，因而量刑的轻重应有所差异。例如，侵害病人、残疾人、未成年人、老人、怀孕妇女等弱者比侵害一般人严重；侵犯救济款物比侵犯一般财产严重等。

（六）犯罪前的表现

犯罪前的表现是指犯罪人在犯罪以前的一贯表现，这种犯罪人的一贯表现是反映犯罪人的人身危险性的情节，对于量刑也有一定影响。如果犯罪人一贯遵纪守法，表现较好，偶尔失足犯罪，应予宽大处理；反之，如果犯罪人一贯表现不好，存在前科劣迹，则应受较重的刑罚处罚。

（七）犯罪后的态度

犯罪后的态度，是拒不交代，甚至逃避法律制裁，还是主动坦白，积极退赃，挽回经济损失，都反映了犯罪人的人身危险性程度，因而在量刑时应当予以区别对待。

四、量刑情节的适用原则

量刑情节应当依法适用，因此，必须正确理解并且科学地掌握法律规定的量刑情节的适用原则。

（一）量刑情节之从重与从轻的适用原则

我国《刑法》第 62 条规定："犯罪分子具有本法规定的从重处罚、从轻处罚情节的，应当在法定刑的限度以内判处刑罚。"这是从重处罚与从轻处罚的量刑情节的适用原则。根据这一规定，从重处罚是指在法定刑幅度内选择比没有这个情节的类似犯罪相对重一些的刑种或刑期；从轻处罚是指在法定刑幅度内选择比没有这个情节的类似犯罪相对轻一些的刑种或刑期。

（二）量刑情节之减轻的适用原则

我国《刑法》第 63 条［《刑法修正案（八）》第 5 条］规定："犯罪分子具有本法规定的减轻处罚情节的，应当在法定刑以下判处刑罚；本法规定有数个量刑幅度的，应当在法定量刑幅度的下一个量刑幅度内判处刑罚。犯罪分子虽然不具有本法规定的减轻处罚情节，但是根据案件的特殊情况，经最高人民法院核准，也可以在法定刑以下判处刑罚。"根据这一规定，我国刑法中的减轻处罚可以分为以下两种情形：

1. 一般减轻

一般减轻是指依法判处低于法定最低刑的刑罚。我国刑法中的减轻处罚，往往被规定为法定量刑情节。其中包括两种类型：一是法律规定应当予以减轻处罚的；二是法律规定可以予以减轻处罚的。无论上述哪一种情形，都应当把握犯罪的事实、犯罪的性质、情节和对社会的危害程度，依照刑法规定确定对犯罪分子应当判处的法定刑。对于具有应当减轻处罚情节的，人民法院在量刑时必须在该法定刑的量刑幅度规定的最低刑以下判处刑罚。对于具有可以减轻处罚情节的，人民法院应当综合全案的情况决定是否予以减轻处罚。

2. 特殊减轻

特殊减轻是指酌情判处低于法定最低刑的刑罚。在特殊减轻的情况下，并不存在法定的减轻处罚事由，但根据案件的特殊情况，又有必要予以减轻处罚。这里的特殊情况，是指案件本身的特殊性，例如涉及政治、国防、外交等情况，但也不排除少数判处法定最低刑仍然过重的情况。由于特殊减轻属于法外开恩，为防止滥用，刑法规定须报请最高人民法院核准。例如在许霆盗窃案中，被告人许霆利用自动柜员机故障恶意取款，盗窃金融机构经营资金数额共计 173 826 元。广东省广州市中级人民法院经重审认为：鉴于许霆是在发现银行自动柜员机出现异常后产生犯意，采用持卡窃取金融机构经营资金的手段，其行为与有预谋或者采用破坏手段盗窃金融机构的犯罪有所不同；从案发具有一定偶然性看，许霆的主观恶性尚不是很大。根据本案具体的犯罪事实、犯罪情节和对于社会的危害程度，对许霆可在法定刑以下判处刑罚。依照刑法和有关司法解释，被告人许霆犯盗窃罪，判处有期徒刑 5 年，并处罚金 2 万元。这一判决层报最高人民法院核准生效，使许霆的刑罚从法定最低刑无期徒刑减为 5 年有期徒刑，充分体现了法律效果与社会效果的统一。

在适用减轻处罚的时候，如果只有一个量刑幅度的，应当在该量刑幅度内判处较轻或者最轻的刑罚，但不得变更为较轻的刑种。如果具有数个量刑幅度的，根据刑法规定，应当在法定量刑幅度的下一个量刑幅度内判处刑罚，而不能跨越一个量刑幅度判处刑罚。如果在具有数个量刑幅度的情况下，法定量刑幅度是最轻的一个量刑幅度，则减轻处罚也只能在该量刑幅度内判处较轻或者最轻的刑罚。

五、量刑情节的具体适用

量刑过程，在很大程度上就是各种量刑情节的具体适用过程。因此，量刑情节的具体适用具有重要意义。

（一）量刑情节竞合情况下的适用

同一犯罪案件，往往存在两个以上的量刑情节，这就是所谓量刑情节的竞合。量刑情节的竞合有同向竞合与逆向竞合之分。同向竞合是指同时具有两个以上的从轻或者从重情节。逆向竞合是指同时具有一个从轻情节和一个从重情节。在同向竞合的情况下，量刑情节的适用较易解决，两个从轻情节，可以予以较大幅度的从轻。按照我国刑法规定，两个从轻情节不能升格为一个减轻情节。在逆向竞合的情况下，量刑情节的适用则较为复杂。在这种情况下，不能简单地采用抵消法。抵消法是指一案件如果有两个以上量刑情节，其中有的对量刑起从宽作用（包括从轻作用、减轻作用和免除作用——下同），有的对量刑起从严作用（包括从重作用和加重作用——下同），在确定犯罪分子的刑事责任时将这两种情节相互抵消，既不从轻，也不从重，也就是等于把这两种量刑情节从量刑的因素中撇开。我认为，这种抵消法是不妥的。实际上，在具体案件中，每个量刑情节的内涵都不是等量的，因而不能简单地予以抵消。正确的方法应当是，首先根据基本犯罪事实与犯罪性质确定一个基准刑，然后利用情节对基准刑进行调节，这种调节的过程可以称之为刑罚的修正。刑罚的修正过程是适用量刑情节对量刑进行优化的过程，刑罚的修正过程表现为量刑情节的变量值在一定的幅度内沿水平方向按照一定规律趋轻或趋重浮动的态势。在只有一个量刑情节的情况下，只要进行一次修正即可。但在具有两个逆向情节的情况下，则需要进行二次修正。一般情况下，先考虑从重情节，根据从重情节对基准刑进行趋重修正，然后再考虑从轻情节，根据从轻情节对经过第一次修正确定的刑罚进行趋轻修正。

（二）多功能情节的适用

我国刑法规定的从宽处罚的情节，一般都是多功能情节，即一个量刑情节，具有从轻或者减轻处罚两个功能，甚至具有从轻、减轻或者免除处罚三种功能。在这种多功能情节的场合，应当如何适用？我认为，在这种情况下，首先要考虑犯罪的性质。如果犯罪性质较轻，可以考虑适用减轻或者免除处罚，而不是从轻处罚。如果犯罪性质较重，则可以考虑从轻处罚。同时，还要分析量刑情节本身的轻重。例如，同是杀人未遂，一是虽未将人杀死，却致人重伤；二是虽未将人杀死，却致人轻伤；三是不仅未将人杀死，而且被害人安然无恙。对于这样三种情况的杀人未遂显然应当区别对待而不是一视同仁。最后还要注意一个问题，就是法条对从轻、减轻、免除处罚的排列顺序，对于多功能情节的适用具有指导意义。例如，我国《刑法》第 22 条对预备犯是比照既遂犯从轻、减轻或者免除处罚。而我国《刑法》第 24 条对中止犯是免除或者减轻处罚。显然，对预备犯应当按照从轻、减轻、免除的顺序考虑。而对于中止犯，则首先应当考虑免除，其次才是减轻处罚。

（三）可以型情节与应当型情节并存情况下的适用

我国刑法规定的量刑情节，既有可以型的，又有应当型的，两者显然有别。从法律逻辑学来说，由应当和可以构成的行为规范，称为规范模态判断。应当型规范是义务性规范，而可以型规范是许可性或授权性规范。因此，可以和应当的逻辑含义是不一样的。一般说，法律规定可以做的，也可以不做；法律规定应当做的，就必须做。那么，在可以从轻与应当从重，应当从轻与可以从重等情节并存的情况下，应当如何对犯罪人量刑呢？我认为，在这种情况下，首先要考虑应当型情节，然后考虑可以型情节。

第十七章

量刑制度

第一节　累　犯

一、累犯的概念

累犯是指因犯罪受过一定的刑罚处罚，在刑罚执行完毕或者赦免以后，在法定期限内又犯一定之罪的情形。累犯具有以下特征：

（一）累犯是一种再犯罪的事实

累犯在客观上表现为再次犯罪，具有再犯罪的事实。犯罪人如果没有再次犯罪，就无累犯可言。因此，再犯罪是累犯构成的事实前提。累犯虽然是再次犯罪，在一般情况下，它和再犯还是有所不同的。再犯，又称为重新犯罪，有广义与狭义之分，广义上的再犯包括累犯。在一定意义上说，累犯也是再犯，是一种特殊的再犯，累犯是再犯中最严重者。狭义上的再犯是指累犯以外的其他重新犯罪的人。累犯作为一种再犯罪的情形，它与前科具有一定的联系。前科是指曾被法院认定有罪并被判处刑罚的情形。凡是曾被法院依法定罪并被判处刑罚的人，均是有前科的人。因此，累犯以犯罪人有前科为前提。当然，累犯必定是有前科的人，有前科的人却未必都是累犯，应当加以注意。

（二）累犯是一种犯罪人的类型

刑法上的累犯，经历了一个从注重犯罪特征到注重犯罪人特征的转变。最初刑法上的累犯概念，注重的是犯罪行为的特征，以刑事古典学派的客观主义作为其理论基础。此后，随着刑事实证学派的兴起，开始了从犯罪行为向犯罪人的转变，由此出现了以犯罪人的人身危险性为重点的累犯概念。现代刑法上的累犯，更多的是强调犯罪人的人身特征，将累犯视为人身危险性较大的一种犯罪人类型。应当指出，虽然都是犯罪人类型，累犯与惯犯是有所不同的。在犯罪学上，累犯与惯犯往往被相提并论，容易混同。但在刑法学上，两者具有明显区分。惯犯是在审判之前的一个相当长的时间内反复多次地实施某一犯罪，这些反复实施的犯罪是未经处理的。因此，惯犯往往被作为一种犯罪类型，在罪数理论中讨论。累犯并非像惯犯那样，是审判前同一犯罪之关系，而是前后两个犯罪之关系。累犯一般都是作为量刑制度加以规定，是一种特殊的犯罪人类型。

（三）累犯是一种从重处罚的刑罚制度

累犯和一般犯罪人有所不同，它是因犯罪已经被判处刑罚后的再次犯罪，表明犯罪人具有较为严重的人身危险性。各国刑法都对累犯予以从重处罚，因此累犯是一种从重处罚的刑罚制度。

二、普通累犯

根据我国《刑法》第 65 条［《刑法修正案（八）》第 6 条］的规定，普通累犯是指已满 18 周岁以上的人因故意犯罪被判处有期徒刑以上刑罚的犯罪分子，在刑罚执行完毕或者赦免以后，在 5 年内再犯应当判处有期徒刑以上刑罚的故意犯罪的情形。由此可见，构成普通累犯必须符合以下条件：

（一）刑度条件

刑度条件是指对构成普通累犯的前后两罪的刑度上的要求。根据我国刑法规定，前罪所判处的刑罚和后罪应当判处的刑罚均是有期徒刑以上的刑罚。

我国刑法把累犯视为一种性质较为严重的犯罪人类型，并作为一个从重处罚的情节。因而，在刑度上对累犯前后两罪所处刑罚的轻重作了限定，要求所处的刑罚和应处的刑罚均须是有期徒刑以上。根据这一规定，如果前后两罪所判的刑罚均低于有期徒刑；或者在前后两罪中，其中一罪的刑罚低于有期徒刑，例如前罪被判处管制或者拘役，而后罪应当判处有期徒刑以上刑罚；或者前罪被判处有期徒刑以上刑罚，后罪被判处管制或者拘役，均不构成累犯。我国刑法之所以把普通累犯的刑度限制在有期徒刑以上刑罚，主要是在我国刑罚体系的主刑中，管制是限制自由刑，对犯罪分子不予关押；而拘役虽是剥夺自由刑，但关押时间较短，是短期自由刑。上述两个刑种均适用于较轻的犯罪，对由于犯较轻之罪的人以累犯论处，使累犯的范围过于扩张，不利于贯彻区别对待的刑事政策。而有期徒刑是我国刑法中适用最为广泛的一个刑种，凡是犯应处有期徒刑以上之罪的犯罪分子，其行为的社会危害性和行为人的人身危险性都已经达到了一定的严重程度，按照累犯处理较为合适。

那么，如何理解我国《刑法》第 65 条规定的被判处有期徒刑以上刑罚和应当判处有期徒刑以上刑罚呢？我认为，这里的被判处有期徒刑以上刑罚是指前罪已经被判处的刑罚，这种刑罚是宣告刑，即人民法院根据犯罪的综合情况，最后确定其宣告刑为有期徒刑以上刑罚。还应当指出，这里的有期徒刑以上刑罚也包括无期徒刑和死缓。虽然从逻辑上来说，无期徒刑和死缓不存在刑罚执行完毕的问题，但是，由于我国刑法规定了减刑制度和假释制度。只要被判处无期徒刑或者死缓的犯罪分子，在服刑期间，确有悔改或者立功表现，符合法律规定的减刑或者假释条件，就可以获得减刑或者假释，从而得以回归社会。这些犯罪分子在回归社会以后，如果旧病复发，重新再犯应当被判处有期徒刑以上刑罚之罪，就有可能构成累犯。这里的应当判处有期徒刑以上刑罚之罪，是指根据犯罪的法益侵害程度以及其他各种量刑情节，某一犯罪实际有可能被判处有期徒刑以上刑罚，而不是指某一法定刑中包括有期徒刑。因为我国刑法分别规定的各种犯罪的法定刑都包含有期徒刑，所以将后罪理解为后罪的法定刑包括有期徒刑以上刑罚，势必导致累犯范围的扩张。

（二）前提条件

前提条件是指对前罪的刑罚执行完毕的要求。我国刑法明文规定，普通累犯以前罪的刑罚执行完毕或者赦免以后作为构成的前提条件。

那么，如何理解刑罚执行完毕和赦免以后呢？关于刑罚是否执行完毕，关键在于如何理解这里的刑罚。换言之，这里的刑罚是仅指主刑呢，还是也包括附加刑？例如，某一犯罪人因犯罪而被判处有期徒刑，并附加剥夺政治权利。在有期徒刑执行完毕而剥夺政治权利尚未执行完毕的时候，又犯应当判处有期徒刑以上刑罚之罪的，是否属于刑罚执行完毕呢？我认为，刑罚执行完毕只能是指主刑执行完毕而不包括附加刑执行完毕，即对这里的刑罚应当作限制解释，仅限于主刑不包括附加刑。关于赦免以后，这里的赦免仅指特赦，而不包括大赦。显然赦免有特赦与大赦之分，但我国宪法只规定了特赦未规定大赦。因此，累犯的前提条件之赦免以后，应当理解为是特赦以后。犯罪分子如果在刑罚执行完毕以前又犯罪的，根据我国《刑法》第71条的规定，应当实行数罪并罚而不能构成累犯。在认定是否具备累犯的前提条件的时候，还存在以下三个问题值得研究：

1. 前罪受外国刑罚处罚的人再犯罪的，是否具备累犯的前提条件

我国《刑法》第10条规定："凡在中华人民共和国领域外犯罪，依照本法应当负刑事责任的，虽然经过外国审判，仍然可以依照本法追究，但是在外国已经受过刑罚处罚的，可以免除或者减轻处罚。"根据这一规定，在我国领域外犯罪的，实际上有两种情况：一是依照本法应当负刑事责任的，二是依照本法不应负刑事责任的。对于前者，可以将前罪刑罚执行完毕视为具备累犯的条件，在法定时间内再犯有期徒刑以上刑罚之罪的，应视为累犯。对于后者，尽管在我国领域外犯罪并已经刑罚执行完毕，但由于这种行为在我国刑法中并未规定为犯罪，即

依照我国刑法不负刑事责任，而我国对外国法院的刑事判决原则上是不予承认的，因此即使此后虽在我国再犯应当判处有期徒刑以上刑罚之罪的，也不构成累犯。

2. 缓刑以后又犯罪的，是否具备累犯的前提条件

根据我国《刑法》第72条之规定，对于被判处拘役、3年以下有期徒刑的犯罪分子，根据犯罪情节和悔罪表现，适用缓刑确实不致危害社会的，可以宣告缓刑。缓刑以后又犯罪的，有两种情况：一是在缓刑考验期间又犯新罪，对于此种情形，我国《刑法》第77条明确规定应当撤销缓刑，对新犯的罪作出判决，把前罪和后罪所判处的刑罚，依照《刑法》第69条的规定，决定执行的刑罚。因此，在这种情况下，根本就谈不上累犯的问题。二是在缓刑考验期满以后法定期限内又犯应当判处有期徒刑以上刑罚之罪的，是否构成累犯？我认为，缓刑是附条件地不执行原判刑罚的制度。如果满足法定条件，则原判刑罚不再执行，但犯罪依然存在，这是一种刑之执行犹豫主义。它不同于罪之宣告犹豫主义，一旦满足法定条件，不仅原判刑罚不再执行，而且犯罪也不成立。严格来说，缓刑之考验不是刑罚执行，而是缓刑之执行。缓刑之执行虽然也属于刑罚的具体运用，但与刑罚执行不同。累犯以前罪之刑罚执行完毕为条件，缓刑符合法定条件的原判刑罚不再执行，两相比较，缓刑考验期满后不能构成累犯的结论昭然若揭：既然缓刑的原判刑罚不再执行，当然也就不存在刑罚执行完毕的问题，更无构成累犯的前提条件。对此，2020年1月17日最高人民法院、最高人民检察院《关于缓刑犯在考验期满后五年内再犯应当判处有期徒刑以上刑罚之罪应否认定为累犯问题的批复》明确规定："被判处有期徒刑宣告缓刑的犯罪分子，在缓刑考验期满后五年内再犯应当判处有期徒刑以上刑罚之罪的，因前罪判处的有期徒刑并未执行，不具备刑法第六十五条规定的'刑罚执行完毕'的要件，故不应认定为累犯，但可作为对新罪确定刑罚的酌定从重情节予以考虑。"

3. 假释以后又犯罪的，是否具有累犯的前提条件

关于假释以后又犯罪的是否能构成累犯，可以分为两种情况：一是假释考验

期满以后的犯罪人再犯罪的，是否可以构成累犯？我们的回答是肯定的，因为根据我国《刑法》第 85 条规定，假释考验期满，就认为原判刑罚已经执行完毕。因而，在这种情况下，完全具备累犯的前提条件。如果犯罪分子在法定时间内又犯罪的，应以累犯论处。二是假释考验期内再犯新罪，是否可以构成累犯？对于这个问题，我国刑法学界存在两种观点。多年来流行的看法认为，无论被判处无期徒刑还是有期徒刑而被假释的罪犯，如果在假释考验期内再犯新罪而被撤销假释的，不能构成累犯，而应按照数罪并罚的原则处理。因为假释是附条件提前释放，在假释犯被撤销假释后，原判的刑罚仍须继续执行，而不是已执行完毕。

（三）时间条件

时间条件是指前后两罪的法定时间距离。前后两罪法定时间距离直接关系到普通累犯的范围。根据我国刑法的规定，普通累犯的法定时间距离是 5 年，即后罪发生在前罪的刑罚执行完毕或者赦免以后 5 年以内。凡是超过 5 年的，就不构成累犯。

（四）排除条件

根据我国刑法规定，过失犯罪和不满 18 周岁的人犯罪，不构成累犯。因此，过失犯罪和不满 18 周岁的人犯罪，是普通累犯的排除条件。

1. 过失犯罪不构成累犯

过失犯罪与故意犯罪相比，在主观恶性与人身危害性上都要更轻一些。我国刑法明确规定过失犯罪不构成累犯，意味着累犯的主观罪责形式只能是故意犯罪。这一规定体现了我国宽严相济的刑事政策，体现了对故意犯罪与过失犯罪的区别对待，因而具有合理性。应当指出，我国刑法规定过失犯罪不能构成累犯，不仅是指前后两个都是过失犯罪的情形不构成累犯，而且包括前罪与后罪只有一个犯罪是过失犯罪的情形。

2. 不满 18 周岁的人犯罪不构成累犯

我国刑法规定已满 14 周岁不满 16 周岁的人对法律规定的 8 种犯罪行为承担刑事责任，已满 16 周岁的人对所有犯罪都承担刑事责任。因此，从事实上来看，不满18周岁的人在5年之内实施前后两个均应判处有期徒刑以上的故意犯罪，是完全可能的。但考虑到不满18周岁的人身心发育尚未成熟，为体现对犯罪的未成年人以教育挽救为主的方针，刑法规定不满18周岁的人犯罪不构成累犯。

这里还存在一个问题，不满18周岁的人犯罪不构成累犯，那么，是否构成我国《刑法》第356条规定的毒品再犯？对此存在不同意见：第一种意见认为毒品再犯是累犯之外的一种再犯制度，不满18周岁的人犯罪不构成累犯，但可以构成毒品再犯。第二种意见认为，毒品再犯实际上是一种刑法分则规定的特殊累犯，它属于累犯的范畴。因此，不满18周岁的人犯罪不构成累犯，不仅是指不构成刑法总则规定的累犯，也包括不构成刑法分则规定的毒品再犯。对于上述两种意见，我赞成第二种意见。毒品再犯的构成要件与特殊累犯相同，而且法律效果也与累犯相同，都是应当从重处罚。在这种情况下，应当把毒品再犯看作是特殊累犯的一种情形。因此，不满18周岁的人犯罪不构成累犯之规定的效力及于毒品再犯。

三、特殊累犯

我国《刑法》第66条［《刑法修正案（八）》第7条］规定："危害国家安全犯罪、恐怖活动犯罪、黑社会性质的组织犯罪的犯罪分子，在刑罚执行完毕或者赦免以后，在任何时候再犯上述任一类罪的，都以累犯论处。"根据这一规定，我国刑法中的特殊累犯是指危害国家安全犯罪、恐怖活动犯罪、黑社会性质的组织犯罪的犯罪分子，在刑罚执行完毕或者赦免以后，在任何时候再犯上述任一类罪的情形。由此可见，构成特殊累犯必须符合以下条件：

（一）罪质条件

根据我国刑法规定，特殊累犯的罪质是指危害国家安全犯罪、恐怖活动犯罪、黑社会性质的组织犯罪。上述犯罪是我国刑法中最为严重的犯罪，是刑法打击的重点，因而对其累犯构成作了特殊规定，体现了从严惩治的刑事政策。

（二）前提条件

我国刑法的特殊累犯的前提条件是前罪的刑罚已经执行完毕或者赦免以后，这一点与普通累犯相同。

（三）时间条件

根据我国刑法规定，特殊累犯的前后两罪没有时间上的限制。在任何时候再犯前罪的，都构成累犯。这是特殊累犯与普通累犯的重要区别之所在。

应当指出，在各国刑法中，普通累犯通常都是异种累犯，而特殊累犯则通常是同种累犯，即前后犯同一种罪而构成的累犯，它是相对于异种累犯而言的。我国 1997 年《刑法》规定的危害国家安全犯罪的累犯，在广义上也可以说是同种累犯。但《刑法修正案（八）》对我国特殊累犯的规定作了修改，在所犯的前罪中除危害国家安全犯罪以外，又增加了恐怖活动犯罪、黑社会性质的组织犯罪，并且规定在任何时候再犯上述任一类罪的，都构成特殊累犯，因此，我国刑法中的特殊累犯不再是同种累犯。

四、累犯的处罚

我国《刑法》第 65 条［《刑法修正案（八）》第 6 条］规定，累犯应当从重处罚。累犯的从重处罚是指在犯相同罪行的情况下，累犯的处罚应当重于初犯。

第二节　自　首

一、自首的概念

自首是指犯罪以后自动投案，如实供述自己的罪行，或者被采取强制措施的犯罪嫌疑人、被告人和正在服刑的罪犯，如实供述司法机关还未掌握的本人其他罪行的情形。自首具有以下特征：

（一）自首是一种犯罪后的表现

自首发生在犯罪以后，在通常情况下是行为人的一种悔罪表现。犯罪人在犯罪以后对于犯罪的态度，对于犯罪人的处罚具有重要意义。有些犯罪人在犯罪以后不思悔改逃避制裁，甚至重新犯罪；有些犯罪人在犯罪以后能够主动坦白交代自己的罪行；还有些犯罪人甚至投案自首。由此可见，自首是犯罪后行为人的悔改表现之一。这种悔改并非只停留在口头上，而且还要付诸实际行动，这就是投案自首。因此，自首是行为人的一种行为，在通常情况下是投案行为。如果犯罪以后行为人虽然内心悔罪，但并未投案，仍然不能构成自首。

（二）自首犯是一种犯罪人的类型

自首的犯罪人，在刑法理论上往往称为自首犯，这是与累犯相对应的一种犯罪人的类型。根据犯罪人在犯罪以后具有自首情节，我们可以将其称为自首犯。自首者是犯罪人中人身危险性较小的一类犯罪人。根据我国刑法规定，对于自首犯，可以从宽处罚。

（三）自首是一种从宽处罚的刑罚制度

我国刑罚具有预防犯罪的目的，对于犯罪分子实行惩办与宽大相结合的政策。除对极少数罪行极其严重的犯罪分子，必须判处死刑立即执行的以外，对于绝大多数犯罪分子都是实行惩罚与教育改造相结合，使其改恶从善，化消极因素为积极因素。对于愿意悔改自首的犯罪分子，根据其犯罪事实和具体情况，依照国家的法律和政策可以从宽处罚。所以，我们应当把自首理解为体现我国刑罚目的的一种刑罚制度。

二、一般自首

根据我国《刑法》第 67 条第 1 款的规定，一般自首是指犯罪以后自动投案，如实供述自己的罪行的情形。由此可见，构成一般自首必须符合以下条件：

（一）自动投案

根据 1998 年 4 月 17 日最高人民法院《关于处理自首和立功具体应用法律若干问题的解释》（以下简称《解释》）第 1 条第 1 项的规定，自动投案，是指犯罪事实或者犯罪嫌疑人未被司法机关发觉，或者是被发觉，但犯罪嫌疑人尚未受到讯问、未被采取强制措施时，主动、直接向公安机关、人民检察院或者人民法院投案。

自动投案是归案的方式之一。犯罪分子在犯罪以后，除极个别的以外，大部分终究会受到法律的追究，因此或迟或早是会归案的。归案的方式是多种多样的，有的是被司法机关捕获归案；有的是被人民群众扭送归案；有的则是犯罪分子自动投案。因此，相对于前两种被动归案方式而言，自动投案是表明犯罪分子人身危险性有所减轻的一种归案方式。

1. 投案时间

自动投案的时间是犯罪以后而归案之前。在犯罪以前，当然不存在自动投案的问题。这里的犯罪，包括犯罪的预备、未遂、中止和既遂。因此，在犯罪预备、犯罪未遂、犯罪中止和犯罪既遂以后自动投案的，都可以成立自首。这里还应当指出，行为人实行正当防卫致使正在进行不法侵害的人伤害或者死亡的，依法不负刑事责任，但行为人误认为本人的行为构成了犯罪，因而向司法机关投案的，不应视为自首，因为这并非犯罪以后投案。犯罪以后归案之前投案，包括两种情形：一是犯罪被发觉前投案和犯罪被发觉后投案。犯罪被发觉以前的自动投案，是指犯罪分子作案以后，犯罪事实和犯罪分子尚未被司法机关发觉而自动投案。犯罪被发觉以前，犯罪分子自动地向司法机关投案，使刑事案件不侦自破，对于司法机关是十分有利的。犯罪被发觉以后的自动投案，是指犯罪事实已被司法机关发觉，但犯罪人尚未被发觉而自动投案，或者犯罪事实被发觉之后，司法机关在侦查过程中，根据某些线索怀疑某人可能是犯罪人，但尚未对其采取强制措施而自动投案。犯罪被发觉以后，犯罪分子自动地向司法机关投案，使刑事案件及时破获，因而也是值得肯定的。

2. 投案对象

投案对象是指有关机关。这里的机关在一般情况下是司法机关，即负有侦查、起诉、审判职能的公安机关、人民检察院和人民法院及其派出单位，如公安派出所、人民法庭等。那么，向其他有关机关投案，例如向犯罪人所在单位、城乡基层组织等投案的，是否可以视为自首呢？我的回答是肯定的。我认为，对于投案对象的机关应当作宽泛的理解，不应加以限制。因为自首的本质是主动将自己交付给司法机关追诉。向司法机关以外的其他机关投案，最终也必将移送到司法机关，符合自首特征，应以自首论处。值得注意的是，2009 年 3 月 12 日最高人民法院、最高人民检察院《关于办理职务犯罪案件认定自首、立功等量刑情节若干问题的意见》[以下简称《意见（一）》] 第 1 条将办案机关作为职务犯罪自首的投案对象。这里的办案机关，包括党政纪检监察部门的有关机关。同时，前述《意见（一）》还规定，犯罪分子向所在单位等办案机关以外的单位、组织或者有关负责人员投案的，应当认定为自首。因此，办案机关以外的单位、组织或者有关负责人员也可以成为职务犯罪自首的投案对象。

3. 投案方式

投案方式是指何人以何种形式向司法机关投案的问题。应当指出，法律上对于投案的方式并无限制。根据《解释》第 1 条规定，自动投案具有以下七种情形：（1）犯罪嫌疑人向其所在单位、城乡基层组织或者其他有关负责人员投案的；（2）犯罪嫌疑人因病、伤或者为了减轻犯罪后果，委托他人先代为投案，或者先以信电投案的；（3）罪行尚未被司法机关发觉，仅因形迹可疑，被有关组织或者司法机关盘问、教育后主动交代自己的罪行的；（4）犯罪后逃跑，在被通缉、追捕过程中，主动投案的；（5）经查实确已准备去投案，或者正在投案途中，被公安机关捕获的，应当视为自动投案；（6）并非出于犯罪嫌疑人主动，而是经亲友规劝、陪同投案的；（7）公安机关通知犯罪嫌疑人的亲友，或者亲友主动报案后，将犯罪嫌疑人送去投案的，也应当视为自动投案。2010 年 12 月 22 日最高人民法院《关于处理自首和立功若干具体问题的意见》

[以下简称《意见（二）》]在关于自动投案的具体认定中，对自动投案的方式作了补充性规定。根据《意见（二）》的规定，除《解释》第1条规定的七种自动投案情形以外，以下五种情形也应当视为自动投案：（1）犯罪后主动报案，虽未表明自己是作案人，但没有逃离现场，在司法机关询问时交代自己罪行的；（2）明知他人报案而在现场等待，抓捕时无拒捕行为，供认犯罪事实的；（3）在司法机关未确定犯罪嫌疑人，尚在一般性排查询问时主动交代自己罪行的；（4）因特定违法行为被采取劳动教养、行政拘留、司法拘留、强制隔离戒毒等行政、司法强制措施期间，主动向执行机关交代尚未被掌握的犯罪行为的；（5）其他符合立法本意，应当视为自动投案的情形。此外，《意见（二）》还对因形迹可疑被盘问、教育后主动交代自己的罪行的情形作了以下补充性规定：罪行未被有关部门、司法机关发觉，仅因形迹可疑被盘问、教育后，主动交代了犯罪事实的，应当视为自动投案，但有关部门、司法机关在其身上、随身携带的物品、驾乘的交通工具等处发现与犯罪有关的物品的，不能认定为自动投案。

　　此外，对于交通肇事罪的自首在刑法理论和司法实践中存在较大的争议，主要就在于能否把交通肇事后保护现场，抢救伤者，并向公安机关报告的行为视为自动投案。对此，否定的观点认为，上述行为是《道路交通安全法》所规定的交通肇事人员在交通肇事后必须履行的法律义务，不能视为自动投案。而肯定的观点则认为，上述行为尽管是《道路交通安全法》所规定的法律义务，履行这一法律义务而同时又符合自动投案要件的，应当认定为自动投案。对此，《意见（二）》作出了肯定性的规定，指出：交通肇事后保护现场、抢救伤者，并向公安机关报告的，应认定为自动投案，构成自首的，因上述行为同时系犯罪嫌疑人的法定义务，对其是否从宽、从宽幅度要适当从严掌握。交通肇事逃逸后自动投案，如实供述自己罪行的，应认定为自首，但应依法以较重法定刑为基准，视情况决定对其是否从宽处罚以及从宽处罚的幅度。上述规定对于认定交通肇事罪的自动投案具有重要意义。

4. 投案意愿

投案意愿是指犯罪人的投案是否基于本人意志，这是自动投案与被动归案的根本区别。投案应当具有自动性，这里的自动性意味着投案是犯罪人基于自己的意志自由而选择的结果。正是这种自动性，使投案与其他被迫归案的形式区分开来。当场扭送，是被迫归案的形式之一。当场扭送是指在犯罪现场，被在场的群众送到司法机关。在这种当场扭送的情况下，犯罪分子并非自愿地向司法机关投案，而是群众扭送的结果，不能视为自首。此外，《意见（二）》规定，犯罪嫌疑人被亲友采用捆绑等手段送到司法机关，或者在亲友带领侦查人员前来抓捕时无拒捕行为，并如实供认犯罪事实的，虽然不能认定为自动投案，但可以参照法律对自首的有关规定酌情从轻处罚。以上情形之所以不能认定为自动投案，就是因为行为人没有投案意愿。

（二）如实供述

根据《解释》第1条第2项的规定，如实供述自己的罪行，是指犯罪嫌疑人自动投案后，如实交代自己的主要犯罪事实。

1. 一般犯罪的如实供述

一般犯罪的如实供述，是指如实供述主要犯罪事实。这里的如实，是指犯罪人对自己的犯罪事实的供述与客观存在的犯罪事实相一致。当然，这里的一致不是绝对的等同或者同一，而只能是近似或者相似。由于主客观条件的限制，犯罪人在供述自己罪行的时候不可能所有细节都相同，只要其所供述的罪行与客观存在的基本犯罪事实相一致，就可以视为如实供述。根据《意见（二）》的规定，如实供述除供述自己的主要犯罪事实以外，还应包括姓名、年龄、职业、住址、前科等情况。犯罪嫌疑人供述的身份等情况与真实情况虽有差别，但不影响定罪量刑的，应认定为如实供述自己的罪行。犯罪嫌疑人自动投案后隐瞒自己的真实身份等情况，影响对其定罪量刑的，不能认定为如实供述自己的罪行。在认定供述是否如实的时候，应当注意把如实供述与合理辩解加以区分。尽管犯罪以后自首可以依法得到宽大处理，但毕竟还是要受到刑罚处罚，因而犯罪分子总是希望最大限度地得到从宽处罚，乃至于逃避制裁。在这种情况下，自我辩解是犯罪分子的本能，也是他的一项诉讼权利，我们不能因为犯罪分子进行了自我辩解而否定其供述的如实性。但这里的辩解与如实供述自己的罪行还是存在区别的。如实供述自己的罪行是指将本人所犯罪行客观地予以陈述，而自我辩解则是在客观地陈述自己的罪行的基础上对承担责任的轻重大小作出解释。只要如实供述，为自己开脱罪责的辩解也不能否认其自首的成立。2004年3月26日最高人民法院《关于被告人对行为性质的辩解是否影响自首成立问题的批复》明确指出："被告人对行为性质的辩解不影响自首的成立。"这里所谓对行为性质的辩解，是指将有罪辩解为无罪。这里的主要犯罪事实，是指犯罪事实中的主要内容。如果犯罪分子能够供述全部犯罪事实当然反映了犯罪分子悔罪态度好，应以自首论处。但如果犯罪分子只是供述了主要犯罪事实，只要足以使司法机关查明犯罪真相就可以成立自首。这里的只供述主要犯罪事实，情况是复杂的，概而言之，可能有以下两种情况：一是有意隐瞒。犯罪分子由于种种顾虑交代不彻底，隐瞒了某些犯罪细节，例如杀人犯自动投案后交代了杀人的犯罪事实，但却隐瞒了杀人凶器，等等。在这种情况下，仍应视为自首。二是无意疏漏。考虑到犯罪分子由于作案时间、地点、环境特殊或者因生理、心理上的原因，例如记忆能力、表达能力、惊慌、恐惧等，往往不能对犯罪事实作出全面准确的供述；在这种情况下，只要交代了主要的犯罪事实，就应当认为具备了如实供述自己的罪行的条件，以自首论处。此外，《意见（二）》还规定，犯罪嫌疑人自动投案时虽然没有交代自己的主要犯罪事实，但在司法机关掌握其主要犯罪事实之前主动交代的，应认定为如实供述自己的罪行。

2. 数罪的如实供述

在犯有数罪的情况下，如何认定自首的如实供述自己的罪行呢？对此，前引《解释》第1条中规定："犯有数罪的犯罪嫌疑人仅如实供述所犯数罪中部分犯罪的，只对如实供述部分犯罪的行为，认定为自首。"由此可见，根据司法解释的规定，对于犯有数罪而如实供述自己的罪行的，既不能因未供述全部所犯数罪而对供述部分犯罪不认定为自首，也不能仅供述所犯数罪中的部分犯罪而对未供述的犯罪认定为自首，而是应实事求是地将所供述部分犯罪认定为自首，未供述部分则不认定为自首。

3. 共同犯罪的如实供述

在共同犯罪的情况下，如何认定自首的如实供述自己的罪行呢？对此，前引《解释》第 1 条中规定，共同犯罪案件中的犯罪嫌疑人，除如实供述自己的罪行，还应当供述所知的同案犯，主犯则应当供述所知其他同案犯的共同犯罪事实，才能认定为自首。根据司法解释的这一规定，共同犯罪人的如实供述可以分为两种情形：一是从犯的如实供述，包括如实供述自己的罪行和供述所知的同案犯。这里的供述所知的同案犯，是指指认同案犯。二是主犯的如实供述，包括如实供述自己的罪行和供述所知其他同案犯的共同犯罪事实。这里的供述所知其他同案犯的共同犯罪事实，是指不仅要指认所知的同案犯，而且应当供述所知的这些同案犯的共同犯罪事实。

4. 如实供述后又翻供的处理

在司法实践中，往往存在翻供的情形。这里的翻供，是指推翻原先的供述。犯罪嫌疑人在自首如实供述自己的罪行以后，也可能又翻供。对此，前引《解释》第 1 条中规定："犯罪嫌疑人自动投案并如实供述自己的罪行后又翻供的，不能认定为自首；但在一审判决前又能如实供述的，应当认定为自首。"因此，如实供述后又翻供的，已经丧失了如实供述的条件，不能认定为自首。但如果在一审判决前，也就是法院判决确定前又能如实供述的，应当认定为自首。

三、特殊自首

根据我国《刑法》第 67 条第 2 款的规定，特殊自首是指被采取强制措施的犯罪嫌疑人、被告人和正在服刑的罪犯，如实供述司法机关还未掌握的本人其他罪行的情形。因此，特殊自首的特殊性，表现在以下三个方面：

（一）适用对象的特殊性

一般自首的适用对象是犯罪嫌疑人，而特殊自首的适用对象则是已被采取强制措施的犯罪嫌疑人、被告人和正在服刑的罪犯。这里的已被采取强制措施的犯罪嫌疑人、被告人，是指在刑事诉讼过程中，已被司法机关依法限制或者剥夺人身自由的犯罪嫌疑人、被告人。正在服刑的罪犯，是指已经人民法院判决，正在被执行刑罚的罪犯。只有上述人员才能成为特殊自首的适用对象，这是特殊自首与一般自首的重要区别之一。

（二）适用前提的特殊性

一般自首的适用前提是自动投案，没有自动投案也就没有自首的成立。但特殊自首则与之不同，在特殊自首的情况下，其适用对象是被采取强制措施的犯罪嫌疑人、被告人和正在服刑的罪犯，上述三种人已经丧失了人身自由，不存在自动投案的客观条件，因此不要求具备自动投案这一要件，就可以成立特殊自首。

（三）适用条件的特殊性

特殊自首的适用条件是如实供述司法机关尚未掌握的本人其他罪行。这里的本人其他罪行，是否包括同种罪行，在刑法理论上存在两种不同的观点：第一种观点认为，无论是否同种罪行，只要如实供述，都应以特殊自首论。第二种观点认为，只有供述不同种罪行，才能以自首论。供述同种罪行的，只应视为坦白。司法解释采用的是上述第二种观点，前引《解释》第 2 条规定，根据《刑法》第 67 条第 2 款的规定，被采取强制措施的犯罪嫌疑人、被告人和已宣判的罪犯，如实供述司法机关尚未掌握的罪行，与司法机关已掌握的或者判决确定的罪行属不同种罪行的，以自首论。

那么，如何认定司法机关是否已经掌握某一罪行呢？对此，《意见（二）》规定，该罪行能否认定为司法机关已掌握，应根据不同情形区别对待。如果该罪行已被通缉，一般应以该罪行是否在通缉令发布范围内作出判断，不在通缉令发布范围内的，应认定为还未掌握，在通缉令发布范围内的，应视为已掌握；如果该罪行已录入全国公安信息网络在逃人员信息数据库，应视为已掌握。如果该罪行未被通缉，也未录入全国公安信息网络在逃人员信息数据库，应以该司法机关是否已实际掌握该罪行为标准。除正确区分罪行是否被司法机关所掌握以外，还涉及犯罪嫌疑人、被告人在被采取强制措施期间如实供述本人其他罪行，该罪行与司法机关已掌握的罪行是否属于同种罪行的问题。对此，《意见（二）》规定，对于同种罪行还是不同种罪行，一般应以罪名区分。虽然如实供述的其他罪行的罪名与司法机关已掌握犯罪的罪名不同，但如实供述的其他犯罪与司法机关已掌握的犯罪属选择性罪名或者在法律、事实上密切关联，如因受贿被采取了强制措施后，又交代因受贿为他人谋取利益行为，构成滥用职权罪的，应认定为同种罪行。由此可见，《意见（二）》对同种罪行作了较为宽泛的解释。

四、单位自首的认定

我国刑法对单位是否可以构成自首未作规定，但有关司法解释对单位走私犯罪案件自首的认定问题作了规定。例如 2002 年 7 月 8 日最高人民法院、最高人民检察院、海关总署《关于办理走私刑事案件适用法律若干问题的意见》规定："在办理单位走私犯罪案件中，对单位集体决定自首的，或者单位直接负责的主管人员自首的，应当认定单位自首。认定单位自首后，如实交代主要犯罪事实的单位负责的其他主管人员和其他直接责任人员，可视为自首，但对拒不交代主要犯罪事实或逃避法律追究的人员，不以自首论。"我认为，这一规定可以参照适用于单位走私犯罪以外的其他单位犯罪案件。在认定单位自首以后，对于单位的直接负责的主管人员和其他直接责任人员，应当根据其是否如实交代主要犯罪事实，以认定是否构成个人自首。如实交代主要犯罪事实的，可认定为个人自首；拒不交代主要犯罪事实或逃避法律追究的，不能认定为个人自首。在认定为个人自首的情况下，这些人员并无自动投案的情节，因而也应当认为是一种特殊自首。此外，前引《意见（一）》第 1 条也对单位自首问题作了规定，指出：单位犯罪案件中，单位集体决定或者单位负责人决定而自动投案，如实交代单位犯罪事实的，或者单位直接负责的主管人员自动投案，如实交代单位犯罪事实的，应当认定为单位自首。单位自首的，直接负责的主管人员和直接责任人员未自动投案，但如实交代自己知道的犯罪事实的，可以视为自首；拒不交代自己知道的犯罪事实或者逃避法律追究的，不应当认定为自首。单位没有自首，直接责任人员自动投案并如实交代自己知道的犯罪事实的，对该直接责任人员自动投案并如实交代自己知道的犯罪事实的，应当认定为自首。根据这一规定，在认定单位自首的时候，应当根据以下四点：（1）单位可以成立自首，这是司法解释对刑法的补充性规定。（2）区分单位自首与个人自首、检举、揭发的关键在于投案人代表的是单位还是个人，即要对单位自首与个人自首加以区分。（3）单位自首的效果可及于个人，但需以个人如实交代其掌握的罪行为条件。（4）个人自首的效果不能及于单位。

五、自首的处理

我国《刑法》第 67 条第 1 款规定：对于自首的犯罪分子，可以从轻或者减轻处罚。其中，犯罪较轻的，可以免除处罚。

对于自首的犯罪分子，可以从轻或者减轻处罚，这是我国刑法对自首处罚的一般规定。应当注意，我国刑法对自首采取的是相对从宽原则而非绝对从宽原则。绝对从宽原则是指应当从宽，而相对从宽原则是指可以从宽。根据我国刑法规定，对于自首的犯罪分子，在一般情况下都要予以从轻或者减轻处罚。但在个别情况下，犯罪分子罪大恶极，虽然具有自首情节，但将自首情节放到整个犯罪情节中考察不足以成为对犯罪分子从轻处罚的根据的，就可以不对其从轻处罚。此外，在一人犯有数罪且只对其中一罪自首的情况下，自首从轻的效力仅及于自首之罪，对于没有自首之罪不能从轻处罚。

根据我国刑法规定，犯罪较轻而自首的犯罪分子，可以免除处罚。这里的犯罪较轻，刑法没有规定法定标准。我国刑法通说认为，被处3年以下有期徒刑的犯罪可以视为较轻之罪，否则就是较重之罪。

　　《意见（二）》对自首的被告人如何处罚问题作了具体规定。根据这一规定，对具有自首的被告人是否从宽处罚、从宽处罚的幅度，应当考虑其犯罪事实、犯罪性质、犯罪情节、危害后果、社会影响、被告人的主观恶性和人身危险性等。此外，还应考虑投案的主动性、供述的及时性和稳定性等。具有自首情节的，一般应依法从轻、减轻处罚；犯罪情节较轻的，可以免除处罚。类似情况下，对具有自首情节的被告人的从宽幅度要适当宽于具有立功情节的被告人。虽然具有自首情节，但犯罪情节特别恶劣、犯罪后果特别严重、被告人主观恶性深、人身危险性大，或者在犯罪前即为规避法律、逃避处罚而准备自首的，可以不从宽处罚。对于被告人具有自首情节，同时又有累犯、毒品再犯等法定从重处罚情节的，既要考虑自首的具体情节，又要考虑被告人的主观恶性、人身危险性等因素，综合分析判断，确定从宽或者从严处罚。累犯的前罪为非暴力犯罪的，一般可以从宽处罚，前罪为暴力犯罪或者前、后罪为同类犯罪的，可以不从宽处罚。在共同犯罪案件中，对具有自首情节的被告人的处罚，应注意共同犯罪人以及首要分子、主犯、从犯之间的量刑平衡。

第三节　坦　白

一、坦白的概念

　　坦白是指犯罪嫌疑人如实供述自己罪行的情形。

　　坦白从宽是我国长期以来在司法实践中实行的一项政策，但由于坦白从宽政策没有法律化，即坦白不是一个法定的从轻处罚情节，因而未能充分发挥坦白从宽政策的法律效果。《刑法修正案（八）》明确地把坦白规定为一种法定的从轻处罚情节，对于在司法实践中正确地贯彻坦白从宽政策具有重要意义。

坦白具有以下特征：

（一）坦白是一种犯罪后的表现

坦白如同自首一样，都发生在犯罪以后，是犯罪以后的表现。相对于犯罪以后拒不交代自己的罪行，坦白是一种犯罪以后较好的表现。它表明犯罪嫌疑人对自己罪行有了一定的认识，愿意配合司法机关将罪行查清。当然，坦白与认罪还是存在一定区别的。在大多数情况下，坦白往往意味着认罪。在这个意义上说，坦白是认罪表现之一。但在某些情况下，犯罪嫌疑人能够如实供述自己的罪行，但主观上并没有认罪。也有的犯罪嫌疑人对自己的行为性质进行了某种辩解，无论这种辩解在法律上能否成立，也不管犯罪嫌疑人是否认罪，只要如实供述自己的罪行，就应当成立坦白。

（二）坦白是一种法定的量刑情节

人民法院在进行刑罚裁量的时候，不仅应当根据所犯罪行，而且还应当考虑犯罪后的表现。因此，犯罪后的表现是一种量刑情节。我国刑法中的量刑情节有酌定情节与法定情节之分，虽然酌定情节对量刑也有一定的作用，但法定情节是人民法院在量刑裁量时必须考虑的情节。在《刑法修正案（八）》颁布之前，坦白只是一种酌定的量刑情节。在《刑法修正案（八）》颁布以后，坦白就成为一种法定的量刑情节，对于正确量刑具有重要作用。

（三）坦白是一种从宽处罚的刑罚制度

坦白从宽政策在刑法中确认以后，就转化为一种从宽处罚的刑罚制度。我国刑罚制度是根据刑罚目的设置的，是实现刑罚目的的重要途径。犯罪嫌疑人只要能够如实供述自己的罪行，就可以在法律上获得从宽处罚。坦白这一刑罚制度的创制，对于实现刑罚目的，完善我国的刑罚制度具有重要意义。

二、坦白的认定

（一）坦白与辩解的区分

坦白是对罪行的如实供述，这里的罪行是指基本的犯罪事实。如果犯罪嫌疑人对罪行作了如实供述，但同时又对其罪行作了某种辩解，这种辩解不影响坦白的成立。这里的辩解可以分为两种情形：一是在认罪的基础上，对罪轻所作的辩解。这种辩解不影响定罪，因而不影响坦白的成立，对此并无疑问。二是在对行为作了如实供述的基础上，对行为性质所作的辩解。这种辩解可能影响定罪，对此是否影响坦白的成立，可能会产生争议。例如，犯罪嫌疑人供述了将他人杀死的事实，但同时又辩称是正当防卫杀人不负刑事责任。经审查，杀人事实存在，但并不符合正当防卫的要件，犯罪嫌疑人对其杀人行为仍应负刑事责任。对于这种情形，我认为不影响坦白的成立。因此，坦白是指在客观上如实供述了其所犯罪行，至于对所犯罪行的辩解，如果这种辩解依法能够成立，是行为人的合法权利。即使这种辩解依法不能成立，也只是对法律的认识问题，至多是一个认罪态度问题。如果犯罪嫌疑人能够如实供述罪行，即使认罪态度不好，也不影响坦白成立，只是在裁量从轻处罚的时候将认罪态度好坏作为情节加以考虑。

（二）坦白与自首的区分

自首可以分为一般自首和特殊自首。一般自首是指犯罪以后自动投案，如实供述自己的罪行的情形。由此可见，一般自首是自动投案＋坦白。也就是说，一般自首包含了坦白，坦白是一般自首的应有之义。因此，坦白与一般自首的区分，就在于是否存在自动投案这一要件。犯罪嫌疑人在自动投案以后坦白的，是一般自首；如果犯罪嫌疑人没有自动投案而主动如实交代罪行的，是坦白。

坦白不仅不同于一般自首，也不同于特殊自首。根据我国刑法的规定，特殊自首是指被采取了强制措施的犯罪嫌疑人、被告人和正在服刑的罪犯，如实供述司法机关还未掌握的本人其他罪行的情形。特殊自首强调的是上述人员如实供述的罪行：一是司法机关还未掌握，二是其他罪行。因此，上述人员如实供述的罪行，如果司法机关已经掌握，或者是同种罪行，则不构成特殊自首。对于这种情形，前引《解释》第4条规定："被采取强制措施的犯罪嫌疑人、被告人和已宣判的罪犯，如实供述司法机关尚未掌握的罪行，与司法机关已掌握的或者判决确定的罪行属同种罪行的，可以酌情从轻处罚；如实供述的同种罪行较重的，一般应当从轻处罚。"上述情形，根据《刑法修正案（八）》的规定，属于坦白。在《刑法修正案（八）》颁布以前，上述情形是司法解释规定的从轻处罚情节。在《刑法修正案（八）》颁布以后，上述情形构成坦白，是法定从轻处罚情节。

（三）坦白后的翻供

坦白是一种对罪行的如实供述，翻供则是推翻先前所作的有罪供述。在刑事诉讼中，翻供现象时有发生，其具体情况也是极为复杂的，不可一概而论。但在坦白以后又翻供的，则使如实供述不复存在，因而不成立坦白。当然，如果在一审判决前又能如实供述的，仍然可以构成坦白。

三、坦白的处理

《刑法》第67条第3款［《刑法修正案（八）》第8条］规定："犯罪嫌疑人虽不具有前两款规定的自首情节，但是如实供述自己罪行的，可以从轻处罚；因其如实供述自己罪行，避免特别严重后果发生的，可以减轻处罚。"因此，坦白可以分为以下两种情形处理：一是对一般的坦白可以从轻处罚。二是对因其坦白，避免特别严重后果发生的，可以减轻处罚。这里的避免特别严重后果发生，是指由于犯罪嫌疑人的供述，使有关方面能够采取措施避免特别严重后果发生。以上规定，体现了对坦白的犯罪嫌疑人宽大处理的政策精神，是宽严相济刑事政策在立法中的体现。

第四节 立 功

一、立功的概念

立功是指犯罪人揭发他人犯罪行为，查证属实，或者提供重要线索，从而得以侦破其他案件的情形。

二、立功的条件

根据我国《刑法》第 68 条的规定，犯罪分子有揭发他人犯罪行为，查证属实的，或者提供重要线索，从而得以侦破其他案件的，是立功。因此，构成立功必须符合以下条件：

（一）立功的时间

立功的时间是指立功表现发生的时间。我国刑法根据立功的时间规定了两种不同的立功，这就是量刑阶段的立功与行刑阶段的立功。因此，立功的时间是量刑阶段的立功与行刑阶段的立功的主要区别。行刑阶段的立功，是指刑罚执行过程中的立功表现，具有立功表现的，可以获得减刑。而作为量刑制度的立功，是一种发生在量刑阶段的立功，是判决宣告前检举揭发他人犯罪行为的情形，因此它发生在刑事诉讼过程中。本节所要讨论的是量刑阶段的立功，它发生在刑事诉讼过程中。应当指出，《刑法》第 68 条对立功并没有时间上的限制，但司法解释往往将立功表述为犯罪分子到案后检举、揭发他人的犯罪行为，或者提供重要线索从而得以侦破其他案件的行为。那么，行为人在归案前实施上述行为是否应当认定为立功呢？例如甲在潜逃期间将杀人犯乙抓获并通过他人转交公安机关。在甲归案后，这一行为能否认定为立功表现呢？我认为，这是一种归案前的立功表现，不得因司法解释将立功表述为到案后的表现而不予认定。因为司法解释是针对一般立功规定的，以上行为完全符合立功的特征，应认定为立功。

（二）立功的表现

立功是犯罪分子在归案后的一种表现。前引《意见（一）》明确规定："立功必须是犯罪分子本人实施的行为。为使犯罪分子得到从轻处理，犯罪分子的亲友直接向有关机关揭发他人犯罪行为，提供侦破其他案件的重要线索，或者协助司法机关抓捕其他犯罪嫌疑人的，不应当认定为犯罪分子的立功表现。"这一认定对于立功的认定具有重要指导意义。只有犯罪分子本人的揭发、检举他人犯罪行为的表现，才能认定为立功。

根据我国《刑法》第 68 条的规定，立功表现为以下两种情形：

1. 揭发他人的犯罪行为

犯罪人之间往往互相了解各自的犯罪行为，犯罪人在归案以后，不仅交代自己的罪行，而且揭发检举他人的犯罪行为，因此是一种立功表现。

2. 提供重要线索

提供重要线索是指犯罪人提供未被司法机关掌握的各种犯罪线索，例如证明犯罪行为的重要事实或有关证人等。关于检举揭发他人的犯罪的信息来源是否必须合法，在刑法理论上存在争议。对此，2008 年 12 月 1 日最高人民法院《全国部分法院审理毒品犯罪案件工作座谈会纪要》（以下简称《纪要》）指出："通过非法手段或者非法途径获取他人犯罪信息，如从国家工作人员处贿买他人犯罪信息，通过律师、看守人员等非法途径获取他人犯罪信息，由被告人检举揭发的，不能认定立功，也不能作为酌情从轻处罚情节。"根据这一规定，只有根据合法的信息来源，检举揭发他人犯罪的，才能认定为立功。此外，前引《意见（一）》第 4 条规定，据以立功的线索、材料来源有下列情形之一的，不能认定为立功：（1）本人通过非法手段或者非法途径获取的；（2）本人因原担任的查禁犯罪等职务获取的；（3）他人违反监管规定向犯罪分子提供的；（4）负有查禁犯罪活动职责的国家机关工作人员或者其他国家工作人员利用职务便利提供的。由此可见，立功的线索、材料的来源必须具有合法性。

除上述刑法列举的两种立功表现以外，下述情形也应视为立功：

（1）协助司法机关抓捕其他犯罪嫌疑人。犯罪人协助司法机关抓捕在逃的罪犯，可以节省司法成本。因此，这种行为应视为立功表现。应当指出，犯罪人协助司法机关缉捕的其他犯罪嫌疑人，既可以是与其无关的，也可以是其同案犯。只要确实协助司法机关捕获犯罪嫌疑人，就应视为立功表现。《意见（二）》对协助抓捕其他犯罪嫌疑人的具体认定作了规定，根据这一规定，犯罪分子具有下列行为之一，使司法机关抓获其他犯罪嫌疑人的，属于《解释》第5条规定的"协助司法机关抓捕其他犯罪嫌疑人"：1）按照司法机关的安排，以打电话、发信息等方式将其他犯罪嫌疑人（包括同案犯）约至指定地点的；2）按照司法机关的安排，当场指认、辨认其他犯罪嫌疑人（包括同案犯）的；3）带领侦查人员抓获其他犯罪嫌疑人（包括同案犯）的；4）提供司法机关尚未掌握的其他案件犯罪嫌疑人的联络方式、藏匿地址的；等等。此外，犯罪分子提供同案犯姓名、住址、体貌特征等基本情况，或者提供犯罪前、犯罪中掌握、使用的同案犯联络方式、藏匿地址，司法机关据此抓捕同案犯的，不能认定为协助司法机关抓捕同案犯。

（2）犯罪人在羁押期间，遇有其他在押犯自杀、脱逃或者其他严重破坏监视行为，及时向看守人员报告。

（3）遇有自然灾害、意外事故奋不顾身加以排除，等等。

（三）立功的效果

立功不仅是一种表现，而且必须要有某种实际效果。立功表现形式不同，其立功效果亦有所不同。揭发他人犯罪行为的立功表现，须经查证属实才能成立。查证属实是指经过司法机关查证以后，证明犯罪人揭发的犯罪行为确实存在。如果经过查证，犯罪人揭发的情况不是犯罪事实或者无法证明，则不属于立功。提供重要线索的立功表现，须使犯罪案件得以侦破。使犯罪案件得以侦破是指司法机关根据犯罪人提供的重要线索，查清了犯罪事实，破获了犯罪案件。其他立功表现，同样也应当具有这种立功效果。对此，前引《意见（一）》第 2 条规定，据以立功的他人罪行材料应当指明具体犯罪事实；据以立功的线索或者协助行为对于侦破案件或者抓捕犯罪嫌疑人要有实际作用。犯罪分子揭发他人犯罪行为时没有指明具体犯罪事实的；揭发的犯罪事实与查实的犯罪事实不具有关联性的；提供的线索或者协助行为对于其他案件的侦破或者其他犯罪嫌疑人的抓捕不具有实际作用的，不能认定为立功表现。《意见（一）》还指出：犯罪分子揭发他人犯罪行为，提供侦破其他案件重要线索的，必须经查证属实，才能认定为立功。审查是否构成立功，不仅要审查办案机关的说明材料，还要审查有关事实和证据以及与案件定性处罚相关的法律文书，如立案决定书、逮捕决定书、侦查终结报告、起诉意见书、起诉书或者判决书等。上述规定，都强调了立功应当具有实效性，对于正确地认定立功情节具有重要意义。

三、立功的处理

根据我国刑法的规定，对具有立功表现的犯罪人，可以分别按以下两种情形处理：

（一）犯罪人有一般立功表现的，可以从轻或者减轻处罚

这里的一般立功表现，根据前引《解释》第 5 条的规定，是指犯罪分子到案后有检举揭发他人犯罪行为，包括共同犯罪案件中的犯罪分子揭发同案犯共同犯罪以外的其他犯罪，经查证属实；提供侦破其他案件的重要线索，经查证属实；阻止他人犯罪活动；协助司法机关抓捕其他犯罪嫌疑人（包括同案犯）；具有其他有利于国家和社会的突出表现的，应当认定为有立功表现。

（二）犯罪人有重大立功表现的，可以减轻或者免除处罚

这里的重大立功表现，根据前引《解释》第 7 条的规定，是指犯罪分子有检举、揭发他人重大犯罪行为，经查证属实；提供侦破其他重大案件的重要线索，经查证属实；阻止他人重大犯罪活动；协助司法机关拘捕其他重大犯罪嫌疑人

（包括同案犯）；对国家和社会有其他重大贡献等表现。根据司法解释规定，这里的"重大犯罪""重大案件""重大犯罪嫌疑人"的标准，一般是指犯罪嫌疑人、被告人可能被判处无期徒刑以上刑罚，或者案件在本省、自治区、直辖市或者全国范围内有较大影响等情形。

　　《意见（二）》对具有立功表现的被告人如何处罚问题作了具体规定。根据这一规定，对具有立功情节的被告人是否从宽处罚、从宽处罚的幅度，应当考虑其犯罪事实、犯罪性质、犯罪情节、危害后果、社会影响、被告人的主观恶性和人身危险性等。具有立功情节的，还应当考虑检举揭发罪行的轻重、被检举揭发的人可能或者已经被判处的刑罚、提供的线索对侦破案件或者协助抓捕其他犯罪嫌疑人所起作用的大小等。具有立功情节的，一般应依法从轻、减轻处罚；犯罪情节较轻的，可以免除处罚。虽然具有立功情节，但犯罪情节特别恶劣、犯罪后果特别严重、被告人主观恶性深、人身危险性大，或者在犯罪前即为规避法律而准备立功的，可以不从宽处罚。对于被告人具有立功情节，同时又有累犯、毒品再犯等法定从重处罚情节的，既要考虑立功的具体情节，又要考虑被告人的主观恶性、人身危险性等因素，综合分析判断，确定从宽或者从严处罚。累犯的前罪为非暴力犯罪的，一般可以从宽处罚，前罪为暴力犯罪或者前后罪为同类犯罪的，可以不从宽处罚。在共同犯罪案件中，对具有立功情节的被告人的处罚，应注意共同犯罪人以及首要分子、主犯、从犯之间的量刑平衡。犯罪集团的首要分子、共同犯罪的主犯检举揭发或者协助司法机关抓捕同案地位、作用较次的犯罪分子的，从宽处罚与否应当从严掌握，如果从轻处罚可能导致全案量刑失衡的，一般不从轻处罚；如果检举揭发或者协助司法机关抓捕的是其他案件中罪行同样严重的犯罪分子，一般应依法从宽处罚。对于犯罪集团的一般成员、共同犯罪的从犯立功的，特别是协助抓捕首要分子、主犯的，应当充分体现政策，依法从宽处罚。

第五节　数罪并罚

一、数罪并罚的概念

数罪并罚是对一人所犯数罪进行合并处罚的制度。我国刑法中的数罪并罚，是指人民法院对犯罪人在法定期限内所犯数罪分别定罪量刑后，依照法律所规定的并罚原则决定所应当执行的刑罚的情形。数罪并罚具有以下特征：

（一）一人犯有数罪

一人犯有数罪，是数罪并罚的事实前提。只有数罪存在，才有并罚可言；如果没有数罪，就没有必要并罚。因此，一人犯有数罪是数罪并罚的前提。关于这里的数罪，法律没有特别规定。因此，如何区分一罪与数罪问题，完全通过刑法理论加以解决。

在理解数罪并罚概念中一人犯有数罪的时候，还有一个问题值得研究，就是这里的数罪是否包括同种数罪？在刑法理论上，数罪存在异种数罪与同种数罪之分。异种数罪是指一人犯了数个不同种类的罪行，同种数罪是指一人犯了数个相同的罪行。异种数罪，由于其所触犯的两个犯罪之间属性不同，因而在一般情况下应当实行数罪并罚，这是没有疑问的。但同种数罪由于反复所犯的只是相同之罪，因而是否并罚就存在疑问。在我国刑法学界，对于判决宣告以后，刑罚尚未执行完毕以前发现的同种漏罪和又犯的同种新罪实行并罚，并无分歧意见，而且也有充足的法律根据。但对于判决宣告以前一人所犯的同种数罪是否并罚存在各种不同的观点，通论认为同种数罪不应并罚，我国司法实践中对同种数罪也不予并罚。

（二）所犯数罪发生在法定期限之内

行为人所犯数罪，必须发生在法定的时间界限之内。根据我国刑法的规定，并非任何时候所犯的数罪都需数罪并罚，而是限于以下三种情况下的数罪适用数罪并罚，即：（1）判决宣告以前一人犯数罪；（2）刑罚执行过程中发现被判刑的犯罪分子在判决宣告以前还有其他罪没有判决；（3）判决宣告以后，刑罚执行完毕以前，被判刑的犯罪分子又犯新罪。

（三）在对数罪分别定罪量刑的基础上，依照法定的并罚原则、范围与方法，决定执行的刑罚

数罪并罚不是对数罪所判刑罚的简单相加，而是对犯罪分子所犯数罪，依照刑法分则的相关规定，一个罪一个罪地确定其罪名，量定刑罚，然后根据数罪并罚所应遵循的法定原则，决定执行的刑罚。在审判实践中，对于数罪中有一罪或者数罪应当判处无期徒刑或死刑（含死缓）的案件，同样应当对各罪分别量刑，然后决定执行其中最高的刑罚。对于附加刑也应当分别量刑，这样才能看出附加刑是针对何罪适用的。只有数罪中有判处附加刑的，才能在决定执行的刑罚中有附加刑。

二、数罪并罚的原则

数罪并罚的原则是对一人所犯数罪实行并罚的准则。数罪并罚的原则不同，其并罚的结果也就不同。更为重要的是，在不同数罪并罚的原则背后，蕴含着各个国家不同的刑事政策。

（一）并科原则

并科原则是将一人所犯数罪所判处的刑罚绝对相加，合并执行。并科原则是报应刑思想的产物，机械地实行"一罪一罚，数罪数罚"，表面上公正，实际上有刑罚过苛之弊。尤其是对于无期徒刑、死刑等刑罚方法来说，不存在合并执行的可能性。即使对于有期限的自由刑来说，绝对并科，导致刑期远远超过人的自然生命，因而变得毫无意义。当然，并科原则中所包含的"犯数罪者要重于犯一罪者"的观念，还是具有合理性的。对此，应当予以吸收。

（二）吸收原则

吸收原则是对一人所犯数罪分别定罪量刑以后，采取重刑吸收轻刑的方法，只执行重刑，不再执行轻刑。我认为，在理解吸收原则的时候，要把罪的吸收与刑的吸收加以区分。罪的吸收，又称为重罪吸收轻罪，是指以法定刑为准确定数罪中的重罪与轻罪，然后仅对数罪中法定刑最重的一罪判处刑罚，法定刑较轻的其他数罪不予判刑。简言之，它只是按照数罪中最重之罪的法定刑判处刑罚，即通常所说的从一重处断。刑的吸收，又称为重刑吸收轻刑，是指首先对数罪分别定罪量刑，而以宣告刑为准确定数罪中各罪所被判处刑罚的轻重，选择其中最重的刑罚作为应当执行的刑罚，其余较轻的刑罚被吸收，不再执行。在以上两种吸收中，罪之吸收是牵连犯、吸收犯等犯罪形态中采用的定罪方法，通常涉及一罪与数罪的区分。由于采取重罪吸收轻罪的吸收原则，因而只定一罪，不以数罪论处。因而，罪的吸收，并不是数罪并罚的原则。作为数罪并罚原则的只能是刑的吸收，即在所犯数罪分别定罪判刑的基础上，重刑吸收轻刑。即使由于简便，在实行刑之吸收原则的情况下，仅以重罪处刑，轻罪不再处刑，也与重罪吸收轻罪不同：重罪吸收轻罪是定罪原则，是罪之吸收。由于轻罪被吸收，因而只成立一罪。由于轻罪被吸收，轻罪之刑当然也被吸收。重刑吸收轻刑是量刑原则，确切地说，是数罪并罚原则。刑之吸收的前提是存在数罪，刑虽然被吸收了，其罪依然存在。因而，尽管重罪吸收轻罪与重刑吸收轻刑极易混淆，还是应当严格地区分两者，尤其是不能把罪之吸收视为数罪并罚的吸收原则的内容。吸收原则作为数罪并罚的原则，在一人犯数罪的情况下，只执行最重之刑，因而使数罪混同于一罪，有悖于罪刑均衡的原则，因此现在单纯采用吸收原则的国家已经极为罕见。

（三）限制加重原则

限制加重原则是指以一人所犯数罪中应当判处或者已经判处的最重刑罚为基础，再在一定限度之内对其予以加重作为执行的刑罚。限制加重的方法有两种：一是依数罪中最重犯罪的法定刑加重处罚，即以法定刑为准确定数罪中的最重犯罪，再就法定刑最重刑罚加重处罚并作为执行的刑罚。二是依数罪中被判决宣告的最重刑罚加重处罚，即在对数罪分别定罪量刑的基础上，以宣告刑为准确定其中最重的刑罚，再就宣告的最高刑罚加重处罚作为执行的刑罚。此类限制加重的通常做法是，在数刑中最高刑期以上、总和刑期以下，决定执行的刑罚；同时规定应执行的刑罚不能超过的最高限度。限制加重原则兼采并科原则与吸收原则的优点，既不似并科原则那样过苛，又不似吸收原则那样过纵，可以说是一种公正、适当的数罪并罚原则。当然，这种方法也有其缺陷，就是只能适用有一定期限或者数量的刑罚，对于其他刑罚无法适用。

（四）综合原则

综合原则兼采上述并科原则、吸收原则和限制加重原则。在各国立法中，往往是以其中一种原则为主，以其他原则为辅。综合原则由于吸收了各原则的长处，所以具有适应性强的特点，为各国刑法所广泛采用。

三、我国刑法中的数罪并罚原则

我国刑法中的数罪并罚采取了综合原则。我国《刑法》第 69 条第 1 款和第 3 款［《刑法修正案（八）》第 10 条］规定："判决宣告以前一人犯数罪的，除判处死刑和无期徒刑的以外，应当在总和刑期以下、数刑中最高刑期以上，酌情决定执行的刑期，但是管制最高不能超过三年，拘役最高不能超过一年，有期徒刑总和刑期不满三十五年的，最高不能超过二十年，总和刑期在三十五年以上的，最高不能超过二十五年。""数罪中有判处附加刑的，附加刑仍须执行，其中附加刑种类相同的，合并执行，种类不同的，分别执行。"根据这一规定，我国刑法中的数罪并罚原则内容包括以下几个方面：

（一）限制加重原则

限制加重是我国刑法中数罪并罚的基本原则。根据我国刑法规定，当判决宣告的数个主刑为有期徒刑、拘役、管制的时候，采取限制加重原则合并处罚。具体限制加重方法如下：（1）判决宣告的数个主刑均为有期徒刑的，应当在总和刑期以下，数罪中最高刑期以上，酌情决定执行的刑期，但是有期徒刑总和刑期不满35年的，最高不能超过20年，总和刑期在35年以上的，最高不能超过25年。（2）判决宣告的数个主刑均为拘役的，应当在总和刑期以下，数刑中最高刑期以上，酌情决定执行的刑期，但是最高不能超过1年。（3）判决宣告的数个主刑均为管制的，应当在总和刑期以下，数刑中最高刑期以上，酌情决定执行的刑期，但是最高不能超过3年。上述限制加重原则中的限制，表现在两个方面：一是总和刑期的限制，在酌情决定执行的刑期的时候，不得超过数罪的总和刑期。二是数罪并罚的法定最高限度的限制，即有期徒刑总和刑期不满35年的，最高不能超过20年；总和刑期在35年以上的，最高不能超过25年；拘役不能超过1年；管制不能超过3年。当总和刑期超过上述期限的时候，数罪并罚应当受其限制。

（二）吸收原则

我国《刑法》第69条关于限制加重原则的规定，明确地将死刑、无期徒刑排除在外。但对于判决宣告中有数个死刑、无期徒刑或者最重刑为死刑、无期徒刑的应当按照什么原则实行并罚并未作出明文规定。我国刑法学界一般认为，在这种情况下应采取吸收原则。在我国刑法中，适用吸收原则的有以下三种情形：（1）判决宣告的数个主刑中有数个死刑或者最重刑为死刑的，采用吸收原则，仅执行一个死刑，而不得决定执行两个以上的死刑或者其他主刑。（2）数罪中有判处有期徒刑和拘役的，执行有期徒刑，拘役不再执行。在我国刑法中，拘役是短期自由刑，在有期徒刑执行完毕以后，拘役被吸收，不再执行。（3）判决宣告的数个主刑中有数个无期徒刑或者最重刑为无期徒刑的，采用吸收原则，仅执行一个无期徒刑，而不得决定执行两个以上的无期徒刑或者其他主刑。

（三）并科原则

我国《刑法》中的并科，包括以下两种情形：

1. 土刑之间的并科

我国《刑法》第69条第2款〔《刑法修正案（九）》第4条〕规定，数罪中有判处有期徒刑和管制，或者拘役和管制的，有期徒刑、拘役执行完毕后，管制仍须执行。在这种情况下，有期徒刑和管制、拘役和管制之间实行并科原则。在上述主刑中，有期徒刑和拘役属于监禁刑，而管制属于非监禁刑。因此，监禁刑和非监禁刑的并科，采取先执行监禁刑、后执行非监禁刑的并科方法。

2. 主刑与附加刑之间的并科

我国《刑法》第 69 条第 3 款［《刑法修正案（八）》第 10 条］规定，数罪中有判处附加刑的，附加刑仍须执行，其中附加刑种类相同的，合并执行，种类不同的，分别执行。这表明，对于主刑和附加刑，我国刑法采用并科原则，我国刑法中的附加刑，有附加适用与单独适用两种情形。这里的数罪中有判处附加刑的，是指单独适用附加刑的情形。由于这种附加刑与主刑可以并存，因而主刑的适用并不排斥单独适用的附加刑的执行。因此我国刑法规定对于数罪中有判处附加刑的，实行主刑与附加刑的并科。根据我国《刑法》第 69 条的规定，因犯数罪而被同时判处主刑和附加刑的，无论判决决定执行的主刑种类如何，都应适用并科原则，将所宣告的一个或数个附加刑作为执行的刑罚。我国刑法除规定对主刑与附加刑并科以外，《刑法》第 69 条第 3 款［《刑法修正案（八）》第 10 条］还规定附加刑本身也采取并科原则。其中，附加刑种类相同的，合并执行。附加刑种类不同的，分别执行。这里的合并执行，是指各种类相同的数个附加刑，期限或者数额相加之后一并执行。分别执行，则是指种类不同的数个附加刑，同时执行。因此，无论是种类相同还是种类不同，我国刑法规定对附加刑采取并科原则。当然，如果种类不同的数个附加刑，无法并科的，例如没收财产与罚金，则择其一执行，即采用吸收原则。

四、数罪并罚的适用

数罪并罚原则，只是解决在对数罪实行并罚的时候应当遵循什么准则进行并罚的问题。至于在司法实践中，如何根据数罪并罚原则对各种不同类型的数罪实行并罚，是一个数罪并罚的适用问题。对于这个问题，我国《刑法》第 69 条、第 70 条和第 71 条分别作了规定。

（一）普通数罪的并罚

普通数罪是指判决宣告以前发现的数罪，对于这种数罪的并罚，是数罪并罚的典型形态，我国数罪并罚的原则，就是根据这种情况规定的，由于我们已经对数罪并罚原则作了详尽的论述，因而对于判决宣告以前发现数罪的合并处罚，可以按照我国《刑法》第 69 条之规定直接适用。

（二）发现漏罪的并罚

我国《刑法》第 70 条规定："判决宣告以后，刑罚执行完毕以前，发现被判刑的犯罪分子在判决宣告以前还有其他罪没有判决的，应当对新发现的罪作出判决，把前后两个判决所判处的刑罚，依照本法第六十九条的规定，决定执行的刑罚。已经执行的刑期，应当计算在新判决决定的刑期以内。"根据这一规定，发现漏罪的并罚具有以下特征：（1）发现漏罪并罚的时间。发现漏罪并罚的时间是判决宣告以后，刑罚执行完毕以前，这也正是发现漏罪的并罚与普通数罪的并罚的根本区别。（2）发现漏罪并罚的前提。发现漏罪并罚的前提是发现被判刑的犯罪分子在判决宣告以前还有其他罪没有判决。这里的其他罪，就是我们通常所说的漏罪。这一漏罪既可以是异种之罪，也可以是同种之罪。（3）发现漏罪并罚的方法。发现漏罪并罚的方法是"对新发现的罪作出判决，把前后两个判决所判处的刑罚，依照本法第六十九条的规定，决定执行的刑罚。已经执行的刑期，应当计算在新判决决定的刑期以内"。这种数罪并罚的方法，俗称为先并后减。根据先并后减的方法，在发现漏罪的情况下实行并罚计算刑期的时候，应当将已经执行的刑期，计算在新判决决定的刑期之内。也就是说，前一判决已经执行的刑期，应当从前后两个判决所判处的刑罚合并而决定执行的刑期中扣除。例如，甲犯抢劫罪被判处有期徒刑 10 年，在刑罚执行 5 年以后，发现他在判决宣告以前，还犯有强奸罪没有处理。这时应当对新发现的强奸罪作出判决，如果对强奸罪判处有期徒刑 8 年，则应在 8 年以上 18 年以下决定执行的刑期。假设决定执行的刑期为 15 年，应将已经执行的 5 年计算在 15 年之内。也就是说，甲只需再执行 10 年刑期届满。

在发现漏罪进行并罚的时候，还应当注意以下三个问题：

1. 缓刑期间发现漏罪的并罚

我国《刑法》第 77 条规定：被宣告缓刑的犯罪分子，在缓刑考验期限内发现判决宣告以前还有其他罪没有判决的，应当撤销缓刑，对新发现的罪作出判决，把前罪和后罪所判处的刑罚，依照本法第 69 条的规定，决定执行的刑罚。如果必须判处实刑的，应当撤销对前罪所宣告的缓刑。已经执行的缓刑考验期，不予折抵刑期。但是，判决执行以前先行羁押的日期应当予以折抵刑期；如果仍符合缓刑条件的，仍可宣告缓刑，已经执行的缓刑考验期，应当计算在新决定的缓刑考验期内。

2. 假释期间发现漏罪的并罚

我国《刑法》第 86 条第 2 款规定：在假释考验期限内，发现被假释的犯罪分子在判决宣告以前还有其他罪没有判决的，应当撤销假释，依照本法第 70 条的规定实行数罪并罚。

3. 减刑后发现漏罪的并罚

犯罪分子在服刑以后已经被减刑，在这种情况下发现漏罪应当如何并罚？根据我国《刑法》第 70 条的规定，发现漏罪的并罚是把前后两个判决所判处的刑罚进行并罚。因此，前罪是指判决的刑罚，而不是指减刑后的刑罚。例如前罪被判处无期徒刑，两年后被减为有期徒刑 18 年，此时发现漏罪，应与前罪的无期徒刑并罚，而不是与前罪减刑后的有期徒刑 18 年并罚。在并罚以后，对于已减刑期，应当包含在已经执行的刑期中予以减去，例如，前罪被判处有期徒刑 10 年，执行 5 年时被减刑 2 年，此时发现漏罪应判处有期徒刑 5 年，在这种情况下，对 10 年与 5 年进行并罚，决定执行 14 年，减去已经执行的刑期 7 年，即实际执行的 5 年和减刑的 2 年，还应执行 7 年。但如果对漏罪实行并罚的结果是无期徒刑，则实际执行的刑期和减刑的刑期都难以被减去，而是被无期徒刑所吸收。上述原理，同样适用于再犯新罪的并罚。

（三）再犯新罪的并罚

我国《刑法》第71条规定："判决宣告以后，刑罚执行完毕以前，被判刑的犯罪分子又犯罪的，应当对新犯的罪作出判决，把前罪没有执行的刑罚和后罪所判处的刑罚，依照本法第六十九条的规定，决定执行的刑罚。"根据这一规定，再犯新罪的并罚具有以下特征：（1）再犯新罪并罚的时间。再犯新罪并罚的时间是判决宣告以后，刑罚执行完毕以前，这一点与发现漏罪的并罚是相同的，在此不再赘述。（2）再犯新罪并罚的前提。再犯新罪并罚的前提是被判刑的犯罪分子又犯罪。这里的新罪，既包括异种罪又包括同种罪，尤其需要注意的是，对于再犯同种罪的也应实行数罪并罚。这里的新罪是在判决发生法律效力以后，刑罚执行完毕以前所犯的，这对于适用《刑法》第71条来说十分重要。如果新罪是在前罪判决宣告以前所犯，就应当视为漏罪，而非再犯新罪。如果新罪是在刑罚执行完毕以后，则也不再实行数罪并罚，而应按照累犯或者再犯处理。（3）再犯新罪并罚的方法。再犯新罪并罚的方法是"对新犯的罪作出判决，把前罪没有执行的刑罚和后罪所判处的刑罚，依照本法第六十九条的规定，决定执行的刑罚"。这一并罚方法，俗称为先减后并。根据先减后并的方法，在再犯新罪的情况下实行并罚计算刑期的时候，应当从前罪判决决定执行刑罚中减去已经执行刑罚，然后将前罪未执行的刑罚与后罪所判处的刑罚并罚，决定执行的刑罚。例如，甲犯抢劫罪被判处有期徒刑15年，在服刑5年后，又犯了强奸罪，被判处有期徒刑8年。甲抢劫罪没有执行完毕的刑罚10年，同强奸罪所判的刑罚8年合并，总和刑期是18年，并罚时应在18年以下10年以上决定应执行的刑期。假定决定执行12年，由于前罪刑罚已执行的5年不计算在新判决决定的刑期内，因此，该罪犯实际上是执行有期徒刑17年。

再犯新罪并罚的先减后并方法与发现漏罪并罚的先并后减方法相比较，在一定条件下，可能给予犯罪分子更为严厉的处罚。这主要表现在以下三个方面：（1）在新罪所判处的刑期比前罪尚未执行的刑期长的条件下，决定执行刑罚的最低期限，先减后并比先并后减的方法决定执行刑罚的最低期限有所提高。例如，某犯罪分子前罪被判处有期徒刑 10 年，执行 8 年以后又犯新罪，被判处有期徒刑 6 年。如果按照先减后并的方法并罚，应当在 6 年以上 8 年以下决定执行的刑罚，加上已执行的刑期 8 年，实际执行的刑期最低是 14 年，最高为 16 年。而如果采用先并后减的方法并罚，应当在 10 年以上 16 年以下决定执行的刑罚，实际执行的刑期最低为 10 年，最高为 16 年。前者实际执行的最低刑期比后者高 4 年，从而导致实际执行的刑期也随之相应提高。但是，在新罪所判处的刑期比前罪尚未执行的刑期短或者与其相等的条件下，则按先减后并方法并罚的最低实际执行刑期，并不比按先并后减方法决定的最低实际执行刑期长。（2）在前罪与新罪都被判处较长刑期的情况下，确切地说是在前罪与新罪被判处的有期自由刑的总和刑期超过数罪并罚法定最高刑期的限制时，采用先减后并的方法，犯罪分子实际执行的刑罚可能超过数罪并罚法定最高刑期的限制。例如，某犯罪分子前罪被判处有期徒刑 14 年，执行 10 年以后又犯新罪，被判处有期徒刑 10 年。若采用《刑法》第 71 条规定的先减后并方法并罚，应当在 10 年以上 14 年以下决定执行的刑罚，加上已执行的刑期 10 年，实际执行的刑期最低为 20 年最高为 24 年。如按照《刑法》第 70 条规定的先并后减方法并罚，则实际执行的刑期不可能也不允许超过 20 年。（3）犯罪分子在刑罚执行期间所犯新罪的时间距离前罪所判刑罚执行完毕的期限越近，或者犯罪分子再犯新罪时前罪所判刑罚的残余刑期越少，数罪并罚时决定执行刑罚的最低期限，以及实际执行的刑期的最低限度就越高。例如，某犯罪分子前罪被判处有期徒刑 7 年，假设其在刑罚分别执行 2 年、3 年、6 年后又犯新罪，新罪被判处有期徒刑 5 年。若依照《刑法》第 71 条规定的先减后并方法并罚，其实际执行的刑期的最低限度分别为 7 年、8 年、11 年，最高限度为 12 年。如果适用《刑法》第 70 条规定的先并后减方法并罚，则其实际执行的最低刑期都是 7 年，最高刑期为 12 年。由上可见，先减后并与先并后减这两种并罚方法，在一定条件下，并罚的结果是前者重于后者。对再犯新罪的并罚之所以采取更为严厉的先减后并的并罚方法，主要是由于犯罪分子在服刑期间不思悔改，再犯新罪，其人身危险性较大。

在再犯新罪进行并罚的时候，还应当注意以下四个问题：

1. 缓刑期间再犯新罪的并罚

我国《刑法》第 77 条规定：被宣告缓刑的犯罪分子，在缓刑考验期限内犯新罪的，应当撤销缓刑，对新犯的罪作出判决，把前罪和后罪所判处的刑罚，依照本法第 69 条的规定，决定执行的刑罚。

2. 假释期间再犯新罪的并罚

我国《刑法》第 86 条第 1 款规定：被假释的犯罪分子，在假释考验期限内犯新罪，应当撤销假释，依照本法第 71 条的规定实行数罪并罚。

3. 执行罚金刑期间再犯新罪的并罚

根据 2017 年 11 月 26 日全国人大常委会法制工作委员会《关于对被告人在罚金刑执行完毕前又犯新罪的罚金刑应否与未执行完毕的罚金适用数罪并罚问题的答复意见》（以下简称《答复意见》）的规定："刑法第七十一条中的'刑罚执行完毕以前'应是指主刑执行完毕以前。如果被告人主刑已执行完毕，只是罚金尚未执行完毕的，根据刑法第五十三条的规定，人民法院在任何时候发现有可以执行的财产，应当随时追缴。因此，被告人前罪主刑已执行完毕，罚金尚未执行完毕的，应当由人民法院继续执行尚未执行完毕的罚金，不必与新罪判处的罚金数罪并罚。"这一《答复意见》确立的我国刑法中数罪并罚的"刑罚执行完毕"是指主刑执行完毕，并不包括附加刑执行完毕的理解规则，对于附加刑的数罪并罚的适用具有重要指导意义。

4. 执行附加刑剥夺政治权利期间再犯新罪的并罚

根据 2009 年 5 月 25 日最高人民法院《关于在执行附加刑剥夺政治权利期间犯新罪应如何处理的批复》（以下简称《批复》）第 1 条的规定，对判处有期徒刑并处剥夺政治权利的罪犯，主刑已执行完毕，在执行附加刑剥夺政治权利期间又犯新罪，如果所犯新罪无须附加剥夺政治权利的，依照《刑法》第 71 条的规定数罪并罚。即，对新罪作出判决，将前罪没有执行完毕的附加刑剥夺政治权利和新罪所判处的刑罚，依照《刑法》第 69 条的规定，决定执行的刑罚。同时，根据前引《批复》第 2 条的规定，在上述情况下，前罪尚未执行完毕的附加刑剥夺政治权利的刑期，从新罪的主刑有期徒刑执行之日起停止计算，并依照《刑法》第 58 条规定从新罪的主刑有期徒刑执行完毕之日或者假释之日起继续计算；附加刑剥夺政治权利的效力施用于新罪的主刑执行期间。此外，前引《批复》第 3 条还规定，对判处有期徒刑的罪犯，主刑已执行完毕，在执行附加刑剥夺政治权利期间又犯新罪，如果所犯新罪也剥夺政治权利的，依照《刑法》第 55 条、第 57 条、第 71 条的规定并罚。即，对剥夺政治权利均为有期限的，采取限制加重的方法，把前罪未执行完毕的剥夺政治权利的刑期与新罪的剥夺政治权利并罚，除《刑法》第 57 条规定以外，依照《刑法》第 55 条规定在 1 年以上 5 年以下决定应执行的刑期；如果有一罪判处剥夺政治权利终身的，则采取吸收方法，并罚时只执行剥夺政治权利终身。

值得注意的是，上述《批复》关于"刑罚执行完毕"的理解与此后颁布的《答复意见》并不一致：按照《批复》的规定，刑罚执行完毕包括主刑执行完毕和附加刑执行完毕。主刑执行完毕以后，附加刑尚未执行完毕的，也视为刑罚尚未执行完毕，因而对新罪的罚金刑可以与前罪尚未执行完毕的罚金刑数罪并罚。但根据《答复意见》的规定，刑罚执行完毕只是指主刑执行完毕，因而附加刑尚未执行完毕的，继续执行附加刑，不能对新罪的附加刑与前罪尚未执行完毕的附加刑数罪并罚。因为《答复意见》具有立法解释的性质，所以其效力高于具有司法解释性质的《批复》。

第十八章

行　刑

第一节　行刑概述

一、行刑的概念

行刑，又称刑罚执行，是指依法将生效的刑事裁判对犯罪分子确定的刑罚付诸实施。行刑作为一种刑罚执行活动，具有以下特征：

（一）行刑的主体是有行刑权的司法机关

我国有行刑权的机关，是指依法被授权执行刑罚的机关。根据我国有关法律的规定，行刑的主体包括以下三个机关：一是监狱。监狱是我国主要的行刑机关，根据《监狱法》的规定，监狱负责对有期徒刑、无期徒刑和死刑缓期二年执行的执行。二是公安机关。公安机关负责管制、拘役、1年以下或余刑在1年以下不便送往监狱执行的有期徒刑、剥夺政治权利的执行。此外，公安机关还负责缓刑和假释的考察。三是人民法院。人民法院负责罚金、没收财产以及死刑立即执行的执行。对于没收财产，人民法院在必要时也可会同公安机关执行；对于死刑立即执行，人民法院在没有条件执行时，也可以交付公安机关执行。

（二）行刑的客体是人民法院生效的刑事裁判

行刑是一种刑罚执行活动，它所执行的是人民法院生效的刑事裁判，包括裁定和判决所确定的刑罚。因此，人民法院生效的刑事裁判是行刑的客体。根据《刑事诉讼法》第259条和有关法律的规定，生效的刑事判决是指：一是已过法定期限没有上诉、抗诉的判决和裁定。二是终审的判决和裁定，包括中级人民法院和高级人民法院第二审案件裁定、最高人民法院第一审案件的判决和裁定。三是最高人民法院核准的死刑判决与高级人民法院核准的死刑缓期二年执行的判决。

（三）行刑的性质是司法行政活动

行刑是刑事法律活动的主要内容之一，只有通过刑罚执行，量刑阶段裁量的刑罚才有可能付诸实施。行刑是一种司法行政活动，因而行刑权属于行政权的范畴而不具有司法权的性质，这也是行刑活动与定罪量刑审判活动的根本区别。

二、行刑的内容

行刑有广义与狭义之分。广义上的行刑是指所有刑罚的执行，包括监禁刑的执行与非监禁刑的执行，以及死刑的执行，而狭义上的行刑是指监禁刑的执行。在此，我是在广义上使用行刑一词。因此，行刑是指行刑机关将刑事判决所确定的刑罚付诸实施的活动。行刑包含以下内容：

（一）刑罚实现

行刑之要义在于将刑罚付诸实施，因而行刑是以刑罚实现为内容的。因此，应当把行刑与刑事判决的执行加以区分。刑事判决的结果有以下三种：（1）判决无罪。被告人的行为不构成犯罪，谈不上对其处以一定的刑罚，因而也就没有刑罚执行可言。（2）判决有罪，但免予刑事处分。被告人的行为虽然构成犯罪，但根据法律规定免除处罚或者由于犯罪情节轻微不需要判处刑罚，因此也不存在刑罚执行问题。（3）判决有罪并处以一定的刑罚。由于被告人的行为构成犯罪并且被判处刑罚，因而就发生了刑罚执行问题。刑事判决的执行，是指对上述三种判决的执行，其中只有第三种刑事判决的执行才是刑罚执行。由此可见，刑罚执行并非所有刑事审判活动的必然结果，而只是判决有罪并且处以一定刑罚的刑事审判活动的结果。

（二）罪犯矫正

在行刑活动中，占主导地位的是自由刑的执行，而自由刑的执行并非简单地对受刑人实行关押，而是以矫正罪犯为使命，这也正是现代行刑制度与以往行刑制度在性质上的根本区别。应该说，行刑性质的这种嬗变，是与刑罚理念的更新有关的。基于报应刑的观念，行刑意味着单纯的惩罚的现实化，并无教育的内容；而在预防刑观念的影响下，行刑注重发挥刑罚的矫正功能，从而具有积极作用。由此可见，矫正罪犯是现代行刑的重要内容。在我国刑法中，罪犯矫正可以分为监禁性矫正与非监禁性矫正。这里的非监禁性矫正，主要是指社区矫正，社区矫正是我国正在试点推行的一种非监禁化的矫正方式。2003 年 7 月 10 日最高人民法院、最高人民检察院、公安部、司法部发布了《关于开展社区矫正试点工作的通知》，2004 年 5 月 9 日司法部制定了《司法行政机关社区矫正工作暂行办法》。根据上述通知和办法的规定，社区矫正是指将符合社区矫正条件的罪犯置于社区内，由专门的国家机关在相关社区团体和民间组织以及社会志愿者的协助下，矫正其犯罪心理和行为恶习，促进其顺利回归社会的非监禁刑罚执行活动。社区矫正的试点为非监禁性的罪犯矫正提供了制度保障，是我国行刑内容的发展与完善。

（三）刑罚变更

行刑是刑罚适用活动的重要组成部分，它与量刑具有衔接性。在量刑阶段确定的刑罚可能在行刑阶段发生变更，因此，刑罚变更是行刑的内容之一。所谓刑罚变更，主要是指在行刑过程中，随着受刑人的人身危险性的消减，从而相应地减缩刑期或者变更刑种。我国刑法规定了减刑制度与假释制度，都涉及刑罚的变更，属于行刑的范畴。

三、行刑的意义

拉丁法谚云："执行乃法律之终局及果实"（Eocutioest finis etfructus legis）。一语道出刑罚执行的重要性。确实如此，就行刑以刑事判决所确定的刑罚为前提而言，它对于定罪量刑的刑事司法活动具有一定的从属性，并且是其自然延伸。但行刑绝不仅仅是消极地执行刑罚，而是还具有其积极的内容，它关系到刑事司法活动最终目的的实现。离开了刑罚执行活动，刑事判决只是一纸空文。因此，行刑活动具有重要意义。

（一）行刑对于实现刑罚报应的意义

罪有应得是报应的基本蕴含。只有通过行刑活动将刑事判决所确定的刑罚现实化，真正使刑罚成为每个犯罪人不可避免的法律后果，罪有应得的报应目的才能实现。

（二）行刑对于实现刑罚预防的意义

行刑通过对犯罪人执行各种刑罚，消除其人身危险性，实现刑罚的一般预防与个别预防的目的，这就是行刑对于实现刑罚预防的意义。行刑虽然是以刑事判决所确定的刑罚为执行内容的，但它又具有相对的独立性：在刑罚执行过程中，可以根据犯罪人之悔改和立功表现，对刑事判决所确定的刑罚依法加以调整，从而增强刑罚的有效性。

（三）行刑对于报应与预防的双重意义

行刑具有报应与预防的双重目的，因而它对于报应与预防具有双重意义。行刑活动是以报应为基础的，通过惩罚实现刑罚报应。但在行刑活动中，更应突出刑罚的预防性，尤其是个别预防，因此，我们更应强调行刑对于实现个别预防目的的意义。尽管报应与预防有主次之分，但行刑活动同时受两者的制约，实现刑罚报应与刑罚预防的双重使命。

第二节　行刑的原则

行刑原则，是指在刑罚执行过程中必须遵循的基本准则。行刑原则是从刑法基本原则中派生出来的，并且受一定刑事政策的制约。行刑是受一定的刑法理念指导的，在行刑问题上同样也反映了报应主义与预防主义的对立。报应主义将监狱视为实现报应的场所，因此对犯罪人实行消极的关押，由此导致监狱行刑的失败。可见，单纯地强调惩罚的报应主义行刑思想是难以奏效的。预防主义，尤其是以刑事实证学派为代表的个别预防主义，主张对监狱制度进行改革，通过对犯罪人矫正消除其人身危险性，把行刑视为实现社会防卫目的的重要手段。但是，脱离了报应性，过分地强调行刑的矫正性，也是不妥当的。因此，我认为，在行刑过程中，应当把报应与预防结合起来，坚持惩罚与矫正相统一的原则。

一、惩罚

刑罚执行过程首先体现了对犯罪人的惩罚。行刑既然是刑罚的付诸实施，当然包含着惩罚的意蕴。刑罚执行就是要将这种惩罚落实到犯罪人身上，使之切实感受到犯罪后所得到的法律的否定评价。刑罚方法不同，惩罚的内容与严厉程度也就有所差别。生命刑的内容表现为剥夺生命，这是一种最严厉的刑罚。剥夺自由刑，由监狱把犯罪人监管起来，剥夺其人身自由，通过惩罚使其认识到罪有应得，这也是一种较为严厉的刑罚。限制自由刑，主要是通过限制犯罪人的人身自由，使其受到惩罚，这是一种较为轻缓的刑罚。财产刑和资格刑，通过剥夺犯罪人的一定财产或者资格，使其受到惩罚。以上无论何种刑罚的执行所带来的惩罚，都会加诸犯罪人一定的刑罚痛苦，都表现为对犯罪人的一定权益的剥夺。在这个意义上，行刑就是惩罚的现实化。

二、矫正

刑罚执行过程不仅是一个对犯罪人的刑罚过程，而且是一个对犯罪人矫正的过程。矫正是现代行刑制度的应有之义，它以行刑个别化为基础。行刑个别化，又称处遇个别化，是指在对犯罪人进行分类的基础上，实行教育改造，包括采取各种处遇措施。犯罪人分类，是按照一定的标准，将服刑的犯罪人分成若干类，实行分别关押、分类处遇。基于犯罪人的分类，实行处遇的类型化，即根据不同类型的犯罪人特征，采取不同的处遇措施，由此促进犯罪人的矫正。矫正体现了预防的要求，犯罪人并不只是犯罪行为的实施者，而且是犯罪人格的承载者，犯罪行为只不过是犯罪人格的外化。因此，单纯的惩罚并不能改变犯罪人格，只有采取各种有效的矫正措施，才能消除犯罪人的人身危险性，从而实现刑罚预防。

三、惩罚与矫正的统一

在刑罚执行过程中，惩罚体现了对犯罪的报应，而矫正则体现了对犯罪的预防。在此，惩罚与矫正是结合在一起的。首先，惩罚对于矫正具有一定的制约性，这主要体现在：惩罚是矫正的前提与限度。犯罪人只有在实施了犯罪并受到刑罚惩罚的情况下，才存在需要矫正的问题。因此，矫正依附于惩罚而存在，不能离开惩罚这个前提。同时，惩罚构成矫正的限制条件，矫正贯穿在惩罚过程中，但不能脱离惩罚而存在。例如，一般刑罚惩罚都有一定的期限，矫正只能在这一期限内进行。即使犯罪人表现恶劣，只要没有再犯新罪就不能加刑，并且刑期届满应当依法释放。犯罪人在行刑期间表现出色，可以依法减刑或者假释，但减刑和假释都受到原判刑期的限制。从上述情况可知，司法机关是在对犯罪人惩罚的基础之上和范围之内实行矫正的。其次，矫正使惩罚成为一种积极有效的行刑活动而不是消极的报应。报应是对犯罪的机械反应，因此把行刑视为对犯罪人的单纯的监禁。矫正理念之引入行刑活动，赋予刑罚执行以积极的内容，这就是通过各种措施矫正犯罪人，因而使行刑制度发生了革命性转变。现代监狱行刑从康复模式到重新回归模式，再到后来新古典主义的惩罚模式抬头，可谓历经曲折。尽管如此，矫正的思想已经渗透到整个行刑活动，问题只是如何正确地协调惩罚与矫正的关系而已。

第三节 行刑的变通

刑罚执行由于某些特殊事由，因而存在一个行刑变通的问题。行刑的变通是行刑的例外情况，归根到底是为了保障刑罚的有效执行，因而对于行刑具有重要意义。

一、刑期的折抵

刑期的折抵是以判决前羁押为前提的。为了保证审判的正常进行，往往需要对犯罪嫌疑人采取拘留、逮捕等强制措施，因而其在判决宣告前就已被剥夺了人身自由。在这种情况下，判处死刑的，当然不存在刑期折抵问题。判处终身自由刑后再减刑的，同样也不存在刑期折抵问题。只有在判处自由刑的情况下，才存在刑期折抵问题。这些审判前羁押的时间如果不予折抵，无异于加重其刑罚。因此，对于刑期的折抵，各国刑法一般都有规定。我国刑法中刑期折抵的原则是：犯罪人被判处有期徒刑或者拘役的，判决执行以前先行羁押的日期按照羁押1日折抵刑期1日的方法予以折抵。犯罪人被判处管制的，判决执行以前先行羁押的日期按照羁押1日折抵刑期2日的方法予以折抵。

二、刑罚的易科

刑罚的易科，又称为换刑处分，指判决宣告的刑罚，因特殊事由不能执行或不宜执行，而选择其他刑罚为执行的代替。刑罚的易科可以分为以下两种情形：

（一）罚金刑易科

罚金刑易科，是指在罚金不能缴纳的情况下，将罚金刑折抵成自由刑予以执行。罚金刑易科自由刑，包括易科为剥夺自由刑与易科为限制自由刑两种情形。罚金刑易科是通过剥夺自由刑或者限制自由刑的执行抵消罚金刑，从而达到刑罚执行的目的。罚金刑与自由刑相比，一般认为罚金刑轻而自由刑重，罚金刑易科是轻刑转换为重刑，因此，罚金刑易科的正当性在刑法理论上存在争论。我认为，罚金刑的减免制只能适用于因无法抗拒的灾祸造成的罚金执行不能的情况，罚金的追缴制则只能适用于目前没有经济负担能力造成的罚金执行不能的情况，而对于具有经济负担能力而故意抗拒缴纳罚金的犯罪人，采用罚金刑易科具有其合理性。当然，罚金刑易科应当受到严格限制。只有这样，才能使罚金刑易科兼具公正性与有效性。应当指出，我国刑法中没有关于罚金易科的规定，只有罚金减免和罚金追缴的规定。

（二）自由刑易科

自由刑易科，是指在犯罪人不宜执行短期自由刑的情况下，将短期自由刑折抵罚金刑予以执行。由此可见，自由刑易科是为限制与代替短期自由刑而设的。因为短期自由刑对犯罪人难收改恶从善的效果，反而可能因恶习感染而重新犯罪。因此，对偶犯或初犯判处的短期自由刑代之以罚金刑。自由刑易科，一般都有严格的条件限制，这种条件有两种：（1）法定条件，即自由刑易科仅适用于法定最高刑为 3 年以下的自由刑。（2）裁量条件，即法官根据犯罪人的身体、职业和家庭等具体情况，认为执行自由刑有显著困难或障碍者，得以罚金刑代替适用之。自由刑易科有赎刑之弊，因此在刑法法理上往往受到非难。我认为，自由刑易科为罚金刑，主要目的是限制短期自由刑的适用，只要严格掌握自由刑易科的条件，尤其是裁量适用时，充分注重犯罪人的个人情况，是能够实现刑罚的公正性和有效性的，因而具有其存在的合理性。

三、监外执行

监外执行是自由刑的一种变通执行方法，指对于判处剥夺自由刑的犯罪人，由于某种法定事由的存在，不适宜于监内执行，经有关机关批准，可以暂予监外执行。监外执行有严格的限制，一般限于有严重疾病需保外就医的人和怀孕或正在哺乳的妇女。监外执行具有暂时性，当不适宜于监内执行的法定事由消失时，如果刑罚未执行完毕，仍应收监执行剩余的刑期。由于监外执行是自由刑的一种特殊执行方法，因此当收监执行时，监外执行的期限应从刑期中减去。监外执行将具备法定事由的犯罪人放在监外进行执行，是为了更好地实现行刑目的，同时也体现刑罚人道主义精神，因而具有积极意义。根据我国有关部门关于社区矫正的规定，被暂予监外执行的犯罪分子是社区矫正的对象。因此，社区矫正可以有效地避免监外执行的人员脱离监管。

第十九章

行刑制度

第一节　缓　刑

一、缓刑的概念

缓刑是一种附条件地不执行原判刑罚的制度。缓刑具有以下特征：

（一）缓刑以被告人有罪为前提

缓刑是以被告人构成犯罪为前提的，一般是在被告人定罪以后才存在适用缓刑的问题。在被告人定罪以前的起诉阶段，有些国家的刑事诉讼法规定了起诉犹豫制度，即所谓缓予起诉。缓予起诉是刑事诉讼活动中的一种程序性处分措施，并非对被告人行为的实体性处分，因而其不涉及对行为的定罪问题。

（二）缓刑以被告人已经确定刑罚为基础

缓刑是一种刑罚执行的犹豫制度，因而也是以被告人已经确定刑罚为基础。换言之，缓刑与刑之裁量无关，而与刑之执行相关。缓刑具有两种情况：一是刑罚宣告犹豫制，二是刑罚执行犹豫制。前者是定罪以后附条件地不宣告刑罚；后者是定罪量刑以后附条件地不执行刑罚。世界各国大多采刑罚执行犹豫制，我国亦不例外。我国刑法中的缓刑是在刑罚裁量之后，解决如何执行的问题，因此，它是一种行刑制度而非量刑制度。

（三）缓刑以附条件地不执行原判刑罚为内容

附条件地不执行是缓刑的本质特征，也是它与实际执行刑罚的区别。实际执行可以分为监内执行与监外执行，缓刑与监内执行的区别是十分明显的，但与监外执行则容易混淆。我认为，监外执行也是一种执行，只是在执行场所上的变通而已，但缓刑是附条件地不执行，因此它根本不同于监外执行。

二、一般缓刑

（一）一般缓刑的概念

根据我国《刑法》第 72 条第 1 款 [《刑法修正案（八）》第 11 条] 的规定，一般缓刑是指对于被判处拘役、3 年以下有期徒刑的犯罪分子，根据其犯罪情节和悔罪表现，认为暂缓执行原判刑罚，确实不致再危害社会的，规定一定的考验期，暂缓其刑罚的执行，如果被判刑的犯罪分子在考验期内没有再犯新罪或者被发现判决宣告前还有其他罪没有判决，也没有违反法律、行政法规或者国务院公安部门有关缓刑的监督管理规定，情节严重的行为的，缓刑考验期满，原判刑罚就不再执行的制度。

（二）一般缓刑的条件

1. 对象条件

一般缓刑的对象必须是被判处拘役或 3 年以下有期徒刑的刑罚的犯罪分子。缓刑的附条件不执行原判刑罚的特点，决定了缓刑的适用对象只能是罪行较轻和人身危险性小而被判较轻刑罚的犯罪分子。这里的 3 年以下有期徒刑是指宣告刑而不是法定刑。犯罪分子所犯罪之罪的法定刑虽然是 3 年以上有期徒刑，但其具有减轻处罚的情节，宣告刑是3年以下有期徒刑，可以适用缓刑。被判处3年以下有期徒刑的罪犯，其罪行较轻，社会危害性较小；相反，被判处3年以上有期徒刑的犯罪分子，一般来说罪行较重，无论是社会危害性（主观恶性和客观危害的统一）还是人身危险性（再犯可能）都比较大，因此，缓刑的适用对象被判的刑罚上限规定为3年有期徒刑是比较合适的。至于罪行相对较轻的被判管制的犯罪分子，由于管制刑对犯罪人不予关押，仅限制其一定的自由，因而无适用缓刑之必要。根据审判实践经验，缓刑一般适用于交通肇事、重大责任事故、重婚、虐待、伤害、妨害公务、销赃等较为轻微的犯罪。对于强奸、抢劫等严重刑事犯罪，一般不宜适用缓刑。

2. 实质条件

根据我国《刑法》第72条第1款［《刑法修正案（八）》第11条］的规定，适用缓刑的实质条件是：（1）犯罪情节较轻；（2）有悔罪表现；（3）没有再犯罪的危险；（4）宣告缓刑对所居住社区没有重大不良影响。这里的犯罪情节轻重，可以从犯罪动机是否卑鄙、手段是否恶劣、危害后果是否严重等方面加以考察。也就是说，从主观恶性和客观危害两个方面统一评价罪行的法益侵害程度。这里的悔罪表现，可以从犯罪后是否真诚认罪悔过、是否如实供述自己的罪行、是否积极退赃、是否检举揭发同伙的罪行等方面加以考察。也就是说，从犯罪人的罪后各种表现衡量其人身危险程度。这里的再犯罪的危险，应该综合上述两个方面的因素，判断犯罪人是否具有再次侵害被害人，或者再次犯罪的现实可能性。这里的宣告缓刑对所居住社区没有重大不良影响，是指对犯罪人适用缓刑不会对其所居住社区的安全、秩序和稳定带来重大不良影响。根据我国刑法规定，对于一般的犯罪人，具有上述适用缓刑的实质条件的，可以宣告缓刑。但对于不满18周岁的人、怀孕的妇女和已满75周岁的人具有上述适用缓刑的实质条件的，应当宣告缓刑。这一规定，体现了宽严相济刑事政策的精神，对于正确适用缓刑具有重要意义。

3. 禁止条件

我国《刑法》第74条［《刑法修正案（八）》第12条］规定，对于累犯和犯罪集团的首要分子，不适用缓刑，这是缓刑的禁止条件。累犯之所以不适用缓刑，主要是因为累犯的人身危险性较大，适用缓刑难以防止其再犯。因此，对于累犯，即使其所判处的刑罚为拘役或者 3 年以下有期徒刑，也不能适用缓刑。犯罪集团的首要分子在犯罪集团中起组织、领导作用，主观恶性大，对社会危害严重，因而根据刑法规定，对其不适用缓刑。

（三）一般缓刑的考验

缓刑是附条件地不执行原判刑罚，因此需要在缓刑期间对缓刑犯进行考察。如果没有缓刑的考察，缓刑就会名不副实。因此，缓刑的考验是缓刑制度的重要内容。根据我国有关部门关于社区矫正的规定，被判处缓刑的犯罪分子是社区矫正的对象。因此，通过社区矫正使缓刑的考验得以落实，这对于缓刑的正确适用具有重大意义。

1. 缓刑考验期

缓刑考验期，是指对被宣告缓刑的犯罪分子进行考察的一定期间。缓刑考验期，是缓刑制度的重要组成部分，设立考验期的目的，在于考察被宣告缓刑的犯罪分子是否接受改造、弃旧图新，以使缓刑制度发挥积极的效用。法院在宣告缓刑的同时，应当确定适当的考验期。确定缓刑考验期长短的基本原则应当是既能鼓励缓刑犯积极改造，又能满足对其教育和考察的需要。

《刑法》第 73 条中规定：“拘役的缓刑考验期限为原判刑期以上一年以下，但是不能少于二个月。有期徒刑的缓刑考验期限为原判刑期以上五年以下，但是不能少于一年。”由此可见，我国刑法中的缓刑考验期具有以下三个特点：（1）缓刑考验期的长短与所判刑期的轻重成正比：凡所判刑期较轻的，缓刑考验期较短；凡所判刑期较重的，缓刑考验期较长。（2）缓刑考验期有一定的最高限与最低限。一般来说，以原判刑期为考验期的起点，但原判刑期轻于缓刑考验期的最低限的，则以最低限为起点。（3）在缓刑考验期的确定上，给法官的自由裁量留下了充分的余地，以便法官根据犯罪情节和犯罪分子的个人情况，在法律规定的范围内确定适当的考验期。

《刑法》第73条第3款规定："缓刑考验期限，从判决确定之日起计算。"所谓判决确定之日，是指判决发生法律效力之日。根据我国刑事诉讼法的规定，从接到第一审人民法院判决书的第2日起10日内，被告人没有提出上诉，人民检察院没有提出抗诉的，该判决即从第11日起发生法律效力。对于已提出上诉或抗诉的案件，如果第二审法院维持原判，则应从二审法院的判决或裁定确定之日起计算。判决前先行羁押的日期，不予折抵缓刑考验期，因为羁押期与缓刑考验期的性质不同。

2. 缓刑考验的主体

《刑法》第76条［《刑法修正案（八）》第13条］规定：对宣告缓刑的犯罪分子，在缓刑考验期限内，依法实行社区矫正。因此，社区矫正机构是缓刑考验的主体。根据《社区矫正法》第2条的规定，被宣告缓刑的犯罪分子属于社区矫正的对象。社区矫正机构在相关社会团体和民间组织以及社会志愿者的协助下，对宣告缓刑的犯罪分子矫正其犯罪心理和行为恶习，促进其顺利回归社会。

3. 缓刑考察的内容

缓刑考察的内容，是就考察被宣告缓刑的犯罪分子，在缓刑考验期限内，是否具有《刑法》第77条规定的情形，即是否再犯新罪或者被发现漏罪，以及是否违反法律、行政法规或国务院公安部门有关缓刑的监督管理规定，或者违反禁止令，情节严重。所谓考察，是指对被宣告缓刑的犯罪分子进行观察、教育，帮助其改过自新。对缓刑犯的考察不同于管制，对他们的活动自由，不应作不适当的规定。

根据《刑法》第75条的规定，被宣告缓刑的犯罪分子，应当遵守下列规定：（1）遵守法律、行政法规，服从监督；（2）按照考察机关的规定报告自己的活动情况；（3）遵守考察机关关于会客的规定；（4）离开所居住的市、县或者迁居，应当报经考察机关批准。

最后应当指出，对于被判处拘役、有期徒刑宣告缓刑的犯罪分子，第一审宣判后，如当时仍在关押，第一审法院可以先作出变更强制措施的决定，改为监视居住或者取保候审，并通知有关公安机关。待判决发生法律效力后，再依法由公安机关负责考察。而且，缓刑只是相对于主刑而言的，其效力并不及于附加刑。因此，《刑法》第72条第3款规定，被宣告缓刑的犯罪分子，如果被判处附加刑，附加刑仍须执行。

（四）缓刑的撤销

缓刑是附条件不执行原判刑罚的一种刑罚制度，缓刑犯在缓刑考验期限内必须遵守一定的条件，否则，就要宣告撤销缓刑，执行原判刑罚。缓刑应否撤销是个严肃的问题，直接关系到缓刑犯是否被执行原判刑罚。

根据《刑法》第77条〔《刑法修正案（八）》第14条〕的规定，被宣告缓刑的犯罪分子，在缓刑考验期限内犯新罪或者发现判决宣告以前还有其他罪没有判决的，应当撤销缓刑，对新犯的罪或者新发现的罪作出判决，把前罪和后罪所判处的刑罚，依照本法第69条的规定，决定执行的刑罚。被宣告缓刑的犯罪分子，在缓刑考验期限内，违反法律、行政法规或者国务院有关部门关于缓刑的监督管理规定，或者违反人民法院判决中的禁止令，情节严重的，应当撤销缓刑，执行原判刑罚。由此可见，我国刑法中缓刑的撤销事由具有以下四种情形：（1）再犯新罪。这里的新罪，是相对于已判之罪而言的，它既包括故意犯罪，也包括过失犯罪；既包括同种之罪，也包括异种之罪。只要缓刑犯在缓刑考验期间再犯新罪，就应当依法撤销缓刑，对新罪和原判之罪实行数罪并罚。关于发现新罪的时间，刑法未作规定。如果在缓刑考验期内发现新罪，当然应当撤销缓刑对新罪与已判决之罪实行数罪并罚。如果在缓刑考验期满以后才发现新罪，是否应当撤销缓刑实行数罪并罚呢？对此，1985年8月21日最高人民法院《关于人民法院审判严重刑事犯罪案件中具体应用法律的若干问题的答复（三）》（现已失效）规定，被宣告缓刑的犯罪分子不再执行原判刑罚，是以罪犯在缓刑考验期限内不再犯新罪为条件的，如果罪犯在缓刑考验期限内又犯新罪，即便该犯罪是在考验期满后才发现，只要尚未超过追诉时效期限的，应当撤销缓刑。（2）发现漏罪。发现判决宣告以前还有其他罪没有判决，说明犯罪分子隐瞒了部分罪行，没有认罪服法和真诚悔罪，应当依法撤销缓刑，对漏罪和原判之罪实行数罪并罚。（3）严重违法。被宣告缓刑的犯罪分子，在缓刑考验期内，违反法律、行政法规或者国务院公安部门有关缓刑的监督管理规定，情节严重的，也应当依法撤销缓刑，收监执行原判刑罚。（4）违反禁止令情节严重。违反禁止令情节严重，表明犯罪分子已经不符合缓刑适用条件，因而应该撤销缓刑。

三、战时缓刑

（一）战时缓刑的概念

根据《刑法》第 449 条的规定，战时缓刑是指在战时，对被判处 3 年以下有期徒刑没有现实危险宣告缓刑的犯罪军人，允许其戴罪立功，确有立功表现时，可以撤销原判刑罚，不以犯罪论处的制度。

（二）战时缓刑的条件

1. 时间条件

战时缓刑适用的时间必须是在战时。在和平时期或非战时条件下，不能适用战时缓刑。这里的战时，根据《刑法》第 451 条的规定，是指国家宣布进入战争状态、部队受领作战任务或者遭敌突然袭击时；此外，部队执行戒严任务或者处置突发性暴力事件时，以战时论。

2. 对象条件

战时缓刑适用的对象只能是被判处 3 年以下有期徒刑的犯罪军人。这里的军人，根据《刑法》第 450 条的规定，是指中国人民解放军的现役军官、文职干部、士兵及具有军籍的学员和中国人民武装警察部队的现役警官、文职干部、士兵及具有军籍的学员以及文职人员、执行军事任务的预备役人员和其他人员。不是犯罪的军人，或者虽是犯罪的军人，但被判处的刑罚为 3 年以上有期徒刑，均不能适用战时缓刑。至于战时缓刑是否适用于被判处拘役的犯罪军人，从立法精神来看应认为是可以的。此外，构成累犯的犯罪军人能否适用战时缓刑，法律未作明确规定。但是，根据《刑法》第74条规定的"对于累犯……不适用缓刑"的立法精神，应当认为对于构成累犯的犯罪军人不能适用战时缓刑。

3. 实质条件

战时缓刑适用的实质条件是，在战争条件下宣告缓刑没有现实危险，这是战时缓刑最重要的适用条件。也就是说，被判处3年以下有期徒刑的犯罪军人，若被判断确认为适用缓刑具有现实危险，也不能宣告缓刑。因为，战时缓刑的适用，是将犯罪军人继续留在部队，并在战时状态下执行军事任务，若宣告缓刑具有现实的危险，则会在战时状态下严重危害国家的军事利益，其后果不堪设想。至于如何确定是否有现实危险，则应根据犯罪军人所犯罪行的性质、情节、危害程度，以及犯罪军人的悔罪表现和一贯表现，作出综合评价之后加以确认。

（三）战时缓刑的法律后果

被宣告战时缓刑的犯罪军人，在缓刑期间确有立功表现的，可以撤销原判刑罚，不以犯罪论处，这就是战时缓刑的法律后果，这也是战时缓刑与一般缓刑的根本区别。一般缓刑，如果缓刑考验期间不具备缓刑撤销条件，则原判刑罚不再执行，而原判所认定的犯罪仍然存在。而在战时缓刑的情况下，如果确有立功表现，则不仅原判刑罚不再执行，而且不以犯罪论处，即原判认定的犯罪也不复存在。由此可见，战时缓刑的法律后果更为宽大，以作为对戴罪立功的犯罪军人的一种奖励。

第二节　减　刑

一、减刑的概念

根据我国《刑法》第78条第1款的规定，减刑是指对于被判处管制、拘役、有期徒刑和无期徒刑的犯罪分子，在刑罚执行期间，由于确有悔改或者立功表现，因而将其原判刑罚予以适当减轻的制度。减刑具有以下特征：

（一）减刑以判处并执行了一定刑罚为前提

犯罪人被判处一定的刑罚，将刑罚付诸执行，即开始了行刑过程。减刑是一种刑罚变更制度，只有在原判刑罚执行了一定期限以后才存在刑罚变更的可能性。

（二）减刑以犯罪人悔罪表现为根据

刑罚执行期间，并非所有犯罪人都能享受减刑的待遇，减刑是以犯罪人在行刑期间的悔罪表现为根据的，减刑制度体现了教育刑的理念。根据报应刑主义，刑罚是对犯罪的报应，任何刑罚都必须得到不折不扣的执行，无论犯罪人在行刑期间表现如何，都不允许减刑。换言之，减刑的思想与报应刑主义是格格不入的。而根据教育刑的思想，行刑过程是对犯罪人进行教育改造的过程，根据犯罪人在行刑期间人身危险性的消长情况，可以予以减刑，从而作为对犯罪人的悔改表现的一种肯定与鼓励。因此，减刑制度体现了一定的刑事政策理念。

（三）减刑具有一定的限度

减刑只是对原判刑罚的一种调整，而不是对原判刑罚的否定。因此，减刑须有一定的限度，以维护原判刑罚的稳定性。减刑的限度表明了报应因素对减刑活动的制约性，因而有利于实现惩罚与改造相统一的行刑原则。

二、减刑的条件

（一）对象条件

减刑只适用于被判处管制、拘役、有期徒刑、无期徒刑的犯罪分子。这说明减刑的适用对象，只有刑罚种类的限制，而没有刑期长短和犯罪性质的限制。只要是被判处上述四种刑罚之一的犯罪分子，无论其犯罪行为是故意犯罪还是过失犯罪，是重罪还是轻罪，是危害国家安全罪还是其他刑事犯罪，如果具备了法定的减刑条件，都可以减刑。

（二）实质条件

减刑的实质条件是指犯罪人在刑罚执行过程中确有悔改或立功表现。将有悔改或立功表现作为减刑的实质条件，体现了刑法设立减刑制度的宗旨，即通过肯定犯罪人已有的改造成绩，激励其继续努力改造，逐步减少以至消除犯罪人的人身危险性，使其不再危害社会。犯罪人的人身危险性是否减少以至消除，重要的标志是其在刑罚执行期间是否确有悔改或立功表现。因此，我国刑法将其作为减刑实质条件的原因。根据我国刑法规定，减刑可以分为可以减刑与应当减刑两种情况，前者是相对减刑，后者是绝对减刑，现分述如下：

1. 相对减刑的实质条件

相对减刑的实质条件是指在刑罚执行期间，认真遵守监规，接受教育改造，确有悔改表现，或者有立功表现的。因此，相对减刑具有两种实质条件：一是悔改表现。根据 2016 年 11 月 14 日最高人民法院《关于办理减刑、假释案件具体应用法律的规定》（以下简称《规定》）第 3 条的规定，这里的"确有悔改表现"，是指同时具备以下条件：（1）认罪悔罪；（2）遵守法律法规及监规，接受教育改造；（3）积极参加思想、文化、职业技术教育；（4）积极参加劳动，努力完成劳动任务。对职务犯罪、破坏金融管理秩序和金融诈骗犯罪、组织（领导、参加、包庇、纵容）黑社会性质组织犯罪等罪犯，不积极退赃、协助追缴赃款赃物、赔偿损失，或者服刑期间利用个人影响力和社会关系等不正当手段意图获得减刑、假释的，不认定其"确有悔改表现"。罪犯在刑罚执行期间的申诉权利应当依法受到保护，对其正当申诉不能不加分析地认为是不认罪悔罪。二是立功表现。这里的立功表现，根据《规定》第 4 条的规定，是指具有下列情形之一：（1）阻止他人实施犯罪活动的；（2）检举、揭发监狱内外犯罪活动，或者提供重要的破案线索，经查证属实的；（3）协助司法机关抓捕其他犯罪嫌疑人的；（4）在生产、科研中进行技术革新，成绩突出的；（5）在抗御自然灾害或者排除重大事故中，表现积极的；（6）对国家和社会有其他较大贡献的。应当指出，悔改和立功通常是相通的。确有悔改的犯罪人往往通过改造，认识到自己以前的犯罪行为给社会造成的危害，并且发自内心感到愧疚，总想将功补过。但是，犯罪人的情况是千差万别的，立功具有一定的机遇性，因此立功与悔改也并不一致。换言之，悔改的犯罪人未必有立功表现，有立功表现的犯罪人也未必就一定悔改。在现实生活中，某些犯罪人未必对自己所犯罪行的认识达到悔罪的程度，但基于其尚未泯灭的良知，在关键时刻往往会出人意料地挺身而出，为保护公共利益或他人利益舍生忘死。对此，亦应根据我国刑法规定予以裁量减刑。因此，对于相对减刑来说，悔改和立功并不要求同时具备，具备其中之一就可以减刑。

2. 绝对减刑的实质条件

绝对减刑的实质条件是指在刑罚执行期间，犯罪人具有重大立功表现。根据《刑法》第78条的规定，重大立功表现主要是指：（1）阻止他人重大犯罪活动的，即犯罪人在服刑期间，发现他人正在进行重大犯罪活动而予以制止。（2）检举监狱内外重大犯罪活动，经查证属实的，即犯罪人在服刑期间，发现他人在监狱内正在进行重大犯罪活动而予以告发或者获知他人在监狱外有重大犯罪活动的线索而予以揭发。（3）有发明创造或者重大技术革新的，即受刑人学有专长，在服刑期间认真钻研科学技术，有发明创造或者重要技术革新。（4）在日常生产、生活中舍己救人的，即犯罪人在他人的人身遭受严重危险的情况下，奋不顾身，抢救他人。（5）在抗御自然灾害或者排除重大事故中，有突出表现的，即在抗御自然灾害或者排除重大事故的紧要关头，犯罪人积极投入救灾抢险，表现突出。（6）对国家和社会有其他重大贡献的，这是一个空白规定，以容纳前五项所未能包括之事项。只有与前五项情形相当者，才能视为对国家和社会有其他重大贡献而应当减刑。值得注意的是，前引《规定》第5条第3项把协助司法机关抓捕其他重大犯罪嫌疑人的，也规定为重大立功表现。

（三）限度条件

减刑必须要有一定的限度，这主要是基于以下考虑：（1）维护原判的稳定性和权威性。减刑是在肯定和承认原判刑罚的正确性和有效性的前提下，在行刑过程中根据犯罪人的悔改或者立功表现而对刑罚所作的一种变更。因此，减刑不同于改判，它要维持原判的稳定性和权威性，否则有损于法律适用的统一性和完整性。（2）报应因素。原判刑罚是根据犯罪事实及犯罪情节裁量的结果，体现了刑罚的报应性。只有刑罚执行一定的期限，这种刑罚的报应性才能得以实现。因此，减刑的限度表明报应性对行刑活动的制约。（3）威慑因素。刑罚的一般预防与个别预防的双重目的具有统一性，但在不同的刑事法律阶段有所侧重。在行刑阶段，应当重点考虑个别预防，注意根据犯罪人的人身危险性的消减而及时地调整刑罚。与此同时，又不能完全忽视一般预防，如果减刑没有限度，势必降低刑罚的威慑力，减弱一般预防效果。综上所述，对减刑设置一定的限度条件是完全必要的。根据我国《刑法》第 78 条第 2 款［《刑法修正案（八）》第 15 条］的规定，减刑以后实际执行的刑期，判处管制、拘役、有期徒刑的，不能少于原判刑期的 1/2；判处无期徒刑的，不能少于 13 年。从这一规定可以看出，减刑的形式有两种：一是刑种的变更，如将无期徒刑减为有期徒刑；二是刑期的变更，如有期徒刑本身刑期的缩短。除无期徒刑的限度是实际执行 13 年以外，其他刑罚的限度采用的是比例制，即实际执行的刑期，不能少于原判刑期的 1/2。减刑限度的比例制，使原判刑期与实际执行的刑期成正比例关系，体现了刑罚的公正性。

三、减刑的适用

1. 管制、拘役的减刑

根据前引《规定》第 16 条的规定，被判处管制、拘役的罪犯，以及判决生效后剩余刑期不满 2 年有期徒刑的罪犯，符合减刑条件的，可以酌情减刑，减刑起始时间可以适当缩短，但实际执行的刑期不得少于原判刑期的 1/2。

2. 有期徒刑的减刑

根据前引《规定》第 6 条的规定，被判处有期徒刑的罪犯减刑起始时间为：不满 5 年有期徒刑的，应当执行 1 年以上方可减刑；5 年以上不满 10 年有期徒刑的，应当执行 1 年 6 个月以上方可减刑；10 年以上有期徒刑的，应当执行 2 年以上方可减刑。有期徒刑减刑的起始时间自判决执行之日起计算。确有悔改表现或者有立功表现的，一次减刑不超过 9 个月有期徒刑；确有悔改表现并有立功表现的，一次减刑不超过 1 年有期徒刑；有重大立功表现的，一次减刑不超过 1 年 6 个月有期徒刑；确有悔改表现并有重大立功表现的，一次减刑不超过 2 年有期徒刑。被判处不满 10 年有期徒刑的罪犯，两次减刑间隔时间不得少于 1 年；被判处 10 年以上有期徒刑的罪犯，两次减刑间隔时间不得少于 1 年 6 个月。减刑间隔时间不得低于上次减刑减去的刑期。罪犯有重大立功表现的，可以不受上述减刑起始时间和间隔时间的限制。

3. 无期徒刑的减刑

根据前引《规定》第 8 条的规定，被判处无期徒刑的罪犯在刑罚执行期间，符合减刑条件的，执行 2 年以上，可以减刑。减刑幅度为：确有悔改表现或者有立功表现的，可以减为 22 年有期徒刑；确有悔改表现并有立功表现的，可以减为 21 年以上 22 年以下有期徒刑；有重大立功表现的，可以减为 20 年以上 21 年以下有期徒刑；确有悔改表现并有重大立功表现的，可以减为 19 年以上 20 年以下有期徒刑。无期徒刑罪犯减为有期徒刑后再减刑时，减刑幅度依照《规定》第 6 条的规定执行。两次减刑间隔时间不得少于 2 年。罪犯有重大立功表现的，可以不受上述减刑起始时间和间隔时间的限制。

4. 死刑缓期执行的减刑

根据前引《规定》第 10 条的规定，被判处死刑缓期执行的罪犯减为无期徒刑后，符合减刑条件的，执行 3 年以上方可减刑。减刑幅度为：确有悔改表现或者有立功表现的，可以减为 25 年有期徒刑；确有悔改表现并有立功表现的，可以减为 24 年以上 25 年以下有期徒刑；有重大立功表现的，可以减为 23 年以上 24 年以下有期徒刑；确有悔改表现并有重大立功表现的，可以减为 22 年以上 23 年以下有期徒刑。被判处死刑缓期执行的罪犯减为有期徒刑后再减刑时，比照《规定》第 8 条的规定办理。

5. 限制减刑罪犯的减刑

根据前引《规定》第 13 条的规定，被限制减刑的死刑缓期执行罪犯，减为无期徒刑后，符合减刑条件的，执行5年以上方可减刑。减刑间隔时间和减刑幅度依照《规定》第11条的规定执行。第14条规定，被限制减刑的死刑缓期执行罪犯，减为有期徒刑后再减刑时，一次减刑不超过6个月有期徒刑，两次减刑间隔时间不得少于2年。有重大立功表现的，间隔时间可以适当缩短，但一次减刑不超过1年有期徒刑。

6. 特殊类型罪犯的减刑

值得注意的是，前引《规定》还对职务犯罪罪犯，破坏金融管理秩序和金融诈骗犯罪罪犯，组织、领导、参加、包庇、纵容黑社会性质组织犯罪罪犯，危害国家安全犯罪罪犯，恐怖活动犯罪罪犯，毒品犯罪集团的首要分子及毒品再犯，累犯，确有履行能力而不履行或者不全部履行生效裁判中财产性判项的罪犯的减刑起始时间和幅度等问题做了更为严格的规定。

（1）前引《规定》第7条规定，对符合减刑条件的职务犯罪罪犯，破坏金融管理秩序和金融诈骗犯罪罪犯，组织、领导、参加、包庇、纵容黑社会性质组织犯罪罪犯，危害国家安全犯罪罪犯，恐怖活动犯罪罪犯，毒品犯罪集团的首要分子及毒品再犯，累犯，确有履行能力而不履行或者不全部履行生效裁判中财产性判项的罪犯，被判处10年以下有期徒刑的，执行2年以上方可减刑，减刑幅度应当比照《规定》第6条从严掌握，一次减刑不超过1年有期徒刑，两次减刑之间应当间隔1年以上。对被判处10年以上有期徒刑的前述罪犯，以及因故意杀人、强奸、抢劫、绑架、放火、爆炸、投放危险物质或者有组织的暴力性犯罪被判处10年以上有期徒刑的罪犯，数罪并罚且其中两罪以上被判处10年以上有期徒刑的罪犯，执行2年以上方可减刑，减刑幅度应当比照《规定》第6条从严掌握，一次减刑不超过1年有期徒刑，两次减刑之间应当间隔1年6个月以上。罪犯有重大立功表现的，可以不受上述减刑起始时间和间隔时间的限制。

（2）前引《规定》第9条规定，对被判处无期徒刑的职务犯罪罪犯，破坏金融管理秩序和金融诈骗犯罪罪犯，组织、领导、参加、包庇、纵容黑社会性质组织犯罪罪犯，危害国家安全犯罪罪犯，恐怖活动犯罪罪犯，毒品犯罪集团的首要分子及毒品再犯，累犯以及因故意杀人、强奸、抢劫、绑架、放火、爆炸、投放危险物质或者有组织的暴力性犯罪的罪犯，确有履行能力而不履行或者不全部履行生效裁判中财产性判项的罪犯，数罪并罚被判处无期徒刑的罪犯，符合减刑条件的，执行3年以上方可减刑，减刑幅度应当比照《规定》第8条从严掌握，减刑后的刑期最低不得少于20年有期徒刑；减为有期徒刑后再减刑时，减刑幅度比照《规定》第6条从严掌握，一次不超过1年有期徒刑，两次减刑之间应当间隔2年以上。罪犯有重大立功表现的，可以不受上述减刑起始时间和间隔时间的限制。

（3）前引《规定》第11条规定，对被判处死刑缓期执行的职务犯罪罪犯，破坏金融管理秩序和金融诈骗犯罪罪犯，组织、领导、参加、包庇、纵容黑社会性质组织犯罪罪犯，危害国家安全犯罪罪犯，恐怖活动犯罪罪犯，毒品犯罪集团的首要分子及毒品再犯，累犯以及因故意杀人、强奸、抢劫、绑架、放火、爆炸、投放危险物质或者有组织的暴力性犯罪的罪犯，确有履行能力而不履行或者不全部履行生效裁判中财产性判项的罪犯，数罪并罚被判处死刑缓期执行的罪犯，减为无期徒刑后，符合减刑条件的，执行3年以上方可减刑，一般减为25年有期徒刑，有立功表现或者重大立功表现的，可以比照《规定》第10条减为23年以上25年以下有期徒刑；减为有期徒刑后再减刑时，减刑幅度比照《规定》第6条从严掌握，一次不超过1年有期徒刑，两次减刑之间应当间隔2年以上。

7. 减刑时附加刑的缩减

根据前引《规定》第17条的规定，被判处有期徒刑罪犯减刑时，对附加剥夺政治权利的期限可以酌减。酌减后剥夺政治权利的期限，不得少于1年。被判处死刑缓期执行、无期徒刑的罪犯减为有期徒刑时，应当将附加剥夺政治权利的期限减为7年以上10年以下，经过一次或者几次减刑后，最终剥夺政治权利的期限不得少于3年。

8. 缓刑的减刑

根据前引《规定》第18条的规定，被判处拘役或者3年以下有期徒刑，并宣告缓刑的罪犯，一般不适用减刑。前款规定的罪犯在缓刑考验期内有重大立功表现的，可以参照《刑法》第78条的规定予以减刑，同时应当依法缩减其缓刑考验期。缩减后，拘役的缓刑考验期限不得少于2个月，有期徒刑的缓刑考验期限不得少于1年。

9. 未成年犯的减刑

根据前引《规定》第19条的规定，对在报请减刑前的服刑期间不满18周岁，且所犯罪行不属于《刑法》第81条第2款规定情形的罪犯，认罪悔罪，遵守法律法规及监规，积极参加学习、劳动，应当视为确有悔改表现。对上述罪犯减刑时，减刑幅度可以适当放宽，或者减刑起始时间、间隔时间可以适当缩短，但放宽的幅度和缩短的时间不得超过本规定中相应幅度、时间的1/3。

10. 老年犯的减刑

根据前引《规定》第20条的规定，老年罪犯、患严重疾病罪犯或者身体残疾罪犯减刑时，应当主要考察其认罪悔罪的实际表现。对基本丧失劳动能力，生活难以自理的上述罪犯减刑时，减刑幅度可以适当放宽，或者减刑起始时间、间隔时间可以适当缩短，但放宽的幅度和缩短的时间不得超过《规定》中相应幅度、时间的1/3。

11. 刑罚执行期间又犯新罪的减刑

根据前引《规定》第21条的规定，被判处有期徒刑、无期徒刑的罪犯在刑罚执行期间又故意犯罪，新罪被判处有期徒刑的，自新罪判决确定之日起3年内不予减刑；新罪被判处无期徒刑的，自新罪判决确定之日起4年内不予减刑。罪犯在死刑缓期执行期间又故意犯罪，未被执行死刑的，死刑缓期执行的期间重新计算，减为无期徒刑后，5年内不予减刑。被判处死刑缓期执行罪犯减刑后，在刑罚执行期间又故意犯罪的，依照前述规定处理。

四、减刑的程序

减刑的程序是为了保证减刑的合法性与严肃性，确保减刑的效果。根据我国《刑法》第 79 条的规定，减刑案件由中级以上人民法院管辖。减刑的程序大体上按照以下方法进行操作：

（一）对犯罪人的考察

对犯罪人的考察是适用减刑的基础工作，是减刑的第一道程序。犯罪人只有在服刑期间确有悔改或者立功表现才能予以减刑，而要认定犯罪人是否确有悔改或者立功表现，就必须对其在服刑期间的表现加以认真考察，从而为减刑创造条件。

（二）提出减刑建议书

监狱以及其他刑罚执行机关通过对犯罪人服刑期间的表现进行考察，如果认为犯罪人在服刑期间确有悔改或者立功表现，符合减刑的条件，就可以依法向法院提出减刑建议书。监狱提请减刑的程序应当依照 2003 年 4 月 2 日司法部发布的《监狱提请减刑假释工作程序规定》（2014 年修订）执行。

（三）依法裁量减刑

依法裁量减刑，是指法院依照法律规定和犯罪人在服刑期间的悔罪或者立功表现，对一定之罪犯适用减刑。由于减刑是审判权之行使，应当将其与对一个人的判决的重要性相提并论。因此，在减刑裁量中，应当严格掌握减刑条件。

第三节　假　释

一、假释的概念

根据我国《刑法》第 81 条第 1 款［《刑法修正案（八）》第 16 条］的规定，

假释是指对被判处有期徒刑、无期徒刑的犯罪分子，在执行一定刑期以后，因其认真遵守监规，接受教育改造，确有悔改表现，没有再犯罪的危险，因而附条件地将其提前释放的制度。假释具有以下特征：

（一）假释以执行一定期限的刑罚为前提

假释是特定条件下的提前释放，因此，它必然以执行一定期限的刑罚为前提。只有在执行了一定期限的刑罚以后，才能对犯罪人在服刑期间的表现作出评价，从而决定是否予以假释。

（二）假释以犯罪人在服刑期间的悔改为根据

在一般情况下，犯罪人被判处刑罚以后，其所判处的刑罚应当完全执行，只有在刑满之时才能释放出狱。但如果犯罪人在服刑期间有悔罪表现，表明犯罪人的人身危险性已经消除。在这种情况下，继续执行剩余的刑罚已经没有必要。为此，就产生了假释的问题。由此可见，假释是对犯罪人的一种奖励措施。应该说，假释制度的起源与发展，是和刑法观念的嬗变具有密切关系的。19世纪以前，刑事古典学派的理论在刑事立法与刑事司法领域中占有统治地位。刑事古典学派中的报应主义认为，对犯罪人科以刑罚是一种报应，科刑的程度应当以犯罪事实的轻重为标准，追求严格的罪与刑之间的等价性与均衡性。因此，作为报应的刑罚，就如同债务一样，必须如数偿还即刑罚必须全部执行，这不仅是对犯罪人报应的要求，也是对社会上的一般人进行威慑的需要。及至19世纪以降，刑事实证学派崛起，提出了教育刑的思想，认为刑罚的目的不在于报应，也不在于威吓，而在于教育改造，矫正犯罪人。在这种情况下，如果在刑满之前犯罪人表现良好，表明其已经得到矫正，理应提前释放出狱。因此，教育刑的思想为假释制度提供了理论基础。在这个意义上说，假释制度是教育刑思想的产物。

（三）假释以受刑人在考验期的表现为条件

假释的提前释放是附有一定条件的，即在假释考验期限内未发生撤销假释的法定事由。因此，假释虽然是释放的一种情形，但与一般情况下的刑满释放是完全不同的。从形式上看，假释与刑满释放都是解除监禁，恢复犯罪人的人身自由，但在性质上存在区别：刑满释放是因为刑罚执行完毕而释放，是一种无条件的释放，不存在再执行的问题。而假释是有条件的提前释放，还存在着收监执行残余刑罚的可能性。

二、假释的条件

（一）对象条件

假释只适用于被判处有期徒刑或无期徒刑的犯罪分子，对累犯以及因故意杀人、强奸、抢劫、绑架、放火、爆炸、投放危险物质或者有组织的暴力性犯罪被判处 10 年以上有期徒刑、无期徒刑的犯罪分子，不得假释。假释是对犯罪分子有条件地提前释放，同时，国家并不排除对其继续执行尚未执行的那部分刑罚的可能性。这一特点决定了假释不适用于被判处其他刑罚的犯罪分子。死刑立即执行，因其特殊性质，不存在假释的问题。死刑缓期二年执行也不能直接适用假释，只有在死缓减为无期徒刑或有期徒刑之后，具备了假释的条件才可以适用假释。拘役的刑期短，适用假释没有实际意义。如果被判处拘役的罪犯确有悔改表现，可以宣告缓刑或者减刑。被判处管制的犯罪分子，因不在监内执行，仅限制部分自由，没有必要适用假释。也就是说，其他种类的刑罚，或因性质，或因执行方式，或因刑期较短所决定而不能或不必适用假释。

（二）实质条件

犯罪分子认真遵守监规，接受教育改造，确有悔改表现，假释后不致再危害社会，这是适用假释的实质条件。这里的确有悔改表现，根据前引《规定》第 3 条的规定，是指同时具备以下四个方面情形：认罪悔罪；认真遵守法律法规及监规，接受教育改造；积极参加思想、文化、职业技术教育；积极参加劳动，努力完成劳动任务。根据前引《规定》第 22 条的规定，办理假释案件，认定"没有再犯罪的危险"，除符合《刑法》第 81 条规定的情形外，还应根据犯罪的具体情节、原判刑罚情况，在刑罚执行中的一贯表现，罪犯的年龄、身体状况、性格特征，假释后生活来源以及监管条件等因素综合考虑。此外，《刑法》第81条第3款还规定，对犯罪分子决定假释时，应当考虑其假释后对所居住社区的影响。一般来说，被假释的犯罪分子都要回到原来所居住的社区生活，会对原来的社区造成一定的影响。如果犯罪分子假释后对所居住社区影响不好，则不宜适用假释。

（三）时间条件

假释只适用于已经执行一部分刑罚的犯罪分子。被判处有期徒刑或者无期徒刑的罪犯，必须执行一部分刑罚，才能适用假释。这是因为，只有执行一定期间的刑罚，才能比较准确地判断犯罪分子是否认真遵守监规，接受教育改造，确有悔改表现，不致再危害社会，以保证假释的效果；也才能保持人民法院判决的稳定性和法律的严肃性。根据《刑法》第81条及有关司法解释的规定，被判处无期徒刑的犯罪分子，实际执行13年以上，才可以适用假释。对无期徒刑减为有期徒刑的罪犯，仍应按原判无期徒刑实际执行13年以上，才可以适用假释。对判处有期徒刑的罪犯适用假释，执行原判刑期1/2以上的起始时间，应从羁押之日起计算。为使假释适用具有一定的灵活性，我国《刑法》第81条还规定："如果有特殊情况，经最高人民法院核准，可以不受上述执行刑期的限制。"根据前引《规定》第24条的规定，这里的"特殊情况"，是指有国家政治、国防、外交等方面特殊需要的情况。

三、假释的适用

1. 有期徒刑的假释

根据前引《规定》第23条第1款的规定，被判处有期徒刑的罪犯假释时，执行原判刑期1/2的时间，应当从判决执行之日起计算，判决执行以前先行羁押的，羁押1日折抵刑期1日。

2. 无期徒刑的假释

根据前引《规定》第23条第2款的规定，被判处无期徒刑的罪犯假释时，刑法中关于实际执行刑期不得少于 13 年的时间，应当从判决生效之日起计算。判决生效以前先行羁押的时间不予折抵。

3. 死刑缓期执行的假释

根据前引《规定》第 23 条第 3 款的规定，被判处死刑缓期执行的罪犯减为无期徒刑或者有期徒刑后，实际执行 15 年以上，方可假释，该实际执行时间应当从死刑缓期执行期满之日起计算。死刑缓期执行期间不包括在内，判决确定以前先行羁押的时间不予折抵。

4. 优先适用假释

根据前引《规定》第 26 条的规定，对下列罪犯适用假释时可以依法从宽掌握：（1）过失犯罪的罪犯、中止犯罪的罪犯、被胁迫参加犯罪的罪犯；（2）因防卫过当或者紧急避险过当而被判处有期徒刑以上刑罚的罪犯；（3）犯罪时未满 18 周岁的罪犯；（4）基本丧失劳动能力、生活难以自理，假释后生活确有着落的老年罪犯、患严重疾病罪犯或者身体残疾罪犯；（5）服刑期间改造表现特别突出的罪犯；（6）具有其他可以从宽假释情形的罪犯。罪犯既符合法定减刑条件，又符合法定假释条件的，可以优先适用假释。

四、假释的程序

根据《刑法》第 82 条、第 79 条的规定，对于犯罪分子的假释，由执行机关向中级以上人民法院提出假释建议书。人民法院应当组成合议庭进行审理，对符合法定假释条件的，裁定予以假释。非经法定程序不得假释。

对有期徒刑犯的假释，应当由罪犯所在的刑罚执行机构提出假释建议书，提请当地中级人民法院依法裁定。对无期徒刑犯的假释（包括原判死刑缓期执行已经减为无期徒刑的罪犯），应当由罪犯所在的刑罚执行机构提出假释建议书，报请本省、自治区、直辖市的司法厅（局）审查同意后，提请当地高级人民法院依法裁定。

人民法院根据刑罚执行机构提交的假释建议书，经合议庭审理，如犯罪分子确有悔改表现，并不致再危害社会，就依法作出假释裁定。

五、假释的考验

假释是对正在服刑改造的犯罪分子附条件地予以提前释放，这种提前释放并不意味着刑罚已经执行完毕。为此，刑法规定了假释的考验期限。在此期限内，应当由公安机关对假释犯进行考察。因此，假释的考验是假释制度的重要内容。根据我国有关部门关于社区矫正的规定，被适用假释的犯罪分子是社区矫正的对象。因此，通过社区矫正使假释的考验得以落实，这对于假释的正确适用具有重大意义。

（一）假释犯的监督机关

根据《刑法》第85条［《刑法修正案（八）》第17条］的规定，对假释的犯罪分子，在假释考验期限内，依法实行社区矫正。因此，假释的监督机关是社区矫正机构。根据《社区矫正法》第2条的规定，被适用假释的犯罪分子属于社区矫正的对象。社区矫正机构在相关社会团体和民间组织以及社会志愿者的协助下，对适用假释的犯罪分子矫正其犯罪心理和行为恶习，促进其顺利回归社会。

（二）假释犯的考验期限

犯罪分子的假释考验期限因原判刑罚及执行的不同而有所不同。根据《刑法》第83条的规定，被判处有期徒刑的犯罪分子，其假释的考验期限为原判刑罚没有执行完毕的刑期，即在宣告假释时原判刑罚的剩余时期。例如，对于被判处15年有期徒刑的犯罪分子，在原判刑罚执行10年之后，由于确有悔改表现，不致再危害社会而决定对其适用假释，其假释的考验期限，就是原判15年有期徒刑尚未执行完毕的5年刑期。可见，刑法对有期徒刑的假释考验期限只是作了一个原则性的规定。原判刑罚为有期徒刑的犯罪分子在宣告假释时，其假释的考验期限的长短因其剩余刑期的长短而各不相同。同时，刑法对无期徒刑的假释考验期限则作了明确而具体的规定。被判处无期徒刑的犯罪分子，其假释的考验期限为 10 年。也就是说，原判刑罚为无期徒刑的犯罪分子在宣告假释时，其假释考验期限是固定的，即 10 年。

根据《刑法》第 83 条第 2 款的规定，假释考验期限，从假释之日起计算。假释的考验期限从假释之日起计算，对于被判处有期徒刑和无期徒刑的犯罪分子来说，将产生不同的法律后果。被判处有期徒刑的犯罪分子的假释考验期是相对确定的，考验期的长短随假释之日的确定而确定。犯罪分子获得假释的时间早，其假释的考验期相对长一些；获得假释的时间晚，则其假释的考验期相对短一些。但无论考验期长或短，都是以其原判刑期的结束为结束。被判处无期徒刑的罪犯的刑期在一定意义上说是不确定的，但是，考验期限是确定的，因此，犯罪分子获得假释的时间早，其假释的考验期起算就早；获得假释的时间晚，则其假释的考验期起算就晚。显然，无期徒刑犯获得假释的时间越早越有利，越晚越不利。

（三）假释犯应当遵守的规定

根据《刑法》第 84 条的规定，被宣告假释的犯罪分子，应当遵守下列规定：（1）遵守法律、行政法规，服从监督；（2）按照监督机关的规定报告自己的活动情况；（3）遵守监督机关关于会客的规定；（4）离开所居住的市、县或者迁居，应当报经监督机关批准。

（四）假释的考察内容

根据《刑法》第 85 条的规定，对于被假释的犯罪分子，主要是考察其在假释考验期限内是否具有《刑法》第 86 条规定的情形，即是否再犯新罪或者发现漏罪，以及是否违反法律、行政法规或者国务院有关部门关于假释的监督管理规定。如果没有《刑法》第 86 条规定的情形，假释考验期满，就认为原判刑罚已经执行完毕，并公开予以宣告。如果有《刑法》第 86 条规定的情形，则撤销假释，依照数罪并罚的规定实行数罪并罚，或者收监执行未执行完毕的刑罚。

六、假释的撤销

假释是附条件地提前释放的一种刑罚制度，假释犯在假释考验期限内必须遵守一定的条件，否则，就要撤销假释，收监执行。根据我国《刑法》第86条［《刑法修正案（八）》第18条］的规定，被假释的犯罪分子，在假释考验期限内再犯新罪或者发现其在判决宣告以前还有其他罪没有判决的，应当撤销假释，分别依照《刑法》第70条、第71条的规定实行数罪并罚。被假释的犯罪分子，在假释考验期限内，有违反法律、行政法规或者国务院有关部门关于假释的监督管理规定的行为，尚未构成新的犯罪的，应当依照法定程序撤销假释，收监执行未执行完毕的刑罚。因此，我国刑法中假释的撤销事由具有以下三种情形：（1）再犯新罪，并且对新罪没有任何限制。应当指出，再犯新罪表明假释犯不致再危害社会的条件已经消失，犯罪分子还具有一定的人身危险性，因而应当撤销假释。（2）发现漏罪。在假释考验期间发现假释犯的漏罪，并且这种漏罪是犯罪分子有意隐瞒的，足以说明其并无悔改表现，也很难认为其不致再危害社会，当然应当撤销假释。（3）违法行为。这里的违法行为是指违反法律、行政法规或者国务院有关部门关于假释的监督管理规定，情节严重的行为。对此，应当依照法定程序撤销假释，收监执行未执行完毕的刑罚。

第二十章
刑罚消灭

第一节　刑罚消灭概述

一、刑罚消灭的概念

刑罚消灭是指由于法定的或者事实的原因，致使国家对犯罪人的刑罚权归于消灭。刑罚消灭具有以下几个特征：

（一）刑罚消灭的前提

"无犯罪则无刑罚"，这是刑法上的通识。在一般情况下，有犯罪必然有刑罚，但在某些特殊情况下则未必尽然。刑罚消灭就是各种有犯罪而无刑罚的特殊情形之一，因此，只有在行为构成犯罪的情况下，才有刑罚消灭可言。在这个意义上，行为构成犯罪乃是刑罚消灭的必要前提。

（二）刑罚消灭的内容

刑罚消灭实际上是刑罚权的消灭，因此，刑罚权的消灭是刑罚消灭的内容。

刑罚权消灭包括刑罚请求权消灭和刑罚执行权消灭。刑罚请求权的消灭使得事实上发生的犯罪不再被追究刑事责任，因而定罪权和量刑权同时消灭，后者只是前者的后果，并且也就不存在刑罚执行的问题。刑罚执行权的消灭使得已经判处的刑罚不再实际执行，也是刑罚消灭的重要内容。

（三）刑罚消灭的根据

刑罚消灭是刑罚权归于消灭的一种结果，这种结果是由一定事由引起的，没有这种事由的存在，就不发生刑罚消灭的问题。因此，一定的事由是刑罚消灭的根据。刑罚消灭事由可以分为两种情形：一是法定事由，即法律明文规定的刑罚消灭的原因，如时效、赦免等；二是事实事由，即客观上使刑罚自然消灭的原因，如犯罪人死亡、刑罚执行完毕等。

二、刑罚消灭的事由

刑罚消灭的事由是指使刑罚权归于消灭的各种具体原因。从罪刑关系上考察，刑罚消灭事由可以分为以下情形：

（一）刑罚请求权消灭的事由

刑罚请求权消灭的事由包括以下5种：（1）被告人死亡。被告人在起诉前死亡，起诉对象不复存在，刑罚请求权归于消灭。（2）追诉时效完成。（3）自诉之罪，有权告诉的人不予告诉。（4）犯罪后起诉前，法律已废止其刑。（5）大赦。

（二）刑罚裁量权消灭的事由

刑罚裁量权消灭的事由包括以下5种：（1）被告人死亡。被告人在被起诉后，判决确定前死亡的，刑罚裁量的对象不复存在，刑罚裁量权归于消灭。（2）自诉之罪，自诉人撤回告诉。（3）起诉后判决确定前，法律已废止其刑。（4）大赦。（5）前科消灭。

（三）刑罚执行权消灭的事由

刑罚执行权消灭的事由包括以下12种：（1）大赦。（2）特赦。（3）在犯罪人被判处刑罚的判决确定后，刑罚尚未执行或未执行完毕前，法律已废止其刑。
(4) 免除刑罚。(5) 行刑时效完成。(6) 缓刑期满。(7) 减刑。(8) 假释期满。
(9) 刑罚执行完毕。(10) 犯罪人死亡。(11) 减、免刑罚执行。(12) 复权。

（四）刑罚后遗效果消灭的事由

刑罚后遗效果，是指刑罚执行终了或者免除后遗留下来的效果。这种效果源于
刑罚处罚，但不因为刑罚执行完毕或免除而结束，仍然继续影响受过刑罚的人，它
在某些以一定资格为必要的情形下，往往成为资格欠缺的事由。例如，被判过刑的
人，在其刑罚执行完毕后，仍不能担任国家公务员。刑罚后遗效果消灭的事由有以
下4种：(1) 大赦。(2) 前科消灭。(3) 复权。(4) 战时犯罪军人宣告缓刑后确有
立功表现。例如，《刑法》第449条规定，在战时，对被判处3年以下有期徒刑没
有现实危险宣告缓刑的犯罪军人，允许其戴罪立功，确有立功表现的，可以撤销原
判刑罚，不以犯罪论处。这里的撤销原判刑罚，不以犯罪论处，不仅是原判刑罚不
再执行，而且视为没有犯罪记录或者没有前科。这就是犯罪宣告在将来丧失效力
后，不再认为是犯罪，从而也就不存在刑罚的后遗效果问题。

第二节　时　效

一、时效概述

（一）时效的概念

刑法上的时效，是指刑事法律规定的国家对犯罪人行使刑事追诉权和刑罚执
行权有效期限的制度。在有效期内，国家如果不行使刑事追诉权和刑罚执行权，
超过期限刑事追诉权和刑罚执行权即归于消灭，对犯罪人就不能再追诉或者执行
刑罚。时效完成是刑罚消灭的重要制度之一。

时效制度的根据和意义在于：(1) 一个人犯罪后，经过一定期限虽未被追诉
或未被执行刑罚，但没有再犯新罪，据此可推断其已悔改，不致再危害社会。在

这种情况下，失去追诉或行刑的意义。（2）在犯罪人经过一定期限未犯新罪的情况下，如果再追究其刑事责任，既起不到特殊预防的作用，也起不到一般预防的作用。（3）犯罪案件发生后，经过一定期限没有审理和追诉，时过境迁，证据失散，侦查、起诉、审判难以顺利进行。而设立时效制度，既符合刑罚经济原则，又有利于司法审判机关集中精力审理现行案件。（4）犯罪后经过一定时期，因犯罪破坏的某一社会秩序以及失衡的公众心理已经得到恢复，如再行追究旧案，重提积怨，容易引发不安定因素，不利于社会稳定。总之，实行时效制度，既符合我国适用刑罚的目的，又有利于司法机关开展工作和稳定社会秩序。但是，为了防止少数犯罪分子利用时效制度逃避法律制裁，刑法在规定时效时，同时规定了时效中断、延长等制度。

（二）时效的种类

时效分为两种：追诉时效和行刑时效。追诉时效，是指我国刑法规定的对犯罪分子追究刑事责任有效期限的制度。超过法定追诉期限，司法机关或有告诉权的人不得再对犯罪人进行追诉，已经追诉的，应撤销案件或不起诉，或终止审判。追诉时效完成，是刑罚请求权消灭的重要事由之一。行刑时效，是指刑事法律规定的，对被判刑人执行刑罚有效期限的制度。犯罪人被科处刑罚后，只有在行刑时效期内，刑罚执行机关才有权对犯罪人执行所判处的刑罚。行刑时效期内所判处的刑罚未执行，超过行刑时效期，便不能再对犯罪人执行所判处的刑罚。行刑时效完成，是刑罚执行权消灭的一项重要事由。我国刑法总则只规定了追诉时效，对行刑时效未作规定。

二、追诉时效

（一）追诉时效的期限

我国刑法根据罪刑均衡原则，以犯罪的法定最高刑为标准，规定了四个档次的追诉时效。根据《刑法》第 87 条的规定，犯罪经过下列期限不再追诉：

（1）法定最高刑为不满 5 年有期徒刑的，经过 5 年。

（2）法定最高刑为 5 年以上不满 10 年有期徒刑的，经过 10 年。

（3）法定最高刑为 10 年以上有期徒刑的，经过 15 年。

（4）法定最高刑为无期徒刑、死刑的，经过 20 年。如果 20 年以后认为必须追诉的，须报请最高人民检察院核准。

根据上述规定，在确定具体犯罪的追诉时效的期限时，应当根据犯罪的性质、情节，分别适用刑法分则规定的相应条款或量刑幅度，按其法定最高刑计算追诉时效期限：（1）在一个条文中只规定一个量刑幅度的，应以该条文的法定最高刑确定追诉时效期限。（2）在一个条文中规定有两个以上不同的量刑幅度的，应按其罪行应当适用的条款的法定最高刑确定其追诉时效期限。（3）如果所犯罪行的刑罚，分别规定在不同的条款时，应按其罪行应当适用的条款的法定最高刑确定其追诉时效的期限。

（二）追诉时效的计算

根据我国《刑法》第 89 条的规定，追诉时效的计算分为两种情况：

1. 即成犯追诉期限的计算

即成犯，即行为实施完毕结果随之发生。即成犯追诉期限是从犯罪之日起计算。所谓犯罪之日，是指犯罪成立之日。这里的犯罪成立之日，在一般情形下是犯罪行为实施之日；在某些情形下也可能是犯罪结果发生之日。例如，2003 年 11 月 13 日《全国法院审理经济犯罪案件工作座谈会纪要》在论及玩忽职守罪的追诉时效时指出："玩忽职守行为造成的重大损失当时没有发生，而是玩忽职守行为之后一定时间发生的，应从危害结果发生之日起计算玩忽职守罪的追诉期限。"这一规定可适用于犯罪行为与犯罪结果不在同时发生的其他犯罪。由于刑法对不同种类和形态的犯罪所规定的构成要件不同，因而其犯罪成立之日的计算标准亦相应不同：（1）行为犯，应从犯罪行为实施之日起计算。即成犯的犯罪追诉期限，应从犯罪行为实施之日起计算。（2）结果犯，应从犯罪结果发生之日起计算，结果加重犯，应从加重结果发生之日起计算。（3）预备犯，应从预备犯罪之日起计算。（4）中止犯，应当分别情况予以确定：如果是在着手实行犯罪后中止犯罪，应从犯罪行为施行之日起计算；如果在预备阶段中止犯罪，则应从犯罪中止成立之日起计算。（5）未遂犯，应从犯罪未遂成立之日起计算。（6）共同犯罪，以整体共同犯罪行为得以实施之日起计算。（7）犯罪行为发生在我国境外，而犯罪结果发生在我国境内的犯罪，也应从犯罪结果发生之日起计算。

2. 连续犯和继续犯追诉期限的计算

根据《刑法》第 89 条的规定，犯罪行为有连续或者继续状态的，从犯罪行为终了之日起计算。由此可见，连续犯和继续犯追诉期限从犯罪行为终了之日起计算。由于连续犯和继续犯的具体特征不同，因而各自的犯罪行为终了之日也不同。连续犯以连续实施数个相同行为为目的，每一个行为都可单独构成犯罪，所以，连续犯的犯罪行为终了之日，就是指最后一个犯罪行为成立之日。继续犯，是指一个犯罪行为在一定时间内处于持续状态，因此，继续犯的犯罪行为终了之日就是持续状态结束之日。值得注意的是，对于某些犯罪构成案件较为复杂的犯罪，我国司法解释规定了在不同情况下追诉时效起算的不同标准。例如 2003 年 9 月 22 日最高人民法院《关于挪用公款犯罪如何计算追诉期限问题的批复》规定：挪用公款归个人使用，进行非法活动的，或者挪用公款数额较大、进行营利活动的，犯罪的追诉期限从挪用行为实施完毕之日起计算。挪用公款数额较大、超过 3 个月未还的，犯罪的追诉期限从挪用公款罪成立之日起计算。挪用公款行为有连续状态的，犯罪的追诉期限应当从最后一次挪用行为实施完毕之日或者犯罪成立之日起计算。

（三）追诉时效的中断

追诉时效中断，是指在追诉时效进行期间，因发生法律规定的事由，使已经经过的时效期间归于失效，追诉期限从法律规定事由发生之日起重新开始计算的制度。追诉时效中断制度是为了防止犯罪人利用时效制度逃避罪责，继续犯罪而设立的，对于限制追诉时效制度的消极效果具有重要意义。

我国《刑法》第 89 条第 2 款规定："在追诉期限以内又犯罪的，前罪追诉的期限从犯后罪之日起计算。"这一规定表明，我国追诉时效中断是以犯罪人在追诉期限内又犯罪为条件的，且不论新罪的性质和刑罚的轻重。根据刑法的这一规定，追诉时效中断后时效起算的时间为犯后罪之日。所谓犯后罪之日，即后罪成立之日。

（四）追诉时效延长

追诉时效延长，是指在追诉时效进行期间，由于发生了法律规定的事由，致使追诉期限无限伸延的制度。根据《刑法》第88条的规定，我国追诉时效延长分为两种情况：（1）在人民检察院、公安机关、国家安全机关立案侦查或者在人民法院受理案件以后，逃避侦查或者审判的，不受追诉期限的限制。（2）被害人在追诉期限内提出控告，人民法院、人民检察院、公安机关应当立案而不予立案的，不受追诉期限的限制。

（五）超过追诉时效案件继续追诉的核准

根据我国刑法规定，追诉时效的期限不是绝对的，而是相对的。某些案件即使超过追诉时效，如果认为需要追诉的，报经最高人民检察院核准，仍然可以追溯。为了履行核准职责，最高人民检察院于2012年8月21日发布了《关于办理核准追诉案件若干问题的规定》（以下简称《决定》）。该《决定》对核准追诉案件的程序做了具体规定。根据《决定》第5条的规定：报请核准追诉的案件应当同时符合下列条件：（1）有证据证明存在犯罪事实，且犯罪事实是犯罪嫌疑人实施的；（2）涉嫌犯罪的行为应当适用的法定量刑幅度的最高刑为无期徒刑或者死刑的；（3）涉嫌犯罪的性质、情节和后果特别严重，虽然已过20年追诉期限，但社会危害性和影响依然存在，不追诉会严重影响社会稳定或者产生其他严重后果，而必须追诉的；（4）犯罪嫌疑人能够及时到案接受追诉的。此外，《决定》还对追诉的其他程序性问题做了明确规定。

追诉标准的掌握对于超过追诉时效案件是否追诉具有重要意义，对此，最高人民检察院于2015年7月9日发布的第6批指导性案例，其主题就是核准追诉制度。最高人民检察院共发布了4个指导性案例，其中马世龙抢劫案、丁国山等故意伤害案 2 个为核准追诉案例，杨菊云故意杀人案、蔡金星等抢劫案 2 个为不核准追诉案例。从 4 个指导性案例的内容来看，在决定对犯罪分子是否核准追诉时，实际上是综合考虑了犯罪的性质、后果与社会危害性、犯罪人的人身危险性、犯罪造成的社会影响以及社会秩序恢复情况等多种因素，虽然每个具体案件的情况有所不同，但都比较准确地体现了刑法关于追诉时效制度的立法精神以及宽严相济刑事政策的要求，产生了良好的法律效果与社会效果。发布这批指导性案例，有助于各级司法机关正确理解法律和司法解释关于核准追诉条件的有关规定，准确把握办理核准追诉案件的具体要求，提高办理此类案件的质量和水平。同时这批指导性案例中既有对罪行极其严重的犯罪分子核准追诉的案例，也有对真诚悔罪、积极消除犯罪影响、获得被害方谅解的犯罪分子不再追诉的案例，这一方面表明了我国刑法对于严重危害社会秩序的犯罪分子严厉打击、坚决惩处的基本态度，另一方面也体现了我国刑法积极鼓励和教育犯罪分子认罪服法、悔过自新的预防犯罪目的，对于有效化解社会矛盾、促进社会和谐以及增强全民法治观念、推进法治社会建设都具有积极意义。

案例 20－1 **马世龙（抢劫）核准追诉案**

（检例第 20 号）

犯罪嫌疑人马世龙，男，1970 年生，吉林省公主岭市人。1989 年 5 月 19 日下午，犯罪嫌疑人马世龙、许云刚、曹立波（后二人另案处理，均已判刑）预谋到吉林省公主岭市苇子沟街獾子洞村李树振家抢劫，并准备了面罩、匕首等作案工具。5 月 20 日零时许，三人蒙面持刀进入被害人李树振家大院，将屋门玻璃撬开后拉开门锁进入李树振卧室。马世龙、许云刚、曹立波分别持刀逼住李树振及其妻子王某，并强迫李树振及其妻子拿钱。李树振和妻子王某喊救命，曹立波、许云刚随即逃离。马世龙在逃离时被李树振拉住，遂持刀在李树振身上乱捅，随后逃脱。曹立波、许云刚、马世龙会合后将抢得的现金 380 余元分掉。李树振被送往医院抢救无效死亡。

案发后马世龙逃往黑龙江省七台河市打工。公安机关没有立案，也未对马世龙采取强制措施。2014年3月10日，吉林省公主岭市公安局接到黑龙江省七台河市桃山区桃山街派出所移交案件：当地民警在对辖区内一名叫"李红"的居民进行盘查时，"李红"交代其真实姓名为马世龙，1989年5月伙同他人闯入吉林省公主岭市苇子沟街獾子洞村李树振家抢劫，并将李树振用刀扎死后逃跑。当日，公主岭市公安局对马世龙立案侦查，3月18日通过公主岭市人民检察院层报最高人民检察院核准追诉。

最高人民检察院审查认为：犯罪嫌疑人马世龙伙同他人入室抢劫，造成一人死亡的严重后果，依据《中华人民共和国刑法》第12条、1979年《中华人民共和国刑法》第150条规定，应当适用的法定量刑幅度的最高刑为死刑。本案对被害人家庭和亲属造成严重伤害，在案发当地造成恶劣影响，虽然经过20年追诉期限，被害方以及案发地群众反映强烈，社会影响没有消失，不追诉可能严重影响社会稳定或者产生其他严重后果。综合上述情况，依据1979年《中华人民共和国刑法》第76条第四项规定，决定对犯罪嫌疑人马世龙核准追诉。

2014年6月26日，最高人民检察院作出对马世龙核准追诉决定。2014年11月5日，吉林省四平市中级人民法院以马世龙犯抢劫罪，同时考虑其具有自首情节，判处其有期徒刑15年，并处罚金1000元。被告人马世龙未上诉，检察机关未抗诉，一审判决生效。

本案的要旨指出：故意杀人、抢劫、强奸、绑架、爆炸等严重危害社会治安的犯罪，经过20年追诉期限，仍然严重影响人民群众安全感，被害方、案发地群众、基层组织等强烈要求追究犯罪嫌疑人刑事责任，不追诉可能影响社会稳定或者产生其他严重后果的，对犯罪嫌疑人应当追诉。

案例20-2　　杨菊云（故意杀人）不核准追诉案

（检例第22号）

犯罪嫌疑人杨菊云，女，1962年生，四川省简阳市人。1989年9月2日晚，杨菊云与丈夫吴德禄因琐事发生口角，吴德禄因此殴打杨菊云。杨菊云乘吴德禄熟睡，手持家中一节柏树棒击打吴德禄头部，后因担心吴德禄继续殴打自己，便用剥菜尖刀将吴德禄杀死。案发后杨菊云携带儿子吴某（当时不满 1 岁）逃离简阳。9 月 4 日中午，吴德禄继父魏某去吴德禄家中，发现吴德禄被杀死在床上，于是向公安机关报案。公安机关随即开展了尸体检验、现场勘查等调查工作，并于 9 月 26 日立案侦查，但未对杨菊云采取强制措施。

杨菊云潜逃后辗转多地，后被拐卖嫁与安徽省凤阳县农民曹某。2013 年 3 月，吴德禄亲属得知杨菊云联系方式、地址后，多次到简阳市公安局、资阳市公安局进行控告，要求追究杨菊云刑事责任。同年 4 月 22 日，简阳市及资阳市公安局在安徽省凤阳县公安机关协助下将杨菊云抓获，后依法对其刑事拘留、逮捕，并通过简阳市人民检察院层报最高人民检察院核准追诉。

简阳市人民检察院、资阳市人民检察院、四川省人民检察院先后对案件进行审查并开展了必要的调查。2013 年 6 月 8 日，四川省人民检察院报最高人民检察院对杨菊云核准追诉。

最高人民检察院审查认为：犯罪嫌疑人杨菊云故意非法剥夺他人生命，依据《中华人民共和国刑法》第 12 条、1979 年《中华人民共和国刑法》第 132 条规定，应当适用的法定量刑幅度的最高刑为死刑。本案虽然情节、后果严重，但属于因家庭矛盾引发的刑事案件，且多数被害人家属已经表示原谅杨菊云，被害人与犯罪嫌疑人杨菊云之子吴某也要求不追究杨菊云刑事责任。案发地群众反映案件造成的社会影响已经消失。综合上述情况，本案不属于必须追诉的情形，依据 1979 年《中华人民共和国刑法》第 76 条第四项规定，决定对杨菊云不予核准追诉。

2013 年 7 月 19 日，最高人民检察院作出对杨菊云不予核准追诉决定。2013 年 7 月 29 日，简阳市公安局对杨菊云予以释放。

本案的要旨指出：（1）因婚姻家庭等民间矛盾激化引发的犯罪，经过 20 年追诉期限，犯罪嫌疑人没有再犯罪危险性，被害人及其家属对犯罪嫌疑人表示谅解，不追诉有利于化解社会矛盾、恢复正常社会秩序，同时不会影响社会稳定或者产生其他严重后果的，对犯罪嫌疑人可以不再追诉。(2) 须报请最高人民检察院核准追诉的案件，侦查机关在核准之前可以依法对犯罪嫌疑人采取强制措施。侦查机关报请核准追诉并提请逮捕犯罪嫌疑人，人民检察院经审查认为必须追诉而且符合法定逮捕条件的，可以依法批准逮捕。

释评

　　关于上述马世龙案和杨菊云案，就前者而言，最高人民检察院经过审查认为具有追诉必要性因而依法核准追诉，就后者而言，最高人民检察院认为没有追诉必要性因而依法不予核准追诉。从两个案件核准追诉与不核准追诉的各自理由来看，主要考虑的是犯罪的起因、被害人及其家属是否谅解和是否影响社会稳定等严重后果。马世龙案属于入户抢劫杀人，属于破坏社会治安的暴力犯罪，性质较为严重，而且严重影响人民群众安全感，如果不予追诉会影响社会稳定，因而最高人民检察院依法核准追诉。而杨菊云案是民间矛盾引发的犯罪，被害人及其家属表示谅解，已经没有社会危险性，因而最高人民检察院依法不核准追诉。

第三节　赦　免

一、赦免概述

(一) 赦免的概念

　　赦免，是指国家以政令的形式，免除或者减轻犯罪人的罪责或者刑罚的一种制度。赦免制度通常由宪法加以规定，一般不在刑法中规定。赦免的具体时间和对象由国家元首或最高国家权力机关以政令的形式颁布，在我国由最高人民法院执行。所以，赦免制度不是一项刑罚制度。但是，由于赦免的对象是犯罪人，其结果为免除或减轻罪与刑，导致追诉权和行刑权归于消灭，而且赦免命令又由司法机关执行，所以，各国都把它纳入刑罚消灭理论加以研究。

（二）赦免的种类

在刑法理论上，根据赦免的具体表现形式的不同，通常把赦免分为大赦和特赦两种：大赦是指有权的国家机关，以政令的形式，对于某一时期的某一类或几类罪行的不特定的犯罪人免予追诉或免除其刑罚执行的制度。特赦是指有权的国家机关以政令的形式，对已受刑罚宣告的特定犯罪人免除其全部或部分刑罚的制度。特赦与大赦的主要区别在于：（1）特赦的对象是特定的；而大赦对象是不特定的。（2）特赦仅赦刑而不赦罪；大赦既赦刑又赦罪。（3）特赦后再犯罪则有可能构成累犯；而大赦后再犯罪没有累犯问题。（4）特赦往往公布被赦人的名单；大赦一般不公布被赦人的名单。我国宪法只规定了特赦，对大赦未作规定。因此，我国刑法中所说的赦免，应当是指特赦。

二、特赦

根据我国现行《宪法》第 67 条和第 80 条的规定，特赦经全国人大常委会决定，由国家主席发布特赦令。自中华人民共和国成立至 1979 年《刑法》颁布之前，我国共实行了 7 次特赦：第 1 次是 1959 年在中华人民共和国成立 10 周年庆典前夕，对在押的确已改恶从善的蒋介石集团和伪满洲国战争罪犯、反革命犯和普通刑事犯实行特赦。第 2 次、第 3 次特赦分别于 1960 年、1961 年实行，都是对蒋介石集团和伪满洲国罪犯确有改恶从善表现的进行特赦。第 4 次、第 5 次、第 6 次分别于 1963 年、1964 年、1966 年实行。与前两次相比，只是在特赦对象上增加了伪蒙疆自治政府的战争罪犯，其他内容完全相同。第 7 次是 1975 年，对全部在押战争罪犯实行特赦，给予公民权。从我国已实行的前 7 次特赦中，可以看出我国特赦制度有以下五个特点：（1）特赦对象，除第 1 次包括反革命罪犯和普通刑事罪犯外，都是战争罪犯。（2）特赦的范围，仅限于全国各地某类罪犯中的一部分人，而不是对某类罪犯全部实行特赦，更不是对个人实行。（3）特赦的条件，是罪犯经过服刑改造，确已改恶从善的。对尚未宣告刑罚或者刑罚虽已宣告但尚未开始执行的罪犯，不赦免。（4）特赦的效力，只及于刑罚，不及于罪行。（5）特赦的程序，一般由党中央或国务院提出建议，经全国人大常委会审议决定，由国家主席发布特赦令，并授权最高人民法院和高级人民法院执行。

值得注意的是，2015 年我国实行了刑法颁布以后的首次特赦。2015 年 8 月 29 日中华人民共和国主席特赦令指出，为纪念中国人民抗日战争暨世界反法西斯战争胜利 70 周年，体现依法治国理念和人道主义精神，根据第十二届全国人民代表大会常务委员会第十六次会议的决定，对依据 2015 年 1 月 1 日前人民法院作出的生效判决正在服刑，释放后不具有现实社会危险性的下列罪犯实行特赦：（1）参加过中国人民抗日战争、中国人民解放战争的；（2）中华人民共和国成立以后，参加过保卫国家主权、安全和领土完整对外作战的，但犯贪污受贿犯罪、故意杀人、强奸、抢劫、绑架、放火、爆炸、投放危险物质或者有组织的暴力性犯罪，黑社会性质的组织犯罪，危害国家安全犯罪，恐怖活动犯罪的，有组织犯罪的主犯以及累犯除外；（3）年满 75 周岁、身体严重残疾且生活不能自理的；（4）犯罪的时候不满 18 周岁，被判处 3 年以下有期徒刑或者剩余刑期在 1 年以下的，但犯故意杀人、强奸等严重暴力性犯罪，恐怖活动犯罪，贩卖毒品犯罪的除外。这次特赦体现了我国刑罚人道主义的精神，同时也是依法治国理念的具体贯彻，具有重要意义。

2019 年为庆祝中华人民共和国成立 70 周年，体现依法治国理念和人道主义精神，我国实行了刑法颁布以后的第二次特赦。2019 年 6 月 29 日颁布的特赦令指出，根据第十三届全国人民代表大会常务委员会第十一次会议的决定，对依据 2019 年 1 月 1 日前人民法院作出的生效判决正在服刑的下列罪犯实行特赦：（1）参加过中国人民抗日战争、中国人民解放战争的；（2）中华人民共和国成立以后，参加过保卫国家主权、安全和领土完整对外作战的；（3）中华人民共和国成立以后，为国家重大工程建设做过较大贡献并获得省部级以上"劳动模范""先进工作者""五一劳动奖章"等荣誉称号的；（4）曾系现役军人并获得个人一等功以上奖励的；（5）因防卫过当或者避险过当，被判处三年以下有期徒刑或者剩余刑期在 1 年以下的；
（6）年满 75 周岁、身体严重残疾且生活不能自理的；（7）犯罪的时候不满 18 周岁，被判处 3 年以下有期徒刑或者剩余刑期在 1 年以下的；（8）丧偶且有未成年子女或者有身体严重残疾、生活不能自理的子女，确需本人抚养的女性，被判处 3 年以下有期徒刑或者剩余刑期在 1 年以下的；（9）被裁定假释已执行五分之一以上假释考验期的，或者被判处管制。上述九类对象中，具有以下情形之一的，不得特赦：（1）第二、三、四、七、八、九类对象中系贪污受贿犯罪，军人违反职责犯罪，故意杀人、强奸、抢劫、绑架、放火、爆炸、投放危险物质或者有组织的暴力性犯罪，黑社会性质的组织犯罪，贩卖毒品犯罪，危害国家安全犯罪，恐怖活动犯罪的罪犯，其他有组织犯罪的主犯，累犯的；（2）第二、三、四、九类对象中剩余刑期在 10 年以上的和仍处于无期徒刑、死刑缓期执行期间的；（3）曾经被特赦又因犯罪被判处刑罚的；（4）不认罪悔改的；（5）经评估具有现实社会危险性的。对 2019 年 6 月 29 日符合上述条件的服刑罪犯，经人民法院依法作出裁定后，予以释放。

第四编
罪刑各论

第二十一章

危害国家安全罪

第一节　危害国家安全罪概述

一、概念

危害国家安全罪是指故意危害中华人民共和国国家安全的行为。

二、罪名

危害国家安全罪是刑法分则第一章，从第 102 条至第 113 条共 12 个条文，规定了 12 个罪名。这些罪名是：（1）背叛国家罪；（2）分裂国家罪；（3）煽动分裂国家罪；（4）武装叛乱、暴乱罪；（5）颠覆国家政权罪；（6）煽动颠覆国家政权罪；（7）资助危害国家安全犯罪活动罪；（8）投敌叛变罪；（9）叛逃罪；（10）间谍罪；（11）为境外窃取、刺探、收买、非法提供国家秘密、情报罪；（12）资敌罪。

三、法定刑

危害国家安全罪的法定最高刑是死刑，共有 7 个死刑罪名，其他罪名规定了无期徒刑、有期徒刑、拘役、管制和剥夺政治权利。《刑法》第 113 条第 2 款还规定，犯本章之罪的，可以并处没收财产。

第二节　危害国家安全罪分述

一、背叛国家罪

（一）概念

背叛国家罪是指勾结外国或境外机构、组织、个人，危害中华人民共和国的主权、领土完整和安全的行为。

（二）构成

1. 罪体

行为　背叛国家罪的行为是勾结外国或者境外机构、组织、个人，危害中华人民共和国的主权、领土完整和安全。这里的勾结，是指：（1）与境外机构、组织、个人共同策划；（2）接受境外机构、组织、个人的资助或者指使；（3）与境外机构、组织、个人建立联系，取得支持和帮助。这里的外国，是指外国官方机构以及这些机构在我国的代表机构。境外机构、组织，是指在中华人民共和国境外设立的机构、组织及其在中华人民共和国境内设立的分支（代表）机构。境外个人，是指在中华人民共和国境外居住的个人及居住在中华人民共和国境内的不具有中华人民共和国国籍的人。危害中华人民共和国的主权、领土完整和安全，包括：（1）危害国家主权，即擅自允许外国在中国享有司法权，擅自允许外国军队进驻本国。（2）危害领土完整，即擅自与外国签订条约，割让中国领土。

（3）危害国家安全，即勾结外国发动对中国的武装进攻。在外国占领中国期间，勾结外国军队对中国军队发动进攻，或者帮助外国军队扫荡中国的村庄、城镇。

客体　背叛国家罪的客体是中华人民共和国的主权、领土完整和安全。

2. 罪责

背叛国家罪的罪责形式是故意。这里的故意，是指明知是勾结外国、境外机构、组织、个人危害中国的主权、领土完整和安全的行为而有意实施的主观心理状态。

（三）处罚

根据《刑法》第102条第1款、第2款的规定，犯本罪的，处无期徒刑或者10年以上有期徒刑。《刑法》第113条第1款规定，犯本罪，对国家和人民危害特别严重、情节特别恶劣的，可以判处死刑。第2款规定，犯本罪的，可以并处没收财产。

加重处罚事由　犯背叛国家罪而对国家和人民危害特别严重、情节特别恶劣，是本罪的加重处罚事由。这里的对国家和人民危害特别严重、情节特别恶劣，是指造成国家主权、领土完整和安全严重损害的后果或者引起国内严重动乱。

二、分裂国家罪

（一）概念

分裂国家罪是指组织、策划、实施分裂国家、破坏国家统一的行为。

（二）构成

1. 罪体

行为　分裂国家罪的行为是组织、策划、实施分裂国家、破坏国家统一。这里的分裂国家，是指另立政府、对抗中央、割据一方或者自立为国，谋取国际上的承认。破坏国家统一，是指对实现国家统一的活动和进程进行阻挠、破坏，意图使国家不能实现统一。分裂国家罪的行为方式包括：（1）组织分裂国家、破坏国家统一的活动，即以分裂国家、破坏国家统一为目的，进行组织活动。（2）策划分裂国家、破坏国家统一的活动，即以分裂国家、破坏国家统一为目的，进行策划活动，包括进行商量、计划、阴谋等活动。（3）实施分裂国家、破坏国家统一的活动，即根据策划，有组织地进行分裂国家、破坏国家统一的活动。

客体 分裂国家罪的客体是国家统一。

2. 罪责

分裂国家罪的罪责形式是故意。这里的故意，是指明知是组织、策划、实施分裂国家、破坏国家统一的行为而有意实施的主观心理状态。

（三）处罚

根据《刑法》第 103 条第 1 款之规定，犯本罪的，对首要分子或者罪行重大的，处无期徒刑或者 10 年以上有期徒刑；对积极参加的，处 3 年以上 10 年以下有期徒刑；对其他参加的，处 3 年以下有期徒刑、拘役、管制或者剥夺政治权利。《刑法》第 113 条第 1 款规定，犯本罪的，对国家和人民危害特别严重、情节特别恶劣的，可以判处死刑。第 2 款规定，犯本罪的，可以并处没收财产。《刑法》第 106 条规定，与境外机构、组织、个人相勾结犯本罪的，从重处罚。

加重处罚事由 犯分裂国家罪而对国家和人民危害特别严重、情节特别恶劣，是本罪的加重处罚事由。这里的对国家和人民危害特别严重、情节特别恶劣，是指造成国家分裂的后果或者引起国内严重动乱。

从重处罚事由 犯分裂国家罪而与境外机构、组织、个人相勾结的，是本罪的从重处罚事由。

三、煽动分裂国家罪

（一）概念

煽动分裂国家罪是指煽动分裂国家、破坏国家统一的行为。

（二）构成

1. 罪体

行为　煽动分裂国家罪的行为是煽动分裂国家、破坏国家统一。这里的煽动，是指以语言、文字、图像等方式对他人进行鼓动、宣传。1998年12月17日最高人民法院《关于审理非法出版物刑事案件具体应用法律若干问题的解释》第1条规定：明知出版物中载有煽动分裂国家、破坏国家统一的内容，而予以出版、印刷、复制、发行、传播的，以煽动分裂国家罪定罪处罚。此外，2003年5月14日最高人民法院、最高人民检察院《关于办理妨害预防、控制突发传染病疫情等灾害的刑事案件具体应用法律若干问题的解释》第10条第2款规定，利用突发传染病疫情等灾害，制造、传播谣言，煽动分裂国家、破坏国家统一的，以煽动分裂国家罪定罪处罚。这些都是对本罪行为的补充性规定。

客体　煽动分裂国家罪的客体是国家统一。

2. 罪责

煽动分裂国家罪的罪责形式是故意。这里的故意，是指明知是煽动分裂国家的行为而有意实施的主观心理状态。

（三）处罚

根据《刑法》第103条第2款的规定，犯本罪的，处5年以下有期徒刑、拘役、管制或者剥夺政治权利；首要分子或者罪行重大的，处5年以上有期徒刑。《刑法》第113条第2款规定，犯本罪的，可以并处没收财产。《刑法》第106条规定，与境外机构、组织、个人相勾结犯本罪的，从重处罚。

从重处罚事由　犯煽动分裂国家罪而与境外机构、组织、个人相勾结，是本罪的从重处罚事由。

四、武装叛乱、暴乱罪

（一）概念

武装叛乱、暴乱罪是指组织、策划、实施武装叛乱或者武装暴乱的行为。

（二）构成

1. 罪体

行为　武装叛乱、暴乱罪的行为是武装叛乱、暴乱。这里的叛乱，是指意图投靠境外组织或者境外敌对势力而背叛国家和政府。暴乱是指不以投靠境外敌对势力为目的，而是采用武力的形式，直接与国家或者政府进行对抗。

2. 罪责

武装叛乱、暴乱罪的罪责形式是故意。这里的故意，是指明知是武装叛乱、暴乱的行为而有意实施的主观心理状态。

（三）处罚

《刑法》第104条第1款规定，犯本罪的，对首要分子或者罪行重大的，处无期徒刑或者10年以上有期徒刑；对积极参加的，处3年以上10年以下有期徒刑；对其他参加的，处3年以下有期徒刑、拘役、管制或者剥夺政治权利。第2款规定，策动、胁迫、勾引、收买国家机关工作人员、武装部队人员、人民警察、民兵进行武装叛乱或者武装暴乱的，依照第1款的规定从重处罚。《刑法》第113条第1款规定，犯本罪对国家和人民危害特别严重、情节特别恶劣的，可以判处死刑。第2款规定，犯本罪的，可以并处没收财产。《刑法》第106条规定，与境外机构、组织、个人相勾结犯本罪的，从重处罚。

加重处罚事由　犯武装叛乱、暴乱罪而对国家和人民危害特别严重、情节特别恶劣的，是本罪的加重处罚事由。这里的对国家和人民危害特别严重、情节特别恶劣，是指武装叛乱、暴乱造成多人死伤、财产遭受严重破坏的等。

从重处罚事由之一　犯武装叛乱、暴乱罪而策动、胁迫、勾引、收买国家机关工作人员、武装部队人员、人民警察、民兵进行武装叛乱或者武装暴乱的，是本罪的从重处罚事由。

从重处罚事由之二　犯武装叛乱、暴乱罪而与境外机构、组织、个人相勾结的，是本罪的从重处罚事由。

五、颠覆国家政权罪

（一）概念

颠覆国家政权罪是指组织、策划、实施颠覆国家政权、推翻社会主义制度的行为。

（二）构成

1. 罪体

行为 颠覆国家政权罪的行为是组织、策划、实施颠覆国家政权、推翻社会主义制度。这里的颠覆国家政权，是指以各种非法手段推翻国家政权组织，包括我国各级权力机关、行政机关、司法机关、军事机关在内的整个政权。推翻社会主义制度，是指以各种方式改变社会主义制度的国家性质。颠覆国家政权罪的行为方式包括：（1）组织颠覆国家政权、推翻社会主义制度，即为颠覆国家政权而进行组织活动。（2）策划颠覆国家政权、推翻社会主义制度，即为颠覆国家政权而进行谋划活动。（3）实施颠覆国家政权、推翻社会主义制度，即具体实行颠覆国家政权、推翻社会主义制度的活动。

客体 颠覆国家政权罪的客体是国家政权和社会主义制度。

2. 罪责

颠覆国家政权罪的罪责形式是故意。这里的故意，是指明知是组织、策划、实施颠覆国家政权、推翻社会主义制度的行为而有意实施的主观心理状态。

（三）处罚

《刑法》第105条第1款规定，犯本罪的，对首要分子或者罪行重大的，处无期徒刑或者10年以上有期徒刑；对积极参加的，处3年以上10年以下有期徒刑；对其他参加的，处3年以下有期徒刑、拘役、管制或者剥夺政治权利。《刑法》第113条第2款规定，犯本罪的，可以并处没收财产。《刑法》第106条规定，与境外机构、组织、个人相勾结犯本罪的，从重处罚。

从重处罚事由　犯颠覆国家政权罪而与境外机构、组织、个人相勾结的，是本罪的从重处罚事由。

六、煽动颠覆国家政权罪

（一）概念

煽动颠覆国家政权罪是指以造谣、诽谤或者其他方式煽动颠覆国家政权、推翻社会主义制度的行为。

（二）构成

1. 罪体

行为　煽动颠覆国家政权罪的行为是以造谣、诽谤或者其他方式颠覆国家政权和社会主义制度。这里的造谣，是指制造并散布敌视我国国家政权和社会主义制度的言论。诽谤，是指捏造并散布虚假事实，诋毁我国国家政权和社会主义制度。其他方式，是指造谣、诽谤以外的能够引起人们仇视我国国家政权和社会主义制度的行为。1998年12月17日最高人民法院《关于审理非法出版物刑事案件具体应用法律若干问题的解释》第1条规定：明知出版物中载有煽动颠覆国家政权、推翻社会主义制度的内容，而予以出版、印刷、复制、发行、传播的，以煽动颠覆国家政权罪定罪处罚。此外，2003年5月14日最高人民法院、最高人民检察院《关于办理妨害预防、控制突发传染病疫情等灾害的刑事案件具体应用法律若干问题的解释》第10条第2款规定，利用突发传染病疫情等灾害，制造、传播谣言，煽动颠覆国家政权、推翻社会主义制度的，以煽动颠覆国家政权罪定罪处罚。这些都是对本罪行为的补充性规定。

客体　煽动颠覆国家政权罪的客体是国家政权和社会主义制度。

2. 罪责

煽动颠覆国家政权罪的罪责形式是故意。这里的故意，是指明知是煽动颠覆国家政权的行为而有意实施的主观心理状态。

（三）处罚

根据《刑法》第105条第2款之规定，犯本罪的，处5年以下有期徒刑、拘役、管制或者剥夺政治权利；首要分子或者罪行重大的，处5年以上有期徒刑。《刑法》第113条第2款规定，犯本罪的，可以并处没收财产。《刑法》第106条规定，与境外机构、组织、个人相勾结犯本罪的，从重处罚。

加重处罚事由 犯煽动颠覆国家政权罪的首要分子或者罪行重大的，是本罪的加重处罚事由。这里的首要分子，是指在煽动颠覆国家政权犯罪中起组织、策划、指挥作用的犯罪分子。这里的罪行重大，是指积极进行煽动，在煽动颠覆国家政权犯罪中起主要作用，或者因其煽动致使他人实施了颠覆国家政权行为，造成严重后果的等。

从重处罚事由 犯煽动颠覆国家政权罪而与境外机构、组织、个人相勾结的，是本罪的从重处罚事由。

七、资助危害国家安全犯罪活动罪

（一）概念

资助危害国家安全犯罪活动罪是指境内外机构、组织或者个人资助实施背叛国家、分裂国家、煽动分裂国家、武装叛乱、暴乱、颠覆国家政权、煽动颠覆国家政权活动的行为。

（二）构成

1. 罪体

主体 资助危害国家安全犯罪活动罪的主体是境内外机构、组织或者个人。

行为 资助危害国家安全犯罪活动罪的行为是资助实施危害国家安全犯罪活动。这里的资助是指明知他人进行危害国家安全的犯罪活动，而向其提供金钱、物资、通信器材、交通工具等，使犯罪分子得到物质上的帮助。

客体 资助危害国家安全犯罪活动罪的客体是危害国家安全的犯罪活动。这里的危害国家安全犯罪活动，是指《刑法》第 102 条规定的背叛国家罪，第 103 条规定的分裂国家罪、煽动分裂国家罪，第 104 条规定的武装叛乱、暴乱罪，第 105 条规定的颠覆国家政权罪、煽动颠覆国家政权罪。

2. 罪责

资助危害国家安全犯罪活动罪的罪责形式是故意。这里的故意，是指明知是危害国家安全犯罪活动而有意予以资助的主观心理状态。

（三）处罚

根据《刑法》第 107 条［《刑法修正案（八）》第 20 条］之规定，犯本罪的，对直接责任人员，处 5 年以下有期徒刑、拘役、管制或者剥夺政治权利；情节严重的，处 5 年以上有期徒刑。

加重处罚事由 犯资助危害国家安全犯罪活动罪而情节严重的，是本罪的加重处罚事由。这里的情节严重，是指多次资助实施危害国家安全犯罪活动，资助多人实施危害国家安全犯罪活动，资助资金或者其他财物数额巨大，或者资助行为在实施危害国家安全犯罪活动中起重要作用的等。

八、投敌叛变罪

（一）概念

投敌叛变罪是指背叛祖国，投靠敌方，出卖国家和人民利益的行为。

（二）构成

1. 罪体

行为 投敌叛变罪的行为是背叛祖国，投靠敌方。这里的投靠，包括以下两种情况：（1）投靠，即由我方逃到敌方，脱离我方的指挥、管辖。（2）投降，即在被敌俘虏后宣布脱离我方，为敌方服务。

客体 投敌叛变罪的客体是敌方。这里的敌方，是指敌对国家和敌对组织。

2. 罪责

投敌叛变罪的罪责形式是故意。这里的故意，是指明知是投敌叛变的行为而有意实施的主观心理状态。

（三）处罚

根据《刑法》第 108 条之规定，犯本罪的，处 3 年以上 10 年以下有期徒刑；情节严重或者带领武装部队人员、人民警察、民兵投敌叛变的，处 10 年以上有期徒刑或者无期徒刑。《刑法》第 113 条第 1 款规定，犯本罪的，对国家和人民危害特别严重、情节特别恶劣的，可以判处死刑。第 2 款规定，犯本罪的，可以并处没收财产。

加重处罚事由 犯投敌叛变罪而情节严重或者带领武装部队人员、人民警察、民兵投敌叛变的，是本罪的加重处罚事由。这里的情节严重，是指携带武器或者国家秘密投敌叛变的，带领他人与其一同叛变的，叛变后为敌人效力的，高级官员或者负有重要职责的人叛变的等。

九、叛逃罪

（一）概念

叛逃罪是指国家机关工作人员或者掌握国家秘密的国家工作人员在履行公务期间，擅离岗位，叛逃境外或者在境外叛逃的行为。

（二）构成

1. 罪体

主体 叛逃罪的主体是国家机关工作人员或者掌握国家秘密的国家工作人员。

行为 叛逃罪的行为是在履行公务期间，擅离岗位，叛逃境外或者在境外叛逃的行为。这里的履行公务期间，是指在职的国家机关工作人员在执行公务期间。擅离岗位，是指违反规定私自离开岗位。叛逃境外，是指与境外机构、组织联络，从境内逃离到境外。在境外叛逃，是指在境外擅自不回国或者擅自脱离在国外的岗位，投靠境外机构、组织。

2. 罪责

叛逃罪的罪责形式是故意。这里的故意，是指明知是叛逃行为而有意实施的主观心理状态。

（三）处罚

根据《刑法》第109条〔《刑法修正案（八）》第21条〕第1款之规定，犯本罪的，处5年以下有期徒刑、拘役、管制或者剥夺政治权利；情节严重的，处5年以上10年以下有期徒刑。第2款规定，掌握国家秘密的国家工作人员叛逃境外或者在境外叛逃的，从重处罚。《刑法》第113条第2款规定，犯本罪的，可以并处没收财产。

加重处罚事由　犯叛逃罪而情节严重的，是本罪的加重处罚事由。这里的情节严重，是指行为人的叛逃，给国家安全和利益造成重大损害，引起我国外交乃至国家声誉上的重大损害的等。

从重处罚事由　掌握国家秘密的国家工作人员叛逃境外或者在境外叛逃的，是本罪的从重处罚事由。

十、间谍罪

（一）概念

间谍罪是指参加间谍组织或者接受间谍组织及其代理人的任务，或者为敌人指示轰击目标的行为。

（二）构成

1. 罪体

行为　间谍罪的行为包括：（1）参加间谍组织或者接受间谍组织及其代理人的任务的。这里的参加间谍组织，是指经过一定手续，加入外国政府或者境外敌对势力建立的旨在收集其他国家情报，对他国进行颠覆破坏活动，破坏他国国家安全和利益的组织，成为其成员。接受间谍组织及其代理人的任务，是指尚未加入间谍组织，而是接受间谍组织以及间谍组织代理人的指令，完成其所交给的收集情报等任务。（2）为敌人指示轰击目标，即采用各种手段向敌人指示其所轰击的目标。

客体 间谍罪的客体是间谍组织和间谍代理人。这里的间谍组织，是指外国（地区）专门从事情报搜集、研究和反间谍活动的组织。间谍组织代理人是指不是间谍组织的成员或者成员机构，但与间谍组织进行联系，受间谍组织或者成员的指使、委托、资助，进行间谍活动的个人或者机构、组织。

2. 罪责

间谍罪的罪责形式是故意。这里的故意，是指明知是间谍组织而参加或者明知是间谍组织及其代理人而接受其任务的主观心理状态。

（三）处罚

根据《刑法》第110条之规定，犯本罪的，处10年以上有期徒刑或者无期徒刑；情节较轻的，处3年以上10年以下有期徒刑。《刑法》第113条第1款规定，犯本罪，对国家和人民危害特别严重、情节特别恶劣的，可以判处死刑。第2款规定，犯本罪的，可以并处没收财产。

减轻处罚事由 间谍罪的减轻处罚事由是情节较轻。这里的情节较轻，是指虽然参加了间谍组织，但尚未从事具体的间谍活动，没有给我国的国家安全造成危害的，或者虽已接受间谍组织及其代理人的任务，但尚未开始实施的，或者为敌人指示轰击的目标错误，没有给我国造成损失的等。

加重处罚事由 犯间谍罪而对国家和人民利益危害特别严重、情节特别恶劣的，是本罪的加重处罚事由。这里的对国家和人民危害特别严重、情节特别恶劣，是指犯间谍罪，给我国的经济、政治、军事等利益造成特别严重的损失，造成大量人员伤亡、巨额财产损失、军事设施严重破坏的，或者多次从事间谍活动的等。

十一、为境外窃取、刺探、收买、非法提供国家秘密、情报罪

（一）概念

为境外窃取、刺探、收买、非法提供国家秘密、情报罪是指为境外的机构、组织、人员窃取、刺探、收买、非法提供国家秘密、情报的行为。

（二）构成

1. 罪体

行为　为境外窃取、刺探、收买、非法提供国家秘密、情报罪的行为是为境外窃取、刺探、收买、非法提供国家秘密、情报。本罪的行为是指为境外机关、组织或者个人从事下列行为之一：（1）窃取，即以各种形式秘密窃取。（2）刺探，即采用探听或者一定的专门技术获取。（3）收买，即利用金钱和物质利益以换取。（4）非法提供，即违反法律规定提供。根据 2000 年 11 月 20 日最高人民法院《关于审理为境外窃取、刺探、收买、非法提供国家秘密、情报案件具体应用法律若干问题的解释》（以下简称《解释》）第 3 条之规定，为境外窃取、刺探、收买、非法提供国家秘密、情报，具有下列情形之一的，属于本罪构成行为：（1）为境外窃取、刺探、收买、非法提供机密级国家秘密的；（2）为境外窃取、刺探、收买、非法提供 3 项以上秘密级国家秘密的；（3）为境外窃取、刺探、收买、非法提供国家秘密、情报，对国家安全和利益造成其他严重损害的。此外，前引《解释》第 6 条规定，通过互联网将国家秘密或者情报非法发送给境外的机构、组织、个人的，也属于本罪的行为。这里的境外机构、组织包括境外机构、组织在中华人民共和国境内设立的分支（代表）机构和分支组织；境外个人包括居住在中华人民共和国境内不具有中华人民共和国国籍的人。

客体　为境外窃取、刺探、收买、非法提供国家秘密、情报罪的客体是国家秘密、情报。这里的国家秘密，是指关系国家安全和利益，依法确定的在一定时间内只限于一定范围内的人员知悉的事项，具体包括：（1）国家事务重大决策中

的秘密事项；（2）国防建设和武装力量活动中的秘密事项；（3）外交和外事活动中的秘密事项；（4）国民经济和社会发展中的秘密事项；（5）科学技术中的秘密事项；（6）维护国家安全活动和追查刑事犯罪中的秘密事项。这里的情报，根据前引《解释》第 1 条的规定，是指关系国家安全和利益，尚未公开或者依照有关规定不应公开的事项。在没有标明密级的事项的情况下，根据前引《解释》第 5 条的规定，行为人知道或者应当知道该事项关系国家安全和利益，而为境外窃取、刺探、收买、非法提供的，也应以本罪论处。

2. 罪责

为境外窃取、刺探、收买、非法提供国家秘密、情报罪的罪责形式是故意。这里的故意，是指明知是国家秘密、情报而窃取、刺探、收买、非法提供的主观心理状态。

（三）处罚

根据《刑法》第 111 条之规定，犯本罪的，处 5 年以上 10 年以下有期徒刑；情节特别严重的，处 10 年以上有期徒刑或者无期徒刑；情节较轻的，处 5 年以下有期徒刑、拘役、管制或者剥夺政治权利。《刑法》第 113 条第 1 款规定，犯本罪，对国家和人民危害特别严重、情节特别恶劣的，可以判处死刑。第 2 款规定，犯本罪的，可以并处没收财产。

减轻处罚事由　犯为境外窃取、刺探、收买、非法提供国家秘密、情报罪而情节较轻的，是本罪的减轻处罚事由。这里的情节较轻，是指为境外机构、组织、人员窃取、刺探、收买、非法提供秘密级国家秘密不满 3 项的，或者对国家安全和利益没有造成严重后果的等。

加重处罚事由　犯为境外窃取、刺探、收买、非法提供国家秘密、情报罪而情节特别严重的，是本罪的加重处罚事由。这里的情节特别严重，根据前引《解释》第 2 条之规定，是指具有下列情形之一：（1）为境外窃取、刺探、收买、非法提供绝密级国家秘密的；（2）为境外窃取、刺探、收买、非法提供 3 项以上机密级国家秘密的；（3）为境外窃取、刺探、收买、非法提供国家秘密或者情报，对国家安全和利益造成其他特别严重损害的。

特别加重处罚事由　犯为境外窃取、刺探、收买、非法提供国家秘密、情报罪而对国家和人民危害特别严重、情节特别恶劣的，是本罪的特别加重处罚事由。这里的对国家和人民危害特别严重、情节特别恶劣，是指为境外机构、组织、人员窃取、刺探、收买、非法提供大量国家秘密、情报或者重要的国家秘密、情报，并且已经对国家和人民利益造成特别严重的危害和极其恶劣的影响。

十二、资敌罪

（一）概念

资敌罪是指战时供给敌人武器装备、军用物资的行为。

（二）构成

1. 罪体

行为　资敌罪的行为是战时供给敌人武器装备、军用物资。这里的供给，是指非法向敌人提供，既包括无偿提供，也包括有偿出售。

客体　资敌罪的客体是武器装备、军用物资。这里的武器装备，是指各种武器、弹药、飞机、坦克、舰艇、军用通信设备等。军用物资，是指武器装备以外的其他军用物品，如医疗用品等。

时间　资敌罪构成的特定时间是战时。这里的战时，是指国家宣布进入战争状态、部队受领作战任务或者遭敌突然袭击时。部队执行戒严任务或者处置突发性暴力事件时，以战时论。

2. 罪责

资敌罪的罪责形式是故意。这里的故意，是指明知是战时供给敌人武器装备、军用物资的行为而有意实施的主观心理状态。

（三）处罚

根据《刑法》第112条之规定，犯本罪的，处10年以上有期徒刑或者无期徒刑；情节较轻的，处 3 年以上 10 年以下有期徒刑。《刑法》第 113 条第 1 款规定，犯本罪，对国家和人民危害特别严重、情节特别恶劣的，可以判处死刑。第 2 款规定，犯本罪的，可以并处没收财产。

减轻处罚事由 犯资敌罪而情节较轻的，是本罪的减轻处罚事由。这里的情节较轻，是指供给敌人武器装备、军用物资数量较少，质量较差，没有给我方造成重大损失的等。

加重处罚事由 犯资敌罪而对国家和人民危害特别严重、情节特别恶劣的，是本罪的加重处罚事由。这里的对国家和人民危害特别严重、情节特别恶劣，是指供给敌人武器装备、军用物资数量巨大，致使我方战斗失利或者致使敌人顺利逃跑的等。

第二十二章

危害公共安全罪

第一节　危害公共安全罪概述

一、概念

危害公共安全罪是指故意或者过失地实施危害不特定多数人的生命、健康或者重大财产安全的行为。

二、罪名

危害公共安全罪是刑法分则第二章，1997 年《刑法》从第 114 条至第 139 条共26 个条文，规定了 42 个罪名。此外，《刑法修正案（三）》第 4 条，增设了第 120条之一，补充规定了 1 个罪名。《刑法修正案（六）》增设了 3 个罪名。《刑法修正案（八）》增设了 1 个罪名。《刑法修正案（九）》增设了 5 个罪名。《刑法修正案

（十一）》增设了 2 个罪名。本章共计 54 个罪名，这些罪名是：（1）放火罪；（2）决水罪；（3）爆炸罪；（4）投放危险物质罪①；（5）以危险方法危害公共安全罪；（6）失火罪；（7）过失决水罪；（8）过失爆炸罪；（9）过失投放危险物质罪②；（10）过失以危险方法危害公共安全罪；（11）破坏交通工具罪；（12）破坏交通设施罪；（13）破坏电力设备罪；（14）破坏易燃易爆设备罪；（15）过失损坏交通工具罪；（16）过失损坏交通设施罪；（17）过失损坏电力设备罪；（18）过失损坏易燃易爆设备罪；（19）组织、领导、参加恐怖组织罪；（20）帮助恐怖活动罪；（21）准备实施恐怖活动罪；（22）宣扬恐怖主义、极端主义、煽动实施恐怖活动罪；（23）利用极端主义破坏法律实施罪；（24）强制穿戴宣扬恐怖主义、极端主义服饰、标志罪；（25）非法持有宣扬恐怖主义、极端主义物品罪③；（26）劫持航空器罪；（27）劫持船只、汽车罪；（28）暴力危及飞行安全罪；（29）破坏广播电视设施、公用电信设施罪；（30）过失损坏广播电视设施、公用电信设施罪；（31）非法制造、买卖、运输、邮寄、储存枪支、弹药、爆炸物罪；（32）非法制造、买卖、运输、储存危险物质罪④；（33）违规制造、销售枪支罪；（34）盗窃、抢夺枪支、弹药、爆炸物、危险物质罪⑤；（35）抢劫枪支、弹药、爆炸物、危险物质罪⑥；

---

①　依据最高人民法院、最高人民检察院 2002 年 3 月 15 日《关于执行〈中华人民共和国刑法〉确定罪名的补充规定》，根据《刑法修正案（三）》第 1、2 条的规定，取消投毒罪罪名，修改为投放危险物质罪。

②　依据最高人民法院、最高人民检察院 2002 年 3 月 15 日《关于执行〈中华人民共和国刑法〉确定罪名的补充规定》，根据《刑法修正案（三）》第 1、2 条的规定，取消过失投毒罪罪名，修改为过失投放危险物质罪。

③　依据最高人民法院、最高人民检察院 2015 年 10 月 30 日《关于执行〈中华人民共和国刑法〉确定罪名的补充规定（六）》，取消资助恐怖活动罪罪名，修改为"帮助恐怖活动罪"。

④　依据最高人民法院、最高人民检察院 2002 年 3 月 15 日《关于执行〈中华人民共和国刑法〉确定罪名的补充规定》，根据《刑法修正案（三）》第 5 条的规定，取消非法制造、买卖、运输、储存核材料罪罪名，修改为非法制造、买卖、运输、储存危险物质罪。

⑤　依据最高人民法院、最高人民检察院 2002 年 3 月 15 日《关于执行〈中华人民共和国刑法〉确定罪名的补充规定》，根据《刑法修正案（三）》第 6 条第 1、2 款的规定，将盗窃、抢夺枪支、弹药、爆炸物罪补充为盗窃、抢夺枪支、弹药、爆炸物、危险物质罪。

⑥　依据最高人民法院、最高人民检察院 2002 年 3 月 15 日《关于执行〈中华人民共和国刑法〉确定罪名的补充规定》，根据《刑法修正案（三）》第 6 条第 2 款的规定，将抢劫枪支、弹药、爆炸物罪补充为抢劫枪支、弹药、爆炸物、危险物质罪。

（36）非法持有、私藏枪支、弹药罪；（37）非法出租、出借枪支罪；（38）丢失枪支不报罪；（39）非法携带枪支、弹药、管制刀具、危险物品危及公共安全罪；（40）重大飞行事故罪；（41）铁路运营安全事故罪；（42）交通肇事罪；（43）危险驾驶罪[①]；（44）妨害安全驾驶罪[②]；（45）重大责任事故罪；（46）强令、组织他人违章冒险作业罪[③]；（47）危险作业罪[④]；（48）重大劳动安全事故罪；（49）大型群众性活动重大安全事故罪；（50）危险物品肇事罪；（51）工程重大安全事故罪；（52）教育设施重大安全事故罪；（53）消防责任事故罪；（54）不报、谎报安全事故罪。

三、法定刑

危害公共安全罪的法定最高刑是死刑，共有 15 个死刑罪名，其他罪名规定了无期徒刑、有期徒刑、拘役、管制，以及罚金、剥夺政治权利和没收财产。

第二节　危害公共安全罪分述

一、放火罪

（一）概念

放火罪是指故意纵火焚烧公私财物，危害公共安全的行为。

[①]　依据最高人民法院、最高人民检察院 2011 年 4 月 11 日《关于执行〈中华人民共和国刑法〉确定罪名的补充规定（五）》，根据《刑法修正案（八）》第 22 条的规定，设立危险驾驶罪。

[②]　依据最高人民法院、最高人民检察院 2021 年 2 月 26 日《关于执行〈中华人民共和国刑法〉确定罪名的补充规定（七）》，根据《刑法修正案（十一）》第 2 条的规定，增设妨害安全驾驶罪。

[③]　依据最高人民法院、最高人民检察院 2021 年 2 月 26 日《关于执行〈中华人民共和国刑法〉确定罪名的补充规定（七）》，根据《刑法修正案（十一）》第 3 条第 2 款的规定，将强令违章冒险作业罪补充为强令、组织他人违章冒险作业罪。

[④]　依据最高人民法院、最高人民检察院 2021 年 2 月 26 日《关于执行〈中华人民共和国刑法〉确定罪名的补充规定（七）》，根据《刑法修正案（十一）》第 4 条的规定，增设危险作业罪。

（二）构成

1. 罪体

行为 放火罪的行为是纵火。这里的纵火，是指使用各种引火物，点燃财物，制造火灾，危害公共安全。

客体 放火罪的客体是财物与人身，包括焚烧工厂、矿场、油田、港口、仓库、住宅、森林、农场、谷场、牧场、重要管道、公共建筑或者其他公私财产。焚烧上述财物，可能危及不特定多数人的健康和生命。应当指出，这里的财物，一般是指他人财物。但焚烧本人财物而危害公共安全的，同样也可以构成放火罪。

2. 罪责

放火罪的罪责形式是故意。这里的故意，是指明知放火行为会危及不特定多数人的健康、生命或者重大财产安全，希望或者放任这种结果发生的主观心理状态。

（三）处罚

根据《刑法》第 114 条［《刑法修正案（三）》第 1 条］之规定，犯本罪，尚未造成严重后果的，处 3 年以上 10 年以下有期徒刑。《刑法》第 115 条第 1 款［《刑法修正案（三）》第 2 条］规定，犯本罪，致人重伤、死亡或者使公私财产遭受重大损失的，处 10 年以上有期徒刑、无期徒刑或者死刑。

危险犯 犯放火罪而尚未造成严重后果的，是本罪的危险犯。这里的尚未造成严重后果，是指放火行为尚未造成他人重伤、死亡或者公私财产重大损失。虽然尚未造成上述后果，但构成本罪的危险犯，必须足以造成这种后果即具有造成这种后果的危险。如果没有这种危险，则不构成本罪。

实害犯 犯放火罪而致人重伤、死亡或者使公私财产遭受重大损失的，是本罪的实害犯。这里的致人重伤、死亡，既包括故意，又包括过失。在故意的情况下，放火罪与故意伤害罪、故意杀人罪之间存在整体法与部分法的法条竞合关系。在过失的情况下，放火罪与过失致人重伤罪、过失致人死亡罪之间存在整体法与部分法的法条竞合关系。

二、决水罪

（一）概念

决水罪是指故意破坏堤防、水坝、防水、排水等水利设施，制造水患，危害公共安全的行为。

（二）构成

1. 罪体

行为　决水罪的行为是决水。这里的决水，是指采取开挖水坝、破坏堤防、堵塞水道、破坏水闸、破坏防水设备等方法，使河、湖、池水泛滥，造成水灾。

客体　决水罪的客体是人身与财物，通过决水淹没田地，冲毁财物，甚至溺死他人。

2. 罪责

决水罪的罪责形式是故意。这里的故意，是指明知决水行为会危及不特定多数人的健康、生命或者重大财产安全，希望或者放任这种结果发生的主观心理状态。

（三）处罚

根据《刑法》第114条［《刑法修正案（三）》第1条］之规定，犯本罪，尚未造成严重后果的，处3年以上10年以下有期徒刑。《刑法》第115条第1款［《刑法修正案（三）》第2条］规定，犯本罪，致人重伤、死亡或者使公私财产遭受重大损失的，处10年以上有期徒刑、无期徒刑或者死刑。

危险犯　犯决水罪而尚未造成严重后果的，是本罪的危险犯。这里的尚未造成严重后果，是指决水行为尚未造成他人重伤、死亡或者公私财产重大损失。虽然尚未造成上述后果，但构成本罪的危险犯，必须足以造成这种后果，即具有造成这种后果的危险。如果没有这种危险，则不构成本罪。

实害犯 犯决水罪而致人重伤、死亡或者使公私财产遭受重大损失的，是本罪的实害犯。这里的致人重伤、死亡，既包括故意，又包括过失。在故意的情况下，决水罪与故意伤害罪、故意杀人罪之间存在整体法与部分法的法条竞合关系。在过失的情况下，决水罪与过失致人重伤罪、过失致人死亡罪之间存在整体法与部分法的法条竞合关系。

三、爆炸罪

（一）概念

爆炸罪是指故意引燃爆炸物进行爆炸，危害公共安全的行为。

（二）构成

1. 罪体

行为 爆炸罪的行为是爆炸，危害公共安全。这里的爆炸，是指引爆炸弹、手榴弹、地雷以及炸药、雷管等爆炸物，危害公共安全。

客体 爆炸罪的客体是人身与财物。爆炸行为会炸毁建筑物以及其他公私财物，同时也会造成不特定多数人被炸死或者被炸伤的严重后果。

2. 罪责

爆炸罪的罪责形式是故意。这里的故意，是指明知爆炸行为会造成公私财产的重大损失和致人重伤、死亡的后果，并且希望或者放任这种结果发生的主观心理状态。

（三）处罚

根据《刑法》第114条［《刑法修正案（三）》第1条］之规定，犯本罪，尚未造成严重后果的，处3年以上10年以下有期徒刑。《刑法》第115条第1款［《刑法修正案（三）》第2条］规定，犯本罪，致人重伤、死亡或者使公私财产遭受重大损失的，处10年以上有期徒刑、无期徒刑或者死刑。

危险犯 犯爆炸罪而尚未造成严重后果的，是本罪的危险犯。这里的尚未造成严重后果，是指爆炸行为尚未造成他人重伤、死亡或者公私财产重大损失。虽然尚未造成上述后果，但构成本罪的危险犯，必须足以造成这种后果，即具有造成这种后果的危险。如果没有这种危险，则不构成本罪。

实害犯　犯爆炸罪而致人重伤、死亡或者使公私财产遭受重大损失的，是本罪的实害犯。这里的致人重伤、死亡，既包括故意，又包括过失。在故意的情况下，爆炸罪与故意伤害罪、故意杀人罪之间存在整体法与部分法的法条竞合关系。在过失的情况下，爆炸罪与过失致人重伤罪、过失致人死亡罪之间存在整体法与部分法的法条竞合关系。

四、投放危险物质罪

（一）概念

投放危险物质罪是指故意投放毒害性、放射性、传染病病原体等物质，危害公共安全的行为。

（二）构成

1. 罪体

行为　投放危险物质罪的行为是投放毒害性、放射性、传染病病原体等物质。这里的毒害性物质，是指含有毒质、具有毒害作用的有机物或者无机物，例如氰化钾、砒霜、剧毒农药等。放射性物质，是指能够发出核放射线的物质。传染病病原体，是指传染病菌种、毒种。

客体　投放危险物质罪的客体是人身与财物。在一般情况下，投放危险物质行为是针对不特定多数人的，因而会造成人身伤亡。在少数情况下，投放危险物质行为也会造成公私财物的重大损失。例如，在食品或者物品中投放毒物，导致食品或者其他物品因无法食用或者使用而造成经济损失。

2. 罪责

投放危险物质罪的罪责形式是故意。这里的故意，是指明知投放危险物质行为会造成他人伤亡或者公私财产重大损失的后果，并且希望或者放任这种结果发生的主观心理状态。

（三）处罚

根据《刑法》第 114 条［《刑法修正案（三）》第 1 条］之规定，犯本罪，尚未造成严重后果的，处 3 年以上 10 年以下有期徒刑。《刑法》第 115 条第 1 款［《刑法修正案（三）》第 2 条］规定，犯本罪，致人重伤、死亡或者使公私财产遭受重大损失的，处 10 年以上有期徒刑、无期徒刑或者死刑。

危险犯　犯投放危险物质罪而尚未造成严重后果的，是本罪的危险犯。这里的尚未造成严重后果，是指投放危险物质行为尚未造成他人重伤、死亡或者公私财产重大损失。虽然尚未造成上述后果，但构成本罪的危险犯，必须足以造成这种后果，即具有造成这种后果的危险。如果没有这种危险，则不构成本罪。

实害犯　犯投放危险物质罪而致人重伤、死亡或者使公私财产遭受重大损失的，是本罪的实害犯。这里的致人重伤、死亡，既包括故意，又包括过失。在故意的情况下，投放危险物质罪与故意伤害罪、故意杀人罪之间存在整体法与部分法的法条竞合关系。在过失的情况下，投放危险物质罪与过失致人重伤罪、过失致人死亡罪之间存在整体法与部分法的法条竞合关系。

五、以危险方法危害公共安全罪

（一）概念

以危险方法危害公共安全罪是指使用放火、决水、爆炸、投放危险物质以外的其他方法，造成不特定多数人的伤亡或者公私财产重大损失，危害公共安全的行为。

（二）构成

1. 罪体

行为　以危险方法危害公共安全罪的行为是放火、决水、爆炸、投放危险物质以外的其他危害公共安全的行为，这些行为具有与放火、决水、爆炸、投放危险物质在危险性质上的相当性，一旦实施足以危害公共安全，例如驾车撞人、私架电网等。相对于放火、决水、爆炸、投放危险物质等特定手段的危害公共安全罪来说，以危险方法危害公共安全罪是《刑法》第114条、第115条规定之罪的兜底罪名，而不是刑法分则第2章规定的危害公共安全罪的兜底罪名。因此，行为人实施了盗窃下水井盖等行为，即使危害公共安全的，因为该行为不具有与放火等行为在危险性质上的相当性，因而不能认定为以危险方法危害公共安全罪。

客体　以危险方法危害公共安全罪的客体是人身与财物。

2. 罪责

以危险方法危害公共安全罪的罪责形式是故意。这里的故意，是指明知实施危险方法会危害公共安全，造成他人的人身伤亡或者公私财产重大损失的后果，并且希望或者放任这种结果发生的主观心理状态。

（三）认定

1. 故意传播突发性传染病病原体行为之定性

根据2003年5月13日最高人民法院、最高人民检察院《关于办理妨害预防、控制突发传染病疫情等灾害的刑事案件的具体应用法律若干问题的解释》第1条规定，故意传播突发传染病病原体的，属于以危险方法危害公共安全行为，应以本罪论处。

2. 醉酒驾车肇事后继续冲撞行为之定性

根据2009年9月11日最高人民法院发布的《关于醉酒驾车犯罪法律适用问题的意见》第1条的规定，行为人明知酒后驾车违法，醉酒驾车会危害公共安全，却无视法律醉酒驾车，特别是在肇事后继续驾车冲撞，造成重大伤亡，说明行为人主观上对持续发生的危害结果持放任态度，具有危害公共安全的故意。对此类醉酒驾车造成重大伤亡的，应依法以以危险方法危害公共安全罪定罪。

（四）处罚

根据《刑法》第114条〔《刑法修正案（三）》第1条〕之规定，犯本罪，尚

未造成严重后果的，处 3 年以上 10 年以下有期徒刑。《刑法》第 115 条第 1 款
[《刑法修正案（三）》第 2 条] 规定，犯本罪，致人重伤、死亡或者使公私财产
遭受重大损失的，处 10 年以上有期徒刑、无期徒刑或者死刑。

危险犯　犯以危险方法危害公共安全罪而尚未造成严重后果的，是本罪的危
险犯。这里的尚未造成严重后果，是指以危险方法危害公共安全行为尚未造成他
人重伤、死亡或公私财产重大损失。虽然尚未造成上述后果，但构成本罪的危
险犯，必须足以造成这种后果，即具有造成这种后果的危险。如果没有这种危
险，则不构成本罪。

实害犯　犯以危险方法危害公共安全罪而致人重伤、死亡或者使公私财产遭
受重大损失的，是本罪的实害犯。这里的致人重伤、死亡，既包括故意，又包括过
失。在故意的情况下，以危险方法危害公共安全罪与故意伤害罪、故意杀人罪之间
存在整体法与部分法的法条竞合关系。在过失的情况下，以危险方法危害公共安全
罪与过失致人重伤罪、过失致人死亡罪之间存在整体法与部分法的法条竞合关系。

六、失火罪

（一）概念

失火罪是指过失引起火灾，致人重伤、死亡或者使公私财产遭受重大损失，
危害公共安全的行为。

（二）构成

1. 罪体

行为　失火罪的行为是过失引起火灾。失火一般发生在日常生活中，例如吸
烟入睡引起火灾，生活用火不慎引起火灾等。

客体　失火罪的客体是财物与人身。失火一般是引燃财物，会造成公私财产
的损失，同时也会危及人身的安全，造成他人伤亡后果。

结果　失火罪的结果是致人重伤、死亡或者使公私财产遭受重大损失。

2. 罪责

失火罪的罪责形式是过失。这里的过失，是指应当预见自己的行为可能引发火灾，造成他人伤亡或者公私财产重大损失的结果，因为疏忽大意而没有预见，或者已经预见而轻信能够避免，以致发生这种结果的主观心理状态。

3. 罪量

失火罪的罪量要素，刑法未作规定。参照 2008 年 6 月 25 日最高人民检察院、公安部《关于公安机关管辖的刑事案件立案追诉标准的规定（一）》[以下简称《立案追诉标准（一）》]第 1 条的规定，过失引起火灾，涉嫌下列情形之一的，应予立案追诉：（1）造成死亡 1 人以上，或者重伤 3 人以上的；（2）造成公共财产或者他人财产直接经济损失 50 万元以上的；（3）造成 10 户以上家庭的房屋以及其他基本生活资料烧毁的；（4）造成森林火灾，过火有林地面积 2 公顷以上，或者过火疏林地、灌木林地、未成林地、苗圃地面积 4 公顷以上的；（5）其他造成严重后果的情形。

（三）处罚

根据《刑法》第 115 条第 2 款之规定，犯本罪的，处 3 年以上 7 年以下有期徒刑；情节较轻的，处 3 年以下有期徒刑或者拘役。

减轻处罚事由 犯失火罪而情节较轻的，是本罪的减轻处罚事由。这里的情节较轻，是指失火行为造成的后果不是特别严重，或者有其他较轻情节等。

七、过失决水罪

（一）概念

过失决水罪是指过失引起水灾，危害公共安全的行为。

（二）构成

1. 罪体

行为 过失决水罪的行为是过失引起水灾。这里的引起水灾，是指在用水中，由于方法不当，措施不力，导致水势失控泛滥成灾。例如放水灌溉农田，由于操作失误，导致大坝决口，淹毁农田，甚至冲毁村庄等。

客体　过失决水罪的客体是人身与财物。

结果　过失决水罪的结果是致人重伤、死亡或者使公私财产遭受重大损失。

2. 罪责

过失决水罪的罪责形式是过失。这里的过失，是指应当预见自己的行为可能引发水灾，造成他人伤亡或者公私财产重大损失的结果，因为疏忽大意而没有预见，或者已经预见而轻信能够避免，以致发生这种结果的主观心理状态。

（三）处罚

根据《刑法》第115条第2款之规定，犯本罪的，处3年以上7年以下有期徒刑；情节较轻的，处3年以下有期徒刑或者拘役。

减轻处罚事由　犯过失决水罪而情节较轻的，是本罪的减轻处罚事由。这里的情节较轻，是指过失决水行为造成的后果不是特别严重，或者有其他较轻情节等。

八、过失爆炸罪

（一）概念

过失爆炸罪是指过失引起爆炸，危害公共安全的行为。

（二）构成

1. 罪体

行为　过失爆炸罪的行为是过失引起爆炸。这里的过失引起爆炸，是指保管、使用爆炸物不慎引起爆炸。

客体　过失爆炸罪的客体是人身与财物。

结果　过失爆炸罪的结果是致人重伤、死亡或者使公私财产遭受重大损失。

2. 罪责

过失爆炸罪的罪责形式是过失。这里的过失，是指应当预见自己的行为可能引起爆炸，造成他人伤亡或者公私财产重大损失的结果，因为疏忽大意而没有预见，或者已经预见而轻信能够避免，以致发生这种结果的主观心理状态。

（三）处罚

根据《刑法》第 115 条第 2 款之规定，犯本罪的，处 3 年以上 7 年以下有期徒刑；情节较轻的，处 3 年以下有期徒刑或者拘役。

减轻处罚事由　犯过失爆炸罪而情节较轻的，是本罪的减轻处罚事由。这里的情节较轻，是指过失爆炸行为造成的后果不是特别严重，或者有其他较轻情节等。

九、过失投放危险物质罪

（一）概念

过失投放危险物质罪是指过失投放毒害性、放射性、传染病病原体等物质，危害公共安全的行为。

（二）构成

1. 罪体

行为　过失投放危险物质罪的行为是投放毒害性、放射性、传染病病原体等物质。

客体　过失投放危险物质罪的客体是人身与财物。

结果　过失投放危险物质罪的结果是致人重伤、死亡或者使公私财产遭受重大损失。

2. 罪责

过失投放危险物质罪的罪责形式是过失。这里的过失，是指应当预见自己的行为可能引起中毒，造成他人伤亡或者公私财产重大损失的结果，因为疏忽大意而没有预见，或者已经预见而轻信能够避免，以致发生这种结果的主观心理状态。

（三）处罚

根据《刑法》第 115 条第 2 款之规定，犯本罪的，处 3 年以上 7 年以下有期徒刑；情节较轻的，处 3 年以下有期徒刑或者拘役。

减轻处罚事由　犯过失投放危险物质罪而情节较轻的，是本罪的减轻处罚事由。这里的情节较轻，是指过失投放危险物质行为造成的后果不是特别严重，或者有其他较轻情节等。

十、过失以危险方法危害公共安全罪

（一）概念

过失以危险方法危害公共安全罪是指过失以放火、决水、爆炸、投放危险物质以外的其他危险方法，致人重伤、死亡或者使公私财产遭受重大损失，危害公共安全的行为。

（二）构成

1. 罪体

行为　过失以危险方法危害公共安全罪的行为是失火、过失决水、过失爆炸、过失投放危险物质以外的其他危险方法。这里的其他方法，应当具有与失火、过失决水、过失爆炸、过失投放危险物质在危险性质上的相当性。如果没有这种相当性的，不构成本罪。这里还应当指出，某一种过失危害公共安全的行为如果已经被刑法规定为犯罪，例如交通肇事罪，则不能构成过失以危险方法危害公共安全罪。

客体　过失以危险方法危害公共安全罪的客体是人身与财物。

结果　过失以危险方法危害公共安全罪的结果是致人重伤、死亡或者使公私财产遭受重大损失。

2. 罪责

过失以危险方法危害公共安全罪的罪责形式是过失。这里的过失，是指应当预见自己的行为可能引起危险，造成他人伤亡或者公私财产重大损失的结果，因为疏忽大意而没有预见，或者已经预见而轻信能够避免，以致发生这种结果的主观心理状态。

（三）处罚

根据《刑法》第115条第2款之规定，犯本罪的，处3年以上7年以下有期徒刑；情节较轻的，处3年以下有期徒刑或者拘役。

减轻处罚事由　犯过失以危险方法危害公共安全罪而情节较轻的，是本罪的减轻处罚事由。这里的情节较轻，是指过失以危险方法危害公共安全行为造成的后果不是特别严重，或者有其他较轻情节等。

十一、破坏交通工具罪

（一）概念

破坏交通工具罪是指故意破坏火车、汽车、电车、船只、航空器，危害公共安全的行为。

（二）构成

1. 罪体

行为　破坏交通工具罪的行为是破坏火车、汽车、电车、船只、航空器。这里的破坏，是指以拆卸、碰撞等各种手段和方法破坏交通工具。

客体　破坏交通工具的客体是交通工具，即火车、汽车、电车、船只、航空器。

2. 罪责

破坏交通工具罪的罪责形式是故意。这里的故意，是指明知是破坏交通工具的行为而有意实施的主观心理状态。

（三）处罚

根据《刑法》第116条之规定，犯本罪，尚未造成严重后果的，处3年以上10年以下有期徒刑。《刑法》第119条第1款规定，犯本罪，造成严重后果的，处 10 年以上有期徒刑、无期徒刑或者死刑。

危险犯　犯破坏交通工具罪而尚未造成严重后果的，是本罪的危险犯。这里的尚未造成严重后果，是指尚未造成交通工具倾覆、毁坏的结果。虽然尚未造成上述后果，但构成本罪的危险犯，必须足以造成这种后果，即具有造成这种后果的危险。如果没有这种危险，则不构成本罪。

实害犯　犯破坏交通工具罪而造成严重后果的，是本罪的实害犯。这里的造成严重后果，是指造成交通工具倾覆、毁坏的结果。这里的倾覆，是指火车出轨、颠覆，汽车、电车翻车、损毁，船只翻沉，航空器坠毁等。毁坏，是指使上述交通工具受到严重破坏或者完全报废，以致不能行驶或者不能安全行驶。交通工具倾覆、毁坏必然致人重伤、死亡或者使公私财产遭受重大损失。

十二、破坏交通设施罪

（一）概念

破坏交通设施罪是指故意破坏轨道、桥梁、隧道、公路、机场、航道、灯塔、标志或者进行其他破坏活动，危害公共安全的行为。

（二）构成

1. 罪体

行为　破坏交通设施罪的行为是破坏轨道、桥梁、隧道、公路、机场、航道、灯塔、标志或者进行其他破坏活动。这里的破坏，是指毁坏交通设施，或者损害交通设施的功能，使其不能正常使用。

客体　破坏交通设施罪的客体是正在使用中的轨道、桥梁、隧道、公路、机场、航道、灯塔、标志等交通设施。

2. 罪责

破坏交通设施罪的罪责形式是故意。这里的故意，是指明知是破坏交通设施的行为而有意实施的主观心理状态。

（三）处罚

根据《刑法》第 117 条之规定，犯本罪，尚未造成严重后果的，处 3 年以上 10 年以下有期徒刑。《刑法》第 119 条第 1 款规定，犯本罪，造成严重后果的，处 10 年以上有期徒刑、无期徒刑或者死刑。

危险犯　犯破坏交通设施罪而尚未造成严重后果的，是本罪的危险犯。这里的尚未造成严重后果，是指破坏交通设施行为没有造成火车、汽车、电车、船只、航空器倾覆、毁坏的结果。虽然尚未造成上述后果，但构成本罪的危险犯，必须足以造成上述后果，即具有造成这种后果的危险。如果没有这种危险，则不构成本罪。

实害犯　犯破坏交通设施罪而造成严重后果的，是本罪的实害犯。这里的造成严重后果，是指破坏交通设施行为导致交通设施毁坏，造成他人伤亡或者公私财产重大损失等。

十三、破坏电力设备罪

（一）概念

破坏电力设备罪是指破坏电力设备，危害公共安全的行为。

（二）构成

1. 罪体

行为　破坏电力设备罪的行为是破坏电力设备。这里的破坏，是指采用放火、爆炸、毁坏、拆卸重要机件，割断、拆除输电线路等方法，致使电力设备无法正常使用。当行为人采用放火、爆炸、盗窃等方式破坏电力设备时，一行为既触犯本罪名，又触犯放火罪、爆炸罪、盗窃罪等罪名，属于刑法中的想象竞合犯，应从一重罪处断。

客体　破坏电力设备罪的客体是电力设备。这里的电力设备，根据 2007 年 8 月 15 日最高人民法院《关于审理破坏电力设备刑事案件具体应用法律若干问题的解释》［以下简称《解释（一）》］第 4 条第 1 款的规定，是指处于运行、应急等使用中的电力设备；已经通电使用，只是由于枯水季节或电力不足等原因暂停使用的电力设备；已经交付使用但尚未通电的电力设备；不包括尚未安装完毕，或者已经安装完毕但尚未交付使用的电力设备。

2. 罪责

破坏电力设备罪的罪责形式是故意。这里的故意，是指明知是破坏电力设备的行为而有意实施的主观心理状态。

（三）处罚

根据《刑法》第 118 条之规定，犯本罪，尚未造成严重后果的，处 3 年以上 10 年以下有期徒刑。《刑法》第 119 条第 1 款规定，犯本罪，造成严重后果的，处 10 年以上有期徒刑、无期徒刑或者死刑。

危险犯 犯破坏电力设备罪而尚未造成严重后果的，是本罪的危险犯。这里的尚未造成严重后果，是指破坏电力设备行为没有造成电力设备严重毁坏的结果。虽然尚未造成上述后果，但构成本罪的危险犯，必须足以造成这种后果，即具有造成这种后果的危险。如果没有这种危险，则不构成本罪。

实害犯 犯破坏电力设备罪而造成严重后果的，是本罪的实害犯。这里的造成严重后果，根据前引《解释（一）》第 1 条的规定，是指具有下列情形之一：（1）造成 1 人以上死亡、3 人以上重伤或者 10 人以上轻伤的；（2）造成 1 万以上用户电力供应中断 6 小时以上，致使生产、生活受到严重影响的；（3）造成直接经济损失 100 万元以上的；（4）造成其他危害公共安全严重后果的。根据前引《解释（一）》第 4 条第 2 款的规定，这里的直接经济损失的计算范围，包括电量损失金额，被毁损设备材料的购置、更换、修复费用，以及因停电给用户造成的直接经济损失。

十四、破坏易燃易爆设备罪

（一）概念

破坏易燃易爆设备罪是指故意破坏燃气或者其他易燃易爆设备，危害公共安全的行为。

（二）构成

1. 罪体

行为　破坏易燃易爆设备罪的行为是破坏易燃易爆设备。这里的破坏，是指采用放火、爆炸、拆卸重要机件，割断、拆除输气管道等方法，致使易燃易爆设备毁坏。根据 2006 年 11 月 20 日最高人民法院、最高人民检察院《关于办理盗窃油气、破坏油气设备等刑事案件具体应用法律若干问题的解释》［以下简称《解释（二）》］第 1 条的规定，在实施盗窃油气等行为过程中，采用切割、打孔、撬砸、拆卸、开关等手段破坏正在使用的油气设备的，属于《刑法》第 118 条规定的破坏燃气或者其他易燃易爆设备的行为。当行为人采用放火、爆炸、盗窃等方式破坏易燃易爆设备时，一行为既触犯本罪名，又触犯放火罪、爆炸罪、盗窃罪等罪名，属于刑法中的想象竞合犯，应从一重罪处断。

客体　破坏易燃易爆设备罪的客体是燃气设备或者其他易燃易爆设备。这里的燃气设备，是指生产、储存、输送和使用各种燃气的设施，例如煤气罐、煤气管道、天然气罐、天然气管道、天然气锅炉等。其他易燃易爆设备，是指除电力、燃气设备以外的生产、储存和输送易燃易爆物品的设备，例如石油管道、汽车加油站、火药和易燃易爆的化学物品的生产、储存、运输设备。根据前引《解释（二）》的规定，油气及油气设备也属于本罪的客体。前引《解释（二）》第 8 条规定，本解释所称的油气，是指石油、天然气。其中，石油包括原油、成品油；天然气包括煤层气。本解释所称的油气设备，是指用于石油、天然气生产、储存、运输等的易燃易爆设备。

2. 罪责

破坏易燃易爆设备罪的罪责形式是故意。这里的故意，是指明知是破坏易燃易爆设备的行为而有意实施的主观心理状态。

（三）处罚

《刑法》第 118 条规定，犯本罪，尚未造成严重后果的，处 3 年以上 10 年以下有期徒刑。第 119 条第 1 款规定，犯本罪，造成严重后果的，处 10 年以上有期徒刑、无期徒刑或者死刑。

危险犯 犯本罪而尚未造成严重后果的，是本罪的危险犯。这里的尚未造成严重后果，是指破坏易燃易爆设备的行为没有造成易燃易爆设备严重毁坏的结果。虽然尚未造成上述后果，但构成本罪的危险犯，必须足以造成这种后果，即具有造成这种后果的危险。如果没有这种危险，则不构成本罪。

实害犯 犯本罪而造成严重后果的，是本罪的实害犯。根据前引《解释（二）》第 2 条的规定，实施该《解释（二）》第 1 条规定的行为，具有下列情形之一的，属于《刑法》第 119 条第 1 款规定的造成严重后果：（1）造成 1 人以上死亡、3 人以上重伤或者 10 人以上轻伤的；（2）造成井喷或者重大环境污染事故的；（3）造成直接经济损失数额在 50 万元以上的；（4）造成其他严重后果的。该数额标准亦适用于本罪的其他情形。

十五、过失损坏交通工具罪

（一）概念

过失损坏交通工具罪是指过失损坏火车、汽车、电车、船只、航空器，使其发生倾覆、毁坏的严重后果，危害公共安全的行为。

（二）构成

1. 罪体

行为 过失损坏交通工具罪的行为是损坏交通工具。这里的损坏，是指损毁火车、汽车、电车、船只、航空器。

客体 过失损坏交通工具罪的客体是正在使用中的火车、汽车、电车、船只、航空器。

结果 过失损坏交通工具罪的结果是造成正在使用中的火车、汽车、电车、船只、航空器发生倾覆、毁坏的严重后果。上述交通工具的倾覆、毁坏，必然导致他人伤亡或者使公私财产遭受重大损失。

2. 罪责

过失损坏交通工具罪的罪责形式是过失。这里的过失，是指应当预见自己的行为可能损坏火车、汽车、电车、船只、航空器，使上述交通工具发生倾覆、毁坏的严重结果，因为疏忽大意而没有预见，或者已经预见而轻信能够避免，以致发生这种结果的主观心理状态。

（三）处罚

根据《刑法》第119条第2款之规定，犯本罪的，处3年以上7年以下有期徒刑；情节较轻的，处3年以下有期徒刑或者拘役。

减轻处罚事由 犯本罪而情节较轻的，是本罪的减轻处罚事由。这里的情节较轻，是指过失损坏交通工具行为虽然造成他人伤亡或者公私财产重大损失的后果，但情节不是特别严重，或者有其他较轻情节。

十六、过失损坏交通设施罪

（一）概念

过失损坏交通设施罪是指过失损坏轨道、桥梁、隧道、公路、机场、航道、灯塔、标志等交通设施，造成火车、汽车、电车、船只、航空器发生倾覆、毁坏等严重后果，危害公共安全的行为。

（二）构成

1. 罪体

行为 过失损坏交通设施罪的行为是损坏轨道、桥梁、隧道、公路、机场、航道、灯塔、标志等交通设施。

客体 过失损坏交通设施罪的客体是正在使用中的轨道、桥梁、公路、机场、航道、灯塔、标志等交通设施。

结果 过失损坏交通设施罪的结果是造成火车、汽车、电车、船只、航空器发生倾覆、毁坏等严重后果。

2. 罪责

过失损坏交通设施罪的罪责形式是过失。这里的过失，是指应当预见自己的行为可能损坏轨道、桥梁、公路、机场、航道、灯塔、标志等交通设施，造成火车、汽车、电车、船只、航空器发生倾覆、毁坏等严重结果，因为疏忽大意而没有预见，或者已经预见而轻信能够避免，以致发生这种结果的主观心理状态。

（三）处罚

根据《刑法》第119条第2款之规定，犯本罪的，处3年以上7年以下有期徒刑；情节较轻的，处3年以下有期徒刑或者拘役。

减轻处罚事由　犯过失损坏交通设施罪而情节较轻的，是本罪的减轻处罚事由。这里的情节较轻，是指过失损坏交通设施行为虽然造成他人伤亡或者公私财产重大损失的后果，但情节不是特别严重，或者有其他较轻情节。

十七、过失损坏电力设备罪

（一）概念

过失损坏电力设备罪是指过失致使电力设备毁坏，危害公共安全的行为。

（二）构成

1. 罪体

行为　过失损坏电力设备罪的行为是损坏电力设备。

客体　过失损坏电力设备罪的客体是电力设备。

结果　过失损坏电力设备罪的结果是致使电力设备毁坏。这里的电力设备毁坏，根据前引《解释（一）》第2条的规定，是指造成以下严重后果之一的：(1) 造成1人以上死亡、3人以上重伤或者10人以上轻伤的；(2) 造成1万以上用户电力供应中断6小时以上，致使生产、生活受到严重影响的；(3) 造成直接经济损失100万元以上的；(4) 造成其他危害公共安全严重后果的。

2. 罪责

过失损坏电力设备罪的罪责形式是过失。这里的过失，是指应当预见自己的行为可能损坏电力设备，因为疏忽大意而没有预见，或者已经预见而轻信能够避免，以致发生这种结果的主观心理状态。

（三）处罚

根据《刑法》第119条第2款之规定，犯本罪的，处3年以上7年以下有期徒刑；情节较轻的，处3年以下有期徒刑或者拘役。

减轻处罚事由 犯过失损坏电力设备罪而情节较轻的，是本罪的减轻处罚事由。这里的情节较轻，是指过失损坏电力设备行为虽然造成他人伤亡或者公私财产重大损失的后果，但情节不是特别严重，或者有其他较轻情节。

十八、过失损坏易燃易爆设备罪

（一）概念

过失损坏易燃易爆设备罪是指过失致使燃气或者其他易燃易爆设备毁坏，危害公共安全的行为。

（二）构成

1. 罪体

行为 过失损坏易燃易爆设备罪的行为是损坏燃气设备或者其他易燃易爆设备。

客体 过失损坏易燃易爆设备罪的客体是燃气设备或者其他易燃易爆设备。

结果 过失损坏易燃易爆设备罪的结果是致使燃气设备或者其他易燃易爆设备毁坏或者他人伤亡。

2. 罪责

过失损坏易燃易爆设备罪的罪责形式是过失。这里的过失，是指应当预见自己的行为可能损坏燃气设备或者其他易燃易爆设备，因为疏忽大意而没有预见，或者已经预见而轻信能够避免，以致发生这种结果的主观状态。

（三）处罚

根据《刑法》第119条第2款之规定，犯本罪的，处3年以上7年以下有期徒刑；情节较轻的，处3年以下有期徒刑或者拘役。

减轻处罚事由 犯过失损坏易燃易爆设备罪而情节较轻的，是本罪的减轻处罚事由。这里的情节较轻，是指过失损坏易燃易爆设备行为虽然造成他人伤亡或者公私财产重大损失的后果，但情节不是特别严重，或者有其他较轻情节。

十九、组织、领导、参加恐怖组织罪

（一）概念

组织、领导、参加恐怖组织罪是指组织、领导或者参加恐怖活动组织的行为。

（二）构成

1. 罪体

行为 组织、领导、参加恐怖组织罪的行为是组织、领导或者参加为实施恐怖活动而组成的犯罪集团。根据2018年修正后的《反恐怖主义法》第3条的规定，恐怖主义是指通过暴力、破坏、恐吓等手段，制造社会恐慌、危害公共安全、侵犯人身财产，或者胁迫国家机关、国际组织，以实现其政治、意识形态等目的的主张和行为。恐怖活动是指恐怖主义性质的下列行为：（1）组织、策划、准备实施、实施造成或者意图造成人员伤亡、重大财产损失、公共设施损坏、社会秩序混乱等严重社会危害的活动的；（2）宣扬恐怖主义，煽动实施恐怖活动，或者非法持有宣扬恐怖主义的物品，强制他人在公共场所穿戴宣扬恐怖主义的服饰、标志的；（3）组织、领导、参加恐怖活动组织的；（4）为恐怖活动组织、恐怖活动人员、实施恐怖活动或者恐怖活动培训提供信息、资金、物资、劳务、技术、场所等支持、协助、便利的；（5）其他恐怖活动。

根据刑法规定，本罪包括以下三种行为：

（1）组织恐怖活动组织，即发起、拉拢、策划建立为实施恐怖活动而组成的

犯罪集团。

（2）领导恐怖活动组织，即在恐怖活动组织中进行指挥、布置、协调活动。

（3）参加恐怖活动组织，即加入为实施恐怖活动而组成的犯罪集团。根据刑法及《刑法修正案（三）》之规定，加入恐怖活动组织的行为分为两种情形：一是积极参加，二是参加。上述两种行为的区分在于行为人参加恐怖活动组织的态度及行动是否积极。

客体　组织、领导、参加恐怖组织罪的客体是恐怖组织。这里的恐怖活动组织，根据《反恐怖主义法》第3条的规定，恐怖活动组织，是指3人以上为实施恐怖活动而组成的犯罪组织。

2. 罪责

组织、领导、参加恐怖组织罪的罪责形式是故意。这里的故意，是指明知是恐怖活动组织而组织、领导、参加的主观心理状态。

3. 罪量

根据2018年3月16日最高人民法院、最高人民检察院、公安部、司法部《关于办理恐怖活动和极端恐怖主义犯罪案件适用法律若干问题的意见》（以下简称《意见》）第一部分第1条第1款的规定，具有下列情形之一的，应当认定为《刑法》第120条规定的"组织、领导恐怖活动组织"，以组织、领导恐怖组织罪定罪处罚：（1）发起、建立恐怖活动组织的；（2）恐怖活动组织成立后，对组织及其日常运行负责决策、指挥、管理的；（3）恐怖活动组织成立后，组织、策划、指挥该组织成员进行恐怖活动的；（4）其他组织、领导恐怖活动组织的情形。

（三）处罚

根据《刑法》第120条第1款〔《刑法修正案（三）》第3条、《刑法修正案（九）》第5条〕之规定，犯本罪而组织、领导恐怖活动组织的，处10年以上有期徒刑或者无期徒刑，并处没收财产；积极参加的，处3年以上10年以下有期徒刑，并处罚金；其他参加的，处3年以下有期徒刑、拘役、管制或者剥夺政治权利，可以并处罚金。第2款规定，犯前款罪并实施杀人、爆炸、绑架等犯罪的，依照数罪并罚的规定处罚。

加重处罚事由 犯参加恐怖组织罪而积极参加的，是本罪的加重处罚事由。根据《意见》第一部分第 1 条第 2 款的规定，具有下列情形之一的，应当认定为《刑法》第 120 条规定的"积极参加"，以参加恐怖组织罪定罪处罚：（1）纠集他人共同参加恐怖活动组织的；（2）多次参加恐怖活动组织的；（3）曾因参加恐怖活动组织、实施恐怖活动被追究刑事责任或者 2 年内受过行政处罚，又参加恐怖活动组织的；（4）在恐怖活动组织中实施恐怖活动且作用突出的；（5）在恐怖活动组织中积极协助组织、领导者实施组织、领导行为的；（6）其他积极参加恐怖活动组织的情形。

减轻处罚事由 犯参加恐怖组织罪而其他参加的，是本罪的减轻处罚事由。根据《意见》第一部分第 1 条第 3 款的规定，参加恐怖活动组织，但不具有前两款规定情形的，应当认定为《刑法》第 120 条规定的"其他参加"，以参加恐怖组织罪定罪处罚。

数罪并罚 犯组织、领导、参加恐怖组织罪并实施杀人、爆炸、绑架等犯罪的，根据刑法规定应当实行数罪并罚。

二十、帮助恐怖活动罪

（一）概念

帮助恐怖活动罪是指对恐怖活动组织或者实施恐怖活动的个人提供帮助的行为。

（二）构成

1. 罪体

行为 帮助恐怖活动罪的行为是指以下三种情形：（1）资助恐怖活动组织或者个人。（2）资助恐怖活动培训。这里的资助，根据 2009 年 11 月 4 日最高人民法院发布的《关于审理洗钱等刑事案件具体应用法律若干问题的解释》（以下简称《解释》）第 5 条第 1 款的规定，是指为恐怖活动组织或者实施恐怖活动的个人筹集、提供经费、物资或者提供场所及其他物质便利的行为。（3）为恐怖活动组织、实施恐怖活动或者恐怖活动培训、招募、运送人员。

客体 帮助恐怖活动罪的客体是恐怖活动组织或者实施恐怖活动的个人。根据《反恐怖主义法》第3条的规定，这里的恐怖活动组织，是指3人以上为实施恐怖活动而组成的犯罪组织。恐怖活动人员是指组织、策划、实施恐怖活动的人和恐怖活动组织的成员。根据前引《解释》第5条第2款的规定，这里的实施恐怖活动的个人，包括预谋实施、准备实施和实际实施恐怖活动的个人。

2. 罪责

帮助恐怖活动罪的罪责形式是故意。这里的故意，是指明知是恐怖活动组织或者实施恐怖犯罪活动的个人而予以资助的主观心理状态。根据《意见》的规定，帮助恐怖活动罪的主观故意，应当根据案件具体情况，结合行为人的具体行为、认知能力、一贯表现和职业等综合认定。

3. 罪量

根据《意见》第一部分第2条的规定，具有下列情形之一的，依照《刑法》第120条之一的规定，以帮助恐怖活动罪定罪处罚：（1）以募捐、变卖房产、转移资金等方式为恐怖活动组织、实施恐怖活动的个人、恐怖活动培训筹集、提供经费，或者提供器材、设备、交通工具、武器装备等物资，或者提供其他物质便利的。（2）以宣传、招收、介绍、输送等方式为恐怖活动组织、实施恐怖活动、恐怖活动培训招募人员的。（3）以帮助非法出入境，或者为非法出入境提供中介服务、中转运送、停留住宿、伪造身份证明材料等便利，或者充当向导、帮助探查偷越国（边）境路线等方式，为恐怖活动组织、实施恐怖活动、恐怖活动培训运送人员的。（4）其他资助恐怖活动组织、实施恐怖活动的个人、恐怖活动培训，或者为恐怖活动组织、实施恐怖活动、恐怖活动培训招募、运送人员的情形。在上述规定中，实施恐怖活动的个人，包括已经实施恐怖活动的个人，也包括准备实施、正在实施恐怖活动的个人。包括在我国领域内实施恐怖活动的个人，也包括在我国领域外实施恐怖活动的个人。包括我国公民，也包括外国公民和无国籍人。

（三）处罚

根据《刑法》第 120 条之一［《刑法修正案（三）》第 4 条、《刑法修正案（九）》第 5 条］之规定，犯本罪的，处 5 年以下有期徒刑、拘役、管制或者剥夺政治权利，并处罚金；情节严重的，处 5 年以上有期徒刑，并处罚金或者没收财产。第 3 款规定，单位犯前两款罪的，对单位判处罚金，并对其直接负责的主管人员和其他直接责任人员，依照第 1 款的规定处罚。

加重处罚事由 犯帮助恐怖活动罪而情节严重的，是本罪的加重处罚事由。这里的情节严重，是指资助恐怖活动组织、实施恐怖犯罪活动的个人或者资助恐怖活动培训数额巨大的，或者在其资助下，恐怖组织或者实施恐怖犯罪活动的个人实施严重的恐怖犯罪活动，或者有其他严重情节。

二十一、准备实施恐怖活动罪

（一）概念

准备实施恐怖活动罪是指为实施恐怖活动进行各种准备的行为。

（二）构成

1. 罪体

行为 准备实施恐怖活动罪是指实施下列四种行为：（1）为实施恐怖活动准备凶器、危险物品或者其他工具的；（2）组织恐怖活动培训或者积极参加恐怖活动培训的；（3）为实施恐怖活动与境外恐怖活动组织或者人员联络的；（4）为实施恐怖活动进行策划或者其他准备的。这些行为都具有预备的性质，刑法将其规定为单独的犯罪，体现了对恐怖主义犯罪从重处罚的精神。

客体 准备实施恐怖活动罪的客体是恐怖活动。

2. 罪责

准备实施恐怖活动罪的罪责形式是故意。这里的故意，是指明知是为恐怖活动进行准备行为而有意实施的主观心理状态。

3. 罪量

根据《意见》第一部分第 3 条的规定，具有下列情形之一的，依照《刑法》第 120 条之二的规定，以准备实施恐怖活动罪定罪处罚：（1）为实施恐怖活动制造、购买、储存、运输凶器，易燃易爆、易制爆品，腐蚀性、放射性、传染性、毒害性物品等危险物品，或者其他工具的；（2）以当面传授、开办培训班、组建训练营、开办论坛、组织收听收看音频视频资料等方式，或者利用网站、网页、论坛、博客、微博客、网盘、即时通信、通讯群组，聊天室等网络平台、网络应用服务组织恐怖活动培训的，或者积极参加恐怖活动心理体能培训，传授、学习犯罪技能方法或者进行恐怖活动训练的；（3）为实施恐怖活动，通过拨打电话、发送短信、电子邮件等方式，或者利用网站、网页、论坛，博客、微博客、网盘、即时通信、通讯群组、聊天室等网络平台、网络应用服务与境外恐怖活动组织、人员联络的；（4）为实施恐怖活动出入境或者组织、策划、煽动、拉拢他人出入境的；（5）为实施恐怖活动进行策划或者其他准备的情形。

（三）处罚

根据《刑法》第 120 条之二［《刑法修正案（九）》第 7 条］第 1 款之规定，犯本罪的，处 5 年以下有期徒刑、拘役、管制或者剥夺政治权利，并处罚金；情节严重的，处 5 年以上有期徒刑，并处罚金或者没收财产。第 2 款还规定，有前款行为，同时构成其他犯罪的，依照处罚较重的规定定罪处罚。

加重处罚事由　犯准备实施恐怖活动罪而情节严重的，是本罪的加重处罚事由。

二十二、宣扬恐怖主义、极端主义、煽动实施恐怖活动罪

（一）概念

宣扬恐怖主义、极端主义、煽动实施恐怖活动罪是指以制作、散发宣扬恐怖主义、极端主义的图书、音频视频资料或者其他物品，或者通过讲授、发布信息

等方式宣扬恐怖主义、极端主义的，或者煽动实施恐怖活动的行为。

（二）构成

1. 罪体

行为 宣扬恐怖主义、极端主义、煽动实施恐怖活动罪的行为是以制作、散发宣扬恐怖主义、极端主义的图书、音频视频资料或者其他物品，或者通过讲授、发布信息等方式宣扬恐怖主义、极端主义的，或者煽动实施恐怖活动。

客体 宣扬恐怖主义、极端主义、煽动实施恐怖活动罪的客体是恐怖主义、极端主义的图书、音频视频资料或者其他物品。

2. 罪责

宣扬恐怖主义、极端主义、煽动实施恐怖活动罪的责任形式是故意。这里的故意，是指明知是宣扬恐怖主义、极端主义、煽动实施恐怖活动的行为而有意实施的主观心理状态。

3. 罪量

根据《意见》第一部分第 4 条的规定，实施下列行为之一，宣扬恐怖主义、极端主义或者煽动实施恐怖活动的，依照《刑法》第 120 条之三的规定，以宣扬恐怖主义、极端主义、煽动实施恐怖活动罪定罪处罚：（1）编写、出版、印刷、复制、发行、散发、播放载有宣扬恐怖主义、极端主义内容的图书、报刊、文稿、图片或者音频视频资料的；（2）设计、生产、制作、销售、租赁、运输、托运、寄递、散发、展示带有宣扬恐怖主义、极端主义内容的标识、标志、服饰、旗帜、徽章、器物、纪念品等物品的；（3）利用网站、网页、论坛、博客、微博客、网盘、即时通信、通讯群组、聊天室等网络平台、网络应用服务等登载、张贴、复制、发送、播放，演示载有恐怖主义、极端主义内容的图书、报刊、文稿、图片或者音频视频资料的；（4）网站、网页、论坛、博客、微博客、网盘、即时通信、通讯群组、聊天室等网络平台、网络应用服务的建立、开办、经营、管理者，明知他人利用网络平台、网络应用服务散布、宣扬恐怖主义、极端主义内容，经相关行政主管部门处罚后仍允许或者放任他人发布的；（5）利用教经、讲经、解经、学经、婚礼、葬礼、纪念、聚会和文体活动等宣扬恐怖主义、极端主义、煽动实施恐怖活动的；（6）其他宣扬恐怖主义、极端主义，煽动实施恐怖活动的行为。

（三）处罚

根据《刑法》第 120 条之三 ［《刑法修正案（九）》第 7 条］之规定，犯本罪的，处 5 年以下有期徒刑、拘役、管制或者剥夺政治权利，并处罚金；情节严重的，处 5 年以上有期徒刑，并处罚金或者没收财产。

加重处罚事由 犯宣扬恐怖主义、极端主义、煽动实施恐怖活动罪而情节严重的，是本罪的加重处罚事由。

二十三、利用极端主义破坏法律实施罪

（一）概念

利用极端主义破坏法律实施罪是指利用极端主义煽动、胁迫群众破坏国家法律确立的婚姻、司法、教育、社会管理等制度实施的行为。

（二）构成

1. 罪体

行为 利用极端主义破坏法律实施罪的行为是指利用极端主义煽动、胁迫群众破坏国家法律确立的婚姻、司法、教育、社会管理等制度实施。

客体 利用极端主义破坏法律实施罪的客体是国家法律确立的婚姻、司法、教育、社会管理等制度实施。

2. 罪责

利用极端主义破坏法律实施罪的罪责形式是故意。这里的故意，是指明知是利用极端主义破坏法律实施的行为而有意实施的主观心理状态。

3. 罪量

根据《意见》第一部分第 5 条的规定，利用极端主义，实施下列行为之一

的，依照《刑法》第120条之四的规定，以利用极端主义破坏法律实施罪定罪处罚：（1）煽动、胁迫群众以宗教仪式取代结婚、离婚登记，或者干涉婚姻自由的；（2）煽动、胁迫群众破坏国家法律确立的司法制度实施的；（3）煽动、胁迫群众干涉未成年人接受义务教育，或者破坏学校教育制度、国家教育考试制度等国家法律规定的教育制度的；（4）煽动、胁迫群众抵制人民政府依法管理，或者阻碍国家机关工作人员依法执行职务的；（5）煽动、胁迫群众损毁居民身份证、居民户口簿等国家法定证件以及人民币的；（6）煽动、胁迫群众驱赶其他民族、有其他信仰的人员离开居住地，或者干涉他人生活和生产经营的；（7）其他煽动、胁迫群众破坏国家法律制度实施的行为。

（三）处罚

根据《刑法》第120条之四［《刑法修正案（九）》第7条］之规定，犯本罪的，处3年以下有期徒刑、拘役或者管制，并处罚金；情节严重的，处3年以上7年以下有期徒刑，并处罚金；情节特别严重的，处7年以上有期徒刑，并处罚金或者没收财产。

加重处罚事由　犯利用极端主义破坏法律实施罪而情节严重的，是本罪的加重处罚事由。

二十四、强制穿戴宣扬恐怖主义、极端主义服饰、标志罪

（一）概念

强制穿戴宣扬恐怖主义、极端主义服饰、标志罪是指以暴力、胁迫等方式强制他人在公共场所穿着、佩戴宣扬恐怖主义、极端主义服饰、标志的行为。

（二）构成

1. 罪体

行为　强制穿戴宣扬恐怖主义、极端主义服饰、标志罪的行为是以暴力、胁迫等方式强制他人在公共场所穿着、佩戴宣扬恐怖主义、极端主义服饰、标志。

客体　强制穿戴宣扬恐怖主义、极端主义服饰、标志罪的客体是宣扬恐怖主义、极端主义服饰、标志。

2. 罪责

强制穿戴宣扬恐怖主义、极端主义服饰、标志罪的罪责形式是故意。这里的故意，是指明知是强制穿戴宣扬恐怖主义、极端主义服饰、标志罪的行为而有意实施的主观心理状态。

3. 罪量

根据《意见》第一部分第 6 条的规定，具有下列情形之一的，依照《刑法》第 120 条之五的规定，以强制穿戴宣扬恐怖主义、极端主义服饰、标志罪定罪处罚：（1）以暴力、胁迫等方式强制他人在公共场所穿着、佩戴宣扬恐怖主义、极端主义服饰的；（2）以暴力、胁迫等方式强制他人在公共场所穿着、佩戴含有恐怖主义、极端主义的文字、符号、图形、口号、徽章的服饰、标志的；（3）其他强制他人穿戴宣扬恐怖主义、极端主义服饰、标志的情形。

（三）处罚

根据《刑法》第 120 条之五〔《刑法修正案（九）》第 7 条〕之规定，犯本罪的，处 3 年以下有期徒刑、拘役或者管制，并处罚金。

二十五、非法持有宣扬恐怖主义、极端主义物品罪

（一）概念

非法持有宣扬恐怖主义、极端主义物品罪是指明知是宣扬恐怖主义、极端主义的图书、音频视频资料或者其他物品而非法持有，情节严重的行为。

（二）构成

1. 罪体

行为　非法持有宣扬恐怖主义、极端主义物品罪的行为是明知是宣扬恐怖主义、极端主义的图书、音频视频资料或者其他物品而非法持有。因此，本罪是持

有型犯罪。

客体 非法持有宣扬恐怖主义、极端主义物品罪的客体是宣扬恐怖主义、极端主义的图书、音频视频资料或者其他物品。

2. 罪责

非法持有宣扬恐怖主义、极端主义物品罪的责任形式是故意。这里的故意，是指明知是宣扬恐怖主义、极端主义的图书、音频视频资料或者其他物品而非法持有的主观心理状态。关于如何认定这里的明知，《意见》第一部分第7条第4款规定，非法持有宣扬恐怖主义、极端主义物品罪主观故意中的"明知"，应当根据案件具体情况，以行为人实施的客观行为为基础，结合其一贯表现，具体行为、程度、手段、事后态度，以及年龄、认知和受教育程度、所从事的职业等综合审查判断。第5款规定，具有下列情形之一，行为人不能作出合理解释的，可以认定其"明知"，但有证据证明确属被蒙骗的除外：（1）曾因实施恐怖活动、极端主义违法犯罪被追究刑事责任，或者二年内受过行政处罚，或者被责令改正后又实施的；（2）在执法人员检查时，有逃跑、丢弃携带物品或者逃避、抗拒检查等行为，在其携带、藏匿或者丢弃的物品中查获宣扬恐怖主义、极端主义的物品的；（3）采用伪装、隐匿、暗语、手势、代号等隐蔽方式制作、散发、持有宣扬恐怖主义、极端主义的物品的；（4）以虚假身份、地址或者其他虚假方式办理托运，寄递手续，在托运、寄递的物品中查获宣扬恐怖主义、极端主义的物品的；（5）有其他证据足以证明行为人应当知道的情形。

3. 罪量

非法持有宣扬恐怖主义、极端主义物品罪的罪量要素是情节严重。如果没有达到情节严重程度的，不构成本罪。根据《意见》第一部分第7条第1款的规定，明知是载有宣扬恐怖主义、极端主义内容的图书、报刊、文稿、图片、音频视频资料、服饰、标志或者其他物品而非法持有，达到下列数量标准之一的，依照《刑法》第120条之六的规定，以非法持有宣扬恐怖主义、极端主义物品罪定罪处罚：（1）图书、刊物20册以上，或者电子图书、刊物5册以上的；（2）报纸 100 份（张）以上，或者电子报纸 20 份（张）以上的；（3）文稿、图片 100 篇（张）以上，或者电子文稿、图片 20 篇（张）以上，或者电子文档 50 万字符以上的；（4）录音带、录像带等音像制品 20 个以上，或者电子音频视频资料 5 个以上，或者电子音频视频资料 20 分钟以上的；（5）服饰、标志 20 件以上的。第 2 款规定，非法持有宣扬恐怖主义、极端主义的物品，虽未达到前款规定的数量标准，但具有多次持有，持有多类物品，造成严重后果或者恶劣社会影响，曾因实施恐怖活动、极端主义违法犯罪被追究刑事责任或者二年内受过行政处罚等情形之一的，也可以定罪处罚。第 3 款规定，多次非法持有宣扬恐怖主义、极端主义的物品，未经处理的，数量应当累计计算。非法持有宣扬恐怖主义、极端主义的物品，涉及不同种类或者形式的，可以根据本条规定的不同数量标准的相应比例折算后累计计算。

（三）处罚

根据《刑法》第 120 条之六［《刑法修正案（九）》第 7 条］之规定，犯本罪的，处 3 年以下有期徒刑、拘役或者管制，并处或者单处罚金。

二十六、劫持航空器罪

（一）概念

劫持航空器罪是指以暴力、胁迫或者其他方法劫持航空器的行为。

（二）构成

1. 罪体

行为 劫持航空器罪的行为是以暴力、胁迫或者其他方法劫持航空器。这里的暴力，是指对航空器上的驾驶人员、机组人员或者其他人员，进行殴打、伤害乃至于杀害。胁迫，是指对航空器上的驾驶人员、机组人员或者其他人员，进行精神恐吓或者暴力威胁。其他方法，是指上述暴力、胁迫以外的其他劫持方法，例如麻醉驾驶人员等。劫持，是指按照劫持者的意志强行控制航空器。

客体　劫持航空器罪的客体是正在飞行和使用中的航空器。这里的航空器，是指在空间飞行的各种航空工具，包括飞机、宇宙飞船、热气球等。正在飞行中，根据《海牙公约》的规定，是指航空器从装载完毕，机舱外部各门均已关闭时起，直至打开任何一机舱门以便卸载时为止。航空器强迫降落时，在主管当局接管该航空器及其所载人员与财产的责任以前，应当视为航空器仍在飞行中。正在使用中，是指从地面人员或者机组人员为某一特定飞行而对航空器进行飞行前的准备时起，直至降落后 24 小时止。

2. 罪责

劫持航空器罪的罪责形式是故意。这里的故意，是指明知是劫持航空器的行为而有意实施的主观心理状态。

（三）处罚

根据《刑法》第 121 条之规定，犯本罪的，处 10 年以上有期徒刑或者无期徒刑；致人重伤、死亡或者使航空器遭受严重破坏的，处死刑。

加重处罚事由　犯劫持航空器罪而致人重伤、死亡或者使航空器遭受严重破坏的，是本罪的加重处罚事由。这里的致人重伤、死亡，是指在劫持航空器的过程中，对驾驶人员、机组人员或者其他人员实施暴力而致人伤亡。使航空器遭受严重破坏，是指在劫持航空器的过程中，毁坏航空器上的重要设施、设备，或者在强迫航空器降落时，使航空器毁坏。

二十七、劫持船只、汽车罪

（一）概念

劫持船只、汽车罪是指以暴力、胁迫或者其他方法劫持船只、汽车的行为。

（二）构成

1. 罪体

行为　劫持船只、汽车罪的行为是以暴力、胁迫或者其他方法劫持船只、汽车。这里的暴力，是指对船只、汽车上的驾驶人员、乘务人员或者其他人员，进行殴打、伤害。胁迫，是指对船只、汽车上的驾驶人员、乘务人员或者其他人员，进行精神恐吓或者暴力威胁。其他方法，是指上述暴力、胁迫以外的其他劫持方法，例如麻醉驾驶人员等。劫持，是指按照劫持者的意志强行控制船只、汽车。

客体　劫持船只、汽车罪的客体是正在使用中的船只、汽车。这里的船只，是指各种运送旅客或者物资的水上运输工具。汽车，是指公共汽车、卡车等陆地机动运输工具。

2. 罪责

劫持船只、汽车罪的罪责形式是故意。这里的故意，是指明知是劫持船只、汽车的行为而有意实施的主观心理状态。

（三）处罚

根据《刑法》第122条之规定，犯本罪的，处5年以上10年以下有期徒刑；造成严重后果的，处10年以上有期徒刑或者无期徒刑。

加重处罚事由　犯劫持船只、汽车罪而造成严重后果的，是本罪的加重处罚事由。这里的造成严重后果，是指劫持船只、汽车而致使船只、汽车倾覆，造成人员伤亡或者使公私财产遭受重大损失等。

二十八、暴力危及飞行安全罪

（一）概念

暴力危及飞行安全罪是指对飞行中的航空器上的人员使用暴力，危及飞机安全的行为。

（二）构成

1. 罪体

行为　暴力危及飞行安全罪的行为是对飞行中的航空器上的人员使用暴力，

危及飞行安全。这里的使用暴力，包括殴打和伤害，而不包括杀害，如果对航空器上的人员加以故意杀害的，应以故意杀人罪论处。

客体 暴力危及飞行安全罪的客体是飞行中的航空器上的人员，包括机组人员或者乘客。

2. 罪责

暴力危及飞行安全罪的罪责形式是故意。这里的故意，是指明知是对飞行中的航空器上的人员使用暴力的行为而有意实施的主观心理状态。

（三）处罚

根据《刑法》第 123 条之规定，犯本罪，尚未造成严重后果的，处 5 年以下有期徒刑或者拘役；造成严重后果的，处 5 年以上有期徒刑。

危险犯 犯暴力危及飞行安全罪而尚未造成严重后果的，是本罪的危险犯。这里的尚未造成严重后果，是指使用暴力未对飞行安全造成直接的危害后果。虽然尚未造成上述后果，但构成本罪的危险犯，必须足以造成这种后果，即具有造成这种后果的危险。如果没有这种危险，则不构成本罪。

实害犯 犯暴力危及飞行安全罪而造成严重后果的，是本罪的实害犯。这里的造成严重后果，是指使用暴力使飞行中的航空器重要部件毁坏、航空器操纵系统失灵，或者致使航空器坠毁等。

二十九、破坏广播电视设施、公用电信设施罪

（一）概念

破坏广播电视设施、公用电信设施罪是指破坏广播电视设施、公用电信设施，危害公共安全的行为。

（二）构成

1. 罪体

行为 破坏广播电视设施、公用电信设施罪的行为是破坏广播电视设施、公

用电信设施。破坏方法是多种多样的，例如拆卸或者毁坏广播电视设施、公用电信设施的重要部件，砸毁机器设备，偷割电线、电缆等。根据 2004 年 12 月 30 日最高人民法院《关于审理破坏公用电信设施刑事案件具体应用法律若干问题的解释》[以下简称《解释（三）》] 第 1 条的规定，破坏公用电信设施的手段包括：截断通信线路、损毁通信设备或者删除、修改、增加电信网计算机信息系统中存储、处理或者传输的数据和应用程序等。根据 2011 年 6 月 7 日最高人民法院《关于审理破坏广播电视设施等刑事案件具体应用法律若干问题的解释》[以下简称《解释（四）》] 第 1 条的规定，破坏广播电视设施的手段包括：拆卸、毁坏设备，剪割缆线，删除、修改、增加广播电视设备系统中存储、处理、传输的数据和应用程序，非法占用频率等。当行为人采用毁坏或者盗窃方法破坏广播电视设施、公用电信设施的时候，一行为既触犯本罪名，又触犯故意毁坏财物罪、破坏生产经营罪、盗窃罪等罪名，属于想象竞合犯，应从一重罪处断。

客体 破坏广播电视设施、公用电信设施罪的客体是正在使用中的广播电视设施、公用电信设施。这里的广播设施，是指发射无线电广播信号的发射台站，接收、中转电波的机器设备等。电视设施，是指传播新闻信息的电视发射台、转播台等。公用电信设施，是指用于社会公用事业的通信设备和其他公用通信设备。

2. 罪责

破坏广播电视设施、公用电信设施罪的罪责形式是故意。这里的故意，是指明知是破坏广播电视设施、公用电信设施行为而有意实施的主观心理状态。

3. 罪量

破坏广播电视设施、公用电信设施罪的罪量要素，刑法未作规定。但前引《解释（三）》第 1 条规定，故意破坏正在使用的公用电信设施具有下述情形之一的，属于危害公共安全：（1）造成火警、匪警、医疗急救、交通事故报警、救灾、抢险、防汛等通信中断或者严重障碍，并因此贻误救助、救治、救灾、抢险等，致使人员死亡 1 人、重伤 3 人以上或者造成财产损失 30 万元以上的；

（2）造成 2 000 以上不满 1 万用户通信中断 1 小时以上，或者 1 万以上用户通信中断不满 1 小时的；（3）在一个本地网范围内，网间通信全阻、关口局至某一局向全部中断或者网间某一业务全部中断不满 2 小时或者直接影响范围不满 5 万（用户×小时）的；（4）造成网间通信严重障碍，一日内累计 2 小时以上不满 12 小时的；（5）其他危害公共安全的情形。此外，《解释（四）》第 1 条规定，故意破坏广播电视设施，具有下列情形之一的，构成本罪：（1）造成救灾、抢险、防汛和灾害预警等重大公共信息无法发布的；（2）造成县级、地市（设区的市）级广播电视台中直接关系节目播出的设施无法使用，信号无法播出的；（3）造成省级以上广播电视传输网内的设施无法使用，地市（设区的市）级广播电视传输网内的设施无法使用 3 个小时以上，县级广播电视传输网内的设施无法使用 12 小时以上，信号无法传输的；（4）其他危害公共安全的情形。

（三）认定

1. 以故意毁坏财物罪认定的情形

故意破坏正在使用的广播电视设施、公用电信设施尚未危害公共安全，或者故意毁坏尚未投入使用的广播电视设施、公用电信设施，造成财物损失，构成犯罪的，依照《刑法》第 275 条规定，以故意毁坏财物罪定罪处罚。

2. 想象竞合

盗窃广播电视设施、公用电信设施同时构成盗窃罪和破坏广播电视设施、公用电信设施罪的，依照处罚较重的规定定罪处罚。

3. 共犯

指使、组织、教唆他人实施破坏广播电视设施、公用电信设施的故意犯罪行为的，按照共犯定罪处罚。

（四）处罚

根据《刑法》第 124 条第 1 款之规定，犯本罪的，处 3 年以上 7 年以下有期徒刑；造成严重后果的，处 7 年以上有期徒刑。

加重处罚事由 犯破坏广播电视设施、公用电信设施罪而造成严重后果的，是本罪的加重处罚事由。根据前引《解释（三）》第2条的规定，具有下列情形之一的，属于破坏公用电信设施罪的严重后果：（1）造成火警、匪警、医疗急救、交通事故报警、救灾、抢险、防汛等通信中断或者严重障碍，并因此贻误救助、救治、救灾、抢险等，致使人员死亡2人以上、重伤6人以上或者造成财产损失60万元以上的；（2）造成1万以上用户通信中断1小时以上的；（3）在一个本地网范围内，网间通信全阻、关口局至某一局向全部中断或网间某一业务全部中断2小时以上或者直接影响范围5万（用户×小时）以上的；（4）造成网间通信严重障碍，一日内累计12小时以上的；（5）造成其他严重后果的。此外，根据《解释（四）》第2条的规定，具有下列情形之一的，属于破坏广播电视设施罪的严重后果：（1）造成救灾、抢险、防汛和灾害预警等重大公共信息无法发布，因此贻误排除险情或者疏导群众，致使1人以上死亡、3人以上重伤或者财产损失50万元以上，或者引起严重社会恐慌、社会秩序混乱的；（2）造成省级以上广播电视台中直接关系节目播出的设施无法使用，信号无法播出的；（3）造成省级以上广播电视传输网内的设施无法使用3小时以上，地市（设区的市）级广播、电视传输网内的设施无法使用12小时以上，县级广播电视传输网内的设施无法使用48小时以上，信号无法传输的；（4）造成其他严重后果的。

三十、过失损坏广播电视设施、公用电信设施罪

（一）概念

过失损坏广播电视设施、公用电信设施罪是指过失致使广播电视设施、公用电信设施遭受损坏，造成严重后果，危害公共安全的行为。

（二）构成

1. 罪体

行为　过失损坏广播电视设施、公用电信设施罪的行为是过失致使广播电视设施、公用电信设施遭受损坏。例如，在施工过程中，不慎挖断地下电缆、炸断

通信线路等。

客体 过失损坏广播电视设施、公用电信设施罪的客体是正在使用中的各种广播电视设施、公用电信设施。

结果 过失损坏广播电视设施、公用电信设施罪的结果是广播电视设施、公用电信设施遭受损坏。

2. 罪责

过失损坏广播电视设施、公用电信设施罪的罪责形式是过失。这里的过失，是指应当预见自己的行为可能造成广播电视设施、公用电信设施遭受损坏的结果，因为疏忽大意而没有预见，或者已经预见而轻信能够避免，以致发生这种结果的主观心理状态。

（三）处罚

根据《刑法》第124条第2款之规定，犯本罪的，处3年以上7年以下有期徒刑；情节较轻的，处3年以下有期徒刑或者拘役。

减轻处罚事由 犯过失损坏广播电视设施、公用电信设施罪而情节较轻的，是本罪的减轻处罚事由。这里的情节较轻，是指广播电视设施、公用电信设施受损不严重，或者具有其他较轻情节。

从轻处罚事由 根据前引《解释（四）》第3条第2款的规定，过失损坏广播电视设施构成犯罪，但能主动向有关部门报告，积极赔偿损失或者修复被损坏设施的，可以酌情从宽处罚。

三十一、非法制造、买卖、运输、邮寄、储存枪支、弹药、爆炸物罪

（一）概念

非法制造、买卖、运输、邮寄、储存枪支、弹药、爆炸物罪是指违反国家关于枪支、弹药、爆炸物的管理规定，制造、买卖、运输、邮寄、储存枪支、弹药、爆炸物，危害公共安全的行为。

（二）构成

1. 罪体

行为　非法制造、买卖、运输、邮寄、储存枪支、弹药、爆炸物罪的行为是违反国家关于枪支、弹药、爆炸物的管理规定，制造、买卖、运输、邮寄、储存枪支、弹药、爆炸物。这里的制造，是指私自制作、加工、修理、改装枪支、弹药、爆炸物。买卖，是指私自购买或者出售枪支、弹药、爆炸物。运输，是指将枪支、弹药、爆炸物从此地运往彼地。邮寄，是指通过邮局将枪支、弹药、爆炸物寄往目的地。储存，是指明知是他人非法制造、买卖、运输、邮寄的枪支、弹药、爆炸物而为其存放或者非法存放爆炸物的行为。

客体　非法制造、买卖、运输、邮寄、储存枪支、弹药、爆炸物罪的客体是枪支、弹药、爆炸物。这里的枪支，根据 2015 年修正后的《枪支管理法》第 46 条的规定，是指以火药或者压缩气体等为动力，利用管状器具发射金属弹丸或者其他物质，足以致人伤亡或者丧失知觉的各种枪支，包括军用枪支、民用枪支、公务枪支、射击运动枪支等。弹药，是指各种军用枪支、民用枪支使用的子弹以及炸弹、手榴弹等。爆炸物，是指各种炸药、雷管等。对于枪支、弹药、爆炸物的范围，2018 年 5 月 7 日最高人民法院、最高人民检察院、公安部《关于依法收缴非法枪支弹药爆炸物品严厉打击枪爆违法犯罪的通告》第 8 条的规定，军用枪、猎枪、射击运动枪、麻醉注射枪、气枪、彩弹枪、火药枪等各类制式枪支、能发射制式弹药或者枪口比动能大于等于 1.8 焦耳/平方厘米的非制式枪支以及枪支零部件；弹药包括：以上各类枪支使用的制式、非制式弹丸；爆炸物品包括：炸药、雷管、导火索、导爆索、震源弹、黑火药、烟火药、手榴弹、地雷等各类爆炸物品以及列入易制爆危险化学品名录，可用于制造爆炸物品的危险化学品。

关于如何认定枪支的性能特征，即足以致人伤亡或者丧失知觉，2008 年公安部发布的《枪支致伤力的法庭科学鉴定判据》（以下简称《枪支鉴定判据》）采用枪口比动能检测法。根据《枪支鉴定判据》的规定：制式枪支、适配制式子弹的非制式枪支、曾经发射非制式子弹致人伤亡的非制式枪支直接认定为具有致伤力。未造成人员伤亡的非制式枪支致伤力判据为枪口比动能 eo ≥ 1.8 焦耳 / 平方厘米。这里所谓枪口比动能，是指弹头出枪口后在检测点（以火药为动力发射的，以距枪口 50 厘米处为检测点，以气体为动力发射的，以距枪口 30 厘米处为检测点）所具有的动能与弹头的最大横截面积之比值。枪口比动能由弹头质量和出膛速度所决定，与之成正比。然而，当前我国涉枪案件呈现出多样性、复杂性的特点。特别是一些涉以压缩气体为动力且枪口比动能较低的枪支的案件，涉案枪支的致伤力较低，在决定是否追究刑事责任以及裁量刑罚时唯枪支数量论，恐会背离一般公众的认知，也违背罪责刑相适应原则的要求。司法实践中，个别案件的处理引发社会各界广泛关注，法律效果和社会效果不佳。为此，2018 年 3 月 8 日最高人民法院、最高人民检察院《关于涉及以压缩气体为动力的枪支、气枪铅弹刑事案件定罪量刑问题的批复》规定，对于非法制造、买卖、运输、邮寄、储存、持有、私藏、走私以压缩气体为动力且枪口比动能较低的枪支的行为，在决定是否追究刑事责任以及如何裁量刑罚时，不仅应当考虑涉案枪支的数量，而且应当充分考虑涉案枪支的外观、材质、发射物、购买场所和渠道、价格、用途、致伤力大小、是否易于通过改制提升致伤力，以及行为人的主观认知、动机目的、一贯表现、违法所得、是否规避调查等情节，综合评估社会危害性，坚持主客观相统一，确保罪责刑相适应。该批复同时明确，对于非法制造、买卖、运输、邮寄、储存、持有、私藏、走私气枪铅弹的行为，在决定是否追究刑事责任以及如何裁量刑罚时，应当综合考虑气枪铅弹的数量、用途以及行为人的动机目的、一贯表现、违法所得、是否规避调查等情节，综合评估社会危害性，确保罪责刑相适应。

2. 罪责

非法制造、买卖、运输、邮寄、储存枪支、弹药、爆炸物罪的罪责形式是故意。这里的故意，是指明知是非法制造、买卖、运输、邮寄、储存枪支、弹药、爆炸物行为而有意实施的主观心理状态。

3. 罪量

非法制造、买卖、运输、邮寄、储存枪支、弹药、爆炸物罪的罪量要素，刑法未作规定。根据 2001 年 5 月 15 日发布、2009 年 11 月 16 日修正的最高人民法院《关于审理非法制造、买卖、运输枪支、弹药、爆炸物等刑事案件具体应用法律若干问题的解释》[以下简称《解释（五）》]第 1 条之规定，个人或者单位非法制造、买卖、运输、邮寄、储存枪支、弹药、爆炸物，具有下列情形之一的，应当定罪处罚：（1）非法制造、买卖、运输、邮寄、储存军用枪支 1 支以上的；（2）非法制造、买卖、运输、邮寄、储存以火药为动力发射枪弹的非军用枪支 1 支以上或者以压缩气体等为动力的其他非军用枪支 2 支以上的；（3）非法制造、买卖、运输、邮寄、储存军用子弹 10 发以上、气枪铅弹 500 发以上或者其他非军用子弹 100 发以上的；（4）非法制造、买卖、运输、邮寄、储存手榴弹 1 枚以上的；（5）非法制造、买卖、运输、邮寄、储存爆炸装置的；（6）非法制造、买卖、运输、邮寄、储存炸药、发射药、黑火药 1 千克以上或者烟火药 3 千克以上、雷管 30 枚以上或者导火索、导爆索 30 米以上的；（7）具有生产爆炸物品资格的单位不按照规定的品种制造，或者具有销售、使用爆炸物品资格的单位超过限额买卖炸药、发射药、黑火药 10 千克以上或者烟火药 30 千克以上、雷管 300 枚以上或者导火索、导爆索 300 米以上的；（8）多次非法制造、买卖、运输、邮寄、储存弹药、爆炸物的；（9）虽未达到上述最低数量标准，但具有造成严重后果等其他恶劣情节的。

（三）认定

根据前引《解释（五）》第 1 条第 2 款之规定，介绍买卖枪支、弹药、爆炸物的，以买卖枪支、弹药、爆炸物罪的共犯论处。这里的介绍，是指本人虽非卖方或者买方，但在买卖双方之间牵线搭桥，使枪支、弹药、爆炸物的买卖得以成交。

（四）处罚

《刑法》第 125 条第 1 款规定，犯本罪的，处 3 年以上 10 年以下有期徒刑；情节严重的，处 10 年以上有期徒刑、无期徒刑或者死刑。第 3 款规定，单位犯本罪的，对单位判处罚金，并对其直接负责的主管人员和其他直接责任人员，依照第1款的规定处罚。

加重处罚事由　犯非法制造、买卖、运输、邮寄、储存枪支、弹药、爆炸物罪而情节严重的，是本罪的加重处罚事由。这里的情节严重，根据前引《解释（五）》第2条的规定，是指具有下列情形之一：（1）非法制造、买卖、运输、邮寄、储存枪支、弹药、爆炸物的数量达到本解释第1条第（1）（2）（3）（6）（7）项规定的最低数量标准5倍以上的；（2）非法制造、买卖、运输、邮寄、储存手榴弹3枚以上的；（3）非法制造、买卖、运输、邮寄、储存爆炸装置，危害严重的；（4）达到本解释第1条规定的最低数量标准，并具有造成严重后果等其他恶劣情节的。前引《解释（五）》第7条还规定，非法制造、买卖、运输、邮寄、储存成套枪支散件的，以相应数量的枪支计；非成套枪支散件以每30件为一成套枪支散件计。

免除或者从轻处罚事由　根据前引《解释（五）》第9条的规定：因筑路、建房、打井、整修宅基地和土地等正常生产、生活需要，或者因从事合法的生产经营活动而非法制造、买卖、运输、邮寄、储存爆炸物，数量达到本《解释》第1条规定标准，没有造成严重社会危害，并确有悔改表现的，可依法从轻处罚；情节轻微的，可以免除处罚。

三十二、非法制造、买卖、运输、储存危险物质罪

（一）概念

非法制造、买卖、运输、储存危险物质罪是指非法制造、买卖、运输、储存毒害性、放射性、传染病病原体等物质，危害公共安全的行为。

（二）构成

1. 罪体

行为　非法制造、买卖、运输、储存危险物质罪的行为是违反国家关于危险

物质的管理规定，制造、买卖、运输、储存危险物质。

客体 非法制造、买卖、运输、储存危险物质罪的客体是毒害性、放射性、传染病病原体等物质。根据 2003 年 9 月 4 日最高人民法院、最高人民检察院发布的《关于办理非法制造、买卖、运输、储存毒鼠强等禁用剧毒化学品刑事案件具体应用法律若干问题的解释》［以下简称《解释（六）》］的规定，这里的危险物质包括毒鼠强等禁用剧毒化学品。前引《解释（六）》第 6 条规定，本解释所称毒鼠强等禁用剧毒化学品，是指国家明令禁止的毒鼠强、氟乙酰胺、氟乙酸钠、毒鼠硅、甘氟。

案例 22 - 1 **王召成等非法买卖、储存危险物质案**

（法例第 13 号）

被告人王召成、金国淼在未依法取得剧毒化学品购买、使用许可的情况下，约定由王召成出面购买氰化钠。2006 年 10 月至 2007 年年底，王召成先后 3 次以每桶 1 000 元的价格向倪荣华（另案处理）购买氰化钠，共支付给倪荣华 40 000 元。2008 年 8 月至 2009 年 9 月，王召成先后 3 次以每袋 975 元的价格向李光明（另案处理）购买氰化钠，共支付给李光明 117 000 元。王召成、金国淼均将上述氰化钠储存在浙江省绍兴市南洋五金有限公司其二人各自承包车间的带锁仓库内，用于电镀生产。其中，王召成用总量的 1/3，金国淼用总量的 2/3。2008 年 5 月和 2009 年 7 月，被告人孙永法先后共用 2 000 元向王召成分别购买氰化钠 1 桶和 1 袋。2008 年 7、8 月间，被告人钟伟东以每袋 1 000 元的价格向王召成购买氰化钠 5 袋。2009 年 9 月，被告人周智明以每袋 1 000 元的价格向王召成购买氰化钠 3 袋。孙永法、钟伟东、周智明购得氰化钠后，均储存于各自车间的带锁仓库或水槽内，用于电镀生产。浙江省绍兴市越城区人民法院于 2012 年 3 月 31 日以非法买卖、储存危险物质罪，分别判处被告人王召成有期徒刑 3 年，缓刑 5 年；被告人金国淼有期徒刑 3 年，缓刑 4 年 6 个月；被告人钟伟东有期徒刑 3 年，缓刑 4 年；被告人周智明有期徒刑 3 年，缓刑 3 年 6 个月；被告人孙永法有期徒刑 3 年，缓刑 3 年。

　　法院生效裁判认为：被告人王召成、金国淼、孙永法、钟伟东、周智明在未取得剧毒化学品使用许可证的情况下，违反国务院《危险化学品安全管理条例》等规定，明知氰化钠是剧毒化学品仍非法买卖、储存，危害公共安全，其行为均已构成非法买卖、储存危险物质罪，且系共同犯罪。关于王召成的辩护人提出的辩护意见，经查，氰化钠虽不属于禁用剧毒化学品，但系列入危险化学品名录中严格监督管理的限用的剧毒化学品，易致人中毒或者死亡，对人体、环境具有极大的毒害性和极度危险性，极易对环境和人的生命健康造成重大威胁和危害，属于《刑法》第 125 条第 2 款规定的"毒害性"物质；"非法买卖"毒害性物质，是指违反法律和国家主管部门规定，未经有关主管部门批准许可，擅自购买或者出售毒害性物质的行为，并不需要兼有买进和卖出的行为；王召成等人不具备购买、储存氰化钠的资格和条件，违反国家有关监管规定，非法买卖、储存大量剧毒化学品，逃避有关主管部门的安全监督管理，破坏危险化学品管理秩序，已对人民群众的生命、健康和财产安全产生现实威胁，足以危害公共安全，故王召成等人的行为已构成非法买卖、储存危险物质罪，上述辩护意见不予采纳。王召成、金国淼、孙永法、钟伟东、周智明到案后均能如实供述自己的罪行，且购买氰化钠用于电镀生产，未发生事故，未发现严重环境污染，没有造成严重后果，依法可以从轻处罚。根据五被告人的犯罪情节及悔罪表现等情况，对其可依法宣告缓刑。公诉机关提出的量刑建议，王召成、钟伟东、周智明请求从轻处罚的意见，予以采纳，故依法作出如上判决。

　　本案的裁判要点指出：（1）国家严格监督管理的氰化钠等剧毒化学品，易致人中毒或者死亡，对人体、环境具有极大的毒害性和危险性，属于《刑法》第 125 条第 2 款规定的"毒害性"物质。（2）"非法买卖"毒害性物质，是指违反法律和国家主管部门规定，未经有关主管部门批准许可，擅自购买或者出售毒害性物质的行为，并不需要兼有买进和卖出的行为。

释评

对于《刑法》第 125 条第 2 款规定的非法制造、买卖、运输、储存危险物质罪中的危险物质如何理解直接关系到本罪的认定。在本罪的罪状中，《刑法》将危险物质表述为毒害性、放射性、传染性病原体等物质，在以上所列举的三种情形中，放射性、传染性病原体较为容易认定，但毒害性的范围较为宽泛，认定标准难以掌握。在本案中，涉案的危险物质是氰化钠等剧毒化学品，根据本案的裁判理由应当认定为毒害性危险物质，这对于毒害性物质的认定具有指导意义。

2. 罪责

非法制造、买卖、运输、储存危险物质罪的罪责形式是故意。这里的故意，是指明知是非法制造、买卖、运输、储存危险物质的行为而有意实施的主观心理状态。

3. 罪量

非法制造、买卖、运输、储存危险物质罪的罪量要素，刑法未作规定。根据前引《解释（六）》第 1 条规定，非法制造、买卖、运输、储存毒鼠强等禁用剧毒化学品，危害公共安全，具有下列情形之一的，应当定罪：（1）非法制造、买卖、运输、储存原粉、原液、原药制剂 50 克以上，或者饵料 2 千克以上的；（2）在非法制造、买卖、运输、储存过程中致人重伤、死亡或者造成公私财产损失 10 万元以上的。此外，《立案追诉标准（一）》第 2 条规定，非法制造、买卖、运输、储存毒害性、放射性、传染病病原体等物质、危害公共安全，涉嫌下列情形之一的，应予立案追诉：（1）造成人员重伤或者死亡的；（2）造成直接经济损失 10 万元以上的；（3）非法制造、买卖、运输、储存毒鼠强、氟乙酰胺、氟乙酰钠、毒鼠硅、甘氟原粉、原液、制剂 50 克以上，或者饵料 2 千克以上的；（4）造成急性中毒、放射性疾病或者造成传染病流行、暴发的；（5）造成严重环境污染的；（6）造成毒害性、放射性、传染病病原体等危险物质丢失、被盗、被抢或者被他人利用进行违法犯罪活动的；（7）其他危害公共安全的情形。

（三）处罚

《刑法》第 125 条第 2 款［《刑法修正案（三）》第 5 条］规定，犯本罪的，依照前款规定处罚，即处 3 年以上 10 年以下有期徒刑；情节严重的，处 10 年以上有期徒刑、无期徒刑或者死刑。第 3 款规定，单位犯本罪的，对单位判处罚金，并对其直接负责的主管人员和其他直接责任人员，依照第 1 款的规定处罚。

加重处罚事由　犯非法制造、买卖、运输、储存危险物质罪而情节严重的，是本罪的加重处罚事由。这里的情节严重，是指非法制造、买卖、运输、储存危险物质数量巨大的，造成严重后果的，或者有其他严重情节。根据前引《解释（六）》第 2 条的规定，非法制造、买卖、运输、储存毒鼠强等禁用剧毒化学品，具有下列情形之一的，属于情节严重：（1）非法制造、买卖、运输、储存原粉、原液、制剂 500 克以上，或者饵料 20 千克以上的；（2）在非法制造、买卖、运输、储存过程中致 3 人以上重伤、死亡，或者造成公私财产损失 20 万元以上的；（3）非法制造、买卖、运输、储存原粉、原药、制剂 50 克以上不满 500 克，或者饵料 2 千克以上不满 20 千克，并具有其他严重情节的。

三十三、违规制造、销售枪支罪

（一）概念

违规制造、销售枪支罪是指依法被指定、确定的枪支制造企业、销售企业，违反枪支管理规定，非法制造、销售枪支的行为。

（二）构成

1. 罪体

主体　违规制造、销售枪支罪的主体是依法被指定、确定的枪支制造企业、销售企业，因而本罪是纯正的单位犯罪。

行为　违规制造、销售枪支罪的行为，根据刑法规定，是指有下列行为之一的：

（1）以非法销售为目的，超过限额或者不按照规定的品种制造、配售枪支的。这种行为是指枪支制造、销售企业以非法出售枪支获取非法利润为目的，超过国家有关主管部门下达的生产或者配套程度的数量指标或者任务，或者枪支制造企业未按照国家规定的技术标准生产枪支或者枪支销售企业未按照国家规定的品种、型号配售枪支，而擅自制造、配售枪支。

（2）以非法销售为目的，制造无号、重号、假号的枪支的。这种行为是指枪支制造企业在制造枪支过程中，为进行非法销售，制造没有编号或者重复编号或者虚假编号的枪支，以逃避枪支制造管理。

（3）非法销售枪支或者在境内销售为出口制造的枪支的。这种行为是指违反枪支管理规定销售枪支，或者将为出口制造的枪支，在境内销售牟利。

客体　违规制造、销售枪支罪的客体是枪支。根据《立案追诉标准（一）》第3条第2款的规定，这里的枪支，包括枪支散件。成套枪支散件，以相应数量的枪支计；非成套枪支散件，以每30件为一成套枪支散件计。

2. 罪责

违规制造、销售枪支罪的罪责形式是故意。这里的故意，是指明知是违规制造、销售枪支的行为而有意实施的主观心理状态。

3. 罪量

违规制造、销售枪支罪的罪量要素，刑法未作规定。根据《解释（五）》第3条第1款之规定，依法被指定或者确定的枪支制造、销售企业，实施《刑法》第126条规定的行为，具有下列情形之一的，以违规制造、销售枪支罪定罪处罚：（1）违规制造枪支5支以上的；（2）违规销售枪支2支以上的；（3）虽未达到上述最低数量标准，但具有造成严重后果等其他恶劣情节的。

（三）处罚

根据《刑法》第126条之规定，犯本罪的，对单位判处罚金，并对其直接负责的主管人员和其他直接责任人员，处5年以下有期徒刑；情节严重的，处5年以上10年以下有期徒刑；情节特别严重的，处10年以上有期徒刑或者无期徒刑。

加重处罚事由 犯违规制造、销售枪支罪而情节严重的，是本罪的加重处罚事由。这里的情节严重，根据前引《解释（五）》第3条第2款的规定，是指具有下列情形之一：（1）违规制造枪支20支以上的；（2）违规销售枪支10支以上的；（3）达到本条第1款规定的最低数量标准，并具有造成严重后果等其他恶劣情节的。

特别加重处罚事由 犯违规制造、销售枪支罪而情节特别严重的，是本罪的特别加重处罚事由。这里的情节特别严重，根据前引《解释（五）》第3条第3款之规定，是指具有下列情形之一的：（1）违规制造枪支50支以上的；（2）违规销售枪支30支以上的；（3）达到本条第2款规定的最低数量标准，并具有造成严重后果等其他恶劣情节的。

三十四、盗窃、抢夺枪支、弹药、爆炸物、危险物质罪

（一）概念

盗窃、抢夺枪支、弹药、爆炸物、危险物质罪是指秘密窃取或者公然夺取枪支、弹药、爆炸物、危险物质，危害公共安全的行为。

（二）构成

1. 罪体

行为 盗窃、抢夺枪支、弹药、爆炸物、危险物质罪的行为是秘密窃取或者公然夺取枪支、弹药、爆炸物、危险物质。

客体 盗窃、抢夺枪支、弹药、爆炸物、危险物质罪的客体是枪支、弹药、爆炸物，或者毒害性、放射性、传染病病原体等物质。

2. 罪责

盗窃、抢夺枪支、弹药、爆炸物、危险物质罪的罪责形式是故意。这里的故意，是指明知是盗窃、抢夺枪支、弹药、爆炸物、危险物质的行为而有意实施的

主观心理状态。

3. 罪量

盗窃、抢夺枪支、弹药、爆炸物、危险物质罪的罪量要素，刑法未作规定。根据《解释（五）》第 4 条第 1 款之规定，盗窃、抢夺枪支、弹药、爆炸物，具有下列情形之一的，应当定罪：（1）盗窃、抢夺以火药为动力的发射枪弹非军用枪支 1 支以上或者以压缩气体等为动力的其他非军用枪支 2 支以上的；（2）盗窃、抢夺军用子弹 10 发以上、气枪铅弹 500 发以上或者其他非军用子弹 100 发以上的；（3）盗窃、抢夺爆炸装置的；（4）盗窃、抢夺炸药、发射药、黑火药 1 000 克以上或者烟火药 3 000 克以上、雷管 30 枚以上或者导火索、导爆索 30 米以上的；（5）虽未达到上述最低数量标准，但具有造成严重后果等其他恶劣情节的。该司法解释颁布时间早于《刑法修正案（三）》，因此，对《刑法修正案（三）》中增设的盗窃、抢夺危险物质罪的罪量要素未作规定。

（三）处罚

《刑法》第 127 条［《刑法修正案（三）》第 6 条］第 1 款规定，犯本罪的，处 3 年以上 10 年以下有期徒刑；情节严重的，处 10 年以上有期徒刑、无期徒刑或者死刑。第 2 款［《刑法修正案（三）》第 6 条］规定，犯本罪而盗窃、抢夺国家机关、军警人员、民兵的枪支、弹药、爆炸物的，处 10 年以上有期徒刑、无期徒刑或者死刑。

加重处罚事由　犯盗窃、抢夺枪支、弹药、爆炸物、危险物质罪而情节严重或者盗窃、抢夺国家机关、军警人员、民兵的枪支、弹药、爆炸物、危险物质的，是本罪的加重处罚事由。根据前引《解释（五）》第 4 条第 2 款的规定，情节严重是指具有下列情形之一的：（1）盗窃、抢夺枪支、弹药、爆炸物的数量达到本条第 1 款规定的最低数量标准 5 倍以上的；（2）盗窃、抢夺军用枪支的；（3）盗窃、抢夺手榴弹的；（4）盗窃、抢夺爆炸装置，危害严重的；（5）达到本条第 1 款规定的最低数量标准，并具有造成严重后果等其他恶劣情节的。这里的国家机关，是指依法能够装备、使用枪支、弹药、爆炸物的国家机关。军警人员，是指现役军人、武警官兵、警察（包括司法警察）等。民兵，是指依法组成的不脱离生产的群众武装组织的成员。

三十五、抢劫枪支、弹药、爆炸物、危险物质罪

（一）概念

抢劫枪支、弹药、爆炸物、危险物质罪是指以暴力、胁迫或者其他方法，抢劫枪支、弹药、爆炸物、危险物质，危害公共安全的行为。

（二）构成

1. 罪体

行为　抢劫枪支、弹药、爆炸物、危险物质罪的行为是以暴力、胁迫或者其他方法，抢劫枪支、弹药、爆炸物、危险物质。这里的暴力，是指对被害人身体实施强暴手段，足以危及其人身安全，致使被害人不能反抗。胁迫，是指以立即使用暴力相威胁，实行精神强制，使被害人产生恐惧而不敢反抗。其他方法，是指除暴力或者胁迫以外，使被害人丧失反抗能力或者不知反抗的各种方法，例如药物麻醉等。

客体　抢劫枪支、弹药、爆炸物、危险物质罪的客体是枪支、弹药、爆炸物，或者毒害性、放射性、传染病病原体等物质。

2. 罪责

抢劫枪支、弹药、爆炸物、危险物质罪的罪责形式是故意。这里的故意，是指明知是抢劫枪支、弹药、爆炸物、危险物质的行为而有意实施的主观心理状态。

（三）处罚

根据《刑法》第 127 条［《刑法修正案（三）》第 6 条］第 2 款之规定，犯本罪的，处 10 年以上有期徒刑、无期徒刑或者死刑。

三十六、非法持有、私藏枪支、弹药罪

（一）概念

非法持有、私藏枪支、弹药罪是指违反法律规定，持有、私藏枪支、弹药的行为。

（二）构成

1. 罪体

行为　非法持有、私藏枪支、弹药罪的行为是非法持有、私藏枪支、弹药。这里的非法持有，是指不符合配备、配置枪支、弹药条件的人员，违反枪支管理法律、法规的规定，擅自持有枪支、弹药的行为。私藏，是指依法配备、配置枪支、弹药的人员，在配备、配置枪支、弹药的条件消除后，违反枪支管理法律、法规的规定，私自藏匿所配备、配置的枪支、弹药且拒不交出的行为。

客体　非法持有、私藏枪支、弹药罪的客体是枪支、弹药。

2. 罪责

非法持有、私藏枪支、弹药罪的罪责形式是故意。这里的故意，是指明知是枪支、弹药而有意予以非法持有、私藏的主观心理状态。

3. 罪量

非法持有、私藏枪支、弹药罪的罪量要素，刑法未作规定。根据《解释（五）》第5条第1款之规定，非法持有、私藏枪支、弹药具有下列情形之一的，应当定罪：（1）非法持有、私藏军用枪支1支的；（2）非法持有、私藏以火药为动力发射枪弹的非军用枪支1支或者以压缩气体等为动力的其他非军用枪支2支以上的；（3）非法持有、私藏军用子弹20发以上、气枪铅弹1 000发以上或者其他非军用子弹200发以上的；（4）非法持有、私藏手榴弹1枚以上的；（5）非法持有、私藏的弹药造成人员伤亡、财产损失的。此外，根据前引《解释（五）》第8条第3款的规定，私藏枪支、弹药行为构成犯罪的，除需要具备上述罪量要

素外，还必须具备拒不交出的要件。

（三）处罚

根据《刑法》第128条第1款的规定，犯本罪的，处3年以下有期徒刑、拘役或者管制；情节严重的，处3年以上7年以下有期徒刑。

加重处罚事由 犯非法持有、私藏枪支、弹药罪而情节严重的，是本罪的加重处罚事由。根据前引《解释（五）》第5条第2款之规定，这里的情节严重，是指具有下列情形之一：（1）非法持有、私藏军用枪支2支以上的；（2）非法持有、私藏以火药为动力发射枪弹的非军用枪支2支以上或者以压缩气体等为动力的其他非军用枪支5支以上的；（3）非法持有、私藏军用子弹100发以上、气枪铅弹5 000发以上或者其他非军用子弹1 000发以上的；（4）非法持有、私藏手榴弹3枚以上的；（5）达到本条第1款规定的最低数量标准，并具有造成严重后果等其他恶劣情节的。

三十七、非法出租、出借枪支罪

（一）概念

非法出租、出借枪支罪是指依法配备公务用枪的人员，违反枪支管理规定，出租、出借枪支，或者依法配置枪支的人员，违反枪支管理规定，出租、出借枪支，造成严重后果的行为。

（二）构成

1. 罪体

主体 非法出租、出借枪支罪的主体是依法配备公务用枪的人员和依法配置枪支的人员。这里的依法配备公务用枪的人员，是指公安机关、国家安全机关、监狱的人民警察，人民法院、人民检察院的司法警察和担负案件侦查任务的检察人员、海关缉私人员，以及在依法履行职责时确有必要使用枪支的人员。依法配置枪支的人员，是指配置各种民用枪支的人员。

行为 非法出租、出借枪支罪的行为是非法出租、出借枪支。这里的非法出租，是指以牟利为目的，将自己配备的枪支有偿租借给他人。非法出借枪支，是指擅自将自己配备的枪支借给他人。根据1998年11月3日最高人民检察院《关于将公务用枪用作借债质押的行为如何适用法律问题的批复》规定：依法配备公务用枪的人员，违反法律规定，将公务用枪用作借债质押物，使枪支处于非依法持枪人的控制、使用之下，严重危害公共安全，是《刑法》第128条第2款所规定的非法出借枪支行为的一种形式，应以非法出借枪支罪追究刑事责任；对接受枪支质押的人员，构成犯罪的，根据《刑法》第128条第1款的规定，应以非法持有枪支罪追究其刑事责任。

客体 非法出租、出借枪支罪的客体是枪支。

2. 罪责

非法出租、出借枪支罪的罪责形式是故意。这里的故意，是指明知是出租、出借枪支的行为而有意实施的主观心理状态。如果明知他人将利用出租、出借的枪支从事某一犯罪活动而出租、出借的，是想象竞合犯。一行为既触犯本罪名，又属于他人所犯之罪的帮助行为，构成其共犯。在这种情况下，应从一重罪处断。

3. 罪量

非法出租、出借枪支罪的罪量要素，刑法未作规定。参照《立案追诉标准（一）》第4条的规定，违反枪支管理规定，非法持有、私藏枪支、弹药，涉嫌下列情形之一的，应予立案追诉：（1）非法持有、私藏军用枪支1支以上的；（2）非法持有、私藏以火药为动力发射枪弹的非军用枪支1支以上，或者以压缩气体等为动力的其他非军用枪支2支以上的；（3）非法持有、私藏军用子弹20发以上、气枪铅弹1 000发以上或者其他非军用子弹200发以上的；（4）非法持有、私藏手榴弹、炸弹、地雷、手雷等具有杀伤性弹药1枚以上的；（5）非法持有、私藏的弹药造成人员伤亡、财产损失的。

（三）处罚

《刑法》第128条第2、3款规定，犯本罪的，依照第1款规定处罚，即处3年以下有期徒刑、拘役或者管制；情节严重的，处3年以上7年以下有期徒刑。第4款规定，单位犯本罪的，对单位判处罚金，并对其直接负责的主管人员和其他直接责任人员，依照第1款的规定处罚。

加重处罚事由 犯非法出租、出借枪支罪而情节严重的，是本罪的加重处罚事由。这里的情节严重，是指非法出租、出借枪支数量多、时间长或者对公共安全造成重大危害等。

三十八、丢失枪支不报罪

（一）概念

丢失枪支不报罪是指依法配备公务用枪的人员，丢失枪支不及时报告，造成严重后果的行为。

（二）构成

1. 罪体

主体 丢失枪支不报罪的主体是依法配备公务用枪的人员。

行为 丢失枪支不报罪的行为是丢失枪支不及时报告。这里的丢失枪支，是指枪支被盗、被抢或者遗失等情形。不及时报告，是指发现枪支丢失以后，未能立即向有关部门如实报告。就丢失枪支与不及时报告两者的关系而言，丢失枪支只是本罪存在的客观前提而非本罪之客观行为。因为刑法惩治的并不是丢失枪支行为，而是丢失枪支以后不及时报告的行为。因此，不及时报告是本罪的客观行为。就此而言，本罪是不作为犯。丢失枪支是先行行为，正是这一先行行为产生了及时报告的作为义务。不履行这一义务的，就构成本罪。

客体 丢失枪支不报罪的客体是丢失的枪支，即不及时报告的内容是丢失枪支这一事实。

2. 罪责

丢失枪支不报罪的罪责形式是故意。这里的故意，是指明知丢失枪支应当及时报告而不及时报告的主观心理状态。

3. 罪量

丢失枪支不报罪的罪量要素是造成严重后果。这里的造成严重后果，参照《立案追诉标准（一）》第 6 条的规定，是指具有下列情形之一的：（1）丢失的枪支被他人利用造成人员轻伤以上伤亡事故的；（2）丢失的枪支被他人利用进行违法犯罪活动的；（3）其他造成严重后果的情形。

（三）处罚

根据《刑法》第 129 条之规定，犯本罪的，处 3 年以下有期徒刑或者拘役。

三十九、非法携带枪支、弹药、管制刀具、危险物品危及公共安全罪

（一）概念

非法携带枪支、弹药、管制刀具、危险物品危及公共安全罪是指违反法律规定，携带枪支、弹药、管制刀具，或者爆炸性、易燃性、放射性、毒害性、腐蚀性物品，进入公共场所或者公共交通工具，危及公共安全，情节严重的行为。

（二）构成

1. 罪体

行为　非法携带枪支、弹药、管制刀具、危险物品危及公共安全罪的行为是非法携带枪支、弹药、管制刀具，或者爆炸性、易燃性、放射性、毒害性、腐蚀性物品，进入公共场所或者公共交通工具。

客体　非法携带枪支、弹药、管制刀具、危险物品危及公共安全罪的客体是枪支、弹药、管制刀具，或者爆炸性、易燃性、放射性、毒害性、腐蚀性物品。这里的枪支，是指军用枪支、民用枪支、公务枪支、射击运动枪支等。弹药，是指子弹、炸弹、手榴弹等。管制刀具，是指国家依法进行管制，只能由特定人员

持有、使用，禁止私自生产、买卖、持有的刀具，例如匕首、弹簧刀、三棱刮刀等。爆炸性物品，是指具有爆炸性能的物品，例如雷管、炸药等。易燃性物品，是指极易燃烧的化学物品，例如汽油、煤油、酒精等。放射性物品，是指具有放射性的物品，例如铀、镭等。毒害性物品，是指各种能够对人体造成毒害的物品，例如毒药、杀虫剂等。腐蚀性物品，是指各种对人体具有腐蚀作用的物品，例如硫酸、盐酸等。

地点 非法携带枪支、弹药、管制刀具、危险物品危及公共安全罪发生的特定地点是公共场所或者公共交通工具。这里的公共场所，是指公众进行活动的场所，例如影剧院、广场、商场等。公共交通工具，是指火车、轮船、汽车、民用航空器等运输工具。

2. 罪责

非法携带枪支、弹药、管制刀具、危险物品危及公共安全罪的罪责形式是故意。这里的故意，是指明知是枪支、弹药、管制刀具，或者爆炸性、易燃性、放射性、毒害性、腐蚀性物品而携带其进入公共场所或者公共交通工具的主观心理状态。

3. 罪量

非法携带枪支、弹药、管制刀具、危险物品危及公共安全罪的罪量要素是情节严重。这里的情节严重，参照《立案追诉标准（一）》第 7 条的规定，是指具有下列情形之一的：（1）携带枪支 1 支以上或者手榴弹、炸弹、地雷、手雷等具有杀伤性弹药 1 枚以上的；（2）携带爆炸装置 1 套以上的；（3）携带炸药、发射药、黑火药 500 克以上或者烟火药 1 000 克以上、雷管 20 枚以上或者导火索、导爆索 20 米以上，或者虽未达到上述数量标准，但拒不交出的；（4）携带的弹药、爆炸物在公共场所或者公共交通工具上发生爆炸或者燃烧，尚未造成严重后果的；（5）携带管制刀具 20 把以上，或者虽未达到上述数量标准，但拒不交出，或者用来进行违法活动尚未构成其他犯罪的；（6）携带的爆炸性、易燃性、放射性、毒害性、腐蚀性物品在公共场所或者公共交通工具上发生泄漏、遗撒，尚未造成严重后果的；（7）其他情节严重的情形。

（三）处罚

根据《刑法》第130条之规定，犯本罪的，处3年以下有期徒刑、拘役或者管制。

四十、重大飞行事故罪

（一）概念

重大飞行事故罪是指航空人员违反规章制度，致使发生重大飞行事故，造成严重后果的行为。

（二）构成

1. 罪体

主体　重大飞行事故罪的主体是航空人员。这里的航空人员，是指从事民用航空活动的空勤人员和地面人员，包括驾驶人员、飞行机械人员、乘务人员、航空器维修人员、航空调度人员等。

行为　重大飞行事故罪的行为是违反规章制度，致使发生重大飞行事故。这里的违反规章制度，是指违反有关民用航空管理、航空器安全飞行的各项规章制度。重大飞行事故，是指航空器失事造成他人伤亡或者公私财产损失的事故。在违反规章制度与重大飞行事故之间存在因果关系。

客体　重大飞行事故罪的客体是人身和财产。

结果　重大飞行事故罪的结果是造成严重后果。这里的造成严重后果，是指造成航空器严重毁坏、人员伤亡或者使公私财产遭受重大损失。

2. 罪责

重大飞行事故罪的罪责形式是过失。这里的过失，是指应当预见到违反规章制度行为可能发生重大飞行事故，造成严重后果，因为疏忽大意而没有预见，或者已经预见而轻信能够避免，以致发生这种结果的主观心理状态。

（三）处罚

根据《刑法》第131条之规定，犯本罪的，处 3 年以下有期徒刑或者拘役；造成飞机坠毁或者人员死亡的，处 3 年以上 7 年以下有期徒刑。

加重处罚事由　犯重大飞行事故罪而造成飞机坠毁或者人员死亡的，是本罪的加重处罚事由。

四十一、铁路运营安全事故罪

（一）概念

铁路运营安全事故罪是指铁路职工违反规章制度，致使发生铁路运营安全事故，造成严重后果的行为。

（二）构成

1. 罪体

主体　铁路运营安全事故罪的主体是铁路职工。这里的铁路职工，是指从事铁路运输的工作人员，包括铁路运输管理人员、维修人员和列车司机等。

行为　铁路运营安全事故罪的行为是违反规章制度，致使发生铁路运营事故。这里的违反规章制度，是指违反有关铁路运营安全的各种规章制度，例如交通法规、运营管理制度、技术操作规程等。铁路运营事故，是指铁路运营中发生的列车出轨、倾覆、爆炸、相撞等事故。在违反规章制度与铁路运营事故之间存在因果关系。

客体　铁路运营安全事故罪的客体是人身和财产。

结果　铁路运营安全事故罪的结果是造成严重后果。这里的造成严重后果，是指造成人员伤亡或者致使公私财产遭受严重损失。

2. 罪责

铁路运营安全事故罪的罪责形式是过失。这里的过失，是指应当预见到违反规章制度行为可能发生铁路运营安全事故，造成严重后果，因为疏忽大意而没有预见，或者已经预见而轻信能够避免，以致发生这种结果的主观心理状态。

（三）处罚

根据《刑法》第 132 条之规定，犯本罪的，处 3 年以下有期徒刑或者拘役；造成特别严重后果的，处 3 年以上 7 年以下有期徒刑。

加重处罚事由　犯铁路运营安全事故罪而造成特别严重后果的，是本罪的加重处罚事由。这里的特别严重后果，是指造成伤亡人数较多的，或者致使公私财产遭受损失特别重大的等。

四十二、交通肇事罪

（一）概念

交通肇事罪是指违反交通运输管理法规，因而发生重大事故，致人重伤、死亡或者使公私财产遭受重大损失的行为。

（二）构成

1. 罪体

主体　交通肇事罪的主体，包括从事交通运输的人员和非交通运输人员。此外，根据 2000 年 11 月 15 日最高人民法院《关于审理交通肇事刑事案件具体应用法律若干问题的解释》［以下简称《解释（七）》］第 7 条之规定，单位主管人员、机动车辆所有人或者机动车辆承包人指使、强令他人违章驾驶造成重大交通事故的，也可以成为本罪的主体。

行为　交通肇事罪的行为是违反交通运输管理法规，因而发生重大事故。这里的交通运输，是指公路、航运和城市机动车辆的交通运输。违反交通运输管理法规，是指违反国家有关交通运输管理的法律规定和国家有关主管部门制定的交通运输安全的规章。重大事故，是指撞车、沉船、翻车、人员伤亡或者公私财产损失。在违反规章制度与重大事故之间存在因果关系。

客体　交通肇事罪的客体是人身和财产。

结果　交通肇事罪的结果是致人重伤、死亡或者使公私财产遭受重大损失。由于交通肇事罪包含过失致人重伤、过失致人死亡的内容，因而在本罪与过失致人重伤罪、过失致人死亡罪之间存在整体法与部分法的法条竞合关系。

关于交通肇事罪的结果，根据前引《解释（七）》第 2 条的规定，交通肇事罪的致人重伤、死亡或者使公私财产遭受重大损失是指具有下列情形之一：（1）死亡 1 人或者重伤 3 人以上，负事故全部或者主要责任的；（2）死亡 3 人以上，负事故同等责任的；（3）造成公共财产或者他人财产直接损失，负事故全部或者主要责任，无能力赔偿数额在 30 万元以上的。交通肇事致 1 人以上重伤，负事故全部或者主要责任，并具有下列情形之一的，以交通肇事罪定罪处罚：（1）酒后、吸食毒品后驾驶机动车辆的；（2）无驾驶资格驾驶机动车辆的；（3）明知是安全装置不全或者安全机件失灵的机动车辆而驾驶的；（4）明知是无牌证或者已报废的机动车辆而驾驶的；（5）严重超载的；（6）为逃避法律追究逃离事故现场的。应当指出，这里的交通肇事致 1 人以上重伤，为逃避法律追究逃离事故现场而构成本罪的，是以负事故全部或者主要责任为前置条件的。而事故全部或者主要责任，不应是根据逃离事故现场而推定的。否则，逃离事故现场这一情节就有重复评价之嫌。

2. 罪责

交通肇事罪的罪责形式是过失。这里的过失，是指应当预见到违反规章制度的行为可能发生重大事故，致人重伤、死亡或者使公私财产遭受重大损失的结果，因为疏忽大意而没有预见，或者已经预见而轻信能够避免，以致发生这种结果的主观心理状态。

（三）认定

前引《解释（七）》第 6 条规定："行为人在交通肇事后为逃避法律追究，将被害人带离事故现场后隐藏或者遗弃，致使被害人无法得到救助而死亡或者严重残疾的，应当分别依照刑法第二百三十二条、第二百三十四条第二款的规定，以故意杀人罪或者故意伤害罪定罪处罚。"根据这一规定，交通肇事罪转化为故意杀人罪、故意伤害罪必须具备以下三个条件：（1）主观目的是为逃避法律追究。但对被害人的死亡或者重伤结果，行为人是具有犯罪故意的，即希望或者放任这种结果发生。（2）客观行为是将被害人带离事故现场后隐藏或者遗弃。这里的隐藏，是指藏匿在杂草丛中等不易被人发现的处所。遗弃，是指丢弃在偏僻之处。由于上述两种行为而使被害人无法获得救助。（3）客观上存在致人死亡或者严重残疾的结果。在具备上述三个条件的情况下，对行为人应以故意杀人罪、故意伤害罪定罪处罚。

（四）处罚

根据《刑法》第133条之规定，犯本罪的，处3年以下有期徒刑或者拘役；交通运输肇事后逃逸或者有其他特别恶劣情节的，处3年以上7年以下有期徒刑；因逃逸致人死亡的，处7年以上有期徒刑。

加重处罚事由　犯交通肇事罪而交通运输肇事后逃逸或者有其他特别恶劣情节的，是本罪的加重处罚事由。这里的交通运输肇事后逃逸，是指行为人具有前引《解释（七）》第2条第1款和第2款第1至5项规定的情形之一，在发生交通事故后，为逃避法律追究而逃跑的行为。其他特别恶劣情节，根据前引《解释（七）》第4条的规定，是指具有下列情形之一的：（1）死亡2人以上或者重伤5人以上，负事故全部或者主要责任的；（2）死亡6人以上，负事故同等责任的；（3）造成公共财产或者他人财产直接损失，负事故全部或者主要责任，无能力赔偿数额在60万元以上的。在认定这里的交通肇事后逃逸的时候，应当注意，逃逸不仅是指客观上逃离事故现场的行为，而且主观上必须是有逃避法律追究的目的。如果行为人离开事故现场，不是为了逃避法律追究，而是因为害怕被害人亲属的殴打报复而临时躲避，或者是正在去投案或者抢救伤者的途中，对此不能认定为逃逸。此外，行为人虽然觉察车辆发生了刮蹭，但未确知已发生交通肇事而离开事故现场的，因为行为人主观上没有逃避法律追究的目的，同样也不得认定为交通肇事后逃逸。

特别加重处罚事由　犯交通肇事罪而因逃逸致人死亡的，是本罪的特别加重处罚事由。根据前引《解释（七）》第 5 条第 1 款之规定，这里的逃逸致人死亡，是指行为人在交通肇事后为逃避法律追究而逃跑，致使被害人因得不到救助而死亡的情形。在我国刑法学界，对于逃逸致人死亡，行为人主观上是过失，还是也包括故意，至少是间接故意，存在争议。我认为，逃逸致人死亡是交通肇事罪的加重处罚事由，无须考虑对于致人死亡是过失还是故意，只要客观上由于行为人的逃逸行为而造成了他人死亡的结果，就应加重其刑。前引《解释（七）》第 5 条第 2 款还规定："交通肇事后，单位主管人员、机动车辆所有人、承包人或者乘车人指使肇事人逃逸，致使被害人因得不到救助而死亡的，以交通肇事罪的共犯论处。"如何理解这里的以交通肇事罪的共犯论处，是刑法理论上的一个难题。交通肇事罪是过失犯罪，按照我国刑法规定，过失犯罪不存在共同犯罪的问题。前引《解释（七）》的制定者认为："不可否认，司机肇事引发交通事故是过失的，对肇事行为不存在按照共犯处罚的问题。但是，鉴于《刑法》第一百三十三条将这种故意实施的行为规定为交通肇事罪加重处罚的情节，而且在肇事后逃逸的问题上，肇事人主观上是故意的，其他人指使其逃逸，具有共同的故意，而且逃逸行为与被害人死亡具有因果关系，符合共犯的构成条件。"① 在刑法理论上，交通肇事后逃逸的共犯能否等同于交通肇事的共犯，仍然是一个值得研究的问题。

四十三、危险驾驶罪

（一）概念

危险驾驶罪是指违反道路交通管理法规，采取危险方法驾驶机动车或者违规驾驶机动车的行为。

（二）构成

1. 罪体

行为　危险驾驶罪的行为是违反道路交通管理法规，采取危险方法驾驶机动

---

① 最高人民法院研究室. 2000—2001 年司法解释及其理解与适用. 北京：法律出版社，2002：167.

车或者违规驾驶机动车。根据《刑法》第133条之一的规定，危险驾驶罪的行为具有以下四种情形：

（1）追逐竞驶。

追逐竞驶，也就是通常所说的飙车，是指以同行的其他车辆为竞争目标，追逐行驶。追逐竞驶既可以是单一车辆以计时形式进行行驶，也可以是若干车辆在同时行进中互相追赶。

案例 22-2 **张某某、金某危险驾驶案**

（法例第32号）

2012年2月3日20时20分许，被告人张某某、金某相约驾驶摩托车出去享受大功率摩托车的刺激感，约定"陆家浜路、河南南路路口是目的地，谁先到谁就等谁"。随后，由张某某驾驶无牌的本田大功率二轮摩托车（经过改装），金某驾驶套牌的雅马哈大功率二轮摩托车（经过改装），从上海市浦东新区乐园路99号车行出发，行至杨高路、巨峰路路口掉头沿杨高路由北向南行驶，经南浦大桥到陆家浜路下桥，后沿河南南路经复兴东路隧道、张杨路回到张某某住所。全程28.5公里，沿途经过多个公交站点、居民小区、学校和大型超市。在行驶途中，二被告人驾车在密集车流中反复并线、曲折穿插、多次闯红灯、大幅度超速行驶。当行驶至陆家浜路、河南南路路口时，张某某、金某遇执勤民警检查，遂驾车沿河南南路经复兴东路隧道、张杨路逃离。其中，在杨高南路浦建路立交（限速60km/h）张某某行驶速度115km/h、金某行驶速度98km/h；在南浦大桥桥面（限速60km/h）张某某行驶速度108km/h、金某行驶速度108km/h；在南浦大桥陆家浜路引桥下匝道（限速40km/h）张某某行驶速度大于59km/h、金某行驶速度大于68km/h；在复兴东路隧道（限速60km/h）张某某行驶速度102km/h、金某行驶速度99km/h。2012年2月5日21时许，被告人张某某被抓获到案后，如实供述上述事实，并向公安机关提供被告人金某的手机号码。金某接公安机关电话通知后于2月6日21时许主动投案，并如实供述上述事实。

上海市浦东新区人民法院于2013年1月21日作出（2012）浦刑初字第4245号刑事判决：被告人张某某犯危险驾驶罪，判处拘役4个月，缓刑4个月，并处罚金人民币4 000元；被告人金某犯危险驾驶罪，判处拘役3个月，缓刑3个月，并处罚金人民币3 000元。宣判后，二被告人均未上诉，判决已发生法律效力。

法院生效裁判认为：根据《中华人民共和国刑法》第133条之一第1款规定，在道路上驾驶机动车追逐竞驶，情节恶劣的，构成危险驾驶罪。刑法规定的"追逐竞驶"，一般指行为人出于竞技、追求刺激、斗气或者其他动机，二人或二人以上分别驾驶机动车，违反道路交通安全规定，在道路上快速追赶行驶的行为。本案中，从主观驾驶心态上看，二被告人张某某、金某到案后先后供述"心里面想找点享乐和刺激""在道路上穿插、超车、得到心理满足"；在面临红灯时，"刹车不舒服、逢车必超""前方有车就变道曲折行驶再超越"。二被告人上述供述与相关视听资料相互印证，可以反映出其追求刺激、炫耀驾驶技能的竞技心理。从客观行为上看，二被告人驾驶超标大功率的改装摩托车，为追求速度，多次随意变道、闯红灯、大幅超速等严重违章。从行驶路线看，二被告人共同自浦东新区乐园路99号出发，至陆家浜路、河南南路路口接人，约定了竞相行驶的起点和终点。综上，可以认定二被告人的行为属于危险驾驶罪中的"追逐竞驶"。关于本案被告人的行为是否属于"情节恶劣"，应从其追逐竞驶行为的具体表现、危害程度、造成的危害后果等方面，综合分析其对道路交通秩序、不特定多人生命、财产安全威胁的程度是否"恶劣"。本案中，二被告人追逐竞驶行为，虽未造成人员伤亡和财产损失，但从以下情形分析，属于危险驾驶罪中的"情节恶劣"：第一，从驾驶的车辆看，二被告人驾驶的系无牌和套牌的大功率改装摩托车；第二，从行驶速度看，总体驾驶速度很快，多处路段超速达50%以上；第三，从驾驶方式看，反复并线、穿插前车、多次闯红灯行驶；第四，从对待执法的态度看，二被告人在民警盘查时驾车逃离；第五，从行驶路段看，途经的杨高路、张杨路、南浦大桥、复兴东路隧道等均系城市主干道，沿途还有多处学校、公交和地铁站点、居民小区、大型超市等路段，交通流量较大，行驶距离较长，在高速驾驶的刺激心态下和躲避民警盘查的紧张心态下，极易引发重大恶性交通事故。上述行为，给公共交通安全造成一定危险，足以威胁他人生命、财产安全，故可以认定二被告人追逐竞驶的行为属于危险驾驶罪中的"情节恶劣"。被告人张某某到案后如实供述所犯罪行，依法可以从轻处罚。被告人金某投案自首，依法亦可以从轻处罚。鉴于二被告人在庭审中均已认识到行为的违法性及社会危害性，保证不再实施危险驾驶行为，并多次表示认罪悔罪，且其行为尚未造成他人人身、财产损害后果，故依法作出如上判决。

本案的裁判要点指出：（1）机动车驾驶人员出于竞技、追求刺激、斗气或者其他动机，在道路上曲折穿行、快速追赶行驶的，属于《刑法》第133条之一规定的"追逐竞驶"。（2）追逐竞驶虽未造成人员伤亡或财产损失，但综合考虑超过限速、闯红灯、强行超车、抗拒交通执法等严重违反道路交通安全法的行为，足以威胁他人生命、财产安全的，属于危险驾驶罪中"情节恶劣"的情形。

释评

追逐竞驶是我国《刑法》第133条之一规定的危险驾驶罪的行为方式之一，根据本案的裁判要点，在认定追逐竞驶的时候，应当从主观和客观两个方面进行考察：从主观上来说，行为人具有追求刺激、斗气等特定的动机，从而排除因为其他正常原因而实施的追车或者超车等驾驶行为。从客观上来说，行为人不仅有快速、超速行驶的行为，而且还必须有曲折穿行、阻挡其他车辆正常行使等扰乱交通秩序的驾驶行为。

（2）醉酒驾驶。

醉酒驾驶是指在醉酒状态中驾驶机动车。这里的醉酒是指车辆驾驶人员血液中的酒精含量大于或者等于80mg/100ml。

（3）超载或者超速驾驶。

超载或者超速驾驶是指从事校车业务或者旅客运输，严重超过额定乘员载客，或者严重超过规定时速行驶。由此可见，我国刑法并没有将普通的超载或者超速驾驶规定为犯罪，而是将从事校车业务或者旅客运输这种关系到公共安全的超载或者超速驾驶行为，规定为危险驾驶罪。根据我国刑法规定，机动车所有人、管理人对超载或者超速驾驶负有直接责任的，依照本罪处罚。

（4）违反规定运输危险化学品。

违反规定运输危险化学品是指违反危险化学品安全管理规定，运输危险化学品，危及公共安全。我国建立了危险化学品的安全管理制度，制定了管理法规。根据国务院《危险化学品安全管理条例》（以下简称《条例》）第3条的规定，危险化学品是指具有毒害、腐蚀、爆炸、燃烧、助燃等性质，对人体、设施、环境具有危害的剧毒化学品和其他化学品。根据《条例》第43条的规定，我国对危险化学品的运输实行危险货物道路运输许可制度，并对违反规定运输危险化学品的行为规定了治安处罚。根据我国刑法的规定，违反规定运输危险化学品危及公共安全的，构成危险驾驶罪。根据我国刑法规定，机动车所有人、管理人对违反规定运输危险化学品负有直接责任的，依照本罪处罚。

犯罪地点　危险驾驶罪的犯罪地点是在道路上。根据《道路交通安全法》第119条的规定，这里的道路是指公路、城市道路和虽在单位管辖范围但允许社会机动车通行的地方，包括广场、公共停车场等用于公众通行的场所。因此，在上述以外的地方实施危险驾驶行为的，不构成本罪。

2. 罪责

危险驾驶罪的罪责形式是故意。这里的故意，是指明知是危险驾驶行为而有意实施的主观心理状态。

3. 罪量

根据刑法规定，醉酒驾驶和违反规定运输危险化学品，没有情节上的要求，一经查获，即构成本罪。追逐竞驶，情节恶劣的才构成犯罪。追逐竞驶的情节恶劣，应从追逐竞驶的危害程度以及造成的危害后果等方面进行认定。例如追逐竞驶是否超过限定时速以及超过限定时速的幅度；追逐竞驶的车辆数量；追逐竞驶是否在繁忙的道路上等。超载或者超速驾驶都应当达到严重超载或者严重超速程度，才构成犯罪。根据 2015 年公安部《严重超员、严重超速危险驾驶刑事案件立案标准（试行）》[以下简称《立案标准（试行）》]第 1 条的规定，在道路上驾驶机动车从事校车业务或者公路客运、旅游客运、包车客运，有下列严重超过额定乘员载客情形之一的，可以立案侦查：（1）驾驶大型载客汽车，载客超过额定乘员 50％以上或者超过额定乘员 15 人以上的；（2）驾驶中型载客汽车，载客超过额定乘员 80％以上或者超过额定乘员 10 人以上的；（3）驾驶小型、微型载客汽车，载客超过额定乘员 100％以上或者超过额定乘员 7 人以上的。根据《立案标准（试行）》第 2 条的规定，在道路上驾驶机动车从事校车业务或者公路客运、旅游客运、包车客运，有下列严重超过规定时速行驶情形之一的，可以立案侦查：（1）在高速公路、城市快速路上行驶，超过规定时速 50％以上，且行驶时速达到 90 公里以上；（2）在高速公路、城市快速路以外的道路上行驶，超过规定时速 100％以上，且行驶时速达到 60 公里以上的；（3）通过铁路道口、急弯路、窄路、窄桥或者在冰雪、泥泞的道路上行驶，或者掉头、转弯、下陡坡，以及遇雾、雨、雪、沙尘、冰雹等低能见度气象条件时，超过规定时速 50％以上，且行驶时速达到 30 公里以上的；（4）通过傍山险路、连续下坡、连续急弯等事故易发路段，超过规定时速 50％以上，且行驶时速达到 30 公里以上的。

（三）认定

1. 本罪与交通肇事罪的区分

本罪与交通肇事罪是两个不同的犯罪：本罪是行为犯，交通肇事罪是结果犯；本罪是故意犯，交通肇事罪是过失犯。在通常情况下，犯本罪未必一定造成交通肇事后果。但在某些情况下，犯本罪也可能造成交通肇事后果。在这种情况下，发生了本罪与交通肇事罪的竞合。根据《刑法》第 133 条之一第 2 款的规定："有前款行为，同时构成其他犯罪的，依照处罚较重的规定定罪处罚。"本罪与交通肇事罪相比，交通肇事罪处罚较重。因此，在本罪与交通肇事罪竞合的情况下，应当依照《刑法》第 133 条的规定，以交通肇事罪定罪处罚，而行为人醉酒驾驶或者追逐竞驶的行为，应当作为量刑情节予以考虑。

2. 本罪与以危险方法危害公共安全罪的区分

本罪与以危险方法危害公共安全罪的关系较为复杂。根据我国刑法的规定，以危险方法危害公共安全罪可以分为两种情形：《刑法》第114条规定的是以危险方法危害公共安全罪的危险犯；《刑法》第115条规定的是以危险方法危害公共安全罪的实害犯。就本罪与以危险方法危害公共安全罪的关系而言，危险驾驶并不属于以危险方法危害公共安全罪的危险方法。否则，在刑法设立危险驾驶罪之前，对危险驾驶行为就可以按照以危险方法危害公共安全罪论处。但是，如果行为人危险驾驶故意冲撞他人，例如在醉酒状态下驾车故意撞人，尤其是对人群进行冲撞，则即使没有造成重伤、死亡的重大后果，也应当认定为以危险方法危害公共安全罪的危险犯；如果造成重伤、死亡的重大后果，则应当认定为以危险方法危害公共安全罪的实害犯。

此外，2009年9月11日最高人民法院《关于醉酒驾车犯罪法律适用问题的意见》规定："行为人明知酒后驾车违法、醉酒驾车会危害公共安全，却无视法律醉酒驾车，特别是在肇事后继续驾车冲撞，造成重大伤亡，说明行为人主观上对持续发生的危害结果持放任态度，具有危害公共安全的故意。对此类醉酒驾车造成重大伤亡的，应依法以以危险方法危害公共安全罪定罪。"上述情形，是指行为人酒后驾车，甚至醉酒驾车，发生交通事故以后，连续冲撞造成重大伤亡。因此，这是从危险驾驶、交通肇事转化为以危险方法危害公共安全罪。应当注意，《刑法》第115条规定的以危险方法危害公共安全罪最高可判处死刑，属于严重犯罪，入罪时必须严格把握，对行为人被认定为以危险方法危害公共安全罪的，应当适当量刑，罚当其罪。我认为，在入罪的时候，主要应当把握的是发生交通事故以后，连续冲撞造成重大伤亡。这一连续冲撞才是以危险方法危害公共安全罪的行为，也是认定以危险方法危害公共安全罪的关键。

3. 本罪与危险物品肇事罪的区分

根据我国《刑法》第136条的规定，危险物品肇事罪是指违反爆炸性、易燃性、放射性、毒害性、腐蚀性物品的管理规定，在生产、储存、运输、使用中发生重大事故，造成严重后果的行为。危险物品肇事罪的危险物品包含危险化学品，行为包含危险化学品在运输中发生重大事故的情形。因此，本罪中的违反规定运输危险化学品行为与危险物品肇事罪之间的联系较为紧密。从两罪的客观要件来看，违反规定运输危险化学品构成的危险驾驶罪是抽象危险犯，即只要具有违反规定运输危险化学品，危及公共安全的行为即可构成犯罪，并不要求发生严重后果。而危险物品肇事罪是结果犯，只有发生严重后果才构成犯罪。从两罪的主观要件来看，违反规定运输危险化学品构成的危险驾驶罪是故意犯，而危险物品肇事罪是过失犯。据此，可以正确地将两罪加以区分。在违反规定运输危险化学品并造成肇事后果的情况下，应当按照处罚较重的规定处罚。

4. 追逐竞驶与醉酒驾驶的竞合

追逐竞驶与醉酒驾驶是危险驾驶罪的两种行为。如果行为人在醉酒状态下进行追逐竞驶，则同时具备追逐竞驶与醉酒驾驶这两种行为，对此不能实行数罪并罚，而是以一罪论从重处罚。

（四）处罚

根据《刑法》第133条之一［《刑法修正案（八）》第22条］第1款之规定，犯本罪的，处拘役，并处罚金。

从重处罚事由　根据2013年12月18日最高人民法院、最高人民检察院、公安部《关于办理醉酒驾驶机动车刑事案件适用法律若干问题的意见》第2条的规定，醉酒驾驶机动车，具有下列情形之一的，从重处罚：（1）造成交通事故且负事故全部或者主要责任，或者造成交通事故后逃逸，尚未构成其他犯罪的；（2）血液酒精含量达到200mg/100ml以上的；（3）在高速公路、城市快速路上驾驶的；（4）驾驶载有乘客的营运机动车的；（5）有严重超员、超载或者超速驾驶，无驾驶资格驾驶机动车，使用伪造或者变造的机动车牌证等严重违反道路交通安全法的行为的；（6）逃避公安机关依法检查，或者拒绝、阻碍公安机关依法检查尚未构成其他犯罪的；（7）曾因酒后驾驶机动车受过行政处罚或者刑事追究的；（8）其他可以从重处罚的情形。

四十四、妨害安全驾驶罪

（一）概念

妨害安全驾驶罪是指对行驶中的公共交通工具的驾驶人员使用暴力或者抢控驾驶操纵装置，干扰公共交通工具正常行驶，危及公共安全，或者驾驶人员在行使的公共交通工具上擅离职守，与他人互殴或者殴打他人，危及公共安全的行为。

（二）构成

1. 罪体

行为 妨害安全驾驶罪具有以下三种行为：（1）对行驶中的公共交通工具的驾驶人员使用暴力。行使中的公共交通工具的驾驶人员关系到公共交通工具乘载人员的生命安危，保障驾驶人员的人身安全在一定意义上说，就是保障乘载人员的人身安全。在现实生活中，个别犯罪分子为了达到个人目的，例如非正常停车等，对行使中的公共交通工具的驾驶人员进行暴力殴打。这种行为并不仅仅是对驾驶人员的人身侵害行为，而且明显具有侵害公共安全的性质。（2）抢控行驶中的公共交通工具的驾驶操纵装置。这里的抢控行使中的公共交通工具的驾驶操纵装置，对于汽车来说，就是指方向盘。这种抢夺汽车方向盘的案件，在现实生活中是较为常见的。当然，在司法实践中，往往是同时具有对行驶中的公共交通工具的驾驶人员使用暴力和抢夺行驶中的公共交通工具的驾驶操纵装置这两种行为，对此只能按照一罪论处。这里应当指出，抢夺行驶中的公共交通工具的驾驶操纵装置而构成的妨害安全驾驶罪和我国《刑法》第 122 条规定的劫持船只、汽车罪是有所不同的。虽然两罪都包含对公共交通工具驾驶人员使用暴力和抢夺驾驶操纵装置的行为，但两罪的根本区分在丁是否具有控制公共交通工具的主观意图。妨害安全驾驶罪没有这种控制意图，而劫持船只、汽车罪则具有这种控制意图。（3）驾驶人员在行驶的公共交通工具上擅离职守，与他人互殴或者殴打他人，危及公共安全。如果说，上述前两种行为的主体都是公共交通工具的乘载人员，那么，本行为的主体就是公共交通工具的驾驶人员。驾驶人员作为公共交通工具的操纵者，对公共交通工具的乘载人员的安全负有法律义务，因而应当严格遵守驾驶规则。驾驶人员如果违反这种规则，与他人进行互殴，对于乘载人员的安全具有重大的危险性。当然，在司法认定的时候，还要将驾驶人员与他人互殴的行为和因遭受他人突如其来的暴力出于自卫而对他人不法侵害实行反击的行为加以区分。这种反击行为具有职务上的正当防卫的性质，当然，驾驶人员的首要职责还是保障乘载人员的安全。反击也只能在这一前提下进行，如果置乘载人员安全于不顾而反击他人的殴打，也应当承担相应的刑事责任。

2. 罪责

妨害驾驶罪的罪责形式是故意。这里的故意，是指明知是危害驾驶的行为而有意实施的主观心理状态。

（三）处罚

根据《刑法》第 133 条之二［《刑法修正案（十一）》第 2 条］之规定，犯本罪的，处 1 年以下有期徒刑、拘役或者管制，并处或者单处罚金。

四十五、重大责任事故罪

（一）概念

重大责任事故罪是指在生产、作业中违反有关安全管理的规定，因而发生重大伤亡事故或者造成其他严重后果的行为。

（二）构成

1. 罪体

主体　重大责任事故罪的主体是生产、作业人员。根据 2015 年 12 月 14 日最高人民法院、最高人民检察院《关于办理危害生产安全刑事案件适用法律若干问题的解释》[以下简称《解释（八）》]第1条的规定，本罪的主体包括对生产、作业负有组织、指挥或者管理职责的负责人、管理人员、实际控制人、投资人等人员，以及直接从事生产、作业的人员。

行为　重大责任事故罪的行为是违反有关安全管理规定。这里的安全管理规定主要是指以下三种情形：（1）国家颁布的各种有关安全生产的法律、法规等规范性文件。（2）企业、事业单位及其上级管理机关制定的反映安全生产客观规律的各种规章制度，包括工艺技术、生产操作、技术监督、劳动保护、安全管理等方面的规程、规则、章程、条例、办法和制度。（3）虽无明文规定，但反映生产、科研、设计、施工的安全操作客观规律和要求，在生产实践中为职工所公认的行之有效的操作习惯和惯例等。

客体　重大责任事故罪的客体是人身和财产。

结果　重大责任事故罪的结果是发生重大伤亡事故或者造成其他严重后果。

2. 罪责

重大责任事故罪的罪责形式是过失。这里的过失，是指应当预见到自己的行为可能发生重大伤亡事故或者造成其他严重后果，因为疏忽大意而没有预见，或者已经预见而轻信能够避免，以致发生这种结果的主观心理状态。

3. 罪量

重大责任事故罪的罪量要素，根据前引《解释（八）》第6条第1款，是指具有下列情形之一：（1）造成死亡1人以上，或者重伤3人以上的；（2）造成直接经济损失100万元以上的；（3）其他造成严重后果或者重大安全事故的情形。

（三）处罚

根据《刑法》第134条［《刑法修正案（六）》第1条］第1款之规定，犯本罪的，处3年以下有期徒刑或者拘役；情节特别恶劣的，处3年以上7年以下有期徒刑。

加重处罚事由　犯重大责任事故罪而情节特别恶劣的，是本罪的加重处罚事由。这里的情节特别恶劣，根据前引《解释（八）》第7条第1款的规定，是指具有下列情形之一的：（1）造成死亡 3 人以上或者重伤 10 人以上，负事故主要责任的；（2）造成直接经济损失 500 万元以上，负事故主要责任的；（3）其他造成特别严重后果、情节特别恶劣或者后果特别严重的情形。

四十六、强令、组织他人违章冒险作业罪

（一）概念

强令、组织他人违章冒险作业罪是指强令他人违章冒险作业，或者明知存在重大事故隐患而不排除，仍冒险组织作业，因而发生重大伤亡事故或者造成其他严重后果的行为。

（二）构成

1. 罪体

主体　强令、组织他人违章冒险作业罪的主体，是对生产、作业具有组织、指挥或者管理职责的人员。根据前引《解释（八）》第 2 条的规定，本罪的主体包括对生产、作业负有组织、指挥或者管理职责的负责人、管理人员、实际控制人、投资人等人员。

行为　强令、组织他人违章冒险作业罪的行为包括以下两种情形：（1）强令他人违章冒险作业。这里的强令，是指明知违章冒险而安排，甚至强迫他人进行生产作业。违章，是指违反规章制度。（2）组织他人违章冒险作业。这里的组织，是指明知存在重大事故隐患而不排除，仍冒险组织作业。

客体　强令、组织他人违章冒险作业罪的客体是人身和财产。

结果　强令、组织违章冒险作业罪的结果是发生重大伤亡事故或者造成其他严重后果。

2. 罪责

强令、组织他人违章冒险作业罪的罪责形式是过失。这里的过失，是指应当预见到自己的行为可能发生重大伤亡事故或者造成其他严重后果，因为疏忽大意

而没有预见，或者已经预见而轻信能够避免，以致发生这种结果的主观心理状态。尤其应当指出，强令、组织他人违章冒险作业行为本身是故意，但对于发生重大伤亡事故或者造成其他严重后果，则是出于过失心理。由于对发生事故的危险已经有所预见，因而本罪大多是过于自信的过失。

3. 罪量

强令、组织他人违章冒险作业罪的罪量要素，根据前引《解释（八）》第 6 条第 2 款，是指具有下列情形之一：（1）造成死亡 1 人以上，或者重伤 3 人以上的；（2）造成直接经济损失 100 万元以上的；（3）其他造成严重后果或者重大安全事故的情形。

（三）处罚

根据《刑法》第 134 条［《刑法修正案（六）》第 1 条、《刑法修正案（十一）》第 3 条］第 2 款之规定，犯本罪的，处 5 年以下有期徒刑或者拘役；情节特别恶劣的，处 5 年以上有期徒刑。

加重处罚事由 犯强令、组织他人违章冒险作业罪而情节特别恶劣的，是本罪的加重处罚事由。这里的情节特别恶劣，根据前引《解释（八）》第 7 条第 2 款的规定，是指具有下列情形之一：（1）造成死亡 3 人以上或者重伤 10 人以上，负事故主要责任的；（2）造成直接经济损失 500 万元以上，负事故主要责任的；（3）其他造成特别严重后果、情节特别恶劣或者后果特别严重的情形。

四十七、危险作业罪

（一）概念

危险作业罪是指在生产、作业中违反有关安全管理的规定，具有导致重大伤亡事故或者其他严重后果发生的现实危险的行为。

（二）构成

1. 罪体

行为 危险作业罪的行为是在生产、作业中违反有关安全管理的规定，具有导致重大伤亡事故或者其他严重后果发生的现实危险。根据《刑法》第 134 条之一〔《刑法修正案（十一）》第 4 条〕的规定，本罪具有以下三种行为：（1）关闭、破坏直接关系生产安全的监控、报警、防护、救生设备、设施，或者篡改、隐瞒、销毁其相关数据、信息的。这是一种对生产安全条件的破坏行为。无论是生产安全的设备、设施，还是数据、信息，对于保障安全生产具有重要作用。上述对安全生产条件的破坏行为，提升了安全生产事故发生的概率，具有现实危险性。（2）因存在重大事故隐患被依法责令停产停业、停止施工、停止使用有关设备、设施、场所或者立即采取排除危险的整改措施，而拒不执行的。在发现重大事故隐患以后，为了防止事故发生，就要采取相应的停工、停产等整改措施。在现实生活中，往往存在对这些防止事故发生的整改措施拒不执行，结果导致发生重大事故的情形。为了防患于未然，只要对整改措施拒不执行，即使尚未发生重大事故，亦构成本罪。（3）涉及安全生产的事项未经依法批准或者许可，擅自从事矿山开采、金属冶炼、建筑施工，以及危险物品生产、经营、储存等高度危险的生产作业活动的。不同的生产、作业领域，安全程度是有所不同的。某些高度危险的生产作业领域，对安全生产具有更高要求。对此，我国行政机关往往设立行政许可，只有符合一定的条件才能从事某种生产、作业活动。如果未经行政许可从事这种高度危险的生产、作业活动，具有发生重大事故的现实危险。

本罪是具体危险犯。这里的具体危险，是指导致重大伤亡事故或者其他严重后果发生的现实危险。因此，在本罪的认定中，应当考察是否具有导致重大伤亡事故或者其他严重后果发生的现实危险。

2. 罪责

危险作业罪的罪责形式是故意。这里的故意，是指明知是危险作业行为而有意实施的主观心理状态。

（三）处罚

根据《刑法》第 134 条之一〔《刑法修正案（十一）》第 4 条〕之规定，犯本罪的，处 1 年以下有期徒刑、拘役或者管制。

四十八、重大劳动安全事故罪

（一）概念

重大劳动安全事故罪是指安全生产设施或者安全生产条件不符合国家规定，因而发生重大伤亡事故或者造成其他严重后果的行为。

（二）构成

1. 罪体

主体　重大劳动安全事故罪的主体是对安全生产设施或者安全生产条件负有直接责任的人员。根据前引《解释（八）》第 3 条的规定，本罪主体是指对安全生产设施或者安全生产条件不符合国家规定负有直接责任的生产经营单位负责人、管理人员、实际控制人、投资人，以及对安全生产设施或者安全生产条件负有管理、维护职责的人员。

行为　重大劳动安全事故罪的行为是安全生产设施或者安全生产条件不符合国家规定。这里的安全生产设施或者安全生产条件，是指用于保护劳动者人身安全的各种设施和条件。不符合国家规定，是指用人单位提供的安全生产设施或者安全生产条件不符合国家标准。

客体　重大劳动安全事故罪的客体是人身和财产。

结果　重大劳动安全事故罪的结果是重大伤亡事故或者造成其他严重后果。

2. 罪责

重大劳动安全事故罪的罪责形式是过失。这里的过失，是指应当预见到自己的行为可能发生重大伤亡事故或者造成其他严重后果，因为疏忽大意而没有预见或者已经预见而轻信能够避免，以致这种结果发生的主观心理状态。

3. 罪量

重大劳动安全事故罪的罪量要素，根据前引《解释（八）》第 6 条第 1 款，是指具有下列情形之一：（1）造成死亡 1 人以上，或者重伤 3 人以上的；（2）造成直接经济损失 100 万元以上的；（3）其他造成严重后果或者重大安全事故的情形。

（三）处罚

根据《刑法》第 135 条［《刑法修正案（六）》第 2 条］之规定，犯本罪的，处 3 年以下有期徒刑或者拘役；情节特别恶劣的，处 3 年以上 7 年以下有期徒刑。

加重处罚事由　犯重大劳动安全事故罪而情节特别恶劣的，是本罪的加重处罚事由。这里的情节特别恶劣，根据前引《解释（八）》第 7 条第 1 款的规定，是指具有下列情形之一：（1）造成死亡 3 人以上或者重伤 10 人以上，负事故主要责任的；（2）造成直接经济损失 500 万元以上，负事故主要责任的；（3）其他造成特别严重后果、情节特别恶劣或者后果特别严重的情形。

四十九、大型群众性活动重大安全事故罪

（一）概念

大型群众性活动重大安全事故罪是指举办大型群众性活动违反安全管理规定，因而发生重大伤亡事故或者造成其他严重后果的行为。

（二）构成

1. 罪体

主体　大型群众性活动重大安全事故罪的主体是对大型群众性活动的安全直接负责的主管人员和其他直接责任人员。这里的直接负责的主管人员，是指大型群众性活动的筹划者、组织者和举办者。其他直接责任人员，是指对大型群众性活动的安全举行、紧急预案负有具体落实、执行职责的人员。

行为　大型群众性活动重大安全事故罪的行为是违反安全管理规定举办大型群众性活动。这里违反安全管理规定是指违反国家有关部门为保证大型群众性活动安全、顺利举行而制定的管理规定。例如，1999 年 8 月 15 日公安部发布了

《群众性文化体育活动治安管理办法》，该办法第 5 条要求申请举办群众性文化体育活动的公民、法人和其他组织，对活动的具体内容、安全保卫措施承担全部责任，并制定安全保卫工作方案，若违反上述规定的，就属于违反安全管理规定。举办大型群众性活动，是指在公园、风景游览区、游乐园、广场、体育场（馆）、展览馆、俱乐部、公共道路、居民生活区等公共场所举办演唱会、音乐会、游园、灯会、花会、展销会、体育比赛、民间竞技等文艺活动、民间传统活动和群众性体育活动。

结果 大型群众性活动重大安全事故罪的结果是发生重大伤亡事故或者造成其他严重后果。

2. 罪责

大型群众性活动重大安全事故罪的罪责形式是过失。这里的过失，是指应当预见到自己的行为可能发生重大伤亡事故或者造成其他严重后果，因为疏忽大意而没有预见，或者已经预见而轻信能够避免，以致发生这种结果的主观心理状态。

3. 罪量

大型群众性活动重大安全事故罪的罪量要素，根据前引《解释（八）》第 6 条第 1 款，是指具有下列情形之一：（1）造成死亡 1 人以上，或者重伤 3 人以上的；（2）造成直接经济损失 100 万元以上的；（3）其他造成严重后果或者重大安全事故的情形。

（三）处罚

根据《刑法》第 135 条之一［《刑法修正案（六）》第 3 条］之规定，犯本罪的，处 3 年以下有期徒刑或者拘役；情节特别恶劣的，处 3 年以上 7 年以下有期徒刑。

加重处罚事由 犯大型群众性活动重大安全事故罪而情节特别恶劣的，是本罪的加重处罚事由。这里的情节特别恶劣，根据前引《解释（八）》第 7 条第 1 款的规定，是指具有下列情形之一：（1）造成死亡 3 人以上或者重伤 10 人以上，负事故主要责任的；（2）造成直接经济损失 500 万元以上，负事故主要责任的；（3）其他造成特别严重后果、情节特别恶劣或者后果特别严重的情形。

五十、危险物品肇事罪

（一）概念

危险物品肇事罪是指违反爆炸性、易燃性、放射性、毒害性、腐蚀性物品的管理规定，在生产、储存、运输、使用中发生重大事故，造成严重后果的行为。

（二）构成

1. 罪体

行为 危险物品肇事罪的行为是违反爆炸性、易燃性、放射性、毒害性、腐蚀性物品的管理规定，在生产、储存、运输、使用中发生重大事故。

客体 危险物品肇事罪的客体是爆炸性、易燃性、放射性、毒害性、腐蚀性物品。

结果 危险物品肇事罪的结果是造成严重后果。这里的严重后果，是指发生火灾、爆炸、中毒等事故，致使人员伤亡或者公私财产遭受重大损失。

2. 罪责

危险物品肇事罪的罪责形式是过失。这里的过失，是指应当预见自己的行为可能发生重大事故，造成严重后果，因为疏忽大意而没有预见，或者已经预见而轻信能够避免，以致发生这种结果的主观心理状态。

3. 罪量

危险物品肇事罪的罪量要素，根据前引《解释（八）》第 6 条第 1 款，是指具有下列情形之一：（1）造成死亡 1 人以上，或者重伤 3 人以上的；（2）造成直接经济损失 100 万元以上的；（3）其他造成严重后果或者重大安全事故的情形。

（三）处罚

根据《刑法》第 136 条之规定，犯本罪的，处 3 年以下有期徒刑或者拘役；

后果特别严重的，处 3 年以上 7 年以下有期徒刑。

加重处罚事由　犯危险物品肇事罪而后果特别严重的，是本罪的加重处罚事由。这里的后果特别严重，根据前引《解释（八）》第 7 条第 1 款的规定，是指具有下列情形之一：（1）造成死亡 3 人以上或者重伤 10 人以上，负事故主要责任的；（2）造成直接经济损失 500 万元以上，负事故主要责任的；（3）其他造成特别严重后果、情节特别恶劣或者后果特别严重的情形。

五十一、工程重大安全事故罪

（一）概念

工程重大安全事故罪是指建设单位、设计单位、施工单位、工程监理单位违反国家规定，降低工程质量标准，造成重大安全事故的行为。

（二）构成

1. 罪体

主体　工程重大安全事故罪的主体是建设单位、设计单位、施工单位、工程监理单位。因而，本罪是纯正的单位犯罪。

行为　工程重大安全事故罪的行为是违反国家规定，降低工程质量标准。这里的违反国家规定，是指违反国家或者行业管理部门制定的关于建筑工程质量标准的法律规定。降低工程质量标准，是指不按建筑工程质量标准进行设计或者施工，例如提供、使用不合格的建筑材料、建筑配件等。

客体　工程重大安全事故罪的客体是建筑工程。

结果　工程重大安全事故罪的结果是造成重大安全事故。这里的重大安全事故，是指建筑工程交付使用后，由于工程质量不合格，导致建筑工程坍塌、断裂，造成人员伤亡或者使公私财产遭受重大损失。

2. 罪责

工程重大安全事故罪的罪责形式是过失。这里的过失，是指应当预见自己的行为可能造成重大安全事故，因为疏忽大意而没有预见，或者已经预见而轻信能够避免，以致发生这种结果的主观心理状态。

3. 罪量

工程重大安全事故罪的罪量要素，根据前引《解释（八）》第 6 条第 3 款，是指具有下列情形之一：（1）造成死亡 1 人以上，或者重伤 3 人以上的；（2）造成直接经济损失 100 万元以上的；（3）其他造成严重后果或者重大安全事故的情形。

（三）处罚

根据《刑法》第 137 条之规定，犯本罪的，对其直接责任人员，处 5 年以下有期徒刑或者拘役，并处罚金；后果特别严重的，处 5 年以上 10 年以下有期徒刑，并处罚金。

加重处罚事由　犯工程重大安全事故罪而后果特别严重的，是本罪的加重处罚事由。这里的后果特别严重，根据前引《解释（八）》第 7 条第 3 款的规定，是指具有下列情形之一：（1）造成死亡 3 人以上或者重伤 10 人以上，负事故主要责任的；（2）造成直接经济损失 500 万元以上，负事故主要责任的；（3）其他造成特别严重后果、情节特别恶劣或者后果特别严重的情形。

五十二、教育设施重大安全事故罪

（一）概念

教育设施重大安全事故罪是指明知校舍或者教育教学设施有危险，而不采取措施或者不及时报告，致使发生重大伤亡事故的行为。

（二）构成

1. 罪体

行为　教育设施重大安全事故罪的行为是明知校舍或者教育教学设施有危险，而不采取措施或者不及时报告。这里的不采取措施，是指在明知有危险的情

况下，不采取防范措施。不及时报告，是指在明知有危险的情况下，不向有关主
管部门报告。因此，本罪是不作为犯罪。

客体 教育设施重大安全事故罪的客体是校舍或者教育教学设施。这里的校
舍，是指学校的各种建筑，包括教室、学生宿舍、办公楼等。教育教学设施，是
指用于教育教学的各种设施，包括实验设备、体育器械等。

结果 教育设施重大安全事故罪的结果是发生重大伤亡事故。这里的重大伤
亡事故，是指校舍倒塌、教育教学设施毁坏，造成人员伤亡。

2. 罪责

教育设施重大安全事故罪的罪责形式是过失。这里的过失，是指应当预见自
己的行为可能发生重大伤亡事故的结果，因为疏忽大意而没有预见，或者已经预
见而轻信能够避免，以致发生这种结果的主观心理状态。应当指出，《刑法》第
138条虽然规定明知校舍或者教育教学设施有危险，但这里的明知并不表明本罪
的罪责形式是故意。对于发生重大伤亡事故，行为人主观的罪责形式是过失。

3. 罪量

教育设施重大安全事故罪的罪量要素，根据前引《解释（八）》第 6 条第 4
款，是指具有下列情形之一：（1）造成死亡 1 人以上，或者重伤 3 人以上的；
（2）造成直接经济损失 100 万元以上的；（3）其他造成严重后果或者重大安全事
故的情形。

（三）处罚

根据《刑法》第138条之规定，犯本罪的，对直接责任人员，处 3 年以下有
期徒刑或者拘役；后果特别严重的，处 3 年以上 7 年以下有期徒刑。

加重处罚事由 犯教育设施重大安全事故罪而后果特别严重的，是本罪的加
重处罚事由。这里的后果特别严重，根据前引《解释（八）》第 7 条第 4 款的规
定，是指具有下列情形之一：（1）造成死亡 3 人以上或者重伤 10 人以上，负事
故主要责任的；（2）造成直接经济损失 500 万元以上，负事故主要责任的；
（3）其他造成特别严重后果、情节特别恶劣或者后果特别严重的情形。

五十三、消防责任事故罪

（一）概念

消防责任事故罪是指违反消防管理法规，经消防监督机构通知采取改正措施而拒绝执行，造成严重后果的行为。

（二）构成

1. 罪体

行为　消防责任事故罪的行为是违反消防管理法规，经消防监督机构通知采取改正措施而拒绝执行。因此，本罪是不作为犯罪。

客体　消防责任事故罪的客体是消防改正措施。

结果　消防责任事故罪的结果是造成严重后果。这里的造成严重后果，是指导致发生重大火灾，造成人员伤亡，或者使公私财产遭受严重损失等。

2. 罪责

消防责任事故罪的罪责形式是过失。这里的过失，是指应当预见到自己的行为可能造成严重后果，因为疏忽大意而没有预见，或者已经预见而轻信能够避免，以致发生这种结果的主观心理状态。

3. 罪量

消防责任事故罪的罪量要素，根据前引《解释（八）》第 6 条第 1 款，是指具有下列情形之一：（1）造成死亡 1 人以上，或者重伤 3 人以上的；（2）造成直接经济损失 100 万元以上的；（3）其他造成严重后果或者重大安全事故的情形。

（三）处罚

根据《刑法》第 139 条之规定，犯本罪的，对直接责任人员，处 3 年以下有期徒刑或者拘役；后果特别严重的，处 3 年以上 7 年以下有期徒刑。

加重处罚事由　犯消防责任事故罪而后果特别严重的，是本罪的加重处罚事由。这里的后果特别严重，根据前引《解释（八）》第 7 条第 1 款的规定，是指具有下列情形之一：（1）造成死亡 3 人以上或者重伤 10 人以上，负事故主要责任的；（2）造成直接经济损失 500 万元以上，负事故主要责任的；（3）其他造成特别严重后果、情节特别恶劣或者后果特别严重的情形。

五十四、不报、谎报安全事故罪

（一）概念

不报、谎报安全事故罪是指在安全事故发生后，负有报告职责的人员不报或者谎报事故情况，贻误事故抢救，情节严重的行为。

（二）构成

1. 罪体

主体　不报、谎报安全事故罪的主体是负有报告职责的人员。这里的负有报告职责的人员，根据《解释（八）》第 4 条的规定，是指负有组织、指挥或者管理职责的负责人、管理人员、实际控制人、投资人，以及其他负有报告职责的人员。

行为　不报、谎报安全事故罪的行为是指在安全事故发生后，不报、谎报安全事故情况。不报，是指对安全事故情况进行隐瞒，因而也称为瞒报。谎报，是指不按实际情况报告安全事故情况，通常是以多报少。

2. 罪责

不报、谎报安全事故罪的罪责形式是故意。这里的故意，是指明知安全事故已经发生而有意瞒报，或者明知安全事故的实际情况而有意谎报的主观心理状态。

3. 罪量

不报、谎报安全事故罪的罪量要素是贻误抢救，情节严重。因此，在安全事故发生以后，并非只要不报、谎报都一律构成犯罪，只有贻误抢救时机，并且情节严重的才构成犯罪。这里的贻误抢救时机，是指本来能够抢救，从而减少事故损失，由于不报、谎报而未能挽回损失或者扩大损失。这里的情节严重，根据前引《解释（八）》第 8 条第 1 款的规定，是指具有下列情形之一：（1）导致事故后果扩大，增加死亡 1 人以上，或者增加重伤 3 人以上，或者增加直接经济损失 100 万元以上的。（2）实施下列行为之一，致使不能及时有效开展事故抢救的：1）决定不报、迟报、谎报事故情况或者指使、串通有关人员不报、迟报、谎报事故情况的；2）在事故抢救期间擅离职守或者逃匿的；3）伪造、破坏事故现场，或者转移、藏匿、毁灭遇难人员尸体，或者转移、藏匿受伤人员的；4）毁灭、伪造、隐匿与事故有关的图纸、记录、计算机数据等资料以及其他证据的。（3）其他情节严重的情形。

（三）处罚

根据《刑法》第 139 条之一〔《刑法修正案（六）》第 4 条〕之规定，犯本罪的，处 3 年以下有期徒刑或者拘役；情节特别严重的，处 3 年以上 7 年以下有期徒刑。

加重处罚事由　犯不报、谎报安全事故罪而情节特别严重的，是本罪的加重处罚事由。这里的情节特别严重，根据前引《解释（八）》第 8 条第 2 款的规定，是指具有下列情形之一：（1）导致事故后果扩大，增加死亡 3 人以上，或者增加重伤 10 人以上，或者增加直接经济损失 500 万元以上的；（2）采用暴力、胁迫、命令等方式阻止他人报告事故情况，导致事故后果扩大的；（3）其他情节特别严重的情形。

第二十三章

破坏社会主义市场经济秩序罪Ⅰ：
生产、销售伪劣商品罪

第一节　生产、销售伪劣商品罪概述

一、概念

生产、销售伪劣商品罪是指生产者、销售者故意生产、销售各种伪劣商品，情节严重的行为。

二、罪名

生产、销售伪劣商品罪是刑法分则第三章第一节规定之罪，从第 140 条至第 150 条共 11 个条文，规定了 9 个罪名。此外，《刑法修正案（十一）》第 7 条增设了第 142 条之一，补充规定了 1 个罪名。本章共计 10 个罪名。这些罪名是：（1）生产、销售伪劣产品罪；（2）生产、销售、提供假药罪①；（3）生

---

① 最高人民法院、最高人民检察院 2021 年 2 月 26 日《关于执行〈中华人民共和国刑法〉确定罪名的补充规定（七）》取消了生产、销售假药罪，修改为生产、销售、提供假药罪。

产、销售、提供劣药罪①；（4）妨害药品管理罪②；（5）生产、销售不符合安全标准的食品罪③；（6）生产、销售有毒、有害食品罪；（7）生产、销售不符合标准的医用器材罪；（8）生产、销售不符合安全标准的产品罪；（9）生产、销售伪劣农药、兽药、化肥、种子罪；（10）生产、销售不符合卫生标准的化妆品罪。

三、法定刑

生产、销售伪劣商品罪的法定最高刑是死刑，共有 2 个死刑罪名。其他罪名分别规定了无期徒刑、有期徒刑和拘役，全部罪名均规定了罚金，部分罪名规定了没收财产。

第二节　生产、销售伪劣商品罪分述

一、生产、销售伪劣产品罪

（一）概念

生产、销售伪劣产品罪是指生产者、销售者故意在产品中掺杂、掺假，以次充好或者以不合格产品冒充合格产品，销售金额在 5 万元以上的行为。

---

① 最高人民法院、最高人民检察院 2021 年 2 月 26 日《关于执行〈中华人民共和国刑法〉确定罪名的补充规定（七）》取消了生产、销售劣药罪，修改为生产、销售、提供劣药罪。

② 最高人民法院、最高人民检察院 2021 年 2 月 26 日《关于执行〈中华人民共和国刑法〉确定罪名的补充规定（七）》，根据《刑法修正案（十一）》第 7 条的规定，增加妨害药品管理罪。

③ 最高人民法院、最高人民检察院 2011 年 4 月 27 日《关于执行〈中华人民共和国刑法〉确定罪名的补充规定（五）》取消了生产销售不符合卫生标准的食品罪，修改为生产、销售不符合安全标准的食品罪。

（二）构成

1. 罪体

行为　生产、销售伪劣产品罪的行为是在产品中掺杂、掺假，以次充好或者以不合格产品冒充合格产品。因此，生产、销售伪劣产品行为具有以下四种表现形式：（1）掺杂、掺假。这里的掺杂、掺假，是指在产品中掺入杂质或者异物，致使产品质量不符合国家法律、法规或者产品明示质量标准规定的质量要求，降低、失去应有使用性能的行为。（2）以假充真。这里的以假充真，是指以不具有某种使用性能的产品冒充具有该种使用性能的产品的行为。（3）以次充好。这里的以次充好，是指以低等级、低档次产品冒充高等级、高档次产品，或者以残次、废旧零配件组合、拼装后冒充正品或者新产品的行为。（4）以不合格产品冒充合格产品。这里的不合格产品，是指不符合《产品质量法》第26条第2款规定的质量要求的产品。

客体　生产、销售伪劣产品罪的客体是伪劣产品。这里的伪劣产品，是指违反国家关于产品质量的法律规定，质量低劣或者失去使用价值的产品。根据产品质量法的规定，伪劣产品主要包括：（1）不符合保障人体健康，人身、财产安全的国家标准、行业标准的产品；（2）掺杂、掺假，以假充真，以次充好的产品；（3）不合格的产品；（4）失效、变质的产品。

2. 罪责

生产、销售伪劣产品罪的罪责形式是故意。这里的故意，是指明知是伪劣产品而予以生产、销售的主观心理状态。

3. 罪量

生产、销售伪劣产品罪的罪量要素是销售金额5万元以上。这里的销售金额，是指生产者、销售者出售伪劣产品所得和应得的全部违法收入。2001年4月9日最高人民法院、最高人民检察院《关于办理生产、销售伪劣商品刑事案件具体应用法律若干问题的解释》[以下简称《解释（一）》]第2条第4款规定：多次实施生产、销售伪劣产品行为，未经处理的，伪劣产品的销售金额累计计算。此外，《关于公安机关管辖的刑事案件立案追诉标准的规定（一）》[以下简称《立案追诉标准（一）》]第16条规定，生产者、销售者在产品中掺杂、掺假，以假充真，以次充好或者以不合格产品冒充合格产品，涉嫌下列情形之一的，应予立案追诉：（1）伪劣产品销售金额5万元以上的；（2）伪劣产品尚未销售，货值金额15万元以上的；（3）伪劣产品销售金额不满5万元，但将已销售金额乘以3倍后，与尚未销售的伪劣产品货值金额合计15万元以上的。

（三）认定

1. 生产、销售特殊伪劣产品按本罪论处的情形

某些生产、销售特殊伪劣产品的犯罪将对人体健康造成严重危害规定为犯罪的构成要件。因此，对于生产、销售特殊伪劣产品但又不构成这些犯罪的，如果销售金额在5万元以上的，应以生产、销售伪劣产品罪论处。对此，《刑法》第149条第1款规定："生产、销售本节第一百四十一条至第一百四十八条所列产品，不构成各该条规定的犯罪，但是销售金额在五万元以上的，依照本节第一百四十条的规定定罪处罚。"

2. 生产、销售伪劣产品罪的法条竞合

生产、销售伪劣产品罪与生产、销售特殊伪劣产品罪之间是一般犯罪与特殊犯罪的关系。两者之间存在着普通法与特别法的法条竞合关系。在一般情况下，应按照特别法优于普通法的原则以特殊犯罪论处。但在普通法重而特殊法轻的情况下，应按照重法优于轻法的原则以普通犯罪论处。对此，《刑法》第149条第2款规定："生产、销售本节第一百四十一条至第一百四十八条所列产品，构成各该条规定的犯罪，同时又构成本节第一百四十条规定之罪的，依照处罚较重的规定定罪处罚。"

3. 生产、销售伪劣产品罪的未遂

前引《解释（一）》第2条第2款规定："伪劣产品尚未销售，货值金额达到刑法第一百四十条规定的销售金额三倍以上的，以生产、销售伪劣产品罪（未遂）定罪处罚。"由此可见，销售金额是指犯罪既遂以后非法获得的销售数额，

包括生产、销售伪劣产品的成本和利润。但生产、销售伪劣产品罪以销售金额作为罪量要素，并非意味着本罪没有犯罪未遂。根据前引《解释（一）》的规定，尚未销售的货值金额达到《刑法》第 140 条规定的销售金额 3 倍以上的，应以本罪的未遂定罪处罚。这里的货值金额应如何计算？根据前引《解释（一）》第 2 条第 3 款的规定，应以违法生产、销售的伪劣产品的标价计算；没有标价的，按照同类合格产品的市场中间价格计算。货值金额难以确定的，按照国家计划委员会、最高人民法院、最高人民检察院、公安部 1997 年 4 月 22 日联合发布的《扣押、追缴、没收物品估价管理办法》的规定，委托指定的估价机构确定。

4. 生产、销售伪劣产品罪的共犯

前引《解释（一）》第 9 条规定："知道或者应当知道他人实施生产、销售伪劣商品犯罪，而为其提供贷款、资金、账号、发票、证明、许可证件，或者提供生产、经营场所或者运输、仓储、保管、邮寄等便利条件，或者提供制假生产技术的，以生产、销售伪劣商品犯罪的共犯论处。"这里的共犯，主要是生产、销售伪劣产品罪的帮助犯。根据这一规定，帮助犯的构成，主观上对他人生产、销售伪劣商品犯罪，是知道或者应当知道的；客观上为他人生产、销售伪劣商品提供了各种便利条件。

5. 生产、销售伪劣产品罪的想象竞合与牵连

前引《解释（一）》第 10 条规定："实施生产、销售伪劣商品犯罪，同时构成侵犯知识产权、非法经营等其他犯罪的，依照处罚较重的规定定罪处罚。"这是关于生产、销售伪劣产品罪与其他犯罪的想象竞合犯与牵连犯的规定。例如生产、销售伪劣卷烟，卷烟是专卖物品。因此，一行为同时触犯生产、销售伪劣产品罪和非法经营罪，是想象竞合犯。又如生产、销售假冒他人注册商标的伪劣产品，存在两个行为，一是生产、销售伪劣产品行为，二是假冒他人注册商标行为，两个犯罪行为之间存在牵连关系，是牵连犯。

（四）处罚

根据《刑法》第 140 条之规定，犯本罪，销售金额 5 万元以上不满 20 万元

的，处2年以下有期徒刑或者拘役，并处或者单处销售金额50%以上2倍以下罚金；销售金额20万元以上不满50万元的，处2年以上7年以下有期徒刑，并处销售金额50%以上2倍以下罚金；销售金额50万元以上不满200万元的，处7年以上有期徒刑，并处销售金额50%以上2倍以下罚金；销售金额200万元以上的，处15年有期徒刑或者无期徒刑，并处销售金额50%以上2倍以下罚金或者没收财产。《刑法》第150条规定，单位犯本罪的，对单位判处罚金，并对其直接负责的主管人员和其他直接责任人员，依照个人犯罪的规定处罚。

从重处罚事由　前引《解释（一）》第12条规定："国家机关工作人员参与生产、销售伪劣商品犯罪的，从重处罚。"因此，国家机关工作人员参与生产、销售伪劣商品犯罪，是生产、销售伪劣产品罪的从重处罚事由。

数罪并罚　前引《解释（一）》第11条规定："实施刑法第一百四十条至第一百四十八条规定的犯罪，又以暴力、威胁方法抗拒查处，构成其他犯罪的，依照数罪并罚的规定处罚。"因此，以暴力、威胁方法抗拒查处生产、销售伪劣产品的，应构成数罪，即生产、销售伪劣产品罪和妨害公务罪。

二、生产、销售、提供假药罪

（一）概念

生产、销售、提供假药罪是指明知是假药而生产、销售，或者药品使用单位及其工作人员明知是假药而无偿提供给他人使用，危害人体健康的行为。

（二）构成

1. 罪体

行为　生产、销售、提供假药罪的行为是生产、销售、提供假药。本罪可以分为三种行为：

（1）生产假药行为。根据2022年3月4日最高人民法院、最高人民检察院《关于办理危害药品安全刑事案件适用法律若干问题的解释》［以下简称《解释

（二）》〕第 6 条第 1 款的规定，以生产、销售、提供假药为目的，实施下列行为之一的，应当认定为《刑法》第 141 条规定的生产：以生产、销售、提供假药为目的，合成、精制、提取、储存、加工炮制药品原料，或者在将药品原料、辅料、包装材料制成成品过程中，进行配料、混合、制剂、储存、包装的行为。

（2）销售假药行为。根据《解释（二）》第 6 条第 2 款的规定，销售假药是指药品使用单位及其工作人员明知是假药而有偿提供给他人使用的行为。

（3）提供假药行为。根据《解释（二）》第 6 条第 2 款的规定，提供假药是指药品使用单位及其工作人员明知是假药而无偿提供给他人使用的行为。

客体　生产、销售、提供假药罪的客体是假药。这里的假药，是指依照《药品管理法》的规定属于假药和按假药处理的药品、非药品。根据 2019 年修订后的《药品管理法》第 98 条第 2 款的规定，假药包括：（1）药品所含成分与国家药品标准规定的成分不符；（2）以非药品冒充药品或者以他种药品冒充此种药品；（3）变质的药品；（4）药品所标明的适应症或者功能主治超出规定范围。

2. 罪责

生产、销售、提供假药罪的罪责形式是故意。这里的故意，是指明知是假药而生产、销售、提供的主观心理状态。根据《解释（二）》第 10 条的规定，具有下列情形之一的，可以认定行为人具有本罪的主观故意，但有证据证明确实不具有故意的除外：（1）药品价格明显异于市场价格的；（2）向不具有资质的生产者、销售者购买药品，且不能提供合法有效的来历证明的；（3）逃避、抗拒监督检查的；（4）转移、隐匿、销毁涉案药品、进销货记录的；（5）曾因实施危害药品安全违法犯罪行为受过处罚，又实施同类行为的；（6）其他足以认定行为人主观故意的情形。

（三）认定

1. 共犯

根据前引《解释（二）》第 9 条的规定，明知他人生产、销售、提供假药，而有下列情形之一的，以共同犯罪论处：（1）提供资金、贷款、账号、发票、证明、许可证件的；（2）提供生产、经营场所、设备或者运输、储存、保管、邮寄、销售渠道等便利条件的；（3）提供生产技术或者原料、辅料、包装材料、标签、说明书的；（4）提供虚假药物非临床研究报告、药物临床试验报告及相关材料的；（5）提供广告宣传的；（6）提供其他帮助的。这是司法解释关于生产、销售、提供假药罪的共犯的规定，凡是符合上述条件的，应以本罪的共犯论处。

2. 罪数

根据前引《解释（二）》第 11 条的规定，以提供给他人生产、销售、提供药品为目的，违反国家规定，生产、销售不符合药用要求的原料、辅料，符合《刑法》第 140 条规定的，以生产、销售伪劣产品罪从重处罚；同时构成其他犯罪的，依照处罚较重的规定定罪处罚。

3. 不认为是犯罪的情形

根据前引《解释（二）》第 18 条第 1 款的规定，根据民间传统配方私自加工药品或者销售上述药品，数量不大，且未造成他人伤害后果或者延误诊治的，或者不以营利为目的实施带有自救、互助性质的生产、进口、销售药品的行为，不应当认定为犯罪。

（四）处罚

根据《刑法》第 141 条 ［《刑法修正案（八）》第 23 条、《刑法修正案（十一）》第 5 条］ 之规定，犯本罪的，处 3 年以下有期徒刑或者拘役，并处罚金；对人体健康造成严重危害或者有其他严重情节的，处 3 年以上 10 年以下有期徒刑，并处罚金；致人死亡或者有其他特别严重情节的，处 10 年以上有期徒刑、无期徒刑或者死刑，并处罚金或者没收财产。《刑法》第 150 条规定，单位犯本罪的，对单位判处罚金，并对其直接负责的主管人员和其他直接责任人员，依照个人犯罪的规定处罚。

加重处罚事由　犯生产、销售、提供假药罪而对人体健康造成严重危害或者有其他严重情节的，是本罪的加重处罚事由。这里的对人体健康造成严重危害，根据前引《解释（二）》第 2 条的规定，是指具有下列情形之一：（1）造成轻伤或者重伤的；（2）造成轻度残疾或者中度残疾的；（3）造成器官组织损伤导致一般功能障碍或者严重功能障碍的；（4）其他对人体健康造成严重危害的情形。这里的有其他严重情节，根据前引《解释（二）》第3条的规定，是指生产、销售、提供假药，具有下列情形之一：（1）引发较大突发公共卫生事件的；（2）生产、销售、提供假药的金额20万元以上不满50万元的；（3）生产、销售、提供假药的金额10万元以上不满20万元，并具有本解释第1条规定情形之一的；（4）根据生产、销售、提供的时间、数量、假药种类、对人体健康危害程度等，应当认定为情节严重的。

特别加重处罚事由　犯生产、销售、提供假药罪而致人死亡或者有其他特别严重情节的，是本罪的特别加重事由。这里的特别严重情节，根据前引《解释（二）》第4条的规定，是指生产、销售、提供假药，具有下列情形之一：（1）致人重度残疾以上的；（2）造成3人以上重伤、中度残疾或者器官组织损伤导致严重功能障碍的；（3）造成5人以上轻度残疾或者器官组织损伤导致一般功能障碍的；（4）造成10人以上轻伤的；（5）引发重大、特别重大突发公共卫生事件的；（6）生产、销售、提供假药的金额50万元以上的；（7）生产、销售、提供假药的金额20万元以上不满50万元，并具有本解释第1条规定情形之一的；（8）根据生产、销售、提供的时间、数量、假药种类、对人体健康危害程度等，应当认定为情节特别严重的。

从重处罚事由　根据前引《解释（二）》第1条的规定，生产、销售、提供假药，具有下列情形之一的，应当酌情从重处罚：（1）涉案药品以孕产妇、儿童或者危重病人为主要使用对象的；（2）涉案药品属于麻醉药品、精神药品、医疗用毒性药品、放射性药品、生物制品，或者以药品类易制毒化学品冒充其他药品的；（3）涉案药品属于注射剂药品、急救药品的；（4）涉案药品系用于应对自然灾害、事故灾难、公共卫生事件、社会安全事件等突发事件的；（5）药品使用单位及其工作人员生产、销售假药的；（6）其他应当酌情从重处罚的情形。

三、生产、销售、提供劣药罪

（一）概念

生产、销售、提供劣药罪是指明知是劣药而生产、销售，或者药品使用单位及其工作人员明知是劣药而无偿提供给他人使用，对人体健康造成严重危害的行为。

（二）构成

1. 罪体

行为　生产、销售、提供劣药罪的行为是生产、销售、提供劣药。本罪可以分为以下三种行为：

（1）生产劣药行为。根据《解释（二）》第6条第1款的规定，以生产、销售、提供劣药为目的，实施下列行为之一的，应当认定为《刑法》第142条规定的生产：以生产、销售、提供劣药为目的，合成、精制、提取、储存、加工炮制药品原料，或者在将药品原料、辅料、包装材料制成成品过程中，进行配料、混合、制剂、储存、包装的行为。

（2）销售劣药行为。根据《解释（二）》第6条第2款的规定，销售劣药是指药品使用单位及其工作人员明知是劣药而有偿提供给他人使用的行为。

（3）提供劣药行为。根据《解释（二）》第6条第2款的规定，提供劣药是指药品使用单位及其工作人员明知是劣药而无偿提供给他人使用的行为。

客体　生产、销售、提供劣药罪的客体是劣药。这里的劣药，根据2019年修订后的《药品管理法》第98条第3款的规定，是指：（1）药品成分的含量不符合国家药品标准；（2）被污染的药品；（3）未标明或者更改有效期的药品；（4）未注明或者更改产品批号的药品；（5）超过有效期的药品；（6）擅自添加防腐剂、辅料的药品；（7）其他不符合药品标准的药品。

2. 罪责

生产、销售、提供劣药罪的罪责形式是故意。这里的故意，是指明知是劣药而生产、销售、提供的主观心理状态。根据《解释（二）》第10条的规定，具有下列情形之一的，可以认定行为人具有本罪的主观故意，但有证据证明确实不具有故意的除外：（1）药品价格明显异于市场价格的；（2）向不具有资质的生产者、销售者购买药品，且不能提供合法有效的来历证明的；（3）逃避、抗拒监督检查的；（4）转移、隐匿、销毁涉案药品、进销货记录的；（5）曾因实施危害药品安全违法犯罪行为受过处罚，又实施同类行为的；（6）其他足以认定行为人主观故意的情形。

3. 罪量

生产、销售、提供劣药罪的罪量要素是对人体健康造成严重危害。这里的对人体健康造成严重危害，根据前引《解释（二）》第5条第2款的规定，是指具有本解释第2条规定情形之一：（1）造成轻伤或者重伤的；（2）造成轻度残疾或者中度残疾的；（3）造成器官组织损伤导致一般功能障碍或者严重功能障碍的；（4）其他对人体健康造成严重危害的情形。

（三）认定

1. 共犯

根据前引《解释（二）》第9条的规定，明知他人生产、销售、提供劣药，而有下列情形之一的，以共同犯罪论处：（1）提供资金、贷款、账号、发票、证明、许可证件的；（2）提供生产、经营场所、设备或者运输、储存、保管、邮寄、销售渠道等便利条件的；（3）提供生产技术或者原料、辅料、包装材料、标签、说明书的；（4）提供虚假药物非临床研究报告、药物临床试验报告及相关材料的；（5）提供广告宣传的；（6）提供其他帮助。这是司法解释关于生产、销售、提供劣药罪的共犯的规定。凡是符合上述条件的，应以本罪的共犯论处。

2. 罪数

根据前引《解释（二）》第11条的规定，以提供给他人生产、销售、提供药品为目的，违反国家规定，生产、销售不符合药用要求的原料、辅料，符合《刑法》第140条规定的，以生产、销售伪劣产品罪从重处罚；同时构成其他犯罪的，依照处罚较重的规定定罪处罚。

（四）处罚

根据《刑法》第 142 条〔《刑法修正案（十一）第 6 条》〕之规定，犯本罪的，处 3 年以上 10 年以下有期徒刑，并处罚金；后果特别严重的，处 10 年以上有期徒刑或者无期徒刑，并处罚金或者没收财产。《刑法》第 150 条规定，单位犯本罪的，对单位判处罚金，并对其直接负责的主管人员和其他直接责任人员依照个人犯罪的规定处罚。

加重处罚事由　犯生产、销售、提供劣药罪而后果特别严重的，是本罪的加重处罚事由。根据前引《解释（二）》第 5 条第 3 款的规定，生产、销售、提供劣药，致人死亡，或者具有本解释第 4 条第 1 项至第 5 项规定情形之一的，应当认定为《刑法》第 142 条规定的"后果特别严重"，即（1）致人重度残疾以上的；（2）造成 3 人以上重伤、中度残疾或者器官组织损伤导致严重功能障碍的；（3）造成 5 人以上轻度残疾或者器官组织损伤导致一般功能障碍的；（4）造成 10 人以上轻伤的；（5）引发重大、特别重大突发公共卫生事件的。

从重处罚事由　根据前引《解释（二）》第 5 条第 1 款的规定，生产、销售、提供劣药，具有本解释第 1 条规定情形之一的，应当酌情从重处罚，即具有下列情形之一：（1）涉案药品以孕产妇、儿童或者危重病人为主要使用对象的；（2）涉案药品属于麻醉药品、精神药品、医疗用毒性药品、放射性药品、生物制品，或者以药品类易制毒化学品冒充其他药品的；（3）涉案药品属于注射剂药品、急救药品的；（4）涉案药品系用于应对自然灾害、事故灾难、公共卫生事件、社会安全事件等突发事件的；（5）药品使用单位及其工作人员生产、销售假药的；（6）其他应当酌情从重处罚的情形。

四、妨害药品管理罪

（一）概念

妨害药品管理罪是指违反药品管理法规，实施妨害药品管理行为，足以严重危害人体健康的行为。

（二）构成

1. 罪体

行为　妨害药品管理罪的行为是《刑法》第 142 条之一规定的下列四种情形：（1）生产、销售国务院药品监督管理部门禁止使用的药品的。药品关系到人民群众的生命安全和身体健康，因此国家药品监督管理部门对药品的使用情况具有监督义务。如果发现危害生命安全和身体健康的药品，就应当及时发布行政命令，禁止继续使用。这是药品监督管理部门对药品的一种事后监督管理方式，对于保障药品安全使用具有重要意义。在通常情况下，国家药品监督管理部门采取公告方式宣布禁止使用的药品名录。例如，国家药品监督管理局发布《关于停止生产销售吡硫醇注射剂的公告》（2018 年第 99 号），明令停止生产、销售、使用吡硫醇注射剂。如果违反公告，继续生产、销售吡硫醇注射剂，则属于上述妨害药品管理行为。这里应当指出，国家禁止使用的药品与限制使用的药品是不同的。限制使用的药品是对特定人群或者以特定方式使用。如果违反规定使用限制使用的药品，则只是一种行政违法行为。（2）未取得药品相关批准证明文件生产、进口药品或者明知是上述药品而销售的。《刑法》第 142 条之一将未经批准而生产、进口，以及明知是上述药品而销售的行为规定为妨害药品管理罪。因此，本项犯罪包括三种情形：1）未取得药品相关批准证明文件生产药品。我国对药品生产实行行政许可制度，《药品管理法》第 41 条规定："从事药品生产活动，应当经所在地省、自治区、直辖市人民政府药品监督管理部门批准，取得药品生产许可证。无药品生产许可证的，不得生产药品"。因此，未取得药品相关批准证明文件生产药品是违反行政许可而构成犯罪的行为。2）未取得药品相关批准证明文件进口药品。我国《药品管理法》第 24 条规定："在中国境内上市的药品，应当经国务院药品监督管理部门批准，取得药品注册证书。"由此可见，国外生产的药品和国内生产的药品一样，如果在我国境内销售，都统一实行行政许可制度。同时，我国还对国外药品进口实行通关备案制度，《药品管理法》第

64 条规定："药品应当从允许药品进口的口岸进口，并由进口药品的企业向口岸所在地药品监督管理部门备案。海关凭药品监督管理部门出具的进口药品通关单办理通关手续。无进口药品通关单的，海关不得放行"。如果未经备案获得合法通关手续而进口药品的，不可能获得行政许可。因此，未取得药品相关批准证明文件进口药品行为应当以本罪论处。3）明知是未取得药品相关批准证明文件生产、进口药品而销售。前两种行为是生产和进口，而本行为则是销售。此种销售行为构成本罪，行为人主观上应当具有明知。这里的明知既可以是知道，也可以是可能知道。其中，知道是具有证据证明的主观明知；而可能知道则是推定的主观明知。（3）药品申请注册中提供虚假的证明、数据、资料、样品或者采取其他欺骗手段的。如前所述，我国对药品生产实行行政许可制度，这种行政许可应当建立在真实的证明、数据、资料、样品的基础之上。《药品管理法》第 24 条第 2 款规定："申请药品注册，应当提供真实、充分、可靠的数据、资料和样品，证明药品的安全性、有效性和质量可控性。"本项所规定的药品申请注册中提供虚假的证明、数据、资料、样品或者采取其他欺骗手段的行为，实际上是一种骗取药品注册行政许可的行为。（4）编造生产、检验记录的。药品不同于其他产品，它直接关系到人体健康，因此，我国对药品研制、生产、经营和使用建立了全流程的监督检查制度。《药品管理法》第 99 条第 1 款规定："药品监督管理部门应当依照法律、法规的规定对药品研制、生产、经营和药品使用单位使用药品等活动进行监督检查，必要时可以对为药品研制、生产、经营、使用提供产品或者服务的单位和个人进行延伸检查，有关单位和个人应当予以配合，不得拒绝和隐瞒"。其中，药品生产、检验记录是药品监督检查的重点。对此，《药品管理法》第 44 条第 1 款规定："药品应当按照国家药品标准和经药品监督管理部门核准的生产工艺进行生产。生产、检验记录应当完整准确，不得编造。"违反药品管理法规，编造药品生产、检验记录的行为构成妨害药品管理罪。

2. 罪责

妨害药品管理罪的罪责形式是故意。这里的故意，是指明知是妨害药品管理行为而实施的主观心理状态。根据《解释（二）》第 10 条的规定，具有下列情形之一的，可以认定行为人具有本罪的主观故意，但有证据证明确实不具有故意的除外：（1）药品价格明显异于市场价格的；（2）向不具有资质的生产者、销售者购买药品，且不能提供合法有效的来历证明的；（3）逃避、抗拒监督检查的；（4）转移、隐匿、销毁涉案药品、进销货记录的；（5）曾因实施危害药品安全违法犯罪行为受过处罚，又实施同类行为的；（6）其他足以认定行为人主观故意的情形。

（三）认定

共犯　根据前引《解释（二）》第 9 条的规定，明知是妨害药品管理行为而有下列情形之一的，以共同犯罪论处：（1）提供资金、贷款、账号、发票、证明、许可证件的；（2）提供生产、经营场所、设备或者运输、储存、保管、邮寄、销售渠道等便利条件的；（3）提供生产技术或者原料、辅料、包装材料、标签、说明书的；（4）提供虚假药物非临床研究报告、药物临床试验报告及相关材料的；（5）提供广告宣传的；（6）提供其他帮助。这是司法解释关于生产、销售、提供劣药罪的共犯的规定。凡是符合上述条件的，应以本罪的共犯论处。

数罪并罚　根据前引《解释（二）》第 8 条第 3 款的规定，实施妨害药品管理的行为，同时又构成生产、销售、提供假药罪、生产、销售、提供劣药罪或者其他犯罪的，依照处罚较重的规定定罪处罚。

（四）处罚

根据《刑法》第 142 条之一〔《刑法修正案（十一）》第 7 条〕的规定，犯本罪，足以严重危害人体健康的，处 3 年以下有期徒刑或者拘役，并处或者单处罚金；对人体健康造成严重危害或者有其他严重情节的，处 3 年以上 7 年以下有期徒刑，并处罚金。

危险犯　犯妨害药品管理罪而足以严重危害人体健康的，是本罪的危险犯。这里的危险犯是指具体危险犯，即在实施了本罪四种妨害药品管理行为的同时，还需要具体考察这些行为是否足以严重危害人体健康。如果虽然实施了妨害药品管理行为，但不足以严重危害人体健康的，则不构成本罪。这里的足以严重危害人体健康，根据《解释（二）》第 7 条规定，实施妨害药品管理的行为，具有下列情形之一的，应当认定为《刑法》第 142 条之一规定的足以严重危害人体健康：（1）生产、销售国务院药品监督管理部门禁止使用的药品，综合生产、销售的时间、数量、禁止使用原因等情节，认为具有严重危害人体健康的现实危险的；（2）未取得药品相关批准证明文件生产药品或者明知是上述药品而销售，涉案药品属于本解释第 1 条第 1 项至第 3 项规定情形的；（3）未取得药品相关批准证明文件生产药品或者明知是上述药品而销售，涉案药品的适应症、功能主治或者成分不明的；（4）未取得药品相关批准证明文件生产药品或者明知是上述药品而销售，涉案药品没有国家药品标准，且无核准的药品质量标准，但检出化学药成分的；（5）未取得药品相关批准证明文件进口药品或者明知是上述药品而销售，涉案药品在境外也未合法上市的；（6）在药物非临床研究或者药物临床试验过程中故意使用虚假试验用药品，或者瞒报与药物临床试验用药品相关的严重不良事件的；（7）故意损毁原始药物非临床研究数据或者药物临床试验数据，或者编造受试动物信息、受试者信息、主要试验过程记录、研究数据、检测数据等药物非临床研究数据或者药物临床试验数据，影响药品的安全性、有效性和质量可控性的；（8）编造生产、检验记录，影响药品的安全性、有效性和质量可控性的；（9）其他足以严重危害人体健康的情形。对于涉案药品是否在境外合法上市，应当根据境外药品监督管理部门或者权利人的证明等证据，结合犯罪嫌疑人、被告人及其辩护人提供的证据材料综合审查，依法作出认定。对于足以严重危害人体健康难以确定的，根据地市级以上药品监督管理部门出具的认定意见，结合其他证据作出认定。

实害犯　犯妨害药品管理罪而对人体健康造成严重危害或者有其他严重情节的，是本罪的实害犯。根据《解释（二）》第 8 条的规定，实施妨害药品管理的行为，具有《解释（二）》第 2 条规定情形之一的，即（1）造成轻伤或者重伤的；（2）造成轻度残疾或者中度残疾的；（3）造成器官组织损伤导致一般功能障碍或者严重功能障碍的；（4）其他对人体健康造成严重危害的情形，应当认定为

《刑法》第142条之一规定的对人体健康造成严重危害。实施妨害药品管理的行为，足以严重危害人体健康，并具有下列情形之一的，应当认定为《刑法》第142条之一规定的有其他严重情节：（1）生产、销售国务院药品监督管理部门禁止使用的药品，生产、销售的金额50万元以上的；（2）未取得药品相关批准证明文件生产、进口药品或者明知是上述药品而销售，生产、销售的金额50万元以上的；（3）药品申请注册中提供虚假的证明、数据、资料、样品或者采取其他欺骗手段，造成严重后果的；（4）编造生产、检验记录，造成严重后果的；（5）造成恶劣社会影响或者具有其他严重情节的情形。

五、生产、销售不符合安全标准的食品罪

（一）概念

生产、销售不符合安全标准的食品罪是指生产、销售不符合安全标准的食品足以造成严重食物中毒事故或者其他严重食源性疾病的行为。

（二）构成

1. 罪体

行为 生产、销售不符合安全标准的食品罪的行为是生产、销售不符合安全标准的食品。

客体 生产、销售不符合安全标准的食品罪的客体是不符合安全标准的食品。这里的食品，是指各种供人食用或者饮用的成品和原料以及按照传统既是食品又是药品的物品，但是不包括以治疗为目的的物品。根据2021年4月29日修正的《食品安全法》第34条规定，禁止生产经营下列食品、食品添加剂、食品相关产品：（1）用非食品原料生产的食品或者添加食品添加剂以外的化学物质和其他可能危害人体健康物质的食品，或者用回收食品作为原料生产的食品；（2）致病性微生物、农药残留、兽药残留、生物毒素、重金属等污染物质以及其他危害人体健康的物质含量超过食品安全标准限量的食品、食品添加剂、食品相

关产品；（3）用超过保质期的食品原料、食品添加剂生产的食品、食品添加剂；（4）超范围、超限量使用食品添加剂的食品；（5）营养成分不符合食品安全标准的专供婴幼儿和其他特定人群的主辅食品；（6）腐败变质、油脂酸败、霉变生虫、污秽不洁、混有异物、掺假掺杂或者感官性状异常的食品、食品添加剂；（7）病死、毒死或者死因不明的禽、畜、兽、水产动物肉类及其制品；（8）未按规定进行检疫或者检疫不合格的肉类，或者未经检验或者检验不合格的肉类制品；（9）被包装材料、容器、运输工具等污染的食品、食品添加剂；（10）标注虚假生产日期、保质期或者超过保质期的食品、食品添加剂；（11）无标签的预包装食品、食品添加剂；（12）国家为防病等特殊需要明令禁止生产经营的食品；（13）其他不符合法律、法规或者食品安全标准的食品、食品添加剂、食品相关产品。上述法律禁止生产经营的食品，就是不符合安全标准的食品，构成本罪的客体。此外，2021年12月30日最高人民法院、最高人民检察院《关于办理危害食品安全刑事案件适用法律若干问题的解释》［以下简称《解释（三）》］第5条规定，以下两种行为应以生产、销售不符合安全标准的食品罪论处：（1）在食品生产、销售、运输、贮存等过程中，违反食品安全标准，超限量或者超范围滥用食品添加剂，足以造成严重食物中毒事故或者其他严重食源性疾病的，依照《刑法》第143条的规定以生产、销售不符合安全标准的食品罪定罪处罚。（2）在食用农产品种植、养殖、销售、运输、贮存等过程中，违反食品安全标准，超限量或者超范围滥用添加剂、农药、兽药等，足以造成严重食物中毒事故或者其他严重食源性疾病的，适用前款的规定定罪处罚。

2. 罪责

生产、销售不符合安全标准的食品罪的罪责形式是故意。这里的故意，是指明知是不符合安全标准的食品而生产、销售的主观心理状态。

（三）认定

1. 共犯

根据前引《解释（三）》第14条的规定，明知他人生产、销售不符合食品安全标准的食品，具有下列情形之一的，以生产、销售不符合安全标准的食品罪的共犯论处：（1）提供资金、贷款、账号、发票、证明、许可证件的；（2）提供生产、经营场所或者运输、贮存、保管、邮寄、销售渠道等便利条件的；（3）提供生产技术或者食品原料、食品添加剂、食品相关产品或者有毒、有害的非食品原料的；（4）提供广告宣传的；（5）提供其他帮助行为的。这是司法解释关于生产、销售不符合安全标准的食品罪的共犯的规定，凡是符合上述条件的，应以本罪的共犯论处。

2. 罪数

犯生产、销售不符合安全标准的食品罪，可能会与其他罪名发生竞合。对此，前引《解释（三）》第 13 条第 1 款规定，生产、销售不符合食品安全标准的食品，符合《刑法》第 143 条规定的，以生产、销售不符合安全标准的食品罪定罪处罚。同时构成其他犯罪的，依照处罚较重的规定定罪处罚。

（四）处罚

根据《刑法》第 143 条［《刑法修正案（八）》第 24 条］之规定，犯本罪，足以造成严重食物中毒事故或者其他严重食源性疾患的，处 3 年以下有期徒刑或者拘役，并处罚金；对人体健康造成严重危害或者有其他严重情节的，处 3 年以上 7 年以下有期徒刑，并处罚金；后果特别严重的，处 7 年以上有期徒刑或者无期徒刑，并处罚金或者没收财产。《刑法》第 150 条规定，单位犯本罪的，对单位判处罚金，并对其直接负责的主管人员和其他直接责任人员，依照个人犯罪的规定处罚。根据前引《解释（三）》第 21 条的规定，犯生产、销售不符合安全标准的食品罪，一般应当依法判处生产、销售金额 2 倍以上的罚金。前引《解释（三）》第 22 条还规定，犯生产、销售不符合安全标准的食品罪，适用缓刑的，应当同时宣告禁止令，禁止其在缓刑考验期限内从事食品生产、销售及相关活动。

危险犯 犯生产、销售不符合安全标准的食品罪而足以造成严重食物中毒或者其他严重食源性疾患的，是本罪的危险犯。这里的足以造成严重食物中毒或者其他严重食源性疾患，根据《解释（三）》第1条的规定，是指具有下列情形之一：（1）含有严重超出标准限量的致病性微生物、农药残留、兽药残留、生物毒素、重金属等污染物质以及其他严重危害人体健康的物质的；（2）属于病死、死因不明或者检验检疫不合格的畜、禽、兽、水产动物肉类及其制品的；（3）属于国家为防控疾病等特殊需要明令禁止生产、销售的；（4）特殊医学用途配方食品、专供婴幼儿的主辅食品营养成分严重不符合食品安全标准的；（5）其他足以造成严重食物中毒事故或者严重食源性疾病的情形。

实害犯　犯生产、销售不符合安全标准的食品罪而对人体健康造成严重危害或者有其他严重情节的，是本罪的实害犯。这里的对人体健康造成严重危害，根据《解释（三）》第2条的规定，是指具有下列情形之一：（1）造成轻伤以上伤害的；（2）造成轻度残疾或者中度残疾的；（3）造成器官组织损伤导致一般功能障碍或者严重功能障碍的；（4）造成10人以上严重食物中毒或者其他严重食源性疾病的；（5）其他对人体健康造成严重危害的情形。这里的"其他严重情节"，根据《解释（三）》第3条的规定，是指具有下列情形之一：（1）生产、销售金额20万元以上的；（2）生产、销售金额10万元以上不满20万元，不符合食品安全标准的食品数量较大或者生产、销售持续时间6个月以上的；（3）生产、销售金额10万元以上不满20万元，属于特殊医学用途配方食品、专供婴幼儿的主辅食品的；（4）生产、销售金额10万元以上不满20万元，且在中小学校园、托幼机构、养老机构及周边面向未成年人、老年人销售的；（5）生产、销售金额10万元以上不满20万元，曾因危害食品安全犯罪受过刑事处罚或者2年内因危害食品安全违法行为受过行政处罚的；（6）其他情节严重的情形。

加重处罚事由　犯生产、销售不符合安全标准的食品罪而后果特别严重的，是本罪的加重处罚事由。这里的后果特别严重，根据前引《解释（三）》第4条的规定，是指具有下列情形之一：（1）致人死亡的；（2）造成重度残疾以上的；（3）造成3人以上重伤、中度残疾或者器官组织损伤导致严重功能障碍的；（4）造成10人以上轻伤、5人以上轻度残疾或者器官组织损伤导致一般功能障碍的；（5）造成 30 人以上严重食物中毒或者其他严重食源性疾病的；（6）其他特别严重的后果。

六、生产、销售有毒、有害食品罪

（一）概念

生产、销售有毒、有害食品罪是指故意在生产、销售的食品中掺入有毒、有害的非食品原料或者销售明知掺有有毒、有害的非食品原料的食品的行为。

（二）构成

1. 罪体

行为　生产、销售有毒、有害食品罪的行为是故意在生产、销售的食品中掺入有毒、有害的非食品原料，或者销售明知掺有有毒、有害的非食品原料的食品。根据前引《解释（三）》第 5 条规定，以下两种行为应以生产、销售有毒、有害食品罪论处：（1）在食品生产、销售、运输、贮存等过程中，违反食品安全标准，超限量或者超范围滥用食品添加剂，足以造成严重食物中毒事故或者其他严重食源性疾病的；（2）在食用农产品种植、养殖、销售、运输、贮存等过程中，违反食品安全标准，超限量或者超范围滥用添加剂、农药、兽药等，足以造成严重食物中毒事故或者其他严重食源性疾病的。

客体　生产、销售有毒、有害食品罪的客体是有毒、有害食品。这里的有毒、有害食品，是指掺入对人体具有生理毒性，食用后会引起不良反应，损害肌体健康的不能食用的有毒、有害的非食品原料的食品。前引《解释（三）》第 9 条将下列物质规定为有毒、有害的非食品原料：（1）因危害人体健康，被法律、法规禁止在食品生产经营活动中添加、使用的物质；（2）因危害人体健康，被国务院有关部门列入《食品中可能违法添加的非食用物质名单》《保健食品中可能非法添加的物质名单》和国务院有关部门公告的禁用农药、《食品动物中禁止使用的药品及其他化合物清单》等名单上的物质；（3）其他有毒、有害的物质。

案例 23-1 　北京阳光一佰生物技术开发有限公司、
习文有等生产、销售有毒、有害食品案

（法例第 70 号）

被告人习文有于 2001 年注册成立了北京阳光一佰生物技术开发有限公司（以下简称"阳光一佰公司"），其系公司的实际生产经营负责人。2010 年以来，被告单位阳光一佰公司从被告人谭国民处以 600 元/公斤的价格购进生产保健食品的原料，该原料系被告人谭国民从被告人尹立新处以 2 500 元/公斤的价格购进后进行加工，阳光一佰公司购进原料后加工制作成用于辅助降血糖的保健食品阳光一佰牌山芪参胶囊，以每盒 100 元左右的价格销售至扬州市广陵区金福海保健品店及全国多个地区。被告人杨立峰具体负责生产，被告人钟立檬、王海龙负责销售。2012 年 5 月至 9 月，销往上海、湖南、北京等地的山芪参胶囊分别被检测出含有盐酸丁二胍，食品药品监督管理部门将检测结果告知阳光一佰公司及习文有。被告人习文有在得知检测结果后随即告知被告人谭国民、尹立新，被告人习文有明知其所生产、销售的保健品中含有盐酸丁二胍后，仍然继续向被告人谭国民、尹立新购买原料，组织杨立峰、钟立檬、王海龙等人生产山芪参胶囊并销售。被告人谭国民、尹立新在得知检测结果后继续向被告人习文有销售该原料。

盐酸丁二胍是丁二胍的盐酸盐。目前盐酸丁二胍未获得国务院药品监督管理部门批准生产或进口，不得作为药物在我国生产、销售和使用。扬州大学医学院葛晓群教授出具的专家意见和南京医科大学司法鉴定所的鉴定意见证明：盐酸丁二胍具有降低血糖的作用，很早就撤出我国市场，长期使用添加盐酸丁二胍的保健食品可能对机体产生不良影响，甚至危及生命。

从 2012 年 8 月底至 2013 年 1 月案发，阳光一佰公司生产、销售金额达 800 余万元。其中，习文有、尹立新、谭国民参与生产、销售的含有盐酸丁二胍的山芪参胶囊金额达 800 余万元；杨立峰参与生产的含有盐酸丁二胍的山芪参胶囊金额达 800 余万元；钟立檬、王海龙参与销售的含有盐酸丁二胍的山芪参胶囊金额达 40 余万元。尹立新、谭国民与阳光一佰公司共同故意实施犯罪，系共同犯罪，尹立新、谭国民系提供有毒、有害原料用于生产、销售有毒、有害食品的帮助犯,其在共同犯罪中均系从犯。习文有与杨立峰、钟立檬、王海龙共同故意实施犯罪,系共同犯罪,杨立峰、钟立檬、王海龙系受习文有指使实施生产、销售有毒、有害食品的犯罪行为,均系从犯。习文有在共同犯罪中起主要作用,系主犯。杨立峰、谭国民犯罪后主动投案,并如实供述犯罪事实,系自首,当庭自愿认罪。习文有、尹立新、王海龙归案后如实供述犯罪事实,当庭自愿认罪。钟立檬归案后如实供述部分犯罪事实,当庭对部分犯罪事实自愿认罪。

江苏省扬州市广陵区人民法院于 2014 年 1 月 10 日作出(2013)扬广刑初字第 0330 号刑事判决:被告单位北京阳光一佰生物技术开发有限公司犯生产、销售有毒、有害食品罪,判处罚金人民币 1 500 万元;被告人习文有犯生产、销售有毒、有害食品罪,判处有期徒刑 15 年,剥夺政治权利 3 年,并处罚金人民币 900 万元;被告人尹立新犯生产、销售有毒、有害食品罪,判处有期徒刑 12 年,剥夺政治权利 2 年,并处罚金人民币 100 万元;被告人谭国民犯生产、销售有毒、有害食品罪,判处有期徒刑 11 年,剥夺政治权利 2 年,并处罚金人民币 100 万元;被告人杨立峰犯生产有毒、有害食品罪,判处有期徒刑 5 年,并处罚金人民币 10 万元;被告人钟立檬犯销售有毒、有害食品罪,判处有期徒刑 4 年,并处罚金人民币 8 万元;被告人王海龙犯销售有毒、有害食品罪,判处有期徒刑 3 年 6 个月,并处罚金人民币 6 万元;继续向被告单位北京阳光一佰生物技术开发有限公司追缴违法所得人民币 800 万元,向被告人尹立新追缴违法所得人民币 67.15 万元,向被告人谭国民追缴违法所得人民币 132 万元;扣押的含有盐酸丁二胍的山芪参胶囊、颗粒,予以没收。宣判后,被告单位和各被告人均提出上诉。江苏省扬州市中级人民法院于 2014 年 6 月 13 日作出(2014)扬刑二终字第 0032 号刑事裁定:驳回上诉、维持原判。

法院生效裁判认为:《刑法》第 144 条规定,在生产、销售的食品中掺入有毒、有害的非食品原料的,或者销售明知掺有有毒、有害的非食品原料的食品的,处 5 年以下有期徒刑,并处罚金;对人体健康造成严重危害或者有其他严重情节的，处5年以上10年以下有期徒刑，并处罚金；致人死亡或者有其他特别严重情节的，依照本法第141条的规定处罚。最高人民法院、最高人民检察院《关于办理危害食品安全刑事案件适用法律若干问题的解释》（以下简称《解释》）① 第20条规定，"下列物质应当认定为'有毒、有害的非食品原料'：(1) 法律、法规禁止在食品生产经营活动中添加、使用的物质；(2) 国务院有关部门公布的《食品中可能违法添加的非食用物质名单》《保健食品中可能非法添加的物质名单》上的物质；(3) 国务院有关部门公告禁止使用的农药、兽药以及其他有毒、有害物质；(4) 其他危害人体健康的物质。"第21条规定，"'足以造成严重食物中毒事故或者其他严重食源性疾病''有毒、有害非食品原料'难以确定的，司法机关可以根据检验报告并结合专家意见等相关材料进行认定。必要时，人民法院可以依法通知有关专家出庭作出说明。"本案中，盐酸丁二胍系在我国未获得药品监督管理部门批准生产或进口，不得作为药品在我国生产、销售和使用的化学物质；其亦非食品添加剂。盐酸丁二胍也不属于上述《解释》第20条第2、3项规定的物质。根据扬州大学医学院葛晓群教授出具的专家意见和南京医科大学司法鉴定所的鉴定意见证明，盐酸丁二胍与《解释》第20条第2项《保健食品中可能非法添加的物质名单》中的其他降糖类西药（盐酸二甲双胍、盐酸苯乙双胍）具有同等属性和同等危害。长期服用添加有盐酸丁二胍的"阳光一佰牌山芪参胶囊"有对人体产生毒副作用的风险，影响人体健康，甚至危害生命。因此，对盐酸丁二胍应当依照《解释》第20条第4项、第21条的规定，认定为《刑法》第144条规定的"有毒、有害的非食品原料"。

被告单位阳光一佰公司，被告人习文有作为阳光一佰公司生产、销售山芪参胶囊的直接负责的主管人员，被告人杨立峰、钟立檬、王海龙作为阳光一佰公司生产、销售山芪参胶囊的直接责任人员，明知阳光一佰公司生产、销售的保健食

---

① 这里的《关于办理危害食品安全刑事案件适用法律若干问题的解释》，是指2013年5月4日最高人民法院、最高人民检察院发布的司法解释，2021年12月30日对该司法解释进行了修订并重新发布。

品山芪参胶囊中含有国家禁止添加的盐酸丁二胍成分，仍然进行生产、销售；被告人尹立新、谭国民明知其提供的含有国家禁止添加的盐酸丁二胍的原料被被告人习文有用于生产保健食品山芪参胶囊并进行销售，仍然向习文有提供该种原料，因此，上述单位和被告人均依法构成生产、销售有毒、有害食品罪。其中，被告单位阳光一佰公司、被告人习文有、尹立新、谭国民的行为构成生产、销售有毒、有害食品罪。被告人杨立峰的行为构成生产有毒、有害食品罪；被告人钟立檬、王海龙的行为均已构成销售有毒、有害食品罪。根据被告单位及各被告人犯罪情节、犯罪数额，综合考虑各被告人在共同犯罪的地位作用、自首、认罪态度等量刑情节，作出如上判决。

本案的裁判要点指出：行为人在食品生产经营中添加的虽然不是国务院有关部门公布的《食品中可能违法添加的非食用物质名单》和《保健食品中可能非法添加的物质名单》中的物质，但如果该物质与上述名单中所列物质具有同等属性，并且根据检验报告和专家意见等相关材料能够确定该物质对人体具有同等危害的，应当认定为《刑法》第144条规定的"有毒、有害的非食品原料"。

释评

本案的裁判要点涉及对销售有毒、有害食品罪中的有毒、有害的非食品原料的界定。关于这里的有毒、有害的非食品原料，国务院有关部门曾经公布《食品中可能违法添加的非食用物质名单》《保健食品中可能非法添加的物质名单》。凡是列入上述两个名单的物质，当然应当认定为有毒、有害的非食品原料。然而，列举不能穷尽所有有毒、有害的非食品原料，因此，上述名单都有兜底条款，规定："其他危害人体健康的物质"。在这种情况下，某些物资虽然没有列入上述名单，但其具有与名单所列物质同等危害，对此，也应当认定为有毒、有害的非食品原料。例如，本案涉及的盐酸丁二胍，系在我国未获得药品监督管理部门批准生产或进口，不得作为药品在我国生产、销售和使用的化学物质，其亦非食品添加剂。对于该种物质，完全可以经过一定程度，根据其含量与属性认定为有毒、有害的非食品原料。

2. 罪责

生产、销售有毒、有害食品罪的罪责形式是故意。这里的故意，是指有意在生产、销售的食品中掺入有毒、有害的非食品原料，或者明知掺有有毒、有害的非食品原料的食品而予以销售的主观心理状态。

根据《解释（三）》第10条的观点，本罪的"明知"，应当综合行为人的认知能力、食品质量、进货或者销售的渠道及价格等主、客观因素进行认定。具有下列情形之一的，可以认定为本罪的"明知"，但存在相反证据并经查证属实的除外：（1）长期从事相关食品、食用农产品生产、种植、养殖、销售、运输、贮存行业，不依法履行保障食品安全义务的；（2）没有合法有效的购货凭证，且不能提供或者拒不提供销售的相关食品来源的；（3）以明显低于市场价格进货或者销售且无合理原因的；（4）在有关部门发出禁令或者食品安全预警的情况下继续销售的；（5）因实施危害食品安全行为受过行政处罚或者刑事处罚，又实施同种行为的；（6）其他足以认定行为人明知的情形。

（三）认定

1. 共犯

根据前引《解释（三）》第14条的规定，明知他人生产、销售有毒、有害食品，具有下列情形之一的，以生产、销售有毒、有害食品罪的共犯论处：（1）提供资金、贷款、账号、发票、证明、许可证件的；（2）提供生产、经营场所或者运输、贮存、保管、邮寄、销售渠道等便利条件的；（3）提供生产技术或者食品原料、食品添加剂、食品相关产品或者有毒、有害的非食品原料的；（4）提供广告宣传的；（5）提供其他帮助行为的。这是司法解释关于生产、销售有毒、有害食品罪的共犯的规定，凡是符合上述条件的，应以本罪的共犯论处。

2. 罪数

犯生产、销售有毒、有害食品罪，可能会与其他罪名发生竞合。对此，前引《解释（三）》第15条规定，生产、销售不符合食品安全标准的食品添加剂，用于食品的包装材料、容器、洗涤剂、消毒剂，或者用于食品生产经营的工具、设备等，符合《刑法》第140条规定的，以生产、销售伪劣产品罪定罪处罚。生产、销售用超过保质期的食品原料、超过保质期的食品、回收食品作为原料的食品，或者以更改生产日期、保质期、改换包装等方式销售超过保质期的食品、回收食品，适用前款的规定定罪处罚。实施前两款行为，同时构成生产、销售不符合安全标准的食品罪，生产、销售不符合安全标准的产品罪等其他犯罪的，依照处罚较重的规定定罪处罚。

（四）处罚

根据《刑法》第144条之规定，犯本罪的，处5年以下有期徒刑，并处罚金；对人体健康造成严重危害或者有其他严重情节的，处5年以上10年以下有期徒刑，并处罚金；致人死亡或者有其他特别严重情节的，依照《刑法》第141条的规定处罚，即处10年以上有期徒刑、无期徒刑或者死刑，并处罚金或者没收财产。《刑法》第150条规定，单位犯本罪的，对单位判处罚金，并对其直接负责的主管人员和其他直接责任人员，依照个人犯罪的规定处罚。根据前引《解释（三）》第21条的规定，犯生产、销售有毒、有害食品罪，一般应当依法判处生产、销售金额2倍以上的罚金。前引《解释（三）》第22条还规定，对实施本解释规定之犯罪的犯罪分子，应当依照刑法规定的条件，严格适用缓刑、免予刑事处罚。对于依法适用缓刑的，可以根据犯罪情况，同时宣告禁止令。

加重处罚事由　犯生产、销售有毒、有害食品罪而对人体健康造成严重危害或者有其他严重情节的，是本罪的加重处罚事由。前引《解释（三）》第6条规定，生产、销售有毒、有害食品，具有本解释第2条规定情形之一的，应当认定为《刑法》第144条规定的"对人体健康造成严重危害"，即：（1）造成轻伤以上伤害的；（2）造成轻度残疾或者中度残疾的；（3）造成器官组织损伤导致一般功能障碍或者严重功能障碍的；（4）造成10人以上严重食物中毒或者其他严重食源性疾病的；（5）其他对人体健康造成严重危害的情形。这里的其他严重情节，根据前引《解释（三）》第7条的规定，是指具有下列情形之一：（1）生产、销售金额 20 万元以上不满 50 万元的；（2）生产、销售金额 10 万元以上不满 20 万元，有毒、有害食品数量较大或者生产、销售持续时间 6 个月以上的；（3）生产、销售金额 10 万元以上不满 20 万元，属于特殊医学用途配方食品、专供婴幼儿的主辅食品的；（4）生产、销售金额 10 万元以上不满 20 万元，且在中小学校园、托幼机构、养老机构及周边面向未成年人、老年人销售的；（5）生产、销售金额 10 万元以上不满 20 万元，曾因危害食品安全犯罪受过刑事处罚或者 2 年内因危害食品安全违法行为受过行政处罚的；（6）有毒、有害的非食品原料毒害性强或者含量高的；（7）其他情节严重的情形。

特别加重处罚事由　犯生产、销售有毒、有害食品罪而致人死亡或者有其他特别严重情节的，是本罪的特别加重处罚事由。这里的"致人死亡或者有其他特别严重情节"，根据前引《解释（三）》第 8 条的规定，是指生产、销售有毒、有害食品，生产、销售金额 50 万元以上，或者具有本解释第 4 条规定的下列情形之一的，即：（1）致人重度残疾以上的；（2）造成 3 人以上重伤、中度残疾或者器官组织损伤导致严重功能障碍的；（3）造成 10 人以上轻伤、5 人以上轻度残疾或者器官组织损伤导致一般功能障碍的；（4）造成 30 人以上严重食物中毒或者其他严重食源性疾病的；（5）其他特别严重的后果。

七、生产、销售不符合标准的医用器材罪

（一）概念

生产、销售不符合标准的医用器材罪是指生产者、销售者明知医疗器械、医用卫生材料不符合保障人体健康的国家标准、行业标准而生产、销售，足以危害人体健康的行为。

（二）构成

1. 罪体

行为　生产、销售不符合标准的医用器材罪的行为是明知医疗器械、医用卫

生材料不符合保障人体健康的国家标准、行业标准而生产、销售。根据前引《解释（一）》第6条第4款的规定，医疗机构或者个人，知道或者应当知道是不符合保障人体健康的国家标准、行业标准的医疗器械、医用卫生材料而购买、使用，对人体健康造成严重危害的，以销售不符合标准的医用器材罪定罪处罚。这一司法解释将这种购买、使用行为也扩大解释为本罪行为。《立案追诉标准（一）》第21条第2款规定：医疗机构或者个人知道或者应当知道是不符合保障人体健康的国家标准、行业标准的医疗器械、医用卫生材料而购买并有偿使用的，视为本条规定的销售。

客体 生产、销售不符合标准的医用器材罪的客体是不符合保障人体健康的国家标准、行业标准的医疗器械、医用卫生材料。这里的国家标准、行业标准，是指国家卫生主管部门或者医疗器械、医用卫生材料生产行业制定的旨在保障人们使用安全，不危害人体健康的有关质量与卫生标准。按照前引《解释（一）》第6条第5款的规定，没有国家标准、行业标准的医疗器械，注册产品标准可视为保障人体健康的行业标准。这里的医疗器械，是指专用于治疗人体疾病的机器设备、仪器、用具等。医疗卫生材料，是指用于疾病治疗的卫生用品。

2. 罪责

生产、销售不符合标准的医用器材罪的罪责形式是故意。这里的故意，是指明知不符合卫生标准的医用器材而有意生产、销售的主观心理状态。

（三）处罚

根据《刑法》第145条［《刑法修正案（四）》第1条］之规定，犯本罪，足以严重危害人体健康的，处3年以下有期徒刑或者拘役，并处销售金额50%以上2倍以下罚金；对人体健康造成严重危害的，处3年以上10年以下有期徒刑，并处销售金额50%以上2倍以下罚金；后果特别严重的，处10年以上有期徒刑或者无期徒刑，并处销售金额50%以上2倍以下罚金或者没收财产。《刑法》第150条规定，单位犯本罪的，对单位判处罚金，并对其直接负责的主管人员和其他直接责任人员，依照个人犯罪的规定处罚。

危险犯 犯生产、销售不符合标准的医用器材罪而足以危害人体健康的，是本罪的危险犯。根据《立案追诉标准（一）》第21条第1款的规定，生产、销售不符合标准的医用器材，涉嫌下列情形之一的，应予立案追诉：（1）进入人体的医疗器械的材料中含有超过标准的有毒有害物质的；（2）进入人体的医疗器械的有效性指标不符合标准要求，导致治疗、替代、调节、补偿功能部分或者全部丧失，可能造成贻误诊治或者人体严重损伤的；（3）用于诊断、监护、治疗的有源医疗器械的安全指标不符合强制性标准要求，可能对人体构成伤害或者潜在危害的；（4）用于诊断、监护、治疗的有源医疗器械的主要性能指标不合格，可能造成贻误诊治或者人体严重损伤的；（5）未经批准，擅自增加功能或者适用范围，可能造成贻误诊治或者人体严重损伤的；（6）其他足以严重危害人体健康或者对人体健康造成严重危害的情形。

实害犯 犯生产、销售不符合标准的医用器材罪而对人体健康造成严重危害的，是本罪的实害犯。这里的对人体健康造成严重危害，根据前引《解释（一）》第6条第1款的规定，是指生产、销售不符合标准的医疗器械、医用卫生材料，致人轻伤或者其他严重后果的情形。

加重处罚事由 犯生产、销售不符合标准的医用器材罪而后果特别严重的，是本罪的加重处罚事由。这里的后果特别严重，根据前引《解释（一）》第6条第2款的规定，是指生产、销售不符合标准的医疗器械、医用卫生材料，造成感染病毒性肝炎等难以治愈的疾病、1人以上重伤、3人以上轻伤或者其他严重后果的情形。

八、生产、销售不符合安全标准的产品罪

（一）概念

生产、销售不符合安全标准的产品罪是指生产者、销售者明知电器、压力容

器、易燃易爆产品或者其他产品不符合保障人身、财产安全的国家标准、行业标准而生产、销售，造成严重后果的行为。

（二）构成

1. 罪体

行为　生产、销售不符合安全标准的产品罪的行为是明知电器、压力容器、易燃易爆产品或者其他产品不符合保障人身、财产安全的国家标准、行业标准而生产、销售。

客体　生产、销售不符合安全标准的产品罪的客体是不符合安全标准的电器、压力容器、易燃易爆产品或者其他产品。这里的电器，是指电信、电力器材，例如电视机、电冰箱、收录机、电话机等。压力容器，是指物体承受表面垂直作用力的高压容器，例如高压锅、锅炉等。易燃易爆产品，是指容易燃烧和爆炸的物品，例如烟花爆竹、液化气瓶等。其他产品，是指除上述电器、压力容器、易燃易爆产品以外的，不符合安全标准的产品，例如汽水瓶、啤酒瓶等。

2. 罪责

生产、销售不符合安全标准的产品罪的罪责形式是故意。这里的故意，是指明知是不符合保障人身、财产安全的国家标准、行业标准的电器、压力容器、易燃易爆产品或者其他产品而生产、销售的主观心理状态。

3. 罪量

根据《立案追诉标准（一）》第22条的规定，生产、销售不符合安全标准的产品，涉嫌下列情形之一的，应予立案追诉：（1）造成人员重伤或者死亡；（2）造成直接经济损失10万元以上的；（3）其他造成严重后果的情形。

（三）处罚

根据《刑法》第146条之规定，犯本罪的，处5年以下有期徒刑，并处销售金额50％以上2倍以下罚金；后果特别严重的，处5年以上有期徒刑，并处销售金额50％以上2倍以下罚金。《刑法》第150条规定，单位犯本罪的，对单位判处罚金，并对其直接负责的主管人员和其他直接责任人员依照个人犯罪的规定处罚。

加重处罚事由　犯生产、销售不符合安全标准的产品罪而后果特别严重的，是本罪的加重处罚事由。这里的后果特别严重，是指造成伤亡人员较多的，或者使公私财产遭受特别严重损失的等。

九、生产、销售伪劣农药、兽药、化肥、种子罪

（一）概念

生产、销售伪劣农药、兽药、化肥、种子罪是指故意生产假农药、假兽药、假化肥、假种子，或者销售明知是假的或者失去使用效能的农药、兽药、化肥、种子，或者生产者、销售者以不合格的农药、兽药、化肥、种子冒充合格的农药、兽药、化肥、种子，使生产遭受较大损失的行为。

（二）构成

1. 罪体

行为　生产、销售伪劣农药、兽药、化肥、种子罪的行为是故意生产假农药、假兽药、假化肥、假种子，或者销售明知是假的或者失去使用效能的农药、兽药、化肥、种子，或者生产者、销售者以不合格的农药、兽药、化肥、种子冒充合格的农药、兽药、化肥、种子。

客体　生产、销售伪劣农药、兽药、化肥、种子罪的客体是伪劣农药、兽药、化肥、种子。

2. 罪责

生产、销售伪劣农药、兽药、化肥、种子罪的罪责形式是故意。这里的故意，是指明知是伪劣农药、兽药、化肥、种子而生产、销售的主观心理状态。

3. 罪量

生产、销售伪劣农药、兽药、化肥、种子罪的罪量要素是使生产遭受较大损失。这里的使生产遭受较大损失，参照《立案追诉标准（一）》第 23 条的规定，

是指具有下列情形之一的：（1）使生产遭受损失 2 万元以上的；（2）其他使生产遭受较大损失的情形。

（三）处罚

根据《刑法》第 147 条之规定，犯本罪的，处 3 年以下有期徒刑或者拘役，并处或者单处销售金额 50％以上 2 倍以下罚金；使生产遭受重大损失的，处 3 年以上 7 年以下有期徒刑，并处销售金额 50％以上 2 倍以下罚金；使生产遭受特别重大损失的，处 7 年以上有期徒刑或者无期徒刑，并处销售金额 50％以上 2 倍以下罚金或者没收财产。《刑法》第 150 条规定，单位犯本罪的，对单位判处罚金，并对其直接负责的主管人员和其他直接责任人员，依照个人犯罪的规定处罚。

加重处罚事由　犯生产、销售伪劣农药、兽药、化肥、种子罪而使生产遭受重大损失的，是本罪的加重处罚事由。这里的使生产遭受重大损失，根据前引《解释（一）》第 7 条的规定，一般以 10 万元为起点。

特别加重处罚事由　犯生产、销售伪劣农药、兽药、化肥、种子罪而使生产遭受特别重大损失的，是本罪的特别加重处罚事由。这里的使生产遭受特别重大损失，根据前引《解释（一）》第 7 条的规定，一般以 50 万元为起点。

十、生产、销售不符合卫生标准的化妆品罪

（一）概念

生产、销售不符合卫生标准的化妆品罪是指故意生产不符合卫生标准的化妆品，或者销售明知是不符合卫生标准的化妆品，造成严重后果的行为。

（二）构成

1. 罪体

行为　生产、销售不符合卫生标准的化妆品罪的行为是故意生产不符合卫生标准的化妆品，或者销售明知是不符合卫生标准的化妆品。

客体　生产、销售不符合卫生标准的化妆品罪的客体是不符合卫生标准的化妆品。

2. 罪责

生产、销售不符合卫生标准的化妆品罪的罪责形式是故意。这里的故意，是指明知是不符合卫生标准的化妆品而生产、销售的主观心理状态。

3. 罪量

生产、销售不符合卫生标准的化妆品罪的罪量要素是造成严重后果。这里的造成严重后果，参照《立案追诉标准（一）》第24条的规定，是指具有下列情形之一的：（1）造成他人容貌毁损或者皮肤严重损伤的；（2）造成他人器官组织损伤导致严重功能障碍的；（3）致使他人精神失常或者自杀、自残造成重伤、死亡的；（4）其他造成严重后果的情形。

（三）处罚

根据《刑法》第148条之规定，犯本罪的，处3年以下有期徒刑或者拘役，并处或者单处销售金额50％以上2倍以下罚金。《刑法》第150条规定，单位犯本罪的，对单位判处罚金，并对其直接负责的主管人员和其他直接责任人员，依照个人犯罪的规定处罚。

第二十四章

破坏社会主义市场经济秩序罪Ⅱ：走私罪

第一节 走私罪概述

一、概念

走私罪是指违反海关法规，非法运输、携带、邮寄国家禁止或限制进出口的货物、物品，或者依法应缴纳关税的货物、物品进出国（边）境，逃避海关监管，偷逃关税，破坏国家对外贸易管制的行为。

二、罪名

走私罪是刑法分则第三章第二节规定之罪，从第151条至第157条共7个条文，规定了10个罪名。这些罪名是：（1）走私武器、弹药罪；（2）走私核材料罪；（3）走私假币罪；（4）走私文物罪；（5）走私贵重金属罪；（6）走私珍贵动物、珍贵动物制品罪；（7）走私国家禁止进出口的货物、物品罪①；（8）走私淫秽物品罪；（9）走私废物罪②；（10）走私普通货物、物品罪。

三、法定刑

走私罪的法定最高刑是无期徒刑，其他罪名规定了有期徒刑、拘役和管制。全部罪名均规定了罚金，部分罪名规定了没收财产。

第二节 走私罪分述

一、走私武器、弹药罪

（一）概念

走私武器、弹药罪是指违反海关法规，逃避海关监管，非法运输、携带、邮寄武器、弹药进出国（边）境的行为。

（二）构成

1. 罪体

行为 走私武器、弹药罪的行为是非法运输、携带、邮寄武器、弹药进出国（边）境。

客体 走私武器、弹药罪的客体是武器、弹药。对这里的武器、弹药，2014年8月12日最高人民法院、最高人民检察院《关于办理走私刑事案件适用法律

---

① 最高人民法院、最高人民检察院2009年10月14日《关于执行〈中华人民共和国刑法〉确定罪名的补充规定（四）》，根据《刑法修正案（七）》第1条的规定，取消走私珍稀植物、珍稀植物制品罪，设立走私国家禁止进出口的货物、物品罪。

② 最高人民法院、最高人民检察院2003年8月15日《关于执行〈中华人民共和国刑法〉确定罪名的补充规定（二）》，根据《刑法修正案（四）》第2条的规定，将走私固体废物罪罪名修改为走私废物罪。

若干问题的解释》[以下简称《解释（一）》]做了以下规定：（1）《解释（一）》第 2 条规定，《刑法》第 151 条第 1 款规定的"武器、弹药"的种类，参照《中华人民共和国进口税则》及《中华人民共和国禁止进出境物品表》的有关规定确定。（2）《解释（一）》第 3 条规定，走私枪支散件，构成犯罪的，依照《刑法》第 151 条第 1 款的规定，以走私武器罪定罪处罚。成套枪支散件以相应数量的枪支计，非成套枪支散件以每 30 件为一套枪支散件计。（3）《解释（一）》第 4 条规定，走私各种弹药的弹头、弹壳，构成犯罪的，依照《刑法》第 151 条第 1 款的规定，以走私弹药罪定罪处罚。具体的定罪量刑标准，按照本解释第 1 条规定的数量标准的 5 倍执行。走私报废或者无法组装并使用的各种弹药的弹头、弹壳，构成犯罪的，依照《刑法》第 153 条的规定，以走私普通货物、物品罪定罪处罚；属于废物的，依照《刑法》第 152 条第 2 款的规定，以走私废物罪定罪处罚。弹头、弹壳是否属于前款规定的"报废或者无法组装并使用"或者"废物"，由国家有关技术部门进行鉴定。

2. 罪责

走私武器、弹药罪的罪责形式是故意。这里的故意，是指明知是武器、弹药而走私的主观心理状态。

3. 罪量

走私武器、弹药罪的罪量要素，刑法未作规定。根据《解释（一）》第 1 条第 2 款的规定，走私武器、弹药，具有下列情节之一的，处 7 年以上有期徒刑，并处罚金或者没收财产：（1）走私以火药为动力发射枪弹的枪支 1 支，或者以压缩气体等非火药为动力发射枪弹的枪支 5 支以上不满 10 支的；（2）走私第 1 款第 2 项规定的弹药，数量在该项规定的最高数量以上不满最高数量 5 倍的；（3）走私各种口径在 60 毫米以下常规炮弹、手榴弹或者枪榴弹等分别或者合计达到 5 枚以上不满 10 枚，或者各种口径超过 60 毫米以上常规炮弹合计不满 5 枚的；（4）达到第 1 款第 1、2、4 项规定的数量标准，且属于犯罪集团的首要分子，使用特种车辆从事走私活动，或者走私的武器、弹药被用于实施犯罪等情形的。

（三）处罚

根据《刑法》第 151 条第 1 款 ［《刑法修正案（九）》第 9 条］ 之规定，犯本罪的，处 7 年以上有期徒刑，并处罚金或者没收财产；情节特别严重的，处无期徒刑，并处没收财产；情节较轻的，处 3 年以上 7 年以下有期徒刑，并处罚金。第 4 款规定，单位犯本罪的，对单位判处罚金，并对其直接负责的主管人员和其他直接责任人员，依照个人犯罪的规定处罚。《刑法》第 157 条第 1 款规定，武装掩护走私的，依照本法第 151 条第 1 款的规定从重处罚。

减轻处罚事由　犯走私武器、弹药罪而情节较轻的，是本罪的减轻处罚事由。根据《解释（一）》第 1 条第 1 款的规定，这里的情节较轻，是指具有下列情形之一：（1）走私以压缩气体等非火药为动力发射枪弹的枪支 2 支以上不满 5 支的；（2）走私气枪铅弹 500 发以上不满 2 500 发，或者其他子弹 10 发以上不满 50 发的；（3）未达到上述数量标准，但属于犯罪集团的首要分子，使用特种车辆从事走私活动，或者走私的武器、弹药被用于实施犯罪等情形的；（4）走私各种口径在 60 毫米以下常规炮弹、手榴弹或者枪榴弹等分别或者合计不满 5 枚的。

加重处罚事由　犯走私武器、弹药罪而情节特别严重的，是本罪的加重处罚事由。根据《解释（一）》第 1 条第 3 款的规定，这里的情节特别严重，是指具有下列情形之一：（1）走私第 2 款第 1 项规定的枪支，数量超过该项规定的数量标准的；（2）走私第 1 款第 2 项规定的弹药，数量在该项规定的最高数量标准 5 倍以上的；（3）走私第 2 款第 3 项规定的弹药，数量超过该项规定的数量标准，或者走私具有巨大杀伤力的非常规炮弹 1 枚以上的；（4）达到第 2 款第 1 项至第 3 项规定的数量标准，且属于犯罪集团的首要分子，使用特种车辆从事走私活动，或者走私的武器、弹药被用于实施犯罪等情形的。

从重处罚事由　犯走私武器、弹药罪而武装掩护走私的，是本罪的从重处罚事由。

二、走私核材料罪

（一）概念

走私核材料罪是指违反海关法规，逃避海关监管，运输、携带、邮寄核材料进出国（边）境的行为。

（二）构成

1. 罪体

行为 走私核材料罪的行为是非法运输、携带、邮寄核材料。

客体 走私核材料罪的客体是核材料。这里的核材料，是指可以发生原子核变和聚合反应的放射性材料。根据1987年6月15日国务院发布的《核材料管制条例》第2条的规定，核材料包括：铀—235，含铀—235的材料和制品；铀—233，含铀—233的材料和制品；钚—239，含钚—239的材料和制品；氚，含氚的材料和制品；锂—6，含锂—6的材料和制品；其他需要管制的核材料。

2. 罪责

走私核材料罪的罪责形式是故意。这里的故意，是指明知是核材料而走私的主观心理状态。

（三）处罚

根据《刑法》第151条第1款〔《刑法修正案（九）》第9条〕之规定，犯本罪的，处7年以上有期徒刑，并处罚金或者没收财产；情节特别严重的，处无期徒刑，并处没收财产；情节较轻的，处3年以上7年以下有期徒刑，并处罚金。第4款规定，单位犯本罪的，对单位判处罚金，并对其直接负责的主管人员和其他直接责任人员，依照个人犯罪的规定处罚。《刑法》第157条第1款规定，武装掩护走私的，依照本法第151条第1款的规定从重处罚。

减轻处罚事由 犯走私核材料罪而情节较轻的，是本罪的减轻处罚事由。这里的情节较轻，是指走私核材料的数量较少或者尚未造成严重后果的等。

加重处罚事由　犯走私核材料罪而情节特别严重的，是本罪的加重处罚事由。这里的情节特别严重，是指多次或者大量走私核材料，给国家和人民利益造成严重危害的等。

从重处罚事由　犯走私核材料罪而武装掩护走私的，是本罪的从重处罚事由。

三、走私假币罪

（一）概念

走私假币罪是指违反海关法规，逃避海关监管，运输、携带、邮寄假币进出国（边）境的行为。

（二）构成

1. 罪体

行为　走私假币罪的行为是非法运输、携带、邮寄假币。

客体　走私假币罪的客体是假币。这里的假币，是指伪造的货币。根据《解释》第7条的规定，这里的货币，包括正在流通的人民币和境外货币。伪造的境外货币数额，折合成人民币计算。走私伪造的境外货币的，其面额以案发时国家外汇管理机关公布的外汇牌价折合人民币计算。

2. 罪责

走私假币罪的罪责形式是故意。这里的故意，是指明知是假币而走私的主观心理状态。

3. 罪量

走私假币罪的罪量要素，刑法未作规定。参照2022年4月6日最高人民检察院、公安部修订后《关于公安机关管辖的刑事案件立案追诉标准的规定（二）》第2条的规定，走私伪造的货币，涉嫌下列情形之一的，应予立案追诉：（1）总面额在2 000元以上或者币量在200张（枚）以上的；（2）总面额在1 000元以上或者币量在100张（枚）以上，2年内因走私假币受过行政处罚，又走私假币的；（3）其他走私假币应予追究刑事责任的情形。

（三）处罚

根据《刑法》第151条第1款［《刑法修正案（九）》第9条］之规定，犯本罪的，处7年以上有期徒刑，并处罚金或者没收财产；情节特别严重的，处无期徒刑，并处没收财产；情节较轻的，处3年以上7年以下有期徒刑，并处罚金。第4款规定，单位犯本罪的，对单位判处罚金，并对其直接负责的主管人员和其他直接责任人员，依照个人犯罪的规定处罚。《刑法》第157条第1款规定，武装掩护走私的，依照本法第151条第1款的规定从重处罚。

减轻处罚事由　犯走私假币罪而情节较轻的，是本罪的减轻处罚事由。这里的情节较轻，根据《解释（一）》第6条第1款的规定，是指走私伪造的货币，数额在2 000元以上不满2万元，或者数量在200张（枚）以上不满2 000张（枚）。

加重处罚事由　犯走私假币罪而情节特别严重的，是本罪的加重处罚事由。这里的情节特别严重，根据《解释（一）》第6条第3款的规定，是指具有下列情形之一：（1）走私数额在20万元以上，或者数量在2万张（枚）以上的；（2）走私数额或者数量达到第2款第1项规定的标准，且属于犯罪集团的首要分子，使用特种车辆从事走私活动，或者走私的伪造货币流入市场等情形的。

从重处罚事由　犯走私假币罪而武装掩护走私的，是本罪的从重处罚事由。

四、走私文物罪

（一）概念

走私文物罪是指违反海关法规，逃避海关监管，运输、携带、邮寄国家禁止出口的文物或者具有科学价值的古脊椎动物化石、古人类化石出境的行为。

（二）构成

1. 罪体

行为　走私文物罪的行为是非法运输、携带、邮寄国家禁止出口的文物或者具有科学价值的古脊椎动物化石、古人类化石出境。

客体 走私文物罪的客体是国家禁止出口的文物或者具有科学价值的古脊椎动物化石、古人类化石。这里的国家禁止出口的文物，是指国家1、2、3级文物和其他国家禁止出口的文物。根据2005年12月29日全国人大常委会《关于〈中华人民共和国刑法〉有关文物的规定适用于具有科学价值的古脊椎动物化石、古人类化石的解释》的规定，具有科学价值的古脊椎动物化石、古人类化石也是本罪的客体。

2. 罪责

走私文物罪的罪责形式是故意。这里的故意，是指明知是国家禁止出口的文物而走私的主观心理状态。

3. 罪量

走私文物罪的罪量要素，刑法未作规定。根据《解释（一）》第8条第2款的规定，走私文物，具有下列情节之一的，处5年以上10年以下有期徒刑，并处罚金：（1）走私国家禁止出口的2级文物不满3件，或者3级文物3件以上不满9件的；（2）走私国家禁止出口的3级文物不满3件，且具有造成文物严重毁损或者无法追回等情节的。

（三）处罚

根据《刑法》第151条第2款［《刑法修正案（八）》第26条］之规定，犯本罪的，处5年以上10年以下有期徒刑，并处罚金；情节特别严重的，处10年以上有期徒刑或者无期徒刑，并处没收财产；情节较轻的，处5年以下有期徒刑，并处罚金。第4款规定，单位犯本罪的，对单位判处罚金，并对其直接负责的主管人员和其他直接责任人员，依照个人犯罪的规定处罚。此外，根据《刑法》第157条第1款的规定，犯本罪而武装掩护走私的，应当依照《刑法》第151条第1款的规定，从重处罚。

减轻处罚事由 犯走私文物罪而情节较轻的，是本罪的减轻处罚事由。这里的情节较轻，根据《解释（一）》第8条第1款的规定，是指走私国家禁止出口的 3 级文物 2 件以下。

加重处罚事由　犯走私文物罪而情节特别严重的，是本罪的加重处罚事由。这里的情节特别严重，根据《解释（一）》第 8 条第 3 款的规定，是指具有下列情形之一：（1）走私国家禁止出口的 1 级文物 1 件以上，或者 2 级文物 3 件以上，或者 3 级文物 9 件以上的；（2）走私国家禁止出口的文物达到第 2 款第 1 项规定的数量标准，且属于犯罪集团的首要分子，使用特种车辆从事走私活动，或者造成文物严重毁损、无法追回等情形的。

从重处罚事由　犯走私文物罪而武装掩护走私的，依照《刑法》第 151 条第 1 款的规定从重处罚，即以本罪定罪，但援引《刑法》第 151 条第 1 款的法定刑从重处罚。

五、走私贵重金属罪

（一）概念

走私贵重金属罪是指违反海关法规，逃避海关监管，运输、携带、邮寄国家禁止出口的黄金、白银和其他贵重金属出境的行为。

（二）构成

1. 罪体

行为　走私贵重金属罪的行为是非法运输、携带、邮寄贵重金属出境。

客体　走私贵重金属罪的客体是国家禁止出口的黄金、白银和其他贵重金属。这里的其他贵重金属，是指铂、锇、钌、钯、铱、钛等国家禁止出口的金属。走私黄金、白银和其他贵重金属进口的，不构成本罪，应以走私普通货物、物品罪论处。

2. 罪责

走私贵重金属罪的罪责形式是故意。这里的故意，是指明知是国家禁止出口的贵重金属而走私的主观心理状态。

3. 罪量

走私贵重金属罪的罪量要素，刑法未作规定。参照 1987 年 6 月 28 日最高人民法院、最高人民检察院、公安部《关于严厉打击倒卖走私黄金犯罪活动的通知》（以下简称《通知》，现已失效）第 5 条的规定，走私黄金累计 500 克以上的，可处 5 年以上有期徒刑，并处罚金。

（三）处罚

根据《刑法》第 151 条第 2 款 [《刑法修正案（八）》第 26 条] 之规定，犯本罪的，处 5 年以上 10 年以下有期徒刑，并处罚金；情节特别严重的，处 10 年以上有期徒刑或者无期徒刑，并处没收财产；情节较轻的，处 5 年以下有期徒刑，并处罚金。第 4 款规定，单位犯本罪的，对单位判处罚金，并对其直接负责的主管人员和其他直接责任人员，依照个人犯罪的规定处罚。此外，根据《刑法》第 157 条第 1 款的规定，犯本罪而武装掩护走私的，应当依照《刑法》第 151 条第 1 款的规定，从重处罚。

减轻处罚事由　犯走私贵重金属罪而情节较轻的，是本罪的减轻处罚事由。这里的情节较轻，参照《通知》第 5 条的规定，是指走私黄金累计 50 克以上。走私其他贵重金属的，可根据具体情况确定情节是否较轻。

加重处罚事由　犯走私贵重金属罪而情节特别严重的，是本罪的加重处罚事由。这里的情节特别严重，根据《通知》第 5 条的规定，是指走私黄金累计 2 000 克以上。走私其他贵重金属的，可根据具体情况确定情节是否特别严重。

从重处罚事由　犯走私贵重金属罪而武装掩护走私的，依照《刑法》第 151 条第 1 款的规定从重处罚，即以本罪定罪，但援引《刑法》第 151 条第 1 款的法定刑从重处罚。

六、走私珍贵动物、珍贵动物制品罪

（一）概念

走私珍贵动物、珍贵动物制品罪是指违反海关法规和野生动物保护法规，逃避海关监管，运输、携带、邮寄珍贵动物及其制品进出国（边）境的行为。

（二）构成

1. 罪体

行为　走私珍贵动物、珍贵动物制品罪的行为是非法运输、携带、邮寄珍贵动物及其制品进出国（边）境。

客体　走私珍贵动物、珍贵动物制品罪的客体是珍贵动物、珍贵动物制品。这里的珍贵动物，根据 2022 年 4 月 6 日最高人民法院、最高人民检察院《关于办理破坏野生动物资源刑事案件适用法律若干问题的解释》［以下简称《解释（二）》］第 1 条的规定，具有下列情形之一的，应当认定为《刑法》第 151 条第 2 款规定的走私国家禁止进出口的珍贵动物及其制品：（1）未经批准擅自进出口列入经国家濒危物种进出口管理机构公布的《濒危野生动植物种国际贸易公约》附录一、附录二的野生动物及其制品；（2）未经批准擅自出口列入《国家重点保护野生动物名录》的野生动物及其制品。

2. 罪责

走私珍贵动物、珍贵动物制品罪的罪责形式是故意。这里的故意，是指明知是珍贵动物、珍贵动物制品而走私的主观心理状态。

3. 罪量

走私珍贵动物、珍贵动物制品罪的罪量要素，刑法未作规定。根据《解释（二）》第 2 条的规定，走私国家禁止进出口的珍贵动物及其制品，价值 20 万元以上不满 200 万元的，应当依照《刑法》第 151 条第 2 款的规定，以走私珍贵动物、珍贵动物制品罪处 5 年以上 10 年以下有期徒刑，并处罚金。

（三）处罚

根据《刑法》第 151 条第 2 款［《刑法修正案（八）》第 26 条］之规定，犯本罪的，处 5 年以上 10 年以下有期徒刑，并处罚金；情节特别严重的，处 10 年以上有期徒刑或者无期徒刑，并处没收财产；情节较轻的，处 5 年以下有期徒刑，并处罚金。第 4 款规定，单位犯本罪的，对单位判处罚金，并对其直接负责的主管人员和其他直接责任人员，依照个人犯罪的规定处罚。此外，根据《刑法》第157条第1款的规定，犯本罪而武装掩护走私的，应当依照《刑法》第151条第1款的规定，从重处罚。根据《解释（二）》第2条第2、3款的规定，实施前款规定的行为，具有下列情形之一的，从重处罚：（1）属于犯罪集团的首要分子的；（2）为逃避监管，使用特种交通工具实施的；（3）2年内曾因破坏野生动物资源受过行政处罚的。实施第1款规定的行为，不具有第2款规定的情形，且未造成动物死亡或者动物、动物制品无法追回，行为人全部退赃退赔，确有悔罪表现的，按照下列规定处理：（1）珍贵动物及其制品价值200万元以上的，可以处5年以上10年以下有期徒刑，并处罚金；（2）珍贵动物及其制品价值20万元以上不满200万元的，可以认定为情节较轻，处5年以下有期徒刑，并处罚金；（3）珍贵动物及其制品价值2万元以上不满20万元的，可以认定为犯罪情节轻微，不起诉或者免予刑事处罚；情节显著轻微危害不大的，不作为犯罪处理。

减轻处罚事由　犯走私珍贵动物、珍贵动物制品罪而情节较轻的，是本罪的减轻处罚事由。这里的情节较轻，根据《解释（二）》第2条的规定，是指走私珍贵动物及其制品价值2万元以上不满20万元。

加重处罚事由　犯走私珍贵动物、珍贵动物制品罪而情节特别严重的，是本罪的加重处罚事由。这里的情节特别严重，根据《解释（二）》第2条的规定，是指走私珍贵动物及其制品价值200万元以上。

从重处罚事由　犯走私珍贵动物、珍贵动物制品罪而武装掩护走私的，依照《刑法》第151条第1款的规定从重处罚，即以本罪定罪，但援引《刑法》第151条第1款的法定刑从重处罚。

七、走私国家禁止进出口的货物、物品罪

（一）概念

走私国家禁止进出口的货物、物品罪是指违反海关法规和相关法律、法规，

逃避海关监管，运输、携带、邮寄珍稀植物、珍稀植物制品等国家禁止进出口的其他货物、物品进出国（边）境的行为。

（二）构成

1. 罪体

行为　走私国家禁止进出口的货物、物品罪的行为是非法运输、携带、邮寄珍稀植物、珍稀植物制品等国家禁止进出口的其他货物、物品进出国（边）境的行为。

客体　走私国家禁止进出口的货物、物品罪的客体是国家禁止进出口的珍稀植物、珍稀植物制品等国家禁止进出口的其他货物、物品。这里的国家禁止进出口的珍稀植物、珍稀植物制品，是指《禁止进出境物品表》中规定的濒危的和珍贵的植物（含标本）及其种子和繁殖材料，以及这些物品的制品。这里的国家禁止进出口的其他货物、物品，是指《刑法》第151条、第152条、第347条规定以外的其他国家禁止进出口的货物、物品。例如2019年11月18日最高人民法院《关于审理走私、非法经营、非法使用兴奋剂刑事案件适用法律若干问题的解释》第1条规定，运动员、运动员辅助人员走私兴奋剂目录所列物质，或者其他人员以在体育竞赛中非法使用为目的走私兴奋剂目录所列物质，涉案物质属于国家禁止进出口的货物、物品，具有下列情形之一的，应当依照《刑法》第151条第3款的规定，以走私国家禁止进出口的货物、物品罪定罪处罚。因此，兴奋剂也属于国家禁止进出口的物品。

2. 罪责

走私国家禁止进出口的货物、物品罪的罪责形式是故意。这里的故意，是指明知是国家禁止进出口的货物、物品而走私的主观心理状态。

3. 罪量

走私国家禁止进出口的货物、物品罪的罪量要素，刑法未作规定。根据前引《解释（一）》第11条的规定，走私国家禁止进出口的货物、物品，具有下列情形之一的，处5年以下有期徒刑或者拘役，并处或者单处罚金：（1）走私国家一级保护野生植物 5 株以上不满 25 株，国家二级保护野生植物 10 株以上不满 50 株，或者珍稀植物、珍稀植物制品数额在 20 万元以上不满 100 万元的；（2）走私重点保护古生物化石或者未命名的古生物化石不满 10 件，或者一般保护古生物化石 10 件以上不满 50 件的；（3）走私禁止进出口的有毒物质 1 吨以上不满 5 吨，或者数额在 2 万元以上不满 10 万元的；（4）走私来自境外疫区的动植物及其产品 5 吨以上不满 25 吨，或者数额在 5 万元以上不满 25 万元的；（5）走私木炭、硅砂等妨害环境、资源保护的货物、物品 10 吨以上不满 50 吨，或者数额在 10 万元以上不满 50 万元的；（6）走私旧机动车、切割车、旧机电产品或者其他禁止进出口的货物、物品 20 吨以上不满 100 吨，或者数额在 20 万元以上不满 100 万元的；（7）数量或者数额未达到本款第 1 项至第 6 项规定的标准，但属于犯罪集团的首要分子，使用特种车辆从事走私活动，造成环境严重污染，或者引起甲类传染病传播、重大动植物疫情等情形的。

（三）处罚

根据《刑法》第 151 条第 3 款［《刑法修正案（七）》第 1 条］之规定，犯本罪的，处 5 年以下有期徒刑或者拘役，并处或者单处罚金；情节严重的，处 5 年以上有期徒刑，并处罚金。第 4 款规定，单位犯本罪的，对单位判处罚金；并对其直接负责的主管人员和其他直接责任人员，依照个人犯罪的规定处罚。此外，根据《刑法》第 157 条第 1 款的规定，犯本罪而武装掩护走私的，应当依照《刑法》第 151 条第 1 款的规定，从重处罚。

加重处罚事由　犯走私国家禁止进出口的货物、物品罪而情节严重的，是本罪的加重处罚事由。这里的情节严重，根据前引《解释（一）》第 11 条第 2 款的规定，是指具有下列情形之一：（1）走私数量或者数额超过前款第 1 项至第 6 项规定的标准的；（2）达到前款第 1 项至第 6 项规定的标准，且属于犯罪集团的首要分子，使用特种车辆从事走私活动，造成环境严重污染，或者引起甲类传染病传播、重大动植物疫情等情形的。

从重处罚事由　犯走私国家禁止进出口的货物、物品罪而武装掩护走私的，依照《刑法》第 151 条第 1 款的规定从重处罚，即以本罪定罪，但援引《刑法》第 151 条第 1 款的法定刑从重处罚。

八、走私淫秽物品罪

（一）概念

走私淫秽物品罪是指违反海关法规，逃避海关监管，以牟利或者传播为目的，运输、携带、邮寄淫秽的影片、录像带、录音带、图片、书刊或者其他淫秽物品进出国（边）境的行为。

（二）构成

1. 罪体

行为 走私淫秽物品罪的行为是非法运输、携带、邮寄淫秽物品进出国（边）境。

客体 走私淫秽物品罪的客体是淫秽的影片、录像带、录音带、图片、书刊或者其他淫秽物品。这里的其他淫秽物品，是指除淫秽的影片、录像带、录音带、图片、书刊以外的，通过文字、声音、形象等形式表现淫秽内容的影碟、音碟、电子出版物等物品。

2. 罪责

走私淫秽物品罪的罪责形式是故意，并且具有牟利或者传播的目的。这里的故意，是指明知是淫秽物品，以牟利或者传播为目的而走私的主观心理状态。

目的犯 走私淫秽物品罪是法定的目的犯。只有以牟利或者传播为目的走私淫秽物品的，才构成本罪。这里的以牟利为目的，是指具有通过出卖、出租或者其他方式牟取非法利润的主观意图。以传播为目的，是指具有在社会上扩散的主观意图。

3. 罪量

走私淫秽物品罪的罪量要素，刑法未作规定。根据前引《解释（一）》第 13

条第 2 款的规定，走私淫秽物品在前款规定的最高数量以上不满最高数量 5 倍的，处 3 年以上 10 年以下有期徒刑，并处罚金，即具有下列情形之一：（1）走私淫秽录像带、影碟 100 盘（张）以上不满 500 盘（张）的；（2）走私淫秽录音带、音碟 200 盘（张）以上不满 1 000 盘（张）的；（3）走私淫秽扑克、书刊、画册 200 副（册）以上不满 1 000 副（册）的；（4）走私淫秽照片、画片 1 000 张以上不满 5 000 张的；（5）走私其他淫秽物品相当于上述数量的。

（三）处罚

根据《刑法》第 152 条第 1 款之规定，犯本罪的，处 3 年以上 10 年以下有期徒刑，并处罚金；情节严重的，处 10 年以上有期徒刑或者无期徒刑，并处罚金或者没收财产；情节较轻的，处 3 年以下有期徒刑、拘役或者管制，并处罚金。第 3 款规定，单位犯本罪的，对单位判处罚金，并对其直接负责的主管人员和其他直接责任人员，依照个人犯罪的规定处罚。此外，根据《刑法》第 157 条第 1 款的规定，犯本罪而武装掩护走私的，应当依照《刑法》第 151 条第 1 款的规定，从重处罚。

减轻处罚事由　犯走私淫秽物品罪而情节较轻的，是本罪的减轻处罚事由。这里的情节较轻，根据《解释（一）》第 13 条第 1 款的规定，是指走私淫秽物品达到下列数量之一的：（1）走私淫秽录像带、影碟 50 盘（张）以上至 100 盘（张）的；（2）走私淫秽录音带、音碟 100 盘（张）以上至 200 盘（张）的；（3）走私淫秽扑克、书刊、画册 100 副（册）以上至 200 副（册）的；（4）走私淫秽照片、画片 500 张以上至 1 000 张的；（5）走私其他淫秽物品相当于上述数量的。

加重处罚事由　犯走私淫秽物品罪而情节严重的，是本罪的加重处罚事由。根据《解释（一）》第 13 条第 3 款的规定，是指走私淫秽物品在第 1 款规定的最高数量 5 倍以上，或者在第 1 款规定的最高数量以上不满 5 倍，但属于犯罪集团的首要分子，使用特种车辆从事走私活动等情形的，应当认定为情节严重，即具有下列情形之一：（1）走私淫秽录像带、影碟 500 盘（张）以上的；（2）走私淫秽录音带、音碟 1 000 盘（张）以上的；（3）走私淫秽扑克、书刊、画册 1 000

副（册）以上的；（4）走私淫秽照片、画片 5 000 张以上的；（5）走私其他淫秽物品相当于上述数量的。

从重处罚事由 犯走私淫秽物品罪而武装掩护走私的，依照《刑法》第 151 条第 1 款的规定从重处罚，即以本罪定罪，但援引《刑法》第 151 条第 1 款的法定刑从重处罚。

九、走私废物罪

（一）概念

走私废物罪是指违反海关法规和国家关于废物管理的规定，逃避海关监管，将境外固体废物、液态废物和气态废物运输进境，情节严重的行为。

（二）构成

1. 罪体

行为 走私废物罪的行为是非法将境外废物，包括固体废物、液态废物和气态废物运输进境。根据《刑法》第 339 条第 3 款［《刑法修正案（四）》第 5 条］的规定，以原料利用为名，进口不能用作原料的固体废物、液态废物和气态废物的行为，也构成走私废物罪。

客体 走私废物罪的客体是废物，包括固体废物、液态废物和气态废物。这里的固体废物是指在生产、生活和其他活动中产生的丧失原有利用价值或者虽未丧失利用价值但被抛弃或者放弃的固态、半固态和置于容器中的气态的物品、物质，以及法律、行政法规规定纳入固体废物管理的物品、物质。固体废物可以分为国家禁止进口的固体废物和国家限制进口的可用作原料的固体废物。国家限制进口的可用作原料的固体废物的具体种类，按照《国家限制进口类可用作原料的固体废物目录》执行。液态废物和气态废物，是指以液态和气态形式存在的废物。

2. 罪责

走私废物罪的罪责形式是故意。这里的故意，是指明知是废物而走私的主观心理状态。

3. 罪量

走私废物罪的罪量要素是情节严重。根据《解释（一）》第 14 条第 1 款的规定，这里的情节严重，是指具有下列情形之一：（1）走私国家禁止进口的危险性固体废物、液态废物分别或者合计达到 1 吨以上不满 5 吨的；（2）走私国家禁止进口的非危险性固体废物、液态废物分别或者合计达到 5 吨以上不满 25 吨的；（3）走私国家限制进口的可用作原料的固体废物、液态废物分别或者合计达到 20 吨以上不满 100 吨的；（4）未达到上述数量标准，但属于犯罪集团的首要分子，使用特种车辆从事走私活动，或者造成环境严重污染等情形的。

（三）处罚

根据《刑法》第 152 条［《刑法修正案（四）》第 2 条］第 2 款之规定，犯本罪的，处 5 年以下有期徒刑，并处或者单处罚金；情节特别严重的，处 5 年以上有期徒刑，并处罚金。第 3 款规定，单位犯本罪的，对单位判处罚金，并对其直接负责的主管人员和其他直接责任人员，依照个人犯罪的规定处罚。此外，根据《刑法》第 157 条第 1 款的规定，犯本罪而武装掩护走私的，应当依照《刑法》第 151 条第 1 款的规定，从重处罚。

加重处罚事由　犯走私废物罪而情节特别严重的，是本罪的加重处罚事由。这里的情节特别严重，根据前引《解释（一）》第 14 条第 2 款的规定，是指具有下列情形之一：（1）走私数量超过前款规定的标准的；（2）达到前款规定的标准，且属于犯罪集团的首要分子，使用特种车辆从事走私活动，或者造成环境严重污染等情形的；（3）未达到前款规定的标准，但造成环境严重污染且后果特别严重的。走私置于容器中的气态废物，构成犯罪的，参照前两款规定的标准处罚。

从重处罚事由　犯走私废物罪而武装掩护走私的，依照《刑法》第 151 条第 1 款的规定从重处罚，即以本罪定罪，但援引《刑法》第 151 条第 1 款的法定刑从重处罚。

十、走私普通货物、物品罪

（一）概念

走私普通货物、物品罪是指违反海关法规，逃避海关监管，运输、携带、邮寄普通货物、物品进出国（边）境，偷逃应缴关税税额较大的行为。

（二）构成

1. 罪体

行为　走私普通货物、物品罪的行为是非法运输、携带、邮寄普通货物、物品进出国（边）境，偷逃应缴关税。

除一般的走私普通货物、物品行为以外，我国《刑法》第154条和第155条还规定了以下两种特殊的走私普通货物、物品的行为：

（1）变相走私行为。

根据《刑法》第154条的规定，下列走私行为，根据《刑法》第三章第二节规定构成犯罪的，依照《刑法》第153条的规定定罪处罚：1）未经海关许可并且未补缴应缴税额，擅自将批准进口的来料加工、来件装配、补偿贸易的原材料、零件、制成品、设备等保税货物，在境内销售牟利的。这里的保税货物，根据《解释》第19条的规定，是指经海关批准，未办理纳税手续进境，在境内储存、加工、装配后应予复运出境的货物。保税货物包括通过加工贸易、补偿贸易等方式进口的货物，以及在保税仓库、保税工厂、保税区域或者免税商店内等储存、加工、寄售的货物。根据2000年9月29日最高人民检察院《关于擅自销售进料加工保税货物的行为法律适用问题的解释》之规定，经海关批准进口的进料加工的货物也属于保税货物。这里的销售牟利，根据2002年7月8日最高人民法院、最高人民检察院、海关总署《关于办理走私刑事案件适用法律若干问题的意见》（以下简称《意见》）第13条的规定，是指行为人主观上为了牟取非法利益而擅自销售海关监管的保税货物、特定减免税货物。实际获利与否或者获利多少并不影响其定罪。2）未经海关许可并且未补缴应缴税额，擅自将特定减税、免税进口的货物、物品，在境内销售牟利的。上述两种走私行为是特殊的走私行为，不同于一般走私行为的特征在于：一般走私行为是从境外走私到境内，而上述两种特殊走私行为则是走私物品在走私前已经在境内。但它们具有与一般走私行为相同之处，这就是偷逃应缴税额。这里的应缴税额，根据《解释（一）》第18条第1款的规定，包括进出口货物、物品应当缴纳的进出口关税和进口环节海关代征税的税额。应缴税额以走私行为实施时的税则、税率、汇率和完税价格计算；多次走私的，以每次走私行为实施时的税则、税率、汇率和完税价格逐票计算；走私行为实施时间不能确定的，以案发时的税则、税率、汇率和完税价格计算。除上述刑法规定以外，《意见》还规定下列两种情形也应依照《刑法》第153条定罪处罚：1）利用购买的加工贸易登记手册、特定减免税批文等涉税单证进口货物。这里的加工贸易登记手册、特定减免税批文等涉税单证，是指海关根据国家法律法规以及有关政策性规定，给予特定企业用于保税货物经营管理和减免税优惠待遇的凭证。根据《意见》第9条的规定，利用购买的加工贸易登记手册、特定减免税批文等涉税单证进口货物，实质上是将一般贸易货物伪报为加工贸易保税货物或者特定减免税货物进口，以达到偷逃应缴税款的目的，应当适用《刑法》第153条以走私普通货物、物品罪定罪处罚。2）在加工贸易活动中骗取海关核销。根据《意见》第10条的规定，在加工贸易经营活动中，以假出口、假结转或者利用虚假单证等方式骗取海关核销，致使保税货物、物品脱离海关监管，造成国家税款流失，情节严重的，依照《刑法》第153条的规定，以走私普通货物、物品罪追究刑事责任。

（2）间接走私行为。

间接走私行为是指《刑法》第155条第1项和第2项［《刑法修正案（四）》第3条］规定的两种走私行为，即：1）直接向走私人非法收购国家禁止进口物品，或者直接向走私人非法收购走私进口的其他货物、物品，数额较大的；2）在内海、领海、界河、界湖运输、收购、贩卖国家禁止出口物品的，或者运输、收购、贩卖国家限制进出口货物、物品，数额较大，没有合法证明的。应当指出，间接走私并非独立罪名，而应根据走私客体的种类分别以本节规定的走私罪论处。

客体　走私普通货物、物品罪的客体是普通货物、物品。这里的普通货物、物品，是指《刑法》第 151 条、第 152 条、第 347 条规定为犯罪以外的货物、物品。例如，走私国家禁止出口的黄金，《刑法》第 151 条第 2 款已经规定为走私贵重金属罪，因而国家禁止出口的黄金不属于普通货物、物品。而走私国家允许进口的黄金，《刑法》第 151 条第 2 款并未规定为犯罪，其偷逃关税，符合走私普通货物、物品罪的特征，因此，国家允许进口的黄金，属于普通货物、物品。此外，根据《意见》第 8 条的规定，已被国家明令禁止进出口的货物、物品，例如旧汽车、切割车、侵犯知识产权的货物、来自疫区的动植物及其产品等，也可以成为本罪的客体。

2. 罪责

走私普通货物、物品罪的罪责形式是故意。这里的故意，是指明知是走私普通货物、物品的行为而有意实施的主观心理状态。走私主观故意中的明知，是指行为人知道或者应当知道所从事的行为是走私行为。具有以下情形之一的，可以认定为明知，但有证据证明确属被蒙骗的除外：（1）逃避海关监管，运输、携带、邮寄国家禁止进出境的货物、物品的；（2）用特制的设备或者运输工具走私货物、物品的；（3）未经海关同意，在非海关的码头、海（河）岸、陆路边境等地点，运输（驳载）、收购或者贩卖非法进出境货物、物品的；（4）提供虚假的合同、发票、证明等商业单证委托他人办理通关手续的；（5）以明显低于货物正常进（出）口的应缴税款委托他人代理进（出）口业务的；（6）曾因同一种走私行为受过刑事处罚或者行政处罚的；（7）其他有证据证明的情形。这里还存在一个对走私的特定对象是否需要明知的问题。对此，《意见》第 6 条规定，走私犯罪嫌疑人主观上具有走私犯罪故意，但对其走私的具体对象不明确的，不影响走私犯罪的构成，应当根据实际的走私对象定罪处罚。但是，确有证据证明行为人因受蒙骗而对走私对象发生认识错误的，可以从轻处罚。根据这一司法解释，走私故意中的明知，并不要求对特定对象的明知，而应以实际走私的内容定罪。从刑法理论上来说，在不同罪名之间发生对象认识错误的，应以行为人之所知定罪。

3. 罪量

走私普通货物、物品罪的罪量要素是走私普通货物、物品偷逃应缴税额较大或者一年内曾因走私被给予二次行政处罚后又走私的。不符合上述罪量要件的，应以一般海关违法行为论处。这里的偷逃应缴税额较大，根据前引《解释》第16条第1款的规定，是指10万元以上不满50万元。

（三）认定

1. 走私普通货物、物品时隐匿违禁的货物、物品的行为的处理

在司法实践中，往往存在着走私普通货物、物品过程中，隐匿《刑法》第151条、第152条、第347条、第350条规定的各种违禁的货物、物品的情形。对于这种情况，《解释（一）》第22条明确规定，在这种情况下，构成犯罪的，以实际走私的货物、物品定罪处罚；构成数罪的，实行数罪并罚。

2. 走私经许可进口的国家限制进口的可用作原料的废物行为的处理

经许可进口国家限制进口的可用作原料的废物时，偷逃应缴税额，构成犯罪的，应当依照《刑法》第153条规定，按走私普通货物、物品罪定罪处罚；既未经许可，又偷逃应缴税款，同时构成走私废物罪和走私普通货物、物品罪的，应当按照刑法处罚较重的规定定罪处罚。虽经许可，但超过许可数量进口国家限制进口的可用作原料的废物，超过部分以未经许可论。

3. 走私罪的既遂

关于走私罪既遂的标准，在刑法理论上存在争议。根据前引《解释（一）》第23条的规定，实施走私犯罪，具有下列情形之一的，应当认定为犯罪既遂：（1）在海关监管现场被查获的；（2）以虚假申报方式走私，申报行为实施完毕的；（3）以保税货物或者特定减税、免税进口的货物、物品为对象走私，在境内销售的，或者申请核销行为实施完毕的。

4. 走私罪的共犯

《刑法》第 156 条规定："与走私罪犯通谋，为其提供贷款、资金、账号、发票、证明，或者为其提供运输、保管、邮寄或者其他方便的，以走私罪的共犯论处。"在上述情况下，为走私罪犯提供方便的，是走私罪的帮助犯，系从犯。这里的通谋，根据《意见》第 15 条的规定，包括犯罪行为人之间事先或者事中形成的共同的走私故意。下列情形可以认定为通谋：（1）对明知他人从事走私活动而同意为其提供贷款、资金、账号、发票、证明、海关单证，提供运输、保管、邮寄或者其他方便的；（2）多次为同一走私犯罪分子的走私行为提供前项帮助的。

（四）处罚

根据《刑法》第 153 条第 1 款［《刑法修正案（八）》第 27 条］之规定，犯本罪的，根据情节轻重，分别依照下列规定处罚：

（1）走私货物、物品偷逃应缴税额较大或者 1 年内曾因走私被给予 2 次行政处罚后又走私的，处 3 年以下有期徒刑或者拘役，并处偷逃应缴税额 1 倍以上 5 倍以下罚金。

（2）走私货物、物品偷逃应缴税额巨大或者有其他严重情节的，处 3 年以上 10 年以下有期徒刑，并处偷逃应缴税额 1 倍以上 5 倍以下罚金。

（3）走私货物、物品偷逃应缴税额特别巨大或者有其他特别严重情节的，处 10 年以上有期徒刑或者无期徒刑，并处偷逃应缴税额 1 倍以上 5 倍以下罚金或者没收财产。

《刑法》第 153 条第 2 款规定，单位犯本罪的，对单位判处罚金，并对其直接负责的主管人员和其他直接责任人员，处 3 年以下有期徒刑或者拘役；情节严重的；处 3 年以上 10 年以下有期徒刑；情节特别严重的，处 10 年以上有期徒刑。根据《解释（一）》第 24 条第 2 款的规定，单位犯走私普通货物、物品罪，偷逃应缴税额在 20 万元以上不满 100 万元的，对单位判处罚金，并对其直接负责的主管人员和其他直接责任人员，处 3 年以下有期徒刑或者拘役；偷逃应缴税额在 100 万元以上不满 500 万元的，属于情节严重，对单位判处罚金，并对其直接负责的主管人员和其他直接责任人员，处 3 年以上 10 年以下有期徒刑；偷逃应缴税额在 500 万元以上的，属于情节特别严重，对单位判处罚金，并对其直接负责的主管人员和其他直接责任人员，处 10 年以上有期徒刑。

《刑法》第 153 条第 3 款规定，对多次走私未经处理的，按照累计走私货物、物品的偷逃应缴税额处罚。这里的多次走私未经处理，根据《解释（一）》第 18 条第 2 款的规定，是指未经行政处罚和刑事处理。

加重处罚事由　犯走私普通货物、物品罪而偷逃应缴税额巨大或者有其他严重情节的，是本罪的加重处罚事由。这里的偷逃应缴税额巨大，根据前引《解释》第 16 条第 1 款的规定，是指偷逃应缴税额在 50 万元以上不满 250 万元。这里的有其他严重情节，根据前引《解释（一）》第 16 条第 2 款，是指偷逃应缴税额在 30 万元以上不满 50 万元，并具有下列情形之一：（1）犯罪集团的首要分子；（2）使用特种车辆从事走私活动的；（3）为实施走私犯罪，向国家机关工作人员行贿的；（4）教唆、利用未成年人、孕妇等特殊人群走私的；（5）聚众阻挠缉私的。

特别加重处罚事由　犯走私普通货物、物品罪而偷逃应缴税额特别巨大或者有其他特别严重情节的，是本罪的特别加重处罚事由。这里的偷逃应缴税额特别巨大，根据前引《解释（一）》第 16 条第 1 款的规定，是指偷逃应缴税额在 250 万元以上。这里的有其他特别严重情节，根据前引《解释（一）》第 16 条第 2 款，是指偷逃应缴税额在 150 万元以上不满 250 万元，并具有下列情形之一：（1）犯罪集团的首要分子；（2）使用特种车辆从事走私活动的；（3）为实施走私犯罪，向国家机关工作人员行贿的；（4）教唆、利用未成年人、孕妇等特殊人群走私的；（5）聚众阻挠缉私的。

从重处罚事由　犯走私普通货物、物品罪而武装掩护走私的，依照《刑法》第 151 条第 1 款 的规定从重处罚，即以本罪定罪，但援引《刑法》第 151 条第 1 款的法定刑从重处罚。

数罪并罚　《刑法》第 157 条第 2 款规定："以暴力、威胁方法抗拒缉私的，以走私罪和本法第二百七十七条规定的阻碍国家机关工作人员依法执行职务罪，依照数罪并罚的规定处罚。"根据这一规定，对于走私罪与妨害公务罪构成的牵连犯，应实行数罪并罚。

第二十五章

破坏社会主义市场经济秩序罪Ⅲ：
妨害对公司、企业的管理秩序罪

第一节　妨害对公司、企业的管理秩序罪概述

一、概念

妨害对公司、企业的管理秩序罪是指违反公司法，在公司的设立、经营、清算过程中妨害对公司、企业的管理秩序，情节严重的行为。

二、罪名

妨害对公司、企业的管理秩序罪是刑法分则第三章第三节规定之罪，1997 年《刑法》从第 158 条至第 169 条共 12 个条文，规定了 13 个罪名。此外，《刑法修正案》第 2 条对《刑法》第 168 条进行了修改，将 1 个罪名修改为 2 个罪名①，2006

---

① 最高人民法院、最高人民检察院 2002 年 3 月 15 日《关于执行〈中华人民共和国刑法〉确定罪名的补充规定》，根据《刑法修正案》第 2 条的规定，取消《刑法》第 168 条的徇私舞弊造成破产、亏损罪罪名，修改为国有公司、企业、事业单位人员失职罪和国有公司、企业、事业单位人员滥用职权罪。

年 6 月 29 日《刑法修正案（六）》增设了 2 个罪名。2011 年 2 月 25 日《刑法修正案（八）》增设了 1 个罪名。本章共计 17 个罪名。这些罪名是：（1）虚报注册资本罪；（2）虚假出资、抽逃出资罪；（3）欺诈发行证券罪①；（4）违规披露、不披露重要信息罪②；（5）妨害清算罪；（6）隐匿、故意销毁会计凭证、会计账簿、财务会计报告罪；（7）虚假破产罪；（8）非国家工作人员受贿罪；（9）对非国家工作人员行贿罪；（10）对外国公职人员、国际公共组织官员行贿罪③；（11）非法经营同类营业罪；（12）为亲友非法牟利罪；（13）签订、履行合同失职被骗罪；（14）国有公司、企业、事业单位人员失职罪；（15）国有公司、企业、事业单位人员滥用职权罪；（16）徇私舞弊低价折股、出售国有资产罪；（17）背信损害上市公司利益罪。

三、法定刑

妨害对公司、企业的管理秩序罪的法定最高刑是 15 年有期徒刑、无期徒刑。此外，还规定了拘役，大部分罪名均规定了罚金。

---

① 最高人民法院、最高人民检察院 2021 年 2 月 26 日《关于执行〈中华人民共和国刑法〉确定罪名的补充规定（七）》，根据《刑法修正案（十一）》第 8 条的规定，取消欺诈发行股票、债券罪，修改为欺诈发行证券罪。

② 最高人民法院、最高人民检察院 2007 年 10 月 25 日《关于执行〈中华人民共和国刑法〉确定罪名的补充规定（三）》，根据《刑法修正案（六）》第 5 条的规定，取消提供虚假财会报告罪罪名，修改为违规披露、不披露重要信息罪。

③ 最高人民法院、最高人民检察院 2011 年 4 月 17 日《关于执行〈中华人民共和国刑法〉确定罪名的补充规定（五）》，根据《刑法修正案（八）》第 29 条第 2 款的规定，设立对外国公职人员、国际公共组织官员行贿罪。

第二节　妨害对公司、企业的管理秩序罪分述

一、虚报注册资本罪

（一）概念

虚报注册资本罪是指在申请注册资本实缴制公司的登记过程中，使用虚假证明文件或者采取其他欺诈手段虚报注册资本，欺骗公司登记主管部门，取得公司登记，虚报注册资本数额巨大、后果严重或者有其他严重情节的行为。

（二）构成

1. 罪体

主体　虚报注册资本罪的主体是注册资本实缴制公司的申请人。

行为　虚报注册资本罪的行为是使用虚假证明文件或者采取其他欺诈手段虚报注册资本，欺骗公司登记主管部门，取得注册资本实缴制公司的登记。这里的使用虚假证明文件，是指在申请公司登记过程中，出具不真实的验资报告、资产评估报告、验资证明等材料。采取其他欺诈手段，是指采取贿赂等非法手段收买公司登记主管部门的工作人员或者其他有关部门的工作人员。虚报注册资本，是指实有的资本没有达到公司法要求的设立公司所需的法定资本最低限额，而采取虚假手段谎报注册资本已达到法定标准的行为。这里的虚假，包括以无报有和以少报多。此外，在公司增资扩股过程中，虚报增资骗取公司变更登记的，也是虚报注册资本的行为。应该指出，我国原公司法规定，对公司注册资本实行实缴制。在这种情况下，虚报注册资本罪适用于所有公司。但2013年12月28日全国人大常委会对公司法作了修改，将公司注册资本改为认缴制，只有在法律、行政法规以及国务院决定对公司注册资本实缴、注册资本最低限额另有规定的情况下，才实行实缴制。在这种情况下，对于实行注册资本认缴制的公司就不再存在虚报注册资本的问题；只有对实行注册资本实缴制的公司才存在虚报注册资本的

问题。为此，2014 年 4 月 24 日全国人大常委会发布了《关于〈中华人民共和国刑法〉第一百五十八条、第一百五十九条的解释》，明确规定："刑法第一百五十八条的规定，只适用于依法实行注册资本实缴登记制的公司。"上述立法解释回应了公司法的修改，限缩了虚报注册资本罪的成立范围。

客体　虚报注册资本罪的客体是注册资本。这里的注册资本，是指有限责任公司的股东和股份有限公司的股东在公司登记机关登记的股东实际缴纳的出资总额。

2. 罪责

虚报注册资本罪的罪责形式是故意。这里的故意，是指明知是虚报注册资本的行为而有意实施的主观心理状态。

3. 罪量

虚报注册资本罪的罪量要素是虚报注册资本取得公司登记，并且数额巨大、后果严重或者有其他严重情节。这里的取得公司登记，是指经工商行政管理部门核准并发给企业法人营业执照。如果在申请登记过程中，工商行政管理部门发现其使用的是虚假的证明文件或者采取了欺诈手段，没有予以登记，不构成本罪。这里的虚报注册资本数额巨大、后果严重或者有其他严重情节，参照 2022 年 4 月 6 日最高人民检察院、公安部《关于公安机关管辖的刑事案件立案追诉标准的规定（二）》〔以下简称《立案追诉标准（二）》〕第 3 条的规定，是指涉嫌下列情形之一的：（1）法定注册资本最低限额在 600 万元以下，虚报数额占其应缴出资数额 60％以上的。（2）法定注册资本最低限额超过 600 万元，虚报数额占其应缴出资数额 30％以上的。（3）造成投资者或者其他债权人直接经济损失累计数额在 50 万元以上的。（4）虽未达到上述数额标准，但具有下列情形之一的：1）二年内因虚报注册资本受过二次以上行政处罚，又虚报注册资本的；2）向公司登记主管人员行贿的；3）为进行违法活动而注册的。（5）其他后果严重或者有其他严重情节的情形。

（三）处罚

根据《刑法》第158条第1款之规定，犯本罪的，处3年以下有期徒刑或者拘役，并处或者单处虚报注册资本金额1%以上5%以下罚金。第2款规定，单位犯本罪的，对单位判处罚金，并对其直接负责的主管人员和其他直接责任人员，处3年以下有期徒刑或者拘役。

二、虚假出资、抽逃出资罪

（一）概念

虚假出资、抽逃出资罪是指实行资本实缴制公司的发起人、股东违反公司法的规定，未交付货币、实物或者未转移财产权，虚假出资，或者在公司成立后又抽逃其出资，数额巨大、后果严重或者有其他严重情节的行为。

（二）构成

1. 罪体

主体 虚假出资、抽逃出资罪的主体是实行资本实缴制公司的发起人、股东。这里的公司发起人，是指依法创立、筹办股份有限公司的人。股东，是指公司的出资人，包括有限责任公司的股东和股份有限公司的股东。

行为 虚假出资、抽逃出资罪的行为是违反公司法的规定，未交付货币、实物或者未转移财产权，虚假出资，或者在公司成立后又抽逃出资。

（1）虚假出资。

虚假出资是指以下三种情形：1) 未交付货币、实物，是指未将货币足额存入准备设立的公司在银行开设的临时账户，或者根本就没有交付任何货币；没有实际交付作为出资的机器、设备、原材料、房屋等实物。2) 未转移财产权，是指对作为出资的实物、工业产权、非专利技术、土地使用权没有办理财产权转移手续或者土地使用权转移手续。3) 虚假出资，是指对以实物、工业产权、非专利技术或者土地使用权出资的，在评估作价时，故意高估或者低估作价，然后再作为出资等情形。

（2）抽逃出资。

抽逃出资是指为达到设立实行注册资本实缴制公司的目的，在出资并进行公司登记后，又将资金予以抽回。根据 2011 年 1 月 27 日最高人民法院《关于适用〈中华人民共和国公司法〉若干问题的规定（三）》（2020 年修正）第 12 条的规定，抽逃出资具有以下四种情形：1）制作虚假财务会计报表虚增利润进行分配；2）通过虚构债权债务关系将其出资转出；3）利用关联交易将出资转出；4）其他未经法定程序将出资抽回的行为。

客体　虚假出资、抽逃出资罪的客体是出资。这里的出资，是指根据公司法的规定，在公司成立时，公司发起人或者股东应当缴纳的货币、实物、工业产权、非专利技术或者土地使用权。

2. 罪责

虚假出资、抽逃出资罪的罪责形式是故意。这里的故意，是指明知是虚假出资、抽逃出资的行为而有意实施的主观心理状态。

3. 罪量

虚假出资、抽逃出资罪的罪量要素是虚假出资、抽逃出资数额巨大、后果严重或者有其他严重情节。这里的虚假出资或者抽逃出资数额巨大、后果严重或者有其他严重情节，参照《立案追诉标准（二）》第 4 条的规定，是指涉嫌下列情形之一的：（1）法定注册资本最低限额在 600 万元以下，虚假出资、抽逃出资数额占其应缴出资数额 60% 以上的。（2）法定注册资本最低限额超过 600 万元，虚假出资、抽逃出资数额占其应缴出资数额 30% 以上的。（3）造成公司、股东、债权人的直接经济损失累计数额在 50 万元以上的。（4）虽未达到上述数额标准，但具有下列情形之一的：1）致使公司资不抵债或者无法正常经营的；2）公司发起人、股东合谋虚假出资、抽逃出资的；3）二年内因虚假出资、抽逃出资受过二次以上行政处罚，又虚假出资、抽逃出资的；4）利用虚假出资、抽逃出资所得资金进行违法活动的。（5）其他后果严重或者有其他严重情节的情形。

（三）处罚

根据《刑法》第159条第1款之规定，犯本罪的，处5年以下有期徒刑或者拘役，并处或者单处虚假出资金额或者抽逃出资金额2%以上10%以下罚金。第2款规定，单位犯本罪的，对单位判处罚金，并对其直接负责的主管人员和其他直接责任人员，处5年以下有期徒刑或者拘役。

三、欺诈发行证券罪

（一）概念

欺诈发行证券罪是指在招股说明书、认股书、公司、企业债券募集办法等发行文件中，隐瞒重要事实或者编造重大虚假内容，发行股票或者公司、企业债券、存托凭证或者国务院依法认定的其他证券，数额巨大、后果严重或者有其他严重情节的行为。

（二）构成

1. 罪体

行为　欺诈发行证券罪的行为是在招股说明书、认股书、公司、企业债券募集办法等发行文件中，隐瞒重要事实或者编造重大虚假内容，发行股票或者公司、企业债券、存托凭证或者国务院依法认定的其他证券。

客体　欺诈发行证券罪的客体是股票或者公司、企业债券、存托凭证或者国务院依法认定的其他证券。这里的股票，是指股份有限公司签发的证明股东按其所持股份享有权利和承担义务的凭证。公司、企业债券，是指公司、企业按照法定程序发行的，约定在一定期限内还本付息的有价证券。存托凭证是指在一国证券市场流通的代表外国公司有价证券的可转让凭证，由存托人签发，以境外证券为基础在境内发行，代表境外基础证券权益的证券。国务院依法认定的其他证券是指上述股票、证券、存托凭证以外的其他证券。

2. 罪责

欺诈发行证券罪的罪责形式是故意。这里的故意，是指明知在招股说明书、认股书、公司、企业债券募集办法等发行文件中，隐瞒重要事实或者编造重大虚假内容而发行股票或者公司、企业债券、存托凭证或者其他国务院依法认定的其他证券的主观心理状态。

3. 罪量

欺诈发行证券罪的罪量要素是欺诈发行证券，数额巨大、后果严重或者有其他严重情节。这里的欺诈发行证券，数额巨大、后果严重或者有其他严重情节，参照《立案追诉标准（二）》第 5 条的规定，是指涉嫌下列情形之一的：（1）非法募集资金金额在 1 000 万元以上的；（2）虚增或者虚减资产达到当期资产总额 30％以上的；（3）虚增或者虚减营业收入达到当期营业收入总额 30％以上的；（4）虚增或者虚减利润达到当期利润总额 30％以上的；（5）隐瞒或者编造的重大诉讼、仲裁、担保、关联交易或者其他重大事项所涉及的数额或者连续 12 个月的累计数额达到最近一期披露的净资产 50％以上的；（6）造成投资者直接经济损失数额累计在 100 万元以上的；（7）为欺诈发行证券而伪造、变造国家机关公文、有效证明文件或者相关凭证、单据的；（8）为欺诈发行证券向负有金融监督管理职责的单位或者人员行贿的；（9）募集的资金全部或者主要用于违法犯罪活动的；（10）其他后果严重或者有其他严重情节的情形。

（三）处罚

根据《刑法》第 160 条第 1 款［《刑法修正案（十一）第 8 条》］之规定，犯本罪的，处 5 年以下有期徒刑或者拘役，并处或者单处罚金。数额特别巨大、后果特别严重或者有其他严重情节的，处 5 年以上有期徒刑，并处罚金。

第 2 款控股股东、实际控制人组织、指使实施前款行为的，处 5 年以下有期徒刑或者拘役，并处或者单处非法募集资金金额 20％以上一倍以下罚金；数额特别巨大、后果特别严重或者有其他特别严重情节的，处 5 年以上有期徒刑，并处非法募集资金金额 20％以上一倍以下罚金。

第 3 款规定，单位犯本罪的，对单位判处非法募集资金金额 20％以上一倍以下罚金，并对其直接负责的主管人员和其他直接责任人员，依照第 1 款的规定处罚。

加重处罚事由　犯欺诈发行证券罪而数额特别巨大、后果特别严重或者有其他严重情节的，是本罪的加重处罚事由。

四、违规披露、不披露重要信息罪

（一）概念

违规披露、不披露重要信息罪是指依法负有信息披露义务的公司、企业向股东和社会公众提供虚假的或者隐瞒重要事实的财务会计报告，或者对依法应当披露的其他重要信息不按照规定披露，严重损害股东或者其他人的利益，或者有其他严重情节的行为。

（二）构成

1. 罪体

主体　违规披露、不披露重要信息罪的主体是依法负有信息披露义务的公司、企业。本罪是纯正的单位犯罪。这里的公司，是指有限责任公司和股份有限公司。企业，是指公司以外的其他经济组织。应当指出，作为本罪主体的公司、企业，必须是依法负有信息披露的义务。

行为　违规披露、不披露重要信息罪的行为是向股东和社会公众提供虚假的或者隐瞒重要事实的财务会计报告，或者对依法应当披露的其他重要信息不按照规定披露。

客体　违规披露、不披露重要信息罪的客体是股东、社会公众和虚假财务会计报告以及其他重要信息。这里的股东，是指持有公司股份或者股票的投资者。社会公众，是指社会上除股东以外的其他普通公民。这里的财务会计报告，是指公司的业务部门或者公司委托的其他会计、审计机构，按照国家的规定于每一年度终了时制作的反映公司财务状况和经营成果的文件。而虚假，则是指虚构事实、隐瞒真相，与公司的实际财务状况不相符合。

2. 罪责

违规披露、不披露重要信息罪的罪责形式是故意。这里的故意，是指明知是虚假的或者隐瞒重要事实的财务会计报告或者其他重要信息而有意提供或者不披露的主观心理状态。

3. 罪量

违规披露、不披露重要信息罪的罪量要素是严重损害股东或者其他人的利益，或者有其他严重情节。根据《立案追诉标准（二）》第 6 条的规定，实施本罪的行为，涉嫌下列情形之一的，应予追诉：（1）造成股东、债权人或者其他人直接经济损失数额累计在 100 万元以上的；（2）虚增或者虚减资产达到当期披露的资产总额 30％以上的；（3）虚增或者虚减营业收入达到当期披露的营业收入总额 30％以上的；（4）虚增或者虚减利润达到当期披露的利润总额 30％以上的；（5）未按照规定披露的重大诉讼、仲裁、担保、关联交易或者其他重大事项所涉及的数额或者连续 12 个月的累计数额达到最近一期披露的净资产 50％以上的；（6）致使不符合发行条件的公司、企业骗取发行核准或者注册并且上市交易的；（7）致使公司、企业发行的股票或者公司、企业债券、存托凭证或者国务院依法认定的其他证券被终止上市交易的；（8）在公司财务会计报告中将亏损披露为盈利，或者将盈利披露为亏损的；（9）多次提供虚假的或者隐瞒重要事实的财务会计报告，或者多次对依法应当披露的其他重要信息不按照规定披露的；（10）其他严重损害股东、债权人或者其他人利益，或者有其他严重情节的情形。

（三）处罚

根据《刑法》第 161 条第 1 款之规定，犯本罪的，处 5 年以下有期徒刑或者拘役，并处或者单处罚金；情节特别严重的，处 5 年以上 10 年以下有期徒刑，并处罚金。

第 2 款规定，前款规定的公司、企业的控股股东、实际控制人实施或者组织、指使实施前款行为的，或者隐瞒相关事项导致前款规定的情形发生的，依照前款的规定处罚。

第 3 款规定，犯前款罪的控股股东、实际控制人是单位的，对单位判处罚金，并对其直接负责的主管人员和其他直接责任人员，依照第 1 款的规定处罚。

加重处罚事由　犯欺诈发行证券罪而情节特别严重的，是本罪的加重处罚事由。

五、妨害清算罪

（一）概念

妨害清算罪是指公司、企业进行清算时，隐匿财产，对资产负债表或者财产清单作虚伪记载，或者在未清偿债务前分配公司、企业财产，严重损害债权人或者其他人利益的行为。

（二）构成

1. 罪体

主体　妨害清算罪的主体是公司、企业，并且是正在进行清算的公司、企业。本罪是纯正的单位犯罪。

行为　妨害清算罪的行为是公司、企业进行清算时，隐匿财产，对资产负债表或者财产清单作虚伪记载，或者在未清偿债务前分配公司、企业财产。

时间　妨害清算罪的时间是公司、企业清算时。这里的清算时，是指公司、企业进入破产清算、转制清算或者清算以后。

2. 罪责

妨害清算罪的罪责形式是故意。这里的故意，是指明知是隐匿财产，对资产负债表或者财产清单作虚伪记载或者在未清偿债务前分配公司、企业财产的行为而有意实施的主观心理状态。

3. 罪量

妨害清算罪的罪量要素是严重损害债权人或者其他人的利益。这里的严重损害债权人或者其他人的利益，参照《立案追诉标准（二）》第 7 条的规定，是指涉嫌下列情形之一的：（1）隐匿财产价值在 50 万元以上的；（2）对资产负债表或者财产清单作虚伪记载涉及金额在 50 万元以上的；（3）在未清偿债务前分配公司、企业财产价值在 50 万元以上的；（4）造成债权人或者其他人直接经济损失数额累计在 10 万元以上的；（5）虽未达到上述数额标准，但应清偿的职工的工资、社会保险费用和法定补偿金得不到及时清偿，造成恶劣社会影响的；（6）其他严重损害债权人或者其他人利益的情形。

（三）处罚

根据《刑法》第 162 条之规定，犯本罪的，对公司、企业直接负责的主管人员和其他直接责任人员，处 5 年以下有期徒刑或者拘役，并处或者单处 2 万元以上 20 万元以下罚金。

六、隐匿、故意销毁会计凭证、会计账簿、财务会计报告罪

（一）概念

隐匿、故意销毁会计凭证、会计账簿、财务会计报告罪是指隐匿或者故意销毁依法应当保存的会计凭证、会计账簿、财务会计报告，情节严重的行为。

（二）构成

1. 罪体

主体　隐匿、故意销毁会计凭证、会计账簿、财务会计报告罪的主体，刑法并未加以明文规定。由于本罪属于妨害对公司、企业的管理程序罪，因此本罪的主体一般理解为是公司、企业的财会人员。但 2002 年全国人大常委会法制工作委员会《关于对"隐匿、销毁会计凭证、会计账簿、财务会计报告构成犯罪的主体范围"的问题的答复意见》指出：根据全国人大常委会 1999 年 12 月 25 日

《刑法修正案》第1条的规定，任何单位和个人在办理会计事务时对依法应当保存的会计凭证、会计账簿、财务会计报告，进行隐匿、销毁，情节严重的，构成犯罪，应当依法追究其刑事责任。这是对本罪主体的扩大解释，按照这一规定，无论是否是公司、企业的财会人员，只要实施隐匿、故意销毁会计凭证、会计账簿、财务会计报告的行为，情节严重的，均应以本罪论处。

行为 隐匿、故意销毁会计凭证、会计账簿、财务会计报告罪的行为是隐匿、销毁依法应当保存的会计凭证、会计账簿、财务会计报告。这里的隐匿，是指妨害他人依法发现会计资料的行为。例如，以各种方式将会计凭证转移、藏匿或者应当交出而拒不交出等。销毁，是指妨害会计资料的本来效用的行为。例如，未经有关部门批准，不按会计档案的保管期限和销毁办法而擅自毁灭应当保留的会计资料。

客体 隐匿、故意销毁会计凭证、会计账簿、财务会计报告罪的客体是依法应当保存的会计凭证、会计账簿、财务会计报告。这里的依法应当保存，是指依照有关会计法规的规定，在保管期限之内。会计凭证，是指证明经济业务事项发生的书面证明。会计账簿，是指以会计凭证为依据，由格式固定并相互联系的账页组成的，对单位的全部经济业务进行全面、分类、系统、序时地登记和反映的簿册。财务会计报告，是指根据经过审核的会计账簿记录的有关资料，按照国家统一的会计制度规定的编制要求、提供对象、提供期限，编制的反映单位的财务状况和经营成果的书面文件。

2. 罪责

隐匿、故意销毁会计凭证、会计账簿、财务会计报告罪的罪责形式是故意。这里的故意，是指明知是依法应当保存的会计凭证、会计账簿、财务会计报告而隐匿、销毁的主观心理状态。

3. 罪量

隐匿、故意销毁会计凭证、会计账簿、财务会计报告罪的罪量要素是情节严重。这里的情节严重，参照《立案追诉标准（二）》第8条的规定，是指涉嫌下列情形之一的：（1）隐匿、故意销毁的会计凭证、会计账簿、财务会计报告涉及金额在 50 万元以上的；（2）依法应当向监察机关、司法机关、行政机关、有关主管部门等提供而隐匿、故意销毁或者拒不交出会计凭证、会计账簿、财务会计报告的；（3）其他情节严重的情形。

（三）处罚

根据《刑法》第 162 条之一［《刑法修正案》第 1 条］第 1 款之规定，犯本罪的，处 5 年以下有期徒刑或者拘役，并处或者单处 2 万元以上 20 万元以下罚金。第 2 款规定，单位犯本罪的，对单位判处罚金，并对其直接负责的主管人员和其他直接责任人员，依照个人犯罪的规定处罚。

七、虚假破产罪

（一）概念

虚假破产罪是指公司、企业通过隐匿财产、承担虚构的债务或者以其他方法转移、处分财产，实施虚假破产，严重损害债权人或者其他人利益的行为。

（二）构成

1. 罪体

主体 虚假破产罪的主体是公司、企业的直接负责的主管人员和其他直接责任人员。

行为 虚假破产罪的行为是通过隐匿财产、承担虚构的债务或者以其他方法转移、处分财产，实施虚假破产。这里的隐匿财产，是指将公司的财产隐藏，或者对公司、企业的财产清单和资产负债表作虚假记载，或者采用少报、低报的手段，故意隐瞒、缩小公司、企业财产的实际数额。承担虚构的债务，是指夸大公司、企业的负债状况，目的是造成公司资不抵债的假象。以其他方法非法转移、处分财产，是指在未清偿债务之前，将公司、企业财产无偿转让、以明显不合理的低价转让财产或者以明显高于市场的价格受让财产、对原来没有财产担保的债务提供财产担保、放弃债权、对公司财产进行分配等情形。

2. 罪责

虚假破产罪的罪责形式是故意。这里的故意，是指有意地实施虚假破产行为的主观心理状态。

3. 罪量

虚假破产罪的罪量要素是严重损害债权人或者其他人的利益。这里的严重损害债权人的利益，参照《立案追诉标准（二）》第9条的规定，是指涉嫌下列情形之一的：（1）隐匿财产价值在50万元以上的；（2）承担虚构的债务涉及金额在50万元以上的；（3）以其他方法转移、处分财产价值在50万元以上的；（4）造成债权人或者其他人直接经济损失数额累计在10万元以上的；（5）虽未达到上述数额标准，但应清偿的职工的工资、社会保险费用和法定补偿金得不到及时清偿，造成恶劣社会影响的；（6）其他严重损害债权人或者其他人利益的情形。

（三）处罚

根据《刑法》第162条之二〔《刑法修正案（六）》第6条〕之规定，犯本罪的，处5年以下有期徒刑或者拘役，并处或者单处2万元以上20万元以下罚金。

八、非国家工作人员受贿罪

（一）概念

非国家工作人员受贿罪是指公司、企业或者其他单位的工作人员利用职务上的便利，索取他人财物或者非法收受他人财物，为他人谋取利益，数额较大的行为。

（二）构成

1. 罪体

主体　非国家工作人员受贿罪的主体是公司、企业或者其他单位的工作人员。这里的公司的工作人员，是指有限责任公司、股份有限公司的董事、监事或者职工。企业的工作人员，是指有限责任公司、股份有限公司以外的企业的工作人员。这里的其他单位，根据 2008 年 11 月 20 日最高人民法院、最高人民检察院《关于办理商业贿赂刑事案件适用法律若干问题的意见》（以下简称《意见》）第 2 条的规定，既包括事业单位、社会团体、村民委员会、居民委员会、村民小组等常设性的组织，也包括为组织体育赛事、文艺演出或者其他正当活动而成立的组委会、筹委会、工程承包队等非常设性的组织。其他单位的工作人员，就是指上述单位的工作人员。此外，《意见》第 3 条还规定，这里的公司、企业或者其他单位的工作人员，包括国有公司、企业以及其他国有单位中的非国家工作人员。关于本罪的主体，在我国《刑法》第 163 条原先只规定了公司、企业工作人员，《刑法修正案（六）》第 7 条将其他单位人员补充规定为本罪的主体。《刑法》第 163 条第 3 款规定，国有公司、企业或者其他国有单位中从事公务的人员和国有公司、企业或者其他国有单位委派到非国有公司、企业以及其他单位从事公务的人员实施受贿行为的，依照受贿罪的规定定罪处罚。

行为　非国家工作人员受贿罪的行为是利用职务上的便利，索取他人财物或者非法收受他人财物。《刑法》第 163 条第 2 款规定，公司、企业或者其他单位的工作人员在经济往来中，利用职务上的便利，违反国家规定，收受各种名义的回扣、手续费，归个人所有的，应当以非国家工作人员受贿罪论处。因此，非国家工作人员受贿罪的行为分为两种：（1）普通受贿行为；（2）商业受贿行为。

客体　非国家工作人员受贿罪的客体是财物。在商业受贿的情形下，受贿客体是回扣、手续费。

2. 罪责

非国家工作人员受贿罪的罪责形式是故意。这里的故意，是指明知是利用职务上的便利，索取他人财物或者非法收受他人财物，为他人谋取利益的行为而有意实施的主观心理状态。

目的犯　非国家工作人员受贿罪是法定的目的犯。刑法规定本罪以为他人谋取利益为构成要件。这里的为他人谋取利益，并非犯罪的客观要件，而是超过的主观要素。

3. 罪量

非国家工作人员受贿罪的罪量要素是数额较大。这里的数额较大，根据 2016 年 4 月 18 日最高人民法院、最高人民检察院《关于办理贪污贿赂刑事案件适用法律若干问题的解释》第 11 条第 1 款的规定，按照受贿罪数额较大标准的 2 倍执行，即受贿数额在 6 万元以上。

（三）认定

《意见》对某些领域非国家工作人员商业受贿问题作了以下专门规定：

1. 医疗机构非国家工作人员的商业受贿

《意见》第 4 条第 2 款规定，医疗机构中的非国家工作人员，在药品、医疗器械、医用卫生材料等医药产品采购活动中，利用职务上的便利，索取销售方财物，或者非法收受销售方财物，为销售方谋取利益，数额较大的，依照《刑法》第 163 条的规定，以非国家工作人员受贿罪论处。

2. 医疗机构医务人员的商业受贿

《意见》第 4 条第 3 款规定，医疗机构中的医务人员，利用开处方的职务便利，以各种名义非法收受药品、医疗器械、医用卫生材料等医药产品销售方财物，为医药产品销售方谋取利益，数额较大的，依照《刑法》第 163 条的规定，以非国家工作人员受贿罪定罪处罚。

3. 教育机构非国家工作人员的商业受贿

《意见》第 5 条第 2 款规定，学校及其他教育机构中的非国家工作人员，在教材、教具、校服或者其他物品的采购等活动中，利用职务上的便利，索取销售方财物，或者非法收受销售方财物，为销售方谋取利益，数额较大的，依照《刑法》第 163 条的规定，以非国家工作人员受贿罪定罪处罚。

4. 教育机构教师的商业受贿

《意见》第 5 条第 3 款规定，学校及其他教育机构中的教师，利用教学活动的职务便利，以各种名义非法收受教材、教具、校服或者其他物品销售方财物，为教材、教具、校服或者其他物品销售方谋取利益，数额较大的，依照《刑法》第 163 条的规定，以非国家工作人员受贿罪定罪处罚。

5. 招标、采购有关人员的商业受贿

《意见》第 6 条第 1 款规定，依法组建的评标委员会、竞争性谈判采购中谈判小组、询价采购中询价小组的组成人员，在招标、政府采购等事项的评标或者采购活动中，索取他人财物或者非法收受他人财物，为他人谋取利益，数额较大的，依照《刑法》第 163 条的规定，以非国家工作人员受贿罪定罪处罚。

（四）处罚

根据《刑法》第 163 条第 1 款之规定，犯本罪的，处 3 年以下有期徒刑或者拘役，并处罚金；数额巨大或者有其他严重情节的，处 3 年以上 10 年以下有期徒刑，并处罚金；数额特别巨大或者有其他特别严重情节的，处 10 年以上有期徒刑或者无期徒刑，并处罚金。

加重处罚事由　犯非国家工作人员受贿罪而数额巨大的，是本罪的加重处罚事由。这里的数额巨大，根据 2016 年 4 月 18 日最高人民法院、最高人民检察院《关于办理贪污贿赂刑事案件适用法律若干问题的解释》第 11 条第 1 款的规定，按照受贿罪数额巨大标准的 5 倍执行，即受贿数额在 100 万元以上。

加重处罚情节　犯非国家工作人员受贿罪而数额巨大或者有其他严重情节的，是本罪的加重处罚事由。

特别加重处罚情节　犯非国家工作人员受贿罪而数额特别巨大或者有其他特别严重情节的，是本罪的特别加重处罚事由。

九、对非国家工作人员行贿罪

（一）概念

对非国家工作人员行贿罪是指为谋取不正当利益，给予公司、企业或者其他单位的工作人员以财物，数额较大的行为。

（二）构成

1. 罪体

行为　对非国家工作人员行贿罪的行为是给予公司、企业或者其他单位的工作人员以财物。

客体　对非国家工作人员行贿罪的客体是公司、企业或者其他单位的工作人员和财物。因此，非国家工作人员行贿罪的行贿客体包括公司、企业和其他单位工作人员。

2. 罪责

对非国家工作人员行贿罪的罪责形式是故意，并且具有谋取不正当利益的目的。这里的故意，是指明知是对公司、企业或者其他单位的工作人员行贿的行为而有意实施的主观心理状态。

目的犯　对非国家工作人员行贿罪是法定的目的犯，只有具有谋取不正当利益的目的，才构成本罪。这里的不正当利益，是指谋取违反法律、法规、国家政策和国务院各部门规章规定的利益，以及要求公司、企业人员提供违反法律、法规、国家政策和国务院各部门规章规定的帮助或者便利条件。

3. 罪量

对非国家工作人员行贿罪的罪量要素是数额较大。这里的数额较大，根据2016年4月18日最高人民法院、最高人民检察院《关于办理贪污贿赂刑事案件适用法律若干问题的解释》第11条第3款的规定，按照行贿罪数额较大标准的2倍执行，即行贿数额在6万元以上。

（三）处罚

根据《刑法》第164条第1款［《刑法修正案（九）》第10条］之规定，犯本罪的，处3年以下有期徒刑或者拘役，并处罚金；数额巨大的，处3年以上10年以下有期徒刑，并处罚金。第3款规定，单位犯本罪的，对单位判处罚金，并对其直接负责的主管人员和其他直接责任人员，依照个人犯罪的规定处罚。

加重处罚事由　犯对非国家工作人员行贿罪而数额巨大的，是本罪的加重处罚事由。这里的数额巨大，根据 2016 年 4 月 18 日最高人民法院、最高人民检察院《关于办理贪污贿赂刑事案件适用法律若干问题的解释》第 11 条第 3 款的规定，按照行贿罪数额巨大标准的 2 倍执行，即行贿数额在 200 万元以上。

自首的特别规定　根据《刑法》第 164 条第 4 款的规定，行贿人在被追诉前主动交代行贿行为的，可以减轻处罚或者免除处罚。这是有关对非国家工作人员行贿罪自首的特别规定。在这种情况下，行贿人之所以可以被减轻处罚或者免除处罚，是因为行贿人在被追诉前交代行贿行为，符合自首的特征。而且，行贿人交代本人的行贿行为，必然涉及对受贿人的揭发，因而实际上是自首与立功的竞合。对此，刑法分则作了专门规定，以便正确适用。

十、对外国公职人员、国际公共组织官员行贿罪

（一）概念

对外国公职人员、国际公共组织官员行贿罪是指为谋取不正当商业利益，给予外国公职人员或者国际公共组织官员以财物的行为。

（二）构成

1. 罪体

行为　对外国公职人员、国际公共组织官员行贿罪的行为是给予外国公职人员或者国际公共组织官员以财物。

客体　对外国公职人员、国际公共组织官员行贿罪的客体是外国公职人员、国际公共组织官员和财物。这里的外国公职人员，是指外国经任命或选举担任立法、行政或者司法职务的人员，以及为外国及公共机构或者公营企业行使公共职能的人员。国际公共组织官员，是指国际公务员或者经国际组织授权代表该组织行事的人员。

2. 罪责

对外国公职人员、国际公共组织官员行贿罪的罪责形式是故意，并且具有谋

取不正当商业利益的目的。这里的故意，是指明知是对外国公职人员、国际公共组织官员行贿的行为而有意实施的主观心理状态。

目的犯　对外国公职人员、国际公共组织官员行贿罪是法定的目的犯，只有具有谋取不正当商业利益的目的，才构成本罪。

3. 罪量

对外国公职人员、国际公共组织官员行贿罪的罪量要素是数额较大。这里的数额较大，是指个人行贿数额在 3 万元以上，或者单位行贿数额在 20 万元以上。

（三）处罚

根据《刑法》第 164 条第 2 款［《刑法修正案（八）》第 29 条］之规定，犯本罪的，处 3 年以下有期徒刑或者拘役，并处罚金；数额巨大的，处 3 年以上 10 年以下有期徒刑，并处罚金。第 3 款规定，单位犯本罪的，对单位判处罚金，并对其直接负责的主管人员和其他直接责任人员，依照个人犯罪的规定处罚。

加重处罚事由　犯对外国公职人员、国际公共组织官员行贿罪而数额巨大的，是本罪的加重处罚事由。

自首的特别规定　根据《刑法》第 164 条第 4 款的规定，行贿人在被追诉前主动交代行贿行为的，可以减轻处罚或者免除处罚。

十一、非法经营同类营业罪

（一）概念

非法经营同类营业罪是指国有公司、企业的董事、经理利用职务便利，自己经营或者为他人经营与其所任职公司、企业同类的营业，获取非法利益，数额巨大的行为。

（二）构成

1. 罪体

主体　非法经营同类营业罪的主体是国有公司、企业的董事、经理。

行为 非法经营同类营业罪的行为是利用职务便利，自己经营或者为他人经营与其所任职公司、企业同类的营业，获取非法经济利益。这里的自己经营，是指自己出资进行经营，包括独自经营和参股经营。为他人经营，是指自己并不出资，而是受雇或者受委托在他人出资时任职为其进行经营。这里的同类营业，是指生产、销售同一商品或者具有其他同一性质的营业。

2. 罪责

非法经营同类营业罪的罪责形式是故意。这里的故意，是指明知是非法经营同类营业的行为而有意实施的主观心理状态。

3. 罪量

非法经营同类营业罪的罪量要素是数额较大。

（三）处罚

根据《刑法》第165条之规定，犯本罪的，处3年以下有期徒刑或者拘役，并处或者单处罚金；数额特别巨大的，处3年以上7年以下有期徒刑，并处罚金。

加重处罚事由 犯非法经营同类营业罪而数额特别巨大的，是本罪的加重处罚事由。

十二、为亲友非法牟利罪

（一）概念

为亲友非法牟利罪是指国有公司、企业、事业单位的工作人员，利用职务便利，为亲友非法牟利，使国家利益遭受重大损失的行为。

（二）构成

1. 罪体

主体 为亲友非法牟利罪的主体是国有公司、企业、事业单位的工作人员。

行为 为亲友非法牟利罪的行为是利用职务便利，具有下列情形之一的：

（1）将本单位的盈利业务交由自己的亲友进行经营。（2）以明显高于市场的价格向自己的亲友经营管理的单位采购商品或者以明显低于市场的价格向自己的亲友经营管理的单位销售商品。（3）向自己的亲友经营管理的单位采购不合格商品。

客体　为亲友非法牟利罪的客体是亲友。这里的亲友，从文字上解释是指亲朋好友，只要从中非法牟利的就应当视为亲友。因此，宜对亲友作广义解释。

2. 罪责

为亲友非法牟利罪的罪责形式是故意。这里的故意，是指明知是利用职务便利，为亲友非法牟利的行为而有意实施的主观心理状态。

3. 罪量

为亲友非法牟利罪的罪量要素是使国家利益遭受重大损失。这里的使国家利益遭受重大损失，是指具有下列情形之一的：（1）造成国家直接经济损失数额在10万元以上的；（2）使其亲友非法获利数额在20万元以上的；（3）造成有关单位破产、停业、停产6个月以上，或者被吊销许可证和营业执照、责令关闭、撤销、解散的；（4）其他致使国家利益遭受重大损失的情形。

（三）处罚

根据《刑法》第166条之规定，犯本罪的，处3年以下有期徒刑或者拘役，并处或者单处罚金；致使国家利益遭受特别重大损失的，处3年以上7年以下有期徒刑，并处罚金。

加重处罚事由　犯为亲友非法牟利罪而致使国家利益遭受特别重大损失的，是本罪的加重处罚事由。

十三、签订、履行合同失职被骗罪

（一）概念

签订、履行合同失职被骗罪是指国有公司、企业、事业单位直接负责的主管人员，在签订、履行合同过程中，因严重不负责任被诈骗，致使国家利益遭受重大损失的行为。

（二）构成

1. 罪体

主体　签订、履行合同失职被骗罪的主体是国有公司、企业、事业单位直接负责的主管人员。

行为　签订、履行合同失职被骗罪的行为是在签订、履行合同过程中，因严重不负责任被诈骗。这里的严重不负责任，是指玩忽职守，不认真审查对方的合同主体资格、资信情况、履约能力、货源、合同标的的数量、质量等情况，导致被骗。应当指出，本罪的成立应当以对方当事人涉嫌诈骗，行为构成犯罪为前提。最高人民法院刑二庭审判长会议《关于签订、履行合同失职被骗犯罪是否以对方当事人的行为构成诈骗犯罪为要件的意见》指出："司法机关在办理案件过程中，只要认定对方当事人的行为已经涉嫌构成诈骗犯罪，就可依法认定行为人构成签订、履行合同失职被骗罪，而不需要搁置或者中止审理，直至对方当事人被人民法院审理并判决构成诈骗犯罪。"① 本条规定的诈骗，是指对方当事人的行为已经涉嫌诈骗犯罪，不以对方当事人已经被人民法院判决构成诈骗犯罪作为立案追诉的前提。此外，1998 年 12 月 29 日全国人大常委会《关于惩治骗购外汇、逃汇和非法买卖外汇犯罪的决定》第 7 条规定，"金融机构、从事对外贸易经营活动的公司、企业的工作人员严重不负责任，造成大量外汇被骗购或者逃汇，致使国家利益遭受重大损失的，依照刑法第一百六十七条的规定定罪处罚"，即以签订、履行合同失职被骗罪论处。这是该决定对本罪之行为的补充性规定。

客体　签订、履行合同失职被骗罪的客体是国家利益。

结果　签订、履行合同失职被骗罪的结果是致使国家利益遭受重大损失。这里的致使国家利益遭受重大损失，是指涉嫌下列情节之一的：（1）造成国家直接经济损失数额在 50 万元以上的；（2）造成有关单位破产，停业、停产 6 个月以

---

①　最高人民法院刑一庭，刑二庭. 刑事审判参考：第 4 辑. 北京：法律出版社，2001：77.

上，或者被吊销许可证和营业执照、责令关闭、撤销、解散的；（3）其他致使国家利益遭受重大损失的情形。金融机构、从事对外贸易经营活动的公司、企业的工作人员严重不负责任，造成 100 万美元以上外汇被骗购或者逃汇 1 000 万美元以上的，应予立案追诉。

2. 罪责

签订、履行合同失职被骗罪的罪责形式是过失。这里的过失，是指应当预见签订、履行合同可能被骗，因为疏忽大意而没有预见，或者已经预见而轻信能够避免，以致国家利益遭受重大损失的主观心理状态。

（三）处罚

根据《刑法》第 167 条之规定，犯本罪的，处 3 年以下有期徒刑或者拘役；致使国家利益遭受特别重大损失的，处 3 年以上 7 年以下有期徒刑。

加重处罚事由　犯签订、履行合同失职被骗罪而致使国家利益遭受特别重大损失的，是本罪的加重处罚事由。

十四、国有公司、企业、事业单位人员失职罪

（一）概念

国有公司、企业、事业单位人员失职罪是指国有公司、企业、事业单位的工作人员，由于严重不负责任，造成国有公司、企业破产或者严重损失，致使国家利益遭受重大损失的行为。

（二）构成

1. 罪体

主体　国有公司、企业、事业单位人员失职罪的主体是国有公司、企业、事业单位的工作人员。

行为　国有公司、企业、事业单位人员失职罪的行为是严重不负责任。这里的严重不负责任，是指玩忽职守，既包括不正确履行职责，也包括不积极履行职责。

结果　国有公司、企业、事业单位人员失职罪的结果是造成国有公司、企业破产或者严重损失，致使国家利益遭受重大损失。这里的致使国家利益遭受重大损失，是指涉嫌下列情节之一的：（1）造成国家直接经济损失数额在 50 万元以上的；（2）造成有关单位破产，停业、停产 1 年以上，或者被吊销许可证和营业执照、责令关闭、撤销、解散的；（3）其他致使国家利益遭受重大损失的情形。

2. 罪责

国有公司、企业、事业单位人员失职罪的罪责形式是过失。这里的过失，是指应当预见自己严重不负责任的行为可能造成国有公司、企业破产或者严重损失，因为疏忽大意而没有预见，或者已经预见而轻信能够避免，以致国家利益遭受重大损失的主观心理状态。

（三）处罚

根据《刑法》第 168 条第 1 款（《刑法修正案》第 2 条）之规定，犯本罪的，处 3 年以下有期徒刑或者拘役；致使国家利益遭受特别严重损失的，处 3 年以上 7 年以下有期徒刑。

加重处罚事由　犯国有公司、企业、事业单位人员失职罪而致使国家利益遭受特别严重损失的，是本罪的加重处罚事由。

十五、国有公司、企业、事业单位人员滥用职权罪

（一）概念

国有公司、企业、事业单位人员滥用职权罪是指国有公司、企业、事业单位的工作人员，滥用职权，造成国有公司、企业破产或者严重损失，致使国家利益遭受重大损失的行为。

（二）构成

1. 罪体

主体　国有公司、企业、事业单位人员滥用职权罪的主体是国有公司、企

业、事业单位的工作人员。根据 2010 年 11 月 26 日最高人民法院、最高人民检察院《关于办理国家出资企业中职务犯罪案件具体应用法律若干问题的意见》第 4 条的规定，本罪的主体包括国家出资企业中的国家工作人员。

行为　国有公司、企业、事业单位人员滥用职权罪的行为是滥用职权。这里的滥用职权，既包括超越职权，也包括违反程序行使职权。

2. 罪责

国有公司、企业、事业单位人员滥用职权罪的罪责形式是故意。这里的故意，是指明知是滥用职权的行为而有意实施的主观心理状态。

3. 罪量

国有公司、企业、事业单位人员滥用职权罪的罪量要素是造成国有公司、企业破产或者严重损失，致使国家利益遭受重大损失。这里的致使国家利益遭受重大损失，是指涉嫌下列情形之一的：（1）造成国家直接经济损失数额在 30 万元以上的；（2）造成有关单位破产，停业、停产 6 个月以上，或者被吊销许可证和营业执照、责令关闭、撤销、解散的；（3）其他致使国家利益遭受重大损失的情形。

（三）处罚

根据《刑法》第 168 条第 1 款（《刑法修正案》第 2 条）之规定，犯本罪的，处 3 年以下有期徒刑或者拘役；致使国家利益遭受特别重大损失的，处 3 年以上 7 年以下有期徒刑。第 3 款规定，国有公司、企业、事业单位的工作人员，徇私舞弊，犯本罪的，从重处罚。

加重处罚事由　犯国有公司、企业、事业单位人员滥用职权罪而致使国家利益遭受特别重大损失的，是本罪的加重处罚事由。

从重处罚事由　国有公司、企业、事业单位的工作人员，徇私舞弊犯国有公司、企业、事业单位人员滥用职权罪的，是本罪的从重处罚事由。这里的徇私舞弊，是指出于私利、私情。

十六、徇私舞弊低价折股、出售国有资产罪

（一）概念

徇私舞弊低价折股、出售国有资产罪是指国有公司、企业或者其上级主管部门直接负责的主管人员，徇私舞弊，将国有资产低价折股或者低价出售，致使国家利益遭受重大损失的行为。

（二）构成

1. 罪体

主体　徇私舞弊低价折股、出售国有资产罪的主体是国有公司、企业或者其上级主管部门直接负责的主管人员。

行为　徇私舞弊低价折股、出售国有资产罪的行为是徇私舞弊，将国有资产低价折股或者低价出售。这里的低价折股或者低价出售，是指对国有资产不进行财产评估或者虽然进行了财产评估，但背离所评估资产的价值，低价折股或者低价出售。

客体　徇私舞弊低价折股、出售国有资产罪的客体是国有资产。这里的国有资产，是指国家通过各种形式对国有公司、企业进行投资和投资收益形成的财产，以及依法认定的公司、企业国有财产。

2. 罪责

徇私舞弊低价折股、出售国有资产罪的罪责形式是故意。这里的故意，是指明知是徇私舞弊，将国有资产低价折股或者低价出售的行为而有意实施的主观心理状态。

3. 罪量

徇私舞弊低价折股、出售国有资产罪的罪量要素是致使国家利益遭受重大损失。这里的国家利益遭受重大损失，是指涉嫌下列情形之一的：（1）造成国家直接经济损失数额在 30 万元以上的；（2）造成有关单位破产，停业、停产 6 个月以上，或者被吊销许可证和营业执照、责令关闭、撤销、解散的；（3）其他致使国家利益遭受重大损失的情形。

（三）处罚

根据《刑法》第169条之规定，犯本罪的，处3年以下有期徒刑或者拘役；致使国家利益遭受特别重大损失的，处3年以上7年以下有期徒刑。

加重处罚事由　犯徇私舞弊低价折股、出售国有资产罪而致使国家利益遭受特别重大损失的，是本罪的加重处罚事由。

十七、背信损害上市公司利益罪

（一）概念

背信损害上市公司利益罪是指上市公司的董事、监事、高级管理人员，以及上市公司的控股股东或者实际控制人指使上述人员，违背对公司的忠实义务，利用职务便利，操纵上市公司从事损害上市公司利益的活动，致使上市公司利益遭受重大损失的行为。

（二）构成

1. 罪体

主体　背信损害上市公司利益罪的主体是上市公司的董事、监事、高级管理人员，以及上市公司的控股股东或者实际控制人。

行为　背信损害上市公司利益罪的行为是操纵上市公司，损害上市公司利益。本罪根据主体不同可以分为以下两种情形：（1）上市公司的董事、监事和高级管理人员，违背对公司的忠实义务，利用职务便利，操纵上市公司从事下列行为之一的：1）无偿向其他单位或者个人提供资金、商品、服务或者其他资产的；2）以明显不公平的条件，提供或者接受资金、商品、服务或者其他资产的；3）向明显不具有清偿能力的单位或者个人提供资金、商品、服务或者其他资产的；4）为明显不具有清偿能力的单位或者个人提供担保，或者无正当理由为其他单位或者个人提供担保的；5）无正当理由放弃债权、承担债务的；6）采用其他方式损害上市公司利益的。（2）上市公司的控股股东或者实际控制人，指使上市公司的董事、监事、高级管理人员实施上述行为的。

结果　背信损害上市公司利益罪的结果是致使上市公司利益遭受重大损失。

2. 罪责

背信损害上市公司利益罪的罪责形式是故意。这里的故意，是指明知是背信损害上市公司利益的行为而有意实施的主观心理状态。

3. 罪量

背信损害上市公司利益罪的罪量要素，刑法并未规定。根据《立案追诉标准（二）》第13条的规定，实施本罪的行为，涉嫌下列情形之一的，应予立案追诉：（1）无偿向其他单位或者个人提供资金、商品、服务或者其他资产，致使上市公司直接经济损失数额在150万元以上的；（2）以明显不公平的条件，提供或者接受资金、商品、服务或者其他资产，致使上市公司直接经济损失数额在150万元以上的；（3）向明显不具有清偿能力的单位或者个人提供资金、商品、服务或者其他资产，致使上市公司直接经济损失数额在150万元以上的；（4）为明显不具有清偿能力的单位或者个人提供担保，或者无正当理由为其他单位或者个人提供担保，致使上市公司直接经济损失数额在150万元以上的；（5）无正当理由放弃债权、承担债务，致使上市公司直接经济损失数额在150万元以上的；（6）致使公司、企业发行的股票或者公司、企业债券、存托凭证或者国务院依法认定的其他证券被终止上市交易的；（7）其他致使上市公司利益遭受重大损失的。

（三）处罚

根据《刑法》第169条之一［《刑法修正案（六）》第9条］第1款之规定，犯本罪的，处3年以下有期徒刑或者拘役，并处或者单处罚金；致使上市公司利益遭受特别重大损失的，处3年以上7年以下有期徒刑，并处罚金。第2款规定，上市公司的控股股东或者实际控制人，指使上市公司董事、监事、高级管理人员实施前款行为的，依照前款的规定处罚。第3款规定，犯前款罪的上市公司的控股股东或者实际控制人是单位的，对单位判处罚金，并对其直接负责的主管人员和其他直接责任人员，依照第 1 款的规定处罚。

　　加重处罚事由　　犯背信损害上市公司利益罪而致使上市公司利益遭受特别重大损失的，是本罪的加重处罚事由。

第二十六章

破坏社会主义市场经济秩序罪Ⅳ：
破坏金融管理秩序罪

第一节　破坏金融管理秩序罪概述

一、概念

破坏金融管理秩序罪是指违反金融管理法规，以伪造、变造、非法集资或者其他方法侵害银行管理、货币管理、票据管理、信贷管理、证券管理、外汇管理、保险管理以及其他金融管理制度，破坏金融管理秩序的行为。

二、罪名

破坏金融管理秩序罪是刑法分则第三章第四节规定之罪，原刑法从第170条至第191条共22个条文，规定了24个罪名。此外，1998年12月29日全国人大常委会《关于惩治骗购外汇、逃汇和非法买卖外汇犯罪的决定》增设了1个罪名。《刑法修正案（五）》增设了2个罪名，《刑法修正案（六）》取消了1个罪名，并增设了 3 个罪名。《刑法修正案（七）》增设了 1 个罪名。本章共计 30 个罪名，这些罪名是：（1）伪造货币罪；（2）出售、购买、运输假币罪；（3）金融工作人员购买假币、以假币换取货币罪；（4）持有、使用假币罪；（5）变造货币罪；（6）擅自设立金融机构罪；（7）伪造、变造、转让金融机构经营许可证、批准文件罪①；（8）高利转贷罪；（9）骗取贷款、票据承兑、金融票证罪；（10）非法吸收公众存款罪；（11）伪造、变造金融票证罪；（12）妨害信用卡管理罪；（13）窃取、收买、非法提供信用卡信息罪；（14）伪造、变造国家有价证券罪；（15）伪造、变造股票、公司、企业债券罪；（16）擅自发行股票、公司、企业债券罪；（17）内幕交易、泄露内幕信息罪；（18）利用未公开信息交易罪；（19）编造并传播证券、期货交易虚假信息罪②；（20）诱骗投资者买卖证券、期货合约罪③；（21）操纵证券、期货市场罪④；（22）背信运用受托财产罪；（23）违法运用资金罪；（24）违法发放贷款罪⑤；（25）吸收客户资金不入账

---

① 最高人民法院、最高人民检察院 2002 年 3 月 15 日《关于执行〈中华人民共和国刑法〉确定罪名的补充规定》，根据《刑法修正案》第 3 条的规定，将伪造、变造、转让金融机构经营许可证罪补充为伪造、变造、转让金融机构经营许可证、批准文件罪。

② 最高人民法院、最高人民检察院 2002 年 3 月 15 日《关于执行〈中华人民共和国刑法〉确定罪名的补充规定》，根据《刑法修正案》第 5 条第 1 款的规定，将编造并传播证券虚假信息罪补充为编造并传播证券、期货交易虚假信息罪。

③ 最高人民法院、最高人民检察院 2002 年 3 月 15 日《关于执行〈中华人民共和国刑法〉确定罪名的补充规定》，根据《刑法修正案》第 5 条第 2 款的规定，将诱骗投资者买卖证券罪补充为诱骗投资者买卖证券、期货合约罪。

④ 最高人民法院、最高人民检察院 2002 年 3 月 15 日《关于执行〈中华人民共和国刑法〉确定罪名的补充规定》，根据《刑法修正案》第 6 条的规定，将操纵证券交易价格罪补充为操纵证券、期货交易价格罪。最高人民法院、最高人民检察院 2007 年 10 月 25 日《关于执行〈中华人民共和国刑法〉确定罪名的补充规定（三）》，根据《刑法修正案（六）》第 11 条的规定，再次将操纵证券、期货交易价格罪修改为操纵证券、期货市场罪。

⑤ 最高人民法院、最高人民检察院 2007 年 10 月 25 日《关于执行〈中华人民共和国刑法〉确定罪名的补充规定（三）》，根据《刑法修正案（六）》第 13 条的规定，取消违法向关系人发放贷款罪。

罪①；（26）违规出具金融票证罪②；（27）对违法票据承兑、付款、保证罪；（28）逃汇罪；（29）骗购外汇罪；（30）洗钱罪。

三、法定刑

破坏金融管理秩序罪的法定最高刑是无期徒刑。其他罪名规定了有期徒刑和拘役，大部分罪名规定了罚金，个别罪名规定了没收财产。

第二节 破坏金融管理秩序罪分述

一、伪造货币罪

（一）概念

伪造货币罪是指仿照真货币的图案、形状、色彩等特征非法制造假币，冒充真币的行为。

（二）构成

1. 罪体

行为 伪造货币罪的行为是仿照货币的图案、形状、色彩等特征非法制造假币，冒充真币。此外，根据 2000 年 9 月 8 日最高人民法院《关于审理伪造货币等案件具体应用法律若干问题的解释》［以下简称《解释（一）》］第 1 条第 3 款

---

① 最高人民法院、最高人民检察院 2007 年 10 月 25 日《关于执行〈中华人民共和国刑法〉确定罪名的补充规定（三）》，根据《刑法修正案（六）》第 14 条的规定，取消用账外客户资金非法拆借、发放贷款罪罪名，修改为吸收客户资金不入账罪。

② 最高人民法院、最高人民检察院 2007 年 10 月 25 日《关于执行〈中华人民共和国刑法〉确定罪名的补充规定（三）》，根据《刑法修正案（六）》第 15 条的规定，将非法出具金融票证罪修改为违规出具金融票证罪。

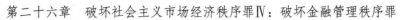

的规定，行为人制造货币版样或者与他人事前通谋，为他人伪造货币提供版样的，依照本罪处罚。

客体　伪造货币罪的客体是货币。按照有关司法解释的规定，货币包括以下三种形态：（1）人民币。（2）外币。这里的外币，是指正当流通的境外货币。2010年10月20日最高人民法院《关于审理伪造货币等案件具体应用法律若干问题的解释（二）》［以下简称《解释（二）》］第3条第2款规定：假境外货币犯罪的数额，按照案发当日中国外汇交易中心或者中国人民银行授权机构公布的人民币对该货币的中间价折合成人民币计算。中国外汇交易中心或者中国人民银行授权机构未公布汇率中间价的境外货币，按照案发当日境内银行人民币对该货币的中间价折算成人民币，或者该货币在境内银行、国际外汇市场对美元汇率，与人民币对美元汇率中间价进行套算。（3）纪念币。这里的纪念币，包括普通纪念币和贵金属纪念币。前引《解释（二）》第4条第2款规定：假普通纪念币犯罪的数额，以面额计算；假贵金属纪念币犯罪的数额，以贵金属纪念币的初始发售价格计算。

2. 罪责

伪造货币罪的罪责形式是故意。这里的故意，是指明知是伪造货币的行为而有意实施的主观心理状态。

目的犯　关于伪造货币罪是否以使用为目的，在刑法理论上存在以下两种观点。第一种观点认为，刑法并未规定本罪必须以使用为目的，因此无论是否具有使用之目的，只要实施了伪造货币行为，一概构成本罪。第二种观点认为，虽然刑法没有对伪造货币罪以使用为目的作出规定，而且在一般情况下伪造货币都是要使用，但也不排除个别情况下存在着不以使用目的而违法制作货币的情形，对此不能以本罪论处。我同意上述第二种观点，本罪在构成上仍需以使用为目的，因而本罪是非法定的目的犯。

3. 罪量

伪造货币罪的罪量要素，刑法未作规定。根据前引《解释（一）》第1条规定，伪造货币的总面额在2 000元以上或者币量在200张（枚）以上的，构成本罪。此外,《关于公安机关管辖的刑事案件立案追诉标准的规定(二)》[以下简称《立案追诉标准(二)》] 第14条还规定,涉嫌下列情形之一的,也应予以立案追诉:(1) 制造货币版样或者为他人伪造货币提供版样的;(2) 其他伪造货币应予追究刑事责任的情形。

(三) 处罚

根据《刑法》第170条 [《刑法修正案(九)》第11条] 之规定,犯本罪的,处3年以上10年以下有期徒刑,并处罚金;有下列情形之一的,处10年以上有期徒刑或者无期徒刑,并处罚金或者没收财产:(1) 伪造货币集团的首要分子;(2) 伪造货币数额特别巨大的;(3) 有其他特别严重情节的。

加重处罚事由　犯伪造货币罪而具有《刑法》第170条规定的三种情形的,是本罪的加重处罚事由:(1) 伪造货币集团的首要分子。(2) 伪造货币数额特别巨大。这里的数额特别巨大,根据前引《解释(一)》第1条第2款的规定,是指伪造货币的总面额在3万元以上。(3) 有其他特别严重情节的。

二、出售、购买、运输假币罪

(一) 概念

出售、购买、运输假币罪是指出售、购买伪造的货币,或者明知是伪造的货币而运输,数额较大的行为。

(二) 构成

1. 罪体

行为　出售、购买、运输假币罪的行为是出售、购买、运输伪造的货币。因此,本罪具有以下三种行为:(1) 出售假币。这里的出售假币是指将伪造的货币以低于票面额的价格卖出。(2) 购买假币,这里的购买假币,是指将伪造的货币以低于票面额的价格买进。(3) 运输假币。这里的运输假币,是指以随身携带、委托他人携带或者以邮寄、借助运输工具等方法,将假币从此地运往彼地。根据刑法规定，只有明知是伪造的货币运输的，才构成本罪。

客体　出售、购买、运输假币罪的客体是伪造的货币。这里的伪造的货币，是指仿照真币的图像、形状、色彩等，采用各种手段制作的假币。

2. 罪责

出售、购买、运输假币罪的罪责形式是故意。这里的故意，是指明知是伪造的货币而出售、购买、运输的主观心理状态。

3. 罪量

出售、购买、运输假币罪的罪量要素是数额较大。这里的数额较大，参照《立案追诉标准（二）》第15条第1款的规定，是指总面额在4 000元以上或者币量在400张（枚）以上的；总面额在2 000元以上或者币量在200张（枚）以上，二年内因出售、购买、运输假币受过行政处罚，又出售、购买、运输假币的。此外，《立案追诉标准（二）》第15条第2款还规定，在出售假币时被抓获的，除现场查获的假币应认定为出售假币的数额外，现场之外在行为人住所或者其他藏匿地查获的假币，也应认定为出售假币的数额。

（三）认定

1. 伪造货币并出售、运输的定性

《刑法》第171条第3款规定："伪造货币并出售或者运输伪造的货币的，依照本法第一百七十条的规定定罪从重处罚。"伪造货币并出售或者运输的，是伪造货币罪与出售、运输假币罪的牵连犯，根据刑法规定，对此应以伪造货币罪从重处罚。

2. 购买假币后使用的定性

前引《解释（一）》第2条第1款规定："行为人购买假币后使用，构成犯罪的，依照刑法第一百七十一条的规定，以购买假币罪定罪，从重处罚。"我国《刑法》第172条规定了使用假币罪，因此，购买假币后使用的，是购买假币罪与使用假币罪的牵连犯。根据司法解释，对此应以购买假币罪从重处罚。

3. 出售、运输假币而使用的定性

前引《解释（一）》第2条第2款规定："行为人出售、运输假币构成犯罪，同时有使用假币行为的，依照刑法第一百七十一条、第一百七十二条的规定，实行数罪并罚。"出售、运输假币而又使用的，根据上述司法解释的规定，构成数罪，应当实行数罪并罚。

（四）处罚

根据《刑法》第171条第1款之规定，犯本罪的，处3年以下有期徒刑或者拘役，并处2万元以上20万元以下罚金；数额巨大的，处3年以上10年以下有期徒刑，并处5万元以上50万元以下罚金；数额特别巨大的，处10年以上有期徒刑或者无期徒刑，并处5万元以上50万元以下罚金或者没收财产。

加重处罚事由　犯出售、购买、运输假币罪而数额巨大的，是本罪的加重处罚事由。这里的数额巨大，根据前引《解释（一）》第3条的规定，是指总面额在5万元以上不满20万元的。

特别加重处罚事由　犯出售、购买、运输假币罪而数额特别巨大的，是本罪的特别加重处罚事由。这里的数额特别巨大，根据前引《解释（一）》第3条的规定，是指总面额在20万元以上的。

三、金融工作人员购买假币、以假币换取货币罪

（一）概念

金融工作人员购买假币、以假币换取货币罪是指银行或者其他金融机构的工作人员购买假币，或者利用职务上的便利，以假币换取货币的行为。

（二）构成

1. 罪体

主体　金融工作人员购买假币、以假币换取货币罪的主体是银行或者其他金融机构的工作人员。

行为　金融工作人员购买假币、以假币换取货币罪的行为有以下两种情形：（1）购买假币。购买假币在《刑法》第171条第1款规定为犯罪，但《刑法》第

171 条第 2 款又规定，金融工作人员购买假币的单独成罪。上述两个犯罪之间存在着普通法与特别法之间的法条竞合关系。（2）利用职务上的便利，以假币换取货币。这里的利用职务上的便利，以假币换取货币，是指金融工作人员利用经手、管理钱款的职务便利，私下以假币换取其经手或者管理的同种、同等的真货币。

客体 金融工作人员购买假币、以假币换取货币罪的客体，在购买假币的情况下是假币；在以假币换取真币的情况下是真币。

2. 罪责

金融工作人员购买假币、以假币换取货币罪的罪责形式是故意。这里的故意，是指明知是购买假币、以假币换取货币的行为而有意实施的主观心理状态。

3. 罪量

金融工作人员购买假币、以假币换取货币罪的罪量要素，刑法未作规定。参照《立案追诉标准（二）》第 16 条的规定，总面额在 2 000 元以上或者币量在 200 张（枚）以上的，应予立案追诉。

（三）处罚

根据《刑法》第 171 条第 2 款之规定，犯本罪的，处 3 年以上 10 年以下有期徒刑，并处 2 万元以上 20 万元以下罚金；数额巨大或者有其他严重情节的，处 10 年以上有期徒刑或者无期徒刑，并处 2 万元以上 20 万元以下罚金或者没收财产；情节较轻的，处 3 年以下有期徒刑或者拘役，并处或者单处 1 万元以上 10 万元以下罚金。

基本犯 根据前引《解释（一）》第 4 条的规定，犯金融工作人员购买假币、以假币换取货币罪，总面额在 4 000 元以上不满 5 万元或者币量在 400 张（枚）以上不达 5 000 张（枚）的，处 3 年以上 10 年以下有期徒刑，并处 2 万元以上 20 万元以下罚金。

减轻处罚事由 犯金融工作人员购买假币、以假币换取货币罪而情节较轻的，是本罪的减轻处罚事由。这里的情节较轻，根据前引《解释（一）》第 4 条的规定，是指总面额不满人民币 4 000 元或者币量不足 400 张（枚）或者具有其他情节较轻的情形。

加重处罚事由　犯金融工作人员购买假币、以假币换取货币罪而数额巨大或者有其他严重情节的，是本罪的加重处罚事由。这里的数额巨大，根据前引《解释（一）》第 4 条的规定，是指总面额在 5 万元以上或者币量在 5 000 张（枚）以上。

四、持有、使用假币罪

（一）概念

持有、使用假币罪是指明知是伪造的货币而持有或者使用，数额较大的行为。

（二）构成

1. 罪体

行为　持有、使用假币罪的行为是持有、使用伪造的货币。本罪有以下两种情形：（1）持有。这里的持有，是指将假币随身携带或者存放在家中、亲友等处。（2）使用。这里的使用，是指以假币当真币使用，履行货币职能，例如以假币购物，到银行存款，清偿债务等。

客体　持有、使用假币罪的客体是伪造的货币。

2. 罪责

持有、使用假币罪的罪责形式是故意。这里的故意，是指明知是伪造的货币而持有、使用的主观心理状态。

3. 罪量

持有、使用假币罪的罪量要素是数额较大。这里的数额较大，根据前引《解释（一）》第 5 条的规定，是指总面额在 4 000 元以上不满 5 万元。参照《立案追诉标准（二）》第 17 条的规定，持有、使用假币的币量在 400 张（枚）以上的；总面额在 2 000 元以上或者币量在 200 张（枚）以上，二年内因持有、使用假币受过行政处罚，又持有、使用假币的，应予立案追诉。

（三）处罚

根据《刑法》第 172 条之规定，犯本罪的，处 3 年以下有期徒刑或者拘役，并处或者单处 1 万元以上 10 万以下罚金；数额巨大的，处 3 年以上 10 年以下有期徒刑，并处 2 万元以上 20 万元以下罚金；数额特别巨大的，处 10 年以上有期徒刑，并处 5 万元以上 50 万元以下罚金或者没收财产。

加重处罚事由　犯持有、使用假币罪而数额巨大的，是本罪的加重处罚事由。这里的数额巨大，根据前引《解释（一）》第 5 条的规定，是指总面额在 5 万元以上不满 20 万元。

特别加重处罚事由　犯持有、使用假币罪而数额特别巨大的，是本罪的特别加重处罚事由。这里的特别加重处罚事由，根据前引《解释（一）》第 5 条的规定，是指总面额在 20 万元以上。

五、变造货币罪

（一）概念

变造货币罪是指对真货币采用剪贴、挖补、揭层、涂改、拼接、移位、重印等方法加工处理，改变真币形态、价值，数额较大的行为。

（二）构成

1. 罪体

行为　变造货币罪的行为是对真货币采用剪贴、挖补、揭层、涂改、拼接、移位、重印等方法加工处理，改变真币形态、价值。

客体　变造货币罪的客体是货币。

2. 罪责

变造货币罪的罪责形式是故意。这里的故意，是指明知是变造货币的行为而有意实施的主观心理状态。

3. 罪量

变造货币罪的罪量要素是数额较大。这里的数额较大，根据前引《解释（一）》第6条的规定，是指总面额在2 000元以上不满3万元。此外，根据《立案追诉标准（二）》第18条的规定，变造货币的币量在200张（枚）以上的；总面额在1 000元以上或者币量在100张（枚）以上，二年内因变造货币受过行政处罚，又变造货币的，应予立案追诉。

（三）认定

前引《解释（二）》第2条规定："同时采用伪造和变造手段，制造真伪拼凑货币的行为，依照刑法第一百七十条的规定，以伪造货币罪定罪处罚。"在上述情况下，行为人既采用了伪造手段，又采用了变造手段，可以说同时触犯了伪造货币罪与变造货币罪。但考虑到行为人是对同一客体采取伪造与变造两种手段，因而根据重行为吸收轻行为的原则，以伪造货币罪论处。当然，如果行为人对不同客体分别实施了伪造货币与变造货币行为，并且达到各自的罪量标准的，应当实行数罪并罚。

（四）处罚

根据《刑法》第173条之规定，犯本罪的，处3年以下有期徒刑或者拘役，并处或者单处1万元以上10万元以下罚金；数额巨大的，处3年以上10年以下有期徒刑，并处2万元以上20万元以下罚金。

加重处罚事由　犯变造货币罪而数额巨大的，是本罪的加重处罚事由。这里的数额巨大，根据前引《解释（一）》第6条的规定，是指总面额在3万元以上。

六、擅自设立金融机构罪

（一）概念

擅自设立金融机构罪是指未经中国人民银行批准，擅自设立商业银行、证券交易所、期货交易所、证券公司、期货经纪公司、保险公司或者其他金融机构的行为。

（二）构成

1. 罪体

行为　擅自设立金融机构罪的行为是未经中国人民银行批准，擅自设立商业银行、证券交易所、期货交易所、证券公司、期货经纪公司、保险公司或者其他金融机构。这里的未经中国人民银行批准，可以分为两种情形：（1）根本未向有权批准的中国人民银行依法提交相应的设立商业银行、证券交易所、期货交易所、证券公司、期货经纪公司、保险公司或者其他金融机构的申请书和相关资料。（2）虽然提交了申请书等必要资料，但中国人民银行经审查认为不符合有关条件或者规定，未予批准，没有发出经营金融业务许可证。在上述两种情况下，未经批准而设立金融机构，即为擅自设立金融机构。

客体　擅自设立金融机构罪的客体是金融机构。这里的金融机构，是指商业银行、证券交易所、期货交易所、证券公司、期货经纪公司、保险公司或者其他金融机构以及上述金融机构的筹备组织。

2. 罪责

擅自设立金融机构罪的罪责形式是故意。这里的故意，是指明知是擅自设立金融机构的行为而有意实施的主观心理状态。

（三）处罚

根据《刑法》第174条（《刑法修正案》第3条）第1款之规定，犯本罪的，处3年以下有期徒刑或者拘役，并处或者单处2万元以上20万元以下罚金；情节严重的，处3年以上10年以下有期徒刑，并处5万元以上50万元以下罚金。第3款规定，单位犯本罪的，对单位判处罚金，并对其直接负责的主管人员和其他直接责任人员，依照个人犯罪的规定处罚。

加重处罚事由　犯擅自设立金融机构罪而情节严重的，是本罪的加重处罚事由。这里的情节严重，是指擅自设立的金融机构规模大、经营时间长、给国家经济或者公民造成重大损失的等。

七、伪造、变造、转让金融机构经营许可证、批准文件罪

（一）概念

伪造、变造、转让金融机构经营许可证、批准文件罪是指伪造、变造、转让商业银行、证券交易所、期货交易所、证券公司、期货经纪公司、保险公司或者其他金融机构的经营许可证或者批准文件的行为。

（二）构成

1. 罪体

行为　伪造、变造、转让金融机构经营许可证、批准文件罪的行为可以分为以下三种情形：（1）伪造金融机构经营许可证、批准文件。（2）变造金融机构经营许可证、批准文件。（3）转让金融机构经营许可证、批准文件。

客体　伪造、变造、转让金融机构经营许可证、批准文件罪的客体是金融机构经营许可证、批准文件。

2. 罪责

伪造、变造、转让金融机构经营许可证、批准文件罪的罪责形式是故意。这里的故意，是指明知是金融机构的经营许可证、批准文件而非法伪造、变造、转让的主观心理状态。

（三）处罚

根据《刑法》第 174 条（《刑法修正案》第 3 条）第 2 款之规定，犯本罪的，处 3 年以下有期徒刑或者拘役，并处或者单处 2 万元以上 20 万元以下罚金；情节严重的，处 3 年以上 10 年以下有期徒刑，并处 5 万元以上 50 万元以下罚金。第 3 款规定，单位犯本罪的，对单位判处罚金，并对其直接负责的主管人员和其他直接责任人员，依照个人犯罪的规定处罚。

加重处罚事由　犯伪造、变造、转让金融机构经营许可证、批准文件罪而情节严重的，是本罪的加重处罚事由。这里的情节严重，是指伪造、变造多张金融

机构经营许可证、批准文件，或者造成严重后果；或者多次转让金融机构经营许可证、批准文件，或者造成严重后果。

八、高利转贷罪

（一）概念

高利转贷罪是指以转贷牟利为目的，套取金融机构信贷资金高利转贷他人，违法所得数额较大的行为。

（二）构成

1. 罪体

行为 高利转贷罪的行为是将套取的金融机构的信贷资金以高于银行的利率转贷他人，获取非法利益。高利转贷罪具有以下前后衔接的两个行为：（1）套取金融机构信贷资金。这里的套取是指以虚假的贷款理由或者贷款条件，隐瞒将贷款用于转贷牟利的真实用途，向金融机构申请贷款。（2）高利转贷给他人。这里的高利是指高于银行同期的利率，不要求转贷利率必须达到一定的倍数，也不得以民间借贷的高利标准认定本罪中的高利。

客体 高利转贷罪的客体是金融机构的信贷资金。这里的信贷资金，包括信用贷款资金和担保贷款资金。信用贷款资金，是指经商业银行审查、评估，确信贷款人资信良好，确能偿还贷款，不必提供担保即可发放的贷款资金。担保贷款资金，是指借款人必须依法向银行提供其有权属的抵押物、质物等才能向银行取得的贷款资金。高利转贷罪的客体还包括承兑汇票。承兑汇票可以分为银行承兑汇票和商业承兑汇票，本罪客体是银行承兑汇票。银行承兑汇票是指由债权人开出的要求债务人付款的命令书。当这种汇票得到银行的付款承诺后，即成为银行承兑汇票。银行承兑汇票由在承兑银行开立存款账户的存款人出票，由银行签发并承兑。因此，承兑汇票是票据权利的凭证，持票人通过贴现可以实现其票据权利。采取欺骗手段套取银行承兑汇票，并高利转贷给他人，是否构成高利转贷罪，这是一个存在争议的问题。姚凯高利转贷案对套取银行的承兑汇票是否属于套取银行信贷资金问题作了肯定性的判决。

案例 26 - 1　　　　　　　**姚凯高利转贷案**①

被告人姚凯，男，1966 年 1 月 4 日出生，高中文化，鞍山市农垦局汤岗子畜牧厂工人。因涉嫌犯高利转贷罪于 2004 年 12 月 9 日被逮捕。

辽宁省鞍山市千山区人民法院经公开审理查明：

鞍山市第六粮库主任林占山（另案处理）得知鞍山市轧钢厂缺少生产资金急需融资，便找到被告人姚凯（与其系同学关系）商议，由姚凯出面办理营业执照，利用林占山与银行相关人员熟悉的便利条件，通过办理银行承兑汇票后借给鞍山市轧钢厂以从中获利。姚凯于 1997 年 9 月承包了鞍山市农垦工贸公司，以该公司名义向银行申请办理银行承兑汇票并转借给鞍山市轧钢厂。

1997 年 11 月，被告人姚凯以鞍山市农里工贸公司名义向鞍山市农业发展银行办理承兑汇票人民币 500 万元。在办理该笔承兑汇票时，鞍山市农里工贸公司在鞍山市农业发展银行所设账户内没有存入保证金，也没有向鞍山市农业发展银行提供担保。林占山、姚凯将这 500 万元银行承兑汇票借给鞍山市轧钢厂用于资金周转，从中获利 35 万元。

1999 年 6 月，姚凯以鞍山市农垦工贸公司名义向鞍山市农业银行营业部办理承兑汇票人民币 490 万元。在办理该笔承兑汇票时，鞍山市农垦工贸公司在鞍山市农业银行营业部所设账户内存款 100 万元作为保证金，并由鞍山市轧钢厂作为保证人提供担保，鞍山市垦工贸公司、鞍山市农业银行营业部、鞍山市轧钢厂三方共同签订了保证担保借款合同，林占山、姚凯将这 490 万元银行承兑汇票借给鞍山市轧钢厂用于资金周转，从中获利 40 万元。

上述两笔银行承兑汇票到期后，本金计 990 万元均由鞍山市农垦工贸公司返

---

① 最高人民法院刑事审判第一、二、三、四、五庭. 刑事审判参考：第 62 集. 北京：法律出版社，2008：1 以下.

还给银行。

千山区人民法院认为，姚凯以转贷牟利为目的，套取金融机构信贷资金转贷给他人，违法所得数额巨大，其行为已构成高利转贷罪，应依法惩处。依照《刑法》第175条、第52条、第53条、第64条的规定，判决如下：（1）被告人姚凯犯高利转贷罪，判处有期徒刑四年，并处罚金人民币75万元。（2）被告人姚凯所得赃款人民币325 010.36元，依法予以没收。

一审宣判后，被告人未提起上诉，公诉机关亦未提起抗诉，判决发生法律效力。

本案的裁判理由指出：被告人姚凯套取的是银行的承兑汇票，并不是直接从银行套取贷款。在审理中有观点认为，在商业银行业务中，贷款业务和票据承兑等业务是相并列的，贷款关系与票据关系是两种不同的法律关系。因此，骗取银行的承兑汇票并不等同于套取银行信贷资金。同样，持票人的贴现是实现票据权利，是与银行之间的一种借贷关系，而不是从出票人处获得贷款，因此，被告人姚凯的行为不能认定为高利转贷罪。

对此，我们认为，不能机械地理解《刑法》第175条的规定，而应把握高利转贷行为的本质并结合立法精神加以判定。虽然银行承兑汇票与银行贷款表现形式不同，借贷关系与票据关系在法律上也有不同之处，但银行承兑汇票是纳入信贷科目管理的，在银行内部的管理模式和性质上是相同的，银行承兑汇票贴现时使用的资金属于银行的信贷资金，票据贴现也是银行借出信贷资金的一种表现形式，因此套取银行承兑汇票然后转让他人进行贴现的实质上属于套取了银行的信贷资金。本案被告人姚凯以农垦工贸公司的名义向银行申请办理承兑汇票时，编造了虚假的交易关系、出具了虚假购销合同，采用了欺骗手段，套取银行承兑汇票后，将汇票交给用款人，然后用款人向银行贴现，由此完成了转贷并且非法获得了高利，这只是套取银行信贷资金的手段形式不同，其实质是一种利用承兑汇票贴现套取银行资金的行为，符合《刑法》第175条规定的套取金融机构信贷资金的行为特征。所以，不能以被告人一方与银行、鞍山市轧钢厂之间具有形式上的票据关系而否认其实施了套取银行信贷资金的行为。

2. 罪责

高利转贷罪的罪责形式是故意，并且具有转贷牟利的目的。这里的故意，是指明知是高利转贷的行为而有意实施的主观心理状态。

目的犯　高利转贷罪是法定的目的犯，只有以转贷牟利为目的的，才构成本罪。这里的转贷牟利的目的，是指主观上通过转贷意图获取非法利益。

3. 罪量

高利转贷罪的罪量要素是违法所得数额较大。这里的数额较大，参照《立案追诉标准（二）》第 21 条的规定，是指高利转贷，违法所得数额在 50 万元以上的。

（三）处罚

根据《刑法》第 175 条第 1 款之规定，犯本罪的，处 3 年以下有期徒刑或者拘役，并处违法所得 1 倍以上 5 倍以下罚金；数额巨大的，处 3 年以上 7 年以下有期徒刑，并处违法所得 1 倍以上 5 倍以下罚金。第 2 款规定，单位犯本罪的，对单位判处罚金，并对其直接负责的主管人员和其他直接责任人员，处 3 年以下有期徒刑或者拘役。

加重处罚事由　犯高利转贷罪而数额巨大的，是本罪的加重处罚事由。

九、骗取贷款、票据承兑、金融票证罪

（一）概念

骗取贷款、票据承兑、金融票证罪是指以欺骗手段取得银行或者其他金融机构贷款、票据承兑、信用证、保函等，给银行或者其他金融机构造成重大损失的行为。

（二）构成

1. 罪体

行为　骗取贷款、票据承兑、金融票证罪的行为是以欺骗手段取得银行或者

其他金融机构贷款、票据承兑、信用证、保函等。这里的欺骗手段是指在申请贷款、票据承兑、信用证、保函等金融信用时，故意虚假陈述，欺骗银行或者其他金融机构。

客体　骗取贷款、票据承兑、金融票证罪的客体是贷款、票据、信用证、保函等。

2. 罪责

骗取贷款、票据承兑、金融票证罪的罪责形式是故意。这里的故意，是指明知是骗取贷款、票据承兑、金融票证的行为而有意实施的主观心理状态。

3. 罪量

骗取贷款、票据承兑、金融票证罪的罪量要素是给银行或者其他金融机构造成重大损失。参照《立案追诉标准（二）》第22条的规定，这里的给银行或者其他金融机构造成重大损失，是指以欺骗手段取得贷款、票据承兑、信用证、保函等，数额在50万元以上。

（三）认定

骗取贷款、票据承兑、金融票证罪是《刑法修正案（六）》新增的罪名。本罪设立以后，如何处理与高利转贷罪的关系，是一个值得研究的问题。因为高利转贷罪中套取金融机构信贷资金也是一种骗取贷款行为，即编造虚假理由或者用途欺骗金融机构，以此获取信贷资金。就此而言，高利转贷罪包含了骗取贷款罪的内容，两罪之间存在整体法与部分法的法条竞合关系。根据整体法优于部分法原则，应以高利转贷罪论处。

（四）处罚

根据《刑法》第175条之一〔《刑法修正案（六）》第10条、《刑法修正案（十一）》第11条〕第1款之规定，犯本罪的，处3年以下有期徒刑或者拘役，并处或者单处罚金；给银行或者其他金融机构造成特别重大损失或者有其他特别严重情节的，处3年以上7年以下有期徒刑，并处罚金。第2款规定，单位犯前款罪的，对单位判处罚金，并对其直接负责的主管人员和其他直接责任人员，依照前款的规定处罚。

加重处罚事由　犯骗取贷款、票据承兑、金融票证罪而给银行或者其他金融机构造成特别重大损失或者有其他特别严重情节，是本罪的加重处罚事由。

十、非法吸收公众存款罪

（一）概念

非法吸收公众存款罪是指违反金融管理法规，非法吸收公众存款或者变相吸收公众存款，扰乱金融秩序的行为。

（二）构成

1. 罪体

行为　非法吸收公众存款罪的行为是非法吸收公众存款或者变相吸收公众存款。这里的非法吸收公众存款，是指未经中国人民银行批准，向社会不特定对象吸收资金，出具凭证，承诺在一定期限内还本付息的活动。变相吸收公众存款，是指未经中国人民银行批准，不以吸收存款的名义，向社会不特定对象吸收资金，但承诺履行的义务与吸收公众存款的性质相同的活动。例如，以投资、集资入股等名义吸收公众资金，但并不按正常投资的形式分配利润、股息，而是以一定的利息进行支付。最高人民法院 2022 年 2 月 23 日修订的《关于审理非法集资刑事案件具体应用法律若干问题的解释》［以下简称《解释（三）》］第 1 条规定，违反国家金融管理法律规定，向社会公众（包括单位和个人）吸收资金的行为，同时具备下列四个条件的，除刑法另有规定的以外，应当认定为《刑法》第 176 条规定的非法吸收公众存款或者变相吸收公众存款：（1）未经有关部门依法许可或者借用合法经营的形式吸收资金；（2）通过网络、媒体、推介会、传单、手机信息等途径向社会公开宣传；（3）承诺在一定期限内以货币、实物、股权等方式还本付息或者给付回报；（4）向社会公众即社会不特定对象吸收资金。未向社会公开宣传，在亲友或者单位内部针对特定对象吸收资金的，不属于非法吸收或者变相吸收公众存款。根据2014年3月25日最高人民法院、最高人民检察院、公安部《关于办理非法集资刑事案件适用法律若干问题的意见》（以下简称《意见》）第3条的规定，下列情形不属于《解释（三）》第1条第2款规定的针对特定对象吸收资金的行为，应当认定为向社会公众吸收资金：（1）在向亲友或者单位内部人员吸收资金的过程中，明知亲友或者单位内部人员向不特定对象吸收资金而予以放任的；（2）以吸收资金为目的，将社会人员吸收为单位内部人员，并向其吸收资金的。

客体　非法吸收公众存款罪的客体是公众存款。这里的公众存款，是指不特定的存款人存入银行或者其他金融机构以获取利息的资金。

2. 罪责

非法吸收公众存款罪的罪责形式是故意。这里的故意，是指明知是非法吸收公众存款的行为而有意实施的主观心理状态。2019年1月30日最高人民法院、最高人民检察院、公安部《关于办理非法集资刑事案件若干问题的意见》第4条第1款对本罪的主观故意的认定问题做了规定，指出："认定犯罪嫌疑人、被告人是否具有非法吸收公众存款的犯罪故意，应当依据犯罪嫌疑人、被告人的任职情况、职业经历、专业背景、培训经历、本人因同类行为受到行政处罚或者刑事追究情况以及吸收资金方式、宣传推广、合同资料、业务流程等证据，结合其供述，进行综合分析判断。"

3. 罪量

非法吸收公众存款罪的罪量要素是扰乱金融秩序。根据《解释（三）》第3条的规定，非法吸收或者变相吸收公众存款，具有下列情形之一的，应当依法追究刑事责任：（1）非法吸收或者变相吸收公众存款数额在100万元以上的；（2）非法吸收或者变相吸收公众存款对象150人以上的；（3）非法吸收或者变相吸收公众存款，给存款人造成直接经济损失数额在50万元以上的。非法吸收或者变相吸收公众存款数额在50万元以上或者给存款人造成直接经济损失数额在25万元以上，同时具有下列情节之一的，应当依法追究刑事责任：（1）曾因非法集资受过刑事追究的；（2）二年内曾因非法集资受过行政处罚的；（3）造成恶劣社会影响或者其他严重后果的。

（三）认定

1. 变相吸收公众存款的认定

在现实生活中，非法吸收公众存款或者变相吸收公众存款的表现形式是多种多样的，根据《解释（三）》第2条的规定，实施下列行为之一，符合本解释第1条第1款规定的条件的，应当依照《刑法》第176条的规定，以非法吸收公众存款罪定罪处罚：（1）不具有房产销售的真实内容或者不以房产销售为主要目的，以返本销售、售后包租、约定回购、销售房产份额等方式非法吸收资金的；（2）以转让林权并代为管护等方式非法吸收资金的；（3）以代种植（养殖）、租种植（养殖）、联合种植（养殖）等方式非法吸收资金的；（4）不具有销售商品、提供服务的真实内容或者不以销售商品、提供服务为主要目的，以商品回购、寄存代售等方式非法吸收资金的；（5）不具有发行股票、债券的真实内容，以虚假转让股权、发售虚构债券等方式非法吸收资金的；（6）不具有募集基金的真实内容，以假借境外基金、发售虚构基金等方式非法吸收资金的；（7）不具有销售保险的真实内容，以假冒保险公司、伪造保险单据等方式非法吸收资金的；（8）以网络借贷、投资入股、虚拟币交易等方式非法吸收资金的；（9）以委托理财、融资租赁等方式非法吸收资金的；（10）以提供"养老服务"、投资"养老项目"、销售"老年产品"等方式非法吸收资金的；（11）利用民间"会""社"等组织非法吸收资金的；（12）其他非法吸收资金的行为。

2. 共犯的认定

根据前引《意见》第4条的规定，为他人向社会公众非法吸收资金提供帮助，从中收取代理费、好处费、返点费、佣金、提成等费用，构成非法集资共同犯罪的，应当依法追究刑事责任。能够及时退缴上述费用的，可依法从轻处罚；其中情节轻微的，可以免除处罚；情节显著轻微、危害不大的，不作为犯罪处理。

3. 关于涉案财物的追缴和处置问题

根据前引《意见》第5条的规定，向社会公众非法吸收的资金属于违法所得。以吸收的资金向集资参与人支付的利息、分红等回报，以及向帮助吸收资金人员支付的代理费、好处费、返点费、佣金、提成等费用，应当依法追缴。集资参与人本金尚未归还的，所支付的回报可予折抵本金。将非法吸收的资金及其转换财物用于清偿债务或者转让给他人，有下列情形之一的，应当依法追缴：（1）他人明知是上述资金及财物而收取的；（2）他人无偿取得上述资金及财物的；（3）他人以明显低于市场的价格取得上述资金及财物的；（4）他人取得上述资金及财物系源于非法债务或者违法犯罪活动的；（5）其他依法应当追缴的情形。

（四）处罚

根据《刑法》第176条第1款之规定，犯本罪的，处3年以下有期徒刑或者拘役，并处或者单处罚金；数额巨大或者有其他严重情节的，处3年以上10年以下有期徒刑，并处罚金；数额特别巨大或者有其他特别严重情节的，处10年以上有期徒刑，并处罚金。第2款规定，单位犯本罪的，对单位判处罚金，并对其直接负责的主管人员和其他直接责任人员，依照个人犯罪的规定处罚。

加重处罚事由　犯非法吸收公众存款罪而数额巨大或者有其他严重情节的，是本罪的加重处罚事由。根据《解释（三）》第4条的规定，非法吸收或者变相吸收公众存款，具有下列情形之一的，应当认定为这里的数额巨大或者有其他严重情节：（1）非法吸收或者变相吸收公众存款数额在500万元以上的；（2）非法吸收或者变相吸收公众存款对象500人以上的；（3）非法吸收或者变相吸收公众存款，给存款人造成直接经济损失数额在250万元以上的。非法吸收或者变相吸收公众存款数额在250万元以上或者给存款人造成直接经济损失数额在150万元以上，同时造成恶劣社会影响或者其他严重后果的，应当认定为其他严重情节。

特别加重处罚事由　犯非法吸收公众存款罪而数额特别巨大或者有其他特别严重情节的，是本罪的特别加重处罚事由。根据《解释（三）》第5条的规定，非法吸收或者变相吸收公众存款，具有下列情形之一的，应当认定为这里的数额特别巨大或者有其他特别严重情节：（1）非法吸收或者变相吸收公众存款数额在5 000万元以上的；（2）非法吸收或者变相吸收公众存款对象5 000人以上的；（3）非法吸收或者变相吸收公众存款，给存款人造成直接经济损失数额在2 500万元以上的。非法吸收或者变相吸收公众存款数额在2 500万元以上或者给存款人造成直接经济损失数额在1 500万元以上，同时造成恶劣社会影响或者其他严重后果的，应当认定为其他特别严重情节。

罚金数额　根据《解释（三）》第9条第1款的规定，犯本罪，判处3年以下有期徒刑或者拘役，并处或者单处罚金的，处5万元以上100万元以下罚金；判处3年以上10年以下有期徒刑的，并处10万元以上500万元以下罚金；判处10年以上有期徒刑的，并处50万元以上罚金。

酌定从轻处罚情节　根据《解释（三）》第6条第1款的规定，非法吸收或者变相吸收公众存款的数额，以行为人所吸收的资金全额计算。在提起公诉前积极退赃退赔，减少损害结果发生的，可以从轻或者减轻处罚；在提起公诉后退赃退赔的，可以作为量刑情节酌情考虑。

免予刑事处罚情节　根据《解释（三）》第6条第2款的规定，非法吸收或者变相吸收公众存款，主要用于正常的生产经营活动，能够在提起公诉前及时清退所吸收资金，可以免予刑事处罚；情节显著轻微的，不作为犯罪处理。

十一、伪造、变造金融票证罪

（一）概念

伪造、变造金融票证罪是指伪造、变造金融票证，数额较大的行为。

（二）构成

1. 罪体

行为　伪造、变造金融票证罪的行为包括以下四种情形：（1）伪造、变造汇票、本罪、支票的；（2）伪造、变造委托收款凭证、汇款凭证、银行存单等其他银行结算凭证的；（3）伪造、变造信用证或者附随的单据、文件的；（4）伪造信用卡的。根据 2009 年 12 月 3 日最高人民法院、最高人民检察院颁发的《关于办理妨害信用卡管理刑事案件具体应用法律若干问题的解释》［以下简称《解释（四）》］第 1 条第 1 款的规定，复制他人信用卡、将他人信用卡信息资料写入磁条介质、芯片或者以其他方法伪造信用卡 1 张以上的，应当认定为这里的伪造信用卡。前引《解释（四）》第 1 条第 2 款规定：伪造空白信用卡 10 张以上的，应当认定为这里的伪造信用卡。

客体　伪造、变造金融票证罪的客体是金融票证。这里的金融票证，是指汇票、本票、支票、委托收款凭证、汇款凭证、银行存单等其他银行结算凭证、信用证或者附随的单据、文件、信用卡。（1）汇票，是指一人开至另一人的无条件的书面命令，由发出命令者签名，要求接受命令的人见票或在特定的或可以预定的某一日期，把金额确定的货币付与某一特定的人或他指定的人的金融票证。（2）本票，是指债务人开给债权人，保证立即或在本票到期时偿付款项的债务凭证。（3）支票，是指以银行为受票人，见票即付的汇票。（4）委托收款凭证，是指收款人在委托银行向付款人收取款项时所填写的凭据和证明。（5）汇款凭证，是指汇款人委托银行将款项汇给收款人所填写的凭据和证明。（6）银行存单，是指在银行存款的凭证单据。（7）其他银行结算凭证，是指除上述委托收款凭证、汇款凭证、银行存单以外的其他银行结算凭证。这里的银行结算凭证，是指在经济活动中具有货币给付和资金清算作用并表明银行与客户之间已受理或已办理相关支付结算业务的凭据，具体包括办理转账结算和现金支取业务中所使用的凭证。根据中国人民银行办公厅《关于其他银行结算凭证有关问题的复函》（银办函［2003］573 号）的规定，办理转账结算业务所使用的银行结算凭证包括票据、信用卡和委托收款凭证、汇款凭证、银行存单等；办理现金缴存或支取业务所使用的银行结算凭证包括现金解款单等。根据上述规定，只有能够证明银行和客户之间资金收付关系的发生，代表着银行与客户相互之间债权、债务关系的建立的凭证，才属于其他银行结算凭证。因此，单位定期存款开户证实书、对账单、银行询证函等不属于其他银行结算凭证。（8）信用证，是指银行有条件保证付款的凭证。（9）信用证附随的单据、文件，是指证明信用证项下的交易货物真实的凭证，包括运输单据、商业发票、保险单据。运输单据，是指表明运送人已将货物装船或发运或接受监管的单据，包括海运提单、航空提单、铁路运单等。保险单据，是指关于货物运输保险的单据。商业发票，是指证明卖方已履行了合同的凭证，也是海关实行货物进出口管理的依据，是买方验收货物是否完全符合合同规定的数量、质量、品种等的依据。此外，有的信用证还需要附其他单据，例如海关发票、出口许可证、产地证明书等。（10）信用卡，是指银行签发、供用户日常生活消费使用的支付凭证，也是信贷债权债务关系的证书。

2. 罪责

伪造、变造金融票证罪的罪责形式是故意。这里的故意，是指明知是伪造、变造金融票证的行为而有意实施的主观心理状态。

3. 罪量

伪造、变造金融票证罪的罪量要素，刑法并未规定。根据《立案追诉标准（二）》第 24 条的规定，伪造、变造金融票证，涉嫌下列情形之一的，应予立案追诉：（1）伪造、变造汇票、本票、支票，或者伪造、变造委托收款凭证、汇款凭证、银行存单等其他银行结算凭证，或者伪造、变造信用证或者附随的单据、文件，总面额在 1 万元以上，或者数量在 10 张以上的；（2）伪造信用卡 1 张以上，或者伪造空白信用卡 10 张以上的。

（三）处罚

根据《刑法》第 177 条第 1 款之规定，犯本罪的，处 5 年以下有期徒刑或者拘役，并处或者单处 2 万元以上 20 万元以下罚金；情节严重的，处 5 年以上 10 年以下有期徒刑，并处 5 万元以上 50 万元以下罚金；情节特别严重的，处 10 年以上有期徒刑或者无期徒刑，并处 5 万元以上 50 万元以下罚金或者没收财产。

加重处罚事由　犯伪造、变造金融票证罪而情节严重的，是本罪的加重处罚事由。这里的情节严重，根据 2018 年 11 月 28 日最高人民法院、最高人民检察院修正后的《关于办理妨害信用卡管理刑事案件具体应用法律若干问题的解释》第 1 条第 3 款的规定，伪造信用卡，有下列情形之一的，应当认定为《刑法》第 177 条规定的情节严重：（1）伪造信用卡 5 张以上不满 25 张的；（2）伪造的信用卡内存款余额、透支额度单独或者合计数额在 20 万元以上不满 100 万元的；（3）伪造空白信用卡 50 张以上不满 250 张的；（4）其他情节严重的情形。

特别加重处罚事由　犯伪造、变造金融票证罪而情节特别严重的，是本罪的特别加重处罚事由。这里的情节特别严重，根据前引《解释（四）》第 1 条第 4 款的规定，是指具有下列情形之一：（1）伪造信用卡 25 张以上的；（2）伪造的信用卡内存款余额、透支额度单独或者合计数额在 100 万元以上的；（3）伪造空白信用卡 250 张以上的；（4）其他情节特别严重的情形。

十二、妨害信用卡管理罪

（一）概念

妨害信用卡管理罪是指违反信用卡管理法规，妨害信用卡管理的行为。

（二）构成

1. 罪体

行为　妨害信用卡管理罪的行为包括以下四种情形：（1）明知是伪造的信用卡而持有、运输的，或者明知是伪造的空白信用卡而持有、运输的；（2）非法持有他人信用卡；（3）使用虚假的身份证明骗领信用卡的，根据前引《解释（四）》第 2 条第 3 款的规定，违背他人意愿，使用其居民身份证、军官证、士兵证、港澳居民往来内地通行证、台湾居民往来大陆通行证、护照等身份证明申领信用卡的，或者使用伪造、变造的身份证明申领信用卡的，应当认定为这里的使用虚假的身份证明骗领信用卡；（4）出售、购买、为他人提供伪造的信用卡或者以虚假的身份证明骗领信用卡的。

客体　妨害信用卡管理罪的客体是伪造的信用卡、伪造的空白信用卡、他人信用卡和骗领的信用卡。

2. 罪责

妨害信用卡管理罪的罪责形式是故意。这里的故意，是指明知是妨害信用卡管理的行为而有意实施的主观心理状态。

3. 罪量

妨害信用卡管理罪的罪量要素，刑法未作规定。参照《立案追诉标准（二）》第 25 条的规定，涉嫌下列情形之一的，应予立案追诉：（1）明知是伪造的信用卡而持有、运输的；（2）明知是伪造的空白信用卡而持有、运输，数量累计在 10 张以上的；（3）非法持有他人信用卡，数量累计在 5 张以上的；（4）使用虚假的身份证明骗领信用卡的；（5）出售、购买、为他人提供伪造的信用卡或者以虚假的身份证明骗领信用卡的。

（三）处罚

根据《刑法》第 177 条之一〔《刑法修正案（五）》第 1 条〕第 1 款之规定，犯本罪的，处 3 年以下有期徒刑或者拘役，并处或者单处 1 万元以上 10 万元以下罚金；数量巨大或者有其他严重情节的，处 3 年以上 10 年以下有期徒刑，并处 2 万元以上 20 万元以下罚金。

加重处罚事由 犯本罪而数量巨大或者有其他严重情节的，是本罪的加重处罚事由。这里的数量巨大，根据前引《解释（四）》第 2 条第 2 款的规定，是指具有下列情形之一的：（1）明知是伪造的信用卡而持有、运输 10 张以上的；（2）明知是伪造的空白信用卡而持有、运输 100 张以上的；（3）非法持有他人信用卡 50 张以上的；（4）使用虚假的身份证明骗领信用卡 10 张以上的；（5）出售、购买、为他人提供伪造的信用卡或者以虚假的身份证明骗领的信用卡 10 张以上的。

十三、窃取、收买、非法提供信用卡信息罪

（一）概念

窃取、收买、非法提供信用卡信息罪是指违反信用卡管理法规，窃取、收买

或者非法提供他人信用卡信息资料的行为。

（二）构成

1. 罪体

行为　窃取、收买、非法提供信用卡信息罪的行为是窃取、收买或者非法提供他人信用卡信息资料。这里的窃取，是指秘密窃取；收买，是指通过有偿方式获取；非法提供，是指有偿或者无偿地提供给他人。

客体　窃取、收买、非法提供信用卡信息罪的客体是信用卡信息资料。这里的信用卡信息资料，是指信用卡的磁条信息，即一组有关发卡行代码、持卡人账户、账号、密码等内容的加密电子数据。

2. 罪责

窃取、收买、非法提供信用卡信息罪的罪责形式是故意。这里的故意，是指明知是他人信用卡信息资料而有意窃取、收买或者非法提供的主观心理状态。

3. 罪量

窃取、收买、非法提供信用卡信息罪的罪量要素，刑法并未规定。根据前引《解释（四）》第3条的规定，窃取、收买、非法提供他人信用卡信息资料，足以伪造可进行交易的信用卡，或者足以使他人以信用卡持卡人名义进行交易，涉及信用卡1张以上不满5张的，应以本罪论处。

（三）处罚

根据《刑法》第177条之一〔《刑法修正案（五）》第1条〕第2款之规定，犯本罪的，依照前款的规定处罚，即处3年以下有期徒刑或者拘役，并处或者单处1万元以上10万元以下罚金；数量巨大或者有其他严重情节的，处3年以上10年以下有期徒刑，并处2万元以上20万元以下罚金。第3款规定，银行或者其他金融机构的工作人员利用职务上的便利，犯第2款罪的，从重处罚。

加重处罚事由　犯窃取、收买、非法提供信用卡信息罪而数量巨大或者有其他严重情节的，是本罪的加重处罚事由。这里的数量巨大，根据前引《解释（四）》第3条的规定，是指涉及信用卡5张以上的。

从重处罚事由　银行或者其他金融机构的工作人员利用职务上的便利犯窃取、收买、非法提供信用卡信息罪，是本罪的从重处罚事由。这里的银行或者其他金融机构的工作人员利用职务上的便利犯窃取、收买、非法提供信用卡信息罪，包括一般构成与加重构成两种情形，分别在两个法定刑幅度内从重处罚。

十四、伪造、变造国家有价证券罪

　　（一）概念

　　伪造、变造国家有价证券罪是指伪造、变造国库券或者国家发行的其他有价证券，数额较大的行为。

　　（二）构成

　　1. 罪体

　　行为　伪造、变造国家有价证券罪的行为是伪造、变造国库券或者国家发行的其他有价证券。

　　客体　伪造、变造国家有价证券罪的客体是国库券或者国家发行的其他有价证券。这里的国库券，是指国家为解决急需预算支出而由财政部发行的国家债券。国家发行的其他有价证券，是指国家发行的除国库券以外的其他国家有价证券以及国家银行金融债券，例如财政债券、国家建设债券、保值公债、国家重点建设债券等。

　　2. 罪责

　　伪造、变造国家有价证券罪的罪责形式是故意。这里的故意，是指明知是伪造、变造国家有价证券的行为而有意实施的主观心理状态。

　　3. 罪量

　　伪造、变造国家有价证券罪的罪量要素是数额较大。这里的数额较大，参照《立案追诉标准（二）》第 27 条的规定，是指总面额在 2 000 元以上。

　　（三）处罚

　　根据《刑法》第 178 条第 1 款之规定，犯本罪的，处 3 年以下有期徒刑或者拘役，并处或者单处 2 万元以上 20 万元以下罚金；数额巨大的，处 3 年以上 10 年以下有期徒刑，并处 5 万元以上 50 万元以下罚金；数额特别巨大的，处 10 年以上有期徒刑或者无期徒刑，并处 5 万元以上 50 万元以下罚金或者没收财产。第 3 款规定，单位犯本罪的，对单位判处罚金，并对其直接负责的主管人员和其他责任人员，依照个人犯罪的规定处罚。

加重处罚事由　犯伪造、变造国家有价证券罪而数额巨大的，是本罪的加重处罚事由。

特别加重处罚事由　犯伪造、变造国家有价证券罪而数额特别巨大的，是本罪的特别加重处罚事由。

十五、伪造、变造股票、公司、企业债券罪

（一）概念

伪造、变造股票、公司、企业债券罪是指伪造、变造股票或者公司、企业债券，数额较大的行为。

（二）构成

1. 罪体

行为　伪造、变造股票、公司、企业债券罪的行为是伪造、变造股票、公司、企业债券。

客体　伪造、变造股票、公司、企业债券罪的客体是股票、公司、企业债券。这里的股票，是指股份有限公司为筹集自有资本而为投资的股东发放的入股凭证。公司、企业债券，是指公司、企业依法发行，并按券面约定在一定期限还本付息的有价证券。

2. 罪责

伪造、变造股票、公司、企业债券罪的罪责形式是故意。这里的故意，是指明知是伪造、变造股票、公司、企业债券的行为而有意实施的主观心理状态。

3. 罪量

伪造、变造股票、公司、企业债券罪的罪量要素是数额较大。这里的数额较大，参照《立案追诉标准（二）》第28条的规定，是指总面额在3万元以上。

（三）处罚

根据《刑法》第178条第2款之规定，犯本罪的，处3年以下有期徒刑或者拘役，并处或者单处1万元以上10万元以下罚金；数额巨大的，处3年以上10年以下有期徒刑，并处2万元以上20万元以下罚金。第3款规定，单位犯本罪的，对单位判处罚金，并对其直接负责的主管人员和其他直接责任人员，依照个人犯罪的规定处罚。

加重处罚事由 犯伪造、变造股票、公司、企业债券罪而数额巨大的，是本罪的加重处罚事由。

十六、擅自发行股票、公司、企业债券罪

（一）概念

擅自发行股票、公司、企业债券罪是指未经国家有关主管部门批准，擅自发行股票或者公司、企业债券，数额巨大、后果严重或者有其他严重情节的行为。

（二）构成

1. 罪体

行为 擅自发行股票、公司、企业债券罪的行为是未经国家有关主管部门的批准，擅自发行股票或者公司、企业债券。这里的国家有关主管部门，是指国务院证券管理部门或者国家授权的其他主管部门。这里的擅自发行，是指未经上述国家有关主管部门的批准而私自发行。此外，前引《解释（三）》第10条规定，未经国家有关主管部门批准，向社会不特定对象发行、以转让股权等方式变相发行股票或者公司、企业债券，或者向特定对象发行、变相发行股票或者公司、企业债券累计超过200人的，应当认定为《刑法》第179条规定的擅自发行股票、

公司、企业债券。构成犯罪的，以擅自发行股票、公司、企业债券罪定罪处罚。

客体　擅自发行股票、公司、企业债券罪的客体是股票、公司、企业债券。

2. 罪责

擅自发行股票、公司、企业债券罪的罪责形式是故意。这里的故意，是指明知未经国家有关主管部门批准而擅自发行股票、公司、企业债券的主观心理状态。

3. 罪量

擅自发行股票、公司、企业债券罪的罪量要素是数额巨大、后果严重或者有其他严重情节。这里的数额巨大、后果严重或者有其他严重情节，参照《立案追诉标准（二）》第29条的规定，是指涉嫌下列情形之一的：（1）非法募集资金金额在100万元以上的；（2）造成投资者直接经济损失数额累计在50万元以上的；（3）募集的资金全部或者主要用于违法犯罪活动的；（4）其他后果严重或者有其他严重情节的情形。

（三）处罚

根据《刑法》第179条第1款之规定，犯本罪的，处5年以下有期徒刑或者拘役，并处或者单处非法募集资金金额1％以上5％以下罚金。第2款规定，单位犯本罪的，对单位判处罚金，并对其直接负责的主管人员和其他直接责任人员，处5年以下有期徒刑或者拘役。

十七、内幕交易、泄露内幕信息罪

（一）概念

内幕交易、泄露内幕信息罪是指证券、期货交易内幕信息的知情人员或者非法获取证券、期货交易内幕信息的人员，在涉及证券的发行，证券、期货交易或者其他对证券、期货交易价格有重大影响的信息尚未公开前，买入或者卖出该证券，或者从事与该内幕信息有关的期货交易，或者泄露该信息，或者明示、暗示他人从事上述交易活动，情节严重的行为。

（二）构成

1. 罪体

主体　内幕交易、泄露内幕信息罪的主体是证券、期货交易内幕信息的知情人员或者非法获取证券、期货交易内幕信息的人员。这里的内幕信息的知情人员，是指对证券、期货交易内幕信息知情的人。内幕信息的知情人员的范围，依照法律、行政法规的规定确定。根据 2019 年修正后的《证券法》第 51 条的规定，证券交易内幕信息的知情人包括：（1）发行人的董事、监事、高级管理人员；（2）持有公司 5% 以上股份的股东及其董事、监事、高级管理人员，公司的实际控制人员及其董事、监事、高级管理人员；（3）发行人控股或者实际控制的公司及其董事、监事、高级管理人员；（4）由于所任公司职务或者因与公司业务往来可以获取公司有关内幕信息的人员；（5）上市公司收购人或者重大资产交易方及其控股股东、实际控制人、董事、监事和高级管理人员；（6）因职务、工作可以获取内幕信息的证券交易场所、证券公司、证券登记结算机构、证券服务机构的有关人员；（7）因职责、工作可以获取内幕信息的证券监督管理机构工作人员；（8）因法定职责对证券发行、交易或者对上市公司及其收购、重大资产交易进行管理可以获取内幕信息的有关主管部门、监管机构的工作人员；（9）国务院证券监督管理机构规定的可以获取内幕信息的其他人员。根据《期货交易管理条例》第 81 条第 12 项的规定，期货交易内幕信息的知情人，是指由于其管理地位、监督地位或者职业地位，或者作为雇员、专业顾问履行职务，能够接触或者获得内幕信息的人员，包括：期货交易所的管理人员以及其他由于任职可获取内幕信息的从业人员，国务院期货监督管理机构和其他有关部门的工作人员以及国务院期货监督管理机构规定的其他人员。非法获取证券、期货交易内幕信息的人员，是指利用骗取、套取、偷听、监听或者私下交易等手段获取内幕信息的人。根据 2012 年 3 月 29 日最高人民法院、最高人民检察院《关于办理内幕交易、泄露内幕信息刑事案件具体应用法律若干问题的解释》〔以下简称《解释（五）》〕

第 2 条的规定，是指具有下列行为的人员：（1）利用窃取、骗取、套取、窃听、利诱、刺探或者私下交易等手段获取内幕信息的；（2）内幕信息知情人员的近亲属或者其他与内幕信息知情人员关系密切的人员，在内幕信息敏感期内，从事或者明示、暗示他人从事，或者泄露内幕信息导致他人从事与该内幕信息有关的证券、期货交易，相关交易行为明显异常，且无正当理由或者正当信息来源的；（3）在内幕信息敏感期内，与内幕信息知情人员联络、接触，从事或者明示、暗示他人从事，或者泄露内幕信息导致他人从事与该内幕信息有关的证券、期货交易，相关交易行为明显异常，且无正当理由或者正当信息来源的。

此外，《解释（五）》第 3 条还规定，本解释第 2 条第 2 项、第 3 项规定的"相关交易行为明显异常"，要综合以下情形，从时间吻合程度、交易背景程度和利益关联程度等方面予以认定：（1）开户、销户、激活资金账户或者指定交易（托管）、撤销指定交易（转托管）的时间与该内幕信息形成、变化、公开时间基本一致的；（2）资金变化与该内幕信息形成、变化、公开时间基本一致的；（3）买入或者卖出与内幕信息有关的证券、期货合约时间与内幕信息的形成、变化和公开时间基本一致的；（4）买入或者卖出与内幕信息有关的证券、期货合约时间与获悉内幕信息的时间基本一致的；（5）买入或者卖出证券、期货合约行为明显与平时交易习惯不同的；（6）买入或者卖出证券、期货合约行为，或者集中持有证券、期货合约行为与该证券、期货公开信息反映的基本面明显背离的；（7）账户交易资金进出与该内幕信息知情人员或者非法获取人员有关联或者利害关系的；（8）其他交易行为明显异常情形。

行为　内幕交易、泄露内幕信息罪的行为分为以下三种情形：（1）内幕交易。这里的内幕交易，是指在涉及证券的发行，证券、期货交易或者其他对证券、期货交易价格有重大影响的信息尚未公开前，买入或者卖出该证券，或者从事与该内幕信息有关的期货交易。（2）泄露内幕信息。这里的泄露内幕信息，是指以明示或者暗示的方式将内幕信息透露、提供给与公司没有关系的第三人。（3）明示、暗示他人从事上述交易活动。这里的明示、暗示他人从事上述交易活动，是指采取公开或者隐瞒的方法建议他人从事上述交易活动。这是《刑法修正案（七）》第2条补充规定的行为。值得注意的是，前引《解释（五）》第4条还对不属于从事与内幕信息有关的证券、期货交易的行为作了规定。根据《解释（五）》第4条的规定，具有下列情形之一的，不属于《刑法》第180条第1款规定的从事与内幕信息有关的证券、期货交易：（1）持有或者通过协议、其他安排与他人共同持有上市公司5%以上股份的自然人、法人或者其他组织收购该上市公司股份的；（2）按照事先订立的书面合同、指令、计划从事相关证券、期货交易的；（3）依据已被他人披露的信息而交易的；（4）交易具有其他正当理由或者正当信息来源的。

客体 内幕交易、泄露内幕信息罪的客体是内幕信息。根据《证券法》第52条的规定，这里的内幕信息，是指证券交易活动中，涉及发行人的经营、财务或者对该发行人证券的市场价格有重大影响的尚未公开的信息。

2. 罪责

内幕交易、泄露内幕信息罪的罪责形式是故意。这里的故意，是指明知是内幕交易行为而有意实施或者明知是内幕信息而有意泄露的主观心理状态。

3. 罪量

内幕交易、泄露内幕信息罪的罪量要素是情节严重。这里的情节严重，参照前引《解释（五）》第6条的规定，是指具有下列情形之一的：（1）证券交易成交额在50万元以上的；（2）期货交易占用保证金数额在30万元以上的；（3）获利或者避免损失数额在15万元以上的；（4）3次以上的；（5）具有其他严重情节的。

（三）处罚

根据《刑法》第180条（《刑法修正案》第4条）第1款之规定，犯本罪的，处5年以下有期徒刑或者拘役，并处或者单处违法所得1倍以上5倍以下罚金；情节特别严重的，处5年以上10年以下有期徒刑，并处违法所得1倍以上5倍以下罚金。第2款规定，单位犯本罪的，对单位判处罚金，并对其直接负责的主管人员和其他直接责任人员，处5年以下有期徒刑。

加重处罚事由　犯内幕交易、泄露内幕信息罪而情节特别严重的，是本罪的加重处罚事由。这里的情节特别严重，根据前引《解释（五）》第7条的规定，是指具有下列情形之一的：（1）证券交易成交额在250万元以上的；（2）期货交易占用保证金数额在150万元以上的；（3）获利或者避免损失数额在75万元以上的；（4）具有其他特别严重情节的。

十八、利用未公开信息交易罪

（一）概念

利用未公开信息交易罪是指证券交易所、期货交易所、证券公司、期货经纪公司、基金管理公司、商业银行、保险公司等金融机构的工作人员，利用因职务便利获取的内幕信息以外的其他未公开的信息，违反规定，从事与该信息相关的证券、期货交易活动，或者明示、暗示他人从事相关交易活动，情节严重的行为。

（二）构成

1. 罪体

主体　利用未公开信息交易罪的主体是证券交易所、期货交易所、证券公司、期货经纪公司、基金管理公司、商业银行、保险公司等金融机构的工作人员。

行为　利用未公开信息交易罪的行为是利用因职务便利获取的内幕信息以外的其他未公开的信息，违反规定，从事与该信息相关的证券、期货交易活动，或者明示、暗示他人从事相关交易活动。由此可见，本罪的行为可以分为以下两种情形：（1）利用未公开信息，本人从事与该信息相关的证券、期货交易活动。（2）利用未公开信息，明示、暗示他人从事相关交易活动。

客体　利用未公开信息交易罪的客体是未公开信息。这里的未公开信息是指内幕信息以外对证券、期货交易价格具有重要影响的非公开信息。例如本单位受托管理资金的交易信息等。

2. 罪责

利用未公开信息交易罪的罪责形式是故意。这里的故意，是指明知是利用未公开信息交易的行为而有意实施的主观心理状态。

3. 罪量

利用未公开信息交易罪的罪量要素是情节严重。这里的情节严重，参照《立案追诉标准（二）》第31条的规定，是指涉嫌下列情形之一的：（1）获利或者避免损失数额在100万元以上的；（2）2年内3次以上利用未公开信息交易的；（3）明示、暗示3人以上从事相关交易活动的；（4）具有其他严重情节的。利用未公开信息交易，获利或者避免损失数额在50万元以上，或者证券交易成交额在500万元以上，或者期货交易占用保证金数额在100万元以上，同时涉嫌下列情形之一的，应予立案追诉：（1）以出售或者变相出售未公开信息等方式，明示、暗示他人从事相关交易活动的；（2）因证券、期货犯罪行为受过刑事追究的；（3）2年内因证券、期货违法行为受过行政处罚的；（4）造成其他严重后果的。

（三）处罚

根据《刑法》第180条第4款［《刑法修正案（七）》第2条第2款］之规定，犯本罪情节严重的，处5年以下有期徒刑或者拘役，并处或者单处违法所得1倍以上5倍以下罚金；情节特别严重的，处5年以上10年以下有期徒刑，并处违法所得1倍以上5倍以下罚金。

加重处罚事由 犯利用未公开信息交易罪而情节特别严重的，是本罪的加重处罚事由。

案例 26 - 2 **马乐利用未公开信息交易案**

（法例第61号）

2011年3月9日至2013年5月30日期间，被告人马乐担任博时基金管理有

807

限公司旗下的博时精选股票证券投资经理，全权负责投资基金投资股票市场，掌握了博时精选股票证券投资基金交易的标的股票、交易时间和交易数量等未公开信息。马乐在任职期间利用其掌控的上述未公开信息，从事与该信息相关的证券交易活动，操作自己控制的"金某""严甲""严乙"三个股票账户，通过临时购买的不记名神州行电话卡下单，先于（1～5个交易日）、同期或稍晚于（1～2个交易日）其管理的"博时精选"基金账户买卖相同股票76只，累计成交金额10.5亿余元，非法获利18 833 374.74元。2013年7月17日，马乐主动到深圳市公安局投案，且到案之后能如实供述其所犯罪行，属自首；马乐认罪态度良好，违法所得能从扣押、冻结的财产中全额返还，判处的罚金亦能全额缴纳。

广东省深圳市中级人民法院（2014）深中法刑二初字第27号刑事判决认为，被告人马乐的行为已构成利用未公开信息交易罪。但刑法中并未对利用未公开信息交易罪规定"情节特别严重"的情形，因此只能认定马乐的行为属于"情节严重"。马乐自首，依法可以从轻处罚；马乐认罪态度良好，违法所得能全额返还，罚金亦能全额缴纳，确有悔罪表现；另经深圳市福田区司法局社区矫正和安置帮教科调查评估，对马乐宣告缓刑对其所居住的社区没有重大不良影响，符合适用缓刑的条件。遂以利用未公开信息交易罪判处马乐有期徒刑3年，缓刑5年，并处罚金人民币1 884万元；违法所得人民币18 833 374.74元依法予以追缴，上缴国库。

宣判后，深圳市人民检察院提出抗诉认为，被告人马乐的行为应认定为犯罪情节特别严重，依照"情节特别严重"的量刑档次处罚。一审判决适用法律错误，量刑明显不当，应当依法改判。

广东省高级人民法院（2014）粤高法刑二终字第137号刑事裁定认为，《刑法》第180条第4款规定，利用未公开信息交易，情节严重的，依照第1款的规定处罚，该条款并未对利用未公开信息交易罪规定有"情节特别严重"情形；而根据第180条第1款的规定，情节严重的，处5年以下有期徒刑或者拘役，并处或者单处违法所得1倍以上5倍以下罚金，故马乐利用未公开信息交易，属于犯罪情节严重，应在该量刑幅度内判处刑罚。原审判决量刑适当，抗诉机关的抗诉理由不成立，不予采纳。遂裁定驳回抗诉，维持原判。

二审裁定生效后，广东省人民检察院提请最高人民检察院按照审判监督程序向最高人民法院提出抗诉。最高人民检察院抗诉提出，《刑法》第180条第4款属于援引法定刑的情形，应当引用第1款处罚的全部规定；利用未公开信息交易罪与内幕交易、泄露内幕信息罪的违法与责任程度相当，法定刑亦应相当；马乐的行为应当认定为犯罪情节特别严重，对其适用缓刑明显不当。本案终审裁定以《刑法》第180条第4款未对利用未公开信息交易罪规定有"情节特别严重"为由，降格评价马乐的犯罪行为，属于适用法律确有错误，导致量刑不当，应当依法纠正。

最高人民法院依法组成合议庭对该案直接进行再审，并公开开庭审理了本案。再审查明的事实与原审的基本相同，原审认定被告人马乐非法获利数额为18 833 374.74元存在计算错误，实际为19 120 246.98元，依法应当予以更正。最高人民法院（2015）刑抗字第1号刑事判决认为，原审被告人马乐的行为已构成利用未公开信息交易罪。马乐利用未公开信息交易股票76只，累计成交额10.5亿余元，非法获利1 912万余元，属于情节特别严重。鉴于马乐具有主动从境外回国投案自首法定从轻、减刑处罚情节；在未受控制的情况下，将股票兑成现金存在涉案3个账户中并主动向中国证券监督管理委员会说明情况，退还了全部违法所得，认罪悔罪态度好，赃款未挥霍，原判罚金刑得已全部履行等酌定从轻处罚情节，对马乐可予减轻处罚。第一审判决、第二审裁定认定事实清楚，证据确实、充分，定罪准确，但因对法律条文理解错误，导致量刑不当，应予纠正。依照《中华人民共和国刑法》第180条第4款、第1款，第67条第1款，第52条，第53条，第64条及《最高人民法院关于适用〈中华人民共和国刑事诉讼法〉的解释》第389条第（3）项的规定，判决如下：一、维持广东省高级人民法院（2014）粤高法刑二终字第137号刑事裁定和深圳市中级人民法院（2014）深中法刑二初字第27号刑事判决中对原审被告人马乐的定罪部分；二、撤销广东省高级人民法院（2014）粤高法刑二终字第 137 号刑事裁定和深圳市中级人民法院（2014）深中法刑二初字第 27 号刑事判决中对原审被告人马乐的量刑及追缴违法所得部分；三、原审被告人马乐犯利用未公开信息交易罪，判处有期徒刑 3 年，并处罚金人民币 1 913 万元；四、违法所得人民币 19 120 246.98 元依法予以追缴，上缴国库。

本案的裁判要点指出：《刑法》第 180 第 4 款规定的利用未公开信息交易罪援引法定刑的情形，应当是对第 1 款内幕交易、泄露内幕信息罪全部法定刑的引用，即利用未公开信息交易罪应有"情节严重""情节特别严重"两种情形和两个量刑档次。

释评

本案的裁判要点涉及援引法定刑的适用问题。所谓援引法定刑是指《刑法》对某种犯罪行为本身没有专门规定法定刑，而是援引前款或者前项的法定刑作为本罪的法定刑。援引法定刑的主要意义在于减少法条的重复规定，避免罪状规定的臃肿。如果被援引的法定刑只有一个罪刑单位，在这种情况下，援引法定刑所援引的只能是该法定刑，因而不会发生误解。在某些情况下，被援引的法定刑具有两个或者两个以上罪刑单位，并且通过情节严重、情节特别严重等加以区隔，但援引条款只规定情节严重的依照前款规定处罚。在这种情况下，就会发生歧义：比援引的法定刑是仅限于情节严重的情形，还是也包括情节特别严重的情形？在本案中就出现了这种理解上的分歧。本案的裁判要点明确了在这种情况下，被援引的法定刑不仅包括情节严重，而且包括情节特别严重。这一规定，对于处理其他类似的援引法定刑的规定都具有指导意义。

十九、编造并传播证券、期货交易虚假信息罪

（一）概念

编造并传播证券、期货交易虚假信息罪是指编造并且传播影响证券、期货交

易的虚假信息，扰乱证券、期货交易市场，造成严重后果的行为。

（二）构成

1. 罪体

行为 编造并传播证券、期货交易虚假信息罪的行为是编造并且传播影响证券、期货交易的虚假信息。这里的编造，是指无中生有、故意捏造。传播，是指加以扩散，使之广为人知。

客体 编造并传播证券、期货交易虚假信息罪的客体是影响证券、期货交易的虚假信息。

2. 罪责

编造并传播证券、期货交易虚假信息罪的罪责形式是故意。这里的故意，是指明知是影响证券、期货交易的虚假信息而有意编造并传播的主观心理状态。

3. 罪量

编造并传播证券、期货交易虚假信息罪的罪量要素是扰乱证券、期货交易市场，造成严重后果。这里的扰乱证券、期货交易市场，造成严重后果，参照《立案追诉标准（二）》第32条的规定，是指涉嫌下列情形之一的：（1）获利或者避免损失数额在5万元以上的；（2）造成投资者直接经济损失数额在50万元以上的；（3）虽未达到上述数额标准，但多次编造并且传播影响证券、期货交易的虚假信息的；（4）致使交易价格或者交易量异常波动的；（5）造成其他严重后果的。

（三）处罚

根据《刑法》第181条（《刑法修正案》第5条）第1款之规定，犯本罪的，处5年以下有期徒刑或者拘役，并处或者单处1万元以上10万元以下罚金。第3款规定，单位犯本罪的，对单位判处罚金，并对其直接负责的主管人员和其他直接责任人员，处5年以下有期徒刑或者拘役。

二十、诱骗投资者买卖证券、期货合约罪

（一）概念

诱骗投资者买卖证券、期货合约罪是指证券交易所、期货交易所、证券公司、期货经纪公司的从业人员，证券业协会、期货业协会或者证券、期货监督管理部门的工作人员，故意提供虚假信息或者伪造、变造、销毁交易记录，诱骗投资者买卖证券、期货合约，造成严重后果的行为。

（二）构成

1. 罪体

主体　诱骗投资者买卖证券、期货合约罪的主体是证券交易所、期货交易所、证券公司、期货经纪公司的从业人员，证券业协会、期货业协会或者证券、期货监督管理部门的工作人员。

行为　诱骗投资者买卖证券、期货合约罪的行为是采取故意提供虚假信息或者伪造、变造、销毁交易记录的方法，诱骗投资者买卖证券、期货合约。

客体　诱骗投资者买卖证券、期货合约罪的客体是投资者。

2. 罪责

诱骗投资者买卖证券、期货合约罪的罪责形式是故意。这里的故意，是指明知是诱骗投资者买卖证券、期货合约的行为而有意实施的主观心理状态。

3. 罪量

诱骗投资者买卖证券、期货合约罪的罪量要素是造成严重后果。这里的造成严重后果，参照《立案追诉标准（二）》第33条的规定，是指涉嫌下列情形之一的：（1）获利或者避免损失数额累计在5万元以上的；（2）造成投资者直接经济损失数额在50万元以上的；（3）虽未达上述数额标准，但多次诱骗投资者买卖证券、期货合约的；（4）致使交易价格和交易量异常波动的；（5）其他造成严重后果的。

（三）处罚

根据《刑法》第181条（《刑法修正案》第5条）第2款之规定，犯本罪的，处5年以下有期徒刑或者拘役，并处或者单处1万元以上10万元以下罚金；情节特别恶劣的，处5年以上10年以下有期徒刑，并处2万元以上20万元以下罚金。第3款规定，单位犯本罪的，对单位判处罚金，并对其直接负责的主管人员和其他直接责任人员，处5年以下有期徒刑或者拘役。

加重处罚事由　犯诱骗投资者买卖证券、期货合约罪而情节特别恶劣的，是本罪的加重处罚事由。这里的情节特别恶劣，是指曾因诱骗投资者买卖证券、期货合约受过行政处罚，再犯本罪的，造成投资者经济损失特别巨大的，造成特别恶劣影响的等。

二十一、操纵证券、期货市场罪

（一）概念

操纵证券、期货市场罪是指违反法律规定，采取各种方法，操纵证券、期货市场，情节严重的行为。

（二）构成

1. 罪体

行为　操纵证券、期货市场罪的行为是违反法律规定，采取各种方法，操纵证券、期货交易市场。根据《刑法》第182条［《刑法修正案（十一）》第13条］的规定，操纵证券、期货交易市场行为具有以下七种情形：（1）单独或者合谋，集中资金优势、持股或者持仓优势或者利用信息优势联合或者连续买卖的；（2）与他人串通，以事先约定的时间、价格和方式相互进行证券、期货交易的；（3）在自己实际控制的账户之间进行证券交易，或者以自己为交易对象，自买自卖期货合约的；（4）不以成交为目的，频繁或者大量申报买入、卖出证券、期货合约并撤销申报的；（5）利用虚假或者不确定的重大信息，诱导投资者进行证券、期货交易的；

（6）对证券、证券发行人、期货交易标的公开作出评价、预测或者投资建议，同时进行反向证券交易或者相关期货交易的；（7）以其他方法操纵证券、期货市场的。

客体　操纵证券、期货市场罪的客体是证券、期货交易价格。

2. 罪责

操纵证券、期货市场罪的罪责形式是故意。这里的故意，是指明知是操纵证券、期货市场的行为而有意实施的主观心理状态。

3. 罪量

操纵证券、期货市场罪的罪量要素是情节严重。根据 2019 年 6 月 27 日最高人民法院、最高人民检察院《关于办理操纵证券、期货市场刑事案件适用法律若干问题的解释》第 2 条的规定，操纵证券、期货市场，具有下列情形之一的，应当认定为《刑法》第 182 条第 1 款规定的"情节严重"：（1）持有或者实际控制证券的流通股份数量达到该证券的实际流通股份总量 10％以上，实施《刑法》第 182 条第 1 款第 1 项操纵证券市场行为，连续 10 个交易日的累计成交量达到同期该证券总成交量 20％以上的；（2）实施《刑法》第 182 条第 1 款第 2 项、第 3 项操纵证券市场行为，连续 10 个交易日的累计成交量达到同期该证券总成交量 20％以上的；（3）实施本解释第 1 条第 1 项至第 4 项操纵证券市场行为，证券交易成交额在 1 000 万元以上的；（4）实施《刑法》第 182 条第 1 款第 1 项及本解释第 1 条第 6 项操纵期货市场行为，实际控制的账户合并持仓连续 10 个交易日的最高值超过期货交易所限仓标准的 2 倍，累计成交量达到同期该期货合约总成交量 20％以上，且期货交易占用保证金数额在 500 万元以上的；（5）实施《刑法》第 182 条第 1 款第 2 项、第 3 项及本解释第 1 条第 1 项、第 2 项操纵期货市场行为，实际控制的账户连续 10 个交易日的累计成交量达到同期该期货合约总成交量 20％以上，且期货交易占用保证金数额在 500 万元以上的；（6）实施本解释第 1 条第 5 项操纵证券、期货市场行为，当日累计撤回申报量达到同期该证券、期货合约总申报量 50％以上，且证券撤回申报额在 1 000 万元以上、撤回申报的期货合约占用保证金数额在 500 万元以上的；（7）实施操纵证券、期货市场行为，违法所得数额在 100 万元以上的。前引司法解释第 3 条规定，操纵证券、期货市场，违法所得数额在 50 万元以上，具有下列情形之一的，应当认定为《刑法》第 182 条第 1 款规定的"情节严重"：（1）发行人、上市公司及其董事、监事、高级管理人员、控股股东或者实际控制人实施操纵证券、期货市场行为的；（2）收购人、重大资产重组的交易对方及其董事、监事、高级管理人员、控股股东或者实际控制人实施操纵证券、期货市场行为的；（3）行为人明知操纵证券、期货市场行为被有关部门调查，仍继续实施的；（4）因操纵证券、期货市场行为受过刑事追究的；（5）二年内因操纵证券、期货市场行为受过行政处罚的；（6）在市场出现重大异常波动等特定时段操纵证券、期货市场的；（7）造成恶劣社会影响或者其他严重后果的。

（三）处罚

根据《刑法》第 182 条 [《刑法修正案（六）》第 11 条、《刑法修正案（十一）》第 13 条] 第 1 款之规定，犯本罪的，处 5 年以下有期徒刑或者拘役，并处或者单处罚金；情节特别严重的，处 5 年以上 10 年以下有期徒刑，并处罚金。第 2 款规定，单位犯本罪的，对单位判处罚金，并对其直接负责的主管人员和其他直接责任人员，依照前款的规定处罚。

加重处罚事由 犯操纵证券、期货市场罪而情节特别严重的，是本罪的加重处罚事由。根据《关于办理操纵证券、期货市场刑事案件适用法律若干问题的解释》第 4 条的规定，具有下列情形之一的，应当认定为《刑法》第 182 条第 1 款规定的"情节特别严重"：（1）持有或者实际控制证券的流通股份数量达到该证券的实际流通股份总量 10% 以上，实施《刑法》第 182 条第 1 款第 1 项操纵证券市场行为，连续 10 个交易日的累计成交量达到同期该证券总成交量 50% 以上的；（2）实施《刑法》第 182 条第 1 款第 2 项、第 3 项操纵证券市场行为，连续 10 个交易日的累计成交量达到同期该证券总成交量 50% 以上的；（3）实施本解释第 1 条第 1 项至第 4 项操纵证券市场行为，证券交易成交额在 5 000 万元以上的；（4）实施《刑法》第 182 条第 1 款第 1 项及本解释第 1 条第 6 项操纵期货市场行为，实际控制的账户合并持仓连续 10 个交易日的最高值超过期货交易所限仓标准的 5 倍，累计成交量达到同期该期货合约总成交量 50% 以上，且期货交易占用保证金数额在 2 500 万元以上的；（5）实施《刑法》第 182 条第 1 款第 2 项、第 3 项及本解释第 1 条第 1 项、第 2 项操纵期货市场行为，实际控制的账户连续 10 个交易日的累计成交量达到同期该期货合约总成交量 50% 以上，且期货交易占用保证金数额在 2 500 万元以上的；（6）实施操纵证券、期货市场行为，违法所得数额在 1 000 万元以上的。实施操纵证券、期货市场行为，违法所得数额在 500 万元以上，并具有前引司法解释第 3 条规定的七种情形之一的，应当认定为"情节特别严重"。

二十二、背信运用受托财产罪

（一）概念

背信运用受托财产罪是指商业银行、证券交易所、期货交易所、证券公司、期货经纪公司、保险公司或者其他金融机构，违背受托义务，擅自运用客户资金或者其他委托、信托的财产，情节严重的行为。

（二）构成

1. 罪体

主体　背信运用受托财产罪的主体是商业银行、证券交易所、期货交易所、证券公司、期货经纪公司、保险公司或者其他金融机构。因此，本罪是纯正的单位犯罪。这里的其他金融机构，主要是指信托投资公司、投资咨询公司、投资管理公司等。

行为　背信运用受托财产罪的行为是违背受托义务，擅自运用客户资金或者其他受托、信托的财产。这里的违背受托义务，是指违背法律、行政法规、规章规定的法定义务以及与受托人约定的具体义务。擅自运用，是指未征得委托人的同意而使用资金或者处理财产。

客体　背信运用受托财产罪的客体是客户资金或者其他委托、信托的财产。这里的委托、信托的财产，主要是指在当前的委托理财业务中，存放在各类金融机构中的以下财产：（1）证券投资业务中的客户交易资金。（2）委托理财业务中的客户资产。（3）信托业务中的信托财产，分为资金信托和一般财产信托。（4）证券投资基金，即通过公开发售基金份额募集的客户资金。

2. 罪责

背信运用受托财产罪的罪责形式是故意。这里的故意，是指明知是背信运用受托财产行为而有意实施的主观心理状态。

3. 罪量

背信运用受托财产罪的罪量要素是情节严重。这里的情节严重，参照《立案追诉标准（二）》第35条的规定，是指涉嫌下列情形之一：（1）擅自运用客户资金或者其他委托、信托的财产数额累计在30万元以上的；（2）虽未达到上述数额标准，但多次擅自运用客户资金或者其他委托、信托的财产，或者擅自运用多个客户资金或者其他委托、信托的财产的；（3）其他情节严重的情形。

（三）处罚

根据《刑法》第185条之一［《刑法修正案（六）》第12条］第1款之规定，犯本罪的，对单位判处罚金，并对其直接负责的主管人员和其他直接责任人员，处3年以下有期徒刑或者拘役，并处3万元以上30万元以下罚金；情节特别严重的，处3年以上10年以下有期徒刑，并处5万元以上50万元以下罚金。

加重处罚事由　犯背信运用受托财产罪而情节特别严重的，是本罪的加重处罚事由。这里的情节特别严重，是指背信运用受托财产的数额特别巨大、造成的经济损失特别重大或者有其他特别严重情节。

二十三、违法运用资金罪

（一）概念

违法运用资金罪是指社会保障基金管理机构、住房公积金管理机构等公众资金管理机构，以及保险公司、保险资产管理公司、证券投资基金管理公司，违反国家规定运用资金的行为。

（二）构成

1. 罪体

主体　违法运用资金罪的主体是社会保障基金管理机构、住房公积金管理机构等公众资金管理机构，以及保险公司、保险资产管理公司、证券投资基金管理公司。因此本罪是纯正的单位犯罪。这里的社会保障基金管理机构，是指相对独立和集中地负责社会保险基金的管理和投资营运的社会保险银行、社会保险基金管理公司或基金公司等专门机构。住房公积金管理机构，是指对住房公积金进行投资管理的机构。公众资金管理机构，是指根据我国目前多元分散型和专门机构集中管理模式，接受社会保险基金管理机构委托对社会保障基金进行资产管理的保险公司、保险资产管理公司、证券投资管理公司等机构。

行为　违法运用资金罪的行为是违反国家规定运用资金。这里的违反国家规定，是指违反国家关于公众资金、保险公司资金和证券投资基金运用的有关规定。例如，《证券投资基金法》对基金财产应当用于投资和不得用于投资的具体情形都作了明文规定，违反上述规定运用资金的，属于违反国家规定运用资金。

客体　违法运用资金罪的客体是社会保障基金、住房公积金、保险资产和证券投资基金。这里的社会保障基金，是指在法律的强制规定下，通过向劳动者及其所在用人单位征缴社会保险费，或由国家财政直接拨款而集中起来的，用于社会保险、社会福利、社会救济和公费医疗事业等社会保障事业的专项基金。住房公积金，是指国家机关、国有企业、城镇集体企业、外商投资企业、城镇私营企业及其他城镇企业、事业单位、民办非企业单位、社会团体及其在职职工缴存的长期住房储备金。

2. 罪责

违法运用资金罪的罪责形式是故意。这里的故意，是指明知是违法运用资金的行为而有意实施的主观心理状态。

3. 罪量

违法运用资金罪的罪量要素，刑法未作规定。参照《立案追诉标准（二）》

第 36 条的规定，涉嫌下列情形之一的，应予立案追诉：（1）违反国家规定运用资金数额在 30 万元以上的；（2）虽未达到上述数额标准，但多次违反国家规定运用资金的；（3）其他情节严重的情形。

（三）处罚

根据《刑法》第 185 条之一〔《刑法修正案（六）》第 12 条〕第 2 款之规定，犯本罪的，对单位判处罚金，并对其直接负责的主管人员和其他直接责任人员处 3 年以下有期徒刑或者拘役，并处 3 万元以上 30 万元以下罚金；情节特别严重的，处 3 年以上 10 年以下有期徒刑，并处 5 万元以上 50 万元以下罚金。

加重处罚事由 犯违法运用资金罪而情节特别严重的，是本罪的加重处罚事由。这里的情节特别严重，是指违法运用资金的数额特别巨大、造成的经济损失特别重大或者有其他特别严重的情节。

二十四、违法发放贷款罪

（一）概念

违法发放贷款罪是指银行或者其他金融机构的工作人员违反国家规定发放贷款，数额巨大或者造成重大损失的行为。

（二）构成

1. 罪体

主体 违法发放贷款罪的主体是银行或者其他金融机构的工作人员。

行为 违法发放贷款罪的行为是违反国家规定发放贷款。这里的违反国家规定，是指违反法律、行政法规关于贷款的规定。例如《商业银行法》对贷款的对象、条件、审批制度等都作了明确规定。如果违反上述贷款的规定而发放贷款，就具备了本罪的行为。

客体 违法发放贷款罪的客体是贷款。这里的贷款包括信用贷款和担保贷款。

2. 罪责

违法发放贷款罪的罪责形式是故意。这里的故意，是指明知是违法发放贷款的行为而有意实施的主观心理状态。

3. 罪量

违法发放贷款罪的罪量要素是数额巨大或者造成重大损失。这里的数额巨大，参照《立案追诉标准（二）》第 37 条的规定，是指数额在 200 万元以上的。这里的造成重大损失，是指造成直接经济损失数额在 50 万元以上。

（三）处罚

根据《刑法》第 186 条［《刑法修正案（六）》第 13 条］第 1 款之规定，犯本罪的，处 5 年以下有期徒刑或者拘役，并处 1 万元以上 10 万元以下罚金；数额特别巨大或者造成特别重大损失的，处 5 年以上有期徒刑，并处 2 万元以上 20 万元以下罚金。第 2 款规定，银行或者其他金融机构的工作人员违反国家规定，向关系人发放贷款的，依照前款规定从重处罚。第 3 款规定，单位犯前两款罪的，对单位判处罚金，并对其直接负责的主管人员和其他直接责任人员，依照前两款的规定处罚。

从重处罚事由 银行或者其他金融机构的工作人员违反国家规定，向关系人发放贷款的，是本罪的从重处罚事由。在原刑法中，向关系人发放贷款是一个独立罪名，《刑法修正案（六）》取消了这一罪名，将其作为违法发放贷款罪的从重处罚事由加以规定。这里的关系人，根据《商业银行法》第 40 条第 2 款的规定，是指：（1）商业银行的董事、监事、管理人员、信贷业务人员及其近亲属；（2）前项所列人员投资或者担任高级管理职务的公司、企业和其他经济组织。这里的贷款，包括信用贷款和担保贷款。

加重处罚事由 犯违法发放贷款罪而数额特别巨大或者造成特别重大损失的，是本罪的加重处罚事由。这里的造成特别重大损失，根据《全国法院审理金融犯罪案件工作座谈会纪要》的规定，是指造成 300 万元至 500 万元以上的损失。

二十五、吸收客户资金不入账罪

（一）概念

吸收客户资金不入账罪是指银行或者其他金融机构的工作人员，吸收客户资金不入账，数额巨大或者造成重大损失的行为。

（二）构成

1. 罪体

主体　吸收客户资金不入账罪的主体是银行或者其他金融机构的工作人员。

行为　吸收客户资金不入账罪的行为是吸收客户资金不入账。这里的吸收客户资金不入账，是指违反金融法律、法规，对收受客户的存款资金不如实记入银行或者其他金融机构存款账目，或者与出具给储户的存单、存折上的记载不相符。因此，吸收客户资金不入账，是指不记入金融机构的法定存款账目，以逃避国家金融监管，至于是否记入法定账目以外设立的账目，不影响该罪成立。

客体　吸收客户资金不入账罪的客体是客户资金。

2. 罪责

吸收客户资金不入账罪的罪责形式是故意。这里的故意，是指明知是吸收客户资金不入账的行为而有意实施的主观心理状态。

3. 罪量

吸收客户资金不入账罪的罪量要素是数额巨大或者造成重大损失。这里的数额巨大，参照《立案追诉标准（二）》第38条的规定，是指数额在200万元以上。这里的造成重大损失，是指造成直接经济损失数额在50万元以上。

（三）处罚

根据《刑法》第187条［《刑法修正案（六）》第14条］第1款之规定，犯本罪的，处5年以下有期徒刑或者拘役，并处2万元以上20万元以下罚金；数额特别巨大或者造成特别重大损失的，处5年以上有期徒刑，并处5万元以上50

万元以下罚金。第 2 款规定，单位犯本罪的，对单位判处罚金，并对其直接负责的主管人员和其他直接责任人员，依照个人犯罪的规定处罚。

加重处罚事由 犯吸收客户资金不入账罪而数额特别巨大或者造成特别重大损失的，是本罪的加重处罚事由。这里的造成特别重大损失，根据《全国法院审理金融犯罪案件工作座谈会纪要》的规定，是指造成 300 万元至 500 万元以上的损失。

二十六、违规出具金融票证罪

（一）概念

违规出具金融票证罪是指银行或者其他金融机构的工作人员违反规定，为他人出具信用证或者其他保函、票据、存单、资信证明，情节严重的行为。

（二）构成

1. 罪体

主体 违规出具金融票证罪的主体是银行或者其他金融机构的工作人员。

行为 违规出具金融票证罪的行为是违反规定，为他人出具金融票证。这里的违反规定，既指违反国家法律规定，也指违反银行或者其他金融机构内部的规章制度的规定。

客体 违规出具金融票证罪的客体是金融票证，包括信用证或者其他保函、票据、存单、资金证明。这里的信用证，是指银行根据客户要求，严格按照有关法律、行政法规和规章制度开具的，只要受益人满足有关约定要求，开证银行即向受益人保证支付的书面凭证。保函，是指银行以其自身的信用为客户承担责任的担保函件。票据，是指汇票、本票和支票。资信证明，是指能够证明某特定个人或者单位具有一定经济实力的文件。

2. 罪责

违规出具金融票证罪的罪责形式是故意。这里的故意，是指明知是违规出具金融票证的行为而有意实施的主观心理状态。

3. 罪量

违规出具金融票证罪的罪量要素是情节严重。这里的情节严重，参照《立案追诉标准（二）》第 39 条的规定，是指涉嫌下列情形之一的：（1）违反规定为他人出具信用证或者其他保函、票据、存单、资信证明，数额在 200 万元以上的；（2）违反规定为他人出具信用证或者其他保函、票据、存单、资信证明，造成直接经济损失数额在 50 万元以上的；（3）多次违规出具信用证或者其他保函、票据、存单、资信证明的；（4）接受贿赂违规出具信用证或者其他保函、票据、存单、资信证明的；（5）其他情节严重的情形。

（三）处罚

根据《刑法》第 188 条［《刑法修正案（六）》第 15 条］第 1 款之规定，犯本罪的，处 5 年以下有期徒刑或者拘役；情节特别严重的，处 5 年以上有期徒刑。第 2 款规定，单位犯本罪的，对单位判处罚金，并对其直接负责的主管人员和其他直接责任人员，依照个人犯罪的规定处罚。

加重处罚事由　犯违规出具金融票证罪而情节特别严重的，是本罪的加重处罚事由。

二十七、对违法票据承兑、付款、保证罪

（一）概念

对违法票据承兑、付款、保证罪是指银行或者其他金融机构的工作人员，在办理票据业务中，对违反票据法规定的票据予以承兑、付款或者保证，造成重大损失的行为。

（二）构成

1. 罪体

主体　对违法票据承兑、付款、保证罪的主体是银行或者其他金融机构的工

作人员。

行为　对违法票据承兑、付款、保证罪的行为是在办理票据业务中，对违反票据法规定的票据予以承兑、付款或者保证。这里的承兑，是指汇票付款人承诺在汇票到期日支付汇票金额的票据行为。付款，是指票据的付款人或者代理付款人支付票据金额以消灭票据关系的附属票据行为。保证，是指票据债务人以外的人，因承担票据债务保证责任，在汇票到期后因持票人得不到付款，而需向持票人足额付款的票据行为。

客体　对违法票据承兑、付款、保证罪的客体是违反票据法规定的票据。这里的违反票据法规定的票据，是指不符合票据法的规定，不能予以承兑、付款或者保证的票据。

结果　对违法票据承兑、付款、保证罪的结果是造成重大损失。这里的造成重大损失，参照《立案追诉标准（二）》第 40 条的规定，是指造成直接经济损失在 50 万元以上。

2. 罪责

对违法票据承兑、付款、保证罪的罪责形式是过失。这里的过失，是指应当预见到是不能承兑、付款、保证的违法票据，因为疏忽大意而没有预见，或者已经预见而轻信能够避免，以致造成重大损失的主观心理状态。

（三）处罚

根据《刑法》第 189 条第 1 款之规定，犯本罪的，处 5 年以下有期徒刑或者拘役；造成特别重大损失的，处 5 年以上有期徒刑。第 2 款规定，单位犯本罪的，对单位判处罚金，并对其直接负责的主管人员和其他直接责任人员，依照个人犯罪的规定处罚。

加重处罚事由　犯对违法票据承兑、付款、保证罪而造成特别重大损失的，是本罪的加重处罚事由。

二十八、逃汇罪

（一）概念

逃汇罪是指公司、企业或者其他单位，违反国家规定，擅自将外汇存放境外，或者将境内的外汇非法转移到境外，数额较大的行为。

（二）构成

1. 罪体

主体 逃汇罪的主体是公司、企业或者其他单位，本罪是纯正的单位犯罪。

行为 逃汇罪的行为是逃汇。这里的逃汇是指违反国家规定，擅自将外汇存放境外，或者将境内的外汇非法转移到境外。

客体 逃汇罪的客体是外汇。这里的外汇，是指以外国货币表示的，用于国际结算的信用凭证和支付手段，包括外国货币、外币有价证券、外币支付凭证以及其他外汇资金。

2. 罪责

逃汇罪的罪责形式是故意。这里的故意，是指明知是逃汇行为而有意实施的主观心理状态。

3. 罪量

逃汇罪的罪量要素是数额较大。这里的数额较大，参照《立案追诉标准（二）》第41条的规定，是指单笔在200万美元以上或者累计数额在500万美元以上。

（三）认定

1998年12月29日全国人大常委会《关于惩治骗购外汇、逃汇和非法买卖外汇犯罪的决定》（以下简称《决定》）第5条规定：海关、外汇管理部门以及金融机构、从事对外贸易经营活动的公司、企业或者其他单位的工作人员与逃汇的行为人通谋，为其提供购买外汇的有关凭证或者其他便利的，或者明知是伪造、变造的凭证和单据而售汇、付汇的，以共犯论，依照本决定从重处罚。这是关于逃汇罪共犯的规定，并且规定对于逃汇罪的共犯应当从重处罚。

（四）处罚

根据《刑法》第190条（《决定》第3条）之规定，犯本罪的，对单位判处逃汇数额5％以上30％以下罚金，并对其直接负责的主管人员和其他直接责任人员处5年以下有期徒刑或者拘役；数额巨大或者有其他严重情节的，对单位判处逃汇数额5％以上30％以下罚金，并对其直接负责的主管人员和其他直接责任人员处5年以上有期徒刑。

加重处罚事由　犯逃汇罪而数额巨大或者有其他严重情节的，是本罪的加重处罚事由。

二十九、骗购外汇罪

（一）概念

骗购外汇罪是指采用各种方法，骗购外汇，数额较大的行为。

（二）构成

1. 罪体

行为　骗购外汇罪的行为是骗购外汇。我国实现了人民币经常项目可兑换后，境内机构对外贸易支付用汇只要持与支付方式相应的有效凭证和有效商业单据，便可以从其外汇账户中支付或者到外汇指定银行兑付。而骗购外汇，就是违反国家规定，采用欺骗手段套取外汇。因此，在刑法理论上，骗购外汇也称套汇。根据刑法规定，骗购外汇包括以下三种方式：（1）使用伪造、变造的海关签发的报关单、进口证明、外汇管理部门核准件等凭证和单据；（2）重复使用海关签发的报关单、进口证明、外汇管理部门核准件等凭证和单据；（3）以其他方式骗购外汇的。这里的其他方式包括：虚构特定事项，骗取外汇管理部门同意售汇的；与海关、外汇管理部门、金融机构、从事对外贸易经营的公司、企业或者其他单位的工作人员串通，由后者提供有关凭证、单据进行骗购外汇的；等等。

客体　骗购外汇罪的客体是外汇。

2. 罪责

骗购外汇罪的罪责形式是故意。这里的故意，是指明知是骗购外汇的行为而有意实施的主观心理状态。

3. 罪量

骗购外汇罪的罪量要素是数额较大。这里的数额较大，参照《立案追诉标准（二）》第 42 条的规定，是指数额在 50 万美元以上。

（三）认定

1. 骗购外汇罪的共犯

《决定》第 1 条第 3 款规定：明知用于骗购外汇而提供人民币资金的，以共犯论处。此外，《决定》第 5 条还规定：海关、外汇管理部门以及金融机构、从事对外贸易经营活动的公司、企业或者其他单位的工作人员与骗购外汇的行为人通谋，为其提供购买外汇的有关凭证或者其他便利的，或者明知是伪造、变造的凭证和单据而售汇、付汇的，以共犯论处，依照本决定从重处罚。这是关于骗购外汇罪共犯的规定，并且规定对于骗购外汇罪的共犯应当从重处罚。

2. 骗购外汇罪的罪数

《决定》第 1 条第 2 款规定："伪造、变造海关签发的报关单、进口证明、外汇管理部门核准件等凭证和单据，并用于骗购外汇的，依照前款的规定从重处罚。"这里的伪造、变造海关签发的报关单、进口证明、外汇管理部门核准件等凭证和单据，构成伪造、变造国家机关公文、证件、印章罪，与骗购外汇罪之间存在牵连关系，属于牵连犯。对此，《决定》规定以骗购外汇罪从重处罚。

（四）处罚

根据《决定》第 1 条第 1 款之规定，犯本罪的，处 5 年以下有期徒刑或者拘役，并处骗购外汇数额 5% 以上 30% 以下罚金；数额巨大或者有其他严重情节的，处 5 年以上 10 年以下有期徒刑，并处骗购外汇数额 5% 以上 30% 以下罚金；数额特别巨大或者有其他特别严重情节的，处 10 年以上有期徒刑或者无期徒刑，并处骗购外汇数额5％以上30％以下罚金或者没收财产。第4款规定，单位犯本罪的，对单位依照第1款的规定判处罚金，并对其直接负责的主管人员和其他直接责任人员，处5年以下有期徒刑或者拘役；数额巨大或者有其他严重情节的，处5年以上10年以下有期徒刑；数额特别巨大或者有其他特别严重情节的，处10年以上有期徒刑或者无期徒刑。

加重处罚事由　犯骗购外汇罪而数额巨大或者有其他严重情节的，是本罪的加重处罚事由。

特别加重处罚事由　犯骗购外汇罪而数额特别巨大或者有其他特别严重情节的，是本罪的特别加重处罚事由。

三十、洗钱罪

（一）概念

洗钱罪是指为掩饰、隐瞒毒品犯罪、黑社会性质的组织犯罪、恐怖活动犯罪、走私犯罪、贪污贿赂犯罪、破坏金融管理秩序犯罪、金融诈骗犯罪的所得及其产生的收益，而为他人或者为自己洗钱的行为。

（二）构成

1. 罪体

行为　洗钱罪的行为是以各种方法，掩饰、隐瞒毒品犯罪、黑社会性质的组织犯罪、恐怖活动犯罪、走私犯罪、贪污贿赂犯罪、破坏金融管理秩序犯罪、金融诈骗犯罪的所得及其产生收益的来源和性质。刑法中的洗钱罪可以分为他洗钱和自洗钱。所谓他洗钱是指为他人洗钱，而自洗钱则是指为自己洗钱。原《刑法》第191条规定的洗钱是以明知上游犯罪为前置条件，因而规定的是他洗钱。而《刑法修正案（十一）》第14条对原刑法规定做了修改，将明知上游犯罪改为掩饰、隐瞒为前置条件，因而现《刑法》第191条既包括他洗钱，同时又包括自洗钱。

根据《刑法》第 191 条〔《刑法修正案（十一）》第 14 条〕第 1 款的规定，洗钱行为具有下列表现形式：

（1）提供资金账户的。这里的提供资金账户，是指为犯罪分子提供银行账户，为其转移犯罪所得及其产生的收益提供方便。

（2）将财产转换为现金、金融票据、有价证券的。这里的将财产转换为现金、金融票据或者有价证券，是指将犯罪所得财产或者财产的实物收益通过交易变为现金或者汇票、支票等金融票据或者有价证券，从而掩饰了原财产的真实产权关系。

（3）通过转账或者其他支付结算方式转移资金。这里的通过转账或者其他支付结算方式转移资金，是指以此种方式将犯罪分子的违法所得及其产生的收益非法转往异地，或者以票据形式取得现金，使这笔财产的真实来源进一步被隐藏。

（4）跨境转移资产。这里的跨境转移资产，是指以投资、购物、旅游、存款等各种名义，以汇兑、结算等方式，将犯罪分子的违法所得及其产生的收益转移到境外，使查清此笔资金的真实来源更加困难。

（5）以其他方法掩饰、隐瞒犯罪所得及其收益的来源和性质。这里的其他方法，根据最高人民法院 2009 年 11 月 4 日颁发的《关于审理洗钱等刑事案件具体应用法律若干问题的解释》〔以下简称《解释（六）》〕第 2 条的规定，是指具有下列情形之一的：1）通过典当、租赁、买卖、投资等方式，协助转移、转换犯罪所得及其收益的；2）通过与商场、饭店、娱乐场所等现金密集型场所的经营收入相混合的方式，协助转移、转换犯罪所得及其收益的；3）通过虚假交易、虚设债权债务、虚假担保、虚假收入等方式，协助将犯罪所得及其收益转换为"合法"财物的；4）通过买卖彩票、奖券等方式，协助转换犯罪所得及其收益的；5）通过赌博方式，协助将犯罪所得及其收益转换为赌博收益的；6）协助将犯罪所得及其收益携带、运输或者邮寄出入境的；7）通过前述规定以外的方式协助转移、转换犯罪所得及其收益的。

客体 洗钱罪的客体是毒品犯罪、黑社会性质的组织犯罪、恐怖活动犯罪、走私犯罪、贪污贿赂犯罪、破坏金融管理秩序犯罪、金融诈骗犯罪的所得及其产生的收益。毒品犯罪、黑社会性质的组织犯罪、恐怖活动犯罪、走私犯罪、贪污贿赂犯罪、破坏金融管理秩序犯罪、金融诈骗犯罪是洗钱罪的上游犯罪。这里的所得，是指犯罪分子进行上述犯罪活动所获得的非法收入。产生的收益，是指犯罪分子将以上犯罪所得收入用于合法或者非法投资、经营、储蓄、放贷等所获取的经济利益。

2. 罪责

洗钱罪的罪责形式是故意。这里的故意，是指明知自己或者他人实施毒品犯罪、黑社会性质的组织犯罪、恐怖活动犯罪、走私犯罪、贪污贿赂犯罪、破坏金融管理秩序犯罪、金融诈骗犯罪的所得及其产生的收益而掩饰、隐瞒其来源和性质的主观心理状态。这里的明知，根据前引《解释（六）》第 1 条的规定，是指具有下列情形之一，但有证据证明确实不知道的除外：（1）知道他人从事犯罪活动，协助转换或者转移财物的；（2）没有正当理由，通过非法途径协助转换或者转移财物的；（3）没有正当理由，以明显低于市场的价格收购财物的；（4）没有正当理由，协助转换或者转移财物，收取明显高于市场的"手续费"的；（5）没有正当理由，协助他人将巨额现金存于多个银行账户或者在不同银行账户之间频繁划转的；（6）协助近亲属或者其他关系密切的人转换或者转移与其职业或者财产状况明显不符的财物的；（7）其他可以认定行为人明知的情形。此外，根据前引《解释（六）》第 1 条第 1 款的规定，在认定本罪之明知时，应当结合被告人的认识能力，接触他人犯罪所得及其收益的情况，犯罪所得及其收益的种类、数额，犯罪所得及其收益的转换、转移方式，以及被告人的供述等主、客观因素进行认定。并且，被告人将刑法规定的某一上游犯罪所得的收益误认为是法律规定范围内的其他犯罪所得及其收益的，不影响明知的认定。

（三）处罚

根据《刑法》第 191 条［《刑法修正案（六）》第 16 条、《刑法修正案（十一）》第 14 条］第 1 款之规定，犯本罪的，没收实施以上犯罪的所得及其产生的收益，处 5 年以下有期徒刑或者拘役，并处或者单处罚金；情节严重的，处 5 年以上 10 年以下有期徒刑，并处罚金。第 2 款规定，单位犯本罪的，对单位判处罚金，并对其直接负责的主管人员和其他直接责任人员，依照个人犯罪的规定处罚。

加重处罚事由　犯洗钱罪而情节严重的，是本罪的加重处罚事由。这里的情节严重，是指洗钱数额特别巨大或者洗钱行为造成严重后果等。

图书在版编目（CIP）数据

规范刑法学. 上册/陈兴良著. –5 版. –北京：
中国人民大学出版社，2023.1
　（刑法学文丛）
　ISBN 978-7-300-31126-5

　Ⅰ.①规…　Ⅱ.①陈…　Ⅲ.①刑法－法学－研究－中
国　Ⅳ.①D924.01

中国版本图书馆 CIP 数据核字（2022）第 208975 号

刑法学文丛

规范刑法学（第五版）（上册）

陈兴良　著

Guifan Xingfaxue

出版发行	中国人民大学出版社			
社　　址	北京中关村大街 31 号		**邮政编码**	100080
电　　话	010 - 62511242（总编室）		010 - 62511770（质管部）	
	010 - 82501766（邮购部）		010 - 62514148（门市部）	
	010 - 62515195（发行公司）		010 - 62515275（盗版举报）	
网　　址	http://www.crup.com.cn			
经　　销	新华书店			
印　　刷	涿州市星河印刷有限公司		**版　　次**	2008 年 6 月第 1 版
规　　格	170 mm×228 mm　16 开本			2023 年 1 月第 4 版
印　　张	54 插页 4		**印　　次**	2023 年 1 月第 1 次印刷
字　　数	776 000		**定　　价**	498.00 元（全两册）

● 陈兴良 /著

规范刑法学（第五版）

下册

Normative Criminal Law

中国人民大学出版社

·北京·

下册目录

第二十七章

破坏社会主义市场经济秩序罪 V：金融诈骗罪

第一节　金融诈骗罪概述

一、概念

金融诈骗罪是指以非法占有为目的，采取欺骗方法诈骗集资款或者贷款，或者利用信用证、信用卡等金融工具进行诈骗活动，数额较大的行为。

二、罪名

金融诈骗罪是《刑法》分则第三章第五节规定之罪，从第 192 条至第 200 条，共 9 个条文①，规定了 8 个罪名。这些罪名是：（1）集资诈骗罪；（2）贷款

———————————

① 第 199 条为空白条文。

1

诈骗罪；（3）票据诈骗罪；（4）金融凭证诈骗罪；（5）信用证诈骗罪；（6）信用卡诈骗罪；（7）有价证券诈骗罪；（8）保险诈骗罪。

三、法定刑

金融诈骗罪的法定最高刑是无期徒刑，其他罪名规定了有期徒刑、拘役，全部罪名均规定了罚金或者没收财产。

第二节　金融诈骗罪分述

一、集资诈骗罪

（一）概念

集资诈骗罪是指以非法占有为目的，使用诈骗方法骗取非法集资款，数额较大的行为。

（二）构成

1. 罪体

行为　集资诈骗罪的行为是使用诈骗方法骗取集资款。这里的诈骗方法，是指虚构集资用途，以虚假的证明文件和高回报率为诱饵，骗取非法集资款。

客体　集资诈骗罪的客体是非法集资款。这里的非法集资，是指法人、其他组织或者个人，未经有权机关批准，向社会公众募集资金。这种通过非法方法向社会公众募集的资金，就是非法集资款。

2. 罪责

集资诈骗罪的罪责形式是故意，并且具有非法占有的目的。这里的故意，是指明知是诈骗集资款的行为而有意实施的主观心理状态。

目的犯　集资诈骗罪以非法占有为目的，因而是法定的目的犯。最高人民法院 2022 年 2 月 23 日修正的《关于审理非法集资刑事案件具体应用法律若干问题的解释》[以下简称《解释（一）》] 第 7 条第 2 款，对集资诈骗罪的非法占有目的的认定，作出了以下规定：使用诈骗方法非法集资，具有下列情形之一的，可以认定为以非法占有为目的：（1）集资后不用于生产经营活动或者用于生产经营活动与筹集资金规模明显不成比例，致使集资款不能返还的；（2）肆意挥霍集资款，致使集资款不能返还的；（3）携带集资款逃匿的；（4）将集资款用于违法犯罪活动的；（5）抽逃、转移资金、隐匿财产，逃避返还资金的；（6）隐匿、销毁账目，或者搞假破产、假倒闭，逃避返还资金的；（7）拒不交代资金去向，逃避返还资金的；（8）其他可以认定非法占有目的的情形。此外，《解释（一）》第 7 条第 3 款还规定，集资诈骗罪中的非法占有目的，应当区分情形进行具体认定。行为人部分非法集资行为具有非法占有目的的，对该部分非法集资行为所涉集资款以集资诈骗罪定罪处罚；非法集资共同犯罪中部分行为人具有非法占有目的，其他行为人没有非法占有集资款的共同故意和行为的，对具有非法占有目的的行为人以集资诈骗罪定罪处罚。此外，2017 年 6 月 1 日最高人民检察院公诉厅《关于办理涉互联网金融犯罪案件有关问题座谈会纪要》第 14 条指出："犯罪嫌疑人存在以下情形之一的，原则上可以认定具有非法占有目的：（1）大部分资金未用于生产经营活动，或名义上投入生产经营但又通过各种方式抽逃转移资金的；（2）资金使用成本过高，生产经营活动的盈利能力不具有支付全部本息的现实可能性的；（3）对资金使用的决策极度不负责任或肆意挥霍造成资金缺口较大的；（4）归还本息主要通过借新还旧来实现的；（5）其他依照有关司法解释可以认定为非法占有目的的情形。"

3. 罪量

集资诈骗罪的罪量要素是数额较大。根据前引《解释（一）》第 8 条的规定，是指非法集资诈骗，数额在 10 万元以上。

（三）处罚

根据《刑法》第 192 条 [《刑法修正案（九）》第 12 条、《刑法修正案（十一）第 15 条》] 第 1 款之规定，犯本罪的，处 3 年以上 7 年以下有期徒刑，并处罚金；数额巨大或者有其他严重情节的，处 7 年以上有期徒刑或者无期徒刑，并处罚金或者没收财产。第 2 款规定，单位犯本罪的，对单位判处罚金，并对其直接负责的主管人员和其他直接责任人员，依照个人犯罪的规定处罚。

加重处罚事由　犯集资诈骗罪而数额巨大或者有其他严重情节的，是本罪的加重处罚事由。这里的数额巨大，根据《解释（一）》第 8 条的规定，是指集资诈骗 100 万元以上。这里的其他严重情节，是指集资诈骗数额在 50 万元以上，同时造成恶劣社会影响或者其他严重后果的情形。

罚金数额　根据《解释（一）》第 9 条第 2 款的规定，犯本罪，判处 3 年以上 7 年以下有期徒刑的，并处 10 万元以上 500 万元以下罚金；判处 7 年以上有期徒刑或者无期徒刑的，并处 50 万元以上罚金或者没收财产。

集资诈骗数额计算　根据《解释（一）》第 8 条第 3 款的规定，集资诈骗的数额以行为人实际骗取的数额计算，案发前已归还的数额应予扣除。行为人为实施集资诈骗活动而支付的广告费、中介费、手续费、回扣，或者用于行贿、赠与等费用，不予扣除。行为人为实施集资诈骗活动而支付的利息，除本金未归还可予折抵本金以外，应当计入诈骗数额。

二、贷款诈骗罪

（一）概念

贷款诈骗罪是指以非法占有为目的，采用虚构事实或者隐瞒真相的方法，骗取银行或者其他金融机构的贷款，数额较大的行为。

（二）构成

1. 罪体

行为　贷款诈骗罪的行为是采用虚构事实或者隐瞒真相的方法，骗取银行或者其他金融机构的贷款。刑法列举了五种贷款诈骗的表现方式：（1）编造引进资金、项目等虚假理由的；（2）使用虚假的经济合同的；（3）使用虚假的证明文件的；（4）使用虚假的产权证明作担保或者超出抵押物价值重复担保的；（5）以其他方法诈骗贷款的。

客体　贷款诈骗罪的客体是银行或者其他金融机构的贷款。

2. 罪责

贷款诈骗罪的罪责形式是故意，并且具有非法占有的目的。这里的故意，是指明知是贷款诈骗行为而有意实施的主观心理状态。

目的犯　贷款诈骗罪以非法占有为目的，因而是法定的目的犯。这里的非法占有目的，根据 2001 年 1 月 21 日最高人民法院《全国法院审理金融犯罪案件工作座谈会纪要》（以下简称《纪要》）的规定，是指具有下列情形之一的：（1）明知没有归还能力而大量骗取资金的；（2）非法获取资金后逃跑的；（3）肆意挥霍骗取的资金的；（4）使用骗取的资金进行违法犯罪活动的；（5）抽逃、转移资金、隐匿资产，以逃避返还资金的；（6）隐匿、销毁账目，或者搞假破产、假倒闭，以逃避返还资金的；（7）其他非法占有资金，拒不返还的。

3. 罪量

贷款诈骗罪的罪量要素是数额较大。这里的数额较大，参照 2022 年 4 月 6 日最高人民检察院、公安部《关于公安机关管辖的刑事案件立案追诉标准的规定（二）》〔以下简称《立案追诉标准（二）》〕第 45 条的规定，是指数额在 5 万元以上。

（三）认定

1. 贷款诈骗罪与骗取贷款罪的界限

贷款诈骗罪是指采用欺骗方法获取贷款并且占为己有，因而侵犯了金融机构对于贷款的财产所有权。而骗取贷款罪则是指以欺骗手段取得银行或者其他金融机构贷款的行为，且行为人在主观上并不具有非法占有的目的。两者的区分主要在于：欺骗是否是贷款获取的根本性原因以及行为人是否具有非法占有的目的。

2. 贷款诈骗与贷款纠纷的界限

合法贷款以后没有按规定的用途使用贷款，或者由于某种原因行为人不能按时返还贷款，在这种情况下，往往引起贷款纠纷。那么，这种贷款纠纷与贷

款诈骗应当如何区分呢？对此，《纪要》指出："对于合法取得贷款后，没有按规定的用途使用贷款，到期没有归还贷款的，不能以贷款诈骗罪定罪处罚；对于确有证据证明行为人不具有非法占有的目的，因不具备贷款的条件而采取了欺骗手段获取贷款，案发时有能力履行还贷的义务，或者案发时不能归还贷款是因为意志以外的原因，如因经营不善、被骗、市场风险等，不应以贷款诈骗罪定罪处罚。"

（四）处罚

根据《刑法》第 193 条之规定，犯本罪的，处 5 年以下有期徒刑或者拘役，并处 2 万元以上 20 万元以下罚金；数额巨大或者有其他严重情节的，处 5 年以上 10 年以下有期徒刑，并处 5 万元以上 50 万元以下罚金；数额特别巨大或者有其他特别严重情节的，处 10 年以上有期徒刑或者无期徒刑，并处 5 万元以上 50 万元以下罚金或者没收财产。

加重处罚事由 犯贷款诈骗罪而数额巨大或者有其他严重情节的，是本罪的加重处罚事由。其他严重情节，是指具有下列情形之一的：（1）为骗取贷款，向银行或者金融机构的工作人员行贿，数额较大的；（2）挥霍贷款，或者用贷款进行违法活动，致使贷款到期无法偿还的；（3）隐匿贷款去向，贷款期限届满后，拒不偿还的；（4）提供虚假的担保申请贷款，贷款期限届满后，拒不偿还的；（5）假冒他人名义申请贷款，贷款期限届满后，拒不偿还的。

特别加重处罚事由 犯贷款诈骗罪而数额特别巨大或者有其他特别严重情节的，是本罪的特别加重处罚事由。

三、票据诈骗罪

（一）概念

票据诈骗罪是指采用虚构事实或者隐瞒真相的方法，利用金融票据骗取财物，数额较大的行为。

（二）构成

1. 罪体

行为　票据诈骗罪的行为是采用虚构事实或者隐瞒真相的方法，利用金融票据骗取财物。因此，票据诈骗罪的行为要素是利用金融票据进行诈骗，这也是本罪与其他诈骗罪的根本区别之所在。刑法列举了五种票据诈骗的表现方式：（1）明知是伪造、变造的汇票、本票、支票而使用的；（2）明知是作废的汇票、本票、支票而使用的；（3）冒用他人的汇票、本票、支票的；（4）签发空头支票或者与其预留印鉴不符的支票，骗取财物的；（5）汇票、本票的出票人签发无资金保证的汇票、本票或者在出票时作虚假记载，骗取财物的。

客体　票据诈骗罪的客体是公私财物。

2. 罪责

票据诈骗罪的罪责形式是故意。这里的故意，是指明知是票据诈骗行为而有意实施的主观心理状态。

目的犯　刑法并未规定本罪须以非法占有为目的，但这并不意味着本罪的构成无须具有非法占有的目的。刑法列举的五种票据诈骗行为本身就已表明行为人主观上的非法占有目的。因而，票据诈骗罪属于非法定的目的犯。

3. 罪量

票据诈骗罪的罪量要素是数额较大。这里的数额较大，参照《立案追诉标准（二）》第46条的规定，是指进行金融票据诈骗活动，数额在5万元以上的。

（三）处罚

根据《刑法》第194条之规定，犯本罪的，处5年以下有期徒刑或者拘役，并处2万元以上20万元以下罚金；数额巨大或者有其他严重情节的，处5年以上10年以下有期徒刑，并处5万元以上50万元以下罚金；数额特别巨大或者有其他特别严重情节的，处10年以上有期徒刑或者无期徒刑，并处5万元以上50万元以下罚金或者没收财产。《刑法》第200条规定，单位犯本罪的，对单位判处罚金，并对其直接负责的主管人员和其他直接责任人员，处5年以下有期徒刑或者拘役，可以并处罚金；数额巨大或者有其他严重情节的，处 5 年以上 10 年以下有期徒刑，并处罚金；数额特别巨大或者有其他特别严重情节的，处 10 年以上有期徒刑或者无期徒刑，并处罚金。

加重处罚事由 犯票据诈骗罪而数额巨大或者有其他严重情节的，是本罪的加重处罚事由。

特别加重处罚事由 犯票据诈骗罪而数额特别巨大或者有其他特别严重情节的，是本罪的特别加重处罚事由。

四、金融凭证诈骗罪

（一）概念

金融凭证诈骗罪是指使用伪造、变造的委托收款凭证、汇款凭证、银行存单等其他银行结算凭证，骗取财物，数额较大的行为。

（二）构成

1. 罪体

行为 金融凭证诈骗罪的行为是使用伪造、变造的委托收款凭证、汇款凭证、银行存单等其他银行结算凭证，骗取财物。金融凭证诈骗罪的行为要素是利用伪造、变造的委托收款凭证、汇款凭证、银行存单等其他银行结算凭证进行诈骗，这也是本罪与其他诈骗罪的根本区别之所在。这里的委托收款凭证，是指行为人在委托银行向付款人收取款项时所填写、提供的凭据和证明。汇款凭证，是指汇款人委托银行将款项汇向外地收款人时所填写的凭据和证明。银行存单，是指储户向银行交存款项、办理开户时，银行签发载有户名、账号、存款金额、存期、存入日、到期日、利率等内容的银行结算凭证。根据刑法规定，这里的金融凭证还包括其他银行结算凭证。根据我国银行法规，结算凭证是指收付款双方及银行办理银行转账结算的书面凭证。银行结算凭证是权利凭证，权利人可以向银行进行结算，包括现金支付、款项划拨等。2003 年 12 月 9 日中国人民银行办公厅《关于其他银行结算凭证有关问题的复函》指出："根据《支付结算办法》〔银发（1997）393 号文印发〕的有关规定，办理票据、信用卡和汇兑、托收承付、委托收款等转账结算业务所使用的凭证均属银行结算凭证。此外，银行办理现金缴存或支取业务使用的有关凭证也属银行结算凭证，现金解款单是客户到银行办理现金缴存业务的专用凭证，也是银行和客户凭以记账的依据，它证明银行与客户之间发生了资金收付关系，代表相互间债权、债务关系的建立，属于银行结算凭证。而单位定期存款开户证实书、对账单、银行询证函等，只具有证明或事后检查作用，不具有货币给付和资金清算作用，不属于结算凭证。因此，只要在经济活动中具有货币给付和资金清算作用，并表明银行与客户之间已受理或已办结相关支付结算业务的凭据，均应认定为银行结算凭证，属于金融票证的范畴。"由此可见，货币给付和资金清算是银行结算凭证的本质特征，只有具有该功能才能认定为银行结算凭证。

客体 金融凭证诈骗罪的客体是财物。

2. 罪责

金融凭证诈骗罪的罪责形式是故意。这里的故意，是指明知是使用伪造、变造的委托收款凭证、汇款凭证、银行存单等其他银行结算凭证而使用的主观心理状态。

3. 罪量

金融凭证诈骗罪的罪量要素是数额较大。这里的数额较大，参照《立案追诉标准（二）》第 47 条的规定，是指使用伪造、变造的委托收款凭证、汇款凭证、银行存单等其他银行结算凭证进行诈骗活动，数额在 5 万元以上的。

（三）处罚

根据《刑法》第 194 条第 2 款之规定，犯本罪的，依照前款的规定处罚，即处 5 年以下有期徒刑或者拘役，并处 2 万元以上 20 万元以下罚金；数额巨大或者有其他严重情节的，处 5 年以上 10 年以下有期徒刑，并处 5 万元以上 50 万元以下罚金；数额特别巨大或者有其他特别严重情节的，处 10 年以上有期徒刑或者无期徒刑，并处 5 万元以上 50 万元以下罚金或者没收财产。《刑法》第 200 条规定，单位犯本罪的，对单位判处罚金，并对其直接负责的主管人员和其他直接责任人员，处 5 年以下有期徒刑或者拘役，可以并处罚金；数额巨大或者有其他严重情节的，处 5 年以上 10 年以下有期徒刑，并处罚金；数额特别巨大或者有其他特别严重情节的，处 10 年以上有期徒刑或者无期徒刑，并处罚金。

加重处罚事由 犯金融凭证诈骗罪而数额巨大或者有其他严重情节的，是本罪的加重处罚事由。

特别加重处罚事由 犯金融凭证诈骗罪而数额特别巨大或者有其他特别严重情节的，是本罪的特别加重处罚事由。

五、信用证诈骗罪

（一）概念

信用证诈骗罪是指采用虚构事实或者隐瞒真相的方法，利用信用证诈骗财物的行为。

（二）构成

1. 罪体

行为 信用证诈骗罪的行为是采用虚构事实或者隐瞒真相的方法，利用信用证诈骗财物。因此，信用证诈骗罪的行为特征是利用信用证进行诈骗，这也是本罪与其他诈骗罪的根本区别之所在。这里的信用证，是指银行根据进口人（买方）的请求，开给出口人（卖方）的一种保证承担支付贷款责任的书面凭证。刑法列举了四种信用证诈骗的表现方式：（1）使用伪造、变造的信用证或者附随的单据、文件的；（2）使用作废的信用证的；（3）骗取信用证的；（4）以其他方法进行信用证诈骗活动的。这里的以其他方法进行信用证诈骗活动，主要是指利用"软条款"信用证进行诈骗活动的情形。"软条款"信用证，又称为"陷阱"信用证，是指在开立信用证时，故意制造一些隐蔽性的条款，这些条款实际上赋予了开证人或开证银行单方面的主动权，从而使信用证随时因开证行或开证申请人单方面的行为而解除，以达到骗取财物的目的。

客体　信用证诈骗罪的客体是财物。

2. 罪责

信用证诈骗罪的罪责形式是故意，并且具有非法占有的目的。这里的故意，是指明知是信用证诈骗行为而有意实施的主观心理状态。

目的犯　刑法并未规定信用证诈骗罪须以非法占有为目的，因而对于信用证诈骗罪的构成是否必须以非法占有为目的，在刑法理论上存在两种不同的观点：第一种观点认为，信用证诈骗罪的构成不须以非法占有为目的，只要行为人实施了刑法所列举的四种信用证诈骗行为即可构成本罪。第二种观点认为，尽管刑法没有规定信用证诈骗罪须以非法占有为目的，但作为一种诈骗犯罪，如果行为人主观上不具有非法占有的目的就不能构成，因而在司法认定上本罪仍应要求行为人主观上具有非法占有的目的。对于上述两种观点，我赞同第二种观点。因为信用证具有一定的融资性质，如果行为人不具有非法占有的目的，而只是为了使用信用证项下的资金，采取欺骗手段取得银行或者其他金融机构信用证的，则不构成本罪，应以骗取金融票证罪论处。因此，信用证诈骗罪属于非法定的目的犯。

（三）处罚

根据《刑法》第195条之规定，犯本罪的，处5年以下有期徒刑或者拘役，并处2万元以上20万元以下罚金；数额巨大或者有其他严重情节的，处5年以上10年以下有期徒刑，并处5万元以上50万元以下罚金；数额特别巨大或者有其他特别严重情节的，处10年以上有期徒刑或者无期徒刑，并处5万元以上50万元以下罚金或者没收财产。《刑法》第200条规定，单位犯本罪的，对单位判处罚金，并对其直接负责的主管人员或者其他直接责任人员，处5年以下有期徒刑或者拘役，可以并处罚金；数额巨大或者有其他严重情节的，处5年以上10年以下有期徒刑，并处罚金；数额特别巨大或者有其他特别严重情节的，处10年以上有期徒刑或者无期徒刑，并处罚金。

加重处罚事由　犯信用证诈骗罪而数额巨大或者有其他严重情节的，是本罪的加重处罚事由。

特别加重处罚事由　犯信用证诈骗罪而数额特别巨大或者有其他特别严重情节的，是本罪的特别加重处罚事由。

六、信用卡诈骗罪

（一）概念

信用卡诈骗罪是指采用虚构事实或者隐瞒真相的方法，利用信用卡进行诈骗，数额较大的行为。

（二）构成

1. 罪体

行为　信用卡诈骗罪的行为是采用虚构事实或者隐瞒真相的方法，利用信用卡进行诈骗。因此，信用卡诈骗罪的行为要素是利用信用卡进行诈骗，这也是本罪区别于其他诈骗罪的本质特征。这里的信用卡，根据 2004 年 12 月 29 日全国人大常委会《关于〈中华人民共和国刑法〉有关信用卡规定的解释》，是指由商业银行或者其他金融机构发行的具有消费支付、信用贷款、转账结算、存取现金等全部功能或者部分功能的电子支付卡。刑法列举了四种信用卡诈骗的表现方式：（1）使用伪造的信用卡，或者使用以虚假的身份证明骗领的信用卡的。（2）使用作废的信用卡的。（3）冒用他人信用卡的，根据 2009 年 12 月 11 日最高人民法院、最高人民检察院发布，2018 年 11 月 28 日修正的《关于办理妨害信用卡管理刑事案件具体应用法律若干问题的解释》［以下简称《解释（二）》］第 5 条第 2 款的规定，以下情形应当认定为这里的冒用他人信用卡的：1）拾得他人信用卡并使用的；2）骗取他人信用卡并使用的；3）窃取、收买、骗取或者以其他非法方式获取他人信用卡信息资料，并通过互联网、通讯终端等使用的；4）其他冒用他人信用卡的情形。（4）恶意透支的。刑法对恶意透支作出了如下界定：恶意透支是指持卡人以非法占有为目的，超过规定限额或者规定期限透支，并且经发卡银行催收后仍不归还的行为。

客体 信用卡诈骗罪的客体是财物。

2. 罪责

信用卡诈骗罪的罪责形式是故意。这里的故意，是指明知是信用卡诈骗行为而有意实施的主观心理状态。

3. 罪量

信用卡诈骗罪的罪量要素是数额较大。根据《解释（二）》第 5 条的规定，是指使用伪造的信用卡，或者使用以虚假的身份证明骗领的信用卡，或者使用作废的信用卡，或者冒用他人信用卡，进行诈骗活动，数额在 5 000 元以上不满 5 万元的，应当认定为数额较大。《解释（二）》第 8 条对恶意透支的数额较大作了特别规定，是指数额在 5 万元以上不满 50 万元的。《解释（二）》第 9 条规定，恶意透支的数额，是指公安机关刑事立案时尚未归还的实际透支的本金数额，不包括利息、复利、滞纳金、手续费等发卡银行收取的费用。归还或者支付的数额，应当认定为归还实际透支的本金。

（三）认定

1. 恶意透支与善意透支的区分

恶意透支与善意透支都涉及透支的概念。这里的透支，是指在银行设立账户的客户在账户上已无资金或资金不足的情况下，经过银行批准，允许客户以超过其账上资金的额度支用款项的行为。因此，透支在实质上是银行给予客户的短期信贷。信用卡具有这种透支功能，信用卡的透支是指持卡人在其发卡银行信用卡账户资金不足或已无资金的情况下，经过银行批准，仍可以使用信用卡进行消费的情况。因此，信用卡的透支，实质上是银行向持卡人提供消费信贷，即允许持卡人在资金不足的情况下，先进行消费，以后再由持卡人补足资金，并按规定支付一定的利息。凡是这种经银行批准，在规定额度内超支，并在规定期限内归还款项的透支，就属于善意透支。反之，就是恶意透支。根据《解释（二）》第 6

条的规定，持卡人以非法占有为目的，超过规定限额或者规定期限透支，经发卡银行两次有效催收后超过 3 个月仍不归还的，应当认定为《刑法》第 196 条规定的"恶意透支"。对于是否以非法占有为目的，应当综合持卡人信用记录、还款能力和意愿、申领和透支信用卡的状况、透支资金的用途、透支后的表现、未按规定还款的原因等情节作出判断。不得单纯依据持卡人未按规定还款的事实认定非法占有目的。具有以下情形之一的，应当认定为《刑法》第 196 条第 2 款规定的"以非法占有为目的"，但有证据证明持卡人确实不具有非法占有目的的除外：(1) 明知没有还款能力而大量透支，无法归还的；(2) 使用虚假资信证明申领信用卡后透支，无法归还的；(3) 透支后通过逃匿、改变联系方式等手段，逃避银行催收的；(4) 抽逃、转移资金，隐匿财产，逃避还款的；(5) 使用透支的资金进行犯罪活动的；(6) 其他非法占有资金，拒不归还的情形。上述规定中的有效催收，《解释（二）》第 7 条规定，催收同时符合下列条件的，应当认定为效催收：(1) 在透支超过规定限额或者规定期限后进行；(2) 催收应当采用能够确认持卡人收悉的方式，但持卡人故意逃避催收的除外；(3) 两次催收至少间隔 30 日；(4) 符合催收的有关规定或者约定。对于是否属于有效催收，应当根据发卡银行提供的电话录音、信息送达记录、信函送达回执、电子邮件送达记录、持卡人或者其家属签字以及其他催收原始证据材料作出判断。

2. 盗窃信用卡并使用的定性

《刑法》第 196 条第 3 款规定，盗窃信用卡并使用的，依照盗窃罪的规定处罚。信用卡是一种信用支付凭证，盗窃信用卡，就等于取得了一定价值的货币使用权，因此其行为性质属于盗窃。当然，信用卡毕竟不能等同于现金，因此，要想实现对信用卡中现金的实际占有，尚需实施使用信用卡的行为。这种使用他人信用卡的行为是冒名的，因而又具有诈骗性质。在刑法理论上，这一信用卡诈骗行为属于不可罚的事后行为，不应另定信用卡诈骗罪。如果本人盗窃信用卡，他人明知是盗窃的信用卡而使用的，对他人应以盗窃罪的共犯论处。如果他人不知是盗窃的信用卡而冒名使用的，对他人则应定信用卡诈骗罪。

3. 骗领信用卡并使用的定性

骗领信用卡是指使用虚假的身份证明领取信用卡，骗取发卡行的信用卡后进行透支消费的行为。在这种情况下存在恶意透支，但这种恶意透支的持卡人是虚假的，即使该信用卡发生了巨额透支，银行也无从查证，更无法挽回经济损失，因而与信用卡诈骗罪中的恶意透支是有所不同的。《刑法修正案（五）》第1条第1款已经将这种使用虚假的身份证明骗领信用卡的行为规定为妨害信用卡管理罪。《刑法修正案（五）》第2条还将使用以虚假身份证明骗领的信用卡的行为补充规定为信用卡诈骗罪的行为方式之一。因此，这种骗领信用卡并使用的行为，属于妨害信用卡管理罪与信用卡诈骗罪的牵连犯，对此应当从一重处断。

4. 拾得信用卡并使用的定性

根据2008年4月18日最高人民检察院《关于拾得他人信用卡并在自动柜员机（ATM机）上使用的行为如何定性问题的批复》的规定，拾得他人信用卡并在自动柜员机（ATM机）上使用的行为，属于《刑法》第196条第1款第3项规定的冒用他人信用卡的情形，构成犯罪的，以信用卡诈骗罪追究刑事责任。

（四）处罚

根据《刑法》第196条［《刑法修正案（五）》第2条］第1款之规定，犯本罪的，处5年以下有期徒刑或者拘役，并处2万元以上20万元以下罚金；数额巨大或者有其他严重情节的，处5年以上10年以下有期徒刑，并处5万元以上50万元以下罚金；数额特别巨大或者有其他特别严重情节的，处10年以上有期徒刑或者无期徒刑，并处5万元以上50万元以下罚金或者没收财产。

加重处罚事由 犯信用卡诈骗罪而数额巨大或者有其他严重情节的，是本罪的加重处罚事由。这里的数额巨大，根据《解释（二）》第5条的规定，是指5万以上不满50万元的。前引司法解释第8条对恶意透支的数额巨大做了特别规定，是指数额在50万元以上500万元以下的。

特别加重处罚事由 犯信用卡诈骗罪而数额特别巨大或者有其他特别严重情节的，是本罪的特别加重处罚事由。这里的数额特别巨大，根据《解释（二）》

第 5 条的规定，是指 50 万元以上的。《解释（二）》第 8 条对恶意透支的数额特别巨大作了特别规定，是指数额在 500 万元以上的。

七、有价证券诈骗罪

（一）概念

有价证券诈骗罪是指使用伪造、变造的国库券或者国家发行的其他有价证券，进行诈骗活动，数额较大的行为。

（二）构成

1. 罪体

行为　有价证券诈骗罪的行为是使用伪造、变造的国库券或者国家发行的其他有价证券，进行诈骗活动。这里的使用，是指用于兑换现金、抵销债务获取财物或者财产性利益的活动。

客体　有价证券诈骗罪的客体是财物。

2. 罪责

有价证券诈骗罪的罪责形式是故意。这里的故意，是指明知是伪造、变造的国库券或者国家发行的其他有价证券而使用的主观心理状态。

3. 罪量

有价证券诈骗罪的罪量要素是数额较大。这里的数额较大，参照《立案追诉标准（二）》第 50 条的规定，是指诈骗数额在 5 万元以上。

（三）处罚

根据《刑法》第 197 条之规定，犯本罪的，处 5 年以下有期徒刑或者拘役，并处 2 万元以上 20 万元以下罚金；数额巨大或者有其他严重情节的，处 5 年以上 10 年以下有期徒刑，并处 5 万元以上 50 万元以下罚金；数额特别巨大或者有其他特别严重情节的，处 10 年以上有期徒刑或者无期徒刑，并处 5 万元以上 50 万元以下罚金或者没收财产。

加重处罚事由　犯有价证券诈骗罪而数额巨大或者有其他严重情节的，是本罪的加重处罚事由。

特别加重处罚事由　犯有价证券诈骗罪而数额特别巨大或者有其他特别严重情节的，是本罪的特别加重处罚事由。

八、保险诈骗罪

（一）概念

保险诈骗罪是指投保人、被保险人或者受益人，违反保险法规定，采用虚构事实或者隐瞒真相的方法，骗取保险金，数额较大的行为。

（二）构成

1. 罪体

主体　保险诈骗罪的主体是投保人、被保险人或者受益人。这里的投保人，是指与保险人订立保险合同，并按照保险合同负有支付保险费义务的人。被保险人，是指在保险事故发生或者约定的保险期间届满时，依据保险合同，有权向保险人请求补偿损失或者领取保险金的人。受益人，是指由保险合同明确指定或者依照法律规定有权取得保险金的人。

行为　保险诈骗罪的行为是违反保险法规定，采用虚构事实或者隐瞒真相的方法，骗取保险金。《刑法》列举了五种保险诈骗的表现方式：

（1）投保人故意虚构保险标的，骗取保险金。这里的虚构保险标的，是指虚构保险对象而与保险人订立保险合同。虚构保险标的具体表现为：保险标的本身不存在或者保险标的虽然存在，但是与实际保险物之间质量与数量不相符合，例如将不合格的标的伪称合格的标的，或者故意增大保险标的的金额。

（2）投保人、被保险人或者受益人对发生的保险事故编造虚假的原因或者夸大损失的程度，骗取保险金。这里的编造虚假的原因，是指在发生保险事故后，对造成保险事故的原因作虚假陈述或者隐瞒真实情况，编造使保险人承担保险赔偿责任的原因。夸大损失程度，是指对发生的保险事故，夸大保险标的的损失程度，从而获取更多的保险赔偿金。

（3）投保人、被保险人或者受益人编造未曾发生的保险事故，骗取保险金。这里的编造未曾发生的保险事故，是指在未发生保险事故的情况下，虚构事实，谎称发生保险事故。

（4）投保人、被保险人故意造成财产损失的保险事故，骗取保险金。这里的故意造成财产损失的保险事故，是指投保财产险的投保人、被保险人，在保险合同的有效期内，故意人为地制造保险标的出险的保险事故。

（5）投保人、受益人故意造成被保险人的死亡、伤残或者疾病，骗取保险金。这里的故意造成被保险人死亡、伤残或者疾病，是指投保人身险的投保人、受益人，在保险合同的有效期内，故意人为地造成被保险人死亡、伤残或者疾病。

客体　保险诈骗罪的客体是保险金。这里的保险金，是指投保人和保险人约定的，在保险事故发生后，由保险人负责赔偿的金额。

2. 罪责

保险诈骗罪的罪责形式是故意。这里的故意，是指明知是保险诈骗行为而有意实施的主观心理状态。保险诈骗的故意，既可能发生在投保之前，例如投保人故意虚构保险标的；也可能发生在投保之后，例如投保人夸大保险事故的损失程度。

3. 罪量

保险诈骗罪的罪量要素是数额较大。这里的数额较大，参照《立案追诉标准（二）》第51条的规定，是指进行保险诈骗活动，数额在5万元以上的。

（三）认定

1. 保险诈骗罪与其他犯罪的牵连

《刑法》第198条第2款规定："有前款第四项、第五项所列行为，同时构成其他犯罪的，依照数罪并罚的规定处罚。"这里的前款第4项规定，是指故意造成财产损失的保险事故。第 5 项规定，是指故意造成被保险人死亡、伤残或者疾病。行为人在实施上述保险诈骗行为时，如果采取爆炸、投放毒物、放火等方法制造财产保险事故，或者采取故意伤害、故意杀人等方法制造人身保险事故，这些手段行为已经构成犯罪，它与诈骗保险金的目的行为之间存在牵连关系，系牵连犯。对此，刑法明文规定实行数罪并罚。

2. 保险诈骗罪的共犯

《刑法》第 198 条第 4 款规定："保险事故的鉴定人、证明人、财产评估人故意提供虚假的证明文件，为他人诈骗提供条件的，以保险诈骗的共犯论处。"对为保险事故故意提供虚假的证明文件的鉴定人、证明人、财产评估人之所以以保险诈骗的共犯论处，是因为这种虚假的证明文件在客观上为他人实施保险诈骗提供了便利条件，是保险诈骗罪的帮助犯。

3. 保险诈骗罪的未遂

我国《刑法》第 198 条对保险诈骗罪的未遂未作特别规定，而保险诈骗罪是数额犯，因而其未遂是否应当追究刑事责任，在司法实践中不无疑问。为此，1998 年 11 月 27 日最高人民检察院《关于保险诈骗罪的未遂犯能否按犯罪处理问题的答复》明确规定："行为人已经着手实施保险诈骗罪行为，但由于其意志以外的原因未能获得保险赔偿的，是诈骗未遂，情节严重的，应依法追究刑事责任。"

（四）处罚

根据《刑法》第 198 条第 1 款之规定，犯本罪的，处 5 年以下有期徒刑或者拘役，并处 1 万元以上 10 万元以下罚金；数额巨大或者有其他严重情节的，处 5 年以上 10 年以下有期徒刑，并处 2 万元以上 20 万元以下罚金；数额特别巨大或者有其他特别严重情节的，处 10 年以上有期徒刑，并处 2 万元以上 20 万元以下罚金或者没收财产。第 3 款规定，单位犯本罪的，对单位判处罚金，并对其直接负责的主管人员和其他直接责任人员，处 5 年以下有期徒刑或者拘役；数额巨大或者有其他严重情节的，处 5 年以上 10 年以下有期徒刑；数额特别巨大或者有其他特别严重情节的，处 10 年以上有期徒刑。

　　加重处罚事由　犯保险诈骗罪而数额巨大或者有其他严重情节的，是本罪的加重处罚事由。

　　特别加重处罚事由　犯保险诈骗罪而数额特别巨大或者有其他特别严重情节的，是本罪的特别加重处罚事由。

第二十八章

破坏社会主义市场经济秩序罪Ⅵ：
危害税收征管罪

第一节　危害税收征管罪概述

一、概念

危害税收征管罪是指违反国家税收法规，侵害国家税收管理制度，或者侵害国家对增值税发票和其他专用发票的管理制度，情节严重的行为。

二、罪名

危害税收征管罪是《刑法》分则第三章第六节规定之罪，从第 201 条至第 212 条共 12 个条文，规定了 12 个罪名。《刑法修正案（八）》第 33 条和第 35 条增设了《刑法》第 205 条之一、第 210 条之一，补充规定了 2 个罪名。本节共计 14 个罪名，分别是：（1）逃税罪①；（2）抗税罪；（3）逃避追缴欠税罪；（4）骗

---

①　最高人民法院、最高人民检察院 2009 年 10 月 14 日《关于执行〈中华人民共和国刑法〉确定罪名的补充规定（四）》，根据《刑法修正案（七）》第 3 条的规定，取消偷税罪，修改为逃税罪。

取出口退税罪；（5）虚开增值税专用发票、用于骗取出口退税、抵扣税款发票罪；（6）虚开发票罪；（7）伪造、出售伪造的增值税专用发票罪；（8）非法出售增值税专用发票罪；（9）非法购买增值税专用发票、购买伪造的增值税专用发票罪；（10）非法制造、出售非法制造的用于骗取出口退税、抵扣税款发票罪；（11）非法制造、出售非法制造的发票罪；（12）非法出售用于骗取出口退税、抵扣税款发票罪；（13）非法出售发票罪；（14）持有伪造的发票罪。

三、法定刑

危害税收征管罪的法定最高刑是无期徒刑，其他罪名规定了有期徒刑、拘役或者管制，全部罪名均规定了罚金或者没收财产。

第二节　危害税收征管罪分述

一、逃税罪

（一）概念

逃税罪是指纳税人和扣缴义务人采取欺骗、隐瞒手段进行虚假纳税申报或者不申报，逃避缴纳税款数额较大并且占应纳税额 10% 以上的行为。

（二）构成

1. 罪体

主体　逃税罪的主体是纳税人和扣缴义务人。这里的纳税人，是指税收法规定的负有纳税义务的单位和个人。扣缴义务人，是指税收法规定的负有代扣代缴、代收代缴义务的单位和个人。这里的代扣代缴义务人，是指有义务从持有的纳税人收入中扣除其应税款并代为缴纳的单位和个人。代收代缴义务人，是指有义务借助经济往来关系向纳税人收取应纳税款并代为缴纳的单位和个人。

行为　逃税罪的行为是违反税收法规定，采取欺骗、隐瞒手段，逃避缴纳税款。根据 2002 年 11 月 4 日最高人民法院《关于审理偷税抗税刑事案件具体应用法律若干问题的解释》[以下简称《解释（一）》] 第 1 条之规定，逃税的行为具有以下五种表现方式：

（1）伪造、变造、隐匿、擅自销毁账簿、记账凭证。这里的伪造，是指制作虚假的账簿、记账凭证。变造，是指采取篡改、删除、挖补等手段，对原始账簿、记账凭证进行改造。隐匿，是指故意隐藏账簿、记账凭证。擅自销毁，是指未经税务机关批准毁灭、毁坏账簿、记账凭证。根据前引《解释（一）》第 2 条第 1 款的规定，纳税人伪造、变造、隐匿、擅自销毁用于记账的发票等原始凭证的行为，应当认定为伪造、变造、隐匿、擅自销毁记账凭证的行为。

（2）在账簿上多列支出或者不列、少列收入。这里的多列支出，是指在账簿上虚列开支，伪造超出实际支出的数额。不列、少列收入，是指实际收入应当记入账簿而不记入账簿或者记入账簿的收入少于实际收入。

（3）经税务机关通知申报而拒不申报纳税。这里的拒不申报，是指应当申报而不申报。根据前引《解释（一）》第 2 条第 2 款的规定，具有下列情形之一的，应当认定为经税务机关通知申报：1）纳税人、扣缴义务人已经依法办理税务登记或者扣缴税款登记的；2）依法不需要办理税务登记的纳税人，经税务机关依法书面通知其申报的；3）尚未依法办理税务登记、扣缴税款登记的纳税人、扣缴义务人，经税务机关依法书面通知其申报的。

（4）进行虚假纳税申报。这里的虚假纳税申报，根据前引《解释（一）》第 2 条第 3 款的规定，是指纳税人或者扣缴义务人向税务机关报送虚假的纳税申报表、财务报表、代扣代缴、代收代缴税款报告表或者其他纳税申报资料，如提供虚假申请，编造减税、免税、抵税、先征收后退还税款等虚假资料等。

（5）缴纳税款后，以假报出口或者其他欺骗手段，骗取所缴纳的税款。

扣缴义务人实施上述行为之一，不缴或者少缴已扣、已收税款，数额较大的，依照《刑法》第201条第1款的规定定罪处罚。扣缴义务人书面承诺代纳税人支付税款的，应当认定扣缴义务人已扣、已缴税款。

客体　逃税罪的客体是税款。这里的税款，是指根据税法规定，纳税人应当依法缴纳的款项和扣缴义务人已扣、已收的税款。

2. 罪责

逃税罪的罪责形式是故意。这里的故意，是指明知是逃税行为而有意实施的主观心理状态。

3. 罪量

逃税罪的罪量要素，是指逃避缴纳税款数额较大并且占应纳税额10％以上的。根据公安部《关于如何理解〈刑法〉第二百零一条规定的"应纳税额"问题的批复》，这里的应纳税额是指某一法定纳税期限或者税务机关依法核定的纳税期间应纳税额的总和。逃税行为涉及两个以上税种的，只要其中一个税种的逃税数额、比例达到法定标准的，即构成逃税罪，其他税种的逃税数额累计计算。

（三）认定

1. 无证经营者能否成为逃税罪的主体

无证经营者是指未在工商行政管理部门办理营业执照，因而也未进行税务登记而从事经营活动的人。这种无证经营者能否成为逃税罪的主体，关键在于其是否具有纳税义务因而是否属于纳税人。在我国司法实践中一般认为，无证经营者是经营内容合法但形式要件欠缺的经营者，其违法之处在于其经营形式而不是其经营内容。合法的经营内容是纳税义务产生的根据，只要具备了合法的应税行为或者事实，就必须依法缴纳税款。其经营形式上的欠缺，必须依法承担相应的行政责任，但不能以此规避缴纳税款。因此，无证经营者可以成为逃税罪的主体。当然，无证经营者未进行税务登记本身并不必然构成逃税罪，一般需要在经税务机关通知申报而拒不申报的情形下，才能以逃税罪追究刑事责任。

2. 逃税与漏税、欠税、避税的区分

在税收征管中，存在着漏税、欠税、避税现象。这里的漏税，是指纳税单位和个人属于无意识而发生的漏缴或少缴税款的行为。如：由于不了解、不熟悉税法规定和财务制度或因工作粗心大意，错用税率、漏报应税项目，不计应税数量、销售金额的经营利润等。欠税，是指纳税单位和个人超过税务机关核定的纳税期限，没有按时缴纳，拖欠税款的行为。避税，是指利用税收的漏洞，规避纳税义务的行为。上述三种行为虽然在客观上都未缴或者少缴税款，但和逃税还是具有本质区别的。其中漏税是过失未缴纳税款，欠税虽然是故意的但属于拖缴税款而非偷逃税款，而避税在一定意义上说具有逃避缴纳税款的性质，但由于它是利用税法本身的漏洞而非采取刑法所规定的逃税方法偷逃税款，因而都不能与逃税相混淆。

3. 逃税数额的计算

根据前引《解释（一）》第3条的规定，逃税数额，是指在确定的纳税期间，不缴或者少缴各税种税款的总额。逃税数额占应纳税额的百分比，是指一个纳税年度中的各税种逃税总额与该纳税年度应纳税总额的比例。不按纳税年度确定纳税期的其他纳税人，逃税数额占应纳税额的百分比，按照行为人最后一次逃税行为发生之日前一年中各税种逃税总额与该年纳税总额的比例确定。纳税义务存续期间不是一个纳税年度的，逃税数额占应纳税额的百分比，按照各税种逃税总额与实际发生纳税义务期间应当缴纳税款数额的比例确定。逃税行为跨越若干个纳税年度，只要其中一个纳税年度的逃税数额及百分比达到《刑法》第201条第1款规定的标准，即构成逃税罪。各纳税年度的逃税数额应当累计计算，逃税百分比应当按照最高的百分比确定。在司法实践中，逃税数额应当按照上述司法解释的规定计算。

4. 多次逃税未经处理的情形

《刑法》第201条第3款规定："对多次实施前两款行为，未经处理的，按照累计数额计算。"这里的多次未经处理，根据前引《解释（一）》第2条第4款的规定，是指纳税人或者扣缴义务人在5年内多次实施逃税行为，但每次逃税数额均未达到《刑法》第201条规定的构成犯罪的数额标准，且未受行政处罚的情形。对于这种情形，应对逃税数额予以累计计算。

5. 同一逃税行为受过行政处罚又起诉的处理

前引《解释（一）》第 2 条第 5 款规定："纳税人、扣缴义务人因同一偷税犯罪行为受到行政处罚，又被移送起诉的，人民法院应当依法受理。依法定罪并判处罚金的，行政罚款折抵罚金。"这一规定表明，在一行为构成逃税罪的情况下，已经受到行政处罚并不妨碍对这一行为进行刑事追究。

（四）处罚

根据《刑法》第 201 条［《刑法修正案（七）》第 3 条］第 1 款之规定，犯本罪的，处 3 年以下有期徒刑或者拘役，并处罚金；数额巨大并且占应纳税额 30％以上的，处 3 年以上 7 年以下有期徒刑，并处罚金。《刑法》第 211 条规定，单位犯本罪的，对单位判处罚金，并对其直接负责的主管人员和其他直接责任人员，依照个人犯罪的规定处罚。

加重处罚事由　犯逃税罪而逃税数额巨大并且占应纳税额的 30％以上的，是本罪的加重处罚事由。

排除犯罪事由　《刑法》第 201 条［《刑法修正案（七）》第 3 条］第 4 款规定："有第一款行为，经税务机关依法下达追缴通知后，补缴应纳税款，缴纳滞纳金，已受行政处罚的，不予追究刑事责任；但是，五年内因逃避缴纳税款受过刑事处罚或者被税务机关给予二次以上行政处罚的除外。"这里的不予追究刑事责任，是指不构成犯罪。上述规定，体现了对逃税初犯宽大处理的立法精神。《立案追诉标准（二）》第 52 条第 2 款规定：纳税人在公安机关立案后再补缴应纳税款、缴纳滞纳金或者接受行政处罚的，不影响刑事责任的追究。

二、抗税罪

（一）概念

抗税罪是指纳税人和扣缴义务人，以暴力、威胁方法拒不缴纳税款的行为。

（二）构成

1. 罪体

主体　抗税罪的主体是纳税人和扣缴义务人。

行为　抗税罪的行为是以暴力、威胁方法，拒不缴纳税款。这里的暴力，是指对税务机关进行冲击、打砸、破坏，对税务人员实施袭击或者使用其他暴力手段，例如殴打、捆绑、禁闭等。威胁，是指对税务人员实行精神上的强制，例如以杀害、伤害或者毁坏名誉、毁坏财物等相要挟，致使税务人员不能抗拒或者不敢抗拒，以达到其不缴纳税款的目的。

客体　抗税罪的客体是税收机关的征税活动。

2. 罪责

抗税罪的罪责形式是故意。这里的故意，是指明知是抗税行为而有意实施的主观心理状态。

（三）认定

1. 实施抗税行为致人重伤、死亡的处理

在实施抗税行为过程中，抗税人使用暴力往往致人重伤、死亡。对此，前引《解释（一）》第6条第1款规定，实施抗税行为致人重伤、死亡，构成故意伤害罪、故意杀人罪的，分别依照《刑法》第234条第2款、第232条的规定定罪处罚。

2. 抗税共犯的处理

前引《解释（一）》第6条第2款规定，与纳税人或者扣缴义务人共同实施抗税行为的，以抗税罪的共犯依法处罚。这是关于抗税罪共犯的规定，根据这一规定，非纳税人或者扣缴义务人可以和纳税人或者扣缴义务人相勾结，构成抗税罪的共犯。

3. 对同一税款既逃税又抗税的处理

在司法实践中，往往存在对同一税款先是采取逃税手段进行逃税，被税务部门发现责令其纳税时，又以暴力、威胁手段抗拒缴纳税款的犯罪现象。我认为，对同一税款既逃税又抗税的，不宜实行数罪并罚，而应以抗税罪论处。

（四）处罚

根据《刑法》第 202 条之规定，犯本罪的，处 3 年以下有期徒刑或者拘役，并处拒缴税款 1 倍以上 5 倍以下罚金；情节严重的，处 3 年以上 7 年以下有期徒刑，并处拒缴税款 1 倍以上 5 倍以下罚金。

加重处罚事由　犯抗税罪而情节严重的，是本罪的加重处罚事由。这里的情节严重，根据前引《解释（一）》第 5 条的规定，是指具有下列情形之一的：（1）聚众抗税的首要分子；（2）抗税数额在 10 万元以上的；（3）多次抗税的；（4）故意伤害致人轻伤的；（5）具有其他严重情节的。

三、逃避追缴欠税罪

（一）概念

逃避追缴欠税罪是指纳税人欠缴应纳税款，采取转移或者隐匿财产的手段。致使税务机关无法追缴欠缴的税款，数额在 1 万元以上的行为。

（二）构成

1. 罪体

主体　逃避追缴欠税罪的主体是纳税人，确切地说，是欠缴应纳税款的纳税人。

行为　逃避追缴欠税罪的行为是采取转移或者隐匿财产的手段。这里的转移财产，是指将现有的财产转移保管场所，例如转移账户、转移商品等，致使税务机关无法查获。隐匿财产，是指将财产予以隐藏。转移财产本身也是隐匿财产的一种形式。应当指出，隐瞒预期收入也是隐匿财产的手段之一。例如，将营业收入打入税务机关不掌握的账户予以隐藏。

客体　逃避追缴欠税罪的客体是欠缴税款。这里的欠缴税款，是指应当缴纳而在法定期限内拖欠没有缴纳的税款。

结果　逃避追缴欠税罪的结果是致使税务机关无法追缴欠缴的税款。因此，只有转移或者隐匿所有财产，才能造成税务机关无法追缴欠缴的税款这一结果。如果只是转移或者隐匿部分财产，例如货物或者现金，但对于房屋等不动产并没有转移或者隐匿，税务机关仍然可以通过查封、拍卖其房屋或者其他不动产而追缴欠缴的税款的，则不构成本罪。

2. 罪责

逃避追缴欠税罪的罪责形式是故意。这里的故意，是指明知是逃避追缴欠税的行为而有意实施的主观心理状态。

3. 罪量

逃避追缴欠税罪的罪量要素是逃避追缴欠税数额在 1 万元以上。

（三）处罚

根据《刑法》第 203 条之规定，犯本罪的，数额在 1 万元以上不满 10 万元的，处 3 年以下有期徒刑或者拘役，并处或者单处欠缴税款 1 倍以上 5 倍以下罚金；数额在 10 万元以上的，处 3 年以上 7 年以下有期徒刑，并处欠缴税款 1 倍以上 5 倍以下罚金。《刑法》第 211 条规定，单位犯本罪的，对单位判处罚金，并对其直接负责的主管人员和其他直接责任人员，依照个人犯罪的规定处罚。

加重处罚事由 犯逃避追缴欠税罪而数额在 10 万元以上的，是本罪的加重处罚事由。

四、骗取出口退税罪

（一）概念

骗取出口退税罪是指以假报出口或者其他欺骗手段，骗取国家出口退税款，数额较大的行为。

（二）构成

1. 罪体

行为 骗取出口退税罪的行为是以假报出口或者其他欺骗手段，骗取国家出口退税款。这里的假报出口，根据 2002 年 9 月 17 日最高人民法院《关于审理骗取出口退税刑事案件具体应用法律若干问题的解释》［以下简称《解释（二）》］第 1 条的规定，是指以虚构已税货物出口事实为目的，具有下列情形之一的行为：（1）伪造或者签订虚假的买卖合同；（2）以伪造、变造或者其他非法手段取得出口货物报关单、出口收汇核销单、出口货物专用缴款书等有关出口退税单据、凭证；（3）虚开、伪造、非法购买增值税专用发票或者其他可以用于出口退税的发票；（4）其他虚构已税货物出口事实的行为。前引《解释（二）》第 2 条规定，具有下列情形之一的，应当认定为《刑法》第 204 条规定的其他欺骗手段：（1）骗取出口货物退税资格的；（2）将未纳税或者免税货物作为已税货物出口的；（3）虽有货物出口，但虚构该出口货物的品名、数量、单价等要素，骗取未实际纳税部分出口退税款的；（4）以其他手段骗取出口退税款的。

客体　骗取出口退税罪的客体是出口退税款。国家为鼓励出口创汇，实行出口退税的优先政策，即通过退还出口商品已纳的国内税（包括产品税、增值税、营业税、特别消费税），使我国出口商品以不含税成本进入国际市场，在同等税收条件下参与竞争。因此，出口退税款就是根据出口退税政策而获得的款项。

2. 罪责

骗取出口退税罪的罪责形式是故意。这里的故意，是指明知是骗取出口退税的行为而有意实施的主观心理状态。

3. 罪量

骗取出口退税罪的罪量要素是数额较大。这里的数额较大，根据前引《解释（二）》第 3 条的规定，是指 5 万元以上。

（三）认定

1. 骗取出口退税罪与逃税罪的区分

骗取出口退税罪是在没有实际出口的情况下虚构出口事实，非法骗取出口退税款。由于没有实际出口，行为人根本就没有缴纳税款，因而使国家遭受损失。如果行为人已经缴纳税款，但产品并未出口而虚构出口事实，骗取所缴纳的税款，根据《刑法》第204条第2款的规定，应定逃税罪。但骗取税款超出所缴纳的税款部分，应当以骗取出口退税罪论处。

2. 骗取出口退税罪的共犯

前引《解释（二）》第6条规定，有进出口经营权的公司、企业，明知他人意欲骗取国家出口退税款，仍违反国家有关进出口经营的规定，允许他人自带客户、自带货源、自带汇票并自行报关，骗取国家出口退税款的，应以骗取出口退税罪论处。这是关于出口退税罪共犯的规定。在这种情况下，有进出口经营权的公司、企业，明知他人意欲骗取国家出口退税款而提供便利条件，应以骗取出口退税罪的共犯论处。

3. 骗取出口退税罪的未遂

前引《解释（二）》第7条规定，实施骗取国家出口退税行为，没有实际取得出口退税款的，可以比照既遂犯从轻或者减轻处罚。这是关于骗取出口退税罪未遂的规定。

4. 骗取出口退税罪与其他犯罪的牵连

前引《解释（二）》第9条规定，实施骗取出口退税犯罪，同时构成虚开增值税专用发票罪等其他犯罪的，依照刑法处罚较重的规定定罪处罚。在这种情况下，在骗取出口退税罪和虚开增值税专用发票罪等其他犯罪之间存在牵连关系，系牵连犯。按照司法解释的规定，对此应以重罪处断。

（四）处罚

根据《刑法》第204条第1款之规定，犯本罪的，处5年以下有期徒刑或者拘役，并处骗取税款1倍以上5倍以下罚金；数额巨大或者有其他严重情节的，处5年以上10年以下有期徒刑，并处骗取税款1倍以上5倍以下罚金；数额特别巨大或者有其他特别严重情节的，处10年以上有期徒刑或者无期徒刑，并处骗取税款1倍以上5倍以下罚金或者没收财产。《刑法》第211条规定，单位犯本罪的，对单位判处罚金，并对其直接负责的主管人员和其他直接责任人员，依照个人犯罪的规定处罚。

加重处罚事由　犯骗取出口退税罪而数额巨大或者有其他严重情节的，是本罪的加重处罚事由。这里的数额巨大，根据前引《解释（二）》第3条的规定，是指50万元以上。其他严重情节，根据前引《解释（二）》第4条的规定，是指具有下列情形之一的：（1）造成国家税款损失30万元以上并且在第一审判决宣告前无法追回的；（2）因骗取国家出口退税行为受过行政处罚，2年内又骗取国家出口退税款数额在30万元以上的；（3）情节严重的其他情形。

　　特别加重处罚事由　犯骗取出口退税罪而数额特别巨大或者有其他特别严重情节的，是本罪的特别加重处罚事由。这里的数额特别巨大，根据《解释（二）》第3条的规定，是指数额在250万元以上。其他特别严重情节，根据《解释（二）》第5条的规定，是指具有下列情形之一的：（1）造成国家税款损失150万元以上并且在第一审判决宣告前无法追回的；（2）因骗取国家出口退税行为受过行政处罚，2年内又骗取出口退税款数额在150万元以上的；（3）情节特别严重的其他情形。

　　从重处罚事由　根据前引《解释（二）》第8条的规定，国家工作人员参与实施骗取出口退税犯罪活动的，依照《刑法》第204条第1款的规定从重处罚。这是本罪的从重处罚事由。

五、虚开增值税专用发票、用于骗取出口退税、抵扣税款发票罪

　　（一）概念

　　虚开增值税专用发票、用于骗取出口退税、抵扣税款发票罪是指违反增值税专用发票管理规定，为他人虚开、为自己虚开、让他人为自己虚开、介绍他人虚开增值税专用发票或者用于骗取出口退税、抵扣税款发票的行为。

　　（二）构成

　　1. 罪体

　　行为　虚开增值税专用发票、用于骗取出口退税、抵扣税款发票罪的行为是

虚开增值税专用发票、用于骗取出口退税、抵扣税款的发票。根据《刑法》第205条第3款的规定，虚开增值税专用发票或者虚开用于骗取出口退税、抵扣税款的其他发票，是指有为他人虚开、为自己虚开、让他人为自己虚开、介绍他人虚开行为之一的。这里的为他人虚开，是指开票人明知他人没有实际经营活动而为其虚开。为自己虚开，是指开票人明知自己没有实际经营活动而为自己虚开。让他人为自己虚开，是指明知自己没有实际经营活动而指使他人为自己虚开。介绍他人虚开，是指明知第三方没有实际经营活动而介绍他人为第三方虚开。在以上四种虚开的情形中，前两种的主体是开票人，因此为他人虚开与为自己虚开，属于虚开的实行行为；后两种的主体则非开票人，因此让他人为自己虚开与介绍他人虚开，属于虚开的教唆或者帮助行为。但刑法明确规定，只要具有上述四种行为之一，就可构成本罪，对于虚开的教唆或者帮助行为并不按照共犯论处。

　　《刑法》第205条规定的虚开行为，当然是以违反税法为前提的，然而又具有其违反刑法的性质，这就是所谓双重违法性。因此，对于虚开行为的性质界定首先应当从税法的层面展开。违反税法的虚开行为是指增值税专用发票所记载的货物或者应税服务与真实交易的货物或者应税服务不相符合。在税法上，所谓增值税是指对销售货物、提供应税服务、进口货物的增值额征收的税收。而增值税专用发票是增值税一般纳税人销售货物或者提供应税服务开具的发票，是购买方支付增值税税额并可按照有关规定将其作为进项税额予以抵扣当期的销售税额的凭证。[①] 增值税专用发票的根本特征在于可以用于抵扣税款，而增值税普通发票以及其他发票则不具有税款抵扣功能。因此，虚开增值税专用发票并进行抵扣的，就属于骗取国家税款的行为。应当指出，这种骗取国家税款的行为是一种诈骗行为，它与偷逃国家税款的行为在性质上是完全不同的：偷逃税款是指纳税义务人不履行纳税义务，致使国家应当收缴的税款未能收缴，由此造成国家税款的流失，因而具有义务犯的性质。利用虚开的增值税专用发票抵扣税款，是虚构货

---

　　① 赵清海，王家欣. 增值税专用发票虚开的判定与预防. 北京：中国经济出版社，2016：4，52.

物或者应税服务的交易而骗取国家税款，这是一种财产犯。因为抵扣税款，即用进项税抵扣销项税是国家退还相当于进项税额的增值税款，退还方式为从应全额交给国家的销项税额中扣除。[①] 因此，抵抗税款的本质是退还纳税人实际垫付的款项。在虚开增值税专用发票骗取国家税款的情况下，纳税人没有实际垫付款项，行为人却以抵扣的方式获取，因而骗取了国家款项。因为是采用虚开增值税专用发票的行为骗取的，相对于国家减少收取增值税款，这种款项被称为国家税款。因此，这种国家税款是骗取的而不是偷逃的。由此可见，骗取税款与偷逃税款之间的界限是明确的，两者不可混淆。

《刑法》第205条规定的虚开行为并不单纯是税法上的虚开行为，而是侵害国家税款安全意义上的虚开行为。就此而言，本罪的虚开行为具有侵害增值税专用发票管理制度和国家税款安全的双重性质。为此，对于虚开行为应当区分税法意义上的虚开与刑法意义上的虚开。在此，需要进一步追问的是《刑法》第205条规定的本罪虚开行为的实质认定根据究竟是什么。换言之，《刑法》第205条规定的虚开行为具有侵害增值税专用发票管理制度和国家税款安全的双重性质，如何排除前者而肯定后者。我认为，这个问题涉及虚开行为不法性质的判断，对于正确认定虚开行为具有重要意义。

客体　虚开增值税专用发票、用于骗取出口退税、抵扣税款发票罪的客体是增值税专用发票、出口退税、抵扣税款发票。这里的增值税专用发票，是国家税务部门根据增值税征收管理需要设定的，兼计价款及货物或劳务所负担的增值税税额的专用发票。出口退税、抵扣税款发票，根据2005年12月29日全国人大常委会《关于〈中华人民共和国刑法〉有关出口退税、抵扣税款的其他发票规定的解释》是指除增值税专用发票以外的，具有出口退税、抵扣税款功能的收付款凭证或者完税凭证。这一立法解释对发票作出了扩大解释。按照1993年《发票管理办法》第3条的规定，发票是指在购销商品、提供或者接受服务以及从事其

---

① 赵清海，王家欣. 增值税专用发票虚开的判定与预防. 北京：中国经济出版社，2016：53.

他经营活动中，开具、收取的收付款凭证。显然，完税凭证不属于发票的范畴。但在司法实践中，存在利用海关代征增值税专用缴款书等完税凭证进行骗税的犯罪活动。这种完税凭证虽然不属于发票的范畴，但由于其实质上具有与增值税专用发票相同的抵扣税款功能，应视为可以抵扣税款的发票。因此，立法机关作出上述解释。

2. 罪责

虚开增值税专用发票、用于骗取出口退税、抵扣税款发票罪的罪责形式是故意。这里的故意，是指明知是虚开增值税专用发票、用于骗取出口退税、抵扣税款发票的行为而有意实施的主观心理状态。

目的犯 关于虚开增值税专用发票、用于骗取出口退税、抵扣税款发票罪是否以骗取国家税款为目的，在刑法理论上存在争议。第一种观点认为，刑法并未规定本罪必须以骗取国家税款为目的，且本罪属于行为犯，只要实施了虚开行为就可构成犯罪，因而本罪主观上并不要求以骗取国家税款为目的。第二种观点则认为，虽然刑法没有对以骗取国家税款为目的作出规定，而且在一般情况下虚开行为往往具有骗取国家税款的目的，无须对这一目的专门加以认定，但不能排除在个别情况下仅有虚开行为而无骗取国家税款的目的，对此不应以本罪论处。我同意上述第二种观点，2001年最高人民法院答复福建省高级人民法院请示的泉州市松苑锦涤实业有限公司等虚开增值税专用发票一案中，该案被告单位不以抵扣税款为目的，而是为了显示公司实力以达到与外商谈判中处于有利地位而虚开增值税发票。据此，最高人民法院答复认为，该公司的行为不构成犯罪。因此，在司法实践中，对于下列不以骗取国家税款为目的的虚开增值税专用发票行为，不宜认定为本罪：（1）为虚增营业额、扩大销售收入或者制造虚假繁荣，相互对开或者环开增值税专用发票的行为；（2）在货物销售过程中，一般纳税人为夸大销售业绩，虚增货物的销售环节，虚开进项增值税专用发票和销项增值税专用发票，但依法缴纳增值税并未造成国家税款损失的行为；（3）为夸大企业经济实力，通过虚开进项增值税专用发票虚增企业的固定资产，但并未利用虚开的增值税专用发票抵扣税款，国家税款亦未受到损失的行为。（4）其他不宜骗取国家税款为目的的虚开增值税专用发票行为。因而，本罪是非法定的目的犯。

3. 罪量

虚开增值税专用发票、用于骗取出口退税、抵扣税款发票罪的罪量要素，刑法未作规定。根据 2018 年 8 月 22 日最高人民法院《关于虚开增值税专用发票定罪量刑标准有关问题的通知》（以下简称《通知》）的规定，虚开的税款数额在 5 万元以上的，构成本罪。

（三）认定

1. 对开、环开的司法认定

虚开增值税专用发票中的虚开行为，就其基本含义而言，是指没有交易货物或者应税服务而开具增值税专用发票，因而增值税专用发票所记载的内容并未实际发生。如果从这个意义上理解对开、环开增值税专用发票，则这种对开环、开行为完全符合虚开的特征。例如我国学者指出：对开是指在行为双方没有货物交易的情况下，互相开具的增值税专用发票价格相同，税款一致，而方向相反，双方增值税的进项税额和销项税额刚好可以完全抵消。① 在对开的情况下，两家公司分别为对方开具不存在真实交易货物或者应税服务的增值税专用发票，且增值税专用发票的金额是同等的。例如，A 公司为 B 公司虚开税额为 170 万元的增值税专用发票，B 公司也为 A 公司开具税额为 170 万元的增值税专用发票。此种虚开为同等金额的对开。② 除同等金额的对开以外，还存在不同金额的对开。这两种对开的性质是不同的：同等金额的对开由于对开双方公司都在已经缴纳进项税的情况下为对方开具增值税专用发票，因此，双方以此发票进行抵扣，国家税款并没有实际损失。而不同金额的对开，就其差额而言，具有骗取国家税款的性质。

---

① 周洪波. 危害税收征管罪立案标准与司法认定实务. 北京：中国人民公安大学出版社，2010：165.
② 赵清海，王家欣. 增值税专用发票虚开的判定与预防. 北京：中国经济出版社，2016：180.

在对开的基础上发展出环开，所谓环开其实是拉长版的对开，在性质上与对开完全相同。例如，A公司为B公司虚开税额为170万元的增值税专用发票，B公司为C公司虚开税额为170万元的增值税专用发票，C公司为D公司虚开税额为170万元的增值税专用发票，D公司为A公司虚开税额为170万元的增值税专用发票。① 环开是循环开票，开票公司之间形成闭环。在开票税额相同的情况下，由于各公司都已经缴纳进项税，因此利用虚开的增值税专用发票进行抵扣，国家税款并没有实际损失。当然，如果不是同等税额的环开，就其差额而言，同样具有骗取国家税款的性质。

无论是对开还是环开，在税法上都属于虚开这是没有疑问的。那么，在刑法上是否构成虚开增值税专用发票罪呢？这里涉及本罪是否以骗取国家税款为目的的理解。如果采用行为犯说，只要实施了虚开行为即可构成本罪，则对开、环开都成立本罪。如果采用目的犯说，则在对开、环开的情况下，虽然实施了虚开行为，但行为人主观上没有骗取国家税款的目的，而且在客观上不存在国家税款流失的危险，因而不成立本罪。在我国司法实践中，对开、环开的主观目的在于虚增业绩，而虚增业绩的潜在目的又是骗取银行贷款或者申请上市等。对开、环开案件，在司法实践中早期大多认定为虚开增值税专用发票罪，而近期则出现判决无罪的案例。同等税额的对开、环开，随着虚开增值税专用发票罪的目的犯说越来越被司法机关所接受，无罪判决逐渐增加。我认为，对开、环开行为并不具有骗取国家税款预备行为的性质，行为人主观上没有骗取国家税款的目的，因此不能认定为本罪。当然，此种行为侵害了增值税发票管理秩序，属于秩序犯，在一定条件下，可以认定为虚开发票罪。② 值得注意的是，同等税额的对开，在某些特殊情况下可能会侵害国家税收安全，对此如何认定是一个较为复杂的问题。这种特殊情况就包括对开的其中一方享受税收优惠政策。例如，A公司为B公司虚

---

①　赵清海，王家欣. 增值税专用发票虚开的判定与预防. 北京：中国经济出版社，2016：180.
②　张明楷. 刑法学. 5版. 北京：法律出版社，2016：817.

开税额为 170 万元的增值税专用发票，A 公司享受增值税税收优惠政策，B 公司也为 A 公司虚开税额为 170 万元的增值税专用发票。在这种情况下，同样存在国家税款流失的危险，其具体损失应当根据税收优惠的额度进行计算。① 这种税收优惠可以分为两种情形：第一种情形是中央政府对地方政府的税收优惠。例如，增值税属于中央收取的税收，应当全额上缴国库。但中央政府对某些地方进行优惠，其中一定比例（如 50%）的税额存留给地方。第二种情形是地方政府对企业的税收优惠。例如，某些地方政府为了招商引资，对企业缴纳一定数额增值税的，按照一定比例给予财政扶持。在这种情况下，A、B 公司之间对开增值税专用发票，虽然虚开税额同等，但其中一方在没有实际货物交易的情况下开具增值税专用发票并进行抵扣，从而享受了税收优惠政策。对于此类案件，有些司法机关认定为虚开增值税专用发票罪。但在笔者看来，这种行为是骗取地方政府的税收扶持资金。行为人采用对开的方式无论是骗取中央优惠给地方政府的税收还是地方政府对企业的财政扶持，都不能认定为虚开增值税专用发票罪，而只能成立诈骗罪。因为虚开增值税专用发票罪是利用虚开的增值税专用发票抵扣税款的方式，骗取增值税专用发票项下的税款。但在对开的情况下，虚开的税额是相等的，从逻辑上不会造成国家税款损失。而其之所以具有诈骗的性质，是因为利用虚开的增值税专用发票骗取了地方政府的税收优惠，具备诈骗罪的构成要件。

2. 有货代开的司法认定

虚开增值税专用发票罪的构成要件行为是虚开，那么，代开增值税专用发票是否等同于虚开呢？所谓代开，是指让他人为自己开具增值税专用发票。根据税法的规定，只有在货物交易双方或者服务提供者与服务接受者之间才能开具增值税专用发票。在代开的情况下，增值税专用发票的开票人与受票人之间并不存在货物交易双方或者服务提供者与服务接受者之间的关系，而是与开具增值税专用发票有关的货物或者服务的第三方。根据税法规定，开票人在没有为受票人提供

---

① 赵清海，王家欣. 增值税专用发票虚开的判定与预防. 北京：中国经济出版社，2016：180.

货物或者服务的情况下，是不能开具增值税专用发票的。因而，代开行为属于违反税法的虚开行为。

代开存在两种情形：一种是无货代开，另一种是有货代开。所谓无货代开，是指让他人代开的受票人不仅与开票人之间没有货物交易或者提供服务与接受服务，而且与其他人之间并不存在这种货物交易或者提供服务与接受服务的关系。因此，无货代开属于实质上的虚开是没有疑问的。有货代开则与无货代开有所不同：在有货代开的情况下，虽然增值税专用发票受票人与增值税专用发票开票方的开票人之间并不存在货物交易或者提供服务与接受服务的关系，但是，增值税专用发票受票人与其他人之间存在货物交易或者提供服务与接受服务的关系。只是具有货物交易或者提供服务与接受服务关系的公司由于某种原因，不能开具增值税专用发票。例如，交易方属于小规模纳税人没有开具增值税专用发票的资质，或者虽然交易方具有开具增值税专用发票的资质，却由于没有能力缴纳税款而不能开具增值税专用发票。在这种情况下，让他人开具增值税专用发票的受票人虽然具有一定的税权，却由于交易方不能开具增值税专用发票而无法实现。有货代开属于税法上的虚开；那么，是否构成刑法上的虚开呢？这是一个值得研究的问题。

《刑法》第205条第3款规定的虚开行为包括为他人虚开、为自己虚开、让他人为自己虚开和介绍他人虚开四种情形。这里的为他人虚开和让他人为自己虚开，一般认为是指代开。从虚开行为的性质分析，严格地说，只有为他人虚开或者为自己虚开才是虚开的实行行为。因为在这两种情况下，行为人是虚开增值税专用发票的开票人。而让他人为自己虚开，行为人是虚开增值税专用发票的受票人，不是本罪的实行行为而是教唆行为。而介绍他人虚开的行为人既不是开票人也不是受票人，而只是中介人，实施的是本罪的帮助行为。刑法将虚开的教唆行为和帮助行为都解释为实行行为，是共犯正犯化的立法例。在代开的情况下，为他人代开当然是实行行为，而让他人为自己代开，则是教唆行为。如果说，对代开行为的性质分析只是一种形式性的判断，那么，有货代开还是无货代开的区分则具有实质性的意义，因而更值得重视。

应当指出，在 1995 年 10 月 30 日全国人大常委会《关于惩治虚开、伪造和非法出售增值税专用发票犯罪的决定》（以下简称《决定》）的草案中曾经将代开与虚开并列。在全国人大常委会审议时，有些委员提出：草案中规定的代开、虚开增值税专用发票及其他发票中代开一词含义不清楚，在实践中，代开行为有合法代开和非法代开两种情况，对合法代开不能作为犯罪处理，而非法代开实际上已包含于虚开发票之中，应当删去本决定中的代开一词。[①] 这里的合法代开是否等同于有货代开，而非法代开是否等同于无货代开，含义并不明确。然而，代开行为不能一概规定为犯罪的立法意图是十分明显的。审议的结果采纳了这一建议，删除了代开一词。《决定》草案中的这一表述虽然删除，然而，对虚开行为加以严格限定的意图仍然被立法机关所坚持。例如，在 1997 年刑法修订以后，全国人大常委会法制工作委员会组织编写的刑法释义书中明确指出："本条规定的虚开主要有两种情况：一种是根本不存在商品交易，无中生有，虚构商品交易内容和数额开具发票，然后利用虚开的发票抵扣税款；另一种是虽然存在真实的商品交易，但是以少开多，达到偷税的目的。"[②] 这里的偷税目的的表述存在疑问，严谨的表述应当是达到骗税的目的。以上两种情形均属于无货开票。由此可见，立法机关还是将《刑法》第 205 条的虚开限制在无货代开的范围内。在全国人大常委会的《决定》发布以后，最高人民法院《关于适用〈全国人民代表大会常务委员会关于惩治虚开、伪造和非法出售增值税专用发票犯罪的决定〉的若干问题的解释》（法发〔1996〕30 号）〔以下简称《解释（三）》〕第 1 条指出："根据《决定》第一条规定，虚开增值税专用发票的，构成虚开增值税专用发票罪。

---

① 薛驹. 1995 年 10 月 23 日在第八届全国人民代表大会常务委员会第十六次会议上《全国人大法律委员会关于〈全国人民代表大会常务委员会关于惩治伪造、虚开代开增值税专用发票犯罪的决定〉（草案）审议结果的报告》//高铭暄，赵秉志. 新中国刑法立法文献资料总览：上. 北京：中国人民公安大学出版社，1998：710－711.

② 郎胜. 中华人民共和国刑法释义·根据刑法修正案九最新修订. 6 版. 北京：法律出版社，2015：338.

具有下列行为之一的，属于虚开增值税专用发票：（1）没有货物购销或者没有提供或接受应税劳务而为他人、为自己、让他人为自己、介绍他人开具增值税专用发票；（2）有货物购销或者提供或接受了应税劳务但为他人、为自己、让他人为自己、介绍他人开具数量或者金额不实的增值税专用发票；（3）进行了实际经营活动，但让他人为自己代开增值税专用发票。"根据《解释（三）》的上述规定，虚开增值税专用发票可以分为三种情形：第一，无货开票，即没有货物购销或者没有提供或接受应税劳务而开具增值税专用发票，这是一种典型的虚开。第二，不实开票，即有货物购销或者提供或接受了应税劳务但开具数量或者金额不实的增值税专用发票。应当指出，这里的不实，即税款数额与货物数额不相符合，从逻辑上来说，存在两种情况：一种是税款数额大而货物数额小；另一种则相反，税款数额小而货物数额大。作为骗取国家税款的虚开，应当是指前者，即税款数额高于货物数额。在这种情况下，高出部分就是虚开数额。因此，这里的不实开票，仍然可以归属于无货开票的范畴。第三，有货开票，即有实际经营活动，但让没有货物购销或者没有提供或接受应税劳务的第三方代为开具增值税专用发票。在存在货物销售的情况下，本来是不存在虚开的，这种情况之所以被认定为虚开，是因为开票人与受票人之间不存在货物交易关系，因而《解释（三）》将其规定为虚开。如果说，《解释（三）》是将有货虚开的受票方的接受增值税专用发票行为规定为虚开；那么，1996年6月7日最高人民法院《关于对为他人代开增值税专用发票的行为如何定性问题的答复》（法函〔1996〕98号）（以下简称《答复》）则将有货虚开的开票人的行为规定为虚开，指出："'虚开增值税专用发票'包括自己未进行实际经营活动但为他人经营活动代开增值税专用发票的行为。对为他人代开增值税专用发票的行为构成犯罪的，应当依照《决定》第一条的规定依法追究刑事责任。"应该说，上述两种情形在性质上还是不同的：有货虚开的受票人因为其本身有货，其受票行为不会给国家税款造成损失，所以不能认定为虚开。而有货虚开的开票人明知自己与受票人之间没有进行货物交易或者提供服务和接受服务而开具增值税专用发票，从这个意义上说，其行为似乎具有虚开的性质。然而，在受票人并没有造成国家税款损失的情况下，这种虚开行为亦不能以虚开增值税专用发票罪论处。

从逻辑上说，实与虚本来是对立的。实开则非虚开，反之亦然。之所以将这种情形归属于虚开，是因为虽然存在实际经营活动，但并不是由货物购销方或者提供或接受了应税劳务方开具增值税专用发票，而是由没有货物购销或者没有提供或接受应税劳务的第三方代为开具增值税专用发票。在此，实与虚之间在货物交易上不存在对应关系。在这个意义上，也仅仅在这个意义上，可以说是这种有货代开属于虚开而非实开。司法解释曾经将代开与虚开并列，例如，1994 年 6 月 3 日最高人民法院、最高人民检察院联合发布了《关于办理伪造、倒卖、盗窃发票刑事案件适用法律的规定》（已失效，以下简称《规定》），该《规定》第 2 条规定："以营利为目的，非法为他人代开、虚开发票金额累计在 50 000 元以上的，或者非法为他人代开、虚开增值税专用发票抵扣税额累计在 10 000 元以上的，以投机倒把罪追究刑事责任。"如前所述，在全国人大常委会《决定》制订过程中，代开被并入虚开。此后，《解释（三）》将有货代开规定为让他人为自己虚开，实际上是扩张了《刑法》第 205 条中虚开的含义，这是值得商榷的。显然，这一对虚开的司法解释与立法机关的理解之间存在差异。

在司法实践中有货代开主要存在于某些特殊行业，例如废旧物资收购行业。自 2008 年《关于再生资源增值税政策的通知》（财税〔2008〕157 号）取消了对废旧物资回收经营企业销售废旧物资免征增值税的政策后，废旧物资回收经营企业便陷入了进项抵扣不足、增值税税赋过重的困境。在这种情况下，虚开增值税专用发票案件屡有发生。例如，A 公司是废旧物资回收经营企业。2015 年，某制造企业 B 公司需要从废旧物资回收经营的散户收购废旧钢材作为原材料用于加工生产制造设备零部件，但由于散户只能为 B 公司从税务局代开 3％增值税专用发票，导致 B 公司抵扣不足，经营成本上升。经当地散户向 B 公司介绍，A 公司作为废旧物资回收经营企业，享受当地的增值税财政返还优惠政策，实际税负率低，可以让 A 公司为其开具发票。后 B 公司找到 A 公司，就 B 公司采购废旧钢材一事达成如下合作模式：（1）B公司自行联系废钢材散户，并与散户谈妥收购价格；（2）A公司先从B公司指定的散户收购废旧钢材，再将收购的废旧钢材销售给B公司；（3）A公司从散户收购废旧钢材采大户归集模式，即A公司只对接一个大户，只从该一个特定大户处收购废旧钢材，不直接对接众多小散户，众多小散户与该一个特定大户对接。A公司与B公司商定由B公司的业务经理甲作为大户完成交易。（4）B公司将货款（收购价格＋A公司毛利）支付给A公司，A公司将该货款中的收购价格部分支付给甲，甲再将该款项陆续支付给众多散户。（5）散户将货物直接运送到B公司厂方，由B公司制作过磅、收货单据，再将该单据传递给A公司进行出入库的入账；（6）A公司按照B公司支付的货款金额向B公司开具增值税专用发票。2015年7月至2016年8月，A公司通过上述模式向B公司开具增值税专用发票数十张，价税合计数千万元。对于本案，控方认为A公司的采购和销售废旧钢材两个环节均系虚设虚假交易：（1）A公司从B公司收到货款后扣留部分开票费将剩余部分支付给B公司的业务经理甲属于资金回流，证明A公司与B公司之间没有真实货物购销交易；（2）A公司没有从甲和其他散户中收到废旧钢材的货物，证明A公司与甲和其他散户之间没有真实货物购销交易。因此，在本案中，A公司被指控向B公司开具增值税销项专用发票，属于为他人代开增值税专用发票，A、B公司构成虚开增值税专用发票罪。当然，在司法实践中大量存在的是废旧物资回收经营企业向散户收购废旧物资，但散户不能为其开具增值税进项发票。在这种情况下，废旧物资回收经营企业通过第三方根据收购废旧物资实际数额和价款，据实开具增值税进项发票。由于废旧物资回收经营企业和第三方没有真实货物交易，因而被指控为虚开增值税专用发票罪。在这种情况下，废旧物资回收经营企业是让他人为自己开具增值税进项专用发票。应该说，上述情形都属于有货代开。鉴于废旧物资回收业务的特殊性，《国家税务总局关于废旧物资回收经营业务有关税收问题的批复》（国税函[2002]893号）特别规定，散户将收购的废旧物资直接运送到购货方，废旧物资经营单位根据上述双方实际发生的业务分别在财务上作购进和销售处理，将收取的货款转付给散户，同时向购货方开具增值税专用发票或普通发票的，由于废旧物资经营单位在开具增值税专用发票时确实收取了同等金额的货款，并确有同等数量的货物销售，因此，废旧物资经营单位开具增值税专用发票的行为不违背有关税收规定，不应定性为虚开。上列规定实际上认可了"散户——废旧物资回收经营单位——制造企业"的三方交易模式。对于经营规模较大的废旧物资回收经营企业，由于需要对接的散户众多，上列模式的实际操作难度大且经营成本高。因此，《国家税务总局关于中国再生资源开发公司废旧物资回收经营业务有关增值税问题的批复》（国税函［2006］1227号）规定，中再生公司收购废旧物资数量大、收购对象众多，难以按现行规定逐笔填写收购凭证，同意允许中再生公司在收购投售人（包括个体经营者）及非经营性单位的废旧物资时汇总开具收购凭证。在开具废旧物资收购凭证时除按照规定填写相关内容外，必须填写投售人及非经营性单位收款人身份证号码。此规定实际上以中再生集团为例认可了"众多散户——个别大户——废旧物资回收经营单位"的交易模式。根据上述税务部门的规定，这种有货代开行为不再认定为虚开增值税专用发票行为，当然在刑法中也就不能构成虚开增值税专用发票罪。

3. 挂靠开票的司法认定

挂靠开票是指挂靠方没有开具增值税专用发票的资质，因而采取挂靠的方式，以被挂靠方的名义对外从事经营活动，并开具增值税专用发票。挂靠在我国经济生活中是一个较为常见的现象，挂靠最初主要是为了解决经营资质问题。没有经营资质的人员通过挂靠取得某种经营资质，这对于经营限制是一种突破。在经营限制不合理的情况下，挂靠经营具有一定的正当性。随着我国对市场经营活动的放开，这种为获取经营资质而采取挂靠的现象基本消失了。但随着增值税制度的推行，在现实生活中又出现了以获取增值税专用发票开具资质为目的的挂靠现象。在挂靠的情况下，被挂靠方开具增值税专用发票，开票方与受票方之间在形式上具有货物交易关系，就此而言不能认为是虚开。即使在实质上认为被挂靠方开具的增值税专用发票是代开，也属于有货代开的范畴。对于这种挂靠开票，在司法实践中往往进行穿透性的实质判断，认定是虚开增值税专用发票的行为，因而成立本罪。这种现象直到 2014 年国家税务总局 39 号文的发布才出现转机。这里的 39 号文是指国家税务总局《关于纳税人对外开具增值税专用发票有关问题的公告》（以下简称《公告》）。《公告》规定："纳税人通过虚增增值税进项税额偷逃税款，但对外开具增值税专用发票同时符合以下情形的，不属于对外虚开增值税专用发票：一、纳税人向受票方纳税人销售了货物，或者提供了增值税应税劳务、应税服务；二、纳税人向受票方纳税人收取了所销售货物、所提供应税劳务或者应税服务的款项，或者取得了索取销售款项的凭据；三、纳税人按规定向受票方纳税人开具的增值税专用发票相关内容，与所销售货物、所提供应税劳务或者应税服务相符，且该增值税专用发票是纳税人合法取得、并以自己名义开具的。受票方纳税人取得的符合上述情形的增值税专用发票，可以作为增值税扣税凭证抵扣进项税额。"与此同时，2014 年 7 月 8 日国家税务总局办公厅刊发了《关于〈国家税务总局关于纳税人对外开具增值税专用发票有关问题的公告〉的解读》（以下简称《解读》）。《解读》在论述挂靠情况下虚开增值税专用发票行为的认定问题时，明确指出：如果挂靠方以被挂靠方名义，向受票方纳税人销售货物、提供增值税应税劳务或者应税服务，应以被挂靠方为纳税人。被挂靠方作为货物的销售方或者应税劳务、应税服务的提供方，按照相关规定向受票方开具增值税专用发票，则不属于对外虚开增值税专用发票的情形。但如果挂靠方以自己名义向受票方纳税人销售货物、提供增值税应税劳务或者应税服务，被挂靠方与此项业务无关，则应以挂靠方为纳税人。这种情况下，被挂靠方向受票方纳税人就该项业务开具增值税专用发票，仍然属于对外虚开增值税专用发票的情形。由此可见，在税法上对挂靠情况下的虚开重新作了界定，因而有货代开行为是否构成虚开，在法律界限上有所放宽。

税法是虚开增值税专用发票罪的前置法，随着税法的调整，在刑法上应当同时有所反应。为此，2015 年 6 月 11 日最高人民法院研究室对公安部经济犯罪侦查局《关于如何认定以"挂靠"有关公司名义实施经营活动并让有关公司为自己虚开增值税专用发票行为的性质征求意见的复函》（以下简称《复函》）区分挂靠和不是挂靠两种情形分别作了规定：第一，挂靠方以挂靠形式向受票方实际销售货物，被挂靠方向受票方开具增值税专用发票的，不属于《刑法》第 205 条规定的虚开增值税专用发票。第二，行为人利用他人的名义从事经营活动，并以他人名义开具增值税专用发票的，虽然行为人与该他人之间不存在挂靠关系，但其进行了实际的经营活动，主观上并无骗取抵扣税款的故意，且客观上未造成国家增值税款损失，也不宜认定为《刑法》第 205 条规定的虚开增值税专用发票；符合逃税罪等其他犯罪构成条件的，可以其他犯罪论处。显然，上述《复函》不仅将挂靠方以被挂靠方名义，向受票方纳税人销售货物、提供增值税应税劳务或者应税服务，向受票方开具增值税专用发票的行为排除在虚开之外；而且将挂靠方以自己名义向受票方纳税人销售货物、提供增值税应税劳务或者应税服务，被挂靠方向受票方纳税人开具增值税专用发票的行为同时排除在虚开之外。因此，有货代开不能再认定为虚开。这一对虚开的理解与《解释（三）》关于有货虚开的规定之间存在一定的矛盾。对此，《复函》做了说明："1996 年 10 月 17 日《关于适用〈全国人民代表大会常务委员会关于惩治虚开、伪造和非法出售增值税专用发票犯罪的决定〉的若干问题的解释》虽然未被废止，但该解释制定于 1997 年刑法施行前，根据我院《关于认真学习宣传贯彻修订的〈中华人民共和国刑法〉的通知》（法发〔1997〕3 号）第五条'修订的刑法实施后，对已明令废止的全国人大常委会有关决定和补充规定，最高人民法院原作出的有关司法解释不再适用，但是如果修订的刑法有关条文实质内容没有变化的，人民法院在刑事审判工作中，在没有新的司法解释前，可参照执行。其他对于与修订的刑法规定相抵触的司法解释，不再适用'的规定，应当根据现行刑法第二百零五条关于虚开增值税专用发票罪的规定，合理选择该解释中可以继续参照适用的条文。其中，该解释中关于'进行了实际经营活动，但让他人为自己代开增值税专用发票'也属于虚开的规定，与虚开增值税专用发票罪的规定不符，不应继续适用；如继续适用该解释的上述规定，则对于挂靠代开案件也要以犯罪论处，显然有失妥当。"应该说,《复函》根据实际情况,尤其是挂靠情况下的代开行为的性质,在一定程度上对《解释(三)》关于虚开的界定作了限定,有利于我们正确理解虚开行为的含义。虚开增值税专用发票案中的代开行为,如果按照国家税务总局《公告》的规定,仍然属于虚开;但按照最高人民法院研究室《复函》的精神,则不属于刑法上的虚开。由此可见,税法上的虚开和刑法上的虚开不能完全等同:税法上的虚开强调的是增值税专用发票开具的形式上的货票相符性,而刑法上的虚开则更多考量实质上是否具有法益侵害性。当然,《复函》在某种意义上说,是对《解释(三)》中虚开行为的限缩。而《解释(三)》是最高人民法院正式的司法解释,《复函》只是最高人民法院内设部门的一个函件,其规范效力较低。尽管《解释(三)》出台时间久远,已经不完全符合惩治虚开增值税专用发票罪的客观要求,因而亟待修改,但《复函》显然难以承担修改《解释(三)》的责任。在这种情况下,认真研究虚开增值税专用发票罪的新情况和新问题,总结司法实践经验,重新制定虚开增值税专用发票罪的司法解释就成为当务之急。值得注意的是,最高人民法院虽然没有制定司法解释,然而通过发布典型案例对此明确立场,对于司法机关正确认定虚开增值税专用发票罪具有指导意义。例如,最高人民法院发布张某强虚开增值税专用发票案①:2004 年,被告人张某强与他人合伙成立个体企业某龙骨厂,张某强负责生产经营活动。因某龙骨厂系小规模纳税人,无法为购货单位开具增值税专用发票,张某强遂以他人开办的鑫源公司名义对外签订销售合同。2006 年至 2007 年间,张某强先后与六家公司签订轻钢龙骨销售合同,购货单位均将货款汇入鑫源公司账户,鑫源公司为上述六家公司开具增值税专用发票共计 53 张,价税合计 4 457 701.36 元,税额 647 700.18 元。基于以上事实,某州市人民检察院指控被告人张某强犯虚开增值税专用发票罪。某州市人民法院一审认定被告人张某强构成虚开增值税专用发票罪,在法定刑以下判处张某强有期徒刑 3 年,缓刑 5 年,并处罚金人民币 5 万元。张某强在法定期

---

① 中华人民共和国最高人民法院(2016)最高法刑核 51732773 号刑事裁定书.

限内没有上诉，检察院未抗诉。某州市人民法院依法逐级报请最高人民法院核准。最高人民法院经复核认为，被告人张某强以其他单位名义对外签订销售合同，由该单位收取货款、开具增值税专用发票，不具有骗取国家税款的目的，未造成国家税款损失，其行为不构成虚开增值税专用发票罪，某州市人民法院认定张某强构成虚开增值税专用发票罪属适用法律错误。据此，最高人民法院裁定：不核准并撤销某州市人民法院一审刑事判决，将本案发回重审。该案经某州市人民法院重审后，依法宣告张某强无罪。本案的典型意义在于：本案张某强借用其他企业名义为其自己企业开具增值税专用发票，虽不符合当时的税收法律规定，但张某强并不具有偷逃税收的目的，其行为未对国家造成税收损失，不具有社会危害性。一审法院在法定刑之下判决其承担刑事责任，并报最高人民法院核准。虽然对于本案判决结果，被告人并未上诉，但是最高人民法院基于刑法的谦抑性要求认为，本案不应定罪处罚，故未核准一审判决，并撤销一审判决，将本案发回重审。最终，本案一审法院宣告张某强无罪，切实保护了民营企业家的合法权益。

4. 过票、变票的司法认定

过票、变票是当前在司法实践中较为常见的两种行为，通常都涉嫌虚开增值税专用发票罪而进入司法程序。过票、变票往往发生在偷逃消费税的案件中，是成品油生产企业为逃避消费税，通过各种开票公司，在没有实际货物买卖的情况下，将化工产品等消费税非应税产品变更为成品油等消费税应税产品，向成品油生产企业开具增值税专用发票的行为。在此类案件中，成品油生产企业和开票公司之间形成一个发票循环的闭环：成品油生产企业购进成品油加工原材料化工产品，通过多家开票公司循环开具增值税专用发票。在其中某一个环节，开票公司将化工产品变更为成品油，最后向成品油生产企业开具成品油增值税发票。最终，成品油生产企业购买的是化工产品，而收取的却是成品油的增值税专用发票。在这个循环开票的环节中，没有真实交易而只是开具增值税专用发票的行为，称为过票，过票只是为了掩盖变票。因此，变票才是偷逃消费税的关键环节。因为通过变票，改变了产品名称，消费税的应税产品就变成了增值税的应税产品。按照税法规定，成品油生产企业购买化工产品，应当由销售企业向其开具化工产品的进项发票，成品油生产企业将化工产品加工成为成品油对外销售，按照我国税法的规定，应当缴纳消费税，税额在35％左右。但将进项发票变为成品油的增值税专用发票以后，向外销售成品油就只要开具成品油的增值税专用发票，而增值税的税额在17％左右。这样，成品油生产企业就偷逃了消费税和增值税之间的差额税款，这部分税款属于消费税。因此，这种变票行为实际上是一种偷逃消费税的行为。而开票公司通过虚开发票，其收益是每顿数十元不等的开票费，偷逃的部分消费税收益的受益人为成品油生产企业。通过上述过票、变票的各个环节，最终的受票人，即成品油生产企业就可以利用改变产品名称的增值税专用发票进项税款抵扣，因而偷逃消费税。而对于开票公司来说，是一种偷逃消费税的帮助行为。对此，在刑法理论上没有疑问。关键问题在于：开票公司是否构成虚开增值税专用发票罪？在变票的情况下，确实存在虚开增值税专用发票的行为，但行为人主观上没有骗取国家税款的目的。如果肯定虚开增值税专用发票罪以骗取国家税款为目的，则这种不以骗取国家税款为目的的虚开行为就不能认定为虚开增值税专用发票罪。对于这个问题，以往最高人民法院相关业务庭室在函件和案例中都已经明确，刑法学界的通说也认为虚开增值税专用发票罪是非法定的目的犯，其构成应当具备骗取国家税款的目的。

在司法实践中，对于骗取国家税款如何解释，也是一个存在争议的问题。对此存在一种对国家税款进行较为宽泛解释的观点，这种观点虽然肯定虚开增值税专用发票罪的成立应当具有骗取国家税款的目的，但同时认为这里的国家税款除了增值税以外，还包括其他税种，例如变票案件中的消费税。这种观点貌似有理，其实不能成立。虚开增值税专用发票罪是以抵扣税款的方式骗取国家税款，而不包括以此种税额的发票假冒彼种发票的方式骗取国家税款。《刑法》第205条规定的三种发票，都是可以用于抵扣税款的发票。因此，采用虚开增值税专用发票的方式不是抵扣税款而是偷逃方式骗取国家其他税款的行为，不能构成虚开增值税专用发票罪而应当以逃税罪论处。在过票、变票案件中，行为人并没有采用抵扣的方式骗取国家税款，换言之，国家税款的损失并不是由虚开的增值税专用发票抵扣税款造成的，而是利用过票、变票，将应当缴纳消费税的应税产品改变为应当缴纳增值税的应税产品，从而少缴消费税和增值税之间的税款差额，以此达到逃税目的。在这种情况下，过票、变票只是偷逃消费税的手段行为，而这一手段行为并不构成虚开增值税专用发票罪，而是炼化企业逃税罪的共犯行为。

应当指出，在过票、变票案件的司法处理中，因为开票公司遍布全国各地，从具体案件来看，通常都是过票、变票公司被当地公安机关查获，但成品油生产企业一般都是实力雄厚的大企业，受个别地方地方保护主义的影响，少有被司法追究的。在这种情况下，开票公司被以虚开增值税专用发票罪处以重刑，罚以重款，而过票、变票行为的实际受益人——成品油生产企业却逍遥法外，是一种司法不公。对于过票、变票案件，应当将整个开票链条一查到底，在上级公安机关的统一协调下，指定侦查办案。在司法处理时，以成品油生产企业为主犯，以开票公司为从犯，以逃税罪追究刑事责任。其中，成品油生产企业对整个逃税数额承担刑事责任，开票公司对其虚假开票环节的行为承担刑事责任。对于那些无法查清整个开票环节的过票、变票案件，对开票公司应当以虚开发票罪单独论处。

（四）处罚

根据《刑法》第205条第1款之规定，犯本罪的，处3年以下有期徒刑或者拘役，并处2万元以上20万元以下罚金；虚开的税款数额较大或者有其他严重情节的，处3年以上10年以下有期徒刑，并处5万元以上50万元以下罚金；虚开的税款数额巨大或者有其他特别严重情节的，处10年以上有期徒刑或者无期徒刑，并处5万元以上50万元以下罚金或者没收财产。第2款规定，单位犯本罪的，对单位判处罚金，并对其直接负责的主管人员和其他直接责任人员，处3年以下有期徒刑或者拘役；虚开的税款数额较大或者有其他严重情节的，处3年以上10年以下有期徒刑；虚开的税款数额巨大或者有其他特别严重情节的，处10年以上有期徒刑或者无期徒刑。

加重处罚事由 犯虚开增值税专用发票、用于骗取出口退税、抵扣税款发票罪而数额较大或者有其他严重情节的，是本罪的加重处罚事由。这里的数额较大，根据《通知》的规定，虚开的税款数额较大是指 50 万元。

特别加重处罚事由 犯虚开增值税专用发票、用于骗取出口退税、抵扣税款发票罪而数额巨大或者有其他特别严重情节的，是本罪的特别加重处罚事由。这里的数额巨大，根据前引《通知》的规定，是指 250 万元。

六、虚开发票罪

（一）概念

虚开发票罪是指虚开《刑法》第 205 条规定的增值税专用发票、用于骗取出口退税发票、抵扣税款发票以外的其他发票，情节严重的行为。

（二）构成

1. 罪体

行为 虚开发票罪的行为是虚开增值税专用发票或者用于骗取出口退税、抵扣税款的发票以外的其他发票。这里的虚开，是指为他人虚开、为自己虚开、让他人为自己虚开、介绍他人虚开行为之一的。

客体 虚开发票罪的客体是增值税专用发票或者用于骗取出口退税、抵扣税款的发票以外的其他发票。根据 2010 年 12 月 8 日财政部发布的《发票管理办法》第 3 条的规定，发票是指在购销商品，提供或者接受服务以及从事其他经营活动中，开具、收取的收付款凭证。发票可以分为两类：一类是可以抵扣税款的专用发票，例如增值税专用发票等。另一类是不能抵扣税款的普通发票。关于虚开可以抵扣税款的专用发票，我国《刑法》第 205 条作了专门规定，本罪的客体是《刑法》第 205 条规定以外的其他发票。

2. 罪责

虚开发票罪的罪责形式是故意。这里的故意，是指明知是虚开发票行为而有意实施的主观心理状态。

3. 罪量

虚开发票罪的罪量要素是情节严重。根据《立案追诉标准（二）》第 57 条的规定，虚开《刑法》第 205 条规定以外的其他发票，涉嫌下列情形之一的，应予立案追诉：（1）虚开发票金额累计在 50 万元以上的；（2）虚开发票 100 份以上且票面金额在 30 万元以上的；（3）5 年内因虚开发票受过刑事处罚或者二次以上行政处罚，又虚开发票，数额达到第（1）（2）项标准 60% 以上的。

（三）认定

虚开发票罪的发票，根据《刑法》第 205 条之一是指本法第 205 条规定以外的其他发票。从条文内容上看，《刑法》第 205 条规定的发票包括增值税专用发票、用于骗取出口退税发票和抵扣税款发票。在司法实践中，不以骗取国家税款为目的而开具增值税专用发票，如果采用目的犯说，即只有行为人主观上具有骗取国家税款的目的，虚开增值税专用发票行为才能构成虚开增值税专用发票罪；则如果没有骗取国家税款目的，就不能构成虚开增值税专用发票罪。那么，在这种情况下，对于不以骗取国家税款为目的的虚开增值税专用发票行为，能否认定为虚开发票罪呢？这里涉及对虚开发票罪的"本法第二百零五条规定以外的其他发票"这一构成要件的理解。我认为，这里的"规定为"是指规定为犯罪。因此，在虚开增值税专用发票行为，依照《刑法》第 205 条的规定，已经构成犯罪的情况下，当然不能再以虚开发票罪论处。但对于不以骗取国家税款为目的的虚开增值税专用发票行为，在依照《刑法》第 205 条不构成犯罪的情况下，完全可以依照虚开发票罪定罪量刑。

（四）处罚

根据《刑法》第 205 条之一 [《刑法修正案（八）》第 33 条] 之规定，犯本罪的，处 2 年以下有期徒刑、拘役或者管制，并处罚金；情节特别严重的，处 2 年以上 7 年以下有期徒刑，并处罚金。第 2 款规定，单位犯本罪的，对单位判处罚金，并对其直接负责的主管人员和其他直接责任人员，依照个人犯罪的规定处罚。

加重处罚事由　犯虚开发票罪而情节特别严重的，是本罪的加重处罚事由。这里的情节特别严重，是指虚开发票的数量巨大，造成特别严重后果或者具有其他特别严重情节。

七、伪造、出售伪造的增值税专用发票罪

（一）概念

伪造、出售伪造的增值税专用发票罪是指非法印制、复制或者使用其他方法伪造增值税专用发票或者非法销售、倒卖伪造的增值税发票的行为。

（二）构成

1. 罪体

行为　伪造、出售伪造的增值税专用发票罪的行为是非法印制、复制或者使用其他方法伪造增值税专用发票或者非法销售、倒卖伪造的增值税专用发票。

客体　伪造、出售伪造的增值税专用发票罪的客体是增值税专用发票和伪造的增值税专用发票。

2. 罪责

伪造、出售伪造的增值税专用发票罪的罪责形式是故意。这里的故意，是指明知是伪造、出售伪造的增值税专用发票行为而有意实施的主观心理状态。

3. 罪量

伪造、出售伪造的增值税专用发票罪的罪量要素，刑法未作规定。参照《立案追诉标准（二）》第58条的规定，伪造或者出售伪造的增值税专用发票10份以上且票面税额在6万元以上或者票面税额累计在10万元以上的，应予立案追诉。

（三）处罚

根据《刑法》第206条第1款之规定，犯本罪的，处3年以下有期徒刑、拘役或者管制，并处2万元以上20万元以下罚金；数量较大或者有其他严重情节

的，处 3 年以上 10 年以下有期徒刑，并处 5 万元以上 50 万元以下罚金；数量巨大或者有其他特别严重情节的，处 10 年以上有期徒刑或者无期徒刑，并处 5 万元以上 50 万元以下罚金或者没收财产。第 2 款规定，单位犯本罪的，对单位判处罚金，并对其直接负责的主管人员和其他直接责任人员，处 3 年以下有期徒刑、拘役或者管制；数量较大或者有其他严重情节的，处 3 年以上 10 年以下有期徒刑；数量巨大或者有其他特别严重情节的，处 10 年以上有期徒刑或无期徒刑。

加重处罚事由　犯伪造、出售伪造的增值税专用发票罪而数量较大或者有其他严重情节的，是本罪的加重处罚事由。这里的数量较大，参照前引《解释（三）》的规定，是指伪造或者出售伪造的增值税专用发票 100 份以上或者票面额累计 50 万元以上。其他严重情节，是指具有下列情形之一的：（1）违法所得数额在 1 万元以上的；（2）伪造并出售伪造的增值税专用发票 60 份以上或者票面额累计 30 万元以上的；（3）造成严重后果或者具有其他严重情节的。

特别加重处罚事由　犯伪造、出售伪造的增值税专用发票罪而数量巨大或者有其他特别严重情节的，是本罪的特别加重处罚事由。这里的数量巨大，参照前引《解释（三）》的规定，包括伪造或者出售伪造的增值税专用发票 500 份以上或者票面额累计 250 万元以上。有其他特别严重情节，是指具有下列情形之一的：（1）违法所得数额在 5 万元以上的；（2）伪造并出售伪造的增值税专用发票 300 份以上或者票面额累计 200 万元以上的；（3）伪造或者出售伪造的增值税专用发票接近数量巨大并具有其他严重情节的；（4）造成特别严重后果或者具有其他特别严重情节的。

八、非法出售增值税专用发票罪

（一）概念

非法出售增值税专用发票罪是指违反国家发票管理法规，非法出售增值税专用发票的行为。

（二）构成

1. 罪体

行为　非法出售增值税专用发票罪的行为是违反国家发票管理法规，非法出售增值税专用发票。

客体　非法出售增值税专用发票罪的客体是增值税专用发票。

2. 罪责

非法出售增值税专用发票罪的罪责形式是故意。这里的故意，是指明知是非法出售增值税专用发票的行为而有意实施的主观心理状态。

3. 罪量

非法出售增值税专用发票罪的罪量要素，刑法未作规定。参照《立案追诉标准（二）》第59条的规定，非法出售增值税专用发票10份以上且票面税额在6万元以上或者票面额累计在10万元以上或者非法获利数额在1万元以上的，应予立案追诉。

（三）处罚

根据《刑法》第207条之规定，犯本罪的，处3年以下有期徒刑、拘役或者管制，并处2万元以上20万元以下罚金；数量较大的，处3年以上10年以下有期徒刑，并处5万元以上50万元以下罚金；数量巨大的，处10年以上有期徒刑或者无期徒刑，并处5万元以上50万元以下罚金或者没收财产。《刑法》第211条规定，单位犯本罪的，对单位判处罚金，并对其直接负责的主管人员和其他直接责任人员，依照个人犯罪的规定处罚。

加重处罚事由　犯非法出售增值税专用发票罪而数量较大的，是本罪的加重处罚事由。这里的数量较大，可以参照伪造、出售伪造的增值税专用发票罪的标准，即非法出售100份以上或者票面额累计50万元以上。

特别加重处罚事由　犯非法出售增值税专用发票罪而数量巨大的，是本罪的特别加重处罚事由，这里的数量巨大，可以参照伪造、出售伪造的增值税专用发票罪的标准，即非法出售500份以上或者票面额累计250万元以上。

九、非法购买增值税专用发票、购买伪造的增值税专用发票罪

（一）概念

非法购买增值税专用发票、购买伪造的增值税专用发票罪是指违反国家发票管理法规，非法购买增值税专用发票，或者购买伪造的增值税专用发票的行为。

（二）构成

1. 罪体

行为　非法购买增值税专用发票、购买伪造的增值税专用发票罪的行为是违反国家发票管理法规，非法购买增值税专用发票或者购买伪造的增值税专用发票。

客体　非法购买增值税专用发票、购买伪造的增值税专用发票罪的客体是增值税专用发票和伪造的增值税专用发票。

2. 罪责

非法购买增值税专用发票、购买伪造的增值税专用发票罪的罪责形式是故意。这里的故意，是指明知是非法购买增值税专用发票的行为而有意实施，或者明知是伪造的增值税专用发票而购买的主观心理状态。

3. 罪量

非法购买增值税专用发票、购买伪造的增值税专用发票罪的罪量要素，刑法未作规定。参照《立案追诉标准（二）》第 60 条的规定，非法购买增值税专用发票或者购买伪造的增值税专用发票 20 份以上且票面税额在 10 万元以上或者票面税额累计在 20 万元以上的，应予立案追诉。

（三）认定

《刑法》第 208 条第 2 款规定，非法购买增值税专用发票或者购买伪造的增值税专用发票又虚开或者出售的，分别以虚开增值税专用发票罪、伪造或出售伪造的增值税专用发票罪、非法出售增值税专用发票罪论处。在上述情况下，实际

上是本罪与其他犯罪之间的牵连关系，系牵连犯。根据刑法规定，对这种牵连犯，应分别以上述犯罪论处，采用的是从一重罪处断的原则。

（四）处罚

根据《刑法》第208条第1款之规定，犯本罪的，处5年以下有期徒刑或者拘役，并处或者单处2万元以上20万元以下罚金。《刑法》第211条规定，单位犯本罪的，对单位判处罚金，并对其直接负责的主管人员和其他直接责任人员，依照个人犯罪的规定处罚。

十、非法制造、出售非法制造的用于骗取出口退税、抵扣税款发票罪

（一）概念

非法制造、出售非法制造的用于骗取出口退税、抵扣税款发票罪是指违反国家发票管理法规，伪造、擅自制造或者出售伪造、擅自制造的可以用于骗取出口退税、抵扣税款的增值税专用发票以外的其他发票的行为。

（二）构成

1. 罪体

行为　非法制造、出售非法制造的用于骗取出口退税、抵扣税款发票罪的行为是违反国家发票管理法规，伪造、擅自制造或者出售伪造、擅自制造的可以用于骗取出口退税、抵扣税款的增值税专用发票以外的其他发票。这里的擅自制造是指税务机关指定的印刷企业超出批准的范围私自加印发票，而伪造则是指其他单位和个人非法印刷发票。

客体　非法制造、出售非法制造的用于骗取出口退税、抵扣税款发票罪的客体是增值税专用发票以外的可以用于骗取出口退税、抵扣税款的其他发票。这里的出口退税、抵扣税款的其他发票，根据2005年12月29日全国人大常委会《关于〈中华人民共和国刑法〉有关出口退税、抵扣税款的其他发票规定的解释》，是指除增值税专用发票以外的其他具有出口退税、抵扣税款功能的收付款凭证或者完税凭证。

2. 罪责

非法制造、出售非法制造的用于骗取出口退税、抵扣税款发票罪的罪责形式是故意。这里的故意，是指明知是非法制造、出售非法制造的用于骗取出口退税、抵扣税款发票的行为而有意实施的主观心理状态。

3. 罪量

非法制造、出售非法制造的用于骗取出口退税、抵扣税款发票罪的罪量要素，刑法未作规定。根据《立案追诉标准（二）》第61条的规定，伪造、擅自制造或者出售伪造、擅自制造的可以用于骗取出口退税、抵扣税款的非增值税专用发票10份以上且票面可以退税、抵扣税额在6万元以上的或者票面可以退税、抵扣税额累计在10万元以上的或者非法获利数额在1万元以上的，应予立案追诉。

（三）处罚

根据《刑法》第209条第1款之规定，犯本罪的，处3年以下有期徒刑、拘役或者管制，并处2万元以上20万元以下罚金；数量巨大的，处3年以上7年以下有期徒刑，并处5万元以上50万元以下罚金；数量特别巨大的，处7年以上有期徒刑，并处5万元以上50万元以下罚金或者没收财产。《刑法》第211条规定，单位犯本罪的，对单位判处罚金，并对其直接负责的主管人员和其他直接责任人员，依照个人犯罪的规定处罚。

加重处罚事由　犯非法制造、出售非法制造的用于骗取出口退税、抵扣税款发票罪而数量巨大的，是本罪的加重处罚事由。

特别加重处罚事由　犯非法制造、出售非法制造的用于骗取出口退税、抵扣税款发票罪而数量特别巨大的，是本罪的特别加重处罚事由。

十一、非法制造、出售非法制造的发票罪

（一）概念

非法制造、出售非法制造的发票罪是指违反国家税收管理法规，伪造、擅自制造或者出售伪造、擅自制造的增值税专用发票和可以用于骗取出口退税、抵扣税款的发票以外的其他发票的行为。

（二）构成

1. 罪体

行为 非法制造、出售非法制造的发票罪的行为是违反国家发票管理法规，伪造、擅自制造或者出售伪造、擅自制造的增值税专用发票和可以用于骗取出口退税、抵扣税款的发票以外的其他发票。

客体 非法制造、出售非法制造的发票罪的客体是增值税专用发票和可以用于骗取出口退税、抵扣税款的发票以外的其他发票。根据 1998 年 5 月 8 日最高人民法院、最高人民检察院、公安部、国家工商行政管理局《关于依法查处盗窃、抢劫机动车案件的规定》第 6 条之规定，伪造、擅自制造或者出售伪造、擅自制造的机动车有关发票的，依照《刑法》第 209 条的规定处罚。因此，本罪的客体还包括机动车有关发票。

2. 罪责

非法制造、出售非法制造的发票罪的罪责形式是故意。这里的故意，是指明知是非法制造、出售非法制造的发票的行为而有意实施的主观心理状态。

3. 罪量

非法制造、出售非法制造的发票罪的罪量要素，刑法未作规定。参照《立案追诉标准（二）》第 62 条的规定，伪造、擅自制造或者出售伪造、擅自制造的不具有骗取出口退税、抵扣税款功能的普通发票 100 份以上且票面金额累计在 30 万元以上的或者票面金额累计在 50 万元以上的或者非法获利数额在 1 万元以上的，应予立案追诉。

（三）处罚

根据《刑法》第 209 条第 2 款之规定，犯本罪的，处 2 年以下有期徒刑、拘役或者管制，并处或者单处 1 万元以上 5 万元以下罚金；情节严重的，处 2 年以上 7 年以下有期徒刑，并处 5 万元以上 50 万元以下罚金。《刑法》第 211 条规定，单位犯本罪的，对单位判处罚金，并对其直接负责的主管人员和其他直接责任人员，依照个人犯罪的规定处罚。

加重处罚事由　犯非法制造、出售非法制造的发票罪而情节严重的，是本罪的加重处罚事由。这里的情节严重，是指非法制造、出售非法制造的发票数量巨大的；多次非法制造、出售非法制造的发票的；造成严重后果的；获利数额巨大的等。

十二、非法出售用于骗取出口退税、抵扣税款发票罪

（一）概念

非法出售用于骗取出口退税、抵扣税款发票罪是指违反国家税收管理法规，非法出售可以用于骗取出口退税、抵扣税款的发票的行为。

（二）构成

1. 罪体

行为　非法出售用于骗取出口退税、抵扣税款发票罪的行为是违反国家税收管理法规，非法出售可以用于骗取出口退税、抵扣税款的发票。

客体　非法出售用于骗取出口退税、抵扣税款发票罪的客体是可以用于骗取出口退税、抵扣税款的发票。

2. 罪责

非法出售用于骗取出口退税、抵扣税款发票罪的罪责形式是故意。这里的故意，是指明知是非法出售用于骗取出口退税、抵扣税款发票的行为而有意实施的主观心理状态。

3. 罪量

非法出售用于骗取出口退税、抵扣税款发票罪的罪量要素，刑法未作规定。参照《立案追诉标准（二）》第 63 条的规定，非法出售可以用于骗取出口退税、抵扣税款的非增值税专用发票 10 份以上且票面可以退税、抵扣税额在 6 万元以上或者票面可以退税、抵扣税额累计在 10 万元以上或者非法获利数额在 1 万元

以上的，应予立案追诉。

（三）处罚

根据《刑法》第 209 条第 3 款之规定，犯本罪的，依照第 1 款的规定处罚，即处 3 年以下有期徒刑、拘役或者管制，并处 2 万元以上 20 万元以下罚金；数量巨大的，处 3 年以上 7 年以下有期徒刑，并处 5 万元以上 50 万元以下罚金；数量特别巨大的，处 7 年以上有期徒刑，并处 5 万元以上 50 万元以下罚金或者没收财产。《刑法》第 211 条规定，单位犯本罪的，对单位判处罚金，并对其直接负责的主管人员和其他直接责任人员，依照个人犯罪的规定处罚。

加重处罚事由　犯非法出售用于骗取出口退税、抵扣税款发票罪而数量巨大的，是本罪的加重处罚事由。

特别加重处罚事由　犯非法出售用于骗取出口退税、抵扣税款发票而数量特别巨大的，是本罪的特别加重处罚事由。

十三、非法出售发票罪

（一）概念

非法出售发票罪是指违反国家税收管理法规，非法出售增值税专用发票、可以用于骗取出口退税、抵扣税款的发票以外的其他发票的行为。

（二）构成

1. 罪体

行为　非法出售发票罪的行为是违反国家税收管理法规，非法出售增值税专用发票、可以用于骗取出口退税、抵扣税款的发票以外的其他发票。

客体　非法出售发票罪的客体是增值税专用发票、可以用于骗取出口退税、抵扣税款的发票以外的其他发票。这里的发票，是指在购销商品、提供或者接受服务以及从事其他经营活动时，开具、收取的收付款凭证。根据 1998 年 5 月 8 日最高人民法院、最高人民检察院、公安部、国家工商行政管理局《关于依法查处盗窃、抢劫机动车案件的规定》第6条的规定，非法出售机动车有关发票的，依照《刑法》第209条的规定处罚。因此，本罪的客体包括机动车有关发票。

2. 罪责

非法出售发票罪的罪责形式是故意。这里的故意，是指明知是非法出售发票的行为而有意实施的主观心理状态。

3. 罪量

非法出售发票罪的罪量要素，刑法未作规定。参照《立案追诉标准（二）》第64条的规定，非法出售普通发票100份以上且票面金额累计在30万元以上的或者票面金额累计在50万元以上或者非法获利数额在1万元以上的，应予立案追诉。

（三）处罚

根据《刑法》第209条第4款之规定，犯本罪的，依照第2款的规定处罚，即处2年以下有期徒刑、拘役或者管制，并处或者单处1万元以上5万元以下罚金；情节严重的，处2年以上7年以下有期徒刑，并处5万元以上50万元以下罚金。《刑法》第211条规定，单位犯本罪的，对单位判处罚金，并对其直接负责的主管人员和其他直接责任人员，依照个人犯罪的规定处罚。

加重处罚事由　犯非法出售发票罪而情节严重的，是本罪的加重处罚事由。这里的情节严重，是指非法出售发票数量巨大的；多次非法出售发票的；造成严重后果的；获利数额巨大的；等等。

十四、持有伪造的发票罪

（一）概念

持有伪造的发票罪是指明知是伪造的发票而持有，数量较大的行为。

（二）构成

1. 罪体

行为　持有伪造的发票罪的行为是明知是伪造的发票而持有，本罪属于持有型犯罪。这里对伪造的发票的持有，是指对伪造的发票处于占有、支配、控制的状态。因此，不仅随身携带的伪造的发票可以认定为持有，而且在其住所、驾驶的运输工具上发现的伪造的发票，也同样可以认定为持有。

客体 持有伪造的发票罪的客体是伪造的发票。这里的伪造的发票，不仅包括伪造的普通发票，而且包括伪造的增值税专用发票和其他具有出口退税、抵扣税款功能的发票。

2. 罪责

持有伪造的发票罪的罪责形式是故意。这里的故意，是指明知是伪造的发票而持有的主观心理状态。

3. 罪量

持有伪造的发票罪的罪量要素是数量较大。根据《立案追诉标准（二）》第65条的规定，这里的数量较大，是指具有下列情形之一：（1）持有伪造的增值税专用发票或者可以用于骗取出口退税、抵扣税款的其他发票50份以上且票面税额累计在25万元以上；（2）持有伪造的增值税专用发票或者可以用于骗取出口退税、抵扣税款的其他发票票面税额累计在50万元以上；（3）持有伪造的第（1）项规定以外的其他发票100份以上且票面金额在50万元以上；（4）持有伪造的第（1）项规定以外的其他发票票面金额累计在100万元以上的。

（三）处罚

根据《刑法》第210条之一［《刑法修正案（八）》第35条］之规定，犯本罪的，处2年以下有期徒刑、拘役或者管制，并处罚金；数量巨大的，处2年以上7年以下有期徒刑，并处罚金。单位犯本罪的，对单位判处罚金，并对其直接负责的主管人员和其他直接责任人员，依照个人犯罪的规定处罚。

加重处罚事由 犯持有伪造的发票罪而数量巨大的，是本罪的加重处罚事由。

第二十九章

破坏社会主义市场经济秩序罪Ⅶ：
侵犯知识产权罪

第一节　侵犯知识产权罪概述

一、概念

侵犯知识产权罪是指违反知识产权法的规定，侵犯他人依法享有的知识产权，情节严重的行为。

二、罪名

侵犯知识产权罪是《刑法》分则第三章第七节规定之罪，从第 213 条至第 220 条共 8 个条文，规定了 7 个罪名。《刑法修正案（十一）》补充规定了 1 个罪名。本章共计 8 个罪名，分别是：（1）假冒注册商标罪；（2）销售假冒注册商标的商品罪；（3）非法制造、销售非法制造的注册商标标识罪；（4）假冒专利罪；（5）侵犯著作权罪；（6）销售侵权复制品罪；（7）侵犯商业秘密罪；（8）为境外窃取、刺探、收买、非法提供商业秘密罪。

三、法定刑

侵犯知识产权罪的法定最高刑是有期徒刑 10 年，其他罪名规定了拘役和管制，全部罪名均规定了罚金。

第二节　侵犯知识产权罪分述

一、假冒注册商标罪

（一）概念

假冒注册商标罪是指违反商标管理法规，未经注册商标所有人许可，在同一种商品、服务上使用与其注册商标相同的商标，情节严重的行为。

（二）构成

1. 罪体

行为　假冒注册商标罪的行为是违反商标管理法规，未经注册商标所有人许可，在同一种商品、服务上使用与其注册商标相同的商标。假冒注册商标罪在客观上具有以下三个特征：（1）使用他人已经注册的商标。这里的使用，根据2004 年 12 月 8 日最高人民法院、最高人民检察院发布的《关于办理侵犯知识产权刑事案件具体应用法律若干问题的解释》[以下简称《解释（一）》]第 8 条第 2款的规定，是指将注册商标或者假冒的注册商标用于商品、商品包装或者容器以及产品说明书、商品交易文书，或者将注册商标或者假冒的注册商标用于广告宣传、展览以及其他商业活动。这里的他人，是指向商标局申请商标注册并依法取得商标专用权的单位或者个人。（2）未经他人许可而使用其注册商标。正因为未经许可，因而这种对他人注册商标的使用侵犯了他人的注册商标专用权。（3）在同一种商品、服务上使用与他人注册商标相同的商标。这里的同一种商品，是指同一品种或者是完全相同的商品。我国颁布的《商品分类（组别）表》对所有商品按照类、组、种三个级次进行了详细分类，同种商品就是指同一种目下所列举的商品。关于如何认定这里的同一种商品，2011年1月10日最高人民法院、最高人民检察院、公安部《关于办理侵犯知识产权刑事案件适用法律若干问题的意见》（以下简称《意见》）第5条作了明确规定。根据这一规定，名称相同的商品以及名称不同但指同一事物的商品，可以认定为同一种商品。名称是指国家工商行政管理总局商标局在商标注册工作中对商品使用的名称，通常即《商标注册用商品和服务国际分类》中规定的商品名称。名称不同但指同一事物的商品是指在功能、用途、主要原料、消费对象、销售渠道等方面相同或者基本相同，相关公众一般认为是同一种事物的商品。认定同一种商品，应当在权利人注册商标核定使用的商品和行为人实际生产销售的商品之间进行比较。这里的相同的商标，根据前引《解释（一）》第8条第1款的规定，是指与被假冒的注册商标完全相同，或者与被假冒的注册商标在视觉上基本无差别、足以对公众产生误导的商标。关于如何认定与其注册商标相同的商标，2020年9月12日最高人民法院、最高人民检察院《关于办理侵犯知识产权刑事案件具体应用法律若干问题的解释（三）》［以下简称《解释（三）》］第1条的规定，具有下列情形之一，可以认定为与其注册商标相同的商标：（1）改变注册商标的字体、字母大小写或者文字横竖排列，与注册商标之间基本无差别的；（2）改变注册商标的文字、字母、数字等之间的间距，与注册商标之间基本无差别的；（3）改变注册商标颜色，不影响体现注册商标显著特征的；（4）在注册商标上仅增加商品通用名称、型号等缺乏显著特征要素，不影响体现注册商标显著特征的；（5）与立体注册商标的三维标志及平面要素基本无差别的；（6）其他与注册商标基本无差别、足以对公众产生误导的商标。

　　客体　假冒注册商标罪的客体是注册商标。这里的商标，是指商品生产者或者经营者在其生产、制造、加工或者服务上采用的、区别商品或者服务来源的、由文字、图形或者其组合构成的、具有显著特征的标志。而注册商标，是指经商标局核准注册的商标。商标一经注册，其商标专用权就受法律保护。

2. 罪责

假冒注册商标罪的罪责形式是故意。这里的故意，是指明知是假冒注册商标的行为而有意实施的主观心理状态。

3. 罪量

假冒注册商标罪的罪量要素是情节严重。这里的情节严重，根据前引《解释（一）》第 1 条的规定，是指具有下列情形之一：（1）非法经营数额在 5 万元以上或者违法所得数额在 3 万元以上的；（2）假冒两种以上注册商标，非法经营数额在 3 万元以上或者违法所得数额在 2 万元以上的；（3）其他情节严重的情形。这里的非法经营数额，根据前引《解释（一）》第 12 条的规定，是指行为人在实施侵犯知识产权行为过程中，制造、储存、运输、销售侵权产品的价值。已销售的侵权产品的价值，按照实际销售的价格计算。制造、储存、运输和未销售的侵权产品的价值，按照标价或者已经查清的侵权产品的实际销售平均价格计算。侵权产品没有标价或者无法查清其实际销售价格的，按照被侵权产品的市场中间价格计算。前引《解释（一）》第 15 条规定，单位犯罪的数额是个人犯罪的 3 倍。

（三）处罚

根据《刑法》第 213 条［《刑法修正案（十一）》第 17 条］之规定，犯本罪的，处 3 年以下有期徒刑，并处或者单处罚金；情节特别严重的，处 3 年以上 10 年以下有期徒刑，并处罚金。《刑法》第 220 条规定，单位犯本罪的，对单位判处罚金，并对其直接负责的主管人员和其他直接责任人员，依照个人犯罪的规定处罚。

加重处罚事由 犯假冒注册商标罪而情节特别严重的，是本罪的加重处罚事由。这里的情节特别严重，根据前引《解释（一）》第 1 条的规定，是指具有下列情形之一的：（1）非法经营数额在 25 万元以上或者违法所得数额在 15 万元以上的；（2）假冒两种以上注册商标，非法经营数额在 15 万元以上或者违法所得数额在 10 万元以上的；（3）其他情节特别严重的情形。

二、销售假冒注册商标的商品罪

（一）概念

销售假冒注册商标的商品罪是指销售明知是假冒注册商标的商品，违法所得数额较大或者有其他严重情节的行为。

（二）构成

1. 罪体

行为　销售假冒注册商标的商品罪的行为是销售明知是假冒注册商标的商品。这里的销售，是指零售、批发、直销、代销等各种出售商品的行为。

客体　销售假冒注册商标的商品罪的客体是假冒注册商标的商品。

2. 罪责

销售假冒注册商标的商品罪的罪责形式是故意。这里的故意，是指明知是假冒注册商标的商品而销售的主观心理状态。根据前引《解释（一）》第9条第2款的规定，具有下列情形之一的，应当认定为属于《刑法》第214条规定的明知：（1）知道自己销售的商品上的注册商标被涂改、调换或者覆盖的；（2）因销售假冒注册商标的商品受到过行政处罚或者承担过民事责任，又销售同一种假冒注册商标的商品的；（3）伪造、涂改商标注册人授权文件或者知道该文件被伪造、涂改的；（4）其他知道或者应当知道是假冒注册商标的商品的情形。

3. 罪量

销售假冒注册商标的商品罪的罪量要素是违法所得数额较大或者有其他严重情节。这里的违法所得，根据前引《解释（一）》第9条第1款的规定，是指销售假冒注册商标的商品后所得和应得的全部违法收入。这里的数额较大，根据前引《解释（一）》第2条第1款的规定，是指销售金额在5万元以上的。

（三）认定

1. 不可罚之事后行为

《解释（一）》第13条第1款规定："实施刑法第二百一十三条规定的假冒注册商标犯罪，又销售该假冒注册商标的商品，构成犯罪的，应当依照刑法第二百一十三条的规定，以假冒注册商标罪定罪处罚。"由于销售假冒注册商标的商品罪以明知为条件，因而是指销售他人假冒注册商标的商品的行为。因此，实施假冒注册商标行为而又销售该假冒注册商标的商品的，不构成数罪，后者只是不可罚的事后行为。

2. 想象竞合

销售假冒注册商标的商品，既包括销售质量合格的假冒注册商标的商品，也包括销售质量不合格的假冒注册商标的商品，对此应按商品的质量是否合格分别定罪处罚。销售质量合格的假冒注册商标的商品，应以销售假冒注册商标的商品罪论处。销售质量不合格的假冒注册商标的商品，属于销售假冒注册商标的商品罪与销售伪劣商品犯罪的想象竞合犯，应从一重处断。

3. 未遂

《意见》第8条对销售假冒注册商标的商品犯罪案件中尚未销售或者部分销售情形的定罪量刑问题作了明确规定，即以犯罪未遂论处。根据这一规定，销售明知是假冒注册商标的商品，具有下列情形之一的，依照《刑法》第214条的规定，以销售假冒注册商标的商品罪（未遂）定罪处罚：（1）假冒注册商标的商品尚未销售，货值金额在15万元以上的；（2）假冒注册商标的商品部分销售，已销售金额不满5万元，但与尚未销售的假冒注册商标的商品的货值金额合计在15万元以上的。假冒注册商标的商品尚未销售，货值金额分别达到15万元以上不满25万元、25万元以上的，分别依照《刑法》第214条规定的各法定刑幅度定罪处罚。销售金额和未销售货值金额分别达到不同的法定刑幅度或者均达到同一法定刑幅度的，在处罚较重的法定刑或者同一法定刑幅度内酌情从重处罚。

（四）处罚

根据《刑法》第214条［《刑法修正案（十一）》第18条］之规定，犯本罪的，处3年以下有期徒刑或者拘役，并处或者单处罚金；违法所得数额巨大或者有其他特别严重情节的，处3年以上10年以下有期徒刑，并处罚金。《刑法》第220条规定，单位犯本罪的，对单位判处罚金，并对其直接负责的主管人员和其他直接责任人员，依照个人犯罪的规定处罚。

加重处罚事由　犯销售假冒注册商标的商品罪而违法所得数额巨大或者有其他特别严重情节的，是本罪的加重处罚事由。这里的数额巨大，根据前引《解释（一）》第2条第2款的规定，是指销售金额在25万元以上的。

数罪并罚　前引《解释（一）》第13条第2款规定："实施刑法第二百一十三条规定的假冒注册商标犯罪，又销售明知是他人的假冒注册商标的商品，构成犯罪的，应当实行数罪并罚。"在这种情况下，销售的是他人假冒注册商标的商品，因而其行为同时构成假冒注册商标罪与销售假冒注册商标的商品罪，实行数罪并罚。

三、非法制造、销售非法制造的注册商标标识罪

（一）概念

非法制造、销售非法制造的注册商标标识罪是指伪造、擅自制造他人注册商标标识，或者销售伪造、擅自制造的注册商标标识，情节严重的行为。

（二）构成

1. 罪体

行为　非法制造、销售非法制造的注册商标标识罪的行为是伪造、擅自制造他人注册商标标识，或者销售伪造、擅自制造的注册商标标识。这里的伪造，是指仿照他人注册商标的文字、字母、图形或者图样进行非法制造。擅自制造，是指具备印制商标标识资格的企业，超过注册商标所有人授予的权限，在印制商标

标识企业与注册商标所有人的商标印制合同规定的印数之外，又私自超量印制商标标识。

客体 非法制造、销售非法制造的注册商标标识罪的客体是非法制造的注册商标标识。这里的商标标识，是指与商品配套一起进入流通领域的带有商标的有形载体。商标标志一般是文字、图形或者其组合构成的商标图样的物质实体，是表明注册商标的商品显著特征的识别标记。商标标识包括以下情形：（1）在商品上或者商品包装、说明书以及其他附着物上所标明的注册商标字样或者注册商标标记，以及注册标记；（2）在商品或包装物品上印制的注册商标图形，即注册商标的文字、图形或者其组合的图样；（3）经商标局核准注册或能起到商标作用的商品特定名称及外观装潢部分。

2. 罪责

非法制造、销售非法制造的注册商标标识罪的罪责形式是故意。这里的故意，是指明知是非法制造、销售非法制造的注册商标标识的行为而有意实施的主观心理状态。

3. 罪量

非法制造、销售非法制造的注册商标标识罪的罪量要素是情节严重。这里的情节严重，根据前引《解释（一）》第3条第1款的规定，是指具有下列情形之一：（1）伪造、擅自制造或者销售伪造、擅自制造的注册商标标识数量在2万件以上，或者非法经营数额在5万元以上，或者违法所得数额在3万元以上的；（2）伪造、擅自制造或者销售伪造、擅自制造的两种以上注册商标标识数量在1万件以上，或者非法经营数额在3万元以上，或者违法所得数额在2万元以上的；（3）其他情节严重的情形。前引《解释（一）》第15条规定，单位犯本罪的，数额为个人犯罪的3倍。上述规定中的"件"，是指标有完整商标图样的一份标识。

（三）认定

前引《意见》第9条对销售他人非法制造的注册商标标识犯罪案件中尚未销

售或者部分销售情形的定罪问题作了明确规定，即以犯罪未遂论处。根据这一规定，销售他人伪造、擅自制造的注册商标标识，具有下列情形之一的，依照《刑法》第215条的规定，以销售非法制造的注册商标标识罪（未遂）定罪处罚：（1）尚未销售他人伪造、擅自制造的注册商标标识数量在6万件以上的；（2）尚未销售他人伪造、擅自制造的两种以上注册商标标识数量在3万件以上的；（3）部分销售他人伪造、擅自制造的注册商标标识，已销售标识数量不满2万件，但与尚未销售标识数量合计在6万件以上的；（4）部分销售他人伪造、擅自制造的两种以上注册商标标识，已销售标识数量不满1万件，但与尚未销售标识数量合计在3万件以上的。

（四）处罚

根据《刑法》第215条〔《刑法修正案（十一）》第19条〕之规定，犯本罪的，处3年以下有期徒刑，并处或者单处罚金；情节特别严重的，处3年以上10年以下有期徒刑，并处罚金。《刑法》第220条规定，单位犯本罪的，对单位判处罚金，并对其直接负责的主管人员和其他直接责任人员，依照个人犯罪的规定处罚。

加重处罚事由　犯非法制造、销售非法制造的注册商标标识罪而情节特别严重的，是本罪的加重处罚事由。这里的情节特别严重，根据前引《解释（一）》第3条第2款的规定，是指具有下列情形之一的：（1）伪造、擅自制造或者销售伪造、擅自制造的注册商标标识数量在10万件以上，或者非法经营数额在25万元以上，或者违法所得数额在15万元以上的；（2）伪造、擅自制造或者销售伪造、擅自制造的两种以上注册商标标识数量在5万件以上，或者非法经营数额在15万元以上，或者违法所得数额在10万元以上的；（3）其他情节特别严重的情形。

四、假冒专利罪

（一）概念

假冒专利罪是指违反国家专利管理法规，在法律规定的专利有效期限内，假冒他人专利，情节严重的行为。

（二）构成

1. 罪体

行为　假冒专利罪的行为是违反国家专利管理法规，在法律规定的专利有效期限内，假冒他人专利。根据前引《解释（一）》第 10 条的规定，假冒他人专利的行为是指具有下列情形之一的：（1）未经许可，在其制造或者销售的产品、产品的包装上标注他人专利号的；（2）未经许可，在广告或者其他宣传材料中使用他人的专利号，使人将所涉及的技术误认为是他人专利技术的；（3）未经许可，在合同中使用他人的专利号，使人将合同涉及的技术误认为是他人专利技术的；（4）伪造或者变造他人的专利证书、专利文件或者专利申请文件的。

客体　假冒专利罪的客体是专利权。这里的专利权，是指专利权人（专利权的所有人和持有人）在法律规定的有效期限内，依法对自己取得的发明创造，包括发明、实用新型和外观设计所享有的专有权或者独占权。

2. 罪责

假冒专利罪的罪责形式是故意。这里的故意，是指明知是假冒专利行为而有意实施的主观心理状态。

3. 罪量

假冒专利罪的罪量要素是情节严重。这里的情节严重，根据前引《解释（一）》第 4 条的规定，是指具有下列情形之一的：（1）非法经营数额在 20 万元以上或者违法所得数额在 10 万元以上的；（2）给专利权人造成直接经济损失 50 万元以上的；（3）假冒两项以上他人专利，非法经营数额在 10 万元以上或者违法所得数额在 5 万元以上的；（4）其他情节严重的情形。

（三）处罚

根据《刑法》第 216 条之规定，犯本罪的，处 3 年以下有期徒刑或者拘役，并处或者单处罚金。《刑法》第 220 条规定，单位犯本罪的，对单位判处罚金，并对其直接负责的主管人员和其他直接责任人员，依照个人犯罪的规定处罚。

五、侵犯著作权罪

（一）概念

侵犯著作权罪是指以营利为目的，违反著作权法，侵犯他人著作权或者与著作权有关的权利，违法所得数额较大或者有其他严重情节的行为。

（二）构成

1. 罪体

行为　侵犯著作权罪的行为是违反著作权法，侵犯他人著作权或者与著作权有关的权利。《刑法》第217条［《刑法修正案（十一）》第20条］列举了以下六种侵犯著作权的表现方式：（1）未经著作权人许可，复制发行、通过信息网络向公众传播其文字作品、音乐、美术、视听作品、计算机软件及法律、行政法规规定的其他作品的；（2）出版他人享有专有出版权的图书的；（3）未经录音录像制作者许可，复制发行、通过信息网络向公众传播其制作的录音录像的；（4）未经表演者许可，复制发行录有其表演的录音录像制品，或者通过信息网络向公众传播其表演的；（5）制作、出售假冒他人署名的美术作品的；（6）未经著作权人或者与著作权有关的权利人许可，故意避开或者破坏权利人为其作品、录音录像制品等采取的保护著作权或者与著作权有关的权利的技术措施的。

上述情形中的未经著作权人许可，根据前引《解释（一）》第11条第2款的规定，是指没有得到著作权人授权或者伪造、涂改著作权人授权许可文件或者超出授权许可范围的情形。前引《解释（一）》第11条第3款还规定，通过信息网络向公众传播他人文字作品、音乐、电影、电视、录像作品、计算机软件及其他作品的行为，应当视为《刑法》第217条规定的复制发行，这种情形也称为在线盗版。《意见》第11条，对侵犯著作权犯罪案件未经著作权人许可的认定问题作了明确规定。根据这一规定，未经著作权人许可一般应当依据著作权人或者其授权的代理人、著作权集体管理组织、国家著作权行政管理部门指定的著作权认证机构出具的涉案作品版权认证文书，或者证明出版者、复制发行者伪造、涂改授权许可文件或者超出授权许可范围的证据，结合其他证据综合予以认定。在涉案作品种类众多且权利人分散的案件中，上述证据确实难以一一取得，但有证据证明涉案复制品系非法出版、复制发行的，且出版者、复制发行者不能提供获得著作权人许可的相关证明材料的，可以认定为未经著作权人许可。但是，有证据证明权利人放弃权利、涉案作品的著作权不受我国著作权法保护，或者著作权保护期限已经届满的除外。2007 年 4 月 5 日最高人民法院、最高人民检察院《关于办理侵犯知识产权刑事案件具体应用法律若干问题的解释（二）》[以下简称《解释（二）》] 第 2 条规定，《刑法》第 217 条侵犯著作权罪中的复制发行，包括复制、发行或者既复制又发行。侵权产品的持有人通过广告、征订等方式推销侵权产品的，属于《刑法》第 217 条规定的发行。此外，2005 年 10 月 13 日最高人民法院、最高人民检察院《关于办理侵犯著作权刑事案件中涉及录音录像制品有关问题的批复》规定，未经录音录像制作者许可，通过信息网络传播其制作的录音录像制品的行为，应当视为《刑法》第 217 条第 3 项规定的复制发行。《意见》第 12 条还规定，《刑法》第 217 条规定的发行，包括总发行、批发、零售、通过信息网络传播以及出租、展销等活动。

《刑法修正案（十一）》第 20 条增设的第六种侵犯著作权行为，即未经著作权人或者与著作权有关的权利人许可，故意避开或者破坏权利人为其作品、录音录像制品等采取的保护著作权或者与著作权有关的权利的技术措施的，是一种采取技术手段侵犯著作权的行为。为了保护著作权，权利人对作品采取了一定的技术措施。这里的技术措施是指用于防止、限制未经权利人许可浏览、欣赏作品、录音录像制品或者通过信息网络向公众提供作品、录音录像制品的有效技术、装置或者部件。在这种情况下，行为人为了侵犯他人著作权，就会采取故意避开或者破坏技术措施的行为。这里的故意避开，是指采用回避方法，使技术措施丧失其保护功能。破坏技术措施，是指采用物理或者电子等破坏手段，突破技术措施的防线，从而达到侵犯他人著作权的目的。

客体　侵犯著作权罪的客体是作品。这里的作品，根据《著作权法》（2020年修订）第3条的规定，是指文学、艺术和科学领域内具有独创性并能以一定形式表现的智力成果，包括：（1）文字作品；（2）口述作品；（3）音乐、戏剧、曲艺、舞蹈、杂技艺术作品；（4）美术、建筑作品；（5）摄影作品；（6）视听作品；（7）工程设计图、产品设计图、地图、示意图等图形作品和模型作品；（8）计算机软件；（9）符合作品特征的其他智力成果。作品的作者对作品享有著作权，著作权包括下列人身权、财产权和邻接权：（1）发表权；（2）署名权；（3）修改权；（4）保护作品完整权；（5）以复制、表演、播放、展览、发行、摄制电影、电视、录像或者改编、翻译、注释、编辑等方式使用作品的权利，以及许可他人以上述方式使用作品，并由此获得报酬的权利。

2. 罪责

侵犯著作权罪的罪责形式是故意。这里的故意，是指明知是侵犯著作权的行为而有意实施的主观心理状态。

目的犯　刑法明文规定侵犯著作权罪以营利为目的，因此本罪是法定的目的犯。根据前引《解释（一）》第11条第1款的规定，以刊登收费广告等方式直接或者间接收取费用的情形，属于这里的以营利为目的。《意见》第10条对侵犯著作权犯罪案件以营利为目的的认定问题作了明确规定。根据这一规定，除销售外，具有下列情形之一的，可以认定为以营利为目的：（1）以在他人作品中刊登收费广告、捆绑第三方作品等方式直接或者间接收取费用的；（2）通过信息网络传播他人作品，或者利用他人上传的侵权作品，在网站或者网页上提供刊登收费广告服务，直接或者间接收取费用的；（3）以会员制方式通过信息网络传播他人作品，收取会员注册费或者其他费用的；（4）其他利用他人作品牟利的情形。

3. 罪量

侵犯著作权罪的罪量要素是违法所得数额较大或者有其他严重情节。这里的数额较大，根据前引《解释（一）》第5条第1款的规定，是指违法所得数额在3万元以上。这里的其他严重情节，是指具有下列情形之一的：（1）非法经营数额在 5 万元以上的；（2）未经著作权人许可，复制发行其文字作品、音乐、电影、电视、录像作品、计算机软件及其他作品，复制品数量合计在 1 000 张（份）以上的；（3）有其他严重情节的情形。前引《解释（一）》第 15 条规定，单位犯本罪的数额为个人犯罪的 3 倍。《解释（二）》对上述规定作了修改。根据《解释（二）》第 1 条的规定，复制品数量合计在 500 张（份）以上的，属于《刑法》第 217 条规定的有其他严重情节。根据《解释（二）》第 6 条的规定，单位犯本罪的，按照个人犯罪的定罪量刑标准定罪处罚。

（三）认定

非法出版、复制、发行他人作品，侵犯著作权的行为，不仅侵犯了他人的著作权，也扰乱了出版市场秩序。1998 年 12 月 17 日最高人民法院《关于审理非法出版物刑事案件具体应用法律若干问题的解释》明确规定未经国家出版主管部门批准而擅自从事出版物的出版、印刷、复制、发行业务，严重扰乱市场秩序，情节特别严重，构成犯罪的，以非法经营罪论处。因此，在司法实践中，对于侵犯著作权犯罪案件，往往以非法经营罪定罪处罚。但《意见》第 12 条明文规定，非法出版、复制、发行他人作品，侵犯著作权构成犯罪的，按照侵犯著作权罪定罪处罚，不认定为非法经营罪等其他犯罪。我认为，这一规定对于惩处侵犯著作权罪具有重要意义。

（四）处罚

根据《刑法》第 217 条［《刑法修正案（十一）》第 20 条］之规定，犯本罪的，处 3 年以下有期徒刑，并处或者单处罚金；违法所得数额巨大或者有其他特别严重情节的，处 3 年以上 10 年以下有期徒刑，并处罚金。《刑法》第 220 条规定，单位犯本罪的，对单位判处罚金，并对其直接负责的主管人员或者其他直接责任人员，依照个人犯罪的规定处罚。

加重处罚事由 犯侵犯著作权罪而违法所得数额巨大或者有其他特别严重情节的，是本罪的加重处罚事由。这里的违法所得数额巨大，根据前引《解释（一）》第 5 条第 2 款的规定，是指违法所得数额在 15 万元以上。这里的其他特别严重情节，是指具有下列情形之一的：（1）非法经营数额在 25 万元以上的；（2）未经著作权人许可，复制发行其文字作品、音乐、电影、电视、录像作品、计算机软件及其他作品，复制品数量合计在 5 000 张（份）以上的；（3）有其他特别严重情节的情形。前引《解释（一）》第 15 条规定，单位犯本罪的数额为个人犯罪的 3 倍。《解释（二）》对上述规定作了修改。根据《解释（二）》第 1 条的规定，复制品数量在 2 500 张（份）以上的，属于《刑法》第 217 条规定的有其他特别严重情节。前引《意见》第 13 条对通过信息网络传播侵权作品行为的定罪处罚标准问题作了明确规定。根据这一规定，以营利为目的，未经著作权人许可，通过信息网络向公众传播他人文字作品、音乐、电影、电视、美术、摄影、录像作品、录音录像制品、计算机软件及其他作品，具有下列情形之一的，属于《刑法》第 217 条规定的其他严重情节：（1）非法经营数额在 5 万元以上的；（2）传播他人作品的数量合计在 500 件（部）以上的；（3）传播他人作品的实际被点击数达到 5 万次以上的；（4）以会员制方式传播他人作品，注册会员达到 1 000 人以上的；（5）数额或者数量虽未达到第（1）项至第（4）项规定标准，但分别达到其中两项以上标准一半以上的；（6）其他严重情节的情形。实施前款规定的行为，数额或者数量达到前款第（1）项至第（5）项规定标准 5 倍以上的，属于《刑法》第 217 条规定的其他特别严重情节。

六、销售侵权复制品罪

（一）概念

销售侵权复制品罪是指以营利为目的，销售明知是《刑法》第 217 条规定的侵权复制品，违法所得数额巨大或者有其他严重情节的行为。

（二）构成

1. 罪体

行为　销售侵权复制品罪的行为是明知是侵权复制品而予以销售。

客体 销售侵权复制品罪的客体是侵权复制品。这里的侵权复制品，是指《刑法》第217条规定的以下五种情形：（1）侵犯著作权的他人文字作品、音乐、美术、视听作品、计算机软件及法律、行政法规规定的其他作品的复制品；（2）侵犯著作权的他人享有专有出版权的图书的复制品；（3）未经录音录像制作者许可复制的其制作的录音录像；（4）未经表演者许可复制的录有其表演的录音录像制品；（5）假冒他人署名的美术作品的复制品。

2. 罪责

销售侵权复制品罪的罪责形式是故意。这里的故意，是指明知是侵权复制品而予以销售的主观心理状态。

目的犯 刑法明文规定销售侵权复制品罪以营利为目的，因此本罪是法定的目的犯。

3. 罪量

销售侵权复制品罪的罪量要素是违法所得数额巨大或者有其他严重情节。这里的违法所得数额巨大，根据前引《解释（一）》第6条的规定，是指违法所得数额在10万元以上。前引《解释（一）》第15条规定，单位犯本罪的数额为个人犯罪的3倍。但根据《解释（二）》第6条的规定，单位犯本罪的，按照个人犯罪的定罪量刑标准定罪处罚。

（三）认定

前引《解释（一）》第14条第1款规定："实施刑法第二百一十七条规定的侵犯著作权犯罪，又销售该侵权复制品，构成犯罪的，应当依照刑法第二百一十七条的规定，以侵犯著作权罪定罪处罚。"由于销售侵权复制品罪以明知为条件，因而是指销售他人的侵权复制品。因此，实施侵犯著作权行为而又销售该侵权复制品的，不构成数罪，后者只不过是不可罚的事后行为。

（四）处罚

根据《刑法》第218条［《刑法修正案（十一）》第21条］之规定，犯本罪的，处5年以下有期徒刑，并处或者单处罚金。《刑法》第220条规定，单位犯本罪的，对单位判处罚金，并对其直接负责的主管人员和其他直接责任人员，依照个人犯罪的规定处罚。

数罪并罚　《解释（一）》第 14 条第 2 款规定："实施刑法第二百一十七条规定的侵犯著作权犯罪，又销售明知是他人的侵权复制品，构成犯罪的，应当实行数罪并罚。"在这种情况下，销售的是他人的侵权复制品，因而其行为同时构成侵犯著作权罪与销售侵权复制品罪，应当实行数罪并罚。

七、侵犯商业秘密罪

（一）概念

侵犯商业秘密罪是指采取不正当手段，获取、披露、使用或者允许他人使用权利人的商业秘密，情节严重的行为。

（二）构成

1. 罪体

行为　侵犯商业秘密罪的行为是采取不正当手段，获取、披露、使用或者允许他人使用权利人的商业秘密。刑法列举了以下三种侵犯商业秘密罪的表现方式：

（1）以盗窃、贿赂、欺诈、胁迫、电子侵入或者其他不正当手段获取权利人的商业秘密的。这里的盗窃，是指秘密窃取；贿赂是指物质收买；欺诈是指采用欺骗手段骗取；胁迫，是指精神强制；电子侵入是指网络侵入并控制；其他不正当手段，是指上述手段以外的各种手段。这种侵犯商业秘密的行为，一般为局外人之所为。

（2）披露、使用或者允许他人使用以前项手段获取的权利人的商业秘密的。这里的披露，是指将其以前项手段非法获取的权利人的商业秘密向他人公开。使用，是指将自己非法获取的商业秘密在生产、经营或者其他场合加以运用。允许他人使用，是指将其非法获取的商业秘密供给他人使用。这种侵犯商业秘密的行为，是前项行为的延续。

（3）违反保密义务或者违反权利人有关保守商业秘密的要求，披露、使用或者允许他人使用其所掌握的商业秘密的。这种侵犯商业秘密的行为，系局内人之所为。在这种情况下，其获取商业秘密是正当的，但违反规定而予以披露、使用或者允许他人使用，则是非法的，是一种泄露商业秘密的行为。

此外，《刑法》第219条第2款还规定："明知前款所列行为，获取、披露、使用或者允许他人使用该商业秘密的，以侵犯商业秘密论。"这是关于间接侵犯商业秘密行为的规定。在这种情况下，商业秘密既非其以不正当手段非法获取，也不是其经权利人同意而正当使用，或者正当掌握而非法予以泄露，而是明知商业秘密是他人非法获取或者非法泄露，本人仍获取、披露、使用或者允许他人使用商业秘密。

客体 侵犯商业秘密罪的客体是权利人的商业秘密。这里的权利人，根据《刑法》第219条第3款的规定，是指商业秘密的所有人和经商业秘密所有人许可的商业秘密的使用人。根据2019年修正后的《反不正当竞争法》第9条第4款的规定，商业秘密是指不为公众所知悉、具有商业价值并经权利人采取相应保密措施的技术信息、经营信息等商业信息。因此，商业秘密具有以下五个特征：（1）秘密性，即不为公众所知悉，也就是该信息不可能从公开渠道获取。（2）利益性，即能为权利人带来经济利益，也就是权利人通过对该信息的使用能获得现实的或者潜在的经济利益。（3）实用性，即该信息能够解决生产、经营中的现实问题，可以在生产、经营活动中广泛运用。（4）保密性，即权利人采取了保密措施。法律并没有明确要求保密的程度，只要权利人对其不为公众所知悉采取了一定的保密措施就应认为具有保密性。（5）信息性，即商业秘密是一种与生产、经营活动有关的技术信息和经营信息，包括设计、程序、产品配方、制作工艺、制作方法、管理诀窍、客户名单、货源情报、产销策略、招投标中的标底及标书内容等信息。

2. 罪责

侵犯商业秘密罪的罪责形式是故意。这里的故意，是指明知是侵犯商业秘密的行为而有意实施的主观心理状态。

3. 罪量

侵犯商业秘密罪的罪量要素是情节严重。这里的情节严重，是指给权利人造成经济损失或者违法所得数额较大及具有其他严重情节的情形。这里的经济损失数额，一般是指被害人的实际损失。例如，商业秘密的研制开发成本的损失，侵犯商业秘密犯罪行为致使被害人遭受技术及信息转让方面的损失，商业秘密的利用周期、市场份额的减少，发生亏损甚至破产等。违法所得数额较大是指通过侵犯商业秘密的手段非法获取的商业利益或者其他经济利益数额较大。

（三）处罚

根据《刑法》第219条［《刑法修正案（十一）》第22条］之规定，犯本罪的，处3年以下有期徒刑，并处或者单处罚金；情节特别严重的，处3年以上10年以下有期徒刑，并处罚金。《刑法》第220条规定，单位犯本罪的，对单位判处罚金，并对其直接负责的主管人员和其他直接责任人员，依照个人犯罪的规定处罚。

加重处罚事由　犯侵犯商业秘密罪而情节特别严重，是本罪的加重处罚事由。这里的情节特别严重，是指侵犯商业秘密行为造成权利人特别重大损失或者违法所得数额特别巨大及具有其他特别严重情节的情形。

八、为境外窃取、刺探、收买、非法提供商业秘密罪

（一）概念

为境外窃取、刺探、收买、非法提供商业秘密罪是指为境外的机构、组织、人员窃取、刺探、收买、非法提供商业秘密的行为。

（二）构成

1. 罪体

行为　为境外窃取、刺探、收买、非法提供商业秘密罪的罪体是为境外的机构、组织、人员窃取、刺探、收买、非法提供商业秘密的行为。这里的窃取，是指采取非法手段秘密取得商业秘密；刺探，是指通过各种途径打探或者探知商业秘密；收买，是指以给予金钱或者财物的方式非法获得商业秘密；非法提供，是指商业秘密的持有人或者知情人将自己知悉、管理、持有的商业秘密非法出售、交付、告知他人。

客体 为境外窃取、刺探、收买、非法提供商业秘密罪的客体是商业秘密。商业秘密的获取者是境外的机构、组织、人员。这里的境外机构，是指我国境外其他国家或者地区的官方机构，也包括这些机构在我国境内的分支机构或者代表机构。境外组织，是指我国境外其他国家或者地区的政党、社会团体以及其他企业、事业单位，也包括这些组织在我国境内的分支组织或者代表组织。境外人员，是指外国人、无国籍人。

2. 罪责

为境外窃取、刺探、收买、非法提供商业秘密罪的罪责形式是故意。这里的故意，是指明知是为境外窃取、刺探、收买、非法提供商业秘密的行为而有意实施的主观心理状态。

（三）处罚

根据《刑法》第 219 条之一 [《刑法修正案（十一）》第 23 条] 之规定，犯本罪的，处 5 年以下有期徒刑，并处或者单处罚金；情节严重的，处 5 年以上有期徒刑，并处罚金。《刑法》第 220 条规定，单位犯本罪的，对单位判处罚金，并对其直接负责的主管人员和其他直接责任人员，依照个人犯罪的规定处罚。

第三十章

破坏社会主义市场经济秩序罪Ⅷ：
扰乱市场秩序罪

第一节　扰乱市场秩序罪概述

一、概念

扰乱市场秩序罪是指违反市场管理法规，扰乱市场秩序，情节严重的行为。

二、罪名

扰乱市场秩序罪是《刑法》分则第三章第八节规定之罪，从第 221 条到第 231 条共 11 个条文，规定了 12 个罪名。此外，《刑法修正案（七）》第 4 条增设了第 224 条之一，补充规定了 1 个罪名。本节共计 13 个罪名，分别是：（1）损害商业信誉、商品声誉罪；（2）虚假广告罪；（3）串通投标罪；（4）合同诈骗罪；（5）组织、领导传销活动罪；（6）非法经营罪；（7）强迫交易罪；（8）伪造、倒卖伪造的有价票证罪；（9）倒卖车票、船票罪；（10）非法转让、倒卖土地使用权罪；（11）提供虚假证明文件罪①；（12）出具证明文件重大失实罪②；（13）逃避商检罪。

三、法定刑

扰乱市场秩序罪的法定最高刑是无期徒刑，对其他罪名规定了有期徒刑、拘役或者管制，全部罪名均规定了罚金，部分罪名规定了没收财产。

第二节　扰乱市场秩序罪分述

一、损害商业信誉、商品声誉罪

（一）概念

损害商业信誉、商品声誉罪是指捏造并散布虚伪事实，损害他人的商业信誉、商品声誉，给他人造成重大损失或者有其他严重情节的行为。

（二）构成

1. 罪体

行为　损害商业信誉、商品声誉罪的行为是捏造并散布虚伪事实，损害他人的商业信誉、商品声誉。这里的捏造，是指凭空编造。散布，是指以各种方式在公众中宣传、扩散其捏造的虚假事实。

客体　损害商业信誉、商品声誉罪的客体是商业信誉、商品声誉。这里的商业信誉，是指经营者在商业活动中的信用程度和名誉，包括社会公众对该经营者

---

① 最高人民法院、最高人民检察院 2002 年 3 月 15 日《关于执行〈中华人民共和国刑法〉确定罪名的补充规定》，取消中介组织人员提供虚假证明文件罪罪名，修改为提供虚假证明文件罪。

② 最高人民法院、最高人民检察院 2002 年 3 月 15 日《关于执行〈中华人民共和国刑法〉确定罪名的补充规定》，取消中介组织人员出具证明文件重大失实罪罪名，修改为出具证明文件重大失实罪。

的资信状况、商业道德、技术水平、经济实力等方面的积极评价。商品声誉，是指企业投放市场的商品在质量、品牌、风格等方面的可信赖程度和知名度。

2. 罪责

损害商业信誉、商品声誉罪的罪责形式是故意。这里的故意，是指明知是损害商业信誉、商品声誉的行为而有意实施的主观心理状态。

3. 罪量

损害商业信誉、商品声誉罪的罪量要素是给他人造成重大损失或者有其他严重情节。这里给他人造成重大损失或者有其他严重情节，参照《立案追诉标准（二）》第66条的规定，是指具有下列情形之一：（1）给他人造成直接经济损失数额在50万元以上的；（2）虽未达到上述数额标准，但造成公司、企业等单位停业、停产6个月以上，或者破产的；（3）其他给他人造成重大损失或者有其他严重情节的情形。

（三）处罚

根据《刑法》第221条之规定，犯本罪的，处2年以下有期徒刑或者拘役，并处或者单处罚金。《刑法》第231条规定，单位犯本罪的，对单位判处罚金，并对其直接负责的主管人员和其他直接责任人员，依照个人犯罪的规定处罚。

二、虚假广告罪

（一）概念

虚假广告罪是指广告主、广告经营者、广告发布者违反国家规定，利用广告对商品或者服务作虚假宣传，情节严重的行为。

（二）构成

1. 罪体

主体　虚假广告罪的主体是广告主、广告经营者、广告发布者。这里的广告主，是指为推销商品或者提供服务，自行或者委托他人设计、制作、发布广告的法人、其他经济组织或者个人。广告经营者，是指受委托提供广告设计、制作、代理服务的法人、其他经济组织或者个人。广告发布者，是指为广告主或者广告主委托的广告经营者发布广告的法人或者其他经济组织。

行为 虚假广告罪的行为是违反国家规定，利用广告对商品或者服务作虚假宣传。这里的虚假宣传，是指隐瞒商品和服务的真相，对商品的性能、产地、用途、质量、价格、生产者、有效期限、允诺，或者对服务的内容、形式、质量、价格、允诺等内容作不符合实际的宣传，欺骗和误导消费者。

客体 虚假广告罪的客体是广告。这里的广告，是指商品经营者或者服务提供者承担费用，通过一定媒介和形式直接或者间接地介绍自己所推销的商品或者所提供的服务的商业广告。

2. 罪责

虚假广告罪的罪责形式是故意。这里的故意，是指明知是虚假广告的行为而有意实施的主观心理状态。

3. 罪量

虚假广告罪的罪量要素是情节严重。这里的情节严重，参照《立案追诉标准（二）》第67条的规定，是指涉嫌下列情形之一的：（1）违法所得数额在10万元以上的；（2）假借预防、控制突发事件、传染病防治的名义，利用广告作虚假宣传，致使多人上当受骗，违法所得数额在3万元以上的；（3）利用广告对食品、药品作虚假宣传，违法所得数额在3万元以上的；（4）虽未达到上述数额标准，但2年内因利用广告作虚假宣传受过2次以上行政处罚，又利用广告作虚假宣传的；（5）造成严重危害后果或者恶劣社会影响的；（6）其他情节严重的情形。

（三）处罚

根据《刑法》第222条之规定，犯本罪的，处2年以下有期徒刑或者拘役，并处或者单处罚金。《刑法》第231条规定，单位犯本罪的，对单位判处罚金，并对其直接负责的主管人员和其他直接责任人员，依照个人犯罪的规定处罚。

三、串通投标罪

（一）概念

串通投标罪是指投标人相互串通投标报价，损害招标人或者其他投标人利益，情节严重，或者投标人与招标人串通投标，损害国家、集体、公民的合法利益的行为。

（二）构成

1. 罪体

主体　串通投标罪的主体是投标人与招标人。这里的投标人，是指参加投标竞争活动，并能影响投标报价的招标参与人。招标人，是指提出招标项目、进行招标活动的人。

行为　串通投标罪的行为是投标人相互串通投标报价或者投标人与招标人串通投标。这里的投标人相互串通投标报价，是指在投标过程中，暗中商量抬高或者压低标价。根据2019年3月2日国务院发布的《招标投标法实施条例》（以下简称《实施条例》）第39条的规定，具有下列情形之一的，属于投标人相互串通投标：（1）投标人之间协商投标报价等投标文件的实质性内容；（2）投标人之间约定中标人；（3）投标人之间约定部分投标人放弃投标或者中标；（4）属于同一集团、协会、商会等组织成员的投标人按照该组织要求协同投标；（5）投标人之间为谋取中标或者排斥特定投标人而采取的其他联合行动。投标人与招标人串通报标，是指投标人与招标人在招标过程中相互串通报价而使招标人无法达到最佳的竞标结果或者其他投标人无法在公平竞争的条件下参与投标竞争而受到损害。根据前引《实施条例》第41条的规定，具有下列情形之一的，属于招标人与投标人串通投标：（1）招标人在开标前开启投标文件并将有关信息泄露给其他投标人；（2）招标人直接或者间接向投标人泄露标底、评标委员会成员等信息；（3）招标人明示或者暗示投标人压低或者抬高投标报价；（4）招标人授意投标人撤换、修改投标文件；（5）招标人明示或者暗示投标人为特定投标人中标提供方便；（6）招标人与投标人为谋求特定投标人中标而采取的其他串通行为。

客体　串通投标罪的客体是招标与投标。这里的招标，是指公布标准和条件，提出价格，招人承包或者承买。投标，是指按照招标公告的标准和条件提出价格，填具标单。

2. 罪责

串通投标罪的罪责形式是故意。这里的故意，是指明知是串通投标的行为而有意实施的主观心理状态。

3. 罪量

串通投标罪的罪量要素是情节严重。这里的情节严重，参照《立案追诉标准（二）》第68条的规定，是指涉嫌下列情形之一的：（1）损害招标人、投标人或者国家、集体、公民的合法利益，造成直接经济损失数额在50万元以上的；（2）违法所得数额在20万元以上的；（3）中标项目金额在400万元以上的；（4）采取威胁、欺骗或者贿赂等非法手段的；（5）虽未达到上述数额标准，但2年内因串通投标受过2次以上行政处罚，又串通投标的；（6）其他情节严重的情形。

（三）认定

串通投标罪是以违反《招标投标法》为前提的，该法第53条规定："投标人相互串通投标或者与招标人串通投标的，投标人以向招标人或者评标委员会成员行贿的手段谋取中标的，中标无效，处中标项目金额千分之五以上千分之十以下的罚款，对单位直接负责的主管人员和其他直接责任人员处单位罚款数额百分之五以上百分之十以下的罚款；有违法所得的，并处没收违法所得；情节严重的，取消其一年至二年内参加依法必须进行招标的项目的投标资格并予以公告，直至由工商行政管理机关吊销营业执照；构成犯罪的，依法追究刑事责任。给他人造成损失的，依法承担赔偿责任。"因此，本罪是《招标投标法》的刑事罚则。也即，只有串通投标行为才能认定为本罪。在我国现实生活中，除了串通投标行为，还存在串通拍卖等违法行为。应该说，串通拍卖行为和串通投标行为在性质上是极为相似的。《拍卖法》第 65 条规定："违反本法第三十七条的规定，竞买人之间、竞买人与拍卖人之间恶意串通，给他人造成损害的，拍卖无效，应当依法承担赔偿责任。由工商行政管理部门对参与恶意串通的竞买人处最高应价百分之十以上百分之三十以下的罚款；对参与恶意串通的拍卖人处最高应价百分之十以上百分之五十以下的罚款。"在此，《拍卖法》并没有涉及刑事责任问题，而且我国刑法也没有相应地设立串通拍卖罪。因此，串通拍卖行为不具有刑事可罚性，更不能采用类推方式，对串通拍卖行为以串通投标罪定罪处罚。

案例 30-1　　许某某、包某某串通投标立案监督案

（检例第 90 号）

犯罪嫌疑人许某某，男，1975 年 9 月出生，江苏某实业有限公司实际控制人。

犯罪嫌疑人包某某，男，1964 年 9 月出生，连云港某建设工程质量检测有限公司负责人。

江苏省连云港市海州区锦屏磷矿"尾矿坝"系江苏海州发展集团有限公司（以下简称"海发集团"，系国有独资）的项目资产，矿区占地面积近 1 200 亩，存有尾矿砂 1 610 万吨，与周边村庄形成 35 米的落差。该"尾矿坝"是应急管理部要求整改的重大危险源，曾两次发生泄漏事故，长期以来维护难度大、资金要求高，国家曾拨付专项资金 5 000 万元用于安全维护。2016 年至 2017 年间，经多次对外招商，均未能吸引到合作企业投资开发。2017 年 4 月 10 日，海州区政府批复同意海发集团对该项目进行拍卖。同年 5 月 26 日，海发集团委托江苏省大众拍卖有限公司进行拍卖，并主动联系许某某参加竞拍。之后，许某某联系包某某，二人分别与江苏甲建设集团有限公司（以下简称"甲公司"）、江苏乙工程集团有限公司（以下简称"乙公司"）合作参与竞拍，武汉丙置业发展有限公司（以下简称"丙公司"，代理人王某某）也报名参加竞拍。2017 年 7 月 26 日，甲公司、乙公司、丙公司三家单位经两次举牌竞价，乙公司以高于底价竞拍成功。2019年4月26日，连云港市公安局海州分局（以下简称"海州公安分局"）根据举报，以涉嫌串通投标罪对许某某、包某某立案侦查。

2019年6月19日，许某某、包某某向连云港市海州区人民检察院提出监督申请，认为海州公安分局立案不当，严重影响企业生产经营，请求检察机关监督撤销案件。海州区人民检察院经审查，决定予以受理。

海州区人民检察院通过向海州公安分局调取侦查卷宗，走访海发集团、拍卖公司，实地勘查"尾矿坝"项目开发现场，并询问相关证人，查明：一是海州区锦屏磷矿"尾矿坝"项目长期闲置，存在重大安全隐患，政府每年需投入大量资金进行安全维护，海发集团曾邀请多家企业参与开发，均未成功；二是海州区政府批复同意对该项目进行拍卖，海发集团为防止项目流拍，主动邀请许某某等多方参与竞拍，最终仅许某某、王某某，以及许某某邀请的包某某报名参加；三是许某某邀请包某某参与竞拍，目的在于防止项目流拍，并未损害他人利益；四是"尾矿坝"项目后期开发运行良好，解决了长期存在的重大安全隐患，盘活了国有不良资产。

2019年7月2日，海州区人民检察院向海州公安分局发出《要求说明立案理由通知书》。公安机关回复认为，许某某、包某某的串通竞买行为与串通投标行为具有同样的社会危害性，可以扩大解释为串通投标行为。海州区人民检察院认为，投标与拍卖行为性质不同，分别受《招标投标法》和《拍卖法》规范，对于串通投标行为，法律规定了刑事责任，而对于串通拍卖行为，法律仅规定了行政责任和民事赔偿责任，串通拍卖行为不能类推为串通投标行为。并且，许某某、包某某的串通拍卖行为，目的在于防止项目流拍，该行为实际上盘活了国有不良资产，消除了长期存在的重大安全隐患，不具有刑法规定的社会危害性。因此，公安机关以涉嫌串通投标罪对二人予以立案的理由不能成立。同时，许某某、包某某的行为亦不符合刑法规定的其他犯罪的构成要件。2019年7月18日，海州区人民检察院向海州公安分局发出《撤销案件通知书》，并与公安机关充分沟通，得到公安机关认同。2019年7月22日，海州公安分局作出《撤销案件决定书》，决定撤销许某某、包某某串通投标案。

释评

本案涉及的法律适用问题是：串通拍卖行为能否认定为串通投标罪？拍卖和招投标性质上具有一定的相似性，都是以竞价的方式取得某个项目或者某种业务。然而，串通投标行为是以违反《招标投标法》为前提的，而串通拍卖行为则是以违反《拍卖法》为前提的，这两种行为的前置法是不同的，因而在刑法中不能混淆两者的性质。将串通拍卖行为比照串通投标罪定罪处罚，其实是一种类推定罪，与我国刑法中的罪刑法定原则相背离。在本案中，检察机关充分发挥了法律监督职能，纠正了公安机关在定罪上的错误，这是完全正确的。

（四）处罚

根据《刑法》第 223 条之规定，犯本罪的，处 3 年以下有期徒刑或者拘役，并处或者单处罚金。《刑法》第 231 条规定，单位犯本罪的，对单位判处罚金，并对其直接负责的主管人员和其他直接责任人员，依照个人犯罪的规定处罚。

四、合同诈骗罪

（一）概念

合同诈骗罪是指以非法占有为目的，在签订、履行合同过程中，使用欺骗手段，骗取对方当事人财物，数额较大的行为。

（二）构成

1. 罪体

行为 合同诈骗罪的行为是在签订、履行合同过程中，使用欺骗手段，骗取对方当事人财物。刑法列举了以下五种合同诈骗行为的表现方式：

（1）以虚构的单位或者冒用他人名义签订合同，骗取他人财物的

以虚构的单位或者冒用他人名义签订合同，骗取他人财物，这是所谓合同主

体虚假的诈骗。合同主体的真实性，是保证合同履行的必要条件。如果合同主体是虚假的，其合同履行的可能性就值得怀疑。合同主体包括单位和个人两类，从刑法条文表述来看，似乎对单位只能虚构，对个人只能冒用。但实际上，除了以虚构单位的名义签订合同以外，还存在冒用其他单位名义签订合同的情形；除了冒用他人名义签订合同外，还存在以虚构个人的名义签订合同的情形。因此，合同主体虚假可以分为四种情形：1）以虚构的单位为合同主体；2）假冒其他单位为合同主体；3）假冒他人为合同主体；4）以虚构的个人为合同主体。应该指出，合同主体虚假的诈骗，必须是在合同主体虚假的情况下，实施了骗取他人财物的行为。因此，合同主体虚假只是虚构事实的一种表现方式。合同诈骗罪的成立，除了合同主体虚假以外，还必须具备合同诈骗罪成立的其他要素。这就是：使他人产生错误认识，他人基于错误认识而交付财物，行为人由此而取得财物，并造成他人的财产损失。由此可见，合同主体虚假只是合同诈骗罪中的诈骗方法，而不是合同诈骗罪的所有要素。如果行为人只是采用了合同主体虚假的欺骗方法，其目的是骗取其他单位或个人与其签订合同，而且行为人也实际履行了合同，并且通过合同履行获取利益。在这种情况下，虚构合同主体只是一种民事欺诈行为，并不构成合同诈骗罪。

（2）以伪造、变造、作废的票据或者其他虚假的产权证明作担保，骗取他人财物的

以伪造、变造、作废的票据或者其他虚假的产权证明作担保，骗取他人财物，这是所谓虚构合同担保的诈骗。合同担保对于合同履行同样起着重要的保证作用，因此，具有担保的合同即使未能履行，合同相对方的权益也会受到保障。而虚构合同担保的合同诈骗，提供了虚假的担保，使担保不能发挥其应有的作用，这就使合同相对方的权益处在危险之中。《刑法》第224条第2项所列举的虚假担保，包括使用伪造、变造、作废的票据或者其他虚假的产权证明进行担保。票据是一种财产凭证，真实票据具有与其票面所记载相等同的财产权益，因此具有担保价值。如果提供的票据是伪造、变造、作废的，则这种票据是失效

的，不能发挥对合同的担保作用。产权证明，是对房屋或者其他动产和不动产的书面证明材料，它代表了这些财产的价值，因此具有担保功能。如果这种产权证明材料是虚假的，则不能起到担保作用。在现实生活中，还存在所谓重复担保或者超限额担保的情形。重复担保是指虽然存在真实的担保物，但该担保物已经设置担保，在这种已经设置担保的担保物上再次设置担保的情形。在这种情况下，后一个担保是无效的，因而是虚假的担保。对于这种重复担保，应当认为是虚构合同担保的诈骗方法。而所谓超额担保是指虽然存在真实的担保物，但在担保的时候由于夸大了担保物的价值，使得担保物的实际价值小于所担保的财产价值的情形。在超额担保的情况下，存在一定的欺骗，然而这仍然属于民事欺诈，而不能成为合同诈骗罪中的虚构合同担保的诈骗。虚构合同担保的诈骗可以分为两种情形：一是行为人既是合同当事人，同时又是担保人，即自己为合同提供虚假担保。在这种情况下，行为人应当构成合同诈骗罪。二是行为人只是合同当事人，但其串通第三方为合同提供虚假担保。在这种情况下，双方构成合同诈骗罪的共犯，都应当对合同诈骗的后果承担刑事责任。虚构合同担保的诈骗构成合同诈骗罪，也必须在此基础上实施了骗取他人财物的行为。也就是说，虚构担保只是合同诈骗罪的一种欺骗方法，在此基础上还必须具有使他人产生错误认识，他人基于错误认识而交付财物，行为人由此而取得财物，并造成他人的财产损失等合同诈骗罪的其他要素。如果仅仅是虚构合同担保，行为人此后履行了合同，并由此获得利益，则不能构成合同诈骗罪，而只是在合同的签订、履行过程中存在民事欺诈行为。

（3）没有实际履行能力，以先履行小额合同或者部分履行合同的方法，诱骗对方当事人继续签订和履行合同的

没有实际履行能力，以先履行小额合同或者部分履行合同的方法，诱骗对方当事人继续签订和履行合同，这是所谓钓鱼式的合同。这里的钓鱼，是一种形象的描述，将履行小额合同或者部分履行合同比喻为一种诱饵，目的是诱骗对方当事人继续签订和履行合同，由此骗取对方当事人财物。在这种钓鱼式的合同诈

中，存在前真后假的情形，即履行小额合同或者部分履行合同是真实的，而后续的合同是虚假的。因此，这种钓鱼式的合同诈骗在认定上具有一定的难度。在一般情况下，先前已经履行小额合同或者部分履行合同，就会获得对方当事人的信任，从而为此后的合同诈骗创造条件。因此，这种钓鱼式的合同诈骗往往具有迷惑性，较为容易得逞。在钓鱼式的合同诈骗中，诱骗对方当事人此后所签订和履行的合同，必然是没有履行的合同。而这种合同之所以没有履行，是因为行为人根本不想履行合同。因此，这种情况也可以称为签订根本不想履行的合同。那么，在这种情况下，合同诈骗的方法到底是什么呢？从客观上来看，根本就不存在类似合同主体虚假或者虚构合同担保这样虚构事实的诈骗方法。在此，行为人是否构成合同诈骗罪，涉及对诈骗行为的理解。从客观上来看，行为人是基于合同关系而取得合同款项，并不存在客观上的诈骗行为。但行为人在签订合同之前，就具有非法占有合同款项的目的，因此，在刑法理论上这种隐瞒不想履行合同意思的行为具有诈骗的性质。这种诈骗行为，刑法理论称之为举动诈骗。例如日本学者西田典之教授在论及举动诈骗时，曾经举例指出："起初便没有付款的意思也没有付款的能力，却在饮食店点菜吃饭，行为人的这种行为看上去似乎构成不作为的诈骗，但在通常情况下，点菜便意味着具有吃后付款的意思，因而可以理解为是由装作有付款的意思而点菜这一作为所实施的诈骗。对于赊货赖账的欺骗行为，也有判例认为，行为人原本没有付款的意思也没有付款的能力，却订购并接受商品，这就是以作为方式实施的诈骗。"① 按照以上观点，类似这里所说的签订根本不想履行的合同以非法占有合同款项的行为，就属于举动诈骗，当然可以构成合同诈骗罪。

（4）收受对方当事人给付的货物、货款、预付款或者担保财产后逃匿的

收受对方当事人给付的货物、货款、预付款或者担保财产后逃匿，这是所谓

---

① ［日］西田典之. 日本刑法总论：第 6 版. 王昭武，刘明祥，译. 北京：法律出版社，2013：202－203.

占有合同款项的诈骗。实际上，收受对方当事人给付的货物、货款、预付款或者担保财产后逃匿的情况下，存在两种不同的情形：一是在签订、履行合同之前，行为人就具有非法占有他人财物的目的，继而在收取对方当事人给付的货物、货款、预付款或者担保财产以后逃匿。二是在签订合同并基于合同而收受对方当事人给付的货物、货款、预付款或者担保财产后，产生非法占有的目的，继而逃匿。前者可以说是目的先行型的非法占有合同款项，而后者是非目的先行型的非法占有合同款项。我认为，对于这两种情形应该分别进行讨论。

非目的先行型的非法占有合同款项的行为，显然符合侵占罪的特征，不能认定为合同诈骗罪。因为侵占罪与合同诈骗罪之间的重要区别之一，就在于行为时财产所处的状态：合同诈骗罪是占有转移型的财产犯罪，因此，在实施合同诈骗行为时，诈骗的财产处于他人占有之中，行为人通过合同诈骗的方法予以非法转移。而侵占罪是非占有转移型的财产犯罪，因此，在实施侵占行为时，侵占的他人财产已经处于本人占有之中，行为人通过侵占的方法据为己有。在上述非目的先行型的非法占有合同款项的情况下，因为合同款项是在签订合同以后，基于合同关系而取得的，这是合法取得。行为人是在合法取得合同款项以后才对此予以非法占有，因此符合侵占罪的特征。因为在这种情况下，财产的转移并不是通过诈骗方法完成的，因此不符合合同诈骗罪的特征。

目的先行型的非法占有合同款项的行为，到底是符合合同诈骗罪的特征还是符合侵占罪的特征，问题较为复杂。我认为，这种签订合同之前就具有非法占有目的的所谓目的先行型的非法占有合同款项的行为，其性质就是前面所说的签订根本就不想履行的合同，以此取得合同款项的情形，属于日本学者所界定的举动诈骗。例如，王某系手机经销商，长期在某商场销售各种品牌的手机，与手机批发商建立了长期合作关系。手机销售市场的规则是先进货，待收到货物以后的一周内结清货款。王某一直以来信用良好，深受手机批发商的信任。2014年6月以来，王某因为染上赌博恶习，输掉了数十万元。为了翻本，王某向手机批发商进货，货款达10多万元的手机收到以后，王某以低于进价出售，然后将货款用于赌博，最终导致不能按时向手机批发商交付货款，手机批发商遂以合同诈骗为由向公安机关报案。从表面上看，这是一起拖欠货款的纠纷，因为在客观上并不存在明显的欺骗行为，但因为王某在最后一次进货的时候，主观上具有非法占有的目的，隐瞒了不交付货款的意思，因而属于举动诈骗，构成合同诈骗罪。

（5）以其他方法骗取对方当事人财物的

《刑法》第 224 条第 5 项是一个兜底式的规定，其内容包含以上四项所未能规定的各种合同诈骗方法。因为该条所列举的诈骗方法只是具有提示性，所以，无论何种方法，只要是被行为人利用于签订、履行合同过程中进行诈骗的，都可以构成合同诈骗罪。

客体　合同诈骗罪的客体是财物，一般是指合同约定的货物、货款、预付款或者担保财产等。这里的合同，一般是指书面合同。但在有证据证明确实存在合同关系的情况下，即便是口头合同，只要是发生在生产经营领域、侵犯了市场秩序的，同样也可以构成合同诈骗罪。

2. 罪责

合同诈骗罪的罪责形式是故意。这里的故意，是指明知是合同诈骗的行为而有意实施的主观心理状态。

目的犯　刑法明文规定合同诈骗罪以非法占有为目的，因此本罪是法定的目的犯。如果行为人在签订、履行合同过程中存在一定的欺诈因素，但主观上不具有非法占有目的，则不构成本罪。合同诈骗罪的非法占有的目的，对于合同诈骗罪的司法认定来说，具有十分重要的意义。尤其是在上述第（4）和第（5）种合同诈骗的情形中，行为人客观上并没有表现出明显的欺骗性，只有结合行为人主观上的非法占有目的，才能正确地认定其行为是否属于举动诈骗。因此，离开了非法占有目的，对于此类合同诈骗犯罪是难以认定的。

那么，如何判断行为人主观上是否具有非法占有的目的呢？对此，刑法理论上认为应当采取推定的方法。推定是一种从前提事实中推导出推定事实的方法。这里的前提事实也称为基础事实，它与推定事实之间存在合理关联性。在实务操作中，只要认定存在前提事实，就可以得出推定事实存在的结论。对于合同诈骗罪的非法占有目的的推定，司法解释没有明文规定。在司法实践中，对行为人是否具有非法占有之目的，可以从以下五个方面进行分析：（1）行为人是否具有签订、履行合同的条件，是否创造虚假条件；（2）行为人在签订合同时有无履约能力；（3）行为人在签订和履行合同过程中有无诈骗行为；（4）行为人在签订合同后有无履行合同的实际行为；（5）行为人对取得财物的处置情况，是否有挥霍、挪用及携款潜逃等行为。这五个方面中，有些方面对于合同诈骗罪的非法占有目的的认定是具有参考价值的，有些方面则并不是非法占有目的的认定问题，而是是否存在合同诈骗行为的问题。例如，上述第（3）方面，即行为人在签订和履行合同过程中有无诈骗行为。实际上，合同诈骗行为和非法占有目的是合同诈骗罪的构成要件。其中，合同诈骗行为是构成要件行为，而非法占有目的是主观违法要素。非法占有目的是以合同诈骗行为为逻辑前提的，如果根本不存在合同诈骗行为，则完全没有必要考察非法占有目的。只有在已经具备了合同诈骗行为的基础上，才需要进一步考察是否存在非法占有目的。而且，从合同诈骗行为中并不必然推导出非法占有目的。在合同欺诈的情形中，行为人在客观上采取欺骗手段与他人签订合同，并且最终没有实际履行合同。这种情况下已经存在合同诈骗行为。但如果行为人主观上没有非法占有目的，则仍然不能构成合同诈骗罪。因此，非法占有目的是在存在合同诈骗行为的基础上，进一步从行为人主观目的上对案件事实所作的法律认定。

3. 罪量

合同诈骗罪的罪量要素是数额较大。这里的数额较大，参照《立案追诉标准（二）》第69条的规定，是指数额在2万元以上。

（三）认定

1. 合同诈骗罪是无对价骗取他人财物，以此区别于合同欺诈

合同诈骗罪具有财产犯罪的属性，而且在财产犯罪中属于占有型财产犯罪，是行为人以占有他人财物为目的的犯罪。因此，它与不具有占有目的的合同欺诈

是存在区别的。在我国刑法中，财产犯罪可以区分为占有型的财产犯罪与使用型的财产犯罪。占有型的财产犯罪是以占有他人财物为目的的财产犯罪，具有侵犯他人财产所有权的性质。而使用型的财产犯罪则不具有占有目的而具有使用目的，具有侵犯他人财产使用权的性质。我国刑法规定的财产犯罪，主要是占有型财产犯罪，只有个别使用型财产犯罪。以诈骗罪为例，我国刑法在规定贷款诈骗罪的同时，又规定了骗取贷款罪。在此，贷款诈骗罪是占有型的财产犯罪，而骗取贷款罪则是使用型的财产犯罪。但对合同诈骗罪，则没有设立相应的使用型财产犯罪。在这种情况下，合同诈骗罪与合同欺诈行为，就不是此罪与彼罪的关系，而是罪与非罪的关系。合同欺诈行为是指在签订、履行合同的过程中，弄虚作假，欺诈合同相对方。因此，从客观上来看，合同欺诈中存在欺骗行为，但这种欺骗行为主要针对合同的某些内容，例如价格、标的等。行为人主观上是意图通过履行合同获取经济利益，而不是无对价地占有他人财物。合同欺诈属于民事欺诈的性质，在绝大部分合同纠纷中，往往都存在合同欺诈行为。此外，合同欺诈的行为人还意图通过签订、履行合同获取非法利益，主观上具有营利目的，而不是无对价地取得他人财物。因此，合同欺诈与合同诈骗在性质上存在根本区别。但合同欺诈与合同诈骗因为在客观上都具有欺骗行为，所以二者的界限是极为容易混淆的。在司法实践中，存在较多的还是将合同欺诈错误地认定为合同诈骗罪，因而混淆了罪与非罪的界限。

2. 合同诈骗罪是利用合同骗取他人财物，以此区别于普通诈骗罪

在合同诈骗罪中，行为人所诈骗的财物必须是合同项下的财物。以购销合同为例，如果行为人是以购买方的身份进行合同诈骗，那么其所诈骗的财物就是合同相对方的货物；相反，如果行为人是以销售方的身份进行合同诈骗，那么其所诈骗的财物就是合同相对方的货款。如果在一个诈骗案件中，虽然行为人与被害人签订了相关的经济合同，但其所诈骗的财物并不是合同项下的财物，则不构成合同诈骗罪而属于普通诈骗罪。我认为，只有根据诈骗手段，即是否利用合同进行诈骗，才能准确地将两个罪名加以区分。也就是说，合同诈骗罪所非法占有的

财物应当是合同项下财物，例如合同标的物、定金、预付款、货款等；或者是与合同签订、履行有关的财物，例如担保财产。对于合同诈骗罪而言，签订、履行合同的目的不在于合同的成立生效和本身的履行，而是对合同标的物或定金等与签订、履行合同有关的财物的非法占有，而被害人也正是由于受骗陷入错误认识而按照合同的约定向诈骗人交付与合同内容相关的财物。如果行为人在与他人签订或履行合同的过程中，以其他与合同无关的事由为借口，骗取他人钱财的，则不是合同诈骗罪而是普通诈骗罪。

我国《刑法》第266条规定了普通诈骗罪，合同诈骗罪与普通诈骗罪之间存在法条竞合关系：普通诈骗罪是普通法，合同诈骗罪是特别法，根据特别法优于普通法的法律适用原则，应当适用特别法，即在合同诈骗罪与普通诈骗罪发生法条竞合的情况下，应当以合同诈骗罪论处。合同诈骗罪相对于普通诈骗罪，其特别之处在于：利用签订、履行合同实施诈骗，并且骗取的是合同项下的财物，例如货款、货物、预付款或者违约金等各种款项。合同诈骗罪是利用合同进行诈骗，因而合同只不过是诈骗的工具。例如，为了骗取他人货款，行为人以非法占有为目的，在根本就没有货物并且也不想履行合同的情况下，与他人签订货物买卖合同，在对方交付预付款或者货款以后，行为人拒不履行合同。在上述情况下，签订、履行合同只不过是骗取他人财物的手段。因此，在合同诈骗罪中，并不存在真实的合同关系。根据《刑法》第224条第3项的规定，没有实际履行合同能力，以先履行小额合同或者部分履行合同的方法，诱骗对方当事人继续签订和履行合同，以此骗取他人财物。在这种情况下，行为人具有小额合同或者部分合同的履行事实，然而，这只不过是骗取签订大额合同项下财物的手段，因此这种合同诈骗也称为钓鱼式合同诈骗。在司法实践中，对于那种在履行合同中采用诈骗方法非法占有他人部分合同项下财物的案件，究竟是认定为合同诈骗罪还是普通诈骗罪，存在较大争议。其中，在合同履行过程中骗取对方财物，例如甲公司（买受方）与乙公司（出卖方）签订货物买卖合同，合同约定由买受方甲公司到出卖方乙公司运载货物。甲公司在运载货物过程中，先利用钢板增加车辆的重量，车辆过磅后，卸下钢板再运载货物。采用此种操作手段，骗取乙公司货物价值数十万元。对于本案，第一种意见认为甲公司的行为发生在货物买卖合同履行过程中，并且骗取的是合同项下财物，因此本案应以合同诈骗罪论处。第二种意见则认为甲公司的诈骗行为虽然发生在合同履行过程中，但并不是利用虚假合同进行诈骗，而是在履行真实合同过程中，利用履行合同的条件实施诈骗，因而应以普通诈骗罪论处。我认为，合同诈骗罪的本质特征是利用合同进行诈骗，合同是诈骗的道具，因而在成立合同诈骗罪的情况下，合同关系应当被否定。而在上述案件中，合同是真实存在的，即使甲公司成立诈骗罪，合同关系也不能被否定，因此本案属于在履行合同过程中的诈骗，不构成合同诈骗罪而应以普通诈骗罪论处。

3. 合同诈骗罪是通过占有转移型骗取他人财物，以此区别于非占有转移的财产犯罪

财产犯罪可以分为占有转移型财产犯罪与非占有转移型财产犯罪。占有转移型财产犯罪是指行为人在实施财产犯罪之前，财物处于财产所有人或者保管人的合法占有之中。在这种情况下，行为人通过占有转移的方式将他人财物占为己有。在此，存在一个占有转移的过程。根据占有转移的方式不同，可以将财产犯罪分为盗窃罪、诈骗罪和抢劫罪等，而盗窃、诈骗和抢劫都只是占有转移的不同方式而已。非占有转移型财产犯罪是指行为人在实施财产犯罪之前，财物已经处于行为人的合法占有之中。在这种情况下，行为人占有他人财物就不需要占有转移，而只要直接将他人财物据为己有即可。例如，我国刑法中的侵占罪以及职务侵占罪，就是典型的非占有转移型的财产犯罪。根据我国刑法的规定，侵占罪是指将代为保管的他人财物非法占为己有，数额较大，拒不退还的行为。而职务侵占罪是指公司、企业或者其他单位的人员，利用职务上的便利，将本单位财物非法占为己有，数额较大的行为。在以上两种侵占犯罪中，行为人都是将已经处在本人控制之下的他人财物或者单位财物非法据为己有。因此，属于非占有转移型财产犯罪。从以上区分来看，财产所处的占有状态是两种不同类型的犯罪区分的

关键之所在。合同诈骗罪属于占有转移型的财产犯罪，因此，在行为人实施犯罪之前，财物处于他人的占有之中。行为人正是利用签订、履行合同的诈骗手段，将他人财物非法占为己有。如果行为人并没有通过签订、履行合同而骗取他人财物，则不符合占有转移型财产犯罪的特征，因此，不能认定为合同诈骗罪。是否构成侵占罪等非占有转移型财产犯罪，要根据案件的具体情况进行认定。例如，甲公司作为承运方，乙公司作为托运方签订承运合同。在运输过程中，甲公司秘密窃取承运货物，并且添加其他物品加以掩盖。对于本案，第一种意见认为甲公司是利用承运的便利条件实施盗窃，其行为构成盗窃罪。第二种意见认为甲公司是利用承运的便利条件实施侵占，其行为构成普通侵占罪。第三种意见认为甲公司是在承运过程中骗取承运货物，其行为构成合同诈骗罪。我认为，在本案中甲公司的行为不是诈骗和盗窃而是侵占。就甲公司非法占有乙公司委托运输的货物的行为性质而言，因为该货物基于承运合同而处于甲公司的占有之中，因而可以排除以占有转移为特征的盗窃罪，构成侵占代为保管的乙公司货物的侵占罪。甲公司在实施侵占过程中，为掩人耳目而添加其他货物，这是一种犯罪既遂以后的掩盖行为，不属于诈骗，因而不能认定为合同诈骗罪。

（四）处罚

根据《刑法》第 224 条之规定，犯本罪的，处 3 年以下有期徒刑或者拘役，并处或者单处罚金；数额巨大或者有其他严重情节的，处 3 年以上 10 年以下有期徒刑，并处罚金；数额特别巨大或者有其他特别严重情节的，处 10 年以上有期徒刑或者无期徒刑，并处罚金或者没收财产。《刑法》第 231 条规定，单位犯本罪的，对单位判处罚金，并对其直接负责的主管人员和其他直接责任人员，依照个人犯罪的规定处罚。

加重处罚事由　犯合同诈骗罪而数额巨大或者有其他严重情节的，是本罪的加重处罚事由。

特别加重处罚事由　犯合同诈骗罪而数额特别巨大或者有其他特别严重情节的，是本罪的特别加重处罚事由。

五、组织、领导传销活动罪

（一）概念

组织、领导传销活动罪是指组织、领导以推销商品、提供服务等经营活动为名，要求参加者以缴纳费用或者购买商品、服务等方式获得加入资格，并按照一定顺序组成层级，直接或者间接以发展人员的数量作为计酬或者返利依据，引诱、胁迫参加者继续发展他人参加，骗取财物，扰乱经济社会秩序的传销活动的行为。

（二）构成

1. 罪体

行为 组织、领导传销活动罪的行为是组织、领导传销活动，骗取财物。本罪行为可以从以下两个方面进行界定：

（1）组织、领导

组织、领导传销行为是指在传销诈骗活动中从事组织、领导活动。根据2013年11月14日最高人民法院、最高人民检察院、公安部《关于办理组织领导传销活动刑事案件适用法律若干问题的意见》（以下简称《意见》）第2条的规定，下列人员可以认定为传销活动的组织者、领导者：1）在传销活动中起发起、策划、操纵作用的人员；2）在传销活动中承担管理、协调等职责的人员；3）在传销活动中承担宣传、培训等职责的人员；4）曾因组织、领导传销活动受过刑事处罚，或者一年以内因组织、领导传销活动受过行政处罚，又直接或者间接发展参与传销活动人员在15人以上且层级在3级以上的人员；5）其他对传销活动的实施、传销组织的建立、扩大等起关键作用的人员。在《刑法修正案（七）》颁布之前的司法解释中，将传销犯罪的行为表述为从事传销活动。这里的从事，是指实施。因此，对传销犯罪的行为界定得极为宽泛。《刑法》第224条之一则将行为表述为组织、领导，由此表明只有组织者和领导者的行为才构成犯罪，而一般传销活动的参与者则不构成犯罪。这一对行为的限缩，具有刑事政策的重大蕴含，体现了缩小打击面的政策思想。既然是传销诈骗罪，那么，为什么参与传销活动的人员不构成本罪呢？对于一般的诈骗罪而言，只要参与诈骗活动，无论是主犯还是从犯，都构成犯罪。但传销诈骗与之不同，只有这些传销诈骗的组织者和领导者才是诈骗行为的实施者，而一般的参与者具有被引诱或者被胁迫的性质。虽然有些人也从传销中非法获利，但从整体上说，这些参与者还是属于被害人。正如在集资诈骗罪中，只有那些集资诈骗的组织者和领导者构成犯罪，而一般的参与集资的人员则属于被害人。

（2）骗取财物

骗取财物是组织、领导传销活动罪的本质特征，对于组织、领导传销活动罪的认定具有重要意义。关于骗取财物的行为，前引《意见》第 3 条规定，传销活动的组织者、领导者采取编造、歪曲国家政策，虚构、夸大经营、投资、服务项目及盈利前景，掩饰计酬、返利真实来源或者其他欺诈手段，实施《刑法》第 224 条之一规定的行为，从参与传销活动人员缴纳的费用或者购买商品、服务的费用中非法获利的，应当认定为骗取财物。由此可见，组织、领导传销活动罪是采用组织、领导传销活动的方式骗取财物的犯罪，组织、领导传销活动只不过是诈骗财物的手段，因此本罪属于诈骗罪的特别规定。

客体　组织、领导传销活动罪的客体是传销活动。本罪的传销活动是指以推销商品、提供服务等经营活动为名，要求参加者以缴纳费用或者购买商品、服务等方式获得加入资格，并按照一定顺序组成层级，直接或者间接以发展人员的数量作为计酬或者返利依据的销售活动。这种传销活动具有以下两种形式：（1）拉人头，即组织者、领导者通过发展人员，要求被发展人员发展其他人员加入，对发展的人员以其直接或者间接滚动发展的人员数量作为依据计算和给付报酬，牟取非法利益。（2）收取入门费，即组织者、领导者通过发展人员，要求被发展人员缴纳费用或者以认购商品等方式变相缴纳费用，取得加入或者发展其他人员加入的资格，牟取非法利益。根据前引《意见》第 5 条的规定，以销售商品为目的、以销售业绩为计酬依据的单纯的"团队计酬"式传销活动，不作为犯罪处理。这里的团队计酬，是指组织者、领导者通过发展人员，要求被发展人员发展其他人员加入，形成上下线关系，并以下线的销售业绩作为依据计算和给付上线报酬，牟取非法利益。根据前引《意见》第 5 条的规定，形式上采取"团队计酬"方式，但实质上属于以发展人员的数量作为计酬或者返利依据的传销活动，应当依照《刑法》第 224 条之一的规定，以组织、领导传销活动罪定罪处罚。在《刑法修正案（七）》设立组织、领导传销活动罪之前，在法律上对于传销的理解是存在混乱的。主要问题在于：法律上的传销是指经营型的传销还是指诈骗型的传销？显然，在对传销行为以非法经营罪定罪处罚的法律语境中，这里的传销只能是经营型的传销而非诈骗型的传销，这是毋庸置疑的。但在《刑法》第 224 条之一的罪状中，立法机关已经对传销作了定义式的规定。按照该规定，传销包括两种情形：以推销商品、提供服务等经营活动为名，要求参加者以缴纳费用或者购买商品、服务等方式获得加入资格，这就是所谓拉人头；按照一定顺序组成层级，直接或者间接以发展人员的数量作为计酬或者返利依据，这就是所谓收取入门费。在这两种传销活动中，都没有经营的内容，也不是真正意义上的传销，而是以传销为名，实际上是一种诈骗行为。

2. 罪责

组织、领导传销活动罪的罪责形式是故意。这里的故意，是指明知是组织、领导传销活动骗取财物的行为而有意实施的主观心理状态。

目的犯 组织、领导传销活动罪属于诈骗犯罪，主观上具有非法占有的目的。

3. 罪量

组织、领导传销活动罪的罪量要素，刑法未作规定。参照《立案追诉标准（二）》第 70 条的规定，涉嫌组织、领导的传销活动人员在 30 人以上且层级在 3 级以上的，对组织者、领导者，应予立案追诉。

（三）处罚

根据《刑法》第 224 条之一［《刑法修正案（七）》第 4 条］之规定，犯本罪的，处 5 年以下有期徒刑或者拘役，并处罚金；情节严重的，处 5 年以上有期徒刑，并处罚金。

加重处罚事由　犯组织、领导传销活动罪而情节严重的，是本罪的加重处罚事由。这里的情节严重，根据前引《意见》第 4 条的规定，是指具有下列情形之一的：（1）组织、领导的参与传销活动人员累计达 120 人以上的；（2）直接或者间接收取参与传销活动人员缴纳的传销资金数额累计达 250 万元以上的；（3）曾因组织、领导传销活动受过刑事处罚，或者一年以内因组织、领导传销活动受过行政处罚，又直接或者间接发展参与传销活动人员累计达 60 人以上的；（4）造成参与传销活动人员精神失常、自杀等严重后果的；（5）造成其他严重后果或者恶劣社会影响的。

六、非法经营罪

（一）概念

非法经营罪是指违反国家规定，非法经营，扰乱市场秩序，情节严重的行为。

（二）构成

1. 罪体

违反国家规定　违反国家规定是非法经营罪的规范要素，也是非法经营罪的前置性要件。我国《刑法》第 96 条对违反国家规定的含义作了以下规定："本法所称违反国家规定，是指违反全国人民代表大会及其常务委员会制定的法律和决定，国务院制定的行政法规、规定的行政措施、发布的决定和命令。"2011 年 4 月 8 日最高人民法院《关于准确理解和适用刑法中"国家规定"的有关问题的通知》（以下简称《通知》）第 1 条作了以下解释：国务院规定的行政措施应当由国务院决定，通常以行政法规或者国务院制发文件的形式加以规定。以国务院办公厅名义制发的文件，符合以下条件的，亦应视为刑法中的"国家规定"：（1）有明确的法律依据或者同相关行政法规不相抵触；（2）经国务院常务会议讨论通过或者经国务院批准；（3）在国务院公报上公开发布。根据前引《通知》的规定，只有同时具备以上三个条件的，以国务院办公厅名义制发的文件才能认定为国家规定。前引《通知》第2条还对违反国家规定认定中的相关问题作了以下规定："各级人民法院在刑事审判工作中，对有关案件所涉及的'违反国家规定'的认定，要依照相关法律、行政法规及司法解释的规定准确把握。对于规定不明确的，要按照本通知的要求审慎认定。对于违反地方性法规、部门规章的行为，不得认定为'违反国家规定'。对被告人的行为是否'违反国家规定'存在争议的，应当作为法律适用问题，逐级向最高人民法院请示。"这一规定，对于认定非法经营罪的"违反国家规定"，具有重要指导意义。只有在具备"违反国家规定"这一裁量性要件的前提下，才能将某一行为认定为构成本罪的非法经营行为。

行为　非法经营罪的行为是违反国家规定，非法经营，扰乱市场秩序。刑法列举了以下四种非法经营行为的表现方式：

（1）未经许可，经营法律、行政法规规定的专营、专卖物品或者其他限制买卖的物品。这里的未经许可，是指未经行政许可。根据2019年4月23日《行政许可法》第2条的规定，本法所称的行政许可，是指行政机关根据公民、法人或者其他组织的申请，经依法审查，准予其从事特定活动的行为。这里的专营、专卖物品，是指法律、行政法规规定由专门机构经营的物品。限制买卖的物品，是指国家在一定时期实行限制性经营的物品。这里应当指出，限制买卖物品，应当根据法律、行政法规予以明确规定。如果是没有被直接列入限制买卖物品目录范围的物品，即使未经许可经营此种物品，该物品亦不能被认定为限制买卖物品。

根据我国现行司法解释的规定，专营、专卖物品或者其他限制买卖物品，主要是指下述两种情形：第一，盐酸克仑特罗等禁止在饲料和动物饮用水中使用的药品。2002年8月16日公布的最高人民法院、最高人民检察院《关于办理非法生产、销售、使用禁止在饲料和动物饮用水中使用的药品等刑事案件具体应用法律若干问题的解释》［以下简称《解释（一）》］第1条规定，未取得药品生产、经营许可证件和批准文号，非法生产、销售盐酸克仑特罗等禁止在饲料和动物饮用水中使用的药品，扰乱药品市场秩序，情节严重的，依照《刑法》第225条第1项的规定，以非法经营罪追究刑事责任。第二，烟草制品。2003年12月23日最高人民法院、最高人民检察院、公安部、国家烟草专卖局《关于办理假冒伪劣烟草制品等刑事案件适用法律问题座谈会纪要》（以下简称《纪要》）第3条规定，未经烟草专卖行政主管部门许可，无生产许可证、批发许可证、零售许可证，而生产、批发、零售烟草制品的，依照《刑法》第225条的规定定罪处罚。此外，根据2010年3月2日最高人民法院、最高人民检察院《关于办理非法生产、销售烟草专卖品等刑事案件具体应用法律若干问题的解释》［以下简称《解释（二）》］第1条第5款的规定，违反国家烟草专卖管理法律法规，未经烟草专卖行政主管部门许可，无烟草专卖生产企业许可证、烟草专卖批发企业许可证、特种烟草专卖经营企业许可证、烟草专卖零售许可证等许可证明，非法经营烟草专卖品，情节严重的，依照《刑法》第225条的规定，以非法经营罪定罪处罚。

（2）买卖进出口许可证、进出口原产地证明以及法律、行政法规规定的其他经营许可证或者批准文件。这里的进出口许可证，是指国家许可对外贸易经营者进出口某种货物和技术的证明。进出口原产地证明，是指在国际贸易中，对某一特定产品的原产地进行确认的证明文件。法律、行政法规规定的其他经营许可证或者批准文件，是指法律、行政法规规定的所有的经营许可证或者批准文件，例如矿产开发、森林采伐、野生动物狩猎等许可证。

（3）未经国家有关主管部门批准，非法经营证券、期货、保险业务或者非法从事资金支付结算业务。《刑法修正案》第8条规定："刑法第二百二十五条增加一项，作为第三项：'未经国家有关主管部门批准，非法经营证券、期货或者保险业务的；'原第三项改为第四项。"这里的非法经营证券、期货或者保险业务，是指未经国家有关主管部门批准而擅自经营证券、期货、保险业务。《刑法修正案（七）》第 5 条规定：将《刑法》第 225 条第 3 项修改为："未经国家有关主管部门批准非法经营证券、期货、保险业务的，或者非法从事资金支付结算业务的。"这一规定，将非法从事资金支付结算业务补充规定为非法经营行为。这里的非法从事资金支付结算业务是指违反国家规定，从事使用票据、信用卡和汇兑、托收承付、委托收款等结算方式，进行货币给付及资金清算业务。根据 2019 年 1 月 31 日最高人民法院、最高人民检察院《关于办理非法从事资金支付结算业务、非法买卖外汇刑事案件适用法律若干问题的解释》［以下简称《解释（三）》］第 1 条的规定，违反国家规定，具有下列情形之一的，属于非法从事资金支付结算业务：1）使用受理终端或者网络支付接口等方法，以虚构交易、虚开价格、交易退款等非法方式向指定付款方支付货币资金的；2）非法为他人提供单位银行结算账户套现或者单位银行结算账户转个人账户服务的；3）非法为他人提供支票套现服务的；4）其他非法从事资金支付结算业务的情形。

（4）其他严重扰乱市场秩序的非法经营行为。这是一种空白规定，我认为，哪些行为属于这里的其他严重扰乱市场秩序的非法经营行为，应以法律或者司法解释的规定为根据加以确认。这里的法律是指全国人民代表大会及其常务委员会制订的法律和决定。全国人大及其常委会是我国最高立法机关，具有立法权和法律解释权，因而有权对《刑法》第 225 条第 4 项规定的其他严重扰乱市场秩序的非法经营行为作出规定。最高人民法院、最高人民检察院具有司法解释权，《刑法》第 225 条第 4 项属于空白条款，立法机关将空白规定的填补权力授予最高人民法院、最高人民检察院采用司法解释的方式予以填补，因而司法解释有权对其他严重扰乱市场秩序的非法经营行为作出规定。除此以外，其他行政法规或者行政规章都无权对其他严重扰乱市场秩序的非法经营行为作出规定。

案例 30-2

王力军非法经营再审改判无罪案

（法例第 97 号）

内蒙古自治区巴彦淖尔市临河区人民检察院指控被告人王力军犯非法经营罪一案，内蒙古自治区巴彦淖尔市临河区人民法院经审理认为，2014 年 11 月至 2015 年 1 月期间，被告人王力军未办理粮食收购许可证，未经工商行政管理机关核准登记并颁发营业执照，擅自在临河区白脑包镇附近村组无证照违法收购玉米，将所收购的玉米卖给巴彦淖尔市粮油公司杭锦后旗蛮会分库，非法经营数额 218 288.60 元，非法获利 6 000 元。案发后，被告人王力军主动退缴非法获利 6 000 元。2015 年 3 月 27 日，被告人王力军主动到巴彦淖尔市临河区公安局经侦大队投案自首。原审法院认为，被告人王力军违反国家法律和行政法规规定，未经粮食主管部门许可及工商行政管理机关核准登记并颁发营业执照，非法收购玉米，非法经营数额 218 288.60 元，数额较大，其行为构成非法经营罪。鉴于被告人王力军案发后主动到公安机关投案自首，主动退缴全部违法所得，有悔罪表现，对其适用缓刑确实不致再危害社会，决定对被告人王力军依法从轻处罚并适用缓刑。内蒙古自治区巴彦淖尔市临河区人民法院于 2016 年 4 月 15 日作出（2016）内 0802 刑初 54 号刑事判决，认定被告人王力军犯非法经营罪，判处有期徒刑 1 年，缓刑 2 年，并处罚金人民币 2 万元；被告人王力军退缴的非法获利款人民币 6 000 元，由侦查机关上缴国库。宣判后，王力军未上诉，检察机关未抗诉，判决发生法律效力。

最高人民法院于 2016 年 12 月 16 日作出（2016）最高法刑监 6 号再审决定，指令内蒙古自治区巴彦淖尔市中级人民法院对本案进行再审。再审中，原审被告人王力军及检辩双方对原审判决认定的事实无异议，再审查明的事实与原审判决认定的事实一致。内蒙古自治区巴彦淖尔市人民检察院提出了原审被告人王力军的行为虽具有行政违法性，但不具有与《刑法》第 225 条规定的非法经营行为相当的社会危害性和刑事处罚必要性，不构成非法经营罪，建议再审依法改判。原审被告人王力军在庭审中对原审认定的事实及证据无异议，但认为其行为不构成非法经营罪。辩护人提出了原审被告人王力军无证收购玉米的行为，不具有社会危害性、刑事违法性和应受惩罚性，不符合刑法规定的非法经营罪的构成要件，也不符合刑法谦抑性原则，应宣告原审被告人王力军无罪。

内蒙古自治区巴彦淖尔市中级人民法院再审认为，原判决认定的原审被告人王力军于2014年11月至2015年1月期间，没有办理粮食收购许可证及工商营业执照买卖玉米的事实清楚，其行为违反了当时的国家粮食流通管理有关规定，但尚未达到严重扰乱市场秩序的危害程度，不具备与《刑法》第225条规定的非法经营罪相当的社会危害性、刑事违法性和刑事处罚必要性，不构成非法经营罪。原审判决认定王力军构成非法经营罪适用法律错误，检察机关提出的王力军无证照买卖玉米的行为不构成非法经营罪的意见成立，原审被告人王力军及其辩护人提出的王力军的行为不构成犯罪的意见成立。内蒙古自治区巴彦淖尔市中级人民法院于2017年2月14日作出（2017）内08刑再1号刑事判决：（1）撤销内蒙古自治区巴彦淖尔市临河区人民法院（2016）内0802刑初54号刑事判决；（2）原审被告人王力军无罪。

本案的裁判要点指出：（1）对于《刑法》第225条第4项规定的"其他严重扰乱市场秩序的非法经营行为"的适用，应当根据相关行为是否具有与《刑法》第225条前三项规定的非法经营行为相当的社会危害性、刑事违法性和刑事处罚必要性进行判断。（2）判断违反行政管理有关规定的经营行为是否构成非法经营罪，应当考虑该经营行为是否属于严重扰乱市场秩序。对于虽然违反行政管理有关规定，但尚未严重扰乱市场秩序的经营行为，不应当认定为非法经营罪。

释评

被告人王立军无证收购玉米，违反行政许可，因而被认定为非法经营罪。值得注意的是，关于粮食收购制度，我国存在计划经济时代的从统购统销到经济体制改革以后的自由流通这样一个历史演变过程。粮食经营的市场化是一个缓慢的渐进过程。为了维护粮食市场秩序，保障粮食供应，我国在废除粮食统购统销政策后不久，建立了粮食定购制度。1998 年 6 月 6 日国务院颁布了《粮食收购条例》（现已失效，以下简称《条例》），该《条例》第 3 条规定："收购粮食必须严格执行国家的粮食收购政策。国家为掌握必要的商品粮源，实行粮食定购制度。定购粮的收购由省、自治区、直辖市人民政府组织实施。农民完成国家粮食定购任务并留足自用和自储粮食后出售的余粮，由国有粮食收储企业敞开收购。"这里的粮食定购不同于粮食统购统销，该制度设立的初衷是为了维护粮食生产者的合法权益，避免粮价过低损害粮食生产者的利益。例如该《条例》第 4 条规定："收购粮食必须严格执行国家的价格政策。国家对粮食收购实行保护价制度，以保障农民和其他粮食生产者出售粮食，能够补偿生产成本，并得到适当的收益。"同时，《条例》第 5 条还对粮食定购的主体资质作了明确规定："只有经县级人民政府粮食行政管理部门依照本条例第 6 条规定条件批准的国有粮食收储企业，方可按照国家有关规定从事粮食收购活动。未经批准，任何单位和个人不得直接向农民和其他粮食生产者收购粮食。"从上述规定可以看出，粮食定购的主体具有特定性，只能是国有粮食收储企业。并且，《条例》第 13 条还规定："未经批准，擅自从事粮食收购活动的，由工商行政管理机关没收非法收购的粮食，并处非法收购粮食价值 1 倍以上 5 倍以下的罚款，依法吊销营业执照；构成犯罪的，依法追究刑事责任。"根据这一规定，擅自收购粮食属于违法犯罪，应当受到处罚。应该说，粮食定购制度强化了国有粮食收储企业在粮食收购中的垄断地位，对于稳定粮食收购秩序，维护粮食生产者的利益具有一定的作用。然而，粮食定购制度过于强调粮食经营秩序的稳定性，不利于建立粮食流通的市场秩序。可以说，粮食流通市场化仍然是我国粮食流通制度改革的基本方向。

及至 2004 年 5 月 23 日，国务院发布了《关于进一步深化粮食流通体制改革的意见》（国发〔2004〕17 号）（以下简称《意见》）。《意见》指出：国务院决定，在总结经验、完善政策的基础上，2004 年全面放开粮食收购市场，积极稳妥推进粮食流通体制改革。深化粮食流通体制改革的总体目标之一，就是在国家宏观调控下，充分发挥市场机制在配置粮食资源中的基础性作用，实现粮食购销市场化和市场主体多元化。与此同时，2004年5月26日国务院颁布了《粮食流通管理条例》[以下简称《条例（二）》]（历经2013年、2016年、2021年三次修订），以此取代《粮食收购条例》。《条例（二）》第3条明确规定："国家鼓励多种所有制市场主体从事粮食经营活动，促进公平竞争。依法从事的粮食经营活动受国家法律保护。严禁以非法手段阻碍粮食自由流通。"由此可见，粮食经营主体的多元化是我国粮食流通制度的重要特征。《条例（二）》第9条、第10条对粮食经营资质的取得条件及其程序作了明确规定。同时，《条例（二）》第41条规定："未经粮食行政管理部门许可或者未在工商行政管理部门登记擅自从事粮食收购活动的，由工商行政管理部门没收非法收购的粮食；情节严重的，并处非法收购粮食价值1倍以上5倍以下的罚款；构成犯罪的，依法追究刑事责任。"这里涉及对构成犯罪的规定，但由于行政法规没有权力设置罪名，因而这个规定只是一种照应性条款，是否能够追究刑事责任，还是应当根据刑法的明文规定。如果刑法没有相应规定，则这种照应性条款并不能成为追究刑事责任的直接根据。

王力军无证收购玉米的行为发生在2014年至2015年间，当时适用的是根据2013年7月18日《国务院关于废止和修改部分行政法规的决定》第一次修订的《粮食流通管理条例》。对于王力军无证收购玉米行为的入罪，涉及三个问题：第一，王力军无证收购玉米的行为是否属于《刑法》第225条规定的违反国家规定？第二，如果上述第一个问题的回答是肯定的，王力军无证收购玉米的行为属于《刑法》第225条第1项规定的未经许可经营其他限制买卖物品的行为还是第4项规定的其他严重扰乱市场秩序的行为？第三，如果王力军的行为属于《刑法》第225条第4项规定的其他严重扰乱市场秩序的行为，应当如何判断其是否构成非法经营罪？以下逐个对这三个问题进行分析。

（1）王力军无证收购玉米的行为是否属于《刑法》第225条规定的违反国家规定？

违反国家规定是非法经营罪入罪的第一道门槛，尤其是在采取兜底式规定的情况下，违反国家规定这一规范要件对于非法经营罪的认定具有堵截功能。毫无疑问，根据《条例（二）》的规定，王力军未经许可从事粮食收购的行为是一种违反行政许可的行为，具有行政违法性。《条例（二）》对粮食经营设立了行政许可，只有办理一定的行政审批手续，才能获得粮食经营资质，从而具备粮食经营的主体资格。然而，王力军并未办理上述手续，因而具有行政违法性。那么，这种未经许可的行为是否就完全具备了非法经营罪所要求的违反国家规定的要件呢？如果仅仅从粮食经营行政许可是国务院设立的，因而违反行政许可就是违反国家规定的意义上说，似乎是符合逻辑的。然而，不能将所有违反行政许可的行为都直接等同于违反国家规定，还要考察行政许可的性质和类型。行政许可有普通许可和特许之分，如果只是违反普通许可，则只是一般的行政违法，还不能认为是非法经营罪所要求的违反国家规定。只有违反特许的行为，才能认为是非法经营罪所要求的违反国家规定。目前，我国行政法中大多数是普通许可，只有少数是特许。而且，随着市场经济的发展，即使是在资源配置中，也引入市场机制，因而特许的数量减少，或者以普通许可代替特许。例如，粮食是关系到国计民生的重要物质。在20世纪50年代我国实行统购统销，通过特许授予粮食部门对粮食进行垄断经营。但在20世纪80年代对粮食购销体制进行改革，废除了粮食的特许经营制度。但为了规范粮食流动秩序，我国制定了《粮食流通管理条例》，对粮食经营实行许可证制度。这里的许可就是一种普通许可。违反这种行政许可的行为，只是形式违法而并不是实质违法，其社会危害性并没有达到犯罪程度，因此不应当构成非法经营罪。因此，王力军无证收购玉米案，并不能认为具备了非法经营罪所要求的违反国家规定的要件。因此，我认为，对于违反行政许可行为是否构成非法经营罪，要区分普通许可与特许。只有违反特许的行为才可能构成非法经营罪，违反普通许可的行为不能构成非法经营罪。即使是司法解释，能否将违反普通许可的行为规定为非法经营罪，也是一个值得讨论的问题。

（2）王力军无证收购玉米的行为属于《刑法》第225条第1项规定的未经许可经营其他限制买卖物品的行为还是第4项规定的其他严重扰乱市场秩序的行为？

《刑法》第225条第1项规定了非法经营其他限制买卖物品，这里的其他限制买卖物品属于概然性条款，如果能够将无证收购玉米解释为非法经营其他限制买卖物品，则可以认定王力军的行为构成非法经营罪。对此，阮齐林教授指出："王力军违反市场准入无证收购玉米的行为，原本属于第（一）项行为类型，按照刑法'兜底条款'限制适用规则，即使王力军的行为构成犯罪，也只能适用第（一）项定罪，排斥适用第225条第（四）项'兜底条款'定罪。"① 阮齐林教授的上述观点隐含着一个前提，即只要是违反市场准入的非法经营行为，都属于《刑法》第225条第1项的情形：如果不属于专营、专卖的非法经营行为就属于限制买卖物品非法经营行为。也就是说，《刑法》第225条第1项主要惩治的是违反市场准入规定的非法经营行为。然而，这一前提本身是值得商榷的。市场准入并不是一个严格的法律概念，而是一个经济学的概念，它是指国家准许公民和法人进入市场，从事商品经营活动的实体条件和程序规则。其中，行政许可就是国家通过法律设置市场准入条件的重要方式。违反行政许可从事经营活动，具有主体资质上的违法性。这种非法经营行为在性质上不同于那些虽然具备主体资质但在实体上违反经营规则的非法经营行为。以上两种非法经营行为在我国《刑法》中都可以构成非法经营罪，《刑法》第225条第1项规定的未经许可经营专营、专卖物品的行为确实属于不具备主体资质的非法经营行为。但未经许可经营其他限制买卖物品，是否属于不具备主体资质的非法经营行为，还是值得商讨的。因为这里的限制买卖物品是指在特定时期的紧俏物品，这个概念本身就是紧缺经济的产物。自从我国实行市场经济体制以后，随着商品越来越丰富，限制买卖物品失去了其存在的合理性。大量违反行政许可的行为都具有违反行政管理的属性，例如粮食经营的行政许可并不是解决粮食短缺问题，而是为了维护粮食经营秩序，保护粮食生产者的利益。从这个意义上说，不能认为因为对经营粮食设置了行政许可，所以粮食就是一种限制买卖物品。我认为，《刑法》第225条第1项规定的限制买卖物品具有其特定含义，它

---

　　① 阮齐林. 刑事司法应坚持罪责实质评价. 中国法学，2017（4）.

应当以一定时期行政法规的统一规定为根据进行认定，而不能将违反行政许可经营的所有物品都认定为限制买卖物品。因此，王力军无证收购玉米的行为如果构成非法经营罪，只能是第4项规定的其他严重扰乱市场秩序的行为。

（3）如何判断王力军无证收购玉米的行为属于《刑法》第225条第4项规定的其他严重扰乱市场秩序的行为？

《刑法》第225条第4项是一个兜底条款，它的认定前提是违反国家规定，并且属于严重扰乱市场秩序的行为。在此，需要进行法益侵害性的实质判断。也就是说，并不是所有违反国家规定的经营行为都属于第4项规定的其他非法经营行为，而是要进行实质判断，这也是王力军无证收购玉米案能否认定为非法经营罪的关键之所在。在王力军无证收购玉米案的原审判决中，仅仅根据王力军违反粮食收购的行政许可，并且《粮食流通管理条例》明确规定，未经粮食行政管理部门许可擅自从事粮食收购活动，构成犯罪的，依法追究刑事责任，由此认定王力军的行为构成非法经营罪。然而，在形式上符合其他严重扰乱市场秩序行为的特征，并不等于该种行为已然具备非法经营罪的构成要件，还要对此进行实质上是否具有法益侵害性的判断。就王力军无证收购玉米案而言，虽然王力军收购玉米没有取得粮食收购资质，但其收购玉米的行为解决了当地农民卖粮难问题，并没有侵犯粮食生产者的利益，不具有严重扰乱市场秩序的性质。在这种情况下，王力军无证收购玉米的行为只是一种行政违法行为，不能按照非法经营罪定罪处罚。对于王力军无证收购玉米案，最高人民法院指令对其进行再审。再审法院对王力军作出了无罪判决，其理由并不是因为该无证收购粮食的行为不属于刑法所规定的非法经营行为，而是经考察认为该行为未严重扰乱市场秩序。王力军无证收购玉米案的裁判要点指出："判断违反行政管理有关规定的经营行为是否构成非法经营罪，应当考虑该经营行为是否属于严重扰乱市场秩序。对于虽然违反行政管理有关规定，但尚未严重扰乱市场秩序的经营行为，不应当认定为非法经营罪。"

通过王力军无证收购玉米案，我们可以看出将违反行政许可行为直接认定为非法经营行为予以入罪，潜藏着混淆行政违法行为与非法经营犯罪行为之间的界限，将行政违法行为予以入罪的危害性。事实上，王力军无证收购玉米案，在是否具备违反国家规定、是否属于非法经营行为、是否符合其他严重扰乱市场秩序的非法经营罪的入罪实质条件三个阶层问题上都存在疑问，都具有出罪的可能性。① 然而，该案还是轻松地跨越了这三个法律界限而被入罪。最高人民法院指令对本案进行再审，虽然纠正了司法认定错误，然而如果不从非法经营罪的构成要件上进行严格界定，尤其是不能正确处理违反行政许可与非法经营罪之间的关系，此类非法经营罪的错案还是难以完全避免。

对于《刑法》第 225 条第 4 项其他严重扰乱市场秩序的非法经营行为，前引《通知》第 3 条明确规定："各级人民法院审理非法经营犯罪案件，要依法严格把握刑法第二百二十五条第（四）项的适用范围。对被告人的行为是否属于刑法第二百二十五条第（四）项规定的'其他严重扰乱市场秩序的非法经营行为'，有关司法解释未作明确规定的，应当作为法律适用问题，逐级向最高人民法院请示。"根据这一规定，在认定其他非法经营行为的时候，应当严格按照法律和司法解释的规定。对于法律和司法解释没有规定的情形，能否认定为其他非法经营行为，应当逐级请示最高人民法院，地方各级人民法院无权径行认定。我认为，这一规定对于正确认定其他严重扰乱市场秩序的非法经营行为具有重要意义。

根据法律和司法解释的规定，其他严重扰乱市场秩序的非法经营行为包括下列情形：

1）非法买卖外汇。1998 年 12 月 29 日全国人大常委会《关于惩治骗购外汇、逃汇和非法买卖外汇犯罪的决定》（以下简称《决定》）第 4 条规定，在国家规定的交易场所以外非法买卖外汇，扰乱市场秩序，情节严重的，依照《刑法》第 225 条的规定定罪处罚。这里的非法买卖外汇，是指倒卖外汇，即以营利为目的，低价买进外汇，然后将外汇高价卖出的行为。应当指出，非法买卖外汇与非法兑换外汇是

---

① 关于王力军无证收购玉米案的分析，参见：陈兴良. 违反行政许可构成非法经营罪问题研究——以郭嵘分装农药案为例. 政治与法律，2018（6）.

两种不同性质的行为：前者是进行外汇交易，是一种外汇的经营行为；后者是单方卖出或者单方购买外汇，是一种外汇的兑换行为。根据我国刑法规定，只有倒卖外汇行为才构成非法经营罪，而在交易场所以外兑换外汇的行为，虽然双方行为都是违反外汇管理法的，但不构成非法经营罪。根据前引《解释（三）》第 2 条的规定，违反国家规定，实施倒买倒卖外汇或者变相买卖外汇等非法买卖外汇行为，扰乱金融市场秩序，情节严重的，依照《刑法》第 225 条第 4 项的规定，以非法经营罪定罪处罚。

2）非法经营出版物。这里的出版物，根据 2016 年 5 月 31 日国家新闻出版广电总局、商务部发布的《出版物市场管理规定》第 2 条的规定，是指图书、报纸、期刊、音像制品、电子出版物。这里的电子出版物，根据 2015 年 8 月 28 日国家新闻出版广电总局发布的《电子出版物出版管理规定》第 2 条的规定，是指以数字代码方式，将有知识性、思想性内容的信息编辑加工后存储在固定物理形态的磁、光、电等介质上，通过电子阅读、显示、播放设备读取使用的大众传播媒体，包括只读光盘（CD-ROM、DVD-ROM 等）、一次写入光盘（CD-R、DVD-R 等）、可擦写光盘（CD-RW、DVD-RW 等）、软磁盘、硬磁盘、集成电路卡等，以及新闻出版总署（2013 年已撤销）认定的其他媒体形态。1998 年 12 月 17 日最高人民法院《关于审理非法出版物刑事案件具体应用法律若干问题的解释》［以下简称《解释（四）》］规定了两种非法经营出版物的行为：一是第 11 条规定，违反国家规定，出版、印刷、复制、发行本解释第 1 条至第 10 条规定以外的其他严重危害社会秩序和扰乱市场秩序的非法出版物，情节严重的，依照《刑法》第 225 条第 3 项的规定，以非法经营罪定罪处罚。二是第 15 条规定，非法从事出版物的出版、印刷、复制、发行业务，严重扰乱市场秩序，情节特别严重，构成犯罪的，可以依照《刑法》第 225 条第 3 项的规定，以非法经营罪定罪处罚。① 上述第一种情形，是经营出版物内容违法，即经营具有反动性政治内容

---

① 这里的《刑法》第 225 条第 3 项，是指 1997 年《刑法》第 225 条第 3 项。

出版物、侵权复制品、淫秽物品等以外的严重危害社会秩序和扰乱市场秩序的非法出版物。第二种情形，是经营出版物程序违法，即未经国家出版主管部门批准而擅自从事出版物的出版、印刷、复制、发行业务。值得注意的是，2011 年 1 月 10 日最高人民法院、最高人民检察院、公安部《关于办理侵犯知识产权刑事案件适用法律若干问题的意见》第 12 条明确规定，非法出版、复制、发行他人作品，侵犯著作权构成犯罪的，按照侵犯著作权罪定罪处罚，不认定为非法经营罪等其他犯罪。因此，在这一司法解释发布以后，非法经营出版物的行为，符合侵犯著作权罪的构成要件的，应以该罪论处，不再以非法经营罪定罪处罚。

3）非法经营电信业务。2000 年 5 月 12 日最高人民法院《关于审理扰乱电信市场管理秩序案件具体应用法律若干问题的解释》[以下简称《解释（五）》]第 1 条规定，违反国家规定，采取租用国际专线、私设转接设备或者其他方法，擅自经营国际电信业务或者涉港澳台电信业务进行营利活动，扰乱电信市场管理秩序，情节严重的，依照《刑法》第 225 条第 4 项的规定，以非法经营罪定罪处罚。① 这种经营国际电信业务或者涉港澳台电信业务的行为，由于未经国家电信主管部门批准，因而属于非法经营行为。

4）在生产、销售的饲料中添加盐酸克仑特罗等禁止在饲料和动物饮用水中使用的药品，或者销售明知是添加有该类药品的饲料，情节严重的行为。根据《解释（一）》第 2 条规定，对上述行为依照《刑法》第 225 条第 4 项的规定，以非法经营罪追究刑事责任。

5）非法经营互联网业务。根据 2004 年 7 月 16 日最高人民法院、最高人民检察院、公安部《关于依法开展打击淫秽色情网站专项行动有关工作的通知》，对于违反国家规定，擅自设立互联网上网服务营业场所，或者擅自从事互联网上网服务经营活动，情节严重，构成犯罪的，以非法经营罪追究刑事责任。

---

① 这里的《刑法》第 225 条第 4 项，是指《刑法修正案》修正后的《刑法》第 225 条第 4 项，也就是 1997 年《刑法》第 225 条第 3 项，下同。

6）非法经营彩票。根据 2005 年 5 月 11 日最高人民法院、最高人民检察院《关于办理赌博刑事案件具体应用法律若干问题的解释》第 6 条的规定，对未经国家批准擅自发行、销售彩票，构成犯罪的，依照《刑法》第 225 条第 4 项的规定，以非法经营罪定罪处罚。

7）非法经营非上市公司股票。根据 2008 年 1 月 2 日最高人民法院、最高人民检察院、公安部、中国证券监督管理委员会《关于整治非法证券活动有关问题的通知》，对于中介机构非法代理买卖非上市公司股票，涉嫌犯罪的，应当依照《刑法》第 225 条之规定，以非法经营罪追究刑事责任。

8）违反国家规定，使用销售点终端机具（POS 机）等方法，以虚构交易、虚开价格、现金退货等方式向信用卡持卡人直接支付现金。根据 2018 年 11 月 28 日最高人民法院、最高人民检察院颁发的《关于办理妨害信用卡管理刑事案件具体应用法律若干问题的解释》［以下简称《解释（六）》］第 12 条第 1 款的规定，对上述行为，情节严重的，应当依据《刑法》第 225 条的规定，以非法经营罪定罪处罚。

9）擅自发行基金份额募集资金。根据 2022 年 2 月 23 日最高人民法院《关于审理非法集资刑事案件具体应用法律若干问题的解释》第 11 条的规定，违反国家规定，未经依法核准擅自发行基金份额募集基金，情节严重的，依照《刑法》第 225 条的规定，以非法经营罪定罪处罚。

10）非法生产、销售非食品原料。根据 2021 年 12 月 30 日最高人民法院、最高人民检察院发布的《关于办理危害食品安全刑事案件适用法律若干问题的解释》［以下简称《解释（七）》］第 16 条第 1 款的规定，以提供给他人生产、销售食品为目的，违反国家规定，生产、销售国家禁止用于食品生产、销售的非食品原料，情节严重的，依照《刑法》第 225 条的规定，以非法经营罪定罪处罚。

11）以提供给他人生产、销售食用农产品为目的，违反国家规定，生产、销售国家禁用农药、食品动物中禁止使用的药品及其他化合物等有毒、有害的非食品原料，或者生产、销售添加上述有毒、有害的非食品原料的农药、兽药、饲料、饲料添加剂、饲料原料。根据前引《解释（七）》第 16 条第 2 款的规定，对上述行为，情节严重的，依照《刑法》第 225 条的规定，以非法经营罪定罪处罚。

12）非法从事生猪屠宰、销售等经营活动。根据前引《解释（七）》第 17 条第 1 款的规定，违反国家规定，私设生猪屠宰厂（场），从事生猪屠宰、销售等经营活动，情节严重的，依照《刑法》第 225 条的规定，以非法经营罪定罪处罚。

13）非法从事有偿删除网络信息或者有偿发布虚假网络信息。2013 年 9 月 6 日最高人民法院、最高人民检察院《关于办理利用信息网络实施诽谤等刑事案件适用法律若干问题的解释》第 7 条规定，违反国家规定，以营利为目的，通过信息网络有偿提供删除信息服务，或者明知是虚假信息，通过信息网络有偿提供发布信息等服务，扰乱市场秩序，具有下列情形之一的，属于非法经营行为"情节严重"，依照《刑法》第 225 条第 4 项的规定，以非法经营罪定罪处罚：a. 个人非法经营数额在 5 万元以上，或者违法所得数额在 2 万元以上的；b. 单位非法经营数额在 15 万元以上，或者违法所得数额在 5 万元以上的。实施前款规定的行为，数额达到前款规定的数额 5 倍以上的，应当认定为《刑法》第 225 条规定的"情节特别严重"。

14）非法生产、销售赌博机或者其专用软件。2014 年 3 月 26 日最高人民法院、最高人民检察院、公安部《关于办理利用赌博机开设赌场案件适用法律若干问题的意见》[以下简称《意见（一）》]第 4 条第 1 款规定，以提供给他人开设赌场为目的，违反国家规定，非法生产、销售具有退币、退分、退钢珠等赌博功能的电子游戏设施设备或者其专用软件，情节严重的，依照《刑法》第 225 条的规定，以非法经营罪定罪处罚。

15）非法生产、销售"伪基站"设备。根据 2014 年 3 月 14 日最高人民法院、最高人民检察院、公安部、国家安全部《关于依法办理非法生产销售使用"伪基站"设备案件的意见》[以下简称《意见（二）》]的规定，非法生产、销售"伪基站"设备，具有《意见（二）》第一方面第一项规定的情形之一的，以非法经营罪追究刑事责任。

16）非法放贷。根据 2019 年 7 月 23 日最高人民法院、最高人民检察院、公安部、司法部《关于办理非法放贷刑事案件若干问题的意见》[以下简称《意见（三）》]第 1 条的规定，违反国家规定，未经监管部门批准，或者超越经营范围，以营利为目的，经常性地向社会不特定对象发放贷款，扰乱金融市场秩序，情节严重的，依照《刑法》第 225 条第 4 项的规定，以非法经营罪定罪处罚。前款规定中的经常性地向社会不特定对象发放贷款，是指 2 年内向不特定多人（包括单位和个人）以借款或其他名义出借资金 10 次以上。贷款到期后延长还款期限的，发放贷款次数按照 1 次计算。

17）非法经营兴奋剂。根据 2019 年 11 月 18 日最高人民法院《关于审理走私、非法经营、非法使用兴奋剂刑事案件适用法律若干问题的解释》第 2 条的规定，违反国家规定，未经许可经营兴奋剂目录所列物质，涉案物质属于法律、行政法规规定的限制买卖的物品，扰乱市场秩序，情节严重的，应当依照《刑法》第 225 条的规定，以非法经营罪定罪处罚。

2. 罪责

非法经营罪的罪责形式是故意。这里的故意，是指明知是非法经营行为而有意实施的主观心理状态。

3. 罪量

非法经营罪的罪量要素是情节严重。这里的情节严重，参照《立案追诉标准（二）》第 71 条及其他司法解释的规定，分别是指下述情形：

（1）违反国家烟草专卖管理法律法规，未经烟草专卖行政主管部门许可，无烟草专卖生产企业许可证、烟草专卖批发企业许可证、特种烟草专卖经营企业许可证、烟草专卖零售许可证等许可证明，非法经营烟草专卖品，具有下列情形之一的：

1）非法经营数额在 5 万元以上，或者违法所得数额在 2 万元以上的；

2）非法经营卷烟 20 万支以上的；

3）3 年内因非法经营烟草专卖品受过 2 次以上行政处罚，又非法经营烟草专卖品且数额在 3 万元以上的。

（2）未经国家有关主管部门批准，非法经营证券、期货、保险业务，或者非法从事资金支付结算业务，具有下列情形之一的：

1）非法经营证券、期货、保险业务，数额在 100 万元以上，或者违法所得数额在 10 万元以上的；

2）非法从事资金支付结算业务，数额在 500 万元以上，或者违法所得数额在 10 万元以上的；

3）非法从事资金支付结算业务，数额在 250 万元以上不满 500 万元，或者违法所得数额在 5 万元以上不满 10 万元，且具有下列情形之一的：

a. 因非法从事资金支付结算业务犯罪行为受过刑事追究的；

b. 2 年内因非法从事资金支付结算业务违法行为受过行政处罚的；

c. 拒不交代涉案资金去向或者拒不配合追缴工作，致使赃款无法追缴的；

d. 造成其他严重后果的。

4）使用销售点终端机具（POS 机）等方法，以虚构交易、虚开价格、现金退货等方式向信用卡持卡人直接支付现金，数额在 100 万元以上的，或者造成金融机构资金 20 万元以上逾期未还的，或者造成金融机构经济损失 10 万元以上的。

（3）实施倒买倒卖外汇或者变相买卖外汇等非法买卖外汇行为，扰乱金融市场秩序，具有下列情形之一的：

1）非法经营数额在 500 万元以上的，或者违法所得数额在 10 万元以上的；

2）非法经营数额在 250 万元以上的，或者违法所得数额在 5 万元以上，且具有下列情形之一的：

a. 因非法买卖外汇犯罪行为受过刑事追究的；

b. 2 年内因非法买卖外汇违法行为受过行政处罚的；

c. 拒不交代涉案资金去向或者拒不配合追缴工作，致使赃款无法追缴的；

d. 造成其他严重后果的。

3）公司、企业或者其他单位违反有关外贸代理业务的规定，采用非法手段，或者明知是伪造、变造的凭证、商业单据，为他人向外汇指定银行骗购外汇，数额在500万美元以上或者违法所得数额在50万元以上的；

4）居间介绍骗购外汇，数额在100万美元以上或者违法所得数额在10万元以上的。

（4）出版、印刷、复制、发行严重危害社会秩序和扰乱市场秩序的非法出版物，具有下列情形之一的：

1）个人非法经营数额在5万元以上的，单位非法经营数额在15万元以上的；

2）个人违法所得数额在2万元以上的，单位违法所得数额在5万元以上的；

3）个人非法经营报纸5 000份或者期刊5 000本或者图书2 000册或者音像制品、电子出版物500张（盒）以上的，单位非法经营报纸15 000份或者期刊15 000本或者图书5 000册或者音像制品、电子出版物1 500张（盒）以上的；

4）虽未达到上述数额标准，但具有下列情形之一的：

a.2年内因出版、印刷、复制、发行非法出版物受过2次以上行政处罚，又出版、印刷、复制、发行非法出版物的；

b. 因出版、印刷、复制、发行非法出版物造成恶劣社会影响或者其他严重后果的。

（5）非法从事出版物的出版、印刷、复制、发行业务，严重扰乱市场秩序，具有下列情形之一的：

1）个人非法经营数额在15万元以上的，单位非法经营数额在50万元以上的；

2）个人违法所得数额在5万元以上的，单位违法所得数额在15万元以上的；

3）个人非法经营报纸15 000份或者期刊15 000本或者图书5 000册或者

音像制品、电子出版物 1 500 张（盒）以上的，单位非法经营报纸 5 万份或者期刊 5 万本或者图书 15 000 册或者音像制品、电子出版物 5 000 张（盒）以上的；

4）虽未达到上述数额标准，2 年内因非法从事出版物的出版、印刷、复制、发行业务受过 2 次以上行政处罚，又非法从事出版物的出版、印刷、复制、发行业务的。

（6）采取租用国际专线、私设转接设备或者其他方法，擅自经营国际电信业务或者涉港澳台电信业务进行营利活动，扰乱电信市场管理秩序，具有下列情形之一的：

1）经营去话业务数额在 100 万元以上的；

2）经营来话业务造成电信资费损失数额在 100 万元以上的；

3）虽未达到上述数额标准，但具有下列情形之一的：

a. 2 年内因非法经营国际电信业务或者涉港澳台电信业务行为受过 2 次以上行政处罚，又非法经营国际电信业务或者涉港澳台电信业务的；

b. 因非法经营国际电信业务或者涉港澳台电信业务行为造成其他严重后果的。

（7）以营利为目的，通过信息网络有偿提供删除信息服务，或者明知是虚假信息，通过信息网络有偿提供发布信息等服务，扰乱市场秩序，具有下列情形之一的：

1）个人非法经营数额在 5 万元以上，或者违法所得数额在 2 万元以上的；

2）单位非法经营数额在 15 万元以上，或者违法所得数额在 5 万元以上的。

（8）非法生产、销售"黑广播""伪基站"、无线电干扰器等无线电设备，具有下列情形之一的：

1）非法生产、销售无线电设备 3 套以上的；

2）非法经营数额在 5 万元以上的；

3）虽未达到上述数额标准，但 2 年内因非法生产、销售无线电设备受过 2

次以上行政处罚，又非法生产、销售无线电设备的。

（9）以提供给他人开设赌场为目的，违反国家规定，非法生产、销售具有退币、退分、退钢珠等赌博功能的电子游戏设施设备或者其专用软件，具有下列情形之一的：

1）个人非法经营数额在 5 万元以上，或者违法所得数额在 1 万元以上的；

2）单位非法经营数额在 50 万元以上，或者违法所得数额在 10 万元以上的；

3）虽未达到上述数额标准，但 2 年内因非法生产、销售赌博机行为受过 2 次以上行政处罚，又进行同种非法经营行为的；

4）其他情节严重的情形。

（10）实施下列危害食品安全行为，非法经营数额在 10 万元以上，或者违法所得数额在 5 万元以上的：

1）以提供给他人生产、销售食品为目的，违反国家规定，生产、销售国家禁止用于食品生产、销售的非食品原料的；

2）以提供给他人生产、销售食用农产品为目的，违反国家规定，生产、销售国家禁用农药、食品动物中禁止使用的药品及其他化合物等有毒、有害的非食品原料，或者生产、销售添加上述有毒、有害的非食品原料的农药、兽药、饲料、饲料添加剂、饲料原料的；

3）违反国家规定，私设生猪屠宰厂（场），从事生猪屠宰、销售等经营活动的。

（11）未经监管部门批准，或者超越经营范围，以营利为目的，以超过 36％ 的实际年利率经常性地向社会不特定对象发放贷款，具有下列情形之一的：

1）个人非法放贷数额累计在 200 万元以上的，单位非法放贷数额累计在 1 000万元以上的；

2）个人违法所得数额累计在 80 万元以上的，单位违法所得数额累计在 400 万元以上的；

3）个人非法放贷对象累计在 50 人以上的，单位非法放贷对象累计在 150 人以上的；

4）造成借款人或者其近亲属自杀、死亡或者精神失常等严重后果的。

5）虽未达到上述数额标准，但具有下列情形之一的：

a. 2 年内因实施非法放贷行为受过 2 次以上行政处罚的；

b. 以超过 72％的实际年利率实施非法放贷行为 10 次以上的。

黑恶势力非法放贷的，按照第 1、2、3 项规定的相应数额、数量标准的 50％确定。同时具有第 5 项规定情形的，按照相应数额、数量标准的 40％确定。

（12）从事其他非法经营活动，具有下列情形之一的：

1）个人非法经营数额在 5 万元以上，或者违法所得数额在 1 万元以上的；

2）单位非法经营数额在 50 万元以上，或者违法所得数额在 10 万元以上的；

3）虽未达到上述数额标准，但 2 年内因非法经营行为受过 2 次以上行政处罚，又从事同种非法经营行为的；

4）其他情节严重的情形。

法律、司法解释对非法经营罪的立案追诉标准另有规定的，依照其规定。

（三）处罚

根据《刑法》第 225 条之规定，犯本罪的，处 5 年以下有期徒刑或者拘役，并处或者单处违法所得 1 倍以上 5 倍以下罚金；情节特别严重的，处 5 年以上有期徒刑，并处违法所得 1 倍以上 5 倍以下罚金或者没收财产。《刑法》第 231 条规定，单位犯本罪的，对单位判处罚金，并对其直接负责的主管人员和其他直接责任人员，依照个人犯罪的规定处罚。

加重处罚事由 犯非法经营罪而情节特别严重的，是本罪的加重处罚事由。这里的情节特别严重，是指非法经营数额或者违法所得数额特别巨大的，造成特别严重后果的，造成十分恶劣影响的，对国民经济和社会安定造成严重破坏的等。有关司法解释对非法经营罪情节特别严重作了规定：

（1）非法经营出版物。根据《解释（四）》第 12 条第 2 款的规定，具有下列情节之一的，属于个人非法经营出版物行为情节特别严重：1）经营数额在 15 万元至 30 万元以上的；2）违法所得数额在 5 万元至 10 万元以上的；3）经营报纸 15 000 份或者期刊 15 000 本或者图书 5 000 册或者音像制品、电子出版物 1 500 张（盒）以上的。第 13 条第 2 款规定，具有下列情形之一的，属于单位非法经营出版物行为情节特别严重：1）经营数额在 50 万元至 100 万元以上的；2）违法所得数额在 15 万元至 30 万元以上的；3）经营报纸 5 万份或者期刊 5 万本或者图书 15 000 册或者音像制品、电子出版物 5 000 张（盒）以上的。第 14 条规定，经营数额、违法所得数额或者经营数量接近上述起点标准，并且具有下列情形之一的，可以认定为非法经营出版物行为情节特别严重：1）2 年内因出版、印刷、复制、发行非法出版物受过行政处罚 2 次以上的；2）因出版、印刷、复制、发行非法出版物造成恶劣社会影响或者其他严重后果的。

（2）非法经营电信业务。根据《解释（五）》第 2 条第 2 款的规定，具有下列情形之一的，属于非法经营电信业务行为情节特别严重：1）经营去话业务数额在 500 万元以上的；2）经营来话业务造成电信资费损失数额在 500 万元以上的。第 3 条规定，经营数额或者造成电信资费损失数额接近上述起点标准，并具有下列情形之一的，可以认定为非法经营电信业务行为情节特别严重：1）2 年内因非法经营国际电信业务或者涉港澳台电信业务行为受过行政处罚 2 次以上的；2）因非法经营国际电信业务或者涉港澳台电信业务行为造成其他严重后果的。

（3）违反国家规定，使用销售点终端机具（POS 机）等方法，以虚构交易、虚开价格、现金退货等方式向信用卡持卡人直接支付现金。根据前引《解释（六）》第 12 条第 2 款的规定，实施上述行为，数额在 500 万元以上的，或者造成金融机构资金 100 万元以上逾期未还的，或者造成金融机构经济损失 50 万元以上的，应当认定为情节特别严重。

（4）非法经营烟草制品。根据前引《解释（二）》第 3 条第 2 款的规定，具有下列情形之一的，应当认定为《刑法》第 225 条规定的情节特别严重：1）非法经营数额在 25 万元以上，或者违法所得数额在 10 万元以上的；2）非法经营卷烟 100 万支以上的。

（5）非法生产、销售赌博机或者其专用软件。根据前引《意见（一）》第4条第3款的规定，具有下列情形之一的，属于非法经营行为"情节特别严重"：1）个人非法经营数额在25万元以上，或者违法所得数额在5万元以上的；2）单位非法经营数额在250万元以上，或者违法所得数额在50万元以上的。

（6）非法放贷。根据前引《意见（三）》第2条第2款的规定，具有下列情形之一的，属于《刑法》第225条规定的情节特别严重：1）个人非法放贷数额累计在1 000万元以上的，单位非法放贷数额累计在5 000万元以上的；2）个人违法所得数额累计在400万元以上的，单位违法所得数额累计在2 000万元以上的；3）个人非法放贷对象累计在250人以上的，单位非法放贷对象累计在750人以上的；4）造成多名借款人或者其近亲属自杀、死亡或者精神失常等特别严重后果的。前引《意见（三）》第3条规定，非法放贷数额、违法所得数额、非法放贷对象数量接近上述情节特别严重的数额、数量起点标准，并具有下列情形之一的，可以认定为情节特别严重：1）2年内因实施非法放贷行为受过行政处罚2次以上的；2）以超过72％的实际年利率实施非法放贷行为10次以上的。前款规定中的"接近"，一般应当掌握在相应数额、数量标准的80％以上。

七、强迫交易罪

（一）概念

强迫交易罪是指以暴力、威胁手段进行强迫交易，情节严重的行为。

（二）构成

1. 罪体

行为　强迫交易罪的行为是以暴力、威胁手段进行强迫交易。强迫交易罪是复行为犯：一是手段行为，二是目的行为。手段行为是暴力、威胁。这里的暴力，是指身体强制；威胁，是指精神强制。目的行为是指强迫交易。这里的强迫交易是指下列行为之一：

（1）强买强卖商品。这里的强买强卖商品，是指在商品交易中违反法律、法规和商品交易规则，不顾交易对方是否同意，以暴力、威胁手段强行买进或者强行卖出。

（2）强迫他人提供服务或者强迫接受服务。这里的强迫提供服务，是指违反公平自愿原则，不顾提供服务方是否同意，以暴力、威胁手段，迫使对方提供服务。强迫接受服务，是指违反公平自愿原则，不顾消费者是否同意，以暴力、威胁手段迫使对方接受服务。在现实生活中，以暴力、胁迫手段强迫他人借贷的行为时有发生。为此，2014 年 4 月 17 日最高人民检察院公布了《关于强迫借贷行为适用法律问题的批复》，其中明确规定，以暴力、胁迫手段强迫他人借贷，属于《刑法》第 226 条第 2 项规定的强迫他人提供或者接受服务，情节严重的，以强迫交易罪追究刑事责任。

（3）强迫他人参与或者退出投标、拍卖。这里的强迫他人参与或者退出投标、拍卖，是指在投标、拍卖活动中，使用暴力、威胁手段，迫使竞标者、竞拍者参与或者退出投标、拍卖活动。

（4）强迫他人转让或者收购公司、企业的股份、债券或者其他资产。这里的强迫他人转让或者收购公司、企业的股份、债券或者其他资产，是指在公司、企业的资产转让活动中，使用暴力、威胁手段，迫使他人在不符合市场价值规律和不利于出让人的情况下转让公司、企业的股份、债券或者其他资产。

（5）强迫他人参与或者退出特定的经营活动。这里的强迫他人参与或者退出特定的经营活动，是指使用暴力、威胁手段，在犯罪分子指定的经营活动范围内，在没有选择的情况下，参与或者退出经营活动。

客体　强迫交易罪的客体是商品、服务、投标、拍卖、资产转让或者特定的经营活动。

2. 罪责

强迫交易罪的罪责形式是故意。这里的故意，是指明知是强迫交易行为而有意实施的主观心理状态。

3. 罪量

强迫交易罪的罪量要素是情节严重。这里的情节严重，参照 2017 年 4 月 27 日最高人民检察院、公安部《关于公安机关管辖的刑事案件立案追诉标准的规定（一）的补充规定》〔以下简称《立案追诉标准（一）补充规定》〕第 5 条的规定，是指涉嫌下列情形之一：（1）造成被害人轻微伤的；（2）造成直接经济损失 2 000 元以上的；（3）强迫交易 3 次以上或者强迫 3 人以上交易的；（4）强迫交易数额 1 万元以上，或者违法所得数额 2 000 元以上的；（5）强迫他人购买伪劣商品数额 5 000 元以上，或者违法所得数额 1 000 元以上的；（6）其他情节严重的情形。以暴力、威胁手段强迫他人参与或者退出投标、拍卖，强迫他人转让或者收购公司、企业的股份、债券或者其他资产，强迫他人参与或者退出特定的经营活动，具有多次实施、手段恶劣、造成严重后果或者恶劣社会影响等情形之一的，应予立案追诉。

（三）处罚

根据《刑法》第 226 条〔《刑法修正案（八）》第 36 条〕之规定，犯本罪的，处 3 年以下有期徒刑或者拘役，并处或者单处罚金；情节特别严重的，处 3 年以上 7 年以下有期徒刑，并处罚金。《刑法》第 231 条规定，单位犯本罪的，对单位判处罚金，并对其直接负责的主管人员和其他直接责任人员，依照个人犯罪的规定处罚。

加重处罚事由　犯强迫交易罪而情节特别严重的，是本罪的加重处罚事由。这里的情节特别严重，是指采用的强迫交易手段特别恶劣、非法牟利数额特别巨大、造成特别严重后果或者有其他特别严重情节。

八、伪造、倒卖伪造的有价票证罪

（一）概念

伪造、倒卖伪造的有价票证罪是指伪造或者倒卖伪造的车票、船票、邮票或者其他有价票证，数额较大的行为。

（二）构成

1. 罪体

行为　伪造、倒卖伪造的有价票证罪的行为是伪造、倒卖车票、船票、邮票或者其他有价票证。这里的伪造，一般认为是不同于变造的。但 2000 年 12 月 5 日最高人民法院《关于对变造、倒卖变造邮票行为如何适用法律问题的解释》规定，对变造或者倒卖变造的邮票数额较大的，应当依照《刑法》第 227 条第 1 款的规定定罪处罚。这实际上是对伪造作了扩张解释，将变造包括其中。因此，对于邮票来说，伪造和变造的，都应以本罪论处。

客体　伪造、倒卖伪造的有价票证罪的客体是有价票证。这里的有价票证，是指飞机票、货票、油票等。根据 2003 年 4 月 2 日最高人民检察院法律政策研究室《关于非法制作、出售、使用 IC 电话卡行为如何适用法律问题的答复》，非法制作或者出售非法制作的 IC 电话卡，数额较大的，应当依照《刑法》第 227 条第 1 款的规定，以伪造、倒卖伪造的有价票证罪追究刑事责任，犯罪数额可以根据销售数额认定。因此，IC 电话卡也属于本罪的客体。IC 电话卡是一种利用集成电路功能的识别卡，可以用来完成通话和收费，具有价值性，其本质与有价票证相同，可归入有价票证的范畴。

2. 罪责

伪造、倒卖伪造的有价票证罪的罪责形式是故意。这里的故意，是指明知是伪造、倒卖伪造的有价票证的行为而有意实施的主观心理状态。

3. 罪量

伪造、倒卖伪造的有价票证罪的罪量要素是数额较大。对这里的数额较大，司法解释未作明文规定。参照 1999 年 9 月 6 日最高人民法院《关于审理倒卖车票刑事案件有关问题的解释》〔以下简称《解释（八）》〕第 1 条的规定，以票面数额在 5 000 元以上，或者非法获利数额在 2 000 元以上为数额较大。

（三）处罚

根据《刑法》第 227 条第 1 款之规定，犯本罪的，处 2 年以下有期徒刑、拘役或者管制，并处或者单处票证价额 1 倍以上 5 倍以下罚金；数额巨大的，处 2 年以上 7 年以下有期徒刑，并处票证价额 1 倍以上 5 倍以下罚金。《刑法》第 231 条规定，单位犯本罪的，对单位判处罚金，并对其直接负责的主管人员和其他直接责任人员，依照个人犯罪的规定处罚。

加重处罚事由 犯伪造、倒卖伪造的有价票证罪而数额巨大的，是本罪的加重处罚事由。这里的数额巨大，有待司法解释作出规定。

九、倒卖车票、船票罪

（一）概念

倒卖车票、船票罪是指倒卖车票、船票，情节严重的行为。

（二）构成

1. 罪体

行为 倒卖车票、船票罪的行为是倒卖车票、船票。这里的倒卖，是指大量购入然后再高价售出。

客体 倒卖车票、船票罪的客体是车票、船票。

2. 罪责

倒卖车票、船票罪的罪责形式是故意。这里的故意，是指明知是倒卖车票、船票的行为而有意实施的主观心理状态。

3. 罪量

倒卖车票、船票罪的罪量要素是情节严重。这里的情节严重，根据前引《解释（八）》第 1 条的规定，是指变价、变相加价倒卖车票或者倒卖坐席、卧铺签字号及订购车票凭证，票面数额在 5 000 元以上，或者非法获利数额在 2 000 元以上的。倒卖船票的情节严重，可比照这一规定认定。

（三）处罚

根据《刑法》第 227 条第 2 款之规定，犯本罪的，处 3 年以下有期徒刑、拘役或者管制，并处或者单处票证价额 1 倍以上 5 倍以下罚金。

从重处罚事由 根据前引《解释（八）》第 2 条规定，对于铁路职工倒卖车票或者与其他人员勾结倒卖车票；组织倒卖车票的首要分子；曾因倒卖车票受过治安处罚 2 次以上或者被劳动教养 1 次以上，两年内又倒卖车票，构成倒卖车票罪的，依法从重处罚。

十、非法转让、倒卖土地使用权罪

（一）概念

非法转让、倒卖土地使用权罪是指以牟利为目的，违反土地管理法规，非法转让、倒卖土地使用权，情节严重的行为。

（二）构成

1. 罪体

行为 非法转让、倒卖土地使用权罪的行为是违反土地管理法规，非法转让、倒卖土地使用权。这里的违反土地管理法规，根据 2009 年 8 月 27 日全国人大常委会《关于〈中华人民共和国刑法〉第二百二十八条、第三百四十二条、第四百一十条的解释》的规定，是指违反土地管理法、森林法、草原法等法律以及有关行政法规中关于土地管理的规定。非法转让、倒卖土地使用权罪具有以下两种情形：

（1）非法转让土地使用权

这里的非法转让土地使用权，是指土地使用权人违反国家土地管理法规，将其拥有的土地使用权予以转让的行为，包括出售、交换和赠与。

（2）非法倒卖土地使用权

这里的非法倒卖土地使用权，是指土地受让人在合法取得土地使用权后，违反国家土地管理法规，擅自将土地转手倒卖给他人，从中牟利的行为。例如，行为人不以开发建设而以加价牟利为目的，在取得土地使用权后，转手倒卖给其他单位或者个人，这就是一种典型的非法倒卖土地使用权的行为。值得注意的是，公司在取得土地使用权后，采取转让股权的方式将包括土地使用权在内的公司权益转让给他人的，因为其所转让的是公司股权而非公司的土地使用权，因而不构成非法倒卖土地使用权罪。

客体 非法转让、倒卖土地使用权罪的客体是土地使用权。这里的土地使用权，是指土地使用者依照法律的规定，对依法占有的土地享有利用和取得收益的权利。

2. 罪责

非法转让、倒卖土地使用权罪的罪责形式是故意。这里的故意，是指明知是非法转让、倒卖土地使用权的行为而有意实施的主观心理状态。

目的犯 刑法明文规定非法转让、倒卖土地使用权罪以牟利为目的，因此本罪是法定的目的犯。

3. 罪量

非法转让、倒卖土地使用权罪的罪量要素是情节严重。这里的情节严重，根据2000年6月19日最高人民法院《关于审理破坏土地资源刑事案件具体应用法律若干问题的解释》[以下简称《解释（九）》]第1条的规定，是指具有下列情形之一：（1）非法转让、倒卖基本农田5亩以上的；（2）非法转让、倒卖基本农田以外的耕地10亩以上的；（3）非法转让、倒卖其他土地20亩以上的；（4）非法获利50万元以上的；（5）非法转让、倒卖土地接近上述数量标准并具有其他恶劣情节的，如曾因非法转让、倒卖土地使用权受过行政处罚或者造成严重后果等。

（三）认定

对于通过转让公司股权的方式转让土地使用权的行为是否构成非法转让土地使用权罪的问题，在我国刑法学界存在争议。主张构成犯罪的观点认为：通过转让公司股权的方式转让土地使用权，虽然从表面上看，土地使用权的主体没有发生变更，仍然归公司所有，但公司的股东发生了变更，土地使用权的主体实质上发生了变更，这是一种变相地转让土地使用权的行为，应当以非法转让土地使用权罪论处。而且，目前在现实生活中，大部分土地使用权的转让都采取这种股权转让的方式，对于此种行为如果不认定为非法转让土地使用权罪，则本罪将名存实亡。而主张不构成犯罪的观点则认为：在以转让股权的方式转让土地使用权的情况下，土地的权属没有发生变更，不能认为这是一种土地使用权的转让。从公司法的角度来说，土地使用权的转让与股权的转让是两种性质完全不同的法律行为：土地使用权转让是指土地使用者将土地使用权再转移的行为，这是《公司法》第3条规定的公司对其财产的处分行为，属于资产交易；而股权转让是《公司法》第4条规定的股东对股权的处分行为，是指公司股东依法将自己的股东权益有偿让渡给他人，使他人取得股权的民事法律行为，属于股权交易。因此，两种行为的性质不同，属于不同的法律关系。对于以上两种观点，我赞同第二种观点，通过转让公司股权的方式转让土地使用权的行为不构成非法转让土地使用权罪。因为这种行为在公司法上并不是违法行为，根据法秩序统一原理，在刑法上也不能构成犯罪。

值得注意的是，对于这种突破前置法，例如民法、公司法或者其他法律，对行为性质进行实质判断的情况，刑法一般采取"变相"的表述方法。例如，《刑法》第176条非法吸收公众存款罪，不仅把非法吸收公众存款行为规定为本罪的构成要件行为，而且把变相吸收公众存款行为规定为本罪的构成要件行为。此外，司法实践也有类似规定。例如，根据2007年7月8日最高人民法院、最高人民检察院《关于办理受贿刑事案件适用法律若干问题的意见》第8条关于收受贿赂物品未办理权属变更问题的规定，对于国家工作人员利用职务上的便利为请托人谋取利益，收受请托人房屋、汽车等物品，未变更权属登记或者借用他人名义办理权属变更登记的，不影响受贿的认定。对于这种情况，从民法角度来说，只有权属变更才能认定为收受财物，即取得了对财物的所有权。但上述司法解释规定，即使没有发生权属变更，也认定为受贿，这是对民法所有权变更制度的一种突破。上述情况都必须以刑法或者司法解释有明文规定作为根据。在一般情况下，如果依据前置法是合法的行为，就不能在刑法上认定为犯罪。因此，通过转让公司股权的方式转让土地使用权的行为，不能认定为非法转让土地使用权罪。

（四）处罚

根据《刑法》第228条之规定，犯本罪的，处3年以下有期徒刑或者拘役，并处或者单处非法转让、倒卖土地使用权价额5％以上20％以下罚金；情节特别严重的，处3年以上7年以下有期徒刑，并处非法转让、倒卖土地使用权价额5％以上20％以下罚金。《刑法》第231条规定，单位犯本罪的，对单位判处罚金，并对其直接负责的主管人员和其他直接责任人员，依照个人犯罪的规定处罚。

加重处罚事由 犯非法转让、倒卖土地使用权罪而情节特别严重的，是本罪的加重处罚事由。这里的情节特别严重，根据前引《解释（九）》第2条的规定，是指具有下列情形之一：（1）非法转让、倒卖基本农田10亩以上的；（2）非法转让、倒卖基本农田以外的耕地20亩以上的；（3）非法转让、倒卖其他土地40亩以上的；（4）非法获利100万元以上的；（5）非法转让、倒卖土地接近上述数量标准并具有其他恶劣情节，如造成严重后果等。

十一、提供虚假证明文件罪

（一）概念

提供虚假证明文件罪是指承担资产评估、验资、验证、会计、审计、法律服务、保荐、安全评价、环境影响评价、环境监测等职责的中介组织的人员，故意提供虚假证明文件，情节严重的行为。

（二）构成

1. 罪体

主体 提供虚假证明文件罪的主体是承担资产评估、验资、验证、会计、审计、法律服务、保荐、安全评价、环境影响评价、环境监测等职责的中介组织的人员。根据 2015 年 10 月 27 日最高人民检察院《关于地质工程勘测院和其他履行勘测职责的单位及其工作人员能否成为刑法第二百二十九条规定的有关犯罪主体的批复》的规定，地质工程勘测院和其他履行勘测职责的单位及其工作人员在履行勘察、勘查、测绘职责过程中，故意提供虚假工程地质勘查报告等证明文件，情节严重的，依照《刑法》第 229 条第 1 款和第 231 条的规定，以提供虚假证明文件罪追究刑事责任。

行为　提供虚假证明文件罪的行为是提供虚假证明文件。

客体　提供虚假证明文件罪的客体是虚假证明文件。这里的虚假证明文件，是指提供伪造的或者内容不实的证明文件，包括有关资料、报表、数据和各种结果、结论方面的报告和材料等。

2. 罪责

提供虚假证明文件罪的罪责形式是故意。这里的故意，是指明知是虚假证明文件而有意提供的主观心理状态。

3. 罪量

提供虚假证明文件罪的罪量要素是情节严重。这里的情节严重，参照《立案追诉标准（二）》第 73 条的规定，是指涉嫌下列情形之一：（1）给国家、公众或者其他投资者造成直接经济损失数额在 50 万元以上的；（2）违法所得数额在 10 万元以上的；（3）虚假证明文件虚构数额在 100 万元以上且占实际数额 30％以上的；（4）虽未达到上述数额标准，但 2 年内因提供虚假证明文件受过 2 次以上行政处罚，又提供虚假证明文件的；（5）其他情节严重的情形。

（三）处罚

根据《刑法》第 229 条〔《刑法修正案（十一）》第 25 条〕第 1 款之规定，犯本罪的，处 5 年以下有期徒刑或者拘役，并处罚金；有下列情形之一的，处 5 年以上 10 年以下有期徒刑，并处罚金：（1）提供与证券发行相关的虚假的资产评估、会计、审计、法律服务、保荐等证明文件，情节特别严重的；（2）提供与重大资产交易相关的虚假的资产评估、会计、审计等证明文件，情节特别严重的；（3）在涉及公共安全的重大工程、项目中提供虚假的安全评价、环境影响评价等证明文件，致使公共财产、国家和人民利益遭受特别重大损失的。第2款规定，有前款行为，同时索取他人财物或者非法收受他人财物构成犯罪的，依照处罚较重的规定定罪处罚。《刑法》第231条规定，单位犯本罪的，对单位判处罚金，并对其直接负责的主管人员和其他直接责任人员，依照个人犯罪的规定处罚。

十二、出具证明文件重大失实罪

（一）概念

出具证明文件重大失实罪是指承担资产评估、验资、验证、会计、审计、法律服务、保荐、安全评价、环境影响评价、环境监测等职责的中介组织的人员，严重不负责任，出具的证明文件有重大失实，造成严重后果的行为。

（二）构成

1. 罪体

主体　出具证明文件重大失实罪的主体是承担资产评估、验资、验证、会计、审计、法律服务、保荐、安全评价、环境影响评价、环境监测等职责的中介组织的人员。根据2009年1月7日最高人民检察院《关于公证员出具公证书有重大失实行为如何适用法律问题的批复》的规定，公证员在履行公证职责过程中，严重不负责任，出具的公证书有重大失实，造成严重后果的，应以本罪论处。根据2015年10月27日最高人民检察院《关于地质工程勘测院和其他履行勘测职责的单位及其工作人员能否成为刑法第二百二十九条规定的有关犯罪主体的批复》的规定，地质工程勘测院和其他履行勘测职责的单位及其工作人员在履行勘察、勘查、测绘职责过程中，严重不负责任，出具的工程地质勘查报告等证明文件有重大失实，造成严重后果的，依照《刑法》第229条第3款和第231条的规定，以出具证明文件重大失实罪追究刑事责任。

行为　出具证明文件重大失实罪的行为是严重不负责任，出具的证明文件有重大失实。这里的重大失实，是指所出具的证明文件在内容上存在重大的不符合实际的错误或者内容虚假。

客体 出具证明文件重大失实罪的客体是有重大失实的证明文件。

结果 出具证明文件重大失实罪的结果是造成严重后果。这里的造成严重后果，参照《立案追诉标准（二）》第74条的规定，是指涉嫌下列情形之一：（1）给国家、公众或者其他投资者造成直接经济损失数额在100万元以上的；（2）其他造成严重后果的情形。

2. 罪责

出具证明文件重大失实罪的罪责形式是过失。这里的过失，是指应当预见到出具失实的证明文件可能造成严重后果，因为疏忽大意而没有预见，或者已经预见而轻信能够避免，以致发生这种结果的主观状态。

（三）处罚

根据《刑法》第229条［《刑法修正案（十一）》第25条］第3款之规定，犯本罪的，处3年以下有期徒刑或者拘役，并处或者单处罚金。《刑法》第231条规定，单位犯本罪的，对单位判处罚金，并对其直接负责的主管人员和其他直接责任人员，依照个人犯罪的规定处罚。

十三、逃避商检罪

（一）概念

逃避商检罪是指违反进出口商品检验法的规定，逃避商品检验，将必须经商检机构检验的进口商品未报经检验而擅自销售、使用，或者将必须经商检机构检验的出口商品未报经检验合格而擅自出口，情节严重的行为。

（二）构成

1. 罪体

行为 逃避商检罪的行为是逃避商检。这里的逃避商检，根据刑法规定，是指以下两种情形：（1）将必须经商品检验机构检验的进口商品未报经检验而擅自销售、使用；（2）将必须经商检机构检验的出口商品未报经检验合格而擅自出口。

客体　逃避商检罪的客体是商检。这里的商检，是指进出口商品的检验。

2. 罪责

逃避商检品的罪责形式是故意。这里的故意，是指明知是逃避商检的行为而有意实施的主观心理状态。

3. 罪量

逃避商检罪的罪量要素是情节严重。这里的情节严重，参照《立案追诉标准（二）》第75条的规定，是指涉嫌下列情形之一：（1）给国家、单位或者个人造成直接经济损失数额在50万元以上的；（2）逃避商检的进出口货物货值金额在300万元以上的；（3）导致病疫流行、灾害事故的；（4）多次逃避商检的；（5）引起国际经济贸易纠纷，严重影响国家对外贸易关系，或者严重损害国家声誉的；（6）其他情节严重的情形。

（三）处罚

根据《刑法》第230条之规定，犯本罪的，处3年以下有期徒刑或者拘役，并处或者单处罚金。《刑法》第231条规定，单位犯本罪的，对单位判处罚金，并对其直接负责的主管人员和其他直接责任人员，依照个人犯罪的规定处罚。

第三十一章
侵犯公民人身权利、民主权利罪

第一节　侵犯公民人身权利、民主权利罪概述

一、概念

侵犯公民人身权利、民主权利罪是指故意或者过失地侵犯公民的人身权利、民主权利以及其他权利，情节严重的行为。

二、罪名

侵犯公民人身权利、民主权利罪是《刑法》分则第四章规定之罪，原《刑法》从第 232 条至第 262 条共 31 个条文，规定了 35 个罪名。此外，《刑法修正案（四）》第 4 条增设了第 244 条之一，补充规定了 2 个罪名；《刑法修正案（六）》第 17 条增设了第 262 条之一，补充规定了 1 个罪名；《刑法修正案（七）》

第 7 条和第 8 条增设了第 253 条之一、第 262 条之二，补充规定了 3 个罪名；《刑法修正案（八）》第 37 条增设了第 234 条之一，补充规定了 1 个罪名；《刑法修正案（九）》第 17 条将第 253 条之一的 2 个罪名修改为 1 个罪名，第 19 条增设了第 260 条之一，补充规定了 1 个罪名；《刑法修正案（十一）》第 27 条增设了第 236 条之一，补充规定了 1 个罪名。本章共计 43 个罪名，这些罪名是：（1）故意杀人罪；（2）过失致人死亡罪；（3）故意伤害罪；（4）组织出卖人体器官罪；（5）过失致人重伤罪；（6）强奸罪；（7）负有照护职责人员性侵罪；（8）强制猥亵、侮辱罪①；（9）猥亵儿童罪；（10）非法拘禁罪；（11）绑架罪；（12）拐卖妇女、儿童罪；（13）收买被拐卖的妇女、儿童罪；（14）聚众阻碍解救被收买的妇女、儿童罪；（15）诬告陷害罪；（16）强迫劳动罪②；（17）雇用童工从事危重劳动罪；（18）非法搜查罪；（19）非法侵入住宅罪；（20）侮辱罪；（21）诽谤罪；（22）刑讯逼供罪；（23）暴力取证罪；（24）虐待被监管人罪；（25）煽动民族仇恨、民族歧视罪；（26）出版歧视、侮辱少数民族作品罪；（27）非法剥夺公民宗教信仰自由罪；（28）侵犯少数民族风俗习惯罪；（29）侵犯通信自由罪；（30）私自开拆、隐匿、毁弃邮件、电报罪；（31）侵犯公民个人信息罪③；（32）报复陷害罪；（33）打击报复会计、统计人员罪；（34）破坏选举罪；（35）暴力干涉婚姻自由罪；（36）重婚罪；（37）破坏军婚罪；（38）虐待罪；（39）虐待被监护、看护人罪；（40）遗弃罪；（41）拐骗儿童罪；（42）组织残疾人、儿童乞讨罪；（43）组织未成年人进行违反治安管理活动罪。

---

①　最高人民法院、最高人民检察院 2015 年 10 月 30 日《关于执行〈中华人民共和国刑法〉确定罪名的补充规定（六）》，取消强制猥亵、侮辱妇女罪罪名，修改为强制猥亵、侮辱罪。

②　最高人民法院、最高人民检察院 2011 年 4 月 27 日《关于执行〈中华人民共和国刑法〉确定罪名的补充规定（五）》，取消了强迫职工劳动罪罪名，修改为强迫劳动罪。

③　最高人民法院、最高人民检察院 2015 年 10 月 30 日《关于执行〈中华人民共和国刑法〉确定罪名的补充规定（六）》，取消出售、非法提供公民个人信息罪和非法获取公民个人信息罪罪名，修改为侵犯公民个人信息罪。

三、法定刑

侵犯公民人身权利、民主权利罪的法定最高刑是死刑，共有 5 个死刑罪名。其他罪名规定了无期徒刑、有期徒刑、拘役和管制，以及罚金、没收财产和剥夺政治权利。

第二节　侵犯公民人身权利、民主权利罪分述

一、故意杀人罪

（一）概念

故意杀人罪是指故意地非法剥夺他人生命的行为。

（二）构成

1. 罪体

行为　故意杀人罪的行为是杀人，即非法剥夺他人的生命。刑法对杀人的方法并没有加以限制，因此无论采取何种方法，只要非法剥夺他人生命，均系杀人行为。杀人行为在一般情况下表现为作为，在个别情况下也可以由不作为构成。例如出于杀人的故意，母亲不给婴儿喂养致其死亡的，就是由不作为构成的故意杀人罪。

客体　故意杀人罪的客体是人，侵犯的是人的生命权。人的生命始自出生，终于死亡。关于人的出生，一般采用胎儿从母体分离出来能够独立呼吸的标准。在此之前母体腹中的胎儿不是刑法意义上的人，因此伤害或者杀害怀孕的妇女，致使流产或者胎死腹中的情形，只能视为是对母体的伤害或者杀害，对胎儿来说则不存在杀人的问题。关于人的死亡，传统的观点是采用心跳停止的标准，即以人的心脏不可逆转地停止跳动（心跳、脉搏和呼吸停止）为死亡的标准。而目前

医学界逐渐采用脑死亡的标准，以人脑（包括大脑、小脑、脑干）处于不可逆转的深度昏迷，即全部功能不可恢复地完全消失作为死亡的标准。刑法并未对人的死亡标准作出明文规定，医学上通行的死亡标准即视为刑法上的死亡标准。根据脑死亡的标准，一个人经医学判断为脑死亡，即使仍有心跳和呼吸，也视为已经死亡。因此，撤除维持其心跳和呼吸的医疗器械，使其停止心跳和呼吸，不能视为杀人行为。

结果　故意杀人罪的结果是他人死亡。

2. 罪责

故意杀人罪的罪责形式是故意。这里的故意，是指明知自己的行为是非法剥夺他人生命的行为而有意实施的主观心理状态。故意杀人罪，既可以由直接故意构成，也可以由间接故意构成。直接故意杀人，往往存在杀人动机。杀人动机是多种多样的，常见的有报复杀人、图财杀人、奸情杀人、义愤杀人等。动机不影响故意杀人罪的成立，可在量刑时予以适当考虑。

（三）认定

1. 安乐死

安乐死是否属于罪体排除事由，这是一个在故意杀人罪的认定中首先需要研究的问题。安乐死是指病人患有痛苦难以忍受、无法治愈的疾病，并且濒临死亡，为减轻其死亡前的痛苦，基于病人本人请求或其近亲属同意，采取适当方法，使其无痛苦地死亡的行为。在安乐死的情况下，病人虽然濒临死亡但毕竟没有死亡，通过安乐死致其死亡。显然，安乐死在本质上是一种故意杀人行为。当然，安乐死杀人与一般杀人在性质上有所不同：安乐死杀人主观上是为减轻病人临死前的痛苦，客观上是经病人本人请求或其近亲属同意，而一般杀人不具有上述特征。安乐死是否构成故意杀人罪，关键在于法律是否允许安乐死，即安乐死是否合法化。目前世界上要求安乐死合法化的呼声越来越高，但只有荷兰真正实现了安乐死的合法化。我国目前对消极安乐死，即为使病人无痛苦地提早死亡，经病人本人请求或者近亲属同意，采取放弃治疗、撤除维持生命的医疗器械或者其他方法，致其死亡的行为，并不按照故意杀人罪处理。而对于积极安乐死，即为使病人无痛苦地提早死亡，经病人本人请求或者近亲属同意，采取注射针剂、服用药物或者其他方法，致人死亡的行为，一般仍作为故意杀人罪处理，只是考虑到安乐死的可宽恕性，可以在量刑时予以宽大处理。

2. 自杀相关行为

自杀是基于本人意愿而结束生命，因而自杀与杀人在性质上截然不同，杀人是他杀。但在认定故意杀人罪的时候，如何区分故意杀人罪与自杀相关行为的界限，是一个值得研究的问题。

（1）教唆自杀

教唆自杀是指故意采用引诱、怂恿、欺骗等方法，使他人产生自杀意图并进而实行自杀的行为。在教唆自杀的情况下，他人本无自杀之心，在教唆人的唆使下使之产生自杀意图并进而实施自杀行为。显然，自杀的教唆者主观上具有使他人死亡的意图，但在客观上他人毕竟是自杀而死，因此，教唆自杀不能直接等同于故意杀人。在刑法没有明文规定的情况下，不宜作为故意杀人罪处理。

（2）帮助自杀

帮助自杀是指在他人已有自杀意图的情况下，帮助他人实现自杀意图的行为。这里的帮助他人实现自杀意图，存在以下两种情形：一是为他人自杀提供便利条件，例如提供针剂、药物或者其他自杀工具，而自杀行为是他人本人实行的。在这种情况下，尽管帮助行为与自杀之间具有因果关系，也不能按照故意杀人罪处理。二是基于自杀者的要求，对自杀者实施了杀人行为，使其实现自杀。这是一种受托杀人，尽管对自杀者来说这是一种自杀，但对于帮助者来说这是一种杀人，因而是帮助自杀与杀人的想象竞合。在这种情况下，即使有自杀者的承诺，也不能成为杀人者免责的事由，对此仍应按照故意杀人罪处理。

（3）相约自杀

相约自杀是指两人以上相互约定自愿共同自杀的行为。如果相约自杀者在自杀中均已死亡，当然不存在刑事责任问题。如果相约自杀者各自自杀，他人已死，其中一人自杀未遂，对自杀未遂者也不能追究刑事责任。如果相约自杀，由一人将他人杀死，本人却因反悔而未自杀或自杀未遂，对自杀未遂者应以故意杀人罪追究刑事责任。

（4）致人自杀

致人自杀是指由于某种原因引起他人自杀的行为。例如暴力干涉婚姻自由、强奸、虐待或者争吵、轻微殴打等引起被害人自杀。在这种情况下，不应认定为故意杀人罪。如果引起他人自杀的行为构成犯罪的，可以按照有关犯罪处理，并将自杀作为致人死亡的情形在量刑时予以考虑。如果引起他人自杀的行为不构成犯罪的，不应追究刑事责任。

（5）逼迫自杀

逼迫自杀是指利用权势或者经济、亲属关系上的优势，故意迫使他人自杀的行为。这种情况下，自杀并非死者所愿，因此名为自杀实则杀人，这是一种借被害人之手杀被害人的情形，应以故意杀人罪处理。在认定这种逼迫自杀行为的时候，要查明逼迫的程度及其与自杀之间的因果关系，并且还要查明逼迫者主观上的杀人故意。

3. 故意杀人罪与以放火等危险方法危害公共安全犯罪的区分

如前所述，刑法对杀人方法并无限制，因而以放火等方法杀害他人的，同样也可以构成故意杀人罪。但由于我国刑法中关于以放火等危险方法危害公共安全犯罪包含故意杀人的内容，因而就存在两者如何正确区分的问题。我认为，应以放火等方法是否危害公共安全作为区分标准。如果放火等方法不足以危害公共安全，例如基于杀人故意在偏僻之处焚烧独户房屋致使他人死亡的，应定故意杀人罪。否则，就应定危害公共安全罪。因为在以放火等方法杀人足以危害公共安全的情况下，上述危害公共安全罪与故意杀人罪之间存在着整体法与部分法的法条竞合关系，应以整体法规定之罪，即危害公共安全罪论处。

（四）处罚

根据《刑法》第 232 条之规定，犯本罪的，处死刑、无期徒刑或者 10 年以上有期徒刑；情节较轻的，处 3 年以上 10 年以下有期徒刑。

减轻处罚事由　犯故意杀人罪而情节较轻的，是本罪的减轻处罚事由。这里的情节较轻，是指防卫过当杀人、义愤杀人、因受被害人长期迫害而杀人等。

二、过失致人死亡罪

（一）概念

过失致人死亡罪是指由于过失而引起他人死亡的行为。

（二）构成

1. 罪体

行为　过失致人死亡罪的行为是致人死亡。这里的致人死亡，是指由于过失行为而引起他人死亡。刑法对过失致人死亡的方法并无限制，但如果其方法行为构成其他犯罪的，应以其他犯罪处理。

客体　过失致人死亡罪的客体是人，侵犯的是人的生命权。

结果　过失致人死亡罪的结果是他人死亡。

2. 罪责

过失致人死亡罪的罪责形式是过失。这里的过失，是指应当预见自己的行为可能发生致人死亡的结果，由于疏忽大意而没有预见，或者已经预见而轻信能够避免，以致发生他人死亡结果的主观心理状态。

（三）认定

1. 过失致人死亡罪与故意杀人罪的区分

过失致人死亡罪与故意杀人罪在客观上都造成了他人死亡的结果，两者的根本区分在于主观心理状态：过失致人死亡罪是由于过失行为致使他人死亡，故意杀人罪是由于故意行为致使他人死亡。这里过失致人死亡与故意杀人的区分，关键在于对他人死亡结果是希望或者放任，还是疏忽大意或者过于自信。

2. 过失致人死亡罪与意外事件的区分

意外事件，在客观上也可能造成他人死亡的结果，但行为人主观上既无故意又无过失，而是由于不能预见的原因所引起的。过失致人死亡罪与意外事件的区分，对于疏忽大意的过失致人死亡的认定具有重要意义。在疏忽大意过失致人死亡的情况下，区分的关键是行为人对于致人死亡的结果是否应当预见：如果应当预见就是过失致人死亡；如果不应当预见，就是由于不能预见的原因所引起的意外事件。

3. 过失致人死亡罪与包含过失致人死亡的其他犯罪的区分

《刑法》第233条规定："本法另有规定的，依照规定。"这是关于过失致人死亡罪与包含过失致人死亡的其他犯罪之间法条竞合的法律适用原则的引导性规定。根据这一规定，其他罪名中包含过失致人死亡内容的，例如失火罪、过失投放危险物质罪、过失爆炸罪以及交通肇事罪等犯罪中都包含过失致人死亡。在这种情况下，过失致人死亡罪是部分法，而上述包含过失致人死亡的犯罪是整体法，根据整体法优于部分法的原则，应以上述其他犯罪论处。

（四）处罚

根据《刑法》第233条之规定，犯本罪的，处3年以上7年以下有期徒刑；情节较轻的，处3年以下有期徒刑。

减轻处罚事由　犯过失致人死亡罪而情节较轻的，是本罪的减轻处罚事由。这里的情节较轻，是指手段不恶劣，被害人有过错，犯罪后积极采取救治措施或者有其他较轻情节的等。

三、故意伤害罪

（一）概念

故意伤害罪是指故意非法损害他人身体健康的行为。

（二）构成

1. 罪体

行为　故意伤害罪的行为是非法损害他人身体健康。这里的损害他人身体健康，是指损害人体组织的完整或者破坏人体器官的正常功能。刑法对伤害方法并无限制，无论采取何种方法，只要损害他人身体健康，即应认定为伤害行为。

客体　故意伤害罪的客体是他人身体，侵犯的是身体健康权。

结果　故意伤害罪的结果是造成对他人健康的损害。刑法根据伤害后果不同，分为轻伤、重伤与伤害致人死亡三种情形。因此，故意伤害罪必须造成轻伤以上结果。根据 2013 年 8 月 30 日最高人民法院、最高人民检察院、公安部、国家安全部、司法部《人体损伤程度鉴定标准》的规定，重伤使人肢体残废、毁人容貌、丧失听觉、丧失视觉、丧失其他器官功能或者其他对于人身健康有重大伤害的损伤，包括重伤一级和重伤二级。轻伤使人肢体或者容貌损害，听觉、视觉或者其他器官功能部分障碍或者其他对于人身健康有中度伤害的损伤，包括轻伤一级和轻伤二级。

2. 罪责

故意伤害罪的罪责形式是故意。这里的故意，是指明知自己的伤害行为会造成他人身体健康损害的结果，并且希望或者放任这种结果发生的主观心理状态。应当指出，在故意伤害致人死亡的情况下，行为人对伤害是故意的，但对于死亡却都是过失的，在刑法理论上称为结果加重犯。在认定故意伤害致人死亡的时候，不仅要查明行为人对伤害的故意，还应当查明行为人对于死亡结果的过失。在单独犯罪的情况下，行为人基于伤害故意实施了伤害行为但造成他人死亡的，只要这种死亡结果是伤害行为造成的，一般都应认定行为人对于死亡结果主观上具有过失。但在教唆或帮助他人实施故意伤害的情况下，他人造成了伤害致人死亡的结果，只有在查明教唆或者帮助者对于死亡结果主观上具有过失的情况下，才能对死亡结果承担刑事责任。否则，死亡结果应当视为实行过限。在共同实行犯中也是如此。二人以上共同进行故意伤害，其中一人致人死亡的，他人只有在对死亡结果存在过失的情况下才负刑事责任。

（三）认定

1. 故意伤害罪与故意杀人（未遂）罪的区分

故意伤害罪与故意杀人（未遂）罪在客观上都造成了他人身体健康损害的结果，两者的区分主要在于故意的内容不同：故意伤害罪具有伤害的故意，而故意杀人（未遂）罪则具有杀人的故意，只是由于犯罪分子意志以外的原因未得逞而已。因此，在司法实践中，应当根据主观故意的内容区分上述两种性质不同的犯罪。

2. 故意伤害（致人死亡）罪与故意杀人罪的区分

故意伤害（致人死亡）罪与故意杀人罪在客观上都造成了他人死亡的结果，两者的区分主要在于主观心理状态的不同：在故意伤害致人死亡的情况下，行为人只有伤害故意，致人死亡是过失所致。而在故意杀人的情况下，行为人具有杀人故意，对于他人死亡的结果是希望或者放任其发生的。

3. 故意伤害（致人死亡）罪与过失致人死亡罪的区分

故意伤害（致人死亡）罪与过失致人死亡罪在客观上都造成了他人死亡的结果，并且对于他人死亡的结果主观上都是过失的，区分的关键在于：在故意伤害致人死亡的情况下，致人死亡结果是由故意伤害行为所致。而在过失致人死亡的情况下，致人死亡是非伤害行为所致。因此，应当根据致人死亡的行为是否为故意伤害行为对上述两种性质不同的犯罪加以区分。在司法实践中，经常出现推人一把或者打人一拳，他人倒地因头部磕在石块或者其他硬物上而导致死亡的情形。在这种情况下，不能因为推人或者打人是故意的，就定为故意伤害（致人死亡）罪。因为推人或者打人虽然是故意的，但并未构成伤害，因而应以过失致人死亡罪论处。

4. 故意伤害罪与包含故意伤害内容的其他犯罪的区分

《刑法》第234条第2款规定，本法另有规定的，依照规定。我国刑法分则大量的犯罪都包含了故意伤害的内容，可以分为两种情形：一是以暴力为手段的犯罪，这里的暴力都包括轻伤害，至于是否包括重伤害要根据其法定刑而定。二是以致人重伤为结果的犯罪，在某些情况下包括故意重伤害。在上述情况下，故意伤害罪与其他犯罪之间存在法条竞合关系。故意伤害罪是部分法，其他包含故意伤害内容的犯罪是整体法，应根据整体法优于部分法的原则以其他犯罪论处。

（四）处罚

根据《刑法》第234条第1款之规定，犯本罪的，处3年以下有期徒刑、拘役或者管制。第2款规定，犯本罪，致人重伤的，处3年以上10年以下有期徒刑；致人死亡或者以特别残忍手段致人重伤造成严重残疾的，处10年以上有期徒刑、无期徒刑或者死刑。

加重处罚事由　犯故意伤害罪而致人重伤的，是本罪的加重处罚事由。这里的重伤，根据《刑法》第95条的规定，是指具有下列情形之一：（1）使人肢体残废或者毁人容貌的；（2）使人丧失听觉、视觉或者其他器官机能的；（3）其他对于人身健康有重大伤害的。2013年8月30日司法部、最高人民法院、最高人民检察院、公安部、国家安全部、司法部《人体损伤程度鉴定标准》为认定重伤提供了具体标准。

特别加重处罚事由　犯故意伤害罪而致人死亡或者以特别残忍手段致人重伤造成严重残疾的，是本罪的特别加重处罚事由。这里的特别残忍手段，是指采取朝人面部泼镪水、用刀划伤面部等方法毁人容貌，挖人眼睛，砍掉双脚等特别残忍手段。这里的严重残疾，根据1999年10月27日《全国法院维护农村稳定刑事审判工作座谈会纪要》的规定，是指下列情形之一：被害人身体器官大部缺损、器官明显畸形、身体器官有中等功能障碍、造成严重并发症等。残疾程度可以分为一般残疾（10至7级）、严重残疾（6至3级）、特别严重残疾（2至1级），6级以上视为严重残疾。在有关司法解释出台前，可统一参照1996年国家技术监督局发布的《职工工伤与职业病致残程度鉴定标准》确定残疾等级。故意伤害致人重伤造成严重残疾，只有犯罪手段特别残忍，后果特别严重的，才能考虑适用死刑（包括死刑缓期 2 年执行）。

四、组织出卖人体器官罪

（一）概念

组织出卖人体器官罪是指组织他人出卖人体器官的行为。

（二）构成

1. 罪体

行为　组织出卖人体器官罪的行为是组织出卖人体器官。这里的组织，是指以发起、策划、拉拢、安排等方式组织他人出卖人体器官。

客体　组织出卖人体器官罪的客体是他人出卖人体器官。

2. 罪责

组织出卖人体器官罪的罪责形式是故意。这里的故意，是指明知是组织出卖人体器官的行为而有意实施的主观心理状态。

（三）认定

1. 组织出卖人体器官罪与非法摘取人体器官行为的区分

非法摘取人体器官是指未经本人同意摘取其器官，或者摘取不满 18 周岁的人的器官。因此，这里的非法摘取，是指违反国家规定，非医学治疗需要地摘取人体器官。根据《刑法》第 234 条之一第 2 款的规定，非法摘取人体器官行为根据不同情节，应当分别以故意伤害罪或故意杀人罪论处。组织出卖人体器官罪与上述非法摘取人体器官行为的区别就在于：前者通常是在他人自愿的情况下组织出卖人体器官，因而是人体器官的非法交易行为。而后者是在未经他人同意的情况下摘取人体器官，是一种对他人人身的侵害行为。至于不满 18 周岁的人，为体现法律的特殊保护，不论其本人是否同意，只要是非医学救治的需要而摘取其器官，就视为对其人身的侵害行为。因此，本罪与非法摘取人体器官行为存在性质上的区别。

2. 组织出卖人体器官罪与强迫、欺骗他人捐献器官行为的区分

强迫、欺骗他人捐献器官是指采取强迫、欺骗的手段，使他人在受到胁迫或者受到蒙骗的情况下捐献器官。强迫、欺骗他人捐献器官行为虽有捐献之名，实际上也是非法摘取他人器官，构成对他人人身的侵害。根据《刑法》第234条之一第2款的规定，强迫、欺骗他人捐献器官行为，根据不同情节，应当分别以故意伤害罪或者故意杀人罪论处。组织出卖人体器官罪与上述强迫、欺骗他人捐献器官行为的区别就在于：是组织他人出卖人体器官还是强迫、欺骗他人捐献人体器官。捐献人体器官是无偿地捐赠人体器官，如果这种捐献是他人自愿的，则是合法的；如果采取强迫、欺骗手段使他人捐献人体器官，这种捐献人体器官并非完全自愿，则是非法的，应以犯罪论处。但这种行为与组织出卖人体器官罪还是存在性质上的区别的，因为前者并没有组织出卖人体器官。

3. 组织出卖人体器官罪与非法摘取尸体器官行为的区分

非法摘取尸体器官是指违背本人生前意愿，摘取其尸体器官，或者本人生前未表示同意，违反国家规定，违背其近亲属意愿摘取其尸体器官。这种行为对死者尸体的完整性造成了破坏，是对死者的人格尊严的亵渎，也给死者近亲属带来痛苦和伤害。根据《刑法》第234条之一第3款的规定，对于这种非法摘取尸体器官的行为，应以侮辱尸体罪论处。组织出卖人体器官罪与上述非法摘取尸体器官行为也是有所不同的，前者是组织他人出卖人体器官，而后者是非法摘取尸体器官。

（四）处罚

根据《刑法》第234条之一第1款［《刑法修正案（八）》第37条第1款］之规定，犯本罪的，处5年以下有期徒刑，并处罚金；情节严重的，处5年以上有期徒刑，并处罚金或者没收财产。

加重处罚事由 犯组织出卖人体器官罪而情节严重的，是本罪的加重处罚事由，这里的情节严重，是指多次组织他人出卖人体器官，获利数额较大，或者有其他严重情节。

五、过失致人重伤罪

（一）概念

过失致人重伤罪是指过失伤害他人身体，致人重伤的行为。

（二）构成

1. 罪体

行为　过失致人重伤罪的行为是造成他人重伤。

客体　过失致人重伤罪的客体是他人身体，侵犯的是身体健康权。

结果　过失致人重伤罪的结果是他人重伤。

2. 罪责

过失致人重伤罪的罪责形式是过失。这里的过失，是指应当预见到自己的行为可能造成他人重伤的结果，因为疏忽大意而没有预见，或者已经预见而轻信能够避免，以致发生重伤结果的主观心理状态。

（三）处罚

根据《刑法》第 235 条之规定，犯本罪的，处 3 年以下有期徒刑或者拘役。

六、强奸罪①

（一）概念

强奸罪是指使用暴力、胁迫或者其他手段，违背妇女意志，强行与妇女发生性关系，或者奸淫不满 14 周岁的幼女的行为。

（二）构成

1. 罪体

主体　强奸罪的主体是男性，妇女不可能成为强奸罪的正犯，但可以成为强

---

①　根据 1997 年 12 月 11 日最高人民法院《关于执行〈中华人民共和国刑法〉确定罪名的规定》，强奸罪与奸淫幼女罪是两个独立罪名。2002 年 3 月 26 日最高人民法院、最高人民检察院《关于执行〈中华人民共和国刑法〉确定罪名的补充规定》则取消了奸淫幼女罪罪名，统称强奸罪。

奸罪的共犯，即教唆犯或者帮助犯。

行为　强奸罪的行为有两种情形：一是强奸妇女，二是奸淫幼女，现分述如下：

（1）强奸妇女行为。强奸妇女行为是指使用暴力、胁迫或者其他手段，强行与妇女发生性关系。因此，强奸妇女行为可以分为手段行为与目的行为。手段行为是使用暴力、胁迫或者其他手段。这里的暴力，是指对被害妇女采用殴打、捆绑、卡脖子、按倒等危害人身安全和人身自由，使妇女不敢抗拒的手段。胁迫，是指对被害妇女进行威胁、恫吓，达到精神上的强制，使妇女不敢反抗的手段。例如，扬言行凶报复、揭发隐私、加害亲属等相威胁，利用迷信进行恐吓、欺骗，利用教养关系、从属关系、职权以及孤立无援的环境条件，进行挟制、迫害等，使妇女忍辱屈从，不敢反抗。其他手段，是指利用暴力、胁迫以外的，使被害妇女不知抗拒或者无法抗拒的手段。例如，利用妇女患病或者熟睡之机进行奸淫，利用醉酒、药物麻醉、药物刺激等方法对妇女进行奸淫，利用或者假冒治病对妇女进行奸淫等。目的行为是强行与妇女发生性关系。正由于行为人采取了上述强制手段，因而这种性交是违背妇女意志的，构成强奸。

（2）奸淫幼女行为。奸淫幼女行为是指与不满 14 周岁的幼女发生性关系。奸淫幼女，刑法并不要求行为人使用暴力、胁迫或者其他手段。因为不满 14 周岁的幼女身心发育尚不成熟，缺乏辨别和反抗的能力，没有性承诺能力，无论被害幼女是否同意，与之发生性关系即以强奸论。这里的以强奸论，是推定为强奸或者准强奸之意。在刑法理论上，亦称为法定强奸。

客体　强奸罪的客体分别是妇女与幼女。强奸妇女的客体是妇女，奸淫幼女的客体是幼女。这里的幼女，是指不满 14 周岁的幼女。

2. 罪责

强奸罪的罪责形式是故意。这里的故意，是指明知是强奸妇女或者奸淫幼女的行为而有意实施的主观心理状态。关于奸淫幼女行为构成的强奸罪，行为人主观上是否必须明知奸淫对象是不满 14 周岁的幼女，在刑法理论上存在争论。第一种观点认为，刑法并未规定只有明知不满 14 周岁的幼女而与之发生性关系的才构成本罪，因此本罪主观上不要求明知，只要与不满 14 周岁的幼女发生性交即构成本罪。个别学者还认为，本罪属于严格责任。第二种观点认为，虽然刑法没有规定以明知为条件，但从法理上说，如果不知是不满 14 周岁的幼女，就不存在奸淫幼女的故意。因此，本罪的构成要求行为人主观上对不满 14 周岁幼女的明知。我赞同上述第二种观点，但这里的明知并不能等同于确知，包括已经知道与推定知道。但在确实不知的情况下，不能构成本罪。例如，根据幼女早熟、身材高大等特征以及幼女本人谎报年龄，确实认为其不是幼女，主动要求或在幼女的主动要求下双方自愿发生性关系，不能认定为强奸罪。对此，2003 年 1 月 17 日最高人民法院发布了《关于行为人不明知是不满十四周岁的幼女双方自愿发生性关系是否构成强奸罪问题的批复》（现已失效），该批复明确规定："行为人明知是不满十四周岁的幼女而与其发生性关系，不论幼女是否自愿，均应依照刑法第二百三十六条第二款的规定，以强奸罪定罪处罚；行为人确实不知对方是不满十四周岁的幼女，双方自愿发生性关系，未造成严重后果，情节显著轻微的，不认为是犯罪。"由此可见，该司法解释确认了奸淫幼女构成强奸罪应以明知对方是不满 14 周岁的幼女为条件。关于如何认定这里的明知，2013 年 10 月 23 日最高人民法院、最高人民检察院、公安部、司法部发布的《关于依法惩治性侵害未成年人犯罪的意见》（以下简称《意见（一）》）第 19 条规定："知道或者应当知道对方是不满十四周岁的幼女，而实施奸淫等性侵害行为的，应当认定行为人'明知'对方是幼女。对于不满十二周岁的被害人实施奸淫等性侵害行为的，应当认定行为人'明知'对方是幼女。对于已满十二周岁不满十四周岁的被害人，从其身体发育状况、言谈举止、衣着特征、生活作息规律等观察可能是幼女，而实施奸淫等性侵害行为的，应当认定行为人'明知'对方是幼女。"这一规定为正确认定不满 14 周岁的幼女提供了根据，对于正确认定幼女年龄具有重要指导意义。

（三）认定

1. 性交的界定

强奸是指强行与妇女发生性关系，这里的性关系就是性交。

我国刑法未对性交作出明文规定，但在刑法理论上认为性交是指男女性器官的交合。从其他国家或者地区刑法中的性交概念来看，存在不同理解。例如日本刑法中的性交，也称奸淫，是指男性阴茎插入女性阴道。[①] 可见，日本刑法中的性交与我国刑法中的性交的含义基本相同。以上性交定义，除了传统男女性器官交合的性交内容以外，还包括了同性之间的性交，甚至包括了异性之间性器官交合以外的猥亵行为，例如手淫、口交等色情行为。由于我国刑法在强奸罪以外还规定了强制猥亵罪，为使上述两罪区分，强奸罪中的性交应当限于男女之间性器官的交合。此外，我国《刑法》分则第六章第八节规定了组织、强迫、引诱、容留、介绍卖淫罪，这里涉及对卖淫的理解。卖淫是指为获取物质报酬，以交换的方式有偿地与他人发生性交的活动。因此，在卖淫中也涉及性交的概念。那么，卖淫中的性交概念与强奸罪中的性交概念是否必须保持一致呢？在通常情况下，《刑法》中的性交应当具有同一性。然而，目前我国《刑法》并未规定法定的性交概念，因而在不同的罪名中对性交的理解有所不同。例如，在我国司法实践认定卖淫的时候，将性交分为接触性性交和进入式性交，认为在目前情况下，不能将刑法意义上的卖淫局限于性器官结合的狭义性交，对于狭义性交之外的肛交、口交等进入式的性行为，也应当依法认定为刑法意义上的卖淫。

2. 强奸与通奸的区分

通奸是指有配偶的男女双方之间或者已有配偶的一方与他人之间，自愿发生两性关系的行为。通奸不是犯罪，它与强奸存在本质上的不同，两者不可混为一谈。根据 1984 年 4 月 26 日最高人民法院、最高人民检察院、公安部《关于当前

---

① 西田典之. 日本刑法各论：第 6 版. 王昭武，刘明祥，译. 北京：法律出版社，2013：92.

办理强奸案件中具体应用法律的若干问题的解答》（以下简称《解答》）第 3 条第 2 项的规定，在区分强奸与通奸的时候，应当注意以下四点：（1）有的妇女与人通奸，一旦翻脸，关系恶化，或者事情暴露后，怕丢面子，或者为推卸责任、嫁祸于人等情况，把通奸说成强奸的，不能定为强奸罪。在办案中，对于所谓半推半就的问题，要对双方平时的关系如何，性行为是在什么环境和情况下发生的，事情发生后女方的态度怎样，又在什么情况下告发等事实和情节，认真审查清楚，作全面的分析，不是确系违背妇女意志的，一般不宜按强奸罪论处。如果确系违背妇女意志的，以强奸罪惩处。（2）第一次性行为违背妇女的意志，但事后并未告发，后来女方又多次自愿与该男子发生性行为的，一般不宜以强奸罪论处。（3）犯罪分子强奸妇女后，对被害妇女实施精神上的威胁，迫使其继续忍辱屈从的，应以强奸罪论处。（4）男女双方先是通奸，后来女方不愿继续通奸，而男方纠缠不休，并以暴力或以败坏名誉等进行胁迫，强行与女方发生性行为的，以强奸罪论处。

3. 奸淫女精神病患者和女痴呆症患者行为的定性

女精神病患者和女痴呆症患者由于患有某种精神疾病，使其存在一定程度的精神障碍，从而导致其正常表达能力减弱甚至丧失。因此，这种女精神病患者和女痴呆症患者与正常妇女是有所不同的，她们缺乏性承诺能力，刑法应予特殊保护。前引《解答》第 1 条规定："明知妇女是精神病患者或者痴呆者（程度严重的）而与其发生性行为的，不管犯罪分子采取什么手段，都应以强奸罪论处。与间歇性精神病患者在未发病期间发生性行为，妇女本人同意的，不构成强奸罪。"根据这一规定，奸淫女精神病患者和女痴呆症患者构成强奸罪的条件是：（1）女精神病患者和女痴呆症患者必须是丧失辨认或者控制自己行为的能力，即缺乏性承诺能力。女精神病患者在精神病发作期间丧失辨认或者控制自己行为的能力，对其奸淫的可构成强奸罪。而如果是患有间歇性精神病的妇女在未发病期间或者尚未完全丧失辨认或者控制自己行为能力的以及精神病已基本痊愈的情况下，基于本人意愿而与之发生性行为的，不能以强奸论处。女痴呆症患者，则应考虑其智能障碍的严重程度。我国对精神发育不全患者，按照智能障碍的严重程度分为三类：一是白痴，为重度智能缺损；二是痴愚，为中度智能缺损；三是愚鲁（鲁钝），为轻度智能缺损。在上述三类情形中，前两类人的共同特征是：不能正确表达意志，不能明辨是非，甚至生活不能自理。最后一类人则尚有一定的意志能力和独立自理生活能力。因此，只有明知妇女是不能正确表达自己意志的痴呆症患者（白痴或者痴愚）而非法与其发生性行为的，不论行为人采取什么手段，被害人是否同意，均视为违背妇女意志，应以强奸罪论处。（2）行为人必须明知是丧失辨认或者控制自己行为能力的女精神病患者或者女痴呆症患者。这里的明知，包括已经知道和推定知道。如果行为人确实不知道妇女是青春型精神病患者（俗称"花痴"），将女方的挑逗、追逐等病态反应误认为是作风、品质不好，在女方的勾引下与之发生性行为的，一般不宜以强奸罪论处。

4. 强奸既遂与未遂的认定标准

关于强奸既遂与未遂的认定标准，应区分强奸妇女与奸淫幼女两种情形分别考察。对于强奸妇女，在刑法理论上一般采插入说，以此作为区分强奸妇女既遂与未遂的标准。而对于奸淫幼女，则采接触说。根据前引《解答》第 6 条规定："只要双方生殖器接触，即应视为奸淫既遂。"

5. 婚内强奸行为的定性

婚内强奸行为是否构成强奸罪，是在刑法理论上存在争论的一个问题。对此，我国刑法学界存在以下两种观点：第一种观点认为，强奸罪的本质特征是违背妇女意志强行发生性关系，无论婚外婚内。因此，婚内强奸行为应以强奸罪论处。第二种观点认为，婚内确实存在丈夫违背妻子意志强行发生性关系的情形，但对此不能以强奸罪论处。这种强行与妻子发生性关系的行为尽管违背妻子的意志，但和强奸罪是有本质区别的，因为强奸罪是对妻子以外的妇女的强行奸淫。在上述两种观点中，我赞同后一种观点。在刑法未作修改的情况下，婚内强奸不能按照强奸罪定罪处罚。在我国司法实践中，一般认为，夫妻之间既已结婚，即相互承诺共同生活，有同居的义务。只要夫妻正常婚姻关系存续，即足以阻却婚内强奸行为成立犯罪。但是，夫妻同居义务是从自愿结婚行为推定出来的伦理义务，不是法律规定的强制性义务。因此，在婚姻关系非正常存续期间，例如离婚诉讼期间，婚姻关系已进入法定的解除程序，虽然婚姻关系仍然存在，但已不能再推定女方对性行为是一种同意的承诺，也就没有理由从婚姻关系出发否定强奸罪的成立。由此可见，在一般情况下，婚内强奸是不能以强奸罪定罪处罚的；只有在婚姻关系非正常存续期间，婚内强奸才构成强奸罪。我认为，在婚姻关系非正常存续期间有条件地承认婚内强奸以强奸罪论，只能是一种例外，它仍然是以婚内强奸行为不构成强奸罪为前提的。

6. 奸淫幼女构成的强奸罪认定

奸淫幼女构成的强奸罪，是强奸罪的一种特殊类型。前引《意见（一）》对奸淫幼女构成强奸罪的以下三种情形作了专门规定，对于奸淫幼女构成的强奸罪的正确认定具有指导意义。（1）前引《意见（一）》第20条规定："以金钱财物等方式引诱幼女与自己发生性关系的；知道或者应当知道幼女被他人强迫卖淫而仍与其发生性关系的，均以强奸罪论处。"这一规定区分了奸淫幼女构成的强奸罪与嫖宿幼女罪的界限。（2）前引《意见（一）》第21条规定："对幼女负有特殊职责的人员与幼女发生性关系的，以强奸罪论处。"这一规定对负有特殊职责的人员奸淫幼女构成强奸罪作了明确规定。（3）前引《意见（一）》第27条规定："已满十四周岁不满十六周岁的人偶尔与幼女发生性关系，情节轻微、未造成严重后果的，不认为是犯罪。"这一规定对于未成年人奸淫幼女构成强奸罪作了宽大处理，但限于偶尔与幼女发生性关系、情节轻微、未造成严重后果的场合。对此应当注意正确掌握罪与非罪的法律界限。

7. 嫖宿幼女构成的强奸罪认定

嫖宿幼女曾经是我国《刑法》第360条第2款规定的一个独立罪名，该罪是指嫖宿不满14周岁的幼女的行为。因为嫖宿幼女这个用语具有对幼女污名化的色彩，同时嫖宿幼女实质上是奸淫幼女，具有强奸的性质，而刑法对嫖宿幼女罪规定的刑罚为 5 年以上有期徒刑，即最重判处 15 年有期徒刑；而如果认定为强奸罪，情节特别严重的，最高可以判处死刑。因此，嫖宿幼女罪的设立不利于惩治以嫖宿幼女为名奸淫幼女的犯罪分子。为此，《刑法修正案（九）》第 43 条取消了嫖宿幼女罪的罪名。在该罪名取消以后，对于那种明知为不满 14 周岁的幼女而与之发生性关系的行为，应当认定为强奸罪，以强奸罪从重处罚。

（四）处罚

根据《刑法》第 236 条〔《刑法修正案（十一）》第 26 条〕第 1 款之规定，犯本罪的，处 3 年以上 10 年以下有期徒刑。第 2 款规定，奸淫不满 14 周岁的幼女的，以强奸论，从重处罚。第 3 款规定，强奸妇女、奸淫幼女，有下列情形之一的，处 10 年以上有期徒刑、无期徒刑或者死刑：（1）强奸妇女、奸淫幼女情节恶劣的；（2）强奸妇女、奸淫幼女多人的；（3）在公共场所当众强奸妇女、奸淫幼女的；（4）2 人以上轮奸的；（5）奸淫不满 10 周岁的幼女或者造成幼女伤害的；（6）致使被害人重伤、死亡或者造成其他严重后果的。

从重处罚事由　犯强奸罪而奸淫幼女的，是本罪的从重处罚事由。

加重处罚事由　犯强奸罪而具有下列情形之一的，是本罪的加重处罚事由：（1）强奸妇女、奸淫幼女情节恶劣的。这里的情节恶劣，是指强奸手段残酷、强奸 1 人多次或者强奸孕妇等。（2）强奸妇女、奸淫幼女多人的。这里的多人，一般指 3 人以上。（3）在公共场所当众强奸妇女、奸淫幼女的。这里的当众强奸，是指在车站、码头、公园、电影院、运动场、公路、公共交通工具等公共场所当着不特定多数人的面公然强奸妇女、奸淫幼女。（4）2 人以上轮奸的。这里的轮奸，是指 2 男以上在同一时间对同一妇女实行强奸。轮奸是强奸罪的共同正犯，2 男以上都必须具有奸淫的目的，即使其中一人因意志以外的原因未得逞的，其性质仍属轮奸，但对未得逞者应以强奸未遂论处。（5）奸淫不满 10 周岁的幼女或者造成幼女伤害的。（6）致使被害人重伤、死亡或者造成其他严重后果的。这里的致使被害人重伤、死亡可以分为两种情形：第一种情形是故意，通常是间接故意造成被害人重伤、死亡。例如在强奸妇女过程中，因使用暴力而直接导致被害人性器官严重损伤或者造成其他严重伤害，甚至当场死亡或者经治疗无效而死亡。在这种情况下，强奸罪与故意伤害罪或者故意杀人罪之间存在包容竞合，应以强奸罪论处。第二种情形是过失造成被害人重伤、死亡。例如被害人为逃避强奸而跌入河中溺死或者跌倒造成重伤。在这种情况下，行为人对于重伤或者死亡结果主观上具有过失，客观上在强奸行为与重伤、死亡结果之间存在因果关系，因而属于结果加重犯。对此，都应以强奸罪定罪处罚。

七、负有照护职责人员性侵罪

（一）概念

负有照护职责人员性侵罪是指对已满 14 周岁不满 16 周岁的未成年女性负有监护、收养、看护、教育、医疗等特殊职责的人员，与该未成年女性发生性关系的行为。

（二）构成

1. 罪体

主体 负有照护职责人员性侵罪的主体是对已满 14 周岁不满 16 周岁的未成年女性负有监护、收养、看护、教育、医疗等特殊职责的人员。这里的监护，是指对无民事行为能力的人和限制民事行为能力的人的人身、财产及其他合法权益进行监督和保护，在监护人与被监护人之间形成监护关系。根据《民法典》第 27 条的规定，父母是未成年子女的监护人。未成年人的父母已经死亡或者没有监护能力的，由下列有监护能力的人按顺序担任监护人：（1）祖父母、外祖父母；（2）兄、姐；（3）其他愿意担任监护人的个人或者组织，但是须经未成年人住所地的居民委员会、村民委员会或者民政部门同意。收养，是指将他人子女收为自己子女，在收养人与被收养人之间形成收养关系。看护，是指基于合同或者其他根据，对他人进行护理、照料，在看护人与被看护人之间形成看护关系。教育，是指国家或者民营机构开办的各种类型的学校所开展的以传授知识、技能为主要内容的教学活动，在教师与学生之间形成师生关系。医疗，是指国家或者民营机构开办的各种类型的医院所开展的治疗活动，在医生与患者之间形成医患关系。因此，上述人员与已满 14 周岁不满 16 周岁的女性相对人之间存在特殊关系。利用这种特殊关系实施性侵的，可以成为本罪的主体。

行为　负有照护职责人员性侵罪的行为是与对其负有特殊职责的已满 14 周岁不满 16 周岁的女性发生性关系。这里的发生性关系，既包括在自愿的情况下发生性关系，也包括在不自愿的情况下发生性关系。根据《刑法》第 236 条之一〔《刑法修正案（十一）》第 27 条〕第 2 款的规定，有前款行为，同时又构成本法第 236 条规定之罪的，依照处罚较重的规定定罪处罚。因此，负有照护职责人员违背意志强行与已满 14 周岁不满 16 周岁的女性发生性关系的，同时符合本罪与强奸罪的构成要件，属于法条竞合。

客体　负有照护职责人员性侵罪的客体是已满 14 周岁不满 16 周岁的女性。

2. 罪责

负有照护职责人员性侵罪的罪责形式是故意。这里的故意，是指明知是与对其负有特殊职责的已满 14 周岁不满 16 周岁的女性发生性关系而有意实施的主观心理状态。

（三）处罚

根据《刑法》第 236 条之一〔《刑法修正案（十一）》第 27 条〕第 1 款之规定，犯本罪的，处 3 年以下有期徒刑；情节恶劣的，处 3 年以上 10 年以下有期徒刑。

加重处罚事由　犯负有照护职责人员性侵罪而情节恶劣的，是本罪的加重处罚事由。

八、强制猥亵、侮辱罪

（一）概念

强制猥亵、侮辱罪是指以暴力、胁迫或者其他方法，强制猥亵他人或者侮辱妇女的行为。

（二）构成

1. 罪体

行为 强制猥亵、侮辱罪的行为是以暴力、胁迫或者其他方法，强制猥亵他人或者侮辱妇女。这里的强制猥亵他人，是指违背他人意愿，以抠摸性器官、对他人进行鸡奸、手淫、口交等淫秽手段，猥亵他人。强制侮辱妇女，是指在公共场所故意向妇女显露生殖器或者用生殖器顶擦妇女身体，追逐、堵截妇女，偷剪妇女发辫、衣服，向妇女身上泼洒腐蚀物、涂抹污物等手段，侮辱妇女。

客体 强制猥亵、侮辱罪的客体是他人和妇女。

2. 罪责

强制猥亵、侮辱罪的罪责形式是故意。这里的故意，是指明知是强制猥亵、侮辱的行为而有意实施的主观心理状态。应当指出，这里的强制侮辱，行为人在主观上具有寻求精神刺激、填补精神空虚的流氓动机。

（三）认定

强制猥亵罪中的猥亵妇女行为是指性交以外的淫秽行为，包括抠摸妇女性器官、对妇女进行鸡奸、手淫、口交等淫秽行为。由此，才能将强制猥亵罪中的猥亵妇女行为与强奸罪加以区分。应当指出，在强奸过程中，往往同时伴随着对妇女的上述猥亵行为，在这种情况下，日本学者认为，强奸罪是强制猥亵罪的特殊类型。因此，成立强奸罪的，按照法条竞合的处理原则，排除适用强制猥亵罪。① 对于强

---

① 山口厚. 刑法各论：第2版. 王昭武，译. 北京：中国人民大学出版社，2011：123.

奸过程中的猥亵妇女行为不得另行定罪，只以强奸罪一罪论处，这一结论无疑是正确的。但强奸罪与强制猥亵罪之间是否存在法条竞合关系尚可存疑。我认为，在强奸过程中存在猥亵行为的，属于刑法理论上的吸收犯，应当根据重行为吸收轻行为的原则，以强奸罪论处。

（四）处罚

根据《刑法》第 237 条第 1 款之规定，犯本罪的，处 5 年以下有期徒刑或者拘役。第 2 款规定，聚众或者在公共场所当众犯本罪的，或者有其他恶劣情节的，处 5 年以上有期徒刑。

加重处罚事由　犯强制猥亵、侮辱罪而聚众或者在公共场所当众实施或者有其他恶劣情节的，是本罪的加重处罚事由。这里的聚众猥亵、侮辱，是指聚集众人进行强制猥亵、侮辱。在公共场所当众强制猥亵、侮辱，是指在车站、码头、剧场、商场等公共场所当着众人的面进行强制猥亵、侮辱。其他恶劣情节是指除聚众和在公共场所当众强制猥亵、侮辱以外，性质恶劣的情形。例如，多人或者多次强制猥亵、侮辱的，强制行为造成他人或者妇女身体损伤的，以及其他恶劣情节。

九、猥亵儿童罪

（一）概念

猥亵儿童罪是指猥亵不满 14 周岁的儿童的行为。

（二）构成

1. 罪体

行为　猥亵儿童罪的行为是猥亵。这里的猥亵，是指抠摸、鸡奸、让儿童为其口淫、手淫等。应当指出，由于儿童对性的辨别能力差，因而刑法并不要求猥亵儿童罪以暴力、胁迫或者其他方法为其构成要件。也就是说，只要一般猥亵就足以构成，而不像猥亵成年人那样，必须是采取暴力、胁迫或者其他方法的强制猥亵。

客体 猥亵儿童罪的客体是儿童。刑法对儿童的年龄并未作出界定。参照1992年12月24日最高人民法院、最高人民检察院《关于执行〈全国人民代表大会常务委员会关于严惩拐卖、绑架妇女、儿童的犯罪分子的决定〉的若干问题的解答》（现已失效），儿童是指不满14周岁的人。

2. 罪责

猥亵儿童罪的罪责形式是故意。这里的故意，是指明知是猥亵儿童的行为而有意实施的主观心理状态。

案例 31-1 **骆某猥亵儿童案**

（检例第 43 号）

被告人骆某，男，1993年7月出生，无业。2017年1月，被告人骆某使用化名，通过QQ软件将13岁女童小羽加为好友。聊天中得知小羽系初二学生后，骆某仍通过言语恐吓，向其索要裸照。在被害人拒绝并在QQ好友中将其删除后，骆某又通过小羽的校友周某对其施加压力，再次将小羽加为好友。同时骆某还虚构"李某"的身份，注册另一QQ号并添加小羽为好友。之后，骆某利用"李某"的身份在QQ聊天中对小羽进行威胁恐吓，同时利用周某继续施压。小羽被迫按照要求自拍裸照十张，通过QQ软件传送给骆某观看。后骆某又以在网络上公布小羽裸照相威胁，要求与其见面并在宾馆开房，企图实施猥亵行为。因小羽向公安机关报案，骆某在依约前往宾馆途中被抓获。

2017年6月5日，某市某区人民检察院以骆某犯猥亵儿童罪对其提起公诉。7月20日，该区人民法院依法不公开开庭审理本案。法院经审理，认定被告人骆某强迫被害女童拍摄裸照，并通过QQ软件获得裸照的行为不构成猥亵儿童罪。但被告人骆某以公开裸照相威胁，要求与被害女童见面，准备对其实施猥亵，因被害人报案未能得逞，该行为构成猥亵儿童罪，系犯罪未遂。2017年8月14日，某区人民法院作出一审判决，认定被告人骆某犯猥亵儿童罪（未遂），判处有期徒刑1年。一审宣判后，某区人民检察院认为，一审判决在事实认定、法律适用上均存在错误，并导致量刑偏轻。被告人骆某利用网络强迫儿童拍摄裸照并观看的行为构成猥亵儿童罪，且犯罪形态为犯罪既遂。2017年8月18日，该院向某市中级人民法院提出抗诉。某市人民检察院经依法审查，支持某区人民检察院的抗诉意见。某市中级人民法院经审理，认为原审被告人骆某以寻求性刺激为目的，通过网络聊天对不满14周岁的女童进行言语威胁，强迫被害人按照要求自拍裸照供其观看，已构成猥亵儿童罪（既遂），依法应当从重处罚。对于市人民检察院的抗诉意见，予以采纳。2017年12月11日，某市中级人民法院作出终审判决，认定原审被告人骆某犯猥亵儿童罪，判处有期徒刑2年。

　　本案的指导意见指出：猥亵儿童罪是指以淫秽下流的手段猥亵不满14周岁儿童的行为。刑法没有对猥亵儿童的具体方式作出列举，需要根据实际情况进行判断和认定。实践中，只要行为人主观上以满足性刺激为目的，客观上实施了猥亵儿童的行为，侵害了特定儿童人格尊严和身心健康的，应当认定构成猥亵儿童罪。网络环境下，以满足性刺激为目的，虽未直接与被害儿童进行身体接触，但是通过QQ、微信等网络软件，以诱骗、强迫或者其他方法要求儿童拍摄、传送暴露身体的不雅照片、视频，行为人通过画面看到被害儿童裸体、敏感部位的，是对儿童人格尊严和心理健康的严重侵害，与实际接触儿童身体的猥亵行为具有相同的社会危害性，应当认定构成猥亵儿童罪。

释评

　　在通常情况下，猥亵行为，包括猥亵儿童行为，都是直接当面实施的，因而具有身体接触的特征。随着网络的发展，通过网络交流成为社会交往的重要方式。与此同时，在现实生活中出现了通过网络的性交流或者性满足的现象。在这种情况下，猥亵行为就可能以网络为媒介而实施。本案被告人的猥亵儿童行为就是在非身体接触的条件下实施的，根据本案的指导意见，对于这种非身体接触的网络猥亵行为，应当以猥亵儿童罪论处。

（三）处罚

根据《刑法》第 237 条［《刑法修正案（十一）》第 28 条］第 3 款之规定，犯本罪的，处 5 年以下有期徒刑；有下列情形之一的，处 5 年以上有期徒刑：（1）猥亵儿童多人或者多次的；（2）聚众猥亵儿童的，或者在公共场所当众猥亵儿童，情节恶劣的；（3）造成儿童伤害或者其他严重后果的；（4）猥亵手段恶劣或者有其他恶劣情节的。

十、非法拘禁罪

（一）概念

非法拘禁罪是指以拘禁或者其他方法非法剥夺他人人身自由的行为。

（二）构成

1. 罪体

行为 非法拘禁罪的行为是采用扣押或者其他方法，非法剥夺他人人身自由。这里的非法，是相对于司法机关对犯罪嫌疑人或者被告人的合法拘禁而言的，正是这种非法性，表明非法拘禁是一种侵犯公民人身自由的行为。非法拘禁罪是复行为犯，它由使用暴力、威胁或者其他方法的手段行为与使他人处于丧失人身自由状态的目的行为构成。手段行为使被害人丧失人身自由，而目的行为则使这种丧失人身自由的状态处于一个持续过程当中。因此，非法拘禁罪属于刑法理论上的继续犯。

客体 非法拘禁罪的客体是他人的人身自由。

2. 罪责

非法拘禁罪的罪责形式是故意。这里的故意，是指明知是非法拘禁的行为而有意实施的主观心理状态。

3. 罪量

非法拘禁罪的罪量要素，刑法并未规定。2006 年 7 月 26 日最高人民检察院

《关于渎职侵权犯罪案件立案标准的规定》（以下简称《渎职侵权立案标准》）对国家机关工作人员利用职权实施的非法拘禁案的立案标准作了规定。参照这一标准，非法拘禁罪的罪量要素是指具有下列情形之一：（1）非法剥夺他人人身自由24小时以上的；（2）非法剥夺他人人身自由，并使用械具或者捆绑等恶劣手段，或者实施殴打、侮辱、虐待行为的；（3）非法拘禁，造成被拘禁人轻伤、重伤、死亡的；（4）非法拘禁，情节严重，导致被拘禁人自杀、自残造成重伤、死亡，或者精神失常的；（5）非法拘禁3人次以上的；（6）司法工作人员对明知是没有违法犯罪事实的人而非法拘禁的；（7）其他非法拘禁应予追究刑事责任的情形。

（三）认定

1. 非法拘禁的转化犯

《刑法》第238条第2款规定，使用暴力致人伤残、死亡的，依照本法第234条、第232条的规定定罪处罚。这是指在非法拘禁的过程中，对被拘禁人故意实施伤害行为或者杀害行为，对此应转化为故意伤害罪或者故意杀人罪，因而是非法拘禁的转化犯。

2. 为索取债务非法扣押、拘禁他人的行为之定性

为索取债务而非法扣押、拘禁他人的行为与以勒索财物为目的的绑架罪在外观上极为相似：两者都是将他人扣押作为人质，以此相要挟，要求他人的亲属或者其他人交付一定数量的财物作为赎金以换回人质。两者的区分在于：前者是以他人欠债为前提的，其所索要的是他人所欠之债，这是一种索债型的非法拘禁。在这种情况下，由于是索债因而并不侵犯他人的财产所有权，但索债的手段侵犯了他人的人身自由权，因而应以非法拘禁罪论处。而绑架勒索，则不仅侵犯他人的人身自由权，而且侵犯了他人的财产所有权。由此可见，索债型的非法拘禁与绑架是两种性质不同的行为。在理解这里的债务时还需注意，根据2000年7月13日最高人民法院《关于对为索取法律不予保护的债务非法拘禁他人行为如何定罪问题的解释》规定，行为人为索取高利贷、赌债等法律不予保护的债务，非法扣押、拘禁他人的，依照《刑法》第238条的规定定罪处罚。由此可见，这里的债务既包括合法债务也包括非法债务。在司法实践中，对于为索取债务而非法

扣押、拘禁他人，但索要的财物数额超过其债务的行为如何定罪，存在疑义。我认为，在这种情况下，如果超出债务部分数额不大，且以利息或者损失费的名义索要的，仍应定为非法拘禁罪。但如果超出债务部分数额很大，则应将超出部分以绑架罪论处，与非法拘禁罪实行数罪并罚。

（四）处罚

根据《刑法》第 238 条第 1 款之规定，犯本罪的，处 3 年以下有期徒刑、拘役、管制或者剥夺政治权利。具有殴打、侮辱情节的，从重处罚。第 2 款规定，犯前款罪，致人重伤的，处 3 年以上 10 年以下有期徒刑；致人死亡的，处 10 年以上有期徒刑。第 4 款规定，国家机关工作人员利用职权犯前三款罪的，依照前三款的规定从重处罚。

从重处罚事由 犯非法拘禁罪而具有殴打、侮辱情节或者国家机关工作人员利用职权实施的，是本罪的从重处罚事由。

加重处罚事由 犯非法拘禁罪而致人重伤或者致人死亡的，是本罪的加重处罚事由。这里的致人重伤或者致人死亡都是在非法拘禁过程中过失致人重伤或者致人死亡，是非法拘禁罪的结果加重犯。

十一、绑架罪

（一）概念

绑架罪是指以勒索财物为目的绑架他人的，或者出于政治性和其他目的绑架他人作为人质，或者以勒索财物为目的偷盗婴幼儿的行为。

（二）构成

1. 罪体

行为 绑架罪是复行为犯，它由使用暴力、胁迫或者其他方法将他人劫持的手段行为与使他人丧失人身自由的目的行为构成。这里的暴力，是指直接对被害人进行捆绑等人身强制或者对被害人进行殴打、伤害等人身攻击。胁迫，是指对被害人及其家属以实施暴力相威胁或者实行其他精神强制。其他方法，是指暴力、胁迫以外的一切方法，例如使用药物、醉酒或者诱惑、欺骗等方法使被害人昏迷或者昏睡。通过上述各种方法，将被害人置于行为人的直接控制之下，使其丧失人身自由。由此可见，绑架行为在客观上与非法拘禁行为具有竞合性。我国刑法除规定了典型的绑架罪以外，还规定以勒索财物为目的偷盗婴幼儿的，也以绑架罪论处。这种偷盗婴幼儿的行为，虽然形式上不同于绑架，但由于婴幼儿没有自主意识与反抗能力，因而在性质上等同于绑架。

客体　绑架罪的客体是他人。这里的他人，是指一般人，但在以勒索财物为目的偷盗婴幼儿构成的绑架罪中，客体是婴幼儿。这里的婴幼儿，根据 1992 年12 月 24 日最高人民法院、最高人民检察院《关于执行〈全国人民代表大会常务委员会关于严惩拐卖、绑架妇女、儿童的犯罪分子的决定〉的若干问题的解答》（现已失效）的规定，不满 1 周岁的为婴儿，1 周岁以上不满 6 周岁的为幼儿。

2. 罪责

绑架罪的罪责形式是故意。这里的故意，是指明知是绑架行为而有意实施的主观心理状态。

目的犯　绑架罪是法定的目的犯，刑法根据主观目的不同，分别规定了三种绑架罪的类型：（1）以勒索财物为目的的绑架，也就是通常所说的掳人勒赎，是指采用暴力、胁迫或者其他方法，强行将他人劫持，以杀害、伤害或者扣押人质相要挟，勒令人质的亲属或者其他相关人员，在一定期限内交出一定财物。（2）出于政治性和其他目的绑架他人作为人质，是指为达到政治性目的或者其他目的，例如逃避追捕或者要求司法机关释放罪犯等目的，劫持他人作为人质。在这种情况下，刑法虽然没有明文规定目的，但从上下文来看，这种绑架他人作为人质的行为同样具有一定的目的。这里的目的，是指勒索财物以外的目的，在现实生活中，主要是出于政治性或者其他目的。（3）以勒索财物为目的偷盗婴幼儿，是指偷盗婴幼儿作为人质，向婴幼儿的父母或者其他亲属勒索财物。

（三）认定

1. 绑架罪的未遂与既遂

绑架罪的认定主要涉及绑架罪的未遂与既遂的区分问题。绑架罪是目的犯，那么，绑架罪是否以这些目的的实现作为未遂与既遂的区分标准呢？对此，在刑法理论上存在争论。第一种观点认为，绑架罪是行为犯，只要完成了绑架行为即为既遂。只有在已经着手实行绑架行为，由于犯罪分子意志以外的原因，未能绑架成功的情况下才是未遂。至于完成绑架行为以后，勒索财物的目的或者其他目的是否实现，并不影响绑架罪既遂的成立。第二种观点认为，绑架罪是结果犯，是否获取其所勒索的财物或者是否实现其他目的，是区分未遂与既遂的标准。虽然完成了绑架行为，但是由于犯罪分子意志以外的原因而未能获取其所勒索的财物的，应以未遂论。在上述两种观点中，我赞同第一种观点，绑架罪是行为犯，只要完成绑架行为即为既遂，而不以是否实现勒索财物的目的或者其他目的作为未遂与既遂的区分标准。这里的勒索财物的目的或者其他目的，对于本罪来说，是一种超过的主观要素。

2. 绑架过程中劫取被害人财物行为的定性

在绑架过程中，犯罪分子往往首先当场劫取被害人的财物，因而又涉及抢劫罪。对此，2001 年 11 月 8 日最高人民法院《关于对在绑架过程中以暴力、胁迫等手段当场劫取被害人财物的行为如何适用法律问题的答复》规定："行为人在绑架过程中，又以暴力、胁迫等手段当场劫取被害人财物，构成犯罪的，择一重罪处罚。"在司法实践中，对绑架过程中劫取被害人财物的行为应当依照上述司法解释处理。

（四）处罚

根据《刑法》第 239 条第 1 款［《刑法修正案（七）》第 6 条、《刑法修正案（九）》第 14 条］之规定，犯本罪的，处 10 年以上有期徒刑或者无期徒刑，并处罚金或者没收财产；情节较轻的，处 5 年以上 10 年以下有期徒刑，并处罚金。第 2 款规定，犯前款罪，杀害被绑架人的，或者故意伤害被绑架人，致人重伤、死亡的，处无期徒刑或者死刑，并处没收财产。第3款规定，以勒索财物为目的偷盗婴幼儿的，依照前两款的规定处罚。《刑法修正案（七）》对绑架罪增设了处5年以上10年以下这一情节较轻的法定刑，使绑架罪的处罚更为合理。

减轻处罚事由　犯绑架罪而情节较轻的，是本罪的减轻处罚事由。这里的情节较轻，是指在绑架以后主动恢复被绑架人人身自由，并且未造成他人人身较大伤害、财产较大损失等情形。

加重处罚事由　犯绑架罪而杀害被绑架人的，或者故意伤害被绑架人，致人重伤、死亡的是本罪的加重处罚事由。这里的杀害被绑架人，是指以勒索财物为目的故意地将被绑架人杀死，也就是通常所说的撕票。如果不是以勒索财物为目的将被害人杀死，而是基于其他原因杀害他人，然后以绑架被害人为名，向被害人亲属勒索财物的行为不构成绑架罪，而应以故意杀人罪和敲诈勒索罪实行数罪并罚。杀害被绑架人，可以分为三种情形：（1）绑架以后，先撕票后勒索财物；（2）绑架以后由于勒索财物或者其他目的没有实现而撕票；（3）绑架以后，已经实现勒索财物或者其他目的为杀人灭口而撕票。我认为，上述三种情形都属于杀害被绑架人，只能定绑架罪，不应另定故意杀人罪。在这种情况下，绑架罪与故意杀人罪之间存在整体法与部分法的法条竞合关系。根据整体法优于部分法的原则，应定绑架罪。这里的故意伤害被绑架人，致人重伤、死亡的，是指对被绑架人的故意伤害的结果加重犯。具有上述两种加重处罚事由的，处无期徒刑或者死刑，并处没收财产。

十二、拐卖妇女、儿童罪

（一）概念

拐卖妇女、儿童罪是指以出卖为目的，拐骗、绑架、收买、贩卖、接送或者中转妇女、儿童以及偷盗婴幼儿的行为。

（二）构成

1. 罪体

行为 拐卖妇女、儿童罪的行为是以出卖为目的，拐骗、绑架、收买、贩卖、接送或者中转妇女、儿童以及偷盗婴幼儿。这里的拐骗，是指采用欺骗、利诱等方法，将妇女、儿童置于行为人的支配之下。绑架，是指采用暴力、胁迫或者其他方法，将妇女、儿童置于行为人的支配之下。收买，是指为转手出卖而收买被拐卖、绑架的妇女、儿童。贩卖，是指将他人拐卖、绑架的妇女、儿童出卖。接送和中转，是指以出卖为目的，为被拐卖的妇女、儿童迎来送往、中转接待。根据刑法规定，只要具有上述行为之一即构成本罪。同时具有两种或者两种以上行为的，仍定一罪，不实行数罪并罚。此外，以出卖为目的，偷盗婴幼儿的，也应以本罪论处。这里的偷盗婴幼儿，是指对婴幼儿采取欺骗、利诱等手段使其脱离监护人或者看护人。

客体 拐卖妇女、儿童罪的客体是妇女、儿童，另外还包括婴幼儿。这里的妇女，根据 2000 年 1 月 3 日最高人民法院《关于审理拐卖妇女案件适用法律有关问题的解释》第 1 条规定："刑法第二百四十条规定的拐卖妇女罪中的'妇女'，既包括具有中国国籍的妇女，也包括具有外国国籍和无国籍的妇女。被拐卖的外国妇女没有身份证明的，不影响对犯罪分子的定罪处罚。"由此可见，被拐卖的妇女，不受国籍限制。这里的儿童和婴幼儿，根据前述相关司法解释的规定，儿童是指不满 14 周岁的人。其中，不满 1 周岁的为婴儿，1 周岁以上不满 6 周岁的为幼儿。此外，在现实生活中还存在拐卖两性人的案件，这种两性人是否为本罪的客体呢？在医学上，两性人是指由于胚胎的畸形发育而形成的具有男性和女性两种生殖器官的人。一般来说，明知是年满 14 周岁的两性人而以出卖为目的实施拐骗、绑架、收买、贩卖、接送、中转行为的，不能以拐卖妇女罪定罪处罚。但因对犯罪客体的认识错误，误将两性人视为妇女而予以拐卖的，属于刑法理论上的客体不能犯未遂，应以拐卖妇女罪（未遂）论处。此外，根据 2000 年 3 月 20 日最高人民法院、最高人民检察院、公安部、民政部、司法部、中华全国妇女联合会《关于打击拐卖妇女儿童犯罪有关问题的通知》（以下简称《通知》）的规定，以营利为目的，出卖不满 14 周岁子女，情节恶劣的，借收养名义拐卖儿童的，以及出卖捡拾的儿童的，均应以拐卖儿童罪追究刑事责任。出卖 14 周岁以上女性亲属或者其他不满 14 周岁亲属的，以拐卖妇女、儿童罪追究刑事责任。由此可见，不满 14 周岁子女、捡拾的儿童，以及 14 周岁以上女性亲属或者其他不满 14 周岁亲属，均可以成为本罪的客体。

2. 罪责

拐卖妇女、儿童罪的罪责形式是故意。这里的故意，是指明知是拐卖妇女、儿童的行为而有意实施的主观心理状态。

目的犯　刑法规定，拐卖妇女、儿童罪必须以出卖为目的，因而本罪是法定的目的犯。根据前引《通知》的规定："凡是拐卖妇女、儿童的，不论是哪个环节，只要是以出卖为目的，有拐骗、绑架、收买、贩卖、接送、中转、窝藏妇女、儿童的行为之一的，不论拐卖人数多少，是否获利，均应以拐卖妇女、儿童罪追究刑事责任。"由此可见，是否获利并不影响本罪成立。而且，只要具有刑法列举行为之一的，无论是否出卖，都构成犯罪既遂。

（三）认定

2010 年 3 月 15 日最高人民法院、最高人民检察院、公安部、司法部发布了《关于依法惩治拐卖妇女儿童犯罪的意见》（以下简称《意见（二）》），对拐卖妇女、儿童罪的有关认定问题作了以下规定：

1. 强抢儿童、捡拾儿童后予以出卖行为的定性

根据前引《意见（二）》第 15 条第 1 款的规定，以出卖为目的强抢儿童，或者捡拾儿童后予以出卖，符合《刑法》第 240 条第 2 款规定的，应当以拐卖儿童罪论处。这里的强抢，包括采用暴力或者非暴力的方法强行劫持儿童，使之脱离家庭而被行为人所控制。这里的捡拾，是指将脱离家庭的儿童予以控制。根据前引《意见（二）》的规定，以出卖为目的实施强抢儿童行为的，即构成拐卖儿童罪。而捡拾儿童的，只有将捡拾的儿童予以出卖，才构成拐卖儿童罪。

2. 拐骗儿童罪向拐卖儿童罪的转化

根据前引《意见（二）》第 15 条第 2 款的规定，以抚养为目的偷盗婴幼儿或者拐骗儿童，之后予以出卖的，以拐卖儿童罪论处。以抚养为目的偷盗婴幼儿或者拐骗儿童的行为，根据我国《刑法》第 262 条的规定，本应构成拐骗儿童罪。但在实施拐骗儿童行为以后，又将偷盗的婴幼儿或者拐骗的儿童予以出卖的，属于从拐骗儿童罪向拐卖儿童罪转化，对此应以拐卖儿童罪论处。

3. 出卖亲生子女行为的定性

根据前引《意见（二）》第 16 条的规定，以非法获利为目的，出卖亲生子女的，应以拐卖妇女、儿童罪论处。前引《意见（二）》第 17 条对借送养之名出卖亲生子女与民间送养行为的界限作了以下规定：要严格区分借送养之名出卖亲生子女与民间送养行为的界限。区分的关键在于行为人是否具有非法获利的目的。应当通过审查将子女"送"人的背景和原因、有无收取钱财及收取钱财的多少、对方是否具有抚养目的及有无抚养能力等事实，综合判断行为人是否具有非法获利的目的。具有下列情形之一的，可以认定属于出卖亲生子女，应当以拐卖妇女、儿童罪论处：（1）将生育作为非法获利手段，生育后即出卖子女的；（2）明知对方不具有抚养目的，或者根本不考虑对方是否具有抚养目的，为收取钱财将子女"送"给他人的；（3）为收取明显不属于"营养费""感谢费"的巨额钱财将子女"送"给他人的；（4）其他足以反映行为人具有非法获利目的的"送养"行为的。不是出于非法获利目的，而是迫于生活困难，或者受重男轻女思想影响，私自将没有独立生活能力的子女送给他人抚养，包括收取少量"营养费""感谢费"的，属于民间送养行为，不能以拐卖妇女、儿童罪论处。对私自送养导致子女身心健康受到严重损害，或者具有其他恶劣情节，符合遗弃罪特征的，可以遗弃罪论处；情节显著轻微危害不大的，可由公安机关依法予以行政处罚。

4. 将妇女拐卖给色情场所行为的定性

根据前引《意见（二）》第 18 条的规定，将妇女拐卖给有关场所，致使被拐卖的妇女被迫卖淫或者从事其他色情服务的，以拐卖妇女罪论处。有关场所的经营管理人员事前与拐卖妇女的犯罪人通谋的，对该经营管理人员以拐卖妇女罪的共犯论处；同时构成拐卖妇女罪和组织卖淫罪的，择一重罪论处。

5. 医疗机构、社会福利机构等单位贩卖儿童行为的定性

根据前引《意见（二）》第 19 条的规定，医疗机构、社会福利机构等单位的工作人员以非法获利为目的，将所诊疗、护理、抚养的儿童贩卖给他人的，以拐卖儿童罪论处。

6. 拐卖妇女儿童罪的共犯认定

前引《意见（二）》第 21 条至第 23 条对拐卖妇女、儿童罪的共犯作了以下规定：

（1）明知他人拐卖妇女、儿童，仍然向其提供被拐卖妇女、儿童的健康证明、出生证明或者其他帮助的，以拐卖妇女、儿童罪的共犯论处。明知他人收买被拐卖的妇女、儿童，仍然向其提供被收买妇女、儿童的户籍证明、出生证明或者其他帮助的，以收买被拐卖的妇女、儿童罪的共犯论处，但是，收买人未被追究刑事责任的除外。认定是否"明知"，应当根据证人证言、犯罪嫌疑人、被告人及其同案人供述和辩解，结合提供帮助的人次，以及是否明显违反相关规章制度、工作流程等，予以综合判断。

（2）明知他人系拐卖儿童的"人贩子"，仍然利用从事诊疗、福利救助等工作的便利或者了解被拐卖方情况的条件，居间介绍的，以拐卖儿童罪的共犯论处。

（3）对于拐卖妇女、儿童犯罪的共犯，应当根据各被告人在共同犯罪中的分工、地位、作用，参与拐卖的人数、次数，以及分赃数额等，准确区分主从犯。对于组织、领导、指挥拐卖妇女、儿童的某一个或者某几个犯罪环节，或者积极参与实施拐骗、绑架、收买、贩卖、接送、中转妇女、儿童等犯罪行为，起主要作用的，应当认定为主犯。对于仅提供被拐卖妇女、儿童信息或者相关证明文件，或者进行居间介绍，起辅助或者次要作用，没有获利或者获利较少的，一般可认定为从犯。对于各被告人在共同犯罪中的地位、作用区别不明显的，可以不

区分主从犯。

7. 拐卖妇女、儿童罪的罪数认定

前引《意见（二）》第 24 条至第 27 条对拐卖妇女、儿童罪的罪数问题作了以下规定：

（1）拐卖妇女、儿童，又奸淫被拐卖的妇女、儿童，或者诱骗、强迫被拐卖的妇女、儿童卖淫的，以拐卖妇女、儿童罪处罚。

（2）拐卖妇女、儿童，又对被拐卖的妇女、儿童实施故意杀害、伤害、猥亵、侮辱等行为，构成其他犯罪的，依照数罪并罚的规定处罚。

（3）拐卖妇女、儿童或者收买被拐卖的妇女、儿童，又组织、教唆被拐卖、收买的妇女、儿童进行犯罪的，以拐卖妇女、儿童罪或者收买被拐卖的妇女、儿童罪与其所组织、教唆的罪数罪并罚。

（4）拐卖妇女、儿童或者收买被拐卖的妇女、儿童，又组织、教唆被拐卖、收买的未成年妇女、儿童进行盗窃、诈骗、抢夺、敲诈勒索等违反治安管理活动的，以拐卖妇女、儿童罪或者收买被拐卖的妇女、儿童罪与组织未成年人进行违反治安管理活动罪数罪并罚。

（四）处罚

根据《刑法》第 240 条第 1 款之规定，犯本罪的，处 5 年以上 10 年以下有期徒刑，并处罚金；有下列情形之一的，处 10 年以上有期徒刑或者无期徒刑，并处罚金或者没收财产；情节特别严重的，处死刑，并处没收财产：（1）拐卖妇女、儿童集团的首要分子；（2）拐卖妇女、儿童 3 人以上的；（3）奸淫被拐卖的妇女的；（4）诱骗、强迫被拐卖的妇女卖淫或者将被拐卖的妇女卖给他人迫使其卖淫的；（5）以出卖为目的，使用暴力、胁迫或者麻醉方法绑架妇女、儿童的；（6）以出卖为目的，偷盗婴幼儿的；（7）造成被拐卖的妇女、儿童或者其亲属重伤、死亡或者其他严重后果的；（8）将妇女、儿童卖往境外的。

加重处罚事由　刑法规定了八种拐卖妇女、儿童罪的加重处罚事由。这八种加重处罚事由，有些是基本行为之加重，例如拐卖妇女、儿童 3 人以上的；有些是基本行为加上加重行为，例如奸淫被拐卖的妇女；有些则是与基本行为无关的其他行为，例如以出卖为目的，绑架妇女、儿童。现对这八种加重事由分述如下：

（1）拐卖妇女、儿童集团的首要分子。这种情形只存在于拐卖妇女、儿童的犯罪集团之中，首先应当依法认定拐卖妇女、儿童的犯罪集团。在此基础上，根据行为人在集团犯罪中是否起组织、领导作用，正确地认定拐卖妇女、儿童集团的首要分子。

（2）拐卖妇女、儿童3人以上。

（3）奸淫被拐卖的妇女。这里的奸淫被拐卖的妇女，是指拐卖妇女的犯罪分子在拐卖过程中，与被拐卖妇女发生性关系。不论对被拐卖妇女是否使用暴力、胁迫手段，也不论被拐卖妇女是否反抗，都视为拐卖妇女罪的加重处罚事由。在使用暴力、胁迫手段强奸被拐卖妇女的情况下，也不另定强奸罪。因此，拐卖妇女罪的加重构成中包含强奸罪的内容，两者之间存在整体法与部分法的法条竞合关系。

（4）诱骗、强迫被拐卖的妇女卖淫或者将被拐卖的妇女卖给他人迫使其卖淫。这里的诱骗被拐卖的妇女卖淫，符合《刑法》第359条引诱卖淫罪的特征；强迫被拐卖的妇女卖淫，符合《刑法》第358条强迫卖淫罪的特征。但根据刑法规定，拐卖妇女而有上述行为的，不另定上述两罪，而是将其视为拐卖妇女罪的加重处罚事由。在这种情况下，拐卖妇女罪的加重构成中包含引诱卖淫罪、强迫卖淫罪的内容，两者之间存在整体法与部分法的法条竞合关系。

（5）以出卖为目的，使用暴力、胁迫或者麻醉方法绑架妇女、儿童。这是一种绑架妇女、儿童的行为，它与拐卖妇女、儿童是有所不同的。在刑法修订以前，全国人大常委会《关于严惩拐卖、绑架妇女、儿童的犯罪分子的决定》曾经在拐卖妇女、儿童罪之外单独设立绑架妇女、儿童罪。在刑法修订中，将绑架妇女、儿童行为纳入拐卖妇女、儿童罪，作为加重处罚事由。因此，绑架妇女、儿童行为不再单独定罪。

（6）以出卖为目的，偷盗婴幼儿。这种情形与绑架罪中以勒索财物为目的偷盗婴幼儿，在客观行为上是相同的，只是主观目的不同而已。

（7）造成被拐卖的妇女、儿童或者其亲属重伤、死亡或者其他严重后果。这是指由于犯罪分子拐卖妇女、儿童的行为，直接或者间接地造成被拐卖的妇女、儿童或者其亲属重伤、死亡或者其他严重后果。例如，由于犯罪分子采取拘禁、捆绑、虐待等手段，致使被拐卖妇女、儿童重伤、死亡或者造成其他严重后果；由于犯罪分子的拐卖行为和拐卖过程中的侮辱、殴打等行为引起被拐卖妇女、儿童或者其亲属自杀、精神失常或者其他严重后果等。

（8）将妇女、儿童卖往境外。这里的卖往境外，既可以是根据正常出境途径卖往境外，也可以是通过非法出境途径卖往境外。在通过非法出境途径卖往境外的情况下，这种卖往境外的行为符合运送他人偷越国（边）境的特征，但刑法已经将其规定为拐卖妇女、儿童罪的加重处罚事由，因此不另定运送他人偷越国（边）境罪。在这种情况下，拐卖妇女、儿童罪与运送他人偷越国（边）境罪之间存在整体法与部分法的法条竞合关系。

特别加重处罚事由 犯拐卖妇女、儿童罪而情节特别严重的，是本罪的特别加重处罚事由。这里的情节特别严重，是指在八种加重处罚事由中特别严重的情形。

十三、收买被拐卖的妇女、儿童罪

（一）概念

收买被拐卖的妇女、儿童罪是指不以出卖为目的，收买被拐卖的妇女、儿童的行为。

（二）构成

1. 罪体

行为 收买被拐卖的妇女、儿童罪的行为是收买被拐卖的妇女、儿童，并对被拐卖的妇女、儿童实施人身控制。这里的收买，是指以钱物购买被拐卖的妇女、儿童。本罪行为，在刑法中只规定收买，之所以要求收买以后对被拐卖的妇女、儿童实施人身控制，是因为如果收买以后让其获得人身自由，返回家庭的行为不构成本罪。

客体　收买被拐卖的妇女、儿童罪的客体是被拐卖的妇女、儿童。这里的被拐卖应作广义理解，包括被绑架。

2. 罪责

收买被拐卖的妇女、儿童罪的罪责形式是故意。这里的故意，是指明知是被拐卖的妇女、儿童而予以收买的主观心理状态。并且，本罪在主观上是不以出卖为目的。如果以出卖为目的而收买，则构成拐卖妇女、儿童罪。但是，收买的时候不以出卖为目的，收买后由于某种原因又将妇女、儿童出卖的，则应以拐卖妇女、儿童罪论处。

（三）认定

1. 收买被拐卖的妇女，强行与其发生性关系的处理

根据《刑法》第 241 条第 2 款规定，收买被拐卖的妇女，强行与其发生性关系的，应定强奸罪。第 4 款规定，对于上述情况，应以收买被拐卖的妇女罪与强奸罪实行数罪并罚。

2. 收买被拐卖的妇女、儿童，非法剥夺、限制人身自由或者伤害、侮辱等犯罪行为的处理

根据《刑法》第 241 条第 3 款规定，收买被拐卖的妇女、儿童，非法剥夺、限制人身自由或者伤害、侮辱等犯罪行为的，应分别以非法拘禁罪、故意伤害罪、侮辱罪论处。第 4 款规定，对于上述情况，应以收买被拐卖的妇女、儿童罪与其他犯罪实行数罪并罚。

3. 收买被拐卖的妇女、儿童又出卖的处理

根据《刑法》第 241 条第 5 款规定，收买被拐卖的妇女、儿童又出卖的，应以拐卖妇女、儿童罪论处。

4. 从轻或者减轻处罚事由

《刑法》第 241 条第 6 款［《刑法修正案（九）》第 15 条］规定，收买被拐卖的妇女、儿童，对被买儿童没有虐待行为，不阻碍对其进行解救的，可以从轻处

罚；按照被买妇女的意愿，不阻碍其返回原居住地的，可以从轻或者减轻处罚。这里的阻碍对其进行解救，根据 2016 年 12 月 21 日最高人民法院《关于审理拐卖妇女儿童犯罪案件具体应用法律若干问题的解释》（以下简称《解释》）第 4 条的规定，是指在国家机关工作人员排查来历不明儿童或者进行解救时，将所收买的儿童藏匿、转移或者实施其他妨碍解救行为，经说服教育仍不配合。这里的按照被买妇女的意愿，不阻碍其返回原居住地，根据前引《解释》第 5 条的规定，是指收买被拐卖的妇女，业已形成稳定的婚姻家庭关系，解救时被买妇女自愿继续留在当地共同生活。

（四）处罚

根据《刑法》第 241 条第 1 款之规定，犯本罪的，处 3 年以下有期徒刑、拘役或者管制。

十四、聚众阻碍解救被收买的妇女、儿童罪

（一）概念

聚众阻碍解救被收买的妇女、儿童罪是指聚集多人，阻碍国家机关工作人员解救被收买的妇女、儿童的行为。

（二）构成

1. 罪体

主体　聚众阻碍解救被收买的妇女、儿童罪的主体是首要分子。这里的首要分子，是指在聚众阻碍解救中起组织、策划、指挥作用的犯罪分子。如果不是首要分子，而是一般参与者，不构成本罪。但是，其他参与者使用暴力、威胁方法阻碍国家机关工作人员解救被收买的妇女、儿童的，构成妨害公务罪。

行为　聚众阻碍解救被收买的妇女、儿童罪的行为是聚集多人，阻碍国家机关工作人员解救被收买的妇女、儿童。本罪是聚合犯，以聚众为其行为特征。

客体　聚众阻碍解救被收买的妇女、儿童罪的客体是正在执行解救被收买的妇女、儿童公务的国家机关工作人员。

2. 罪责

聚众阻碍解救被收买的妇女、儿童罪的罪责形式是故意。这里的故意，是指明知是解救被收买的妇女、儿童而有意聚众阻碍的主观心理状态。

（三）处罚

根据《刑法》第 242 条第 2 款之规定，犯本罪的，处 5 年以下有期徒刑或者拘役。

十五、诬告陷害罪

（一）概念

诬告陷害罪是指捏造犯罪事实，向国家机关或者有关单位作虚假告发，意图使他人受刑事追究，情节严重的行为。

（二）构成

1. 罪体

行为 诬告陷害罪是复行为犯，它由捏造犯罪事实和向国家机关或者有关单位作虚假告发构成。上述两种行为不是手段行为与目的行为之间的关系，而是前行为与后行为的递进关系。诬告陷害首先要有捏造犯罪事实的行为，其次还要有虚假告发的行为。只有同时具备以上两种行为，才构成诬告陷害罪。

客体 诬告陷害罪的客体是他人。这里的他人是自然人而不包括法人，并且是特定之人。如果不是特定的人，就不可能引起刑事追诉，因此也就不存在诬告陷害的问题。

2. 罪责

诬告陷害罪的罪责形式是故意。这里的故意，是指明知是诬告陷害行为而有意实施的主观心理状态。《刑法》第 243 条第 3 款规定，不是有意诬陷，而是错告，或者检举失实的，不适用前两款的规定。这里的错告或者检举失实，因为行为人在主观上都没有诬陷的故意，而是由过失引起的，因而不构成本罪。

目的犯 刑法规定，构成诬告陷害罪必须意图使他人受刑事追究。这里的意图使他人受刑事追究，就是诬告陷害罪的目的。因此，本罪是法定的目的犯。应当指出，这里的意图使他人受刑事追究是超过的主观要素。只要在这一目的的支配下实施了诬告陷害行为即构成本罪的既遂，被诬陷的人实际上是否受到刑事追究，并不影响既遂的成立。

3. 罪量

诬告陷害罪的罪量要素是情节严重。这里的情节严重，是指捏造的犯罪事实情节严重，诬陷手段恶劣，严重影响司法机关的正常活动或者在社会上造成恶劣影响的等。

（三）处罚

根据《刑法》第 243 条第 1 款之规定，犯本罪的，处 3 年以下有期徒刑、拘役或者管制；造成严重后果的，处 3 年以上 10 年以下有期徒刑。第 2 款规定，国家机关工作人员犯本罪的，从重处罚。

加重处罚事由 犯诬告陷害罪而造成严重后果的，是本罪的加重处罚事由。这里的造成严重后果，是指因为诬陷而使他人受到刑事追究并且受到刑事处罚。

从重处罚事由 国家机关工作人员犯诬告陷害罪的，是本罪的从重处罚事由。这里的国家机关工作人员犯诬告陷害罪，包括一般构成与加重构成两种情形，分别在两个法定刑幅度内从重处罚。

十六、强迫劳动罪

（一）概念

强迫劳动罪是指以暴力、威胁或者限制人身自由的方法强迫他人劳动，或者明知他人强迫劳动，为其招募、运送人员或者有其他协助强迫他人劳动的行为。

（二）构成

1. 罪体

行为 强迫劳动罪的行为是强迫劳动和协助强迫劳动。

（1）强迫劳动。这里的强迫劳动是指以暴力、威胁或者限制人身自由的方法强迫他人劳动。这里的暴力，是指对他人采取殴打、伤害等危及其人身安全的手段，使其不能反抗、逃跑。威胁，是指对他人采取恫吓或者其他精神强制的手段，使其不能反抗、逃跑。限制人身自由，是指以限制离厂、不让回家，甚至雇用打手看管等方法非法限制他人的人身自由，强迫其参加劳动。

（2）协助强迫劳动。这里的协助强迫劳动，是指为他人强迫劳动招募、运送人员或者实施其他协助强迫劳动的行为。这里的招募，是指通过各种途径，面向特定或者不特定的群体募集人员。运送，是指采用各种交通工具运输人员。其他协助强迫劳动的行为，是指除招募、运送人员以外，为强迫劳动的人转移、窝藏或接收人员等行为。

客体 强迫劳动罪的客体是他人。这里的他人，既包括与用人单位订有劳动合同的职工，也包括犯罪分子非法招募的工人。

2. 罪责

强迫劳动罪的罪责形式是故意。这里的故意，是指明知是强迫劳动行为或者协助强迫劳动行为而有意实施的主观心理状态。

（三）处罚

根据《刑法》第 244 条第 1 款之规定，犯本罪的，处 3 年以下有期徒刑或者拘役，并处罚金；情节严重的，处 3 年以上 10 年以下有期徒刑，并处罚金。第 3 款规定，单位犯本罪的，对单位判处罚金，并对其直接负责的主管人员和其他直接责任人员，依照个人犯罪的规定处罚。

加重处罚事由 犯强迫劳动罪而情节严重的，是本罪的加重处罚事由。这里的情节严重，是指强迫多人劳动，长时间强迫他人劳动，以非人道手段对待被强迫劳动的人或者有其他严重情节。

十七、雇用童工从事危重劳动罪

（一）概念

雇用童工从事危重劳动罪是指违反劳动管理法规，雇用未满 16 周岁的未成年人从事超强度体力劳动的，或者从事高空、井下作业的，或者在爆炸性、易燃性、放射性、毒害性等危险环境下从事劳动，情节严重的行为。

（二）构成

1. 罪体

行为　雇用童工从事危重劳动罪的行为是雇用未满 16 周岁的未成年人从事超强度体力劳动的，或者从事高空、井下作业的，或者在爆炸性、易燃性、放射性、毒害性等危险环境下从事劳动。这里的雇用，是指本罪主体与未满 16 周岁的未成年人之间形成了较为固定的劳动关系。因此，未满 16 周岁的少年、儿童，参加家庭劳动、学校组织的勤工俭学和省、自治区、直辖市人民政府允许从事的无损于身心健康的、力所能及的辅助性劳动，不属于童工范畴。根据《刑法修正案（四）》的规定，雇用未满 16 周岁的未成年人从事以下三种劳动的构成本罪：（1）超强度体力劳动；（2）高空、井下作业的劳动；（3）在爆炸性、易燃性、放射性、毒害性等危险环境下的劳动。因此，虽然雇用未满 16 周岁的未成年人从事劳动，但未强迫其从事上述三种危重劳动的，仍然不构成本罪。

客体　雇用童工从事危重劳动罪的客体是未满 16 周岁的未成年人。根据 2002 年 10 月 1 日国务院《禁止使用童工规定》第 2 条第 1 款的规定，招用不满 16 周岁的未成年人属于使用童工。因此，童工系被招用的不满 16 周岁的未成年人。

2. 罪责

雇用童工从事危重劳动罪的罪责形式是故意。这里的故意，是指明知是雇用童工从事危重劳动的行为而有意实施的主观心理状态。

3. 罪量

雇用童工从事危重劳动罪的罪量要素是情节严重。这里的情节严重，参照 2008 年 6 月 25 日《最高人民检察院、公安部关于公安机关管辖的刑事案件立案追诉标准的规定（一）》［以下简称《立案追诉标准（一）》］第 32 条的规定，是指具有下列情形之一的：（1）造成未满 16 周岁的未成年人伤亡或者对其身体健康造成严重危害的；（2）雇用未满 16 周岁的未成年人 3 人以上的；（3）以强迫、欺骗等手段雇用未满 16 周岁的未成年人从事危重劳动的；（4）其他情节严重的情形。

（三）处罚

根据《刑法》第 244 条之一［《刑法修正案（四）》第 4 条］第 1 款之规定，犯本罪的，对直接责任人员，处 3 年以下有期徒刑或者拘役，并处罚金；情节特别严重的，处 3 年以上 7 年以下有期徒刑，并处罚金。第 2 款规定，有前款行为，造成事故，又构成其他犯罪的，依照数罪并罚的规定处罚。

加重处罚事由　犯雇用童工从事危重劳动罪而情节特别严重的，是本罪的加重处罚事由。

数罪并罚　犯雇用童工从事危重劳动罪造成事故，又构成其他犯罪的，应当实行数罪并罚。

十八、非法搜查罪

（一）概念

非法搜查罪是指非法搜查他人身体、住宅的行为。

（二）构成

1. 罪体

行为　非法搜查罪的行为是非法对他人身体或者住宅进行搜查。这里的非法搜查是相对于合法搜查而言的，合法搜查是一种刑事侦查行为。根据《刑事诉讼法》第136条的规定，为了收集犯罪证据、查获犯罪人，侦查人员可以对犯罪嫌疑人以及可能隐藏罪犯或者犯罪证据的人的身体、物品、住处和其他有关的地方进行搜查。这种依法进行的搜查是合法的，否则就是非法搜查。非法搜查包括以下两种情形：（1）无权进行搜查的机关、单位、团体的工作人员或者个人，非法地对他人的身体或者住宅进行搜查。（2）有权进行搜查的国家机关工作人员滥用职权，擅自决定非法对他人的人身、住宅进行搜查，或者搜查违反法律规定的程序。

客体 非法搜查罪的客体是他人的身体或者住宅。

2. 罪责

非法搜查罪的罪责形式是故意。这里的故意，是指明知是非法搜查的行为而有意实施的主观心理状态。

3. 罪量

非法搜查罪的罪量要素，刑法未作规定。前引《渎职侵权立案标准》规定了国家机关工作人员利用职权实施的非法搜查案的立案标准。参照这一标准，非法搜查罪的罪量要素是指具有下列情形之一：（1）非法搜查他人的身体、住宅，并实施殴打、侮辱等行为的；（2）非法搜查，情节严重，导致被搜查人或者其近亲属自杀、自残造成重伤、死亡，或者精神失常的；（3）非法搜查，造成财物严重损坏的；（4）非法搜查3人（户）次以上的；（5）司法工作人员对明知是与涉嫌犯罪无关的人身、住宅非法搜查的；（6）其他非法搜查应予追究刑事责任的情形。

（三）处罚

根据《刑法》第245条第1款之规定，犯本罪的，处3年以下有期徒刑或者拘役。第2款规定，司法工作人员滥用职权，犯前款罪的，从重处罚。

从重处罚事由 司法工作人员滥用职权犯非法搜查罪的，是本罪的从重处罚事由。这里的滥用职权，是指司法工作人员超越职权或者违背职权规定行使职权，非法搜查他人的身体、住宅。

十九、非法侵入住宅罪

（一）概念

非法侵入住宅罪是指未经法定机关批准或者未经住宅主人同意，非法强行侵入他人住宅，或者经要求退出而拒不退出的行为。

（二）构成

1. 罪体

行为　非法侵入住宅罪的行为是未经法定机关批准或者未经住宅主人同意，非法侵入他人住宅，或者经要求退出而拒不退出。

客体　非法侵入住宅罪的客体是他人住宅。

2. 罪责

非法侵入住宅罪的罪责形式是故意。这里的故意，是指明知是非法侵入他人住宅的行为而有意实施的主观心理状态。

（三）处罚

根据《刑法》第 245 条第 1 款之规定，犯本罪的，处 3 年以下有期徒刑或者拘役。第 2 款规定，司法工作人员滥用职权，犯前款罪的，从重处罚。

从重处罚事由　司法工作人员滥用职权犯非法侵入住宅罪的，是本罪的从重处罚事由。

二十、侮辱罪

（一）概念

侮辱罪是指以暴力或者其他方法，公然贬低、损害他人人格，破坏他人名誉，情节严重的行为。

（二）构成

1. 罪体

行为　侮辱罪的行为是以暴力或者其他方法公然侮辱他人。侮辱罪是一种公然犯罪，具有公然性。这里的公然，是指在众多的人面前实施侮辱行为。侮辱行为具有以下三种形式：（1）暴力侮辱，即对被害人施以暴力或者以暴力相威胁，使其人格、名誉受到损害。（2）言语侮辱，即以言语对被害人进行嘲笑、辱骂。（3）文字侮辱，即以报刊、书信、出版物或者漫画等形式对被害人进行侮辱。例如，1998 年 12 月 17 日最高人民法院《关于审理非法出版物刑事案件具体应用法律若干问题的解释》［以下简称《解释（一）》］第 6 条规定，在出版物中公然侮辱他人，情节严重的，以侮辱罪定罪处罚。这就是一种文字侮辱。

客体 侮辱罪的客体是他人的人格和名誉。这里的他人，必须是特定的人：可以是一人，也可以是数人。如果不是针对特定的人，而是没有特定对象的辱骂，不构成本罪。

2. 罪责

侮辱罪的罪责形式是故意，并且具有损害他人人格、破坏他人名誉的目的。这里的故意，是指明知是侮辱行为而有意实施的主观心理状态。

3. 罪量

侮辱罪的罪量要素是情节严重。这里的情节严重，是指侮辱行为的手段恶劣、后果严重。例如，强令被害人当众爬过自己胯下或者做其他严重有损人格的侮辱动作；当众向被害人身上泼粪便；给被害人剃阴阳头、挂破鞋并强行游街示众；多次用极为低级下流的言辞进行羞辱，致使被害人受到严重刺激而精神失常或者自杀；等等。

（三）处罚

根据《刑法》第 246 条第 1 款之规定，犯本罪的，处 3 年以下有期徒刑、拘役、管制或者剥夺政治权利。第 2 款规定，犯本罪，告诉的才处理，但是严重危害社会秩序和国家利益的除外。

告诉乃论 侮辱罪除严重危害社会秩序和国家利益的以外，属于告诉乃论之罪，即告诉才处理。这里的告诉才处理，是指被害人直接向人民法院告发的，法院才受理；被害人没有直接向人民法院告发的，法院则不受理。这里的严重危害社会秩序和国家利益，根据 2009 年 4 月 3 日公安部《关于严格依法办理侮辱诽谤案件的通知》（以下简称《通知》）第 2 条的规定，是指具有下列情形之一的：（1）因侮辱、诽谤行为导致群体性事件，严重影响社会秩序的；（2）因侮辱、诽谤外交使节、来访的外国国家元首、政府首脑等人员，造成恶劣国际影响的；（3）因侮辱、诽谤行为给国家利益造成严重危害的其他情形。此外，《刑法》第 246 条第 3 款［《刑法修正案（九）》第 16 条］规定，通过信息网络实施侮辱行为，被害人向人民法院告诉，但提供证据确有困难的，人民法院可以要求公安机关提供协助。

二十一、诽谤罪

（一）概念

诽谤罪是指故意捏造并散布虚构的事实，公然损害他人人格，破坏他人名誉，情节严重的行为。

（二）构成

1. 罪体

行为　诽谤罪的行为是捏造并散布虚构的事实，公然损害他人人格，破坏他人名誉。诽谤罪首先必经具有捏造事实的行为。这里的捏造，是指凭空虚构。其次还必须对捏造的事实加以散布。这里的散布，是指在一定范围内加以扩散流布。扩散的方式具有以下两种情形：（1）言语散布，即以口头语言的方式对捏造的事实加以散布。（2）文字散布，即以报刊、书信、出版物或者图画的方式对捏造的事实加以散布。例如，前引《解释（一）》第 6 条规定，在出版物中捏造事实诽谤他人，情节严重的，以诽谤罪定罪处罚。诽谤罪是公然犯，只有公然损害他人人格，破坏他人名誉，才能构成本罪。此外，在现实生活中，有些犯罪分子利用信息网络实施诽谤行为，对他人的人格与名誉造成严重侵犯。这种网络诽谤行为，是诽谤罪的一种特殊表现形式。2013 年 9 月 6 日最高人民法院、最高人民检察院《关于办理利用信息网络实施诽谤等刑事案件适用法律若干问题的解释》〔以下简称《解释（二）》〕第 1 条规定，具有下列情形之一的，应当认定为《刑法》第 246 条第 1 款规定的"捏造事实诽谤他人"：（1）捏造损害他人名誉的事实，在信息网络上散布，或者组织、指使人员在信息网络上散布的；（2）将信息网络上涉及他人的原始信息内容篡改为损害他人名誉的事实，在信息网络上散布，或者组织、指使人员在信息网络上散布的；明知是捏造的损害他人名誉的事实，在信息网络上散布，情节恶劣的，以"捏造事实诽谤他人"论。

客体 诽谤罪的客体是他人的人格和名誉。这里的他人，必须是特定的人：可以是一人，也可以是数人。

2. 罪责

诽谤罪的罪责形式是故意，并且具有损害他人人格、破坏他人名誉的目的。这里的故意，是指明知是诽谤行为而有意实施的主观心理状态。

3. 罪量

诽谤罪的罪量要素是情节严重。这里的情节严重，是指诽谤行为的手段恶劣、后果严重的等。根据《解释（二）》第 2 条的规定，利用信息网络诽谤他人，具有下列情形之一的，应当认定为《刑法》第 246 条第 1 款规定的"情节严重"：（1）同一诽谤信息实际被点击、浏览次数达到 5 000 次以上，或者被转发次数达到 500 次以上的；（2）造成被害人或者其近亲属精神失常、自残、自杀等严重后果的；（3）2 年内曾因诽谤受过行政处罚，又诽谤他人的；（4）其他情节严重的情形。

（三）处罚

根据《刑法》第 246 条第 1 款之规定，犯本罪的，处 3 年以下有期徒刑、拘役、管制或者剥夺政治权利。第 2 款规定，犯本罪，告诉的才处理，但是严重危害社会秩序和国家利益的除外。

告诉乃论 诽谤罪除严重危害社会秩序和国家利益的以外，属于告诉乃论之罪，即告诉才处理。这里的严重危害社会秩序和国家利益，根据前引《通知》第 2 条的规定，是指具有下列情形之一的：（1）因侮辱、诽谤行为导致群体性事件，严重影响社会秩序的；（2）因侮辱、诽谤外交使节、来访的外国国家元首、政府首脑等人员，造成恶劣国际影响的；（3）因侮辱、诽谤行为给国家利益造成严重危害的其他情形。前引《解释（二）》第3条规定，利用信息网络诽谤他人，具有下列情形之一的，应当认定为《刑法》第246条第2款规定的"严重危害社会秩序和国家利益"：（1）引发群体性事件的；（2）引发公共秩序混乱的；（3）引发民族、宗教冲突的；（4）诽谤多人，造成恶劣社会影响的；（5）损害国家形象，严重危害国家利益的；（6）造成恶劣国际影响的；（7）其他严重危害社会秩序和国家利益的情形。

此外，《刑法》第246条第3款［《刑法修正案（九）》第16条］规定，通过信息网络实施诽谤行为，被害人向人民法院告诉，但提供证据确有困难的，人民法院可以要求公安机关提供协助。

案例 31－2　　　　　　**郎某某、何某某诽谤案**

2020年7月7日18时许，被告人郎某某在杭州市余杭区良渚街道某快递驿站内，使用手机偷拍正在等待取快递的被害人谷某某并将视频发布在某微信群。被告人何某某使用微信号冒充谷某某与自己聊天，后伙同郎某某分别使用各自微信号冒充谷某某和快递员，捏造谷某某结识快递员并多次发生不正当性关系的微信聊天记录。为增强聊天记录的可信度，郎某某、何某某还捏造"赴约途中""约会现场"等视频、图片。同月7日至16日间，郎某某将上述捏造的微信聊天记录截图数十张及视频、图片陆续发布在该微信群，引发群内大量低俗、淫秽评论。之后，上述偷拍的视频以及捏造的微信聊天记录截图被他人合并转发，并相继扩散到110余个微信群（群成员总数2万余人），引发大量低俗评论，多个微信公众号、网站等对上述聊天记录合辑转载推文（总阅读数2万余次），影响了谷某某的正常工作生活。谷某某向公安机关报案后，郎某某、何某某主动到公安机关接受调查，承认前述事实。公安机关对郎某某、何某某予以行政拘留，并发布警情通报辟谣。2020年8月至同年12月，此事经多家媒体报道并引发网络热议，其中仅微博话题"#被造谣出轨女子至今找不到工作#"阅读量就达 4.7 亿、讨论 5.8 万人次。该事件在网络上的广泛传播给广大公众造成不安全感，严重扰乱了网络社会公共秩序。案发后，被告人郎某某、何某某对被害人谷某某进行了赔偿。法院经审理认为，被告人郎某某、何某某出于寻求刺激、博取关注等目的，捏造损害他人名誉的事实，在信息网络上散布，造成该信息被大量阅读、转发，严重侵害了被害人谷某某的人格权，影响其正常工作生活，使其遭受一定经济损失，社会评价也受到一定贬损，属于捏造事实通过信息网络诽谤他人且情节严重，二被告人的行为均已构成诽谤罪，检察机关指控的罪名成立。鉴于二被告人的犯罪行为已并非仅仅对被害人谷某某造成影响，其对象选择的随机性，造成不特定公众恐慌和社会安全感、秩序感下降；诽谤信息在网络上大范围流传，引发大量淫秽、低俗评论，虽经公安机关辟谣，仍对网络社会公共秩序造成很大冲击，严重危害社会秩序，检察机关以诽谤罪对二被告人提起公诉，符合法律规定。考虑到二被告人具有自首、自愿认罪认罚等法定从宽处罚情节，能主动赔偿损失、真诚悔罪，积极修复法律关系，且系初犯，无前科劣迹，适用缓刑对所居住社区无重大不良影响等具体情况，法院对检察机关建议判处二被告人有期徒刑 1 年，缓刑 2 年及辩护人提出适用缓刑的意见，予以采纳。法院分别以诽谤罪判处被告人郎某某、何某某有期徒刑 1 年，缓刑 2 年。

二十二、刑讯逼供罪

（一）概念

刑讯逼供罪是指司法工作人员对犯罪嫌疑人或者被告人使用肉刑或者变相肉刑，逼取口供的行为。

（二）构成

1. 罪体

主体 刑讯逼供罪的主体是司法工作人员。

行为 刑讯逼供罪的行为是使用肉刑或者变相肉刑，逼取口供。这里的肉刑，是指进行捆绑、吊打、非法使用刑具等使犯罪嫌疑人或者被告人的身体器官或者肌肤遭受痛苦的摧残手段。变相肉刑，是指长时间罚冻、罚站、罚饿等不直接伤害身体但造成痛苦的折磨手段。

客体 刑讯逼供罪的客体是犯罪嫌疑人或者被告人。

2. 罪责

刑讯逼供罪的罪责形式是故意，并且具有逼取口供的目的。这里的故意，是指明知是刑讯逼供行为而有意实施的主观心理状态。

3. 罪量

刑讯逼供罪的罪量要素，刑法未作规定。参照前引《渎职侵权立案标准》的规定，刑讯逼供具有下列情形之一的，应予定罪：（1）以殴打、捆绑、违法使用械具等恶劣手段逼取口供的；（2）以较长时间冻、饿、晒、烤等手段逼取口供，严重损害犯罪嫌疑人、被告人身体健康的；（3）刑讯逼供造成犯罪嫌疑人、被告人轻伤、重伤、死亡的；（4）刑讯逼供，情节严重，导致犯罪嫌疑人、被告人自杀、自残造成重伤、死亡，或者精神失常的；（5）刑讯逼供，造成错案的；（6）刑讯逼供3人次以上的；（7）纵容、授意、指使、强迫他人刑讯逼供，具有上述情形之一的；（8）其他刑讯逼供应予追究刑事责任的情形。

（三）处罚

根据《刑法》第247条之规定，犯本罪的，处3年以下有期徒刑或者拘役。致人伤残、死亡的，依照《刑法》第234条、第232条的规定定罪从重处罚。

转化犯 刑讯逼供而致人伤残、死亡的，应以故意伤害罪或者故意杀人罪从重处罚，这是关于刑讯逼供罪的转化犯的规定。

二十三、暴力取证罪

（一）概念

暴力取证罪是指司法工作人员对证人使用暴力，逼取证人证言的行为。

（二）构成

1. 罪体

主体 暴力取证罪的主体是司法工作人员。

行为 暴力取证罪的行为是使用暴力，逼取证人证言。这里的使用暴力，是指对证人采用殴打、伤害等危害证人人身安全的手段。

客体 暴力取证罪的客体是证人。这里的证人，是指在刑事诉讼中，与案件无直接利害关系，向司法机关提供自己所知道的案件情况的人。司法工作人员对于不知道案件情况的人或者虽然知道案件情况但拒绝作证的人，使用暴力逼取证言的，也应视为证人。

2. 罪责

暴力取证罪的罪责形式是故意，并且具有逼取证人证言的目的。这里的故意，是指明知是使用暴力逼取证人证言的行为而有意实施的主观心理状态。

3. 罪量

暴力取证罪的罪量要素，刑法未作规定。参照前引《渎职侵权立案标准》的规定，暴力取证具有下列情形之一的，应予定罪：（1）以殴打、捆绑、违法使用械具等恶劣手段逼取证人证言的；（2）暴力取证造成证人轻伤、重伤、死亡的；（3）暴力取证，情节严重，导致证人自杀、自残造成重伤、死亡，或者精神失常的；（4）暴力取证，造成错案的；（5）暴力取证 3 人次以上的；（6）纵容、授意、指使、强迫他人暴力取证，具有上述情形之一的；（7）其他暴力取证应予追究刑事责任的情形。

（三）处罚

根据《刑法》第 247 条之规定，犯本罪的，处 3 年以下有期徒刑或者拘役。致人伤残、死亡的，依照本法第 234 条、第 232 条的规定定罪从重处罚。

转化犯 暴力取证而致人伤残、死亡的，应以故意伤害罪或者故意杀人罪从重处罚，这是关于暴力取证罪的转化犯的规定。

二十四、虐待被监管人罪

（一）概念

虐待被监管人罪是指监狱、拘留所、看守所等监管机构的监管人员违反国家监管法规，对被监管人进行殴打或者体罚虐待，或者指使被监管人殴打或者体罚虐待其他被监管人，情节严重的行为。

（二）构成

1. 罪体

主体 虐待被监管人罪的主体是监狱、拘留所、看守所等监管机构的监管人员。参照1986年7月10日全国人大常委会法制工作委员会、最高人民法院、最高人民检察院、司法部《关于劳教工作干警适用刑法关于司法工作人员规定的通知》的规定，劳教工作干警也可以成为本罪的主体。此外，2015年2月15日最高人民检察院《关于强制隔离戒毒所工作人员能否成为虐待被监管人罪主体问题的批复》规定，根据有关法律规定，强制隔离戒毒所是对符合特定条件的吸毒成瘾人员限制人身自由，进行强制隔离戒毒的监管机构，其履行监管职责的工作人员属于《刑法》第248条规定的监管人员。对于强制隔离戒毒所监管人员殴打或者体罚虐待戒毒人员，或者指使戒毒人员殴打、体罚虐待其他戒毒人员，情节严重的，应当适用《刑法》第248条的规定，以虐待被监管人罪追究刑事责任；造成戒毒人员伤残、死亡后果的，应当依照《刑法》第234条、第232条的规定，以故意伤害罪、故意杀人罪从重处罚。

行为 虐待被监管人罪的行为是对被监管人进行殴打或者体罚虐待，或者指使被监管人殴打或者体罚虐待其他被监管人。这里的体罚虐待，是指对被监管人实行肉体上的摧残和精神上的折磨。例如捆绑、滥用械具、任意禁闭、冻饿、罚跪、强迫从事长时间超负荷体力劳动、侮辱人格等。

客体 虐待被监管人罪的客体是被监管人。这里的被监管人，是指依法被限制人身自由的人，包括已决犯、未决犯、劳教人员、行政拘留或者司法拘留人员以及其他依法被监管的人员。

2. 罪责

虐待被监管人罪的罪责形式是故意。这里的故意，是指明知是虐待被监管人的行为而有意实施的主观心理状态。

3. 罪量

虐待被监管人罪的罪量要素是情节严重。这里的情节严重，刑法未作规定。参照前引《渎职侵权立案标准》的规定，是指具有下列情形之一：（1）以殴打、捆绑、违法使用械具等恶劣手段虐待被监管人的；（2）以较长时间冻、饿、晒、烤等手段虐待被监管人，严重损害其身体健康的；（3）虐待造成被监管人轻伤、重伤、死亡的；（4）虐待被监管人，情节严重，导致被监管人自杀、自残造成重伤、死亡，或者精神失常的；（5）殴打或者体罚虐待 3 人次以上的；（6）指使被监管人殴打、体罚虐待其他被监管人，具有上述情形之一的；（7）其他情节严重的情形。

（三）处罚

根据《刑法》第 248 条第 1 款之规定，犯本罪的，处 3 年以下有期徒刑或者拘役；情节特别严重的，处 3 年以上 10 年以下有期徒刑。致人伤残、死亡的，依照《刑法》第 234 条、第 232 条的规定定罪从重处罚。

加重处罚事由　犯虐待被监管人罪而情节特别严重的，是本罪的加重处罚事由。这里的情节特别严重，是指手段特别残忍、影响极其恶劣的，虐待被监管人特别多的或者造成其他特别严重后果的等。

转化犯　虐待被监管人而致人伤残、死亡的，应以故意伤害罪或者故意杀人罪从重处罚，这是关于虐待被监管人罪的转化犯的规定。

二十五、煽动民族仇恨、民族歧视罪

（一）概念

煽动民族仇恨、民族歧视罪是指以各种蛊惑人心的方法，公开煽动民族仇

恨、民族歧视，情节严重的行为。

（二）构成

1. 罪体

行为　煽动民族仇恨、民族歧视罪的行为是煽动。这里的煽动，是指公开以语言、文字、图画或者其他方法，激起群众或者使群众产生民族仇恨、民族歧视。

客体　煽动民族仇恨、民族歧视罪的客体是民族仇恨和民族歧视。这里的民族仇恨，是指基于民族的来源、历史、风俗习惯等的不同而产生的民族之间相互敌对、仇恨的状况。民族歧视，是指按照民族成分划分人们的社会地位和法律地位，限制和侵犯民族的基本权利的现象。

2. 罪责

煽动民族仇恨、民族歧视罪的罪责形式是故意。这里的故意，是指明知是煽动民族仇恨、民族歧视的行为而有意实施的主观心理状态。

3. 罪量

煽动民族仇恨、民族歧视罪的罪量要素是情节严重。这里的情节严重，是指使用侮辱、造谣等手段进行煽动的；多次进行煽动，屡教不改的；造成严重后果或者恶劣影响的；等等。

（三）处罚

根据《刑法》第249条之规定，犯本罪的，处3年以下有期徒刑、拘役、管制或者剥夺政治权利；情节特别严重的，处3年以上10年以下有期徒刑。

加重处罚事由　犯煽动民族仇恨、民族歧视罪而情节特别严重的，是本罪的加重处罚事由。这里的情节特别严重，是指长期进行煽动的；煽动手段特别恶劣的；引起民族纠纷、冲突甚至民族地区骚乱，后果特别严重的；等等。

二十六、出版歧视、侮辱少数民族作品罪

（一）概念

出版歧视、侮辱少数民族作品罪是指在出版物中刊载歧视、侮辱少数民族的

内容，情节恶劣，造成严重后果的行为。

（二）构成

1. 罪体

行为　出版歧视、侮辱少数民族作品罪的行为是在出版物中刊载歧视、侮辱少数民族的内容。这里的刊载，是指登载或者转载。歧视、侮辱少数民族的内容，是指针对少数民族的来源、历史、风俗习惯等，对少数民族进行贬低、讥讽、蔑视、羞辱等。

客体　出版歧视、侮辱少数民族作品罪的客体是出版物。这里的出版物，是指报纸、杂志、图书、画册以及音像制品、影视作品和电子出版物等。

2. 罪责

出版歧视、侮辱少数民族作品罪的罪责形式是故意。这里的故意，是指明知是歧视、侮辱少数民族的作品而予以出版的主观心理状态。

3. 罪量

出版歧视、侮辱少数民族作品罪的罪量要素是情节恶劣，造成严重后果。这里的情节恶劣，是指刊载的内容严重歪曲历史，甚至制造谣言的；十分污秽、卑鄙、恶毒，严重伤害少数民族群众的感情和自尊心的；发行数量大，影响范围广的；多次刊载，屡教不改的；等等。造成严重后果，是指造成恶劣的政治影响，引起民族纠纷、民族骚乱等后果。

（三）处罚

根据《刑法》第 250 条之规定，犯本罪的，对直接责任人员，处 3 年以下有期徒刑、拘役或者管制。

二十七、非法剥夺公民宗教信仰自由罪

（一）概念

非法剥夺公民宗教信仰自由罪是指国家机关工作人员非法剥夺公民的宗教信

仰自由，情节严重的行为。

（二）构成

1. 罪体

主体 非法剥夺公民宗教信仰自由罪的主体是国家机关工作人员。

行为 非法剥夺公民宗教信仰自由罪的行为是非法剥夺公民的宗教信仰自由。这里的非法剥夺，是指以强制等方法剥夺他人宗教信仰自由。剥夺方法包括：非法干涉公民正常的宗教活动；强迫教徒退教或者改变信仰；强迫公民信教或者信仰同一宗教的某一教派；非法封闭或者捣毁合法的宗教场所、设施；等等。

客体 非法剥夺公民宗教信仰自由罪的客体是公民的宗教信仰自由。这里的宗教信仰自由，是指是否信仰宗教、信仰何种宗教、信仰何种教派的自由等。

2. 罪责

非法剥夺公民宗教信仰自由罪的罪责形式是故意。这里的故意，是指明知是非法剥夺公民宗教信仰自由的行为而有意实施的主观心理状态。

3. 罪量

非法剥夺公民宗教信仰自由罪的罪量要素是情节严重。这里的情节严重，是指非法剥夺公民宗教信仰自由手段恶劣，后果严重，政治影响恶劣等。

（三）处罚

根据《刑法》第 251 条之规定，犯本罪的，处 2 年以下有期徒刑或者拘役。

二十八、侵犯少数民族风俗习惯罪

（一）概念

侵犯少数民族风俗习惯罪是指国家机关工作人员以强制手段，非法干涉、破坏少数民族风俗习惯或强迫少数民族改变风俗习惯，情节严重的行为。

（二）构成

1. 罪体

主体　侵犯少数民族风俗习惯罪的主体是国家机关工作人员。

行为　侵犯少数民族风俗习惯罪的行为是以强制手段，非法干涉、破坏少数民族风俗习惯或者迫使少数民族改变风俗习惯。由此可见，本罪行为具有以下两种情形：（1）以强制手段干涉、破坏少数民族公民按照风俗习惯举行正当活动。（2）以强制手段迫使少数民族改变风俗习惯。

客体　侵犯少数民族风俗习惯罪的客体是少数民族风俗习惯。这里的少数民族风俗习惯，是指我国各少数民族在长期的历史过程中形成的具有本民族特色的风俗民情、伦理道德、生活习惯等。

2. 罪责

侵犯少数民族风俗习惯罪的罪责形式是故意。这里的故意，是指明知是侵犯少数民族风俗习惯的行为而有意实施的主观心理状态。

3. 罪量

侵犯少数民族风俗习惯罪的罪量要素是情节严重。这里的情节严重，是指侵犯少数民族风俗习惯手段恶劣，后果严重，政治影响恶劣等。

（三）处罚

根据《刑法》第251条之规定，犯本罪的，处2年以下有期徒刑或者拘役。

二十九、侵犯通信自由罪

（一）概念

侵犯通信自由罪是指隐匿、毁弃或者非法开拆他人信件，侵犯公民通信自由权利，情节严重的行为。

（二）构成

1. 罪体

行为　侵犯通信自由罪的行为是隐匿、毁弃或者非法开拆他人信件。这里的隐匿，是指将他人投寄的信件秘密地隐藏起来，使收件人无法查明。毁弃，是指将他人投寄的信件撕毁、烧毁、丢弃，使收件人无法查收。非法开拆，是指违反国家有关规定，未经投寄人或者收件人同意，私自开拆他人信件。

客体　侵犯通信自由罪的客体是信件。这里的信件是指书信、明信片、贺年卡等。

2. 罪责

侵犯通信自由罪的罪责形式是故意。这里的故意，是指明知是他人信件而有意地隐匿、毁弃或者非法开拆的主观心理状态。

3. 罪量

侵犯通信自由罪的罪量要素是情节严重。这里的情节严重，是指多次实施隐匿、毁弃、非法开拆他人信件的；隐匿、毁弃、非法开拆他人信件数量较大的；造成严重后果的；等等。

（三）认定

1. 非法截获、篡改、删除他人电子邮件或者其他数据资料行为的定性

根据 2009 年 8 月 27 日全国人大常委会《关于维护互联网安全的决定》第 4 条第 2 项的规定，对于非法截获、篡改、删除他人电子邮件或者其他数据资料，侵犯公民通信自由和通信秘密构成犯罪的行为，应以侵犯通信自由罪论处。

2. 非法开拆他人信件并从中窃取财物行为的定性

根据 1989 年 9 月 15 日最高人民检察院《关于非邮电工作人员非法开拆他人信件并从中窃取财物案件定性问题的批复》（现已失效）的规定，对非法开拆他人信件并从中窃取财物行为，按照以下三种情况处理：

（1）非邮电工作人员非法开拆他人信件，侵犯公民通信自由，情节严重，并从中窃取少量财物，或者窃取汇票、汇款支票，骗取汇兑款数额不大的，依照《刑法》关于侵犯公民通信自由罪的规定，从重处罚。

（2）非邮电工作人员非法开拆他人信件，侵犯公民通信自由权利，情节严重，并从中窃取财物数额较大的，应按照重罪吸收轻罪的原则，依照《刑法》关

于盗窃罪的规定从重处罚。

（3）非邮电工作人员非法开拆他人信件，侵犯公民通信自由权利，情节严重，并从中窃取汇票或汇款支票，冒名骗取汇兑款数额较大的，应依照《刑法》关于侵犯公民通信自由罪和诈骗罪的规定，依法实行数罪并罚。

（四）处罚

根据《刑法》第252条之规定，犯本罪的，处1年以下有期徒刑或者拘役。

三十、私自开拆、隐匿、毁弃邮件、电报罪

（一）概念

私自开拆、隐匿、毁弃邮件、电报罪是指邮政工作人员私自开拆或者隐匿、毁弃邮件、电报的行为。

（二）构成

1. 罪体

主体　私自开拆、隐匿、毁弃邮件、电报罪的主体是邮政工作人员。这里的邮政工作人员，是指国家邮政事业管理部门的营业员、发行员、分拣员、投递员、接发员、押运员以及受邮政部门委托的代办、分邮员。

行为　私自开拆、隐匿、毁弃邮件、电报罪的行为是私自开拆、隐匿、毁弃。这里的私自开拆，是指未经寄件人或者收件人同意而将传递中的邮件、电报擅自予以开拆。隐匿，是指将邮件、电报非法截留、收藏而不向收件人递交。毁弃，是指将邮件、电报撕毁、湮灭、抛弃，致使收件人无法查收。

客体　私自开拆、隐匿、毁弃邮件、电报罪的客体是邮件、电报。这里的邮件，是指通过邮政企业寄递的信件（信函、明信片）、印刷品、邮包、报刊、汇款通知等。电报，是指明码电报、密码电报、传真等。

2. 罪责

私自开拆、隐匿、毁弃邮件、电报罪的罪责形式是故意。这里的故意，是指

明知是私自开拆、隐匿、毁弃邮件、电报的行为而有意实施的主观心理状态。

（三）处罚

根据《刑法》第 253 条第 1 款之规定，犯本罪的，处 2 年以下有期徒刑或者拘役。第 2 款规定，犯前款罪而窃取财物的，依照本法第 264 条的规定定罪从重处罚。

转化犯 犯私自开拆、隐匿、毁弃邮件、电报罪而窃取财物的，应以盗窃罪论处，这是关于本罪的转化犯的规定。

三十一、侵犯公民个人信息罪

（一）概念

侵犯公民个人信息罪是指违反国家有关规定，向他人出售或者提供公民个人信息，情节严重的，或者窃取或者以其他方法非法获取公民个人信息的行为。

（二）构成

1. 罪体

行为 侵犯公民个人信息罪的行为是违反国家有关规定，向他人出售或者提供公民个人信息，或者窃取或者以其他方法非法获取公民个人信息。这里的违反国家规定，根据 2017 年 5 月 8 日最高人民法院、最高人民检察院《关于办理侵犯公民个人信息刑事案件适用法律若干问题的解释》［以下简称《解释（三）》］第 2 条的规定，是指违反法律、行政法规、部门规章有关公民个人信息保护的规定。本罪包括以下四种行为方式：（1）出售公民个人信息。这里的出售公民个人信息，是指以有偿的方式转让公民个人信息。（2）提供公民个人信息。这里的提供公民个人信息，根据《解释（三）》第 3 条的规定，是指向特定人提供公民个人信息，以及通过信息网络或者其他途径发布公民个人信息。此外，未经被收集者同意，将合法收集的公民个人信息向他人提供的，也属于提供公民个人信息，但是经过处理无法识别特定个人且不能复原的除外。（3）窃取公民个人信息。这里的窃取公民个人信息，是指采取秘密窃取的方式取得公民个人信息。（4）以其他方法非法获取公民个人信息。根据《解释（三）》第 4 条的规定，这里的以其他方法非法获取公民个人信息，是指违反国家有关规定，通过购买、收受、交换等方式获取公民个人信息，或者在履行职责、提供服务过程中收集公民个人信息。

客体 侵犯公民个人信息罪的客体是公民个人信息。这里的公民个人信息，根据《民法典》第 1034 条第 2 款的规定，是指以电子或者其他方式记录的能够单独或者与其他信息结合识别特定自然人身份或者反映特定自然人活动情况的各种信息，包括自然人的姓名、出生日期、身份证件号码、生物识别信息、住址、电话号码、电子邮箱、健康信息、行踪信息等。

2. 罪责

侵犯公民个人信息罪的罪责形式是故意。这里的故意，是指明知是侵犯公民个人信息的行为而有意实施的主观心理状态。

3. 罪量

侵犯公民个人信息罪的罪量要素是情节严重。这里应当指出，刑法只是规定了向他人出售或者提供公民个人信息这两种行为需要情节严重才能构成本罪，对窃取或者以其他方法非法获取公民个人信息则并未规定罪量要素。根据《解释（三）》第 5 条第 1 款的规定，这里的情节严重是指具有下列情形之一：（1）出售或者提供行踪轨迹信息，被他人用于犯罪的；（2）知道或者应当知道他人利用公民个人信息实施犯罪，向其出售或者提供的；（3）非法获取、出售或者提供行踪轨迹信息、通信内容、征信信息、财产信息 50 条以上的；（4）非法获取、出售或者提供住宿信息、通信记录、健康生理信息、交易信息等其他可能影响人身、财产安全的公民个人信息 500 条以上的；（5）非法获取、出售或者提供第 3 项、第 4 项规定以外的公民个人信息 5 000 条以上的；（6）数量未达到第 3 项至第 5 项规定标准，但是按相应比例合计达到有关数量标准的；（7）违法所得 5 000 元以上的；（8）将在履行职责或者提供服务过程中获得的公民个人信息出售或者提供给他人，数量或者数额达到第 3 项至第 7 项规定标准一半以上的；（9）曾因侵犯公民个人信息受过刑事处罚或者 2 年内受过行政处罚，又非法获取、出售或者提供公民个人信息的；（10）其他情节严重的情形。此外，根据《解释（三）》第 6 条的规定，为合法经营活动而非法购买、收受本解释第 5 条第 1 款第 3 项、第 4 项规定以外的公民个人信息，具有下列情形之一的，应当认定为情节严重：（1）利用非法购买、收受的公民个人信息获利 5 万元以上的；（2）曾因侵犯公民个人信息受过刑事处罚或者 2 年内受过行政处罚，又非法购买、收受公民个人信息的；（3）其他情节严重的情形。

（三）处罚

根据《刑法》第 253 条之一［《刑法修正案（九）第 17 条》］之规定，犯本罪的，处 3 年以下有期徒刑或者拘役，并处或者单处罚金；情节特别严重的，处 3 年以上 7 年以下有期徒刑，并处罚金。单位犯本罪的，对单位判处罚金，并对其直接负责的主管人员和其他直接责任人员，依照个人犯罪的规定处罚。

从重处罚事由　违反国家有关规定，将在履行职责或者提供服务过程中获得的公民个人信息，出售或者提供给他人的，是侵犯公民个人信息罪的从重处罚事由。

加重处罚事由　犯本罪而情节特别严重的，是本罪的加重处罚事由。这里的情节特别严重，根据前引《解释（三）》第 5 条第 2 款的规定，是指具有下列情形之一：（1）造成被害人死亡、重伤、精神失常或者被绑架等严重后果的；（2）造成重大经济损失或者恶劣社会影响的；（3）数量或者数额达到前款第 3 项至第 8 项规定标准 10 倍以上的；（4）其他情节特别严重的情形。

三十二、报复陷害罪

（一）概念

报复陷害罪是指国家机关工作人员滥用职权、假公济私，对控告人、申诉人、批评人、举报人实行报复陷害的行为。

（二）构成

1. 罪体

主体 报复陷害罪的主体是国家机关工作人员。

行为 报复陷害罪的行为是滥用职权、假公济私，对控告人、申诉人、批评人、举报人实行报复陷害。这里的报复陷害，是指非法克扣、停发工资、奖励奖金或者其他福利；降职、降薪或者下岗、调动工作，甚至免除职务、开除公职等。

客体 报复陷害罪的客体是控告人、申诉人、批评人、举报人。这里的控告人，是指向司法机关或者其他党政机关告发国家工作人员违法失职的人。申诉人，是指对自己或者他人所受的处分不服，向原处理机关或者上级机关提出自己的申诉意见，请求改变处分的人。批评人，是指对国家工作人员的缺点错误或者思想作风提出批评的人。举报人，是指当事人以外的其他知情人员向司法机关检举、揭发犯罪嫌疑人的犯罪事实或者犯罪嫌疑人线索的人。

2. 罪责

报复陷害罪的罪责形式是故意。这里的故意，是指明知是报复陷害的行为而有意实施的主观心理状态。

3. 罪量

报复陷害罪的罪量要素，刑法未作规定。参照前引《渎职侵权立案标准》的规定，报复陷害具有下列情形之一的，应予定罪：（1）报复陷害，情节严重，导致控告人、申诉人、批评人、举报人或者其近亲属自杀、自残造成重伤、死亡，或者精神失常的；（2）致使控告人、申诉人、批评人、举报人或者其近亲属的其他合法权利受到严重损害的；（3）其他报复陷害应予追究刑事责任的情形。

（三）处罚

根据《刑法》第254条之规定，犯本罪的，处2年以下有期徒刑或者拘役；情节严重的，处2年以上7年以下有期徒刑。

加重处罚事由　犯报复陷害罪而情节严重的，是本罪的加重处罚事由。这里的情节严重，是指报复陷害的手段十分恶劣，致使被害人的人身权利、民主权利或者其他合法权利受到特别严重的损害的等。

三十三、打击报复会计、统计人员罪

（一）概念

打击报复会计、统计人员罪是指公司、企业、事业单位、机关、团体的领导人员，对依法履行职责、抵制违反会计法、统计法行为的会计、统计人员实行打击报复，情节恶劣的行为。

（二）构成

1. 罪体

主体　打击报复会计、统计人员罪的主体是指公司、企业、事业单位、机关、团体的领导人。

行为　打击报复会计、统计人员罪的行为是对依法履行职责、抵制违反会计法、统计法行为的会计、统计人员实行打击报复。这里的打击报复，是指调动工作、撤换职务、强行辞退、克扣工资、奖金或者其他福利等。

客体　打击报复会计、统计人员罪的客体是依法履行职责、抵制违反会计法、统计法行为的会计、统计人员。

2. 罪责

打击报复会计、统计人员罪的罪责形式是故意。这里的故意，是指明知会计、统计人员是依法履行职责而进行打击报复的主观心理状态。

3. 罪量

打击报复会计、统计人员罪的罪量要素是情节恶劣。这里的情节恶劣，是指打击报复手段恶劣的；对多人进行打击报复的；屡教不改，多次进行打击报复的；打击报复致使会计、统计人员不敢依法履行职责的；打击报复致使会计、统

计人员精神失常，造成严重后果的等。

（三）处罚

根据《刑法》第 255 条之规定，犯本罪的，处 3 年以下有期徒刑或者拘役。

三十四、破坏选举罪

（一）概念

破坏选举罪是指在选举各级人民代表大会代表和国家机关领导人员时，以暴力、威胁、欺骗、贿赂、伪造选举文件、虚报选举票数或者编造选举结果等手段破坏选举或者妨害选民和代表自由行使选举权和被选举权，情节严重的行为。

（二）构成

1. 罪体

行为　破坏选举罪的行为是在选举各级人民代表大会代表和国家机关领导人员时，以暴力、威胁、欺骗、贿赂、伪造选举文件、虚报选举票数或者编造选举结果等手段，破坏选举或者妨害选民和代表自由行使选举权和被选举权。破坏选举行为具有以下表现形式：（1）暴力，即对选民、各级人民代表大会代表、候选人、选举工作人员等进行殴打、捆绑等人身伤害，或者以暴力破坏选举场所，使选举工作无法进行。（2）威胁，即以杀害、伤害、破坏名誉、毁坏财产等进行要挟，迫使选民、各级人民代表大会代表、候选人、选举工作人员不能自由行使选举权和被选举权或者在选举工作中不能正常履行职责。（3）欺骗，即编造严重不符合事实的情况或者捏造对选举有重大影响的事实，并加以散布、宣传，扰乱正常的选举活动。（4）贿赂，即使用金钱或者其他物质利益收买选民、各级人民代表大会代表、候选人、选举工作人员，使其违反自己的真实意愿参加选举或者在选举工作中进行舞弊活动。（5）伪造选举文件，即伪造选民证、选票等文件。（6）虚报选举票数，即选举工作人员对统计出来的选票数、赞成票数、反对票数进行虚报（包括多报或者少报）。（7）编造选举结果，即弄虚作假，故意编造与选举实际情况不符的选举结果。

客体　破坏选举罪的客体是各级人民代表大会代表和国家机关领导人员的选举。破坏其他选举的，例如村民委员会的选举，不构成本罪。

2. 罪责

破坏选举罪的罪责形式是故意。这里的故意，是指明知是破坏选举的行为而有意实施的主观心理状态。

3. 罪量

破坏选举罪的罪量要素是情节严重。这里的情节严重，参照前引《渎职侵权立案标准》的规定，是指具有下列情形之一：（1）以暴力、威胁、欺骗、贿赂等手段，妨害选民、各级人民代表大会代表自由行使选举权和被选举权，致使选举无法正常进行，或者选举无效，或者选举结果不真实的；（2）以暴力破坏选举场所或者选举设备，致使选举无法正常进行的；（3）伪造选民证、选票等选举文件，虚报选举票数，产生不真实的选举结果或者强行宣布合法选举无效、非法选举有效的；（4）聚众冲击选举场所或者故意扰乱选举场所秩序，使选举工作无法进行的；（5）其他情节严重的情形。

（三）处罚

根据《刑法》第256条之规定，犯本罪的，处3年以下有期徒刑、拘役或者剥夺政治权利。

三十五、暴力干涉婚姻自由罪

（一）概念

暴力干涉婚姻自由罪是指以暴力手段，干涉他人结婚自由或者离婚自由的行为。

（二）构成

1. 罪体

行为　暴力干涉婚姻自由罪的行为是以暴力手段，干涉他人婚姻自由。这里的暴力是指采用殴打、捆绑或者其他方法。干涉他人婚姻自由，是指下述情形：（1）强迫他人与自己结婚；（2）强迫他人与他人结婚；（3）强迫他人不与他人结婚；（4）强迫他人与自己离婚；（5）强迫他人与他人离婚；（6）强迫他人不与他人离婚。

客体　暴力干涉婚姻自由罪的客体是他人的婚姻自由。这里的婚姻自由，是指男女双方缔结或者解除婚姻关系，在不违背国家法律的前提下，有权按照本人的意愿，自主地决定自己的婚姻问题，不受任何人的强制和干涉的自由。婚姻自由包括结婚自由和离婚自由。

2. 罪责

暴力干涉婚姻自由罪的罪责形式是故意。这里的故意，是指明知是暴力干涉他人婚姻自由的行为而有意实施的主观心理状态。

（三）处罚

根据《刑法》第 257 条第 1 款之规定，犯本罪的，处 2 年以下有期徒刑或者拘役。第 2 款规定，犯本罪，致使被害人死亡的，处 2 年以上 7 年以下有期徒刑。第 3 款规定，犯第 1 款罪，告诉的才处理。

加重处罚事由　犯暴力干涉婚姻自由罪而致使被害人死亡的，是本罪的加重处罚事由。这里的致使被害人死亡，是指在实施暴力干涉婚姻自由行为的过程中，过失致使被害人死亡；或者暴力干涉婚姻自由致使被害人自杀。

告诉乃论　实施暴力干涉婚姻自由行为而未致使被害人死亡的，属于告诉乃论的犯罪，即告诉才处理。

三十六、重婚罪

（一）概念

重婚罪是指自己有配偶而与他人结婚，或者明知他人有配偶而与之结婚的行为。

（二）构成

1. 罪体

行为 重婚罪的行为是自己有配偶而与他人结婚，或者明知他人有配偶而与之结婚。因此，重婚行为有以下两种情形：（1）有配偶而重婚，指重婚人在本人的婚姻关系没有依法解除或者对方没有死亡的情况下，又与他人结婚。（2）明知他人有配偶而与之结婚，指相婚人本人虽然没有结婚，但是明知他人已经结婚而与其结婚。

客体 重婚罪的客体是他人，这里的他人既包括已婚者，也包括未婚者。在刑法理论上，重婚罪是必要共犯中的对合犯。在一般情况下，双方都是已结婚的人而又重婚的，或者一方已经结婚另一方本人虽未结婚但明知对方已经结婚而与之结婚的，彼此均构成重婚罪。在特殊情况下，相婚者不知他人有配偶而与之结婚，因不具有重婚故意而不构成本罪，只有重婚者构成本罪。

2. 罪责

重婚罪的罪责形式是故意。这里的故意，是指明知是重婚行为而有意实施的主观心理状态。

（三）认定

1. 事实重婚的认定

婚姻有法律婚与事实婚之分。法律婚又称为登记婚，是指经婚姻登记机关登记并受法律保护的婚姻。事实婚，是指未经婚姻登记机关登记但以夫妻关系共同生活而形成的事实上的婚姻。事实婚是不受法律保护的，那么，事实婚能否构成重婚罪呢？对此，1994 年 12 月 14 日最高人民法院《关于〈婚姻登记管理条例〉施行后发生的以夫妻名义非法同居的重婚案件是否以重婚罪定罪处罚的批复》规定："新的《婚姻登记管理条例》（1994 年 1 月 12 日国务院批准，1994 年 2 月 1 日民政部发布）发布施行后，有配偶的人与他人以夫妻名义同居生活的，或者明知他人有配偶而与之以夫妻名义同居生活的，仍应按重婚罪定罪处罚。"因此，事实婚构成重婚的，仅限于前有法律婚后又有事实婚的情形。而前有事实婚后有法律婚以及前有事实婚后又有事实婚的情形，均不构成重婚罪。

2. 不以重婚罪论处的情形

因遭受自然灾害外流谋生而重婚的；因配偶长期外出下落不明，造成家庭生活严重困难，又与他人结婚的；因强迫、包办婚姻或因婚后受虐待外逃而重婚的；被拐卖后再婚的，由于都是受客观条件所迫，故不应以重婚罪论处。

（四）处罚

根据《刑法》第 258 条之规定，犯本罪的，处 2 年以下有期徒刑或者拘役。

三十七、破坏军婚罪

（一）概念

破坏军婚罪是指明知是现役军人的配偶而与之同居或者结婚的行为。

（二）构成

1. 罪体

行为　破坏军婚罪的行为是明知是现役军人的配偶而与之同居或者结婚。这里的同居，是指公开地以夫妻关系共同生活，或者在较长时间内公开或者秘密在一起生活。这里的结婚，是指登记结婚。

客体　破坏军婚罪的客体是军婚，即军人的婚姻关系。

2. 罪责

破坏军婚罪的罪责形式是故意。这里的故意，是指明知是现役军人的配偶而与之同居或者结婚的主观心理状态。

（三）处罚

根据《刑法》第 259 条第 1 款之规定，犯本罪的，处 3 年以下有期徒刑或者拘役。

三十八、虐待罪

（一）概念

虐待罪是指经常以打骂、冻饿、禁闭、有病不给治疗、强迫从事过度劳动等方法，从肉体上和精神上摧残迫害家庭成员，情节恶劣的行为。

（二）构成

1. 罪体

主体　虐待罪的主体是与被害人之间具有一定的亲属关系而且是在一个家庭内共同生活的成员。

行为　虐待罪的行为是虐待。这里的虐待，是指经常以打骂、冻饿、禁闭、有病不给治疗、强迫从事过度劳动等方法，从肉体上和精神上进行摧残迫害。虐待罪是继续犯，须以在相当一段时间内，持续地实施各种虐待行为为构成条件。如果偶尔打骂、冻饿等，则不构成本罪。

客体　虐待罪的客体是家庭成员。这里的家庭成员，一般是指共同生活的家庭成员。

2. 罪责

虐待罪的罪责形式是故意。这里的故意，是指明知是虐待行为而有意实施的主观心理状态。

3. 罪量

虐待罪的罪量要素是情节恶劣。这里的情节恶劣，根据 2015 年 3 月 2 日最高人民法院、最高人民检察院、公安部、司法部《关于依法办理家庭暴力犯罪案件的意见》（以下简称《意见（三）》）第 17 条第 1 款的规定，是指具有虐待持续时间较长、次数较多；虐待手段残忍；虐待造成被害人轻微伤或者患较严重疾病；对未成年人、老年人、残疾人、孕妇、哺乳期妇女、重病患者实施较为严重的虐待行为等情形。

（三）认定

关于如何准确区分虐待犯罪致人重伤、死亡与故意伤害、故意杀人犯罪致人重伤、死亡的界限，前引《意见（三）》第17条第2款指出，要根据被告人的主观故意、所实施的暴力手段与方式、是否立即或者直接造成被害人伤亡后果等进行综合判断。对于被告人主观上不具有侵害被害人健康或者剥夺被害人生命的故意，而是出于追求被害人肉体和精神上的痛苦，长期或者多次实施虐待行为，逐渐造成被害人身体损害，过失导致被害人重伤或者死亡的；或者因虐待致使被害人不堪忍受而自残、自杀，导致重伤或者死亡的，属于虐待致使被害人重伤、死亡，应当以虐待罪定罪处罚。对于被告人虽然实施家庭暴力呈现出经常性、持续性、反复性的特点，但其主观上具有希望或者放任被害人重伤或者死亡的故意，持凶器实施暴力，暴力手段残忍，暴力程度较强，直接或者立即造成被害人重伤或者死亡的，应当以故意伤害罪或者故意杀人罪定罪处罚。

（四）处罚

根据《刑法》第260条第1款之规定，犯本罪的，处2年以下有期徒刑、拘役或者管制。第2款规定，犯本罪，致使被害人重伤、死亡的，处2年以上7年以下有期徒刑。第3款规定，犯第1款罪，告诉的才处理，但被害人没有能力告诉，或者因受到强制、威吓无法告诉的除外。

加重处罚事由　犯虐待罪而致使被害人重伤、死亡的，是本罪的加重处罚事由。这里的重伤，是指虐待行为造成被害人重伤。死亡，是指在虐待过程中，过失致使被害人死亡；或者虐待行为致使被害人自杀。

告诉乃论　实施虐待行为而未致使被害人重伤、死亡的，属于告诉乃论的犯罪，即告诉才处理。值得注意的是，刑法对此规定了例外条款。如果被害人没有能力告诉，或者因受到强制、威吓无法告诉的除外。

三十九、虐待被监护、看护人罪

（一）概念

虐待被监护、看护人罪是指对未成年人、老年人、患病的人、残疾人等负有监护、看护职责的人虐待被监护、看护的人，情节恶劣的行为。

（二）构成

1. 罪体

主体　虐待被监护、看护人罪的主体是对未成年人、老年人、患病的人、残疾人等负有监护、看护职责的人。

行为　虐待被监护、看护人罪的行为是对未成年人、老年人、患病的人、残疾人等负有监护、看护职责的人虐待被监护、看护的人。

客体　虐待被监护、看护人罪的客体是未成年人、老年人、患病的人、残疾人等人员。

2. 罪责

虐待被监护、看护人罪的责任形式是故意。这里的故意，是指明知是虐待未成年人、老年人、患病的人、残疾人等人员的行为而有意实施的主观心理状态。

3. 罪量

虐待被监护、看护人罪的罪量要素是情节恶劣。

（三）处罚

根据《刑法》第 260 条之一［《刑法修正案（九）第 19 条》］之规定，犯本罪的，处 3 年以下有期徒刑或者拘役。单位犯本罪的，对单位判处罚金，并对其直接负责的主管人员和其他直接责任人员，依照个人犯罪的规定处罚。

四十、遗弃罪

（一）概念

遗弃罪是指对于年老、年幼、患病或者其他没有独立生活能力的人，负有扶养义务而拒绝扶养，情节恶劣的行为。

（二）构成

1. 罪体

主体　遗弃罪的主体是法律上对被遗弃者负有扶养义务的人。关于遗弃罪的主体与被遗弃者之间是否必须具有亲属关系，在刑法理论上存在争议。通说认为，我国刑法中的遗弃罪是家庭成员间的遗弃，因而本罪主体与被遗弃者之间必须具有亲属关系。只有个别学者认为非家庭成员之间也可以成为本罪的主体。我认为，本罪是从 1979 年《刑法》的妨害婚姻家庭罪中移入 1997 年《刑法》的侵犯公民人身权利、民主权利罪的，根据沿革解释，本罪主体应限于负有扶养义务的家庭成员。

行为　遗弃罪的行为是负有扶养义务而拒绝扶养。本罪的行为表现方式是不作为，因此，构成本罪必须在客观上具备以下条件：（1）负有扶养义务。这里的扶养，应作广义理解，包括婚姻法规定的夫妻之间的扶养、父母对子女的扶养和子女对父母的扶养。（2）具有扶养能力。（3）拒不扶养。常见的遗弃方法是遗弃婴儿、弃家出走不履行扶养义务等。

客体　遗弃罪的客体是年老、年幼、患病或者其他没有独立生活能力的家庭成员。

2. 罪责

遗弃罪的罪责形式是故意。这里的故意，是指明知是遗弃行为而有意实施的主观心理状态。

3. 罪量

遗弃罪的罪量要素是情节恶劣。这里的情节恶劣，根据前引《意见（三）》第 17 条第 3 款的规定，是指具有对被害人长期不予照顾、不提供生活来源；驱赶、逼迫被害人离家，致使被害人流离失所或者生存困难；遗弃患严重疾病或者生活不能自理的被害人；遗弃致使被害人身体严重损害或者造成其他严重后果等情形。

（三）认定

关于如何准确区分遗弃罪与故意杀人罪的界限，前引《意见（三）》第 17 条第 4 款指出，要根据被告人的主观故意、所实施行为的时间与地点、是否立即造成被害人死亡，以及被害人对被告人的依赖程度等进行综合判断。对于只是为了逃避扶养义务，并不希望或者放任被害人死亡，将生活不能自理的被害人弃置在福利院、医院、派出所等单位或者广场、车站等行人较多的场所，希望被害人得到他人救助的，一般以遗弃罪定罪处罚。对于希望或者放任被害人死亡，不履行必要的扶养义务，致使被害人因缺乏生活照料而死亡，或者将生活不能自理的被害人带至荒山野岭等人迹罕至的场所扔弃，使被害人难以得到他人救助的，应当以故意杀人罪定罪处罚。

（四）处罚

根据《刑法》第 261 条之规定，犯本罪的，处 5 年以下有期徒刑、拘役或者管制。

四十一、拐骗儿童罪

（一）概念

拐骗儿童罪是指采用蒙骗、利诱或者其他方法，使不满 14 周岁的未成年人，脱离家庭或者监护人的行为。

（二）构成

1. 罪体

行为　拐骗儿童罪的行为是采用蒙骗、利诱或者其他方法，使不满 14 周岁的未成年人，脱离家庭或者监护人。这里的蒙骗，是指虚构事实、隐瞒真相从而诈使被害人脱离家庭或者监护人；这里的利诱，是指以金钱、财物或者其他利益诱使被害人脱离家庭或者监护人；这里的其他方法，是指蒙骗、利诱以外使被害人脱离家庭或者监护人的方法，例如不以买卖、勒索财物为目的的偷盗婴儿等。

客体　拐骗儿童罪的客体是不满 14 周岁的未成年人。

2. 罪责

拐骗儿童罪的罪责形式是故意。这里的故意，是指明知是不满 14 周岁的未成年人而实施拐骗行为的主观心理状态。

（三）处罚

根据《刑法》第 262 条之规定，犯本罪的，处 5 年以下有期徒刑或者拘役。

四十二、组织残疾人、儿童乞讨罪

（一）概念

组织残疾人、儿童乞讨罪是指以暴力、胁迫手段组织残疾人或者不满 14 周岁的未成年人乞讨的行为。

（二）构成

1. 罪体

行为 组织残疾人、儿童乞讨罪的行为是以暴力、胁迫手段组织残疾人或者不满 14 周岁的未成年人乞讨。这里的暴力手段是指打骂、冻饿等身体上的强制手段。胁迫手段是指威胁、恐吓等精神上的强制手段。组织乞讨，是指安排、布置、指使残疾人或者不满 14 周岁的未成年人讨要钱财。

客体 组织残疾人、儿童乞讨罪的客体是残疾人或者不满 14 周岁的未成年人。

2. 罪责

组织残疾人、儿童乞讨罪的罪责形式是故意，这里的故意，是指明知是组织残疾人、儿童乞讨的行为而有意实施的主观心理状态。

（三）处罚

根据《刑法》第 262 条之一［《刑法修正案（六）》第 17 条］的规定，犯本罪的，处 3 年以下有期徒刑或者拘役，并处罚金；情节严重的，处 3 年以上 7 年以下有期徒刑，并处罚金。

加重处罚事由 犯组织残疾人、儿童乞讨罪而情节严重的，是本罪的加重处罚事由。这里的情节严重，是指组织残疾人、儿童乞讨人数多、时间长或者对残疾人、儿童造成人身损害的情形。

四十三、组织未成年人进行违反治安管理活动罪

（一）概念

组织未成年人进行违反治安管理活动罪是指组织未成年人进行盗窃、诈骗、抢夺、敲诈勒索等违反治安管理活动的行为。

（二）构成

1. 罪体

行为 组织未成年人进行违反治安管理活动罪的行为是组织未成年人进行盗窃、诈骗、抢夺、敲诈勒索等违反治安管理活动。这里的组织，是指采用引诱、欺骗、威胁或者说服等方法，纠集未成年人或者将未成年人笼络、控制在自己手下，指令或者要求未成年人实施盗窃、诈骗、抢夺、敲诈勒索等违法行为。

客体 组织未成年人进行违反治安管理活动罪的客体是未成年人和违反治安管理活动。这里的未成年人，是指不满 18 周岁的人。这里的违反治安管理活动是指进行盗窃、诈骗、抢夺、敲诈勒索等违反治安管理的活动。应当指出，上述活动均未达到犯罪程度。如果组织未成年人实施上述活动构成犯罪的，则应以上述犯罪的共犯论处。

2. 罪责

组织未成年人进行违反治安管理活动罪的罪责形式是故意。这里的故意，是指明知是组织未成年人进行违反治安管理活动的行为而有意实施的主观心理状态。

（三）处罚

根据《刑法》第 262 条之二［《刑法修正案（七）》第 8 条］之规定，犯本罪的，处 3 年以下有期徒刑或者拘役，并处罚金；情节严重的，处 3 年以上 7 年以下有期徒刑，并处罚金。

加重处罚事由　犯组织未成年人进行违反治安管理活动罪而情节严重的，是本罪的加重处罚事由。这里的情节严重，是指组织多人，组织残疾人，多次组织未成年人进行违法活动，对未成年人采取暴力、威胁、虐待等手段，或者通过未成年人的违法行为，获利数额较大等情形。

第三十二章

侵犯财产罪

第一节　侵犯财产罪概述

一、概念

侵犯财产罪是指以非法占有为目的，采用抢劫、盗窃、抢夺、诈骗等方法攫取公私财物，以及挪用、毁坏公私财物或者破坏生产经营的行为。

二、罪名

侵犯财产罪是《刑法》分则第五章规定之罪，从第 263 条至第 276 条共 14 个条文规定了 12 个罪名。《刑法修正案（八）》第 41 条增设了第 276 条之一，补充规定了 1 个罪名。本章共计 13 个罪名，这些罪名是：（1）抢劫罪；（2）盗窃罪；（3）诈骗罪；（4）抢夺罪；（5）聚众哄抢罪；（6）侵占罪；（7）职务侵占罪；（8）挪用资金罪；（9）挪用特定款物罪；（10）敲诈勒索罪；（11）故意毁坏财物罪；（12）破坏生产经营罪；（13）拒不支付劳动报酬罪。

三、法定刑

侵犯财产罪的法定最高刑是死刑，共有 1 个死刑罪名。其他罪名规定了无期徒刑、有期徒刑、拘役和管制，以及罚金和没收财产。

第二节　侵犯财产罪分述

一、抢劫罪

（一）概念

抢劫罪是指以非法占有为目的，以暴力、胁迫或者其他方法，强行夺取公私财物的行为。

（二）构成

1. 罪体

行为　抢劫罪的行为是以暴力、胁迫或者其他方法，强行夺取公私财物。抢劫罪是复行为犯，包括手段行为与目的行为。

（1）手段行为。抢劫罪的手段行为是使用暴力、胁迫或者其他方法。这里的暴力，是指对被害人身体实施袭击或者其他强暴手段，例如殴打、伤害、捆绑、禁闭等足以危及被害人身体健康或者生命安全，致使被害人不能抗拒的方法。胁迫，是指以立即实施暴力相威胁，实行精神强制，使被害人产生恐惧而不敢反抗的方法。其他方法，是指除上述暴力、胁迫以外，对被害人采取用酒灌醉、用药物麻醉等手段，使被害人不知反抗或者丧失反抗能力的方法。

（2）目的行为。抢劫罪的目的行为是强行夺取公私财物。这里的强行夺取，既包括从被害人手中取得，也包括被害人被迫交出。

客体 抢劫罪的客体是人身和财物，因此，抢劫罪具有双重客体。应当指出，抢劫罪客体的财物，既包括一般财物又包括特定财物。根据 2005 年 6 月 8 日最高人民法院《关于审理抢劫、抢夺刑事案件适用法律若干问题的意见》（以下简称《意见》）第 7 条关于抢劫特定财物的规定，以毒品、假币、淫秽物品等违禁品为对象，实施抢劫的，以抢劫罪定罪；抢劫的违禁品数量作为量刑情节予以考虑。抢劫违禁品后又以违禁品实施其他犯罪的，应以抢劫罪与具体实施的其他犯罪实行数罪并罚。抢劫赌资、犯罪所得的赃款赃物的，以抢劫罪定罪，但行为人仅以其所输赌资或所赢赌债为抢劫对象，一般不以抢劫罪定罪处罚。构成其他犯罪的，依照刑法的相关规定处罚。为个人使用，以暴力、胁迫等手段取得家庭成员或近亲属财产的，一般不以抢劫罪定罪处罚，构成其他犯罪的，依照刑法的相关规定处理；教唆或者伙同他人采取暴力、胁迫等手段劫取家庭成员或近亲属财产的，可以抢劫罪定罪处罚。

2. 罪责

抢劫罪的罪责形式是故意，并且具有非法占有公私财物的目的。这里的故意，是指明知是抢劫行为而有意实施的主观心理状态。

（三）认定

1. 关于抢劫犯罪数额的计算

根据前引《意见》第 6 条的规定，抢劫信用卡后使用、消费的，其实际使用、消费的数额为抢劫数额；抢劫信用卡后未实际使用、消费的，不计数额，根据情节轻重量刑。所抢信用卡数额巨大，但未实际使用、消费或者实际使用、消费的数额未达到巨大标准的，不适用抢劫数额巨大的法定刑。为抢劫其他财物，劫取机动车辆当作犯罪工具或者逃跑工具使用的，被劫取机动车辆的价值计入抢劫数额；为实施抢劫以外的其他犯罪劫取机动车辆的，以抢劫罪和实施的其他罪实行数罪并罚。抢劫存折、机动车辆的数额计算，参照执行 2013 年 4 月 2 日最高人民法院、最高人民检察院《关于办理盗窃刑事案件适用法律若干问题的解释》［以下简称《解释（一）》］的相关规定。

2. 关于抢劫罪与相似犯罪的界限

前引《意见》第 9 条对抢劫罪与相似犯罪的界限问题作了以下规定：（1）冒充正在执行公务的人民警察、联防人员，以抓卖淫嫖娼、赌博等违法行为为名非法占有财物的行为定性。行为人冒充正在执行公务的人民警察"抓赌""抓嫖"，没收赌资或者罚款的行为，构成犯罪的，以招摇撞骗罪从重处罚；在实施上述行为中使用暴力或者暴力威胁的，以抢劫罪定罪处罚。行为人冒充治安联防队员"抓赌""抓嫖"、没收赌资或者罚款的行为，构成犯罪的，以敲诈勒索罪定罪处罚；在实施上述行为中使用暴力或者暴力威胁的，以抢劫罪定罪处罚。（2）以暴力、胁迫手段索取超出正常交易价钱、费用的钱财的行为定性。从事正常商品买卖、交易或者劳动服务的人，以暴力、胁迫手段迫使他人交出与合理价钱、费用相差不大的钱物，情节严重的，以强迫交易罪定罪处罚；以非法占有为目的，以买卖、交易、服务为幌子采用暴力、胁迫手段迫使他人交出与合理价钱、费用相差悬殊的钱物的，以抢劫罪定罪处刑。在具体认定时，既要考虑超出合理价钱、费用的绝对数额，还要考虑超出合理价钱、费用的比例，加以综合判断。（3）抢劫罪与绑架罪的界限。绑架罪是侵害他人人身自由权利的犯罪，其与抢劫罪的区别在于：第一，主观方面不尽相同。抢劫罪中，行为人一般出于非法占有他人财物的故意实施抢劫行为；绑架罪中，行为人既可能为勒索他人财物而实施绑架行为，也可能出于其他非经济目的实施绑架行为。第二，行为手段不尽相同。抢劫罪表现为行为人劫取财物一般应在同一时间、同一地点，具有"当场性"；绑架罪表现为行为人以杀害、伤害等方式向被绑架人的亲属或其他人或单位发出威胁，索取赎金或提出其他非法要求，劫取财物一般不具有"当场性"。绑架过程中又当场劫取被害人随身携带财物的，同时触犯绑架罪和抢劫罪两罪名，应择一重罪定罪处罚。（4）抢劫罪与寻衅滋事罪的界限。寻衅滋事罪是严重扰乱社会秩序的犯罪，行为人实施寻衅滋事的行为时，客观上也可能表现为强拿硬要公私财物的特征。这种强拿硬要的行为与抢劫罪的区别在于：前者行为人主观上还具有逞强好胜和通过强拿硬要来填补其精神空虚等目的，后者行为人一般只具有非法占有他人财物的目的；前者行为人客观上一般不以严重侵犯他人人身权利的方法强拿硬要财物，而后者行为人则以暴力、胁迫等方式作为劫取他人财物的手段。司法实践中，对于未成年人使用或威胁使用轻微暴力强抢少量财物的行为，一般不宜以抢劫罪定罪处罚。其行为符合寻衅滋事罪特征的，可以寻衅滋事罪定罪处罚。(5) 抢劫罪与故意伤害罪的界限。行为人为索取债务，使用暴力、暴力威胁等手段的，一般不以抢劫罪定罪处罚。构成故意伤害等其他犯罪的，依照《刑法》第 234 条等规定处罚。前引《意见》第 11 条还对驾驶机动车、非机动车夺取他人财物行为的定性问题专门作了规定，主要涉及抢劫罪与抢夺罪的区分。根据该《意见》的规定，对于驾驶机动车、非机动车（以下简称"驾驶车辆"）夺取他人财物的，一般以抢夺罪从重处罚。但具有下列情形之一，应当以抢劫罪定罪处罚：1) 驾驶车辆，逼挤、撞击或强行逼倒他人以排除他人反抗，乘机夺取财物的；2) 驾驶车辆强抢财物时，因被害人不放手而采取强拉硬拽方法劫取财物的；3) 行为人明知其驾驶车辆强行夺取他人财物的手段会造成他人伤亡的后果，仍然强行夺取并放任造成财物持有人轻伤以上后果的。

3. 抢劫罪未遂的认定

前引《意见》第 10 条规定，抢劫罪侵犯的是复杂客体，既侵犯财产权利又侵犯人身权利，具备劫取财物或者造成他人轻伤以上后果两者之一的，均属抢劫既遂；既未劫取财物，又未造成他人人身伤害后果的，属抢劫未遂。据此，《刑法》第 263 条规定的八种处罚情节中除抢劫致人重伤、死亡的这一结果加重情节之外，其余七种处罚情节同样存在既遂、未遂问题，其中属抢劫未遂的，应当根据刑法关于加重情节的法定刑规定，结合未遂犯的处理原则量刑。

4. 关于抢劫罪数的认定

前引《意见》第 8 条规定，行为人实施伤害、强奸等犯罪行为，在被害人未失去知觉，利用被害人不能反抗、不敢反抗的处境，临时起意劫取他人财物的，应以此前所实施的具体犯罪与抢劫罪实行数罪并罚；在被害人失去知觉或者没有发觉的情形下，以及实施故意杀人犯罪行为之后，临时起意拿走他人财物的，应以此前所实施的具体犯罪与盗窃罪实行数罪并罚。

5. 以杀人为手段的抢劫行为的定性

在司法实践中，经常存在以杀人为手段的抢劫。对此如何定性，在刑法理论上存在争论：第一种观点认为，以杀人为手段的抢劫行为应分别以故意杀人罪和抢劫罪论处，实行数罪并罚。第二种观点认为，以杀人为手段的抢劫行为，只能定抢劫罪，故意杀人行为包含在抢劫罪中，不能另定故意杀人罪。对于这个问题，2001 年 5 月 23 日最高人民法院《关于抢劫过程中故意杀人案件如何定罪问题的批复》规定："行为人为劫取财物而预谋故意杀人，或者在劫取财物过程中，为制服被害人反抗而故意杀人的，以抢劫罪定罪处罚。"因此，对于以杀人为手段的抢劫行为应定抢劫罪。此外，前引司法解释还规定："行为人实施抢劫后，为灭口而故意杀人的，以抢劫罪和故意杀人罪定罪，实行数罪并罚。"在这种情况下，故意杀人行为不是抢劫的手段，而是出于灭口的动机，因而应当实行数罪并罚。

6. 事后抢劫的认定

《刑法》第 269 条规定："犯盗窃、诈骗、抢夺罪，为窝藏赃物、抗拒抓捕或者毁灭罪证而当场使用暴力或者以暴力相威胁的，依照本法第二百六十三条的规定定罪处罚。"这是刑法关于事后抢劫的规定，我国刑法理论又称转化型抢劫。根据刑法规定，构成事后抢劫，需要具备以下要件：（1）犯盗窃、诈骗、抢夺罪，是事后抢劫的前提条件。这里的盗窃、诈骗、抢夺罪是指具有上述三种行为，并非一定要达到数额较大。前引《意见》第 5 条规定，行为人实施盗窃、诈骗、抢夺行为，未达到数额较大，为窝藏赃物、抗拒抓捕或者毁灭罪证当场使用暴力或者以暴力相威胁，情节较轻、危害不大的，一般不以犯罪论处；但具有下列情节之一的，可依照《刑法》第 269 条的规定，以抢劫罪定罪处罚：1）盗窃、诈骗、抢夺接近数额较大标准的；2）入户或在公共交通工具上盗窃、诈骗、抢夺后在户外或交通工具外实施上述行为的；3）使用暴力致人轻微伤以上后果的；

4) 使用凶器或以凶器相威胁的；5) 具有其他严重情节的。(2) 为窝藏赃物、抗拒抓捕或者毁灭罪证，是事后抢劫的主观条件。这里的窝藏赃物，是指为防护已经到手的赃物不被追回。抗拒抓捕，是指抗拒公安机关、失主或者其他公民的抓捕或者扭送。毁灭罪证，是指销毁或者湮灭作案现场上遗留的痕迹、物品或者其他证据以免成为罪证。(3) 当场使用暴力或者以暴力相威胁，是事后抢劫的客观条件。这里的当场，是指实施犯罪的现场，但现场发现犯罪人并随之追赶的过程，应视为现场的延伸。使用暴力或者以暴力相威胁，是指行为人对抓捕的人实施足以危及其身体健康或者生命安全的行为，或者以将要实施这种行为相威胁。如果仅有轻微反抗，例如挣脱抓捕、推倒抓捕人，没有实施明显的暴力行为或者以暴力相威胁的，不能转化为抢劫，按其本罪定罪处罚。

关于已满 14 周岁不满 16 周岁的人是否构成事后抢劫的问题，2003 年 4 月 18 日最高人民检察院法律政策研究室《关于相对刑事责任年龄的人承担刑事责任范围有关问题的答复》第 2 条明确规定，相对刑事责任年龄的人实施了《刑法》第 269 条规定的行为的，应当依照《刑法》第 263 条的规定，以抢劫罪追究刑事责任。但是，根据 2006 年 1 月 11 日最高人民法院《关于审理未成年人刑事案件具体应用法律若干问题的解释》第 10 条第 1 款规定："已满十四周岁不满十六周岁的人盗窃、诈骗、抢夺他人财物，为窝藏赃物、抗拒抓捕或者毁灭罪证，当场使用暴力，故意伤害致人重伤或者死亡，或者故意杀人的，应当分别以故意伤害罪或者故意杀人罪定罪处罚。"由此可见，根据上述规定，已满 14 周岁不满 16 周岁的人实施事后抢劫并不构成抢劫罪，只有在其行为构成故意杀人罪或者故意伤害罪的情况下，才应当按照刑法规定追究刑事责任。

7. 携带凶器抢夺转化为抢劫罪的认定

《刑法》第 267 条第 2 款规定："携带凶器抢夺的，依照本法第二百六十三条的规定定罪处罚。"这是对携带凶器抢夺转化为抢劫罪的规定。这里的携带凶器抢夺，根据 2000 年 11 月 22 日最高人民法院《关于审理抢劫案件具体应用法律若干问题的解释》[以下简称《解释（二）》] 第 6 条的规定，是指行为人随身携带枪支、爆炸物、管制刀具等国家禁止个人携带的器械进行抢夺或者为了实施犯罪而携带其他器械进行抢夺的行为。由此可见，携带凶器抢夺，可以分为两种情形：（1）携带国家禁止个人携带的器械进行抢夺。这种携带行为本身就是一种违法行为，因而只要携带这些凶器进行抢夺，就应定抢劫罪。（2）为实施犯罪而携带其他器械进行抢夺。如果携带其他器械抢夺，携带这种器械不是为实施犯罪，就不能定为抢劫罪。对此，前引《意见》第 4 条明确规定，行为人随身携带国家禁止个人携带的器械以外的其他器械抢夺，但有证据证明该器械确实不是为了实施犯罪准备的，不以抢劫罪定罪；行为人将随身携带凶器有意加以显示、能为被害人察觉到的，直接适用《刑法》第 263 条的规定定罪处罚；行为人携带凶器抢夺后，在逃跑过程中为窝藏赃物、抗拒抓捕或者毁灭罪证而当场使用暴力或者以暴力相威胁的，适用《刑法》第 267 条第 2 款的规定定罪处罚。应当指出，刑法将携带凶器抢夺规定为抢劫罪，是一种立法推定。这是因为这种行为本来并非抢劫行为，但刑法规定为抢劫罪。

8. 强迫借贷行为的认定

2014 年 4 月 17 日最高人民检察院《关于强迫借贷行为适用法律问题的批复》（以下简称《批复》）对以暴力、胁迫手段强迫他人借贷行为的定性问题作了规定。根据该《批复》的规定，以非法占有为目的，以借贷为名采用暴力、胁迫手段获取他人财物，符合《刑法》第 263 条或者第 274 条规定的，以抢劫罪或者敲诈勒索罪追究刑事责任。因此，采取暴力、胁迫手段，以借贷为名，非法占有他人财物的情形，如果符合抢劫罪的构成要件的，应当以抢劫罪论处。如果符合敲诈勒索罪的构成要件的，应当以敲诈勒索罪论处。根据刑法理论，如果以非法占有为目的，使用暴力、胁迫手段，当场以借贷为名，非法占有他人财物的，构成抢劫罪。如果以非法占有为目的，采用恐吓方法，强行签订借贷协议或者口头答应借款，并要求事后交付财物的，构成敲诈勒索罪。

（四）处罚

根据《刑法》第 263 条之规定，犯本罪的，处 3 年以上 10 年以下有期徒刑，并处罚金；有下列情形之一的，处 10 年以上有期徒刑、无期徒刑或者死刑，并处罚金或者没收财产：（1）入户抢劫的；（2）在公共交通工具上抢劫的；（3）抢劫银行或者其他金融机构的；（4）多次抢劫或者抢劫数额巨大的；（5）抢劫致人重伤、死亡的；（6）冒充军警人员抢劫的；（7）持枪抢劫的；（8）抢劫军用物资或者抢险、救灾、救济物资的。

加重处罚事由　刑法规定了抢劫罪的以下八种加重处罚事由：

（1）入户抢劫。这里的入户抢劫，根据前引《解释（二）》第 1 条的规定，是指为实施抢劫行为而进入他人生活的与外界相对隔离的住所，包括封闭的院落、牧民的帐篷、渔民作为家庭生活场所的渔船、为生活租用的房屋等进行抢劫的行为。对于入户盗窃，因被发现而当场使用暴力或者以暴力相威胁的行为，应当认定为入户抢劫。根据前引《意见》第 1 条的规定，认定"入户抢劫"时，应当注意以下三个问题：一是"户"的范围。"户"在这里是指住所，其特征表现为供他人家庭生活和与外界相对隔离两个方面，前者为功能特征，后者为场所特征。一般情况下，集体宿舍、旅店宾馆、临时搭建的工棚等不应认定为"户"，但在特定情况下，如果确实具有上述两个特征的，也可以认定为"户"。二是"入户"目的的非法性。进入他人住所须以实施抢劫等犯罪为目的。抢劫行为虽然发生在户内，但行为人不以实施抢劫等犯罪为目的进入他人住所，而是在户内临时起意实施抢劫的，不属于"入户抢劫"。三是暴力或者暴力胁迫行为必须发生在户内。入户实施盗窃被发现，行为人为窝藏赃物、抗拒抓捕或者毁灭罪证而当场使用暴力或者以暴力相威胁的，如果暴力或者暴力胁迫行为发生在户内，可以认定为"入户抢劫"；如果发生在户外，不能认定为"入户抢劫"。

（2）在公共交通工具上抢劫。这里的在公共交通工具上抢劫，根据前引《解释（二）》第 2 条的规定，是指在从事旅客运输的各种公共汽车，大、中型出租车，火车，船只，飞机等正在运营中的机动公共交通工具上对旅客、司售、乘务人员实施的抢劫，以及对运行途中的机动公共交通工具加以拦截后，对公共交通工具上的人员实施的抢劫。根据前引《意见》第 2 条的规定，在认定"在公共交通工具上抢劫"的时候，应当注意公共交通工具承载的旅客具有不特定多数人的特点。因此，在未运营中的大、中型公共交通工具上针对司售、乘务人员抢劫的，或者在小型出租车上抢劫的，不属于"在公共交通工具上抢劫"。

（3）抢劫银行或者其他金融机构。这里的抢劫银行或者其他金融机构，根据前引《解释（二）》第3条的规定，是指抢劫银行或者其他金融机构的经营资金、有价证券和客户的资金等。抢劫正在使用中的银行或者其他金融机构的运钞车的，视为抢劫银行或者其他金融机构。

（4）多次抢劫或者抢劫数额巨大。这里的多次抢劫，是指3次以上。根据前引《意见》第3条的规定，对于"多次"的认定，应以行为人实施的每一次抢劫行为均已构成犯罪为前提，综合考虑犯罪故意的产生、犯罪行为实施的时间、地点等因素，客观分析、认定。对于行为人基于一个犯意实施犯罪的，如在同一地点同时对在场的多人实施抢劫的；或基于同一犯意在同一地点实施连续抢劫犯罪的，如在同一地点连续地对途经此地的多人进行抢劫的；或在一次犯罪中对一栋居民楼房中的几户居民连续实施入户抢劫的，一般应认定为一次犯罪。抢劫数额巨大，根据前引《解释（二）》第4条的规定，参照各地确定的盗窃罪数额巨大的认定标准执行。

（5）抢劫致人重伤、死亡。这里的抢劫致人重伤、死亡，包括过失致人重伤、死亡，也包括故意致人重伤、死亡。

（6）冒充军警人员抢劫。这里的冒充军警人员抢劫，是指通过着装、出示假证件或者口头宣称等方法，假充军警人员实施抢劫。

（7）持枪抢劫。这里的持枪抢劫，根据前引《解释（二）》第5条的规定，是指行为人使用枪支或者向被害人显示持有、佩带的枪支进行抢劫的行为。枪支的概念和范围，适用《中华人民共和国枪支管理法》的规定。

（8）抢劫军用物资或者抢险、救灾、救济物资。这里的军用物资，是指除武器装备以外，供军事上使用的其他物品。抢险、救灾、救济物资，是指用于抢险、救灾、救济的物资。

二、盗窃罪

（一）概念

盗窃罪是指以非法占有为目的，秘密窃取公私财物，数额较大，或者多次盗窃、入户盗窃、携带凶器盗窃、扒窃的行为。

（二）构成

1. 罪体

行为 盗窃罪的行为是秘密窃取公私财物。盗窃行为具有以下两个特征：

（1）秘密。盗窃罪在客观上是以秘密方式实施的，因而属于秘行犯。秘行犯是指以秘密实施某一行为为特征的犯罪。如何理解这里的秘密呢？我认为，秘密应当从以下三个方面加以理解：

1）特定性。秘密意味着人所不知，是在暗中背着他人进行的。盗窃罪的秘密窃取是指在财物的所有人或保管人不在场，或虽然在场但未注意、察觉或防备的情况下实施盗窃。因此，盗窃罪之所谓秘密，是指相对于财物的所有人或保管人来说，是一种隐藏性的行为。

2）主观性。盗窃罪之所谓秘密，是指行为人自以为采取了一种背着财物的所有人或保管人的行为。因此，这种秘密具有主观性。在某些情况下，行为人在众目睽睽之下扒窃，自以为别人没有发现，是在秘密窃取，但实际上已在他人注视之下。这时，行为人仍然可以被视为在秘密窃取。

3）相对性。秘密与公然之间的区别是相对的，秘密窃取之秘密，仅仅意味着行为人意图在财物所有人或保管人不在场、未注意的情况下将财物据为己有，但这并不排除盗窃罪也可能是在光天化日之下而实施。例如，犯罪分子大摇大摆地开车进入某工地，将建筑材料运载而去，这就是利用了人们误以为其是合法运输而进行盗窃。

（2）窃取。窃取是使他人丧失对其财物的合法控制，而置于本人的非法控制之下。盗窃行为形形色色，归纳起来具有以下八种情形：

1）单纯窃取型。单纯窃取型的盗窃是指单纯地通过财物的转移，使财物所有人或占有人丧失对财物的控制，并将财物置于本人控制之下。例如，一般的顺手牵羊式盗窃，都属于单纯窃取型。在单纯窃取型的盗窃犯罪中，财物是在所有人或保管人控制之下，但未加屏障（例如加锁）或未予固定，因而只要秘密使财物发生位移即构成盗窃罪。因此，单纯窃取型从盗窃的手段上来说是最简单和纯粹的。对于这种犯罪来说，其行为的法益侵害性主要表现在盗窃数额上。

2）入室窃取型。入室窃取型的盗窃是指行为人采取溜门撬锁的手段潜入他人住宅或者办公场所等，秘密窃取他人的财物。这种入室窃取与单纯窃取具有以下区别：第一，入室窃取除单纯窃取行为以外，还有溜门撬锁、翻箱倒柜等排除障碍性动作，这些动作可以视为盗窃的辅助行为，属于盗窃行为不可分割的一个组成部分。由于这些排除障碍性动作是单纯窃取所没有的，因而从行为方式上来说，其行为的法益侵害程度要大于单纯窃取。第二，入室窃取与单纯窃取的实施盗窃的场所不同，由于"室"是一个封闭性场所，室内财物不同于室外财物，财物所有人或占有人对室内财物采取了门锁等一系列保护性措施。行为人通过破坏这些保护性措施，在室内进行盗窃，因而从行为地点上来说，其行为的法益侵害程度要大于单纯窃取。第三，入室窃取还涉及一个侵入他人住宅的问题。在入室窃取中，其中入户盗窃构成对他人住宅的侵犯。户，一般是指私人的起居场所，要求具有隐蔽性，绝对排斥他人非法侵入。因此，在各国刑法中都设有非法侵入他人住宅罪，我国刑法亦不例外。对于这种侵入住宅而盗窃的，在刑法理论上通常视为牵连犯。在侵入住宅盗窃中，侵入住宅是从行为，表现为手段行为；盗窃是主行为，表现为目的行为。这时两种犯罪行为因相互依存、关系紧密而形成牵连关系。也就是说，他罪行为不是本罪的预备行为，而是为本罪的实行创造必要条件的行为。当这种行为作为本罪的手段时，便是前提行为的牵连。

3）破坏窃取型。破坏窃取型是指为实现非法占有的目的，在财物处于某种附属状态或者固定状态的情况下，行为人采取破坏性手段，非法占有公私财物。

破坏性盗窃是盗窃犯罪中情节较为严重的一种，它往往涉及与其他犯罪的牵连。在破坏窃取型的犯罪中，该破坏行为一般来说是故意的，但也不能排除在盗窃过程中因过失造成某种危害后果的情形。因此，破坏窃取型盗窃可以分为故意破坏窃取型与过失破坏窃取型。无论是故意还是过失，其危害后果都应当在量刑时予以考虑。例如，某行为人见贮油罐中有油，起意盗窃，遂拎一塑料桶前往。行为人拔下木塞，油料喷泻而出，行为人仓促逃窜，致使满罐油料流失，损失达数万元。在这种情况下，行为人只想窃取少量油料，未曾预料到油料喷泻难以堵塞，因而造成财物损失。因此，行为人实施盗窃在主观上是故意的，对于破坏性后果则是过失的。当然，在司法实践中，更为大量的是故意破坏性盗窃，例如偷割电缆、以破坏性方式盗窃电力设备等。在这些情况下，涉及一罪与数罪的问题，将在下文专门研究。

4）杀生窃取型。杀生窃取型是指为窃取活物，先将其杀死，然后将其窃取。在司法实践中，较为常见的是为盗鱼而先将鱼炸死或者毒死、为盗牛而先将牛毒死等。也有个别较为特殊的，例如为倒卖兽皮而毒死动物园的老虎。

5）信息窃取型。信息窃取型是指采取某种秘密手段窃取某种信息，然后利用这种信息获取某种利益。应该说，这是一种比较复杂的盗窃犯罪。这种犯罪的特点是，行为人窃取某种信息，但这种信息既非货币也非财物，只是一种可以获取某种利益的工具或者载体，然后，利用窃取的信息进行转化为货币或者财物的活动，最终获利。

6）电信窃取型。电信窃取型是指以牟利为目的，盗接他人通信密码、复制他人电信码号或者明知是盗接、复制的电信设备、设施而使用的行为。这是在我国电信业发展以后出现的一种犯罪行为。这种犯罪行为的特点是：盗接、复制的电信设备、设施，单纯地从外在行为上看，与传统的盗窃罪存在重大区别，但从本质上看，仍然符合秘密窃取的本质。因为电信码号虽然只是一组数字，但一旦掌握就可以使用。通信线路也是如此，经盗接以后可以被任意使用。而这种使用并非是无偿的，必然会给他人造成重大经济损失。《刑法》第 265 条对以牟利为目的，盗接他人通信线路、复制他人电信码号或者明知是盗接、复制的电信设备、设施而使用的行为规定按盗窃罪定罪处罚。这里的以牟利为目的，是指为了出售、出租、自用、转让等谋取经济利益的行为。2000 年 5 月 12 日最高人民法院《关于审理扰乱电信市场管理秩序案件具体应用法律若干问题的解释》第 7 条和第 8 条规定，将电信卡非法充值后使用，造成电信资费损失数额较大或者盗用他人公共信息网络上网账号、密码上网，造成他人电信资费损失数额较大的行为均可作为盗窃罪论处。

7）电脑窃取型。电脑窃取型是指利用计算机实施的盗窃犯罪。这种犯罪与计算机有关，是广义上的计算机犯罪。在这种犯罪中，计算机是实施盗窃罪的犯罪工具，其所实施的犯罪仍然是盗窃罪。对此，我国《刑法》第 287 条明文规定对于这种利用计算机实施的盗窃罪，应当依照刑法有关规定定罪处罚。

8）扒窃窃取型。扒窃，又称绺窃，是指采用掏包、割包、拎包的方式窃取他人随身携带的财物的犯罪，是盗窃的一种特殊方式。扒窃犯罪的特点是：第一，盗窃手段通常是掏包、割包、拎包等。某些职业扒手具有十分高超的扒窃技巧，由于其手段隐蔽，因而难以破获。第二，盗窃的对象通常是随身携带的他人物品，以现金为主，包括金银饰品、手机、证件等其他重要物品。第三，犯罪具有流动性，扒窃地点一般发生在人多拥挤的商店、市场、车站、码头、影剧院以及公共汽车、电车、火车等公共交通场所。由上述特点决定，扒窃是一种较为严重的盗窃类型。

客体　盗窃罪是一种财产犯罪，因而在刑法理论上一般将盗窃客体界定为公私财物。公私财物是一定的财产所有权的物质载体，盗窃罪正是通过秘密窃取财物而侵犯财产所有权。在刑法理论上，关于盗窃罪的客体存在以下五种观点：一是有效说，认为只要具有经济价值，具有用途和效能的物品，都是财物，都可以成为盗窃罪的客体。二是有形说，认为刑法上的财物是指具有具体形状的物体，而煤气、电力等无形物不能成为盗窃罪的客体。三是动产说，认为盗窃罪的客体只限于动产，不动产不能成为盗窃罪的客体。四是持有说，认为只有事实上可以支配、控制的财物才是盗窃罪的客体。五是管理说，认为只有那些具有管理可能的财物，才可成为盗窃罪的客体。这些观点都是从某一方面界定盗窃罪的客体，因而不无偏颇。我认为，盗窃罪客体的本质特征是体现财产所有权的物质形态。因此，只有从财产所有权入手，才能科学地揭示盗窃罪客体的性质。此外，对盗窃罪的客体还应从立法上观察。基于立法技术上的考虑，在盗窃罪之外，还设立了其他盗窃特定物品的犯罪，例如盗窃枪支、弹药、爆炸物等，由此形成法条竞合关系，并在一定程度上限制了盗窃罪客体的范围。对此，在司法实践中亦应予以特别注意。关于盗窃罪与盗窃其他特定客体的犯罪之间的法条竞合，将在下文中专门加以研究。在此，仅就立法与司法涉及的特定财物及其表现形态加以研究。

（1）具有科学价值的古脊椎动物化石、古人类化石。根据 2005 年 12 月 29 日全国人大常委会《关于〈中华人民共和国刑法〉有关文物的规定适用于具有科学价值的古脊椎动物化石、古人类化石的解释》的规定精神，盗窃具有科学价值的古脊椎动物化石、古人类化石，构成盗窃罪。因此，具有科学价值的古脊椎动物化石、古人类化石是盗窃罪的特殊客体。

（2）信用卡。《刑法》第 196 条第 3 款规定，盗窃信用卡并使用的，以盗窃罪定罪处罚。信用卡只是一种信用凭证，它本身不是货币。为了通过信用卡获利，行为人在盗窃信用卡以后，往往还要冒名使用。那么，对于这种盗窃信用卡并使用的行为应当如何定罪呢？我认为，信用卡作为商品交易和服务的支付凭证，它代表着具有一定象征意义的财产权利，而且这种权利具有不确定性，占有它并不等于直接占有财产所有权，必须通过使用才能在直接消费中使象征性财产权利转化为财产所有权，并根据使用次数和数额来最终确定非法占有财产数额的大小。因此，盗窃信用卡骗取财物的行为与盗窃印鉴齐全的银行空白支票骗取财物的行为相类似，应以盗窃罪论处。

（3）增值税专用发票或者可以用于骗取出口退税、抵扣税款的其他发票。《刑法》第 210 条第 1 款规定，盗窃增值税专用发票或者可以用于骗取出口退税、抵扣税款的其他发票的，依照本法第 264 条的规定定罪处罚。因此，增值税专用发票或者可以用于骗取出口退税、抵扣税款的其他发票，也是一种特定盗窃客体。

（4）电力、煤气、天然气等无形物。电力、煤气、天然气都是一种无形物。当然，这里的有形与无形，都是以固体物为标准确定的。气体作为物质的一种存在方式，它本身具有物质的属性，这是不言而喻的。传统观点认为，作为盗窃罪侵害客体的公私财物，一般是有形物，即可以看得见、摸得着，具有某种物体形态的物。但是，随着现代科学技术的进步和发展，某些无形的能源，例如电力、煤气、天然气等逐渐进入人们的日常生活。这些能源具有一定的经济价值，并且具有可管理的特性。[①] 在这种情况下，人们逐渐突破了作为盗窃犯罪客体的有形物的桎梏，而将电力等无形物包括在盗窃罪客体当中。我国刑法与相关司法解释将电力、煤气、天然气等无形物均归入盗窃罪的客体。

（5）电信码号、电信卡、上网账号、密码等电信资源。这些电信资源是随着电信事业的发展而出现的新型的财产形态。根据《刑法》第 265 条和 2000 年 5 月 12 日最高人民法院《关于审理扰乱电信市场管理秩序案件具体应用法律若干问题的解释》第 7 条、第 8 条的规定，上述电信资源均可以成为盗窃罪的客体。

（6）虚拟财产。这里的虚拟财产，是指网络虚拟空间中形成的具有真实价值的、以虚拟形式存在的财产，例如虚拟游戏工具。这种虚拟财产和真实财产之间在网络上存在着对价的换算与交易机制，因而具有真实价值，可以成为盗窃罪的客体。

（7）违禁品。违禁品一般是指法律禁止持有、携带、流通的物品。某人持有违禁品是非法的。那么，这种违禁品能否成为盗窃罪的客体呢？我认为，除刑法有特别规定的以外，违禁品可以成为盗窃罪的客体。例如刑法对盗窃枪支、弹

---

① 是否具有可管理性，也是确定财产犯罪之财物的一个重要因素。某些不可管理的物品，例如空气等，不能成为财产犯罪的客体。随着人们管理能力的提高，过去不可管理的物品现在或将来逐渐成为可以管理的物品，因而财产犯罪的客体将有逐渐扩大的趋势。

药、爆炸物罪作了专门规定，这里的枪支、弹药、爆炸物不仅是指合法所有的，而且也包括非法持有的，因而枪支、弹药、爆炸物不能成为盗窃罪的客体，而除此以外的其他违禁品，我认为都可以成为盗窃罪的客体。例如，在司法实践中时有发生的盗窃毒品的行为。对于这种盗窃毒品的行为能否构成盗窃罪，就涉及违禁品能否成为盗窃罪的客体问题。在我国刑法中，并没有设立盗窃毒品罪。对于盗窃毒品的行为，只能定为盗窃罪。毒品是一种违禁品，国家不允许个人持有，更不允许流通。那么能否就此否认毒品可以成为盗窃客体呢？我们的回答是否定的。因为毒品是违禁品，不受国家法律的保护，但不能认为谁都可以任意占有，更不能以盗窃等犯罪手段占有。根据法律规定，违禁品应当没收，归国家所有。因而盗窃毒品的行为侵犯的不是毒品持有人的所有权，而是侵犯了国家对毒品的所有权，因而可以构成盗窃罪。2000年4月4日《全国法院审理毒品犯罪案件工作座谈会纪要》（以下简称《纪要》）肯定了盗窃毒品以盗窃罪论处的意见。由于违禁品禁止流通，非法流通虽有一定的价额，但从法律上说并不承认这种价额。在这种情况下，如何对盗窃违禁品的行为进行量刑呢？对此，前引《解释（一）》第1条第4款规定，盗窃毒品等违禁品，应当按照盗窃罪处理的，根据情节轻重量刑。前引《纪要》规定，认定盗窃毒品犯罪数额，可以参考当地毒品非法交易的价格。此为特别规定，司法实践中应参照执行。对于毒品以外的其他违禁品，仍按情节轻重量刑。

（8）财产凭证。财产凭证是指有价支付凭证、有价证券和有价票证。这里的有价支付凭证，又称为支付证券，指以请求支付金钱为债权内容的金钱证券。有价证券，是指表明一定的财产性权利，只有持该证券才能行使该权利的证券。作为有价证券，具备以下三个特征：1）有价证券是财产性权利的表现，是一定的财产价值的转化物。例如，它可以代表债权，也可以代表物权或者股权。2）有价证券是权利与证券的结合，而不是单纯的权利的表现或者权利的证明，它是二者的统一物，对于有价证券来说，权利就是证券，而证券也就是权利。3）有价证券是权利运行的载体。证券上的权利的发生、转移和行使，其全部或者一部分必须依证券才能进行，有证券就发生其效力，没有证券就不发生效力。有价票证，是指车票、船票、邮票、税票、凭票等表示一定的货币数额的票证。上述有价支付凭证、有价证券、有价票证的基本特征是：它们都是一种财产凭证，表示一定的财产性利益，但又不同于货币。这些财产凭证作为盗窃罪客体，具有其特殊性。我国司法解释将财产凭证分为两类：一是不记名、不挂失的财产凭证，二是记名、可挂失的财产凭证。记名的财产凭证是在凭证上记载特定人为权利人的财产凭证，不记名财产凭证则是在凭证上不指定特定的权利人，而以正当持票人或来人为权利人的财产凭证。通常来说，记名的是可挂失的，不记名的是不可挂失的。上述两种财产凭证的性质不同，因而对于构成盗窃罪的意义也有所不同。对于不记名、不挂失的财产凭证来说，窃取这种财产凭证，即意味着非法占有了该财产凭证所记载的一定数额的财产。因此，不记名、不挂失的财产凭证，可以视同货币。而记名、可挂失的财产凭证，行为人在获得这种财产凭证以后要非法占有该财产凭证所记载的一定数额的财产，还需以记名人的身份支取其财物。在这种情况下，行为人最终占有财产还需实施一定的支取行为，这一支取的行为具有一定的诈骗性质。我认为，这种冒领行为虽然具有欺骗的性质，但并非独立的诈骗罪，而是为使盗窃的财产凭证转化为实际财物的行为，应视为事后不可罚之行为。

　　（9）本人财物。根据法律规定，盗窃的客体是公私财物，并且是他人的公私财物。因此，在一般情况下，本人财物不可能成为盗窃客体，因为在这种情况下，不存在侵犯财产所有权的问题。但在个别情况下，他人控制下的本人财物则可以成为盗窃客体。因为无论基于何种原因（如借与）本人财物处在他人控制下，他人就产生了对该财物的保管责任，在保管期间财物丢损，属于保管不当，应负赔偿的责任。在这种情况下，他人虽然不是财物的所有人，却是财物的保管人。因而，如果财物所有人采取秘密窃取手段盗窃他人保管之下的本人财物然后又进行索赔，实际上侵犯了他人财产所有权，符合盗窃罪的本质特征，应以盗窃罪论处。不仅窃回他人保管下的本人财物构成盗窃罪，而且窃回本人的借条，以此消灭债权债务关系，也应视为盗窃。例如，王某向陈某借款 3 万元，并写下借条一张。某日王某在陈某家玩，偶见抽屉里的借条，顿生歹念，将借条盗走销毁。当陈某向王某索债时，王某以无借条为由予以否认。在本案中，王某虽然窃取的是一张借条，但它是一种债权凭证，丧失债权，必然会侵害他人的财产所有权，对此应以盗窃罪论处。当然，本人财物作为盗窃罪的客体是有条件的。只有在行为人主观上具有非法占有目的的情况下窃取本人财物的，才构成盗窃罪。如果只是为了实现自己的权利，即使采用了盗窃手段也不构成盗窃罪，如果该手段行为触犯其他罪名的，应以其他犯罪论处。例如行为人窃取本人被司法机关扣押的财物的行为，如果行为人主观上没有非法占有的目的，例如不提出索赔，则其行为不构成盗窃罪，但应以非法处置扣押的财产罪论处。

（10）不能成为盗窃罪客体的物品。在刑法理论上，并非一切物品都可以成为盗窃罪的客体，某些物品由于立法上的原因，或者由于物品自身的性质，不能成为盗窃罪的客体。在此，拟对不能成为盗窃罪客体的物品作一分析：1）刑法特别规定的物品。某些物品，由于刑法对盗窃这些物品的行为作出了特别规定，因而不能成为盗窃罪的客体，这里涉及法条竞合问题，我将在下文专作论述，在此仅予以列举：第一，《刑法》第 127 条规定了盗窃枪支、弹药、爆炸物罪，因而上述三种物品不能成为盗窃罪的客体。第二，《刑法》第 302 条规定了盗窃尸体罪，因而尸体不能成为盗窃罪的客体。第三，《刑法》第 438 条规定了盗窃武器装备、军用物资罪，因而上述物品不能成为盗窃罪的客体。2）不具有财产价值的物品。某些物品，虽然是盗窃客体，但由于这些物品并不反映财产所有权关系，因而刑法未将其规定为盗窃罪，而是规定为其他犯罪。第一，《刑法》第 111 条规定的为境外窃取国家秘密、情报罪中的国家秘密、情报。第二，《刑法》第 280 条第 1 款规定的盗窃国家机关公文、证件、印章罪中的公文、证件、印章。第三，《刑法》第 329 条第 1 款规定的窃取国有档案罪中的国有档案。第四，《刑法》第 375 条规定的盗窃武装部队公文、证件、印章罪中的公文、证件、印章。第五，《刑法》第 431 条第 2 款规定的为境外窃取军事秘密罪中的军事秘密。

3）其他物品。这里的其他物品是指不动产、遗弃物、遗忘物和埋藏物。下面分别加以论述。这些情形包括：第一，不动产。在物权法上，根据财产是否可以移动，将财产分为动产和不动产。在刑法理论上，对于不动产是否可以作为盗窃罪的客体，存在争议，主要有以下三种观点：一是肯定说，认为不动产和动产一样，其所有权同样受法律的保护，应把不动产直接作为盗窃罪客体。二是否定说，认为盗窃罪的客体只限于动产。三是犹豫说，即对不动产是否属于盗窃罪的客体，不明确表态，而是概括地规定为财物。我认为，从盗窃行为的性质上来说，由于不动产不可能被窃取，因而将不动产作为盗窃罪的客体是不合适的。由于刑法设立了侵占罪，对于那些以各种手段非法占有本人持有的他人财物（包括动产与不动产）的行为，可以侵占罪论处。第二，遗弃物。遗弃物是指财物所有人丢弃的物品，这种物品尽管在客观上可能尚有一定的价值，但所有人认为已无保存价值，因而予以遗弃。遗弃物由于先前的所有人放弃了对该物品的所有权，因而就成为无主物。所谓无主物，是指所有人不明或所有人自动放弃了所有关系的财物。例如，工厂抛弃的废旧物品、无人继承的遗产等。无主物的特点在于：任何人对其都不享有所有权，或者所有人已经自动放弃了所有权。由此可见，遗弃物是无主物，反之则不然。无主物的外延要比遗弃物的大，遗弃物是由于先前的所有人明确地放弃对财物的所有权而形成的无主物。而其他无主物是由于暂时没有找到主人或者依法应当转归他人所有。在这种情况下，处于一种物主的暂时缺失状态。应当指出，遗弃物能不能成为盗窃罪客体，是以行为人主观上明知为前提的。如果某种物品虽然在客观上为遗弃物，但行为人并不知其为遗弃物，从而实施了窃取行为，仍应以盗窃罪论处。如果某种物品客观上乃非遗弃物，但行为人误以为是遗弃物而予以占有的，不应以盗窃罪论处。如何判断某一物品是否为遗弃物，除应考虑先前所有人的主观心理状态以外，还要考虑某一物品客观上放置的状态。一般来说，作为遗弃物，由于先前所有人认为对其不再具有价值，因而在放弃所有权的同时也必将放弃控制权，因而他人取得这种物品往往不必再行秘密窃取。如果虽然所有人认为某种物品已经丧失价值，但尚未丧失这种控制，即未予以遗弃，且行为人不知其为遗弃物，从而秘密窃取的，仍属于盗窃。至于某种物品虽然丧失了其原始功能，但仍有其他效益的情况，例如，一台机床已经报废，但当作废旧金属仍有其价值，如果所有人未予遗弃，而只是遗置在某处，则不应视为遗弃物。第三，遗忘物。遗忘物是指非出于占有人或者所有人之本意，偶然丧失其占有之动产。由于《刑法》第 270 条第 2 款已经将侵占遗忘物的行为规定为侵占罪，因而遗忘物不能成为盗窃罪的客体。第四，埋藏物。埋藏物是指所有权不明的、埋藏于地下或包藏在他物中的财物。根据我国《民法典》的规定，所有人不明的埋藏物，归国家所有。换言之，国家对埋藏物享有所有权。因此，我国《刑法》第 270 条第 2 款将侵占埋藏物的行为规定为侵占罪，因为该种行为侵犯了国家对埋藏物的所有权。但由于埋藏物具有所有人不明的特征，即当时并不在他人控制之下，因而占有这种埋藏物的行为，不属于秘密窃取的行为。因此，埋藏物不能成为盗窃罪的客体。

2. 罪责

盗窃罪的罪责形式是故意，并且具有非法占有的目的。这里的故意，是指明知是秘密窃取公私财物的行为而有意实施的主观心理状态。

3. 罪量

盗窃罪的罪量要素是数额较大。在多次盗窃、入户盗窃、携带凶器盗窃、扒窃的情况下，不受上述数额较大的限制。这里的数额较大，根据前引《解释（一）》第 1 条的规定，是指盗窃公私财物价值 1 000 元至 3 000 元以上。根据前引《解释（一）》第 2 条的规定，盗窃公私财物，具有下列情形之一的，"数额较大"的标准可以按照前条规定标准的 50% 确定：（1）曾因盗窃受过刑事处罚的；（2）1 年内曾因盗窃受过行政处罚的；（3）组织、控制未成年人盗窃的；（4）自然灾害、事故灾害、社会安全事件等突发事件期间，在事件发生地盗窃的；（5）盗窃残疾人、孤寡老人、丧失劳动能力人的财物的；（6）在医院盗窃病人或者其亲友财物的；（7）盗窃救灾、抢险、防汛、优抚、扶贫、移民、救济款物的；（8）因盗窃造成严重后果的。前引《解释（一）》第 7 条还规定，盗窃公私财物数额较大，行为人认罪、悔罪，退赃、退赔，且具有下列情形之一，情节轻微的，可以不起诉或者免予刑事处罚；必要时，由有关部门予以行政处罚：（1）具有法定从宽处罚情节的；（2）没有参与分赃或者获赃较少且不是主犯的；（3）被害人谅解的；（4）其他情节轻微、危害不大的。此外，根据 2006 年 1 月 11 日最高人民法院《关于审理未成年人刑事案件具体应用法律若干问题的解释》第 9 条的规定，已满 16 周岁不满 18 周岁的人实施盗窃行为未超过 3 次，盗窃数额虽已达到数额较大标准，但案发后能如实供述全部盗窃事实并积极退赃，且具有下列情形之一的，可以认定为情节显著轻微危害不大，不认为是犯罪：（1）系又聋又哑的人或者盲人；（2）在共同盗窃中起次要或者辅助作用，或者被胁迫；（3）具有其他轻微情节的。已满 16 周岁不满 18 周岁的人盗窃未遂或者中止的，可不认为是犯罪。

如上所述，根据刑法规定，在多次盗窃、入户盗窃、携带凶器盗窃、扒窃的情况下，不受数额较大的限制。只要实施上述盗窃行为的，即构成本罪。这里的多次盗窃，是指 2 年内盗窃 3 次以上。入户盗窃，是指非法进入他人家庭生活、与外界相对隔离的住所进行盗窃。携带凶器盗窃，是指携带枪支、爆炸物、管制刀具等国家禁止个人携带的器械盗窃，或者为了实施违法犯罪携带其他足以危害他人人身安全的器械盗窃。携带凶器进行盗窃而未使用的，以盗窃罪论处。如果在携带凶器盗窃时，为窝藏赃物、抗拒抓捕或者毁灭罪证而当场使用凶器施暴或者威胁的，根据《刑法》第 269 条的规定，应以抢劫罪定罪处罚。扒窃，是指在公共场所或者公共交通工具上盗窃他人随身携带的财物。

（三）认定

1. 盗窃数额的计算

盗窃数额是指犯罪人通过盗窃行为实际占有的货币及财物折算而成的货币数量。在某些情况下，盗窃数额也可能是实际造成损失的数额。无论是占有财物的数额还是造成损失的数额，盗窃数额都是占有财物的实际数额或者造成损失的实际数额。因为只有实际数额，才能真正反映财产所有人的法益侵害数额。在一般情况下，数额都是以人民币为单位计量的，因而在盗窃的是财物的情况下，往往应当通过法定估价机构，把财物折算成为人民币的数量。根据我国司法解释的规定，对盗窃数额的计算问题论述如下：

（1）盗窃一般财物的数额计算

根据前引《解释（一）》第4条第1款第1项的规定，被盗财物有有效价格证明的，根据有效价格证明认定；无有效价格证明，或者根据价格证明认定盗窃数额明显不合理的，应当按照有关规定委托估价机构估价。

（2）盗窃外币的数额计算

根据前引《解释（一）》第4条第1款第2项的规定，盗窃外币的，按照盗窃时中国外汇交易中心或者中国人民银行授权机构公布的人民币对该货币的中间价折合成人民币计算；中国外汇交易中心或者中国人民银行授权机构未公布汇率中间价的外币，按照盗窃时境内银行人民币对该货币的中间价折算成人民币，或者该货币在境内银行、国际外汇市场对美元汇率，与人民币对美元汇率中间价进行套算。

（3）盗窃电力、燃气、自来水等财物的数额计算

根据前引《解释（一）》第4条第1款第3项的规定，盗窃电力、燃气、自来水等财物，盗窃数量能够查实的，按照查实的数量计算盗窃数额；盗窃数量无法查实的，以盗窃前6个月月均正常用量减去盗窃后计量仪表显示的月均用量推算盗窃数额；盗窃前正常使用不足6个月的，按照正常使用期间的月均用量减去盗窃后计量仪表显示的月均用量推算盗窃数额。

（4）电信盗用的数额计算

根据前引《解释（一）》第4条第1款第4项的规定，明知是盗接他人通信线路、复制他人电信码号的电信设备、设施而使用的，按照合法用户为其支付的费用认定盗窃数额；无法直接确认的，以合法用户的电信设备、设施被盗接、复制后的月缴费额减去被盗接、复制前6个月的月均电话费推算盗窃数额；合法用户使用电信设备、设施不足6个月的，按照实际使用的月均电话费推算盗窃

数额。

（5）电信盗卖的数额计算

根据前引《解释（一）》第 4 条第 1 款第 5 项的规定，盗接他人通信线路、复制他人电信码号出售的，按照销赃数额认定盗窃数额。

（6）盗窃财产凭证的数额计算

根据前引《解释（一）》第 5 条的规定，盗窃有价支付凭证、有价证券、有价票证的，按照下列方法认定盗窃数额：1）盗窃不记名、不挂失的有价支付凭证、有价证券、有价票证的，应当按票面数额和盗窃时应得的孳息、奖金或者奖品等可得收益一并计算盗窃数额；2）盗窃记名的有价支付凭证、有价证券、有价票证，已经兑现的，按照兑现部分的财物价值计算盗窃数额；没有兑现，但失主无法通过挂失、补领、补办手续等方式避免损失的，按照给失主造成的实际损失计算盗窃数额。

（7）盗窃文物的数额计算

根据前引《解释（一）》第 9 条的规定，盗窃国有馆藏一般文物的，应当认定为数额较大；盗窃三级文物的，应当认定为数额巨大；盗窃二级以上文物的，应当认定为数额特别巨大。盗窃多件不同等级国有馆藏文物的，3 件同级文物可以视为 1 件高一级文物。盗窃民间收藏的文物的，根据前引《解释（一）》第 4 条第 1 款第 1 项的规定认定盗窃数额。

2. 近亲盗窃的处理

近亲盗窃因行为人与事主之间的特殊关系而在处理上有别于普通盗窃。根据前引《解释（一）》第 8 条的规定，近亲盗窃是指偷拿家庭成员或者近亲属的财物。这种情况下的财物虽然并不等同于本人财物，但又不完全等同于一般外人的财物。因此，对于这种盗窃行为应当采取特殊的处理原则。根据前引《解释（一）》，对于近亲盗窃的，应按照以下两种情形分别论处：

（1）一般可不按犯罪处理

对于近亲盗窃之所以一般可不按犯罪处理，主要是基于以下两点理由：1）按照我国目前的家庭状况，在一般的家庭中，家庭财产基本上是共同共有，很少按份共有。共有财产在分割前很难确定哪些是其他成员所有，哪些是行为人所有。因此，如果追究行为人的刑事责任，盗窃数额难以确定。盗窃数额无法确定，自然也就不能依法追究刑事责任。2）在我国目前的社会中，家庭是社会的细胞，家庭成员之间有着特殊的关系，一般的家庭成员都不希望自己的亲属受到刑事追究。在司法实践中经常出现这样的情况，家庭发现失窃后报案了，破案后却发现行为人是自己家庭的成员，于是家庭的其他成员主动要求不追究行为人的刑事责任，或者原想对行为人略施惩戒，但看到行为人真要受到刑罚处罚时，却又千方百计地要求司法机关免除其刑事责任。这种情况的出现，是因为家庭成员间利益相关，荣辱与共，一人成为罪犯，全家脸上无光，何况只是自己家里的东西。因此，家庭成员间除非发展到确实不能容忍的程度时，一般不会要求法律制裁。由于以上两点理由，对盗窃同居亲属财物的行为，一般可不按犯罪处理。

（2）需要追究刑事责任的情况

对于近亲盗窃行为，一般可不按犯罪处理，但这并不排除在少数或者个别情况下追究刑事责任。我认为，在以下三种情况下，对于近亲盗窃行为，应当追究刑事责任，但在处罚上可以从轻，以示与社会上作案的区别：1）家庭成员勾结外人盗窃家庭财产的案件。这种盗窃犯罪属于共同犯罪，其法益侵害性大于单纯的家庭成员间盗窃。对于这种案件应该按照一般的共同盗窃案件追究刑事责任。但在处理时，如无其他恶劣情节的，对家庭成员可以酌情考虑从轻处罚。2）行为人既盗窃公私财物，又盗窃自己家庭内或近亲属财物的案件。这类盗窃案件亦应按一般盗窃犯罪案件追究刑事责任。但在计算盗窃数额时，对家庭内盗窃这一部分，如果被害人不愿追诉的，也可以不计入盗窃总数额，但在处理时应将这一部分数额作为情节予以考虑。3）盗窃数额巨大且其他家庭成员坚持要求追究刑事责任的，也应按犯罪处理。此外，根据2006年1月11日最高人民法院《关于审理未成年人刑事案件具体应用法律若干问题的解释》第9条第3款的规定，已满16周岁不满18周岁的人盗窃自己家庭或者近亲属财物，或者盗窃其他亲属财物但其他亲属要求不予追究的，可不按犯罪处理。

3. 偷开机动车的认定

偷开他人机动车的案件在现实生活中屡有发生，前引《解释（一）》第10条规定，偷开他人机动车的，按照下列规定处理：（1）偷开机动车，导致车辆丢失的，以盗窃罪定罪处罚；（2）为盗窃其他财物，偷开机动车作为犯罪工具使用后非法占有车辆，或者将车辆遗弃导致丢失的，被盗车辆的价值计入盗窃数额；（3）为实施其他犯罪，偷开机动车作为犯罪工具使用后非法占有车辆，或者将车辆遗弃导致丢失的，以盗窃罪和其他犯罪数罪并罚；将车辆送回未造成丢失的，按照其所实施的其他犯罪从重处罚。

4. 盗窃罪未遂的认定

从刑法理论上来说，盗窃罪是数额犯，即以盗窃数额达到较大才构成犯罪。而在盗窃未遂的情况下，不存在盗窃数额。那么，对盗窃未遂的处罚是否符合犯罪构成理论呢？我认为，刑法分则规定的盗窃罪作为数额犯的构成要件，是以犯罪既遂为标本的，并非意味着任何盗窃行为都只有在数额较大的情况下才能处罚，如果是盗窃未遂，由于刑法总则存在未遂犯处罚的一般原则，因而即使不具备数额较大这一要件也应当予以处罚。

在盗窃未遂的认定上，一个疑难的问题是如何区分盗窃未遂与既遂的界限。这不仅是在盗窃罪的认定上的复杂问题，也是犯罪未遂理论的一个复杂问题。在中外刑法理论上，关于盗窃罪的未遂与既遂的区分存在以下观点的聚讼：（1）接触说，该说以行为人是否接触被盗对象为标准，判断盗窃罪的既遂或未遂。凡是已经实际接触到目的物的是盗窃既遂，没有实际接触到目的物的是盗窃未遂。因此，按照接触说，只要行为人着手盗窃，触及了目的物，尽管没有把财物盗窃到手，也是盗窃既遂，而不能以未遂论处。（2）隐匿说，该说认为应以行为人是否将目的物隐匿起来作为判断盗窃既遂还是未遂的标志。凡是已将财物隐匿起来的就是盗窃既遂，未将财物隐匿起来的就是盗窃未遂。（3）转移说，该说认为应以行为人是否将财物移离现场作为判断盗窃既遂与未遂的标志。凡财物被转移离开原来场所的是盗窃既遂，没有移离原来场所的则是盗窃未遂。（4）取得说，该说认为应以行为人是否将他人财物置于自己掌握之下，作为判断盗窃既遂或未遂的标准。只要财物到手，不论是否离开现场，都认为是盗窃既遂，没有掌握财物的则为盗窃未遂。（5）控制说，该说认为应以行为人是否已实际控制所盗窃财物为标准判断盗窃既遂与未遂。凡行为人已经实际控制盗窃所得财物的是盗窃既遂，没有实际控制所得财物的是盗窃未遂。（6）失控说，该说认为以失主是否已丧失了对财物的控制为标准来判断盗窃既遂与未遂。凡失主已丧失了对财物的实际控制的是盗窃既遂，未丧失实际控制的是盗窃未遂。（7）失控加控制说，该说认为应以被盗财物是否脱离所有人或占有人的控制和行为人实际控制财物为标准，判断盗窃既遂与未遂。凡在失主已对财物失去控制并且财物已为行为人实际控制的情况下，就是盗窃既遂，否则就是盗窃未遂。上述认定盗窃既遂与未遂的标准不同，可能会导致对具体案件处理的不同。

我认为，在以上关于盗窃罪的未遂与既遂的区分标准中，除控制说以外，其他各说均有所不妥。接触说过于严厉，只要一接触就构成盗窃既遂，基本上将盗窃罪视为举动犯而否定了盗窃未遂的存在，因而为我们所不取。转移说以被盗物是否转移作为区分盗窃未遂与既遂的标准也是不准确的。在某些情况下，财物虽然转移了，但也未必就是既遂。隐匿说也是一样，隐匿不能完全决定盗窃罪的既遂与未遂。取得说也有其偏颇之处，因为取得并不意味着控制，也不见得一旦取得都是盗窃既遂。至于失控说，从失主方面来考虑，固然有一定的道理，但失主丧失对财物的控制，并不必然表明被告人控制了财物，因而也不能作为区分盗窃既遂与未遂的标准。失控加控制说貌似全面，既考虑了失主的情况又考虑了被告人的情况，但它忽视了失主失控，被告人并未控制的情况，因而也不够确切与全面。那么，在区分盗窃罪的既遂与未遂的时候为什么以控制说为标准呢？我认为，这是构成要件说的必然结论。主要理由如下：盗窃罪的未遂与既遂的区分根据是盗窃行为是否得逞。在刑法理论上，确定犯罪是否得逞应坚持构成要件说，即以犯罪构成要件是否全部具备作为犯罪是否得逞的标准。在盗窃未遂与既遂的区分中，也坚持盗窃罪的构成要件是否齐备。唯此，才能正确认定盗窃罪的既遂与未遂。那么，盗窃罪的构成要件是否齐备以什么为标准呢？我认为，只有客观上行为人完成了盗窃行为并占有了公私财物，主观上达到了非法占有的目的，才能认为是盗窃罪构成要件的齐备。否则，就是盗窃罪的未遂。总之，应从主观与客观的统一上论证这一点。盗窃罪犯罪构成要件齐备的客观标志，就是秘密窃取的犯罪行为造成了行为人非法占有所盗公私财物的实际结果，而盗窃罪犯罪构成要件齐备的主观标志，就是达到了非法占有公私财物的目的。而只有控制说，才能满足主观与客观这两个方面的要求。总之，我主张在盗窃罪的未遂与既遂的区分标准上采控制说。

根据前引《解释（一）》第 12 条的规定，盗窃未遂，具有下列情形之一的，应当依法追究刑事责任：（1）以数额巨大的财物为盗窃目标的；（2）以珍贵文物为盗窃目标的；（3）其他情节严重的情形。盗窃既有既遂，又有未遂，分别达到不同量刑幅度的，依照处罚较重的规定处罚；达到同一量刑幅度的，以盗窃罪既遂处罚。

5. 盗窃共同犯罪数额的认定

盗窃罪是一种数额犯，主要实行以赃计罪的原则。因此，盗窃数额在盗窃罪的定罪量刑中具有重要意义。在单独盗窃的情况下，行为人应对本人所盗数额承担刑事责任，这是毋庸置疑的。那么，在共同犯罪的情况下，行为人如何对盗窃数额承担刑事责任呢？我认为，在审理共同盗窃犯罪案件的时候，应当根据案件的具体情形对各被告人分别作出处理：（1）对犯罪集团的首要分子，应当按照集团盗窃的总数额处罚。（2）对共同犯罪中的其他主犯，应当按照其所参与的或者组织、指挥的共同盗窃的数额处罚。（3）对共同犯罪中的从犯，应当按照其所参与的共同盗窃的数额确定量刑幅度，并依照《刑法》第 27 条第 2 款的规定，从轻、减轻处罚或者免除处罚。由此可见，在共同盗窃案件中，各共同犯罪人应当对盗窃总数额承担刑事责任，这是一个基本原则。我认为，各共同犯罪人都应当对其所参与实施的共同盗窃的总数额承担刑事责任。这里存在以下三个问题值得研究：

第一，定罪与量刑的关系。我们在这里讨论在共同盗窃案件中，各共同犯罪人应当对什么数额（是犯罪总额还是分赃数额）承担刑事责任，主要是解决其定罪问题，确切地说，是为解决适用哪一个量刑幅度的问题。在此基础上，再根据共同犯罪人在共同盗窃中的地位与作用，分别予以轻重不同的处罚。

第二，总数额与参与数额的关系。犯罪总数额与分赃数额之间存在明显的差别，这是毫无疑问的。那么，盗窃总数额与参与数额是否也存在区别呢？我认为两者并无不同，只是表述上的区别而已。所谓盗窃集团的首要分子应当对集团盗窃的总数额承担刑事责任，是指首要分子应当对在其组织、指挥、策划下实施的盗窃犯罪的总数额承担刑事责任。因为盗窃集团中的首要分子，既是该集团的组织者，也是该集团实施具体盗窃犯罪活动的策划者和指挥者。他们不仅自己进行盗窃犯罪活动，而且组织起专门从事盗窃犯罪活动的盗窃集团，积极策划盗窃犯罪阴谋，纠集、指挥其他人进行盗窃犯罪活动，这就充分表明了首要分子的社会危害性都要远远大于一般盗窃犯罪分子和盗窃集团的其他成员，应当给予严厉打击。因此，对于盗窃集团的首要分子，无论是否在犯罪现场指挥，或者是否亲自参加实施具体的盗窃犯罪活动，只要该项盗窃活动是包括在首要分子参与领导制订的犯罪活动计划之内的，他就要承担刑事责任。如果具体实施盗窃犯罪的人实施了超出其犯罪预谋的行为，首要分子对此不负刑事责任。而对于其他主犯或者从犯来说，其所参与的盗窃数额，实际上也是一种盗窃总数额。只要行为人主观上对于这种盗窃犯罪具有故意，在客观上积极参与了盗窃犯罪，就应当对参与的盗窃共同犯罪的总数额承担刑事责任。在这一点上，即从主观与客观相统一上来说，总数额与参与数额的确定方法是相同的，两者没有根本差别。

第三，正犯与共犯。在确定共同盗窃数额的时候，不仅要解决正犯的盗窃数额问题，而且还要解决共犯，即帮助犯与教唆犯的盗窃数额问题。对于共同正犯来说，参与数额是指直接参加实施盗窃的犯罪总数额，它不限于个人直接盗窃的数额，而且也包括他人共同盗窃的数额。而在共犯情况下，参与数额是指在其教唆或者帮助下正犯的盗窃数额。因此，对这里的参与应当作扩大解释，它不仅是指直接参与盗窃犯罪的实行，而且是指对于盗窃犯罪活动的间接参与，包括对实行犯进行帮助和教唆。对于帮助犯与教唆犯来说，他们没有个人直接盗窃的数额，但实行犯是在其帮助、教唆下完成盗窃犯罪之实施的，因此，帮助犯和教唆犯应当对实行犯盗窃的总数额承担刑事责任。

如上所述，各共同犯罪人都应对其所参与（实行、帮助、教唆、组织）的盗窃犯罪总数额承担刑事责任，这是从共同犯罪一般原理中得出的必然结论。但在司法实践中，也还存在某些特殊问题需要研究。例如，犯罪分子对盗窃同伙隐瞒盗窃数额，他人是否应对隐瞒款额承担刑事责任？我认为，盗窃犯罪数额是盗窃行为的结果，属于盗窃罪的客观因素。在盗窃罪的主观与客观统一上，我们不可能要求绝对的、确定的统一。在一般情况下，犯罪分子秘密窃取他人财物的意图，无论窃取的是何种财物，都认为是包含在盗窃故意范围之内。在个别情况下，盗窃的对象比较明确，例如就是要盗窃某一特定物品，但在取得以后，发现并非是其所意图窃取的那个特定财物，而是其他财物，在这种情况下，行为人仍然予以占有。对此，就不能认为在盗窃的主观故意与客观结果上不相吻合。换言之，在这种情况下，并不影响盗窃罪的成立。但是，如果盗窃同伙隐瞒所盗数额，例如盗窃 1 万元，同伙谎称 5 000 元，行为人只参与了对这 5 000 元的分赃。在这种情况下，行为人只对这 5 000 元承担刑事责任。

6. 盗窃罪的想象竞合

在盗窃案件的审理中，存在各种想象竞合犯的情形。以下根据司法解释的规定，对盗窃罪与其他犯罪的想象竞合问题加以论述：

（1）盗窃罪与破坏广播电视设施、公用电信设施罪的想象竞合

当行为人采取偷割电线的方法进行破坏的时候，就涉及破坏广播电视设施、公用电信设施罪与盗窃罪的区分问题。司法实践中，如何正确地划清上述两罪的界限是一个重要问题。在我国司法实践中一般认为，盗窃广播电视设施、公用电信设施价值数额不大，但是构成危害公共安全犯罪的，依照《刑法》第 124 条的

规定定罪处罚；盗窃广播电视设施、公用电信设施同时构成盗窃罪和破坏广播电视设施、公用电信设施罪的，择一重罪处罚。那么，在这种情况下，是牵连犯还是想象竞合犯？对此，我国刑法理论上存在争议。第一种观点认为，这是两个行为所犯两个罪名，两个行为之间存在牵连关系，因而属于牵连犯。第二种观点认为，这是一个行为所犯两个罪名，因而属于想象竞合犯。我赞同上述第二种观点，对此应以想象竞合犯论处。我认为，牵连犯与想象竞合犯的根本区别在于：牵连犯中存在两个犯罪行为，因而它属于实质的数罪，而想象竞合犯中只存在一个犯罪行为，因而它属于想象的数罪。由此可见，在盗窃广播电视设施、公用电信设施的情况下，行为人实行的到底是一个犯罪行为还是两个犯罪行为，就成为想象竞合犯还是牵连犯的根本区别之所在。盗窃广播电视设施、公用电信设施，行为人往往先把电信通讯线路上的电线剪断，然后非法据为己有。因此，在此似乎存在偷割电线和将电线据为己有两个行为。但我认为，这并不是两个独立的犯罪行为，不能把偷割电线视为破坏电信设施的行为，而把将电线据为己有视为盗窃行为。我认为，这只是两个动作，共同形成一个犯罪行为。对于盗窃罪来说，秘密窃取包括使财物脱离所有人的控制，并将其非法占有。例如，溜门撬锁入室窃取财物，不能把溜门撬锁视为独立于盗窃之外的行为，它仅仅是盗窃罪的不可分割的组成部分。在盗窃电信设施的情况下也是如此，偷割电线并非法占有是一个完整的盗窃行为。正是这一盗窃行为同时触犯了破坏广播电视设施、公用电信设施罪。尤其是司法解释采用了同时构成这一表述，似应理解为想象竞合犯。对于这种想象竞合犯，采用择一重罪处罚的原则，是具有理论根据的。至于如何择一重罪处罚，可以参照以往司法解释的具体规定。

（2）盗窃罪与破坏电力设备罪的想象竞合

破坏电力设备罪的破坏手段是多种多样的，如炸毁电力设备；拆卸或者毁坏重要部件；向电力设备投放障碍物或者故意违反操作规程使机器设备遭受损坏，偷割电源线；盗拔电线杆；毁坏高压塔；等等。当犯罪分子采用盗窃手段破坏电力设备的时候，就发生了盗窃罪与破坏电力设备罪的想象竞合。盗窃使用中的电力设备，同时构成盗窃罪和破坏电力设备罪的，在我国司法实践中一般是择一重罪处罚。我认为，这是对盗窃罪和破坏电力设备罪适用想象竞合的处罚原则。

（3）盗窃罪与故意毁坏财物罪的想象竞合

在盗窃过程中，往往造成财物损坏，尤其是在破坏性盗窃的情况下，财物损坏更是不可避免。根据前引《解释（一）》第11条的规定，盗窃公私财物并造成财物损毁的，按照下列规定处理：1）采用破坏性手段盗窃公私财物，造成其他财物损毁的，以盗窃罪从重处罚；同时构成盗窃罪和其他犯罪的，择一重罪从重处罚；2）实施盗窃犯罪后，为掩盖罪行或者报复等，故意毁坏其他财物构成犯罪的，以盗窃罪和构成的其他犯罪数罪并罚；3）盗窃行为未构成犯罪，但损毁财物构成其他犯罪的，以其他犯罪定罪处罚。

7. 盗窃罪的法条竞合

在盗窃罪中，存在普通法与特别法的法条竞合，对此，应当按照特别法优于普通法的原则，以特别法规定的犯罪论处。

（1）盗窃罪与盗窃枪支、弹药、爆炸物罪的法条竞合

盗窃罪与盗窃枪支、弹药、爆炸物罪在盗窃罪的客体——一般物品与枪支、弹药、爆炸物——之间存在着普通与特别的关系，两罪分别是普通法规定的犯罪与特别法规定的犯罪，具有法条竞合关系。在这种法条竞合的情况下，应以盗窃枪支、弹药、爆炸物罪论处。

（2）盗窃罪与侵犯商业秘密罪的法条竞合

在侵犯商业秘密罪中，包含盗窃商业秘密的行为。侵犯商业秘密罪是刑法中增订的罪名之一，在刑法修订以前，我国刑法学界曾经讨论过关于技术秘密能否成为盗窃罪的客体问题。通说认为，技术秘密是一种具有经济价值的商品，具备一切财物所具有的属性，是公私财物的组成部分，因而给技术秘密的所有人造成损害结果的，应当以盗窃罪论处。在1997年刑法修订中，考虑到包括技术秘密在内的商业秘密具有知识产权的属性，盗窃商业秘密的行为与盗窃财物的行为在性质上毕竟还是有所区别的，因此将其纳入侵犯商业秘密罪，规定在侵犯知识产

权罪中，从而与盗窃罪形成法条竞合关系。对此，应以特别法优于普通法的原则，以侵犯商业秘密罪论处。

（3）盗窃罪与盗伐林木罪的法条竞合

我国《刑法》第345条规定的盗伐林木罪，是指以非法占有为目的，盗伐森林或者其他林木，数量较大的行为。盗伐林木罪的盗伐，是采取盗窃的方法采伐林木，因而具有盗窃林木的性质。盗伐林木罪不仅侵害了他人的林木所有权，而且破坏林业资源，我国刑法将其规定在破坏环境资源保护罪一节，主要是强调了该罪所具有的破坏林业资源的性质，但不能由此否认该罪所具有的盗窃罪的特征。因此，在盗窃罪与盗伐林木罪之间存在法条竞合关系：盗窃罪是普通法规定，盗伐林木罪是特别法规定。按照特别法优于普通法原则，在盗窃罪与盗伐林木罪发生法条竞合的情况下，应以盗伐林木罪论处。

（四）处罚

根据《刑法》第264条〔《刑法修正案（八）》第39条〕之规定，犯本罪的，处3年以下有期徒刑、拘役或者管制，并处或者单处罚金；数额巨大或者有其他严重情节的，处3年以上10年以下有期徒刑，并处罚金；数额特别巨大或者有其他特别严重情节的，处10年以上有期徒刑或者无期徒刑，并处罚金或者没收财产。

加重处罚事由　犯盗窃罪而且数额巨大或者有其他严重情节的，是本罪的加重处罚事由。这里的数额巨大，根据前引《解释（一）》第1条的规定，以3万元至10万元为起点。其他严重情节，根据《解释（一）》第6条的规定，是指盗窃数额达到数额巨大的50%，并具有下列情节之一：（1）组织、控制未成年人盗窃的；（2）自然灾害、事故灾害、社会安全事件等突发事件期间，在事件发生地盗窃的；（3）盗窃残疾人、孤寡老人、丧失劳动能力人的财物的；（4）在医院盗窃病人或者其亲友财物的；（5）盗窃救灾、抢险、防汛、优抚、扶贫、移民、救济款物的；（6）因盗窃造成严重后果的；（7）入户盗窃的；（8）携带凶器盗窃的。

特别加重处罚事由　犯盗窃罪而且数额特别巨大或者有其他特别严重情节

的，是本罪的特别加重处罚事由。这里的数额特别巨大，根据前引《解释（一）》第 1 条的规定，以 30 万元至 50 万元为起点。其他特别严重情节，根据《解释（一）》第 6 条的规定，是指盗窃数额达到数额特别巨大的 50%，并具有下列情形之一的：（1）组织、控制未成年人盗窃的；（2）自然灾害、事故灾害、社会安全事件等突发事件期间，在事件发生地盗窃的；（3）盗窃残疾人、孤寡老人、丧失劳动能力人的财物的；（4）在医院盗窃病人或者其亲友财物的；（5）盗窃救灾、抢险、防汛、优抚、扶贫、移民、救济款物的；（6）因盗窃造成严重后果的；（7）入户盗窃的；（8）携带凶器盗窃的。

三、诈骗罪

（一）概念

诈骗罪是指以非法占有为目的，使用虚构事实、隐瞒真相的方法，致使他人产生认识错误，并基于认识错误而处分财物，行为人由此取得财物，使他人遭受财产损失，数额较大的行为。

（二）构成

1. 罪体

行为　诈骗罪的行为是使用虚构事实、隐瞒真相的方法，致使他人产生认识错误，并基于认识错误而处分财物，行为人由此取得财物，从而使他人遭受财产损失。在诈骗罪的行为中，包括双重行为：一是欺骗行为，二是取财行为。上述两种行为之间存在手段行为与目的行为之间的关系，因此诈骗罪是复行为犯。此外，诈骗罪成立，还要考察被害人的行为。被害人的行为表现为：因为行为人的欺骗行为而产生认识错误，并基于认识错误而处分财物。被害人的行为介于欺骗行为与取财行为之间：既是欺骗行为的结果，又是取财行为的原因。因此，诈骗罪的行为内容包括被告人与被害人的以下四重行为：

（1）欺骗行为。诈骗罪的欺骗行为是指虚构事实或者隐瞒真相。这里的虚构事实，是指捏造并不存在的事实。虚构事实是一种作为的诈骗，即行为人采取言词或者其他积极的举动，以此欺骗他人。这里的隐瞒真相，是指掩盖客观存在的事实。隐瞒真相是一种不作为的诈骗，即行为人有义务披露真相而消极地不予披露，以此欺骗他人。

（2）认识错误。欺骗行为致使他人产生认识错误，因此，认识错误是被告人欺骗行为的结果。认识错误的内容是处分财物的认识错误。如果认识错误与处分财物无关，则不具备诈骗罪的认识错误这一特征。例如欺骗他人，使其离开随身物品，乘机予以占有。在这种情况下，行为人采取了欺骗方法，他人也产生了认识错误，但这一认识错误与处分财物无关，因此仍然不具备认识错误这一要素。此外，在刑法教义学上还存在机器不能被骗的原理。机器不能被骗是指机器作为一种机械装置或者电子设施，不存在主观意识，因而不可能陷入认识错误。因此，通过操纵机器而非法获取财物的行为，都应当认定为盗窃而非诈骗。例如，在自动售货机中投入假硬币，破解依赖硬币的体积与重量控制出货口的机器装置，而非法获取自动售货机中的物品，就是一种盗窃行为而不构成诈骗。因为在这种情况下，机器不能被骗，自动售货机的出货是行为人盗窃的结果。

（3）处分财物。基于认识错误而处分财物，是诈骗罪的重要特征之一，也是诈骗罪与其他财产犯罪的根本区分所在。处分行为，在民法上是指以处分权利为内容并直接发生权利变动效果的民事法律行为。在诈骗罪中，处分财物是致使财物发生占有转移的行为。在认定诈骗罪的处分行为时，应当讨论以下三个问题：1）处分能力。处分行为以具有处分能力为前提，没有处分能力的人不可能实施具有法律效果的处分行为。在刑法教义学中一般认为，精神病人或者没有行为能力的未成年人（根据我国《民法典》第20条规定是指不满8周岁的人）不具有处分能力。行为人采取欺骗方法从上述人员处获取财物的，因为不存在处分行为，所以不构成诈骗罪而应以盗窃罪论处。2）处分意识。处分意识是指行为人在处分财物的时候，必须对其所处分的财物具有认识，不具有这种处分意识的，不构成诈骗罪。例如，甲进入超市将照相机等贵重物品装入肥皂的包装箱，调包以后到收银台付款，收银员误以为是肥皂而收取肥皂的货款。在这种情况下，行为人实施了欺骗行为，收银员产生了认识错误并处分了财物。但收银员并不知道肥皂箱中装的是照相机等贵重物品，没有对照相机等贵重物品的处分意识。因此其行为不构成诈骗罪，应以盗窃罪论处。3）处分结局。处分结局是指处分所产生的使财物发生终局性转移的效果。处分行为只有在发生终局性转移的情况下，才能构成诈骗罪。如果没有发生终局性转移，则处分行为不能成立，也就不能构成诈骗罪。例如，行为人在商店以借打手机为由，取得他人的手机。然后在假装拨打手机的时候，趁他人不注意悄然溜走，从而将手机非法占为己有。对于这一行为，定罪的关键在于他人被骗以后将手机交付给行为人，这一交付行为是否属于诈骗罪中的处分行为。如果将这一行为认定为是处分行为，则行为人构成诈骗罪。如果这一行为并非终局性的处分行为，则不能构成诈骗罪。我认为，在这种情况下，被害人虽然将手机交付给行为人，但其并没有终局性转移的意思，而只是让行为人在其监视下有条件地使用手机，手机的占有并未转移，因此不构成诈骗罪，应以盗窃罪论处。

（4）取得财物。被害人处分财物以后，行为人由此取得财物。因此，在处分财物与取得财物之间存在因果关系。取得财物可以分为以下两种情形：一是积极财产的增加。例如，通过转移占有非法获得他人的财物。二是消极财产的减少。例如，通过欺骗使他人免除债务。以上两种情形都属于诈骗罪取得他人财物。

客体　诈骗罪的客体是他人的财物以及财产性利益。因此，在诈骗罪中，被骗的是人，通过诈骗意在非法占有他人的财物。根据被骗人和被骗财物的关系，诈骗可以分为以下两种情形：一是直接诈骗，即被骗人是财物的所有人或者保管人；二是间接诈骗，也称为第三人诈骗，即被骗的人不是财物的所有人或者保管人，例如诉讼诈骗。

诈骗罪的客体除了财物以外，还包括财产性利益，也就是所谓利益诈骗。刑法关于财产犯罪的规定，不仅保护物权而且保护债权。然而，我国刑法在关于财产犯罪的具体规定中，只涉及财物的概念，并没有涉及债权的概念。因此，我国刑法关于财产犯罪的规定是否保护债权，在刑法教义学中是存在争议的。这种争议主要表现为：财产性利益是否属于财产犯罪的保护法益？这里的财产性利益就是指民法中的债权。

从德日刑法典的规定来看，刑法以保护物权为原则，以保护债权为例外。在关于财产犯罪的规定中，如果没有明文规定，则只保护物权，只有在具有明文规定的情况下，债权才受刑法保护。例如，《日本刑法典》关于财产犯罪的规定，其对象通常是财物，这里的财物是指物权的对象。只有在诈骗罪的规定中设立了利益诈骗罪，以此保护债权。我国刑法中虽然没有明文规定，但在现实生活中同样存在债权受到不法侵害的问题，对此如何处理呢？现在我国较为通行的观点是刑法中的财物不仅包括物权，而且扩大解释为包括债权，从而为惩治侵害债权的行为提供刑法根据。例如，2014年4月17日最高人民检察院《关于强迫借贷行为适用法律问题的批复》（以下简称《批复》）指出："以暴力、胁迫手段强迫他人借贷，属于刑法第二百二十六条第二项规定的'强迫他人提供或者接受服务'，情节严重的，以强迫交易罪追究刑事责任；同时构成故意伤害罪等其他犯罪的，依照处罚较重的规定定罪处罚。以非法占有为目的，以借贷为名采用暴力、胁迫手段获取他人财物，符合刑法第二百六十三条或者第二百七十四条规定的，以抢劫罪或者敲诈勒索罪追究刑事责任。"《批复》规定的上述两种情形：第一种是强迫他人借贷，存在真实的借贷关系，因而不构成财产犯罪，而构成强迫交易罪。第二种是强迫他人形成债权债务关系，即在没有真实借贷关系的情况下签写借条，然后以此借条强行索要财物。在这种情况下，根据《批复》规定，应以抢劫罪或者敲诈勒索罪论处，这是将债权作为物权保护的一个适例。因此，我国刑法对债权如何保护，是单独加以规定，如同物权一样进行保护，还是采用扩张解释的方法，对债权的保护适用物权保护的规定，这是一个值得思考的问题。

在我国司法实践中，绝大多数财产犯罪案件都是以物权为侵害客体的，然而还是存在某些以债权为侵害客体的财产犯罪案件。而且，这种以债权为侵害客体的财产犯罪案件在定性上是更为复杂的。如果没有物权与债权相区分的观念，就难以对这种侵害债权的案件作出正确的分析与判断。例如，甲是某公司房产销售人员，乙通过甲购买了该公司一处房产，交付全部购房款 34 万元。后甲欺骗乙签订了更名申请承诺书，将该房屋以 35 万元出卖给丙，并为丙办理了房产证，而且丙实际占有了该房屋。我们可以把本案称为骗取更名案。在骗取更名案中，被害人是谁？对此其说不一：有的人认为被害人是乙，有的人认为被害人是丙。此外，在骗取更名案中，财产损失人是乙还是丙？诈骗数额是 34 万元还是 35 万元？对这些问题都存在不同意见。对此，我们以行为分析法进行分析，就会发现骗取更名案中存在两个行为：第一个行为是甲欺骗乙签订更名申请承诺书，第二个行为是甲利用更名申请承诺书将房屋出卖给丙。这两个行为前后发生，并互为因果。甲在骗取乙的更名申请承诺书以后，才能得以根据该承诺书办理更名手续，将购房人由乙变更为丙，并为丙办理了房产登记。下面，我对这两个行为进行法教义学的分析：第一个行为是甲骗取乙签署更名申请承诺书，这是一种欺骗行为。从后果上看，正是这份材料使乙丧失已经购买的房产。那么，能否据此将本案认定为诈骗罪呢？诈骗行为是指虚构事实，导致他人产生认识错误，并基于认识错误而交付财物。但在本案中，甲虽然实施了欺骗行为，但欺骗行为并没有直接获得房产，乙也没有交付房产的意思和行为。因而，其并不符合诈骗罪的直接性原则，不能认定为诈骗罪。那么，这份更名申请的性质是什么呢？从民法角度来说，更名申请的内容是债权转让。在更名之前，乙和开发商之间签订房屋买卖合同，并交付购房款 34 万元，由此形成乙对开发商的债权。因此，更名的性质不是退房，退房属于废除房屋买卖合同。更名是在购房合同有效的前提下，改变买受人，因而属于债权转让。第二个行为是甲利用骗取的更名申请承诺书将乙的债权转让给丙，并取得 35 万元购房款。在更名以后，甲将乙对开发商的债权转让给了丙。丙并不是无对价取得债权，而是向甲交付了 35 万元。在这一债权转让过程中，开发商是无过错第三人。甲的更名虽然以乙签名的更名申请承诺书为依据，但该承诺书是甲骗取的，其内容并没有得到乙的许可。因此，甲是在乙不知情的情况下，擅自处分乙的债权，在盗窃罪的客体包括债权或者其他财产性利益的情况下，这一行为的性质具有盗窃的性质。通过以上分析，在骗取更名案中，涉及物权与债权的区分。在上述案件中，在对甲的行为进行分析的时候，如果采用债权债务的概念分析乙与开发商之间的法律关系，以及更名所带来的这种法律关系内容的变化，是更容易接受的。例如，甲的第一阶段行为，骗取乙的更名申请承诺书，并没有实际骗取房产，而且房产尚未交付与登记，客观上不存在骗取房产的可能性。只有第二阶段的行为实际处分了乙的债权，侵害了乙的债权，因而具有法益侵害性。因此，该行为才是构成要件行为，应当根据该行为对甲的行为进行定性。这种未经他人同意，处分他人债权的行为，与盗窃罪的性质最相接近，因此，认定为盗窃罪是合适的。

骗取更名案虽然复杂，我们可以用一个简化版的案例来说明：甲以非法占有为目的，欺骗乙，让乙把手机借给甲使用。甲拿到手机以后，假装打电话，乘乙不备，拿着手机潜逃，将乙的手机据为己有。这就是骗打手机案，在司法实践中多有发生。在此，存在两个行为：第一个是骗取手机，第二个是占有手机。在分析这个案件的时候，容易发生的错误是根据骗取手机的行为将甲的行为认定为诈骗罪。但这里的骗取手机行为之所以不能认定为诈骗罪，是因为不存在交付行为，占有未发生转移。乙将手机交给甲，只是让甲在乙的监视下使用手机，因此，手机仍然处在乙的占有之下，占有转移没有发生。只有第二个行为才导致乙丧失对手机的占有，而该行为具有秘密窃取的性质，构成盗窃罪。我们将骗打手机案和上述骗取更名案相比较，可以发现，骗打手机案中的客体是手机，属于物，侵害的是物权，而骗取更名案中的客体是债权。另外骗打手机案中只有甲与乙两人，而在骗取更名案中则还有第三人即开发商。尽管上述两个案件的原理基本上是类似的，但是骗打手机案属于侵犯物权的财产犯罪，而骗取更名案属于侵犯债权的财产犯罪，因而后者的认定比前者更为复杂。

结果　诈骗罪的结果是被骗人对事实发生错误认识，基于这种错误认识而将本人的财物处分给他人，并由此遭受财产损失。

2. 罪责

诈骗罪的罪责形式是故意，并且具有非法占有的目的。这里的故意，是指明知是诈骗行为而有意实施的主观心理状态。

3. 罪量

诈骗罪的罪量要素是数额较大。这里的数额较大，根据 2011 年 3 月 1 日最高人民法院、最高人民检察院《关于办理诈骗刑事案件具体应用法律若干问题的解释》［以下简称《解释（三）》］第 1 条的规定，是指诈骗公私财物价值 3 000 元至 1 万元以上。

（三）认定

1. 刑事诈骗与民事欺诈的区分

刑事诈骗是指以非法占有财物为目的，虚构事实，隐瞒真相，骗取他人财物。而民事欺诈是指在民事活动中进行虚假陈述，诱使对方作出错误的意思表示。民事欺诈中的虚假陈述表现为告知对方虚假情况，或者故意隐瞒真实情况，所以具有欺骗性。在司法实践中，刑事诈骗与民事欺诈因其都具有欺骗性，所以容易混淆。在刑法教义学中，刑事诈骗与民事欺诈的区分主要表现在以下三个方面：（1）欺骗内容的不同。民事欺诈和诈骗罪虽然都具有欺骗性，但两种欺骗的内容是有所不同的。可以说，民事欺诈是个别事实或者局部事实的欺骗，而诈骗罪则是整体事实或者全部事实的欺骗。在考察民事欺诈和诈骗罪区分的时候，需要分析欺骗的具体内容。在司法实践中，存在欺诈性借款和借款诈骗的区分、欺诈性销售和销售诈骗的区分、保险欺诈和保险诈骗的区分、合同欺诈和合同诈骗的区分，等等。可以说，几乎每一种诈骗犯罪类型都存在与之对应的民事欺诈，只有极少数不存在。（2）欺骗程度的不同。欺骗程度是指行为人采用的欺骗方法，是否达到使他人产生认识错误从而处分财物的程度。在民刑交叉的案件中，如果行为人采用的欺骗手段达到了使他人产生认识错误并处分财物的程度，则构成诈骗罪。如果行为人虽然采用欺骗手段，但并没有达到使他人无对价交付财物的程度，则只是民事欺诈，尚不构成诈骗罪。（3）欺骗目的的不同。无论是民事欺诈还是刑事诈骗，都会造成他人的财产损失，这是没有疑问的。因此，存在财产损失并不能就此认定为诈骗罪。在某些情况下，民事欺诈和刑事诈骗在行为方式上是完全相同的，因此不能从行为方式上区分民事欺诈和刑事诈骗，而是要从行为人主观上是否具有非法占有目的上予以区分。只有诈骗罪才具有非法占有目的，而民事欺诈则没有非法占有目的。

2. 套路贷的认定

套路贷是对以非法占有为目的，假借民间借贷之名，诱使或迫使被害人签订"借贷"或变相"借贷"以及"抵押""担保"等相关协议，通过虚增借贷金额、恶意制造违约、肆意认定违约、毁匿还款证据等方式形成虚假债权债务，并借助诉讼、仲裁、公证或者采用暴力、威胁以及其他手段非法占有被害人财物的相关违法犯罪活动的概括性称谓。2019 年 2 月 28 日最高人民法院、最高人民检察院、公安部、司法部《关于办理"套路贷"刑事案件若干问题的意见》发布，正式以司法解释的形式对套路贷作了规定。

（1）制造民间借贷假象

制造民间借贷假象可以说是套路贷构成诈骗罪的核心要素，也就是设立虚假债权。诈骗罪首先必须具备诈骗行为，在刑法教义学中，所谓诈骗行为就是指虚构事实、隐瞒真相，致使他人产生认识错误，这是诈骗罪的本质特征。如果没有诈骗行为就不可能成立诈骗罪，而诈骗罪是套路贷犯罪的主罪，很难想象没有诈骗罪的套路贷犯罪。因此，在认定套路贷犯罪的时候，应当将套路贷中的放贷行为与民间借贷中的放贷行为加以区分。套路贷犯罪是借用民间借贷的名义实施的，因而如何将套路贷与民间借贷，尤其是高利贷加以区分，始终是司法认定中的难点问题。我认为，套路贷不同于高利贷，套路贷与民间借贷的区分的实质在于：套路贷是以民间借贷为名，而实际上是实施诈骗；而民间借贷则是基于借贷双方的真实意愿所发生的借贷关系。是否存在真实的借贷关系，就成为套路贷与民间借贷相区分的关键之所在。如果存在真实的借贷关系，即使在放贷过程中存在欺诈行为，也不能认定为诈骗罪。反之，如果根本就不存在真实的借贷关系，或者借贷数额很小，只是用作引诱他人的手段，以此进一步利用民间借贷名义实施诈骗行为的，则应当认定为套路贷诈骗罪。

（2）制造资金走账流水等虚假给付事实

犯罪嫌疑人、被告人按照虚高的"借贷"协议金额将资金转入被害人账户，制造已将全部借款交付被害人的银行流水痕迹，随后便采取各种手段将其中全部或者部分资金收回，被害人实际上并未取得或者完全取得"借贷"协议、银行流水上显示的钱款。从形式上来看，虚假资金流水正是虚设债权的手段。然而，对此不能一概而论。虚假资金流水确实可能成为虚设债权的手段，但虚假资金流水只是一种表象，并不能由此得出只要存在虚假资金流水就必然构成套路贷诈骗罪的结论。只有通过银行走账形成资金流水，由此证明债权的存在，然后通过虚假资金流水，资金又回流给出借人，以此构成虚假债务，制造虚假资金流水才能成为套路贷的手段。虚假资金流水通常是在借贷人知情并且配合下形成的，其目的是掩盖超出司法保护的高息。就此而言，在借贷人配合下的虚假资金流水具有客观上的欺骗性，但其欺骗对象不是借贷人，而是第三人。例如，约定的借款利息是36%，但因为超出24%的利息不受司法保护。在这种情况下，借款凭证记载的借款数额较高，而借款人实际收到的借款数额较小。为了消除这个差额，就需要在借款人收到较高的借款数额以后，将其中差额部分退还给出借人，由此形成虚假资金流水。如果出借人在借款人不能归还欠款的情况下，以20%利息的借款凭证向法院提起民事诉讼，就可以受到司法保护。在这种情况下，虽然存在虚假资金流水但并不存在对借款人的欺骗，而是在民事诉讼中欺骗法院，因而构成虚假诉讼罪，却并不构成套路贷诈骗罪。

（3）故意制造违约或者肆意认定违约

故意制造违约或者肆意认定违约是指出借人和借款人事前约定高额违约金，如果没有违约，则借款人就不用支付这部分高额违约金。在某些案件中，出借人设置违约陷阱，制造还款障碍，故意造成借款人违约，或者肆意认定违约，强行索取高额违约金。在这种情形下，如果借贷关系真实存在，则故意制造违约或者肆意认定违约并强行索要高额违约金的行为，具有一定的敲诈勒索性质。但在这种情况下，不能否认真实借贷关系，因而不能构成套路贷诈骗罪。

（4）恶意垒高借款金额

恶意垒高借款金额是指当被害人无力偿还时，有的犯罪嫌疑人、被告人会安排其所属公司或者指定的关联公司、关联人员为被害人偿还"借款"，继而与被害人签订金额更大的虚高"借贷"协议或相关协议，通过这种"转单平账""以贷还贷"的方式不断垒高"债务"。恶意垒高借款金额是否构成诈骗罪，关键在于是否存在虚高的事实。所谓虚高是指超出事前约定的利息，在借款人不知情的情况下擅自增加借款金额。如果没有这种虚增借款金额的事实，而只是转单平账或者以贷还贷，还不能认定为套路贷的诈骗行为。转单平账是指将未能归还的本金和利息重新签订借款协议，以此结束上一轮的借贷关系，形成新的借贷关系。而以贷还贷是指采用贷新还旧的方式，延展借贷关系。上述两种操作在民间借贷中都十分常见，不能直接将这种操作发放认定为套路贷诈骗行为，而是要考察在此过程中是否存在虚增借款金额的事实。只有存在虚增借款金额的事实，才能认定为套路贷诈骗罪。

（5）软硬兼施"索债"

在借款人不能按时归还借款的情况下，索要债务是行使债权的行为，即使在索要债务过程中采取了违法犯罪手段，也只是该手段触犯其他罪名，不能由此而将真实存在的借贷关系认定为套路贷诈骗罪。只有在行为人采取非法手段索取虚高的所谓债务，行为人借助诉讼、仲裁、公证或者采用暴力、威胁以及其他手段向被害人或者被害人的特定关系人索取虚高债务的行为，才能在其行为构成套路贷诈骗罪的前提下，上述索债行为不具有行使债权的性质，可以构成其他犯罪。这是套路贷的虚假债权实现行为构成的犯罪，由此而与虚设债权行为形成套路贷诈骗罪的犯罪组群。也就是说，非法索债构成套路贷犯罪是以虚设债权行为构成诈骗罪为前提的，前者具有对后者的依附性。

通过以上分析可以看出，在以上五种套路贷的犯罪手法中，除了第一种情形具有诈骗性质，其他四种手法虽然表面上似乎具有欺骗性，但都不能仅仅根据这四种手法认定套路贷诈骗罪，只有在具有第一种手法，即虚设债权的前提下，其他四种手法才能构成套路贷诈骗罪。因此，套路贷能否被认定为诈骗罪，关键在于是否虚假设立债权债务：如果采用欺骗手段虚设债权债务，则构成诈骗罪。如果没有虚设债权债务，即使存在欺骗手段，也只是民间借贷中的民事欺诈行为。在司法解释明确规定非法放贷行为以非法经营罪论处的情况下，应当对采取欺骗手段的非法放贷行为按照非法经营罪定罪处罚。

3. 电信诈骗的认定

2000 年 5 月 12 日最高人民法院《关于审理扰乱电信市场管理秩序案件具体应用法律若干问题的解释》第 9 条规定，以虚假、冒用的身份证件办理入网手续并使用移动电话，造成电信资费损失数额较大的，依照《刑法》第 266 条的规定，以诈骗罪定罪处罚。这种电信诈骗行为是诈骗罪的一种特殊形式，按照上述司法解释的规定，应以诈骗罪论处。根据 2016 年 12 月 19 日最高人民法院、最高人民检察院、公安部《关于办理电信网络诈骗等刑事案件适用法律若干问题的意见》的规定，利用电信网络技术手段实施诈骗，诈骗公私财物价值 3 000 元以上、3 万元以上、50 万元以上的，应当分别认定为数额较大、数额巨大、数额特别巨大。实施电信网络诈骗犯罪，达到相应数额标准，具有下列情形之一的，酌情从重处罚：（1）造成被害人或其近亲属自杀、死亡或者精神失常等严重后果的；（2）冒充司法机关等国家机关工作人员实施诈骗的；（3）组织、指挥电信网络诈骗犯罪团伙的；（4）在境外实施电信网络诈骗的；（5）曾因电信网络诈骗犯罪受过刑事处罚或者 2 年内曾因电信网络诈骗受过行政处罚的；（6）诈骗残疾人、老年人、未成年人、在校学生、丧失劳动能力人的财物，或者诈骗重病患者及其亲属财物的；（7）诈骗救灾、抢险、防汛、优抚、扶贫、移民、救济、医疗等款物的；（8）以赈灾、募捐等社会公益、慈善名义实施诈骗的；（9）利用电话追呼系统等技术手段严重干扰公安机关等部门工作的；（10）利用"钓鱼网站"链接、"木马"程序链接、网络渗透等隐蔽技术手段实施诈骗的。实施电信网络诈骗犯罪，诈骗数额接近数额巨大、数额特别巨大的标准，具有前述规定的情形之一的，应当分别认定为其他严重情节、其他特别严重情节。上述规定的接近，一般应掌握在相应数额标准的80%以上。

4. 交通规费诈骗的认定

2002年4月10日最高人民法院《关于审理非法生产、买卖武装部队车辆号牌等刑事案件具体应用法律若干问题的解释》（现已失效）第3条第2款规定，使用伪造、变造、盗窃的武装部队车辆号牌，骗免养路费、通行费等各种规费，数额较大的，依照诈骗罪的规定定罪处罚。这种交通规费诈骗行为是诈骗罪的一种特殊形式，依照上述司法解释的规定，应以诈骗罪论处。

5. 社会保障待遇诈骗的认定

2014年4月24日全国人大常委会《关于〈中华人民共和国刑法〉第二百六十六条的解释》规定："以欺诈、伪造证明材料或者其他手段骗取养老、医疗、工伤、失业、生育等社会保险金或者其他社会保障待遇的，属于刑法第二百六十六条规定的诈骗公私财物的行为。"上述立法解释对现实生活中时有发生的骗取社会保障待遇的行为明文规定为属于诈骗罪，为处理此类案件提供了明确的法律根据。

6. 诈骗罪未遂的认定

前引《解释（三）》第5条第1款规定，诈骗未遂，以数额巨大的财物为诈骗目标的，或者具有其他严重情节的，应当定罪处罚。此外，第2款规定，利用发送短信、拨打电话、互联网等电信技术手段对不特定多数人实施诈骗，诈骗数额难以查证，但具有下列情形之一的，应当认定为《刑法》第266条规定的其他严重情节，以诈骗罪（未遂）定罪处罚：（1）发送诈骗信息5 000条以上的；（2）拨打诈骗电话500人次以上的；（3）诈骗手段恶劣、危害严重的。前引《解释（三）》第6条还规定，诈骗既有既遂，又有未遂，分别达到不同量刑幅度的，依照处罚较重的规定处罚；达到同一量刑幅度的，以诈骗罪既遂处罚。根据这一规定，在诈骗既遂与未遂并存的情况下，诈骗数额不能累计计量，而是依照数额较大的情形决定量刑幅度。在诈骗既遂与未遂的数额达到同一量刑幅度的情况下，诈骗数额同样不能累计计量，而是按照诈骗罪既遂处罚。对于未遂数额，可以作为量刑情节予以考虑。

7. 诈骗罪共犯认定

前引《解释（三）》第 7 条规定，明知他人实施诈骗犯罪，为其提供信用卡、手机卡、通讯工具、通讯传输通道、网络技术支持、费用结算等帮助的，以共同犯罪论处。这是对诈骗罪的特殊帮助行为的规定，对此应以共犯论处。在司法实践中，对共同诈骗犯罪，应当以行为人参与共同诈骗的数额认定犯罪数额，并结合行为人在共同犯罪中的地位、作用和非法所得数额等情节依法处罚。确切地说，共同诈骗犯罪的各参与人应以其所参与的共同诈骗的数额作为定罪标准。但在量刑的时候，应考虑各参与人在共同犯罪中的地位、作用和非法所得数额等情节。

8. 多次诈骗的认定

对于多次进行诈骗，并以后次诈骗财物归还前次诈骗财物，在计算诈骗数额时，应当将案发前已经归还的数额扣除，按实际未归还的数额认定，量刑时可将多次行骗的数额作为从重情节予以考虑。这种多次诈骗，并以后次诈骗财物归还前次诈骗财物的情况，就是通常所说的"拆东墙，补西墙"。由于每次诈骗均属犯罪，事后归还只是犯罪既遂以后对诈骗财物的一种处置，因而从法理上来说应当将诈骗数额累计计算。考虑到将财物归还他人，本人并未实际占有，从刑事政策出发，司法解释规定将已经归还的数额予以扣除而不累计计算。

9. 诉讼诈骗的认定

诉讼诈骗是指以非法占有为目的，用伪造的欠据或者其他债权凭证的方法，骗取法院民事裁判从而非法占有他人财物的行为。在法理上，诉讼诈骗是通过欺骗法院而非法占有他人财物，是一种间接诈骗行为，与直接诈骗行为的情形有所不同，但并不能改变其诈骗的性质。但 2002 年 10 月 24 日最高人民检察院法律政策研究室《关于通过伪造证据骗取法院民事裁判占有他人财物的行为如何适用法律问题的答复》（以下简称《答复》）规定，以非法占有为目的，通过伪造证据骗取法院民事裁判占有他人财物的行为所侵害的主要是人民法院正常的审判活动，可以由人民法院依照民事诉讼法的有关规定作出处理，不宜以诈骗罪追究行为人的刑事责任。如果行为人伪造证据时，实施了伪造公司、企业、事业单位、人民团体印章的行为，构成犯罪的，应当依照《刑法》第280条第2款的规定，以伪造公司、企业、事业单位、人民团体印章罪追究刑事责任；如果行为人有指使他人作伪证行为，构成犯罪的，应当依照《刑法》第307条第1款的规定，以妨害作证罪追究刑事责任。在诉讼诈骗中，伪造印章或者伪造证据骗取法院民事裁判而非法占有他人财物的，存在着手段行为和目的行为之间的牵连关系，是伪造印章的犯罪、妨害证据的犯罪与诈骗犯罪之间的牵连犯。对此，前引《答复》规定不以诈骗罪论处，而应以伪造印章的犯罪、妨害证据的犯罪论处。我认为，针对某一法院已经就某一民事纠纷作出的民事裁判，另一法院又置已经生效的民事裁判于不顾，另行以诈骗罪追究胜诉方的刑事责任的地方保护主义做法，这一司法解释是有一定现实意义的。但同一法院在作出民事裁判后，发现民事案件的原告人系伪造证据欺骗法院作出民事裁判而非法占有他人财物的，应在撤销本院已经作出的民事裁判后，另行追究有关当事人的刑事责任。在这种情形下，对有关当事人以诈骗罪论处，是具有法理根据的。值得注意的是，《刑法修正案（九）》第35条增设了《刑法》第307条之一，第1款规定了虚假诉讼罪。第3款规定，有第1款行为，非法占有他人财产或者逃避合法债务，又构成其他犯罪的，依照处罚较重的规定定罪从重处罚。因此，通过诉讼诈骗他人财物而认定为诈骗罪处罚较重的情况下，应当以诈骗罪论处。

10. 诈骗罪的法条竞合

《刑法》第266条规定，对于诈骗罪，本法另有规定的，依照规定。这是对诈骗罪的法条竞合的规定。我国刑法规定了一些特殊类型的诈骗罪，包括集资诈骗罪、贷款诈骗罪、票据诈骗罪、金融凭证诈骗罪、信用证诈骗罪、信用卡诈骗罪、有价证券诈骗罪、保险诈骗罪、骗取出口退税罪、合同诈骗罪等。这些诈骗犯罪与本罪之间存在着特别法与普通法的法条竞合关系，按照特别法优于普通法的原则，应以特殊类型的诈骗罪论处。此外，诈骗罪还与某些诈骗犯罪，例如招摇撞骗罪之间，存在交互竞合关系，对此应当按照重法优于轻法的原则处理。前引《解释（三）》第 8 条规定，冒充国家机关工作人员进行诈骗，同时构成诈骗罪和招摇撞骗罪的，依照处罚较重的规定定罪处罚。

11. 近亲诈骗的处理

近亲诈骗是指诈骗近亲属财物的行为。对此，前引《解释（三）》第 4 条规定，诈骗近亲属的财物，近亲属谅解的，一般可不按犯罪处理。此外，诈骗近亲属的财物，确有追究刑事责任必要的，具体处理也应酌情从宽。由此可见，在我国司法实践中，对于近亲诈骗通常应当进行刑事和解。若获得近亲属谅解的，就不应作为犯罪论处。如果近亲属未能谅解，或者具有其他严重情节确有追究刑事责任必要的，应当把近亲诈骗作为从轻处罚情节在量刑时予以酌情考虑。

12. 诈骗罪与盗窃罪的区分

诈骗罪的构成要件行为是欺骗，盗窃罪的构成要件行为是窃取，从文字上来看，诈骗罪与盗窃罪之间的区分似乎是明显的。然而，在司法实践中，诈骗罪与盗窃罪在某些案件中会发生混淆，如何正确区分就成为一个较为复杂的问题。从刑法教义学上考察，诈骗罪是交付型的财产犯罪，而盗窃罪是取得型的财产犯罪。因此，非法占有他人财物，是采用欺骗方法，使他人产生认识错误从而交付财物，还是在他人不知情的情况下，违反他人意志取得他人财物，就成为诈骗罪与盗窃罪之间区分的关键。在某些情况下，从形式上来看，是行为人主动交付财物，但行为人并没有处分财物的意识，对此究竟是认定为诈骗罪还是盗窃罪，这是争论的焦点问题。对此，在刑法教义学中存在处分意识必要说与处分意识不要说之争。处分意识必要说认为，诈骗罪的处分行为必须具有处分意识，如果缺乏处分意识，即使在客观上实施了交付行为，也不能认定为诈骗罪，而应当以盗窃罪论处。而处分意识不要说则认为，无论是否具有处分意识，只要在客观上实施了交付行为，就应当认定为诈骗罪而不构成盗窃罪。在以上两种观点中，我国司法实践采用处分意识必要说，以此区分诈骗罪与盗窃罪。

案例 32 - 1　　　　　　　　臧进泉等盗窃、诈骗案

（法例第 27 号）

2010 年 6 月 1 日，被告人郑必玲骗取被害人金某 195 元后，获悉金某的建设银行网银账户内有 305 000 余元存款且无每日支付限额，遂电话告知被告人臧进泉，预谋合伙作案。臧进泉赶至网吧后，以尚未看到金某付款成功的记录为由，发送给金某一个交易金额标注为 1 元而实际植入了支付 305 000 元的计算机程序的虚假链接，谎称金某点击该 1 元支付链接后，其即可查看到付款成功的记录。金某在诱导下点击了该虚假链接，其建设银行网银账户中的 305 000 元随即通过臧进泉预设的计算机程序，经上海快钱信息服务有限公司的平台支付到臧进泉提前在福州海都阳光信息科技有限公司注册的 "kissal23" 账户中。臧进泉使用其中的 116 863 元购买大量游戏点卡，并在 "小泉先生哦" 的淘宝网店上出售套现。案发后，公安机关追回赃款 187 126.31 元发还被害人。

2010 年 5 月至 6 月间，被告人臧进泉、郑必玲、刘涛分别以虚假身份开设无货可供的淘宝网店铺，并以低价吸引买家。三被告人事先在网游网站注册一账户，并对该账户预设充值程序，充值金额为买家欲支付的金额，后将该充值程序代码植入一个虚假淘宝网链接中。与买家商谈好商品价格后，三被告人各自以方便买家购物为由，将该虚假淘宝网链接通过阿里旺旺聊天工具发送给买家。买家误以为是淘宝网链接而点击该链接进行购物、付款，并认为所付货款会汇入支付宝公司为担保交易而设立的公用账户，但该货款实际通过预设程序转入网游网站在支付宝公司的私人账户，再转入被告人事先在网游网站注册的充值账户中。三被告人获取买家货款后，在网游网站购买游戏点卡、腾讯 Q 币等，然后将其按事先约定统一放在臧进泉的 "小泉先生哦" 的淘宝网店铺上出售套现，所得款均汇入臧进泉的工商银行卡中，由臧进泉按照获利额以约定方式分配。被告人臧进

泉、郑必玲、刘涛经预谋后，先后到江苏省苏州市、无锡市、昆山市等地网吧采用上述手段作案。臧进泉诈骗 22 000 元，获利 5 000 余元，郑必玲诈骗获利 5 000 余元，刘涛诈骗获利 12 000 余元。

浙江省杭州市中级人民法院于 2011 年 6 月 1 日作出（2011）浙杭刑初字第 91 号刑事判决：（1）被告人臧进泉犯盗窃罪，判处有期徒刑 13 年，剥夺政治权利 1 年，并处罚金人民币 3 万元；犯诈骗罪，判处有期徒刑 2 年，并处罚金人民币 5 000 元，决定执行有期徒刑 14 年 6 个月，剥夺政治权利 1 年，并处罚金人民币 35 000 元。（2）被告人郑必玲犯盗窃罪，判处有期徒刑 10 年，剥夺政治权利 1 年，并处罚金人民币 1 万元；犯诈骗罪，判处有期徒刑 6 个月，并处罚金人民币 2 000 元，决定执行有期徒刑 10 年 3 个月，剥夺政治权利 1 年，并处罚金人民币 12 000 元。（3）被告人刘涛犯诈骗罪，判处有期徒刑 1 年 6 个月，并处罚金人民币 5 000 元。宣判后，臧进泉提出上诉。浙江省高级人民法院于 2011 年 8 月 9 日作出（2011）浙刑三终字第 132 号刑事裁定，驳回上诉，维持原判。

法院生效裁判认为：盗窃是指以非法占有为目的，秘密窃取公私财物的行为；诈骗是指以非法占有为目的，采用虚构事实或者隐瞒真相的方法，骗取公私财物的行为。对既采取秘密窃取手段又采取欺骗手段非法占有财物行为的定性，应从行为人采取的主要手段和被害人有无处分财物意识方面区分盗窃与诈骗。如果行为人获取财物时起决定性作用的手段是秘密窃取，诈骗行为只是为盗窃创造条件或作掩护，被害人也没有"自愿"交付财物的，就应当认定为盗窃；如果行为人获取财物时起决定性作用的手段是诈骗，被害人基于错误认识而"自愿"交付财物，盗窃行为只是辅助手段的，就应当认定为诈骗。在信息网络情形下，行为人利用信息网络，诱骗他人点击虚假链接而实际上通过预先植入的计算机程序窃取他人财物构成犯罪的，应当以盗窃罪定罪处罚；行为人虚构可供交易的商品或者服务，欺骗他人为支付货款点击付款链接而获取财物构成犯罪的，应当以诈骗罪定罪处罚。本案中，被告人臧进泉、郑必玲使用预设计算机程序并植入的方法，秘密窃取他人网上银行账户内巨额钱款，其行为均已构成盗窃罪。臧进泉、郑必玲和被告人刘涛以非法占有为目的，通过开设虚假的网络店铺和利用伪造的购物链接骗取他人数额较大的货款，其行为均已构成诈骗罪。对臧进泉、郑必玲所犯数罪，应依法并罚。关于被告人臧进泉及其辩护人所提非法获取被害人金某的网银账户内 305 000 元的行为，不构成盗窃罪而是诈骗罪的辩解与辩护意见，经查，臧进泉和被告人郑必玲在得知金某网银账户内有款后，即产生了通过植入计算机程序非法占有目的；随后在网络聊天中诱导金某同意支付 1 元钱，而实际上制作了一个表面付款"1 元"却支付 305 000 元的假淘宝网链接，致使金某点击后，其网银账户内 305 000 元即被非法转移到臧进泉的注册账户中，对此金某既不知情，也非自愿。可见，臧进泉、郑必玲获取财物时起决定性作用的手段是秘密窃取，诱骗被害人点击"1 元"的虚假链接系实施盗窃的辅助手段，只是为盗窃创造条件或作掩护，被害人也没有"自愿"交付巨额财物，二被告获取被害人银行存款实际上是通过隐藏的事先植入的计算机程序来窃取的，符合盗窃罪的犯罪构成要件，依照《刑法》第 264 条、第 287 条的规定，应当以盗窃罪定罪处罚。故臧进泉及其辩护人所提上述辩解和辩护意见与事实和法律规定不符，不予采纳。

本案的裁判要点指出：行为人利用信息网络，诱骗他人点击虚假链接而实际通过预先植入的计算机程序窃取财物构成犯罪的，以盗窃罪定罪处罚；虚构可供交易的商品或者服务，欺骗他人点击付款链接而骗取财物构成犯罪的，以诈骗罪定罪处罚。

释评

本案涉及诈骗罪与盗窃罪的区别问题。是否存在处分行为，是作为取得型财产犯罪的盗窃罪与作为交付型财产犯罪的诈骗罪之间的重要区别之一。在理解处分行为的时候，又存在处分意识必要说与处分意识不要说之争。通常来说，根据处分意识必要说所确定的诈骗罪的范围较窄而盗窃罪的范围较宽。反之，根据处分意识不要说，则诈骗罪的范围较宽而盗窃罪的范围较窄。根据本案的裁判要点，我国司法实践中区分诈骗罪与盗窃罪，应当采用处分意识必要说。

（四）处罚

根据《刑法》第266条之规定，犯本罪的，处3年以下有期徒刑、拘役或者管制，并处或者单处罚金；数额巨大或者有其他严重情节的，处3年以上10年以下有期徒刑，并处罚金；数额特别巨大或者有其他特别严重情节的，处10年以上有期徒刑或者无期徒刑，并处罚金或者没收财产。

从重处罚事由 前引《解释（三）》第2条第1款规定，诈骗公私财物达到本解释第1条规定的数额标准，具有下列情形之一的，可以依照《刑法》第266条的规定酌情从严惩处：（1）通过发送短信、拨打电话或者利用互联网、广播电视、报纸杂志等发布虚假信息，对不特定多数人实施诈骗的；（2）诈骗救灾、抢险、防汛、优抚、扶贫、移民、救济、医疗款物的；（3）以赈灾募捐名义实施诈骗的；（4）诈骗残疾人、老年人或者丧失劳动能力人的财物的；（5）造成被害人自杀、精神失常或者其他严重后果的。以上是《解释（三）》规定的诈骗罪从重处罚事由，具有上述事由的，应当在《刑法》第266条规定的基本犯的法定刑幅度内酌情从重处罚。

免除处罚事由 前引《解释（三）》第3条规定，诈骗公私财物虽已达到数额较大的标准，但具有下列情形之一，且行为人认罪、悔罪的，可以根据《刑法》第37条、《刑事诉讼法》（2018年修正）第177条的规定不起诉或者免予刑事处罚：（1）具有法定从宽处罚情节的；（2）一审宣判前全部退赃、退赔的；（3）没有参与分赃或者获赃较少且不是主犯的；（4）被害人谅解的；（5）其他情节轻微、危害不大的。

加重处罚事由 犯诈骗罪而且数额巨大或者有其他严重情节的，是本罪的加重处罚事由。这里的数额巨大，根据前引《解释（三）》第1条的规定，是指3万元至10万元以上。根据前引《解释（三）》第2条第2款的规定，诈骗数额接近数额巨大的标准，并具有上述诈骗罪的从重处罚事由之一或者属于诈骗集团首要分子的，应当认定为这里的其他严重情节。

特别加重处罚事由　犯诈骗罪而且数额特别巨大或者有其他特别严重情节的，是本罪的特别加重处罚事由。这里的数额特别巨大，根据前引《解释（三）》第1条的规定，是指50万元以上。根据前引《解释（三）》第2条第2款的规定，诈骗数额接近数额特别巨大的标准，并具有上述诈骗罪的从重处罚事由之一或者属于诈骗集团首要分子的，应当认定为这里的其他特别严重情节。

诈骗赃物的处理　在诈骗案件的审理中往往涉及诈骗赃物的处理问题，主要是诈骗赃物的发还和追缴。前引《解释（三）》第9条对诈骗赃物的发还作了以下规定：案发后查封、扣押、冻结在案的诈骗财物及其孳息，权属明确的，应当发还被害人；权属不明确的，可按被骗款物占查封、扣押、冻结在案的财物及其孳息总额的比例发还被害人，但已获退赔的应予扣除。《解释（三）》第10条对诈骗赃物的追缴作了以下规定：行为人已将诈骗财物用于清偿债务或者转让给他人，具有下列情形之一的，应当依法追缴：（1）对方明知是诈骗财物而收取的；（2）对方无偿取得诈骗财物的；（3）对方以明显低于市场的价格取得诈骗财物的；（4）对方取得诈骗财物系源于非法债务或者违法犯罪活动的。此外，《解释（三）》还规定，他人善意取得诈骗财物的，不予追缴。

四、抢夺罪

（一）概念

抢夺罪是指以非法占有为目的，公然夺取公私财物，数额较大或者多次抢夺的行为。

（二）构成

1. 罪体

行为　抢夺罪的行为是公然夺取公私财物，因此，抢夺罪是公然犯。这里的夺取，是指强行将他人控制之下的财物夺而取之据为己有。夺取虽然也需使用一定的力量，但这一力量是针对财物的，是为将他人控制下的财物转而成为自己控制所必需的强制力量。由此可见，它和抢劫罪中针对人身的强制有所不同。抢夺通常是在乘人不备的情况下实施的，但乘人不备并非抢夺的必要条件。在某些情况下，乘人有备夺取他人财物，也是抢夺。例如，甲见乙迎面而来，见乙来者不善，担心自己的手提包被夺走，便紧抓手提包。乙见甲紧抓手提包，猜想包中有贵重物品，在与甲擦肩而过时，当面用力将甲的手提包夺走，乙的行为应以抢夺罪论处。

客体 抢夺罪的客体是公私财物，但不包括刑法分则中已有明文规定的特别物品，例如枪支、弹药、爆炸物等。在这种情况下，抢夺罪与抢夺枪支、弹药、爆炸物罪之间存在法条竞合关系。

2. 罪责

抢夺罪的罪责形式是故意，并且具有非法占有的目的。这里的故意，是指明知是抢夺行为而有意实施的主观心理状态。

3. 罪量

抢夺罪的罪量要素是数额较大或者多次抢劫。这里的数额较大，根据 2013 年 11 月 11 日最高人民法院、最高人民检察院《关于办理抢夺刑事案件适用法律若干问题的解释》[以下简称《解释（四）》] 第 1 条的规定，是指 1 000 元至 3 000 元以上。该解释第 2 条规定，抢夺公私财物，具有下列情形之一的，数额较大的标准按照前条规定标准的 50% 确定：（1）曾因抢劫、抢夺或者聚众哄抢受过刑事处罚的；（2）1 年内曾因抢夺或者哄抢受过行政处罚的；（3）1 年内抢夺 3 次以上的；（4）驾驶机动车、非机动车抢夺的；（5）组织、控制未成年人抢夺的；（6）抢夺老年人、未成年人、孕妇、携带婴幼儿的人、残疾人、丧失劳动能力人的财物的；（7）在医院抢夺病人或者其亲友财物的；（8）抢夺救灾、抢险、防汛、优抚、扶贫、移民、救济款物的；（9）自然灾害、事故灾害、社会安全事件等突发事件期间，在事件发生地抢夺的；（10）导致他人轻伤或者精神失常等严重后果的。

（三）认定

1. 抢夺数额的累计计算

在司法实践中，抢夺公私财物，未经行政处罚处理，依法应当追诉的，抢夺数额应当累计计算。抢夺数额的累计计算必须具备以下两个条件：（1）未经行政处罚处理。如果已经被给予行政处罚处理，则不能累计计算。（2）没有超过追诉时效。如果已经超过追诉时效，则不能累计计算。

2. 抢夺行为造成被害人重伤、死亡的定性

在司法实践中，实施抢夺公私财物行为，构成抢夺罪，同时造成被害人重伤、死亡等后果，构成过失致人重伤罪、过失致人死亡罪等犯罪的，依照处罚较重的规定定罪处罚。在这种情况下，实际上是抢夺行为造成了超出本罪的加重结果，但由于法律未作规定，因而不属于结果加重犯。同时，因为在这种情况下只有一个抢夺行为，虽然造成了另一个重伤或者死亡结果，但予以数罪并罚缺乏法理根据。对此，应当依照处罚较重的规定定罪处罚，即按照想象竞合犯从一重罪论处。

3. 驾驶车辆抢夺转化为抢劫的定性

前引《意见》曾经对驾驶车辆抢夺他人财物行为作了规定。根据《意见》第11条的规定，驾驶车辆夺取他人财物的，一般以抢夺罪从重处罚。但在三种情形下以抢劫罪论处。前引《解释（四）》第6条对此作了以下规定："驾驶机动车、非机动车夺取他人财物，具有下列情形之一的，应当以抢劫罪定罪处罚：（一）夺取他人财物时因被害人不放手而强行夺取的；（二）驾驶车辆逼挤、撞击或者强行逼倒他人夺取财物的；（三）明知会致人伤亡仍然强行夺取并放任造成财物持有人轻伤以上后果的。"以上规定为驾驶车辆抢夺他人财物行为转化为抢劫罪的司法认定提供了根据。

（四）处罚

根据《刑法》第267条第1款之规定，犯本罪的，处3年以下有期徒刑、拘役或者管制，并处或者单处罚金；数额巨大或者有其他严重情节的，处3年以上

10 年以下有期徒刑，并处罚金；数额特别巨大或者有其他特别严重情节的，处 10 年以上有期徒刑或者无期徒刑，并处罚金或者没收财产。

不起诉或者免予刑事处罚事由　前引《解释（四）》第 5 条规定："抢夺公私财物数额较大，但未造成他人轻伤以上伤害，行为人系初犯，认罪、悔罪、退赃、退赔，且具有下列情形之一的，可以认定为犯罪情节轻微，不起诉或者免予刑事处罚；必要时，由有关部门依法予以行政处罚：（一）具有法定从宽处罚情节的；（二）没有参与分赃或者获赃较少，且不是主犯的；（三）被害人谅解的；（四）其他情节轻微、危害不大的。"以上司法解释，体现了对那些情节轻微的抢夺犯罪行为予以从宽处理的政策精神，是宽严相济刑事政策在抢夺罪处理上的直接反映。

加重处罚事由　犯抢夺罪而且数额巨大或者有其他严重情节的，是本罪的加重处罚事由。这里的数额巨大，根据前引《解释（四）》第 1 条的规定，是指 3 万元至 8 万元以上。这里的其他严重情节，根据前引《解释（四）》第 3 条的规定，是指具有下列情形之一：（1）导致他人重伤的；（2）导致他人自杀的；（3）具有本解释第 2 条第 3 项至第 10 项规定的情形之一，数额达到本解释第 1 条规定的"数额巨大"50%的。

特别加重处罚事由　犯抢夺罪而且数额特别巨大或者有其他特别严重情节的，是本罪的特别加重处罚事由。这里的数额特别巨大，根据前引《解释（四）》第 1 条的规定，是指 20 万元至 40 万元以上。这里的其他特别严重情节，根据前引《解释（四）》第 4 条的规定，是指具有下列情形之一：（1）导致他人死亡的；（2）具有本解释第 2 条第 3 项至第 10 项规定的情形之一，数额达到本解释第 1 条规定的"数额特别巨大"50%的。

五、聚众哄抢罪

（一）概念

聚众哄抢罪是指以非法占有为目的，聚集多人，公然抢夺公私财物，数额较大或者有其他严重情节的行为。

（二）构成

1. 罪体

行为　聚众哄抢罪的行为是聚众哄抢。聚众哄抢具有以下两个特征：（1）聚众性。聚众性表明本罪是聚合犯，即聚集多人进行哄抢。这里的多人，要求至少在 3 人以上，多则几十人，甚至上百人。（2）公然性。公然性表明本罪是公然犯。这里的公然，是指当着公私财物的所有人或保管人的面公开地抢夺财物。

客体　聚众哄抢罪的客体是公私财物。

2. 罪责

聚众哄抢罪的罪责形式是故意，并且以非法占有为目的。这里的故意，是指明知是聚众哄抢行为而有意实施的主观心理状态。

3. 罪量

聚众哄抢罪的罪量要素是数额较大或者有其他严重情节。这里的数额较大，司法解释未作一般规定。根据 2000 年 11 月 22 日最高人民法院《关于审理破坏森林资源刑事案件具体应用法律若干问题的解释》［以下简称《解释（五）》］第 14 条规定，聚众哄抢林木 5 立方米以上的，属于聚众哄抢数额较大。其他严重情节，是指聚众人数较多，造成恶劣的社会影响等。

（三）处罚

根据《刑法》第 268 条之规定，犯本罪的，对首要分子和积极参加的，处 3 年以下有期徒刑、拘役或者管制，并处罚金；数额巨大或者有其他特别严重情节的，处 3 年以上 10 年以下有期徒刑，并处罚金。

加重处罚事由　犯聚众哄抢罪而且数额巨大或者有其他特别严重情节的，是本罪的加重处罚事由。这里的数额巨大，根据前引《解释（五）》第 14 条规定，是指聚众哄抢林木 20 立方米以上。其他特别严重情节，是指聚众人数特别多，造成特别恶劣的社会影响等。

六、侵占罪

（一）概念

侵占罪是指以非法占有为目的，将代为保管的他人财物或者他人的遗忘物、埋藏物占为己有，数额较大且拒不退还或者拒不交出的行为。

（二）构成

1. 罪体

主体　侵占罪的主体是他人财物或者遗忘物、埋藏物的已然持有者。

行为　侵占罪的行为是侵占。侵占罪是非占有转移的财产犯罪，由此区别于盗窃罪等占有转移的财产犯罪。所谓占有转移，是指在行为人实施财产犯罪之前，财产处于他人的占有之中。为了非法占有他人财物，必须采用盗窃、诈骗、抢夺等非法手段打破他人对财物的占有，转而将他人财物据为己有。这一过程，就是财物的占有转移。与之不同，侵占罪是非占有转移的财产犯罪，在行为人实施侵占行为之前，他人的财物已经处于行为人的占有之中。在这种情况下，只要直接将本人占有之中的他人财物据为己有，就构成侵占罪。因此，侵占行为是已然持有，继而占有。侵占行为具有以下两个特征。

（1）已然持有

侵占行为是以已然持有为前提的，这里的已然持有是指以下情形：1）基于委托关系而持有。委托，是指委托人出于一定目的，基于对受托人的信任，将某一事项交给受托人完成。受托人基于这种委托关系，而获得了在委托期间对委托人财物的保管权。在现实生活中，委托事项是各式各样的，例如委托代为保管物品，委托代购、代买某种物品，委托代为转交、转送某种物品，委托代为接收某种物品，委托代为邮寄物品等。2）基于租赁关系而持有。租赁，是指出租人将出租财产交付给承租人有偿使用。承租人基于这种租赁关系，而获得了在租赁期间对出租人财物的使用权。3）基于担保关系而持有。担保，是指以确保债务的履行为目的而在债务人或者第三人的物上设定物权的行为。由担保而形成的物权，称为担保物权，包括质权和留置权等。质权人或者债权人基于这种担保关系，而获得了对第三人或者债务人财物的占有权。4）基于借用关系而持有。借用，是指出借人将出借物有偿或无偿地提供给借用人使用。借用人基于这种借用关系，而获得了对出借人财物的使用权。5）基于无因管理而持有。无因管理，是指未受他人委托，也无法律上的义务，为避免他人利益受损失而自愿地为他人管理事务或者提供服务。在无因管理的情况下，行为人对他人之物形成事实上的支配关系。6）基于不当得利而持有。不当得利，是指没有法律上或者合同上的根据，使他人受到损害而自己获得某种利益。在不当得利的情况下，基于自己获得的利益而导致对他人财物的持有。7）基于不法给付而持有。不法给付，是指他人出于犯罪或者违法的意图，将财物交付给行为人。在这种情况下，行为人得以持有他人的财物。例如，为他人窝藏赃物而得以持有其赃物，或者帮助他人行贿得以持有其贿赂物。在上述情形下，都可以构成侵占罪之已然持有。

（2）继而占有

这里的继而占有，是指在已然持有的前提下，将他人的财物非法地占为己有。占有方式包括以下两种情形：1）非法处分。这里的非法处分，是指将他人之物作为本人之物而加以处置。非法处分包括法律上的处分与事实上的处分。前者是指行为人通过抵押、买卖等法律形式将他人财物予以处置。后者是指行为人将他人财物加以消费或者隐匿。2）非法转移所有权。这里的非法转移所有权，是指通过法律形式将本人持有的他人财物转归己有，从而使他人丧失对财物的所有权。例如，对于代为保管的他人房屋，通过伪造文件的方式转到自己名下等。

客体 侵占罪的客体，根据《刑法》第 270 条的规定，具有以下三种形式：

（1）代为保管的他人财物

这里的财物，是一般之物。

（2）遗忘物

遗忘物，顾名思义，乃所有人遗忘之物。在刑法理论上，遗忘物是指非出于占有人或所有人之本意，偶然丧失其占有之动产。由此可见，遗忘物具有以下特征：第一，行为人丧失了对物品的控制，这是遗忘物与正常占有之物品的根本区别。第二，丧失对物品的控制，并非出于行为人的本意。这是遗忘物与遗弃物的根本区别。遗弃物与遗忘物的共同之处在于：行为人都丧失了对财物的控制，但遗弃物之丧失控制仍出于行为人本意，而遗忘物之丧失控制则非出于行为人本意。在论及遗忘物的时候，有必要提及另外一个概念，即所谓遗失物。遗忘物与遗失物是否存在区别，我国刑法理论上存在争议。肯定说认为，遗忘物与遗失物是有所不同的，两者应当加以区分。侵占遗忘物构成侵占罪，侵占遗失物则不构成本罪。否定说认为，遗忘物与遗失物是词异而义同，两者为一性质的事物。肯定说是我国刑法学界的通说，但我主张否定说，认为遗忘物与遗失物并不存在区别，因为两者具有不可分性。从遗忘物与遗失物的词义上考察，遗失强调的是客观状态，即物主丧失了对财物的控制；遗忘则强调主观状态，即物主之所以丧失对财物的控制，是因为主观上遗忘的结果。由此可见，遗忘物与遗失物乃一物二名。从我国学者对遗忘物与遗失物的区分理由来看，主要是根据物主对丧失之财物的主观心理状态以及遗置时间长短来确定的，即物主是否能够准确地回忆起财物遗置的时间、地点。如果能够准确地回忆起财物遗置的时间、地点的，就是遗忘物，反之就是遗失物。物主遗失财物的时间较短的，就是遗忘物，反之就是遗失物。在我看来，遗忘物与遗失物的共同特征在于，都是财物所有人非出于本意而丧失了控制的财物，至于丧失控制时间的长短，物主是否能够准确地回忆起财物遗置的时间、地点，都不足以将两者加以区分。

（3）埋藏物

这里的埋藏物，包括所有权不明的埋藏于地下的财物、物品。

2. 罪责

侵占罪的罪责形式是故意，并且有非法占有的目的。这里的故意，是指明知是代为保管的他人财物、遗忘物或者埋藏物而予以非法占有的主观心理状态。

3. 罪量

侵占罪的罪量要素是数额较大，拒不退还或者拒不交出。这里的数额较大，司法解释未作规定。参照职务侵占罪的有关司法解释，是指 6 万元以上 100 万元以下。拒不退还或者拒不交出，是指经财物所有人或者有关机关要求退还或者交出后而加以拒绝。

（三）认定

侵占罪与盗窃、诈骗等侵犯财产的犯罪之间有时容易混淆，它们的根本区别在于：侵占罪是以已然持有他人财物为前提的，侵占行为的本质是变持有为占有。而盗窃罪、诈骗罪是窃取、骗取他人财物。因此，在实施盗窃、诈骗之前，财物处于他人占有状态，正是通过盗窃、诈骗而获得对他人财物的非法占有。根据在实施犯罪之前，财物是置于犯罪人的持有之中还是在他人的控制之下，可以将侵占罪与盗窃、诈骗等犯罪加以正确区分。

（四）处罚

根据《刑法》第 270 条第 1 款之规定，犯本罪的，处 2 年以下有期徒刑、拘役或者罚金；数额巨大或者有其他严重情节的，处 2 年以上 5 年以下有期徒刑，并处罚金。第 3 款规定，犯本罪，告诉的才处理。

加重处罚事由 犯侵占罪而且数额巨大或者有其他严重情节的，是本罪的加重处罚事由。这里的数额巨大，是指侵占数额在 100 万元以上。

告诉乃论 侵占罪是告诉乃论之罪，即告诉才处理。

七、职务侵占罪

（一）概念

职务侵占罪是指公司、企业或者其他单位的工作人员利用职务上的便利，将本单位财物非法占为己有，数额较大的行为。

（二）构成

1. 罪体

主体 职务侵占罪的主体是公司、企业或者其他单位的工作人员，但国家工作人员除外。1999 年 6 月 25 日最高人民法院《关于村民小组组长利用职务便利非法占有公共财物行为如何定性问题的批复》规定，对村民小组组长利用职务上的便利，将村民小组集体财产非法占为己有，数额较大的行为，应当依照《刑法》第 271 条第 1 款的规定，以职务侵占罪定罪处罚。此外，2011 年 2 月 15 日最高人民法院研究室《关于个人独资企业员工能否成为职务侵占罪主体问题的复函》指出，《刑法》第 271 条第 1 款规定中的"单位"，包括"个人独资"。主要理由是：《刑法》第 30 条规定的单位犯罪的"单位"与《刑法》第 271 条职务侵占罪的单位概念不尽一致，前者是指作为犯罪主体应当追究刑事责任的"单位"，后者是指财产被侵害需要刑法保护的"单位"，责任追究针对的是该"单位"中的个人。有关司法解释规定不具有法人资格的独资企业不能成为单位犯罪的主体，主要是考虑此类企业因无独立财产、个人与企业行为的界限难以区分；不具备独立承担刑事责任的能力。《刑法》第 271 条第 1 款立法的目的基于保护单位财产，惩处单位内工作人员利用职务便利，侵占单位财产的行为，因此该款规定的"单位"应当也包括独资企业。根据上述规定，个人独资企业，也就是所谓一人公司的员工可以成为职务侵占罪的主体。但如果是个人独资企业的股东自己将公司财物据为己有或者挪作他用的，我认为，不能构成职务侵占罪和挪用资金罪。

行为　职务侵占罪的行为是利用职务上的便利，将本单位财物非法占为己有。这里的利用职务上的便利，是指利用在本单位担任董事、经理、会计等职务而产生的便利条件。应当指出，在本单位没有担任上述职务，而是利用因工作需要而管理、经手本单位财物的便利条件的，也属于这里的利用职务上的便利。但如果是利用对本单位的情况熟悉，非法占有他人保管的财物的，不构成本罪，应以盗窃罪论处。将本单位财物非法占为己有，是指采取侵吞、盗窃、骗取或者其他方式，侵占本单位财物。

客体　职务侵占罪的客体是本单位财物。

2. 罪责

职务侵占罪的罪责形式是故意，并具有非法占有的目的。这里的故意，是指明知是职务侵占行为而有意实施的主观心理状态。

3. 罪量

职务侵占罪的罪量要素是数额较大。这里的数额较大，根据 2016 年 4 月 18 日最高人民法院、最高人民检察院《关于办理贪污贿赂刑事案件适用法律若干问题的解释》第 11 条第 1 款的规定，按照贪污罪数额较大标准的 2 倍执行，即：职务侵占数额在 6 万元以上。

（三）认定

1. 非法侵占他人股权行为的定性

在我国司法实践中，对于公司管理人员非法侵占他人股权的行为如何定罪，存在较大争议：第一种意见认为，他人股权是股东财产，不属于公司财产，因而不能认定为本单位财物。对他人股权的侵占行为不能以职务侵占罪论处。第二种意见认为，他人股权确实不能等同于单位财物。但如果公司管理人员利用职务上的便利，将他人股权转移至本人名下予以非法占有的，应当以职务侵占罪论处。对于这个问题，2005 年 6 月 24 日公安部经侦局《关于对非法占有他人股权是否构成职务侵占罪问题的工作意见》（以下简称《工作意见》）指出：近年来，许多地方公安机关就公司股东之间或者被委托人采用非法手段侵占股权，是否涉嫌职务侵占罪问题请示我局。对此问题，我局多次召开座谈会并分别征求了高检、高法及人大法工委刑法室等有关部门的意见。近日，最高人民法院刑事审判第二庭书面答复我局：对于公司股东之间或者被委托人利用职务便利，非法占有公司股东股权的行为，如果能够认定行为人主观上具有非法占有他人财物的目的，则可对其利用职务便利，非法占有公司管理中的股东股权的行为以职务侵占罪论处。根据这一规定，公司管理人员利用职务上的便利，将公司管理中的股东股权非法占有的，应以职务侵占罪论处。

2. 公司、企业或者其他单位人员和他人共同犯罪的定性

2000 年 6 月 30 日最高人民法院《关于审理贪污、职务侵占案件如何认定共同犯罪几个问题的解释》［以下简称《解释（六）》］第 2 条规定，行为人与公司、

企业或者其他单位的人员勾结，利用公司、企业或者其他单位人员的职务便利，共同将该单位财物非法占为己有，数额较大的，以职务侵占罪共犯论处。在上述情况下，行为人本身没有职务便利，但与公司、企业或者其他单位人员相勾结，利用公司、企业或者其他单位人员的职务便利侵占该单位财物，数额较大的，对于行为人应以职务侵占罪的共犯论处。应当指出，这里的行为人既可以是本单位人员，也可以是外单位人员。

3. 公司、企业或者其他单位人员与国家工作人员共同犯罪的定性

前引《解释（六）》第3条规定，公司、企业或者其他单位中，不具有国家工作人员身份的人与国家工作人员勾结，分别利用各自的职务便利，共同将本单位财物非法占为己有的，按照主犯的犯罪性质定罪。在上述情况下，双方都分别利用了各自的职务便利，根据司法解释规定，以主犯的犯罪性质定罪，即主犯是非国家工作人员的，双方都定职务侵占罪；主犯是国家工作人员的，双方都定贪污罪。

（四）处罚

根据《刑法》第271条［《刑法修正案（十一）》第29条］第1款之规定，犯本罪的，处3年以下有期徒刑或者拘役，并处罚金；数额巨大的，处3年以上10年以下有期徒刑，并处罚金；数额特别巨大的，处10年以上有期徒刑或者无期徒刑，并处罚金。

加重处罚事由 犯职务侵占罪而且数额巨大的，是本罪的加重处罚事由。这里的数额巨大，根据2016年4月18日最高人民法院、最高人民检察院《关于办理贪污贿赂刑事案件适用法律若干问题的解释》第11条第1款的规定，按照贪污罪数额巨大标准的5倍执行，即：职务侵占数额在100万元以上。

特别加重处罚事由 犯职务侵占罪而且数额特别巨大的，是本罪的特别加重处罚事由。

八、挪用资金罪

（一）概念

挪用资金罪是指公司、企业或者其他单位的工作人员，利用职务上的便利，挪用本单位资金归个人使用或者借贷给他人，数额较大、超过 3 个月未还的，或者虽未超过 3 个月，但数额较大、进行营利活动的，或者进行非法活动的行为。

（二）构成

1. 罪体

主体　挪用资金罪的主体是公司、企业或者其他单位的工作人员，但国家工作人员除外。根据 2000 年 2 月 16 日最高人民法院《关于对受委托管理、经营国有财产人员挪用国有资金行为如何定罪问题的批复》的规定，对于受国家机关、国有公司、企业、事业单位、人民团体委托，管理、经营国有财产的非国家工作人员，利用职务上的便利，挪用国有资金归个人使用构成犯罪的，应当依照《刑法》第 272 条第 1 款的规定定罪处罚。因此，受委托管理、经营国有财产的非国家工作人员也是本罪的主体。

行为　挪用资金罪的行为是利用职务上的便利，挪用本单位资金归个人使用或者借贷给他人。这里的挪用，是指未经合法批准而擅自动用，由此侵犯了公司、企业或者其他单位的资金使用权。

客体　挪用资金罪的客体是本单位资金。根据 2000 年 10 月 9 日最高人民检察院《关于挪用尚未注册成立公司资金的行为适用法律问题的批复》的规定，准备设立的公司在银行开设的临时账户上的资金，也属于本罪的客体。

2. 罪责

挪用资金罪的罪责形式是故意。这里的故意，是指明知是挪用资金行为而有意实施的主观心理状态。

目的犯 挪用资金罪是法定的目的犯，即挪用资金以归个人使用或者借贷给他人为目的。这里的挪用本单位资金归个人使用或者借贷给他人，根据 2000 年 7 月 20 日最高人民法院《关于如何理解刑法第二百七十二条规定的"挪用本单位资金归个人使用或者借贷给他人"问题的批复》的规定，是指挪用本单位资金归本人或者其他自然人使用，或者挪用人以个人名义将所挪用的资金借给其他自然人和单位。在 2002 年 4 月 28 日全国人民代表大会常务委员会作出《关于〈中华人民共和国刑法〉第三百八十四条第一款的解释》以后，对于个人决定以单位名义将公款供其他单位使用，谋取个人利益的行为是否构成挪用资金罪，在司法实践中存在分歧。2004 年全国人大法工委刑法室曾就如何理解《刑法》第 272 条中挪用资金归个人使用的含义问题，对有关部门作出书面答复：《刑法》第 272 条规定的挪用资金罪中的归个人使用与《刑法》第 384 条规定的挪用公款罪中的归个人使用含义基本相同。根据上述规定，本罪的挪用资金的行为可以分为以下三种情形：（1）挪用本单位资金供本人或者其他自然人使用的；（2）以个人名义将所挪用的资金借给其他自然人或者单位使用的；（3）个人决定以单位名义将资金供其他单位使用，谋取个人利益的。

3. 罪量

挪用资金罪的罪量要素是数额较大。这里的数额较大，根据 2016 年 4 月 18 日最高人民法院、最高人民检察院《关于办理贪污贿赂刑事案件适用法律若干问题的解释》第 11 条第 2 款的规定，按照挪用公款罪数额较大标准的 2 倍执行，即挪用资金具有下列情形之一：（1）挪用本单位资金数额在 10 万元以上 1 000 万元以下，超过 3 个月未还的；（2）挪用本单位资金数额在 10 万元以上 1 000 万元以下，进行营利活动的；（3）挪用本单位资金数额在 6 万元以上 600 万元以下，进行非法活动的。

（三）处罚

根据《刑法》第 272 条［《刑法修正案（十一）》第 30 条］第 1 款之规定，犯本罪的，处 3 年以下有期徒刑或者拘役；挪用本单位资金数额巨大的，处 3 年以上7年以下有期徒刑；数额特别巨大的，处7年以上有期徒刑。

加重处罚事由 犯挪用资金罪而数额巨大的，是本罪的加重处罚事由。这里的数额巨大，根据2016年4月18日最高人民法院、最高人民检察院《关于办理贪污贿赂刑事案件适用法律若干问题的解释》第11条第2款的规定，按照挪用公款罪数额巨大标准的2倍执行，即挪用资金具有下列情形之一：（1）挪用本单位资金数额在1 000万元以上，超过3个月未还的；（2）挪用本单位资金数额在1 000万元以上，进行营利活动的；（3）挪用本单位资金数额在600万元以上，进行非法活动的。

特别加重处罚事由 犯挪用资金罪而数额特别巨大的，是本罪的特别加重处罚事由。

法定从宽处罚事由 根据《刑法》第272条〔《刑法修正案（十一）》第30条〕第3款的规定，有第1款行为，在提起公诉前将挪用的资金退还的，可以从轻或者减轻处罚。其中，犯罪较轻的，可以减轻或者免除处罚。

九、挪用特定款物罪

（一）概念

挪用特定款物罪是指违反国家关于特定款物专用的财经管理制度，挪用用于救灾、抢险、防汛、优抚、扶贫、移民、救济的款物，情节严重，致使国家和人民群众利益遭受重大损害的行为。

（二）构成

1. 罪体

行为 挪用特定款物罪的行为是擅自将特定款物挪作他用。这里的挪作他用，是指未经合法批准，将特定款物用于非特定用途，但仍属公用的范畴而非私用。

客体 挪用特定款物罪的客体是特定款物，即用于救灾、抢险、防汛、优抚、扶贫、移民、救济的款物。根据 2003 年 1 月 28 日最高人民检察院《关于挪用失业保险基金和下岗职工基本生活保障资金的行为适用法律问题的批复》的规定，失业保险基金和下岗职工基本生活保障资金属于救济款物，挪用上述资金的，也可以构成本罪。

2. 罪责

挪用特定款物罪的罪责形式是故意。这里的故意，是指明知是用于救灾、抢险、防汛、优抚、扶贫、移民、救济的款物而有意挪作他用的主观心理状态。

3. 罪量

挪用特定款物罪的罪量要素是情节严重，致使国家和人民群众利益遭受重大损害。这里的情节严重，致使国家和人民群众利益遭受重大损害，是指涉嫌下列情形之一：（1）挪用特定款物数额在 5 000 元以上的；（2）造成国家和人民群众直接经济损失数额在 5 万元以上的；（3）虽未达到上述数额标准，但多次挪用特定款物的，或者造成人民群众的生产、生活严重困难的；（4）严重损害国家声誉，或者造成恶劣社会影响的；（5）其他致使国家和人民利益遭受重大损害的情形。

（三）处罚

根据《刑法》第 273 条之规定，犯本罪的，对直接责任人员，处 3 年以下有期徒刑或者拘役；情节特别严重的，处 3 年以上 7 年以下有期徒刑。

加重处罚事由 犯挪用特定款物罪而且情节特别严重的，是本罪的加重处罚事由。

十、敲诈勒索罪

（一）概念

敲诈勒索罪是指以非法占有为目的，采用威胁或者要挟的方法，强行索取公私财物，数额较大或者多次敲诈勒索的行为。

（二）构成

1. 罪体

行为　敲诈勒索罪的行为是采用威胁或者要挟的方法，强行索取公私财物。这里的威胁，是指对被害人及其亲属以杀、伤相威胁。要挟，是指以揭发、张扬被害人的违法行为或者隐私相要挟。强行索取公私财物，既可以是当场取得，又可以是事后取得。应当指出，上述敲诈行为与勒索行为之间的关系存在以下两种情形：（1）敲诈而当场取财。以威胁方法敲诈勒索当场取财的，威胁内容不具有当场实施性，而只能是以事后付诸实施为必要。以要挟方法敲诈勒索，因为要挟的内容不具有暴力性，所以可以是当场取财。（2）敲诈而事后取财。以威胁或者要挟的方法使人恐惧，例如通过投递恫吓信而事后取财。

客体　敲诈勒索罪的客体是公私财物。

2. 罪责

敲诈勒索罪的罪责形式是故意，并且具有非法占有的目的。这里的故意，是指明知是敲诈勒索的行为而有意实施的主观心理状态。

3. 罪量

敲诈勒索罪的罪量是数额较大或者多次敲诈勒索。这里的数额较大，根据2013 年 4 月 23 日最高人民法院、最高人民检察院《关于办理敲诈勒索刑事案件适用法律若干问题的解释》［以下简称《解释（七）》］第 1 条的规定，以 2 000元至 5 000 元为起点。根据前引《解释（七）》第 2 条的规定，敲诈勒索公私财物，具有下列情形之一的，"数额较大"的标准可以按照本解释第 1 条规定标准的 50％确定：（1）曾因敲诈勒索受过刑事处罚的；（2）1 年内曾因敲诈勒索受过行政处罚的；（3）对未成年人、残疾人、老年人或者丧失劳动能力人敲诈勒索的；（4）以将要实施放火、爆炸等危害公共安全犯罪或者故意杀人、绑架等严重侵犯公民人身权利犯罪相威胁敲诈勒索的；（5）以黑恶势力名义敲诈勒索的；（6）利用或者冒充国家机关工作人员、军人、新闻工作者等特殊身份敲诈勒索的；（7）造成其他严重后果的。多次敲诈勒索，是指 2 年内敲诈勒索 3 次以上。

对于多次敲诈勒索，即使没有达到数额较大的，也应构成本罪。

（三）认定

1. 敲诈勒索罪与行使权利

行使权利是指行使民事权利或者其他权利。行使权利的行为具有合法性，因此，行使权利可以成为敲诈勒索罪的出罪事由。例如，我国《民法典》第 118 条规定，民事主体依法享有债权。因此，公民行使债权是实现民事权利的方式。根据法秩序统一原理，在民法中的合法行为，不能构成刑法中的犯罪。因此，在现实生活中，债权人向债务人索要债务，即使采用要挟或者威胁手段，也不能构成敲诈勒索罪。其手段构成其他犯罪的，则以其他犯罪论处。

2. 情节较轻微的敲诈勒索行为的处理

敲诈勒索罪属于数额犯，除多次敲诈勒索的以外，以数额较大作为构成犯罪的罪量要素。但在司法实践中存在不少敲诈勒索数额较大，但其犯罪情节较轻的情形。对此，前引《解释（七）》第 5 条明文规定："敲诈勒索数额较大，行为人认罪、悔罪、退赃、退赔，并具有下列情形之一的，可以认定为犯罪情节轻微，不起诉或者免予刑事处罚，由有关部门依法予以行政处罚：（一）具有法定从宽处罚情节的；（二）没有参与分赃或者获赃较少且不是主犯的；（三）被害人谅解的；（四）其他情节轻微、危害不大的。"这一规定体现了对于情节轻微的敲诈勒索行为的宽大处理。

3. 近亲敲诈勒索的处理

如同存在近亲盗窃、近亲诈骗一样，也存在近亲敲诈勒索。这种发生在近亲属之间的敲诈勒索行为比发生在社会上的敲诈勒索行为社会危害性要小。因此，前引《解释（七）》第 6 条第 1 款规定："敲诈勒索近亲属的财物，获得谅解的，一般不认为是犯罪；认定为犯罪的，应当酌情从宽处理。"

4. 被害人有过错的敲诈勒索的处理

根据前引《解释（七）》第 6 条第 2 款的规定，被害人对敲诈勒索的发生存在过错的，根据被害人过错程度和案件其他情况，可以对行为人酌情从宽处理；

情节显著轻微危害不大的，不认为是犯罪。

5. 敲诈勒索罪的共犯

根据前引《解释（七）》第 7 条的规定，明知他人实施敲诈勒索犯罪，为其提供信用卡、手机卡、通讯工具、通讯传输通道、网络技术支持等帮助的，以共同犯罪论处。

6. 敲诈勒索罪与抢劫罪的区分

在司法实践中，如何正确地区分敲诈勒索罪与抢劫罪是一个较为疑难的问题。我国刑法学界的通说认为，是否当场使用暴力与是否当场取得财物（两个当场）是敲诈勒索罪与抢劫罪相区分的根本标志：凡是符合两个当场特征的，就是抢劫罪；反之则是敲诈勒索罪。我认为，两个当场只是对敲诈勒索罪与抢劫罪的形式上的区分，并没有从性质上正确地界分敲诈勒索罪与抢劫罪。敲诈勒索罪是交付型的财产犯罪，被害人主观意志受到暴力或者威胁的强制，但并未完全丧失意志自由，不得已而向行为人交付财物。而抢劫罪是取得型的财产犯罪，行为人使用暴力、威胁方法，使被害人完全丧失意志自由，然后利用被害人不敢反抗、不能反抗或者不知反抗而取得其财物。因此，敲诈勒索罪与抢劫罪的根本区分在于：行为人使用暴力、威胁方法，是否使被害人完全丧失意志自由而取得其财物。即使符合两个当场特征，但行为人当场使用的暴力较为轻微，并未达到致使被害人不能反抗的程度，而主要是利用被害人的恐惧，在其尚未完全丧失意志自由的情况下，行为人当场取得财物的，也应当认定为敲诈勒索罪而不构成抢劫罪。

（四）处罚

根据《刑法》第 274 条 [《刑法修正案（八）》第 40 条] 之规定，犯本罪的，处 3 年以下有期徒刑、拘役或者管制，并处或者单处罚金；数额巨大或者有其他严重情节的，处 3 年以上 10 年以下有期徒刑，并处罚金；数额特别巨大或者有其他特别严重情节的，处 10 年以上有期徒刑，并处罚金。关于敲诈勒索罪的罚金数额，前引《解释（七）》第 8 条规定："对犯敲诈勒索罪的被告人，应当在二千元以上、敲诈勒索数额的二倍以下判处罚金；被告人没有获得财物的，应当在二千元以上十万元以下判处罚金。"

加重处罚事由　犯敲诈勒索罪而数额巨大或者有其他严重情节的，是本罪的加重处罚事由。这里的数额巨大，根据前引《解释（七）》第 1 条的规定，是指 3 万元至 10 万元以上。前引《解释（七）》第 4 条还规定，敲诈勒索公私财物，具有本解释第 2 条第 3 项至第 7 项规定的情形之一，数额达到本解释第 1 条规定的"数额巨大"80% 的，可以认定为《刑法》第 274 条规定的其他严重情节。

特别加重处罚事由　犯敲诈勒索罪而数额特别巨大或者有其他特别严重情节的，是本罪的特别加重处罚事由。这里的数额特别巨大，根据前引《解释（七）》第 1 条的规定，是指 30 万元至 50 万元以上。前引《解释（七）》第 4 条还规定，敲诈勒索公私财物，具有本解释第 2 条第 3 项至第 7 项规定的情形之一，数额达到本解释第 1 条规定的"数额特别巨大"80% 的，可以认定为《刑法》第 274 条规定的其他特别严重情节。

十一、故意毁坏财物罪

（一）概念

故意毁坏财物罪是指故意非法毁灭或者损坏公私财物，数额较大或者有其他严重情节的行为。

（二）构成

1. 罪体

行为　故意毁坏财物罪的行为是非法毁灭或者损坏公私财物。这里的毁灭，是指使某一财物的使用价值完全丧失。损坏，是指使某一财物的使用价值部分丧失。无论是毁灭还是损坏，只要造成一定的经济损失就足以构成本罪。应当指出，对财物的毁坏可以分为以下两种情形：一是物理性毁坏，即使财物发生物理性的毁灭或者损坏。二是功能性毁坏，即财物虽然没有发生物理性的损坏，但其功能全部或者部分丧失。

客体 故意毁坏财物罪的客体是公私财物，包括动产和不动产。如果故意毁坏的是刑法另有规定的特定财物，例如交通工具、交通设施、电力设备、易燃易爆设备等构成其他犯罪的，应按照刑法规定的相关犯罪论处。

2. 罪责

故意毁坏财物罪的罪责形式是故意，并且具有毁坏财物的目的。这里的故意，是指明知是毁坏财物的行为而有意实施的主观心理状态。

3. 罪量

故意毁坏财物罪的罪量要素是数额较大或者有其他严重情节。这里的数额较大或者有其他严重情节，参照《立案追诉标准（一）》第33条的规定，是指具有下列情形之一的：（1）造成公私财物损失5 000元以上的；（2）毁坏公私财物3次以上的；（3）纠集3人以上公然毁坏公私财物的；（4）其他情节严重的情形。

（三）认定

在某些情况下，毁坏他人财物，往往以非法占有他人财物为前提。例如，行为人出于毁坏的主观目的，秘密窃取或者采用其他非法手段获取他人财物，然后予以毁坏。在这种情形下，其非法获取他人财物的行为本身已经构成犯罪，能否将其毁坏行为视为犯罪既遂后对财物的处分行为，以占有财物的手段行为定罪，而不是以故意毁坏财物罪论处？对此，在司法实践中存在分歧意见。我认为，应当将刑法意义上的占有行为与毁坏财物行为加以区分。尽管毁坏行为一般以占有为前提，但两者仍然存在性质上的区别：毁坏行为是行为人出于毁坏财物的经济用途的目的实际控制他人财物后予以毁坏。因此，虽然行为人实际控制了他人财物，排除了权利人合法占有财物的可能性，但其控制财物的目的并非依照其本来的用途利用和处分，而是变更财物的性质和价值或使其毁灭，使人在事实上不能按照财物的本来用途使用或者处分。而以非法占有为目的的财产犯罪之占有行为，正常表现是行为人遵从财物本来用途进行利用和处分，以实现财物的价值或者取得相应的利益。由此可见，毁坏财物与占有行为之间主要在于主观目的不同。

（四）处罚

根据《刑法》第 275 条之规定，犯本罪的，处 3 年以下有期徒刑、拘役或者罚金；数额巨大或者有其他特别严重情节的，处 3 年以上 7 年以下有期徒刑。

加重处罚事由　犯故意毁坏财物罪而数额巨大或者有其他特别严重情节的，是本罪的加重处罚事由。

十二、破坏生产经营罪

（一）概念

破坏生产经营罪是指以泄愤报复为目的或者出于其他个人目的，毁坏机器设备、残害耕畜或者以其他方法破坏生产经营的行为。

（二）构成

1. 罪体

行为　破坏生产经营罪的行为是毁坏机器设备、残害耕畜或者以其他方法破坏生产经营。这里的其他方法，是指刑法列举的上述两种方法以外的破坏生产经营的方法，例如删除计算机中的储存信息等方法。

客体　破坏生产经营罪的客体是与生产经营有关，并且是正在使用中的各种设备和工具。

2. 罪责

破坏生产经营罪的罪责形式是故意，这里的故意，是指明知是破坏生产经营的行为而有意实施的主观心理状态。

目的犯　刑法规定，破坏生产经营罪是由于泄愤报复或者其他个人目的。因此，本罪是法定目的犯。这里的泄愤报复，是指由于嫉妒、奸情、私欲等得不到满足；或者受到组织、领导的批评而产生抵触情绪；或者对工作安排心怀不满等原因而寻求报复。其他个人目的，是指为谋求私利或者其他非法利益的目的。

3. 罪量

破坏生产经营罪的罪量要素，刑法未作规定。参照《立案追诉标准（一）》第34条的规定，破坏生产经营，具有下列情形之一的，应当立案追诉：（1）造成公私财物损失5 000元以上的；（2）破坏生产经营3次以上的；（3）纠集3人以上公然破坏生产经营的；（4）其他破坏生产经营应予追究刑事责任的情形。

（三）认定

1. 破坏生产经营罪与妨害业务行为的区分

妨害业务是指妨碍他人或者其他单位业务活动，造成重大经济损失的行为。我国刑法并未设立妨害业务罪，而其他国家刑法典一般都设立了妨害业务罪。例如，《日本刑法典》第233条就设立了妨害业务罪。在我国现实生活中存在各种妨害业务的行为，这种行为会造成他人或者其他单位经济损失，具有较大的法益侵害性，但因为行为人并未采用毁坏财物的方法，所以不能构成破坏生产经营罪。对于这种行为如果以破坏生产经营罪论处，明显不符合该罪的构成要件。在这种情况下，就不能采用类推方法对妨害业务行为以破坏生产经营罪论处。

2. 破坏生产经营罪与故意毁坏财物罪的区分

破坏生产经营罪的破坏手段，具有故意毁坏财物的性质，由于其所破坏的机器设备、耕畜等财物关涉生产经营活动，因此，这种行为不仅侵犯他人对财物的所有权，而且破坏生产经营活动。在这种情况下，在破坏生产经营罪与故意毁坏财物罪之间存在普通法与特别法的法条竞合关系，按照特别法优于普通法的原则，应以破坏生产经营罪论处。

3. 破坏生产经营罪与破坏型的危害公共安全罪的区分

破坏生产经营罪与破坏型的危害公共安全罪之间也存在法条竞合关系。我国《刑法》分则第二章规定了以下以破坏为行为方式的危害公共安全罪：（1）第116条规定的破坏交通工具罪；（2）第117条规定的破坏交通设施罪；（3）第118条规定的破坏电力设备罪、破坏易燃易爆设备罪；（4）第119条第1款规定的上述犯罪的实害犯；（5）第124条第1款规定的破坏广播电视设施、公用电信设施罪。在以上犯罪中，破坏是指对上述关涉公共安全的设施、设备和物品的毁坏，因而首先具有故意毁坏财物的性质。其次，上述设施、设备和物品也是交通运输、电力、广播电视、公用电信部门的生产经营活动的工具或者载体，对这些设施、设备和物品的破坏，同样具有破坏生产经营活动的性质。在这种情况下，上述罪名之间存在三重法条竞合关系，即故意毁坏财物罪是普通法规定，破坏生产经营罪是特别法规定；但相对于破坏型的危害公共安全罪，破坏生产经营罪又是普通法规定，破坏型的危害公共安全罪则是特别法规定。按照特别法优于普通法的原则，应以破坏型的危害公共安全罪论处。

（四）处罚

根据《刑法》第276条之规定，犯本罪的，处3年以下有期徒刑、拘役或者管制；情节严重的，处3年以上7年以下有期徒刑。

加重处罚事由 犯破坏生产经营罪而情节严重的，是本罪的加重处罚事由。这里的情节严重，是指破坏重要机器设备，给生产经营或者科研工作造成严重后果的；犯罪目的卑鄙，破坏手段恶劣，社会影响极坏的；破坏生产经营造成的直接财产损失重大的；破坏行为造成生产经营停顿，给生产经营带来的间接经济损失重大的；等等。

十三、拒不支付劳动报酬罪

（一）概念

拒不支付劳动报酬罪是指以转移财产、逃匿等方法逃避支付劳动者的劳动报酬或者有能力支付而不支付劳动者的劳动报酬，数额较大，经政府有关部门责令支付仍不支付的行为。

（二）构成

1. 罪体

行为 拒不支付劳动报酬罪的行为是以转移财产、逃匿等方法逃避支付劳动者的劳动报酬或者有能力支付而不支付劳动者的劳动报酬。本罪的行为可以分为以下两种情形：

（1）逃避支付劳动报酬

这里的逃避支付劳动报酬，是指根据 2013 年 1 月 16 日最高人民法院《关于审理拒不支付劳动报酬刑事案件适用法律若干问题的解释》［以下简称《解释（八）》］第 2 条的规定，是指具有下列情形之一的：1）隐匿财产、恶意清偿、虚构债务、虚假破产、虚假倒闭或者以其他方法转移、处分财产的；2）逃跑、藏匿的；3）隐匿、销毁或者篡改账目、职工名册、工资支付记录、考勤记录等与劳动报酬相关的材料的；4）以其他方法逃避支付劳动报酬的。

（2）有能力支付而不支付劳动报酬

这里的有能力支付，是指经调查有事实证明企业或者单位确有可供支付劳动者报酬的资金或者财产。不支付，是指拒不履行支付劳动报酬的义务。

客体　拒不支付劳动报酬罪的客体是劳动报酬。这里的劳动报酬，根据前引《解释（八）》第 1 条的规定，是指劳动者依照《中华人民共和国劳动法》和《中华人民共和国劳动合同法》等法律的规定应得的劳动报酬，包括工资、奖金、津贴、补贴、延长工作时间的工资报酬及特殊情况下支付的工资等。

2. 罪责

拒不支付劳动报酬罪的罪责形式是故意，即明知是拒不支付劳动报酬的行为而有意实施的主观心理状态。

3. 罪量

拒不支付劳动报酬罪的罪量要素是数额较大，并经政府有关部门责令支付仍不支付。这里的数额较大，根据前引《解释（八）》第 3 条的规定，是指具有下列情形之一的：（1）拒不支付 1 名劳动者 3 个月以上的劳动报酬且数额在 5 000 元至 2 万元以上的；（2）拒不支付 10 名以上劳动者的劳动报酬且数额累计在 3 万元至 10 万元以上的。这里的经政府有关部门责令支付仍不支付，根据前引《解释（八）》第 4 条的规定，是指经人力资源社会保障部门或者政府其他有关部门依法以限期整改指令书、行政处理决定书等文书责令支付劳动者的劳动报酬后，在指定的期限内仍不支付的。前引《解释（八）》还规定，行为人逃匿，无法将责令支付文书送交其本人、同住成年家属或者所在单位负责收件的人的，如果有关部门已通过在行为人的住所地、生产经营场所等地张贴责令支付文书等方式责令支付，并采用拍照、录像等方式记录的，应当视为经政府有关部门责令支付。

（三）认定

拒不支付劳动报酬罪的主体是否必须具有用工资质，是在认定本罪时存在争议的问题。在现实生活中某些用工单位并不具有合法招收、雇佣工人的主体资质，其实施的是一种违法用工的行为。在违法用工的过程中，也可能发生拒不支付劳动报酬的行为，对此能否按照本罪定罪处罚，是一个值得研究的问题。对此，我国司法实践中认为，即使是没有用工资质的单位，也可以构成拒不支付劳动报酬罪。

案例 32-2　　　　　　**胡克金拒不支付劳动报酬案**

（法例第 28 号）

被告人胡克金于 2010 年 12 月分包了位于四川省双流县黄水镇的三盛翡俪山一期景观工程的部分施工工程，之后聘用多名民工入场施工。施工期间，胡克金累计收到发包人支付的工程款 51 万余元，已超过结算时确认的实际工程款。2011 年 6 月 5 日工程完工后，胡克金以工程亏损为由拖欠李朝文等 20 余名民工工资 12 万余元。6 月 9 日，双流县人力资源和社会保障局责令胡克金支付拖欠的民工工资，胡却于当晚订购机票并在次日早上乘飞机逃匿。6 月 30 日，四川锦天下园林工程有限公司作为工程总承包商代胡克金垫付民工工资 12 万余元。7 月 4 日，公安机关对胡克金拒不支付劳动报酬案立案侦查。7 月 12 日，胡克金在浙江省慈溪市被抓获。

四川省双流县人民法院于 2011 年 12 月 29 日作出（2011）双流刑初字第 544

号刑事判决，认定被告人胡克金犯拒不支付劳动报酬罪，判处有期徒刑1年，并处罚金人民币2万元。宣判后被告人未上诉，判决已发生法律效力。

法院生效裁判认为：被告人胡克金拒不支付20余名民工的劳动报酬达12万余元，数额较大，且在政府有关部门责令其支付后逃匿，其行为构成拒不支付劳动报酬罪。被告人胡克金虽然不具有合法的用工资格，又属没有相应建筑工程施工资质而承包建筑工程施工项目，且违法招用民工进行施工，但上述情况不影响以拒不支付劳动报酬罪追究其刑事责任。本案中，胡克金逃匿后，工程总承包企业按照有关规定清偿了胡克金拖欠的民工工资，其清偿拖欠民工工资的行为属于为胡克金垫付，这一行为虽然消减了拖欠行为的社会危害性，但并不能免除胡克金应当支付劳动报酬的责任，因此，对胡克金仍应当以拒不支付劳动报酬罪追究刑事责任。鉴于胡克金系初犯、认罪态度好，依法作出如上判决。

本案的裁判要点指出：（1）不具备用工主体资格的单位或者个人（包工头），违法用工且拒不支付劳动者报酬，数额较大，经政府有关部门责令支付仍不支付的，应当以拒不支付劳动报酬罪追究刑事责任。（2）不具备用工主体资格的单位或者个人（包工头）拒不支付劳动报酬，即使其他单位或者个人在刑事立案前为其垫付了劳动报酬，也不影响追究该用工单位或者个人（包工头）拒不支付劳动报酬罪的刑事责任。

释评

本案主要涉及对拒不支付劳动报酬罪主体的理解。虽然《刑法》第276条之一对本罪没有规定主体，但从逻辑上分析，本罪的主体是用人单位。这里的用人单位，根据《劳动法》第2条的规定，是指中华人民共和国境内的企业、个体经济组织、民办非企业单位等组织。用工单位与劳动者签订劳动合同，由此形成劳动关系。在通常情况下，用人单位都是正式的单位，具有用工资质。然而，在现实生活中也存在没有用工资质的单位拒不支付劳动报酬的情形。对此，《解释（八）》第7条明确规定："不具备用工主体资格的单位或者个人，违法用工且拒不支付劳动者的劳动报酬，数额较大，经政府有关部门责令支付仍不支付的，应当依照刑法第二百七十六条之一的规定，以拒不支付劳动报酬罪追究刑事责任。"本案的裁判要点确认了上述司法解释在个案中的效力。

（四）处罚

根据《刑法》第276条之一［《刑法修正案（八）》第41条］第1款之规定，犯本罪的，处3年以下有期徒刑或者拘役，并处或者单处罚金；造成严重后果的，处3年以上7年以下有期徒刑，并处罚金。第2款规定，单位犯本罪的，对单位判处罚金，并对其直接负责的主管人员和其他直接责任人员，按照个人犯罪的规定处罚。

加重处罚事由 犯拒不支付劳动报酬罪而造成严重后果的，是本罪的加重处罚事由。这里的造成严重后果，根据前引《解释（八）》第5条的规定，是指具有下列情形之一的：（1）造成劳动者或者其被赡养人、被扶养人、被抚养人的基本生活受到严重影响、重大疾病无法及时医治或者失学的；（2）对要求支付劳动报酬的劳动者使用暴力或者进行暴力威胁的；（3）造成其他严重后果的。

减免处罚事由 犯拒不支付劳动报酬罪尚未造成严重后果，在提起公诉前支付劳动者的劳动报酬，并依法承担相应赔偿责任的，是本罪的减免处罚事由。根据《刑法》第276条之一［《刑法修正案（八）》第41条］第3款的规定，具有上述情形的，可以减轻或者免除处罚。前引《解释（八）》第6条规定，拒不支付劳动者的劳动报酬，尚未造成严重后果，在刑事立案前支付劳动者的劳动报酬，并依法承担相应赔偿责任的，可以认定为情节显著轻微危害不大，不认为是犯罪；在提起公诉前支付劳动者的劳动报酬，并依法承担相应赔偿责任的，可以减轻或者免除刑事处罚；在一审宣判前支付劳动者的劳动报酬，并依法承担相应赔偿责任的，可以从轻处罚。拒不支付劳动者的劳动报酬，造成严重后果，但在宣判前支付劳动者的劳动报酬，并依法承担相应赔偿责任的，可以酌情从宽处罚。

第三十三章
妨害社会管理秩序罪Ⅰ：扰乱公共秩序罪

第一节　扰乱公共秩序罪概述

一、概念

扰乱公共秩序罪是指妨害国家机关的正常活动，扰乱公共生活秩序，妨害社会管理的行为。

二、罪名

扰乱公共秩序罪是《刑法》分则第六章第一节规定之罪，原《刑法》从第277条至第304条，共28个条文，规定了35个罪名。此外，《刑法修正案（三）》第8条增设了第291条之一，补充规定了2个罪名；《刑法修正案（六）》增设了1个罪名；《刑法修正案（七）》第9条增设了第285条第2款、第3款，补充规定了 2 个罪名；《刑法修正案（九）》增设了 10 个罪名；《刑法修正案（十一）》增设了 6 个罪名。本章共计 56 个罪名，这些罪名是：（1）妨害公务罪；（2）袭警罪；（3）煽动暴力抗拒法律实施罪；（4）招摇撞骗罪；（5）伪造、变造、买卖国家机关公文、证件、印章罪；（6）盗窃、抢夺、毁灭国家机关公文、证件、印章罪；（7）伪造公司、企业、事业单位、人民团体印章罪；（8）伪造、变造、买卖身份证件罪①；（9）使用虚假身份证件、盗用身份证件罪；（10）冒名顶替罪；（11）非法生产、买卖警用装备罪；（12）非法获取国家秘密罪；（13）非法持有国家绝密、机密文件、资料、物品罪；（14）非法生产、销售专用间谍器材、窃听、窃照专用器材罪②；（15）非法使用窃听、窃照专用器材罪；（16）组织考试作弊罪；（17）非法出售、提供试题、答案罪；（18）代替考试罪；（19）非法侵入计算机信息系统罪；（20）非法获取计算机信息系统数据、非法控制计算机信息系统罪；（21）提供侵入、非法控制计算机信息系统程序、工具罪；（22）破坏计算机信息系统罪；（23）拒不履行信息网络安全管理义务罪；（24）非法利用信息网络罪；（25）帮助信息网络犯罪活动罪；（26）扰乱无线电通讯管理秩序罪；（27）聚众扰乱社会秩序罪；（28）聚众冲击国家机关罪；（29）扰乱国家机关工作秩序罪；（30）组织、资助非法聚集罪；（31）聚众扰乱公共场所秩序、交通秩序罪；（32）投放虚假危险物质罪；（33）编造、故意传播虚假恐怖信息罪；（34）编造、故意传播虚假信息罪；（35）高空抛物罪；（36）聚众斗殴罪；（37）寻衅滋事罪；（38）催收非法债务罪；（39）组织、领导、参加黑社会性质组织罪；（40）入境发展黑社会组织罪；（41）包庇、纵容黑社会性质组织罪；（42）传授犯罪方法罪；（43）非法集会、游行、示威罪；（44）非法携带武器、

---

① 最高人民法院、最高人民检察院 2015 年 10 月 30 日《关于执行〈中华人民共和国刑法〉确定罪名的补充规定（六）》，取消伪造、变造居民身份证罪罪名，修改为伪造、变造、买卖身份证件罪。

② 最高人民法院、最高人民检察院 2015 年 10 月 30 日《关于执行〈中华人民共和国刑法〉确定罪名的补充规定（六）》，取消非法生产、销售间谍专用器材罪罪名，修改为非法生产、销售专用间谍器材、窃听、窃照专用器材罪。

管制刀具、爆炸物参加集会、游行、示威罪；（45）破坏集会、游行、示威罪；（46）侮辱国旗、国徽、国歌罪①；（47）侵害英雄烈士名誉、荣誉罪；（48）组织、利用会道门、邪教组织、利用迷信破坏法律实施罪；（49）组织、利用会道门、邪教组织、利用迷信致人重伤、死亡罪②；（50）聚众淫乱罪；（51）引诱未成年人聚众淫乱罪；（52）盗窃、侮辱、故意毁坏尸体、尸骨、骨灰罪③；（53）赌博罪；（54）开设赌场罪；（55）组织参与国（境）外赌博罪；（56）故意延误投递邮件罪。

三、法定刑

扰乱公共秩序罪的法定最高刑是无期徒刑，其他罪名规定了有期徒刑、拘役和管制，以及罚金和剥夺政治权利。

第二节　扰乱公共秩序罪分述

一、妨害公务罪

（一）概念

妨害公务罪是指以暴力、威胁的方法，阻碍国家机关工作人员、人大代表、红十字会工作人员依法执行职务、履行职责；或者故意阻碍国家安全机关、公安机关

---

① 最高人民法院、最高人民检察院 2021 年 2 月 26 日《关于执行〈中华人民共和国刑法〉确定罪名的补充规定（七）》，取消侮辱国旗、国徽罪罪名，修改为侮辱国旗、国徽、国歌罪。

② 最高人民法院、最高人民检察院 2015 年 10 月 30 日《关于执行〈中华人民共和国刑法〉确定罪名的补充规定（六）》，取消组织、利用会道门、邪教组织、利用迷信致人死亡罪罪名，修改为组织、利用会道门、邪教组织、利用迷信致人重伤、死亡罪。

③ 最高人民法院、最高人民检察院 2015 年 10 月 30 日《关于执行〈中华人民共和国刑法〉确定罪名的补充规定（六）》，取消盗窃、侮辱尸体罪罪名，修改为盗窃、侮辱、故意毁坏尸体、尸骨、骨灰罪。

依法执行国家安全工作任务，未使用暴力、威胁方法，造成严重后果的行为。

（二）构成

1. 罪体

行为 妨害公务罪的行为是以暴力、威胁方法，阻碍国家机关工作人员、人大代表、红十字会工作人员执行职务、履行职责，或者故意阻碍国家安全机关、公安机关依法执行国家安全工作任务，未使用暴力、威胁方法，造成严重后果。由此可见，妨害公务罪的手段既包括使用暴力、威胁方法，也包括未使用暴力、威胁方法。这里的暴力，是指对正在依法执行职务、履行职责的国家机关工作人员、人大代表、红十字会工作人员的身体实行打击或者强制，例如捆绑、殴打、伤害等。威胁，是指以杀害、伤害、毁坏财产、损害名誉等进行精神上的恫吓。根据妨害公务的客体不同，妨害公务行为可以分为以下四种情形：（1）以暴力、威胁方法阻碍国家机关工作人员依法执行职务。（2）以暴力、威胁方法阻碍人民代表大会代表依法执行代表职务。（3）在自然灾害和突发性事件中，以暴力、威胁方法阻碍红十字会工作人员依法履行职责。（4）故意阻碍国家安全机关、公安机关依法执行国家安全工作任务。

客体 根据刑法规定，妨害公务罪的客体是以下四种人：（1）正在依法执行职务的国家机关工作人员。（2）正在依法执行代表职务的全国人民代表大会和地方各级人民代表大会代表。（3）在自然灾害和突发性事件中，正在依法履行职责的红十字会工作人员。（4）正在依法执行国家安全工作任务的国家安全机关、公安机关。此外，根据 2000 年 4 月 24 日最高人民检察院《关于以暴力、威胁方法阻碍事业编制人员依法执行行政执法职务是否可对侵害人以妨害公务罪论处的批复》，下述两种人也可以成为妨害公务罪的客体：（1）正在依照法律、行政法规的规定执行行政执法职务的国有事业单位人员。（2）正在执行行政执法职务的国家机关中受委托从事行政执法活动的事业编制人员。

2. 罪责

妨害公务罪的罪责形式是故意。这里的故意，是指明知是妨害公务行为而有意实施的主观心理状态。

3. 罪量

在妨害公务罪的四种行为中，对前三种妨害公务行为的罪量要素，刑法未作规定，但对第四种妨害公务行为构成犯罪的罪量要素作了规定，即故意阻碍国家安全机关、公安机关依法执行国家安全工作任务，只有造成严重后果的，才能构成犯罪。这里的严重后果，是指国家安全机关、公安机关依法执行国家安全工作任务受到严重妨害，例如犯罪嫌疑人逃跑，侦查线索中断，犯罪证据灭失，赃款赃物转移，严重妨害对危害国家安全犯罪案件的侦破，或者造成严重的政治影响等。

（三）处罚

根据《刑法》第 277 条第 1 款之规定，犯本罪的，处 3 年以下有期徒刑、拘役、管制或者罚金。

二、袭警罪

（一）概念

袭警罪是指暴力袭击正在依法执行职务的人民警察的行为。

（二）构成

1. 罪体

行为　袭警罪的行为是暴力袭击正在依法执行职务是人民警察。这里的暴力，是指殴打、捆绑、拘禁或者其他方法。袭击是指攻击或者打击。

客体　袭警罪的客体是依法正在执行职务的人民警察。袭警罪所袭击的对象是人民警察，而且人民警察还必须处在依法执行职务的状态。这里的依法，是指依照《中华人民共和国人民警察法》或者其他法律、行政法规。正在执行职务是指依法执行职务的行为正在进行。依照《人民警察法》第 2 条第 2 款的规定，人民警察是指公安机关、国家安全机关、监狱、劳动教养管理机关的人民警察和人民法院、人民检察院的司法警察。

2. 罪责

袭警罪的罪责形式是故意。这里的故意，是指明知是袭警行为而有意实施的主观心理状态。

（三）处罚

根据《刑法》第277条第5款［《刑法修正案（十一）》第31条］之规定，犯本罪的，处3年以下有期徒刑、拘役或者管制；使用枪支、管制刀具，或者以驾驶机动车撞击等手段，严重危及其人身安全的，处3年以上7年以下有期徒刑。

加重处罚事由 犯袭警罪而使用枪支、管制刀具，或者以驾驶机动车撞击等手段，严重危及其人身安全的，是本罪的加重处罚事由。

三、煽动暴力抗拒法律实施罪

（一）概念

煽动暴力抗拒法律实施罪是指煽动群众暴力抗拒国家法律、行政法规实施的行为。

（二）构成

1. 罪体

行为 煽动暴力抗拒法律实施罪的行为是煽动群众暴力抗拒国家法律、行政法规实施。这里的煽动，是指使用语言、文字公然诱惑或者鼓动群众。本罪是行为犯，只要实施上述行为即可构成本罪。

客体 煽动暴力抗拒法律实施罪的客体是暴力抗拒国家法律、行政法规实施。这里的暴力抗拒国家法律、行政法规实施，是指以杀害、伤害执法人员或者冲击执法机构等暴力手段，抗拒国家法律、行政法规的执行。

2. 罪责

煽动暴力抗拒法律实施罪的罪责形式是故意。这里的故意，是指明知是煽动暴力抗拒法律实施的行为而有意实施的主观心理状态。

（三）处罚

根据《刑法》第 278 条之规定，犯本罪的，处 3 年以下有期徒刑、拘役、管制或者剥夺政治权利；造成严重后果的，处 3 年以上 7 年以下有期徒刑。

加重处罚事由 犯煽动暴力抗拒法律实施罪而且造成严重后果的，是本罪的加重处罚事由。这里的造成严重后果，是指由于煽动行为导致群众错误听信，使用暴力抗拒国家法律实施的；或者由于煽动行为造成工作、生产、教学、科研活动不能正常进行的；或者由于煽动行为造成恶劣影响的；等等。

四、招摇撞骗罪

（一）概念

招摇撞骗罪是指冒充国家机关工作人员进行招摇撞骗活动，损害国家机关的形象、威信和正常活动，扰乱社会公共秩序的行为。

（二）构成

1. 罪体

行为 招摇撞骗罪的行为是冒充国家机关工作人员进行招摇撞骗活动。这里的冒充国家机关工作人员，是指非国家机关工作人员假冒国家机关工作人员的身份、职位，或者某一国家机关工作人员冒充其他国家机关工作人员的身份、职位。招摇撞骗，是指以假冒的国家机关工作人员的身份进行炫耀，利用人们对国家机关工作人员的信任，以骗取财物或者利益。

客体 招摇撞骗罪的客体是通过诈骗方法获取的财物或者利益。这里的利益，包括荣誉称号、政治待遇、职位、学位、经济待遇、城市户口、婚姻等。

2. 罪责

招摇撞骗罪的罪责形式是故意，并且具有占有财物或者牟取利益的目的。这里的故意，是指明知是招摇撞骗行为而有意实施的主观心理状态。

（三）处罚

根据《刑法》第 279 条第 1 款之规定，犯本罪的，处 3 年以下有期徒刑、拘役、管制或者剥夺政治权利；情节严重的，处 3 年以上 10 年以下有期徒刑。第 2 款规定，冒充人民警察招摇撞骗的，依照前款的规定从重处罚。

加重处罚事由 犯招摇撞骗罪而情节严重的，是本罪的加重处罚事由。这里的情节严重，是指多次冒充国家机关工作人员招摇撞骗的；招摇撞骗造成恶劣社会影响，严重损害国家机关形象和威信的；造成被骗人精神失常、自杀等严重后果的；等等。

从重处罚事由 冒充人民警察招摇撞骗的，是本罪的从重处罚事由。

五、伪造、变造、买卖国家机关的公文、证件、印章罪

（一）概念

伪造、变造、买卖国家机关公文、证件、印章罪是指伪造、变造、买卖国家机关的公文、证件、印章的行为。

（二）构成

1. 罪体

行为 伪造、变造、买卖国家机关公文、证件、印章罪的行为是伪造、变造、买卖国家机关公文、证件、印章。这里的伪造，是指无制作权的人，冒用国家机关的名义非法制作。变造，是指采用涂改、涂抹、拼接等方法，对真实的公文、证件、印章进行改制，变更其内容。买卖，是指以金钱为交换条件，非法购买或者销售国家机关公文、证件、印章。

客体 伪造、变造、买卖国家机关公文、证件、印章罪的客体是国家机关公文、证件、印章。这里的公文，是指国家机关在其职权范围内，以其名义制作的用以指示工作、处理问题或者联系事务的各种书面文件，例如决定、命令、决议、提示、通知、报告、信函、电文等。证件，是指国家机关制作、颁发的用以

证明身份、权利义务关系或者有关事实的凭证，包括证件、证书等。印章，是指刻有国家机关组织名称的公章或者某种特殊用途的专用章。公文、证件、印章是国家机关行使职权的符号和标志，因此，用于国家机关业务活动的私人印鉴、图章也应视为公务印章。这里的公文、证件、印章通常都是指真实的公文、证件、印章。值得注意的是，1999年6月21日最高人民检察院法律政策研究室《关于买卖伪造的国家机关证件行为是否构成犯罪问题的答复》规定，对于买卖伪造的国家机关证件的行为，依法应当追究刑事责任的，可适用《刑法》第280条第1款的规定以买卖国家机关证件罪追究刑事责任。这一规定，将伪造的国家机关证件亦纳入本罪的客体，扩大了本罪的处罚范围。关于本罪的客体，有关法律和司法解释作了以下特别规定：

（1）1998年12月29日全国人大常委会《关于惩治骗购外汇、逃汇和非法买卖外汇犯罪的决定》第2条规定，买卖伪造、变造的海关签发的报关单、进口证明、外汇管理部门核准件等凭证和单据或者国家机关的其他公文、证件、印章的，以本罪论处。因此，上述伪造、变造的凭证、单据也可以成为本罪的客体。

（2）1998年5月8日最高人民法院、最高人民检察院、公安部、国家工商行政管理局（已撤销）《关于依法查处盗窃、抢劫机动车案件的规定》第7条规定，伪造、变造、买卖机动车牌证及机动车入户、过户、验证的有关证明文件的，以本罪论处。因此，机动车牌证及机动车入户、过户、验证的有关证明文件可以成为本罪的客体。此外，根据2007年5月9日最高人民法院、最高人民检察院《关于办理与盗窃、抢劫、诈骗、抢夺机动车相关刑事案件具体应用法律若干问题的解释》第2条的规定，伪造、变造、买卖机动车行驶证、登记证书，累计3本以上的，以本罪论处。因此，机动车行驶证、登记证书也可以成为本罪的客体。

（3）2000年11月22日最高人民法院《关于审理破坏森林资源刑事案件具体应用法律若干问题的解释》（以下简称《解释》）第13条第1款规定，对于伪造、变造、买卖林木采伐许可证、木材运输证件，森林、林木、林地权属证书，占用或者征用林地审核同意书、育林基金等缴费收据以及其他国家机关批准的林业证件构成犯罪的，以本罪论处。因此，上述林业证件可以成为本罪的客体。

（4）前引《解释》第13条第2款规定，对于买卖允许进出口证明书等经营许可证明，同时触犯《刑法》第225条、第280条规定之罪的，依照处罚较重的规定定罪处罚。因此，允许进出口证明书等经营许可证明可以成为本罪的客体。

（5）2003年6月3日最高人民检察院法律政策研究室《关于伪造、变造、买卖政府设立的临时性机构的公文、证件、印章行为如何适用法律问题的答复》规定，伪造、变造、买卖各级人民政府设立的行使行政管理权的临时性机构的公文、证件、印章行为，构成犯罪的，应当依照《刑法》第280条第1款的规定，以伪造、变造、买卖国家机关公文、证件、印章罪追究刑事责任。因此，临时性机构的公文、证件、印章可以成为本罪的客体。

（6）2000年11月27日最高人民法院《关于审理破坏野生动物资源刑事案件具体应用法律若干问题的解释》（已失效）第9条规定，伪造、变造、买卖国家机关颁发的野生动物允许进出口证明书、特许猎捕证、狩猎证、驯养繁殖许可证等公文、证件构成犯罪的，依照《刑法》第280条第1款的规定，以伪造、变造、买卖国家机关公文、证件罪定罪处罚。因此，野生动物允许进出口证明书、特许猎捕证、狩猎证、驯养繁殖许可证等公文、证件可以成为本罪的客体。

2. 罪责

伪造、变造、买卖国家机关公文、证件、印章罪的罪责形式是故意。这里的故意，是指明知是国家机关公文、证件、印章而有意伪造、变造、买卖的主观心理状态。

（三）处罚

根据《刑法》第280条第1款之规定，犯本罪的，处3年以下有期徒刑、拘役、管制或者剥夺政治权利，并处罚金；情节严重的，处3年以上10年以下有期徒刑，并处罚金。

加重处罚事由　犯伪造、变造、买卖国家机关公文、证件、印章罪而且情节严重的，是本罪的加重处罚事由。这里的情节严重，包括多次或者大量伪造、变造、买卖国家机关公文、证件、印章的；伪造、变造、买卖国家机关重要的公文、证件、印章的；造成恶劣政治影响或者重大经济损失的；等等。

六、盗窃、抢夺、毁灭国家机关公文、证件、印章罪

（一）概念

盗窃、抢夺、毁灭国家机关公文、证件、印章罪是指盗窃、抢夺、毁灭国家机关的公文、证件、印章的行为。

（二）构成

1. 罪体

行为 盗窃、抢夺、毁灭国家机关公文、证件、印章罪的行为是盗窃、抢夺、毁灭国家机关公文、证件、印章。这里的盗窃，是指秘密窃取。抢夺，是指公然夺取。毁灭，是指有意损毁。

客体 盗窃、抢夺、毁灭国家机关公文、证件、印章罪的客体是国家机关公文、证件、印章。

2. 罪责

盗窃、抢夺、毁灭国家机关公文、证件、印章罪的罪责形式是故意。这里的故意，是指明知是国家机关公文、证件、印章而有意盗窃、抢夺、毁灭的主观心理状态。

（三）处罚

根据《刑法》第 280 条第 1 款之规定，犯本罪的，处 3 年以下有期徒刑、拘役、管制或者剥夺政治权利，并处罚金；情节严重的，处 3 年以上 10 年以下有期徒刑，并处罚金。

加重处罚事由 犯盗窃、抢夺、毁灭国家机关公文、证件、印章罪而且情节严重的，是本罪的加重处罚事由。这里的情节严重，是指多次或者大量盗窃、抢

夺、毁灭国家机关公文、证件、印章的；盗窃、抢夺、毁灭国家机关重要的公文、证件、印章的；造成恶劣政治影响或者重大经济损失的；等等。

七、伪造公司、企业、事业单位、人民团体印章罪

（一）概念

伪造公司、企业、事业单位、人民团体印章罪是指伪造公司、企业、事业单位、人民团体的印章的行为。

（二）构成

1. 罪体

行为　伪造公司、企业、事业单位、人民团体印章罪的行为是伪造公司、企业、事业单位、人民团体的印章。这里的伪造，是指没有制作权限的人擅自制作。

客体　伪造公司、企业、事业单位、人民团体印章罪的客体是公司、企业、事业单位、人民团体的印章。根据 2001 年 7 月 3 日最高人民法院、最高人民检察院《关于办理伪造、贩卖伪造的高等院校学历、学位证明刑事案件如何适用法律问题的解释》规定，对于伪造高等院校印章制作学历、学位证明的行为，应当依照《刑法》第 280 条第 2 款的规定，以伪造事业单位印章罪定罪处罚。明知是伪造高等院校印章制作的学历、学位证明而贩卖的，以伪造事业单位印章罪的共犯论处。因此，高等院校的印章也是本罪的客体。

2. 罪责

伪造公司、企业、事业单位、人民团体印章罪的罪责形式是故意。这里的故意，是指明知是公司、企业、事业单位、人民团体印章而有意伪造的主观心理状态。

（三）认定

在认定伪造公司、企业、事业单位、人民团体印章罪的时候，应当注意正确地理解这里的公司、企业、事业单位和人民团体。关于公司、企业、事业单位、

按照我国刑法的通常规定，包括国有或者非国有的各种公司、企业、事业单位。但对于人民团体如何理解，在刑法理论上存在以下两种观点：第一种观点认为，这里的人民团体是指公司、企业、事业单位以外的社团组织。同时，它既包括狭义上的人民团体，又包括社会团体。第二种观点认为，这里的人民团体不包括社会团体，而只包括共青团、妇联、工会等组织机构。我认为，在我国刑法中，人民团体与社会团体是两个不同的概念。在《刑法》第 93 条关于国家工作人员的规定中，明确地将人民团体与社会团体加以区分。根据 2016 年 2 月 6 日国务院《社会团体登记管理条例》的规定，社会团体是指中国公民自愿组成，为实现会员共同意愿，按照其章程开展活动的非营利性社会组织。而人民团体则是参加中国人民政治协商会议以及由国务院机构编制管理机关核定，并经国务院批准免于登记的团体。由此可见，是否需要进行社团登记，是人民团体与社会团体的形式区别。凡是需要经过民政部社团登记才能合法存在的团体是社会团体，凡是不需要经过民政部社团登记即合法存在的团体是人民团体。根据《刑法》第 280 条之规定，伪造人民团体印章的行为构成本罪。根据罪刑法定原则，对于伪造社会团体印章的行为，不能按照犯罪处理。

（四）处罚

根据《刑法》第 280 条第 2 款之规定，犯本罪的，处 3 年以下有期徒刑、拘役、管制或者剥夺政治权利，并处罚金。

八、伪造、变造、买卖身份证件罪

（一）概念

伪造、变造、买卖身份证件罪是指伪造、变造、买卖身份证件的行为。

（二）构成

1. 罪体

行为 伪造、变造、买卖身份证件罪的行为是伪造、变造、买卖身份证件。

客体 伪造、变造、买卖身份证件罪的客体是身份证件。这里的身份证件是指居民身份证、护照、社会保障卡、驾驶证等依法可以用于证明身份的证件。这里的居民身份证，是指公安机关依法制作的，用以证明居住在中华人民共和国境内的年满16周岁的中国公民的证件。这里的护照，是指公民出入本国国境和到国外旅行或居留时，由本国出入境管理机构发给的证明该公民国籍和身份的合法证件。这里的社会保障卡，是指人力资源和社会保障部门面向社会发行，用于人力资源和社会保障各项业务领域的集成电路（IC）卡。这里的驾驶证，是指依法允许学习驾驶机动车的人员，经过学习，掌握了交通法规知识和驾驶技术后，经管理部门考试合格，核发许可驾驶某类机动车的法律凭证。

2. 罪责

伪造、变造、买卖身份证件罪的罪责形式是故意。这里的故意，是指明知是伪造、变造、买卖身份证件的行为而有意实施的主观心理状态。

（三）处罚

根据《刑法》第280条第3款之规定，犯本罪的，处3年以下有期徒刑、拘役、管制或者剥夺政治权利，并处罚金；情节严重的，处3年以上7年以下有期徒刑，并处罚金。

加重处罚事由 犯伪造、变造、买卖身份证件罪而情节严重的，是本罪的加重处罚事由。这里的情节严重，是指伪造、变造、买卖的次数多、数量大的；非法牟利数量大的；因他人使用伪造、变造、买卖的身份证件进行犯罪活动造成严重后果的；等等。

九、使用虚假身份证件、盗用身份证件罪

（一）概念

使用虚假身份证件、盗用身份证件罪是指在依照国家规定应当提供身份证明的活动中，使用伪造、变造的或者盗用他人的居民身份证、护照、社会保障卡、

驾驶证等依法可以用于证明身份的证件，情节严重的行为。

（二）构成

1. 罪体

行为　使用虚假身份证件、盗用身份证件罪的行为是在依照国家规定应当提供身份证明的活动中，使用伪造、变造的或者盗用他人的身份证件。

客体　使用虚假身份证件、盗用身份证件罪的客体是身份证件，包括伪造、变造的身份证件和盗用他人的身份证件。这里的身份证件，是指居民身份证、护照、社会保障卡、驾驶证等依法可以用于证明身份的证件。

2. 罪责

使用虚假身份证件、盗用身份证件罪的罪责形式是故意。这里的故意，是指明知是虚假的身份证件而有意使用，或者明知是他人的身份证件而有意盗用的主观心理状态。

3. 罪量

使用虚假身份证件、盗用身份证件罪的罪量要素是情节严重。

（三）处罚

根据《刑法》第280条之一［《刑法修正案（九）》第23条］之规定，犯本罪的，处拘役或者管制，并处或者单处罚金。

十、冒名顶替罪

（一）概念

冒名顶替罪是指盗用、冒用他人身份，顶替他人取得的高等学历教育入学资格、公务员录用资格、就业安置待遇的行为。

（二）构成

1. 罪体

行为　冒名顶替罪的行为是盗用、冒用他人身份，顶替他人取得的高等学历教育入学资格、公务员录用资格、就业安置待遇。这里的盗用他人身份，是指在他人不知情的情况下，违反他人意志，使用他人身份。冒用他人身份，是指在他人不知情的情况下，假冒他人身份。顶替是指替代他人取得的高等学历教育入学资格、公务员录用资格、就业安置待遇。

2. 罪责

冒名顶替罪的罪责形式是故意。这里的故意，是指明知是冒名顶替行为而有意实施的主观心理状态。

（三）处罚

根据《刑法》第 280 条之二［《刑法修正案（十一）》第 32 条］的规定，犯本罪的，处 3 年以下有期徒刑、拘役或者管制，并处罚金。

从重处罚事由　犯冒名顶替罪而组织、指使他人实施冒名顶替行为的，依照冒名顶替罪从重处罚。

十一、非法生产、买卖警用装备罪

（一）概念

非法生产、买卖警用装备罪是指非法生产、买卖人民警察制式服装、车辆号牌等专用标志、警械，情节严重的行为。

（二）构成

1. 罪体

行为　非法生产、买卖警用装备罪的行为是非法生产、买卖警用装备。这里的非法生产，是指无权生产的单位或者个人擅自制造警用装备，或者虽有权生产，但超过有关部门的订货数量制造警用装备。非法买卖，是指无权经营、使用的单位或者个人，擅自销售、购买警用装备，或者有权销售的单位或者个人，向无权购买者销售。

客体　非法生产、买卖警用装备罪的客体是人民警察制式服装、车辆号牌等专用标志、警械。这里的制式服装，是指国家专门为人民警察制作的服装。车辆号牌，是指人民警察专用的车辆牌照。其他专用标志，是指警章、警徽、警衔、警灯等便于公众识别，用来表明人民警察身份或者用于公安工作的场所、车辆等的外形标记。警械，是指人民警察在从事执行逮捕、拘留、押解以及值勤、巡逻、处理治安案件等警务时，依法使用的警用器具，包括警棍、警笛、手铐、警绳等。

2. 罪责

非法生产、买卖警用装备罪的罪责形式是故意。这里的故意，是指明知是警用装备而非法生产、买卖的主观心理状态。

3. 罪量

非法生产、买卖警用装备罪的罪量要素是情节严重。这里的情节严重，参照《立案追诉标准（一）》第35条的规定，是指涉嫌下列情形之一的：（1）成套制式服装30套以上，或者非成套制式服装100件以上的；（2）手铐、脚镣、警用抓捕网、警用催泪喷射器、警灯、警报器单种或者合计10件以上的；（3）警棍50根以上的；（4）警衔、警号、胸章、臂章、帽徽等警用标志单种或者合计100件以上的；（5）警用号牌、省级以上公安机关专段民用车辆号牌1副以上，或者其他公安机关专段民用车辆号牌3副以上的；（6）非法经营数额5 000元以上，或者非法获利1 000元以上的；（7）被他人利用进行违法犯罪活动的；（8）其他情节严重的情形。

（三）处罚

根据《刑法》第281条第1款之规定，犯本罪的，处3年以下有期徒刑、拘役或者管制，并处或者单处罚金。第2款规定，单位犯本罪的，对单位判处罚金，并对其直接负责的主管人员和其他直接责任人员，依照个人犯罪的规定处罚。

十二、非法获取国家秘密罪

（一）概念

非法获取国家秘密罪是指以窃取、刺探、收买方法，非法获取国家秘密的行为。

（二）构成

1. 罪体

行为　非法获取国家秘密罪的行为是以窃取、刺探、收买方法，非法获取国家秘密。

客体　非法获取国家秘密罪的客体是国家秘密。这里的国家秘密，是指关系国家安全和利益，依照法定程序确定，在一定时间内只限一定范围的人知悉的事项。

2. 罪责

非法获取国家秘密罪的罪责形式是故意。这里的故意，是指明知是国家秘密而非法获取的主观心理状态。

（三）处罚

根据《刑法》第 282 条第 1 款之规定，犯本罪的，处 3 年以下有期徒刑、拘役、管制或者剥夺政治权利；情节严重的，处 3 年以上 7 年以下有期徒刑。

加重处罚事由　犯非法获取国家秘密罪而情节严重的，是本罪的加重处罚事由。这里的情节严重，是指非法获取国家绝密级秘密的；非法获取国家秘密导致泄露、扩散，造成严重后果的；非法获取大量国家秘密的；等等。

十三、非法持有国家绝密、机密文件、资料、物品罪

（一）概念

非法持有国家绝密、机密文件、资料、物品罪是指非法持有属于国家绝密、机密的文件、资料或者其他物品，拒不说明来源与用途的行为。

（二）构成

1. 罪体

行为　非法持有国家绝密、机密文件、资料、物品罪的行为是非法持有属于国家绝密、机密文件、资料或者其他物品。这里的非法持有是指：（1）不应知悉

某项国家秘密的人员携带、存放属于该项国家秘密的文件、资料或者其他物品；（2）可以知悉某项国家秘密的人员，未经办理手续，私自携带、存放属于该项国家秘密的文件、资料或者其他物品。

客体　非法持有国家绝密、机密文件、资料、物品罪的客体是属于国家绝密、机密的文件、资料或者其他物品。这里的属于国家绝密、机密的文件、资料，是指依照法定程序确定并且标明为绝密、机密两个等级的文字材料、图纸等。其他物品，是指依照法定程序被确定为国家绝密、机密的物品，例如确定为国家绝密、机密的先进设备、高科技产品、军工产品以及设计、加工、生产的样品、图形等。

2. 罪责

非法持有国家绝密、机密文件、资料、物品罪的罪责形式是故意。这里的故意，是指明知是国家绝密、机密文件、资料或者其他物品而非法持有的主观心理状态。

3. 罪量

非法持有国家绝密、机密文件、资料、物品罪的罪量要素是拒不说明来源与用途。这里的拒不说明来源与用途，是指在有关机关责令说明其非法持有的属于国家绝密、机密的文件、资料或者其他物品的来源与用途时，行为人拒不回答或者作虚假回答。如果行为人对来源与用途作了正确回答，则不构成本罪。

（三）处罚

根据《刑法》第282条第2款之规定，犯本罪的，处3年以下有期徒刑、拘役或者管制。

十四、非法生产、销售专用间谍器材、窃听、窃照专用器材罪

（一）概念

非法生产、销售专用间谍器材、窃听、窃照专用器材罪是指非法生产、销售

专用间谍器材、窃听、窃照专用器材的行为。

（二）构成

1. 罪体

行为　非法生产、销售专用间谍器材、窃听、窃照专用器材罪的行为是非法生产、销售专用间谍器材、窃听、窃照专用器材。这里的非法生产、销售，是指无权生产、销售的人违反国家规定，以营利为目的，擅自制造、买卖专用间谍器材，或者虽有生产、销售权但违反主管部门的规定和下达的指标而超范围、超指标生产和违反规定进行销售。

客体　非法生产、销售专用间谍器材、窃听、窃照专用器材罪的客体是专用间谍器材、窃听、窃照专用器材。这里的专用间谍器材，根据 2017 年 11 月 22 日国务院《反间谍法实施细则》第 18 条的规定，是指进行间谍活动特殊需要的下列器材：(1) 暗藏式窃听、窃照器材；(2) 突发式收发报机、一次性密码本、密写工具；(3) 用于获取情报的电子监听、截收器材；(4) 其他专用间谍器材。这里的窃听、窃照专用器材，是指具有窃听、窃照功能，并专门用于窃听、窃照活动的器材。

2. 罪责

非法生产、销售专用间谍器材、窃听、窃照专用器材罪的罪责形式是故意。这里的故意，是指明知是专用间谍器材、窃听、窃照专用器材而非法生产、销售的主观心理状态。

（三）处罚

根据《刑法》第 283 条［《刑法修正案（九）》第 24 条］之规定，犯本罪的，处 3 年以下有期徒刑、拘役或者管制，并处或者单处罚金；情节严重的，处 3 年以上 7 年以下有期徒刑，并处罚金。单位犯本罪的，对单位判处罚金，并对其直接负责的主管人员和其他直接责任人员，依照个人犯罪的规定处罚。

加重处罚事由　犯本罪而情节严重的，是本罪的加重处罚事由。

十五、非法使用窃听、窃照专用器材罪

（一）概念

非法使用窃听、窃照专用器材罪是指非法使用窃听、窃照专用器材，造成严重后果的行为。

（二）构成

1. 罪体

行为　非法使用窃听、窃照专用器材罪的行为是非法使用窃听、窃照专用器材。这里的非法使用，是指违反国家规定使用窃听、窃照专用器材，包括无权使用的人使用和有权使用的人违反规定使用。

客体　非法使用窃听、窃照专用器材罪的客体是窃听、窃照专用器材。这里的窃听、窃照专用器材，是指具有窃听、窃照功能，并专门用于窃听、窃照活动的器材。

2. 罪责

非法使用窃听、窃照专用器材罪的罪责形式是故意。这里的故意，是指明知是窃听、窃照专用器材而非法使用的主观心理状态。

3. 罪量

非法使用窃听、窃照专用器材罪的罪量要素是造成严重后果。这里的造成严重后果，是指由于非法使用窃听、窃照专用器材，造成他人自杀、精神失常；引起杀人、伤害等犯罪发生；使被窃听、窃照单位的经济情报、信息泄露，造成重大经济损失；等等。

（三）处罚

根据《刑法》第284条之规定，犯本罪的，处2年以下有期徒刑、拘役或者管制。

十六、组织考试作弊罪

（一）概念

组织考试作弊罪是指在法律规定的国家考试中，组织作弊的行为。

（二）构成

1. 罪体

行为 组织考试作弊罪的行为是指在法律规定的国家考试中，组织作弊。根据 2019 年 9 月 2 日最高人民法院、最高人民检察院《关于办理组织考试作弊等刑事案件适用法律若干问题的解释》［以下简称《解释（一）》］第 1 条的规定，这里的法律规定的国家考试，仅限于全国人民代表大会及其常务委员会制定的法律所规定的考试。根据有关法律规定，下列考试属于法律规定的国家考试：（1）普通高等学校招生考试、研究生招生考试、高等教育自学考试、成人高等学校招生考试等国家教育考试；（2）中央和地方公务员录用考试；（3）国家统一法律职业资格考试、国家教师资格考试、注册会计师全国统一考试、会计专业技术资格考试、资产评估师资格考试、医师资格考试、执业药师职业资格考试、注册建筑师考试、建造师执业资格考试等专业技术资格考试；（4）其他依照法律由中央或者地方主管部门以及行业组织的国家考试。前款规定的考试涉及的特殊类型招生、特殊技能测试、面试等考试，属于法律规定的国家考试。这里的组织作弊，是指安排他人进行替考。刑法还规定，为他人实施组织考试作弊犯罪提供作弊器材或者其他帮助的，应以本罪论处。根据《解释（一）》第 3 条的规定，这里的作弊器材是指具有避开或者突破考场防范作弊的安全管理措施，获取、记录、传递、接收、存储考试试题、答案等功能的程序、工具，以及专门设计用于作弊的程序、工具。根据 2019 年 11 月 18 日最高人民法院《关于审理走私、非法经营、非法使用兴奋剂刑事案件适用法律若干问题的解释》第 4 条的规定，在普通高等学校招生、公务员录用等法律规定的国家考试涉及的体育、体能测试等体育运动中，组织考生非法使用兴奋剂的，应当依照《刑法》第 284 条之一的规定，以组织考试作弊罪定罪处罚。明知他人实施前款犯罪而为其提供兴奋剂的，依照前款的规定定罪处罚。

客体　组织考试作弊罪的客体是参加国家考试的人员。

2. 罪责

组织考试作弊罪的罪责形式是故意。这里的故意，是指明知是组织考试作弊的行为而有意实施的主观心理状态。

（三）处罚

根据《刑法》第 284 条之一〔《刑法修正案（九）》第 25 条〕第 1 款之规定，犯本罪的，处 3 年以下有期徒刑或者拘役，并处或者单处罚金；情节严重的，处 3 年以上 7 年以下有期徒刑，并处罚金。

加重处罚事由　犯组织考试作弊罪而情节严重的，是本罪的加重处罚事由。这里的情节严重，根据《解释（一）》第 2 条的规定，是指具有下列情形之一的：（1）在普通高等学校招生考试、研究生招生考试、公务员录用考试中组织考试作弊的；（2）导致考试推迟、取消或者启用备用试题的；（3）考试工作人员组织考试作弊的；（4）组织考生跨省、自治区、直辖市作弊的；（5）多次组织考试作弊的；（6）组织 30 人次以上作弊的；（7）提供作弊器材 50 件以上的；（8）违法所得 30 万元以上的；（9）其他情节严重的情形。

十七、非法出售、提供试题、答案罪

（一）概念

非法出售、提供试题、答案罪是指为实施考试作弊行为，向他人非法出售或者提供法律规定的国家考试的试题、答案的行为。

（二）构成

1. 罪体

行为　非法出售、提供试题、答案罪的行为是为实施考试作弊行为，向他人非法出售或者提供法律规定的国家考试的试题、答案。

客体 非法出售、提供试题、答案罪的客体是法律规定的国家考试的试题、答案。

2. 罪责

非法出售、提供试题、答案罪的罪责形式是故意。这里的故意，是指明知是非法出售、提供试题、答案的行为而有意实施的主观心理状态。

（三）处罚

根据《刑法》第284条之一［《刑法修正案（九）》第25条］第3款之规定，犯本罪的，处3年以下有期徒刑或者拘役，并处或者单处罚金；情节严重的，处3年以上7年以下有期徒刑，并处罚金。

加重处罚事由 犯非法出售、提供试题、答案罪而情节严重的，是本罪的加重处罚事由。这里的情节严重，根据《解释（一）》第5条的规定，是指具有下列情形之一的：（1）非法出售或者提供普通高等学校招生考试、研究生招生考试、公务员录用考试的试题、答案的；（2）导致考试推迟、取消或者启用备用试题的；（3）考试工作人员非法出售或者提供试题、答案的；（4）多次非法出售或者提供试题、答案的；（5）向30人次以上非法出售或者提供试题、答案的；（6）违法所得30万元以上的；（7）其他情节严重的情形。

十八、代替考试罪

（一）概念

代替考试罪是指代替他人或者让他人代替自己参加法律规定的国家考试的行为。

（二）构成

1. 罪体

行为 代替考试罪的行为是代替他人或者让他人代替自己参加法律规定的国

家考试。

客体　代替考试罪的客体是参加国家考试的人员。

2. 罪责

代替考试罪的罪责形式是故意。这里的故意，是指明知是代替考试的行为而有意实施的主观心理状态。

（三）处罚

根据《刑法》第284条之一［《刑法修正案（九）》第25条］第4款之规定，犯本罪的，处拘役或者管制，并处或者单处罚金。

从宽处罚事由　根据《解释（一）》第7条第2款的规定，对于行为人犯罪情节较轻，确有悔罪表现，综合考虑行为人替考情况以及考试类型等因素，认为符合缓刑适用条件的，可以宣告缓刑；犯罪情节轻微的，可以不起诉或者免予刑事处罚；情节显著轻微危害不大的，不以犯罪论处。

十九、非法侵入计算机信息系统罪

（一）概念

非法侵入计算机信息系统罪是指违反国家规定，侵入国家事务、国防建设、尖端科学技术领域的计算机信息系统的行为。

（二）构成

1. 罪体

行为　非法侵入计算机信息系统罪的行为是违反国家规定，侵入国家事务、国防建设、尖端科学技术领域的计算机信息系统。这里的违反国家规定，是指违反国家有关保护计算机安全的规定。侵入，是指未取得国家有关主管部门合法授权或者批准，通过计算机终端访问国家重要计算机信息系统或者进行数据截收。本罪是行为犯，只要实施了非法侵入行为即可构成本罪。

客体　非法侵入计算机信息系统罪的客体是国家事务、国防建设、尖端科学技术领域的计算机信息系统。这里的计算机信息系统，是指具备自动处理数据功能的系统，包括计算机、网络设备、通信设备、自动化控制设备等。本罪侵入的计算机信息系统，是指国家事务、国防建设、尖端科学技术领域的计算机信息系统。根据2011年8月1日最高人民法院、最高人民检察院《关于办理危害计算机信息系统安全刑事案件应用法律若干问题的解释》［以下简称《解释（二）》］第10条的规定，对于是否属于《刑法》第285条规定的"国家事务、国防建设、尖端科学技术领域的计算机信息系统"难以确定的，应当委托省级以上负责计算机信息系统安全保护管理工作的部门检验。司法机关根据检验结论，并结合案件具体情况认定。

2. 罪责

非法侵入计算机信息系统罪的罪责形式是故意。这里的故意，是指明知是国家事务、国防建设、尖端科学技术领域的计算机信息系统而有意侵入的主观心理状态。

（三）处罚

根据《刑法》第285条第1款之规定，犯本罪的，处3年以下有期徒刑或者拘役。《刑法》第285条第4款［《刑法修正案（九）》第26条］规定，单位犯本罪的，对单位判处罚金，并对其直接负责的主管人员和其他直接责任人员，依照个人犯罪的规定处罚。

二十、非法获取计算机信息系统数据、非法控制计算机信息系统罪

（一）概念

非法获取计算机信息系统数据、非法控制计算机信息系统罪是指违反国家规定，侵入国家事务、国防建设、尖端科学技术领域以外的计算机信息系统或者采取其他技术手段，获取该计算机信息系统中存储、处理或者传输的数据，或者对该计算机信息系统实施非法控制，情节严重的行为。

（二）构成

1. 罪体

行为　非法获取计算机信息系统数据、非法控制计算机信息系统罪的行为是违反国家规定，侵入国家事务、国防建设、尖端科学技术领域以外的计算机信息系统，或者采取其他技术手段，获取该计算机信息系统中存储、处理或者传输的数据，或者对该计算机信息系统实施非法控制。由此可见，本罪的行为属于复合行为：手段行为是侵入国家事务、国防建设、尖端科学技术领域以外的计算机信息系统或者采取其他技术手段。这里的侵入，是指未经授权或者他人同意，通过技术手段进入计算机信息系统。其他技术手段，是指随着计算机技术的发展可能出现的各种手段，这是一个兜底性规定。目的行为则可以分为以下两种情形：

（1）获取该计算机信息系统中存储、处理或者传输的数据。这里的获取，包括从他人计算机信息系统中窃取，例如直接侵入他人计算机信息系统，秘密复制他人存储的信息。获取还包括骗取他人计算机信息，例如设立假冒网站，在受骗用户登录时，要求用户输入账号、密码等信息。

（2）对该计算机信息系统实施非法控制。这里的非法控制，是指通过各种技术手段，使得他人计算机信息系统处于其掌控之中，能够接受其发出的指令，完成相应的操作活动。例如通过给他人计算机信息系统植入木马程序，对他人的计算机信息系统加以控制。在这种情况下，他人的计算机实际上处在行为人的掌握操纵之中，具有排他性支配。计算机具有外在的物理性，因而可以成为财产犯罪的对象，例如盗窃他人的计算机，将他人计算机非法占为己有等。而依附于计算机的信息系统则是计算机的内在灵魂，它决定了计算机的功能，是刑法所保护的客体。在非法控制计算机信息系统的情况下，行为人虽然没有占有他人的计算机本体，但却将他人计算机信息系统处于本人的掌控之中，并通过对他人计算机信息系统发号施令，非法控制了他人的计算机信息系统。这种非法控制计算机信息系统的行为对于网络安全具有巨大的破坏性，同时对网络秩序造成严重危害，因而刑法将其规定为犯罪。

　　值得注意的是，司法解释对本罪的行为作了扩大解释。根据《解释（二）》第1条第3款的规定，明知是他人非法控制的计算机信息系统，而对该计算机信息系统的控制权加以利用的，应以本罪论处。这种利用计算机信息系统控制权的行为，可以分为两种情形：第一种是本罪的共犯。即他人对计算机信息系统进行非法控制以后，后加入者在共同故意的支配下，对计算机信息系统的控制权进行利用。这是一种承继共犯，后加入者与先行者构成共犯关系，同时构成非法控制计算机信息系统罪。第二种是本罪的单独正犯。即明知他人对计算机信息系统进行了非法控制，在未与他人通谋的情况下，对计算机信息系统的控制权加以利用。这是一种犯罪状态的利用犯，上述司法解释所规定的利用计算机信息系统控制权的行为显然是指以上第二种情形。利用犯是否构成所利用犯罪的单独正犯，这是一种较为复杂的问题。从逻辑上分析，所利用的犯罪可以分为两种情形：第一种是利用前一犯罪的行为。在所利用的行为是继续犯的情况下，在犯罪既遂以后，犯罪行为处于一种持续状态，因而继续犯也可以称为持续犯。在这种情况下，当前人所实施的犯罪行为处于持续过程中，加入该行为，可以认定为后加入者也实施了该行为，构成正犯是没有疑问的。第二种是利用前一犯罪的状态。在所利用的行为是即成犯的情况下，行为一经实施即构成犯罪既遂。在行为完成以后，犯罪的不法状态处于持续之中。这种情形在刑法教义学中被称为状态犯。例如，盗窃罪是即成犯，在盗窃罪既遂以后，行为人对盗窃的赃物进行了非法占有，这种不法占有状态直到赃物起获才消除。对状态犯的不法状态的利用行为，显然不能认定为该罪的单独正犯。因此，非法控制计算机信息系统罪的控制权利用行为是否构成单独正犯，取决于本罪到底是继续犯还是状态犯。如果是继续犯，则可以将对计算机信息系统控制权的利用行为单独评价为本罪的正犯；如果是状态犯，则不能将对计算机信息系统控制权的利用行为单独评价为本罪的正犯。从本罪行为性质来看，对计算机信息系统的非法控制与对人的非法拘禁具有一定程度的可比性。在刑法教义学中，非法拘禁罪毫无争议地被认为是继续犯，而且是最为典型的继续犯。非法控制计算机信息系统罪也同样应当被认为是继续犯。因为非法控制虽然存在一个开始时间，但并不能认为行为着手就意味着犯罪的结束，本罪的特征就在于对计算机信息系统进行长时间的支配。因此，非法控制属于一种持续性的行为，由此构成的犯罪属于继续犯。基于此，明知是他人非法控制的计算机信息系统而对该计算机信息系统的控制权加以利用的，可以构成非法控制计算机信息系统罪。

客体　非法获取计算机信息系统数据、非法控制计算机信息系统罪的客体是国家事务、国防建设、尖端科学技术领域以外的计算机信息系统。

2. 罪责

非法获取计算机信息系统数据、非法控制计算机信息系统罪的罪责形式是故意。这里的故意，是指明知是非法获取计算机信息系统数据、非法控制计算机信息系统的行为而有意实施的主观心理状态。

3. 罪量

非法获取计算机信息系统数据、非法控制计算机信息系统罪的罪量要素是情节严重。根据前引《解释（二）》第1条第1款的规定，这里的情节严重是指具有下列情形之一：（1）获取支付结算、证券交易、期货交易等网络金融服务的身份认证信息10组以上的；（2）获取第（1）项以外的身份认证信息500组以上的；（3）非法控制计算机信息系统20台以上的；（4）违法所得5 000元以上或者造成经济损失1万元以上的；（5）其他情节严重的情形。

（三）认定

根据前引《解释（二）》第9条的规定，明知他人实施《刑法》第285条规定的行为，具有下列情形之一的，应当认定为共同犯罪，依照《刑法》第285条的规定处罚：（1）为其提供用于破坏计算机信息系统功能、数据或者应用程序的程序、工具，违法所得5 000元以上或者提供10人次以上的；（2）为其提供互联网接入、服务器托管、网络存储空间、通讯传输通道、费用结算、交易服务、广告服务、技术培训、技术支持等帮助，违法所得5 000元以上的；（3）通过委托推广软件、投放广告等方式向其提供资金 5 000 元以上的。实施前款规定行为，数量或者数额达到前款规定标准 5 倍以上的，应当认定为《刑法》第 285 条规定的情节特别严重。

（四）处罚

根据《刑法》第 285 条第 2 款［《刑法修正案（七）》第 9 条第 1 款］之规定，犯本罪的，处 3 年以下有期徒刑或者拘役，并处或者单处罚金；情节特别严重的，处 3 年以上 7 年以下有期徒刑，并处罚金。《刑法》第 285 条第 4 款［《刑法修正案（九）》第 26 条］规定，单位犯本罪的，对单位判处罚金，并对其直接负责的主管人员和其他直接责任人员，依照个人犯罪的规定处罚。

加重处罚事由 犯非法获取计算机信息系统数据、非法控制计算机信息系统罪而情节特别严重的，是本罪的加重处罚事由。这里的情节特别严重，根据前引《解释（二）》第 1 条第 2 款的规定，是指具有下列情形之一：（1）数量或者数额达到前款第（1）项至第（4）项规定标准 5 倍以上的；（2）其他情节特别严重的情形。

二十一、提供侵入、非法控制计算机信息系统程序、工具罪

（一）概念

提供侵入、非法控制计算机信息系统程序、工具罪是指提供专门用于侵入、非法控制计算机信息系统的程序、工具，或者明知他人实施侵入、非法控制计算机信息系统的违法犯罪行为而为其提供程序、工具，情节严重的行为。

（二）构成

1. 罪体

行为 提供侵入、非法控制计算机信息系统程序、工具罪的行为是提供专门用于侵入、非法控制计算机信息系统的程序、工具，或者明知他人实施侵入、非法控制计算机信息系统的违法犯罪行为而为其提供程序、工具。这里的

提供，包括出售等有偿提供，也包括提供免费下载；包括直接提供给他人，也包括在网上供他人下载等。本罪行为可以分为以下两种情形：（1）提供专用程序、工具。（2）明知他人实施侵入、非法控制计算机信息系统的行为而为其提供程序、工具。上述两种行为的主要区别在于：是专门程序、工具还是普通程序、工具。专门用于侵入、非法控制计算机信息系统的程序、工具，从该程序、工具本身就可以知道是用于侵入、非法控制计算机信息系统等非法活动的，因而并不需要查明行为人主观上是否明知。而上述专门程序、工具以外的程序、工具，既可以用于网络合法活动，也可以用于网络非法活动。行为人只有明知他人实施侵入、非法控制计算机信息系统的违法行为而为其提供的，才能构成本罪。如果不具有这种明知，则不能构成本罪，由此排除了客观归罪。这里的明知是一种主观违法要素，查清行为人主观上是否具有明知，属于控方的举证职责。

客体　提供侵入、非法控制计算机信息系统程序、工具罪的客体是侵入、非法控制计算机信息系统的专门程序、工具或者其他程序、工具。这里的专门程序、工具，根据前引《解释（二）》第2条的规定，是指具有下列情形之一：（1）具有避开或者突破计算机信息系统安全保护措施，未经授权或者超越授权获取计算机信息系统数据的功能的；（2）具有避开或者突破计算机信息系统安全保护措施，未经授权或者超越授权对计算机信息系统实施控制的功能的；（3）其他专门设计用于侵入、非法控制计算机信息系统、非法获取计算机信息系统数据的程序、工具。

2. 罪责

提供侵入、非法控制计算机信息系统程序、工具罪的罪责形式是故意。这里的故意，是指明知是提供侵入、非法控制计算机信息系统程序、工具的行为而有意实施的主观心理状态。

3. 罪量

提供侵入、非法控制计算机信息系统程序、工具罪的罪量要素是情节严重。

这里的情节严重,根据前引《解释(二)》第 3 条第 1 款的规定,是指具有下列情形之一:(1)提供能够用于非法获取支付结算、证券交易、期货交易等网络金融服务身份认证信息的专门性程序、工具 5 人次以上的;(2)提供第(1)项以外的专门用于侵入、非法控制计算机信息系统的程序、工具 20 人次以上的;(3)明知他人实施非法获取支付结算、证券交易、期货交易等网络金融服务身份认证信息的违法犯罪行为而为其提供程序、工具 5 人次以上的;(4)明知他人实施第(3)项以外的侵入、非法控制计算机信息系统的违法犯罪行为而为其提供程序、工具 20 人次以上的;(5)违法所得 5 000 元以上或者造成经济损失 1 万元以上的;(6)其他情节严重的情形。

(三)处罚

根据《刑法》第 285 条第 3 款 [《刑法修正案(七)》第 9 条第 2 款] 之规定,犯本罪的,处 3 年以下有期徒刑或者拘役,并处或者单处罚金;情节特别严重的,处 3 年以上 7 年以下有期徒刑,并处罚金。《刑法》第 285 条第 4 款 [《刑法修正案(九)》第 26 条] 规定,单位犯本罪的,对单位判处罚金,并对其直接负责的主管人员和其他直接责任人员,依照个人犯罪的规定处罚。

加重处罚事由 犯提供侵入、非法控制计算机信息系统程序、工具罪而情节特别严重的,是本罪的加重处罚事由。这里的情节特别严重,根据前引《解释(二)》第 3 条第 2 款的规定,是指具有下列情形之一:(1)数量或者数额达到前款第(1)项至第(5)项规定标准 5 倍以上的;(2)其他情节特别严重的情形。

二十二、破坏计算机信息系统罪

(一)概念

破坏计算机信息系统罪是指违反国家规定,对计算机信息系统功能进行删除、修改、增加、干扰,造成计算机信息系统不能正常运行,或者对计算机信息系统中存储、处理、传输的数据和应用程序进行删除、修改、增加的操作,或者故意制作、传播计算机病毒等破坏性程序，影响计算机系统正常运行，后果严重的行为。

（二）构成

1. 罪体

行为　破坏计算机信息系统罪的行为是违反国家规定，破坏计算机信息系统。根据《刑法》第 286 条的规定，破坏行为表现为以下三种情形：

（1）《刑法》第 286 条第 1 款规定，违反国家规定，对计算机信息系统功能进行删除、修改、增加、干扰，造成计算机信息系统不能正常运行。这里的删除，是指将原有的计算机信息系统功能除去，使之不能正常运转。修改，是指对原有的计算机信息系统功能进行改动，使之不能正常运转。增加，是指在计算机信息系统里增加某种功能，致使原有的功能受到影响或者破坏，无法正常运转。干扰，是指采用删除、修改、增加以外的其他方法，破坏计算机信息系统功能，使之不能正常运转。

（2）《刑法》第 286 条第 2 款规定，违反国家规定，对计算机信息系统中存储、处理或者传输的数据和应用程序进行删除、修改、增加的操作。

（3）《刑法》第 286 条第 3 款规定，故意制作、传播计算机病毒等破坏性程序，影响计算机系统正常运行。这里的计算机病毒等破坏性程序，根据前引《解释（二）》第 5 条的规定，是指具有下列情形之一：1）能够通过网络、存储介质、文件等媒介，将自身的部分、全部或者变种进行复制、传播，并破坏计算机系统功能、数据或者应用程序的；2）能够在预先设定条件下自动触发，并破坏计算机系统功能、数据或者应用程序的；3）其他专门设计用于破坏计算机系统功能、数据或者应用程序的程序。制作计算机病毒等破坏性程序，是指故意设计制作计算机病毒等破坏性程序。传播计算机病毒等破坏性程序，是指将计算机病毒等破坏性程序以各种方式输入计算机，使计算机信息系统不能正常运行，或者将计算机中存储的数据变更、删除、毁损、分解，最终使计算机系统失灵或崩溃。

此外,2009 年 8 月 27 日全国人大常委会《关于维护互联网安全的决定》第 1 条第 2 项、第 3 项规定,故意制作、传播计算机病毒等破坏性程序,攻击计算机系统及通信网络,致使计算机系统及通信网络遭受损害,以及违反国家规定,擅自中断计算机网络或者通信服务,造成计算机网络或者通信系统不能正常运行的,应以本罪论处。

案例 33 - 1　　**付宣豪、黄子超破坏计算机信息系统案**

（法例第 102 号）

2013 年年底至 2014 年 10 月,被告人付宣豪、黄子超等人租赁多台服务器,使用恶意代码修改互联网用户路由器的 DNS 设置,进而使用户登录"2345.com"等导航网站时跳转至其设置的"5w.com"导航网站,被告人付宣豪、黄子超等人再将获取的互联网用户流量出售给杭州久尚科技有限公司（系"5w.com"导航网站所有者）,违法所得合计人民币 754 762.34 元。2014 年 11 月 17 日,被告人付宣豪接民警电话通知后自动至公安机关,被告人黄子超主动投案,二被告人到案后均如实供述了上述犯罪事实。二被告人及辩护人对罪名及事实均无异议。

上海市浦东新区人民法院于 2015 年 5 月 20 日作出 (2015) 浦刑初字第 1460 号刑事判决:(1) 被告人付宣豪犯破坏计算机信息系统罪,判处有期徒刑 3 年,缓刑 3 年。(2) 被告人黄子超犯破坏计算机信息系统罪,判处有期徒刑 3 年,缓刑 3 年。(3) 扣押在案的作案工具以及退缴在案的违法所得予以没收,上缴国库。一审宣判后,二被告人均未上诉,公诉机关未抗诉,判决已发生法律效力。

法院生效裁判认为:根据《中华人民共和国刑法》第 286 条的规定,对计算机信息系统功能进行破坏,造成计算机信息系统不能正常运行,后果严重的,构成破坏计算机信息系统罪。本案中,被告人付宣豪、黄子超实施的是流量劫持中的"DNS 劫持"。DNS 是域名系统的英文首字母缩写,作用是提供域名解析服务。"DNS 劫持"通过修改域名解析,使对特定域名的访问由原 IP 地址转入篡改后的指定 IP 地址，导致用户无法访问原 IP 地址对应的网站或者访问虚假网站，从而实现窃取资料或者破坏网站原有正常服务的目的。二被告人使用恶意代码修改互联网用户路由器的 DNS 设置，将用户访问"2345.com"等导航网站的流量劫持到其设置的"5w.com"导航网站，并将获取的互联网用户流量出售，显然是对网络用户的计算机信息系统功能进行破坏，造成计算机信息系统不能正常运行，符合破坏计算机信息系统罪的客观行为要件。根据最高人民法院、最高人民检察院《关于办理危害计算机信息系统安全刑事案件应用法律若干问题的解释》，破坏计算机信息系统，违法所得人民币 25 000 元以上或者造成经济损失人民币 5 万元以上的，应当认定为"后果特别严重"。本案中，二被告人的违法所得达人民币 754 762.34 元，属于"后果特别严重"。综上，被告人付宣豪、黄子超实施的"DNS 劫持"行为系违反国家规定，对计算机信息系统中存储的数据进行修改，后果特别严重，依法应处 5 年以上有期徒刑。鉴于二被告人在家属的帮助下退缴全部违法所得，未获取、泄露公民个人信息，且均具有自首情节，无前科劣迹，故依法对其减轻处罚并适用缓刑。

本罪的裁判要点指出：（1）通过修改路由器、浏览器设置、锁定主页或者弹出新窗口等技术手段，强制网络用户访问指定网站的"DNS 劫持"行为，属于破坏计算机信息系统，后果严重的，构成破坏计算机信息系统罪。（2）对于"DNS 劫持"，应当根据造成不能正常运行的计算机信息系统数量、相关计算机信息系统不能正常运行的时间，以及所造成的损失或者影响等，认定其是"后果严重"还是"后果特别严重"。

释评

本案涉及流量劫持行为的性质认定问题。网络流量主要是指通过付费等形式从网络运营商处获取的上网服务，互联网用户支付对价购买的流量是其享受上网服务的通行证。流量劫持，从字面来看，是指恶意地改变和控制客户进行网络访问的路径。因此，流量劫持是指通过技术手段，使原本想访问 A 网站的互联网用户最终访问的却是 B 网站。简而言之，流量劫持是绑架流量控制其走向。流量劫持可以分为四种：（1）DNS 劫持。付宣豪、黄子超破坏计算机信息系统案就是一个流量劫持的案件，这种强制网络用户访问指定网站，属于 DNS 劫持行为。（2）CDN 劫持。CDN 劫持是 DNS 劫持的进化方式，其通过静态的数据入侵的方式，利用网络用户所进行数据缓存展开篡改用户浏览地址的行为，最终劫持用户的流量，并基于 Web3.0 时代互联网分布式储存、负载均衡理念的传播而不断扩散，造成潜在的网络破坏。（3）网关劫持。网关劫持是指运营商通过其拥有的网关，在用户浏览网页时，诱使用户访问其预设的网页，或直接更改用户的目标网址，甚至制造弹窗进行干扰来"劫持"用户的流量，甚至有利用数据算法来针对目标用户进行倾向性诱导的行为。（4）客户端劫持。客户端劫持则是伪装成正常的客户端程序，通过恶意警告、危险提示等方式来干扰网络用户的正常安装活动，使得用户在浏览某些网页时受阻，并引导用户浏览其已经预先设定的网页。

客体 破坏计算机信息系统罪的客体是计算机信息系统功能和计算机信息系统中存储、处理、传输的数据和应用程序。这里的计算机信息系统功能，是指在计算机中，按照一定的应用目标和规则对信息进行采集、加工、存储、传输、检索的功能。计算机信息系统中存储、处理、传输的数据，是指在计算机信息系统中实际处理的一切文字、符号、声音、图像等内容有意义的组合。计算机信息系统中的应用程序，是指用户使用数据库的一种方式，是用户按照数据库授予的子模式的逻辑结构，书写对数据库操作和运算的程序。如果破坏计算机信息系统而危害公共安全的，属于本罪与破坏公用电信设施罪之间普通法与特别法的法条竞合。对此，应以破坏公用电信设施罪论处。

案例 33-2 **徐强破坏计算机信息系统案**

（法例第 103 号）

为了加强对分期付款的工程机械设备的管理，中联重科股份有限公司（以下简称"中联重科"）投入使用了中联重科物联网GPS信息服务系统，该套计算机信息系统由中联重科物联网远程监控平台、GPS终端、控制器和显示器等构成，该系统具备自动采集、处理、存储、回传、显示数据和自动控制设备的功能，其中，控制器、GPS终端和显示器由中联重科在工程机械设备的生产制造过程中安装到每台设备上。中联重科对"按揭销售"的泵车设备均安装了中联重科物联网GPS信息服务系统，并在产品买卖合同中明确约定"如买受人出现违反合同约定的行为，出卖人有权采取停机、锁机等措施"以及"在买受人付清全部货款前，产品所有权归出卖人所有。即使在买受人已经获得机动车辆登记文件的情况下，买受人未付清全部货款前，产品所有权仍归出卖人所有"的条款。然后由中联重科总部的远程监控维护平台对泵车进行监控，如发现客户有拖欠、赖账等情况，就会通过远程监控系统进行"锁机"，泵车接收到"锁机"指令后依然能发动，但不能作业。

2014年5月间，被告人徐强使用"GPS干扰器"先后为钟某某、龚某某、张某某名下或管理的五台中联重科泵车解除锁定。具体事实如下：（1）2014年4月初，钟某某发现其购得的牌号为贵A77462的泵车即将被中联重科锁机后，安排徐某某帮忙打听解锁人。徐某某遂联系龚某某告知钟某某泵车需解锁一事。龚某某表示同意后，即通过电话联系被告人徐强给泵车解锁。2014年5月18日，被告人徐强携带"GPS干扰器"与龚某某一起来到贵阳市清镇市，由被告人徐强将"GPS干扰器"上的信号线连接到泵车右侧电控柜，再将"GPS干扰器"通电后使用干扰器成功为牌号为贵A77462的泵车解锁。事后，钟某某向龚某某支付了解锁费用人民币40 000元，龚某某亦按约定将其中人民币9 600元支付给徐某某作为介绍费。当日及次日，龚某某还带着被告人徐强为其管理的其妹夫黄某从中联重科及长沙中联重科二手设备销售有限公司以分期付款方式购得的牌号分别为湘AB0375、湘AA6985、湘AA6987的三台泵车进行永久解锁。事后，龚某某向被告人徐强支付四台泵车的解锁费用共计人民币30 000元。（2）2014年5月间，张某某从中联重科以按揭贷款的方式购买泵车一台，因拖欠货款被中联重科使用物联网系统将泵车锁定，无法正常作业。张某某遂通过电话联系到被告人徐强为其泵车解锁。2014 年 5 月 17 日，被告人徐强携带"GPS 干扰器"来到湖北襄阳市，采用上述同样的方式为张某某名下牌号为鄂 FE7721 的泵车解锁。事后，张某某向被告人徐强支付解锁费用人民币 15 000 元。经鉴定，中联重科的上述牌号为贵 A77462、湘 AB0375、湘 AA6985、湘 AA6987 泵车 GPS 终端被拆除及控制程序被修改后，中联重科物联网 GPS 信息服务系统无法对泵车进行实时监控和远程锁车。2014 年 11 月 7 日，被告人徐强主动到公安机关投案。

在法院审理过程中，被告人徐强退缴了违法所得人民币 45 000 元。湖南省长沙市岳麓区人民法院于 2015 年 12 月 17 日作出（2015）岳刑初字第 652 号刑事判决：（1）被告人徐强犯破坏计算机信息系统罪，判处有期徒刑 2 年 6 个月。（2）追缴被告人徐强的违法所得人民币 45 000 元，上缴国库。被告人徐强不服，提出上诉。湖南省长沙市中级人民法院于 2016 年 8 月 9 日作出（2016）湘 01 刑终 58 号刑事裁定：驳回上诉，维持原判。该裁定已发生法律效力。

法院生效裁判认为：根据最高人民法院、最高人民检察院《关于办理危害计算机信息系统安全刑事案件应用法律若干问题的解释》第 11 条规定，"计算机信息系统"和"计算机系统"，是指具备自动处理数据功能的系统，包括计算机、网络设备、通信设备、自动化控制设备等。本案中，中联重科物联网 GPS 信息服务系统由中联重科物联网远程监控平台、GPS 终端、控制器和显示器等构成，具备自动采集、处理、存储、回传、显示数据和自动控制设备的功能。该系统属于具备自动处理数据功能的通信设备与自动化控制设备，属于刑法意义上的计算机信息系统。被告人徐强利用"GPS 干扰器"对中联重科物联网 GPS 信息服务系统进行修改、干扰，造成该系统无法对案涉泵车进行实时监控和远程锁车，是对计算机信息系统功能进行破坏，造成计算机信息系统不能正常运行的行为，且后果特别严重。根据《刑法》第 286 条的规定，被告人徐强构成破坏计算机信息系统罪。徐强犯罪以后自动投案，如实供述了自己的罪行，系自首，依法可减轻处罚。徐强退缴全部违法所得，有悔罪表现，可酌情从轻处罚。针对徐强及其辩护人提出"自己系自首，且全部退缴违法所得，一审量刑过重"的上诉意见与辩护意见，经查，徐强破坏计算机信息系统，违法所得45 000元，后果特别严重，应当判处5年以上有期徒刑，一审判决综合考虑其自首、退缴全部违法所得等情节，对其减轻处罚，判处有期徒刑2年6个月，量刑适当。该上诉意见、辩护意见，不予采纳。原审判决认定事实清楚，证据确实、充分，适用法律正确，量刑适当，审判程序合法。

本案的裁判要点指出：企业的机械远程监控系统属于计算机信息系统。违反国家规定，对企业的机械远程监控系统功能进行破坏，造成计算机信息系统不能正常运行，后果严重的，构成破坏计算机信息系统罪。

释评

本案涉及如何理解破坏计算机信息系统罪中的计算机信息系统问题。在本案中，被告人破坏的是企业的机械远程监控系统，该系统是为监控目的而专门建立的一个独立的系统，它由远程监控平台、GPS终端、控制器和显示器等构成，并具备自动采集、处理、存储、回传、显示数据和自动控制设备的功能，因此本案的裁判要点将其认定为计算机信息系统，可以成为本罪的客体。

2. 罪责

破坏计算机信息系统罪的罪责形式是故意。这里的故意，是指明知是破坏计算机信息系统的行为而有意实施的主观心理状态。

3. 罪量

破坏计算机信息系统罪的罪量要素是后果严重。这里的后果严重，可以分为两种情况：一是《刑法》第286条第1款和第2款规定的破坏计算机信息系统行为的后果严重。根据前引《解释（二）》第4条第1款的规定，这里的后果严重是指具有下列情形之一：（1）造成10台以上计算机信息系统的主要软件或者硬件不能正常运行的；（2）对20台以上计算机信息系统中存储、处理或者传输的数据进行删除、修改、增加操作的；（3）违法所得5 000元以上或者造成经济损失 1 万元以上的；（4）造成为 100 台以上计算机信息系统提供域名解析、身份认证、计费等基础服务或者为 1 万以上用户提供服务的计算机信息系统不能正常运行累计 1 小时以上的；（5）造成其他严重后果的。二是《刑法》第 286 条第 3 款规定的破坏计算机信息系统行为的后果严重。根据前引《解释（二）》第 6 条第 1 款的规定，是指具有下列情形之一：（1）制作、提供、传输第 5 条第（1）项规定的程序，导致该程序通过网络、存储介质、文件等媒介传播的；（2）造成 20 台以上计算机系统被植入第 5 条第（2）、（3）项规定的程序的；（3）提供计算机病毒等破坏性程序 10 人次以上的；（4）违法所得 5 000 元以上或者造成经济损失 1 万元以上的；（5）造成其他严重后果的。

（三）认定

1. 本罪共犯的处理

根据前引《解释（二）》第 9 条的规定，明知他人实施《刑法》第 286 条规定的行为，具有下列情形之一的，应当认定为共同犯罪，依照《刑法》第 286 条的规定处罚：（1）为其提供用于破坏计算机信息系统功能、数据或者应用程序的程序、工具，违法所得 5 000 元以上或者提供 10 人次以上的；（2）为其提供互联网接入、服务器托管、网络存储空间、通讯传输通道、费用结算、交易服务、广告服务、技术培训、技术支持等服务，违法所得 5 000 元以上的；（3）通过委托推广软件、投放广告等方式向其提供资金 5 000 元以上的。实施前款规定行为，数量或者数额达到前款规定标准 5 倍以上的，应当认定为《刑法》第 286 条规定的后果特别严重。

2. 专门用于侵入、非法控制计算机信息系统的程序、工具、计算机病毒等破坏性程序的认定

根据前引《解释（二）》第 10 条的规定，对于是否属于《刑法》第 286 条规定的专门用于侵入、非法控制计算机信息系统的程序、工具、计算机病毒等破坏性程序难以确定的，应当委托省级以上负责计算机信息系统安全保护管理工作的部门检验。司法机关根据检验结论，并结合案件具体情况认定。

3. 采用外部物理方式干扰计算机信息系统数据的采集行为的定性

在破坏计算机信息系统罪的客观行为中包含干扰的行为方式，这里的干扰通常是指采用删除、修改、增加以外的其他方法，破坏计算机信息系统功能，使之不能正常运转。因此，以干扰为行为方式的破坏计算机信息系统行为是以侵入计算机信息系统为前提的。如果没有侵入计算机信息系统，而是采用外部物理方式干扰计算机信息系统数据的采集行为，就不能认定为破坏计算机信息系统罪。然而，根据 2016 年 12 月 23 日最高人民法院、最高人民检察院《关于办理环境污染刑事案件适用法律若干问题的解释》第 10 条的规定，违反国家规定，针对环境质量监测系统实施下列行为，或者强令、指使、授意他人实施下列行为的，应当依照《刑法》第 286 条的规定，以破坏计算机信息系统罪论处：（1）修改参数或者监测数据的；（2）干扰采样，致使监测数据严重失真的；（3）其他破坏环境质量监测系统的行为。根据这一规定，即使是采用外部物理方式干扰计算机信息系统数据的采集，致使环境监测数据失真的，也构成破坏计算机信息系统罪。

案例33-3　李森、何利民、张锋勃等破坏计算机信息系统案

（法例第 104 号）

西安市长安区环境空气自动监测站（以下简称"长安子站"）系国家环境保护部（以下简称"环保部"）确定的西安市 13 个国控空气站点之一，通过环境空气质量自动监测系统采集、处理监测数据，并将数据每小时传输发送至中国环境监测总站（以下简称"监测总站"），一方面通过网站实时向社会公布，一方面用于编制全国环境空气质量状况月报、季报和年报，向全国发布。长安子站为全市两个国家直管监测子站之一，由监测总站委托武汉宇虹环保产业股份有限公司进行运行维护，不经允许，非运维方工作人员不得擅自进入。2016 年 2 月 4 日，长安子站回迁至西安市长安区西安邮电大学南区动力大楼房顶。被告人李森利用协助子站搬迁之机私自截留子站钥匙并偷记子站监控电脑密码，此后至 2016 年 3 月 6 日间，被告人李森、张锋勃多次进入长安子站内，利用棉纱堵塞采样器的方法，干扰子站内环境空气质量自动监测系统的数据采集功能。被告人何利民明知李森等人的行为而没有阻止，只是要求李森把空气污染数值降下来。被告人李森还多次指使被告人张楠、张肖采用上述方法对子站自动监测系统进行干扰，造成该站自动监测数据多次出现异常，多个时间段内监测数据严重失真，影响了国家环境空气质量自动监测系统正常运行。为防止罪行败露，2016年3月7日、3月9日，在被告人李森的指使下，被告人张楠、张肖两次进入长安子站将监控视频删除。2016年2、3月间，长安子站每小时的监测数据已实时传输发送至监测总站，通过网站向社会公布，并用于环保部编制2016年2月、3月和第一季度全国74个城市空气质量状况评价、排名。2016年3月5日，监测总站在例行数据审核时发现长安子站数据明显偏低，检查时发现了长安子站监测数据弄虚作假问题，后公安机关将五被告人李森、何利民、张楠、张肖、张锋勃抓获到案。被告人李森、被告人张锋勃、被告人张楠、被告人张肖在庭审中均承认指控属实，被告人何利民在庭审中辩解称其对李森堵塞采样器的行为仅是默许、放任，请求宣告其无罪。

陕西省西安市中级人民法院于2017年6月15日作出（2016）陕01刑初233号刑事判决：（1）被告人李森犯破坏计算机信息系统罪，判处有期徒刑1年10个月。（2）被告人何利民犯破坏计算机信息系统罪，判处有期徒刑1年7个月。（3）被告人张锋勃犯破坏计算机信息系统罪，判处有期徒刑1年4个月。（4）被告人张楠犯破坏计算机信息系统罪，判处有期徒刑1年3个月。（5）被告人张肖犯破坏计算机信息系统罪，判处有期徒刑1年3个月。宣判后，各被告人均未上诉，判决已发生法律效力。

法院生效裁判认为：五被告人的行为违反了国家相关规定。《中华人民共和国环境保护法》第68条规定禁止篡改、伪造或者指使篡改、伪造监测数据，《中华人民共和国大气污染防治法》第126条规定禁止对大气环境保护监督管理工作弄虚作假，《中华人民共和国计算机信息系统安全保护条例》第7条规定不得危害计算机信息系统的安全。本案五被告人采取堵塞采样器的方法伪造或者指使伪造监测数据，弄虚作假，违反了上述国家规定。五被告人的行为破坏了计算机信息系统。最高人民法院、最高人民检察院《关于办理危害计算机信息系统安全刑事案件应用法律若干问题的解释》第 11 条规定，计算机信息系统和计算机系统，是指具备自动处理数据功能的系统，包括计算机、网络设备、通信设备、自动化控制设备等。根据最高人民法院、最高人民检察院《关于办理环境污染刑事案件适用法律若干问题的解释》（2013 年 6 月 19 日实施的现已失效；2017 年 1 月 1 日新解释已实施）第 10 条第 1 款的规定，干扰环境质量监测系统的采样，致使监测数据严重失真的行为，属于破坏计算机信息系统。长安子站系国控环境空气质量自动监测站点，产生的监测数据经过系统软件直接传输至监测总站，通过环保部和监测总站的政府网站实时向社会公布，参与计算环境空气质量指数并实时发布。空气采样器是环境空气质量监测系统的重要组成部分。PM10、PM2.5 监测数据作为环境空气综合污染指数评估中的最重要两项指标，被告人用棉纱堵塞采样器的采样孔或拆卸采样器的行为，必然造成采样器内部气流场的改变，造成监测数据失真，影响对环境空气质量的正确评估，属于对计算机信息系统功能进行干扰，造成计算机信息系统不能正常运行的行为。五被告人的行为造成了严重后果。（1）被告人李森、张锋勃、张楠、张肖均多次堵塞、拆卸采样器干扰采样，被告人何利民明知李森等人的行为而没有阻止，只是要求李森把空气污染数值降下来。（2）被告人的干扰行为造成了监测数据的显著异常。2016 年 2 至 3 月间，长安子站颗粒物监测数据多次出现与周边子站变化趋势不符的现象。长安子站 PM2.5 数据分别在 2 月 24 日 18 时至 25 日 16 时、3 月 3 日 4 时至 6 日 19 时两个时段内异常，PM10 数据分别在 2 月 18 日 18 时至 19 日 8 时、2 月 25 日 20 时至 21 日 8 时、3 月 5 日 19 时至 6 日 23 时三个时段内异常。其中，长安子站的 PM10 数据在 2016 年 3 月 5 日 19 时至 22 时由 361 下降至 213，下降了 41%，其他周边子站均值升高了 14%（由 316 上升至 361），6 日 16 时至 17 时长安子站监测数值由 188 上升至 426，升高了 127%，其他子站均值变化不大（由 318 降至 310），6 日 17 时至 19 时长安子站数值由 426 下降至 309，下降了 27%，其他子站均值变化不大（由 310 降至 304）。可见，被告人堵塞采样器的行为足以造成监测数据的严重失真。上述数据的严重失真，可以由监测总站在例行数据审核时发现长安子站 PM10 数据明显偏低印证。（3）失真的监测数据已实时发送至监测总站，并向社会公布。长安子站空气质量监测的小时浓度均值数据已经通过互联网实时发布。（4）失真的监测数据已被用于编制环境评价的月报、季报。环保部在 2016 年 2、3 月及第一季度的全国 74 个重点城市空气质量排名工作中已采信上述虚假数据，已向社会公布并上报国务院，影响了全国大气环境治理情况评估，损害了政府公信力，误导了环境决策。据此，五被告人干扰采样的行为造成了严重后果，符合《刑法》第 286 条规定的"后果严重"要件。综上，五被告人均已构成破坏计算机信息系统罪。鉴于五被告人到案后均能坦白认罪，有悔罪表现，依法可以从轻处罚。

本案的裁判要点指出：环境质量监测系统属于计算机信息系统。用棉纱等物品堵塞环境质量监测采样设备，干扰采样，致使监测数据严重失真的，构成破坏计算机信息系统罪。

释评

本案的裁判要点认为，环境质量监测系统属于计算机信息系统，这是完全正确的。但将采用物理方法从外部干扰监测，导致监测数据失真的行为认定为破坏计算机信息系统行为，是值得商榷的。我认为，破坏计算机信息系统罪中的破坏行为，应当以侵入计算机信息系统为前提，只有在侵入计算机信息系统的情况下，才能对计算机信息系统采用删除、修改、增加、干扰的方式进行破坏。这里的干扰，是指在计算机信息系统内植入病毒程序等，致使计算机信息系统不能正常运行。而在本案中，被告人用棉纱等物品堵塞环境质量监测采样设备，干扰采样，致使监测数据严重失真，这是一种篡改数据的行为。对于篡改数据的行为，我国《刑法》并没有一般地规定为犯罪，至于是否构成破坏计算机信息系统罪，则要根据是否侵入计算机信息系统而确定。例如，在司法实践中存在非法删除交通违章信息的行为，这种行为是采用非法侵入计算机信息系统的方法实施的。对于这个行为如何认定，在我国司法实践中存在意见分歧，其中主导性的意见认为应当以破坏计算机信息系统罪论处。对此，最高人民法院研究室《关于对交警部门计算机信息系统中存储的交通违章信息进行删除行为如何定性的研究意见》明确规定："违反国家规定，对交警部门计算机信息系统中存储的交通违章信息进行删除，收取违章人员的好处，应当认定为刑法第二百八十六条第二款规定的对计算机信息系统中存储、处理、传输的数据进行删除的操作，以破坏计算机信息系统罪定罪处罚。"采用外部干扰的方法致使环境空气质量监测数据失真的行为与侵入交警部门计算机信息系统删除交通违章信息的行为之间存在明显的区分：前者并没有侵入计算机信息系统，因而不存在侵害计算机信息系统安全的法益；而后者侵入计算机信息系统，因而具有对计算机信息系统安全的法益侵害性。只有从破坏计算机信息系统罪的保护法益出发，才能对上述两种行为进行科学界分。

（四）处罚

根据《刑法》第286条第1款之规定，犯本罪的，处5年以下有期徒刑或者拘役；后果特别严重的，处5年以上有期徒刑。第4款规定，单位犯本罪的，对单位判处罚金，并对其直接负责的主管人员和其他直接责任人员，依照个人犯罪的规定处罚。

加重处罚事由　犯破坏计算机信息系统罪而后果特别严重的，是本罪的加重处罚事由。这里的后果特别严重，可以分为两种情况：一是《刑法》第286条第1款和第2款规定的破坏计算机信息系统行为的后果特别严重。根据前引《解释（二）》第4条第2款的规定，这里的后果特别严重，是指具有下列情形之一：（1）数量或者数额达到前款第（1）项至第（3）项规定标准5倍以上的；（2）造成为500台以上计算机信息系统提供域名解析、身份认证、计费等基础服务或者为5万以上用户提供服务的计算机信息系统不能正常运行累计1小时以上的；（3）破坏国家机关或者金融、电信、交通、教育、医疗、能源等领域提供公共服务的计算机信息系统的功能、数据或者应用程序，致使生产、生活受到严重影响或者造成恶劣社会影响的；（4）造成其他特别严重后果的。二是《刑法》第286条第3款规定的破坏计算机信息系统行为的后果特别严重。根据前引《解释（二）》第6条第2款的规定，这里的后果特别严重，是指具有下列情形之一：（1）制作、提供、传输第5条第（1）项规定的程序，导致该程序通过网络、存储介质、文件等媒介传播，致使生产、生活受到严重影响或者造成恶劣社会影响的；（2）数量或者数额达到前款第（2）项至第（4）项规定标准5倍以上的；（3）造成其他特别严重后果的。

二十三、拒不履行信息网络安全管理义务罪

（一）概念

拒不履行信息网络安全管理义务罪是指网络服务提供者不履行法律、行政法规规定的信息网络安全管理义务，经监管部门责令采取改正措施而拒不改正，情节严重的行为。

（二）构成

1. 罪体

主体 拒不履行信息网络安全管理义务罪的主体是网络服务提供者。根据2019年10月21日最高人民法院、最高人民检察院《关于办理非法利用信息网络、帮助信息网络犯罪活动等刑事案件适用法律若干问题的解释》[以下简称《解释（三）》]第1条的规定，提供下列服务的单位和个人，应当认定为网络服务提供者：（1）网络接入、域名注册解析等信息网络接入、计算、存储、传输服务；（2）信息发布、搜索引擎、即时通讯、网络支付、网络预约、网络购物、网络游戏、网络直播、网站建设、安全防护、广告推广、应用商店等信息网络应用服务；（3）利用信息网络提供的电子政务、通信、能源、交通、水利、金融、教育、医疗等公共服务。

行为 拒不履行信息网络安全管理义务罪的行为是网络服务提供者不履行法

律、行政法规规定的信息网络安全管理义务。本罪是典型的义务犯。在刑法教义学中，所谓义务犯是指违反构成要件之前的、刑法之外的特别义务而构成的犯罪。① 义务犯的理论是由德国著名刑法学家罗克辛创造的，在罗克辛的观念中，义务犯是区别于支配犯的，支配犯要求实施具体构成要件的行为，并且对行为及其结果具有事实支配关系。而义务犯则只是单纯违反某种特别义务，并不要求对行为及其结果的事实支配。就拒不履行信息网络安全管理义务罪而言，信息网络安全管理义务是由刑法之外的有关网络安全的法律、行政法规设定的，是与网络服务提供者的主体身份相关联的。网络服务提供者具有信息网络安全的管理义务。如果拒不履行这一义务，并且具备两个附加条件：第一，经监管部门责令采取改正措施而拒不改正；第二，造成严重后果或者情节严重的，即构成本罪。拒不履行信息网络安全管理义务罪的设立对于维护信息网络安全具有重要意义，可以说，本罪是纯正的网络犯罪。在本罪设立之前，此种行为是按照相关犯罪的不作为进行处理的。例如快播案中②，快播公司对网络上的淫秽信息没有起到监管义务，因而被认定为传播淫秽物品罪。对此，当时在刑法理论上争议较大。在快播案中，行为人实施了两种行为，一是缓存淫秽信息，二是没有删除淫秽信息。这里的缓存就不能简单地说是不作为，而是具有一定的作为成分。至于没有删除淫秽信息，则具有没有履行监管义务的性质。对于将快播公司以及责任人员认定为传播淫秽物品罪，存在这样一种见解：传播只能是作为，不可能是不作为。其实，这是对不作为的错误理解所致。传播是指在一定范围内扩散，通常都是以作为形式构成。但如果具有阻止扩散义务的人不予阻止，这就是不作为的传播。现在，《刑法》直接将不履行监管义务的不作为设立为独立罪名，能够避免将这种不履行监管义务行为按照其所监管内容分别定罪带来的难题，具有其合理性。

① 关于义务犯的进一步论述，参见：何庆仁. 义务犯研究. 北京：中国人民大学出版社，2010.
② 关于快播案的分析，参见：陈兴良. 快播案一审判决的刑法教义学评判. 中外法学，2017（1）.

2. 罪责

拒不履行信息网络安全管理义务罪的罪责形式是故意。这里的故意，是指明知具有信息网络安全管理义务而有意拒不履行的主观心理状态。

3. 罪量

根据我国刑法规定，拒不履行信息网络安全管理义务罪的罪量要素是经监管部门责令采取改正措施而拒不改正，有下列情形之一的：（1）致使违法信息大量传播的；（2）致使用户信息泄露，造成严重后果的；（3）致使刑事案件证据灭失，情节严重的；（4）有其他严重情节的。根据《解释（三）》第 2 条的规定，这里的监管部门责令采取改正措施，是指网信、电信、公安等依照法律、行政法规的规定承担信息网络安全监管职责的部门，以责令整改通知书或者其他文书形式，责令网络服务提供者采取改正措施。认定经监管部门责令采取改正措施而拒不改正，应当综合考虑监管部门责令改正是否具有法律、行政法规依据，改正措施及期限要求是否明确、合理，网络服务提供者是否具有按照要求采取改正措施的能力等因素进行判断。

（1）致使违法信息大量传播的，根据《解释（三）》第 3 条的规定，是指具有下列情形之一的：1）致使传播违法视频文件 200 个以上的；2）致使传播违法视频文件以外的其他违法信息 2 000 个以上的；3）致使传播违法信息，数量虽未达到第 1 项、第 2 项规定标准，但是按相应比例折算合计达到有关数量标准的；4）致使向 2 000 个以上用户账号传播违法信息的；5）致使利用群组成员账号数累计 3 000 以上的通讯群组或者关注人员账号数累计 3 万以上的社交网络传播违法信息的；6）致使违法信息实际被点击数达到 5 万以上的；7）其他致使违法信息大量传播的情形。

（2）致使用户信息泄露，造成严重后果的，根据《解释（三）》第 4 条的规定，是指具有下列情形之一的：1）致使泄露行踪轨迹信息、通信内容、征信信息、财产信息 500 条以上的；2）致使泄露住宿信息、通信记录、健康生理信息、交易信息等其他可能影响人身、财产安全的用户信息 5 000 条以上的；3）致使泄露第1项、第2项规定以外的用户信息5万条以上的；4）数量虽未达到第1项至第3项规定标准，但是按相应比例折算合计达到有关数量标准的；5）造成他人死亡、重伤、精神失常或者被绑架等严重后果的；6）造成重大经济损失的；7）严重扰乱社会秩序的；8）造成其他严重后果的。

（3）致使刑事案件证据灭失，情节严重的，根据《解释（三）》第5条的规定，是指具有下列情形之一的：1）造成危害国家安全犯罪、恐怖活动犯罪、黑社会性质组织犯罪、贪污贿赂犯罪案件的证据灭失的；2）造成可能判处5年有期徒刑以上刑罚犯罪案件的证据灭失的；3）多次造成刑事案件证据灭失的；4）致使刑事诉讼程序受到严重影响的；5）其他情节严重的情形。

（4）有其他严重情节的，根据《解释（三）》第6条的规定，是指具有下列情形之一的：1）对绝大多数用户日志未留存或者未落实真实身份信息认证义务的；2）2年内经多次责令改正拒不改正的；3）致使信息网络服务被主要用于违法犯罪的；4）致使信息网络服务、网络设施被用于实施网络攻击，严重影响生产、生活的；5）致使信息网络服务被用于实施危害国家安全犯罪、恐怖活动犯罪、黑社会性质组织犯罪、贪污贿赂犯罪或者其他重大犯罪的；6）致使国家机关或者通信、能源、交通、水利、金融、教育、医疗等领域提供公共服务的信息网络受到破坏，严重影响生产、生活的；7）其他严重违反信息网络安全管理义务的情形。

（三）处罚

根据《刑法》第286条之一［《刑法修正案（九）》第28条］第1款之规定，犯本罪的，处3年以下有期徒刑、拘役或者管制，并处或者单处罚金。第2款规定，单位犯本罪的，对单位判处罚金，并对其直接负责的主管人员和其他直接责任人员，依照个人犯罪的规定处罚。

二十四、非法利用信息网络罪

（一）概念

非法利用信息网络罪是指利用信息网络为实施违法犯罪活动设立网站、通讯群组、发布信息，情节严重的行为。

（二）构成

1. 罪体

行为 非法利用信息网络罪是预备行为的正犯化。预备行为的正犯化是刑法保护前置化的立法措施，对于有效地惩治网络犯罪具有积极意义。在通常情况下，将犯罪划分为预备、未遂和既遂等不同的未完成形态，并设置不同的处罚规定。而刑法分则是以处罚既遂犯为标本的，预备犯和未遂犯的处罚根据由刑法总则提供。这种犯罪的完成形态与未完成形态相区分的立法例，适用于传统犯罪。在传统犯罪中，行为从预备到实行，存在一个线性的递进过程。然而，在利用网络实施传统犯罪的情况下，预备与未遂或者既遂不再是线性的递进关系，即一对一的关系，而是一对多的关系。最为典型的是在网络上发布诈骗信息，发布的数量极为庞大，数以百计，甚至数以千计，而实际被骗的人数则较少。在这种情况下，如果按照传统犯罪的预备与既遂的处理模式，对于发布诈骗信息的人按照犯罪预备处罚，难以有效地惩治这种犯罪。因此，2011 年 3 月 1 日最高人民法院、最高人民检察院《关于办理诈骗刑事案件具体应用法律若干问题的解释》对通过发送短信、拨打电话或者利用互联网、广播电视、报纸杂志等发布虚假信息，对不特定多数人实施诈骗的行为作了专门规定，其第 5 条第 2 款规定："利用发送短信、拨打电话、互联网等电信技术手段对不特定多数人实施诈骗，诈骗数额难以查证，但具有下列情形之一的，应当认定为刑法第二百六十六条规定的'其他严重情节'，以诈骗罪（未遂）定罪处罚：（一）发送诈骗信息五千条以上的；（二）拨打诈骗电话五百人次以上的；（三）诈骗手段恶劣、危害严重的。"值得注意的是，在上述司法解释中，对这种利用网络向不特定多数人发送诈骗信息的行为，根据发送网络诈骗信息的数量按照诈骗罪的未遂处罚。而立法机构则认为，这种发送网络诈骗信息的行为具有预备性质，并将其设置为独立罪名。这种预备行为正犯化的立法例因应了网络犯罪所具有的弥散性特征，为有效惩治网络诈骗等犯罪提供了法律根据。

非法利用信息网络罪是指利用信息网络实施以下行为之一：

（1）设立用于实施诈骗、传授犯罪方法、制作或者销售违禁物品、管制物品等违法犯罪活动的网站、通讯群组的。根据《解释（三）》第7条的规定，这里的违法犯罪，包括犯罪行为和属于刑法分则规定的行为类型但尚未构成犯罪的违法行为。《解释（三）》第8条规定，用于实施诈骗、传授犯罪方法、制作或者销售违禁物品、管制物品等违法犯罪活动的网站、通讯群组是指以实施违法犯罪活动为目的而设立或者设立后主要用于实施违法犯罪活动的网站、通讯群组。

（2）发布有关制作或者销售毒品、枪支、淫秽物品等违禁物品、管制物品或者其他违法犯罪信息的。

（3）为实施诈骗等违法犯罪活动发布信息的。根据《解释（三）》第9条的规定，这里的发布信息，是指利用信息网络提供信息的链接、截屏、二维码、访问账号密码及其他指引访问服务的。

2. 罪责

非法利用信息网络罪的罪责形式是故意。这里的故意，是指明知是为实施违法犯罪活动设立网站、通讯群组、发布信息的行为而有意实施的主观心理状态。

3. 罪量

非法利用信息网络罪的罪量要素是情节严重。根据《解释（三）》第10条的规定，这里的情节严重，是指具有下列情形之一的：（1）假冒国家机关、金融机构名义，设立用于实施违法犯罪活动的网站的；（2）设立用于实施违法犯罪活动的网站，数量达到3个以上或者注册账号数累计达到2 000以上的；（3）设立用于实施违法犯罪活动的通讯群组，数量达到5个以上或者群组成员账号数累计达到1 000以上的；（4）发布有关违法犯罪的信息或者为实施违法犯罪活动发布信息，具有下列情形之一的：1）在网站上发布有关信息100条以上的；2）向2 000个以上用户账号发送有关信息的；3）向群组成员数累计达到3 000以上的通讯群组发送有关信息的；4）利用关注人员账号数累计达到3万以上的社交网络传播有关信息的；（5）违法所得1万元以上的；（6）2年内曾因非法利用信息网络、帮助信息网络犯罪活动、危害计算机信息系统安全受过行政处罚，又非法利用信息网络的；（7）其他情节严重的情形。

（三）处罚

根据《刑法》第287条之一［《刑法修正案（九）》第29条］第1款之规定，犯本罪的，处3年以下有期徒刑或者拘役，并处或者单处罚金。第2款规定，单位犯本罪的，对单位判处罚金，并对其直接负责的主管人员和其他直接责任人员，依照个人犯罪的规定处罚。

二十五、帮助信息网络犯罪活动罪

（一）概念

帮助信息网络犯罪活动罪是指明知他人利用信息网络实施犯罪，为其犯罪提供互联网接入、服务器托管、网络存储、通讯传输等技术支持，或者提供广告推广、支付结算等帮助，情节严重的行为。

（二）构成

1. 罪体

行为 帮助信息网络犯罪活动罪的行为是明知他人利用信息网络实施犯罪，为其犯罪提供互联网接入、服务器托管、网络存储、通讯传输等技术支持，或者提供广告推广、支付结算等帮助。本罪是帮助行为的正犯化。在传统刑法中，对于帮助行为借助于刑法总则关于共犯的规定予以入罪。在刑法教义学中，将共犯的构成要件称为修正的构成要件，以此补充刑法分则以正犯为中心的刑事处罚体系。因此，刑法总则关于共犯的规定具有刑罚扩张事由的属性。然而，这种传统的帮助犯具有对于正犯的从属性，是按照被帮助的正犯的行为性质定罪，因而帮助行为与实行行为之间具有较为严密的对应关系，从而为帮助行为以实行行为论处提供了事实基础。在网络犯罪的情况下，传统犯罪被转移到网络空间，由于网络空间的虚拟性所决定，原本面对面实施的犯罪以一种背对背的形式呈现。例如传统诈骗罪都是当面实施的，因为绝大多数诈骗犯罪都是语言诈骗。然而，在网络诈骗中，诈骗行为可能以网络信息传播的方式向不特定的多数人实施。在这种情况下，网络诈骗不仅丧失了当面性，而且改变了一对一的特征。在专门化分工的情况下，某些行为人专门从事诈骗信息的传播活动，为他人诈骗提供便利，因而诈骗的预备和帮助行为与正犯之间的关系疏离化，甚至演变为一种交易关系。为了适应网络犯罪的这些特征，我国立法机关采取帮助行为正犯化的立法方式，设立了帮助信息网络犯罪活动罪。在司法实践中，对网络犯罪活动的帮助行为主要是提供网络技术支持，是一种在线的帮助。当然，广告推广和支付结算的帮助既可能是线上的帮助也可能是线下的帮助。对于这些帮助行为不再根据所帮助的行为性质定罪而是单独定罪，有利于对这些网络犯罪的帮助行为进行具有针对性的惩治。

根据《解释（三）》第11条的规定，这里的明知，是指为他人实施犯罪提供技术支持或者帮助，具有下列情形之一的，但是有相反证据的除外：（1）经监管部门告知后仍然实施有关行为的；（2）接到举报后不履行法定管理职责的；（3）交易价格或者方式明显异常的；（4）提供专门用于违法犯罪的程序、工具或者其他技术支持、帮助的；（5）频繁采用隐蔽上网、加密通信、销毁数据等措施或者使用虚假身份，逃避监管或者规避调查的；（6）为他人逃避监管或者规避调查提供技术支持、帮助的；（7）其他足以认定行为人明知的情形。

2. 罪责

帮助信息网络犯罪活动罪的罪责形式是故意。这里的故意，是指明知他人利用信息网络实施犯罪而有意提供帮助的主观心理状态。

3. 罪量

帮助信息网络犯罪活动罪的罪量要素是情节严重。根据《解释（三）》第12条的规定，这里的情节严重，是指具有下列情形之一的：（1）为3个以上对象提供帮助的；（2）支付结算金额20万元以上的；（3）以投放广告等方式提供资金5万元以上的；（4）违法所得1万元以上的；（5）2年内曾因非法利用信息网络、帮助信息网络犯罪活动、危害计算机信息系统安全受过行政处罚，又帮助信息网络犯罪活动的；（6）被帮助对象实施的犯罪造成严重后果的；（7）其他情节严重的情形。实施前款规定的行为，确因客观条件限制无法查证被帮助对象是否达到犯罪的程度，但相关数额总计达到前款第2项至第4项规定标准5倍以上，或者造成特别严重后果的，应当以帮助信息网络犯罪活动罪追究行为人的刑事责任。

（三）处罚

根据《刑法》第287条之二［《刑法修正案（九）》第29条］第1款之规定，犯本罪的，处3年以下有期徒刑或者拘役，并处或者单处罚金。第2款规定，单位犯前款罪的，对单位判处罚金，并对其直接负责的主管人员和其他直接责任人员，依照个人犯罪的规定处罚。

二十六、扰乱无线电通讯管理秩序罪

（一）概念

扰乱无线电通讯管理秩序罪是指违反国家规定，擅自设置、使用无线电台（站），或者擅自使用无线电频率，干扰无线电通讯秩序，情节严重的行为。

（二）构成

1. 罪体

行为 扰乱无线电通讯管理秩序罪的行为是违反国家规定，擅自设置、使用无线电台（站），或者擅自使用无线电频率，干扰无线电通讯秩序。这里的违反国家规定，是指违反国家对无线电的管理规定。擅自设置、使用无线电台（站），或者擅自使用无线电频率，干扰无线电通讯秩序，根据2017年6月27日最高人民法院、最高人民检察院《关于办理扰乱无线电通讯管理秩序等刑事案件适用法律若干问题的解释》［以下简称《解释（四）》］第1条的规定，是指具有下列情形之一：（1）未经批准设置无线电广播电台（以下简称"黑广播"），非法使用广播电视专用频段的频率的；（2）未经批准设置通信基站（以下简称"伪基站"），强行向不特定用户发送信息，非法使用公众移动通信频率的；（3）未经批准使用卫星无线电频率的；（4）非法设置、使用无线电干扰器的；（5）其他擅自设置、使用无线电台（站），或者擅自使用无线电频率，干扰无线电通讯秩序的情形。

客体　扰乱无线电通讯管理秩序罪的客体是无线电台（站）、无线电频率。

2. 罪责

扰乱无线电通讯管理秩序罪的罪责形式是故意。这里的故意，是指明知是扰乱无线电通讯管理秩序的行为而有意实施的主观心理状态。

3. 罪量

扰乱无线电通讯管理秩序罪的罪量要素是情节严重。这里的情节严重，根据前引《解释（四）》第 2 条的规定，是指具有下列情形之一：（1）影响航天器、航空器、铁路机车、船舶专用无线电导航、遇险救助和安全通信等涉及公共安全的无线电频率正常使用的；（2）自然灾害、事故灾难、公共卫生事件、社会安全事件等突发事件期间，在事件发生地使用“黑广播”“伪基站”的；（3）举办国家或者省级重大活动期间，在活动场所及周边使用“黑广播”“伪基站”的；（4）同时使用 3 个以上“黑广播”“伪基站”的；（5）“黑广播”的实测发射功率 500 瓦以上，或者覆盖范围 10 公里以上的；（6）使用“伪基站”发送诈骗、赌博、招嫖、木马病毒、钓鱼网站链接等违法犯罪信息，数量在 5 000 条以上，或者销毁发送数量等记录的；（7）雇佣、指使未成年人、残疾人等特定人员使用“伪基站”的；（8）违法所得 3 万元以上的；（9）曾因扰乱无线电通讯管理秩序受过刑事处罚，或者 2 年内曾因扰乱无线电通讯管理秩序受过行政处罚，又实施《刑法》第 288 条规定的行为的；（10）其他情节严重的情形。

（三）认定

2000 年 5 月 12 日最高人民法院《关于审理扰乱电信市场管理秩序案件具体应用法律若干问题的解释》第 5 条规定，违反国家规定，擅自设置、使用无线电台（站），或者擅自占用频率，非法经营国际电信业务或者涉港澳台电信业务进行营利活动，同时构成非法经营罪和《刑法》第 288 条规定的扰乱无线电通讯管理秩序罪的，依照处罚较重的规定定罪处罚。这是关于非法经营罪与扰乱无线电通讯管理秩序罪的想象竞合的规定,对此应从一重罪处断。

(四)处罚

根据《刑法》第288条第1款[《刑法修正案(九)》第30条]之规定,犯本罪的,处3年以下有期徒刑、拘役或者管制,并处或者单处罚金;情节特别严重的,处3年以上7年以下有期徒刑,并处罚金。第2款规定,单位犯本罪的,对单位判处罚金,并对其直接负责的主管人员和其他直接责任人员,依照个人犯罪的规定处罚。

加重处罚事由 犯扰乱无线电通讯管理秩序罪而情节特别严重的,是本罪的加重处罚事由。这里的情节特别严重,根据前引《解释(四)》第3条的规定,是指具有下列情形之一:(1)影响航天器、航空器、铁路机车、船舶专用无线电导航、遇险救助和安全通信等涉及公共安全的无线电频率正常使用,危及公共安全的;(2)造成公共秩序混乱等严重后果的;(3)自然灾害、事故灾难、公共卫生事件和社会安全事件等突发事件期间,在事件发生地使用"黑广播""伪基站",造成严重影响的;(4)对国家或者省级重大活动造成严重影响的;(5)同时使用10个以上"黑广播""伪基站"的;(6)"黑广播"的实测发射功率3 000瓦以上,或者覆盖范围20公里以上的;(7)违法所得15万元以上的;(8)其他情节特别严重的情形。

二十七、聚众扰乱社会秩序罪

(一)概念

聚众扰乱社会秩序罪是指聚众扰乱社会秩序,情节严重,致使工作、生产、营业和教学、科研、医疗无法进行,造成严重损失的行为。

(二)构成

1. 罪体

行为 聚众扰乱社会秩序罪的行为是聚众扰乱社会秩序。这里的聚众扰乱社会秩序，是指在首要分子的煽动、策划下，纠集多人共同扰乱党政机关、企业、事业单位和人民团体的工作、生产、营业和教学、科研、医疗秩序。

客体 聚众扰乱社会秩序罪的客体是社会秩序。这里的社会秩序，是指正常的工作、生产、营业和教学、科研、医疗秩序。

2. 罪责

聚众扰乱社会秩序罪的罪责形式是故意。这里的故意，是指明知是聚众扰乱社会秩序的行为而有意实施的主观心理状态。

3. 罪量

聚众扰乱社会秩序罪的罪量要素是情节严重，致使工作、生产、营业和教学、科研、医疗无法进行，造成严重损失。这里的情节严重，是指扰乱时间长、纠集人数多，造成恶劣影响。造成严重损失，是指公私财物或者经济建设、教学、科研、医疗等活动受到严重的破坏。

（三）处罚

根据《刑法》第 290 条第 1 款之规定，犯本罪的，对首要分子，处 3 年以上 7 年以下有期徒刑；对其他积极参加的，处 3 年以下有期徒刑、拘役、管制或者剥夺政治权利。

二十八、聚众冲击国家机关罪

（一）概念

聚众冲击国家机关罪是指聚众冲击国家机关，致使国家机关工作无法进行，造成严重损失的行为。

（二）构成

1. 罪体

行为 聚众冲击国家机关罪的行为是聚众冲击国家机关。这里的聚众冲击国家机关，是指聚集多人强行冲入国家机关。

客体 聚众冲击国家机关罪的客体是国家机关。这里的国家机关，是指各级国家权力机关、党政机关、司法机关和军事机关。

2. 罪责

聚众冲击国家机关罪的罪责形式是故意。这里的故意，是指明知是聚众冲击国家机关的行为而有意实施的主观心理状态。

3. 罪量

聚众冲击国家机关罪的罪量要素是致使国家机关工作无法进行，造成严重损失。这里的致使国家机关工作无法进行，是指国家机关及其工作人员行使管理职权、执行职务的活动，因受到冲击而被迫中断或者停止。造成严重损失，是指妨害国家机关重要公务活动的；政治影响恶劣的；致使国家机关长时间无法行使管理职权，严重影响工作秩序的；给国家、集体和个人造成严重后果的；等等。

（三）处罚

根据《刑法》第 290 条第 2 款之规定，犯本罪的，对首要分子，处 5 年以上 10 年以下有期徒刑；对其他积极参加的，处 5 年以下有期徒刑、拘役、管制或者剥夺政治权利。

二十九、扰乱国家机关工作秩序罪

（一）概念

扰乱国家机关工作秩序罪是指多次扰乱国家机关工作秩序，经行政处罚后仍不改正，造成严重后果的行为。

（二）构成

1. 罪体

行为 扰乱国家机关工作秩序罪的行为是扰乱国家机关工作秩序。

客体 扰乱国家机关工作秩序罪的客体是国家机关工作秩序。

2. 罪责

扰乱国家机关工作秩序罪的罪责形式是故意。这里的故意，是指明知是扰乱国家机关工作秩序的行为而有意实施的主观心理状态。

3. 罪量

扰乱国家机关工作秩序罪的罪量要素可以分为以下三项：（1）多次。这里的多次，是指 3 次以上。（2）经行政处罚后仍不改正。这是一种行政处罚前置的规定，如果没有受过行政处罚，则不能构成本罪。（3）造成严重后果。

（三）处罚

根据《刑法》第 290 条第 3 款［《刑法修正案（九）》第 31 条］之规定，犯本罪的，处 3 年以下有期徒刑、拘役或者管制。

三十、组织、资助非法聚集罪

（一）概念

组织、资助非法聚集罪是指多次组织、资助他人非法聚集，扰乱社会秩序，情节严重的行为。

（二）构成

1. 罪体

行为　组织、资助非法聚集罪的行为是组织、资助他人非法聚集，扰乱社会秩序。

客体　组织、资助非法聚集罪的客体是他人扰乱社会秩序的非法聚集活动。

2. 罪责

组织、资助非法聚集罪的罪责形式是故意。这里的故意，是指明知是组织、资助他人非法聚集，扰乱社会秩序的行为而有意实施的主观心理状态。

3. 罪量

组织、资助非法聚集罪的罪量要素是以下两项：（1）多次。这里的多次，是指 3 次以上。（2）情节严重。

（三）处罚

根据《刑法》第 290 条第 4 款［《刑法修正案（九）》第 31 条］之规定，犯本罪的，处 3 年以下有期徒刑、拘役或者管制。

三十一、聚众扰乱公共场所秩序、交通秩序罪

（一）概念

聚众扰乱公共场所秩序、交通秩序罪是指聚众扰乱车站、码头、民用航空站、商场、公园、影剧院、展览会、运动场或者其他公共场所秩序，聚众堵塞交通或者破坏交通秩序，抗拒、阻碍国家治安管理工作人员依法执行职务，情节严重的行为。

（二）构成

1. 罪体

行为 聚众扰乱公共场所秩序、交通秩序罪的行为是聚众扰乱公共场所秩序、交通秩序。根据刑法规定，本罪在客观上表现为以下两种情形：（1）聚众扰乱公共场所秩序，抗拒、阻碍国家治安管理工作人员依法执行职务；（2）聚众堵塞交通或者破坏交通秩序，抗拒、阻碍国家治安管理工作人员依法执行职务。

客体 聚众扰乱公共场所秩序、交通秩序罪的客体是公共场所秩序和交通秩序。

2. 罪责

聚众扰乱公共场所秩序、交通秩序罪的罪责形式是故意。这里的故意，是指明知是聚众扰乱公共场所秩序、交通秩序的行为而有意实施的主观心理状态。

3. 罪量

聚众扰乱公共场所秩序、交通秩序罪的罪量要素是情节严重。这里的情节严重，是指聚众扰乱公共场所秩序、交通秩序人数多或者时间长的；造成人员伤亡

或者公私财物重大损失的；影响恶劣的；等等。

（三）处罚

根据《刑法》第 291 条之规定，犯本罪的，对首要分子，处 5 年以下有期徒刑、拘役或者管制。

三十二、投放虚假危险物质罪

（一）概念

投放虚假危险物质罪是指投放虚假的爆炸性、毒害性、放射性、传染病病原体等物质，严重扰乱社会秩序的行为。

（二）构成

1. 罪体

行为　投放虚假危险物质罪的行为是投放虚假的爆炸性、毒害性、放射性、传染病病原体等物质。这里的投放，是指放置在公共场所、交通工具或者其他位置，或者向有关单位或者个人邮寄。

客体　投放虚假危险物质罪的客体是虚假危险物质。这里的虚假危险物质，是指虚假的爆炸性、毒害性、放射性、传染病病原体等物质。

2. 罪责

投放虚假危险物质罪的罪责形式是故意。这里的故意，是指明知是投放虚假危险物质的行为而有意实施的主观心理状态。

3. 罪量

投放虚假危险物质罪的罪量要素是严重扰乱社会秩序。这里的严重扰乱社会秩序，是指造成社会公众的心理恐慌，严重扰乱正常的生产秩序、生活秩序、工作秩序和教学科研秩序，等等。

（三）处罚

根据《刑法》第 291 条之一［《刑法修正案（三）》第 8 条］第 1 款之规定，

犯本罪的，处 5 年以下有期徒刑、拘役或者管制；造成严重后果的，处 5 年以上有期徒刑。

加重处罚事由 犯投放虚假危险物质罪而造成严重后果的，是本罪的加重处罚事由。这里的造成严重后果，是指由于投放虚假危险物质而引起社会骚乱，致人重伤、死亡或者自伤、自杀的；致使停工停产，造成重大经济损失的；造成其他严重后果的；等等。

三十三、编造、故意传播虚假恐怖信息罪

（一）概念

编造、故意传播虚假恐怖信息罪是指编造爆炸威胁、生化威胁、放射威胁等恐怖信息，或者明知是编造的恐怖信息而故意传播，严重扰乱社会秩序的行为。

（二）构成

1. 罪体

行为 编造、故意传播虚假恐怖信息罪的行为是编造爆炸威胁、生化威胁、放射威胁等恐怖信息，或者明知是编造的恐怖信息而故意传播。由此可见，本罪的行为具有以下两种情形：（1）编造虚假恐怖信息。这里的编造，是指虚构、捏造。（2）传播虚假恐怖信息。这里的传播，是指散布、扩散。根据 2003 年 5 月 14 日最高人民法院、最高人民检察院《关于办理妨害预防、控制突发传染病疫情等灾害的刑事案件具体应用法律若干问题的解释》第 10 条规定，编造与突发传染病疫情等灾害有关的恐怖信息，或者明知是编造的此类恐怖信息而故意传播，严重扰乱社会秩序的，以本罪论处。

案例 33 - 4   **李泽强编造、故意传播虚假恐怖信息案**

（检例第 9 号）

被告人李泽强，男，河北省人，1975 年出生，原系北京欣和物流仓储中心电工。2010 年 8 月 4 日 22 时许，被告人李泽强为发泄心中不满，在北京市朝阳区小

营北路 13 号工地施工现场，用手机编写短信"今晚要炸北京首都机场"，并向数十个随意编写的手机号码发送。天津市的彭某收到短信后于 2010 年 8 月 5 日向当地公安机关报案，北京首都国际机场公安分局于当日接警后立即通知首都国际机场运行监控中心。首都国际机场运行监控中心随即启动紧急预案，对东、西航站楼和机坪进行排查，并加强对行李物品的检查和监控工作，耗费大量人力、物力，严重影响了首都国际机场的正常工作秩序。2010 年 12 月 14 日，北京市朝阳区人民法院作出一审判决，判决被告人李泽强犯编造、故意传播虚假恐怖信息罪，判处有期徒刑 1 年。

　　本案的裁判要旨指出：编造、故意传播虚假恐怖信息罪是选择性罪名。编造恐怖信息以后向特定对象散布，严重扰乱社会秩序的，构成编造虚假恐怖信息罪。编造恐怖信息以后向不特定对象散布，严重扰乱社会秩序的，构成编造、故意传播虚假恐怖信息罪。

释评

　　本案的裁判要点对编造、故意传播虚假恐怖信息罪的罪名适用作了具体解释。本罪包括两种行为——编造和传播，由此，本罪可以分解为编造虚假恐怖信息罪和编造、故意传播虚假恐怖信息罪。即使在编造虚假恐怖信息罪的情况下，也要求具备传播行为，但这里的传播是指向特定对象传播。如果是向不特定对象传播，则构成编造、故意传播虚假恐怖信息罪。

　　客体　编造、故意传播虚假恐怖信息罪的客体是虚假恐怖信息。这里的虚假恐怖信息，根据 2013 年 9 月 18 日最高人民法院《关于审理编造、故意传播虚假恐怖信息刑事案件适用法律若干问题的解释》[以下简称《解释（五）》] 第 6 条的规定，是指以发生爆炸威胁、生化威胁、放射威胁、劫持航空器威胁、重大灾情、重大疫情等严重威胁公共安全的事件为内容，可能引起社会恐慌或者公共安全危机的不真实信息。

　　2. 罪责

　　编造、故意传播虚假恐怖信息罪的罪责形式是故意。这里的故意，是指有意编造虚假恐怖信息或者明知是编造的虚假恐怖信息而有意传播的主观心理状态。

3. 罪量

编造、故意传播虚假恐怖信息罪的罪量要素是严重扰乱社会秩序。这里的严重扰乱社会秩序，根据前引《解释（五）》第 2 条的规定，是指具有下列情形之一：（1）致使机场、车站、码头、商场、影剧院、运动场馆等人员密集场所秩序混乱，或者采取紧急疏散措施的；（2）影响航空器、列车、船舶等大型客运交通工具正常运行的；（3）致使国家机关、学校、医院、厂矿企业等单位的工作、生产、经营、教学、科研等活动中断的；（4）造成行政村或者社区居民生活秩序严重混乱的；（5）致使公安、武警、消防、卫生检疫等职能部门采取紧急应对措施的；（6）其他严重扰乱社会秩序的。

（三）处罚

根据《刑法》第 291 条之一 [《刑法修正案（三）》第 8 条] 第 1 款之规定，犯本罪的，处 5 年以下有期徒刑、拘役或者管制；造成严重后果的，处 5 年以上有期徒刑。

加重处罚事由　犯编造、故意传播虚假恐怖信息罪而造成严重后果的，是本罪的加重处罚事由。这里的造成严重后果，根据前引《解释（五）》第 4 条的规定，是指具有下列情形之一：（1）造成 3 人以上轻伤或者 1 人以上重伤的；（2）造成直接经济损失 50 万元以上的；（3）造成县级以上区域范围居民生活秩序严重混乱的；（4）妨碍国家重大活动进行的；（5）造成其他严重后果的。

从重处罚事由　根据前引《解释（五）》第 3 条的规定，编造、故意传播虚假恐怖信息，严重扰乱社会秩序，具有下列情形之一的，应当依照《刑法》第 291 条之一的规定，在 5 年以下有期徒刑范围内酌情从重处罚：（1）致使航班备降或返航，或者致使列车、船舶等大型客运交通工具中断运行的；（2）多次编造、故意传播虚假恐怖信息的；（3）造成直接经济损失 20 万元以上的；（4）造成乡镇、街道区域范围居民生活秩序严重混乱的；（5）具有其他酌情从重处罚情节的。

三十四、编造、故意传播虚假信息罪

（一）概念

编造、故意传播虚假信息罪是指编造虚假的险情、疫情、灾情、警情，在信息网络或者其他媒体上传播，或者明知是上述虚假信息，故意在信息网络或者其他媒体上传播，严重扰乱社会秩序的行为。

（二）构成

1. 罪体

行为　编造、故意传播虚假信息罪的行为是编造虚假的险情、疫情、灾情、警情，在信息网络或者其他媒体上传播，或者明知是上述虚假信息，故意在信息网络或者其他媒体上传播。根据刑法规定，本罪的行为可以分为两种情形：（1）编造虚假的险情、疫情、灾情、警情，在信息网络或者其他媒体上传播。（2）明知是上述虚假信息，故意在信息网络或者其他媒体上传播。

客体　编造、故意传播虚假信息罪的客体是虚假的险情、疫情、灾情、警情。

2. 罪责

编造、故意传播虚假信息罪的罪责形式是故意。这里的故意，是指有意编造虚假信息并传播，或者明知是虚假信息而有意传播的主观心理状态。

3. 罪量

编造、故意传播虚假信息罪的罪量要素是严重扰乱社会秩序。

（三）处罚

根据《刑法》第 291 条之一第 2 款〔《刑法修正案（九）》第 32 条〕之规定，犯本罪的，处 3 年以下有期徒刑、拘役或者管制；造成严重后果的，处 3 年以上 7 年以下有期徒刑。

加重处罚事由　犯编造、故意传播虚假信息罪而造成严重后果的，是本罪的加重处罚事由。

三十五、高空抛物罪

（一）概念

高空抛物罪是指从建筑物或者其他高空抛掷物品，情节严重的行为。

（二）构成

1. 罪体

行为 高空抛物罪的行为是从建筑物或者其他高空抛掷物品。这里的高空，是指距离地面具有一定高度的处所。对于高空的高度，法律并未作规定。在司法实践中，应当根据是否足以对过往路人产生人身危害作为确定的根据。本罪是具体危险犯，只有对过往路人具有造成人身危害可能性的高空抛物行为才能构成本罪。如果是不具有造成人身危害可能性的高空抛物行为，则不能构成本罪。

2. 罪责

高空抛物罪的罪责形式是故意。这里的故意，是指明知是高空抛物行为而有意实施的主观心理状态。

3. 罪量

高空抛物罪的罪量要素是情节严重。参照 2019 年 10 月 21 日最高人民法院《关于依法妥善审理高空抛物、坠物案件的意见》的规定，具有下列情形之一的，可以认定为本罪的情节严重：（1）多次实施的；（2）经劝阻仍继续实施的；（3）受过刑事处罚或者行政处罚后又实施的；（4）在人员密集场所实施的；（5）其他情节严重的情形。

（三）处罚

根据《刑法》第 291 条之二［《刑法修正案（十一）》第 33 条］第 1 款之规定，犯本罪的，处 1 年以下有期徒刑、拘役或者管制，并处或者单处罚金。第 2 款规定，有前款行为，同时构成其他犯罪的，依照处罚较重的规定定罪处罚。

三十六、聚众斗殴罪

（一）概念

聚众斗殴罪是指出于寻求刺激、发泄情绪、逞强耍横的动机，聚集多人进行斗殴的行为。

（二）构成

1. 罪体

行为　聚众斗殴罪的行为是聚集多人进行斗殴。因此，聚众斗殴是一种复合行为：聚众是手段行为，斗殴是目的行为。这里的聚集多人，是指纠集 3 人以上。斗殴，是指打斗殴击。这里的斗殴，既包括互相殴斗，也包括单方殴斗。

2. 罪责

聚众斗殴罪的罪责形式是故意。这里的故意，是指明知是聚众斗殴行为而有意实施的主观心理状态。应当指出，聚众斗殴罪在主观上必须具有寻求刺激、发泄情绪、逞强耍横的动机。如果不具有这种动机，而是出于某种利益冲突或者民事纠纷而引发的结伙械斗，则不构成本罪。聚众斗殴行为造成伤害的，应以故意伤害罪论处；造成死亡的，应以故意杀人罪或者故意伤害致人死亡罪论处。

（三）处罚

根据《刑法》第 292 条第 1 款之规定，犯本罪的，对首要分子和其他积极参加的，处 3 年以下有期徒刑、拘役或者管制；有下列情形之一的，对首要分子和其他积极参加的，处 3 年以上 10 年以下有期徒刑：（1）多次聚众斗殴的；（2）聚众斗殴人数多，规模大，社会影响恶劣的；（3）在公共场所或者交通要道聚众斗殴，造成社会秩序严重混乱的；（4）持械聚众斗殴的。第 2 款规定，聚众斗殴，致人重伤、死亡的，依照本法第 234 条、第 232 条的规定定罪处罚。

加重处罚事由　犯聚众斗殴罪而具有下列情形之一的，是本罪的加重处罚事由：（1）多次聚众斗殴的；（2）聚众斗殴人数多，规模大，社会影响恶劣的；

（3）在公共场所或者交通要道聚众斗殴，造成社会秩序严重混乱的；（4）持械聚众斗殴的。

转化犯 聚众斗殴，致人重伤、死亡的，应以故意伤害罪、故意杀人罪定罪处罚，这是本罪的转化犯。

三十七、寻衅滋事罪

（一）概念

寻衅滋事罪是指出于寻求刺激、发泄情绪、逞强耍横的动机，在公共场所无事生非，起哄闹事，随意殴打、追逐、拦截、辱骂、恐吓他人，强拿硬要，任意损毁、占用公私财物，破坏公共秩序，情节恶劣或者情节严重、后果严重的行为。

（二）构成

1. 罪体

行为 寻衅滋事罪的行为是寻衅滋事。刑法规定的寻衅滋事行为具有下列四种情形：

（1）随意殴打他人。这里的随意殴打他人，是指出于寻求精神刺激的目的，无故、无理殴打他人。我国《刑法》第234条规定了故意伤害罪，要求达到轻伤害程度。对于没有达到轻伤害程度的殴打行为并没有一般性地规定为犯罪，而是作为治安管理处罚的行为。例如《治安管理处罚法》第43条对殴打他人行为作了明文规定，由此可见，殴打行为并没有达到犯罪程度。但《刑法》第293条却将随意殴打他人，情节恶劣的行为以寻衅滋事罪论处。因此，随意殴打他人，情节恶劣的行为是对殴打行为的一种例外规定。在这种情况下，如何区分治安管理处罚的殴打他人行为与寻衅滋事罪的殴打他人行为，就涉及罪与非罪的界限。在此，除了情节恶劣的程度界限以外，还要从随意这一要素上加以限定。这里的随意，是指为所欲为或者没有理由，因此随意殴打他人首先是指那种无事生非型的寻衅滋事罪。我国学者认为随意是寻衅滋事罪的核心要素，这一要素包括主观随意和客观随意两个方面，只有在把被害人置换为其他人时行为人仍会滋事、把行为人置换为其他人时其他人不会滋事并符合有关客观表现时，才能认定随意的存在。我国学者把这一判断寻衅滋事罪中随意的标准称为双重置换原则。应该说，这一原则具有一定的参考价值，可以成为判断殴打他人是否随意的一个标准。至于借故生非型的寻衅滋事罪，是否具备随意这一特征，还需要进行解释。从某种意义上说，"借故"是指没有正当理由，因此还是无故的一种特殊情形。无论是无故还是借故，都说明其行为没有理由或者没有正当理由。无故与借故都在一定程度上反映了殴打的随意性。而且，这种殴打的随意性还体现了行为人主观上的流氓动机，即寻求刺激、发泄情绪、逞强耍横。只有结合以上各种主客观要素，才能对寻衅滋事罪的随意殴打行为进行准确的认定。

（2）追逐、拦截、辱骂、恐吓他人。这里的追逐、拦截、辱骂、恐吓他人，是指出于寻求精神刺激的目的，无故、无理追赶、拦挡、侮辱、谩骂他人。在1997年刑法中，只规定了追逐、拦截、辱骂三种情形，2011年2月25日《刑法修正案（八）》增加了恐吓他人的情形。应该指出，对于上述行为在《治安管理处罚法》中都有规定，例如第26条规定了追逐、拦截他人，第42条规定了恐吓他人等。上述行为之所以构成寻衅滋事罪，并不仅仅是因为其妨害了公民的自由和人格，更为重要的是因为其破坏了社会秩序。以下对这四种情形分别进行分析：

1）追逐。追逐是一种妨碍他人行动自由的行为。在现实生活中，追逐的对象往往是女性，因此，这种行为具有侮辱妇女的性质。在司法实践中，对妇女的追逐一般都是作为实施其他犯罪的手段，例如强奸罪，对陌生女性实施强奸行为，往往始于对其追逐。在这种情况下，追逐行为就被强奸罪所吸收，不再另行定罪。但如果没有着手实施强奸行为，并不能查明追逐女性的目的就是强奸妇女，则该追逐妇女的行为就不能被认定为强奸罪的预备或者未遂。但是，这种行为人主观上出于流氓动机的追逐行为，情节恶劣，破坏了社会秩序，因此刑法规定构成寻衅滋事罪。

2）拦截。拦截也是一种妨碍他人行动自由的行为。在现实生活中，追逐与拦截往往是同时实施的，其目的都是实现对他人的人身控制。拦截的对象既可以是人员，主要是妇女，也可以是车辆或者其他交通工具。拦截在某些犯罪中是其手段，例如拦路抢劫或者拦路强奸，都是以对过往的人员进行拦截为其手段的。在这种情况下，拦截行为被包含在抢劫罪或者强奸罪之中。寻衅滋事罪中的拦截，是出于流氓动机对人员或者车辆进行骚扰，破坏公共场所秩序。

3）辱骂。辱骂行为也是寻衅滋事行为之一。在现实生活中，辱骂作为一种不文明的行为，还是大量存在的。辱骂行为侵害了他人的人格与名誉，属于侵犯人身权利的行为。对此，《治安管理处罚法》也作了专门规定，在通常情况下，只要对其予以治安管理处罚，就足以惩治这种行为。但是，如果是出于流氓动机的辱骂，造成恶劣影响或者严重后果，破坏社会秩序的，应当以寻衅滋事罪论处。这里应当指出，单独的辱骂行为构成寻衅滋事罪的情况比较少，除非是引起他人自杀等严重后果的情形。在大多数案件中都是在追逐、拦截过程中具有辱骂行为，对此，视为一个整体进行刑法评价。

4）恐吓。恐吓行为是极为常见的一种侵犯他人意思决定自由的行为，在各国刑法中都有恐吓罪之设。《日本刑法典》第 222 条第 1 款规定了胁迫罪，其实就是恐吓罪，是指以告知加害他人生命、身体、自由、名誉以及财产的方式胁迫他人的行为。日本学者指出："这里的胁迫是指告知能够使对方恐惧程度的不利后果。虽然对方必须认识到这种不利后果，但不要求对方产生了恐惧心理。因此，本罪是抽象的危险犯。"[①] 我国《刑法》对恐吓只是简单列举，对其内容未加详尽描述。从语义上来看，恐吓是指以不利后果威胁他人，使他人产生恐惧心理，因而侵犯了他人的意思决定自由。恐吓一般都是其他犯罪的预备行为，也就是说恐吓本身不是目的，恐吓只是达到其他犯罪或者非犯罪的手段。例如，实施

---

① 大谷实. 刑法讲义各论：新版第 2 版，黎宏，译. 北京：中国人民大学出版社，2008：78.

严重犯罪之前往往伴随着事先的恐吓，使他人心生畏惧而屈从，若不屈从则继之以伤害或者杀人等更为严重的犯罪。因此，恐吓本身虽然还没有直接侵害到他人的人身权利，但已经使他人的人身权利受到威胁。日本学者将其视为抽象危险犯，是完全正确的。我国刑法因为注重实害结果，对于恐吓行为并未入罪。《刑法修正案（八）》将恐吓行为补充规定为寻衅滋事罪的行为方式，并不是对恐吓一般性的入罪，而是对那些破坏社会秩序的恐吓行为才能定罪，这是具有一定限制性的入罪规定。对此，在认定恐吓型的寻衅滋事罪时，应当考察其恐吓行为是否破坏社会秩序。例如，在恋人之间发生矛盾，女方要求分手，男方以威胁方法要求继续保持恋爱关系。这种威胁也是一种恐吓行为，但并不破坏社会秩序，只是一种单纯的侵犯人身权利的行为，因此不能认定为寻衅滋事罪。而破坏社会秩序的恐吓一般都发生在公共场所或者其他场所，并且是对不特定的他人所实施的恐吓，行为人主观上具有流氓动机。据此，可以将破坏社会秩序的恐吓行为与其他恐吓行为加以正确地区分。

（3）强拿硬要或者任意损毁、占用公私财物。这里的强拿硬要或者任意损毁、占用公私财物，是指以蛮不讲理的手段，强行索要市场、商店的商品以及他人的财物，或者随心所欲损坏、毁灭公私财物。强拿硬要或者任意损毁、占用公私财物型寻衅滋事罪，在寻衅滋事罪中也是较为常见的犯罪类型。这里涉及三种行为：强拿硬要、任意损毁、占用公私财物。这三种行为分别对应于三种财产犯罪的类型，并可能与之发生重合：强拿硬要对应于占有型财产犯罪，其与抢劫罪之间存在一定的重合；任意损毁对应于毁坏型财产犯罪，其与故意毁坏财物罪之间存在一定的重合；占用公私财物对应于使用型财产犯罪，我国刑法没有关于一般使用型财产犯罪的规定，但立法者将破坏社会秩序的占用公私财物的行为规定为犯罪。由此可见，我国刑法关于寻衅滋事罪的规定，体现了对社会秩序的保护高于对个人的人身权利和财产权利保护的立法倾向。以下对强拿硬要或者任意损毁、占用公私财物这三种情形分别进行分析。

1）强拿硬要。强拿硬要是指未经他人许可而强取他人财物，这是一种侵犯他人财产权利的行为。那么，这种强拿硬要行为与抢劫罪之间如何加以区分呢？这是一个较为疑难的问题。从对象上无法区分，因为强拿硬要当然主要是针对不特定的对象，抢劫罪也并不限于对特定对象的抢劫。从发生地点上也无法区分，因为强拿硬要主要发生在集市、商店等公共场所，抢劫罪也同样可能发生在这些公共场所。从数额上也无法区分，不能认为数额较少的，构成强拿硬要；数额较大的，构成抢劫罪。我国刑法规定的抢劫罪本身就没有数额限制，而司法解释反而规定强拿硬要公私财物数额达到 1 000 元以上才能构成寻衅滋事罪。那么，到底根据什么标准对强拿硬要型寻衅滋事罪与抢劫罪加以区分呢？在刑法教义学中，抢劫罪的强制性要求达到致使被害人不能抗拒的程度，以此似乎可以与强拿硬要型寻衅滋事罪相区分。但敲诈勒索罪的强制性也不要求达到足以压制被害人反抗的程度，而这也正是敲诈勒索罪与抢劫罪的区分之所在。因此，如果仅以强制性程度没有达到压制被害人反抗的程度作为强拿硬要型寻衅滋事罪的认定标准，那么，强拿硬要型寻衅滋事罪与敲诈勒索罪难以区分。在司法实践中，一般也是把强拿硬要型的寻衅滋事罪作为抢劫罪与敲诈勒索罪的兜底罪名来使用的，但因为其界限不够明确，所以往往存在较大分歧意见。对此，2005 年 6 月 8 日最高人民法院《关于审理抢劫、抢夺刑事案件适用法律若干问题的意见》第 9 条第 4 款对抢劫罪与强拿硬要型寻衅滋事罪的界限作了以下界分："寻衅滋事罪是严重扰乱社会秩序的犯罪，行为人实施寻衅滋事的行为时，客观上也可能表现为强拿硬要公私财物的特征。这种强拿硬要的行为与抢劫罪的区别在于：前者行为人主观上还具有逞强好胜和通过强拿硬要来填补其精神空虚等目的，后者行为人一般只具有非法占有他人财物的目的；前者行为人客观上一般不以严重侵犯他人人身权利的方法强拿硬要财物，而后者行为人则以暴力、胁迫等方式作为劫取他人财物的手段。司法实践中，对于未成年人使用或者威胁使用轻微暴力强抢少量财物的行为，一般不宜以抢劫罪定罪处罚，其行为符合寻衅滋事罪特征的，可以寻衅滋事罪定罪处罚。"这一司法解释的规定对于抢劫罪与强拿硬要型寻衅滋事罪的界限从主客观这两个方面作了描述：在主观方面强调了流氓动机的界分功能。

应该说，这一点是比较明确的。在客观方面主要对强制性方法在程度上作了区分，当然，其界限仍然不够清晰。我认为，对于强拿硬要型寻衅滋事罪与抢劫罪以及敲诈勒索罪的区分，应当结合主客观要素进行综合判断，例如强制性是否明显、财物数额是否少量、是否利用借口进行强行索要、是否具有寻衅动机等。应该指出，在强拿硬要型寻衅滋事罪中，上述司法解释所提及的未成年人强抢少量财物的行为具有寻衅滋事罪的寻衅动机是极为确定的。对此，2006 年 1 月 11 日最高人民法院《关于审理未成年人刑事案件具体应用法律若干问题的解释》第 8条规定："已满十六周岁不满十八周岁的人出于以大欺小、以强凌弱或者寻求精神刺激，随意殴打其他未成年人、多次对其他未成年人强拿硬要或者任意损毁公私财物，扰乱学校及其他公共场所秩序，情节严重的，以寻衅滋事罪定罪处罚。"因此，这种未成年人之间的强拿硬要行为与抢劫罪之间的界限划分得极为清楚。其他强拿硬要型寻衅滋事罪与抢劫罪之间的界限还是具有一定的模糊性，在司法实践中拿捏把握仍然存在一定的难度。强拿硬要型寻衅滋事罪与抢劫罪的区分，还有一个重要标准，就是有因还是无因。抢劫罪的目的在于非法占有他人财物，在客观上表现为直接以暴力或者胁迫方法取得他人财物，因此，一般来说都是无因的行为。强拿硬要型寻衅滋事罪系有因的行为，行为人虽然具有取得财物的意思，但主要还是意图通过取得财物满足其寻衅动机。因此，行为人往往以收取保护费、虚设债权或者以各种借款等方式强取他人财物。

　　2）任意损毁。任意损毁公私财物，是指出于流氓动机损毁公私财物的行为。在我国刑法中有故意毁坏财物罪之设，这是一种毁坏型的财产犯罪，以区别于盗窃罪等占有型的财产犯罪。可以说，在客观表现方式上，任意损毁公私财物型的寻衅滋事罪与故意毁坏财物罪是相同的，只是罪量要素不同而已。根据我国司法解释的规定，故意毁坏财物罪造成公私财物损失 5 000 元以上的构成犯罪，但任意损毁公私财物型的寻衅滋事罪造成公私财物损失 2 000 元以上即可构成犯罪。我认为，任意损毁公私财物型的寻衅滋事罪与故意毁坏财物罪的根本区分还是在于流氓动机。行为人出于寻求刺激、发泄情绪、逞强耍横的动机而损毁公私财物的，尤其是酒后滋事，毁坏他人财物的，应以寻衅滋事罪论处。如果行为人出于其他个人目的，例如报复他人而损毁公私财物的，应以故意毁坏财物罪论处。

3）任意占用。任意占用公私财物，是指出于流氓动机占用公私财物的行为。对于占用他人财物的行为，我国刑法并没有规定为犯罪。例如，我国刑法只是规定了以非法占有为目的的盗窃罪，并没有规定以使用为目的的盗窃罪。我国刑法将出于寻衅动机的占用他人财物的行为，规定以寻衅滋事罪论处。在司法实践中，不能将任意占用公私财物型的寻衅滋事罪当做故意毁坏财物罪的兜底罪名：凡是毁坏财物数额没有达到5 000元但是已经达到2 000元以上的，都以寻衅滋事罪论处；而是要根据是否具有寻衅动机作为区分上述两种犯罪的标准，只有这样才能将任意占用公私财物型的寻衅滋事罪和故意毁坏财物罪正确地加以区分。

（4）在公共场所起哄闹事。这里的在公共场所起哄闹事，是指出于寻求精神刺激的目的，在公共场所无事生非，制造事端，扰乱公共场所秩序。在公共场所起哄闹事在寻衅滋事罪的四种具体行为方式中是极为特殊的。其他三种行为都是破坏社会秩序的行为，但在公共场所起哄闹事是破坏公共场所秩序的行为，因为刑法明确地将造成公共场所秩序严重混乱作为其构成犯罪的标准。而且，其他三种行为都涉及对他人的人身权利、财产权利的侵害，唯独在公共场所起哄闹事行为是单纯的破坏公共场所秩序的行为。这里的起哄闹事，是指出于寻衅动机，在公共场所无事生非，制造事端。可以说，制造事端，吸引众人聚集围观，或者造成公众恐慌离散，从而扰乱公共场所秩序，是该行为的本质特征。寻衅滋事罪的构成必须具备主观违法要素，而我国司法解释将这种主观违法要素规定为寻求刺激、发泄情绪、逞强耍横。对于起哄闹事型寻衅滋事罪来说，也是如此。应该说，这里的寻求刺激、发泄情绪、逞强耍横虽然是行为人的主观心理要素，但它是通过客观外在要素表现出来的。对此，司法解释将其归结为无事生非。因此，寻衅滋事行为都具有无因性。在没有缘由的情况下，实施了《刑法》第293条所规定的寻衅滋事行为。关于起哄闹事行为，虽然立法机关没有从字面上描述这种无因性，但基于对寻衅滋事罪的主观违法要素的把握，也同样以事出无因为特征。即使从字面上解读，起哄闹事也具有无理取闹的含义在内。因此，无因性是起哄闹事型寻衅滋事罪的应有之义。在某些案件中，行为人出于个人目的而在公共场所聚集，以较为极端的方法吸引公众注意，这种行为即使扰乱了公共场所秩序，也不应以寻衅滋事罪论处。

2. 罪责

寻衅滋事罪的罪责形式是故意。这里的故意，是指明知是寻衅滋事行为而有意实施的主观心理状态。应当指出，寻衅滋事罪在主观上必须具有寻求刺激、发泄情绪、逞强要横的动机。如果不具有这种动机，而是由于债务纠纷、邻里口角而引发的殴打，不构成本罪。造成伤害的，应以故意伤害罪论处。

3. 罪量

寻衅滋事罪的罪量要素是：（1）随意殴打他人，情节恶劣。这里的情节恶劣，根据 2013 年 7 月 15 日最高人民法院、最高人民检察院《关于办理寻衅滋事刑事案件适用法律若干问题的解释》［以下简称《解释（六）》］第 2 条的规定，是指具有下列情形之一的：1）致 1 人以上轻伤或者 2 人以上轻微伤的；2）引起他人精神失常、自杀等严重后果的；3）多次随意殴打他人的；4）持凶器随意殴打他人的；5）随意殴打精神病人、残疾人、流浪乞讨人员、老年人、孕妇、未成年人，造成恶劣社会影响的；6）在公共场所随意殴打他人，造成公共场所秩序严重混乱的；7）其他情节恶劣的情形。（2）追逐、拦截、辱骂、恐吓他人，情节恶劣。这里的情节恶劣，根据前引《解释（六）》第 3 条的规定，是指具有下列情形之一的：1）多次追逐、拦截、辱骂、恐吓他人，造成恶劣社会影响的；2）持凶器追逐、拦截、辱骂、恐吓他人的；3）追逐、拦截、辱骂、恐吓精神病人、残疾人、流浪乞讨人员、老年人、孕妇、未成年人，造成恶劣社会影响的；4）引起他人精神失常、自杀等严重后果的；5）严重影响他人的工作、生活、生产、经营的；6）其他情节恶劣的情形。（3）强拿硬要或者任意损毁、占用公私财物，情节严重。这里的情节严重，根据前引《解释（六）》第 4 条的规定，是指具有下列情形之一的：1）强拿硬要公私财物价值 1 000 元以上，或者任意损毁、占用公私财物价值 2 000 元以上的；2）多次强拿硬要或者任意损毁、占用公私财物，造成恶劣社会影响的；3）强拿硬要或者任意损毁、占用精神病人、残疾人、流浪乞讨人员、老年人、孕妇、未成年人的财物，造成恶劣社会影响的；4）引起他人精神失常、自杀等严重后果的；5）严重影响他人的工作、生活、生产、经营的；6）其他情节严重的情形。（4）在公共场所起哄闹事，造成公共场所秩序严重混乱。根据前引《解释（六）》第 5 条的规定，在车站、码头、机场、医院、商场、公园、影剧院、展览会、运动场或者其他公共场所起哄闹事，应当根据公共场所的性质、公共活动的重要程度、公共场所的人数、起哄闹事的时间、公共场所受影响的范围与程度等因素，综合判断是否"造成公共场所秩序严重混乱"。

（三）认定

1. 借故生非的寻衅滋事罪之定性

在通常情况下，寻衅滋事都是无事生非，即为寻求刺激、发泄情绪、逞强耍横，对不特定的他人进行随意殴打、辱骂、恐吓等。但在某些情况下，虽有缘由而行为人借故生非的，仍然应当认定为寻衅滋事。对此，前引《解释（六）》第1条第2款规定："行为人因日常生活中的偶发矛盾纠纷，借故生非，实施刑法第二百九十三条规定的行为的，应当认定为'寻衅滋事'，但矛盾系由被害人故意引发或者被害人对矛盾激化负有主要责任的除外。"这一规定，对于认定借故生非的寻衅滋事罪具有重要意义。在司法实践中，对于那些矛盾系由被害人故意引发或者被害人对矛盾激化负有主要责任的报复性殴打、辱骂、恐吓他人或者损毁、占用他人财物的行为，不得认定为寻衅滋事罪。构成犯罪的，应以相应罪名论处。

2. 民间纠纷引发的寻衅滋事罪之定性

民间纠纷引发的殴打、辱骂、恐吓他人或者损毁、占用他人财物的行为在性质上与寻衅滋事罪是存在根本区分的，不得将其混同于寻衅滋事罪。对此，前引《解释（六）》第1条第3款规定："行为人因婚恋、家庭、邻里、债务等纠纷，实施殴打、辱骂、恐吓他人或者损毁、占用他人财物等行为的，一般不认定为'寻衅滋事'，但经有关部门批评制止或者处理处罚后，继续实施前列行为，破坏社会秩序的除外。"根据这一规定，虽然是由民间纠纷引发，但经有关部门批评、制止或者处理、处罚以后，继续实施殴打、辱骂、恐吓他人或者损毁、占用他人财物等行为的，就应当认定为寻衅滋事罪。

3. 寻衅滋事罪转化为其他犯罪的处理

前引《解释（六）》第7条规定："实施寻衅滋事行为，同时符合寻衅滋事罪和故意杀人罪、故意伤害罪、故意毁坏财物罪、敲诈勒索罪、抢夺罪、抢劫罪等罪的构成要件的，依照处罚较重的犯罪定罪处罚。"上述情形，属于转化犯。值得注意的是，我国《刑法》第292条第2款规定："聚众斗殴，致人重伤、死亡的，依照本法第二百三十四条、第二百三十二条的规定定罪处罚。"这一规定被我国刑法理论称为转化犯。《刑法》第293条对寻衅滋事罪则并无此规定，但前引《解释（六）》的上述规定，实际上是对寻衅滋事罪过程中犯有故意杀人罪、故意伤害罪、故意毁坏财物罪、敲诈勒索罪、抢夺罪等的转化犯的规定。虽然前引《解释（六）》规定的处理原则是"依照处罚较重的犯罪定罪处罚"，但实际上一般都是以转化之罪论处。

4. 网络寻衅滋事的认定

2013年9月6日最高人民法院、最高人民检察院发布了《关于办理利用信息网络实施诽谤等刑事案件适用法律若干问题的解释》〔以下简称《解释（七）》〕，对网络寻衅滋事等犯罪案件定罪量刑的有关问题进行了规定，为惩治网络寻衅滋事罪提供了法律根据。根据《解释（七）》的规定，网络寻衅滋事行为分为两种情形：一是网络辱骂、恐吓。《解释（七）》第5条第1款规定："利用信息网络辱骂、恐吓他人，情节恶劣，破坏社会秩序的，依照刑法第二百九十三条第一款第（二）项的规定，以寻衅滋事罪定罪处罚。"由辱骂、恐吓行为的语言特征所决定，它可以利用网络实施，因而认定为寻衅滋事罪并没有争议。二是网络起哄闹事。《解释（七）》第5条第2款规定："编造虚假信息，或者明知是编造的虚假信息，在信息网络上散布，或者组织、指使人员在信息网络上散布，起哄闹事，造成公共秩序严重混乱的，依照刑法第二百九十三条第一款第（四）项的规定，以寻衅滋事罪定罪处罚。"虽然司法解释规定的是网络起哄闹事，但其行为事实上则是网络传谣。司法解释将网络传谣行为规定以寻衅滋事罪中的起哄闹事论处，引起了较大的争议。因为辱骂、恐吓在现实空间和网络空间的行为方式是完全一致的，只不过实施的地点不同而已，对此予以相同的刑法评价具有事实基础和法律根据。然而，网络传谣则不同，在现实空间我国刑法并没有将网络传谣行为一般性地规定为犯罪，在《刑法》第 293 条所列举的寻衅滋事行为中，也包括传谣行为，因而对网络传谣行为按照起哄闹事以寻衅滋事罪定罪处罚，是否超越了司法解释的限度，违反了罪刑法定原则，我国刑法学界展开了讨论。我认为，这是一个关系到寻衅滋事罪是否被滥用，以至于沦为口袋罪的重大问题，值得高度关切。

随着信息时代的到来，网络越来越成为社会生活的重要组成部分，与此同时，网络犯罪也随之而出现。我国《刑法》第 287 条规定："利用计算机实施金融诈骗、盗窃、贪污、挪用公款、窃取国家秘密或者其他犯罪的，依照本法有关规定定罪处罚。"这一规定，为惩治计算机犯罪提供了一般性的法律根据。随着计算机在社会生活中应用范围的扩大，在此基础上形成了网络，因而出现了网络犯罪。网络犯罪的外延要比计算机犯罪更为宽泛。《解释（七）》第 10 条规定："本解释所称信息网络，包括以计算机、电视机、固定电话机、移动电话机等电子设备为终端的计算机互联网、广播电视网、固定通信网、移动通信网等信息网络，以及向公众开放的局域网络。"根据以上定义，计算机犯罪应该涵括在网络犯罪之内，但网络犯罪不能等同于计算机犯罪。尽管如此，《刑法》第 287 条关于计算机犯罪的规定，同样适用于网络犯罪。网络犯罪作为一种发生在虚拟空间的犯罪具有不同于发生在现实空间的犯罪的特殊性，在这种情况下，通过司法解释对惩治网络犯罪作出具体规定是完全必要的。例如，《解释（七）》对网络诽谤犯罪的定罪量刑标准以及公诉条件作出了明确的规定，尽管在转发 500 次这一具体标准是否合理上可能还存在争议，但规定本身并没有问题，它有利于惩治网络诽谤犯罪。在《解释（七）》的规定中，我认为，将网络传谣规定为起哄闹事型寻衅滋事罪存在值得商榷之处，应当从法教义学角度进行分析。

在我国《刑法》第293条所规定的四种寻衅滋事行为中，有些行为只能在现实空间实施，有些行为可以在网络空间实施。例如，殴打他人、追逐、拦截他人，这是一种针对人身的侵害行为，其只能在现实空间实施。通常来说，侵犯人身权利的犯罪，往往是以存在具体的犯罪客体——人为前提的，因此都不能在网络空间实施。换言之，网络空间实施的行为与现实空间实施的行为具有性质上的根本差异。例如，网络上的杀人，当然不能等同于现实生活中的杀人。同样，网络上的结婚也不能等同于现实生活中的结婚。但是，还有一些犯罪行为，无论是在现实空间实施还是在网络空间实施，具有性质上的同一性。例如，网络空间中的盗窃与现实生活中的盗窃则别无二致。行为人潜入他人资金账户，将款项归转到自己的账户据为己有，就是一种典型的盗窃行为，只不过发生在网络空间而已。由此可以得出结论，并非所有在现实空间实施的犯罪都能在网络空间实施。当然，网络犯罪只是现实空间犯罪的一种反映。因此，只有在现实空间构成犯罪的行为，才能在网络空间构成犯罪。如果一种行为在现实空间不能构成犯罪，那么它在网络空间也是不能构成犯罪的，除非刑法对于网络空间的行为具有特别规定。以上原理，对于网络寻衅滋事罪的考察，具有重要指导意义。

根据《解释（七）》第5条第2款的规定，网络传谣是指编造虚假信息，或者明知是编造的虚假信息，在信息网络上散布，或者组织、指使人员在信息网络上散布，起哄闹事，造成公共秩序严重混乱的行为。前引司法解释将编造、散布编造的网络虚假信息及其组织、指使行为解释为起哄闹事型寻衅滋事犯罪行为。

我国学者对编造、散布编造的网络虚假信息及其组织、指使行为（以下简称"网络传谣"）能否被认定为起哄闹事型的寻衅滋事罪的主要争议在于对公共场所的理解上。因为我国《刑法》第293条规定的起哄闹事行为系发生在公共场所，是严重扰乱公共场所秩序的犯罪。因此，网络空间是否属于刑法所规定的公共场所，对网络空间秩序的破坏是否等同于对公共场所秩序的破坏就成为一个重点问题。

曲新久教授认为，对网络传谣行为适用《刑法》第293条第1款第4项的规定是一种相对合理的扩张解释，是可以接受的，没有违反罪刑法定原则。曲教授并没有对网络传谣行为是否属于我国《刑法》第293条规定的起哄闹事型的寻衅滋事罪问题展开论述，似乎这是一个不言而喻的问题。在曲教授看来，能否将网络传谣行为解释为起哄闹事型的寻衅滋事罪，关键在于网络空间能否等同于公共场所。因此，曲教授主要对网络空间可以解释为公共场所进行了论证。基于以下理由，曲教授认为可以把网络空间等同于公共场所：（1）现代社会已经进入信息社会，对公共场所概念作符合信息社会变化的解释是可以接受的，互联网各类网站、主页、留言板等网络空间具有公共场所属性。（2）《刑法》第293条第1款第4项中的公共场所可以与《刑法》第291条规定的公共场所不一致。（3）尽管在信息网络公共空间"起哄闹事"行为，没有造成网络空间"公共场所秩序"的混乱，但是，造成社会秩序严重混乱，而且危害往往更大的，完全符合《刑法》第293条规定的"破坏社会秩序"的要求。① 对于曲新久教授的观点，仝宗锦教授提出了商榷意见："将公共场所解释为包括信息网络，这个解释过程意味着有关罪行和法益发生了实质性变化。最关键的问题在于，此前寻衅滋事罪的惩罚对象是发生在公共场所的寻衅滋事行为。正因为是行为，所以才需要发生在现实的物理空间，也才可能因此造成社会秩序混乱。但所谓信息网络上的寻衅滋事，首先是一种言论，是一种以信息网络为媒介的言论。对言论的规制不是不可以，但不能由一个此前只针对行为的刑法条文解释而来，尤其当该问题牵涉到宪法规定的公民言论自由权这样兹事体大的问题之时。"② 仝教授在此还提出了另外一个更为重要的问题：一个针对行为的刑事处罚性规定，能否通过司法解释适用于网

---

① 曲新久. 一个较为科学合理的刑法解释. 法制日报，2013-09-13.
② 仝宗锦. 对曲新久《一个较为科学合理的刑法解释》一文的评论. [2015-05-29]. http：//tong-zongjin. 21 ccom. net/？p=21.

络空间的言论？仝教授认为，言论不是不能通过刑法规制，但不能将规制行为的刑事处罚性规定适用于言论。另外一个问题是：在惩治网络传谣当中，如何平衡与言论自由的关系？我国学者提出了某种担忧，指出："以寻衅滋事罪处理网络谣言则是一个突破，寻衅滋事罪所具有的口袋性特征使其能对网络谣言无所不包地一网打尽，导致刑法的规范性、协调性进一步丧失，致使公民的言论表达权已经受到实质的损害，也导致司法实践处理程序和处理结果的飘忽不定。"① 毫无疑问，这也是值得我们重视的一个问题。在刑法越来越工具化的背景下，我们应当回归刑法的本原，这就是人权保障。如果刑法以牺牲公民个人的权利与自由为代价来维护社会秩序，这是有悖于刑法目的的。

对于以上争论，就网络空间的性质而言，我赞同曲教授的观点，尽管勉强但还是可以将网络空间解释为公共场所。但我仍然认为，不能由此而得出网络寻衅滋事罪的司法解释科学合理的结论。这里确实存在仝教授所关注的问题：司法解释实际上是把规制物理空间的行为的刑法规定适用于规制网络空间的言论，这是类推解释而不是扩张解释。在刑法教义学中，行为有广义与狭义之分：在广义上，言论也是一种行为，对于侮辱、诽谤等侵犯他人名誉和人格的言论同样应当予以刑事处罚。尽管在诽谤中存在捏造、散布这样一些行为要素，但它是从属于言论的，仍然可以将诽谤罪归入言论性犯罪的范畴。但在狭义上，行为确实并不包括言论，对于言论的刑事处罚应当是极为谨慎的。寻衅滋事罪中的起哄闹事具有言论与行为的复合性，换言之，起哄闹事虽然也包含一定的言论，但就闹事而言，主要还是行为，在某种意义上，起哄闹事中的言论是依附于行为的，仍然可以将起哄闹事型的寻衅滋事罪归入行为性犯罪的范畴。因此，刑法对起哄闹事的处罚主要是针对狭义上的行为的。而发生在网络空间的都是以电子信息为载体的言论，虽然在编造、散布编造的网络虚假信息这一罪状性质的表述中，存在编

① 孙万怀，卢恒飞. 刑法应当理性应对网络谣言——对网络造谣司法解释的实证评估. 法学，2013（11）.

造、散布等具有行为外观的内容，但这种网络传谣是以谣言为中心的。即使构成犯罪，也是一种言论性犯罪，而不是以狭义的行为构成的犯罪。从这个角度提出对司法解释的质疑当然是具有较大说服力的。但是，我认为这还是没有触及问题的要害。

　　这里的根本问题在于：网络传谣行为能否等同于起哄闹事？如果回答是肯定的，则司法解释尽管存在某些瑕疵，但其合理性仍然不可否定。但是，如果回答是否定的，则司法解释尽管存在某些合理根据，但其正当性仍然难以成立。我认为，网络传谣行为不能等同于起哄闹事，司法解释实际上是将网络传谣这种刑法没有规定的行为，利用起哄闹事这一中介加以转换，由此实现了司法解释的造法功能。网络传谣行为，其行为类型是编造、散布编造的网络虚假信息。在我国刑法中，只有《刑法》第291条之一规定了编造、故意传播虚假恐怖信息罪和编造、故意传播虚假信息罪。也就是说，只有编造、传播的是虚假恐怖信息或者虚假的险情、疫情、灾情、警情等虚假信息才构成犯罪。编造、传播其他虚假信息并没有被规定为犯罪，而只是《治安管理处罚法》第25条规定的"传播谣言"的治安违法行为。因此，我国刑法并没有对网络传谣行为的显性规定，这是不言而喻的。某一行为虽然刑法没有予以显性规定，但如果刑法有隐性规定的，则仍然属于刑法有明文规定。这里的隐性规定，是指某一行为被其他刑法规定所涵括。例如，我国《刑法》第151条第2款只规定了走私黄金出口的行为构成走私贵重金属罪，但并没有规定走私黄金进口的行为构成该罪。因此，刑法对于走私黄金进口的行为没有显性规定。但是，走私黄金进口的行为具有偷逃海关关税的性质，因此完全符合我国《刑法》第153条规定的走私普通货物、物品罪的构成要件，应以该罪论处，这是刑法对走私黄金进口行为的隐性规定。在判断刑法对一个行为是否具有隐性规定的时候，需要在判断对象与刑法现有的某一规定之间进行语义解析和逻辑分析，以便得出结论，判断对象是否被刑法现有规定所涵括。这个判断过程，其实就是一个对刑法的解释过程。那么，网络传谣行为能否被解释为起哄闹事？如果可以被解释为起哄闹事，则刑法关于起哄闹事型的寻衅滋事罪的规定就是对网络传谣行为的隐性规定，对其以寻衅滋事罪处罚并不违反罪刑法定原则。

如前所述，寻衅滋事罪中的起哄闹事是一个极为生活化的用语，用来描述在人群中采用语言方式进行哄闹，从而制造事端，破坏公共场所秩序的行为。因此，起哄闹事与网络传谣之间存在以下区别：(1)起哄闹事的起哄具有语言的刺激性与煽动性。起哄闹事中的起哄是以语言为工具的，这里的语言是指刺激性的、煽动性的言论，而并不包括虚假性的言论。即便某些起哄闹事行为中包含了一些虚假信息，行为人也并不是以此欺骗他人，而是为煽动受众服务的。而虚假性的言论，即所谓谣言，具有欺骗性，编造谣言以及散布谣言的目的是使他人上当受骗。由此可见，网络传谣不具有起哄的性质。(2)起哄闹事的闹事具有行为的当场性与当面性。起哄闹事中的闹事是以一定方式，招揽观众，形成群体性的聚集，从而破坏公共场所秩序。因此，起哄闹事型的寻衅滋事罪具有公然犯的性质，是当场与当面进行的，唯有如此才具有对公共场所秩序的破坏性。但网络传谣行为一般都是匿名的，而且网络空间的特点决定了其行为不具有当场性与当面性。(3)起哄闹事与公共场所秩序遭受破坏之间具有共体性与共时性。起哄闹事会对公共场所秩序造成破坏，这也是起哄闹事的本质特征所决定的。可以说，起哄闹事与公共场所秩序遭受破坏之间具有共体性与共时性，并且被现场人员所感知与感受。但网络传谣行为，正如曲新久教授所承认的那样，的确不会造成信息系统以及其中的特定公共场所空间秩序混乱。但矛盾的是，曲新久教授又认为网络传谣行为造成社会秩序严重混乱，而且危害往往更大，完全符合《刑法》第293条规定的破坏社会秩序的要求。①

网络传谣行为发生在网络空间，其法益侵害结果则发生在现实空间，这无疑是正确的。但这里存在行为空间与现实空间的错位，这也是网络传播行为与其他网络犯罪不同的地方。例如网络盗窃罪，其盗窃行为发生在网络，对网络安全具

---

① 曲新久.一个较为科学合理的刑法解释.法制日报，2013-09-13.

有破坏性，同时对现实财产权利也造成侵害，因此完全可以按照普通盗窃罪论处，而没有必要另行规定一个网络盗窃罪。但是，网络传谣行为是以其虚假内容造成对现实社会秩序的破坏，对网络秩序本身并没有影响。因此，对网络传谣行为我国刑法不仅没有显性规定，而且没有隐性规定，不能通过将其解释为起哄闹事而入罪。如前所述，网络传谣不能等同于寻衅滋事中的起哄闹事行为。但这一观点并不否认对于那些在网络聚集他人到公共场所滋事，并且造成公共场所秩序严重混乱的行为应当以寻衅滋事罪论处。正如我国学者指出："《刑法》第293条第1款第4项中规定的'起哄闹事'根本不可能在'虚拟世界'或'网络空间'里发生，而只能是'以信息网络为手段'导致了在现实社会'公共场所'中的'起哄闹事'，最终被追究'寻衅滋事罪'刑事责任。"① 由此可见，正确区分以网络为手段的起哄闹事与发生在网络的起哄闹事是十分重要的：前者应当以寻衅滋事罪论处，后者实际上不可能发生。在这种情况下，如果要将网络传谣行为入罪，应当通过专门立法。鉴于网络传谣的严重法益侵害性，笔者认为立法机关应当将网络传谣行为设置为独立罪名。值得注意的是，《刑法修正案（九）》第29条增设了《刑法》第291条之一第2款，规定了编造、故意传播虚假信息罪。根据这一规定，并非是在网络或者其他媒体上传播所有谣言的行为都一概入罪，而是只有传播涉及险情、疫情、警情、灾情的谣言才入罪，其他传谣行为仍然属于治安管理处罚的行为。这里的编造、故意传播虚假信息罪，既可能发生在现实空间，同时也可能发生在网络空间。当其发生在网络空间的时候，这种行为就是一种网络传谣行为。由此可见，即使网络传播涉及险情、疫情、警情、灾情的谣言，在《刑法修正案（九）》颁布生效之前尚不能认为是犯罪，那么，一般网络传谣行为又怎么可以通过司法解释予以入罪呢？因此，在立法机关规定之前，通过司法解释将网络传谣行为入罪，我认为是不妥当的。综上所述，《解释（七）》

① 李晓明. 刑法："虚拟世界"与"现实社会"的博弈与抉择——从两高"网络诽谤"司法解释说开去. 法律科学（西北政法大学学报），2015（2）.

将编造虚假信息，或者明知是编造的虚假信息，在信息网络上散布，或者组织、指使人员在信息网络上散布的行为解释为起哄闹事，对其以寻衅滋事罪论处，确实存在违反罪刑法定原则之弊。

在《刑法修正案（九）》设立《刑法》第 291 条之一第 2 款，新设编造、故意传播虚假信息罪以后，在网络上传播虚假的险情、疫情、灾情、警情的行为，不再适用《解释（七）》关于网络传谣的规定，不以寻衅滋事罪论处。就此而言，随着编造、故意传播虚假信息罪的设立，前引司法解释所规定的网络传谣行为以寻衅滋事罪论处的范围大为限缩。那么，除此以外的网络传谣行为在什么条件下可以被认定为寻衅滋事罪呢？关于这个问题，我认为主要应当从虚假信息和严重扰乱网络社会秩序两个方面分析。这里的网络虚假信息，是指虚假恐怖信息、虚假的险情、疫情、灾情、警情以外的其他有害信息。我国学者指出，这里的虚假信息应当满足以下三个条件：第一，虚假信息应该是对客观事实的一种描述，而不能只是单纯的主观性评论。如果只有对事实的评价性观点，即使评论是带有偏见性的，甚至是歪曲了客观事实，也不宜认定为虚假信息。第二，虚假信息的内容包括全部虚假和部分虚假，其中部分虚假要求对关键性信息进行了篡改，如事件的起因、政府处理的情况。如果基本事实是存在的，只是对细枝末节或者不重要的环节进行了改编，不宜认定为虚假信息。第三，虚假信息应该与现实生活是有关联的。如果虚假信息与现实生活没有关联，则必定不会影响到现实的公共秩序，所以一般对于涉及历史人物或者历史事件的不实言论，不认定为虚假信息。[①] 虚假信息首先是虚假陈述的事实，而不是对事实或者现象的价值评价。同时，该虚假信息是故意捏造，并且对社会具有危害性。网络传播虚假信息行为还必须具备一定的罪量要素，这就是造成公共秩序严重混乱。这里的公共秩序严重混乱，是指网络空间的公共秩序严重混乱还是指现实空间的公共秩序严重混乱，是一个值得探讨的问题。我认为，网络传谣行为使得虚假信息在网络大肆转发、

---

① 肖辉. 寻衅滋事罪的若干法律适用问题. 人民司法，2020（32）.

下载或者评论，这是网络传谣行为的本体内容，而不是网络传谣行为的后果。因此，网络传谣造成的公共秩序严重混乱只能是指对现实空间的公共秩序造成严重混乱。例如，在网络传播虚假的金融信息，其所造成的公共秩序严重混乱当然是指对现实空间的金融秩序造成严重混乱。

（四）处罚

根据《刑法》第 293 条［《刑法修正案（八）》第 42 条］第 1 款之规定，犯本罪的，处 5 年以下有期徒刑、拘役或者管制。第 2 款规定，纠集他人多次实施前款行为，严重破坏社会秩序的，处 5 年以上 10 年以下有期徒刑，可以并处罚金。

加重处罚事由 犯寻衅滋事罪而纠集他人多次实施寻衅滋事行为，严重破坏社会秩序的，是本罪的加重处罚事由。这里的纠集，是指共同犯罪中的首要分子或者主犯，有目的地将他人召集在一起。多次，一般是指 3 次以上。严重破坏社会秩序，是指造成公共场所秩序的混乱，或者造成所在地区的治安秩序紧张，影响人民群众的正常生活和工作秩序。前引《解释（六）》第 6 条规定："纠集他人三次以上实施寻衅滋事犯罪，未经处理的，应当依照刑法第二百九十三条第二款的规定处罚。"

三十八、催收非法债务罪

（一）概念

催收非法债务罪是指催收高利放贷等产生的非法债务，情节严重的行为。

（二）构成

1. 罪体

行为 催收非法债务罪的行为是催收高利放贷等产生的非法债务。根据《刑法》第 293 条之一［《刑法修正案（十一）》第 34 条］的规定，催收高利放贷等产生的非法债务的行为是指下列情形之一：

（1）使用暴力、胁迫方法的。这里的暴力是指殴打、伤害、捆绑等足以危及人体健康的方法。胁迫，是指以暴力相威胁，采用精神强制的手段，使债务人产生精神恐惧的方法。

（2）限制他人人身自由或者侵入他人住宅的。这里的限制他人人身自由，是指对债务人进行禁闭或者拘禁的方法。侵入他人住宅，是指未经其同意而擅自进入债务人住宅或者经其同意进入但拒不退出的方法。

（3）恐吓、跟踪、骚扰他人的。这里的恐吓，是指以暴力或者其他不利后果相威胁。跟踪，是指长时间尾随，了解他人行踪。骚扰，是指以危险性动作或者侮辱性语言破坏或者干扰他人的正常生活。

客体　催收非法债务罪的客体是非法债务。这里的非法债务，是指高利贷或者其他非法债务。这里的高利贷，根据最高人民法院《关于审理民间借贷案件适用法律若干问题的规定》（2020 年第二次修正）第 25 条的规定，出借人请求借款人按照合同约定利率支付利息的，人民法院应予支持，但是双方约定的利率超过合同成立时一年期贷款市场报价利率 4 倍的除外。前款所称一年期贷款市场报价利率，是指中国人民银行授权全国银行间同业拆借中心自 2019 年 8 月 20 日起每月发布的一年期贷款市场报价利率。因此，放贷利息超过一年期贷款市场报价利率 4 倍的，属于高利贷，其所产生的债务是非法债务。如果催收的是合法债务，则即使手段行为具有违法性，亦不构成本罪。其他非法债务，是指实施违法犯罪行为所产生的债务，例如赌债、嫖资等债务。

2. 罪责

催收非法债务罪的罪责形式是故意。这里的故意，是指明知是催收非法债务的行为而有意实施的主观心理状态。

3. 罪量

催收非法债务罪的罪量要素是情节严重。

（三）认定

催收非法债务罪虽然是《刑法修正案（十一）》增设的罪名，然而，在此之前，我国有关司法解释就已经对催收非法债务行为的处理作出了规定。例如，2018 年 1 月 16 日最高人民法院、最高人民检察院、公安部、司法部《关于办理黑恶势力犯罪案件若干问题的指导意见》（以下简称《指导意见》）第 5 条对依法打击非法放贷讨债的犯罪活动作了规定，其中指出：在民间借贷活动中，如有擅自设立金融机构、非法吸收公众存款、骗取货款、套取金融机构资金发放高利贷以及为强索债务而实施故意杀人、故意伤害、非法拘禁、故意毁坏财物等行为的，应当按照具体犯罪侦查、起诉、审判。依法符合数罪并罚条件的，应当并罚。对于以非法占有为目的，假借民间借贷之名，通过"虚增债务""签订虚假借款协议""制造资金走账流水""肆意认定违约""转单平账""虚假诉讼"等手段非法占有他人财产，或者使用暴力、威胁手段强立债权、强行索债的，应当根据案件具体事实，以诈骗、强迫交易、敲诈勒索、抢劫、虚假诉讼等罪名侦查、起诉、审判。其中在催收非法债务中涉及的犯罪，包括故意伤害、非法拘禁、强迫交易、敲诈勒索等。因此，此前在司法实践中，对于强行索要非法债务的行为虽然不能直接定罪，但却按照其手段行为分别认定为前述犯罪。在这种情况下，就出现了本体行为本身不是犯罪，而其手段行为则触犯多个罪名，并且处刑相当重的不合理现象。现在，《刑法修正案（十一）》明确设立了催收非法债务罪，并且将各种手段行为一并加以规定。根据《刑法修正案（十一）》的规定，催收非法债务所采用的手段主要包括暴力、胁迫、限制他人人身自由、侵入他人住宅、恐吓、跟踪、骚扰等。这些行为分别涉及故意伤害罪、非法拘禁罪和寻衅滋事罪等罪名。那么，这是否意味着在本罪设立以后，在催收非法债务过程中，采用故意伤害（轻伤）、非法拘禁、侵入他人住宅和寻衅滋事等手段的，就不再构成这些犯罪，而只能以催收非法债务罪定罪处罚呢？对此，我国刑法理论上存在以下两种争议观点：第一种观点认为，我国《刑法》对催收非法债务行为设置了专门罪名该罪名的罪量要求不高，从而将不符合其他罪名的罪量要求的行为纳入本罪并给予处罚。如果催收行为触犯其他罪名构成犯罪，应当以其他罪名处罚。例如，本罪的暴力、胁迫是指没有达到故意伤害罪的程度，限制他人人身自由是指没有达到非法拘禁罪的程度，侵入他人住宅是指没有达到非法侵入他人住宅罪的程度，恐吓、跟踪、骚扰是指没有达到寻衅滋事罪的程度。如果达到构成这些犯罪的程度，则应当以相关犯罪论处。根据这种观点，催收非法债务罪属于补漏性的规定，它将刑法没有规定为犯罪的行为规定为犯罪，因而是刑法扩张立法。第二种观点认为，《刑法修正案（十一）》设立催收非法债务罪是将根据司法解释对催收的手段行为分别定罪的一种纠正。因此，在本罪设立以后，以故意伤害（轻伤）、非法拘禁、侵入他人住宅和寻衅滋事等手段催收非法债务的，不能再以手段行为分别定罪，而只能以本罪论处。在以上两种观点中，我赞同第二种观点。

（四）处罚

根据《刑法》第 293 条之一 [《刑法修正案（十一）》第 34 条] 之规定，犯本罪的，处 3 年以下有期徒刑、拘役或者管制，并处或者单处罚金。

三十九、组织、领导、参加黑社会性质组织罪

（一）概念

组织、领导、参加黑社会性质组织罪是指组织、领导或者参加黑社会性质的组织的行为。

（二）构成

1. 罪体

行为　组织、领导、参加黑社会性质组织罪的行为是组织、领导、参加黑社会性质组织。这里的组织黑社会性质组织，是指倡导、发起、策划、安排、建立黑社会性质组织。领导黑社会性质组织，是指在黑社会性质组织中处于领导地位，对该组织的活动进行策划、决策、指挥、协调。参加黑社会性质组织，是指加入黑社会性质组织，成为其成员，并参加其活动。

客体　组织、领导、参加黑社会性质组织罪的客体是黑社会性质组织。这里

的黑社会性质组织，根据 2000 年 12 月 5 日最高人民法院《关于审理黑社会性质组织犯罪的案件具体应用法律若干问题的解释》[以下简称《解释（八）》] 第 1 条的规定，一般应具备以下特征：（1）组织结构比较紧密，人数较多，有比较明确的组织者、领导者，骨干成员基本固定，有较多严格的组织纪律；（2）通过违法犯罪活动或者其他手段获取经济利益，具有一定的经济实力；（3）通过贿赂、威胁等手段，引诱、逼迫国家工作人员参加黑社会性质组织活动，或者为其提供非法保护；（4）在一定区域或者行业范围内，以暴力、威胁、滋扰等手段，大肆进行敲诈勒索、欺行霸市、聚众斗殴、寻衅滋事、故意伤害等违法犯罪活动，严重破坏经济、社会生活秩序。及至 2002 年 4 月 28 日，全国人大常委会《关于〈中华人民共和国刑法〉第二百九十四条第一款的解释》对黑社会性质组织的构成特征作出了立法解释，对司法解释的规定予以某种程度的修正。根据立法解释的规定，黑社会性质的组织应当同时具备以下特征：（1）形成较稳定的犯罪组织，人数较多，有明确的组织者、领导者，骨干成员基本固定；（2）有组织地通过违法犯罪活动或者其他手段获取经济利益，具有一定的经济实力，以支持该组织的活动；（3）以暴力、威胁或者其他手段，有组织地多次进行违法犯罪活动，为非作恶，欺压、残害群众；（4）通过实施违法犯罪活动，或者利用国家工作人员的包庇或者纵容，称霸一方，在一定区域或者行业内，形成非法控制或者重大影响，严重破坏经济、社会生活秩序。比较上述司法解释与立法解释，在黑社会性质组织的组织结构、经济实力、行为方式等方面都是相同的，唯一的区别在于：非法保护（俗称"保护伞"）是否为黑社会性质组织的成立条件。司法解释将"保护伞"规定为黑社会性质组织的必要条件，没有"保护伞"就不构成黑社会性质组织。而立法解释则将"保护伞"规定为或然性条件，没有"保护伞"同样可以构成黑社会性质组织。《刑法修正案（八）》将上述关于黑社会性质组织的概念吸纳规定在《刑法》第 294 条第 5 款，从而为认定黑社会性质组织提供了法律根据。

2009 年 12 月 9 日最高人民法院、最高人民检察院、公安部《办理黑社会性质组织犯罪案件座谈会纪要》（以下简称《纪要》）对黑社会性质组织的认定作了专门的规定。根据上述刑法和司法解释的规定，黑社会性质组织具有以下四个特征：

（1）组织特征

黑社会性质组织不同于恶势力之处，就在于黑社会性质组织具有组织特征，即黑社会性质组织不仅有明确的组织者、领导者，骨干成员基本固定，而且组织结构较为稳定，并有比较明确的层级和职责分工。由此可见，黑社会性质组织的组织特征可以从三个方面加以把握：1）人员构成。黑社会性质组织人数较多，一般在 10 人以上，而且这些人员通常较为固定。2）结构稳定。黑社会性质组织具有一定的组织架构。这种组织架构既可以依赖于正式的组织形式，例如在以企业为平台的黑社会性质组织犯罪中，企业往往成为黑社会性质组织的形式载体。同时，这种组织架构也可以以非正式的组织形式为载体。3）职责分工。黑社会性质组织在其成员之间存在职责分工，组织成员之间具有一定层级，并且在各成员之间形成紧密的联结。根据前引《指导意见》的规定，发起、创建黑社会性质组织，或者对黑社会性质组织进行合并、分立、重组的行为，应当认定为组织黑社会性质组织；实际对整个组织的发展、运行、活动进行决策、指挥、协调、管理的行为，应当认定为领导黑社会性质组织。黑社会性质组织的组织者、领导者，既包括通过一定形式产生的有明确职务、称谓的组织者、领导者，也包括在黑社会性质组织中被公认的事实上的组织者、领导者。知道或者应当知道是以实施违法犯罪为基本活动内容的组织，仍加入并接受其领导和管理的行为，应当认定为参加黑社会性质组织。没有加入黑社会性质组织的意愿，受雇到黑社会性质组织开办的公司、企业、社团工作，未参与黑社会性质组织违法犯罪活动的，不应认定为参加黑社会性质组织。参加黑社会性质组织并具有以下情形之一的，一般应当认定为积极参加黑社会性质组织：多次积极参与黑社会性质组织的违法犯罪活动，或者积极参与较严重的黑社会性质组织的犯罪活动且作用突出，以及其他在组织中起重要作用的情形，如具体主管黑社会性质组织的财务、人员管理等事项。

（2）经济特征

黑社会性质组织具有一定的经济实力，这主要表现为黑社会性质组织通过合法或者非法活动聚敛钱财，攫取经济利益；同时，又将部分或者全部财物用于违法犯罪活动，或者维系犯罪组织的生存、发展。例如购买作案工具、提供作案经费，为受伤、死亡的组织成员提供医疗费、丧葬费，为组织成员及其家属提供工资、奖励、福利、生活费用，为组织寻求非法保护以及其他与实施有组织的违法犯罪活动有关的费用支出等。在认定黑社会性质组织的经济特征时，应当注意将其与暴力性经营行为加以区分。暴力性经营，是指在某些竞争性行业，行为人在从事经营活动中使用暴力、胁迫或者其他方法，其目的是为获取经济利益。而黑社会性质组织在进行经营活动的时候，也往往使用暴力，但其敛财的目的是为黑社会性质组织提供经济实力。以上两种情形，虽然在形式上较为相似，但实质上是根本不同的。对于暴力性经营行为，构成犯罪的，应当按照其所触犯的有关罪名，例如强迫交易罪、故意伤害罪等追究刑事责任。根据《指导意见》的规定，在组织的形成、发展过程中通过以下方式获取经济利益的，应当认定为"有组织地通过违法犯罪活动或者其他手段获取经济利益"：1）有组织地通过违法犯罪活动或其他不正当手段聚敛；2）有组织地以投资、控股、参股、合伙等方式通过合法的生产、经营活动获取；3）由组织成员提供或通过其他单位、组织、个人资助取得。通过上述方式获得一定数量的经济利益，应当认定为"具有一定的经济实力"，同时也包括调动一定规模的经济资源用以支持该组织活动的能力。通过上述方式获取的经济利益，即使是由部分组织成员个人掌控，也应计入黑社会性质组织的"经济实力"。组织成员主动将个人或者家庭资产中的一部分用于支持该组织活动，其个人或者家庭资产可全部计入"一定的经济实力"，但数额明显较小或者仅提供动产、不动产使用权的除外。由于不同地区的经济发展水平、不同行业的利润空间均存在很大差异，加之黑社会性质组织存在、发展的时间各有不同，在办案时不能一般性地要求黑社会性质组织所具有的经济实力必须达到特定规模或特定数额。

（3）行为特征

黑社会性质组织具有一定的行为特征，即以暴力、威胁或者其他手段，有组织地多次进行违法犯罪活动。这里的暴力、威胁，是有组织的暴力、威胁，或者是以组织形式实施的暴力、威胁，因而不同于其他犯罪中的暴力、威胁。这里的其他手段，是指以暴力、威胁为基础，在利用组织势力和影响已对他人形成心理强制或威慑的情况下，进行所谓的"谈判""协商""调解"；滋扰、哄闹、聚众等其他干扰、破坏正常经济、社会生活秩序的非暴力手段。黑社会性质组织实施的违法犯罪活动，主要包括以下情形：由组织者、领导者直接组织、策划、指挥、参与实施的违法犯罪活动；由组织成员以组织名义实施，并得到组织者、领导者认可或者默许的违法犯罪活动；多名组织成员为逞强争霸、插手纠纷、报复他人、替人行凶、非法敛财而共同实施，并得到组织者、领导者认可或者默许的违法犯罪活动；组织成员为组织争夺势力范围、排除竞争对手、确立强势地位、谋取经济利益、维护非法权威或者按照组织的纪律、惯例、共同遵守的约定而实施的违法犯罪活动，以及由黑社会性质组织实施的其他违法犯罪活动。根据《指导意见》的规定，黑社会性质组织实施的违法犯罪活动包括非暴力性的违法犯罪活动，但暴力或以暴力相威胁始终是黑社会性质组织实施违法犯罪活动的基本手段，并随时可能付诸实施。暴力、威胁色彩虽不明显，但实际是以组织的势力、影响和犯罪能力为依托，以暴力、威胁的现实可能性为基础，足以使他人产生恐惧、恐慌进而形成心理强制或者足以影响、限制人身自由、危及人身财产安全或者影响正常生产、工作、生活的手段，属于《刑法》第294条第5款第3项中的"其他手段"，包括但不限于所谓的"谈判""协商""调解"以及滋扰、纠缠、哄闹、聚众造势等手段。为确立、维护、扩大组织的势力、影响、利益或者按照纪律规约、组织惯例多次实施违法犯罪活动，侵犯不特定多人的人身权利、民主权利、财产权利，破坏经济秩序、社会秩序，应当认定为"有组织地多次进行违法犯罪活动，为非作恶，欺压、残害群众"。符合以下情形之一的，应当认定为是黑社会性质组织实施的违法犯罪活动：1）为该组织争夺势力范围、打击竞争对手、形成强势地位、谋取经济利益、树立非法权威、扩大非法影响、寻求非法保护、增强犯罪能力等实施的；2）按照该组织的纪律规约、组织惯例实施的；3）组织者、领导者直接组织、策划、指挥、参与实施的；4）由组织成员以组织名义实施，并得到组织者、领导者认可或者默许的；5）多名组织成员为逞强争霸、插手纠纷、报复他人、替人行凶、非法敛财而共同实施，并得到组织者、领导者认可或者默许的；6）其他应当认定为黑社会性质组织实施的。

（4）控制特征①

黑社会性质组织的控制特征，是指称霸一方，在一定区域或者行业内，形成非法控制或者重大影响，从而严重破坏经济、社会生活秩序。控制特征是黑社会性质组织的本质特征，也是黑社会性质组织区别于一般犯罪集团的关键所在。在认定一定区域时应当注意：区域的大小具有相对性，且黑社会性质组织非法控制和影响的对象并不是区域本身，而是在一定区域中生活的人，以及该区域内的经济、社会生活秩序。因此，不能简单地要求一定区域必须达到某一特定的空间范围，而应当根据具体案情，并结合黑社会性质组织对经济、社会生活秩序的危害程度加以综合分析判断。在认定一定行业的时候应当注意：黑社会性质组织所控制和影响的行业，既包括合法行业，也包括黄、赌、毒等非法行业。这些行业一般涉及生产、流通、交换、消费等一个或多个市场环节。通过实施违法犯罪活动，或者利用国家工作人员的包庇、纵容，称霸一方，并且具有以下情形之一的，可认定为在一定区域或者行业内，形成非法控制或者重大影响，严重破坏经济、社会生活秩序：对在一定区域内生活或者在一定行业内从事生产、经营的群众形成心理强制、威慑，致使合法利益受损的群众不敢举报、控告的；对一定行业的生产、经营形成垄断，或者对涉及一定行业的准入、经营、竞争等经济活动

---

①　控制特征，又称为危害性特征，亦称非法控制或者危害性特征，我认为非法控制更能反映黑社会性质组织的性质，因而称为非法控制特征。

形成重要影响的；插手民间纠纷、经济纠纷，在相关区域或者行业内造成严重影响的；干扰、破坏他人的正常生产、经营、生活，并在相关区域或者行业内造成严重影响的；干扰、破坏公司、企业、事业单位及社会团体的正常生产、经营、工作秩序，在相关区域、行业内造成严重影响，或者致使其不能正常生产、经营、工作的；多次干扰、破坏国家机关、行业管理部门以及村委会、居委会等基层群众自治组织的工作秩序，或者致使上述单位、组织的职能不能正常行使的；利用组织的势力、影响，使组织成员获取政治地位，或者在党政机关、基层群众自治组织中担任一定职务的；其他形成非法控制或者重大影响，严重破坏经济、社会生活秩序的情形。根据《指导意见》的规定，鉴于黑社会性质组织非法控制和影响的一定区域的大小具有相对性，不能简单地要求一定区域必须达到某一特定的空间范围，而应当根据具体案情，并结合黑社会性质组织对经济、社会生活秩序的危害程度加以综合分析判断。通过实施违法犯罪活动，或者利用国家工作人员的包庇或者不依法履行职责，放纵黑社会性质组织进行违法犯罪活动的行为，称霸一方，并具有以下情形之一的，可认定为在一定区域或者行业内，形成非法控制或者重大影响，严重破坏经济、社会生活秩序：1）致使在一定区域内生活或者在一定行业内从事生产、经营的多名群众，合法利益遭受犯罪或严重违法活动侵害后，不敢通过正当途径举报、控告的；2）对一定行业的生产、经营形成垄断，或者对涉及一定行业的准入、经营、竞争等经济活动形成重要影响的；3）插手民间纠纷、经济纠纷，在相关区域或者行业内造成严重影响的；4）干扰、破坏他人正常生产、经营、生活，并在相关区域或者行业内造成严重影响的；5）干扰、破坏公司、企业、事业单位及社会团体的正常生产、经营、工作秩序，在相关区域、行业内造成严重影响，或者致使其不能正常生产、经营、工作的；6）多次干扰、破坏党和国家机关、行业管理部门以及村委会、居委会等基层群众自治组织的工作秩序，或者致使上述单位、组织的职能不能正常行使的；7）利用组织的势力、影响，帮助组织成员或他人获取政治地位，或者在党政机关、基层群众自治组织中担任一定职务的；8）其他形成非法控制或者重大影响，严重破坏经济、社会生活秩序的情形。

2. 罪责

组织、领导、参加黑社会性质组织罪的罪责形式是故意。这里的故意，是指明知是组织、领导、参加黑社会性质组织的行为而有意实施的主观心理状态。

（三）认定

黑恶势力是司法实践中经常使用的一个概念，这里的"黑"，是指黑社会性质组织犯罪，"恶"是指恶势力犯罪。对于恶势力犯罪，在我国《刑法》中并没有规定，然而司法解释对此作了规定。根据 2019 年 2 月 28 日最高人民法院、最高人民检察院、公安部、司法部《关于办理恶势力刑事案件若干问题的意见》（以下简称《意见》）第 4 条的规定，恶势力，是指经常纠集在一起，以暴力、威胁或者其他手段，在一定区域或者行业内多次实施违法犯罪活动，为非作恶，欺压百姓，扰乱经济、社会生活秩序，造成较为恶劣的社会影响，但尚未形成黑社会性质组织的违法犯罪组织。恶势力分为两种形态：第一种是普通恶势力，根据前引《意见》第 6 条的规定，恶势力一般为 3 人以上，纠集者相对固定。纠集者，是指在恶势力实施的违法犯罪活动中起组织、策划、指挥作用的违法犯罪分子。成员较为固定且符合恶势力其他认定条件，但多次实施违法犯罪活动是由不同的成员组织、策划、指挥，也可以认定为恶势力，有前述行为的成员均可以认定为纠集者。第二种是恶势力犯罪集团，根据前引《意见》第 11 条的规定，恶势力犯罪集团，是指符合恶势力全部认定条件，同时又符合犯罪集团法定条件的犯罪组织。恶势力犯罪集团的首要分子，是指在恶势力犯罪集团中起组织、策划、指挥作用的犯罪分子。恶势力犯罪集团的其他成员，是指知道或者应当知道是为共同实施犯罪而组成的较为固定的犯罪组织，仍接受首要分子领导、管理、指挥，并参与该组织犯罪活动的犯罪分子。由此可见，恶势力无论是在组织结构还是在人员构成上都没有达到黑社会性质组织的程度。

恶势力具有以下五个特征：（1）恶势力的人数特征。恶势力不是一种单个人实施的犯罪，而是多个人实施的犯罪，一般是3人以上。因此，恶势力犯罪具有共同犯罪的属性，它首先是共同犯罪中的结伙形式。在恶势力基础上发展起来的恶势力犯罪组织，则是共同犯罪中的集团形式。前引《意见》明确将经常纠集在一起作为恶势力犯罪的首要特征，就是强调了恶势力犯罪的这种共同犯罪性质。（2）恶势力的手段特征。恶势力犯罪的手段特征是指暴力、威胁或者其他手段。恶势力作为一种犯罪形态，其特点在于采用暴力、威胁或者其他手段实施犯罪活动。（3）恶势力的地域特征。在一定区域或者行业内多次实施违法犯罪，这是对恶势力犯罪地域特征的描述。应该说，犯罪可以发生在任何地域。但对于某些犯罪来说，则只能发生在特定地域。前引《意见》规定，恶势力犯罪发生在一定区域或者行业，这是因为恶势力犯罪具有区域性犯罪或者行业性犯罪的性质。只有在某个特定区域或者行业多次实施犯罪活动，才能对该特定区域或者行业产生严重社会影响。否则，如果不是发生在特定区域或者行业，而是流窜各地实施犯罪活动，或者在较为广泛的区域从事犯罪活动，则难以构成恶势力犯罪。因为恶势力犯罪和黑社会性质组织犯罪一样，具有称霸一方的特点，所以，只能在一定区域或者行业内实施犯罪活动。并且，这种犯罪活动不是一次实施，而是多次实施，由此形成犯罪的威慑力，造成人民群众的心理恐慌。（4）恶势力的犯罪特征。恶势力实施的违法犯罪活动，主要包括强迫交易、故意伤害、非法拘禁、敲诈勒索、故意毁坏财物、聚众斗殴、寻衅滋事，但也包括具有为非作恶、欺压百姓特征，主要以暴力、威胁为手段的其他违法犯罪活动。恶势力还可能伴随实施开设赌场、组织卖淫、强迫卖淫、贩卖毒品、运输毒品、制造毒品、抢劫、抢夺、聚众扰乱社会秩序、聚众扰乱公共场所秩序、交通秩序以及聚众打砸抢等违法犯罪活动。由此可见，恶势力的违法犯罪活动可以分为主要违法犯罪活动和伴随违法犯罪活动两种类型。（5）恶势力的本质特征。恶势力犯罪的本质特征表现为，为非作恶，欺压百姓，扰乱经济、社会生活秩序，造成较为恶劣的社会影响。任何犯罪都具有社会危害性，即对刑法所保护的法益的侵害。恶势力作为一种特殊的犯罪形态，它的社会危害性要大于普通犯罪。因为恶势力犯罪的严重危害结果和恶劣社会影响及于一定区域或者行业，其社会危害性具有散发性和辐射性。从某种意义上可以说，为非作恶、欺压百姓是恶势力犯罪的本质特征。这一特征决定了恶势力犯罪侵害的是一定区域或者一定行业的人民群众的人身权利和财产权利，并且具有扰乱公共秩序的性质。恶势力的主要违法犯罪活动，例如非法拘禁、敲诈勒索、聚众斗殴、寻衅滋事等，都属于此类违法犯罪。

司法解释明确把黑、恶并列，明确恶势力犯罪和黑社会性质组织犯罪各自的特征，并严格区分两种不同的犯罪形态，这对于有效地惩治黑恶犯罪具有重要意义。恶势力与黑社会性质组织可以从以下三个方面加以区分：（1）组织程度的高低。无论是恶势力集团还是黑社会性质组织，都属于有组织犯罪，因而都存在一定的组织形式。然而，恶势力集团与黑社会性质组织在组织化程度上存在明显的差异，这种差异主要表现为组织结构的稳定性不同。组织结构是任何组织，包括合法组织和非法组织都具有的基本要素。不同的组织的组织结构的稳定性是不同的，一般来说，越是正规或者成熟的组织，其组织结构越是稳定，因而该组织的行动力以及对组织成员的支配力越强。恶势力集团和黑社会性质组织作为两种不同的犯罪组织，都具有一定的组织结构，但二者的稳定性程度是不同的。黑社会性质组织的组织化程度较高，主要表现在组织结构具有较强的稳定性。这种稳定性表明黑社会性质组织不是一个松散的临时纠集的集合体，而是在一个较长时期在一定地域有组织地从事犯罪活动的稳定的犯罪组织。相对来说，恶势力集团虽然也具有一定的组织性，但这种组织化的程度是较低的。恶势力具有相对固定的组织成员，包括组织者和骨干成员。但无论是在人数上还是在组织结构的稳定性上，恶势力集团都要逊色于黑社会性质组织。这主要表现为组织成员的流动性较大，固定的组织成员较少，组织者对于组织成员的控制力和支配力较弱。（2）经济实力的强弱。对于黑社会性质组织的成立来说，一定经济实力是必不可少的要件。黑社会性质组织的经济实力，一般是通过有组织的犯罪活动或者其他手段积累而成的，例如，通过强行收取保护费、敲诈勒索、抢劫、抢夺、开设赌场、强迫卖淫或者贩卖毒品等违法犯罪活动而获取，也可能通过建立经济实体从事正常的经营活动而获取。黑社会性质组织获取经济利益的目的是为黑社会性质组织的活动提供经费或者其他经济上的支持，维持黑社会性质组织的正常活动，以便进一步壮大黑社会性质组织。因此，黑社会性质组织具有较强的经济实力。恶势力集团也往往通过违法犯罪活动获取一定的经济利益，当然，建立经济实体从事正常经营活动以积累经济实力的情况还较为少见，而采用非法讨债、以套路贷的方式发放高利贷进行敛财的现象较多。例如，苏州市姑苏区人民法院办理的史宾宾等恶势力团伙犯罪案中，在被告人史宾宾组织、领导下，形成了以其为首的包括被告人黄东海等数名固定组成人员的非法讨债团伙，持续以非法拘禁犯罪、寻衅滋事犯罪的方式讨债，构成恶势力犯罪集团。因此，相对来说，恶势力集团的经济实力较弱。（3）非法控制的有无。非法控制是黑社会性质组织的本质特征，黑社会性质组织往往通过实施违法犯罪活动，或者利用国家工作人员的包庇或者纵容，称霸一方，在一定区域或者行业内，形成非法控制或者重大影响。只有达到这种非法控制程度，才能认定为黑社会性质组织。黑社会性质组织的重大影响表现为通过犯罪活动削弱合法政权的控制力，破坏正常的生产、生活秩序，并形成黑社会性质组织掌控的非法秩序。只有达到这种程度的重大影响，才具有非法控制的性质。而恶势力集团表现为经常纠集多人在一起，以暴力、威胁或者其他手段，包括软暴力手段，在一定区域或者行业内多次实施违法犯罪活动，造成较为恶劣的社会影响。但恶势力集团还不具有对一定区域或者行业的非法控制能力，未能破坏正常的生产、生活秩序并形成由其掌控的非法秩序，这是恶势力集团和黑社会性质组织的主要区别之所在。

（四）处罚

根据《刑法》第294条〔《刑法修正案（八）》第43条〕第1款之规定，犯本罪的，处7年以上有期徒刑，并处没收财产；积极参加的，处3年以上7年以下有期徒刑，可以并处罚金或者没收财产；其他参加的，处3年以下有期徒刑、拘役、管制或者剥夺政治权利，可以并处罚金。第4款规定，犯本罪又有其他犯罪行为的，依照数罪并罚的规定处罚。根据前引《纪要》的规定，这里的组织者、领导者，是指黑社会性质组织的发起者、创建者，或者在组织中实际处于领导地位，对整个组织及其运行、活动起着决策、指挥、协调、管理作用的犯罪分子，既包括通过一定形式产生的有明确职务、称谓的组织者、领导者，也包括在黑社会性质组织中被公认的事实上的组织者、领导者。积极参加者，是指接受黑社会性质组织的领导和管理，多次积极参与黑社会性质组织的违法犯罪活动，或者积极参与较严重的黑社会性质组织的犯罪活动且作用突出，以及其他在组织中起重要作用的犯罪分子，如具体主管黑社会性质组织的财务、人员管理等事项的犯罪分子。其他参加者，是指除上述组织成员之外，其他接受黑社会性质组织的领导和管理的犯罪分子。

非罪处理事由 前引《解释（八）》第 3 条第 2 款规定，对于参加黑社会性质的组织，没有实施其他违法犯罪活动的，或者受蒙蔽、胁迫参加黑社会性质的组织，情节轻微的，可以不作为犯罪处罚。

从重处罚事由 前引《解释（八）》第 4 条规定，国家机关工作人员组织、领导、参加黑社会性质组织的，从重处罚。

数罪并罚 犯组织、领导、参加黑社会性质组织罪又有其他犯罪行为的，应当实行数罪并罚。

四十、入境发展黑社会组织罪

（一）概念

入境发展黑社会组织罪是指境外的黑社会组织的人员到中华人民共和国境内发展组织成员的行为。

（二）构成

1. 罪体

主体 入境发展黑社会组织罪的主体是境外的黑社会组织的人员。

行为 入境发展黑社会组织罪的行为是到我国境内发展组织成员。这里的发展组织成员，根据前引《解释（八）》第 2 条的规定，是指将境内、外人员吸收为该黑社会组织成员的行为。对黑社会组织成员进行内部调整等行为，可视为发展组织成员。

客体 入境发展黑社会组织罪的客体是黑社会组织或者成员。

2. 罪责

入境发展黑社会组织罪的罪责形式是故意。这里的故意，是指明知是入境发展组织成员的行为而有意实施的主观心理状态。

（三）处罚

根据《刑法》第 294 条第 2 款之规定，犯本罪的，处 3 年以上 10 年以下有期徒刑。第 4 款规定，犯本罪又有其他犯罪行为的，依照数罪并罚的规定处罚。

数罪并罚 犯入境发展黑社会组织罪又有其他犯罪行为的，应当实行数罪并罚。

四十一、包庇、纵容黑社会性质组织罪

（一）概念

包庇、纵容黑社会性质组织罪是指国家机关工作人员包庇黑社会性质的组织，或者纵容黑社会性质的组织进行违法犯罪活动的行为。

（二）构成

1. 罪体

主体 包庇、纵容黑社会性质组织罪的主体是国家机关工作人员。

行为 包庇、纵容黑社会性质组织罪的行为是包庇黑社会性质的组织，或者纵容黑社会性质的组织进行违法犯罪活动。这里的包庇黑社会性质的组织，根据前引《解释（八）》第 5 条第 1 款的规定，是指国家机关工作人员为使黑社会性质组织及其成员逃避查禁而通风报信，隐匿、毁灭、伪造证据，阻止他人作证、检举揭发，指使他人作伪证，帮助逃匿，或者阻挠其他国家机关工作人员依法查

禁等行为。纵容黑社会性质的组织进行违法犯罪活动,根据前引《解释(八)》第5条第2款的规定,是指国家机关工作人员不依法履行职责,放纵黑社会性质组织进行违法犯罪活动的行为。

客体 包庇、纵容黑社会性质组织罪的客体是黑社会性质的组织。

2. 罪责

包庇、纵容黑社会性质组织罪的罪责形式是故意。这里的故意,是指明知是黑社会性质组织而有意包庇、纵容的主观心理状态。但是,根据《纪要》的规定,只要行为人知道或者应当知道是从事违法犯罪活动的组织,仍对该组织及其成员予以包庇,或者纵容其实施违法犯罪活动,即可认定本罪。至于行为人是否明知该组织是黑社会性质组织,不影响本罪的成立。

(三)处罚

根据《刑法》第294条第3款之规定,犯本罪的,处5年以下有期徒刑;情节严重的,处5年以上有期徒刑。

加重处罚事由 犯包庇、纵容黑社会性质组织罪而情节严重的,是本罪的加重处罚事由。这里的情节严重,根据前引《解释(八)》第6条的规定,是指具有下列情形之一:(1)包庇、纵容黑社会性质组织跨境实施违法犯罪活动的;(2)包庇、纵容境外黑社会组织在境内实施违法犯罪活动的;(3)多次实施包庇、纵容行为的;(4)致使某一区域或者行业的经济、社会生活秩序遭受黑社会性质组织特别严重破坏的;(5)致使黑社会性质组织的组织者、领导者逃匿,或者致使对黑社会性质组织的查禁工作严重受阻的;(6)具有其他严重情节的。

四十二、传授犯罪方法罪

(一)概念

传授犯罪方法罪是指采用语言、文字、动作或者其他方法,将实施犯罪的方法传授给他人的行为。

（二）构成

1. 罪体

行为　传播犯罪方法罪的行为是采用语言、文字、动作或者其他方法，将实施犯罪的方法传授给他人。

客体　传授犯罪方法罪的客体是犯罪方法。这里的犯罪方法，是指犯罪的技能与经验，包括犯罪的手段、步骤、反侦查方法等。

2. 罪责

传授犯罪方法罪的罪责形式是故意。这里的故意，是指明知是传授犯罪方法的行为而有意实施的主观心理状态。

（三）处罚

根据《刑法》第 295 条［《刑法修正案（八）》第 44 条］之规定，犯本罪的，处 5 年以下有期徒刑、拘役或者管制；情节严重的，处 5 年以上 10 年以下有期徒刑；情节特别严重的，处 10 年以上有期徒刑或者无期徒刑。

加重处罚事由　犯传授犯罪方法罪而情节严重的，是本罪的加重处罚事由。

特别加重处罚事由　犯传授犯罪方法罪而情节特别严重的，是本罪的特别加重处罚事由。

四十三、非法集会、游行、示威罪

（一）概念

非法集会、游行、示威罪是指举行集会、游行、示威，未依照法律规定申请或者申请未获许可，或者未按照主管机关许可的起止时间、地点、路线进行，又拒不服从解散命令，严重破坏社会秩序的行为。

（二）构成

1. 罪体

行为　非法集会、游行、示威罪的行为是未依照法律规定申请或者申请未获许可，或者未按照主管机关许可的起止时间、地点、路线，举行集会、游行、示威。由此可见，本罪行为具有以下两种情形：（1）未按照《集会游行示威法》的规定申请或者申请未获许可而举行集会、游行、示威。（2）集会、游行、示威未按照主管机关许可的起止时间、地点、路线进行。这里的集会，是指聚集在露天公共场所发表意见，表达意愿的活动。游行，是指在公共道路、露天公共场所列队行进，表达共同意愿的活动。示威，是指在露天公共场所、公共道路上以集会、游行、静坐等方式，表达要求、抗议或者支持、声援等共同意愿的活动。

2. 罪责

非法集会、游行、示威罪的罪责形式是故意。这里的故意，是指明知是非法集会、游行、示威的行为而有意实施的主观心理状态。

3. 罪量

非法集会、游行、示威罪的罪量要素是拒不服从解散命令，严重破坏社会秩序。这里的严重破坏社会秩序，是指扰乱社会秩序，造成社会秩序混乱，使生产、工作、生活和教学、科研无法正常进行。

（三）处罚

根据《刑法》第296条之规定，犯本罪的，对集会、游行、示威的负责人和直接责任人员，处5年以下有期徒刑、拘役、管制或者剥夺政治权利。

四十四、非法携带武器、管制刀具、爆炸物参加集会、游行、示威罪

（一）概念

非法携带武器、管制刀具、爆炸物参加集会、游行、示威罪是指违反法律规定，携带武器、管制刀具或者爆炸物参加集会、游行、示威的行为。

（二）构成

1. 罪体

行为　非法携带武器、管制刀具、爆炸物参加集会、游行、示威罪的行为是

违反法律规定，携带武器、管制刀具或者爆炸物参加集会、游行、示威。这里的违反法律规定，是指违反《集会游行示威法》第 5 条关于集会、游行、示威应当和平地进行，不得携带武器、管制刀具和爆炸物，不得使用暴力或者煽动使用暴力的规定。携带，是指随身藏带，或者利用工具夹带。

客体　非法携带武器、管制刀具、爆炸物参加集会、游行、示威罪的客体是武器、管制刀具、爆炸物。这里的武器，是指直接用于杀伤人体的发火器械及弹药。管制刀具，是指国家法律、法规规定限定特定人员配置，用于特定范围和特殊用途，禁止民间私自生产、运输、贩卖、购买、持有的刀具，包括匕首、三棱刀、带有自锁装置的弹簧刀以及其他类似的刀具。爆炸物，是指具有爆发力和破坏性，可以瞬间造成人畜伤亡、物品毁坏的危险物品。

2. 罪责

非法携带武器、管制刀具、爆炸物参加集会、游行、示威罪的罪责形式是故意。这里的故意，是指明知是非法携带武器、管制刀具、爆炸物参加集会、游行、示威的行为而有意实施的主观心理状态。

（三）处罚

根据《刑法》第 297 条之规定，犯本罪的，处 3 年以下有期徒刑、拘役、管制或者剥夺政治权利。

四十五、破坏集会、游行、示威罪

（一）概念

破坏集会、游行、示威罪是指扰乱、冲击或者以其他方法破坏依法举行的集会、游行、示威，造成公共秩序混乱的行为。

（二）构成

1. 罪体

行为　破坏集会、游行、示威罪的行为是扰乱、冲击或者以其他方法破坏依法举行的集会、游行、示威。这里的扰乱，是指对依法举行的集会、游行、示威起哄、闹事，破坏其正常秩序。冲击，是指冲散、冲入依法举行的集会、游行、示威队伍，使其不能正常进行。其他方法，是指扰乱、冲击方法以外破坏依法举行的集会、游行、示威的方法，例如堵塞集会、游行、示威队伍行进、停留的通道、场所等。

客体 破坏集会、游行、示威罪的客体是依法举行的集会、游行、示威。

2. 罪责

破坏集会、游行、示威罪的罪责形式是故意。这里的故意，是指明知是破坏集会、游行、示威的行为而有意实施的主观心理状态。

3. 罪量

破坏集会、游行、示威罪的罪量要素是造成公共秩序混乱。这里的造成公共秩序混乱，是指造成集会、游行、示威行经地或者举行地的场所秩序或者交通秩序混乱的；使依法举行的集会、游行、示威无法进行的；发生骚乱或者其他严重事端的；等等。

（三）处罚

根据《刑法》第 298 条之规定，犯本罪的，处 5 年以下有期徒刑、拘役、管制或者剥夺政治权利。

四十六、侮辱国旗、国徽、国歌罪

（一）概念

侮辱国旗、国徽、国歌罪是指在公共场合，故意以焚烧、毁损、涂划、玷污、践踏等方式侮辱中华人民共和国国旗、国徽，或者在公共场合，故意篡改中华人民共和国国歌歌词、曲谱，以歪曲、贬损方式奏唱国歌，或者以其他方式侮辱国歌，情节严重的行为。

（二）构成

1. 罪体

行为 侮辱国旗、国徽、国歌罪的行为是在公共场合，故意以焚烧、毁损、涂划、玷污、践踏等方式侮辱中华人民共和国国旗、国徽，或者在公共场合，故意篡改中华人民共和国国歌歌词、曲谱，以歪曲、贬损方式奏唱国歌，或者以其他方式侮辱国歌。这里的焚烧，是指放火燃烧。毁损，是指撕毁、砸毁。涂划，是指用笔墨、颜料涂划。玷污，是指用唾沫、粪便玷污。践踏，是指在脚下、车轮下等处进行踩踏、碾压。篡改，是指肆意改变内容。歪曲是指擅自改变曲调。贬损是指贬低和损害声调。

客体　侮辱国旗、国徽、国歌罪的客体是中华人民共和国国旗、国徽、国歌。

2. 罪责

侮辱国旗、国徽、国歌罪的罪责形式是故意。这里的故意，是指明知是侮辱国旗、国徽、国歌的行为而有意实施的主观心理状态。

（三）处罚

根据《刑法》第299条［《刑法修正案（十）》］之规定，犯本罪的，处3年以下有期徒刑、拘役、管制或者剥夺政治权利。

四十七、侵害英雄烈士名誉、荣誉罪

（一）概念

侵害英雄烈士名誉、荣誉罪是指侮辱、诽谤或者以其他方式侵害英雄烈士的名誉、荣誉，损害社会公共利益，情节严重的行为。

（二）构成

1. 罪体

行为　侵害英雄烈士名誉、荣誉罪的行为是侮辱、诽谤或者以其他方式侵害英雄烈士的名誉、荣誉。这里的侮辱，是指玷污、辱骂，损害英雄烈士的名誉。诽谤，是指捏造并散布虚假事实，贬损英雄烈士的荣誉。其他方法，是指亵渎、污损英雄烈士的肖像、纪念设施等。

客体　侵害英雄烈士名誉、荣誉罪的客体是英雄烈士的名誉、荣誉。

关于英雄烈士如何理解，在我国刑法学界存在两种争议观点：第一种观点认为，英雄烈士是指英雄和烈士。其中，英雄是在世的功勋人士，烈士是牺牲的功勋人士。因此，无论是侮辱、诽谤或者以其他方式侵害在世的英雄的名誉、荣誉还是牺牲的烈士的名誉、荣誉，均可以构成本罪。第二种观点认为，英雄烈士都是指牺牲的功勋人士，而不包括在世的功勋人士。在以上两种观点中，我赞同第二种观点。理由如下：第一，本罪的前置法是 2018 年 4 月 27 日颁布的《英雄烈士保护法》，该法第 22 条规定，禁止歪曲、丑化、亵渎、否定英雄烈士事迹和精神。英雄烈士的姓名、肖像、名誉、荣誉受法律保护。任何组织和个人不得在公共场所、互联网或者利用广播电视、电影、出版物等，以侮辱、诽谤或者其他方式侵害英雄烈士的姓名、肖像、名誉、荣誉。第 26 条规定，以侮辱、诽谤或者其他方式侵害英雄烈士的姓名、肖像、名誉、荣誉，损害社会公共利益的，依法承担民事责任；构成违反治安管理行为的，由公安机关依法给予治安管理处罚；构成犯罪的，依法追究刑事责任。该法虽然未对英雄烈士作出解释，但从该法条文表述来看，英雄烈士明显是指牺牲的功勋人士。第二，在世的功勋人士的名誉、荣誉属于公民人身权利，如果被侵害的，可以将侮辱、诽谤行为按照侮辱、诽谤罪论处，而没有必要另外设立罪名予以保护。第三，本罪属于妨害社会管理秩序罪，本罪的保护法益是社会公共利益，这也表明本罪的客体只能是牺牲的英雄烈士的名誉、荣誉。2022 年 1 月 11 日最高人民法院、最高人民检察院、公安部发布的《关于依法惩治侵害英雄烈士名誉、荣誉违法犯罪的意见》（以下简称《意见（一）》）对本罪中的英雄烈士作了明确界定。《意见（一）》第 1 条规定，根据《英雄烈士保护法》第 2 条的规定，《刑法》第 299 条之一规定的英雄烈士，主要是指近代以来，为了争取民族独立和人民解放，实现国家富强和人民幸福，促进世界和平和人类进步而毕生奋斗、英勇献身的英雄烈士。司法适用中，对英雄烈士的认定，应当重点注意把握以下几点：（1）英雄烈士的时代范围主要为近代以来，重点是中国共产党、人民军队和中华人民共和国历史上的英雄烈士。英雄烈士既包括个人，也包括群体；既包括有名英雄烈士，也包括无名英雄烈士。

（2）对经依法评定为烈士的，应当认定为《刑法》第 299 条之一规定的英雄烈士；已牺牲、去世，尚未评定为烈士，但其事迹和精神为我国社会普遍公认的英雄模范人物或者群体，可以认定为英雄烈士。（3）英雄烈士是指已经牺牲、去世的英雄烈士。对侮辱、诽谤或者以其他方式侵害健在的英雄模范人物或者群体名誉、荣誉，构成犯罪的，适用刑法有关侮辱、诽谤罪等规定追究刑事责任，符合适用公诉程序条件的，由公安机关依法立案侦查，人民检察院依法提起公诉。但是，被侵害英雄烈士群体中既有已经牺牲的烈士，也有健在的英雄模范人物的，可以统一适用侵害英雄烈士名誉、荣誉罪。上述规定平息了在英雄烈士问题上的争议，对于统一司法适用标准具有重要指导意义。

本罪中的名誉，是指对英雄烈士的社会评价，对名誉的侵害主要表现为贬损等形式。荣誉，是指英雄烈士取得的成就，对荣誉的侵害主要表现为污蔑等形式。

2. 罪责

侵害英雄烈士名誉、荣誉罪的罪责形式是故意。这里的故意，是指明知是侵害英雄烈士的名誉、荣誉的行为而有意实施的主观心理状态。

3. 罪量

侵害英雄烈士名誉、荣誉罪的罪量要素是情节严重。根据前引《意见（一）》第 2 条的规定，在司法实践中，对侵害英雄烈士名誉、荣誉的行为是否达到情节严重，应当结合行为方式，涉及英雄烈士的人数，相关信息的数量、传播方式、传播范围、传播持续时间，相关信息实际被点击、浏览、转发次数，引发的社会影响、危害后果以及行为人前科情况等综合判断。根据案件具体情况，必要时，可以参照适用 2013 年 9 月 6 日最高人民法院、最高人民检察院《关于办理利用信息网络实施诽谤等刑事案件适用法律若干问题的解释》（法释〔2013〕21 号）的规定，具体是指该司法解释第 2 条的规定，即利用信息网络诽谤他人，具有下列情形之一的，应当认定为情节严重：（1）同一诽谤信息实际被点击、浏览次数达到 5 000 次以上，或者被转发次数达到 5 000 次以上的；（2）造成被害人或者其近亲属精神失常、自残、自杀等严重后果的；（3）2 年内曾因诽谤受过行政处罚，又诽谤他人的；（4）其他情节严重的情形。

案例 33-5　　　　　**仇子明侵害英雄烈士名誉、荣誉案**

2021年2月19日上午，仇子明在卫国戍边官兵誓死捍卫国土的英雄事迹报道后，为博取眼球，获得更多关注，在其住处使用其新浪微博账户"辣笔小球"（粉丝数250余万）先后于10时29分、10时46分发布2条微博，歪曲卫国戍边官兵的英雄精神，侵害英雄烈士名誉、荣誉。上述微博在网络上迅速扩散，引发公众强烈愤慨。

2月20日，仇子明被公安机关刑事拘留，江苏省南京市建邺区人民检察院依法提前介入侦查。2月25日，公安机关以涉嫌寻衅滋事罪提请检察机关批准逮捕。3月1日，《刑法修正案（十一）》施行，南京市建邺区人民检察院依法以涉嫌侵害英雄烈士名誉、荣誉罪对仇子明批准逮捕。同时，在军事检察机关支持配合下，开展公益诉讼调查。

5月31日，南京市建邺区人民法院依法公开开庭审理被告人仇子明侵害英雄烈士名誉、荣誉一案。法院认为，公诉机关指控仇子明犯侵害英雄烈士名誉、荣誉罪的事实清楚，证据确实、充分，指控罪名成立。仇子明归案后如实供述自己的罪行，且认罪认罚，当庭表示绝不再犯。据此，辩护人请求从轻处罚的辩护意见属实，公诉机关所提有期徒刑8个月的量刑建议适当，均予采纳。南京市建邺区人民法院根据案件事实、证据，综合庭审中控辩双方意见，依法当庭宣判，认定被告人仇子明犯侵害英雄烈士名誉、荣誉罪，判处有期徒刑8个月；并责令其自判决生效之日起10日内通过国内主要门户网站及全国性媒体公开赔礼道歉，消除影响。

释评

仇子明侵害英雄烈士名誉、荣誉案是本罪设立以后的第一案，该案的侵害英雄烈士名誉、荣誉行为发生在2021年2月19日，此时本罪尚未施行。根据2013年9月6日最高人民法院、最高人民检察院《关于办理利用信息网络实施诽谤等刑事案件适用法律若干问题的解释》第5条的规定，利用信息网络辱骂、恐吓他人，情节恶劣，破坏社会秩序的，依照《刑法》第293条第1款第2项的规定，以寻衅滋事罪定罪处罚。因而公安机关于2月20日对仇子明以涉嫌寻衅滋事罪立案侦查并于2月25日以该罪提请检察机关批准逮捕。及至3月1日，《刑法修正案（十一）》施行，南京市建邺区人民检察院依法以涉嫌侵害英雄烈士名誉、荣誉罪对仇子明批准逮捕。根据我国刑法关于溯及力的从旧兼从轻原则，对仇子明的行为以侵害英雄烈士名誉、荣誉罪论处。在本案中，被侮辱的英雄烈士，既包括已经牺牲的英雄烈士，又包括在世的英雄烈士。对此，应当统一认定为英雄烈士，适用本罪。

（三）处罚

根据《刑法》第299条之一〔《刑法修正案（十一）》第35条〕之规定，犯本罪的，处3年以下有期徒刑、拘役、管制或者剥夺政治权利。

四十八、组织、利用会道门、邪教组织、利用迷信破坏法律实施罪

（一）概念

组织、利用会道门、邪教组织、利用迷信破坏法律实施罪是指组织、利用会道门、邪教组织或者利用迷信破坏国家法律、行政法规实施的行为。

（二）构成

1. 罪体

行为　组织、利用会道门、邪教组织、利用迷信破坏法律实施罪的行为是组织、利用会道门、邪教组织、利用迷信破坏国家法律、行政法规实施。本罪的行为是复合行为，包括手段行为和目的行为。手段行为是组织、利用会道门、邪教组织、利用迷信；目的行为是破坏国家法律、行政法规的实施。如果仅有手段行为而无目的行为，或者仅有目的行为而无手段行为，均不构成本罪。由此可见，本罪的行为具有以下三种情形：

（1）组织、利用会道门破坏国家法律、行政法规实施。这里的会道门，是指会门和道门等封建迷信活动组织，包括一贯道、九宫道、先天道、后天道等。

（2）组织、利用邪教组织破坏国家法律、行政法规实施。这里的邪教组织，根据2017年1月25日最高人民法院、最高人民检察院《关于办理组织、利用邪教组织破坏法律实施等刑事案件适用法律若干问题的解释》〔以下简称《解释（九）》〕第1条的规定，是指冒用宗教、气功或者其他名义建立，神化、鼓吹首要分子，利用制造、散布迷信邪说等手段蛊惑、蒙骗他人，发展、控制成员，危害社会的非法组织。

（3）利用迷信破坏国家法律、行政法规实施。这里的迷信，是指违反科学，信奉鬼仙神圣的思想意识。利用迷信，就是宣传、传播、灌输这种迷信的思想意识，以此煽动他人破坏国家法律、行政法规的实施，例如冲击国家机关、拒不履行法定义务、破坏公共秩序等。

客体 组织、利用会道门、邪教组织、利用迷信破坏法律实施罪的客体是国家法律、行政法规的实施。

2. 罪责

组织、利用会道门、邪教组织、利用迷信破坏法律实施罪的罪责形式是故意。这里的故意，是指明知是组织、利用会道门、邪教组织、利用迷信破坏法律实施的行为而有意实施的主观心理状态。

3. 罪量

组织、利用会道门、邪教组织、利用迷信破坏法律实施罪的罪量要素，刑法未作规定，但前引《解释（九）》对组织、利用邪教组织破坏国家法律、行政法规实施行为构成本罪的罪量要素作了规定。

根据《解释（九）》第2条的规定，组织、利用邪教组织，破坏国家法律、行政法规实施，具有下列情形之一的，构成本罪：（1）建立邪教组织，或者邪教组织被取缔后又恢复、另行建立邪教组织的。（2）聚众包围、冲击、强占、哄闹国家机关、企业事业单位或者公共场所、宗教活动场所，扰乱社会秩序的。

（3）非法举行集会、游行、示威，扰乱社会秩序的。（4）使用暴力、胁迫或者以其他方法强迫他人加入或者阻止他人退出邪教组织的。（5）组织、煽动、蒙骗成员或者他人不履行法定义务的。（6）使用"伪基站""黑广播"等无线电台（站）或者无线电频率宣扬邪教的。（7）曾因从事邪教活动被追究刑事责任或者 2 年内受过行政处罚，又从事邪教活动的。（8）发展邪教组织成员 50 人以上的。（9）敛取钱财或者造成经济损失 100 万元以上的。（10）以货币为载体宣扬邪教，数量在 500 张（枚）以上的。（11）制作、传播邪教宣传品，达到下列数量标准之一的：1）传单、喷图、图片、标语、报纸 1 000 份（张）以上的；2）书籍、刊物 250 册以上的；3）录音带、录像带等音像制品 250 盒（张）以上的；4）标识、标志物 250 件以上的；5）光盘、U 盘、储存卡、移动硬盘等移动存储介质 100 个以上的；6）横幅、条幅 50 条（个）以上的。（12）利用通讯信息网络宣扬邪教，具有下列情形之一的：1）制作、传播宣扬邪教的电子图片、文章 200 张（篇）以上，电子书籍、刊物、音视频 50 册（个）以上，或者电子文档 500 万字符以上、电子音视频 250 分钟以上的；2）编发信息、拨打电话 1 000 条（次）以上的；3）利用在线人数累计达到 1 000 以上的聊天室，或者利用群组成员、关注人员等账号数累计 1 000 以上的通讯群组、微信、微博等社交网络宣扬邪教的；4）邪教信息实际被点击、浏览数达到 5 000 次以上的。（13）其他情节严重的情形。

（三）处罚

根据《刑法》第 300 条［《刑法修正案（九）》第 33 条］第 1 款之规定，犯本罪的，处 3 年以上 7 年以下有期徒刑，并处罚金；情节特别严重的，处 7 年以上有期徒刑或者无期徒刑，并处罚金或者没收财产；情节较轻的，处 3 年以下有期徒刑、拘役、管制或者剥夺政治权利，并处或者单处罚金。

加重处罚事由　犯组织、利用会道门、邪教组织、利用迷信破坏法律实施罪而情节特别严重的，是本罪的加重处罚事由。这里的情节特别严重，根据前引《解释（九）》第 3 条的规定，是指具有下列情形之一：（1）实施本解释第 2 条第 1 项至第 7 项规定的行为，社会危害特别严重的；（2）实施本解释第 2 条第 8 项至第 12

项规定的行为，数量或者数额达到第 2 条规定相应标准 5 倍以上的；（3）其他情节特别严重的情形。

减轻处罚事由 犯组织、利用会道门、邪教组织、利用迷信破坏法律实施罪而情节较轻的，是本罪的减轻处罚事由。这里的情节较轻，根据前引《解释（九）》第 4 条的规定，是指具有下列情形之一：（1）实施本解释第 2 条第 1 项至第 7 项规定的行为，社会危害较轻的；（2）实施本解释第 2 条第 8 项至第 12 项规定的行为，数量或者数额达到相应标准 1/5 以上的；（3）其他情节较轻的情形。

四十九、组织、利用会道门、邪教组织、利用迷信致人重伤、死亡罪

（一）概念

组织、利用会道门、邪教组织、利用迷信致人重伤、死亡罪是指组织、利用会道门、邪教组织或者利用迷信蒙骗他人，致人重伤、死亡的行为。

（二）构成

1. 罪体

行为 组织、利用会道门、邪教组织、利用迷信致人重伤、死亡罪的行为是组织、利用会道门、邪教组织或者利用迷信蒙骗他人，致人重伤、死亡。由此可见，本罪的行为具有以下三种情形：（1）组织、利用会道门蒙骗他人，致人重伤、死亡。（2）组织、利用邪教组织蒙骗他人，致人重伤、死亡。这里的组织、利用邪教组织蒙骗他人，致人重伤、死亡，根据前引《解释（九）》第 7 条第 1 款的规定，是指组织、利用邪教组织制造、散布迷信邪说，蒙骗成员或者他人绝食、自虐等，或者蒙骗病人不接受正常治疗，致人重伤、死亡的情形。（3）利用迷信蒙骗他人，致人重伤、死亡。

客体 组织、利用会道门、邪教组织、利用迷信致人重伤、死亡罪的客体是人身。

结果 组织、利用会道门、邪教组织、利用迷信致人重伤、死亡罪的结果是

致人重伤、死亡。

2. 罪责

组织、利用会道门、邪教组织、利用迷信致人重伤、死亡罪的罪责形式是过失。这里的过失，是指应当预见到自己的行为可能发生致人重伤、死亡的结果，因为疏忽大意而没有预见，或者已经预见而轻信能够避免，以致发生致人重伤、死亡结果的主观心理状态。应当指出，组织、利用会道门、邪教组织、利用迷信蒙骗他人的行为是故意的，但这并非本罪的罪责形式，行为人对致人重伤、死亡的结果是过失的，应以此确定本罪的罪责形式。

（三）处罚

根据《刑法》第 300 条第 2 款之规定，犯本罪的，依照前款的规定处罚，即处 3 年以上 7 年以下有期徒刑，并处罚金；情节特别严重的，处 7 年以上有期徒刑或者无期徒刑，并处罚金或者没收财产；情节较轻的，处 3 年以下有期徒刑、拘役、管制或者剥夺政治权利，并处或者单处罚金。

加重处罚事由　犯组织、利用会道门、邪教组织、利用迷信致人重伤、死亡罪而情节特别严重的，是本罪的加重处罚情节。这里的情节特别严重，根据《解释（九）》第 7 条第 3 款的规定，是指具有下列情形之一：（1）造成 3 人以上死亡的；（2）造成 9 人以上重伤的；（3）其他情节特别严重的情形。

减轻处罚事由　犯组织、利用会道门、邪教组织、利用迷信致人重伤、死亡罪而情节较轻的，是本罪的减轻处罚事由。这里的情节较轻，根据前引《解释（九）》第 4 条的规定，是指具有下列情形之一：（1）实施本解释第 2 条第 1 项至第 7 项规定的行为，社会危害较轻的；（2）实施本解释第 2 条第 8 项至第 12 项规定的行为，数量或者数额达到相应标准 1/5 以上的；（3）其他情节较轻的情形。

五十、聚众淫乱罪

（一）概念

聚众淫乱罪是指聚集多人在公开或者半公开的场所进行淫乱活动，扰乱公共秩序的行为。

（二）构成

1. 罪体

行为 聚众淫乱罪的行为是聚集多人进行淫乱活动。这里的聚集多人进行淫乱活动，是指 3 人以上聚集在一起进行淫乱活动。本罪中的淫乱，是指聚集男女 3 人以上在一起进行性交，即群奸群宿。

地点 聚众淫乱罪的行为发生在公开或者半公开的场所，因而具有扰乱公共秩序的性质。如果聚众淫乱行为发生在秘密场所，没有扰乱公共秩序的，不构成本罪。

2. 罪责

聚众淫乱罪的罪责形式是故意。这里的故意，是指明知是聚众淫乱行为而有意实施的主观心理状态。

3. 罪量

聚众淫乱罪的罪量要素，刑法未作规定。参照《立案追诉标准（一）》第 41 条的规定，组织、策划、指挥 3 人以上进行淫乱活动或者参加聚众淫乱活动 3 次以上的，应予立案追诉。

（三）处罚

根据《刑法》第 301 条第 1 款之规定，犯本罪的，对首要分子或者多次参加的，处 5 年以下有期徒刑、拘役或者管制。

五十一、引诱未成年人聚众淫乱罪

（一）概念

引诱未成年人聚众淫乱罪是指引诱未成年人参加聚众淫乱活动的行为。

（二）构成

1. 罪体

行为 引诱未成年人聚众淫乱罪的行为是引诱未成年人参加聚众淫乱活动。

这里的引诱，是指通过语言、表演、示范、观看录像等手段，诱惑未成年的男女参加聚众淫乱活动。

客体　引诱未成年人聚众淫乱罪的客体是未成年人。这里的未成年人，是指不满 18 周岁的男女。

2. 罪责

引诱未成年人聚众淫乱罪的罪责形式是故意。这里的故意，是指明知是引诱未成年人聚众淫乱的行为而有意实施的主观心理状态。

（三）处罚

根据《刑法》第 301 条第 2 款之规定，犯本罪的，依照前款的规定从重处罚，即处 5 年以下有期徒刑、拘役或者管制，并从重处罚。

五十二、盗窃、侮辱、故意毁坏尸体、尸骨、骨灰罪

（一）概念

盗窃、侮辱、故意毁坏尸体、尸骨、骨灰罪是指盗窃、侮辱、故意毁坏尸体、尸骨、骨灰的行为。

（二）构成

1. 罪体

行为　盗窃、侮辱、故意毁坏尸体、尸骨、骨灰罪的行为是盗窃、侮辱、故意毁坏尸体、尸骨、骨灰。这里的盗窃，是指秘密窃取。侮辱，是指对尸体进行猥亵、毁损、奸尸等。毁坏，是指毁损尸体、尸骨或者扬撒骨灰等。

客体　盗窃、侮辱、故意毁坏尸体、尸骨、骨灰罪的客体是尸体、尸骨、骨灰。

2. 罪责

盗窃、侮辱、故意毁坏尸体、尸骨、骨灰罪的罪责形式是故意。这里的故意，是指明知是盗窃、侮辱、故意毁坏尸体、尸骨、骨灰的行为而有意实施的主

观心理状态。

（三）处罚

根据《刑法》第302条［《刑法修正案（九）》第34条］之规定，犯本罪的，处3年以下有期徒刑、拘役或者管制。

五十三、赌博罪

（一）概念

赌博罪是指以营利为目的，聚众赌博或者以赌博为业的行为。

（二）构成

1. 罪体

行为　赌博罪的行为是聚众赌博或者以赌博为业。由此可见，本罪的行为具有以下两种情形：（1）聚众赌博。这里的聚众赌博，是指为赌博提供赌场、赌具，组织、招引他人参加赌博，本人从中抽头渔利。（2）以赌博为业。这里的以赌博为业，是指以赌博为常业，即以赌博所得为其生活或者挥霍的主要来源。

2. 罪责

赌博罪的罪责形式是故意，并且以营利为目的。这里的故意，是指明知是赌博行为而有意实施的主观心理状态。

目的犯　赌博罪必须以营利为目的，是法定的目的犯。这里的营利，是指通过赌博获取非法利益。至于赌博输赢，并不影响本罪的成立。根据2005年5月11日最高人民法院、最高人民检察院《关于办理赌博刑事案件具体应用法律若干问题的解释》［以下简称《解释（十）》］第9条规定，不以营利为目的，进行带有少量财物输赢的娱乐活动，以及提供棋牌室等娱乐场所，只收取正常的场所和服务费用的经营行为等，不以赌博论处。这一规定，对于区分赌博罪的罪与非罪具有重要意义。

3. 罪量

赌博罪的罪量要素，刑法未作规定。前引《解释（十）》第 1 条对聚众赌博构成犯罪的罪量要素作了规定：（1）组织 3 人以上赌博，抽头渔利数额累计达到 5 000 元以上的；（2）组织 3 人以上赌博，赌资数额累计达到 5 万元以上的；（3）组织 3 人以上赌博，参赌人数累计达到 20 人以上的；（4）组织中华人民共和国公民 10 人以上赴境外赌博，从中收取回扣、介绍费的。

（三）认定

1. 境外赌博属人管辖的特别规定

前引《解释（十）》第 3 条规定，中华人民共和国公民在我国领域外周边地区聚众赌博、开设赌场，以吸引中华人民共和国公民为主要客源，构成赌博罪的，可以依照刑法规定追究刑事责任。这是对境外赌博属人管辖的特别规定。因为根据《刑法》第 7 条第 1 款的规定，中华人民共和国公民在中华人民共和国领域外犯罪，法定最高刑是 3 年以下有期徒刑的，可以不予追究。而根据《刑法》第 303 条的规定，赌博罪的法定最高刑为 3 年有期徒刑，依照《刑法》第 7 条第 1 款的规定，本来可以不予追究，但考虑到境外赌博的特殊危害性，司法解释对此作了应予追究的规定。

2. 赌博罪的共犯

前引《解释（十）》第 4 条规定，明知他人实施赌博犯罪活动，而为其提供资金、计算机网络、通讯、费用结算等直接帮助的，以赌博罪的共犯论处。对于上述赌博的共犯行为，应根据《刑法》第 27 条的规定，以从犯论处。

3. 设置圈套诱骗他人参赌行为的认定

1991 年 3 月 12 日最高人民法院研究室《关于设置圈套诱骗他人参赌获取钱财的案件应如何定罪问题的电话答复》（现已失效）指出：对于行为人以营利为目的，设置圈套，诱骗他人参赌的行为，需要追究刑事责任的，应以赌博罪论处。此外，1995 年 11 月 6 日最高人民法院《关于对设置圈套诱骗他人参赌又向索还钱财的受骗者施以暴力或暴力威胁的行为应如何定罪问题的批复》规定："行为人设置圈套诱骗他人参赌获取钱财，属赌博行为，构成犯罪的，应当以赌博罪定罪处罚。参赌者识破骗局要求退还所输钱财，设赌者又使用暴力或者以暴力相威胁，拒绝退还的，应以赌博罪从重处罚；致使参赌者伤害或者死亡的，应以赌博罪和故意伤害罪或者故意杀人罪，依法实行数罪并罚。"根据上述司法解释，设置圈套诱骗他人参赌的行为，属于赌博行为。在这种情况下，设赌者往往在赌博中采取一定的作弊手段，因而也具有某种欺诈性。但如果设置骗局，虽以赌博的形式但实际上是进行诈骗，则超出了赌博的范畴，属于赌博诈骗行为，应以诈骗罪论处。

（四）处罚

根据《刑法》第 303 条第 1 款之规定，犯本罪的，处 3 年以下有期徒刑、拘役或者管制，并处罚金。

从重处罚事由　前引《解释（十）》第 5 条规定，实施赌博犯罪，有下列情形之一的，依照《刑法》第 303 条的规定从重处罚：（1）具有国家工作人员身份的；（2）组织国家工作人员赴境外赌博的；（3）组织未成年人参与赌博，或者开设赌场吸引未成年人参与赌博的。

五十四、开设赌场罪

（一）概念

开设赌场罪是指以营利为目的，为赌博提供场所或者在计算机网络上建立赌博网站的行为。

（二）构成

1. 罪体

行为　开设赌场罪的行为是指为赌博提供场所、在计算机网络上建立赌博网站或者利用赌博机开设赌场。由此可见，开设赌场表现为以下三种情形：

（1）为赌博提供场所

传统的开设赌场，是指营业性地为赌博提供场所，设立赌博方式，提供赌具、筹码、接受赌客投注。

（2）建立赌博网站

近年来出现了网络赌博，网络赌博中的开设赌场，具有不同于传统的开设赌场的特征。前引《解释（十）》第2条规定，以营利为目的，在计算机网络上建立赌博网站，或者为赌博网站担任代理，接受投注的，属于开设赌场。2010年8月31日最高人民法院、最高人民检察院、公安部《关于办理网络赌博犯罪案件适用法律若干问题的意见》［以下简称《意见（二）》］第1条第1款规定，利用互联网、移动通讯终端等传输赌博视频、数据，组织赌博活动，具有下列情形之一的，属于《刑法》第303条第2款规定的开设赌场行为：1）建立赌博网站并接受投注的；2）建立赌博网站并提供给他人组织赌博的；3）为赌博网站担任代理并接受投注的；4）参与赌博网站利润分成的。

（3）利用赌博机开设赌场

利用赌博机开设赌场是指设置具有退币、退分、退钢珠等赌博功能的电子游戏设施设备，并以现金、有价证券等贵重款物作为奖品，或者以回购奖品方式给予他人现金、有价证券等贵重款物，组织赌博活动。

除了上述三种开设赌场的方式外，在现实生活中还存在两种开设赌场的方式：以营利为目的，通过邀请人员加入微信群的方式招揽赌客，根据竞猜游戏网站的开奖结果等方式进行赌博，设定赌博规则，利用微信群进行控制管理，在一段时间内持续组织网络赌博活动的，属于《刑法》第303条第2款规定的"开设赌场"。

案例33-6　洪小强、洪礼沃、洪清泉、李志荣开设赌场案

（法例第105号）

2016年2月14日，被告人李志荣、洪礼沃、洪清泉伙同洪某1、洪某2（均在逃）以福建省南安市英都镇阀门基地旁一出租房为据点（后搬至福建省南安市英都镇环江路大众电器城五楼的套房），雇佣洪某3等人，运用智能手机、电脑

等设备建立微信群〔群昵称为"寻龙诀",经多次更名后为"(新)九八届同学聊天"〕拉拢赌客进行网络赌博。洪某1、洪某2作为发起人和出资人,负责幕后管理整个团伙;被告人李志荣主要负责财务、维护赌博软件;被告人洪礼沃主要负责后勤;被告人洪清泉主要负责处理与赌客的纠纷;被告人洪小强为出资人,并介绍了陈某某等赌客加入微信群进行赌博。该微信赌博群将启动资金人民币300 000元分成100份资金股,并另设10份技术股。其中,被告人洪小强占资金股6股,被告人洪礼沃、洪清泉各占技术股4股,被告人李志荣占技术股2股。参赌人员加入微信群,通过微信或支付宝将赌资转至庄家(昵称为"白龙账房""青龙账房")的微信或者支付宝账号计入分值(一元相当于一分)后,根据"PC蛋蛋"等竞猜游戏网站的开奖结果,以押大小、单双等方式在群内投注赌博。该赌博群24小时运转,每局参赌人员数十人,每日赌注累计达数十万元。截至案发时,该团伙共接受赌资累计达3 237 300元。赌博群运行期间共分红2次,其中被告人洪小强分得人民币36 000元,被告人李志荣分得人民币6 000元,被告人洪礼沃分得人民币12 000元,被告人洪清泉分得人民币12 000元。

江西省赣州市章贡区人民法院于2017年3月27日作出(2016)赣0702刑初367号刑事判决:(1)被告人洪小强犯开设赌场罪,判处有期徒刑4年,并处罚金人民币5万元。(2)被告人洪礼沃犯开设赌场罪,判处有期徒刑4年,并处罚金人民币5万元。(3)被告人洪清泉犯开设赌场罪,判处有期徒刑4年,并处罚金人民币5万元。(4)被告人李志荣犯开设赌场罪,判处有期徒刑4年,并处罚金人民币5万元。(5)将四被告人所退缴的违法所得共计人民币66 000元以及随案移送的6部手机、1台笔记本电脑、3台台式电脑主机等供犯罪所用的物品,依法予以没收,上缴国库。宣判后,四被告人均未提出上诉,判决已发生法律效力。

法院生效裁判认为:被告人洪小强、洪礼沃、洪清泉、李志荣以营利为目的,通过邀请人员加入微信群的方式招揽赌客,根据竞猜游戏网站的开奖结果,以押大小、单双等方式进行赌博,并利用微信群进行控制管理,在一段时间内持续组织网络赌博活动的行为，属于《刑法》第 303 条第 2 款规定的"开设赌场"。被告人洪小强、洪礼沃、洪清泉、李志荣开设和经营赌场，共接受赌资累计达 3 237 300 元，应认定为《刑法》第 303 条第 2 款规定的"情节严重"，其行为均已构成开设赌场罪。

本案的裁判要点指出：以营利为目的，通过邀请人员加入微信群，利用微信群进行控制管理，以抢红包方式进行赌博，在一段时间内持续组织赌博活动的行为，属于《刑法》第 303 条第 2 款规定的"开设赌场"。

案例 33－7　　谢检军、高垒、高尔樵、杨泽彬开设赌场案

（法例第 106 号）

2015 年 9 月至 2015 年 11 月，向某（已判决）在杭州市萧山区活动期间，分别伙同被告人谢检军、高垒、高尔樵、杨泽彬等人，以营利为目的，邀请他人加入其建立的微信群，组织他人在微信群里采用抢红包的方式进行赌博。其间，被告人谢检军、高垒、高尔樵、杨泽彬分别帮助向某在赌博红包群内代发红包，并根据发出赌博红包的个数，从抽头款中分得好处费。

浙江省杭州市萧山区人民法院于 2016 年 11 月 9 日作出（2016）浙 0109 刑初 1736 号刑事判决：（1）被告人谢检军犯开设赌场罪，判处有期徒刑 3 年 6 个月，并处罚金人民币 25 000 元。（2）被告人高垒犯开设赌场罪，判处有期徒刑 3 年 3 个月，并处罚金人民币 20 000 元。（3）被告人高尔樵犯开设赌场罪，判处有期徒刑 3 年 3 个月，并处罚金人民币 15 000 元。（4）被告人杨泽彬犯开设赌场罪，判处有期徒刑 3 年，并处罚金人民币 10 000 元。（5）随案移送的四被告人犯罪所用工具手机 6 部予以没收，上缴国库；尚未追回的四被告人犯罪所得赃款，继续予以追缴。宣判后，谢检军、高尔樵、杨泽彬不服，分别向浙江省杭州市中级人民法院提出上诉。

浙江省杭州市中级人民法院于 2016 年 12 月 29 日作出（2016）浙 01 刑终 1143 号刑事判决：（1）维持杭州市萧山区人民法院（2016）浙 0109 刑初 1736 号

刑事判决第一项、第二项、第三项、第四项的定罪部分及第五项没收犯罪工具、追缴赃款部分。(2) 撤销杭州市萧山区人民法院(2016)浙0109刑初1736号刑事判决第一项、第二项、第三项、第四项的量刑部分。(3) 上诉人(原审被告人)谢检军犯开设赌场罪,判处有期徒刑3年,并处罚金人民币25 000元。(4) 原审被告人高垒犯开设赌场罪,判处有期徒刑2年6个月,并处罚金人民币20 000元。(5) 上诉人(原审被告人)高尔樵犯开设赌场罪,判处有期徒刑2年6个月,并处罚金人民币15 000元。(6) 上诉人(原审被告人)杨泽彬犯开设赌场罪,判处有期徒刑1年6个月,并处罚金人民币10 000元。

法院生效裁判认为:以营利为目的,通过邀请人员加入微信群,利用微信群进行控制管理,以抢红包方式进行赌博,设定赌博规则,在一段时间内持续组织赌博活动的行为,属于《刑法》第303条第2款规定的"开设赌场"。谢检军、高垒、高尔樵、杨泽彬伙同他人开设赌场,均已构成开设赌场罪,且系情节严重。谢检军、高垒、高尔樵、杨泽彬在共同犯罪中地位和作用较轻,均系从犯,原判决未认定从犯不当,依法予以纠正,并对谢检军予以从轻处罚,对高尔樵、杨泽彬、高垒均予以减轻处罚。杨泽彬犯罪后自动投案,并如实供述自己的罪行,系自首,依法予以从轻处罚。谢检军、高尔樵、高垒到案后如实供述犯罪事实,依法予以从轻处罚。谢检军、高尔樵、杨泽彬、高垒案发后退赃,二审审理期间杨泽彬的家人又代为退赃,均酌情予以从轻处罚。

本案的裁判要点指出:以营利为目的,通过邀请人员加入微信群,利用微信群进行控制管理,以抢红包方式进行赌博,在一段时间内持续组织赌博活动的行为,属于《刑法》第303条第2款规定的"开设赌场"。

释评

案例33-6和案例33-7的裁判要点基本相同,都是将在微信群中以抢红包的方式组织赌博的行为认定为开设赌场,这是因应在现实生活中新出现的赌博现象而采用指导案例的方式对开设赌场行为所作的一种扩展性解释。

客体 开设赌场罪的客体是赌场。这里的赌场，是指赌博的场所，包括传统的赌博场所和网络上的赌博场所。

2. 罪责

开设赌场罪的罪责形式是故意，并且具有营利的目的。这里的故意，是指明知是开设赌场的行为而有意实施的主观心理状态。

3. 罪量

开设赌场罪的罪量要素，刑法未作规定。2014年3月26日最高人民法院、最高人民检察院、公安部《关于办理利用赌博机开设赌场案件适用法律若干问题的意见》〔以下简称《意见（三）》〕对利用赌博机开设赌场的定罪标准作了规定。根据前引《意见（三）》第2条第1款的规定，设置赌博机组织赌博活动，具有下列情形之一的，应当按照《刑法》第303条第2款规定的开设赌场罪定罪处罚：（1）设置赌博机10台以上的；（2）设置赌博机2台以上，容留未成年人赌博的；（3）在中小学校附近设置赌博机2台以上的；（4）违法所得累计达到5000元以上的；（5）赌资数额累计达到5万元以上的；（6）参赌人数累计达到20人以上的；（7）因设置赌博机被行政处罚后，2年内再设置赌博机5台以上的；（8）因赌博、开设赌场犯罪被刑事处罚后，5年内再设置赌博机5台以上的；（9）其他应当追究刑事责任的情形。

（三）认定

前引《意见（三）》第3条对利用赌博机开设赌场的共犯作了规定。根据这一规定，明知他人利用赌博机开设赌场，具有下列情形之一的，以开设赌场罪的共犯论处：（1）提供赌博机、资金、场地、技术支持、资金结算服务的；（2）受雇参与赌场经营管理并分成的；（3）为开设赌场者组织客源，收取回扣、手续费的；（4）参与赌场管理并领取高额固定工资的；（5）提供其他直接帮助的。符合以上司法解释规定的，应以开设赌场罪的共犯论处。对于其他受雇佣为赌场从事接送参赌人员、望风看场、发牌坐庄、兑换筹码等活动的人员，除参与赌场利润分成或者领取高额固定工资的以外，一般不追究刑事责任，可由公安机关依法给予治安管理处罚。

（四）处罚

根据《刑法》第 303 条第 2 款〔《刑法修正案（六）》第 18 条、《刑法修正案（十一）》第 36 条〕之规定，犯本罪的，处 5 年以下有期徒刑、拘役或者管制，并处罚金；情节严重的，处 5 年以上 10 年以下有期徒刑，并处罚金。

加重处罚事由 犯开设赌场罪而情节严重的，是本罪的加重处罚事由。这里的情节严重，根据前引《意见（二）》第 1 条第 2 款的规定，是指具有下列情形之一的：（1）抽头渔利数额累计达到 3 万元以上的；（2）赌资数额累计达到 30 万元以上的；（3）参赌人数累计达到 120 人以上的；（4）建立赌博网站后通过提供给他人组织赌博，违法所得数额在 3 万元以上的；（5）参与赌博网站利润分成，违法所得数额在 3 万元以上的；（6）为赌博网站招募下级代理，由下级代理接受投注的；（7）招揽未成年人参与网络赌博的；（8）其他情节严重的情形。根据前引《意见（三）》第 2 条第 2 款的规定，设置赌博机组织赌博活动，具有下列情形之一的，应当认定为《刑法》第 303 条第 2 款规定的情节严重：（1）数量或者数额达到前述第 2 条第 1 款第 1 项至第 6 项规定标准 6 倍以上的；（2）因设置赌博机被行政处罚后，2 年内再设置赌博机 30 台以上的；（3）因赌博、开设赌场犯罪被刑事处罚后，5 年内再设置赌博机 30 台以上的；（4）其他情节严重的情形。

五十五、组织参与国（境）外赌博罪

（一）概念

组织参与国（境）外赌博罪是指组织中华人民共和国公民参与国（境）外赌博，数额巨大或者有其他严重情节的行为。

（二）构成

1. 罪体

行为 组织参与国（境）外赌博罪的行为是组织中华人民共和国公民参与国

（境）外赌博。这里的组织参与国（境）外赌博，参照 2020 年 10 月 16 日最高人民法院、最高人民检察院、公安部《办理跨境赌博犯罪案件若干问题的意见》的规定，是指以营利为目的，有下列情形之一的：（1）境外赌场经营人、实际控制人、投资人，组织、招揽中华人民共和国公民赴境外赌博的；（2）境外赌场管理人员，组织、招揽中华人民共和国公民赴境外赌博的；（3）受境外赌场指派、雇佣，组织、招揽中华人民共和国公民赴境外赌博，或者组织、招揽中华人民共和国公民赴境外赌博，从赌场获取费用、其他利益的；（4）在境外赌场包租赌厅、赌台，组织、招揽中华人民共和国公民赴境外赌博的；（5）其他在境外以提供赌博场所、提供赌资、设定赌博方式等，组织、招揽中华人民共和国公民赴境外赌博的。

2. 罪责

组织参与国（境）外赌博罪的罪责形式是故意。这里的故意，是指明知是组织参与国（境）外赌博行为而有意实施的主观心理状态。

3. 罪量

组织参与国（境）外赌博罪的罪量要素是数额巨大或者有其他严重情节。

（三）处罚

根据《刑法》第 303 条第 3 款［《刑法修正案（十一）》第 36 条］之规定，犯本罪的，处 5 年以下有期徒刑、拘役或者管制，并处罚金；情节严重的，处 5 年以上 10 年以下有期徒刑，并处罚金。

加重处罚事由　犯组织参与国（境）外赌博罪而情节严重的，是本罪的加重处罚事由。

五十六、故意延误投递邮件罪

（一）概念

故意延误投递邮件罪是指邮政工作人员严重不负责任，故意延误投递邮件，致使公共财产、国家和人民利益遭受重大损失的行为。

（二）构成

1. 罪体

主体　故意延误投递邮件罪的主体是邮政工作人员。这里的邮政工作人员，是指邮政企业及其分支机构的营业员、投递员、押运员或者其他从事邮政工作的人员。

行为　故意延误投递邮件罪的行为是严重不负责任，延误投递邮件。这里的延误投递，是指拖延、耽误邮件的分发、递送，没有按照国务院邮政主管部门规定的时限提交邮件。

客体　故意延误投递邮件罪的客体是邮件。这里的邮件，是指邮政企业及其分支机构寄送、递交的信件、电报、传真、印刷品、邮包、汇款通知、报纸杂志等。

2. 罪责

故意延误投递邮件罪的罪责形式是故意。这里的故意，是指明知是应当按期投递的邮件，有条件按时投递而有意不投递或者不按时投递的主观心理状态。

3. 罪量

故意延误投递邮件罪的罪量要素是致使公共财产、国家和人民利益遭受重大损失。这里的致使公共财产、国家和人民利益遭受重大损失，参照《立案追诉标准（一）》第45条的规定，是指具有下列情形之一的：（1）造成直接经济损失2万元以上的；（2）延误高校录取通知书或者其他重要邮件投递，致使他人失去高校录取资格或者造成其他无法挽回的重大损失的；（3）严重损害国家声誉或者造成其他恶劣社会影响的；（4）其他致使公共财产、国家和人民利益遭受重大损失的情形。

（三）处罚

根据《刑法》第304条之规定，犯本罪的，处2年以下有期徒刑或者拘役。

第三十四章
妨害社会管理秩序罪Ⅱ：妨害司法罪

第一节　妨害司法罪概述

一、概念

妨害司法罪是指妨害司法机关的正常活动，破坏国家司法权的行使，情节严重的行为。

二、罪名

妨害司法罪是《刑法》分则第六章第二节规定之罪，从第 305 条至第 317 条，共 13 个条文，规定了 17 个罪名。《刑法修正案（九）》增设了 3 个罪名，本节共计 20 个罪名。这些罪名是：（1）伪证罪；（2）辩护人、诉讼代理人毁灭证据、伪造证据、妨害作证罪；（3）妨害作证罪；（4）帮助毁灭、伪造证据罪；

（5）虚假诉讼罪；（6）打击报复证人罪；（7）泄露不应公开的案件信息罪；（8）披露、报道不应公开的案件信息罪；（9）扰乱法庭秩序罪；（10）窝藏、包庇罪；（11）拒绝提供间谍犯罪、恐怖主义犯罪、极端主义犯罪证据罪①；（12）掩饰、隐瞒犯罪所得、犯罪所得收益罪②；（13）拒不执行判决、裁定罪；（14）非法处置查封、扣押、冻结的财产罪；（15）破坏监管秩序罪；（16）脱逃罪；（17）劫夺被押解人员罪；（18）组织越狱罪；（19）暴动越狱罪；（20）聚众持械劫狱罪。

三、法定刑

妨害司法罪的法定最高刑是死刑，共 2 个死刑罪名。其他罪名规定了有期徒刑、拘役、管制以及罚金。

第二节　妨害司法罪分述

一、伪证罪

（一）概念

伪证罪是指在刑事诉讼中，证人、鉴定人、记录人、翻译人对与案件有重要关系的情节，故意作虚假证明、鉴定、记录、翻译，意图陷害他人或者隐匿罪证的行为。

---

① 最高人民法院、最高人民检察院 2015 年 10 月 30 日《关于执行〈中华人民共和国刑法〉确定罪名的补充规定（六）》，取消拒绝提供间谍犯罪证据罪罪名，修改为拒绝提供间谍犯罪、恐怖主义犯罪、极端主义犯罪证据罪。

② 最高人民法院、最高人民检察院 2007 年 10 月 25 日《关于执行〈中华人民共和国刑法〉确定罪名的补充规定（三）》，取消窝藏、转移、收购、销售赃物罪罪名，修改为掩饰、隐瞒犯罪所得、犯罪所得收益罪。

（二）构成

1. 罪体

主体 伪证罪的主体是证人、鉴定人、记录人、翻译人。这里的证人，是指知道案件情况，并向司法机关作出陈述的人。鉴定人，是指根据司法机关的指定，对案件中的某些专门性问题进行鉴定，并作出鉴定意见的人。记录人，是指在司法机关对案件进行侦查、起诉和审判的过程中，为调查、搜查、询问证人、被害人或者审讯被告人担任文字记录的人。翻译人，是指在刑事诉讼中，受司法机关指派或者聘请担任外国语、民族语或者哑语翻译的人。

行为 伪证罪的行为是在刑事诉讼中，对与案件有重要关系的情节，作虚假证明、鉴定、记录、翻译，意图陷害他人或者隐匿罪证。由此可见，本罪的行为具有以下两种情形：（1）陷害的伪证，即对与案件有重要关系的情节，作虚假证明、鉴定、记录、翻译，意图陷害他人。这里的陷害，既包括证无罪为有罪，也包括证轻罪为重罪。（2）包庇的伪证，即隐匿罪证。这里的包庇，既包括证有罪为无罪，也包括证重罪为轻罪。本罪是行为犯，只要实施了上述伪证行为即可构成本罪。

2. 罪责

伪证罪的罪责形式是故意。这里的故意，是指明知是伪证行为而有意实施的主观心理状态。

（三）处罚

根据《刑法》第 305 条之规定，犯本罪的，处 3 年以下有期徒刑或者拘役；情节严重的，处 3 年以上 7 年以下有期徒刑。

加重处罚事由 犯伪证罪而情节严重的，是本罪的加重处罚事由。这里的情节严重，是指因伪证导致被害人被无辜定罪或者轻罪重判；或者使有罪的人被无罪释放或者重罪轻判。

二、辩护人、诉讼代理人毁灭证据、伪造证据、妨害作证罪

（一）概念

辩护人、诉讼代理人毁灭证据、伪造证据、妨害作证罪是指在刑事诉讼中，辩护人、诉讼代理人毁灭、伪造证据，帮助当事人毁灭、伪造证据，威胁、引诱证人违背事实改变证言或者作伪证的行为。

（二）构成

1. 罪体

主体 辩护人、诉讼代理人毁灭证据、伪造证据、妨害作证罪的主体是辩护人和诉讼代理人。这里的辩护人，是指在刑事诉讼中为被告人的利益向司法机关提出证明被告人无罪、罪轻或者应当从轻、减轻或免除处罚的事实或材料，并依法为被告人担任辩护的人，包括律师和其他公民。诉讼代理人，是指在刑事诉讼中为被害人的利益代表被害人向司法机关提出追究被告人或者犯罪嫌疑人刑事责任或者要求给予被害人经济赔偿的人。

行为 辩护人、诉讼代理人毁灭证据、伪造证据、妨害作证罪的行为是毁灭、伪造证据，帮助当事人毁灭、伪造证据，威胁、引诱证人违背事实改变证言或者作伪证。由此可见，本罪的行为具有以下三种情形：（1）毁灭、伪造证据。这里的毁灭证据，是指使证据完全消灭或者完全丧失证据的作用。伪造证据，是指制造虚假的证据。（2）帮助当事人毁灭、伪造证据。（3）威胁、引诱证人违背事实改变证言或者作伪证。这里的威胁证人违背事实改变证言或者作伪证，是指以暴力或者其他方法使证人因惧怕而违背事实改变证言或者作虚假证言。引诱证人违背事实改变证言或者作伪证，是指以金钱、物质或者其他利益诱使证人违背事实改变证言或者作虚假证言。应当指出，这里的改变证言，是违背事实改变证言。如果原先的证人是违背事实的，即使在辩护人、诉讼代理人的威胁、引诱下予以改变，还其本来面目，不构成本罪。此外，这里的违背事实改变证言，表明改变的只能是关于事实的证言，即威胁、引诱证人对某一事实作出相反的陈述。威胁、引诱证人改变对事实性质的评价，则不能构成本罪。

客体　辩护人、诉讼代理人毁灭证据、伪造证据、妨害作证罪的客体是证据。

2. 罪责

辩护人、诉讼代理人毁灭证据、伪造证据、妨害作证罪的罪责形式是故意。这里的故意，是指明知是毁灭证据、伪造证据、妨害作证的行为而有意实施的主观心理状态。因此，《刑法》第306条第2款规定，辩护人、诉讼代理人提供、出示、引用的证人证言或者其他证据失实，不是有意伪造的，不属于伪造证据。

（三）处罚

根据《刑法》第306条第1款之规定，犯本罪的，处3年以下有期徒刑或者拘役；情节严重的，处3年以上7年以下有期徒刑。

加重处罚事由　犯辩护人、诉讼代理人毁灭证据、伪造证据、妨害作证罪而且情节严重的，是本罪的加重处罚事由。这里的情节严重，是指犯罪手段恶劣，严重妨害刑事诉讼程序的正常进行，或者使有罪者逃避了刑事追究，或者使无罪者受到了刑事追究。

三、妨害作证罪

（一）概念

妨害作证罪是指以暴力、威胁、贿买等方法阻止证人作证，或者指使他人作伪证的行为。

（二）构成

1. 罪体

行为　妨害作证罪的行为是以暴力、威胁、贿买等方法阻止证人作证，或者指使他人作伪证。由此可见，本罪的行为具有以下两种情形：（1）以暴力、威胁、贿买等方法阻止证人作证。这里的以暴力方法阻止证人作证，是指采用人身强制的方法，使证人无法向司法机关提供证言。以威胁方法阻止证人作证，是指采用精神强制的方法，使证人不敢向司法机关提供证言。以贿买方法阻止证人作证，是指以金钱收买的方法，使证人不愿向司法机关提供证言。(2)指使他人作伪证。这里的指使他人作伪证，是指唆使他人向司法机关提供虚假的证明。

客体 妨害作证罪的客体是证人或者他人。这里的证人，是指知道案件真实情况的人。他人，既包括知道案件真实情况的证人，也包括不知道案件真实情况的其他人。

2. 罪责

妨害作证罪的罪责形式是故意。这里的故意，是指明知是妨害作证的行为而有意实施的主观心理状态。

（三）处罚

根据《刑法》第 307 条第 1 款之规定，犯本罪的，处 3 年以下有期徒刑或者拘役；情节严重的，处 3 年以上 7 年以下有期徒刑。第 3 款规定，司法工作人员犯本罪的，从重处罚。

加重处罚事由 犯妨害作证罪而情节严重的，是本罪的加重处罚事由。这里的情节严重，是指因妨害作证造成了冤假错案；或者严重妨害司法机关正常的诉讼活动；或者手段特别恶劣；或者经批评教育后仍继续妨害作证；等等。

从重处罚事由 司法工作人员犯妨害作证罪，是本罪的从重处罚事由。

四、帮助毁灭、伪造证据罪

（一）概念

帮助毁灭、伪造证据罪是指帮助当事人毁灭、伪造证据，情节严重的行为。

（二）构成

1. 罪体

行为 帮助毁灭、伪造证据罪的行为是帮助当事人毁灭、伪造证据。这里的帮助，是指为当事人毁灭、伪造证据提供便利条件。由于本罪的行为是帮助当事人毁灭、伪造证据，也就排除了当事人本人毁灭、伪造证据构成犯罪的可能性。因此，当事人本人毁灭、伪造证据的行为不构成本罪。根据帮助的内容不同，本罪的行为具有以下两种情形：（1）帮助当事人毁灭证据。这里的毁灭证据，是指使证据赖以存在的物质形态消失。（2）帮助当事人伪造证据。这里的伪造证据，是指捏造虚假的证据。

客体 帮助毁灭、伪造证据罪的客体是当事人和证据。这里的当事人，是指刑事案件中的自诉人、被告人、被害人，民事、经济、行政案件中的原告、被告、第三人等。这里的证据，是指刑事、民事、经济、行政案件中的证据材料。

2. 罪责

帮助毁灭、伪造证据罪的罪责形式是故意。这里的故意，是指明知是帮助毁灭、伪造证据的行为而有意实施的主观心理状态。

3. 罪量

帮助毁灭、伪造证据罪的罪量要素是情节严重。这里的情节严重，是指因帮助毁灭、伪造证据而造成错案的；或者严重妨害司法机关正常的诉讼活动的；或者造成严重后果的；等等。

（三）处罚

根据《刑法》第 307 条第 2 款之规定，犯本罪的，处 3 年以下有期徒刑或者拘役。第 3 款规定，司法工作人员犯本罪的，从重处罚。

从重处罚事由 司法工作人员犯帮助毁灭、伪造证据罪的，是本罪的从重处罚事由。

五、虚假诉讼罪

（一）概念

虚假诉讼罪是指以捏造的事实提起民事诉讼，妨害司法秩序或者严重侵害他人合法权益的行为。

（二）构成

1. 罪体

行为　虚假诉讼罪的行为是以捏造的事实提起民事诉讼，妨害司法秩序或者严重侵害他人合法权益。根据 2016 年 6 月 20 日最高人民法院《关于防范和制裁虚假诉讼的指导意见》第 1 条的规定，虚假诉讼一般包含以下要素：（1）以规避法律、法规或国家政策谋取非法利益为目的；（2）双方当事人存在恶意串通；（3）虚构事实；（4）借用合法的民事程序；（5）侵害国家利益、社会公共利益或者案外人的合法权益。虚假诉讼行为可以分为以下三个要素：

（1）捏造事实。以捏造的事实提起民事诉讼，其前提是捏造事实，只有在捏造事实的基础上提起民事诉讼，才能构成虚假诉讼行为。这里的捏造事实，是指行为人本人或者与他人恶意串通捏造事实。如果事实并非行为人所捏造，而是利用他人捏造的事实提起民事诉讼，则不能构成虚假诉讼罪，而只是一种妨碍民事诉讼的违法行为。根据 2018 年 9 月 26 日最高人民法院、最高人民检察院《关于办理虚假诉讼刑事案件适用法律若干问题的解释》[以下简称《解释（一）》]第 1 条的规定，采取伪造证据、虚假陈述等手段，实施下列行为之一，捏造民事法律关系，虚构民事纠纷，向人民法院提起民事诉讼的，应当认定为《刑法》第 307 条之一第 1 款规定的"以捏造的事实提起民事诉讼"：1）与夫妻一方恶意串通，捏造夫妻共同债务的；2）与他人恶意串通，捏造债权债务关系和以物抵债协议的；3）与公司、企业的法定代表人、董事、监事、经理或者其他管理人员恶意串通，捏造公司、企业债务或者担保义务的；4）捏造知识产权侵权关系或者不正当竞争关系的；5）在破产案件审理过程中申报捏造的债权的；6）与被执行人恶意串通，捏造债权或者对查封、扣押、冻结财产的优先权、担保物权的；7）单方或者与他人恶意串通，捏造身份、合同、侵权、继承等民事法律关系的其他行为。隐瞒债务已经全部清偿的事实，向人民法院提起民事诉讼，要求他人履行债务的，以"以捏造的事实提起民事诉讼"论。向人民法院申请执行基于捏造的事实作出的仲裁裁决、公证债权文书，或者在民事执行过程中以捏造的事实对执行标的提出异议、申请参与执行财产分配的，属于《刑法》第307条之一第1款规定的"以捏造的事实提起民事诉讼"。

（2）提起民事诉讼。在捏造事实的基础上，还必须具有提起民事诉讼的行为，才能构成虚假诉讼罪。根据2021年3月4日最高人民法院、最高人民检察院、公安部、司法部《关于进一步加强虚假诉讼犯罪惩治工作的意见》第4条的规定，实施最高人民法院、最高人民检察院《关于办理虚假诉讼刑事案件适用法律若干问题的解释》第1条第1款、第2款规定的捏造事实行为，并有下列情形之一的，应当认定为《刑法》第307条之一第1款规定的"以捏造的事实提起民事诉讼"：1）提出民事起诉的；2）向人民法院申请宣告失踪、宣告死亡，申请认定公民无民事行为能力、限制民事行为能力，申请认定财产无主，申请确认调解协议，申请实现担保物权，申请支付令，申请公示催告的；3）在民事诉讼过程中增加独立的诉讼请求、提出反诉，有独立请求权的第三人提出与本案有关的诉讼请求的；4）在破产案件审理过程中申报债权的；5）案外人申请民事再审的；6）向人民法院申请执行仲裁裁决、公证债权文书的；7）案外人在民事执行过程中对执行标的提出异议，债权人在民事执行过程中申请参与执行财产分配的；8）以其他手段捏造民事案件基本事实，虚构民事纠纷，提起民事诉讼的。

（3）妨害司法秩序或者严重侵害他人合法权益。根据《解释（一）》第2条的规定，以捏造的事实提起民事诉讼，有下列情形之一的，应当认定为《刑法》第307条之一第1款规定的"妨害司法秩序或者严重侵害他人合法权益"：1）致使人民法院基于捏造的事实采取财产保全或者行为保全措施的；2）致使人民法院开庭审理，干扰正常司法活动的；3）致使人民法院基于捏造的事实作出裁判文书、制作财产分配方案，或者立案执行基于捏造的事实作出的仲裁裁决、公证债权文书的；4）多次以捏造的事实提起民事诉讼的；5）曾因以捏造的事实提起民事诉讼被采取民事诉讼强制措施或者受过刑事追究的；6）其他妨害司法秩序或者严重侵害他人合法权益的情形。

2. 罪责

虚假诉讼罪的罪责形式是故意。这里的故意，是指明知是虚假诉讼行为而有意实施的主观心理状态。

（三）认定

1. 虚假诉讼与诉讼诈骗

虚假诉讼是一种妨碍司法活动正常秩序的行为，近年来在司法实践中较为常见。为此《刑法修正案（九）》将该行为明确规定为犯罪。在此，还存在一个诉讼诈骗的问题，诉讼诈骗往往采取虚假诉讼的方式。在《刑法修正案（九）》修订过程中，对于到底是设立虚假诉讼罪还是设立诉讼诈骗罪，存在较大争议。立法机关考虑到诉讼诈骗行为完全符合诈骗罪的构成要件，可以直接以诈骗罪论处，因此，在《刑法修正案（九）》中没有设立诉讼诈骗罪而是设立了虚假诉讼罪。但《刑法修正案（九）》规定，行为人实施虚假诉讼行为，非法占有他人财产或者逃避合法债务，又构成其他犯罪的，依照处罚较重的规定定罪从重处罚。这里的通过虚假诉讼，非法占有他人财产或者逃避合法债务，又构成其他犯罪的情形，就是指诉讼诈骗。

2. 全部虚构型虚假诉讼与部分篡改型虚假诉讼

捏造事实虚构民事法律关系，是虚假诉讼的重要手段。关于捏造民事法律关系必须是全部虚构还是也包括部分篡改，在刑法理论中存在争议。争议的焦点在于：部分篡改民事法律关系的诉讼是否构成虚假诉讼？全部虚构民事法律关系是无中生有，因而属于虚假诉讼，这是没有问题的。然而，在部分篡改的情况下，民事法律关系和民事纠纷客观存在，行为人只是对具体的诉讼标的额、履行方式等部分事实进行夸大或者隐瞒。对于这种部分篡改的情形，我认为不属于刑法规定的虚假诉讼，而应当以妨害作证行为处理。

3. 单方欺诈型虚假诉讼与双方串通型虚假诉讼

虚假诉讼可以分为单方欺诈型虚假诉讼与双方串通型虚假诉讼。所谓单方欺诈型虚假诉讼，是指在民事诉讼中的双方当事人中，其中一方提起虚假诉讼，另外一方并不知情，处于被欺诈的境况。在这种虚假诉讼中，行为人的目的是骗取财物或者达到其他非法目的。所谓双方串通型虚假诉讼，是指提起民事诉讼的双方当事人事先通谋，经过串通以后提起民事诉讼。在这种虚假诉讼中，行为人的目的是逃避债务、转移财产或者达到其他非法目的。

（四）处罚

根据《刑法》第307条之一［《刑法修正案（九）》第35条］之规定，犯本罪的，处3年以下有期徒刑、拘役或者管制，并处或者单处罚金；情节严重的，处3年以上7年以下有期徒刑，并处罚金。单位犯前款罪的，对单位判处罚金，并对其直接负责的主管人员和其他直接责任人员，依照个人犯罪的规定处罚。有本罪行为，非法占有他人财产或者逃避合法债务，又构成其他犯罪的，依照处罚较重的规定定罪从重处罚。司法工作人员利用职权，与他人共同实施虚假诉讼行为的，从重处罚；同时构成其他犯罪的，依照处罚较重的规定定罪从重处罚。

加重处罚事由　犯虚假诉讼罪而情节严重的，是本罪的加重处罚事由。这里的情节严重，根据《解释（一）》第3条的规定，是指具有下列情形之一的：（1）有本解释第2条第1项情形，造成他人经济损失100万元以上的；（2）有本解释第2条第2项至第4项情形之一，严重干扰正常司法活动或者严重损害司法公信力的；（3）致使义务人自动履行生效裁判文书确定的财产给付义务或者人民法院强制执行财产权益，数额达到100万元以上的；（4）致使他人债权无法实现，数额达到100万元以上的；（5）非法占有他人财产，数额达到10万元以上的；（6）致使他人因为不执行人民法院基于捏造的事实作出的判决、裁定，被采取刑事拘留、逮捕措施或者受到刑事追究的；（7）其他情节严重的情形。

六、打击报复证人罪

（一）概念

打击报复证人罪是指对证人进行打击报复的行为。

（二）构成

1. 罪体

行为　打击报复证人罪的行为是对证人进行打击报复。这里的打击报复，是指殴打、侮辱、诽谤或者采用其他方法，使证人遭受不利的后果。

客体　打击报复证人罪的客体是证人。这里的证人，是指知道案件真实情况并进行作证的人。

2. 罪责

打击报复证人罪的罪责形式是故意。这里的故意，是指明知是打击报复证人的行为而有意实施的主观心理状态。

（三）处罚

根据《刑法》第 308 条之规定，犯本罪的，处 3 年以下有期徒刑或者拘役；情节严重的，处 3 年以上 7 年以下有期徒刑。

加重处罚事由　犯打击报复证人罪而情节严重的，是本罪的加重处罚事由。这里的情节严重，是指对证人多次进行打击报复的；打击报复给证人造成严重身心痛苦的；打击报复证人手段恶劣的；打击报复证人造成严重后果或者恶劣社会影响的；等等。

七、泄露不应公开的案件信息罪

（一）概念

泄露不应公开的案件信息罪是指司法工作人员、辩护人、诉讼代理人或者其他诉讼参与人，泄露依法不公开审理的案件中不应当公开的信息，造成信息公开传播或者其他严重后果的行为。

（二）构成

1. 罪体

主体　泄露不应公开的案件信息罪的主体是司法工作人员、辩护人、诉讼代理人或者其他诉讼参与人。

行为　泄露不应公开的案件信息罪的行为是泄露依法不公开审理的案件中不应当公开的信息。这里的泄露，是指公开披露，为公众所知晓。

客体　泄露不应公开的案件信息罪的客体是依法不公开审理的案件中不应当公开的信息。例如我国《刑事诉讼法》第 188 条规定，下列案件不公开审判：（1）有关国家秘密的案件。（2）有关个人隐私的案件。（3）对当事人提出申请的确属涉及商业秘密的案件，法庭可以决定不公开审理。第 285 条规定，审判的时候被告人不满 18 周岁的案件，不公开审理。但是，经未成年被告人及其法定代理人同意，未成年被告人所在学校和未成年人保护组织可以派代表到场。对于不公开审理的案件，应当当庭宣布不公开审理的理由。不公开审理的案件，宣告判决一律公开进行。依法不公开审理的案件，任何公民包括与审理该案无关的法院工作人员和被告人的近亲属都不得旁听，但是，未成年被告人的法定代理人除外。因此，对于上述不公开审理案件的信息不应公开。如果在上述依法不公开审理的案件中不应当公开的信息属于国家秘密的，则泄露行为构成想象竞合犯。

2. 罪责

泄露不应公开的案件信息罪的罪责形式是故意。这里的故意，是指明知是不应公开的案件信息而有意泄露的主观心理状态。

3. 罪量

泄露不应公开的案件信息罪的罪量要素是造成信息公开传播或者其他严重后果。

（三）处罚

根据《刑法》第 308 条之一［《刑法修正案（九）》第 36 条］第 1 款之规定，犯本罪的，处 3 年以下有期徒刑、拘役或者管制，并处或者单处罚金。

八、披露、报道不应公开的案件信息罪

（一）概念

披露、报道不应公开的案件信息罪是指公开披露、报道依法不公开审理的案件中不应当公开的案件信息，情节严重的行为。

（二）构成

1. 罪体

主体　披露、报道不应公开的案件信息罪的主体是新闻媒体或者其他从事报道活动的从业人员。

行为　披露、报道不应公开的案件信息罪的行为是公开披露、报道依法不公开审理的案件中不应当公开的案件信息。这里的披露，是指公之于众，使公众知晓。这里的报道，是指在媒体上刊载。

客体　披露、报道不应公开的案件信息罪的客体是依法不公开审理的案件中不应当公开的案件信息。

2. 罪责

披露、报道不应公开的案件信息罪的罪责形式是故意。这里的故意，是指明知是不应公开的案件信息而有意披露或者报道的主观心理状态。

3. 罪量

披露、报道不应公开的案件信息罪的罪量要素是情节严重。

（三）处罚

根据《刑法》第 308 条之一［《刑法修正案（九）》第 36 条］第 3 款之规定，犯本罪的，处 3 年以下有期徒刑、拘役或者管制，并处或者单处罚金。单位犯前款罪的，对单位判处罚金，并对其直接负责的主管人员和其他直接责任人员，依照个人犯罪的规定处罚。

九、扰乱法庭秩序罪

（一）概念

扰乱法庭秩序罪是指使用暴力或者其他方法，破坏法庭秩序，情节严重的行为。

（二）构成

1. 罪体

行为　扰乱法庭秩序罪的行为是使用暴力或者其他方法，破坏法庭秩序。根据刑法规定，扰乱法庭秩序罪的行为可以分为以下四种情形：

（1）聚众哄闹、冲击法庭的。这里的聚众哄闹、冲击法庭，是指聚集 3 人以上，在法庭上起哄捣乱，或者在未经许可的情况下，强行进入法庭，造成法庭混乱的情形。法庭是一个庄严和神圣的场所，任何人都必须遵守法庭纪律，维护法庭秩序。而聚众哄闹、冲击法庭的行为严重破坏法庭秩序，将其规定为犯罪具有合理性。

（2）殴打司法工作人员或者诉讼参与人的。这里的殴打司法工作人员或者诉讼参与人，是指对法官、公诉人、法警以及各种诉讼参与人进行暴力袭击。应该指出，这种殴打一般都发生在法庭内，因此具有扰乱法庭秩序的性质。如果不是在法庭内，而是在其他地点殴打上述人员，则不具有对法庭秩序的破坏性，因此不能构成本罪。如果造成伤害的，可以构成故意伤害罪。这种殴打司法工作人员或者诉讼参与人的行为，并不要求达到伤害程度。因此，这是将扰乱法庭秩序的一般暴行规定为犯罪。

（3）侮辱、诽谤、威胁司法工作人员或者诉讼参与人，不听法庭制止，严重扰乱法庭秩序的。这里的侮辱、诽谤、威胁司法工作人员或者诉讼参与人，是指在法庭上对法官、公诉人、法警以及各种诉讼参与人进行侮辱、诽谤和威胁。这是《刑法修正案（九）》新增加的行为类型，在草案征求意见过程中，对此存在较大的争议。我认为，对于这里的侮辱、诽谤和威胁都应该加以严格的界定，避免对律师的法庭辩护形成负面效果。我国刑法中对侮辱、诽谤罪都有明文规定，扰乱法庭秩序罪中的侮辱、诽谤也应当按照该规定加以理解。因此，这里的侮辱，是指以暴力、言词或者其他方法，公然损害他人人格，破坏他人名誉的行为。诽谤是指故意捏造事实并进行散布，损害他人人格和名誉的行为。因为在我国刑法中，对侮辱、诽谤的理解是较为确定的，不存在争议。但如何理解这里的威胁，则是一个需要特别关注的问题。我认为，这里的威胁，并不是指一般性的恐吓，而是指以杀害、伤害、毁坏财物、毁坏名誉等相威胁。

（4）有毁坏法庭设施，抢夺、损毁诉讼文书、证据等扰乱法庭秩序行为，情节严重的。这里的毁坏法庭设施，是指对法庭设施进行破坏。例如，损毁法庭的桌椅、破坏法庭的录音录像设备等。抢夺、损毁诉讼文书、证据，是指夺取诉讼文书、证据，撕坏诉讼文书、毁坏证据等。法庭设施是法庭的物质形态，对法庭设施的破坏是一种严重扰乱法庭秩序的行为。当然，这种对法庭秩序的破坏活动只能发生在庭审期间。如果是在庭审以外的时间对法庭设施进行破坏，则只能构成故意毁坏财物罪，而不能构成本罪。诉讼文书和证据是案件资料和材料，也是案件的物质载体。抢夺、损毁诉讼文书、证据的行为，不仅使这些案件资料和材料受到毁坏，而且阻碍了庭审活动正常进行。因此，上述行为具有对法庭秩序的扰乱性，应当以扰乱法庭秩序罪论处。

时间与地点 扰乱法庭秩序罪发生在特定的时间与地点，这就是开庭时间与开庭地点。虽然在《刑法》第309条的表述中，并没有标明该罪只能发生在开庭的时间和开庭的地点，但本罪行为的性质是扰乱法庭秩序，这就决定了本罪行为必然发生在开庭的时间和开庭的地点。这里的开庭时间，除了庭审正在进行的时间以外，还包括开庭准备的时间。一般来说，扰乱法庭秩序的行为都发生在庭审正在进行的时间。但因为被告人的扰乱行为而使庭审不能按照计划开始的，也可以构成扰乱法庭秩序罪。因此，扰乱法庭秩序罪也可以发生在开庭准备的时间。本罪发生的地点是法庭，也就是庭审举行的地点。扰乱法庭秩序的行为，一般都发生在法庭之内。但在某些情况下，法庭以外的扰乱行为也会影响到庭审活动，这种行为也可能构成扰乱法庭秩序罪。除此以外的时间和地点所发生的扰乱行为，不能构成扰乱法庭秩序罪，但有可能构成其他犯罪。例如，殴打司法工作人员或者诉讼参与人是扰乱法庭秩序的行为表现，但这一行为只有发生在开庭的时间和地点的，才能构成本罪。如果发生在其他时间和地点，例如在庭审以外的时间和地点，对司法工作人员或者诉讼参与人进行殴打的，就不能构成扰乱法庭秩序罪，但造成伤害的，可以构成故意伤害罪。

客体　扰乱法庭秩序罪的客体是法庭秩序。这里的法庭秩序，是指人民法院庭审活动的正常秩序。

2. 罪责

扰乱法庭秩序罪的罪责形式是故意。这里的故意，是指明知是扰乱法庭秩序的行为而有意实施的主观心理状态。

3. 罪量

扰乱法庭秩序罪的罪量要素是严重扰乱法庭秩序。这里的严重扰乱法庭秩序，是指造成法庭秩序严重混乱，致使案件无法继续正常审理，或者案件审理被迫中断等。

（三）处罚

根据《刑法》第 309 条［《刑法修正案（九）》第 37 条］之规定，犯本罪的，处 3 年以下有期徒刑、拘役、管制或者罚金。

十、窝藏、包庇罪

（一）概念

窝藏、包庇罪是指明知是犯罪的人而为其提供隐藏处所、财物，帮助其逃匿或者作假证明包庇的行为。

（二）构成

1. 罪体

行为　窝藏、包庇罪的行为是为犯罪人提供隐藏处所、财物，帮助其逃匿或者作假证明包庇。由此可见，窝藏、包庇罪可以分别成立窝藏罪和包庇罪。

（1）窝藏罪的行为，是指为犯罪人提供隐藏处所、财物，帮助犯罪人逃匿。根据 2021 年 8 月 9 日最高人民法院、最高人民检察院《关于办理窝藏、包庇刑事案件适用法律若干问题的解释》[以下简称《解释（二）》] 第 1 条的规定，明知是犯罪的人，为帮助其逃匿，实施下列行为之一的，应当依照《刑法》第 310 条第 1 款的规定，以窝藏罪定罪处罚：1）为犯罪的人提供房屋或者其他可以用于隐藏的处所的；2）为犯罪的人提供车辆、船只、航空器等交通工具，或者提供手机等通讯工具的；3）为犯罪的人提供金钱的；4）其他为犯罪的人提供隐藏处所、财物，帮助其逃匿的情形。

（2）包庇罪的行为，是指作假证明包庇犯罪人。这里的作假证明包庇，是指向司法机关提供虚假的证明材料使犯罪分子逃避刑事追究。根据《解释（二）》第 2 条的规定，明知是犯罪的人，为帮助其逃避刑事追究，或者帮助其获得从宽处罚，实施下列行为之一的，应当依照《刑法》第 310 条第 1 款的规定，以包庇罪定罪处罚：1）故意顶替犯罪的人欺骗司法机关的；2）故意向司法机关作虚假陈述或者提供虚假证明，以证明犯罪的人没有实施犯罪行为，或者犯罪的人所实施行为不构成犯罪的；3）故意向司法机关提供虚假证明，以证明犯罪的人具有法定从轻、减轻、免除处罚情节的；4）其他作假证明包庇的行为。

客体 窝藏、包庇罪的客体是犯罪人。这里的犯罪人，是指实施了犯罪行为的人，并不限于法院依法判决有罪的人。根据《解释（二）》第 6 条的规定，认定窝藏、包庇罪，以被窝藏、包庇的人的行为构成犯罪为前提。被窝藏、包庇的人实施的犯罪事实清楚，证据确实、充分，但尚未到案、尚未依法裁判或者因不具有刑事责任能力依法未予追究刑事责任的，不影响窝藏、包庇罪的认定。但是，被窝藏、包庇的人归案后被宣告无罪的，应当依照法定程序宣告窝藏、包庇行为人无罪。

2. 罪责

窝藏、包庇罪的罪责形式是故意。这里的故意，是指明知是犯罪的人而予以窝藏、包庇的主观心理状态。这里的明知，是指知道或者应当知道。如果确实不知，则不构成本罪。根据《解释（二）》第 5 条的规定，认定《刑法》第 310 条第 1 款规定的"明知"，应当根据案件的客观事实，结合行为人的认知能力，接触被窝藏、包庇的犯罪人的情况，以及行为人和犯罪人的供述等主客观因素进行认定。行为人将犯罪的人所犯之罪误认为其他犯罪的，不影响《刑法》第 310 条第 1 款规定的"明知"的认定。行为人虽然实施了提供隐藏处所、财物等行为，但现有证据不能证明行为人知道犯罪的人实施了犯罪行为的，不能认定为《刑法》第 310 条第 1 款规定的"明知"。

（三）认定

1. 窝藏、包庇罪的罪名性质

我国刑法中的罪名，除了单一式罪名以外，还可以分为排列式罪名与选择式罪名。排列式罪名是指数罪名规定在同一法条之中，但各罪名之间相互独立，在同时实施排列式罪名中的数个犯罪行为的情况下，应以数罪论处。例如，《刑法》第 114、115 条规定的放火罪、决水罪、爆炸罪、投放危险物质罪、以危险方法危害公共安全罪，就属于排列式罪名。行为人同时实施上述犯罪的，应当实行数罪并罚。选择式罪名是指数罪名规定在同一法条之中，但数罪名可以选择适用，在同时实施选择性罪名中的数个犯罪行为的情况下，不以数罪论处。窝藏、包庇罪即是选择性罪名，在只实施窝藏、包庇一个行为的情况下，以窝藏罪或者包庇罪论处。在对同一个对象实施窝藏和包庇行为的情况下，以窝藏、包庇罪论处，不实行数罪并罚。

2. 包庇罪以共犯论处的情形

根据《刑法》第 310 条第 2 款规定，犯前款罪，事前通谋的，以共同犯罪论处。这里涉及窝藏、包庇罪与其所窝藏、包庇的犯罪人所犯之罪的共犯之间的界限。窝藏、包庇罪是在他人犯罪以后为使其逃避刑事追究而予以窝藏或者包庇，因而是一种妨害司法活动的犯罪。然而，如果事前通谋而在他人犯罪后又予以窝藏或者包庇的，则构成共同犯罪。1985 年 12 月 28 日最高人民法院《关于对窝藏、包庇罪中"事前通谋的，以共同犯罪论处"如何理解的电话答复》（现已失效）指出，事前通谋是指窝藏、包庇犯与被窝藏、包庇的犯罪分子，在犯罪活动之前，就谋划或合谋，答应犯罪分子作案后给以窝藏或者包庇。如果只是知道作案人员要去实施犯罪，事后予以窝藏、包庇，或者事先知道作案人员要去实施犯罪，未去报案，犯罪发生后又窝藏、包庇犯罪分子的，都不应以共同犯罪论处，而单独构成窝藏、包庇罪。因此，通谋与明知是有所不同的，通谋具有谋划或合谋的内容，唯有如此，才能构成共同犯罪。

3. 包庇罪与帮助毁灭证据罪的区分

在帮助犯罪人毁灭证据，例如在故意杀人案件中，帮助犯罪人毁尸灭迹，是一种帮助毁灭证据的行为，对此没有疑问。但这种帮助毁灭证据的行为同时也使犯罪分子逃避了刑事追究，在客观上具有包庇的性质。而且从两罪的法定刑来看，包庇罪明显高于帮助毁灭证据罪。在这种情形下，对这种帮助行为能否以包庇罪论处？这里涉及包庇罪与帮助毁灭证据罪的区分。我认为，包庇罪具有向司法机关提供虚假的证据材料欺骗司法机关从而包庇犯罪人的性质。而帮助毁灭证据罪则只是单纯地帮助犯罪人毁灭证据，并没有作假证明欺骗司法机关从而包庇犯罪人的性质。因此，包庇罪与帮助毁灭证据罪的区分，主要在于是否提供假证明欺骗司法机关。当然，如果行为人既帮助犯罪分子毁灭证据，又向司法机关作假证明欺骗司法机关从而包庇犯罪分子，则属于牵连犯，应从一重罪处断。

（四）处罚

根据《刑法》第310条第1款之规定，犯本罪的，处3年以下有期徒刑、拘役或者管制；情节严重的，处3年以上10年以下有期徒刑。

加重处罚事由 犯窝藏、包庇罪而情节严重的，是本罪的加重处罚事由。根据《解释（二）》第4条的规定，窝藏、包庇犯罪的人，具有下列情形之一的，应当认定为《刑法》第310条第1款规定的"情节严重"：（1）被窝藏、包庇的人可能被判处无期徒刑以上刑罚的；（2）被窝藏、包庇的人犯危害国家安全犯罪、恐怖主义或者极端主义犯罪，或者系黑社会性质组织犯罪的组织者、领导者，且可能被判处 10 年有期徒刑以上刑罚的；（3）被窝藏、包庇的人系犯罪集团的首要分子，且可能被判处 10 年有期徒刑以上刑罚的；（4）被窝藏、包庇的人在被窝藏、包庇期间再次实施故意犯罪，且新罪可能被判处 5 年有期徒刑以上刑罚的；（5）多次窝藏、包庇犯罪的人，或者窝藏、包庇多名犯罪的人的；（6）其他情节严重的情形。前款所称"可能被判处"刑罚，是指根据被窝藏、包庇的人所犯罪行，在不考虑自首、立功、认罪认罚等从宽处罚情节时应当依法判处的刑罚。

十一、拒绝提供间谍犯罪、恐怖主义犯罪、极端主义犯罪证据罪

（一）概念

拒绝提供间谍犯罪、恐怖主义犯罪、极端主义犯罪证据罪是指明知他人有间谍犯罪、恐怖主义犯罪、极端主义犯罪行为，在司法机关向其调查有关情况、收集有关证据时拒绝提供，情节严重的行为。

（二）构成

1. 罪体

行为　拒绝提供间谍犯罪、恐怖主义犯罪、极端主义犯罪证据罪的行为是拒绝向司法机关提供有关间谍犯罪、恐怖主义犯罪、极端主义犯罪的情况和证据。这里的拒绝提供，是指不予提供。因此，本罪的行为方式是不作为。

客体　拒绝提供间谍犯罪、恐怖主义犯罪、极端主义犯罪证据罪的客体是间谍犯罪、恐怖主义犯罪、极端主义犯罪的证据。这里的间谍犯罪、恐怖主义犯罪、极端主义犯罪的证据，是指能够证明间谍犯罪、恐怖主义犯罪、极端主义犯罪的人证、物证或者其他证据材料。

2. 罪责

拒绝提供间谍犯罪、恐怖主义犯罪、极端主义犯罪证据罪的罪责形式是故意。这里的故意，是指明知他人有间谍犯罪、恐怖主义犯罪、极端主义犯罪的行为而有意不向国家安全机关提供情况和证据的主观心理状态。

3. 罪量

拒绝提供间谍犯罪、恐怖主义犯罪、极端主义犯罪证据罪的罪量要素是情节严重。这里的情节严重,是指因行为人拒绝提供情况和证据导致犯罪分子逍遥法外,给国家造成重大损失的;出于对重大间谍犯罪、恐怖主义犯罪、极端主义犯罪进行包庇的意图而拒绝提供间谍犯罪、恐怖主义犯罪、极端主义犯罪证据的等。

(三)处罚

根据《刑法》第 311 条之规定,犯本罪的,处 3 年以下有期徒刑、拘役或者管制。

十二、掩饰、隐瞒犯罪所得、犯罪所得收益罪

(一)概念

掩饰、隐瞒犯罪所得、犯罪所得收益罪是指明知是犯罪所得及其产生的收益而予以窝藏、转移、收购、代为销售或者以其他方法掩饰、隐瞒的行为。

(二)构成

1. 罪体

行为 掩饰、隐瞒犯罪所得、犯罪所得收益罪的行为是明知是犯罪所得及其产生的收益而予以窝藏、转移、收购、代为销售或者以其他方法掩饰、隐瞒。由此可见,本罪的行为具有以下五种情形:(1)窝藏。这里的窝藏,是指为犯罪所得及其产生的收益提供藏匿的场所。(2)转移。这里的转移,是指将犯罪所得及其产生的收益从一个地点转移到另一个地点。(3)收购。这里的收购,是指为自己或者他人使用而购买。2014 年 4 月 24 日全国人大常委会《关于〈中华人民共和国刑法〉第三百四十一条、第三百一十二条的解释》规定,知道或者应当知道是《刑法》第 341 条第 2 款规定的非法狩猎的野生动物而购买的,属于这里的明知是犯罪所得而收购的行为。(4)代为销售。这里的代为销售,是指为其他犯罪分子销售犯罪所得及其产生的收益。(5)其他方法掩饰、隐瞒。这里的其他方法，包括上述四种方法以外的使司法机关难以发现或者难以分辨犯罪所得及其收益的方法。根据最高人民法院2021年4月13日修正的《关于审理掩饰、隐瞒犯罪所得、犯罪所得收益刑事案件适用法律若干问题的解释》[以下简称《解释（三）》]第10条第2款的规定，这里的其他方法，是指明知是犯罪所得及其产生的收益而采取窝藏、转移、收购、代为销售以外的方法，如居间介绍买卖，收受，持有，使用，加工，提供资金账户，协助将财物转换为现金、金融票据、有价证券，协助将资金转移、汇往境外等情形。

客体 掩饰、隐瞒犯罪所得、犯罪所得收益罪的客体是犯罪所得及其产生的收益。这里的犯罪所得，根据《解释（三）》第10条的规定，是指通过犯罪直接得到的赃款、赃物。犯罪所得产生的收益，是指上游犯罪的行为人对犯罪所得进行处理后得到的孳息、租金等。

2. 罪责

掩饰、隐瞒犯罪所得、犯罪所得收益罪的罪责形式是故意。这里的故意，是指明知是犯罪所得及其产生的收益而予以掩饰、隐瞒的主观心理状态。这里的明知，是指知道或者应当知道。根据1992年12月11日最高人民法院、最高人民检察院《关于办理盗窃案件具体应用法律若干问题的解释》（现已失效）第8条第1项的规定，认定窝赃、销赃罪的明知，不能仅凭被告人的口供，应当根据案件的客观事实予以分析。只要证明被告人知道或者应当知道是犯罪所得的赃物而予以窝藏或者代为销售的，就可以认定。这里的应当知道，实际上是一种司法推定。1998年5月8日最高人民法院、最高人民检察院、公安部、国家工商行政管理局《关于依法查处盗窃、抢劫机动车案件的规定》第17条对如何推定明知是赃车作了如下规定：有下列情形之一的，可视为应当知道，但有证据证明属被蒙骗的除外：（1）在非法的机动车交易场所和销售单位购买的；（2）机动车证件手续不全或者明显违反规定的；（3）机动车发动机号或者车架号有更改痕迹，没有合法证明的；（4）以明显低于市场价格购买机动车的。2007年5月9日最高人民法院、最高人民检察院《关于办理与盗窃、抢劫、诈骗、抢夺机动车相关刑事案件具体应用法律若干问题的解释》第 6 条规定，行为人涉及的机动车有下列情形之一的，应当认定行为人主观上具有明知：（1）没有合法有效的来历凭证；（2）发动机号、车辆识别代号有明显更改痕迹，没有合法证明的。2009 年 11 月 4 日最高人民法院《关于审理洗钱等刑事案件具体应用法律若干问题的解释》第 1 条对如何认定本罪的明知作了一般性规定。根据这一规定，这里的明知，应当结合被告人的认知能力，接触他人犯罪所得及其收益的情况，犯罪所得及其收益的种类、数额，犯罪所得及其收益的转换、转移方式以及被告人的供述等主、客观因素进行认定。具有下列情形之一的，可以认定被告人明知系犯罪所得及其收益，但有证据证明确实不知道的除外：（1）知道他人从事犯罪活动，协助转换或者转移财物的；（2）没有正当理由，通过非法途径协助转换或者转移财物的；（3）没有正当理由，以明显低于市场的价格收购财物的；（4）没有正当理由，协助转换或者转移财物，收取明显高于市场的"手续费"的；（5）没有正当理由，协助他人将巨额现金散存于多个银行账户或者在不同银行账户之间频繁划转的；（6）协助近亲属或者其他关系密切的人转换或者转移与其职业或者财产状况明显不符的财物的；（7）其他可以认定行为人明知的情形。

3. 罪量

掩饰、隐瞒犯罪所得、犯罪所得收益罪的罪量要素，刑法未作规定。《解释（三）》第 1 条第 1 款规定，具有下列情形之一的，应当依照本罪定罪处罚：（1）一年内曾因掩饰、隐瞒犯罪所得及其产生的收益行为受过行政处罚，又实施掩饰、隐瞒犯罪所得及其产生的收益行为的；（2）掩饰、隐瞒的犯罪所得系电力设备、交通设施、广播电视设施、公用电信设施、军事设施或者救灾、抢险、防汛、优抚、扶贫、移民、救济款物的；（3）掩饰、隐瞒行为致使上游犯罪无法及时查处，并造成公私财物损失无法挽回的；（4）实施其他掩饰、隐瞒犯罪所得及其产生的收益行为，妨害司法机关对上游犯罪进行追究的。同时，《解释（三）》第 1 条第 3 款还规定，司法解释对掩饰、隐瞒涉及计算机信息系统数据、计算机信息系统控制权的犯罪所得及其产生的收益行为构成犯罪已有规定的，审理此类案件依照该规定。

（三）认定

1. 本罪与洗钱罪的界限

在司法实践中，如何正确地区分本罪与洗钱罪的界限，是一个重要的问题。2009年11月4日最高人民法院颁发的《关于审理洗钱等刑事案件具体应用法律若干问题的解释》第3条规定，明知是犯罪所得及其产生的收益而予以掩饰、隐瞒，构成《刑法》第312条规定的犯罪，同时又构成《刑法》第191条或者第349条规定的犯罪的，依照处罚较重的规定定罪处罚。另外，《解释（三）》第7条规定，明知是犯罪所得及其产生的收益而予以掩饰、隐瞒，构成《刑法》第312条规定的犯罪，同时构成其他犯罪的，依照处罚较重的规定定罪处罚。根据上述司法解释的规定，在本罪与洗钱罪之间存在交互竞合关系，即当行为人采用《刑法》第191条规定的方式对7种上游犯罪的所得及其收益予以掩饰、隐瞒时，同时符合洗钱罪与本罪的构成要件，对此应按照重法优于轻法的原则论处。

2. 掩饰、隐瞒盗窃、抢劫、诈骗、抢夺机动车行为的认定

根据2007年5月9日最高人民法院、最高人民检察院《关于办理与盗窃、抢劫、诈骗、抢夺机动车相关刑事案件具体应用法律若干问题的解释》第1条的规定，明知是盗窃、抢劫、诈骗、抢夺的机动车，实施下列行为之一的，依照《刑法》第312条的规定，以掩饰、隐瞒犯罪所得、犯罪所得收益罪定罪，处3年以下有期徒刑、拘役或者管制，并处或者单处罚金：（1）买卖、介绍买卖、典当、拍卖、抵押或者用其抵债的；（2）拆解、拼装或者组装的；（3）修改发动机号、车辆识别代号的；（4）更改车身颜色或者车辆外形的；（5）提供或者出售机动车来历凭证、整车合格证、号牌以及有关机动车的其他证明和凭证的；（6）提供或者出售伪造、变造的机动车来历凭证、整车合格证、号牌以及有关机动车的其他证明和凭证的。实施第1款规定的行为涉及盗窃、抢劫、诈骗、抢夺的机动车5辆以上或者价值总额达到50万元以上的，属于《刑法》第312条规定的情节严重，处3年以上7年以下有期徒刑，并处罚金。这是对掩饰、隐瞒盗窃、抢

劫、诈骗、抢夺机动车行为的定罪量刑的特别规定。因为在司法实践中，此类犯罪多有发生，对此司法解释作了具体规定，以便于严厉打击此类犯罪。

3. 掩饰、隐瞒计算机信息系统数据犯罪所获取的数据行为的认定

根据 2011 年 8 月 1 日最高人民法院、最高人民检察院《关于办理危害计算机信息系统安全刑事案件应用法律若干问题的解释》第 7 条的规定，明知是非法获取计算机信息系统数据犯罪所获取的数据、非法控制计算机信息系统犯罪所获取的计算机信息系统控制权，而予以转移、收购、代为销售或者以其他方法掩饰、隐瞒，违法所得 5 000 元以上的，应当依照《刑法》第 312 条第 1 款的规定，以掩饰、隐瞒犯罪所得罪定罪处罚。实施前款规定行为，违法所得 5 万元以上的，应当认定为《刑法》第 312 条第 1 款规定的情节严重。单位实施第 1 款规定行为的，定罪量刑标准依照第 1 款、第 2 款的规定执行。这是对掩饰、隐瞒计算机信息系统数据犯罪所获取的数据行为的定罪量刑的特别规定。掩饰、隐瞒犯罪所得、犯罪所得收益罪中的犯罪通常都是指传统的财产犯罪或者经济犯罪，而计算机信息系统数据犯罪属于新型犯罪，因此，司法解释对于掩饰、隐瞒这种新型犯罪所得、犯罪所得收益行为认定的规定，具有重要意义。

4. 共犯的认定

《解释（三）》第 5 条规定，事前与盗窃、抢劫、诈骗、抢夺等犯罪分子通谋，掩饰、隐瞒犯罪所得及其产生的收益的，以盗窃、抢劫、诈骗、抢夺等犯罪的共犯论处。这是一个提示性规定，本罪属于刑法教义学中的连累犯，如果事先与本犯具有通谋的，不再认定为连累犯，而应当以本犯的共犯论处。

（四）处罚

根据《刑法》第 312 条第 1 款［《刑法修正案（六）》第 19 条］之规定，犯本罪的，处 3 年以下有期徒刑、拘役或者管制，并处或者单处罚金；情节严重的，处 3 年以上 7 年以下有期徒刑，并处罚金。第 2 款［《刑法修正案（七）》第 10 条］规定，单位犯前款罪的，对单位判处罚金，并对其直接负责的主管人员和其他直接责任人员，依照前款的规定处罚。

加重处罚事由　犯掩饰、隐瞒犯罪所得、犯罪所得收益罪而情节严重的，是本罪的加重处罚事由。这里的情节严重，根据前引《解释（三）》第 3 条第 1 款的规定，是指具有下列情形之一：（1）掩饰、隐瞒犯罪所得及其产生的收益价值总额达到 10 万元以上的；（2）掩饰、隐瞒犯罪所得及其产生的收益 10 次以上，或者 3 次以上且价值总额达到 5 万元以上的；（3）掩饰、隐瞒的犯罪所得系电力设备、交通设施、广播电视设施、公用电信设施、军事设施或者救灾、抢险、防汛、优抚、扶贫、移民、救济款物，价值总额达到 5 万元以上的；（4）掩饰、隐瞒行为致使上游犯罪无法及时查处，并造成公私财物重大损失无法挽回或其他严重后果的；（5）实施其他掩饰、隐瞒犯罪所得及其产生的收益行为，严重妨害司法机关对上游犯罪予以追究的。同时，《解释（三）》第 3 条第 2 款规定，司法解释对掩饰、隐瞒涉及机动车、计算机信息系统数据、计算机信息系统控制权的犯罪所得及其产生的收益行为认定情节严重已有规定的，审理此类案件依照该规定。

免除处罚事由　根据前引《解释（三）》第 2 条的规定，掩饰、隐瞒犯罪所得及其产生的收益行为符合本解释第 1 条的规定，认罪、悔罪并退赃、退赔，且具有下列情形之一的，可以认定为犯罪情节轻微，免予刑事处罚：（1）具有法定从宽处罚情节的；（2）为近亲属掩饰、隐瞒犯罪所得及其产生的收益，且系初犯、偶犯的；（3）有其他情节轻微情形的。行为人为自用而掩饰、隐瞒犯罪所得，财物价值刚达到本解释第 1 条第 1 款第 1 项规定的标准，认罪、悔罪并退赃、退赔的，一般可不认为是犯罪；依法追究刑事责任的，应当酌情从宽。

十三、拒不执行判决、裁定罪

（一）概念

拒不执行判决、裁定罪是指对人民法院的判决、裁定有能力执行而拒不执行，情节严重的行为。

（二）构成

1. 罪体

行为 拒不执行判决、裁定罪的行为是对人民法院的判决、裁定有能力执行而拒不执行。因此，本罪的行为方式是不作为。这里的有能力执行，根据 1998 年 4 月 17 日最高人民法院《关于审理拒不执行判决、裁定案件具体应用法律若干问题的解释》（现已失效）第 2 条的规定，是指根据查实的证据证明，负有执行人民法院判决、裁定义务的人有可供执行的财产或者具有履行特定行为义务的能力。

客体 拒不执行判决、裁定罪的客体是人民法院的判决、裁定。这里的人民法院的判决、裁定，根据 2002 年 8 月 29 日全国人大常委会《关于〈中华人民共和国刑法〉第三百一十三条的解释》的规定，是指人民法院依法作出的具有执行内容并已发生法律效力的判决、裁定。人民法院为依法执行支付令、生效的调解书、仲裁裁决、公证债权文书等所作的裁定属于该条规定的裁定。

2. 罪责

拒不执行判决、裁定罪的罪责形式是故意。这里的故意，是指明知是人民法院的判决、裁定，而在负有义务且有能力执行的情况下有意不予执行的主观心理状态。

3. 罪量

拒不执行判决、裁定罪的罪量要素是情节严重。这里的情节严重，根据前引立法解释的规定，是指具有下列情形之一：（1）被执行人隐藏、转移、故意毁损财产或者无偿转让财产、以明显不合理的低价转让财产，致使判决、裁定无法执行的；（2）担保人或者被执行人隐藏、转移、故意毁损或者转让已向人民法院提供担保的财产，致使判决、裁定无法执行的；（3）协助执行义务人接到人民法院协助执行通知书后，拒不协助执行，致使判决、裁定无法执行的；（4）被执行人、担保人、协助执行义务人与国家机关工作人员通谋，利用国家机关工作人员的职权妨害执行，致使判决、裁定无法执行的；（5）其他有能力执行而拒不执行，情节严重的情形。

根据 2018 年 7 月 17 日最高人民法院《关于审理拒不执行判决、裁定刑事案件适用法律若干问题的解释》第 2 条的规定，负有执行义务的人有能力执行而实施下列行为之一的，应当认定为全国人民代表大会常务委员会关于刑法第三百一十三条的解释中规定的"其他有能力执行而拒不执行，情节严重的情形"：（1）具有拒绝报告或者虚假报告财产情况、违反人民法院限制高消费及有关消费令等拒不执行行为，经采取罚款或者拘留等强制措施后仍拒不执行的；（2）伪造、毁灭有关被执行人履行能力的重要证据，以暴力、威胁、贿买方法阻止他人作证或者指使、贿买、胁迫他人作伪证，妨碍人民法院查明被执行人财产情况，致使判决、裁定无法执行的；（3）拒不交付法律文书指定交付的财物、票证或者拒不迁出房屋、退出土地，致使判决、裁定无法执行的；（4）与他人串通，通过虚假诉讼、虚假仲裁、虚假和解等方式妨害执行，致使判决、裁定无法执行的；（5）以暴力、威胁方法阻碍执行人员进入执行现场或者聚众哄闹、冲击执行现场，致使执行工作无法进行的；（6）对执行人员进行侮辱、围攻、扣押、殴打，致使执行工作无法进行的；（7）毁损、抢夺执行案件材料、执行公务车辆和其他执行器械、执行人员服装以及执行公务证件，致使执行工作无法进行的；（8）拒不执行法院判决、裁定，致使债权人遭受重大损失的。

案例 34 - 1 **毛建文拒不执行判决、裁定案**

（法例第 71 号）

浙江省平阳县人民法院于 2012 年 12 月 11 日作出（2012）温平鳌商初字第595 号民事判决，判令被告人毛建文于判决生效之日起 15 日内返还陈某某挂靠在其名下的温州宏源包装制品有限公司投资款 20 万元及利息。该判决于 2013 年1 月 6 日生效。因毛建文未自觉履行生效法律文书确定的义务，陈某某于 2013 年2 月 16 日向平阳县人民法院申请强制执行。立案后，平阳县人民法院在执行中查明，毛建文于 2013 年 1 月 17 日将其名下的浙 CVU661 小型普通客车以 15 万元的价格转卖，并将所得款项用于个人开销，拒不执行生效判决。毛建文于

2013 年 11 月 30 日被抓获归案后如实供述了上述事实。

浙江省平阳县人民法院于 2014 年 6 月 17 日作出（2014）温平刑初字第 314 号刑事判决：被告人毛建文犯拒不执行判决罪，判处有期徒刑 10 个月。宣判后，毛建文未提起上诉，公诉机关未提出抗诉，判决已发生法律效力。

法院生效裁判认为：被告人毛建文负有履行生效裁判确定的执行义务，在人民法院具有执行内容的判决、裁定发生法律效力后，实施隐藏、转移财产等拒不执行行为，致使判决、裁定无法执行，情节严重，其行为已构成拒不执行判决罪。公诉机关指控的罪名成立。毛建文归案后如实供述了自己的罪行，可以从轻处罚。

本案的争议焦点为：拒不执行判决、裁定罪中规定的"有能力执行而拒不执行"的行为起算时间如何认定，即被告人毛建文拒不执行判决的行为是从相关民事判决发生法律效力时起算，还是从执行立案时起算。对此，法院认为，生效法律文书进入强制执行程序并不是构成拒不执行判决、裁定罪的要件和前提，毛建文拒不执行判决的行为应从相关民事判决于 2013 年 1 月 6 日发生法律效力时起算。主要理由如下：第一，符合立法原意。全国人民代表大会常务委员会对《刑法》第 313 条规定解释时指出，该条中的"人民法院的判决、裁定"，是指人民法院依法作出的具有执行内容并已发生法律效力的判决、裁定。这就是说，只有具有执行内容的判决、裁定发生法律效力后，才具有法律约束力和强制执行力，义务人才有及时、积极履行生效法律文书确定义务的责任。生效法律文书的强制执行力不是在进入强制执行程序后才产生的，而是自法律文书生效之日起即产生。第二，与民事诉讼法及其司法解释协调一致。《中华人民共和国民事诉讼法》（2012 年）第 111 条规定，诉讼参与人或者其他人拒不履行人民法院已经发生法律效力的判决、裁定的，人民法院可以根据情节轻重予以罚款、拘留；构成犯罪的，依法追究刑事责任。最高人民法院《关于适用〈中华人民共和国民事诉讼法〉的解释》第 188 条规定，《民事诉讼法》第 111 条第 1 款第 6 项规定的拒不履行人民法院已经发生法律效力的判决、裁定的行为，包括在法律文书发生法律效力后隐藏、转移、变卖、毁损财产或者无偿转让财产、以明显不合理的价格交易财产、放弃到期债权、无偿为他人提供担保等，致使人民法院无法执行的。由此可见，法律明确将拒不执行行为限定在法律文书发生法律效力后，并未将拒不执行的主体仅限定为进入强制执行程序后的被执行人或者协助执行义务人等，更未将拒不执行判决、裁定罪的调整范围仅限于生效法律文书进入强制执行程序后发生的行为。第三，符合立法目的。拒不执行判决、裁定罪的立法目的在于解决法院生效判决、裁定的"执行难"问题。将判决、裁定生效后立案执行前逃避履行义务的行为纳入拒不执行判决、裁定罪的调整范围，是法律设定该罪的应有之意。将判决、裁定生效之日确定为拒不执行判决、裁定罪中拒不执行行为的起算时间点，能有效地促使义务人在判决、裁定生效后即迫于刑罚的威慑力而主动履行生效裁判确定的义务，避免生效裁判沦为一纸空文，从而使社会公众真正尊重司法裁判，维护法律权威，从根本上解决"执行难"问题，实现拒不执行判决、裁定罪的立法目的。

本案的裁判要点指出：有能力执行而拒不执行判决、裁定的时间从判决、裁定发生法律效力时起算。具有执行内容的判决、裁定发生法律效力后，负有执行义务的人有隐藏、转移、故意毁损财产等拒不执行行为，致使判决、裁定无法执行，情节严重的，应当以拒不执行判决、裁定罪定罪处罚。

释评

本案的裁判要点主要针对拒不执行判决、裁定的时间起算问题，这里的起算时间到底是拒不执行判决、裁定的立案时间还是判决、裁定发生法律效力的时间。对此，本案裁判要点明确指出，应当按照判决、裁定发生法律效力的时间起算。

（三）处罚

根据《刑法》第313条〔《刑法修正案（九）》第39条〕之规定，犯本罪的，处3年以下有期徒刑、拘役或者罚金；情节特别严重的，处3年以上7年以下有期徒刑，并处罚金。单位犯本罪的，对单位判处罚金，并对其直接负责的主管人员和其他直接责任人员，依照个人犯罪的规定处罚。

加重处罚事由 犯拒不执行判决、裁定罪而情节特别严重的，是本罪的加重处罚事由。

十四、非法处置查封、扣押、冻结的财产罪

（一）概念

非法处置查封、扣押、冻结的财产罪是指隐藏、转移、变卖、故意毁损已被司法机关查封、扣押、冻结的财产，情节严重的行为。

（二）构成

1. 罪体

行为 非法处置查封、扣押、冻结的财产罪的行为是隐藏、转移、变卖、故意毁损已被司法机关查封、扣押、冻结的财产。由此可见，本罪的行为具有以下四种情形：（1）隐藏已被司法机关查封、扣押、冻结的财产。（2）转移已被司法机关查封、扣押、冻结的财产。（3）变卖已被司法机关查封、扣押、冻结的财产。（4）故意毁损已被司法机关查封、扣押、冻结的财产。

客体 非法处置查封、扣押、冻结的财产罪的客体是已被司法机关查封、扣押、冻结的财产。这里的查封，是指司法机关对需要采取财产保全措施的财物清点后，加贴封条，就地封存或者异地封存。扣押，是指司法机关将需要采取财产保全措施的财物就地扣留或者送到一定的场所予以扣留。冻结，是指司法机关通知有关银行或者其他金融机构，不准被申请人提取或者处分其存款。

2. 罪责

非法处置查封、扣押、冻结的财产罪的罪责形式是故意。这里的故意，是指明知是非法处置查封、扣押、冻结的财产的行为而有意实施的主观心理状态。

3. 罪量

非法处置查封、扣押、冻结的财产罪的罪量要素是情节严重。这里的情节严

重，是指非法处置查封、扣押、冻结的财产数额巨大的；非法处置查封、扣押、冻结重大案件的财产或者一般案件的重要财物，致使案件无法审理的；非法处置查封、扣押、冻结的财产手段恶劣，造成严重的社会影响的；非法处置查封、扣押、冻结的财产造成公私财产重大损失的；等等。

（三）处罚

根据《刑法》第314条之规定，犯本罪的，处3年以下有期徒刑、拘役或者罚金。

十五、破坏监管秩序罪

（一）概念

破坏监管秩序罪是指被依法关押的罪犯，破坏监管秩序，情节严重的行为。

（二）构成

1. 罪体

主体　破坏监管秩序罪的主体是依法被关押的罪犯。

行为　破坏监管秩序罪的行为是破坏监管秩序。根据刑法规定，包括以下四种情形：（1）殴打监管人员的；（2）组织其他被监管人破坏监管秩序的；（3）聚众闹事，扰乱正常监管秩序的；（4）殴打、体罚或者指使他人殴打、体罚其他被监管人的。

客体　破坏监管秩序罪的客体是监管秩序。这里的监管秩序，是指监狱管理秩序。

2. 罪责

破坏监管秩序罪的罪责形式是故意。这里的故意，是指明知是破坏监管秩序的行为而有意实施的主观心理状态。

3. 罪量

破坏监管秩序罪的罪量要素是情节严重。这里的情节严重，是指多次破坏监管秩序经监狱给予警告、记过或者禁闭后仍不悔改的；破坏监管秩序造成严重后果的；等等。

（三）处罚

根据《刑法》第 315 条之规定，犯本罪的，处 3 年以下有期徒刑。

十六、脱逃罪

（一）概念

脱逃罪是指依法被关押的罪犯、被告人、犯罪嫌疑人脱逃的行为。

（二）构成

1. 罪体

主体　脱逃罪的主体是依法被关押的罪犯、被告人、犯罪嫌疑人。应当指出，这里的依法被关押的罪犯、被告人、犯罪嫌疑人，都必须是实施了犯罪行为的人。如果是被错误羁押的人，不能成为本罪的主体。

行为　脱逃罪的行为是从羁押场所脱逃。在司法实践中，脱逃行为可以分为以下两种情形：（1）暴力性脱逃。这里的暴力性脱逃，是指使用暴力或者以暴力相威胁实施的脱逃。（2）非暴力性脱逃。这里的非暴力性脱逃，是指未使用暴力或者未以暴力相威胁，而是乘人不备而秘密脱逃或者采取其他方法脱逃。

2. 罪责

脱逃罪的罪责形式是故意。这里的故意，是指明知是脱逃行为而有意实施的主观心理状态。

（三）处罚

根据《刑法》第 316 条第 1 款之规定，犯本罪的，处 5 年以下有期徒刑或者拘役。

十七、劫夺被押解人员罪

（一）概念

劫夺被押解人员罪是指劫夺押解途中的罪犯、被告人、犯罪嫌疑人的行为。

（二）构成

1. 罪体

行为　劫夺被押解人员罪的行为是劫夺押解途中的罪犯、被告人、犯罪嫌疑人。这里的劫夺，是指使用暴力、胁迫方法将被押解人员强行夺走或者乘押解人员不备，将被押解人员夺走。

客体　劫夺被押解人员罪的客体是罪犯、被告人、犯罪嫌疑人。

2. 罪责

劫夺被押解人员罪的罪责形式是故意。这里的故意，是指明知是被押解人员而有意劫夺的主观心理状态。

（三）处罚

根据《刑法》第 316 条第 2 款之规定，犯本罪的，处 3 年以上 7 年以下有期徒刑；情节严重的，处 7 年以上有期徒刑。

加重处罚事由　犯劫夺被押解人员罪而情节严重的，是本罪的加重处罚事由。这里的情节严重，是指劫夺重刑犯或者重大案件的被告人、犯罪嫌疑人的；多人进行劫夺或者劫夺多人的；造成严重后果的；等等。

十八、组织越狱罪

（一）概念

组织越狱罪是指依法被关押的罪犯、被告人、犯罪嫌疑人有组织地从羁押场所逃跑的行为。

（二）构成

1. 罪体

主体　组织越狱罪的主体是依法被关押的罪犯、被告人、犯罪嫌疑人。

行为　组织越狱罪的行为是有组织地从羁押场所逃跑。这里的有组织地从羁押场所逃跑，是指 3 人以上，在首要分子的组织、策划、指挥下，制订越狱方案，进行分工，经过周密准备，选择适当时机实施脱逃。

2. 罪责

组织越狱罪的罪责形式是故意。这里的故意，是指明知是组织越狱行为而有意实施的主观心理状态。

（三）处罚

根据《刑法》第 317 条第 1 款之规定，犯本罪的，对首要分子和积极参加的，处 5 年以上有期徒刑；其他参加的，处 5 年以下有期徒刑或者拘役。

十九、暴动越狱罪

（一）概念

暴动越狱罪是指依法被关押的罪犯、被告人、犯罪嫌疑人，在首要分子的组织、策划、指挥下，有组织、有计划地采用暴动方式从羁押场所逃跑的行为。

（二）构成

1. 罪体

主体　暴动越狱罪的主体是依法被关押的罪犯、被告人、犯罪嫌疑人。

行为　暴动越狱罪的行为是在首要分子的组织、策划、指挥下，有组织、有计划地采用暴动方式从羁押场所逃跑。这里的暴动，是指多人聚集在一起，使用枪械、棍棒等武器或者以其他武力方式对抗监管机关。

2. 罪责

暴动越狱罪的罪责形式是故意。这里的故意，是指明知是暴动越狱行为而有意实施的主观心理状态。

（三）处罚

根据《刑法》第 317 条第 2 款之规定，犯本罪的，对首要分子和积极参加的，处 10 年以上有期徒刑或者无期徒刑；情节特别严重的，处死刑；其他参加的，处 3 年以上 10 年以下有期徒刑。

加重处罚事由　犯暴动越狱罪而且情节特别严重的，是本罪的加重处罚事由。这里的情节特别严重，是指暴动越狱造成了极其严重的后果的，例如致多人死亡、受伤，众多被关押的罪犯、被告人、犯罪嫌疑人逃跑；犯罪手段特别残忍的；社会影响特别恶劣的；等等。

二十、聚众持械劫狱罪

（一）概念

聚众持械劫狱罪是指聚集多人，有组织、有计划地持械劫夺被依法关押的罪犯、被告人、犯罪嫌疑人的行为。

（二）构成

1. 罪体

　　行为　聚众持械劫狱罪的行为是聚集多人，有组织、有计划地持械劫夺被依法关押的罪犯、被告人、犯罪嫌疑人。

　　客体　聚众持械劫狱罪的客体是被依法关押的罪犯、被告人、犯罪嫌疑人。

2. 罪责

聚众持械劫狱罪的罪责形式是故意。这里的故意，是指明知是聚众持械劫狱的行为而有意实施的主观心理状态。

（三）处罚

根据《刑法》第 317 条第 2 款之规定，犯本罪的，对首要分子和积极参加的，处 10 年以上有期徒刑或者无期徒刑；情节特别严重的，处死刑；其他参加的，处 3 年以上 10 年以下有期徒刑。

　　加重处罚事由　犯聚众持械劫狱罪而情节特别严重的，是本罪的加重处罚事由。这里的情节特别严重，是指聚众持械劫狱造成了极其严重的后果的，例如致多人死亡、受伤，众多被关押的罪犯、被告人、犯罪嫌疑人逃跑；犯罪手段特别残忍的；社会影响特别恶劣的；等等。

第三十五章

妨害社会管理秩序罪Ⅲ：妨害国（边）境管理罪

第一节　妨害国（边）境管理罪概述

一、概念

妨害国（边）境管理罪是指违反国（边）境管理法规，妨害国（边）境管理秩序，情节严重的行为。

二、罪名

妨害国（边）境管理罪是《刑法》分则第六章第三节规定之罪，从第318条至第323条，共6个条义，规定了8个罪名。这些罪名是：（1）组织他人偷越国（边）境罪；（2）骗取出境证件罪；（3）提供伪造、变造的出入境证件罪；（4）出售出入境证件罪；（5）运送他人偷越国（边）境罪；（6）偷越国（边）境罪；（7）破坏界碑、界桩罪；（8）破坏永久性测量标志罪。

三、法定刑

妨害国（边）境管理罪的法定最高刑是无期徒刑，其他罪名规定了有期徒刑、拘役和管制，大多数罪名规定了罚金和没收财产。

第二节 妨害国（边）境管理罪分述

一、组织他人偷越国（边）境罪

（一）概念

组织他人偷越国（边）境罪是指非法组织他人偷越国（边）境的行为。

（二）构成

1. 罪体

行为 组织他人偷越国（边）境罪的行为是非法组织他人偷越国（边）境。这里的组织他人偷越国（边）境，根据 2012 年 12 月 12 日最高人民法院、最高人民检察院《关于办理妨害国（边）境管理刑事案件应用法律若干问题的解释》（以下简称《解释》）第 1 条第 1 款的规定，是指领导、策划、指挥他人偷越国（边）境或者在首要分子的指挥下，实施拉拢、引诱、介绍他人偷越国（边）境。

客体 组织他人偷越国（边）境罪的客体是他人。

2. 罪责

组织他人偷越国（边）境罪的罪责形式是故意。这里的故意，是指明知是组织他人偷越国（边）境的行为而有意实施的主观心理状态。

（三）处罚

根据《刑法》第 318 条第 1 款之规定，犯本罪的，处 2 年以上 7 年以下有期徒刑，并处罚金；有下列情形之一的，处 7 年以上有期徒刑或者无期徒刑，并处罚金或者没收财产：（1）组织他人偷越国（边）境集团的首要分子；（2）多次组织他人偷越国（边）境或者组织他人偷越国（边）境人数众多的；（3）造成被组织人重伤、死亡的；（4）剥夺或者限制被组织人人身自由的；（5）以暴力、威胁方法抗拒检查的；（6）违法所得数额巨大的；（7）有其他特别严重情节的。第 2 款规定，犯前款罪，对被组织人有杀害、伤害、强奸、拐卖等犯罪行为，或者对检查人员有杀害、伤害等犯罪行为的，依照数罪并罚的规定处罚。

加重处罚事由　犯组织他人偷越国（边）境罪而有刑法规定的七种情形之一的，是本罪的加重处罚事由，这七种情形是：（1）组织他人偷越国（边）境集团的首要分子。这里的首要分子，是指策划、领导、指挥、组织他人偷越国（边）境集团的犯罪分子。（2）多次组织他人偷越国（边）境或者组织他人偷越国（边）境人数众多的。这里的多次，一般是指 3 次以上。人数众多，根据前引《解释》第 1 条第 2 款的规定，是指 10 人以上。（3）造成被组织人重伤、死亡的。这里的造成被组织人重伤、死亡，是指在组织偷越国（边）境过程中，由于运输工具出现故障等原因导致被组织人重伤、死亡或者导致被组织人自杀等。（4）剥夺或者限制被组织人人身自由的。这里的剥夺或者限制被组织人人身自由，是指出于偷越国（边）境的需要，采取强制方法对被组织人人身自由进行剥夺或者限制。（5）以暴力、威胁方法抗拒检查的。这里的抗拒检查，是指对边防、海关等依法执行检查任务的人员实施殴打等暴力行为或者以暴力相威胁，抗拒检查。（6）违法所得数额巨大的。这里的违法所得数额巨大，根据前引《解释》第 1 条第 2 款的规定，是指违法所得数额在 20 万元以上。（7）有其他特别严重情节的。这里的其他特别严重情节，是指除上述六种情形以外，具有其他后果特别严重、手段特别残忍、影响特别恶劣等情节。

数罪并罚　犯组织他人偷越国（边）境罪，对被组织人有杀害、伤害、强奸、拐卖等犯罪行为，或者对检查人员有杀害、伤害等犯罪行为的，依照数罪并罚的规定处罚。

二、骗取出境证件罪

（一）概念

骗取出境证件罪是指以劳务输出、经贸往来或者其他名义，弄虚作假，骗取护照、签证等出境证件，为组织他人偷越国（边）境使用的行为。

（二）构成

1. 罪体

行为　骗取出境证件罪的行为是以劳务输出、经贸往来或者其他名义，弄虚作假，骗取护照、签证等出境证件。根据前引《解释》第 2 条第 1 款的规定，这里的弄虚作假，是指为组织他人偷越国（边）境，编造出境事由、身份信息或者相关的境外关系证明。

客体　骗取出境证件罪的客体是护照、签证等出境证件。这里的护照，是指一个主权国家发给本国公民出入境和在国外居留、旅行的身份证明及国籍证明。签证，是指一个主权国家同意某国人出入或者经过该国国境的一种许可证明。根据前引《解释》第 2 条第 2 款的规定，这里的出境证件，除了刑法明文列举的护照、签证以外，还包括代替护照使用的国际旅行证件，中华人民共和国海员证，中华人民共和国出入境通行证，中华人民共和国旅行证，中国公民往来香港、澳门、台湾地区证件，边境地区出入境通行证，签证、签注，出国（境）证明、名单，以及其他出境时需要查验的资料。

2. 罪责

骗取出境证件罪的罪责形式是故意。这里的故意，是指明知是骗取出境证件的行为而有意实施的主观心理状态。

目的犯　刑法规定，骗取出境证件罪须以为组织他人偷越国（边）境使用为目的，因此本罪是法定的目的犯。如果只是本人使用而骗取出境证件行为的不构成本罪。刑法规定构成本罪以为组织他人偷越国（边）境使用为目的，由此可以推论，使用骗取的出境证件也是偷越国（边）境。但这与偷越国（边）境的概念是矛盾的。在这种使用骗取的出境证件的情况下，出境证件本身形式上是合法的，其出境未违反出境管理法规。因此，这里的为组织他人偷越国（边）境使用为目的，应当理解为以非法移民为目的。

（三）处罚

根据《刑法》第 319 条第 1 款之规定，犯本罪的，处 3 年以下有期徒刑，并处罚金；情节严重的，处 3 年以上 10 年以下有期徒刑，并处罚金。第 2 款规定，单位犯本罪的，对单位判处罚金，并对直接负责的主管人员和其他直接责任人员，依照个人犯罪的规定处罚。

加重处罚事由　犯骗取出境证件罪而情节严重的，是本罪的加重处罚事由。这里的情节严重，根据前引《解释》第 2 条第 3 款的规定，是指具有下列情形之一的：(1) 骗取出境证件 5 份以上的；(2) 非法收取费用 30 万元以上的；(3) 明知是国家规定的不准出境的人员而为其骗取出境证件的；(4) 其他情节严重的情形。

三、提供伪造、变造的出入境证件罪

（一）概念

提供伪造、变造的出入境证件罪是指为他人提供伪造、变造的护照、签证等出入境证件的行为。

（二）构成

1. 罪体

行为　提供伪造、变造的出入境证件罪的行为是为他人提供伪造、变造的护照、签证等出入境证件。这里的提供，既包括有偿提供，也包括无偿提供。

客体　提供伪造、变造的出入境证件罪的客体是伪造、变造的护照、签证等出入境证件。根据前引《解释》第 3 条第 1 款的规定，这里的出入境证件，包括该解释第 2 条第 2 款所列的证件以及其他入境时需要查验的资料。

2. 罪责

提供伪造、变造的出入境证件罪的罪责形式是故意。这里的故意，是指明知是伪造、变造的出入境证件而有意提供的主观心理状态。

（三）处罚

根据《刑法》第 320 条之规定，犯本罪的，处 5 年以下有期徒刑，并处罚金；情节严重的，处 5 年以上有期徒刑，并处罚金。

加重处罚事由　犯提供伪造、变造的出入境证件罪而情节严重的，是本罪的加重处罚事由。这里的情节严重，根据前引《解释》第 3 条第 2 款的规定，是指具有下列情形之一的：（1）为他人提供伪造、变造的出入境证件或者出售出入境证件 5 份以上的；（2）非法收取费用 30 万元以上的；（3）明知是国家规定的不准出入境的人员而为其提供伪造、变造的出入境证件或向其出售出入境证件的；（4）其他严重情节的情形。

四、出售出入境证件罪

（一）概念

出售出入境证件罪是指向他人有偿提供护照、签证等出入境证件的行为。

（二）构成

1. 罪体

行为　出售出入境证件罪的行为是出售护照、签证等出入境证件。这里的出售，是指向他人有偿提供出入境证件。

客体　出售出入境证件罪的客体是护照、签证等出入境证件。根据前引《解释》第 3 条第 1 款的规定，这里的出入境证件，包括该解释第 2 条第 2 款所列的证件以及其他入境时需要查验的资料。

2. 罪责

出售出入境证件罪的罪责形式是故意。这里的故意，是指明知是出售出入境证件的行为而有意实施的主观心理状态。

（三）处罚

根据《刑法》第 320 条之规定，犯本罪的，处 5 年以下有期徒刑，并处罚金；情节严重的，处 5 年以上有期徒刑，并处罚金。

加重处罚事由 犯出售出入境证件罪而情节严重的，是本罪的加重处罚事由。这里的情节严重，根据前引《解释》第 3 条第 2 款的规定，是指具有下列情形之一的：（1）出售出入境证件 5 份以上的；（2）非法收取费用 30 万元以上的；（3）明知是国家规定的不准出入境的人员而为其提供伪造、变造的出入境证件或者向其出售出入境证件的；（4）其他情节严重的情形。

五、运送他人偷越国（边）境罪

（一）概念

运送他人偷越国（边）境罪是指违反国家出入国（边）境管理法规，非法将他人送出或者接入国（边）境的行为。

（二）构成

1. 罪体

行为 运送他人偷越国（边）境罪的行为是违反出入国（边）境管理法规，非法将他人送出或者接入国（边）境。

客体 运送他人偷越国（边）境罪的客体是他人。这里的他人，是指偷越国（边）境人员。

2. 罪责

运送他人偷越国（边）境罪的罪责形式是故意。这里的故意，是指明知是运送他人偷越国（边）境的行为而有意实施的主观心理状态。

（三）处罚

根据《刑法》第 321 条第 1 款之规定，犯本罪的，处 5 年以下有期徒刑、拘役或者管制，并处罚金；有下列情形之一的，处 5 年以上 10 年以下有期徒刑，并处罚金：（1）多次实施运送行为或者运送人数众多的；（2）所使用的船只、车辆等交通工具不具备必要的安全条件，足以造成严重后果的；（3）违法所得数额巨大的；（4）有其他特别严重情节的。第 2 款规定，在运送他人偷越国（边）境中造成被运送人重伤、死亡，或者以暴力、威胁方法抗拒检查的，处 7 年以上有期徒刑，并处罚金。第 3 款规定，犯前两款罪，对被运送人有杀害、伤害、强奸、拐卖等犯罪行为，或者对检查人员有杀害、伤害等犯罪行为的，依照数罪并罚的规定处罚。

加重处罚事由之一　犯运送他人偷越国（边）境罪而有刑法规定的四种情形之一的，是本罪的加重处罚事由之一。这些情形是：（1）多次实施运送行为或者运送人数众多的。这里的多次，是指 3 次以上。人数众多，根据前引《解释》第 4 条的规定，是指 10 人以上。（2）所使用的船只、车辆等交通工具不具备必要的安全条件，足以造成严重后果的。这里的足以造成严重后果，是指具有造成船只沉没、车辆倾覆事故的危险。（3）违法所得数额巨大的。这里的违法所得数额巨大，根据前引《解释》第 4 条的规定，是指违法所得数额在 20 万元以上。（4）有其他特别严重情节的。这里的其他特别严重的情节，是指除上述三种情形以外，具有造成国际影响十分恶劣等特别严重情节的。

加重处罚事由之二　犯运送他人偷越国（边）境罪而在运送他人偷越国（边）境过程中造成被运送人重伤、死亡，或者以暴力、威胁方法抗拒检查的，是本罪的加重处罚事由之二。这里的造成被运送人重伤、死亡，是指在运送他人偷越国（边）境过程中，由于交通工具不具备必要的安全条件等各种原因，发生重伤、死亡事故，或者导致被运送人自伤、自杀的等。以暴力、威胁方法抗拒检查的，是指对依法执行检查任务的边防、海关人员实施暴力或者威胁行为，抗拒检查的等。

数罪并罚　犯运送他人偷越国（边）境罪，对被运送人有杀害、伤害、强奸、拐卖等犯罪行为，或者对检查人员有杀害、伤害等犯罪行为的，应当实行数罪并罚。

六、偷越国（边）境罪

（一）概念

偷越国（边）境罪是指违反国（边）境管理法规，偷越国（边）境，情节严重的行为。

（二）构成

1. 罪体

行为　偷越国（边）境罪的行为是违反国（边）境管理法规，偷越国（边）境。这里的偷越国（边）境，根据前引《解释》第6条的规定，是指具有下列情形之一的：（1）没有出入境证件出入国（边）境或者逃避接受边防检查的；（2）使用伪造、变造、无效的出入境证件出入国（边）境的；（3）使用他人出入境证件出入国（边）境的；（4）使用以虚假的出入境事由、隐瞒真实身份、冒用他人身份证件等方式骗取的出入境证件出入国（边）境的；（5）采用其他方式非法出入国（边）境的。

2. 罪责

偷越国（边）境罪的罪责形式是故意。这里的故意，是指明知是偷越国（边）境的行为而有意实施的主观心理状态。

3. 罪量

偷越国（边）境罪的罪量要素是情节严重。根据前引《解释》第5条的规定，是指具有下列情形之一：（1）在境外实施损害国家利益的行为的；（2）偷越国（边）境3次以上或者3人以上结伙偷越国（边）境的；（3）拉拢、引诱他人一起偷越国（边）境的；（4）因偷越国（边）境被行政处罚后1年内又偷越国（边）境的；（5）其他严重情节的情形。

（三）处罚

根据《刑法》第322条〔《刑法修正案（九）》第40条〕之规定，犯本罪的，处 1 年以下有期徒刑、拘役或者管制，并处罚金；为参加恐怖活动组织、接受恐怖活动培训或者实施恐怖活动，偷越国（边）境的，处 1 年以上 3 年以下有期徒刑，并处罚金。

加重处罚事由　为参加恐怖活动组织、接受恐怖活动培训或者实施恐怖活动而犯偷越国（边）境罪的，是本罪的加重处罚事由。

七、破坏界碑、界桩罪

（一）概念
破坏界碑、界桩罪是指明知是国家设立在边境上的界碑、界桩而故意加以破坏的行为。

（二）构成
1. 罪体
行为　破坏界碑、界桩罪的行为是破坏界碑、界桩。这里的破坏，是指将界碑、界桩砸毁、拆除、挖掉、盗走、移动或者改变原样，从而使其丧失国（边）境的分界作用。因此，破坏界碑、界桩并不在于毁坏界碑、界桩的物质载体，主要在于使其丧失分界作用。

客体　破坏界碑、界桩罪的客体是界碑、界桩。这里的界碑，是指在陆地接壤地区埋设的指示边境分界及其走向的石质标志物。界桩，是指在陆地接壤地区埋设的指示边境分界及其走向的木质标志物。

2. 罪责
破坏界碑、界桩罪的罪责形式是故意。这里的故意，是指明知是界碑、界桩而有意加以破坏的主观心理状态。

（三）处罚
根据《刑法》第 323 条之规定，犯本罪的，处 3 年以下有期徒刑或者拘役。

八、破坏永久性测量标志罪

（一）概念

破坏永久性测量标志罪是指故意破坏国家设立的永久性测量标志的行为。

（二）构成

1. 罪体

行为　破坏永久性测量标志罪的行为是破坏永久性测量标志。这里的破坏，是指将永久性测量标志拔除、移动、毁坏等，使其丧失原有的作用。

客体　破坏永久性测量标志罪的客体是永久性测量标志。这里的永久性测量标志，是指国家测绘单位在全国各地进行测绘工作所建立的地上、地下或者水上的各种测量标志物，包括各等级的三角点、导线点、军用控制点、重力点、天文点、水准点的木质觇标、钢质觇标和标石标志，以及用于地形测图、工程测量和形变测量的各种固定标志等。

2. 罪责

破坏永久性测量标志罪的罪责形式是故意。这里的故意，是指明知是永久性测量标志而有意加以破坏的主观心理状态。

（三）处罚

根据《刑法》第 323 条之规定，犯本罪的，处 3 年以下有期徒刑或者拘役。

第三十六章
妨害社会管理秩序罪Ⅳ：妨害文物管理罪

第一节　妨害文物管理罪概述

一、概念

妨害文物管理罪是指违反国家文物管理法规，破坏国家对文物的正常管理活动，情节严重的行为。

二、罪名

妨害文物管理罪是《刑法》分则第六章第四节规定之罪，从第 324 条至第 329 条，共 6 个条文，规定了 10 个罪名。这些罪名是：（1）故意损毁文物罪；（2）故意损毁名胜古迹罪；（3）过失损毁文物罪；（4）非法向外国人出售、赠送珍贵文物罪；（5）倒卖文物罪；（6）非法出售、私赠文物藏品罪；（7）盗掘古文化遗址、古墓葬罪；（8）盗掘古人类化石、古脊椎动物化石罪；（9）抢夺、窃取国有档案罪；（10）擅自出卖、转让国有档案罪。

三、法定刑

妨害文物管理罪的法定最高刑是无期徒刑，其他罪名规定了有期徒刑、拘役和管制，大多数罪名规定了罚金和没收财产。

第二节 妨害文物管理罪分述

一、故意损毁文物罪

（一）概念

故意损毁文物罪是指故意损毁国家保护的珍贵文物、被确定为全国重点文物保护单位、省级文物保护单位的文物或者具有科学价值的古脊椎动物化石、古人类化石的行为。

（二）构成

1. 罪体

行为 故意损毁文物罪的行为是损毁国家保护的珍贵文物、被确定为全国重点文物保护单位、省级文物保护单位的文物或者具有科学价值的古脊椎动物化石、古人类化石。这里的损毁，是指捣毁、焚烧、污损、拆除、挖掘等破坏行为，使文物或者具有科学价值的古脊椎动物化石、古人类化石丧失或者部分丧失其价值。

客体 故意损毁文物罪的客体是国家保护的珍贵文物、被确定为全国重点文物保护单位、省级文物保护单位的文物或者具有科学价值的古脊椎动物化石、古人类化石。这里的珍贵文物，是指具有重大历史、科学、艺术价值的可移动性文物。根据《文物保护法》和《文物藏品定级标准》的规定，凡属 1、2 级的文物是珍贵文物，部分 3 级文物经国家文物鉴定委员会确认的也属于珍贵文物。全国重点文物保护单位、省级文物保护单位的文物，是指由国务院、省、自治区、直辖市人民政府核定公布的具有历史、艺术、科学价值的不可移动的文物。根据 2005 年 12 月 29 日全国人大常委会《关于〈中华人民共和国刑法〉有关文物的规定适用于具有科学价值的古脊椎动物化石、古人类化石的解释》的规定，具有科学价值的古脊椎动物化石、古人类化石也是本罪的客体。

2. 罪责

故意损毁文物罪的罪责形式是故意。这里的故意，是指明知是国家保护的珍贵文物或者被确定为全国重点文物保护单位、省级文物保护单位的文物而有意加以损毁的主观心理状态。

（三）处罚

根据《刑法》第 324 条第 1 款之规定，犯本罪的，处 3 年以下有期徒刑或者拘役，并处或者单处罚金；情节严重的，处 3 年以上 10 年以下有期徒刑，并处罚金。

加重处罚事由　犯故意损毁文物罪而情节严重的，是本罪的加重处罚事由。这里的情节严重，是指多次损毁或者损毁多件珍贵文物，多处国家、省级文物保护单位的文物的；造成难以恢复原状或者不可弥补损失等严重后果的，不听劝阻或者警告的；主观恶性深、动机恶劣的；等等。

二、故意损毁名胜古迹罪

（一）概念

故意损毁名胜古迹罪是指故意损毁国家保护的名胜古迹，情节严重的行为。

（二）构成

1. 罪体

行为　故意损毁名胜古迹罪的行为是损毁国家保护的名胜古迹。这里的损毁，是指拆改、捣毁、挖掘、焚烧、爆炸等破坏行为，使名胜古迹丧失或者部分丧失其形状。

客体　故意损毁名胜古迹罪的客体是国家保护的名胜古迹。这里的名胜古迹，是指名胜风景区和文物古迹区。

2. 罪责

故意损毁名胜古迹罪的罪责形式是故意。这里的故意，是指明知是国家保护的名胜古迹而有意加以损毁的主观心理状态。

3. 罪量

故意损毁名胜古迹罪的罪量要素是情节严重。这里的情节严重，参照《立案追诉标准（一）》第 47 条的规定，是指具有下列情形之一的：（1）造成国家保护的名胜古迹严重损毁的；（2）损毁国家保护的名胜古迹 3 次以上或者 3 处以上，尚未造成严重损毁后果的；（3）损毁手段特别恶劣的；（4）其他情节严重的情形。

（三）处罚

根据《刑法》第 324 条第 2 款之规定，犯本罪的，处 5 年以下有期徒刑或者拘役，并处或者单处罚金。

三、过失损毁文物罪

（一）概念

过失损毁文物罪是指过失损毁国家保护的珍贵文物、被确定为全国重点文物保护单位、省级文物保护单位的文物或者古脊椎动物化石、古人类化石，造成严重后果的行为。

（二）构成

1. 罪体

行为　过失损毁文物罪的行为是损毁国家保护的珍贵文物、被确定为全国重点文物保护单位、省级文物保护单位的文物或者古脊椎动物化石、古人类化石。

客体　过失损毁文物罪的客体是国家保护的珍贵文物、被确定为全国重点文物保护单位、省级文物保护单位的文物或者古脊椎动物化石、古人类化石。根据2005年12月29日全国人大常委会《关于〈中华人民共和国刑法〉有关文物的规定适用于具有科学价值的古脊椎动物化石、古人类化石的解释》的规定，具有科学价值的古脊椎动物化石、古人类化石也是本罪的客体。

结果　过失损毁文物罪的结果是造成严重后果。这里的严重后果，参照《立案追诉标准（一）》第48条的规定，是指具有下列情形之一的：（1）造成珍贵文物严重损毁的；（2）造成被确定为全国重点文物保护单位、省级文物保护单位的文物严重损毁的；（3）造成珍贵文物损毁3件以上的；（4）其他造成严重后果的。

2. 罪责

过失损毁文物罪的罪责形式是过失。这里的过失，是指应当预见自己的行为可能发生损毁文物的结果，因为疏忽大意而没有预见，或者已经预见而轻信能够避免，以致发生文物损毁严重后果的主观心理状态。

（三）处罚

根据《刑法》第324条第3款之规定，犯本罪的，处3年以下有期徒刑或者拘役。

四、非法向外国人出售、赠送珍贵文物罪

（一）概念

非法向外国人出售、赠送珍贵文物罪是指违反文物保护法规，将收藏的国家禁止出口的珍贵文物私自出售或者私自赠送给外国人的行为。

（二）构成

1. 罪体

行为　非法向外国人出售、赠送珍贵文物罪的行为是违反文物保护法规，将

收藏的国家禁止出口的珍贵文物或者具有科学价值的古脊椎动物化石、古人类化石私自出售或者私自赠送给外国人。这里的私自，是指未经国家文物主管部门批准。出售，是指有偿地转让。赠送，是指无偿地转让。

客体　非法向外国人出售、赠送珍贵文物罪的客体是外国人和国家禁止出口的珍贵文物或者具有科学价值的古脊椎动物化石、古人类化石。这里的外国人，是指不具有本国国籍的人。国家禁止出口的文物，根据文化部《文物出境鉴定管理办法》的规定，是指1949年中华人民共和国成立以前中国、外国制作、生产和出版的陶瓷品、金银器、玉石器、漆器、玻璃器皿、各种质料的雕刻品、雕塑品、家具、书画、碑帖、拓片、文献资料、织绣、文化用品、邮票、货币、器具、工艺美术品等。1949年以后，我国已故近、现代著名书画家、工艺美术家的作品，经鉴定不许出口的文物也是国家禁止出口的文物。此外，根据文化部、对外贸易部公布的《文物出口鉴定参考标准》《文物出境鉴定管理办法》的规定，国家禁止出口的文物还包括：1949年以前创作、生产、出版的具有一定历史、科学和艺术价值的文物、图书；各个时期的革命文物；有泄露国家机密，或者歪曲、丑化中国人民，或者在政治上有不良影响的文物、图书；少数民族的文物；1949年以后具有高度的政治意义和艺术水平的艺术创作、原稿、手稿等。应当指出，在上述国家禁止出口的文物中，只有珍贵文物才是本罪的客体。珍贵文物应当根据我国《文物保护法》规定的标准确定。根据2005年12月29日全国人大常委会《关于〈中华人民共和国刑法〉有关文物的规定适用于具有科学价值的古脊椎动物化石、古人类化石的解释》的规定，具有科学价值的古脊椎动物化石、古人类化石也是本罪的客体。

2. 罪责

非法向外国人出售、赠送珍贵文物罪的罪责形式是故意。这里的故意，是指明知是国家禁止出口的珍贵文物而有意出售或者赠送给外国人的主观心理状态。

（三）处罚

根据《刑法》第325条第1款之规定，犯本罪的，处5年以下有期徒刑或者拘役，可以并处罚金。第 2 款规定，单位犯本罪的，对单位判处罚金，并对其直接负责的主管人员和其他直接责任人员，依照个人犯罪的规定处罚。

五、倒卖文物罪

（一）概念

倒卖文物罪是指以牟利为目的，倒卖国家禁止经营的文物，情节严重的行为。

（二）构成

1. 罪体

行为　倒卖文物罪的行为是倒卖国家禁止经营的文物或者具有科学价值的古脊椎动物化石、古人类化石。这里的倒卖，是指违反国家文物保护法规，买卖文物或者具有科学价值的古脊椎动物化石、古人类化石，具体包括收购、贩运、转手卖出等行为。

客体　倒卖文物罪的客体是国家禁止经营的文物或者具有科学价值的古脊椎动物化石、古人类化石。如果是国家允许经营的文物，则不能成为本罪的客体。根据 2005 年 12 月 29 日全国人大常委会《关于〈中华人民共和国刑法〉有关文物的规定适用于具有科学价值的古脊椎动物化石、古人类化石的解释》的规定，具有科学价值的古脊椎动物化石、古人类化石也是本罪的客体。

2. 罪责

倒卖文物罪的罪责形式是故意。这里的故意，是指明知是国家禁止经营的文物而进行倒卖的主观心理状态。

目的犯　刑法规定，本罪以牟利为目的，因此本罪是法定的目的犯。

3. 罪量

倒卖文物罪的罪量要素是情节严重。这里的情节严重，是指倒卖文物数量较大或者次数较多的；造成文物流失无法追回等严重后果的；倒卖珍贵文物的；非法获利数额巨大的；等等。

（三）处罚

根据《刑法》第 326 条之规定，犯本罪的，处 5 年以下有期徒刑或者拘役，并处罚金；情节特别严重的，处 5 年以上 10 年以下有期徒刑，并处罚金。第 2 款规定，单位犯本罪的，对单位判处罚金，并对其直接负责的主管人员和其他直接责任人员，依照个人犯罪的规定处罚。

六、非法出售、私赠文物藏品罪

（一）概念

非法出售、私赠文物藏品罪是指国有博物馆、图书馆等单位违反文物保护法规，将国家保护的文物藏品或者具有科学价值的古脊椎动物化石、古人类化石出售或者私自赠送给非国有单位或者个人的行为。

（二）构成

1. 罪体

主体 非法出售、私赠文物藏品罪的主体是国有博物馆、图书馆等单位。因此，本罪是纯正的单位犯罪。

行为 非法出售、私赠文物藏品罪的行为是违反文物保护法规，将国家保护的文物藏品或者具有科学价值的古脊椎动物化石、古人类化石出售或者私自送给非国有单位或者个人。

客体 非法出售、私赠文物藏品罪的客体是非国有单位或者个人和国家保护的文物藏品或者具有科学价值的古脊椎动物化石、古人类化石。这里的非国有单位，是指非国有的公司、企业、事业单位、社会团体或者其他单位。个人，是指单位以外的自然人，包括国有单位的自然人与非国有单位的自然人。文物藏品，是指国有博物馆、图书馆等单位收藏的文物，包括一般文物和珍贵文物。根据 2005 年 12 月 29 日全国人大常委会《关于〈中华人民共和国刑法〉有关文物的规定适用于具有科学价值的古脊椎动物化石、古人类化石的解释》的规定，具有科学价值的古脊椎动物化石、古人类化石也是本罪的客体。

2. 罪责

非法出售、私赠文物藏品罪的罪责形式是故意。这里的故意，是指明知是非法出售、私赠文物藏品的行为而有意实施的主观心理状态。

（三）处罚

根据《刑法》第 327 条之规定，犯本罪的，对单位判处罚金，并对其直接负责的主管人员和其他直接责任人员，处 3 年以下有期徒刑或者拘役。

七、盗掘古文化遗址、古墓葬罪

（一）概念

盗掘古文化遗址、古墓葬罪是指盗掘具有历史、艺术、科学价值的古文化遗址、古墓葬的行为。

（二）构成

1. 罪体

行为　盗掘古文化遗址、古墓葬罪的行为是盗掘具有历史、艺术、科学价值的古文化遗址、古墓葬。这里的盗掘，是指未经国家文化主管部门批准而私自挖掘。

客体　盗掘古文化遗址、古墓葬罪的客体是具有历史、艺术、科学价值的古文化遗址、古墓葬。这里的古文化遗址，是指清代和清代以前中华民族历史发展中由古代人类创造并留下的表明其文化发展水平的石窟、地下城、古建筑等。古墓葬，是指清代和清代以前中华民族历史上建造并留下的墓穴及其有关设施。

2. 罪责

盗掘古文化遗址、古墓葬罪的罪责形式是故意。这里的故意，是指明知是古文化遗址、古墓葬而进行盗掘的主观心理状态。

（三）处罚

根据《刑法》第 328 条第 1 款［《刑法修正案（八）》第 45 条］之规定，犯本罪的，处 3 年以上 10 年以下有期徒刑，并处罚金；情节较轻的，处 3 年以下有期徒刑、拘役或者管制，并处罚金；有下列情形之一的，处 10 年以上有期徒刑或者无期徒刑，并处罚金或者没收财产：（1）盗掘确定为全国重点文物保护单位和省级文物保护单位的古文化遗址、古墓葬；（2）盗掘古文化遗址、古墓葬集团的首要分子；（3）多次盗掘古文化遗址、古墓葬的；（4）盗掘古文化遗址、古墓葬，并盗窃珍贵文物或者造成珍贵文物严重破坏的。

减轻处罚事由 犯盗掘古文化遗址、古墓葬罪而情节较轻的，是本罪的减轻处罚事由。这里的情节较轻，是指盗掘古文化遗址、古墓葬损毁较小，没有造成文物破坏，或者具有其他较轻情节的等。

加重处罚事由 犯盗掘古文化遗址、古墓葬罪而具有刑法规定的上述四种情形之一的，是本罪的加重处罚事由。

八、盗掘古人类化石、古脊椎动物化石罪

（一）概念

盗掘古人类化石、古脊椎动物化石罪是指盗掘国家保护的具有科学价值的古人类化石和古脊椎动物化石的行为。

（二）构成

1. 罪体

行为 盗掘古人类化石、古脊椎动物化石罪的行为是盗掘国家保护的具有科学价值的古人类化石和古脊椎动物化石。这里的盗掘，是指以非法占有为目的的秘密挖掘。

客体 盗掘古人类化石、古脊椎动物化石罪的客体是国家保护的具有科学价值的古人类化石和古脊椎动物化石。这里的古人类化石，是指距今一万年以前的

石化了的古人类遗骸或者遗迹，包括直立人，早期、晚期智人的遗骸等。古脊椎动物化石，是指距今一万年以前石化了的古脊椎动物的遗骸或者遗迹。

2. 罪责

盗掘古人类化石、古脊椎动物化石罪的罪责形式是故意。这里的故意，是指明知是古人类化石、古脊椎动物化石而有意进行盗掘的主观心理状态。

（三）处罚

根据《刑法》第 328 条第 2 款之规定，犯本罪的，依照前款的规定处罚，即处 3 年以上 10 年以下有期徒刑，并处罚金；情节较轻的，处 3 年以下有期徒刑、拘役或者管制，并处罚金；有下列情形之一的，处 10 年以上有期徒刑或者无期徒刑，并处罚金或者没收财产：（1）盗掘确定为全国重点文物保护单位和省级文物保护单位的古人类化石和古脊椎动物化石的；（2）盗掘古人类化石和古脊椎动物化石集团的首要分子；（3）多次盗掘古人类化石和古脊椎动物化石的；（4）盗掘并盗窃古人类化石和古脊椎动物化石或者造成古人类化石和古脊椎动物化石严重破坏的。

减轻处罚事由　犯盗掘古人类化石、古脊椎动物化石罪而情节较轻的，是本罪的减轻处罚事由。这里的情节较轻，是指盗掘古人类化石和古脊椎动物化石损毁较小，或者具有其他较轻情节的等。

加重处罚事由　犯盗掘古人类化石、古脊椎动物化石罪而具有刑法规定的上述四种情形之一的，是本罪的加重处罚事由。

九、抢夺、窃取国有档案罪

（一）概念

抢夺、窃取国有档案罪是指抢夺、窃取国家所有的档案的行为。

（二）构成

1. 罪体

行为　抢夺、窃取国有档案罪的行为是抢夺、窃取国家所有的档案。这里的抢夺，是指公然夺取。窃取，是指秘密窃取。

客体 抢夺、窃取国有档案罪的客体是国家所有的档案。这里的档案，是指过去和现在的国家机构、社会组织以及个人从事政治、军事、经济、科学、技术、文化、宗教等活动直接形成的对国家和社会有保存价值的各种文字、图表、声像等不同形式的历史记录。

2. 罪责

抢夺、窃取国有档案罪的罪责形式是故意。这里的故意，是指明知是国家所有的档案而有意抢夺或者窃取的主观心理状态。

（三）处罚

根据《刑法》第329条第1款之规定，犯本罪的，处5年以下有期徒刑或者拘役。第3款规定，犯本罪，同时又构成其他犯罪的，依照处罚较重的规定定罪处罚。

十、擅自出卖、转让国有档案罪

（一）概念

擅自出卖、转让国有档案罪是指违反档案法的规定，擅自出卖、转让国家所有的档案，情节严重的行为。

（二）构成

1. 罪体

行为 擅自出卖、转让国有档案罪的行为是违反档案法的规定，擅自出卖、转让国家所有的档案。这里的擅自出卖，是指未经批准而卖给他人。擅自转让，是指未经批准而无偿送给他人。

客体 擅自出卖、转让国有档案罪的客体是国家所有的档案。这里的档案，根据我国《档案法》第2条的规定，是指过去和现在的机关、团体、企业事业单位和其他组织以及个人从事经济、政治、文化、社会、生态文明、军事、外事、科技等方面活动直接形成的对国家和社会具有保存价值的各种文字、图表、声像等不同形式的历史记录。根据我国档案法的规定，档案可以分为国家所有的档案和个人所有的档案。

2. 罪责

擅自出卖、转让国有档案罪的罪责形式是故意。这里的故意，是指明知是国家所有的档案而有意出卖、转让的主观心理状态。

（三）处罚

根据《刑法》第 329 条第 2 款之规定，犯本罪的，处 3 年以下有期徒刑或者拘役。第 3 款规定，犯本罪，同时又构成其他犯罪的，依照处罚较重的规定定罪处罚。

第三十七章

妨害社会管理秩序罪Ⅴ：危害公共卫生罪

第一节　危害公共卫生罪概述

一、概念

危害公共卫生罪是指违反国家规定，破坏公共卫生管理活动，严重危及或者损害公民生命、财产安全的行为。

二、罪名

危害公共卫生罪是《刑法》分则第六章第五节规定之罪，从第 330 条至第 337 条，共 8 个条文，规定了 11 个罪名。《刑法修正案（十一）》增设了第 334 条之一、第 336 条之一，补充规定了 2 个罪名。本章共计 13 个罪名。这些罪名是：（1）妨害传染病防治罪；（2）传染病菌种、毒种扩散罪；（3）妨害国境卫生检疫罪；（4）非法组织卖血罪；（5）强迫卖血罪；（6）非法采集、供应血液、制作、供应血液制品罪；（7）采集、供应血液、制作、供应血液制品事故罪；（8）非法采集人类遗传资源、走私人类遗传资源材料罪；（9）医疗事故罪；（10）非法行医罪；（11）非法进行节育手术罪；（12）非法植入基因编辑、克隆胚胎罪；（13）妨害动植物防疫、检疫罪。①

三、法定刑

危害公共卫生罪的法定最高刑是无期徒刑，其他罪名规定了有期徒刑、拘役和管制，大多数罪名规定了罚金。

第二节　危害公共卫生罪分述

一、妨害传染病防治罪

（一）概念

妨害传染病防治罪是指违反传染病防治法的规定，引起甲类传染病以及依法确定采取甲类传染病预防、控制措施的传染病传播或者有传播严重危险的行为。

（二）构成

1. 罪体

行为　妨害传染病防治罪的行为是违反传染病防治法的规定，引起甲类传染病以及依法确定采取甲类传染病预防、控制措施的传染病传播或者有传播严重危险的行为。刑法规定了下述五种违反传染病防治法规定的行为：（1）供水

---

① 最高人民法院、最高人民检察院 2009 年 10 月 14 日《关于执行〈中华人民共和国刑法〉确定罪名的补充规定（四）》，根据《刑法修正案（七）》第 11 条的规定，取消逃避动植物检疫罪，修改为妨害动植物防疫、检疫罪。

单位供应的饮用水不符合国家规定的卫生标准的；（2）拒绝按照卫生防疫机构提出的卫生要求，对传染病病原体污染的污水、污物、粪便和物品进行消毒处理的；（3）准许或者纵容传染病病人、病原携带者和疑似传染病病人从事国务院卫生行政部门规定禁止从事的易使该传染病扩散的工作的；（4）出售、运输疫区中被传染病病原体污染或者可能被传染病病原体污染的物品，未进行消毒处理的；（5）拒绝执行县级以上人民政府、疾病预防控制机构依照传染病防治法提出的预防、控制措施的。上述五种行为，只要具有其中之一的，即可构成本罪。

客体　妨害传染病防治罪的客体是甲类传染病以及依法确定采取甲类传染病预防、控制措施的传染病。这里的甲类传染病的范围，按照《传染病防治法》和国务院有关规定确定。甲类传染病主要是指鼠疫、霍乱。依法确定采取甲类传染病预防、控制措施的传染病，根据《立案追诉标准（一）》第49条第2款的规定，是指乙类传染病中传染性非典型肺炎、炭疽中的肺炭疽、人感染高致病性禽流感以及国务院卫生行政部门根据需要报经国务院批准公布实施的其他需要按甲类管理的乙类传染病和突发原因不明的传染病。例如，2020年1月20日国家卫生健康委员会发布2020年第1号公告，由此根据《传染病防治法》的相关规定，基于目前对新型冠状病毒感染的肺炎的病原、流行病学、临床特征等特点的认识，报国务院批准同意，国家卫生健康委决定将新型冠状病毒感染的肺炎纳入法定传染病乙类管理，采取甲类传染病的预防、控制措施。新型冠状病毒感染的肺炎纳入法定传染病管理，各级人民政府、卫生健康行政部门、其他政府部门、医疗卫生机构可以依法采取病人隔离治疗、密切接触者隔离医学观察等系列防控措施，共同预防控制新型冠状病毒感染的肺炎疫情的传播。

结果　妨害传染病防治罪的结果是引起甲类以及依法确定采取甲类传染病预防、控制措施的传染病传播或者有传播的严重危险。这里的传播，是指在一定范围内的扩散。有传播的严重危险，是指根据情况证明极有可能引起传染病的传播，但尚未实际引起传播。

2. 罪责

妨害传染病防治罪的罪责形式是过失。这里的过失，是指应当预见自己的行为可能引起甲类传染病传播或者有传播的严重危险，因为疏忽大意而没有预见，或者已经预见而轻信能够避免，以致发生这种结果的主观心理状态。

（三）认定

2020 年 2 月 6 日最高人民法院、最高人民检察院、公安部、司法部《关于依法惩治妨害新型冠状病毒感染肺炎疫情防控违法犯罪的意见》（以下简称《意见》）规定："故意传播新型冠状病毒感染肺炎病原体，具有下列情形之一，危害公共安全的，依照刑法第一百一十四条、第一百一十五条第一款的规定，以以危险方法危害公共安全罪定罪处罚：1. 已经确诊的新型冠状病毒感染肺炎病人、病原携带者，拒绝隔离治疗或者隔离期未满擅自脱离隔离治疗，并进入公共场所或者公共交通工具的；2. 新型冠状病毒感染肺炎疑似病人拒绝隔离治疗或者隔离期未满擅自脱离隔离治疗，并进入公共场所或者公共交通工具，造成新型冠状病毒传播的。其他拒绝执行卫生防疫机构依照传染病防治法提出的防控措施，引起新型冠状病毒传播或者有传播严重危险的，依照刑法第三百三十条的规定，以妨害传染病防治罪定罪处罚。"《意见》的这一规定，涉及妨害传染病防治罪与以危险方法危害公共安全罪之间的关系。我国《刑法》中的以危险方法危害公共安全罪可以分为故意犯与过失犯两种形态。根据前引《意见》的规定，故意传播新型冠状病毒感染肺炎病原体的，应以以危险方法危害公共安全罪论处，而过失传播新型冠状病毒感染肺炎病原体的，以本罪论处。这里应当指出，在拒绝执行卫生防疫机构依照《传染病防治法》提出的防控措施，引起新型冠状病毒传播或者有传播严重危险行为时，行为人对于拒绝执行卫生防疫机构依照《传染病防治法》提出的防控措施是出于故意，但对于引起新型冠状病毒传播或者有传播严重危险则是处于过失，这是一种过失危险犯。

（四）处罚

根据《刑法》第 330 条［《刑法修正案（十一）》第 37 条］第 1 款之规定，

犯本罪的，处 3 年以下有期徒刑或者拘役；后果特别严重的，处 3 年以上 7 年以下有期徒刑。该条第 2 款规定，单位犯本罪的，对单位判处罚金，并对其直接负责的主管人员和其他直接责任人员，依照个人犯罪的规定处罚。

加重处罚事由　犯妨害传染病防治罪而后果特别严重的，是本罪的加重处罚事由。这里的后果特别严重，是指造成人员因传染病传播而死亡或者严重残疾的后果。

二、传染病菌种、毒种扩散罪

（一）概念

传染病菌种、毒种扩散罪是指从事实验、保藏、携带、运输传染病菌种、毒种的人员，违反国务院卫生行政部门的有关规定，造成传染病菌种、毒种扩散，后果严重的行为。

（二）构成

1. 罪体

主体　传染病菌种、毒种扩散罪的主体是从事实验、保藏、携带、运输传染病菌种、毒种的人员。

行为　传染病菌种、毒种扩散罪的行为是违反国务院卫生行政部门的有关规定，至于具体行为，刑法并未明文列举。因此，应当根据有关规定确定本罪的具体行为。根据《意见》的规定，从事实验、保藏、携带、运输传染病菌种、毒种的人员，违反国务院卫生行政部门的有关规定，造成新型冠状病毒毒种扩散，后果严重的，依照《刑法》第 331 条的规定，以传染病毒种扩散罪定罪处罚。

客体　传染病菌种、毒种扩散罪的客体是传染病菌种、毒种。这里的菌种、毒种，根据《传染病防治法》的规定，是指可能引起本法规定的传染病发生的细菌菌种和病毒毒种。

结果　传染病菌种、毒种扩散罪的结果是造成传染病菌种、毒种扩散，后果严重。这里的扩散，是指传染病菌种、毒种离开保藏、实验、运输的容器，进入其他范围，在一定区域内传播。后果严重，参照《立案追诉标准（一）》第 50 条的规定，是指涉嫌下列情形之一的：（1）导致甲类和按甲类管理的传染病传播的；（2）导致乙类、丙类传染病流行、暴发的；（3）造成人员重伤或者死亡的；（4）严重影响正常的生产、生活秩序的；（5）其他造成严重后果的情形。

2. 罪责

传染病菌种、毒种扩散罪的罪责形式是过失。这里的过失，是指应当预见自己的行为可能造成传染病菌种、毒种扩散的结果，因为疏忽大意而没有预见或者已经预见但轻信能够避免，以致造成严重后果的主观心理状态。

（三）处罚

根据《刑法》第 331 条之规定，犯本罪的，处 3 年以下有期徒刑或者拘役；后果特别严重的，处 3 年以上 7 年以下有期徒刑。

加重处罚事由　犯传染病菌种、毒种扩散罪而后果特别严重的，是本罪的加重处罚事由。这里的后果特别严重，是指致使多人死亡或者残疾等。

三、妨害国境卫生检疫罪

（一）概念

妨害国境卫生检疫罪是指违反国境卫生检疫规定，引起检疫传染病传播或者有传播严重危险的行为。

（二）构成

1. 罪体

行为　妨害国境卫生检疫罪的行为是违反国境卫生检疫规定，引起检疫传染病传播或者有传播严重危险的行为。至于具体行为，刑法并未列举。因此，应当根据有关规定确定本罪的具体行为。根据 2020 年 3 月 13 日最高人民法院、最高人民检察院、公安部、司法部、海关总署《关于进一步加强国境卫生检疫工作依法惩治妨害卫生检疫违法犯罪的意见》的规定，根据《刑法》第332条规定，违反国境卫生检疫规定，实施下列行为之一的，属于妨害国境卫生检疫行为：（1）检疫传染病染疫人或者染疫嫌疑人拒绝执行海关依照国境卫生检疫法等法律法规提出的健康申报、体温监测、医学巡查、流行病学调查、医学排查、采样等卫生检疫措施，或者隔离、留验、就地检验、转诊等卫生处理措施的；（2）检疫传染病染疫人或者染疫嫌疑人采取不如实填报健康申明卡等方式隐瞒疫情，或者伪造、涂改检疫单、证等方式伪造情节的；（3）知道或者应当知道实施审批管理的微生物、人体组织、生物制品、血液及其制品等特殊物品可能造成检疫传染病传播，未经审批仍逃避检疫，携运、寄递出入境的；（4）出入境交通工具上发现有检疫传染病染疫人或者染疫嫌疑人，交通工具负责人拒绝接受卫生检疫或者拒不接受卫生处理的；（5）来自检疫传染病流行国家、地区的出入境交通工具上出现非意外伤害死亡且死因不明的人员，交通工具负责人故意隐瞒情况的；（6）其他拒绝执行海关依照国境卫生检疫法等法律法规提出的检疫措施的。实施上述行为，引起鼠疫、霍乱、黄热病以及新冠肺炎等国务院确定和公布的其他检疫传染病传播或者有传播严重危险的，依照《刑法》第332条的规定，以妨害国境卫生检疫罪定罪处罚。

客体　妨害国境卫生检疫罪的客体是检疫传染病。这里的检疫传染病，是指我国参加的《国际卫生条例》规定的各成员国普遍实施检疫的鼠疫、霍乱、黄热病以及新冠肺炎等国务院确定和公布的其他检疫传染病。

结果　妨害国境卫生检疫罪的结果是引起检疫传染病传播或者有引起检疫传染病传播的严重危险。这里的引起检疫传染病传播，是指造成检疫传染病在一定空间范围内以及一定人群中流行、传染。有引起检疫传染病传播的严重危险，是指虽然尚未引起检疫传染病的传播，但是根据行为人所实施的违反国境卫生检疫规定的行为，极有可能引起检疫传染病的传播。

2. 罪责

妨害国境卫生检疫罪的罪责形式是过失。这里的过失，是指应当预见自己的行为可能引起检疫传染病的传播或者有引起检疫传染病传播的严重危险，因为疏忽大意而没有预见，或者虽然已经预见但轻信能够避免，以致发生这种后果的主观心理状态。

（三）处罚

根据《刑法》第332条第1款之规定，犯本罪的，处3年以下有期徒刑或者拘役，并处或者单处罚金。该条第2款规定，单位犯本罪的，对单位判处罚金，并对其直接负责的主管人员和其他直接责任人员，依照个人犯罪的规定处罚。

四、非法组织卖血罪

（一）概念

非法组织卖血罪是指未经卫生行政主管部门批准，组织他人出卖血液的行为。

（二）构成

1. 罪体

行为　非法组织卖血罪的行为是未经国家卫生行政主管部门的批准，组织他人出卖血液的行为。这里的组织，是指通过集会动员、广告招募、言辞劝说、金钱引诱等方法纠集他人。

客体　非法组织卖血罪的客体是卖血。这里的卖血，是指以牟利为目的有偿地提供血液。

2. 罪责

非法组织卖血罪的罪责形式是故意。这里的故意，是指明知是非法组织卖血的行为而有意实施的主观心理状态。

3. 罪量

非法组织卖血罪的罪量要素，刑法未作规定。参照《立案追诉标准（一）》第52条的规定，非法组织他人出卖血液，涉嫌下列情形之一的，应予立案追诉：

（1）组织卖血3人以上的；（2）组织卖血非法获利2 000元以上的；（3）组织未成年人卖血的；（4）被组织卖血的人的血液含有艾滋病病毒、乙型肝炎病毒、丙型肝炎病毒、梅毒螺旋体等病原微生物的；（5）其他非法组织卖血应予追究刑事责任的情形。

（三）处罚

根据《刑法》第333条第1款之规定，犯本罪的，处5年以下有期徒刑，并处罚金。

转化犯 《刑法》第333条第2款规定："有前款行为，对他人造成伤害的，依照本法第二百三十四条的规定定罪处罚。"这是关于犯本罪而转化为故意伤害罪的规定。

五、强迫卖血罪

（一）概念

强迫卖血罪是指以暴力、威胁方法，强迫他人出卖血液的行为。

（二）构成

1. 罪体

行为 强迫卖血罪的行为是以暴力、威胁方法，强迫他人出卖血液。这里的暴力，是指采用殴打、捆绑、关押、伤害等足以造成人身伤害的方法。威胁，是指以实施暴力、毁坏财产等相要挟。强迫，是指通过上述方法，迫使他人违背意志迫不得已地出卖血液。

客体 强迫卖血罪的客体是卖血。

2. 罪责

强迫卖血罪的罪责形式是故意。这里的故意，是指明知是强迫卖血的行为而有意实施的主观心理状态。

（三）处罚

根据《刑法》第333条第1款之规定，犯本罪的，处5年以上10年以下有期徒刑，并处罚金。

转化犯　《刑法》第333条第2款规定："有前款行为，对他人造成伤害的，依照本法第二百三十四条的规定定罪处罚。"这是关于犯本罪而转化为故意伤害罪的规定。

六、非法采集、供应血液、制作、供应血液制品罪

（一）概念

非法采集、供应血液、制作、供应血液制品罪是指非法采集、供应血液或者制作、供应血液制品，不符合国家规定的标准，足以危害人体健康，或者对人体健康造成严重危害的行为。

（二）构成

1. 罪体

行为　非法采集、供应血液、制作、供应血液制品罪的行为是非法采集、供应血液或者非法制作、供应血液制品，不符合国家规定的标准。因此，本罪的行为具有以下两种情形：（1）非法采集、供应血液。这里的非法采集、供应血液，是指未经卫生行政主管部门批准，擅自设立采血点采集、供应血液。（2）非法制作、供应血液制品。这里的非法制作、供应血液制品，是指未经卫生行政主管部门批准，擅自制作、供应血液制品。

客体　非法采集、供应血液、制作、供应血液制品罪的客体是血液或者血液制品。这里的血液，是指全血、成分血和特殊血液成分。这里的血液制品，是指各种人血类蛋白制品。

2. 罪责

非法采集、供应血液、制作、供应血液制品罪的罪责形式是故意。这里的故意，是指明知是非法采集、供应血液、制作、供应血液制品的行为而有意实施的主观心理状态。

（三）处罚

根据《刑法》第 334 条第 1 款之规定，犯本罪，处 5 年以下有期徒刑或者拘役，并处罚金；对人体健康造成严重危害的，处 5 年以上 10 年以下有期徒刑，并处罚金；造成特别严重后果的，处 10 年以上有期徒刑或者无期徒刑，并处罚金或者没收财产。

危险犯　犯非法采集、供应血液、制作、供应血液制品罪而足以危害人体健康的，是本罪的危险犯。根据 2008 年 9 月 22 日最高人民法院、最高人民检察院《关于办理非法采供血液等刑事案件具体应用法律若干问题的解释》[以下简称《解释（一）》]第 2 条的规定，这里的足以危害人体健康，是指具有下列情形之一的：（1）采集、供应的血液含有艾滋病病毒、乙型肝炎病毒、丙型肝炎病毒、梅毒螺旋体等病原微生物的；（2）制作、供应的血液制品含有艾滋病病毒、乙型肝炎病毒、丙型肝炎病毒、梅毒螺旋体等病原微生物，或者将含有上述病原微生物的血液用于制作血液制品的；（3）使用不符合国家规定的药品、诊断试剂、卫生器材或者重复使用一次性采血器材采集血液，造成传染病传播危险的；（4）违反规定对献血者、供血浆者超量、频繁采集血液、血浆，足以危害人体健康的；（5）其他不符合国家有关采集、供应血液或者制作、供应血液制品的规定标准，足以危害人体健康的。

实害犯　犯非法采集、供应血液、制作、供应血液制品罪而对人体健康造成严重危害的，是本罪的实害犯。根据前引《解释（一）》第 3 条的规定，这里的对人体健康造成严重危害，是指具有下列情形之一的：（1）造成献血者、供血浆者、受血者感染乙型肝炎病毒、丙型肝炎病毒、梅毒螺旋体或者其他经血液传播的病原微生物的；（2）造成献血者、供血浆者、受血者重度贫血、造血功能障碍或者其他器官组织损伤导致功能障碍等身体严重危害的；（3）对人体健康造成其他严重危害的。

加重处罚事由　犯非法采集、供应血液、制作、供应血液制品罪而造成特别严重后果的，是本罪的加重处罚事由。根据前引《解释（一）》第 4 条的规定，这里的造成特别严重后果，是指具有下列情形之一的：（1）因血液传播疾病导致人员死亡或者感染艾滋病病毒的；（2）造成5人以上感染乙型肝炎病毒、丙型肝炎病毒、梅毒螺旋体或者其他经血液传播的病原微生物的；（3）造成5人以上重度贫血、造血功能障碍或者其他器官组织损伤导致功能障碍等身体严重危害的；（4）造成其他特别严重后果的。

七、采集、供应血液、制作、供应血液制品事故罪

（一）概念

采集、供应血液、制作、供应血液制品事故罪是指经国家主管部门批准采集、供应血液或者制作、供应血液制品的部门，不依照规定进行检测或者违背其他操作规定，造成危害他人身体健康后果的行为。

（二）构成

1. 罪体

主体　采集、供应血液、制作、供应血液制品事故罪的主体是经国家主管部门批准采集、供应血液或者制作、供应血液制品的部门。这里的采集、供应血液或者制作、供应血液制品的部门，是指经国家主管部门批准的采供血机构和血液制品生产经营单位。这里的采供血机构，包括血液中心、中心血站、中心血库、脐带血造血干细胞库和国家卫生行政主管部门根据医学发展需要批准、设置的其他类型血库、单采血浆站。因此，本罪是纯正的单位犯罪。

行为　采集供应血液、制作、供应血液制品事故罪的行为是不依照规定进行检测或者违背其他操作规定。因此，本罪属于责任事故犯罪。根据前引《解释（一）》第5条的规定，这里的不依照规定进行检测或者违背其他操作规定，是指具有下列情形之一的：（1）血站未用两个企业生产的试剂对艾滋病病毒抗体、乙型肝炎病毒表面抗原、丙型肝炎病毒抗体、梅毒抗体进行两次检测的；（2）单采血浆站不依照规定对艾滋病病毒抗体、乙型肝炎病毒表面抗原、丙型肝炎病毒抗

体、梅毒抗体进行检测的；（3）血液制品生产企业在投料生产前未用主管部门批准和检定合格的试剂进行复检的；（4）血站、单采血浆站和血液制品生产企业使用的诊断试剂没有生产单位名称、生产批准文号或者经检定不合格的；（5）采供血机构在采集检验标本、采集血液和成分血分离时，使用没有生产单位名称、生产批准文号或者超过有效期的一次性注射器等采血器材的；（6）不依照国家规定的标准和要求包装、储存、运输血液、原料血浆的；（7）对国家规定检测项目结果呈阳性的血液未及时按照规定予以清除的；（8）不具备相应资格的医务人员进行采血、检验操作的；（9）对献血者、供血浆者超量、频繁采集血液、血浆的；（10）采供血机构采集血液、血浆前，未对献血者或供血浆者进行身份识别，采集冒名顶替者、健康检查不合格者血液、血浆的；（11）血站擅自采集原料血浆，单采血浆站擅自采集临床用血或者向医疗机构供应原料血浆的；（12）重复使用一次性采血器材的；（13）其他不依照规定进行检测或者违背操作规定的。

客体 采集、供应血液、制作、供应血液制品事故罪的客体是血液或者血液制品。

结果 采集、供应血液、制作、供应血液制品事故罪的结果是造成危害他人身体健康后果。根据前引《解释（一）》第6条的规定，这里的造成危害他人身体健康后果，是指具有下列情形之一的：（1）造成献血者、供血浆者、受血者感染艾滋病病毒、乙型肝炎病毒、丙型肝炎病毒、梅毒螺旋体或者其他经血液传播的病原微生物的；（2）造成献血者、供血浆者、受血者重度贫血、造血功能障碍或者其他器官组织损伤导致功能障碍等身体严重危害的；（3）造成其他危害他人身体健康后果的。

2. 罪责

采集、供应血液、制作、供应血液制品事故罪的罪责形式是过失。这里的过失，是指应当预见自己的行为可能造成危害他人身体健康后果，因为疏忽大意而没有预见，或者已经预见而轻信能够避免，以致发生这种结果的主观心理状态。

（三）处罚

根据《刑法》第334条第2款之规定，犯本罪的，对单位判处罚金，并对其直接负责的主管人员和其他直接责任人员，处5年以下有期徒刑或者拘役。

八、非法采集人类遗传资源、走私人类遗传资源材料罪

（一）概念

非法采集人类遗传资源、走私人类遗传资源材料罪是指违反国家有关规定，非法采集我国人类遗传资源或者非法运送、邮寄、携带我国人类遗传资源材料出境，危害公众健康或者社会公共利益，情节严重的行为。

（二）构成

1. 罪体

行为　非法采集人类遗传资源、走私人类遗传资源材料罪的行为是违反国家有关规定，非法采集我国人类遗传资源或者非法运送、邮寄、携带我国人类遗传资源材料出境，危害公众健康或者社会公共利益的行为。违反国家有关规定，是本罪的规范构成要件要素。这里的国家有关规定，是指2019年国务院发布的《人类遗传资源管理条例》、2020年10月全国人大常委会通过的《生物安全法》。这些法律、行政法规，对我国人类遗传资源的保护作了明确规定。例如，《生物安全法》第53条第1款规定："国家加强对我国人类遗传资源和生物资源采集、保藏、利用、对外提供等活动的管理和监督，保障人类遗传资源和生物资源安全。"第55条规定："采集、保藏、利用、对外提供我国人类遗传资源，应当符合伦理原则，不得危害公众健康、国家安全和社会公共利益。"而非法采集人类遗传资源、走私人类遗传资源材料行为的非法性，就在于违反上述规定。本罪行为分为两种：（1）非法采集人类遗传资源。这里的采集，是指收集、保藏。（2）走私人类遗传资源材料。这里的走私，是指运送、邮寄、携带我国人类遗传资源材料出境。

客体 非法采集人类遗传资源、走私人类遗传资源材料罪的客体是人类遗传资源和人类遗传资源材料。这里的根据《生物安全法》第85条第8项的规定，人类遗传资源，包括人类遗传资源材料和人类遗传资源信息。人类遗传资源材料是指含有人体基因组、基因等遗传物质的器官、组织、细胞等遗传材料。人类遗传资源信息是指利用人类遗传资源材料产生的数据等信息资料。

2. 罪责

非法采集人类遗传资源、走私人类遗传资源材料罪的罪责形式是故意。这里的故意，是指明知是非法采集人类遗传资源、走私人类遗传资源材料的行为而有意实施的主观心理状态。

3. 罪量

非法采集人类遗传资源、走私人类遗传资源材料罪的罪量要素是情节严重。

（三）处罚

根据《刑法》第334条之一［《刑法修正案（十一）》第38条］之规定，犯本罪的，处3年以下有期徒刑、拘役或者管制，并处或者单处罚金；情节特别严重的，处3年以上7年以下有期徒刑，并处罚金。

加重处罚事由 犯非法采集人类遗传资源、走私人类遗传资源材料罪而情节特别严重的，是本罪的特别加重处罚事由。

九、医疗事故罪

（一）概念

医疗事故罪是指医务人员严重不负责任，造成就诊人死亡或者严重损害就诊人身体健康的行为。

（二）构成

1. 罪体

主体 医疗事故罪的主体是医务人员。这里的医务人员，包括：（1）医疗防疫人员；（2）药剂人员；（3）护理人员；（4）其他专业技术人员。

行为　医疗事故罪的行为是严重不负责任，造成就诊人死亡或者严重损害就诊人身体健康。这里的严重不负责任，参照《立案追诉标准（一）》第56条的规定，是指具有下列情形之一的：（1）擅离职守的；（2）无正当理由拒绝对危急的就诊人实行必要的医疗救治的；（3）未经批准擅自开展试验性医疗的；（4）严重违反查对、复核制度的；（5）使用未经批准使用的药品、消毒药剂、医疗器械的；（6）严重违反国家法律法规及有明确规定的诊疗技术规范、常规的；（7）其他严重不负责任的情形。本罪的行为方式，既可以是作为，也可以是不作为。这里的作为，是指医疗人员实施了规章制度和常规所禁止的行为。不作为，是指医疗人员应当履行诊疗护理职责而没有履行。

客体　医疗事故罪的客体是就诊人。这里的就诊人，是指接受医疗护理服务的人。

结果　医疗事故罪的结果是造成就诊人死亡或者严重损害就诊人身体健康。这里的严重损害就诊人身体健康，是指造成就诊人严重残疾、重伤、感染艾滋病、病毒性肝炎等难以治愈的疾病或者其他严重损害就诊人身体健康的后果。

2. 罪责

医疗事故罪的罪责形式是过失。这里的过失，是指应当预见自己的行为可能造成就诊人死亡或者严重损害就诊人身体健康的结果，因为疏忽大意而没有预见，或者已经预见而轻信能够避免，以致发生这种结果的主观心理状态。

（三）处罚

根据《刑法》第335条之规定，犯本罪的，处3年以下有期徒刑或者拘役。

十、非法行医罪

（一）概念

非法行医罪是指未取得医生执业资格的人非法行医，情节严重的行为。

（二）构成

1. 罪体

主体　非法行医罪的主体是未取得医生执业资格的人。

行为　非法行医罪的行为是非法行医。这里的非法行医，是指未取得医生执业资格的人行医。根据《执业医师法》以及相关法规的规定，只有通过医师资格考试，取得医师资格，并且经医师注册取得执业证书后，才能合法地从事医师执业活动；否则，就是非法行医。这里的行医，是指从事诊疗活动，即诊断和治疗的活动。根据卫生部 1994 年颁行的《医疗机构管理条例实施细则》第 88 条的规定，诊疗活动是指通过各种检查，使用药物、器械及手术等方法，对疾病作出判断和消除疾病、缓解病情、减轻痛苦、改善功能、延长生命、帮助患者恢复健康的活动。因此，非法行医，就是未取得医生执业资格的人从事诊疗活动。根据 2008 年 4 月 29 日发布、2016 年 12 月 16 日修正最高人民法院《关于审理非法行医刑事案件具体应用法律若干问题的解释》［以下简称《解释（二）》］第 1 条的规定，非法行医是指具有下列情形之一的：（1）未取得或者以非法手段取得医师资格从事医疗活动的；（2）被依法吊销医师执业证书期间从事医疗活动的；（3）未取得乡村医生执业证书，从事乡村医疗活动的；（4）家庭接生员实施家庭接生以外的医疗行为的。

2. 罪责

非法行医罪的罪责形式是故意。这里的故意，是指明知是非法行医而有意实施的主观心理状态。

3. 罪量

非法行医罪的罪量要素是情节严重。这里的情节严重，根据前引《解释（二）》第 2 条的规定，是指具有下列情形之一的：（1）造成就诊人轻度残疾、器官组织损伤导致一般功能障碍的；（2）造成甲类传染病传播、流行或者有传播、流行危险的；（3）使用假药、劣药或不符合国家规定标准的卫生材料、医疗器械，足以严重危害人体健康的；（4）非法行医被卫生行政部门行政处罚两次以后，再次非法行医的；（5）其他情节严重的情形。

（三）处罚

根据《刑法》第336条第1款之规定，犯本罪的，处3年以下有期徒刑、拘役或者管制，并处或者单处罚金；严重损害就诊人身体健康的，处3年以上10年以下有期徒刑，并处罚金；造成就诊人死亡的，处10年以上有期徒刑，并处罚金。

加重处罚事由　犯非法行医罪而严重损害就诊人身体健康的，是本罪的加重处罚事由。这里的严重损害就诊人身体健康，根据前引《解释（二）》第3条的规定，是指具有下列情形之一的：（1）造成就诊人中度以上残疾、器官组织损伤导致严重功能障碍的；（2）造成3名以上就诊人轻度残疾、器官组织损伤导致一般功能障碍的。

特别加重处罚事由　犯非法行医罪而造成就诊人死亡的，是本罪的特别加重处罚事由。这里的造成就诊人死亡，根据前引《解释（二）》第4条的规定，是指非法行医行为系造成就诊人死亡的直接、主要原因。非法行医行为并非造成就诊人死亡的直接、主要原因的，可不认定为造成就诊人死亡。但是，根据案件情况，可以认定为本罪的情节严重。

从重处罚事由　2003年5月14日最高人民法院、最高人民检察院《关于办理妨害预防、控制突发传染病疫情等灾害的刑事案件具体应用法律若干问题的解释》第12条规定："未取得医生执业资格非法行医，具有造成突发传染病病人、病原携带者、疑似突发传染病病人贻误诊治或者造成交叉感染等严重情节的，依照刑法第三百三十六条第一款的规定，以非法行医罪定罪，依法从重处罚。"

十一、非法进行节育手术罪

（一）概念

非法进行节育手术罪是指未取得医生执业资格的人，擅自为他人进行节育复通手术、假节育手术、终止妊娠手术或者摘取宫内节育器，情节严重的行为。

（二）构成

1. 罪体

主体 非法进行节育手术罪的主体是未取得医生执业资格的人。

行为 非法进行节育手术罪的行为是未取得医生执业资格的人，擅自为他人进行节育复通手术、假节育手术、终止妊娠手术或者摘取宫内节育器。

客体 非法进行节育手术罪的客体是节育手术。这里的节育手术，是指节育复通手术、假节育手术、终止妊娠手术或者摘取宫内节育器。

2. 罪责

非法进行节育手术罪的罪责形式是故意。这里的故意，是指明知是非法进行节育手术的行为而有意实施的主观心理状态。

3. 罪量

非法进行节育手术罪的罪量要素是情节严重。这里的情节严重，参照《立案追诉标准（一）》第58条的规定，是指具有下列情形之一的：（1）造成就诊人轻伤、重伤、死亡或者感染艾滋病、病毒性肝炎等难以治愈的疾病的；（2）非法进行节育复通手术、假节育手术、终止妊娠手术或者摘取宫内节育器5人次以上的；（3）致使他人超计划生育的；（4）非法进行选择性别的终止妊娠手术的；（5）非法获利累计5 000元以上的；（6）其他情节严重的情形。

（三）处罚

根据《刑法》第336条第2款之规定，犯本罪的，处3年以下有期徒刑、拘役或者管制，并处或者单处罚金；严重损害就诊人身体健康的，处3年以上10年以下有期徒刑，并处罚金；造成就诊人死亡的，处10年以上有期徒刑，并处罚金。

加重处罚事由 犯非法进行节育手术罪而严重损害就诊人身体健康的，是本罪的加重处罚事由。这里的严重损害就诊人身体健康，是指造成就诊人重伤或者身体残疾。

特别加重处罚事由　犯非法进行节育手术罪而造成就诊人死亡的，是本罪的特别加重处罚事由。

十二、非法植入基因胚胎、克隆胚胎罪

（一）概念

非法植入基因胚胎、克隆胚胎罪是指将基因胚胎编辑、克隆的人类胚胎植入人体或者动物体内，或者将基因编辑、克隆的动物胚胎植入人体内，情节严重的行为。

（二）构成

1. 罪体

行为　非法植入基因胚胎、克隆胚胎罪的行为是将基因胚胎编辑、克隆的人类胚胎植入人体或者动物体内，或者将基因编辑、克隆的动物胚胎植入人体内。这里的非法，是指违反法律、行政法规或者其他国家规定。我国《民法典》第1009 条规定："从事与人体基因、人体胚胎等有关的医学和科研活动，应当遵守法律、行政法规和国家有关规定，不得危害人体健康，不得违背伦理道德，不得损害公共利益。"2003 年 12 月 24 日科技部、卫生部《人胚胎干细胞研究伦理指导原则》第 6 条规定，不得将利用体外受精、体细胞核移植、单性复制技术或遗传修饰获得的人囊胚植入人或任何其他动物的生殖系统。本罪的行为违反上述规定，因而具有违法性。

客体　非法植入基因胚胎、克隆胚胎罪的客体是基因胚胎编辑、克隆的人类胚胎。

2. 罪责

非法植入基因胚胎、克隆胚胎罪的罪责形式是故意。这里的故意，是指明知是将基因胚胎编辑、克隆的人类胚胎植入人体或者动物体内，或者将基因编辑、克隆的动物胚胎植入人体内的行为而有意实施的主观心理状态。

（三）罪量

非法植入基因胚胎、克隆胚胎罪的罪量要素是情节严重。

（四）处罚

根据《刑法》第336条之一〔《刑法修正案（十一）》第39条〕之规定，犯本罪的，处3年以下有期徒刑或者拘役，并处罚金；情节特别严重的，处3年以上7年以下有期徒刑，并处罚金。

加重处罚事由　犯非法植入基因胚胎、克隆胚胎罪而情节特别严重的，是本罪的加重处罚事由。

十三、妨害动植物防疫、检疫罪

（一）概念

妨害动植物防疫、检疫罪是指违反有关动植物防疫、检疫的国家规定，引起重大动植物疫情的，或者引起重大动植物疫情危险，情节严重的行为。

（二）构成

1. 罪体

行为　妨害动植物防疫、检疫罪的行为是违反有关动植物防疫、检疫的规定，引起重大动植物疫情，或者引起重大动植物疫情危险。

客体　妨害动植物防疫、检疫罪的客体是动植物防疫、检疫。这里的动植物检疫，是指为防止动物传染病、寄生虫病和植物危险性病、虫、杂草以及其他有害生物传入、传出国境，对进出境的动植物、动植物产品和其他检疫物，装载动植物、动植物产品和其他检疫物的装载容器、包装物，以及来自动植物疫区的运输工具，依照法律规定进行疫情检查。

2. 罪责

妨害动植物防疫、检疫罪的罪责形式是故意。这里的故意，是指明知是妨害动植物防疫、检疫的行为而有意实施的主观心理状态。

3. 罪量

妨害动植物防疫、检疫罪的罪量要素是引起重大动植物疫情，或者引起重大动植物疫情危险，情节严重。这里的情节严重，参照《立案追诉标准（一）补充规定》第9条的规定，是指涉嫌下列情形之一：（1）非法处置疫区内易感动物或者其产品，货值金额5万元以上的；（2）非法处置因动植物防疫、检疫需要被依法处理的动植物或者其产品，货值金额2万元以上的；（3）非法调运、生产、经营感染重大植物检疫性有害生物的林木种子、苗木等繁殖材料或者森林植物产品的；（4）输入《中华人民共和国进出境动植物检疫法》规定的禁止进境物逃避检疫，或者对特许进境的禁止进境物未有效控制与处置，导致其逃逸、扩散的；（5）进境动植物及其产品检出有引起重大动植物疫情危险的动物疫病或者植物有害生物后，非法处置导致进境动植物及其产品流失的；（6）1年内携带或者寄递《中华人民共和国禁止携带、邮寄进境的动植物及其产品名录》所列物品进境逃避检疫两次以上，或者窃取、抢夺、损毁、抛洒动植物检疫机关截留的《中华人民共和国禁止携带、邮寄进境的动植物及其产品名录》所列物品的；（7）其他情节严重的情形。

（三）处罚

根据《刑法》第337条第1款［《刑法修正案（七）》第11条］之规定，犯本罪的，处3年以下有期徒刑或者拘役，并处或者单处罚金。该条第2款规定，单位犯本罪的，对单位判处罚金，并对其直接负责的主管人员和其他直接责任人员，处3年以下有期徒刑或者拘役，并处或者单处罚金。

第三十八章

妨害社会管理秩序罪Ⅵ：破坏环境资源保护罪

第一节 破坏环境资源保护罪概述

一、概念

破坏环境资源保护罪是指违反国家环境资源保护法规，故意或者过失实施污染土地、水体、大气等生态环境或者破坏森林、珍贵树木或者国家重点保护的其他植物、珍贵、濒危野生动物、水产品、农用地、矿产等自然资源，情节严重的行为。

二、罪名

破坏环境资源保护罪是《刑法》分则第六章第六节规定之罪，从第 338 条至第 346 条，共 9 个条文，规定了 14 个罪名。此外，《刑法修正案（四）》第 6 条对《刑法》第 344 条作了修改，增设了 1 个罪名；《刑法修正案（八）》第 46 条与《刑法》第 338 条作了修改；《刑法修正案（十一）》第 41 条修改了第 341 条第 1 款，增加第 341 条第 3 款取消两个罪名，增加了 1 个罪名；《刑法修正案（十一）》第 42 条增加了第 342 条之一、第 43 条增加了第 344 条之一，增设了 2 个罪名。本章共计 16 个罪名，这些罪名是：（1）污染环境罪①；（2）非法处置进口的固体废物罪；（3）擅自进口固体废物罪；（4）非法捕捞水产品罪；（5）危害珍贵、濒危野生动物罪②；（6）非法狩猎罪；（7）非法猎捕、收购、运输、出售陆生野生动物罪；（8）非法占用农用地罪③；（9）破坏自然保护地罪；（10）非法采矿罪；（11）破坏性采矿罪；（12）危害国家重点保护植物罪④；（13）非法引进、释放、丢弃外来入侵物种罪；（14）盗伐林木罪；（15）滥伐林木罪；（16）非法收购、运输盗伐、滥伐的林木罪。

三、法定刑

破坏环境资源保护罪的法定最高刑是有期徒刑 15 年，其他罪名规定了拘役或者管制，所有罪名都规定了罚金。

---

① 最高人民法院、最高人民检察院 2011 年 4 月 27 日《关于执行〈中华人民共和国刑法〉确定罪名的补充规定（五）》，根据《刑法修正案（八）》的规定，取消重大环境污染事故罪，修改为污染环境罪。

② 最高人民法院、最高人民检察院 2021 年 2 月 27 日《关于执行〈中华人民共和国刑法〉确定罪名的补充规定（七）》，取消非法猎捕、杀害珍贵、濒危野生动物罪和非法收购、运输、出售珍贵、濒危野生动物、珍贵、濒危野生动物制品罪罪名，设立危害珍贵、濒危野生动物罪。

③ 最高人民法院、最高人民检察院 2002 年 3 月 15 日《关于执行〈中华人民共和国刑法〉确定罪名的补充规定》，根据《刑法修正案（二）》的规定，取消非法占用耕地罪罪名，修改为非法占用农用地罪。

④ 最高人民法院、最高人民检察院 2021 年 2 月 27 日《关于执行〈中华人民共和国刑法〉确定罪名的补充规定（七）》，取消非法采伐、毁坏国家重点保护植物罪和非法收购、运输、加工、出售国家重点保护植物制品罪罪名，设立危害国家重点保护植物罪。

第二节　破坏环境资源保护罪分述

一、污染环境罪

（一）概念

污染环境罪是指违反国家规定，排放、倾倒或者处置有放射性的废物、含传染病病原体的废物、有毒物质或者其他有害物质，严重污染环境的行为。

（二）构成

1. 罪体

行为　污染环境罪的行为是违反国家规定，排放、倾倒或者处置有放射性的废物、含传染病病原体的废物、有毒物质或者其他有害物质。本罪的行为具有以下四种情形：（1）排放。这里的排放，是指将废物排入土地、水体、大气，包括泵出、溢出、泄出、喷出等。（2）倾倒。这里的倾倒，是指通过船舶、航空器、平台或者其他运载工具向土地、水体、大气处置危险废物。（3）处置。这里的处置，是指以焚烧、填埋等方式处置危险废物。根据2019年2月20日最高人民法院、最高人民检察院、公安部、司法部、生态环境部《关于办理环境污染刑事案件有关问题座谈会纪要》（以下简称《纪要》）第8条的规定，司法实践中认定非法排放、倾倒、处置行为时，应当根据《固体废物污染环境防治法》和2016年12月23日最高人民法院、最高人民检察院《关于办理环境污染刑事案件适用法律若干问题的解释》［以下简称《解释（一）》］的有关规定精神，从其行为方式是否违反国家规定或者行业操作规范、污染物是否与外环境接触、是否造成环境污染的危险或者危害等方面进行综合分析判断。对名为运输、贮存、利用，实为排放、倾倒、处置的行为应当认定为非法排放、倾倒、处置行为，可以依法追究刑事责任。比如，未采取相应防范措施将没有利用价值的危险废物长期贮存、搁置，放任危险废物或者其有毒有害成分大量扬散、流失、泄漏、挥发，污染环境的。

客体 污染环境罪的客体是有害物质。这里的有害物质，是指列入国家危险废物名录或者根据国家规定的危险废物鉴别标准和鉴别方法认定的具有危险特性的废物，包括有放射性的废物、含传染病病原体的废物、有毒物质或者其他对人体有害的物质。这里的有毒物质，根据《解释（一）》第15条的规定，是指具有下列情形之一：（1）危险废物，是指列入国家危险废物名录，或者根据国家规定的危险废物鉴别标准和鉴别方法认定的，具有危险特性的废物；（2）《关于持久性有机污染物的斯德哥尔摩公约》附件所列物质；（3）含重金属的污染物；（4）其他具有毒性，可能污染环境的物质。关于如何认定这里的有毒物质，根据《纪要》第9条指出，办理非法排放、倾倒、处置其他有害物质的案件，应当坚持主客观相一致原则，从行为人的主观恶性、污染行为恶劣程度、有害物质危险性毒害性等方面进行综合分析判断，准确认定其行为的社会危害性。实践中，常见的有害物质主要有：工业危险废物以外的其他工业固体废物；未经处理的生活垃圾；有害大气污染物、受控消耗臭氧层物质和有害水污染物；在利用和处置过程中必然产生有毒有害物质的其他物质；国务院生态环境保护主管部门会同国务院卫生主管部门公布的有毒有害污染物名录中的有关物质等。

2. 罪责

污染环境罪的罪责形式是故意。这里的故意，是指明知是违反国家规定，排放、倾倒或者处置有放射性的废物、含传染病病原体的废物、有毒物质或者其他有害物质的行为而有意实施的主观心理状态。根据《纪要》第3条的规定，判断犯罪嫌疑人、被告人是否具有环境污染犯罪的故意，应当依据犯罪嫌疑人、被告人的任职情况、职业经历、专业背景、培训经历、本人因同类行为受到行政处罚或者刑事追究情况以及污染物种类、污染方式、资金流向等证据，结合其供述，进行综合分析判断。实践中，具有下列情形之一，犯罪嫌疑人、被告人不能作出合理解释的，可以认定其故意实施环境污染犯罪，但有证据证明确系不知情的除外：（1）企业没有依法通过环境影响评价，或者未依法取得排污许可证，排放污染物，或者已经通过环境影响评价并且防治污染设施验收合格后，擅自更改工艺流程、原辅材料，导致产生新的污染物质的；（2）不使用验收合格的防治污染设施或者不按规范要求使用的；（3）防治污染设施发生故障，发现后不及时排除，继续生产放任污染物排放的；（4）生态环境部门责令限制生产、停产整治或者予以行政处罚后，继续生产放任污染物排放的；（5）将危险废物委托第三方处置，没有尽到查验经营许可的义务，或者委托处置费用明显低于市场价格或者处置成本的；（6）通过暗管、渗井、渗坑、裂隙、溶洞、灌注等逃避监管的方式排放污染物的；（7）通过篡改、伪造监测数据的方式排放污染物的；（8）其他足以认定的情形。

3. 罪量

污染环境罪的罪量要素是严重污染环境。这里的严重污染环境，是指污染环境情节严重或者造成污染环境的严重后果。因此，严重污染环境，既包括发生了造成财产损失或者人身伤亡的环境事故，也包括虽然未造成环境污染事故，但是已使环境受到严重污染或者破坏的情形。这里的严重污染环境，根据《解释（一）》第1条的规定，是指具有下列情形之一：（1）在饮用水水源一级保护区、自然保护区核心区排放、倾倒、处置有放射性的废物、含传染病病原体的废物、有毒物质的；（2）非法排放、倾倒、处置危险废物3吨以上的；（3）排放、倾倒、处置含铅、汞、镉、铬、砷、铊、锑的污染物，超过国家或者地方污染物排放标准3倍以上的；（4）排放、倾倒、处置含镍、铜、锌、银、钒、锰、钴的污染物，超过国家或者地方污染物排放标准10倍以上的；（5）通过暗管、渗井、渗坑、裂隙、溶洞、灌注等逃避监管的方式排放、倾倒、处置有放射性的废物、含传染病病原体的废物、有毒物质的；（6）2年内曾因违反国家规定，排放、倾倒、处置有放射性的废物、含传染病病原体的废物、有毒物质受过两次以上行政处罚，又实施前列行为的；（7）重点排污单位篡改、伪造自动监测数据或者干扰自动监测设施，排放化学需氧量、氨氮、二氧化硫、氮氧化物等污染物的；（8）违法减少防治污染设施运行支出100万元以上的；（9）违法所得或者致使公私财产损失30万元以上的；（10）造成生态环境严重损害的；（11）致使乡镇以上集中式饮用水水源取水中断 12 小时以上的；（12）致使基本农田、防护林地、特种用途林地 5 亩以上，其他农用地 10 亩以上，其他土地 20 亩以上基本功能丧失或者遭受永久性破坏的；（13）致使森林或者其他林木死亡 50 立方米以上，或者幼树死亡 2 500 株以上的；（14）致使疏散、转移群众 5 000 人以上的；（15）致使 30 人以上中毒的；（16）致使 3 人以上轻伤、轻度残疾或者器官组织损伤导致一般功能障碍的；（17）致使 1 人以上重伤、中度残疾或者器官组织损伤导致严重功能障碍的；（18）其他严重污染环境的情形。

（三）处罚

根据《刑法》第 338 条［《刑法修正案（八）》第 46 条、《刑法修正案（十一）》第 40 条］之规定，犯本罪的，处 3 年以下有期徒刑或者拘役，并处或者单处罚金；情节严重的，处 3 年以上 7 年以下有期徒刑，并处罚金；有下列情形之一的，处 7 年以上有期徒刑：（1）在饮用水水源保护区、自然保护地核心保护区等依法确定的重点保护区域排放、倾倒、处置有放射性的废物、含传染病病原体的废物、有毒物质，情节特别严重的；（2）向国家确定的重要江河、湖泊水域排放、倾倒、处置有放射性的废物、含传染病病原体的废物、有毒物质，情节特别严重的；（3）致使大量永久基本农田基本功能丧失或者遭受永久性破坏的；（4）致使多人重伤、严重疾病，或者致人严重残疾、死亡的。《刑法》第 346 条规定，单位犯本罪的，对单位判处罚金，并对其直接负责的主管人员和其他直接责任人员，依照个人犯罪的规定处罚。

加重处罚事由　犯污染环境罪而情节严重的，是本罪的加重处罚事由。这里的情节严重，参照前引《解释（一）》第 3 条的规定，是指具有下列情形之一：（1）致使县级以上城区集中式饮用水水源取水中断 12 小时以上的；（2）非法排放、倾倒、处置危险废物 100 吨以上的；（3）致使基本农田、防护林地、特种用途林地 15 亩以上，其他农用地 30 亩以上，其他土地 60 亩以上基本功能丧失或者遭受永久性破坏的；（4）致使森林或者其他林木死亡 150 立方米以上，或者幼树死亡 75 000 株以上的；（5）致使公私财产损失 100 万元以上的；（6）造成生态环境特别严重损害的;(7)致使疏散、转移群众 15 000 人以上的;(8)致使 100 人以上中毒的;(9)致使 10 人以上轻伤、轻度残疾或者器官组织损伤导致一般功能障碍的;(10)致使 3 人以上重伤、中度残疾或者器官组织损伤导致严重功能障碍的;(11)致使 1 人以上重伤、中度残疾或者器官组织损伤导致严重功能障碍,并致使 5 人以上轻伤、轻度残疾或者器官组织损伤导致一般功能障碍的;(12)致使 1 人以上死亡或者重度残疾的;(13)其他后果特别严重的情形。

从重处罚事由 根据前引《解释(一)》第 4 条的规定,犯本罪而具有下列情形之一的,应当从重处罚:(1)阻挠环境监督检查或者突发环境事件调查,尚不构成妨害公务等犯罪的;(2)在医院、学校、居民区等人口集中地区及其附近,违反国家规定排放、倾倒、处置有放射性的废物、含传染病病原体的废物、有毒物质或者其他有害物质的;(3)在重污染天气预警期间、突发环境事件处置期间或者被责令限期整改期间,违反国家规定排放、倾倒、处置有放射性的废物、含传染病病原体的废物、有毒物质或者其他有害物质的;(4)具有危险废物经营许可证的企业违反国家规定排放、倾倒、处置有放射性的废物、含传染病病原体的废物、有毒物质或者其他有害物质的。

特别加重处罚事由 犯污染环境罪而有下列情形之一的,是本罪的特别加重处罚事由:(1)在饮用水水源保护区、自然保护地核心保护区等依法确定的重点保护区域排放、倾倒、处置有放射性的废物、含传染病病原体的废物、有毒物质,情节特别严重的;(2)向国家确定的重要江河、湖泊水域排放、倾倒、处置有放射性的废物、含传染病病原体的废物、有毒物质,情节特别严重的;(3)致使大量永久基本农田基本功能丧失或者遭受永久性破坏的;(4)致使多人重伤、严重疾病,或者致人严重残疾、死亡的。

二、非法处置进口的固体废物罪

(一)概念

非法处置进口的固体废物罪是指违反国家规定,将境外的固体废物进境倾倒、堆放、处置的行为。

（二）构成

1. 罪体

行为　非法处置进口的固体废物罪的行为是违反国家规定，将境外的固体废物进境倾倒、堆放、处置。这里的违反国家规定，是指违反《固体废物污染环境防治法》关于禁止境外的固体废物进境倾倒、堆放、处置的规定。本罪的行为具有以下三种情形：（1）倾倒。这里的倾倒，是指通过船舶、航空器、平台或者其他运载工具，向水体处置固体废物。（2）堆放。这里的堆放，是指向土地直接弃置固体废物。（3）处置。这里的处置，是指将固体废物焚烧和用其他改变固体废物的物理、化学、生物特性的方法，达到减少已产生的固体废物数量、缩小固体废物体积、减少或者消除其危险成分的活动。

客体　非法处置进口的固体废物罪的客体是固体废物。这里的固体废物，是指在生产、生活和其他活动中产生的丧失原有利用价值或者虽未丧失利用价值但是被抛弃或者放弃的固态、半固态和置于容器内的气态的物品、物质以及电解、行政法规纳入固体废弃物管理的物品、物质。

2. 罪责

非法处置进口的固体废物罪的罪责形式是故意。这里的故意，是指明知是非法处置进口的固体废物的行为而有意实施的主观心理状态。

（三）处罚

根据《刑法》第339条第1款之规定，犯本罪的，处5年以下有期徒刑或者拘役，并处罚金；造成重大环境污染事故，致使公私财产遭受重大损失或者严重危害人体健康的，处5年以上10年以下有期徒刑，并处罚金；后果特别严重的，处10年以上有期徒刑，并处罚金。《刑法》第346条规定，单位犯本罪的，对单位判处罚金，并对其直接负责的主管人员和其他直接责任人员，依照个人犯罪的规定处罚。

加重处罚事由　犯非法处置进口的固体废物罪而造成重大环境污染事故，致使公私财产遭受重大损失或者严重危害人体健康的，是本罪的加重处罚事由。这里的致使公私财产遭受重大损失或者严重危害人体健康，根据前引《解释（一）》第2条的规定，是指具有下列情形之一：（1）造成生态环境严重损害的；（2）致使乡镇以上集中式饮用水水源取水中断12小时以上的；（3）致使基本农田、防护林地、特种用途林地5亩以上，其他农用10亩以上，其他土地20亩以上基本功能丧失或者遭受永久性破坏的；（4）致使森林或者其他林木死亡50立方米以上，或者幼树死亡2500株以上的；（5）致使疏散、转移群众5000人以上的；（6）致使30人以上中毒的；（7）致使3人以上轻伤、轻度残疾或者器官组织损伤导致一般功能障碍的；（8）致使1人以上重伤、中度残疾或者器官组织损伤导致严重功能障碍的。

特别加重处罚事由　犯非法处置进口的固体废物罪而后果特别严重的，是本罪的特别加重处罚事由。这里的后果特别严重，根据前引《解释（一）》第3条的规定，是指具有下列情形之一：（1）致使县级以上城区集中式饮用水水源取水中断12小时以上的；（2）非法排放、倾倒、处置危险废物100吨以上的；（3）致使基本农田、防护林地、特种用途林地15亩以上，其他农用地30亩以上，其他土地60亩以上基本功能丧失或者遭受永久性破坏的；（4）致使森林或者其他林木死亡150立方米以上，或者幼树死亡75000株以上的；（5）致使公私财产损失100万元以上的；（6）造成生态环境特别严重损害的；（7）致使疏散、转移群众15000人以上的；（8）致使100人以上中毒的；（9）致使10人以上轻伤、轻度残疾或者器官组织损伤导致一般功能障碍的；（10）致使3人以上重伤、中度残疾或者器官组织损伤导致严重功能障碍的；（11）致使1人以上重伤、中度残疾或者器官组织损伤导致严重功能障碍，并致使5人以上轻伤、轻度残疾或者器官组织损伤导致一般功能障碍的；（12）致使1人以上死亡或者重度残疾的；（13）其他后果特别严重的情形。

从重处罚事由　根据前引《解释（一）》第4条的规定，犯本罪而具有下列情形之一的，应当从重处罚：（1）阻挠环境监督检查或者突发环境事件调查，尚不构成妨害公务等犯罪的；（2）在医院、学校、居民区等人口集中地区及其附近，违反国家规定排放、倾倒、处置有放射性的废物、含传染病病原体的废物、有毒物质或者其他有害物质的；（3）在重污染天气预警期间、突发环境事件处置期间或者被责令限期整改期间，违反国家规定排放、倾倒、处置有放射性的废物、含传染病病原体的废物、有毒物质或者其他有害物质的；（4）具有危险废物经营许可证的企业违反国家规定排放、倾倒、处置有放射性的废物、含传染病病原体的废物、有毒物质或者其他有害物质的。

三、擅自进口固体废物罪

（一）概念

擅自进口固体废物罪是指未经国务院有关主管部门许可，擅自进口固体废物用作原料，造成重大环境污染事故，致使公私财产遭受重大损失或者严重危害人体健康的行为。

（二）构成

1. 罪体

行为 擅自进口固体废物罪的行为是未经国务院有关主管部门许可，擅自进口固体废物用作原料，造成重大环境污染事故。

客体 擅自进口固体废物罪的客体是固体废物。

2. 罪责

擅自进口固体废物罪的罪责形式是故意。这里的故意，是指明知是擅自进口固体废物的行为而有意实施的主观心理状态。

3. 罪量

擅自进口固体废物罪的罪量要素是致使公私财产遭受重大损失或者严重危害人体健康。这里的致使公私财产遭受重大损失或者严重危害人体健康，参照《立案追诉标准（一）》第 62 条的规定，是指具有下列情形之一：（1）致使公私财产损失 30 万元以上的;(2)致使基本农田、防护林地、特种用途林地 5 亩以上,其他农用地 10 亩以上,其他土地 20 亩以上基本功能丧失或者遭受永久性破坏的;(3)致使森林或者其他林木死亡 50 立方米以上,或者幼树死亡 2 500 株以上的;(4)致使 1 人以上死亡、3 人以上重伤、10 人以上轻伤,或者 1 人以上重伤并且 5 人以上轻伤的;(5)致使传染病发生、流行或者人员中毒达到《国家突发公共卫生事件应急预案》中突发公共卫生事件分级Ⅲ级以上情形,严重危害人体健康的情形;(6)其他致使公私财产遭受重大损失或者严重危害人体健康的情形。

(三)处罚

根据《刑法》第 339 条第 2 款之规定,犯本罪的,处 5 年以下有期徒刑或者拘役,并处罚金;后果特别严重的,处 5 年以上 10 年以下有期徒刑,并处罚金。《刑法》第 346 条规定,单位犯本罪的,对单位判处罚金,并对其直接负责的主管人员和其他直接责任人员,依照个人犯罪的规定处罚。

加重处罚事由 犯擅自进口固体废物罪而后果特别严重的,是本罪的加重处罚事由。这里的后果特别严重,是指造成特别重大的环境污染事故或者极为恶劣的社会影响等。

四、非法捕捞水产品罪

(一)概念

非法捕捞水产品罪是指违反保护水产资源法规,在禁渔区、禁渔期或者使用禁用的工具、方法捕捞水产品,情节严重的行为。

(二)构成

1. 罪体

行为 非法捕捞水产品罪的行为是违反保护水产资源法规,在禁渔区、禁渔期或者使用禁用的工具、方法捕捞水产品。这里的禁渔区,是指对某些重要鱼、虾、贝类的产卵场、越冬场和幼体索饵划定的一定区域,在此区域内禁止全部作业或者限制作业种类。禁渔期，是指根据某些鱼类产卵或者成长的时间而规定的禁止全部作业或者限制作业的一定期限。禁用的工具，是指禁止使用的超过国家关于不同捕捞对其所分别规定的最小网眼尺寸的网具和其他禁止使用的破坏水产资源的捕捞方法。禁用的方法，是指采用爆炸、放电、放毒等使水产品正常生长、繁殖受到损害的破坏性方法。

客体　非法捕捞水产品罪的客体是水产品，这里的水产品，是指自然野生的水产品，不包括人工养殖的水产品。

2. 罪责

非法捕捞水产品罪的罪责形式是故意。这里的故意，是指明知是非法捕捞水产品的行为而有意实施的主观心理状态。

3. 罪量

非法捕捞水产品罪的罪量要素是情节严重。这里的情节严重，根据2022年4月6日最高人民法院、最高人民检察院《关于办理破坏野生动物资源刑事案件适用法律若干问题的解释》〔以下简称《解释（二）》〕第3条的规定，在内陆水域，违反保护水产资源法规，在禁渔区、禁渔期或者使用禁用的工具、方法捕捞水产品，具有下列情形之一的，应当认定为《刑法》第340条规定的情节严重，以非法捕捞水产品罪定罪处罚：（1）非法捕捞水产品500公斤以上或者价值1万元以上的；（2）非法捕捞有重要经济价值的水生动物苗种、怀卵亲体或者在水产种质资源保护区内捕捞水产品50公斤以上或者价值1 000元以上的；（3）在禁渔区使用电鱼、毒鱼、炸鱼等严重破坏渔业资源的禁用方法或者禁用工具捕捞的；（4）在禁渔期使用电鱼、毒鱼、炸鱼等严重破坏渔业资源的禁用方法或者禁用工具捕捞的；（5）其他情节严重的情形。

（三）处罚

根据《刑法》第340条之规定，犯本罪的，处3年以下有期徒刑、拘役、管制或者罚金。《刑法》第346条规定，单位犯本罪的，对单位判处罚金，并对其直接负责的主管人员和其他直接责任人员，依照个人犯罪的规定处罚。

从重处罚事由　根据《解释（二）》第 3 条的规定，犯非法捕捞水产品罪而具有下列情形之一的，从重处罚：（1）暴力抗拒、阻碍国家机关工作人员依法履行职务，尚未构成妨害公务罪、袭警罪的；（2）2 年内曾因破坏野生动物资源受过行政处罚的；（3）对水生生物资源或者水域生态造成严重损害的；（4）纠集多条船只非法捕捞的；（5）以非法捕捞为业的。

五、危害珍贵、濒危野生动物罪

（一）概念

危害珍贵、濒危野生动物罪是指非法猎捕、杀害国家重点保护的珍贵、濒危野生动物，或者非法收购、运输、出售国家重点保护的珍贵、濒危野生动物及其制品的行为。

（二）构成

1. 罪体

行为　危害珍贵、濒危野生动物罪的行为是非法猎捕、杀害国家重点保护的珍贵、濒危野生动物，或者非法收购、运输、出售国家重点保护的珍贵、濒危野生动物及其制品。本罪的行为表现为以下五种情形：（1）猎捕。这里的猎捕，是指采取特定方法抓捕。（2）杀害。这里的杀害，是指残害致死。（3）收购。这里的收购，是指以营利、自用等为目的的购买行为。2014 年 4 月 24 日全国人大常委会《关于〈中华人民共和国刑法〉第三百四十一条、第三百一十二条的解释》规定，知道或者应当知道是国家重点保护的珍贵、濒危野生动物及其制品，为食用或者其他目的而非法购买的，属于这里的收购行为。（4）运输。这里的运输是指采用携带、邮寄、利用他人、使用交通工具等方法进行运送的行为。（5）出售。这里的出售，是指出卖和以营利为目的的加工利用行为。

客体　危害珍贵、濒危野生动物罪的客体是国家重点保护的珍贵、濒危野生动物及其制品。这里的珍贵、濒危野生动物，根据《解释（二）》第 4 条的规定，

527

是指：（1）列入《国家重点保护野生动物名录》的野生动物；（2）经国务院野生动物保护主管部门核准按照国家重点保护的野生动物管理的野生动物。野生动物制品，是指利用野生动物的骨肉、皮毛等制作而成的物品或者产品。

2. 罪责

危害珍贵、濒危野生动物罪的罪责形式是故意。这里的故意，是指明知是危害珍贵、濒危野生动物行为而有意实施的主观心理状态。

3. 罪量

刑法对危害珍贵、濒危野生动物罪的罪量要素未作规定，但根据《解释（二）》第6条的规定，非法猎捕、杀害国家重点保护的珍贵、濒危野生动物，或者非法收购、运输、出售国家重点保护的珍贵、濒危野生动物及其制品，价值2万元以上不满20万元的，应当依照《刑法》第341条第1款的规定，以危害珍贵、濒危野生动物罪处5年以下有期徒刑或者拘役，并处罚金。

（三）认定

使用爆炸、投毒、设置电网等危险方法破坏野生动物资源，构成危害珍贵、濒危野生动物罪，同时又构成《刑法》第114条或者第115条规定之罪的，依照处罚较重的规定定罪处罚。这是关于本罪与爆炸罪、投放危险物质罪、以危险方法危害公共安全罪的想象竞合的规定，对此应从一重处断。

（四）处罚

根据《刑法》第341条［《刑法修正案（十一）》第41条］第1款之规定，犯本罪的，处5年以下有期徒刑或者拘役，并处罚金；情节严重的，处5年以上10年以下有期徒刑，并处罚金；情节特别严重的，处10年以上有期徒刑，并处罚金；情节特别严重的，处10年以上有期徒刑，并处罚金或者没收财产。《刑法》第346条规定，单位犯本罪的，对单位判处罚金，并对其直接负责的主管人员和其他直接责任人员，依照个人犯罪的规定处罚。

此外，《解释（二）》第6条还规定，实施第1款规定的行为，不具有第2款规定的情形，且未造成动物死亡或者动物、动物制品无法追回，行为人全部退赃退赔，确有悔罪表现的，按照下列规定处理：（1）珍贵、濒危野生动物及其制品价值200万元以上的，可以认定为情节严重，处5年以上10年以下有期徒刑，并处罚金；（2）珍贵、濒危野生动物及其制品价值20万元以上不满200万元的，可以处5年以下有期徒刑或者拘役，并处罚金；（3）珍贵、濒危野生动物及其制品价值2万元以上不满20万元的，可以认定为犯罪情节轻微，不起诉或者免予刑事处罚；情节显著轻微危害不大的，不作为犯罪处理。

加重处罚事由　犯危害珍贵、濒危野生动物而情节严重的，是本罪的加重处罚事由。这里的情节严重，根据前引《解释（二）》第6条的观点，是指非法猎捕、杀害国家重点保护的珍贵、濒危野生动物，或者非法收购、运输、出售国家重点保护的珍贵、濒危野生动物及其制品，价值20万元以上不满200万元。

特别加重处罚事由　犯危害珍贵、濒危野生动物罪而情节特别严重的，是本罪的特别加重处罚事由。这里的情节特别严重，根据《解释（二）》第6条的规定，是指非法猎捕、杀害国家重点保护的珍贵、濒危野生动物及其制品，价值200万元以上。

从重处罚事由　根据《解释（二）》第6条的规定，犯危害珍贵、濒危野生动物罪而具有下列情形之一的，从重处罚：（1）属于犯罪集团的首要分子的；（2）为逃避监管，使用特种交通工具实施的；（3）严重影响野生动物科研工作的；（4）2年内曾因破坏野生动物资源受过行政处罚的。

六、非法狩猎罪

（一）概念

非法狩猎罪是指违反狩猎法规，在禁猎区、禁猎期或者使用禁用的工具、方法进行狩猎，破坏野生动物资源，情节严重的行为。

（二）构成

1. 罪体

行为　非法狩猎罪的行为是违反狩猎法规，在禁猎区、禁猎期或者使用禁用的工具、方法进行狩猎，破坏野生动物资源。这里的禁猎区，是指国家规定不准狩猎的适宜野生动物栖息繁殖的一定区域，以及需要保护自然环境的地区，包括名胜古迹、风景旅游区等。禁猎期，是指根据野生动物的繁殖、肉食、皮毛成熟的季节，分别规定禁止猎捕的期限。禁用的工具，是指足以破坏野生动物资源，危害人畜安全，或者破坏森林、草原的工具。禁用的方法，是指禁止使用的损害野生动物资源正常繁殖、生长的方法。

客体　非法狩猎罪的客体是珍贵、濒危野生动物以外的其他野生动物。

2. 罪责

非法狩猎罪的罪责形式是故意。这里的故意，是指明知是非法狩猎的行为而有意实施的主观心理状态。

3. 罪量

非法狩猎罪的罪量要素是情节严重。这里的情节严重，根据前引《解释（二）》第 7 条的规定，是指具有下列情形之一的：（1）非法猎捕野生动物价值 1 万元以上的；（2）在禁猎区使用禁用的工具或者方法狩猎的；（3）在禁猎期使用禁用的工具或者方法狩猎的；（4）其他情节严重的情形。

（三）认定

使用爆炸、投毒、设置电网等危险方法破坏野生动物资源，构成非法狩猎罪，同时又构成《刑法》第 114 条或者第 115 条规定之罪的，依照处罚较重的规定定罪处罚。这是关于本罪与爆炸罪、投放危险物质罪、以危险方法危害公共安全罪的想象竞合的规定，对此应从一重处断。

（四）处罚

根据《刑法》第 341 条第 2 款之规定，犯本罪的，处 3 年以下有期徒刑、拘役、管制或者罚金。《刑法》第 346 条规定，单位犯本罪的，对单位判处罚金，并对其直接负责的主管人员和其他直接责任人员，依照个人犯罪的规定处罚。

从重处罚事由　犯非法狩猎罪而具有下列情形之一的，根据《解释（二）》第 7 条的观点，从重处罚：（1）暴力抗拒、阻碍国家机关工作人员依法履行职务，尚未构成妨害公务罪、袭警罪的；（2）对野生动物资源或者栖息地生态造成严重损害的；（3）2 年内曾因破坏野生动物资源受过行政处罚的。

七、非法猎捕、收购、运输、出售陆生野生动物罪

（一）概念

非法猎捕、收购、运输、出售陆生野生动物罪是指违反野生动物保护管理法规，以食用为目的非法猎捕、收购、运输、出售国家重点保护的珍贵、濒危野生动物以外的在野外环境自然生长繁殖的陆生野生动物，情节严重的行为。

（二）构成

1. 罪体

行为　非法猎捕、收购、运输、出售陆生野生动物罪的行为是以食用为目的非法猎捕、收购、运输、出售国家重点保护的珍贵、濒危野生动物以外的在野外环境自然生长繁殖的陆生野生动物。这里的以食用为目的，是本罪的主观违法要素。根据《解释（二）》第 11 条的规定，对于以食用为目的，应当综合涉案动物及其制品的特征，被查获的地点，加工、包装情况，以及可以证明来源、用途的标识、证明等证据作出认定。实施《解释（二）》规定的相关行为，具有下列情形之一的，可以认定为以食用为目的：（1）将相关野生动物及其制品在餐饮单位、饮食摊点、超市等场所作为食品销售或者运往上述场所的；（2）通过包装、说明书、广告等介绍相关野生动物及其制品的食用价值或者方法的；（3）其他足以认定以食用为目的的情形。本罪的具体行为表现为：（1）猎捕；（2）收购；（3）运输；（4）出售。

客体　非法猎捕、收购、运输、出售陆生野生动物罪的客体是国家重点保护的珍贵、濒危野生动物以外的在野外环境自然生长繁殖的陆生野生动物。

2. 罪责

非法猎捕、收购、运输、出售陆生野生动物罪的罪责形式是故意。这里的故

意，是指明知是非法猎捕、收购、运输、出售陆生野生动物的行为而有意实施的主观心理状态。

3. 罪量

非法猎捕、收购、运输、出售陆生野生动物罪的罪量要素是情节严重。根据《解释（二）》第 8 条的规定，违反野生动物保护管理法规，以食用为目的，非法猎捕、收购、运输、出售《刑法》第 341 条第 1 款规定以外的在野外环境自然生长繁殖的陆生野生动物，具有下列情形之一的，应当认定为《刑法》第 341 条第 3 款规定的情节严重，以非法猎捕、收购、运输、出售陆生野生动物罪定罪处罚：（1）非法猎捕、收购、运输、出售有重要生态、科学、社会价值的陆生野生动物或者地方重点保护陆生野生动物价值 1 万元以上的；（2）非法猎捕、收购、运输、出售第 1 项规定以外的其他陆生野生动物价值 5 万元以上的；（3）其他情节严重的情形。

（三）处罚

根据《刑法》第 341 条［《刑法修正案（十一）第 41 条》］第 3 款之规定，犯本罪的，处 3 年以下有期徒刑、拘役、管制或者罚金。《刑法》第 346 条规定，单位犯本罪的，对单位判处罚金，并对其直接负责的主管人员和其他直接责任人员，依照个人犯罪的规定处罚。

八、非法占用农用地罪

（一）概念

非法占用农用地罪是指违反土地管理法规，非法占用耕地、林地、草原等农用地，改变被占用土地用途，数量较大，造成耕地、林地、草原等农用地大量毁坏的行为。

（二）构成

1. 罪体

行为　非法占用农用地罪的行为是违反土地管理法规，非法占用耕地、林地、草原等农用地，改变被占用土地用途。这里的违反土地管理法规，根据 2001 年 8 月 31 日全国人大常委会《关于〈中华人民共和国刑法〉第二百二十八条、第三百四十二条、第四百一十条的解释》（2009 年修正），包括违反土地管理法、森林法、草原法等法律以及有关行政法规中关于土地管理的规定。改变被占用土地用途，是指未经批准，擅自将农用地改为建设用地或者改作其他用途。

客体 非法占用农用地罪的客体是农用地。这里的农用地，是指耕地、林地、草原以及其他农用地。

2. 罪责

非法占用农用地罪的罪责形式是故意。这里的故意，是指明知是非法占用农用地的行为而有意实施的主观心理状态。

3. 罪量

非法占用农用地罪的罪量要素是数量较大，造成耕地、林地、草原等农用地大量毁坏。我国司法解释对非法占用耕地、林地、草原构成本罪的罪量要素分别作了以下规定：

（1）非法占用耕地构成本罪的罪量要素

根据 2000 年 6 月 19 日最高人民法院《关于审理破坏土地资源刑事案件具体应用法律若干问题的解释》第 3 条的规定，非法占用耕地构成本罪的数量较大，是指非法占用基本农田 5 亩以上或者非法占用基本农田以外的耕地 10 亩以上。造成耕地、林地等农用地大量毁坏，是指非法占用耕地建窑、建坟、建房、挖砂、采石、采矿、取土、堆放固体废弃物或者进行其他非农业建设，造成基本农田 5 亩以上或者基本农田以外的耕地 10 亩以上种植条件严重毁坏或者严重污染。

（2）非法占用林地构成本罪的罪量要素

根据 2005 年 12 月 26 日最高人民法院《关于审理破坏林地资源刑事案件具体应用法律若干问题的解释》第 1 条的规定，违反土地管理法规，非法占用林地，改变被占用林地用途，在非法占用的林地上实施建窑、建坟、建房、挖砂、采石、采矿、取土、种植农作物、堆放或排泄废弃物等行为或者进行其他非林业生产、建设，造成林地的原有植被或林业种植条件严重毁坏或者严重污染，并具有下列情形之一的，属于《刑法修正案（二）》规定的数量较大，造成林地大量毁坏，应当以非法占用农用地罪判处 5 年以下有期徒刑或者拘役，并处或者单处罚金：1）非法占用并毁坏防护林地、特种用途林地数量分别或者合计达到 5 亩以上；2）非法占用并毁坏其他林地数量达到 10 亩以上；3）非法占用并毁坏本条第 1 项、第 2 项规定的林地，数量分别达到相应规定的数量标准的 50％以上；4）非法占用并毁坏本条第 1 项、第 2 项规定的林地，其中一项数量达到相应规定的数量标准的 50％以上，且两项数量合计达到该项规定的数量标准。

（3）非法占用草原构成本罪的罪量要素

根据 2012 年 11 月 2 日最高人民法院《关于审理破坏草原资源刑事案件应用法律若干问题的解释》第 2 条的规定，非法占用草原，改变被占用草原用途，数量在 20 亩以上的，或者曾因非法占用草原受过行政处罚，在 3 年内又非法占用草原，改变被占用草原用途，数量在 10 亩以上的，应当认定为《刑法》第 342 条规定的数量较大。非法占用草原、改变被占用草原用途，数量较大，具有下列情形之一的，应当认定为《刑法》第 342 条规定的造成耕地、林地等农用地大量毁坏：1）开垦草原种植粮食作物、经济作物、林地的；2）在草原上建窑、建房、修路、挖砂、采石、采矿、取土、剥取草皮的；3）在草原上堆放或者排放废弃物，造成草原的原有植被毁坏或者严重污染的；4）违反草原保护、建设、利用规划种植牧草和饲料作物，造成草原沙化或者水土严重流失的；5）其他造成草原严重毁坏的情形。

（三）处罚

根据《刑法》第 342 条［《刑法修正案（二）》］之规定，犯本罪的，处 5 年以下有期徒刑或者拘役，并处或者单处罚金。《刑法》第 346 条规定，单位犯本罪的，对单位判处罚金，并对其直接负责的主管人员和其他直接责任人员，依照个人犯罪的规定处罚。

九、破坏自然保护地罪

（一）概念

破坏自然保护地罪是指违反自然保护地管理法规，在国家公园、国家级自然保护区进行开垦、开发活动或者修建建筑物，造成严重后果或者有其他恶劣情节的行为。

（二）构成

1. 罪体

行为 破坏自然保护地罪的行为是违反自然保护地管理法规，在国家公园、国家级自然保护区进行开垦、开发活动或者修建建筑物。这里的开垦，是指垦殖成农田，开辟成可以种植的土地；开发，是指通过整理和整治，使土地达到可利用状态，包括开发为农用地和开发为建设用地；修建，是指建筑和建设。

客体 破坏自然保护地罪的客体是国家公园、国家级自然保护区。这里的国家公园，是以公园形式呈现的自然保护地，包括自然公园、森林公园、海洋公园、地质公园等。国家级自然保护区，是指由政府依法划定或者确认，对重要的自然生态系统、自然遗迹、自然景观及其所承载的自然资源、生态功能和文化价值实施长期保护的陆地或海域。

2. 罪责

破坏自然保护地罪的罪责形式是故意。这里的故意，是指明知是破坏自然保护地的行为而有意实施的主观心理状态。

3. 罪量

破坏自然保护地罪的罪量要素是造成严重后果或者有其他恶劣情节。

（三）处罚

根据《刑法》第 342 条之一［《刑法修正案（十一）》第 42 条］之规定，犯本罪的，处 5 年以下有期徒刑或者拘役，并处或者单处罚金。《刑法》第 346 条规定，单位犯本罪的，对单位判处罚金，并对其直接负责的主管人员和其他直接责任人员，依照个人犯罪的规定处罚。

十、非法采矿罪

（一）概念

非法采矿罪是指违反矿产资源法的规定，未取得采矿许可证而擅自采矿，擅自进入国家规划矿区、对国民经济具有重要价值的矿区和他人矿区范围采矿，或者擅自开采国家规定实行保护性开采的特定矿种，情节严重的行为。

（二）构成

1. 罪体

行为　非法采矿罪的行为是违反矿产资源法的规定，未取得采矿许可证而擅自采矿，擅自进入国家规划矿区、对国民经济具有重要价值的矿区和他人矿区范围采矿的，擅自开采国家规定实行保护性开采的特定矿种。这里的违反矿产资源法的规定，根据 2016 年 11 月 28 日最高人民法院、最高人民检察院《关于办理非法采矿、破坏性采矿刑事案件适用法律若干问题的解释》〔以下简称《解释（三）》〕第 1 条的规定，是指违反《中华人民共和国矿产资源法》《中华人民共和国水法》等法律、行政法规有关矿产资源开发、利用、保护和管理的规定。

这里的未取得采矿许可证而采矿，根据前引《解释（三）》第 2 条的规定，是指具有以下情形之一：（1）无许可证的；（2）许可证被注销、吊销、撤销的；（3）超越许可证规定的矿区范围或者开采范围的；（4）超出许可证规定的矿种的（共生、伴生矿种除外）；（5）其他未取得许可证的情形。

根据刑法规定，本罪的行为具有以下三种情形：（1）无证采矿，即未取得采矿许可证擅自采矿；（2）越界采矿，即擅自进入国家规划的矿区，对国民经济具有重要价值的矿区和他人矿区范围采矿；（3）擅自开采特定矿种，即擅自开采国家规定实行保护性开采的特定矿种。

客体 非法采矿罪的客体是矿产资源。这里的矿产资源，根据 1994 年《矿产资源法实施细则》第 2 条的规定，是指地质作用形成的，具有利用价值的，呈固态、液态、气态的自然资源。此外，根据 2007 年 1 月 15 日最高人民法院、最高人民检察院《关于办理盗窃油气、破坏油气设备等刑事案件具体应用法律若干问题的解释》第 6 条的规定，石油、天然气资源也是本罪的客体。

2. 罪责

非法采矿罪的罪责形式是故意。这里的故意，是指明知是非法采矿行为而有意实施的主观心理状态。

3. 罪量

非法采矿罪的罪量要素是指情节严重。这里的情节严重，根据前引《解释（三）》第 3 条的规定，是指具有下列情形之一：（1）开采的矿产品价值或者造成矿产资源破坏的价值在 10 万元至 30 万元以上的；（2）在国家规划矿区、对国民经济具有重要价值的矿区采矿，开采国家规定实行保护性开采的特定矿种，或者在禁采区、禁采期内采矿，开采的矿产品价值或者造成矿产资源破坏的价值在 5 万元至 15 万元以上的；（3）2 年内曾因非法采矿受过 2 次以上行政处罚，又实施非法采矿行为的；（4）造成生态环境严重损害的；（5）其他情节严重的情形。

（三）认定

1. 河道采砂行为的定性

根据前引《解释（三）》第 4 条的规定，在河道管理范围内采砂，具有下列情形之一，以非法采矿罪定罪处罚：（1）依据相关规定应当办理河道采砂许可证，未取得河道采砂许可证的；（2）依据相关规定应当办理河道采砂许可证和采矿许可证，既未取得河道采砂许可证，又未取得采矿许可证的。实施前款规定行为，虽不具有本解释第 3 条第 1 款规定的情形，但严重影响河势稳定，危害防洪安全的，应当认定为情节严重。

2. 海域采砂行为的定性

根据前引《解释（三）》第5条的规定，未取得海砂开采海域使用权证，且未取得采矿许可证，采挖海砂的，以非法采矿罪定罪处罚。实施前款规定行为，虽不具有本解释第3条第1款规定的情形，但造成海岸线严重破坏的，应当认定为情节严重。

3. 非法开采矿产品的价值认定

根据前引《解释（三）》第13条的规定，非法开采的矿产品价值，根据销赃数额认定；无销赃数额，销赃数额难以查证，或者根据销赃数额认定明显不合理的，根据矿产品价格和数量认定。矿产品价值难以确定的，依据下列机构出具的报告，结合其他证据作出认定：（1）价格认证机构出具的报告；（2）省级以上人民政府国土资源、水行政、海洋等主管部门出具的报告；（3）国务院水行政主管部门在国家确定的重要江河、湖泊设立的流域管理机构出具的报告。

（四）处罚

根据《刑法》第343条［《刑法修正案（八）》第47条］第1款之规定，犯本罪的，处3年以下有期徒刑、拘役或者管制，并处或者单处罚金；情节特别严重的，处3年以上7年以下有期徒刑，并处罚金。《刑法》第346条规定，单位犯本罪的，对单位判处罚金，并对其直接负责的主管人员和其他直接责任人员，依照个人犯罪的规定处罚。

加重处罚事由　犯非法采矿罪而情节特别严重的，是本罪的加重处罚事由。这里的情节特别严重，根据前引《解释（三）》第4条第2款的规定，是指具有下列情形之一：（1）数额达到前款第1项、第2项规定标准5倍以上的；（2）造成生态环境特别严重损害的；（3）其他情节特别严重的情形。

十一、破坏性采矿罪

（一）概念

破坏性采矿罪是指违反矿产资源法的规定，采取破坏性的开采方法开采矿产资源，造成矿产资源严重破坏的行为。

（二）构成

1. 罪体

行为 破坏性采矿罪的行为是违反矿产资源法的规定，采取破坏性的开采方法开采矿产资源。这里的破坏性采矿，是指行为人违反地质矿产主管部门审查批准的矿产资源开发利用方案开采矿产资源，并造成矿产资源严重破坏的行为。

客体 破坏性采矿罪的客体是矿产资源。这里的矿产资源，包括石油、天然气资源。

2. 罪责

破坏性采矿罪的罪责形式是故意。这里的故意，是指明知是破坏性采矿的行为而有意实施的主观心理状态。

3. 罪量

破坏性采矿罪的罪量要素是造成矿产资源严重破坏。这里的造成矿产资源严重破坏，根据前引《解释（三）》第 6 条的规定，是指造成矿产资源破坏的价值在 50 万元至 100 万元以上，或者造成国家规划矿区、对国民经济具有重要价值的矿区和国家规定实行保护性开采的特定矿种资源破坏的价值在 25 万元至 50 万元以上。

（三）处罚

根据《刑法》第 343 条第 2 款之规定，犯本罪的，处 5 年以下有期徒刑或者拘役，并处罚金。《刑法》第 346 条规定，单位犯本罪的，对单位判处罚金，并对其直接负责的主管人员和其他直接责任人员，依照个人犯罪的规定处罚。

十二、危害国家重点保护植物罪

（一）概念

危害国家重点保护植物罪是指违反国家规定，非法采伐、毁坏珍贵树木或者国家重点保护的其他植物，或者非法收购、运输、加工、出售珍贵树木或者国家重点保护的其他植物及其制品的行为。

（二）构成

1. 罪体

行为　危害国家重点保护植物罪的行为是违反国家规定，非法采伐、毁坏珍贵树木或者国家重点保护的其他植物，或者非法收购、运输、加工、出售珍贵树木或者国家重点保护的其他植物及其制品。本罪的行为具有以下六种情形：（1）非法采伐。这里的非法采伐，是指没有取得采伐许可证而进行采伐，或者违反许可证规定的面积、株数、树种进行采伐。（2）毁坏，是指采用剥皮、砍枝、取脂使用等方式，使树木死亡或者影响其正常生长。（3）非法收购。这里的收购，是指以营利、自用等为目的而购买。（4）非法运输。这里的运输，是指采用携带、邮寄、利用他人、使用交通工具等方法进行运送。（5）非法加工。这里的加工，是指以珍贵树木、国家重点保护的其他植物为原料，加工成制品。（6）非法出售。这里的出售，是指出卖。

客体　危害国家重点保护植物罪的客体是珍贵树木或者国家重点保护的其他植物及其制品。这里的珍贵树木，根据 2000 年 11 月 22 日最高人民法院《关于审理破坏森林资源刑事案件具体应用法律若干问题的解释》［以下简称《解释（四）》］第 1 条的规定，是指由省级以上林业主管部门或者其他部门确定的具有重大历史纪念意义、科学研究价值或者年代久远的古树名木，国家禁止、限制出口的珍贵树木以及列入国家重点保护野生植物名录的树木。国家重点保护的其他植物，是指珍贵树木以外的国家重点保护的其他植物。珍贵树木、国家重点保护的其他植物制品，是指以珍贵树木、国家重点保护的其他植物为原材料制作而成的物品或者产品。

2. 罪责

危害国家重点保护植物罪的罪责形式是故意。这里的故意，是指明知是危害国家重点保护植物行为而有意实施的主观心理状态。

（三）处罚

根据《刑法》第344条〔《刑法修正案（四）》第6条〕之规定，犯本罪的，处3年以下有期徒刑、拘役或者管制，并处罚金；情节严重的，处3年以上7年以下有期徒刑，并处罚金。《刑法》第346条规定，单位犯本罪的，对单位判处罚金，并对其直接负责的主管人员和其他直接责任人员，依照个人犯罪的规定处罚。

加重处罚事由 犯危害国家重点保护植物罪而情节严重的，是本罪的加重处罚事由。这里的情节严重，根据前引《解释（四）》第2条的规定，是指具有下列情形之一的：（1）非法采伐珍贵树木2株以上或者毁坏珍贵树木致使珍贵树木死亡3株以上的；（2）非法采伐珍贵树木2立方米以上的；（3）为首组织、策划、指挥非法采伐或者毁坏珍贵树木的；（4）其他情节严重的情形。

十三、非法引进、释放、丢弃外来入侵物种罪

（一）概念

非法引进、释放、丢弃外来入侵物种罪是指违反国家规定，非法引进、释放或者丢弃外来入侵物种，情节严重的行为。

（二）构成

1. 罪体

行为 非法引进、释放、丢弃外来入侵物种罪的行为是违反国家规定，非法引进、释放或者丢弃外来入侵物种。这里的违反国家规定，是指违反《生物安全法》等法律、行政法规。《生物安全法》第60条规定："国家加强对外来物种入侵的防范和应对，保护生物多样性。国务院农业农村主管部门会同国务院其他有关部门制定外来入侵物种名录和管理办法。国务院有关部门根据职责分工，加强对外来入侵物种的调查、监测、预警、控制、评估、清除以及生态修复等工作。任何单位和个人未经批准，不得擅自引进、释放或者丢弃外来物种。"2005年国家林业局发布的《引进陆生野生动物外来物种种类及数量审批管理办法》对引进国外陆生野生动物外来物种的种类和数量作了具体规定。这些国家规定，为惩治非法引进、释放或者丢弃外来入侵物种行为提供了法律根据。本罪行为分为三种情形：（1）非法引进。这里的引进，是指未经批准从国外引进我国。（2）非法释放。这里的非法释放，是指擅自放生或者采取其他方法解除对外来入侵物种的管理。（3）非法丢弃。这里的非法丢弃，是指擅自放置或者处置。

客体　非法引进、释放、丢弃外来入侵物种罪的客体是外来入侵物种。这里的外来入侵物种，是指自然分布在境外的物种活体及繁殖材料。

2. 罪责

非法引进、释放、丢弃外来入侵物种罪的罪责形式是故意。这里的故意，是指明知是非法引进、释放、丢弃外来入侵物种行为而有意实施的主观心理状态。

3. 罪量

非法引进、释放、丢弃外来入侵物种罪的罪量要素是情节严重。

（三）处罚

根据《刑法》第344条之一〔《刑法修正案（十一）》第43条〕之规定，犯本罪的，处3年以下有期徒刑、拘役，并处或者单处罚金。《刑法》第346条规定，单位犯本罪的，对单位判处罚金，并对其直接负责的主管人员和其他直接责任人员，依照个人犯罪的规定处罚。

十四、盗伐林木罪

（一）概念

盗伐林木罪是指以非法占有为目的，盗伐森林或者其他林木，数量较大的行为。

（二）构成

1. 罪体

行为　盗伐林木罪的行为是盗伐林木。这里的盗伐，是指未经国家林业行政管理部门批准，采取秘密手段采伐林木。根据前引《解释（四）》第3条的规定，本罪的行为具有以下三种情形：（1）擅自砍伐国家、集体、他人所有或者他人承包经营管理的森林或者其他林木的；（2）擅自砍伐本单位或者本人承包经营管理的森林或者其他林木的；（3）在林木采伐许可证规定的地点以外采伐国家、集体、他人所有或者他人承包经营管理的森林或者其他林木的。

客体 盗伐林木罪的客体是森林或者其他林木。这里的森林，包括防护林、用材林、经济林、特种用途林。其他林木，是指城乡的道旁、村边的零星或者小片的集体树木。

2. 罪责

盗伐林木罪的罪责形式是故意，并且具有非法占有的目的。这里的故意，是指明知是盗伐林木的行为而有意实施的主观心理状态。

3. 罪量

盗伐林木罪的罪量要素是数量较大。这里的数量较大，根据前引《解释（四）》第4条的规定，以2至5立方米或者幼树100至200株为起点。这里的幼树，是指胸径5厘米以下的树木。

（三）处罚

根据《刑法》第345条［《刑法修正案（四）》第7条］第1款之规定，犯本罪的，处3年以下有期徒刑、拘役或者管制，并处或者单处罚金；数量巨大的，处3年以上7年以下有期徒刑，并处罚金；数量特别巨大的，处7年以上有期徒刑，并处罚金。

加重处罚事由 犯盗伐林木罪而数量巨大的，是本罪的加重处罚事由。这里的数量巨大，根据前引《解释（四）》第4条的规定，以20至50立方米或者幼树1 000至2 000株为起点。

特别加重处罚事由 犯盗伐林木罪而数量特别巨大的，是本罪的特别加重处罚事由。这里的数量特别巨大，根据前引《解释（四）》第4条的规定，以100至200立方米或者幼树5 000至1万株为起点。

从重处罚事由　根据《刑法》第 345 条［《刑法修正案（四）》第 7 条］第 4 款的规定，盗伐国家级自然保护区内的森林或者其他林木的，从重处罚。这是本罪的从重处罚事由。

十五、滥伐林木罪

（一）概念

滥伐林木罪是指违反森林法的规定，滥伐森林或者其他林木，数量较大的行为。

（二）构成

1. 罪体

行为　滥伐林木罪的行为是违反森林法的规定，滥伐森林或者其他林木。这里的滥伐，是指未经林业主管部门批准并颁发采伐许可证，或者虽持有许可证，但未按许可证的要求而任意采伐本单位所有或者经营管理的以及本人自有的林木。根据前引《解释（四）》第 5 条的规定，本罪的行为具有以下两种情形：（1）未经林业行政主管部门及法律规定的其他主管部门批准并核发林木采伐许可证，或者虽然持有林木采伐许可证，但违反林木采伐许可证规定的时间、数量、树种或者方式，任意采伐本单位所有或者本人所有的森林或者其他林木的。此外，2004 年 3 月 26 日最高人民法院《关于在林木采伐许可证规定的地点以外采伐本单位或者本人所有的森林或者其他林木的行为如何适用法律问题的批复》规定，违反森林法的规定，在林木采伐许可证规定的地点以外，采伐本单位或者本人所有的森林或者其他林木的，除农村居民采伐自留地和房前屋后个人所有的零星林木以外，也属于此种情形。（2）超过林木采伐许可证规定的数量采伐他人所有的森林或者其他林木的。此外，林木权属争议一方在林木权属确认之前，擅自砍伐森林或者其他林木，数量较大的，以滥伐林木罪论处。

客体　滥伐林木罪的客体是森林或者其他林木。

2. 罪责

滥伐林木罪的罪责形式是故意。这里的故意，是指明知是滥伐林木的行为而有意实施的主观心理状态。

3. 罪量

滥伐林木罪的罪量要素是数量较大。这里的数量较大，根据前引《解释（四）》第 6 条的规定，以 10 至 20 立方米或者幼树 500 到 1 000 株为起点。

（三）处罚

根据《刑法》第 345 条〔《刑法修正案（四）》第 7 条〕第 2 款之规定，犯本罪的，处 3 年以下有期徒刑、拘役或者管制，并处或者单处罚金；数量巨大的，处 3 年以上 7 年以下有期徒刑，并处罚金。《刑法》第 346 条规定，单位犯本罪的，对单位判处罚金，并对其直接负责的主管人员和其他直接负责人员，依照个人犯罪的规定处罚。

加重处罚事由　犯滥伐林木罪而数量巨大的，是本罪的加重处罚事由。这里的数量巨大，根据前引《解释（四）》第 6 条的规定，以 50 至 100 立方米或者幼树 2 500 到 5 000 株为起点。

从重处罚事由　根据《刑法》第 345 条〔《刑法修正案（四）》第 7 条〕第 4 款的规定，滥伐国家级自然保护区内的森林或者其他林木的，从重处罚。这是本罪的从重处罚事由。

十六、非法收购、运输盗伐、滥伐的林木罪

（一）概念

非法收购、运输盗伐、滥伐的林木罪是指明知是盗伐、滥伐的林木而非法收购、运输，情节严重的行为。

（二）构成

1. 罪体

行为　非法收购、运输盗伐、滥伐的林木罪的行为是明知是盗伐、滥伐的林木而非法收购、运输。这里的收购，包括以营利、自用等为目的而购买；运输，是指采用携带、邮寄、利用他人、使用交通工具等方法进行运送。

客体　非法收购、运输盗伐、滥伐的林木罪的客体是盗伐、滥伐的林木。

2. 罪责

非法收购、运输盗伐、滥伐的林木罪的罪责形式是故意。这里的故意，是指明知是盗伐、滥伐的林木而予以非法收购、运输的主观心理状态。这里的明知，根据前引《解释（四）》第10条的规定，是指知道或者应当知道。具有下列情形之一的，可以视为应当知道，但是有证据证明确属被蒙骗的除外：（1）在非法的木材交易场所或者销售单位收购木材的；（2）收购以明显低于市场价格出售的木材的；（3）收购违反规定出售的木材的。

3. 罪量

非法收购、运输盗伐、滥伐的林木罪的罪量要素是情节严重。这里的情节严重，根据前引《解释（四）》第11条第1款的规定，是指具有下列情形之一的：（1）非法收购、运输盗伐、滥伐的林木20立方米以上或者幼树1 000株以上的；（2）非法收购、运输盗伐、滥伐的珍贵树木2立方米以上或者5株以上的；（3）其他情节严重的情形。

（三）处罚

根据《刑法》第345条［《刑法修正案（四）》第7条］第3款之规定，犯本罪的，处3年以下有期徒刑、拘役或者管制，并处或者单处罚金；情节特别严重的，处3年以上7年以下有期徒刑，并处罚金。《刑法》第346条规定，单位犯本罪的，对单位判处罚金，并对其直接负责的主管人员和其他直接责任人员，依照个人犯罪的规定处罚。

加重处罚事由　犯非法收购、运输盗伐、滥伐的林木罪而情节特别严重的，是本罪的加重处罚事由。这里的情节特别严重，根据前引《解释（四）》第11条第2款的规定，是指具有下列情形之一的：（1）非法收购、运输盗伐、滥伐的林木100立方米以上或者幼树5 000株以上的；（2）非法收购、运输盗伐、滥伐的珍贵树木5立方米以上或者10株以上的；（3）其他情节特别严重的情形。

第三十九章

妨害社会管理秩序罪Ⅶ：
走私、贩卖、运输、制造毒品罪

第一节　走私、贩卖、运输、制造毒品罪概述

一、概念

走私、贩卖、运输、制造毒品罪是指违反国家毒品管理法规，走私、贩卖、运输、制造、非法持有毒品，非法种植毒品原植物以及其他破坏国家禁毒活动的行为。

二、罪名

走私、贩卖、运输、制造毒品罪是《刑法》分则第六章第七节规定之罪，从第 347 条至第 357 条共 11 个条文，规定了 12 个罪名。此外，《刑法修正案（九）》第 41 条减少了 1 个罪名，《刑法修正案（十一）》第 44 条增设了 1 个罪名。本节共计 12 个罪名。这些罪名是：（1）走私、贩卖、运输、制造毒品罪；

（2）非法持有毒品罪；（3）包庇毒品犯罪分子罪；（4）窝藏、转移、隐瞒毒品、毒赃罪；（5）非法生产、买卖、运输制毒物品、走私制毒物品罪①；（6）非法种植毒品原植物罪；（7）非法买卖、运输、携带、持有毒品原植物种子、幼苗罪；（8）引诱、教唆、欺骗他人吸毒罪；（9）强迫他人吸毒罪；（10）容留他人吸毒罪；（11）非法提供麻醉药品、精神药品罪；（12）妨害兴奋剂管理罪。

三、法定刑

走私、贩卖、运输、制造毒品罪的法定最高刑是死刑，共有 1 个死刑罪名。其他罪名规定了无期徒刑、有期徒刑、拘役或者管制，大多数罪名规定了罚金或者没收财产。

此外，《刑法》第 356 条规定："因走私、贩卖、运输、制造、非法持有毒品罪被判过刑，又犯本节规定之罪的，从重处罚。"这是关于毒品犯罪的再犯规定，是毒品犯罪的法定从重处罚情节。

第二节　走私、贩卖、运输、制造毒品罪分述

一、走私、贩卖、运输、制造毒品罪

（一）概念

走私、贩卖、运输、制造毒品罪是指走私、贩卖、运输、制造鸦片、海洛因、甲基苯丙胺（冰毒）、吗啡、大麻、可卡因和其他毒品的行为。

---

① 最高人民法院、最高人民检察院 2015 年 10 月 30 日《关于执行〈中华人民共和国刑法〉确定罪名的补充规定（六）》，取消走私制毒物品罪和非法买卖制毒物品罪罪名，修改为非法生产、买卖、运输制毒物品、走私制毒物品罪。

（二）构成

1. 罪体

行为　走私、贩卖、运输、制造毒品罪的行为是走私、贩卖、运输、制造鸦片、海洛因、甲基苯丙胺（冰毒）、吗啡、大麻、可卡因和其他毒品。由此可见，本罪的行为具有以下四种情形：（1）走私毒品。这里的走私是指明知是毒品而非法将其运输、携带、寄递进出国（边）境的行为。此外，直接向走私人非法收购走私进口的毒品，或者在内海、领海、界河、界湖运输、收购、贩卖毒品的，也属于走私毒品的行为。（2）贩卖毒品。这里的贩卖是指明知是毒品而非法销售或者以贩卖为目的而非法收买的行为。（3）运输毒品。这里的运输是指明知是毒品而采用携带、寄递、托运、利用他人或者使用交通工具等方法非法运送毒品的行为。（4）制造毒品。这里的制造是指非法利用毒品原植物直接提炼或者利用化学方法加工、配制毒品，或者以改变毒品成分和效用为目的，用混合等物理方法加工、配制毒品的行为。

客体　走私、贩卖、运输、制造毒品罪的客体是毒品。这里的毒品，根据《刑法》第 357 条第 1 款的规定，是指鸦片、海洛因、甲基苯丙胺（冰毒）、吗啡、大麻、可卡因，以及国家规定管制的其他能够使人形成瘾癖的麻醉药品和精神药品。

2. 罪责

走私、贩卖、运输、制造毒品罪的罪责形式是故意。这里的故意，是指明知是毒品而进行走私、贩卖、运输、制造的主观心理状态。这里的明知，是指行为人知道或者应当知道所实施的行为是走私、贩卖、运输、制造毒品的行为。根据2007 年 12 月 18 日最高人民法院、最高人民检察院、公安部《办理毒品犯罪案件适用法律若干问题的意见》〔以下简称《意见（一）》〕第 2 条的规定，具有下列情形之一，并且犯罪嫌疑人、被告人不能作出合理解释的，可以认定其具有走私、贩卖、运输、制造毒品罪的明知中的应当知道，但有证据证明确属被蒙骗的除外：（1）执法人员在口岸、机场、车站、港口和其他检查站检查时，要求行为人申报为他人携带的物品和其他疑似毒品物，并告知其法律责任，而行为人未如实申报，在其所携带的物品内查获毒品的；（2）以伪报、藏匿、伪装等蒙蔽手段逃避海关、边防等检查，在其携带、运输、邮寄的物品中查获毒品的；（3）执法人员检查时，有逃跑、丢弃携带物品或逃避、抗拒检查等行为，在其携带或丢弃的物品中查获毒品的；（4）体内藏匿毒品的；（5）为获取不同寻常的高额或不等值的报酬而携带、运输毒品的；（6）采用高度隐蔽的方式携带、运输毒品的；（7）采用高度隐蔽的方式交接毒品，明显违背合法物品惯常交接方式的；（8）其他有证据足以证明行为人应当知道的。2012 年 5 月 16 日最高人民检察院、公安部《关于公安机关管辖的刑事案件立案追诉标准的规定（三）》［以下简称《立案追诉标准（三）》］第 1 条对以上明知的推定，增加了以下 2 项基础事实：（1）行程路线故意绕开检查站点，在其携带、运输的物品中查获毒品的；（2）以虚假身份、地址或者其他虚假方式办理托运、寄递手续，在托运、寄递的物品中查获毒品的。此外，《立案追诉标准（三）》第 1 条还对制造毒品主观故意中明知的应当知道推定的基础事实作了规定，指出：有下列情形之一，结合行为人的供述和其他证据综合审查判断，可以认定其应当知道，但有证据证明确属被蒙骗的除外：（1）购置了专门用于制造毒品的设备、工具、制毒物品或者配制方案的；（2）为获取不同寻常的高额或者不等值的报酬为他人制造毒品，经检验是毒品的；（3）在偏远、隐蔽场所制造，或者采取对制造设备进行伪装等方式制造物品，经检验是毒品的；（4）制造人员在执法人员检查时，有逃跑、抗拒检查等行为，在现场查获制造出的物品，经检验是毒品的；（5）有其他证据足以证明行为人应当知道的。上述司法解释，规定了对应当知道进行推定的基础事实，对于认定明知具有重要意义。

（三）认定

1. 毒品数量的累计计算

《刑法》第 347 条第 7 款规定："对多次走私、贩卖、运输、制造毒品，未经处理的，毒品数量累计计算。"毒品数量之所以应当累计计算，是因为对毒品犯罪以毒品数量为定罪量刑标准的，只有累计计算才能对毒品犯罪正确地定罪量刑。但是，对已经被依法处理过的毒品数量不应当再累计计算；超过时效规定不应追诉的，毒品数量也不应当累计计算。

2. 毒品的定性分析

《刑法》第 357 条第 2 款规定："毒品的数量以查证属实的走私、贩卖、运输、制造、非法持有毒品的数量计算，不以纯度折算。"按照这一规定，对查获的毒品进行定性分析，而不进行定量分析。即以被查获的毒品的实际数量计算，对查获的掺入非毒成分的毒品不做提纯计算。但 2000 年 4 月 4 日《全国法院审理毒品犯罪案件工作座谈会纪要》（以下简称《纪要》）规定：根据刑法的规定，对于毒品的数量不以纯度折算。但对于查获的毒品有证据证明大量掺假，经鉴定查明毒品含量极少，确有大量掺假成分的，在处刑时应酌情考虑。特别是掺假之后毒品的数量才达到判处死刑的标准的，对被告人可不判处死刑立即执行。为掩护运输而将毒品融入其他物品中，不应将其他物品计入毒品的数量。此外，根据前引《意见（一）》第 4 条的规定，可能判处死刑的毒品犯罪案件，毒品鉴定结论中应有含量鉴定的结论。

3. 毒品案件中特情引诱的问题

在毒品案件的侦破过程中，公安机关经常采用特情侦破的手段。在运用特情侦破案件时，引诱犯罪是应当禁止的，但有些特情未严格遵守有关规定，在介入侦破案件中对他人进行实施犯罪的犯意引诱和数量引诱。犯意引诱，是指行为人本没有实施毒品犯罪的主观意图，而是在特情诱惑下和促成下形成犯意，进而实施毒品犯罪。数量引诱是指行为人本来有实施数量较小的毒品犯罪的故意，在特情引诱下实施了数量较大甚至达到可判处死刑的数量标准的毒品犯罪。根据前引《纪要》的规定，对犯意引诱的被告人，应当从轻处罚，无论数量多大，都不应当判处死刑立即执行。对数量引诱的被告人，应当从轻处罚，即使超过判处死刑的毒品数量标准，一般也不应当判处死刑立即执行。此外，被告人受特情间接引诱而实施毒品犯罪的，参照上述规定处理。

（四）处罚

根据《刑法》第 347 条第 2 款之规定，犯本罪有下列情形之一的，处 15 年有期徒刑、无期徒刑或者死刑，并处没收财产：（1）走私、贩卖、运输、制造鸦片 1 千克以上、海洛因或者甲基苯丙胺 50 克以上或者其他毒品数量大的。这里的其他毒品数量大，根据 2016 年 4 月 7 日最高人民法院《关于审理毒品犯罪案件适用法律若干问题的解释》（以下简称《解释》）第 1 条的规定，是指走私、贩卖、运输、制造下列毒品：1）可卡因 50 克以上；2）3，4-亚甲二氧基甲基苯丙胺（MDMA）等苯丙胺类毒品（甲基苯丙胺除外）、吗啡 100 克以上；3）芬太尼 125 克以上；4）甲卡西酮 200 克以上；5）二氢埃托啡 10 毫克以上；6）哌替啶（度冷丁）250 克以上；7）氯胺酮 500 克以上；8）美沙酮 1 千克以上；9）曲马多、γ-羟丁酸 2 千克以上；10）大麻油 5 千克、大麻脂 10 千克、大麻叶及大麻烟 150 千克以上；11）可待因、丁丙诺啡 5 千克以上；12）三唑仑、安眠酮 50 千克以上；13）阿普唑仑、恰特草 100 千克以上；14）咖啡因、罂粟壳 200 千克以上；15）巴比妥、苯巴比妥、安钠咖、尼美西泮 250 千克以上；16）氯氮卓、艾司唑仑、地西泮、溴西泮 500 千克以上；17）上述毒品以外的其他毒品数量大的。国家定点生产企业按照标准规格生产的麻醉药品或者精神药品被用于毒品犯罪的，根据药品中毒品成分的含量认定涉案毒品数量。（2）走私、贩卖、运输、制造毒品集团的首要分子。（3）武装掩护走私、贩卖、运输、制造毒品的。这里的武装掩护走私、贩卖、运输、制造毒品，根据前引《解释》第 3 条的规定，是指在实施走私、贩卖、运输、制造毒品犯罪的过程中，携带枪支、弹药或者爆炸物用于掩护。枪支、弹药、爆炸物种类的认定，依照相关司法解释的规定执行。（4）以暴力抗拒检查、拘留、逮捕，情节严重的。这里的以暴力抗拒检查、拘留、逮捕，情节严重，根据前引《解释》第 3 条的规定，是指在实施走私、贩卖、运输、制造毒品犯罪的过程中，以暴力抗拒检查、拘留、逮捕，造成执法人员死亡、重伤、多人轻伤或者具有其他严重情节。（5）参与有组织的国际贩毒活动的。

《刑法》第 347 条第 3 款规定，走私、贩卖、运输、制造鸦片 200 克以上不满 1 千克、海洛因或者甲基苯丙胺 10 克以上不满 50 克或者其他毒品数量较大的，处 7 年以上有期徒刑，并处罚金。这里的其他毒品数量较大，根据前引《解释》第 2 条的规定，是指走私、贩卖、运输、制造下列毒品：（1）可卡因 10 克以上不满 50 克；（2）3，4-亚甲二氧基甲基苯丙胺（MDMA）等苯丙胺类毒品（甲基苯丙胺除外）、吗啡 20 克以上不满 100 克；（3）芬太尼 25 克以上不满 125 克；（4）甲卡西酮 40 克以上不满 200 克；（5）二氢埃托啡 2 毫克以上不满 10 毫克；（6）哌替啶（度冷丁）50 克以上不满 250 克；（7）氯胺酮 100 克以上不满 500 克；（8）美沙酮 200 克以上不满 1 千克；（9）曲马多、γ-羟丁酸 400 克以上不满 2 千克；（10）大麻油 1 千克以上不满 5 千克、大麻脂 2 千克以上不满 10 千克、大麻叶及大麻烟 30 千克以上不满 150 千克；（11）可待因、丁丙诺啡 1 千克以上不满 5 千克；（12）三唑仑、安眠酮 10 千克以上不满 50 千克；（13）阿普唑仑、恰特草 20 千克以上不满 100 千克；（14）咖啡因、罂粟壳 40 千克以上不满 200 千克；（15）巴比妥、苯巴比妥、安钠咖、尼美西泮 50 千克以上不满 250 千克；（16）氯氮卓、艾司唑仑、地西泮、溴西泮 100 千克以上不满 500 千克；（17）上述毒品以外的其他毒品数量较大的。

《刑法》第 347 条第 4 款规定，走私、贩卖、运输、制造鸦片不满 200 克、海洛因或者甲基苯丙胺不满 10 克或者其他少量毒品的，处 3 年以下有期徒刑、拘役或者管制，并处罚金；情节严重的，处 3 年以上 7 年以下有期徒刑，并处罚金。根据前引《意见（一）》第 3 条第 3 项的规定，具有下列情形之一属于其他少量毒品：（1）二亚甲基双氧安非他明（MDMA）等苯丙胺类毒品（甲基苯丙胺除外）不满 20 克的；（2）氯胺酮、美沙酮不满 10 千克的；（3）三唑仑、安眠酮不满 10 千克的；（4）氯氮卓、艾司唑仑、地西泮、溴西泮不满 100 千克的；（5）上述毒品以外的其他少量毒品的。这里的情节严重，根据前引《解释》第 3 条的规定，是指具有下列情形之一的：（1）走私、贩卖、运输、制造鸦片 140 克以上不满 200 克、海洛因或者甲基苯丙胺 7 克以上不满 10 克或者其他数量相当毒品的；（2）国家工作人员走私、制造、运输、贩卖毒品；（3）在戒毒监管场所贩卖毒品的；（4）向多人贩毒或者多次贩毒的；（5）其他情节严重的行为。这里的情节严重，根据《解释》第4条的规定，是指具有下列情形之一：（1）向多人贩卖毒品或者多次走私、贩卖、运输、制造毒品的；（2）在戒毒场所、监管场所贩卖毒品的；（3）向在校学生贩卖毒品的；（4）组织、利用残疾人、严重疾病患者、怀孕或者正在哺乳自己婴儿的妇女走私、贩卖、运输、制造毒品的；（5）国家工作人员走私、贩卖、运输、制造毒品的；（6）其他情节严重的情形。

《刑法》第347条第5款规定，单位犯第2款、第3款、第4款罪的，对单位判处罚金，并对其直接负责的主管人员和其他直接责任人员，依照各该款的规定处罚。

从重处罚事由之一　《刑法》第347条第6款规定："利用、教唆未成年人走私、贩卖、运输、制造毒品，或者向未成年人出售毒品的，从重处罚。"这是本罪从重处罚事由。

从重处罚事由之二　《刑法》第356条规定："因走私、贩卖、运输、制造、非法持有毒品罪被判过刑，又犯本节规定之罪的，从重处罚。"这是本罪从重处罚事由。

二、非法持有毒品罪

（一）概念

非法持有毒品罪是指明知是鸦片、海洛因、甲基苯丙胺或者其他毒品，而非法持有，数量较大的行为。

（二）构成

1. 罪体

行为　非法持有毒品罪的行为是持有毒品。这里的非法持有，是指违反国家法律和国家主管部门的规定，占有、携带、藏有或者以其他方式持有毒品。本罪是持有型犯罪。相对于走私、贩卖、运输、制造毒品罪等高度犯罪来说，是低度犯罪。因此，在高度犯罪不能认定的情况下，应以本罪论处。对此，《纪要》规定："非法持有毒品达到刑法第三百四十八条规定的构成犯罪的数量标准，没有证据证明实施了走私、贩卖、运输、制造毒品等犯罪行为的，以非法持有毒品罪定罪。"此外，在我国吸食毒品本身并不构成犯罪，但吸毒者持有毒品数量较大的，应以本罪论处。对此，《纪要》规定："吸毒者在购买、运输、存储毒品过程中被抓获的，如没有证据证明被告人实施了其他毒品犯罪行为的，一般不应定罪处罚，但查获的毒品数量大的，应当以非法持有毒品罪定罪；毒品数量未超过刑法第三百四十八条规定数量最低标准的，不定罪处罚。对于以贩养吸的被告人，被查获的毒品应认定为其犯罪的数量，但量刑时应考虑被告人吸食毒品的情节。有证据证明行为人不是以营利为目的，为他人代买仅用于吸食的毒品，毒品数量超过刑法第三百四十八条规定数量最低标准，构成犯罪的，托购者、代购者均构成非法持有毒品罪。"

客体　非法持有毒品罪的客体是毒品。

2. 罪责

非法持有毒品罪的罪责形式是故意。这里的故意，是指明知是毒品而予以持有的主观心理状态。

3. 罪量

非法持有毒品罪的罪量要素，刑法规定为鸦片 200 克以上不满 1 千克、海洛因或者甲基苯丙胺 10 克以上不满 50 克或者其他毒品数量较大的。这里的其他毒品数量较大，根据《解释》第 2 条的规定，是指非法持有下列毒品：（1）可卡因 10 克以上不满 50 克；（2）3，4-亚甲二氧基甲基苯丙胺（MDMA）等苯丙胺类毒品（甲基苯丙胺除外）、吗啡 20 克以上不满 100 克；（3）芬太尼 25 克以上不满 125 克；（4）甲卡西酮 40 克以上不满 200 克；（5）二氢埃托啡 2 毫克以上不满 10 毫克；（6）哌替啶（度冷丁）50 克以上不满 250 克；（7）氯胺酮 100 克以上不满 500 克；（8）美沙酮 200 克以上不满 1 千克；（9）曲马多、γ-羟丁酸 400

克以上不满 2 千克；（10）大麻油 1 千克以上不满 5 千克、大麻脂 2 千克以上不满 10 千克、大麻叶及大麻烟 30 千克以上不满 150 千克；（11）可待因、丁丙诺啡 1 千克以上不满 5 千克；（12）三唑仑、安眠酮 10 千克以上不满 50 千克；（13）阿普唑仑、恰特草 20 千克以上不满 100 千克；（14）咖啡因、罂粟壳 40 千克以上不满 200 千克；（15）巴比妥、苯巴比妥、安钠咖、尼美西泮 50 千克以上不满 250 千克；（16）氯氮卓、艾司唑仑、地西泮、溴西泮 100 千克以上不满 500 千克；（17）上述毒品以外的其他毒品数量较大的。

（三）处罚

根据《刑法》第 348 条之规定，犯本罪，非法持有鸦片 1 千克以上、海洛因或者甲基苯丙胺 50 克以上或者其他毒品数量大的，处 7 年以上有期徒刑或者无期徒刑，并处罚金；非法持有鸦片 200 克以上不满 1 千克、海洛因或者甲基苯丙胺 10 克以上不满 50 克或者其他毒品数量较大的，处 3 年以下有期徒刑、拘役或者管制，并处罚金；情节严重的，处 3 年以上 7 年以下有期徒刑，并处罚金。

加重处罚事由之一　犯本罪，非法持有鸦片 200 克以上不满 1 千克、海洛因或者甲基苯丙胺 10 克以上不满 50 克或者其他毒品数量较大而情节严重的，是本罪的情节加重处罚事由。这里的情节严重，根据《解释》第 5 条的规定，是指具有下列情形之一：（1）在戒毒场所、监管场所非法持有毒品的；（2）利用、教唆未成年人非法持有毒品的；（3）国家工作人员非法持有毒品的；（4）其他情节严重的情形。

加重处罚事由之二　犯本罪，非法持有鸦片 1 千克以上、海洛因或者甲基苯丙胺 50 克以上或者其他毒品数量大的，是本罪的数额加重处罚事由。这里的其他毒品数量大的，根据《解释》第 1 条的规定，是指非法持有下列毒品：（1）可卡因 50 克以上；（2）3，4-亚甲二氧基甲基苯丙胺（MDMA）等苯丙胺类毒品（甲基苯丙胺除外）、吗啡 100 克以上；（3）芬太尼 125 克以上；（4）甲卡西酮 200 克以上；（5）二氢埃托啡 10 毫克以上；（6）哌替啶（度冷丁）250 克以上；（7）氯胺酮 500 克以上；（8）美沙酮 1 千克以上；（9）曲马多、γ-羟丁酸 2 千克以上；（10）大麻油 5 千克、大麻脂 10 千克、大麻叶及大麻烟 150 千克以上；（11）可待因、丁丙诺啡 5 千克以上；（12）三唑仑、安眠酮 50 千克以上；（13）阿普唑仑、恰特草 100 千克以上；（14）咖啡因、罂粟壳 200 千克以上；（15）巴比妥、苯巴比妥、安钠咖、尼美西泮 250 千克以上；（16）氯氮卓、艾司唑仑、地西泮、溴西泮 500 千克以上；（17）上述毒品以外的其他毒品数量大的。国家定点生产企业按照标准规格生产的麻醉药品或者精神药品被用于毒品犯罪的，根据药品中毒品成分的含量认定涉案毒品数量。

从重处罚事由 《刑法》第 356 条规定："因……非法持有毒品罪被判过刑，又犯本节规定之罪的，从重处罚。"

三、包庇毒品犯罪分子罪

（一）概念

包庇毒品犯罪分子罪是指明知是走私、贩卖、运输、制造毒品的犯罪分子，而向司法机关作假证明，掩盖其罪行，或者帮助其湮灭罪证，以使其逃避法律制裁的行为。

（二）构成

1. 罪体

行为 包庇毒品犯罪分子罪的行为是包庇毒品犯罪分子。这里的包庇，是指向司法机关作假证明，掩盖其罪行，或者帮助其湮灭罪证，以使其逃避法律制裁。参照《立案追诉标准（三）》第 3 条规定，包庇走私、贩卖、运输、制造毒品的犯罪分子，涉嫌下列情形之一的，应予立案追诉：（1）作虚假证明，帮助掩盖罪行的；（2）帮助隐藏、转移或者毁灭证据的；（3）帮助取得虚假身份或者身份证件的；（4）以其他方式包庇犯罪分子的。

客体 包庇毒品犯罪分子罪的客体是毒品犯罪分子。这里的毒品犯罪分子，是指走私、贩卖、运输、制造毒品的犯罪分子。

2. 罪责

包庇毒品犯罪分子罪的罪责形式是故意。这里的故意，是指明知是毒品犯罪分子而予以包庇的主观心理状态。

（三）认定

《刑法》第 349 条第 3 款规定，犯本罪，事先通谋的，以走私、贩卖、运输、制造毒品罪的共犯论处。这里的事先通谋，是指事先与毒品犯罪分子共同策划，允诺事后帮助毒品犯罪分子逃避法律制裁，因而应以毒品犯罪的共犯论处。

（四）处罚

根据《刑法》第 349 条第 1 款之规定，犯本罪的，处 3 年以下有期徒刑、拘役或者管制；情节严重的，处 3 年以上 10 年以下有期徒刑。第 2 款规定，缉毒人员或者其他国家机关工作人员掩护、包庇走私、贩卖、运输、制造毒品的犯罪分子的，依照前款的规定从重处罚。

加重处罚事由　犯包庇毒品犯罪分子罪而情节严重的，是本罪的加重处罚事由。这里的情节严重，根据《解释》第 6 条第 1 款的规定，是指具有下列情形之一：（1）被包庇的犯罪分子依法应当判处 15 年有期徒刑以上刑罚的；（2）包庇多名或者多次包庇走私、贩卖、运输、制造毒品的犯罪分子的；（3）严重妨害司法机关对被包庇的犯罪分子实施的毒品犯罪进行追究的；（4）其他情节严重的情形。

从重处罚事由　缉毒人员或者其他国家机关工作人员掩护、包庇走私、贩卖、运输、制造毒品犯罪分子的，是本罪的从重处罚事由。

四、窝藏、转移、隐瞒毒品、毒赃罪

（一）概念

窝藏、转移、隐瞒毒品、毒赃罪是指明知是毒品或者毒品犯罪所得财物而为犯罪分子窝藏、转移、隐瞒的行为。

（二）构成

1. 罪体

行为 窝藏、转移、隐瞒毒品、毒赃罪的行为是为犯罪分子窝藏、转移、隐瞒毒品、毒赃。由此可见，本罪的行为具有以下三种情形：（1）窝藏。这里的窝藏，是指隐藏。（2）转移。这里的转移，是指改变处所。（3）隐瞒。这里的隐瞒，是指掩饰。

客体 窝藏、转移、隐瞒毒品、毒赃罪的客体是毒品、毒赃。

2. 罪责

窝藏、转移、隐瞒毒品、毒赃罪的罪责形式是故意。这里的故意，是指明知是毒品、毒赃而予以窝藏、转移、隐瞒的主观心理状态。

（三）认定

《刑法》第 349 条第 3 款规定，犯本罪，事先通谋的，以走私、贩卖、运输、制造毒品犯罪的共犯论处。这里的事先通谋，是指事先与毒品犯罪分子共同策划，允诺事后帮助毒品犯罪分子窝藏、转移、隐瞒毒品、毒赃，因而应以毒品犯罪的共犯论处。

（四）处罚

根据《刑法》第 349 条第 1 款之规定，犯本罪的，处 3 年以下有期徒刑、拘役或者管制；情节严重的，处 3 年以上 10 年以下有期徒刑。

加重处罚事由 犯窝藏、转移、隐瞒毒品、毒赃罪而情节严重的，是本罪的加重处罚事由。这里的情节严重，根据《解释》第 6 条第 2 款的规定，是指具有下列情形之一：（1）为犯罪分子窝藏、转移、隐瞒毒品达到《刑法》第 347 条第 2 款第 1 项或者本解释第 1 条第 1 款规定的"数量大"标准的；（2）为犯罪分子窝藏、转移、隐瞒毒品犯罪所得的财物价值达到 5 万元以上的；（3）为多人或者多次为他人窝藏、转移、隐瞒毒品或者毒品犯罪所得的财物的；（4）严重妨害司法机关对该犯罪分子实施的毒品犯罪进行追究的；（5）其他情节严重的情形。

五、非法生产、买卖、运输制毒物品、走私制毒物品罪

（一）概念

非法生产、买卖、运输制毒物品、走私制毒物品罪是指违反国家规定，非法生产、买卖、运输、走私醋酸酐、乙醚、三氯甲烷或者其他用于制造毒品的原料或者配剂，情节较重的行为。

（二）构成

1. 罪体

行为　非法生产、买卖、运输制毒物品、走私制毒物品罪的行为是非法生产、买卖、运输制毒物品、走私制毒物品。

客体　非法生产、买卖、运输制毒物品、走私制毒物品罪的客体是制毒物品。这里的制毒物品，是指醋酸酐、乙醚、三氯甲烷或者其他用于制造毒品的原料或者配剂。这里的用于制造毒品的原料或者配剂，是指提炼、分解毒品使用的原材料及辅助性配料。

2. 罪责

非法生产、买卖、运输制毒物品、走私制毒物品罪的罪责形式是故意。这里的故意，是指明知是制毒物品而非法生产、买卖、运输、走私的主观心理状态。根据 2009 年 6 月 23 日最高人民法院、最高人民检察院、公安部《关于办理制毒物品犯罪案件适用法律若干问题的意见》［以下简称《意见（二）》］第 2 条的规定，对于走私制毒物品行为，有下列情形之一，且查获了易制毒化学品，结合犯罪嫌疑人、被告人的供述和其他证据，经综合审查判断，可以认定其"明知"是制毒物品而走私，但有证据证明确属被蒙骗的除外：（1）改变产品形状、包装或者使用虚假标签、商标等产品标志的；（2）以藏匿、夹带或者其他隐蔽方式运输、携带易制毒化学品逃避检查的；（3）抗拒检查或者在检查时丢弃货物逃跑的；（4）以伪报、藏匿、伪装等蒙蔽手段逃避海关、边防等检

查的；（5）选择不设海关或者边防检查站的路段绕行出入境的；（6）以虚假身份、地址办理托运、邮寄手续的；（7）以其他方法隐瞒真相，逃避对易制毒化学品依法监管的。

3. 罪量

非法生产、买卖、运输制毒物品、走私制毒物品罪的罪量要素是情节较重。这里的情节较重根据《解释》第 7 条的规定，是指具有下列情形之一：（1）麻黄碱（麻黄素）、伪麻黄碱（伪麻黄素）、消旋麻黄碱（消旋麻黄素）1 千克以上不满 5 千克；（2）1-苯基-2-丙酮、1-苯基-2-溴-1-丙酮、3，4-亚甲基二氧苯基-2-丙酮、羟亚胺 2 千克以上不满 10 千克；（3）3-氧-2-苯基丁腈、邻氯苯基环戊酮、去甲麻黄碱（去甲麻黄素）、甲基麻黄碱（甲基麻黄素）4 千克以上不满 20 千克；（4）醋酸酐 10 千克以上不满 50 千克；（5）麻黄浸膏、麻黄浸膏粉、胡椒醛、黄樟素、黄樟油、异黄樟素、麦角酸、麦角胺、麦角新碱、苯乙酸 20 千克以上不满 100 千克；（6）N-乙酰邻氨基苯酸、邻氨基苯甲酸、三氯甲烷、乙醚、哌啶 50 千克以上不满 250 千克；（7）甲苯、丙酮、甲基乙基酮、高锰酸钾、硫酸、盐酸 100 千克以上不满 500 千克；（8）其他制毒物品数量相当的。此外，违反国家规定，非法生产、买卖、运输制毒物品、走私制毒物品，达到前款规定的数量标准最低值的 50%，且具有下列情形之一的，应当认定为情节较重：（1）曾因非法生产、买卖、运输制毒物品、走私制毒物品受过刑事处罚的；（2）2 年内曾因非法生产、买卖、运输制毒物品、走私制毒物品受过行政处罚的；（3）一次组织 5 人以上或者多次非法生产、买卖、运输制毒物品、走私制毒物品，或者在多个地点非法生产制毒物品的；（4）利用、教唆未成年人非法生产、买卖、运输制毒物品、走私制毒物品的；（5）国家工作人员非法生产、买卖、运输制毒物品、走私制毒物品的；（6）严重影响群众正常生产、生活秩序的；（7）其他情节较重的情形。

（三）认定

1. 预备

根据前引《意见（二）》第 1 条第 4 项的规定，为了走私制毒物品犯罪而采

561

用生产、加工、提炼等方法非法制造易制毒化学品的，应以走私制毒物品罪的预备行为论处。

2. 共犯

《刑法》第 350 条第 2 款规定："明知他人制造毒品而为其生产、买卖、运输前款规定的物品的，以制造毒品罪的共犯论处。"

3. 罪数

根据前引《意见（二）》第 1 条第 6 项的规定，走私制毒物品行为同时构成其他犯罪的，依照处罚较重的犯罪定罪处罚。

（四）处罚

根据《刑法》第 350 条第 1 款之规定，犯本罪的，处 3 年以下有期徒刑、拘役或者管制，并处罚金；情节严重的，处 3 年以上 7 年以下有期徒刑，并处罚金；情节特别严重的，处 7 年以上有期徒刑，并处罚金或者没收财产。第 3 款规定，单位犯本罪的，对单位判处罚金，并对其直接负责的主管人员和其他直接责任人员，依照个人犯罪的规定处罚。

加重处罚事由　犯非法生产、买卖、运输制毒物品、走私制毒物品罪而情节严重的，是本罪的加重处罚事由。这里的情节严重，根据《解释》第 8 条第 1 款的规定，是指具有下列情形之一：（1）制毒物品数量在本解释第 7 条第 1 款规定的最高数量标准以上，不满最高数量标准 5 倍的；（2）达到本解释第 7 条第 1 款规定的数量标准，且具有本解释第 7 条第 2 款第 3 项至第 6 项规定的情形之一的；（3）其他情节严重的情形。

特别加重处罚事由　犯非法生产、买卖、运输制毒物品、走私制毒物品罪而情节特别严重的，是本罪的特别加重处罚事由。这里的情节特别严重，根据《解释》第 8 条第 2 款的规定，是指具有下列情形之一：（1）制毒物品数量在本解释第 7 条第 1 款规定的最高数量标准 5 倍以上的；（2）达到前款第 1 项规定的数量标准，且具有本解释第 7 条第 2 款第 3 项至第 6 项规定的情形之一的；（3）其他情节特别严重的情形。

六、非法种植毒品原植物罪

（一）概念

非法种植毒品原植物罪是指明知是罂粟、大麻等毒品原植物而非法种植，数量较大，或者经公安机关处理后又种植，或者抗拒铲除的行为。

（二）构成

1. 罪体

行为 非法种植毒品原植物罪的行为是非法种植罂粟、大麻等毒品原植物。这里的种植，是指播种、插栽、施肥、灌溉、割收津液和种子。

客体 非法种植毒品原植物罪的客体是毒品原植物。这里的毒品原植物，是指能从中加工、提炼出毒品的原植物，例如罂粟、大麻等。

2. 罪责

非法种植毒品原植物罪的罪责形式是故意。这里的故意，是指明知是毒品原植物而有意种植的主观心理状态。

3. 罪量

非法种植毒品原植物罪的罪量要素是：（1）种植罂粟 500 株以上不满 3 000 株或者其他毒品原植物数量较大的。这里的种植其他毒品原植物数量较大，根据《解释》第 9 条的规定，是指非法种植大麻 5 000 株以上不满 30 000 株。（2）经公安机关处理后又种植的。这里的经公安机关处理后又种植的，是指曾经种植毒品原植物，经公安机关发现强制铲除或者予以行政处罚后，仍不悔改，又非法种植。在这种情况下，即使种植数量不大，也构成本罪。（3）抗拒铲除的。这里的抗拒铲除，是指非法种植毒品原植物，经公安机关发现后予以强制铲除或者强制其铲除而以暴力相对抗，拒不铲除。在这种情况下，即使种植数量不大，也构成本罪。

（三）处罚

根据《刑法》第 351 条第 1 款之规定，犯本罪的，处 5 年以下有期徒刑、拘役或者管制，并处罚金。第 2 款规定，非法种植罂粟 3 000 株以上或者其他毒品原植物数量大的，处 5 年以上有期徒刑，并处罚金或者没收财产。第 3 款规定，非法种植罂粟或者其他毒品原植物，在收获前自动铲除的，可以免除处罚。

加重处罚事由　犯非法种植毒品原植物罪而非法种植罂粟 3 000 株以上或者其他毒品原植物数量大的，是本罪的加重处罚事由。这里的种植其他毒品原植物数量大的，根据《解释》第 9 条的规定，是指具有下列情形之一：（1）非法种植大麻 5 000 株以上不满 3 万株的；（2）非法种植罂粟 200 平方米以上不满 1 200 平方米、大麻 2 000 平方米以上不满 12 000 平方米，尚未出苗的；（3）非法种植其他毒品原植物数量较大的。

免除处罚事由　非法种植罂粟或者其他毒品原植物，在收获前自动铲除的，是本罪的免除处罚事由。

七、非法买卖、运输、携带、持有毒品原植物种子、幼苗罪

（一）概念

非法买卖、运输、携带、持有毒品原植物种子、幼苗罪是指违反国家规定，非法买卖、运输、携带、持有未经灭活的罂粟等毒品原植物种子或者幼苗，数量较大的行为。

（二）构成

1. 罪体

行为　非法买卖、运输、携带、持有毒品原植物种子、幼苗罪的行为是违反国家规定，非法买卖、运输、携带、持有未经灭活的罂粟等毒品原植物种子或者幼苗。

客体　非法买卖、运输、携带、持有毒品原植物种子、幼苗罪的客体是未经灭活的罂粟等毒品原植物种子、幼苗。这里的未经灭活的罂粟等毒品原植物种子，是指没有经过物理、化学等方法杀灭植物生长细胞，还能继续繁殖、发芽的

罂粟等毒品原植物种子。

2. 罪责

非法买卖、运输、携带、持有毒品原植物种子、幼苗罪的罪责形式是故意。这里的故意，是指明知是毒品原植物种子、幼苗而非法买卖、运输、携带、持有的主观心理状态。

3. 罪量

非法买卖、运输、携带、持有毒品原植物种子、幼苗罪的罪量要素是数量较大。这里的数量较大，根据《解释》第 10 条的规定，是指具有下列情形之一：(1) 罂粟种子 50 克以上、罂粟幼苗 5 000 株以上的；(2) 大麻种子 50 千克以上、大麻幼苗 5 万株以上的；(3) 其他毒品原植物种子或者幼苗数量较大的。

（三）处罚

根据《刑法》第 352 条之规定，犯本罪的，处 3 年以下有期徒刑、拘役或者管制，并处或者单处罚金。

八、引诱、教唆、欺骗他人吸毒罪

（一）概念

引诱、教唆、欺骗他人吸毒罪是指以引诱、教唆、欺骗的方法，促使他人吸食、注射毒品的行为。

（二）构成

1. 罪体

行为　引诱、教唆、欺骗他人吸毒罪的行为是以引诱、教唆、欺骗的方法，促使他人吸食、注射毒品。由此可见，本罪的行为具有以下三种情形：(1) 引诱他人吸毒。这里的引诱，是指以金钱、物质或者含有毒品的物品让他人吸食，或者以向他人进行鼓动等方法，勾引、诱使、拉拢本无吸毒意愿的人吸毒。(2) 教唆他人吸毒。这里的教唆，是指以宣扬吸毒后的体验、示范吸毒方法和劝说、授意、怂恿等其他方法，故意唆使他人产生吸毒的意图并进而吸毒。（3）欺骗他人吸毒。这里的欺骗，是指暗地里在药品中掺入毒品供他人吸食，使他人不知不觉地染上毒瘾。

客体　引诱、教唆、欺骗他人吸毒罪的客体是他人。这里的他人，是指从未吸毒的人，或者曾经吸食但已戒除的人。

2. 罪责

引诱、教唆、欺骗他人吸毒罪的罪责形式是故意。这里的故意，是指明知是引诱、教唆、欺骗他人吸毒的行为而有意实施的主观心理状态。

（三）处罚

根据《刑法》第353条第1款之规定，犯木罪的，处3年以下有期徒刑、拘役或者管制，并处罚金；情节严重的，处3年以上7年以下有期徒刑，并处罚金。第3款规定，引诱、教唆、欺骗未成年人吸食、注射毒品的，从重处罚。

加重处罚事由　犯引诱、教唆、欺骗他人吸毒罪而情节严重的，是本罪的加重处罚事由。这里的情节严重，根据《解释》第11条的规定，是指具有下列情形之一：（1）引诱、教唆、欺骗多人或者多次引诱、教唆、欺骗他人吸食、注射毒品的；（2）对他人身体健康造成严重危害的；（3）导致他人实施故意杀人、故意伤害、交通肇事等犯罪行为的；（4）国家工作人员引诱、教唆、欺骗他人吸食、注射毒品的；（5）其他情节严重的情形。

从重处罚事由　引诱、教唆、欺骗未成年人吸食、注射毒品的，是本罪的从重处罚事由。

九、强迫他人吸毒罪

（一）概念

强迫他人吸毒罪是指违背他人意志，以暴力、胁迫或者其他强制手段，迫使他人吸食、注射毒品的行为。

（二）构成

1. 罪体

行为 强迫他人吸毒罪的行为是违背他人意志，以暴力、胁迫或者其他方法，迫使他人吸食、注射毒品。这里的暴力，是指对不愿吸毒的人实行人身强制，迫使其违心地吸毒。胁迫，是指对不愿吸毒的人实行精神强制，迫使其违心地吸毒。其他方法，是指利用他人处于醉酒状态或者熟睡之机，让他人吸毒。

客体 强迫他人吸毒罪的客体是他人。这里的他人，是指从未吸毒的人，或者曾经吸食但已戒除的人。

2. 罪责

强迫他人吸毒罪的罪责形式是故意。这里的故意，是指明知是强迫他人吸毒的行为而有意实施的主观心理状态。

（三）处罚

根据《刑法》第 353 条第 2 款之规定，犯本罪的，处 3 年以上 10 年以下有期徒刑，并处罚金。第 3 款规定，强迫未成年人吸食、注射毒品的，从重处罚。

从重处罚事由 强迫未成年人吸食、注射毒品的，是本罪的从重处罚事由。

十、容留他人吸毒罪

（一）概念

容留他人吸毒罪是指为他人吸食、注射毒品提供场所的行为。

（二）构成

1. 罪体

行为 容留他人吸毒罪的行为是为他人吸食、注射毒品提供场所。

客体 容留他人吸毒罪的客体是他人。这里的他人，是指吸毒的人。

2. 罪责

容留他人吸毒罪的罪责形式是故意。这里的故意，是指明知是容留他人吸毒的行为而有意实施的主观心理状态。

3. 罪量

容留他人吸毒罪的罪量要素，刑法未作规定。根据《解释》第12条的规定，容留他人吸食、注射毒品，具有下列情形之一的，应当以容留他人吸毒罪定罪处罚：（1）一次容留多人吸食、注射毒品的；（2）2年内多次容留他人吸食、注射毒品的；（3）2年内曾因容留他人吸食、注射毒品受过行政处罚的；（4）容留未成年人吸食、注射毒品的；（5）以牟利为目的容留他人吸食、注射毒品的；（6）容留他人吸食、注射毒品造成严重后果的；（7）其他应当追究刑事责任的情形。

（三）处罚

根据《刑法》第354条之规定，犯本罪的，处3年以下有期徒刑、拘役或者管制，并处罚金。

十一、非法提供麻醉药品、精神药品罪

（一）概念

非法提供麻醉药品、精神药品罪是指依法从事生产、运输、管理、使用国家管制的麻醉药品、精神药品的人员，违反国家规定，向吸食、注射毒品的人提供国家规定管制的能够使人形成瘾癖的麻醉药品、精神药品的行为。

（二）构成

1. 罪体

主体　非法提供麻醉药品、精神药品罪的主体是依法从事生产、运输、管理、使用国家管制的麻醉药品、精神药品的人员。

行为　非法提供麻醉药品、精神药品罪的行为是向吸毒、注射毒品的人非法提供国家规定管制的能够使人形成瘾癖的麻醉药品、精神药品。这里的提供，是指无偿地提供。根据《刑法》第355条第1款的规定，向走私、贩卖毒品的犯罪

分子或者以牟利为目的，向吸食、注射毒品的人提供的，应以贩卖毒品罪论处。

客体 非法提供麻醉药品、精神药品罪的客体是吸食、注射毒品的人和麻醉药品、精神药品。本罪客体限于吸食、注射毒品的人，如果是向走私、贩卖毒品的犯罪分子提供的，根据《刑法》第 355 条第 1 款的规定，应以走私、贩卖毒品罪的共犯论处。这里的麻醉药品，是指连续使用后能使人产生依赖性，形成瘾癖的药品。精神药品，是指直接作用于中枢神经系统，使之兴奋或者抑制，连续使用能产生依赖性的药品。2002 年 10 月 24 日最高人民检察院研究室《关于安定注射液是否属于刑法第三百五十五条规定的精神药品问题的答复》指出：根据《精神药品管理办法》等国家有关规定，能够使人形成瘾癖的精神药品，是指使用后能使人的中枢神经系统兴奋或者抑制，连续使用能使人产生依赖性的药品。安定注射液属于《刑法》第 355 条第 1 款规定的国家规定管制的能够使人形成瘾癖的精神药品。鉴于安定注射液属于《精神药品管理办法》规定的第二类精神药品，医疗实践中使用较多，在处理此类案件时，应当慎重掌握罪与非罪的界限。对于明知他人是吸毒人员而多次向其出售安定注射液，或者贩卖安定注射液数量较大的，可以依法追究行为人的刑事责任。

2. 罪责

非法提供麻醉药品、精神药品罪的罪责形式是故意。这里的故意，是指明知是吸食、注射毒品的人而有意提供麻醉药品、精神药品的主观心理状态。

3. 罪量

非法提供麻醉药品、精神药品罪的罪量要素，刑法未作规定。根据《解释》第 13 条第 1 款的规定，依法从事生产、运输、管理、使用国家管制的麻醉药品、精神药品的人员，违反国家规定，向吸食、注射毒品的人提供国家规定管制的能够使人形成瘾癖的麻醉药品、精神药品，具有下列情形之一的，应当以非法提供麻醉药品、精神药品罪定罪处罚：（1）非法提供麻醉药品、精神药品达到《刑法》第 347 条第 3 款或者本解释第 2 条规定的数量较大标准最低值的 50%，不满数量较大标准的；（2）2 年内曾因非法提供麻醉药品、精神药品受过行政处罚的；（3）向多人或者多次非法提供麻醉药品、精神药品的；（4）向吸食、注射毒品的未成年人非法提供麻醉药品、精神药品的；（5）非法提供麻醉药品、精神药品造成严重后果的；（6）其他应当追究刑事责任的情形。

（三）处罚

根据《刑法》第355条第1款之规定，犯本罪的，处3年以下有期徒刑或者拘役，并处罚金；情节严重的，处3年以上7年以下有期徒刑，并处罚金。第2款规定，单位犯本罪的，对单位判处罚金，并对其直接负责的主管人员和其他直接责任人员，依照个人犯罪的规定处罚。

加重处罚事由　犯非法提供麻醉药品、精神药品罪而情节严重的，是本罪的加重处罚事由。这里的情节严重，根据《解释》第13条第2款的规定，是指具有下列情形之一：（1）非法提供麻醉药品、精神药品达到《刑法》第347条第3款或者本解释第2条规定的数量较大标准的；（2）非法提供麻醉药品、精神药品达到前款第1项规定的数量标准，且具有前款第3项至第5项规定的情形之一的；（3）其他情节严重的情形。

十二、妨害兴奋剂管理罪

（一）概念

妨害兴奋剂管理罪是指引诱、教唆、欺骗运动员使用兴奋剂参加国内、国际重大体育竞赛，或者明知运动员参加上述竞赛而向其提供兴奋剂，情节严重的行为。

（二）构成

1. 罪体

妨害兴奋剂管理罪的行为是引诱、教唆、欺骗运动员使用兴奋剂参加国内、国际重大体育竞赛，或者明知运动员参加上述竞赛而向其提供兴奋剂。本罪行为分为四种情形：（1）引诱运动员使用兴奋剂。（2）教唆运动员使用兴奋剂。

（3）欺骗运动员使用兴奋剂。（4）向运动员提供兴奋剂。

客体　妨害兴奋剂管理罪的客体是兴奋剂。这里的兴奋剂，根据 2018 年修正的国务院《反兴奋剂条例》第 2 条的规定，是指兴奋剂目录所列的禁用物质等。兴奋剂目录由国务院体育主管部门会同国务院食品药品监督管理部门、国务院卫生主管部门、国务院商务主管部门和海关总署制定、调整并公布。

2. 罪责

妨害兴奋剂管理罪的罪责形式是故意。这里的故意，是指明知是妨害兴奋剂管理的行为而有意实施的主观心理状态。

3. 罪量

妨害兴奋剂管理罪的罪量要素是情节严重。

（三）处罚

根据《刑法》第 355 条之一［《刑法修正案（十一）》第 44 条］之规定，犯本罪的，处 3 年以下有期徒刑或者拘役，并处罚金。

从重处罚事由　犯妨害兴奋剂管理罪而组织、强迫运动员使用兴奋剂参加国内、国际重大体育竞赛的，是本罪的从重处罚事由。

第四十章

妨害社会管理秩序罪Ⅷ：
组织、强迫、引诱、容留、介绍卖淫罪

第一节　组织、强迫、引诱、容留、介绍卖淫罪概述

一、概念

组织、强迫、引诱、容留、介绍卖淫罪是指组织、强迫、引诱、容留、介绍他人卖淫，妨害社会管理秩序，败坏社会风气的行为。

二、罪名

组织、强迫、引诱、容留、介绍卖淫罪是《刑法》分则第六章第八节规定之罪，从第 358 条至第 362 条共 5 个条文，规定了 7 个罪名。《刑法修正案（九）》第 43 条取消了嫖宿幼女罪。本节共计 6 个罪名，这些罪名是：（1）组织卖淫罪；（2）强迫卖淫罪；（3）协助组织卖淫罪；（4）引诱、容留、介绍卖淫罪；（5）引诱幼女卖淫罪；（6）传播性病罪。

三、法定刑

组织、强迫、引诱、容留、介绍卖淫罪的法定最高刑是无期徒刑，共有 2 个罪名规定了无期徒刑。其他罪名规定了有期徒刑、拘役和管制，所有罪名均规定了罚金。

第二节　组织、强迫、引诱、容留、介绍卖淫罪分述

一、组织卖淫罪

（一）概念

组织卖淫罪是指通过建立卖淫集团，采用招募、雇用、强迫、引诱、容留等手段，控制多人从事卖淫的行为。

（二）构成

1. 罪体

行为　这里的组织卖淫罪的行为是指组织他人卖淫。这里的组织，是指设置卖淫场所或者设置变相卖淫场所，招募卖淫人员进行卖淫活动，或者利用从事服务业等便利条件，操纵其所控制的卖淫人员有组织地进行卖淫活动。

客体　组织卖淫罪的客体是卖淫。这里的卖淫，是指非法的性交易，既包括异性之间的性交易，也包括同性之间的性交易。为获取物质报酬与不特定的对象发生性行为的，就应当视为卖淫。值得注意的是，公安部公复字〔2001〕4 号文件将卖淫定义为：收受或约定收受报酬而与不特定的人进行性交或者其他性器官接触有关的淫乱活动行为，具体包括性交、口交、肛交行为、手淫行为以及其他涉及性器官接触的变态行为。这一定义将性交以外的口交、肛交行为、手淫行为等都视为卖淫活动的交易内容。我认为，这一定义扩大了卖淫的外延，有所不

当。卖淫是指交易，它以性交行为作为交易内容，有偿提供性交以外的色情服务的，不能认定为刑法中的卖淫。在我国司法实践中，将性服务区分为接触式性行为和进入式性行为。所谓接触式性行为，是指手淫、胸推或者其他采用外部身体接触的方式满足他人性欲的方式。而进入式性行为，是指性交、口交、肛交等满足他人性欲的方式。在目前情况下，我国司法实践中并未将刑法意义上的卖淫局限于性器官结合的狭义性交，对狭义性交之外的肛交、口交等进入式的性行为，应当依法认定为刑法意义上的卖淫。① 在我国《刑法》未对性交概念作出明确规定的情况下，这一理解具有一定道理。

2. 罪责

组织卖淫罪的罪责形式是故意。这里的故意，是指明知是组织卖淫的行为而有意实施的主观心理状态。

（三）处罚

根据《刑法》第 358 条［《刑法修正案（九）》第 42 条］第 1 款之规定，犯本罪的，处 5 年以上 10 年以下有期徒刑，并处罚金；情节严重的，处 10 年以上有期徒刑或者无期徒刑，并处罚金或者没收财产。

加重处罚事由　犯组织卖淫罪而情节严重是本罪的加重处罚事由。这里的情节严重，根据 2017 年 7 月 21 日最高人民法院、最高人民检察院《关于办理组织、强迫、引诱、容留、介绍卖淫刑事案件适用法律若干问题的解释》（以下简称《解释》）第 2 条的规定，是指具有下列情形之一：（1）卖淫人员累计达 10 人以上的；（2）卖淫人员中未成年人、孕妇、智障人员、患有严重性病的人累计达 5 人以上的；（3）组织境外人员在境内卖淫或者组织境内人员出境卖淫的；（4）非法获利人民币 100 万元以上的；（5）造成被组织卖淫的人自残、自杀或者其他严重后果的；（6）其他情节严重的情形。

---

① 周峰，党建军，陆建红，杨华.《关于办理组织、强迫、引诱、容留、介绍卖淫刑事案件适用法律若干问题的解释》的理解与适用. 人民司法（应用），2017（25）.

从重处罚事由之一　组织未成年人卖淫的，是本罪的从重处罚事由。

从重处罚事由之二　旅馆业、饮食服务业、文化娱乐业、出租汽车业等单位的人员，利用本单位的条件，组织他人卖淫的，是本罪的从重处罚事由。

二、强迫卖淫罪

（一）概念

强迫卖淫罪是指以暴力、胁迫或者其他方法，迫使他人卖淫的行为。

（二）构成

1. 罪体

行为　强迫卖淫罪的行为是以暴力、胁迫或者其他方法，迫使他人卖淫。这里的暴力，是指人身强制方法；胁迫，是指精神强制方法；其他方法，是指采用灌醉、麻醉等方法。

客体　强迫他人卖淫的客体是卖淫。

2. 罪责

强迫卖淫罪的罪责形式是故意。这里的故意，是指明知是强迫卖淫的行为而有意实施的主观心理状态。

（三）处罚

根据《刑法》第 358 条［《刑法修正案（九）》第 42 条］第 1 款之规定，犯本罪的，处 5 年以上 10 年以下有期徒刑，并处罚金；情节严重的，处 10 年以上有期徒刑或者无期徒刑，并处罚金或者没收财产。

加重处罚事由　犯强迫卖淫罪而情节严重的，是本罪的加重处罚事由。这里的情节严重，根据前引《解释》第 6 条第 1 款的规定，是指具有下列情形之一：（1）卖淫人员累计达 5 人以上的；（2）卖淫人员中未成年人、孕妇、智障人员、患有严重性病的人累计达 3 人以上的；（3）强迫不满 14 周岁的幼女卖淫的；（4）造成被强迫卖淫的人自残、自杀或者其他严重后果的；（5）其他情节严重的情形。此外，前引《解释》第 6 条第 2 款还规定，行为人既有组织卖淫犯罪行为，又有强迫卖淫犯罪行为，且具有下列情形之一的，以组织、强迫卖淫情节严重论处：（1）组织卖淫、强迫卖淫行为中具有本解释第 2 条、本条前款规定的情节严重情形之一的；（2）卖淫人员累计达到本解释第 2 条第 1、2 项规定的组织卖淫情节严重人数标准的；（3）非法获利数额相加达到本解释第 2 条第 4 项规定的组织卖淫情节严重数额标准的。

从重处罚事由之一　强迫未成年人卖淫的，是本罪的从重处罚事由。

从重处罚事由之二　旅馆业、饮食服务业、文化娱乐业、出租汽车业等单位的人员，利用本单位的条件，强迫他人卖淫的，是本罪的从重处罚事由。

三、协助组织卖淫罪

（一）概念

协助组织卖淫罪是指为组织卖淫的人招募、运送人员或者有其他协助组织他人卖淫行为的行为。

（二）构成

1. 罪体

行为　协助组织卖淫罪的行为是指明知他人实施组织卖淫犯罪活动而为其招募、运送人员或者有其他协助组织他人卖淫行为。这里的招募，是指协助组织卖淫的人招雇、征招、招聘、募集人员。运送，是指为组织卖淫的人通过提供交通工具接送、输送所招募的人员。这里的其他协助组织他人卖淫行为，是指充当保镖、打手、管账人等。

客体　协助组织卖淫罪的客体是他人的组织卖淫活动。因此，这种协助行为本来是组织卖淫罪的共犯，但刑法将其设置为独立罪名。

2. 罪责

协助组织卖淫罪的罪责形式是故意。这里的故意，是指明知是协助组织卖淫的行为而有意实施的主观心理状态。

（三）认定

协助组织卖淫罪与组织卖淫罪之间具有密切关系。在某种意义上说，协助组织卖淫实际上是组织卖淫罪的帮助犯。但我国刑法专门设立了协助组织卖淫罪，因此，对于协助组织卖淫行为不再以组织卖淫罪的共犯论处，而是单独定罪。对此，前引《解释》第 4 条第 1 款规定：明知他人实施组织卖淫犯罪活动而为其招募、运送人员或者充当保镖、打手、管账人等的，依照《刑法》第 358 条第 4 款的规定，以协助组织卖淫罪定罪处罚，不以组织卖淫罪的从犯论处。

组织卖淫活动通常都是以开设娱乐场所或者其他经营场所的名义进行的，而在这些场所工作的人员较多。那么，如何区分协助组织卖淫行为与一般从事劳务活动的行为呢？对此，前引《解释》第 4 条第 2 款明确规定：在具有营业执照的会所、洗浴中心等经营场所担任保洁员、收银员、保安员等，从事一般服务性、劳务性工作，仅领取正常薪酬，且无前款所列协助组织卖淫行为的，不认定为协助组织卖淫罪。

（四）处罚

根据《刑法》第 358 条［《刑法修正案（八）》第 48 条］第 3 款之规定，犯本罪的，处 5 年以下有期徒刑，并处罚金；情节严重的，处 5 年以上 10 年以下有期徒刑，并处罚金。

加重处罚事由　犯协助组织卖淫罪而情节严重是本罪的加重处罚事由。这里的情节严重，根据《解释》第 5 条的规定，是指具有下列情形之一：（1）招募、运送卖淫人员累计达 10 人以上的；（2）招募、运送的卖淫人员中未成年人、孕妇、智障人员、患有严重性病的人累计达 5 人以上的；（3）协助组织境外人员在境内卖淫或者协助组织境内人员出境卖淫的；（4）非法获利人民币 50 万元以上的；（5）造成被招募、运送或者被组织卖淫的人自残、自杀或者其他严重后果的；（6）其他情节严重的情形。

四、引诱、容留、介绍卖淫罪

（一）概念

引诱、容留、介绍卖淫罪是指以金钱、物质或者其他利益为手段，诱使他人卖淫，或者为他人卖淫提供场所，或者为卖淫的人与嫖客牵线搭桥的行为。

（二）构成

1. 罪体

行为　引诱、容留、介绍卖淫罪的行为是引诱、容留、介绍卖淫。由此可见，本罪的行为具有以下三种情形：（1）引诱他人卖淫。这里的引诱，是指以金钱、财物或者其他利益为手段，诱使他人卖淫。（2）容留他人卖淫。这里的容留，是指为他人卖淫提供场所。（3）介绍他人卖淫。这里的介绍，是指为卖淫的人与嫖客牵线搭桥。

客体　引诱、容留、介绍卖淫罪的客体是卖淫。

2. 罪责

引诱、容留、介绍卖淫罪的罪责形式是故意。这里的故意，是指明知是引诱、容留、介绍卖淫的行为而有意实施的主观心理状态。

3. 罪量

刑法对引诱、容留、介绍他人卖淫罪的罪量要素未作规定。前引《解释》第8条对此做了规定。根据《解释》该条规定，引诱、容留、介绍他人卖淫，具有下列情形之一的，应当以引诱、容留、介绍他人卖淫罪定罪处罚：（1）引诱他人卖淫的；（2）容留、介绍2人以上卖淫的；（3）容留、介绍未成年人、孕妇、智障人员、患有严重性病的人卖淫的；（4）1年内曾因引诱、容留、介绍卖淫行为被行政处罚，又实施容留、介绍卖淫行为的；（5）非法获利人民币1万元以上的。

（三）处罚

根据《刑法》第359条第1款之规定，犯本罪的，处5年以下有期徒刑、拘役或者管制，并处罚金；情节严重的，处 5 年以上有期徒刑，并处罚金。

加重处罚事由 犯引诱、容留、介绍卖淫罪而情节严重是本罪的加重处罚事由。这里的情节严重，根据前引《解释》第 9 条的规定，是指具有下列情形之一：（1）引诱 5 人以上或者引诱、容留、介绍 10 人以上卖淫的；（2）引诱 3 人以上的未成年人、孕妇、智障人员、患有严重性病的人卖淫，或者引诱、容留、介绍 5 人以上该类人员卖淫的；（3）非法获利人民币 5 万元以上的；（4）其他情节严重的情形。

从重处罚事由 旅馆业、饮食服务业、文化娱乐业、出租汽车业等单位的人员，利用本单位的条件，引诱、容留、介绍他人卖淫的，是本罪的从重处罚事由。

五、引诱幼女卖淫罪

（一）概念

引诱幼女卖淫罪是指引诱不满 14 周岁的幼女卖淫的行为。

（二）构成

1. 罪体

行为 引诱幼女卖淫罪的行为是引诱不满 14 周岁的幼女卖淫。这里的引诱，是指以金钱、财物或者其他利益为手段诱使幼女卖淫。

客体 引诱幼女卖淫罪的客体是不满 14 周岁的幼女的卖淫。

2. 罪责

引诱幼女卖淫罪的罪责形式是故意。这里的故意，是指明知是不满 14 周岁的幼女而引诱其卖淫的主观心理状态。

（三）处罚

根据《刑法》第 359 条第 2 款之规定，犯本罪的，处 5 年以上有期徒刑，并处罚金。

六、传播性病罪

（一）概念

传播性病罪是指明知自己患有梅毒、淋病等严重性病而进行卖淫、嫖娼的行为。

（二）构成

1. 罪体

行为　传播性病罪的行为是明知自己患有梅毒、淋病等严重性病而进行卖淫、嫖娼。

客体　传播性病罪的客体是梅毒、淋病等严重性病。

2. 罪责

传播性病罪的罪责形式是故意。这里的故意，是指明知自己患有梅毒、淋病等严重性病而进行卖淫、嫖娼的主观心理状态。这里的明知，根据前引《解释》第 11 条第 1 款的规定，是指具有下列情形之一：（1）有证据证明曾到医院或者其他医疗机构就医或者检查，被诊断为患有严重性病的；（2）根据本人的知识和经验，能够知道自己患有严重性病的；（3）通过其他方法能够证明行为人是明知的。这里的严重性病，根据前引《解释》第 11 条第 3 款的规定，包括梅毒、淋病等。其他性病是否认定为严重性病，应当根据《传染病防治法》《性病防治管理办法》的规定，在国家卫生与计划生育委员会规定实行性病监测的性病范围内，依照其危害、特点与梅毒、淋病相当的原则，从严掌握。应当指出，艾滋病是一种严重的性病，因此，明知自己患有艾滋病或者感染艾滋病病毒而卖淫、嫖娟的，应当以本罪论处。

（三）认定

传播性病罪是一种抽象危险犯，只要性病患者在明知自己患有性病的情况下实施了卖淫、嫖娼行为，即构成本罪，而不要求将性病传播给他人。因此，前引

《解释》第 11 条第 2 款明确规定，传播性病行为是否实际造成他人患上严重性病的后果，不影响本罪的成立。当然，如果他人因此而感染性病，对于行为人应当从重处罚。在性病中，艾滋病是一种对人的生命具有严重危险性的性病。因此，通过卖淫、嫖娼而将艾滋病传染给他人，实质上是一种对他人的人身伤害行为。为此，前引《解释》第 12 条第 2 款规定，具有下列情形之一，致使他人感染艾滋病病毒的，认定为《刑法》第 95 条第 3 项 "其他对于人身健康有重大伤害" 所指的 "重伤"，依照《刑法》第 234 条第 2 款的规定，以故意伤害罪定罪处罚：(1) 明知自己感染艾滋病病毒而卖淫、嫖娼的；(2) 明知自己感染艾滋病病毒，故意不采取防范措施而与他人发生性关系的。

（四）处罚

根据《刑法》第 360 条第 1 款之规定，犯本罪的，处 5 年以下有期徒刑、拘役或者管制，并处罚金。

从重处罚事由　根据前引《解释》第 12 条第 1 款的规定，明知自己患有艾滋病或者感染艾滋病病毒而卖淫、嫖娼的，以传播性病罪定罪，从重处罚。

第四十一章

妨害社会管理秩序罪 Ⅸ：
制作、贩卖、传播淫秽物品罪

第一节 制作、贩卖、传播淫秽物品罪概述

一、概念

制作、贩卖、传播淫秽物品罪是指制造、贩卖、传播色情海淫性的书刊、影片、录像带、录音带、图片及其他淫秽物品或者组织进行淫秽表演的行为。

二、罪名

制作、贩卖、传播淫秽物品罪是《刑法》分则第六章第九节规定之罪，从第363条至第367条共5个条文，规定了5个罪名。这些罪名是：（1）制作、复制、出版、贩卖、传播淫秽物品牟利罪；（2）为他人提供书号出版淫秽书刊罪；（3）传播淫秽物品罪；（4）组织播放淫秽音像制品罪；（5）组织淫秽表演罪。

三、法定刑

制作、贩卖、传播淫秽物品罪的法定最高刑是无期徒刑，其他罪名规定了有期徒刑、拘役和管制，以及罚金和没收财产。

第二节 制作、贩卖、传播淫秽物品罪分述

一、制作、复制、出版、贩卖、传播淫秽物品牟利罪

（一）概念

制作、复制、出版、贩卖、传播淫秽物品牟利罪是指以牟利为目的，制作、复制、出版、贩卖、传播淫秽物品的行为。

（二）构成

1. 罪体

行为 制作、复制、出版、贩卖、传播淫秽物品牟利罪的行为是制作、复制、出版、贩卖、传播淫秽物品。由此可见，本罪的行为具有以下五种情形：（1）制作淫秽物品。这里的制作，是指生产、录制、摄制、编写、译著、绘画、印刷、刻印、洗印等。（2）复制淫秽物品。这里的复制，是指复印、拓印、翻印、复写、复录、抄写等。（3）出版淫秽物品。这里的出版，是指编辑、印刷等。（4）贩卖淫秽物品。这里的贩卖，是指发行、批发、零售、倒卖等。（5）传播淫秽物品。这里的传播，是指播放、放映、出租、出借、承运、邮寄等。此外，根据2004年9月3日最高人民法院、最高人民检察院《关于办理利用互联网、移动通讯终端、声讯台制作、复制、出版、贩卖、传播淫秽电子信息刑事案件具体应用法律若干问题的解释（一）》[以下简称《解释（一）》]第1条之规定，以牟利为目的，利用互联网、移动通讯终端、聊天室、论坛、即时通信软

件、电子邮件等方式实施上述行为的，应以本罪论处。

客体　制作、复制、出版、贩卖、传播淫秽物品牟利罪的客体是淫秽物品。这里的淫秽物品，根据《刑法》第 367 条的规定，是指具体描绘性行为或者露骨宣扬色情的诲淫性的书刊、影片、录像带、录音带、图片及其他淫秽物品。有关人体生理、医学知识的科学著作不是淫秽物品。包含有色情内容的有艺术价值的文学、艺术作品不视为淫秽物品。根据《解释（一）》第 9 条的规定，其他淫秽物品，包括具体描绘性行为或者露骨宣扬色情的诲淫性的视频文件、音频文件、电子刊物、图片、文章、短信息等互联网、移动通讯终端电子信息和声讯台语音信息。有关人体生理、医学知识的电子信息和声讯台语音信息不是淫秽物品。包含色情内容的有艺术价值的电子文学、艺术作品不视为淫秽物品。值得注意的是，2010 年 2 月 2 日最高人民法院、最高人民检察院《关于办理利用互联网、移动通讯终端、声讯台制作、复制、出版、贩卖、传播淫秽电子信息刑事案件具体应用法律若干问题的解释（二）》［以下简称《解释（二）》］将含有不满 14 周岁未成年人的淫秽电子信息作了专门规定，以体现对未成年人的特殊保护。

2. 罪责

制作、复制、出版、贩卖、传播淫秽物品牟利罪的罪责形式是故意。这里的故意，是指明知是淫秽物品而有意制作、复制、出版、贩卖、传播的主观心理状态。

目的犯　刑法规定，本罪须以牟利为目的，因此，本罪是法定的目的犯。

3. 罪量

制作、复制、出版、贩卖、传播淫秽物品牟利罪的罪量要素，刑法未作规定。根据 1998 年 12 月 17 日最高人民法院《关于审理非法出版物刑事案件具体应用法律若干问题的解释》［以下简称《解释（三）》］第 8 条第 1 款的规定，以牟利为目的，实施《刑法》第 363 条第 1 款规定的行为，具有下列情形之一的，以制作、复制、出版、贩卖、传播淫秽物品牟利罪定罪处罚：（1）制作、复制、出版淫秽影碟、软件、录像带 50 至 100 张（盒）以上，淫秽音碟、录音带 100

至 200 张（盒）以上，淫秽扑克、书刊、画册 100 至 200 副（册）以上，淫秽照片、画片 500 至 1 000 张以上的；（2）贩卖淫秽影碟、软件、录像带 100 至 200 张（盒）以上，淫秽音碟、录音带 200 至 400 张（盒）以上，淫秽扑克、书刊、画册 200 至 400 副（册）以上，淫秽照片、画片 1 000 至 2 000 张以上的；（3）向他人传播淫秽物品达 200 至 500 人次以上，或者组织播放淫秽影、像达 10 至 20 场次以上的；（4）制作、复制、出版、贩卖、传播淫秽物品，获利 5 000 至 10 000 元以上的。

根据《解释（一）》第 1 条第 1 款的规定，以牟利为目的，利用互联网、移动通讯终端制作、复制、出版、贩卖、传播淫秽电子信息，具有下列情形之一的，依照《刑法》第 363 条第 1 款的规定，以制作、复制、出版、贩卖、传播淫秽物品牟利罪定罪处罚：（1）制作、复制、出版、贩卖、传播淫秽电影、表演、动画等视频文件 20 个以上的；（2）制作、复制、出版、贩卖、传播淫秽音频文件 100 个以上的；（3）制作、复制、出版、贩卖、传播淫秽电子刊物、图片、文章、短信息等 200 件以上的；（4）制作、复制、出版、贩卖、传播的淫秽电子信息，实际被点击数达到 10 000 次以上的；（5）以会员制方式出版、贩卖、传播淫秽电子信息，注册会员达 200 人以上的；（6）利用淫秽电子信息收取广告费、会员注册费或者其他费用，违法所得 10 000 元以上的；（7）数量或者数额虽未达到第 1 项至第 6 项规定标准，但分别达到其中两项以上标准一半以上的；（8）造成严重后果的。

根据《解释（二）》第 1 条第 2 款的规定，以牟利为目的，利用互联网、移动通讯终端制作、复制、出版、贩卖、传播内容含有不满 14 周岁未成年人的淫秽电子信息，具有下列情形之一的，依照《刑法》第 363 条第 1 款的规定，以制作、复制、出版、贩卖、传播淫秽物品牟利罪定罪处罚：（1）制作、复制、出版、贩卖、传播淫秽电影、表演、动画等视频文件 10 个以上的；（2）制作、复制、出版、贩卖、传播淫秽音频文件 50 个以上的；（3）制作、复制、出版、贩卖、传播淫秽电子刊物、图片、文章等 100 件以上的；（4）制作、复制、出版、贩卖、传播的淫秽电子信息，实际被点击数达到 5 000 次以上的；（5）制作、复制、出版、贩卖、传播的淫秽电子信息，注册会员达 100 人以上的；（6）利用淫秽电子信息收取广告费、会员注册费或者其他费用，违法所得 5 000 元以上的；（7）数量或者数额虽未达到第（1）项至第（6）项规定标准，但分别达到其中两项以上标准一半以上的；（8）造成严重后果的。

（三）认定

根据《解释（二）》的规定，相关人员实施下述行为的，应当按照传播淫秽物品牟利罪定罪处罚。

1. 网站建立后，直接负责的管理者

根据《解释（二）》第 4 条的规定，以牟利为目的，网站建立者、直接负责的管理者明知他人制作、复制、出版、贩卖、传播的是淫秽电子信息，允许或者放任他人在自己所有、管理的网站或者网页上发布，具有下列情形之一的，依照《刑法》第 363 条第 1 款的规定，以传播淫秽物品牟利罪定罪处罚：（1）数量或者数额达到第 1 条第 2 款第（1）项至第（6）项规定标准 5 倍以上的；（2）数量或者数额分别达到第 1 条第 2 款第（1）项至第（6）项两项以上标准 2 倍以上的；（3）造成严重后果的。实施前款规定的行为，数量或者数额达到第 1 条第 2 款第（1）项至第（7）项规定标准 25 倍以上的，应当认定为《刑法》第 363 条第 1 款规定的情节严重；达到规定标准 100 倍以上的，应当认定为情节特别严重。

2. 电信业务经营者、互联网信息业务提供者

根据《解释（二）》第 6 条的规定，电信业务经营者、互联网信息服务提供者明知是淫秽网站，为其提供互联网接入、服务器托管、网络存储空间、通讯传输通道、代收费等服务，并收取服务费，具有下列情形之一的，对直接负责的主管人员和其他直接责任人员，依照《刑法》第 363 条第 1 款的规定，以传播淫秽物品牟利罪定罪处罚：（1）为 5 个以上淫秽网站提供上述服务的；（2）为淫秽网站提供互联网接入、服务器托管、网络存储空间、通讯传输通道等服务，收取服

务费数额在 2 万元以上的；（3）为淫秽网站提供代收费服务，收取服务费数额在 5 万元以上的；（4）造成严重后果的。实施前款规定的行为，数量或者数额达到前款第（1）项至第（3）项规定标准 5 倍以上的，应当认定为《刑法》第 363 条第 1 款规定的情节严重；达到规定标准 25 倍以上的，应当认定为情节特别严重。

3. 以共犯论处的情形

根据《解释（二）》第 7 条的规定，明知是淫秽网站，以牟利为目的，通过投放广告等方式向其直接或者间接提供资金，或者提供费用结算服务，具有下列情形之一的，对直接负责的主管人员和其他直接责任人员，依照《刑法》第 363 条第 1 款的规定，以制作、复制、出版、贩卖、传播淫秽物品牟利罪的共同犯罪处罚：（1）向 10 个以上淫秽网站投放广告或者以其他方式提供资金的；（2）向淫秽网站投放广告 20 条以上的；（3）向 10 个以上淫秽网站提供费用结算服务的；（4）以投放广告或者其他方式向淫秽网站提供资金数额在 5 万元以上的；（5）为淫秽网站提供费用结算服务，收取服务费数额在 2 万元以上的；（6）造成严重后果的。实施前款规定的行为，数量或者数额达到前款第（1）项至第（5）项规定标准 5 倍以上的，应当认定为《刑法》第 363 条第 1 款规定的情节严重；达到规定标准 25 倍以上的，应当认定为情节特别严重。

4. 明知的认定

根据《解释（二）》第 8 条的规定，实施第 4 条至第 7 条规定的行为，具有下列情形之一的，应当认定行为人明知，但是有证据证明确实不知道的除外：（1）行政主管机关书面告知后仍然实施上述行为的；（2）接到举报后不履行法定管理职责的；（3）为淫秽网站提供互联网接入、服务器托管、网络存储空间、通讯传输通道、代收费、费用结算等服务，收取服务费明显高于市场价格的；（4）向淫秽网站投放广告，广告点击率明显异常的；（5）其他能够认定行为人明知的情形。

5. 数量或者数额的累计计算

根据《解释（二）》第 9 条的规定，一年内多次实施制作、复制、出版、贩卖、传播淫秽电子信息行为未经处理，数量或者数额累计计算构成犯罪的，应当依法定罪处罚。

（四）处罚

根据《刑法》第363条第1款之规定，犯本罪的，处3年以下有期徒刑、拘役或者管制，并处罚金；情节严重的，处3年以上10年以下有期徒刑，并处罚金；情节特别严重的，处10年以上有期徒刑或者无期徒刑，并处罚金或者没收财产。第366条规定，单位犯本罪的，对单位判处罚金，并对其直接负责的主管人员和其他直接责任人员，依照个人犯罪的规定处罚。

加重处罚事由 犯制作、复制、出版、贩卖、传播淫秽物品牟利罪而情节严重的，是本罪的加重处罚事由。这里的情节严重，根据《解释（三）》第8条第2款的规定，是指具有下列情形之一的：（1）制作、复制、出版淫秽影碟、软件、录像带250至500张（盒）以上，淫秽音碟、录音带500至1 000张（盒）以上，淫秽扑克、书刊、画册500至1 000副（册）以上，淫秽照片、画片2 500至5 000张以上的；（2）贩卖淫秽影碟、软件、录像带500至1 000张（盒）以上，淫秽音碟、录音带1 000至2 000张（盒）以上，淫秽扑克、书刊、画册1 000至2 000副（册）以上，淫秽照片、画片5 000至10 000张以上的；（3）向他人传播淫秽物品达1 000至2 000人次以上，或者组织播放淫秽影、像达50至100场次以上的；（4）制作、复制、出版、贩卖、传播淫秽物品，获利30 000至50 000元以上的。

根据《解释（一）》第2条的规定，实施第1条规定的行为，数量和数额达到第1条第1款第1项至第6项规定的标准5倍以上的，应当认定为情节严重。

根据《解释（二）》第1条第3款的规定，实施第1条第2款规定的行为，数量或者数额达到第2款第1项至第7项规定标准5倍以上的，应当认定为情节严重。

特别加重处罚事由 犯制作、复制、出版、贩卖、传播淫秽物品牟利罪而情节特别严重的，是本罪的特别加重处罚事由。这里的情节特别严重，根据《解释

（三）》第 8 条第 3 款的规定，是指数量（数额）达到前款规定的数量（数额）5 倍以上。

根据《解释（一）》第 2 条的规定，实施第 1 条规定的行为，数量和数额达到第 1 条第 1 款第 1 项至第 6 项规定的标准 25 倍以上的，应当认定为情节特别严重。

根据《解释（二）》第 1 条第 3 款的规定，实施第 1 条第 2 款规定的行为，数量或者数额达到第 2 款第 1 项至第 7 项规定标准 25 倍以上的，应当认定为情节特别严重。

二、为他人提供书号出版淫秽书刊罪

（一）概念

为他人提供书号出版淫秽书刊罪是指工作严重不负责任，向他人提供书号，致使淫秽书刊出版的行为。

（二）构成

1. 罪体

行为 为他人提供书号出版淫秽书刊罪的行为是工作严重不负责任，向他人提供书号，致使淫秽书刊出版。

客体 为他人提供书号出版淫秽书刊罪的客体是书号。这里的书号，应作扩大解释，包括刊号和版号。书号是国家为对图书、刊物、音像制品的出版进行管理而设置的许可证。

结果 为他人提供书号出版淫秽书刊罪的结果是致使淫秽书刊出版。

2. 罪责

为他人提供书号出版淫秽书刊罪的罪责形式是过失。这里的过失，是指应当预见为他人提供书号，可能用于淫秽书刊的出版，因为疏忽大意而没有预见，或者已经预见而轻信能够避免，以致淫秽书刊出版的主观心理状态。根据刑法规定，如果不是出于过失，明知他人用于出版淫秽书刊而提供书号的，应以出版淫秽物品牟利罪处罚。

（三）处罚

根据《刑法》第 363 条第 2 款之规定，犯本罪的，处 3 年以下有期徒刑、拘役或者管制，并处或者单处罚金。《刑法》第 366 条规定，单位犯本罪的，对单位判处罚金，并对其直接负责的主管人员和其他直接责任人员，依照个人犯罪的规定处罚。

三、传播淫秽物品罪

（一）概念

传播淫秽物品罪是指不以牟利为目的，传播淫秽的书刊、影片、音像、图片或者其他淫秽物品，情节严重的行为。

（二）构成

1. 罪体

行为　传播淫秽物品罪的行为是不以牟利为目的，传播淫秽的书刊、影片、图片或者其他淫秽物品。

客体　传播淫秽物品罪的客体是淫秽的书刊、影片、图片或者其他淫秽物品。

2. 罪责

传播淫秽物品罪的罪责形式是故意，但不以牟利为目的。这里的故意，是指明知是淫秽物品而有意传播的主观心理状态。

3. 罪量

传播淫秽物品罪的罪量要素是情节严重。这里的情节严重，根据前引《解释（三）》第 10 条第 1 款的规定，是指向他人传播淫秽的书刊、影片、音像、图片等出版物达 300 至 600 人次以上或者造成恶劣社会影响的等。

（三）认定

我国法律和司法解释对网络传播淫秽物品的行为作了专门规定。2000年12月28日全国人大常委会《关于维护互联网安全的决定》第3条第5项规定，在互联网上建立淫秽网站、网页，提供淫秽站点链接服务，或者传播淫秽书刊、影片、音像、图片，构成犯罪的，依照刑法有关规定追究刑事责任。此外，《解释（一）》第3条规定，不以牟利为目的，利用互联网或者移动通讯终端传播淫秽电子信息，具有下列情形之一的，依照《刑法》第364条第1款的规定，以传播淫秽物品罪定罪处罚：（1）数量达到第1条第1款第1项至第5项规定标准的2倍以上的；（2）数量分别达到第1条第1项至第5项两项以上标准的；（3）造成严重后果的。利用聊天室、论坛、即时通信软件、电子邮件等方式，实施第1款规定行为的，依照《刑法》第364条第1款的规定，以传播淫秽物品罪定罪处罚。这些规定为认定网络传播淫秽物品提供了法律根据。此外，根据《解释（二）》的规定，网站建立者、直接负责的管理者明知他人制作、复制、出版、贩卖、传播的是淫秽电子信息，允许或者放任他人在自己所有、管理的网站或者网页上发布，具有下列情形之一的，依照《刑法》第364条第1款的规定，以传播淫秽物品罪定罪处罚：（1）数量达到第1条第2款第1项至第5项规定标准10倍以上的；（2）数量分别达到第1条第2款第1项至第5项两项以上标准5倍以上的；（3）造成严重后果的。

（四）处罚

根据《刑法》第364条第1款之规定，犯本罪的，处2年以下有期徒刑、拘役或者管制。《刑法》第364条第4款规定：向不满18周岁的未成年人传播淫秽物品的，从重处罚。《刑法》第366条规定，单位犯本罪的，对单位判处罚金，并对其直接负责的主管人员和其他直接责任人员，依照个人犯罪的规定处罚。

从重处罚事由 犯传播淫秽物品罪而向不满18周岁的未成年人传播淫秽物品的，是本罪的从重处罚事由。

四、组织播放淫秽音像制品罪

（一）概念

组织播放淫秽音像制品罪是指不以牟利为目的，组织播放淫秽的电影、录像等音像制品的行为。

（二）构成

1. 罪体

行为 组织播放淫秽音像制品罪的行为是不以牟利为目的，组织播放淫秽的电影、录像等音像制品。这里的组织播放，是指召集、安排多人播放、观看、收听。

客体 组织播放淫秽音像制品罪的客体是淫秽的电影、录像等音像制品。这里的淫秽的电影、录像等音像制品，是指淫秽影片、录像带、幻灯片、录音带、激光视盘、激光唱片、存储有淫秽内容的计算机软件等。

2. 罪责

组织播放淫秽音像制品罪的罪责形式是故意，但不以牟利为目的。这里的故意，是指明知是淫秽音像制品而有意组织播放的主观心理状态。

3. 罪量

组织播放淫秽音像制品罪的罪量要素，刑法未作规定。根据《解释（三）》第 10 条第 2 款的规定，组织播放淫秽电影、录像等音像制品达 15 至 30 场以上或者造成恶劣社会影响的等，构成本罪。

（三）处罚

根据《刑法》第 364 条第 2 款之规定，犯本罪的，处 3 年以下有期徒刑、拘役或者管制，并处罚金；情节严重的，处 3 年以上 10 年以下有期徒刑，并处罚金。该条第 3 款规定，制作、复制淫秽的电影、录像等音像制品组织播放的，依照组织播放淫秽音像制品罪的规定，从重处罚。第 4 款规定，向不满 18 周岁的未成年人传播淫秽物品的，从重处罚。《刑法》第 366 条规定，单位犯本罪的，对单位判处罚金，并对其直接负责的主管人员和其他直接责任人员，依照个人犯罪的规定处罚。

加重处罚事由　犯组织播放淫秽音像制品罪而情节严重的，是本罪的加重处罚事由。

从重处罚事由之一　制作、复制淫秽的电影、录像等音像制品组织播放的，是本罪的从重处罚事由之一。

从重处罚事由之二　向不满 18 周岁的未成年人传播淫秽物品的，是本罪的从重处罚事由之二。

五、组织淫秽表演罪

（一）概念

组织淫秽表演罪是指安排多人从事诲淫性演出的行为。

（二）构成

1. 罪体

行为　组织淫秽表演罪的行为是组织诲淫性演出。这里的组织，是指采用招募、雇用、强迫、引诱、容留等手段，安排多人从事淫秽表演。

客体　组织淫秽表演罪的客体是淫秽表演。这里的淫秽表演，是指跳脱衣舞、裸休舞、性交表演等。

2. 罪责

组织淫秽表演罪的罪责形式是故意。这里的故意，是指明知是组织淫秽表演的行为而有意实施的主观心理状态。

3. 罪量

组织淫秽表演罪的罪量要素，刑法未作规定。根据《立案追诉标准（一）》第 86 条的规定，组织传播表演，涉嫌下列情形之一的，应予立案追诉：（1）组织表演者进行裸体表演的；（2）组织表演者利用性器官进行诲淫性表演的；
（3）组织表演者半裸体或者变相裸体表演并通过语言、动作具体描绘性行为的；
（4）其他组织进行淫秽表演应予追究刑事责任的情形。

（三）处罚

根据《刑法》第 365 条之规定，犯本罪的，处 3 年以下有期徒刑、拘役或者
管制，并处罚金；情节严重的，处 3 年以上 10 年以下有期徒刑，并处罚金。《刑
法》第 366 条规定，单位犯本罪的，对单位判处罚金，并对其直接负责的主管人
员和其他直接责任人员，依照个人犯罪的规定处罚。

加重处罚事由　犯组织淫秽表演罪而情节严重的，是本罪的加重处罚事由。
这里的情节严重，是指多次组织淫秽表演的；以暴力、胁迫或者其他手段强迫他
人进行淫秽表演的；社会影响极为恶劣的；观看人数多、表演时间长，表演内容
极其淫秽的等。

第四十二章

危害国防利益罪

第一节 危害国防利益罪概述

一、概念

危害国防利益罪是指违反国防法律、法规，危害国防利益，依法应受刑罚处罚的行为。

二、罪名

危害国防利益罪是《刑法》分则第七章规定之罪，原《刑法》从第 368 条至第 381 条共 14 个条文，规定了 21 个罪名。此外，《刑法修正案（五）》增设了 1 个罪名，《刑法修正案（七）》第 12 条增设了 1 个罪名。本章共计 23 个罪名，这些罪名是：（1）阻碍军人执行职务罪；（2）阻碍军事行动罪；（3）破坏武器装备、军事设施、军事通信罪；（4）过失损坏武器装备、军事设施、军事通信罪；（5）故意提供不合格武器装备、军事设施罪；（6）过失提供不合格武器装备、军事设施罪；（7）聚众冲击军事禁区罪；（8）聚众扰乱军事管理区秩序罪；（9）冒充军人招摇撞骗罪；（10）煽动军人逃离部队罪；（11）雇用逃离部队军人罪；（12）接送不合格兵员罪；（13）伪造、变造、买卖武装部队公文、证件、印章罪；（14）盗窃、抢夺武装部队公文、证件、印章罪；（15）非法生产、买卖武装部队制式服装罪[①]；（16）伪造、盗窃、买卖、非法提供、非法使用武装部队专用标志罪；（17）战时拒绝、逃避征召、军事训练罪；（18）战时拒绝、逃避服役罪；（19）战时故意提供虚假敌情罪；（20）战时造谣扰乱军心罪；（21）战时窝藏逃离部队军人罪；（22）战时拒绝、故意延误军事订货罪；（23）战时拒绝军事征收、征用罪。[②]

三、法定刑

危害国防利益罪的法定最高刑为死刑，共有 2 个死刑罪名。其他罪名规定了无期徒刑、有期徒刑、拘役和管制，部分罪名规定了罚金和剥夺政治权利。

第二节　危害国防利益罪分述

一、阻碍军人执行职务罪

（一）概念

阻碍军人执行职务罪是指以暴力、威胁方法阻碍军人依法执行职务的行为。

---

①　最高人民法院、最高人民检察院 2009 年 10 月 14 日《关于执行〈中华人民共和国刑法〉确定罪名的补充规定（四）》，根据《刑法修正案（七）》第 12 条第 1 款的规定，取消非法生产、买卖军用标志罪，修改为非法生产、买卖武装部队制式服装罪。

②　最高人民法院、最高人民检察院 2015 年 10 月 30 日《关于执行〈中华人民共和国刑法〉确定罪名的补充规定（六）》，取消战时拒绝军事征用罪罪名，修改为战时拒绝军事征收、征用罪。

（二）构成

1. 罪体

行为　阻碍军人执行职务罪的行为是采取暴力、威胁方法阻碍军人依法执行职务。这里的暴力，是指捆绑、殴打、强行拘禁等危害人身安全和限制人身自由的方法。威胁，是指以杀伤身体，破坏名誉、毁坏财物进行要挟、恐吓的方法。阻碍执行职务，是指使军人不能正常履行其应当履行的职责，包括使军人停止依法执行职务和使军人被迫改变依法应当执行的公务内容。

客体　阻碍军人执行职务罪的客体是军人依法执行职务。如果不是阻碍军人依法执行职务而是阻碍国家机关工作人员依法执行职务，应定妨害公务罪而不构成本罪。

2. 罪责

阻碍军人执行职务罪的罪责形式是故意。这里的故意，是指明知是阻碍军人执行职务的行为而有意实施的主观心理状态。

（三）处罚

根据《刑法》第 368 条第 1 款之规定，犯本罪的，处 3 年以下有期徒刑、拘役、管制或者罚金。

二、阻碍军事行动罪

（一）概念

阻碍军事行动罪是指故意阻碍武装部队军事行动，造成严重后果的行为。

（二）构成

1. 罪体

行为　阻碍军事行动罪的行为是阻碍武装部队军事行动。这里的阻碍军事行动，是指采取设置交通障碍，煽动群众围堵，停止水、电、气供应，污染饮用水源等方法，故意阻止和妨碍武装部队进行作战、戒严、演习、训练、修筑军事设施和部署兵力等履行职能的活动。

客体 阻碍军事行动罪的客体是武装部队军事行动。这里的军事行动，是指为防备和抵抗武装侵略，防备和粉碎颠覆政府、分裂国家的阴谋，保卫国家主权和领土完整所进行的活动。

2. 罪责

阻碍军事行动罪的罪责形式是故意。这里的故意，是指明知是阻碍武装部队军事行动的行为而有意实施的主观心理状态。

3. 罪量

阻碍军事行动罪的罪量要素是造成严重后果。这里的造成严重后果，是指因阻碍武装部队军事行动而贻误战机的，致使战斗、战役遭受较大损失的，影响部队完成重要任务的，造成人员伤亡、武器装备毁损或者其他严重经济损失的等。

（三）处罚

根据《刑法》第368条第2款之规定，犯本罪的，处5年以下有期徒刑或者拘役。

三、破坏武器装备、军事设施、军事通信罪

（一）概念

破坏武器装备、军事设施、军事通信罪是指故意破坏武器装备、军事设施、军事通信的行为。

（二）构成

1. 罪体

行为 破坏武器装备、军事设施、军事通信罪的行为是破坏武器装备、军事设施、军事通信。这里的破坏是指损毁武器装备、军事设施、军事通信的设施和设备，或者损坏武器装备、军事设施、军事通信的功能。根据2007年6月26日最高人民法院《关于审理危害军事通信刑事案件具体应用法律若干问题的解释》

[以下简称《解释（一）》] 第 1 条的规定，故意实施损毁军事通信线路、设备，破坏军事通信计算机信息系统，干扰、侵占军事通信电磁频谱等行为，亦应以本罪论处。

客体 破坏武器装备、军事设施、军事通信罪的客体是武器装备、军事设施、军事通信。这里的武器装备，是指武装部队直接用于实施和保障作战行动的武器、武器系统和军事技术器材。军事设施，是指直接用于军事目的的建筑、场地和设备。军事通信，是指军队运用各种通信手段，为实施指挥和武器控制而进行的信息传递，包括无线电通信、有线电通信、光通信、运动通信和简易通信等。

2. 罪责

破坏武器装备、军事设施、军事通信罪的罪责形式是故意。这里的故意，是指明知是破坏武器装备、军事设施、军事通信的行为而有意实施的主观心理状态。

（三）认定

1. 指使、强令、纵容他人损毁军事通信行为的定罪

根据前引《解释（一）》第 5 条第 1 款的规定，建设、施工单位直接负责的主管人员、施工管理人员，明知是军事通信线路、设备而指使、强令、纵容他人予以损毁的，或者不听管护人员劝阻，指使、强令、纵容他人违章作业，造成军事通信线路、设备损毁的，以破坏军事通信罪定罪处罚。

2. 破坏军事通信罪与破坏公用电信设施罪的想象竞合

根据前引《解释（一）》第 6 条第 1 款的规定，破坏军事通信，并造成公用电信设施损毁，危害公共安全，同时构成《刑法》第 124 条和第 369 条规定的犯罪的，依照处罚较重的规定定罪处罚。这里的《刑法》第 124 条规定的犯罪，是指破坏公用电信设施罪。上述情形属于想象竞合，应按照从一重罪处断的原则处理。

3. 破坏军事通信罪与盗窃罪的想象竞合

根据前引《解释（一）》第 6 条第 2 款的规定，盗窃军事通信线路、设备，

不构成盗窃罪，但破坏军事通信的，依照《刑法》第369条第1款的规定定罪处罚；同时构成《刑法》第124条、第264条和第369条第1款规定的犯罪，依照处罚较重的规定定罪处罚。根据这一规定，盗窃军事通信线路、设备的行为，构成盗窃罪的，就产生了盗窃罪、破坏军事通信罪与破坏公用电信设施罪这三个犯罪之间的想象竞合，应以其中的重罪处断。

4. 破坏军事通信罪与非法侵入计算机信息系统罪、破坏计算机信息系统罪的想象竞合

根据前引《解释（一）》第6条第3款的规定，违反国家规定，侵入国防建设、尖端科学技术领域的军事通信计算机信息系统，尚未对军事通信造成破坏的，依照《刑法》第285条的规定定罪处罚；对军事通信造成破坏，同时构成《刑法》第285条、第286条、第369条第1款规定的犯罪的，依照处罚较重的规定定罪处罚。根据这一规定，违反国家规定，侵入国防建设、尖端科学技术领域的军事通信计算机信息系统，对军事通信造成破坏的，就产生了破坏军事通信罪与非法侵入计算机信息系统罪、破坏计算机信息系统罪之间的想象竞合，应以其中的重罪处断。

5. 破坏军事通信罪与扰乱无线电通讯管理秩序罪的想象竞合

根据前引《解释（一）》第6条第4款的规定，违反国家规定，擅自处置、使用无线电台、站，或者擅自占用频率，经责令停止使用后拒不停止使用，干扰无线电通讯正常进行，构成犯罪的，依照《刑法》第288条的规定定罪处罚；造成军事通信中断或者严重障碍，同时构成《刑法》第288条、第369条第1款规定的犯罪的，依照处罚较重的规定定罪处罚。根据这一规定，违反国家规定，擅自设置、使用无线电台、站，或者擅自占用频率，经责令停止使用后拒不停止使用，干扰无线电通讯正常进行，造成军事通信中断或者严重障碍的，就产生了破坏军事通信罪与扰乱无线电通讯管理秩序罪之间的想象竞合，应以其中的重罪处断。

（四）处罚

根据《刑法》第369条第1款之规定，犯本罪的，处3年以下有期徒刑、拘

役或者管制；破坏重要武器装备、军事设施、军事通信的，处 3 年以上 10 年以下有期徒刑；情节特别严重的，处 10 年以上有期徒刑、无期徒刑或者死刑。战时从重处罚。

加重处罚事由　破坏重要武器装备、军事设施、军事通信罪的，是本罪的加重处罚事由。这里的重要武器装备，是指部队的主要武器装备和其他作战中急需或者必不可少的武器装备。重要军事设施，是指指挥中心、大型作战工程，各类通信、导航、观测枢纽，机场、港口、码头，大型仓库、输油管道、采用铁路线等对作战具有重要作用的设施。重要军事通信，根据前引《解释（一）》第 7 条的规定，是指军事首脑机关及重要指挥中心的通信，部队作战中的通信，等级战备通信，飞行航行训练、抢险救灾、军事演习或者处置突发性事件中的通信，以及执行试飞试航、武器装备科研试验或者远洋航行等重要任务中的通信。

特别加重处罚事由　犯破坏武器装备、军事设施、军事通信罪而情节特别严重的，是本罪的特别加重处罚事由。这里的情节特别严重，是指致使重要武器装备报废的；造成重要军事设施丧失使用效能的；战时破坏重要武器装备、军事设施的情形等。此外，前引《解释（一）》第 2 条规定破坏军事通信罪的情节特别严重是指具有下列情形之一的：（1）造成重要军事通信中断或者严重障碍，严重影响部队完成作战任务或者致使部队在作战中遭受损失的；（2）造成部队执行抢险救灾、军事演习或者处置突发性事件等任务的通信中断或者严重障碍，并因此贻误部队行动，致使死亡 3 人以上、重伤 10 人以上或者财产损失 100 万元以上的；（3）破坏重要军事通信 3 次以上的；（4）其他情节特别严重的情形。

从重处罚事由　根据刑法规定，战时犯本罪的，应当从重处罚。

四、过失损坏武器装备、军事设施、军事通信罪

（一）概念

过失损坏武器装备、军事设施、军事通信罪是指过失导致武器装备、军事设

施、军事通信遭到破坏，造成严重后果的行为。

（二）构成

1. 罪体

行为　过失损坏武器装备、军事设施、军事通信罪的行为是过失导致武器装备、军事设施、军事通信遭到破坏。

客体　过失损坏武器装备、军事设施、军事通信罪的客体是武器装备、军事设施、军事通信。

结果　过失损坏武器装备、军事设施、军事通信罪的结果是造成严重后果。这里的造成严重后果，根据前引《解释（一）》第 3 条的规定，是指造成重要军事通信中断或者严重障碍。对于损坏武器装备、军事设施来说，造成严重后果，是指造成重要武器装备、军事设施损坏。

2. 罪责

过失损坏武器装备、军事设施、军事通信罪的罪责形式是过失。这里的过失，是指应当预见到武器装备、军事设施、军事通信遭到破坏，会造成严重后果，因疏忽大意而没有预见，或者已经预见而轻信能够避免，以致发生这种结果的主观心理状态。

（三）认定

1. 指使、纵容他人违章作业损毁军事通信行为的定罪

根据前引《解释（一）》第 5 条第 2 款的规定，建设、施工单位直接负责的主管人员、施工管理人员，忽视军事通信线路、设备保护标志，指使、纵容他人违章作业，致使军事通信线路、设备损毁，构成犯罪的，以过失损坏军事通信罪定罪处罚。在这种情况下，行为人的指使、纵容行为虽然是故意的，但对于造成军事通信线路、设备损毁的结果却是过失的，因而应定本罪。

2. 过失损坏军事通信罪与过失损坏公用电信设施罪的想象竞合

根据前引《解释（一）》第 6 条第 1 款的规定，过失损坏军事通信，并造成公用电信设施损毁，危害公共安全，同时构成《刑法》第 124 条和第 369 条规定

的犯罪的，依照处罚较重的规定定罪处罚。这里的《刑法》第124条规定的犯罪，是指过失损坏公用电信设施罪。上述情形属于想象竞合，应按照从一重罪处断的原则处理。

（四）处罚

根据《刑法》第369条〔《刑法修正案（五）》第3条〕第2款的规定，犯本罪的，处3年以下有期徒刑或者拘役；造成特别严重后果的，处3年以上7年以下有期徒刑。该条第3款规定，战时犯前款罪的，从重处罚。

加重处罚事由　犯过失损坏武器装备、军事设施、军事通信罪而造成特别严重后果的，是本罪的加重处罚事由。过失损坏军事通信罪的造成特别严重后果，根据前引《解释（一）》第4条的规定，是指具有下列情形之一的：（1）造成重要军事通信中断或者严重障碍，严重影响部队完成作战任务或者致使部队在作战中遭受损失的；（2）造成部队执行抢险救灾、军事演习或者处置突发性事件等任务的通信中断或者严重障碍，并因此贻误部队行动，致使死亡3人以上、重伤10人以上或者财产损失100万元以上的；（3）其他后果特别严重的情形。

从重处罚事由　战时犯过失损坏武器装备、军事设施、军事通信罪，是本罪的从重处罚事由。这里的战时犯前款罪，包括基本构成与加重构成两种情形，分别在两个法定刑幅度内从重处罚。

五、故意提供不合格武器装备、军事设施罪

（一）概念

故意提供不合格武器装备、军事设施罪是指明知是不合格的武器装备、军事设施而提供给武装部队的行为。

（二）构成

1. 罪体

行为　故意提供不合格武器装备、军事设施罪的行为是指将不合格的武器装

备、军事设施提供给武装部队。这里的提供，是指生产、修理、施工、采购等单位或者个人通过销售、调拨等方式，将不合格武器装备、军事设施交付武装部队。

客体 故意提供不合格武器装备、军事设施罪的客体是不合格的武器装备、军事设施。这里的不合格，是指不符合规定的质量标准。

2. 罪责

故意提供不合格武器装备、军事设施罪的罪责形式是故意。这里的故意，是指明知是不合格的武器装备、军事设施而有意提供的主观心理状态。

3. 罪量

故意提供不合格武器装备、军事设施罪的罪量要素，刑法未作规定。参照《立案追诉标准（一）》第87条规定，明知是不合格的武器装备、军事设施而提供给武器部队，涉嫌下列情形之一的，应予立案追诉：（1）造成人员轻伤以上的；（2）造成直接经济损失10万元以上的；（3）提供不合格的枪支3支以上、子弹100发以上、雷管500枚以上、炸药5千克以上或者其他重要武器装备、军事设施的；（4）影响作战、演习、抢险救灾等重大任务完成的；（5）发生在战时的；（6）其他故意提供不合格武器装备、军事设施应予追究刑事责任的情形。

（三）处罚

根据《刑法》第370条第1款之规定，犯本罪的，处5年以下有期徒刑或者拘役；情节严重的，处5年以上10年以下有期徒刑；情节特别严重的，处10年以上有期徒刑、无期徒刑或者死刑。第3款规定：单位犯本罪的，对单位判处罚金，并对其直接负责的主管人员和其他直接责任人员，依照第1款的规定处罚。

加重处罚事由 犯故意提供不合格武器装备、军事设施罪而情节严重的，是本罪的加重处罚事由。这里的情节严重，是指为谋取私利而提供不合格武器装备、军事设施的，提供重要的武器装备和军事设施不合格的，战时提供不合格武器装备、军事设施的，因提供不合格武器装备、军事设施影响部队完成重要任务或者造成严重后果的等情形。

特别加重处罚事由　犯故意提供不合格武器装备、军事设施罪而情节特别严重的，是本罪的特别加重处罚事由。这里的情节特别严重，是指战时提供重要的武器装备和军事设施不合格的，因提供不合格武器装备、军事设施致使战斗、战役遭受重大损失的，严重影响部队完成重要任务或者造成特别严重后果的等。

六、过失提供不合格武器装备、军事设施罪

（一）概念

过失提供不合格武器装备、军事设施罪是指过失地将不合格的武器装备、军事设施提供给武装部队，造成严重后果的行为。

（二）构成

1. 罪体

行为　过失提供不合格武器装备、军事设施罪的行为是过失地提供不合格的武器装备、军事设施。

客体　过失提供不合格武器装备、军事设施罪的客体是不合格的武器装备、军事设施。

结果　过失提供不合格武器装备、军事设施罪的结果是造成严重后果。这里的造成严重后果，是指因提供不合格武器装备、军事设施造成人员重伤、死亡或者重要武器装备、军事设施毁损的，造成重大经济损失的等。

2. 罪责

过失提供不合格武器装备、军事设施罪的罪责形式是过失。这里的过失，是指应当预见到提供不合格武器装备、军事设施会造成严重后果，因疏忽大意而没有预见，或者已经预见而轻信能够避免，以致发生这种结果的主观心理状态。

3. 罪量

过失提供不合格武器装备、军事设施罪的罪量要素，刑法未作规定。参照《立案追诉标准（一）》第88条的规定，过失提供不合格武器装备、军事设施给

武装部队，涉嫌下列情形之一的，应予立案追诉：（1）造成死亡 1 人以上或者重伤 3 人以上的；（2）造成直接经济损失 30 万元以上的；（3）严重影响作战、演习、抢险救灾等重大任务完成的；（4）其他造成严重后果的情形。

（三）处罚

根据《刑法》第 370 条第 2 款之规定，犯本罪的，处 3 年以下有期徒刑或者拘役；造成特别严重后果的，处 3 年以上 7 年以下有期徒刑。

加重处罚事由　犯过失提供不合格武器装备、军事设施罪而造成特别严重后果的，是本罪的加重处罚事由。这里的造成特别严重后果，是指造成多人重伤、死亡或者多件重要武器装备、多处重要军事设施报废的，造成特别重大经济损失的等。

七、聚众冲击军事禁区罪

（一）概念

聚众冲击军事禁区罪是指聚集多人冲击军事禁区，严重扰乱军事禁区秩序的行为。

（二）构成

1. 罪体

行为　聚众冲击军事禁区罪的行为是聚集多人冲击军事禁区。这里的聚集多人冲击军事禁区，是指纠集 3 人以上，强行闯入军事禁区，占据办公地点，毁坏财物，殴打人员。

客体　聚众冲击军事禁区罪的客体是军事禁区。这里的军事禁区，是指国家根据军事设施的性质、作用、安全保密的需要和使用效能的特殊要求，在依法划定的一定范围的陆域、水域和空域采取特殊措施重点保护的区域。

2. 罪责

聚众冲击军事禁区罪的罪责形式是故意。这里的故意，是指明知聚众冲击军事禁区会扰乱军事禁区秩序而有意实施的主观心理状态。

3. 罪量

聚众冲击军事禁区罪的罪量要素是严重扰乱军事禁区秩序。这里的严重扰乱军事禁区秩序，参照《立案追诉标准（一）》第89条的规定，是指具有下列情形之一的：（1）冲击3次以上或者1次冲击持续时间较长的；（2）持械或者采取暴力手段冲击的；（3）冲击主要军事禁区的；（4）发生在战时的；（5）其他严重扰乱军事禁区秩序应予追究刑事责任的情形。

（三）处罚

根据《刑法》第371条第1款之规定，犯本罪的，对首要分子，处5年以上10年以下有期徒刑；对其他积极参加的，处5年以下有期徒刑、拘役、管制或者剥夺政治权利。

八、聚众扰乱军事管理区秩序罪

（一）概念

聚众扰乱军事管理区秩序罪是指聚集多人扰乱军事管理区秩序，情节严重，致使军事管理区工作无法进行，造成严重损失的行为。

（二）构成

1. 罪体

行为 聚众扰乱军事管理区秩序罪的行为是聚集多人扰乱军事管理区秩序。

客体 聚众扰乱军事管理区秩序罪的客体是军事管理区。这里的军事管理区，是指国家根据军事设施的特点、作用、安全保密的需要和使用效能的要求，在依法划定的陆域、水域的一定范围内，采取比较严格的保护措施的区域。

2. 罪责

聚众扰乱军事管理区秩序罪的罪责形式是故意。这里的故意，是指明知是聚众扰乱军事管理区秩序的行为而有意实施的主观心理状态。

3. 罪量

聚众扰乱军事管理区秩序罪的罪量要素是情节严重，致使军事管理区工作无法进行，造成严重损失。这里的情节严重，参照《立案追诉标准（一）》第 90 条的规定，是指具有下列情形之一的：（1）造成人员轻伤以上的；（2）扰乱 3 次以上或者 1 次扰乱时间较长的；（3）造成直接经济损失 5 万元以上的；（4）持械或者采取暴力手段的；（5）扰乱重要军事管理区秩序的；（6）发生在战时的；（7）其他聚众扰乱军事管理区秩序应予追究刑事责任的情形。

（三）处罚

根据《刑法》第 371 条第 2 款之规定，犯本罪的，对首要分子，处 3 年以上 7 年以下有期徒刑；对其他积极参加的，处 3 年以下有期徒刑、拘役、管制或者剥夺政治权利。

九、冒充军人招摇撞骗罪

（一）概念

冒充军人招摇撞骗罪是指冒充军人进行招摇撞骗的行为。

（二）构成

1. 罪体

行为　冒充军人招摇撞骗罪的行为是冒充军人进行招摇撞骗。这里的冒充军人，是指假冒军人身份，包括非军人身穿佩戴有军人专用标志的军服，使用、携带证明军人身份的证件、公文而使人误以为是军人，或者自称是军人。军衔低、职务低的军人冒充军衔高、职务高的军人，此单位（通常是一般单位或者下级单位）的军人冒充彼单位（通常是重要单位或者上级单位）的军人的，也应视为冒充军人。招摇撞骗，是指假冒军人名义骗取政治荣誉、职务待遇或者其他非法利益。2002 年 4 月 10 日最高人民法院《关于审理非法生产、买卖武装部队车辆号牌等刑事案件具体应用法律若干问题的解释》［以下简称《解释（二）》］第 4 条规定，冒充军人使用伪造、变造、盗窃的武装部队车辆号牌，造成恶劣影响的，依照《刑法》第 372 条的规定定罪处罚。这是对本罪行为的特别规定。

2. 罪责

冒充军人招摇撞骗罪的罪责形式是故意。这里的故意，是指明知是冒充军人招摇撞骗的行为而有意实施的主观心理状态。

（三）处罚

按照《刑法》第 372 条之规定，犯本罪的，处 3 年以下有期徒刑、拘役、管制或者剥夺政治权利；情节严重的，处 3 年以上 10 年以下有期徒刑。

加重处罚事由 犯冒充军人招摇撞骗罪而情节严重的，是本罪的加重处罚事由。这里的情节严重，是指战时冒充军人招摇撞骗的，因冒充军人招摇撞骗引起军政、军民、军警纠纷的，造成严重经济损失或者恶劣社会影响、损害军队声誉的，造成其他严重后果的等。

十、煽动军人逃离部队罪

（一）概念
煽动军人逃离部队罪是指煽动军人逃离部队，情节严重的行为。

（二）构成

1. 罪体

行为 煽动军人逃离部队罪的行为是煽动军人逃离部队。这里的煽动，是指以语言的形式，鼓动正在服役的军人不经领导批准，擅自离开部队，或者经批准离队后拒不归队，逃避兵役义务。

客体 煽动军人逃离部队罪的客体是军人。

2. 罪责

煽动军人逃离部队罪的罪责形式是故意。这里的故意，是指明知是煽动军人逃离部队的行为而有意实施的主观心理状态。

3. 罪量

煽动军人逃离部队罪的罪量要素是情节严重。这里的情节严重，参照《立案追诉标准（一）》第91条的规定，是指下列情形之一的：（1）煽动3人以上逃离部队的；（2）煽动指挥人员、值班执勤人员或者其他负有重要职责人员逃离部队的；（3）影响重要军事任务完成的；（4）发生在战时的；（5）其他情节严重的情形。

（三）处罚

根据《刑法》第373条之规定，犯本罪的，处3年以下有期徒刑、拘役或者管制。

十一、雇用逃离部队军人罪

（一）概念

雇用逃离部队军人罪是指明知是逃离部队的军人而雇用，情节严重的行为。

（二）构成

1. 罪体

行为 雇用逃离部队军人罪的行为是雇用逃离部队的军人。这里的雇用是指有偿地让逃离部队的军人提供劳务。

客体 雇用逃离部队军人罪的客体是逃离部队的军人。

2. 罪责

雇用逃离部队军人罪的罪责形式是故意。这里的故意，是指明知是逃离部队的军人而雇用的主观心理状态。

3. 罪量

雇用逃离部队军人罪的罪量要素是情节严重。这里的情节严重，参照《立案追诉标准（一）》第92条的规定，是指具有下列情形之一的：（1）雇用1人6个月以上的；（2）雇用3人以上的；（3）明知是逃离部队的指挥人员、值班执勤人员或者其他负有重要职责人员而雇用的；（4）阻碍部队将被雇用军人带回的；

（5）其他情节严重的情形。

（三）处罚

根据《刑法》第 373 条之规定，犯本罪的，处 3 年以下有期徒刑、拘役或者管制。

十二、接送不合格兵员罪

（一）概念

接送不合格兵员罪是指在征兵工作中徇私舞弊，接送不合格兵员，情节严重的行为。

（二）构成

1. 罪体

行为 接送不合格兵员罪的行为是在征兵工作中徇私舞弊，接送不合格兵员。这里的在征兵工作中徇私舞弊，是指在兵役登记、身体检查、政治审查、交接兵员等征兵工作中，为谋取私利而弄虚作假，欺骗组织，将不符合政治、身体、年龄、文化等征兵条件的应征公民接收或者输送到部队。

客体 接送不合格兵员罪的客体是不合格的兵员。这里的不合格的兵员，是指不符合征兵条件的兵员。

2. 罪责

接送不合格兵员罪的罪责形式是故意。这里的故意，是指明知是不合格兵员而接送的主观心理状态。

3. 罪量

接送不合格兵员罪的罪量要素是情节严重。这里的情节严重，参照《立案追诉标准（一）》第 93 条的规定，是指具有下列情形之一的：（1）接送不合格特种条件兵员 1 名以上或者普通兵员 3 名以上的；（2）发生在战时的；（3）造成严重后果的；（4）其他情节严重的情形。

（三）处罚

根据《刑法》第 374 条之规定，犯本罪的，处 3 年以下有期徒刑或者拘役；造成特别严重后果的，处 3 年以上 7 年以下有期徒刑。

加重处罚事由 犯接送不合格兵员罪而造成特别严重后果的，是本罪的加重处罚事由。这里的造成特别严重后果，是指接送的不合格兵员到部队实施严重刑事犯罪的；接送不合格兵员造成大批退兵的；因接送不合格兵员严重影响部队完成重要任务的等。

十三、伪造、变造、买卖武装部队公文、证件、印章罪

（一）概念

伪造、变造、买卖武装部队公文、证件、印章罪是指故意伪造、变造、买卖武装部队公文、证件、印章的行为。

（二）构成

1. 罪体

行为 伪造、变造、买卖武装部队公文、证件、印章罪的行为是伪造、变造、买卖武装部队公文、证件、印章。这里的伪造，是指无制作权的人冒用名义，非法制作。变造，是指采用涂改、擦涂、拼接、更换照片等方法，改变其原来真实内容。买卖，是指为某种目的购进和出售。

客体 伪造、变造、买卖武装部队公文、证件、印章罪的客体是武装部队公文、证件、印章。这里的武装部队的公文，是指武装部队制作的用于公务活动的公函、通告、命令等文件。武装部队的证件，是指武装部队制作、签发的用于证明单位和人员的身份、资历、授权、许可、权属等事项的各类凭证和依据。武装部队的印章，是指武装部队使用的单位公章、各种特殊用途的专用章及用于公务的个人印章。《解释（二）》第 1 条第 1 款规定，伪造、变造、买卖武装部队车辆行驶证、车辆驾驶证、车辆监理印章的，以本罪论处。因此，武装部队车辆行驶

证、车辆驾驶证、车辆监理印章，也是本罪的客体。

2. 罪责

伪造、变造、买卖武装部队公文、证件、印章罪的罪责形式是故意。这里的故意，是指明知是伪造、变造、买卖武装部队公文、证件、印章的行为而有意实施的主观心理状态。

（三）处罚

根据《刑法》第 375 条第 1 款之规定，犯本罪的，处 3 年以下有期徒刑、拘役、管制或者剥夺政治权利；情节严重的，处 3 年以上 10 年以下有期徒刑。

加重处罚事由 犯伪造、变造、买卖武装部队公文、证件、印章罪而情节严重的，是本罪的加重处罚事由。这里的情节严重，是指战时伪造、变造、买卖武装部队公文、证件、印章的；伪造、变造、买卖武装部队重要公文、证件、印章的；伪造、变造、买卖武装部队公文、证件、印章数量较大的；因伪造、变造、买卖武装部队公文、证件、印章严重损害武装部队声誉的；引起军政、军民、警民纠纷的；造成重大经济损失或者其他严重后果的等。根据前引《解释（二）》第 1 条第 2 款的规定，具有下列情形之一的，属于本罪的情节严重：（1）伪造、变造、买卖武装部队车辆监理印章 3 枚以上的；（2）伪造、变造、买卖武装部队车辆行驶证、车辆驾驶证 10 本以上的；（3）具有其他严重情节的。

十四、盗窃、抢夺武装部队公文、证件、印章罪

（一）概念

盗窃、抢夺武装部队公文、证件、印章罪是指盗窃、抢夺武装部队公文、证件、印章的行为。

（二）构成

1. 罪体

行为 盗窃、抢夺武装部队公文、证件、印章罪的行为是盗窃、抢夺武装部

队公文、证件、印章。这里的盗窃，是指秘密窃取。抢夺，是指公然夺取。

客体　盗窃、抢夺武装部队公文、证件、印章罪的客体是武装部队公文、证件、印章。此外，根据前引《解释（二）》第 1 条第 1 款的规定，盗窃、抢夺武装部队车辆行驶证、车辆驾驶证、车辆监理印章的，以本罪论处。根据这一司法解释的规定，武装部队车辆行驶证、车辆驾驶证、车辆监理印章也可以成为本罪的客体。

2. 罪责

盗窃、抢夺武装部队公文、证件、印章罪的罪责形式是故意。这里的故意，是指明知是盗窃、抢夺武装部队公文、证件、印章的行为而有意实施的主观心理状态。

（三）处罚

根据《刑法》第 375 条第 1 款之规定，犯本罪的，处 3 年以下有期徒刑、拘役、管制或者剥夺政治权利；情节严重的，处 3 年以上 10 年以下有期徒刑。

加重处罚事由　犯盗窃、抢夺武装部队公文、证件、印章罪而情节严重的，是本罪的加重处罚事由。这里的情节严重，是指战时盗窃、抢夺武装部队公文、证件、印章的；盗窃、抢夺武装部队重要公文、证件、印章的；盗窃、抢夺武装部队公文、证件、印章数量较大的；盗窃、抢夺武装部队的公文、证件、印章成为他人犯罪条件的；因盗窃、抢夺武装部队公文、证件、印章严重损害武装部队声誉的；引起军政、军民、警民纠纷的；造成重大经济损失或者其他严重后果的等。根据前引《解释（二）》第 1 条第 2 款的规定，具有下列情形之一的，属于本罪的情节严重：（1）盗窃、抢夺武装部队车辆监理印章 3 枚以上的；（2）盗窃、抢夺武装部队车辆行驶证、车辆驾驶证 10 本以上的；（3）具有其他严重情节的。

十五、非法生产、买卖武装部队制式服装罪

（一）概念

非法生产、买卖武装部队制式服装罪是指非法生产、买卖武装部队的制式服装，情节严重的行为。

（二）构成

1. 罪体

行为 非法生产、买卖武装部队制式服装罪的行为是非法生产、买卖武装部队制式服装。这里的非法生产，是指违反有关法律规定，未经主管部门准许而擅自制作。非法买卖，是指违反有关法律规定，擅自销售、购买。

客体 非法生产、买卖武装部队制式服装罪的客体是武装部队的制式服装。这里的制式服装，是指武装部队统一穿着的服装。

2. 罪责

非法生产、买卖武装部队制式服装罪的罪责形式是故意。这里的故意，是指明知是非法生产、买卖武装部队制式服装的行为而有意实施的主观心理状态。

3. 罪量

非法生产、买卖武装部队制式服装罪的罪量要素是情节严重。这里的情节严重，参照《立案追诉标准（一）补充规定》第 14 条的规定，是指涉嫌下列情形之一：（1）非法生产、买卖成套制式服装 30 套以上，或者非成套制式服装 100 件以上的；（2）非法生产、买卖帽徽、领花、臂章等标志服饰合计 100 件（副）以上的；（3）非法经营数额 2 万元以上的；（4）违法所得数额 5 000 元以上的；（5）其他情节严重的情形。

（三）处罚

根据《刑法》第 375 条第 2 款［《刑法修正案（七）》第 12 条第 1 款］之规定，犯本罪的，处 3 年以下有期徒刑、拘役或者管制，并处或者单处罚金。第 4 款规定，单位犯本罪的，对单位判处罚金，并对其直接负责的主管人员和其他直接责任人员，依照个人犯罪的规定处罚。

十六、伪造、盗窃、买卖、非法提供、非法使用武装部队专用标志罪

（一）概念

伪造、盗窃、买卖、非法提供、非法使用武装部队专用标志罪是指伪造、盗窃、买卖或者非法提供、使用武装部队车辆号牌等专用标志，情节严重的行为。

（二）构成

1. 罪体

行为　伪造、盗窃、买卖、非法提供、非法使用武装部队专用标志罪的行为是伪造、盗窃、买卖、非法提供、非法使用武装部队专用标志。

客体　伪造、盗窃、买卖、非法提供、非法使用武装部队专用标志罪的客体是武装部队车辆号牌等专用标志。这里的武装部队车辆号牌，是指武装部队车辆统一悬挂的号牌。专用标志，是指武装部队订购、监制，专供武装部队使用、表明武装部队性质和人员身份的军旗、军徽、胸徽、帽徽、肩章、袖标、领花、专用符号等。

2. 罪责

伪造、盗窃、买卖、非法提供、非法使用武装部队专用标志罪的罪责形式是故意。这里的故意，是指明知是伪造、盗窃、买卖、非法提供、非法使用武装部队专用标志的行为而有意实施的主观心理状态。

3. 罪量

伪造、盗窃、买卖、非法提供、非法使用武装部队专用标志罪的罪量要素是情节严重。这里的情节严重，参照《立案追诉标准（一）补充规定》第15条的规定，是指涉嫌下列情形之一：（1）伪造、盗窃、买卖或者非法提供、使用武装部队军以上领导机关车辆号牌1副以上或者其他车辆号牌3副以上的；（2）非法提供、使用军以上领导机关车辆号牌之外的其他车辆号牌累计6个月以上的；（3）伪造、盗窃、买卖或者非法提供、使用军徽、军旗、军种符号或者其他军用标志合计100件（副）以上的；（4）造成严重后果或者恶劣影响的。盗窃、买卖、提供、使用伪造、变造的武装部队车辆号牌等专用标志，情节严重的，应予立案追诉。

（三）处罚

根据《刑法》第375条第3款［《刑法修正案（七）》第12条第2款］之规

定，犯本罪的，处 3 年以下有期徒刑、拘役或者管制，并处或者单处罚金；情节特别严重的，处 3 年以上 7 年以下有期徒刑，并处罚金。第 4 款规定，单位犯本罪的，对单位判处罚金，并对其直接负责的主管人员和其他直接责任人员，依照个人犯罪的规定处罚。

加重处罚事由 犯伪造、盗窃、买卖、非法提供、非法使用武装部队专用标志罪而情节特别严重的，是本罪的加重处罚事由。

十七、战时拒绝、逃避征召、军事训练罪

（一）概念

战时拒绝、逃避征召、军事训练罪是指预备役人员战时拒绝、逃避征召或者军事训练，情节严重的行为。

（二）构成

1. 罪体

主体 战时拒绝、逃避征召、军事训练罪的主体是预备役人员。这里的预备役人员，是指编入民兵组织或者经过登记服预备役的人员，分为预备役军官和预备役士兵。

行为 战时拒绝、逃避征召、军事训练罪的行为是战时拒绝、逃避征召或者军事训练。这里的征召，是指兵役机关依法对预备役人员发出通知，要求其按规定时间和地点报到，准备服现役的活动。军事训练，是指军事理论教育和作战技能教练的活动。拒绝征召、军事训练，是指接到征召、军事训练通知后，拒不报到或者拒不参加军事训练。逃避征召、军事训练，是指以谎报年龄、假装病残、外出藏匿、找人顶替等方法躲避征召、军事训练。

时间 战时拒绝、逃避征召、军事训练罪构成的特定时间是战时。

2. 罪责

战时拒绝、逃避征召、军事训练罪的罪责形式是故意。这里的故意，是指明

知是战时拒绝、逃避征召、军事训练的行为而有意实施的主观心理状态。

3. 罪量

战时拒绝、逃避征召、军事训练罪的罪量要素是情节严重。这里的情节严重，参照《立案追诉标准（一）》第 95 条的规定，是指具有下列情形之一的：（1）无正当理由经教育仍拒绝、逃避征召或者军事训练的；（2）以暴力、威胁、欺骗等手段，或者采取自伤、自残等方式拒绝、逃避征召或者军事训练的；（3）联络、煽动他人共同拒绝、逃避征召或者军事训练的；（4）其他情节严重的情形。

（三）处罚

根据《刑法》第 376 条第 1 款之规定，犯本罪的，处 3 年以下有期徒刑或者拘役。

十八、战时拒绝、逃避服役罪

（一）概念

战时拒绝、逃避服役罪是指公民战时拒绝、逃避服兵役，情节严重的行为。

（二）构成

1. 罪体

行为 战时拒绝、逃避服役罪的行为是战时拒绝、逃避服兵役。这里的拒绝、逃避服兵役，是指拒不履行兵役义务或者以自伤身体、假装病残、外出藏匿、找人顶替等方法逃避服役。

时间 战时拒绝、逃避服役罪构成的特定时间是战时。

2. 罪责

战时拒绝、逃避服役罪的罪责形式是故意。这里的故意，是指明知是战时拒绝、逃避服役的行为而有意实施的主观心理状态。

3. 罪量

战时拒绝、逃避服役罪的罪量要素是情节严重。这里的情节严重，参照《立案追诉标准（一）》第 96 条的规定，是指具有下列情形之一的：（1）无正当理由经教育仍拒绝、逃避服役的；（2）以暴力、威胁、欺骗等手段，或者采取自伤、自残等方式拒绝、逃避服役的；（3）联络、煽动他人共同拒绝、逃避服役的；（4）其他情节严重的情形。

（三）处罚

根据《刑法》第 376 条第 2 款之规定，犯本罪的，处 2 年以下有期徒刑或者拘役。

十九、战时故意提供虚假敌情罪

（一）概念

战时故意提供虚假敌情罪是指战时故意向武装部队提供虚假敌情，造成严重后果的行为。

（二）构成

1. 罪体

行为　战时故意提供虚假敌情罪的行为是提供虚假敌情。

客体　战时故意提供虚假敌情罪的客体是虚假情报。这里的提供虚假敌情，是指提供不真实的敌方的军事及与军事有关的政治、经济、科技、气象、地理等情况。

时间　战时故意提供虚假敌情罪构成的特定时间是战时。

2. 罪责

战时故意提供虚假敌情罪的罪责形式是故意。这里的故意，是指明知是提供虚假敌情的行为而有意实施的主观心理状态。

3. 罪量

战时故意提供虚假敌情罪的罪量要素是造成严重后果。这里的造成严重后果，是指因提供虚假敌情导致贻误战机的；致使作战部署进行较大调整的；造成我方人员重伤、死亡或者重要武器装备、军事设施、军用物资毁损的等。

（三）处罚

根据《刑法》第 377 条之规定，犯本罪的，处 3 年以上 10 年以下有期徒刑；造成特别严重后果的，处 10 年以上有期徒刑或者无期徒刑。

加重处罚事由　犯战时故意提供虚假敌情罪而造成特别严重后果的，是本罪的加重处罚事由。这里的造成特别严重后果，是指因故意提供虚假敌情导致作战部署作重大调整的；造成我方人员重大伤亡的；造成特别重要的或者多件重要的武器装备、军用物资和多处重要军事设施毁损的；致战斗、战役失利的等。

二十、战时造谣扰乱军心罪

（一）概念

战时造谣扰乱军心罪是指战时造谣惑众，扰乱军心的行为。

（二）构成

1. 罪体

行为　战时造谣扰乱军心罪的行为是战时造谣惑众，扰乱军心。这里的造谣惑众，扰乱军心是指编造谣言在部队中散布，蛊惑官兵，煽动怯战、厌战及恐怖情绪，极力贬低我军武器装备的性能，虚构敌方的战绩和对我方不利的战况等。

时间　战时造谣扰乱军心罪构成的特定时间是战时。

2. 罪责

战时造谣扰乱军心罪的罪责形式是故意。这里的故意，是指明知是战时造谣扰乱军心的行为而有意实施的主观心理状态。

（三）处罚

根据《刑法》第 378 条之规定，犯本罪的，处 3 年以下有期徒刑、拘役或者管制；情节严重的，处 3 年以上 10 年以下有期徒刑。

加重处罚事由　犯战时造谣扰乱军心罪而情节严重的，是本罪的加重处罚事由。这里的情节严重，是指勾结敌人造谣惑众的，在公开场合造谣惑众的，大量散发谣言材料的，组织他人造谣惑众的，在紧要关头或者危急时刻造谣惑众的，谣言内容煽动性大的，因散布谣言影响部队完成重要任务或者造成部队混乱、指挥失控、军人逃离部队等严重后果的等。

二十一、战时窝藏逃离部队军人罪

（一）概念

战时窝藏逃离部队军人罪是指战时明知是逃离部队的军人而为其提供隐蔽处所、财物，情节严重的行为。

（二）构成

1. 罪体

行为　战时窝藏逃离部队军人罪的行为是战时明知是逃离部队的军人而为其提供隐蔽处所、财物。这里的提供隐蔽处所，是指将逃离部队的军人隐蔽起来，以逃避军队和有关部门查找。提供财物，是指为逃离部队的军人提供物质帮助，以使其进一步逃跑或隐藏。

客体　战时窝藏逃离部队军人罪的客体是隐蔽处所、财物。

时间　战时窝藏逃离部队军人罪构成的特定时间是战时。

2. 罪责

战时窝藏逃离部队军人罪的罪责形式是故意。这里的故意，是指明知是战时窝藏逃离部队军人的行为而有意实施的主观心理状态。

3. 罪量

战时窝藏逃离部队军人罪的罪量要素是情节严重。这里的情节严重，参照《立案追诉标准（一）》第97条的规定，是指具有下列情形之一的：（1）窝藏3人次以上的；（2）明知是指挥人员、值班执勤人员或者其他负有重要职责人员而窝藏的；（3）有关部门查找时拒不交出的；（4）其他情节严重的情形。

（三）处罚

根据《刑法》第 379 条之规定，犯本罪的，处 3 年以下有期徒刑或者拘役。

二十二、战时拒绝、故意延误军事订货罪

（一）概念

战时拒绝、故意延误军事订货罪是指科研、生产、销售单位战时拒绝或者故意延误军事订货，情节严重的行为。

（二）构成

1. 罪体

行为　战时拒绝、故意延误军事订货罪的行为是战时拒绝或者故意延误军事订货。这里的拒绝或者故意延误军事订货，是指具备按时完成订货任务的条件却拒不接受订货或者故意延迟耽误交付军事订货。

时间　战时拒绝、故意延误军事订货罪构成的特定时间是战时。

2. 罪责

战时拒绝、故意延误军事订货罪的罪责形式是故意。这里的故意，是指明知是战时拒绝、故意延误军事订货的行为而有意实施的主观心理状态。

3. 罪量

战时拒绝、故意延误军事订货罪的罪量要素是情节严重。这里的情节严重，参照《立案追诉标准（一）》第 98 条的规定，是指具有下列情形之一的：（1）拒绝或者故意延误军事订货 3 次以上的；（2）联络、煽动他人共同拒绝或者故意延误军事订货的；（3）拒绝或者故意延误重要军事订货，影响重要军事任务完成的；（4）其他情节严重的情形。

（三）处罚

根据《刑法》第 380 条之规定，犯本罪的，对单位判处罚金，并对其直接负责的主管人员和其他直接责任人员，处 5 年以下有期徒刑或者拘役；造成严重后

果的，处 5 年以上有期徒刑。

加重处罚事由 犯战时拒绝、故意延误军事订货罪而造成严重后果的，是本罪的加重处罚事由。这里的造成严重后果，是指因拒绝、故意延误军事订货致使战斗、战役失利的，严重影响部队重大军事行动的，造成人员伤亡，或者重要武器装备、军用物资、军事设施毁损的等。

二十三、战时拒绝军事征收、征用罪

（一）概念

战时拒绝军事征收、征用罪是指战时拒绝武装部队根据军事行动需要，依法使用其设施、交通工具和其他物资，情节严重的行为。

（二）构成

1. 罪体

行为 战时拒绝军事征收、征用罪的行为是战时拒绝军事征用。这里的军事征用，是指武装部队根据作战和其他军事行动的需要，依法使用组织或者公民个人的设备设施、交通工具和其他物资。拒绝军事征用，是指故意不将被征用的设施、交通工具和其他物资交付武装部队使用。

时间 战时拒绝军事征收、征用罪构成的特定时间是战时。

2. 罪责

战时拒绝军事征收、征用罪的罪责形式是故意。这里的故意，是指明知是战时拒绝军事征用行为而有意实施的主观心理状态。

3. 罪量

战时拒绝军事征收、征用罪的罪量要素是情节严重。这里的情节严重，参照《立案追诉标准（一）补充规定》第 16 条的规定，是指涉嫌下列情形之一：（1）无正当理由拒绝军事征收、征用 3 次以上的；（2）采取暴力、威胁、欺骗等手段拒绝军事征收、征用的；（3）联络、煽动他人共同拒绝军事征收、征用的；

（4）拒绝重要军事征收、征用，影响重要军事任务完成的；（5）其他情节严重的情形。

（三）处罚

根据《刑法》第 381 条之规定，犯本罪的，处 3 年以下有期徒刑或者拘役。

第四十三章
贪污贿赂罪

第一节　贪污贿赂罪概述

一、概念

贪污贿赂罪是指国家工作人员利用职务上的便利，非法占有、使用公共财物，收受贿赂或者取得其他非法利益，侵害职务行为廉洁性的行为。

二、罪名

贪污贿赂罪是《刑法》分则第八章规定之罪，从第 382 条至第 396 条共 15 个条文，规定了 12 个罪名，此外，《刑法修正案（七）》第 13 条增设了第 388 条之一，补充规定了 1 个罪名；《刑法修正案（九）》第 46 条增设了第 390 条之一，补充规定了 1 个罪名。本章共计 14 个罪名。这些罪名是：（1）贪污罪；（2）挪用公款罪；（3）受贿罪；（4）单位受贿罪；（5）利用影响力受贿罪；（6）行贿罪；（7）对有影响力的人行贿罪；（8）对单位行贿罪；（9）介绍贿赂罪；（10）单位行贿罪；（11）巨额财产来源不明罪；（12）隐瞒境外存款罪；（13）私分国有资产罪；（14）私分罚没财物罪。

三、法定刑

贪污贿赂罪的法定最高刑是死刑，共有 2 个死刑罪名。其他罪名规定了无期徒刑、有期徒刑、拘役，部分罪名规定了罚金或者没收财产。

第二节　贪污贿赂罪分述

一、贪污罪

（一）概念

贪污罪是指国家工作人员利用职务上的便利，侵吞、窃取、骗取或者以其他手段，非法占有公共财物的行为。

（二）构成

1. 罪体

主体　贪污罪的主体是国家工作人员或者受委托管理、经营国有财产的人员。因此，贪污罪的主体包括以下两种人：

（1）国家工作人员

国家工作人员是指依法从事公务的人员。这里的从事公务是指代表国家机关、国有公司、企业、事业单位、人民团体等单位履行组织、领导、监督、具体负责某项工作等职责。履行组织、领导、监督职责的人员通常担任一定职务，主管本单位或者本部门的工作，例如国有公司的董事、经理、监事等。履行具体负责某项工作职责的人员通常就某一方面或者某一项事务行使法律赋予或者国有单位授予的职权，例如国有公司、企业的会计、出纳、保管员等。根据《刑法》第93条的规定，国家工作人员，是指国家机关中从事公务的人员。国有公司、企业、事业单位、人民团体中从事公务的人员和国家机关、国有公司、企业、事业单位委派到非国有公司、企业、事业单位、社会团体从事公务的人员，以及其他依照法律从事公务的人员，以国家工作人员论。由此可见，我国刑法中的国家工作人员又可以分为以下四种人员。

1）国家机关工作人员，指各级国家权力机关、行政机关、审判机关、检察机关和军事机关中从事公务的人员。其他根据有关规定，参照国家公务员法进行管理的人员，应当以国家机关工作人员论。例如，根据中央和国务院有关规定，参照国家公务员法管理的各级党委、政协机关中从事公务的人员，应视为国家机关工作人员。此外，根据2002年12月28日全国人大常委会《关于渎职罪主体适用问题的解释》，以下人员也视为国家机关工作人员：在依照法律、法规规定行使职权的组织中从事公务的人员，或者在受国家机关委托代表国家机关行使职权的组织中从事公务的人员，或者虽未列入国家机关人员编制，但在国家机关中行使职权的人员。

2）国有公司、企业、事业单位、人民团体中从事公务的人员。这里的国有公司，是指依照公司法成立，财产全部属于国家所有的公司。国有资本控股及参股的股份有限公司不属于国有公司。国有企业，是指财产全部属于国家所有，从事生产、经营活动的营利性的非公司化的经济组织。国有事业单位，是指受国家机关领导，财产属于国家所有的非生产、经营性的单位，包括国有医院、科研机构、体育、广播电视、新闻出版等单位。人民团体，是指由国家组织成立的、财产属于国家所有的各种群众性组织，包括乡级以上工会、共青团、妇联等组织。

3）国家机关、国有公司、企业、事业单位委派到非国有公司、企业、事业单位、社会团体从事公务的人员。这里的委派是指受有关国有单位委任而派往非国有单位从事公务。被委派的人员，在被委派以前可以是国家工作人员，也可以是非国家工作人员。不论被委派以前具有何种身份，只要被有关国有单位委派到非国有单位从事公务，就应视为国家工作人员。应当指出，委派的形式是多种多样的，包括任命、指派、提名、批准等。因此，认定是否属于委派，不能仅看形式，必须具体结合案情，充分把握是否属于代表国家机关、国有公司、企业、事业单位行使公权力的实质，准确地加以界定。同时，这里的委派，都是指直接委派，不包括二次委派。二次委派是指在一些特殊行业的非国有单位中，其高层管理决策人员（例如董事会成员）由行业主管部门委派，而具体的执行人员（例如经理人员）又由管理决策层决定任命。这些具体的执行人员因非行政主管部门决定任命，且非国有单位享有任命与否的自由决定权，故不应认定为委派从事公务的人员。值得注意的是，2010 年 11 月 26 日最高人民法院、最高人民检察院《关于办理国家出资企业中职务犯罪案件具体应用法律若干问题的意见》[以下简称《意见（一）》] 第 6 条对国家出资企业中国家工作人员的认定作了专门规定。这里的国家出资企业，根据前引《意见（一）》第 7 条的规定，是指国家出资的国有独资公司、国有独资企业，以及国有资本控股公司、国有资本参股公司。国有独资公司、国有独资企业属于国有公司、企业，在上述公司、企业中从事公务的人员，属于在国有公司、企业中从事公务的国家工作人员，对此并无疑问。但国有资本控股公司、国有资本参股公司，不属于国有公司。在上述公司中从事经营、管理活动的人员，是否属于国家工作人员，需要进行具体分析。根据 2001 年 5 月 23 日最高人民法院《关于在国有资本控股、参股的股份有限公司中从事管理工作的人员利用职务便利非法占有本公司财物如何定罪问题的批复》[以下简称《批复》] 的规定，除受国家机关、国有公司、企业、事业单位委派从事公务的人员以外，不属于国家工作人员。但前引《意见（一）》第 6 条规定："经国家机关、国有公司、企业、事业单位提名、推荐、任命、批准等，在国有控股、参股公司及其分支机构中从事公务的人员，应当认定为国家工作人员。经国家出资企业中负有管理、监督国有资产职责的组织批准或者研究决定，代表其在国有控股、参股公司及其分支机构中从事组织、领导、监督、经营、管理工作的人员，应当认定为国家工作人员。国家出资企业中的国家工作人员，在国家出资企业中持有个人股份或者同时接受非国有股东委托的，不影响其国家工作人员身份的认定。"在这一规定中，规定了国家出资企业中的两种国家工作人员：第一种属于受委派从事公务的人员。第二种则属于不存在委派关系，按照前引《批复》规定，不属于国家工作人员。但前引《意见（一）》规定，这种人员只要经国家出资企业中负有管理、监督国有资产职责的组织批准或者研究决定，不仅在该国家出资企业中从事经营管理工作的人员，而且在其分支机构中从事经营管理活动的人员，都应当认定为国家工作人员。尽管对于这里的"国家出资企业中负有管理、监督国有资产职责的组织"如何界定尚存疑义，但这一规定在一定程度上扩大了受委托从事公务的国家工作人员的范围，是对前引《批复》的一种修改。

4）其他依照法律从事公务的人员。这类人员的特征是，在一定条件下代表国家行使国家管理职能。根据 2000 年 4 月 29 日全国人大常委会《关于刑法第九十三条第二款的解释》，村民委员会等村基层组织人员协助人民政府从事下列行政管理工作，属于《刑法》第 93 条第 2 款规定的其他依照法律从事公务的人员：救灾、抢险、防汛、优抚、扶贫、移民、救济款物的管理；社会捐助公益事业款物的管理；国有土地的经营和管理；土地征用补偿费用的管理；代征、代缴税款；有关计划生育、户籍、征兵工作；协助人民政府从事的其他行政管理工作。除上述立法解释确定的人员以外，其他依照法律从事公务的人员还包括：依法履行职责的各级人民代表大会代表；依法履行职责的各级人民政协委员；依法履行审判职责的人民陪审员；协助人民政府从事行政管理工作的居民委员会等基层组织人员；其他由法律授权从事公务的人员。

（2）受委托管理、经营国有财产的人员

受委托管理、经营国有财产的人员是指受国家机关、国有公司、企业、事业单位、人民团体委托管理、经营国有财产的人员。这些人员主要是指以承包、租赁等方式，管理、经营国有公司、企业或者其中的某个部门，以承包人、租赁人的身份，在承包、租赁合同约定的时间、权限范围内，管理、经营国有财产的人员。应当指出，受委托从事公务人员与受委派从事公务人员是有所不同的，受委托人员，不仅在被委托前不是国家工作人员，在被委托后也不是国家工作人员。因为委托是平等主体之间的一种民事法律关系。而受委派人员，无论在被委派前是否是国家工作人员，在被委派后就成为国家工作人员。因为委派是一种行政法律关系，委派单位与被委派人员之间存在行政上的隶属关系。《刑法》第 382 条第 2 款的规定是特别规定，通过这一规定使贪污罪的主体从国家工作人员扩大到受委托从事管理、经营国有财产的人员。因此，在其他以国家工作人员为主体的犯罪中，没有这种特别规定的，其主体范围不得扩大到受委托从事公务的人员。

行为　贪污罪的行为是利用职务上的便利，侵吞、窃取、骗取或者以其他手段，非法占有公共财物的行为。

利用职务上的便利是贪污行为成立的前提条件。贪污罪的利用职务上的便利是指利用本人职务范围内主管、管理、经营、经手公共财物的便利条件。因此，利用职务上的便利可以分为以下四种情形：（1）利用主管公共财物的便利。这里的主管，是指调拨、使用或者以其他方式支配公共财物的职权。（2）利用管理公共财物的便利。这里的管理，是指监守或保管公共财物的职权。（3）利用经营公共财物的便利。这里的经营，是指将公共财物投放到市场进行营利活动，或者利用公共财物从事非营利活动。经营者在经营期间通常同时行使管理职权，对公共财物具有处置权。（4）利用经手公共财物的便利。这里的经手，是指领取、支出等经办公共财物的流转事项的权限，经手人虽然不负责公共财物的管理和处置，但具有基于职务产生的对公共财物的临时控制权。

刑法明文列举了贪污行为的以下四种手段：（1）侵吞。侵吞是指利用职务上的便利，采取涂改账目、收入不记账的方法，将公共财物非法占为己有。（2）窃取。窃取是指利用职务上的便利，采取监守自盗的方法，将依职务本人与他人共同保管的公共财物非法占为己有。（3）骗取。骗取是指利用职务上的便利，采用虚构事实或者隐瞒真相的方法，将公共财物非法占为己有。（4）其他手段。其他手段是指采取侵吞、窃取、骗取以外的方法，例如挪用公款以后携款逃跑等，将公共财物非法占为己有。根据《刑法》第394条的规定，国家工作人员在国内公务活动或者在对外交往中接受礼物，依照规定应当交公而不交公的，也是一种贪污的特殊手段。

客体 贪污罪的客体是公共财物或者国有财物。贪污罪非法占有的财物，根据刑法规定有以下两种：（1）公共财物。国家工作人员犯贪污罪，非法占有的是公共财物。根据《刑法》第91条的规定，公共财物包括以下财产：1）国有财产；2）劳动群众集体所有的财产；3）用于扶贫和其他公益事业的社会捐助或者专职基金的财产；4）在国家机关、国有公司、企业、集体企业和人民团体管理、使用或者运输中的私人财产。（2）国有财物。受委托人员犯贪污罪，非法占有的是国有财物。国有财物是指国家所有的财产，包括国家机关、国有公司、企业、国有事业单位、人民团体拥有的财产，以及国有公司、企业、国有事业单位在合资企业、股份制企业中的财产及其控股公司的财产。此外，贪污罪的客体公共财物，在通常情况下都是指财产本身，例如一定数额的款物。但在下述案例43-1杨延虎等贪污案中，裁判要点之二指出：土地使用权具有财产性利益，属于《刑法》第382条第1款规定中的"公共财物"，可以成为贪污的对象。根据这一裁判要旨，财产性利益也可以成为贪污罪的客体。

案例43-1 **杨延虎等贪污案**

（法例第11号）

被告人杨延虎1996年8月任浙江省义乌市委常委，2003年3月任义乌市人大常委会副主任，2000年8月兼任中国小商品城福田市场（2003年3月改称中国义乌国际商贸城，简称国际商贸城）建设领导小组副组长兼指挥部总指挥，主持指挥部全面工作。2002年，杨延虎得知义乌市稠城街道共和村将列入拆迁和旧村改造范围后，决定在该村购买旧房，利用其职务便利，在拆迁安置时骗取非法利益。杨延虎遂与被告人王月芳（杨延虎的妻妹）、被告人郑新潮（王月芳之夫）共谋后，由王、郑二人出面，通过共和村王某某，以王月芳的名义在该村购买赵某某的3间旧房（房产证登记面积61.87平方米，发证日期1998年8月3日）。按当地拆迁和旧村改造政策，赵某某有无该旧房，其所得安置土地面积均相同，事实上赵某某也按无房户得到了土地安置。2003年3、4月份，为使3间旧房所占土地确权到王月芳名下，在杨延虎指使和安排下，郑新潮再次通过共和村王某某，让该村村民委员会及其成员出具了该3间旧房系王月芳1983年所建的虚假证明。杨延虎利用职务便利，要求兼任国际商贸城建设指挥部分管土地确权工作的副总指挥、义乌市国土资源局副局长吴某某和指挥部确权报批科人员，对王月芳拆迁安置、土地确权予以关照。国际商贸城建设指挥部遂将王月芳所购房屋作为有村证明但无产权证的旧房进行确权审核，上报义乌市国土资源局确权，并按丈量结果认定其占地面积64.7平方米。

此后，被告人杨延虎与郑新潮、王月芳等人共谋，在其岳父王某祥在共和村拆迁中可得25.5平方米土地确权的基础上，于2005年1月编造了由王月芳等人签名的申请报告，谎称"王某祥与王月芳共有三间半房屋，占地90.2平方米，二人在1986年分家，王某祥分得36.1平方米，王月芳分得54.1平方米，有关部门确认王某祥房屋25.5平方米、王月芳房屋64平方米有误"，要求义乌市国土资源局更正。随后，杨延虎利用职务便利，指使国际商贸城建设指挥部工作人员以该部名义对该申请报告盖章确认，并使该申请报告得到义乌市国土资源局和义乌市政府认可，从而让王月芳、王某祥分别获得72和54平方米（共126平方米）的建设用地审批。按王某祥的土地确权面积仅应得36平方米建设用地审批，其余90平方米系非法所得。2005年5月，杨延虎等人在支付选位费24.552万元后，在国际商贸城拆迁安置区获得两间店面72平方米土地的拆迁安置补偿（案发后，该72平方米的土地使用权被依法冻结）。该处地块在用作安置前已被国家征用并转为建设用地，属国有划拨土地。经评估，该处每平方米的土地使用权价值35 270元。杨延虎等人非法所得的建设用地90平方米，按照当地拆迁安置规定，折合拆迁安置区店面的土地面积为72平方米，价值253.944万元，扣除其支付的24.552万元后，实际非法所得229.392万元。对于本案，浙江省金华市中级人民法院于 2008 年 12 月 15 日判决，被告人杨延虎犯贪污罪，判处有期徒刑 15 年，并处没收财产 20 万元。

法院生效裁判认为：关于被告人杨延虎的辩护人提出杨延虎没有利用职务便利的辩护意见。经查，义乌国际商贸城指挥部系义乌市委、市政府为确保国际商贸城建设工程顺利进行而设立的机构，指挥部下设确权报批科，工作人员从国土资源局抽调，负责土地确权、建房建设用地的审核及报批工作，分管该科的副总指挥吴某某也是国土资源局的副局长。确权报批科作为指挥部下设机构，同时受指挥部的领导，作为指挥部总指挥的杨延虎具有对该科室的领导职权。贪污罪中的"利用职务上的便利"，是指利用职务上主管、管理、经手公共财物的权力及方便条件，既包括利用本人职务上主管、管理公共财物的职务便利，也包括利用职务上有隶属关系的其他国家工作人员的职务便利。本案中，杨延虎正是利用担任义乌市委常委、义乌市人大常委会副主任和兼任指挥部总指挥的职务便利，给下属的土地确权报批科人员及其分管副总指挥打招呼，才使得王月芳等人虚报的拆迁安置得以实现。

关于被告人杨延虎等人及其辩护人提出被告人王月芳应当获得土地安置补偿，涉案土地属于集体土地，不能构成贪污罪的辩护意见。经查，王月芳购房时系居民户口，按照法律规定和义乌市拆迁安置有关规定，不属于拆迁安置对象，不具备获得土地确权的资格，其在共和村所购房屋既不能获得土地确权，又不能得到拆迁安置补偿。杨延虎等人明知王月芳不符合拆迁安置条件，却利用杨延虎的职务便利，通过将王月芳所购房屋谎报为其祖传旧房、虚构王月芳与王某祥分家事实，骗得旧房拆迁安置资格，骗取国有土地确权。同时，由于杨延虎利用职务便利，杨延虎、王月芳等人弄虚作假，既使王月芳所购旧房的房主赵某某按无房户得到了土地安置补偿，又使本来不应获得土地安置补偿的王月芳获得了土地安置补偿。《中华人民共和国土地管理法》第 2 条、第 9 条规定，我国土地实行社会主义公有制，即全民所有制和劳动群众集体所有制，并可以依法确定给单位或者个人使用。对土地进行占有、使用、开发、经营、交易和流转，能够带来相应经济收益。因此，土地使用权自然具有财产性利益，无论国有土地，还是集体土地，都属于《刑法》第382条第1款规定中的"公共财物"，可以成为贪污的对象。王月芳名下安置的地块已在2002年8月被征为国有并转为建设用地，义乌市政府文件抄告单也明确该处的拆迁安置土地使用权登记核发国有土地使用权证。因此，杨延虎等人及其辩护人所提该项辩护意见，不能成立。

综上，被告人杨延虎作为国家工作人员，利用担任义乌市委常委、义乌市人大常委会副主任和兼任国际商贸城指挥部总指挥的职务便利，伙同被告人郑新潮、王月芳以虚构事实的手段，骗取国有土地使用权，非法占有公共财物，三被告人的行为均已构成贪污罪。杨延虎还利用职务便利，索取或收受他人贿赂，为他人谋取利益，其行为又构成受贿罪，应依法数罪并罚。在共同贪污犯罪中，杨延虎起主要作用，系主犯，应当按照其所参与或者组织、指挥的全部犯罪处罚；郑新潮、王月芳起次要作用，系从犯，应减轻处罚。故一、二审法院依法作出如上裁判。

本案的裁判要点指出：（1）贪污罪中的"利用职务上的便利"，是指利用职务上主管、管理、经手公共财物的权力及方便条件，既包括利用本人职务上主管、管理公共财物的职务便利，也包括利用职务上有隶属关系的其他国家工作人员的职务便利。（2）土地使用权具有财产性利益，属于《刑法》第382条第1款规定中的"公共财物"，可以成为贪污的对象。

释评

本案的裁判要点涉及贪污罪中的两个问题：第一是利用职务上的便利的理解。在通常情况下，贪污罪的利用职务上的便利都是指本人职务上的便利，尤其是本人经手、管理的职务便利。在本案中，被告人杨延虎是利用主管某项事务的职务便利，通过其他具体经手的国家工作人员实施贪污，因而在利用职务上的便利上具有一定的特殊性。第二是贪污客体。本案贪污的是土地使用权，它与一般的财物还是存在差别的，对此，本案的裁判要点明确将土地使用权解释为财物，可以成为贪污罪的客体。

2. 罪责

贪污罪的罪责形式是直接故意，并且具有非法占有公共财物的目的。贪污罪的故意是指明知是公共财物而利用职务上的便利予以非法占有的主观心理状态。

3. 罪量

贪污罪的罪量要素是达到一定的数额或者虽未达此数额但情节较重。根据《刑法》第 383 条的规定，个人贪污数额 5 000 元以上的构成本罪；个人贪污数额不满 5 000 元，情节较重的，也构成本罪。这里的情节较重，是指贪污扶贫、救灾款项，或者贪污者案发后拒不退赃的等。

（三）认定

1. 国家出资企业国家工作人员的范围及其认定

2008 年 10 月 28 日全国人大常委会通过《企业国有资产法》，该法首次提出国家出资企业的概念，第 5 条指出："本法所称国家出资企业，是指国家出资的国有独资企业、国有独资公司，以及国有资本控股公司、国有资本参股公司。"在此，《企业国有资产法》将国有独资的公司、企业和国有资本控股、参股的公司、企业相提并论，同等对待。值得注意的是，《企业国有资产法》还对履行出资人职责的机构作了专门规定。这里的履行出资人职责的机构，根据该法第 11 条的规定，是指代表各级人民政府履行出资人职责的机构、部门，主要是指国有资产监督管理机构。

在《企业国有资产法》颁布以后，2010 年 11 月 26 日最高人民法院、最高人民检察院发布了《关于办理国家出资企业中职务犯罪案件具体应用法律若干问题的意见》[以下简称《意见（一）》]。该司法解释的制定，是为了与《企业国有资产法》相衔接，进一步对国家出资企业国家工作人员职务犯罪的法律适用问题加以规定。其中，《意见（一）》所涉及的国家出资企业国家工作人员的规定，主要有以下两项：（1）经国家机关、国有公司、企业、事业单位提名、推荐、任命、批准等，在国有控股、参股公司及其分支机构中从事公务的人员，应当认定为国家工作人员。具体的任命机构和程序，不影响国家工作人员的认定。（2）经国家出资企业中负有管理、监督国有资产职责的组织批准或者研究决定，代表其在国有控股、参股公司及其分支机构中从事组织、领导、监督、经营、管理工作的人员，应当认定为国家工作人员。

上述第一项是对受委派到国家出资公司、企业从事公务的国家工作人员的规定。应该说，这一规定的内容，甚至表述都与以往的司法解释相同。在这个意义上可以说，这是对以往司法解释规定的一种重复，并没有新意。因此，对此也不存在争议。关键在于第二项，该项规定经国家出资企业中负有管理、监督国有资产职责的组织批准或者研究决定的人员，只要代表其在国有控股、参股公司及其分支机构中从事组织、领导、监督、经营、管理工作，就应当认定为国家工作人员。显然，这种人员并非受国家机关、国有公司、企业、事业单位的委派，而是由国家出资企业中负有管理、监督国有资产职责的组织批准或者研究决定。因此，这种人员难以说是受委派的国家工作人员。当然，这一规定也没有完全将国有控股、参股公司等国家出资企业等同于国有单位。否则，国有控股、参股公司等国家出资企业中从事管理活动的人员将一概被认定为国家工作人员。《意见（一）》将国有控股、参股公司等国家出资企业中从事管理活动的人员分为两部分：一部分是经国家出资企业中负有管理、监督国有资产职责的组织批准或者研究决定的人员，另一部分是国家出资企业其他机构任命的人员，前者属于国家工作人员，后者属于非国家工作人员。

《意见（一）》关于经国家出资企业中负有管理、监督国有资产职责的组织批准或者研究决定的人员属于国家工作人员的规定，明显扩大了国家出资企业中国家工作人员的范围。2001年5月23日最高人民法院《关于在国有资本控股、参股的股份有限公司中从事管理工作的人员利用职务便利非法占有本公司财物定罪问题的批复》（以下简称《批复》）对国家出资企业中国家工作人员曾经作过规定。《批复》指出："在国有资本控股、参股的股份有限公司中从事管理工作的人员，除受国家机关、国有公司、企业、事业单位委派从事公务的以外，不属于国家工作人员。"根据《批复》的规定，在国家出资企业中，只有受委派从事公务的人员是国家工作人员。但是，按照《意见（一）》的规定，在国家出资企业中，除了受委派从事公务的人员是国家工作人员外，经国家出资企业中负有管理、监督国有资产职责的组织批准或者研究决定，代表其在国有控股、参股公司及其分支机构中从事组织、领导、监督、经营、管理工作的人员，也被认定为国家工作人员。在这种情况下，为了使经国家出资企业中负有管理、监督国有资产职责的组织批准或者研究决定，代表其在国有控股、参股公司及其分支机构中从事组织、领导、监督、经营、管理工作的人员所获得的国家工作人员身份，具有法条上的根据，参与《意见（一）》研究讨论并起草的有关人员（以下简称"有关人员"）提出了间接委派的概念。这里的间接委派，是指对委派概念所进行的扩大解释。据此将过去通常认为不属于国家工作人员的部分间接委派的人员，有条件地纳入委派人员的认定范畴。① 所谓间接委派是相对于直接委派而言的，直接委派是指国家机关、国有公司、企业、事业单位向非国有公司、企业、事业单位的委派，包括向国家出资企业的委派。本来在刑法当中并没有间接委派的说法，只是在《意见（一）》发布以后，经国家出资企业中负有管理、监督国有资产职责的组织批准或者研究决定，代表其在国有控股、参股公司及其分支机构中从事组织、领导、监督、经营、管理工作的人员被扩大解释为国家工作人员，为了使这种解释活动合法依据，而提出了间接委派的概念。严格来说，间接委派的概念并不科学。因为委派是从外部派遣有关人员到内部，因此，站在被委派单位的角度来说，被委派人员来自外部的委派单位。在此，存在委派单位与被委派单位的内外之别，这是两个单位之间的关系。但是，间接委派实际上是把内部的任命也理解为委派，突破了委派存在于两个单位之间这一基本特征。因此，与其说是对委派的扩大解释，不如说是对国家出资企业国家工作人员作

----

① 刘为波.《关于办理国家出资企业中职务犯罪案件具体应用法律若干问题的意见》的理解与适用// 最高人民法院刑事审判第一、二、三、四、五庭. 刑事审判参考：第 77 集. 北京：法律出版社，2010：133.

了超出原先范围的重新规定。

应该指出，在《意见（一）》发布之前，虽然没有间接委派的概念，但存在所谓二次委派的概念。二次委派是指经被国有公司、企业委派到非国有公司、企业工作后，又被非国有公司、企业委派到由该非国有公司、企业出资的其他非国有公司、企业工作。例如，国有公司、企业委派到国家出资企业，这是一次委派。如果该人员又被国家出资企业委派到其出资的企业从事管理活动，这就是所谓二次委派。二次委派不同于一次委派的地方在于：一次委派的委派主体是国有公司、企业，而二次委派的主体则是国家出资企业。在《意见（一）》发布之前，对于二次委派人员是否属于国家工作人员，学界存在争议。一种观点认为，二次委派的委派主体是非国有公司、企业，因此，不得将这种受委派的人员认定为国家工作人员。另一种观点认为，如果二次委派是经过原国有单位批准或者同意的，应视为原国有单位的委派；如果原国有单位对二次委派并不知情或者根本不同意的，则被委派人员的身份应视为已经改变，不能再以国家工作人员论。在我国司法实践中一般认为虽然被委派单位具有国有财产成分，但国有资本若未直接持有公司股份，不能认定为国有控股、参股公司，此时若将被二次委派人员视为国家工作人员，则打击面过大，因此不予以认定。[①] 由此可见，二次委派是指受国有控股或者参股的股份有限公司的委派，而到国有控股或者参股的股份有限公司控股、参股的公司从事管理活动。在二次委派的情况下，委派主体不是国家机关、国有公司、企业、事业单位等国有单位，因此二次委派的人员也就不得视为国家工作人员。基于前引三个司法解释所确定的国家工作人员的范围，二次委派不属于国家工作人员应该说是通说。但在《意见（一）》发布以后，这种所谓二次委派的人员也被纳入国家工作人员的范围。《意见（一）》第6条明确地把国家出资企业的分支机构包含在内。相关人员指出："在公司、企业还是在其分支机构，在法律意义上对于国家工作人员的认定并无必然关联，鉴于国家出资企业中

---

① 朱晓玉. "受委派"国家工作人员的认定. 人民法院报，2013－07－17.

普遍存在分支机构，故《意见（一）》特别加以说明。"① 因此，只要是国家出资企业中负有管理、监督国有资产职责的组织批准或者研究决定，无论是否分支机构，都被认为是获得国家工作人员的根据。

应该说，《意见（一）》在相当程度上扩张了国家出资企业中的国家工作人员的范围。其实，国家出资企业包括两种情况：一种是国有公司上市以后，国有公司单独从事经营、管理活动的情形。例如，目前的国有银行都已经上市，成为上市公司。在这种情况下，银行就不再是国有独资公司，而是国有资本的控股公司。但从经营、管理体制上来看，并没有发生变化，仍然是原先的国有公司中的国家工作人员在从事经营、管理活动。对于这种国有出资企业来说，将国家出资企业中负有管理、监督国有资产职责的组织批准或者研究决定，代表其在国有控股、参股公司及其分支机构中从事组织、领导、监督、经营、管理工作的人员，认定为国家工作人员是具有一定合理性的。即使是这种国家出资企业委派到下属单位从事经营、管理活动的人员，即所谓二次委派的人员，也应当认定为国家工作人员。另一种是国有出资企业的国有方与非国有方共同进行经营、管理的国有出资企业。对于这种国有出资企业来说，将国家工作人员限制在受国有单位，尤其是履行国有出资人职责的机构的委派，更为合理。以下，对国家出资企业中的国家工作人员认定中的两个问题进行论述。

（1）国家出资企业中负有管理、监督国有资产职责的组织的认定

根据《意见（一）》第6条的规定，国家出资企业中负有管理、监督国有资产职责的组织也可以成为委派的主体，即经国家出资企业中负有管理、监督国有资产职责的组织批准或者研究决定，就可以成为国家工作人员。那么，如何理解这里的负有管理、监督国有资产职责的组织呢？对于这个问题，法院内部讨论的时候也存在分歧。关于负有管理、监督国有资产职责的组织的范围，存在三种不

---

① 刘为波.《关于办理国家出资企业中职务犯罪案件具体应用法律若干问题的意见》的理解与适用//最高人民法院刑事审判第一、二、三、四、五庭. 刑事审判参考：第77集. 北京：法律出版社，2010：138.

同的意见①：第一种意见认为，负有管理、监督国有资产职责的组织仅指国家出资企业中党委和党政联席会。第二种意见认为负有管理、监督国有资产职责的组织，不仅包括国家出资企业中党委和党政联席会，还包括公司股东会、董事会、监事会。多数意见认为，负有管理、监督国有资产职责的组织，除国家资产监督管理机构，国有公司、企业、事业单位外，主要是指上级或者本级国家出资企业内部的党委、党政联席会。国家出资企业中的董事会、监事会不能认定是适格的委派主体。以上争议主要涉及在国家出资企业中，究竟那个机构对国有资产负有管理、监督职责这个问题。其中，董事会、监事会对整个国有出资企业的资产负有管理、监督的职责，而不是仅对国有资产负有管理、监督的职责。因此，将国有出资企业中的董事会、监事会排除在负有管理、监督国有资产职责的组织的范围之外，是合理的。除了国家资产监督管理机构对国家出资企业的国有资产负有专门的监督职责，党委在我国也被认为是代表国家在国家出资企业中行使管理、监督的职责，这是我国目前的国家出资企业实际情况所决定的。因此，正如相关人员指出，这里所谓组织，除国有资产监督管理机构、国有公司、企业、事业单位之外，主要是指上级或者本级国家出资企业内部的党委、党政联席会。② 因此，是否经党委或者党政联席会批准或者研究决定，就成为认定国家出资企业国家工作人员的形式要件。

（2）代表其在国有控股、参股公司及其分支机构中从事组织、领导、监督、经营、管理工作的认定

国家出资企业国家工作人员的认定，除了必须具备"经国家出资企业中负有管理、监督国有资产职责的组织批准或者研究决定"这一形式要件以外，还必须具备"代表其在国有控股、参股公司及其分支机构中从事组织、领导、监督、经

---

① 宋国蕾，张宁. 国家出资企业人员职务犯罪研讨会综述//最高人民法院刑事审判第一、二、三、四、五庭. 刑事审判参考：第89集. 北京：法律出版社，2012：238—239.

② 刘为波.《关于办理国家出资企业中职务犯罪案件具体应用法律若干问题的意见》的理解与适用//最高人民法院刑事审判第一、二、三、四、五庭. 刑事审判参考：第77集. 北京：法律出版社，2010：137.

营、管理工作"这一实质要件。因此，正确理解"代表其在国有控股、参股公司及其分支机构中从事组织、领导、监督、经营、管理工作"，对于国家出资企业国家工作人员的认定具有十分重要的意义。

2. 国有企业改制过程中贪污罪的认定

根据前引《意见（一）》第1条的规定：国家出资企业工作人员在改制过程中，利用职务上的便利，故意通过低估资产、隐瞒债权、虚设债务、虚构产权交易等方式隐匿公司、企业财产，转为本人持有股份的改制后公司、企业所有的，以贪污罪定罪处罚。贪污数额一般应当以所隐匿财产金额计算；改制后公司、企业仍有国有股份的，按股份比例扣除归于国有的部分。所隐匿财产在改制过程中已为行为人实际控制，或者国家出资企业改制已经完成的，以犯罪既遂处理。

3. 贪污罪的共犯

《刑法》第382条第3款规定：非国家工作人员与国家工作人员和受委托管理、经营国有财产的人员勾结，伙同贪污的，以共犯论处。贪污罪是身份犯，不具有这种身份的人教唆、帮助国家工作人员和受委托管理、经营国有财产的人员利用职务上的便利贪污公共财物的，应当以贪污罪的共犯论处。

不具有贪污罪的主体身份的人与国家工作人员和受委托管理、经营国有财产的人内外勾结利用国家工作人员和受委托管理、经营国有财产人员的职务便利，共同侵吞、窃取、骗取或者以其他手段非法占有公共财物的，应如何处理，这是一个值得研究的问题。在这种情况下，不具有贪污罪主体身份的人并非贪污罪的共犯（教唆犯和帮助犯），而是共同实行了非法占有公共财物的行为，因而属于共同正犯。那么，其是贪污罪的共同正犯还是盗窃罪的共同正犯呢？对此，以往的司法解释规定是以主犯的身份定罪。但2000年6月27日最高人民法院《关于审理贪污、职务侵占案件如何认定共同犯罪几个问题的解释》〔以下简称《解释（一）》〕第1条则规定："行为人与国家工作人员勾结，利用国家工作人员的职务便利，共同侵吞、窃取、骗取或者以其他手段非法占有公共财物的，以贪污罪共犯论处。"这里的共犯，实际上是指共同正犯。

在现实生活中，还经常发生国家工作人员和公司、企业或者其他单位人员共同勾结，贪污或者职务侵占本单位财物的情形。对此，前引《解释（一）》第3条规定："公司、企业或者其他单位中，不具有国家工作人员身份的人与国家工作人员勾结，分别利用各自的职务便利，共同将本单位财物非法占为己有的，按照主犯的犯罪性质定罪。"也就是说，主犯是国家工作人员的，对非国家工作人员应以贪污罪的共犯论处；主犯是非国家工作人员的，对国家工作人员应以职务侵占罪的共犯论处。当然，这种情况是以分别利用各自的职务便利为前提的。如果只利用国家工作人员的职务便利，则对非国家工作人员应以贪污罪的共犯论处；如果只利用非国家工作人员的职务便利，则对国家工作人员应以职务侵占罪的共犯论处。对于上述共同犯罪，以主犯的犯罪性质定罪。因此，主从犯的认定直接影响定罪。在司法实践中，区分主从犯有困难的，一般按照以下原则处理：(1) 根据行为人的职务高低确定主从犯，职务高的视为主犯；(2) 行为人职务相同的，根据行为人的职权与被占有财物的关系确定主从犯，行为人的职权与被占有财物联系更密切的，该行为人视为主犯。

4. 贪污数额的累计计算

《刑法》第383条第2款规定："对多次贪污未经处理的，按照累计贪污数额处罚。"贪污罪是数额犯，以个人贪污所得作为定罪量刑的根据。贪污数额，往往是多次贪污所得。根据刑法规定，只有对未经处理的贪污数额才能累计。这里的未经处理是指贪污行为未被发现或者虽经发现但未给予刑事处罚。多次贪污未经处理，按照累计贪污数额处罚，应遵循刑法关于追诉时效的规定，但追诉时效的起算应以最后一次贪污之日计算。

5. 共同贪污犯罪中个人贪污数额的认定

根据2003年11月13日最高人民法院《全国法院审理经济犯罪案件工作座谈会纪要》（以下简称《纪要》）的规定，《刑法》第383条第1款规定的个人贪污数额，在共同贪污案件中应理解为个人参与或者组织、指挥共同贪污的数额，不能只按照个人实际分得的赃款数额来认定。对共同贪污中的从犯,应当按照其所参与的共同贪污的数额确定量刑幅度,并依照《刑法》第 27 条第 2 款的规定,从轻、减轻处罚或者免除处罚。

6. 贪污罪未遂的认定

关于贪污罪既遂与未遂的区分标准,在我国刑法理论中存在以下四种观点:一是实际取得说,二是失控说,三是控制说,四是失控加控制说。根据《纪要》的规定,贪污罪是一种以非法占有为目的的财产性职务犯罪,与盗窃、诈骗、抢夺等侵犯财产罪一样,应当以行为人是否实际控制财物作为区分贪污罪既遂与未遂的标准。行为人控制公共财物后,是否将财物据为己有,不影响既遂的认定。对于行为人利用职务上的便利,实施了虚假平账等贪污行为,但公共财物尚未实际转移,或者尚未被行为人控制就被查获的,应当认定为贪污未遂。

(四)处罚

根据《刑法》第 383 条〔《刑法修正案(九)》第 44 条〕之规定,对犯贪污罪的,根据情节轻重,分别依照下列规定处罚:

1. 贪污数额较大或者有其他较重情节的,处 3 年以下有期徒刑或者拘役,并处罚金。根据 2016 年 4 月 18 日最高人民法院、最高人民检察院《关于办理贪污贿赂刑事案件适用法律若干问题的解释》〔以下简称《解释(二)》〕第 1 条的规定,这里的数额较大,是指贪污数额在 3 万元以上不满 20 万元。这里的其他较重情节,是指具有下列情形之一:(1)贪污救灾、抢险、防汛、优抚、扶贫、移民、救济、防疫、社会捐助等特定款物的;(2)曾因贪污、受贿、挪用公款受过党纪、行政处分的;(3)曾因故意犯罪受过刑事追究的;(4)赃款赃物用于非法活动的;(5)拒不交代赃款赃物去向或者拒不配合追缴工作,致使无法追缴的;(6)造成恶劣影响或者其他严重后果的。根据 2017 年 7 月 26 日最高人民检察院《关于贪污养老、医疗等社会保险基金能否适用〈最高人民法院、最高人民检察院关于办理贪污贿赂刑事案件若干问题的解释〉第一条第二款第一项规定的批复》,养老、医疗、工伤、失业、生育等社会保险基金可以认定为最高人民法

院、最高人民检察院《关于办理贪污贿赂刑事案件若干问题的解释》第 1 条第 2
款第 1 项规定的"特定款物"。

2. 贪污数额巨大或者有其他严重情节的，处 3 年以上 10 年以下有期徒刑，
并处罚金或者没收财产。根据前引《解释（二）》第 2 条的规定，这里的数额巨
大是指贪污数额在 20 万元以上不满 300 万元，这里的其他严重情节，是指具有
下列情形之一：（1）贪污救灾、抢险、防汛、优抚、扶贫、移民、救济、防疫、
社会捐助等特定款物的；（2）曾因贪污、受贿、挪用公款受过党纪、行政处分
的；（3）曾因故意犯罪受过刑事追究的；（4）赃款赃物用于非法活动的；（5）拒
不交代赃款赃物去向或者拒不配合追缴工作，致使无法追缴的；（6）造成恶劣影
响或者其他严重后果的。

3. 贪污数额特别巨大或者有其他特别严重情节的，处 10 年以上有期徒刑或
者无期徒刑，并处罚金或者没收财产；数额特别巨大，并使国家和人民利益遭受
特别重大损失的，处无期徒刑或者死刑，并处没收财产。根据前引《解释（二）》
第 3 条的规定，这里的数额特别巨大，是指贪污数额在 300 万元以上。这里的其
他特别严重情节，是指具有下列情形之一：（1）贪污救灾、抢险、防汛、优抚、
扶贫、移民、救济、防疫、社会捐助等特定款物的；（2）曾因贪污、受贿、挪用
公款受过党纪、行政处分的；（3）曾因故意犯罪受过刑事追究的；（4）赃款赃物
用于非法活动的；（5）拒不交代赃款赃物去向或者拒不配合追缴工作，致使无法
追缴的；（6）造成恶劣影响或者其他严重后果的。

从轻、减轻、免除处罚事由　犯贪污罪，在提起公诉前如实供述自己罪行、
真诚悔罪、积极退赃，避免、减少损害结果的发生，有《刑法》第 383 条第 1 款
第 1 项规定情形的，可以从轻、减轻或者免除处罚；有该款第 2 项、第 3 项规定
情形的，可以从轻处罚。

终身监禁　犯贪污罪被判处死刑缓期执行的，人民法院根据犯罪情节等情况
可以同时决定在其死刑缓期执行 2 年期满依法减为无期徒刑后，终身监禁，不得
减刑、假释。

二、挪用公款罪

（一）概念

挪用公款罪是指国家工作人员利用职务上的便利，挪用公款归个人使用，进行非法活动的，或者挪用公款数额较大、进行营利活动的，或者挪用公款数额较大、超过3个月未还的行为。

（二）构成

1. 罪体

主体　挪用公款罪的主体是国家工作人员。

行为　挪用公款罪的行为是利用职务上的便利，挪用公款归个人使用。利用职务上的便利是挪用公款行为成立的前提条件。利用职务上的便利，是指利用主管或者保管公款的便利。这里的挪用是指无权动用而不经批准许可，违反财经制度，擅自将公款挪作私用；或者虽有权动用，但违反财经制度，私自将公款挪作私用。

刑法根据挪用公款的三种用途规定了构成犯罪的不同条件，这三种用途是：

（1）进行非法活动。这里的非法活动是指赌博、吸毒、嫖娼和非法经营、发放高利贷等为国家法律、行政法规所禁止的行为。挪用公款进行非法活动构成挪用公款罪，《刑法》第384条并未规定数额起点。但考虑到贪污罪尚且有法律规定的定罪处刑的数额标准，而贪污公款后进行违法犯罪活动的也只能以贪污罪定罪处罚。挪用公款进行非法活动没有数额起点，只要挪用公款，无论数额大小，一概定罪处罚，显然不是立法本意。因此，前引《解释（二）》第5条规定，挪用公款进行非法活动的，以挪用公款3万元作为追究刑事责任的数额起点。

（2）进行营利活动。这里营利活动是指存入银行、用于集资、购买股票、国债等。将挪用的公款用于归还个人在经营活动中的欠款，属于进行营利活动。此外，将挪用的公款用于公司出资等营利的预备活动的，也属于进行经营活动。根据司法解释规定，挪用公款数额较大，归个人进行营利活动的，构成挪用公款罪，不受挪用时间和是否归还的限制。在案发前部分或者全部归还本息的，可以从轻处罚；情节轻微的，可以免除处罚。根据《刑法》第384条的规定，挪用公款进行营利活动，数额较大的才构成犯罪。根据前引《解释（二）》第6条的规定，挪用公款5万元为数额较大的起点。

（3）个人使用。这里的个人使用是指挪用公款用于自己或者其他个人的合法生活、非经营性支出等合法用途。根据《刑法》第384条的规定，挪用公款归个人使用，数额较大，超过3个月未还的才构成犯罪。根据前引《解释（二）》第6条的规定，这里的数额较大是指5万元。这里的超过3个月未还是指自挪用公款之日起至案发之日，超过3个月未还。根据司法解释规定，挪用正在生息或者需要支付利息的公款归个人使用，数额较大，超过3个月但在案发前全部归还本金的，可以从轻处罚或者免除处罚。给国家、集体造成的利息损失应予追缴。挪用公款数额巨大，超过3个月，案发前全部归还的，可以酌情从轻处罚。

客体 挪用公款罪的客体是公款。这里公款，在一般情况下是指国有款项，即国家机关、国有公司、企业、事业单位、人民团体所有的款项。但由于国家机关、国有公司、企业、事业单位委派到非国有公司、企业、事业单位、社会团体从事公务的人员也可以构成本罪，因而上述非国有公司、企业、事业单位、社会团体的款项也可以成为挪用公款罪的客体。关于公款的表现形式，一般是指现金，但也可以是股票、国库券、债券等有价证券，或者定期存单等金融凭证。对于挪用上述有价证券或者金融凭证为他人提供担保的，由于同样侵犯相应款项的使用权，并有可能使被挪用单位遭受经济损失，应以挪用公款罪论处。对此，《纪要》规定，挪用金融凭证、有价证券，用于质押、使公款处于风险之中，与挪用公款为他人提供担保没有实质的区别，符合刑法关于挪用公款罪规定的，以挪用公款罪定罪处罚，挪用公款数额以实际或者可能承担的风险数额认定。此外，根据2003年1月13日最高人民检察院《关于挪用失业保险基金和下岗职工基本生活保障资金的行为适用法律问题的批复》的规定，国家工作人员利用职务上的便利，挪用失业保险基金和下岗职工基本生活保障资金归个人使用，构成犯罪的，应当依照《刑法》第384条的规定，以挪用公款罪追究刑事责任。因此，失业保险基金和下岗职工基本生活保障资金也可以成为本罪的客体。

挪用公物的行为是否构成挪用公款罪，在1989年司法解释中曾经规定挪用公物，情节严重的，应以挪用公款罪论处。但2000年3月15日最高人民检察院《关于国家工作人员挪用非特定公物能否定罪的请示的批复》指出："刑法第384条规定的挪用公款罪中未包括挪用非特定公物归个人使用的行为，对该行为不以挪用公款罪论处。如构成其他犯罪的，依照刑法的相关规定定罪处罚。"如果挪用的是救灾、抢险、防汛、优抚、扶贫、移民、救济等特定公物归个人使用的，则构成挪用公款罪，并且应当从重处罚。

2. 罪责

挪用公款罪的罪责形式是故意。这里的故意，是指明知是公款而予以挪用的主观心理状态。由于刑法对挪用公款三种用途构成犯罪的条件作了不同的规定，因而对于挪用公款的用途也应具有认识。在挪用公款给他人或者其他单位使用的情况下，本人认识的用途与他人或者其他单位实际用途不一致时，应以本人的认识作为构成犯罪的根据。例如，他人以进行营利活动为名借用公款，而实际上进行非法活动的，国家工作人员应以本人认识的进行营利活动作为构成犯罪的根据。

目的犯　挪用公款罪是法定的目的犯，即以归个人使用为目的。刑法规定，构成挪用公款罪必须具备归个人使用这一要件。我认为，这里的归个人使用并非是构成要件的客观行为，而是主观的超过要素。根据有关法律及司法解释的规定，归个人使用既包括本人使用也包括给他人使用。关于是否包括给单位使用，1998年5月9日《最高人民法院关于审理挪用公款案件具体应用法律若干问题的解释》[以下简称《解释（三）》]规定："挪用公款给私有公司、私有企业使用的，属于挪用公款归个人使用。"根据这一司法解释，挪用公款给国有公司、企业使用以及集体公司、企业使用的，不属于归个人使用。但2001年9月18日最高人民法院又发布了《关于如何认定挪用公款归个人使用有关问题的解释》，就如何认定挪用公款归个人使用的有关问题作出以下解释："（1）国家工作人员利用职务上的便利，以个人名义将公款借给其他自然人或者不具有法人资格的私营独资企业、私营合伙企业等使用的，属于挪用公款归个人使用。（2）国家工作人员利用职务上的便利为谋取个人利益，以个人名义将公款借给其他单位使用的，属于挪用公款归个人使用。"这一司法解释对挪用公款归其他单位使用属于归个人使用的情形，又从私有公司、企业扩大到所有公司、企业，即包括国有公司、企业以及其他国有单位，但规定只有在为谋取个人利益、以个人名义的情况下将公款借给其他单位使用的，才属于挪用公款归个人使用。这里规定以个人名义是指单位的法定代表人、负责人或者一般工作人员，超出职权范围或者未超出职权范围，但逃避财务监管，或者明确与使用人约定以个人名义，擅自将公款借给其他单位或者个人使用的情形。因此，单位的法定代表人或者负责人，在单位的授权范围内或者经过批准、许可，以单位的名义将公款借给其他自然人或者单位使用的，属于单位与单位、单位与个人之间的资金拆借行为，不属于挪用公款归个人使用。2002年4月28日全国人大常委会对挪用公款归个人使用的含义作出了立法解释。其规定：有下列情形之一的，属于挪用公款归个人使用：（1）将公款供本人、亲友或者其他自然人使用的；（2）以个人名义将公款供其他单位使用的；（3）个人决定以单位名义将公款供其他单位使用，谋取个人利益的。这一立法解释的精神是：将公款给其他自然人使用的，都属于归个人使用，而无须以个人名义与谋取个人利益。以个人名义将公款供其他单位使用的，属于归个人使用，而无须谋取个人利益。个人决定以单位名义将公款供其他单位使用的，只有谋取个人利益的才属于归个人使用。应当指出，这里的单位，既包括私有公司、企业，也包括国有公司、企业以及集体公司、企业。在理解上述司法解释时，根据《纪要》的规定，应当注意以下三个问题：（1）立法解释中的以个人名义，在司法认定中不能只看形式，要从实质上把握，对于行为人超越权限逃避财务监管，或者与使用人约定以个人名义进行，或者虽然通过单位集体研究决定，但借款、还款都是以个人名义进行的，应认定为以个人名义。（2）立法解释中的个人决定，既包括行为人在职权范围内决定，也包括超越职权决定。（3）立法解释中的谋取个人利益，既包括行为人与使用人事先约定谋取个人利益实际尚未获取的情况，也包括虽未事先约定但实际上已获取了个人利益的情况。其中个人利益，既包括不正当利益，也包括正当利益；既包括财产性利益，也包括非财产性利益，但这种非财产性利益是指具体的可以用证据证明的利益，如升学、就业等。

3. 罪量

挪用公款罪的罪量要素是挪用公款达到一定的数额标准。如前所述，根据司法解释的规定，挪用公款的三种用途各自具有不同的数额标准：（1）挪用公款进行非法活动的，以挪用公款 3 万元作为构成犯罪的数额标准。（2）挪用公款进行营利活动的，以挪用公款 5 万元作为构成犯罪的数额标准。（3）挪用公款归个人使用的，以挪用公款 5 万元作为构成犯罪的数额标准。

（三）认定

1. 挪用公款数额的累计计算

挪用公款是数额犯，在现实生活中往往发生多次挪用的情形。对此，前引《解释（三）》规定："多次挪用公款不还，挪用公款数额累计计算，多次挪用公款，并以后次挪用的公款归还前次挪用的公款，挪用公款数额以案发时未还的实际数额认定。"根据这一规定，多次挪用公款的数额，在一般情况下应当累计计算，但如果是以后次挪用的公款归还前次挪用的公款，则不予累计，而以案发时未还的实际数额认定。

2. 挪用公款不退还转化为贪污的认定

对于挪用公款不退还的，1988 年全国人大常委会《关于惩治贪污罪贿赂罪的补充规定》（已失效）规定为以贪污论处。这里的不退还，既包括主观上不想还，也包括客观上不能还。对于挪用公款主观上不想还的，以贪污论处是合理的。但对于挪用公款客观上不能还的，以贪污论处，则有客观归罪之嫌。因此，1997 年刑法修订中，对这一规定作了修改。《刑法》第 384 条明确规定：挪用公款数额巨大不退还的，定挪用公款罪，处10年以上有期徒刑或者无期徒刑。对于这一规定，前引《解释（三）》指出，是指挪用公款数额巨大，因客观原因在一审宣判前不能退还的。因此，挪用公款数额巨大，客观上能还而主观上不想还的，仍应以贪污论处。这里的以贪污罪论处，是指从挪用公款转化为贪污。在司法实践中，这种犯意的转化通常可以根据行为人挪用公款后的客观表现来认定。根据《纪要》的规定，对挪用公款转化为贪污的认定，在司法实践中，具有以下情形之一的，可以认定行为人具有非法占有公款的目的：（1）携带挪用的公款潜逃的，对其携带挪用的公款部分，以贪污罪定罪处罚。（2）行为人挪用公款后采取虚假发票平账、销毁有关账目等手段，使所挪用的公款难以在单位财务账目上反映出来，且没有归还行为的，应当以贪污罪定罪处罚。（3）行为人截取单位收入不入账，非法占有，使所占有的公款难以在单位账目上反映出来，且没有归还行为的，应当以贪污罪定罪处罚。（4）有证据证明行为人有能力归还所挪用的公款而拒不归还，并隐瞒挪用的公款的，应当以贪污罪定罪处罚。

3. 挪用公款携款潜逃

在现实生活中，往往发生挪用公款后携款潜逃的情形，对此应如何定罪？《解释（三）》规定：携带挪用的公款潜逃的，应以贪污论处。因为携款潜逃的，表明犯罪分子主观上不想归还，定贪污罪是适当的。但如何理解这里的携带挪用公款潜逃？我认为，挪用公款后携款潜逃的，只能对所携之款以贪污罪论处，而对于潜逃之前挪用的公款，只要是因客观原因不能归还的，不能定贪污罪，只能定挪用公款罪。

4. 挪用公款的牵连犯

《解释（三）》第7条规定："因挪用公款索取、收受贿赂构成犯罪的，依照数罪并罚的规定处罚。挪用公款进行非法活动构成其他犯罪的，依照数罪并罚的规定处罚。"在上述情况下，挪用公款罪与受贿罪以及其他犯罪之间存在牵连关系，是刑法理论上的牵连犯。司法解释明确规定对挪用公款罪与其他犯罪的牵连犯实行数罪并罚。

5. 挪用公款罪的共犯

挪用公款罪是身份犯，但不具有这种身份的人伙同挪用的，应以挪用公款罪的共犯论处。前引《解释（三）》规定："挪用公款给他人使用，使用人与挪用人共谋，指使或者参与策划取得挪用款的，以挪用公款罪的共犯定罪处罚。"这是关于使用人构成挪用公款罪共犯的规定。公款的使用人，其使用公款的行为并非犯罪，即使是明知是挪用的公款而使用的，也不构成挪用公款罪。使用人只有与挪用人共谋，指使或者参与策划取得挪用款的，才构成挪用公款罪的共犯，即教唆犯和帮助犯。那么，非使用人如果与挪用人共谋，指使或者参与策划挪用公款的是否构成挪用公款罪的共犯。我认为，挪用公款罪的共犯并不限于使用人，非使用人只要在国家工作人员挪用公款中起到了教唆或者帮助作用的，都应以共犯论处。

（四）处罚

根据《刑法》第 384 条第 1 款之规定，犯本罪的，处 5 年以下有期徒刑或者拘役；情节严重的，处 5 年以上有期徒刑；挪用公款数额巨大不退还的，处 10 年以上有期徒刑或者无期徒刑。第 2 款规定，挪用用于救灾、抢险、防汛、优抚、扶贫、移民、救济款物归个人使用的，从重处罚。

加重处罚事由　犯挪用公款罪而情节严重的，是本罪的加重处罚事由。挪用公款归个人使用，进行非法活动，情节严重，根据前引《解释（二）》第 5 条的规定，是指具有下列情形之一：（1）挪用公款数额在 100 万元以上的；（2）挪用救灾、抢险、防汛、优抚、扶贫、移民、救济特定款物，数额在 50 万元以上不满 100 万元的；（3）挪用公款不退还，数额在 50 万元以上不满 100 万元的；（4）其他严重的情节。挪用公款归个人使用，进行营利活动或者超过 3 个月未还，情节严重，根据前引《解释（二）》第 6 条的规定，是指具有下列情形之一：（1）挪用公款数额在 200 万元以上的；（2）挪用救灾、抢险、防汛、优抚、扶贫、移民、救济特定款物，数额在 100 万元以上不满 200 万元的；（3）挪用公款不退还，数额在 100 万元以上不满 200 万元的；（4）其他严重的情节。

特别加重处罚事由　犯挪用公款罪而挪用公款数额巨大不退还的，是本罪的特别加重处罚事由。

三、受贿罪

（一）概念

受贿罪是指国家工作人员利用职务上的便利，索取他人财物，或者非法收受他人财物，为他人谋取利益，以及利用本人职权或者地位形成的便利条件，通过其他国家工作人员职务上的行为，为请托人谋取不正当利益，索取请托人财物或者收受请托人财物的行为。

（二）构成

1. 罪体

主体　受贿罪的主体是国家工作人员。关于离退休国家工作人员能否成为受贿罪的主体，在1989年的司法解释中曾经规定，国家工作人员离退休以后，利用本人原有职权或者地位形成的便利条件，通过在职的国家工作人员职务上的行为，为请托人谋取不正当利益，而本人从中向请托人收取财物的行为，可按受贿罪定罪处罚。我认为，在这种情况下，国家工作人员已经没有职权，因而不存在侵害职务行为廉洁性的问题，而且1997年刑法修订时并未对此作出规定。因此，已离退休的国家工作人员不能再成为受贿罪的主体。应当指出，《刑法修正案（七）》第13条设立的利用影响力受贿罪，包含了离职的国家工作人员利用原职权或者地位形成的便利条件，通过其他国家工作人员职务上的行为，为请托人谋取不正当利益，索取请托人财物或者收受请托人财物的行为。因此，上述离退休国家工作人员的行为应以利用影响力受贿罪论处。此外，2000年6月30日最高人民法院《关于国家工作人员利用职务上的便利为他人谋取利益离退休后收受财物行为如何处理问题的批复》指出："国家工作人员利用职务上的便利为请托人谋取利益，并与请托人事先约定，在其离退休后收受财物，构成犯罪的，以受贿罪定罪处罚。"在上述情况下，虽然是在离退休后收受财物，但这是以其离退休前利用职务上的便利为他人谋取利益的对价，侵犯了国家工作人员职务行为的廉洁性，因而构成受贿罪。应当指出，事先约定是上述情形构成受贿罪的必要条件。如果没有事先约定，在职时利用职务上的便利为请托人谋取利益，而在离退休后收受原请托人财物的，不能定受贿罪。在没有约定的情况下，在职时利用职务上的便利为请托人谋取利益，而在离退休后向原请托人索取财物的，一般也不宜以受贿罪定罪处罚。

行为　受贿罪的行为是利用职务上的便利索取他人财物，或者非法收受他人财物，以及利用本人职权或者地位形成的便利条件，通过其他国家工作人员职务上的行为，为请托人谋取不正当利益，索取请托人财物或者收受请托人财物。

（1）利用职务上的便利

利用职务便利是受贿罪的重要构成要件之一，只有在行为人利用职务上的便利为他人谋取利益的情况下，其收受财物的行为才能认定为受贿行为。根据我国刑法规定，受贿罪的利用职务上的便利是指利用本人职务范围内的权力，即自己职务上主管、负责或者承办某项公共事务的职权及其所形成的便利条件。利用职权是利用本人职务范围内的权力，利用与职务有关的便利条件是指虽然不是直接利用职权，但是利用了本人的职权或地位形成的便利条件。因此，利用本人职务上的便利包括以下两种情形。

1）直接利用本人职务上的便利

直接利用本人职务上的便利，又称为利用职权，即以本人职务范围内的权力为请托人谋取利益而从中收受财物。这里的利用本人职务范围内的权力，根据《纪要》的规定，包括利用本人职务上主管、负责、承办某项公共事务的职权。如果行为人虽然从他人那里获取了某种利益，但这种利益并非是其职务行为的对价，则该行为不构成受贿罪。

2）间接利用本人职务上的便利

间接利用本人职务上的便利，又称为利用与职务有关的便利条件，即要求有职务上直接隶属、制约关系的其他国家工作人员利用职权为行贿人谋取利益。在这种情况下，从表面上看是通过他人的职务为请托人谋取利益，从而收受财物。但从实际上看，是利用了本人职务而产生的制约关系，这种制约关系可以影响被利用者的利益，使之就范。对此，《纪要》指出，受贿罪的利用职务上的便利还包括利用职务上有隶属、制约关系的其他国家工作人员的职权。《纪要》还指出，担任单位领导职务的国家工作人员通过不属自己主管的下级部门的国家工作人员的职务为他人谋取利益的，应当认定为"利用职务上的便利"为他人谋取利益。

（2）受贿行为

本罪可以分为直接受贿与间接受贿两种情形：

1）直接受贿行为

直接受贿行为是指利用职务上的便利索取他人财物，或者非法收受他人财物。

利用职务上的便利是直接受贿行为成立的前提。受贿罪的利用职务上的便利，根据《纪要》的规定，是指利用本人职务上主管、负责、承办某项公共事务的职权，也包括利用职务上有隶属、制约关系的其他国家工作人员的职权。担任单位领导职务的国家工作人员通过不属自己主管的下级部门的国家工作人员的职务为他人谋取利益的，应当认定为利用职务上的便利为他人谋取利益。因此，利用本人职务上的便利包括以下两种情形：第一，直接利用本人职务上的便利，即以本人职务范围内的权力为请托人谋取利益而从中收受财物。第二，间接利用本人职务上的便利，即要求有职务上直接隶属、制约关系的其他国家工作人员利用职权为行贿人谋取利益。在这种情况下，从表面上看是通过他人的职务为请托人谋取利益，从而收受财物，但实际上，是利用了本人职务而产生的制约关系，这种制约关系可以影响被利用者的利益，使之就范。

直接受贿行为是指索取或者收受。我国刑法将索取与收受作为受贿行为的两种表现形式。第一，索取。索取是指主动索要并收取。因此，索取具有两个特点：一是主动性，是受贿人先提出贿赂的要求。二是由索要与收取两个行为构成，这两个行为可供选择。索取既可以是明示的，也可以是暗示的。明示是明火执仗地索要贿赂，如果对方不给贿赂，就以不履行其职务行为为要挟，迫使对方就范。暗示是暗度陈仓地索要贿赂，往往使用隐晦但能够领会的方法，从而使人乖乖地交付贿赂。无论是明示还是暗示，都应以索贿论处。第二，收受。收受是指被动地收取。因此，收受具有被动性，是在请托人主动交付贿赂的情况下消极地接受。就利用职务上的便利为他人谋取利益与收受财物的关系而言，可以分为两种情况：一是先收受财物后为他人谋取利益，即所谓事前受贿。在刑法理论上，这是一种收买性贿赂。这种事前受贿，在客观上收受财物与为他人谋取利益之间存在因果关系，并且行为人之间往往存在收受财物后为他人谋取利益的约定，即主观上明知是贿赂而予以收受。二是在为他人谋取利益后收受财物，即所谓事后受贿。在刑法理论上，这是一种酬谢性贿赂。关于这种事后受贿，是否必须以事前约定为条件，在刑法理论上存在争议。我认为，这种事前没有约定而事后收受他人财物的事后受财行为不同于事后受贿，事后受贿必须以事前约定为条件。当然，这里的事前约定，并不限于明示约定，而且包括暗示约定。

2）间接受贿行为

间接受贿行为是受贿罪的一种特殊表现形式，指国家工作人员利用本人职权或者地位形成的便利条件，通过其他国家工作人员职务上的行为，为请托人谋取不正当利益，索取请托人财物或者收受请托人财物的行为。认定间接受贿要注意把握以下要件：第一，利用本人职权或者地位形成的便利条件。这里的本人职权或地位形成的便利条件，根据前引《纪要》的规定，是指行为人与被其利用的国家工作人员之间在职务上虽然没有隶属、制约关系，但是行为人利用了本人职权和地位产生的影响和一定的工作联系，如单位内不同部门的国家工作人员之间、上下级单位没有职务上的隶属、制约关系的国家工作人员之间、有工作联系的不同单位的国家工作人员之间等。间接受贿利用本人职权或者地位形成的便利条件与直接受贿之利用职务上的便利是有所不同的。在利用职务上的便利的情况下，直接利用本人职权，当然不需要通过其他国家工作人员的职务行为为请托人谋取利益。而利用职权形成的便利条件，虽然也是通过其他国家工作人员的职务行为为请托人谋取利益，但这是以本人职务对他人职务存在着职务上的制约关系为前提的。而在间接受贿的情况下，本人职务对他人职务不存在这种制约关系，而是利用了本人职务对其他国家工作人员的影响。第二，通过其他国家工作人员职务上的行为。间接受贿的通过其他国家工作人员职务上的行为，是指行为人本人没有直接为请托人谋取利益，而是让其他国家工作人员利用职务上的便利，为请托人谋取利益。第三，为请托人谋取不正当利益。普通受贿只要为他人谋取利益即可构成犯罪，而不论这种利益是否正当。刑法规定间接受贿只有在为请托人谋取不正当利益的情况下才能构成。这里的不正当利益，根据 1999 年 8 月 6 日最高人民检察院《关于人民检察院直接受理立案侦查案件的规定（试行）》，是指谋取违反法律、法规、国家政策和国务院各部门规章规定的利益，以及谋取违反法律、法规、国家政策和国务院各部门规章规定的帮助或者方便条件。

　　客体　我国刑法将受贿客体表述为财物，这一范围比外国刑法规定的贿赂范围要窄。例如，日本刑法认为贿赂之所得，不一定限定为金钱、物品和其他财产利益。不论有形或者无形，以能满足人的需要、欲望的一切利益为范围。我国刑法则将受贿客体限定为财物，包括金钱、物品以及其他财产性利益，例如债权的设立、债务的免除等，但不包括非财产性利益。我国刑法学界曾经讨论过性贿赂问题，存在肯定说与否定说之争。肯定说认为性交可以被看成是某种利益。基于其特性，此种利益乃是一种无形的非物质性利益，但又与有形的物质性利益有着密切关系。因为性交的背后，隐藏着某种利益的交换。否定说则认为，将允诺性行为认定为受贿罪，显然不符合我国刑法的规定，况且我国刑法中的受贿罪是以收受一定数额的财物为定罪量刑依据的，如果性行为作为贿赂则无法确定受贿数额。我赞同否定说，根据现行刑法，性贿赂不能认定为受贿罪。根据前引《解释（二）》第 12 条的规定，贿赂犯罪中的财物，包括货币、物品和财产性利益。财产性利益包括可以折算为货币的物质利益如房屋装修、债务免除等，以及需要支付货币的其他利益如会员服务、旅游等。后者的犯罪数额，以实际支付或者应当支付的数额计算。

2. 罪责

受贿罪的罪责形式是故意。这里的故意是指明知是利用职务上的便利索取他人财物或者收受他人财物为他人谋取利益的行为而有意实施的主观心理状态。在索取财物构成的受贿罪中，受贿故意内容是十分明显的，但在收受财物构成的受贿罪中，受贿故意如何认定则是一个较为复杂的问题。我认为，收受财物的故意与受贿故意是有所不同的。在受贿故意内容中，除收受财物的故意以外，还应包括明知财物是本人利用职务上的便利为他人谋取利益的报答物而予以收受的故意。前引《解释（二）》第16条第2款规定，特定关系人索取、收受他人财物，国家工作人员知道后未退还或者上交的，应当认定国家工作人员具有受贿故意。

目的犯 受贿罪是法定的目的犯。根据我国刑法的规定，索取财物构成犯罪的不以为他人谋取利益为要件，而收受财物构成的受贿罪则以为他人谋取利益为要件。这里的为他人谋取利益，并非是构成要件的客观行为，而是超过的主观要素。因此，只要行为人主观上具有为他人谋取利益的目的即已构成本罪，而并非一定要付诸实施。对于这里的为他人谋取利益，根据前引《解释（二）》第13条的规定，是指具有下列情形之一：（1）实际或者承诺为他人谋取利益的；（2）明知他人有具体请托事项的；（3）履职时未被请托，但事后基于该履职事由收受他人财物的。前引《解释（二）》还规定，国家工作人员索取、收受具有上下级关系的下属或者具有行政管理关系的被管理人员的财物价值3万元以上，可能影响职权行使的，视为承诺为他人谋取利益。

3. 罪量

受贿罪的罪量要素是数额较大或者具有其他较重情节。根据《刑法》第383条［前引《解释（二）》第1条］的规定，个人受贿数额3万元以上的构成本罪；个人受贿数额1万元以上不满3万元，具有其他较重情节的，也构成本罪。

（三）认定

1. 商业受贿

商业受贿是受贿罪的一种特殊表现形式，指国家工作人员在经济往来中，违反国家规定，收受各种名义的回扣、手续费，归个人所有的行为。在认定商业受贿的时候，应当正确界定以下概念：

（1）回扣、手续费。回扣、手续费是商业受贿中贿赂的表现形式。回扣是指经营者销售商品时在账外暗中以金钱、实物或者其他方式退给对方单位或者个人一定比例的商品价款。手续费是指在从事经济活动中，收取对方单位或者个人的费用。

（2）经济交往。商业受贿发生在经济活动中，这是它与普通受贿的根本区别之一。这里的经济活动既包括国家经济管理活动，又包括国家工作人员参与的经济交往活动。关于商业受贿，刑法并未规定利用职务上的便利这一要件，但这并不意味着商业受贿可以不需要这一要件。实际上，国家工作人员在经济活动中从事各种经济活动本身就是依法从事公务活动，因而是职务行为。在经济活动中收受回扣、手续费的，必然以利用职务上的便利为前提。

（3）违反国家规定。在经济交往中收受回扣、手续费，只有违反国家规定才构成受贿罪。这里的违反国家规定是指违反全国人民代表大会及其常委会制定的法律，国务院制定的行政法规和行政措施、发布的决定和命令。例如 2019 年修订的《反不正当竞争法》第 7 条规定："经营者不得采用财物或者其他手段贿赂下列单位或者个人，以谋取交易机会或者竞争优势：1）交易相对方的工作人员；2）受交易相对方委托办理相关事务的单位或者个人；3）利用职权或者影响力影响交易的单位或者个人。经营者在交易活动中，可以以明示方式向交易相对方支付折扣，或者向中间人支付佣金。经营者向交易相对方支付折扣、向中间人支付佣金的，应当如实入账。接受折扣、佣金的经营者也应当如实入账。经营者的工作人员进行贿赂的，应当认定为经营者的行为；但是，经营者有证据证明该工作人员的行为与为经营者谋取交易机会或者竞争优势无关的除外。"根据这一法律规定，账外暗中收受回扣是违法的，应以受贿论处。这里的账外暗中，是指未在依法设立的反映其生产经营活动或者行政事业经费收支的财务账上按照财务会计制度明确如实记载，包括不记入财物账、转入其他财物账或者做假账等。

（4）归个人所有。回扣、手续费是否归个人所有，是认定商业受贿的重要条件之一。如果收受回扣、手续费用于集体福利或者奖励，包括对在经济活动中作出贡献的业务人员的奖励，或者收受回扣、手续费归单位所有，并有单位发票、按照会计制度进账的，不构成商业受贿。符合单位受贿罪构成要件的，应以该罪论处。只有收受回扣、手续费，中饱私囊或者少数人私分的，才应以商业受贿论处。

2008年11月20日最高人民法院、最高人民检察院《关于办理商业贿赂刑事案件适用法律若干问题的意见》［以下简称《意见（二）》］对某些领域国家工作人员商业受贿问题作了以下专门规定。

（1）医疗机构国家工作人员的商业受贿

《意见（二）》第4条第1款规定医疗机构中的国家工作人员，在药品、医疗器械、医用卫生材料等医药产品采购活动中，利用职务上的便利，索取销售方财物，或者非法收受销售方财物，为销售方谋取利益，构成犯罪的，依照《刑法》第385条的规定，以受贿罪定罪处罚。这里的医疗机构中的国家工作人员，主要是指国有医疗机构中负责医药产品采购的人员，这些人员利用医药产品采购的职务便利受贿的，应以受贿罪论处。

（2）教育机构国家工作人员的商业受贿

《意见（二）》第5条第1款规定学校及其他教育机构中的国家工作人员，在教材、教具、校服或者其他物品的采购等活动中，利用职务上的便利，索取销售方财物，或者非法收受销售方财物，为销售方谋取利益，构成犯罪的，依照《刑法》第385条的规定，以受贿罪定罪处罚。这里的教育机构中的国家工作人员，主要是指学校及其他教育机构中负责教学用具或者校服等其他物品采购的人员，这些人员利用教学用具或者校服等其他物品采购的职务便利受贿的，应以受贿罪论处。

（3）招标、采购国家工作人员的商业受贿

《意见（二）》第6条第2款规定，依法组建的评标委员会、竞争性谈判采购中谈判小组、询价采购中询价小组中国家机关或者其他国有单位的代表，在招标、政府采购等事项的评标或者采购活动中，索取他人财物或者非法收受他人财物，为他人谋取利益的，依照《刑法》第385条的规定，以受贿罪定罪处罚。

2. 变相受贿

随着市场经济的发展，在现实生活中出现了以交易或者其他形式为掩盖的变相受贿行为，这些受贿犯罪具有隐蔽性和复杂性，为查处受贿犯罪案件带来了一定的困难。为此，2007年7月8日最高人民法院、最高人民检察院颁行了《关于办理受贿刑事案件适用法律若干问题的意见》[以下简称《意见（三）》]，为查处变相受贿犯罪提供了法律根据。《意见（三）》规定了下列变相受贿形式。

（1）交易型受贿

《意见（三）》第1条规定：国家工作人员利用职务上的便利为请托人谋取利益，以下列交易形式收受请托人财物的，以受贿论处：1）以明显低于市场的价格向请托人购买房屋、汽车等物品的；2）以明显高于市场的价格向请托人出售房屋、汽车等物品的；3）以其他交易形式非法收受请托人财物的。受贿数额按照交易时当地市场价格与实际支付价格的差额计算。

（2）干股分红型受贿

《意见（三）》第2条规定，国家工作人员利用职务上的便利为请托人谋取利益，收受请托人提供的干股的，以受贿论处。这里的干股，是指未出资而获得的股份。关于干股分红型受贿的数额计算，《意见（三）》根据股权是否转让区分为以下两种情形：1）进行了股权转让登记，或者相关证据证明股份发生了实际转让的，受贿数额按转让行为时股份价值计算，所分红利按受贿孳息处理。2）股份未实际转让，以股份分红名义获取利益的，实际获利数额应当认定为受贿数额。

（3）合作投资型受贿

《意见（三）》第3条规定，国家工作人员利用职务上的便利为请托人谋取利益，由请托人出资"合作"开办公司或者进行其他"合作"投资的，以受贿论处。受贿数额为请托人给国家工作人员的出资额，国家工作人员利用职务上的便利为请托人谋取利益，以合作开办公司或者其他合作投资的名义获取"利润"，没有实际出资和参与管理、经营的，以受贿论处。

（4）受托理财型受贿

《意见（三）》第4条规定，受托理财型受贿根据是否实际出资分为以下两种情形：1）国家工作人员利用职务上的便利为请托人谋取利益，以委托请托人投资证券、期货或者其他委托理财的名义，未实际出资而获取"收益"，以受贿论处。在这种情况下，受贿数额以"收益"额计算。2）国家工作人员利用职务上的便利为请托人谋取利益，委托请托人投资证券、期货或者其他委托理财，虽然实际出资，但获取"收益"明显高于出资应得收益，以受贿论处。在这种情况下，受贿数额以"收益"额与出资应得收益额的差额计算。

（5）赌博型受贿

《意见（三）》第5条规定，国家工作人员利用职务上的便利为请托人谋取利益，通过赌博方式收受请托人财物的，构成受贿。

（6）干薪型受贿

《意见（三）》第6条规定，国家工作人员利用职务上的便利为请托人谋取利益，要求或者接受请托人以给特定关系人安排工作为名，使特定关系人不实际工作却获取所谓薪酬的，以受贿罪论处。这里的特定关系人，是指与国家工作人员有近亲属、情妇（夫）以及其他共同利益关系的人。

（7）特定关系人收受型受贿

《意见（三）》第7条规定，国家工作人员利用职务上的便利为请托人谋取利益，接受请托人将有关财物给予特定关系人的，以受贿论处。《意见（三）》还对特定关系人与特定关系人以外的其他人构成受贿罪的共犯作了不同的规定：1）特定关系人与国家工作人员通谋，共同实施前款行为的，对特定关系人以受贿罪的共犯论处。2）特定关系人以外的其他人与国家工作人员通谋，由国家工作人员利用职务上的便利为请托人谋取利益，收受请托人财物后双方共同占有的，以受贿罪的共犯论处。

(8) 权属未变更型受贿

《意见（三）》第 8 条规定，国家工作人员利用职务上的便利为请托人谋取利益，收受请托人房屋、汽车等物品，未变更权属或者借用他人名义办理权属变更登记的，不影响受贿的认定。

此外，《意见（三）》还对收受财物后退还或者上交问题，在职时为请托人谋利、弃职后收受财物问题作了规定。

3. 受贿罪的未遂

受贿罪的未遂问题，也是在受贿罪认定与处理中经常涉及的一个问题。在刑法理论上，关于受贿罪的未遂与既遂的标准，一般都采取收取说，即以是否取得财物作为未遂与既遂的区分标准。[①] 根据这一标准，只有索贿才有未遂，即所谓索而未得的情形。而收受贿赂，如果收取则为既遂，如果不收则为拒贿，所以没有未遂问题。现在看来，这种认识有些简单化。对于行贿人交付一般财物来说，收与不收的界限是明确的，在司法实践中也容易认定。但在一些复杂的受贿案件中，未遂与既遂的区分仍然会引起争议，需要从法理上予以解决。

1) 收受银行卡的既遂与未遂

收受银行卡或者其他财产凭证的受贿案件中，如何区分受贿罪的未遂与既遂，就是一个存在较大争议的问题。银行卡、存折以及其他财产凭证，从外在表现形态上来看，它与一般的财物是有所不同的，尤其是记名并可设密码的财产凭证，所有人通常还可以通过挂失等方式避免损失。因此，在收受银行卡或者其他财产凭证构成受贿罪的案件中，存在一些认定上的疑难问题。例如记名问题，就容易引起争议。在有些案件中，行贿人以受贿人的名义办理银行卡，并在银行卡中存入一定数额的现金。对于这种情形，受贿人收受了该银行卡就应当视为受贿

---

① 王俊平，李山河. 受贿罪研究. 北京：人民法院出版社，2002：191.

罪的既遂。收受某些不记名的财产凭证，例如购物卡等，则更是如此。例如，在2006年司法考试中曾经出过一个题目，国家工作人员甲利用职务便利为某单位谋取利益。随后，该单位的经理送给甲一张购物卡，并告知其购物卡的价值为2万元，使用期限为1个月。甲收下购物卡后忘记使用，导致购物卡过期作废，卡内的2万元被退回到原单位。关于甲的行为，主要涉及是构成受贿罪未遂还是既遂的知识点。本题的参考答案是甲构成受贿罪的既遂，理由是取得购物卡就是取得财物，因而已经构成受贿罪既遂，至于财物退回原单位，这只是处理时应当考虑的情节。对于收受不记名购物卡作以上理解，笔者认为是正确的。但收受记名的，尤其是以行贿者的名义办理的银行卡，并且款项并没有从银行卡中取出的，这种受贿行为到底是未遂还是既遂呢？笔者认为，这里涉及对银行卡内款项的所有关系的分析。

对于银行卡内的款项的所有关系，在理论上是存在争议的。争议的焦点是银行占有还是持卡人占有。银行占有说认为，银行卡中的款项是银行占有，持卡人对于银行卡中的款项只具有债权而不具有物权。而持卡人占有说则认为，银行卡中的款项不是银行占有，而是持卡人占有，因为持卡人可以随时取出卡内的款项，其持有银行卡与持有货币并无实质上的区分。对于以上两种观点，我赞同持卡人占有说，我国《刑法》第196条第3款规定："盗窃信用卡并使用的，按照本法第二百六十四条的规定定罪处罚。"这里的第264条的规定是指盗窃罪的规定。根据这一规定，行为人窃取信用卡就等于占有了信用卡内的款项，应以此认定为盗窃罪，至于使用行为则是一种不可罚的事后行为。当然，1997年11月4日最高人民法院《关于审理盗窃案件具体应用法律若干问题的解释》（已失效）第10条规定："盗窃信用卡并使用的，以盗窃罪定罪处罚，其盗窃数额应当根据行为人盗窃信用卡使用的数额认定。"由此可见，盗窃信用卡并使用的，虽然定盗窃罪，但盗窃数额则按照使用的数额认定。这里应当指出，刑法中的信用卡与银行法中的信用卡，其含义是有所不同的，而且盗窃信用卡的情况与收受他人的信用卡（即银行卡）也不完全相同，但有些原理是相通的。对于收受银行卡的未遂与既遂以及数额计算问题，应当根据有关刑法理论加以正确认定。

2）相约受贿的既遂与未遂

相约受贿是指国家工作人员与他人约定在将来某个时间交付财物，以此作为国家工作人员为他人谋取利益的对价，及至案发，虽然存在贿赂的约定但并没有实际交付贿赂。对于这种相约受贿行为如何认定，是在刑法理论和司法实践中值得研究的一个问题。

在司法实践中，存在国家工作人员与他人约定给予财物，但并未实际交付财物的案例。例如姚某约定受贿案：姚某系雅安市医院院长，卢某系某建筑公司负责人。2010 年上半年的一个周末，在成都某西餐厅，卢某对被告人姚某说，我这几年在雅安市医院做了一些业务，也赚了一些钱，我心里一直想对你表达感谢，还记着要给你 160 万元，当你不当国家公职人员或者你缺钱的时候我再给你。姚某对卢某的承诺表示认可，说，我现在也不需要钱，先放在你那里。对于这一事实，雅安市中级人民法院一审判决认为，被告人姚某构成受贿罪未遂。被告人不服判决提出上诉，四川省高级人民法院二审认为，行贿人卢某与姚某虽有事前约定，姚某也利用职务上的便利为卢某谋取了利益，但姚某未收受或实际控制就案发，且在案证据证实该款项仅是卢某对姚某的承诺，并未以任何形式单独存放。据此，二审判决认为，该款项不能认定为受贿数额。值得注意的是，二审判决引用了 2007 年 7 月 8 日最高人民法院、最高人民检察院《关于办理受贿刑事案件适用法律若干问题的意见》第 10 条的规定，国家工作人员利用职务上的便利为请托人谋取利益，与请托人事先约定，在其离退休后收受请托人财物，应认定为受贿。在这一规定中，提到了事先约定，在离退休以后收受的，构成受贿罪。但如果只有事先约定但没有事后收受，是否构成受贿罪呢？二审判决认定，这种情况不构成受贿罪。① 应该说，以上姚某受贿案二审判决的认定是正确的。

---

① 魏东. 约定受贿定性处理的法理研讨. 河南社会科学，2017（2）.

但在司法实践中，我们见到的案件，大多数还是认定为受贿罪，甚至认定为属于既遂。例如焦某受贿案：被告人焦某在任职期间为李某的企业谋取利益，李某对焦某承诺在焦某退休以后，将该企业 40％的股权送给焦某。过后不久案发，焦某和李某对上述承诺都作了供述。因此，侦查机关将企业 40％的股权经过评估，折算成 400 万元，认定焦某受贿 400 万元，法院对此也作了有罪认定。这个案件，同样也是只有承诺，也就是约定，但并未实际收受，但却被法院判决有罪。在这种情况下，被告人焦某是否具有收受财物的行为呢？显然没有。那么，能不能把约定认定为收受呢？例如在曲某受贿案中，行贿人答应送给曲某 800 万元财物，已经送了 400 万元，另外 400 万元曲某说，先放在你那里，以后需要再跟你要。为此，法院判决认定曲某受贿 800 万元。对此未收受的 400 万元之所以认定为受贿，判决理由是：该 400 万元双方已经约定收受，虽然没有实际交付，但这是曲某委托行贿人保管，应当认定为法律上的收受。法院判决的观点是：另外 400 万元的所有权也已经转移给曲某，曲某将其委托行贿人保管，并不影响受贿罪的成立。对于这种保管说的观点，我是不赞同的。保管是在委托人已经取得财物的所有权以后，将财物委托给他人保管的一种民事法律关系。但在该案中，双方虽然约定给予 400 万元，但这 400 万元并没有实际交付，曲某没有取得对 400 万元的所有权，不能认为是取得所有权以后委托他人保管。至于那种认为属于受贿罪未遂的观点，也是不能成立的。未遂是着手实行犯罪以后的行为，那么，这种由收受财物而不是索取财物构成的受贿罪的着手如何认定呢？我认为，收受财物的受贿罪的行为是指接受他人交付的财物。显然，约定本身并不是收受财物的行为，而是收受财物以前的行为，也就是说，受贿罪并没有着手实行。对此，只能认定为受贿罪的预备行为。

这里涉及刑法对受贿行为的规定，如前所述，我国刑法是把受贿行为规定为收受财物和索取财物这两种行为方式。而日本刑法则将受贿罪与行贿罪对应地设置为三个罪名：要求贿赂罪、期约贿赂罪、收受贿赂罪；与此对应的行贿罪分为：行求贿赂罪、期约贿赂罪、交付贿赂罪。以上三个罪名从低度犯罪到高度犯罪，逐渐递进。按照这种规定，行贿和受贿行为符合哪个罪名，就定哪个罪。像前面所讲的只有约定没有收受财物的情况，对行贿人和国家工作人员都认定为期约贿赂罪，这就完全没有问题。但根据我国刑法的规定，对这种约定收受但没有实际收受财物的行为，就不能认定为受贿罪的既遂或者未遂，只能是受贿罪的预备犯。

4. 受贿罪的共犯

受贿罪是身份犯，它以国家工作人员作为特殊主体。因此，非国家工作人员不能单独构成受贿罪。但国家工作人员与非国家工作人员勾结，共同利用国家工作人员职务上的便利，索取他人财物或者非法收受他人财物的，对非国家工作人员应以受贿罪的共犯论处。对此，1988年全国人大常委会《关于惩治贪污罪贿赂罪的补充规定》（已失效）曾经明确规定：与国家工作人员勾结，伙同受贿的，以共犯论处。现行刑法对此未作规定，而对贪污罪的共犯则有规定，因此在刑法理论上对非国家工作人员是否可以构成受贿罪的共犯提出疑问。我认为，共犯是一个刑法总则问题，《刑法》第382条第3款关于贪污共犯的规定只是一个提示性规定而非特别规定，因此尽管刑法对受贿共犯没有规定，并不妨碍受贿共犯的成立。

（1）国家工作人员与其家庭成员构成的受贿罪共犯

在司法实践中，受贿罪的共犯问题，主要是与国家工作人员有财产共有关系的家庭成员和该国家工作人员共同受贿的问题。家庭成员参与受贿主要表现为：与国家工作人员共同商议收受贿赂，积极出谋划策；传递信息，沟通关系并收受财物；帮助国家工作人员向行贿人索取贿赂；诱导、劝说、催促甚至威逼国家工作人员索取财物，致使国家工作人员产生了受贿犯罪的故意，并实施了受贿行为；等等。家庭成员代请托人向国家工作人员转达请托事项，国家工作人员明知其收受了请托人的财物，仍按照家庭成员的要求利用职权为他人谋取利益的，应认定为受贿罪，家庭成员以受贿罪共犯论处。如果家庭成员没有以上行为，只是明知国家工作人员收受贿赂而与其共享的，属于知情不举，不构成受贿罪的共犯。与国家工作人员没有财产共有关系，但与国家工作人员相互勾结，由国家工作人员利用职务上的便利为请托人谋取利益，双方共同收受并占有请托人的财物的，构成受贿罪的共犯。与国家工作人员没有财产共有关系的人和国家工作人员相互勾结，促使行贿人向国家工作人员行贿，但没有与国家工作人员共同占有贿赂财物的，不能以受贿罪的共犯认定。构成其他犯罪的，依照有关规定定罪处罚。

（2）国家工作人员与其近亲属以外的特定关系人构成的受贿罪共犯

关于国家工作人员近亲属以外的特定关系人参与受贿的共犯，最高人民法院《纪要》曾经规定："近亲属以外的其他人与国家工作人员通谋，由国家工作人员利用职务上的便利为请托人谋取利益，收受请托人财物后双方共同占有的，构成受贿罪共犯。"这里所谓"近亲属以外的其他人"指的就是与国家工作人员具有密切关系的人。此后，《意见（三）》明确采用了特定关系人这个概念，指出："特定关系人与国家工作人员通谋，共同实施前款行为的，对特定关系人以受贿罪的共犯论处。"此外，《意见（三）》还规定："特定关系人以外的其他人与国家工作人员通谋，由国家工作人员利用职务上的便利为请托人谋取利益，收受请托人财物后双方共同占有的，以受贿罪的共犯论处。"比较以上规定，我们可以发现一个细微的变化。根据《纪要》的规定，近亲属以外的人，也就是特定关系人，与国家工作人员构成受贿罪的共犯，以双方共同占有为要件。但根据《意见（三）》的规定，特定关系人与国家工作人员构成受贿罪的共犯，并无双方共同占有的要求。只有特定关系人以外的其他人与国家工作人员构成受贿罪的共犯，才要求双方共同占有。

（3）国家工作人员与其他非国家工作人员构成的受贿罪共犯

在现实生活中，还经常发生国家工作人员和公司、企业或者其他单位人员共同勾结受贿的情形。对此，前引《意见（三）》第11条规定，非国家工作人员与国家工作人员通谋，共同收受他人财物，构成共同犯罪的，根据双方利用职务便利的情形分别定罪追究刑事责任：1）利用国家工作人员职务便利为他人谋取利益的，以受贿罪追究刑事责任。2）利用非国家工作人员的职务便利为他人谋取利益的，以非国家工作人员受贿罪追究刑事责任。3）分别利用各自的职务便利为他人谋取利益的，按照主犯的犯罪性质追究刑事责任，不能分清主从犯的，可以受贿罪追究刑事责任。

5. 受贿罪与其他犯罪的牵连

国家工作人员收受贿赂为他人谋取利益的行为往往触犯其他罪名，因而构成牵连犯，对这种受贿罪的牵连犯是否实行并罚呢？对此 1988 年全国人大常委会《关于惩治贪污罪贿赂罪的补充规定》（已失效）曾经明确规定："因受贿而进行违法活动构成其他罪的，依照数罪并罚的规定处罚。"由于我国刑法理论上对牵连犯都实行从一重罪处断原则而不实行数罪并罚，因而这是一个牵连犯实行数罪并罚的特别规定。但在 1997 年刑法修订中，并未将这一规定吸纳到刑法中来。况且《刑法》第 399 条第 4 款还规定司法工作人员贪赃枉法，即受贿以后徇私枉法或者枉法裁判后，依照处罚较重的规定定罪处罚。在这种情况下，比照这一规定，我认为对于受贿后为他人谋取利益行为又触犯其他罪名构成牵连犯的，应从一重罪处断，而不宜实行数罪并罚。

6. 受贿罪与其他受贿犯罪的界限

（1）受贿罪与单位受贿罪的区分

单位受贿罪是指国家机关、国有公司、企业、事业单位、人民团体，索取、非法收受他人财物，为他人谋取利益，情节严重的行为。这里应当指出，单位受贿罪的单位，并非任何单位，而是指国有单位，即国家机关、国有公司、企业、事业单位、人民团体。除了上述国有单位以外，其他单位，如集体经济组织、中外合资企业、中外合作企业、外商独资企业和私营企业，都不能成为单位受贿罪的主体。

在我国刑法中，单位的内设机构可以成为单位犯罪的主体。2001 年 1 月 21 日最高人民法院关于印发《全国法院审理金融犯罪案件工作座谈会纪要》对单位的分支机构或者内设机构、部门实施犯罪行为的处理问题作了规定，根据这一规定，"以单位的分支机构或者内设机构、部门的名义实施犯罪，违法所得亦归分支机构或者内设机构、部门所有的，应认定为单位犯罪"。关于国有单位的内设机构可以构成单位受贿罪的问题，2006 年 9 月 12 日，最高人民检察院法律政策研究室作出了《关于国有单位的内设机构能否构成单位受贿罪主体问题的答复》（以下简称《答复》）规定："国有单位的内设机构利用其行使职权的便利，索取、非法收受他人财物并归该内设机构所有或者支配，为他人谋取利益，情节严重的，依照刑法第三百八十七条的规定以单位受贿罪追究刑事责任。上述内设机构在经济往来中，在账外暗中收受各种名义的回扣、手续费的，以受贿论。"上述《答复》为处理国有单位的内设机构实施的单位受贿行为提供了根据。此外，根据上述《答复》的精神，国有单位的分支机构实施的单位受贿行为，也应以单位受贿罪论处。

受贿罪与单位受贿罪的根本区分在于主体的不同，即：受贿罪是国家工作人员的个人受贿犯罪，而单位受贿罪是国家机关、国有公司、企业、事业单位、人民团体的受贿犯罪。尽管在单位犯罪的情况下，法律规定实行双罚制，也要对单位的直接负责的主管人员和其他直接责任人员进行处罚，但单位受贿罪与受贿罪之间还是存在性质上的区别的。这种区别主要体现在是以单位的名义收受财物还是以个人名义收受财物，以及所收受的财物是归单位所有还是归个人所有。应当指出，只有在同时具备以单位名义和收受的财物归单位所有这两个要件的情况下，才能认定为单位受贿罪。如果是虽然以单位名义但其所收受的财物归个人所有的情况，应当认定为个人受贿罪而非单位受贿罪。我国学者指出："这种以单位名义的个人受贿行为主要表现为以下三种情形：1) 国家机关、国有公司、企业、事业单位、人民团体五种单位的直接负责的主管人员和其他直接责任人员没有本单位的授权、同意或者超过本单位授权实施的犯罪行为；2) 国家机关、国有公司、企业、事业单位、人民团体五种单位的其他人员没有本单位授权而冒充本单位名义实施的犯罪行为；3) 非本单位人员没有本单位授权，为谋取个人私利而擅自以本单位名义实施的犯罪行为。因为上述这些行为不是单位意志的整体体现，索取、非法收受他人贿赂的财物也不归单位所有，所以不是单位受贿，只能是以单位名义个人受贿的行为"①。我认为，以上论述是正确的。只有从以单位名义和财物归单位所有这两个方面，才能准确地将单位受贿罪与受贿罪加以区分。

（2）受贿罪与非国家工作人员受贿罪的区分

非国家工作人员受贿罪是指公司、企业或者其他单位的工作人员利用职务上的便利，索取他人财物或者非法收受他人财物，为他人谋取利益，数额较大的行为。

受贿罪与非国家工作人员受贿罪的根本区分就在于主体上的不同。受贿罪的主体是国家工作人员，而非国家工作人员受贿罪的主体是公司、企业或者其他单位的工作人员。这里的公司工作人员，是指有限责任公司、股份有限公司的董事、监事或者职工；企业的工作人员，是指有限责任公司、股份有限公司以外的企业中的工作人员；其他单位的工作人员是指上述公司、企业以外其他单位的工作人员。这里的其他单位，根据《意见（二）》第 2 条的规定，既包括事业单位、社会团体、村民委员会、居民委员会、村民小组等常设性的组织，也包括为组织体育赛事、文艺演出或者其他正当活动而成立的组委会、筹委会、工程承包队等非常设性的组织。由此可见，其他单位是指公司、企业以外的所有单位。《刑法》第 163 条第 3 款规定，国有公司、企业或者其他国有单位中从事公务的人员和国有公司、企业或者其他国有单位委派到非国有公司、企业以及其他单位从事公务的人员实施受贿行为的，依照受贿罪的规定定罪处罚。

（3）受贿罪与利用影响力受贿罪的区分

利用影响力受贿罪是指国家工作人员的近亲属或者其他与该国家工作人员关系密切的人，通过该国家工作人员职务上的行为，或者利用该国家工作人员职权或者地位形成的便利条件，通过其他国家工作人员职务上的行为，为请托人谋取不正当利益，索取请托人财物或者收受请托人财物，数额较大或者有其他较重情

---

① 郭立新，黄明儒. 刑法分则典型疑难问题适用与指导. 北京：中国法制出版社，2012：672.

节的行为。我国 1997 年刑法并未规定利用影响力受贿罪，《刑法修正案（七）》增设了本罪。从受贿罪与利用影响力受贿罪的构成要件来看，我认为，两罪之间的区分主要表现在以下三个方面。

1）主体的区分

受贿罪的主体是国家工作人员，而利用影响力受贿罪的主体则是以下三种人：a. 国家工作人员的近亲属。根据《刑事诉讼法》第 108 条的规定，近亲属是指夫、妻、父、母、子、女、同胞兄弟姐妹。这里的近亲属应当和上述规定的内容一致，因此，国家工作人员的近亲属是指国家机关中从事公务的人员、国有公司、企业、事业单位、人民团体中从事公务的人员和国家机关、国有公司、企业、事业单位委派到非国有公司、企业、事业单位、社会团体从事公务的人员，以及其他依照法律从事公务的人员的夫、妻、父、母、子、女、同胞兄弟姐妹。b. 其他与该国家工作人员关系密切的人。其他与该国家工作人员关系密切的人是指除了国家工作人员的近亲属外，与该国家工作人员具有密切关系的人。这里的关系密切的人，不同于司法解释规定的特定关系人。2007 年 7 月 8 日《意见（三）》第 11 条对特定关系人的范围作了界定，指出：本意见所称"特定关系人"，是指与国家工作人员有近亲属、情妇（夫）以及其他共同利益关系的人。这里强调了共同利益关系，是特定关系人的本质特征。而关系密切的人则强调了对国家工作人员的影响力。对"关系密切"的判断应该根据社会一般人的观念，行为人与国家工作人员之间的联系是否对行使职务行为的国家工作人员具有足够的影响力。一般来说，关系密切的人是指同学、战友、老部下、老上级或者是有着某种共同的利益关系，或者是过从甚密、具有足够的影响力的人。c. 离职的国家工作人员或其近亲属以及其他与其关系密切的人。离职的国家工作人员是指离休、退休、辞职、辞退的国家工作人员，这些人现在已经不再行使国家管理职权，因而不属于现职的国家工作人员。退居二线的国家工作人员虽然不再担任领导职务，但只要没有离退休，仍任现职的属于国家工作人员。此外，转任其他职务的国家工作人员也仍然具有国家工作人员的身份，因而不属于离职的国家工作人员。从以上利用影响力受贿罪的主体来看，明显不同于受贿罪的国家工作人员，而是与国家工作人员具有亲属关系、密切关系的人或者离退职的国家工作人员以及与其具有亲属关系、密切关系的人。

2）行为的区分

受贿罪的行为是利用职务便利，索取或者收受他人财物为他人谋取利益，这是一种直接受贿行为。而利用影响力受贿罪的行为是利用影响力，通过国家工作人员职务上的行为，为请托人谋取不正当利益，索取请托人财物或者收受请托人财物的行为。具体而言，为国家工作人员的近亲属或者其他与该国家工作人员关系密切的人，通过该国家工作人员职务上的行为，或者利用该国家工作人员职权或者地位形成的便利条件，通过其他国家工作人员职务上的行为，或离职的国家工作人员或者其近亲属以及其他与其关系密切的人，利用该离职的国家工作人员原职权或者地位形成的便利条件，通过其他国家工作人员职务上的行为，为请托人谋取不正当利益，索取请托人财物或者收受请托人财物的行为。由此可见，利用影响力受贿罪的行为可以分解为以下要素。

a. 利用影响力

这里的利用影响力首先表现为国家工作人员的近亲属或者其他与该国家工作人员关系密切的人，通过该国家工作人员职务上的行为为请托人谋取不正当利益，实际上是利用行为人与国家工作人员的密切关系所形成的影响力。例如，利用父母与子女之间的关爱，配偶、情人之间的感情，朋友之间的友谊，同事之间的信任等产生的影响力，使与之有密切关系的国家工作人员通过职务行为，为他人谋取利益；利用与之有密切关系的国家工作人员的职权或者地位形成的便利条件，通过其他国家工作人员职务上的行为为请托人谋取不正当利益的行为。这一行为利用影响力的方式包括两种情况：一种是行为人通过利用行为人与国家工作人员的密切关系所形成的影响力，使该国家工作人员利用自己的职权和地位形成的便利条件，通过其他国家工作人员的职务行为为请托人牟取不正当利益。另一种情况是行为人直接利用有密切关系的国家工作人员的职权和地位形成的便利条件,通过其他国家工作人员的职务行为为请托人谋取不正当利益。利用影响力其次还表现为离职的国家工作人员或者其近亲属以及其他与其关系密切的人利用该离职的国家工作人员原职权或者地位形成的便利条件。这里的利用原职权和地位形成的便利条件,是指离职的国家工作人员曾经具有一定的职权和地位,而且这种职权和地位曾经对其他国家工作人员产生过影响。虽然国家工作人员离职后不再直接具有上述影响,但这种影响的结果仍然现实地、具体地继续存在。而且这种影响的结果会直接或间接地对其他国家工作人员形成意志上的作用力,在其实施职务行为时会作为重要考虑因素。这也是利用离职的国家工作人员的影响力与利用国家工作人员的影响力的不同之处。

b. 利用与之有密切关系的国家工作人员或其他国家工作人员的职务上的行为

利用影响力受贿罪,无论是何种形式的利用影响力的行为,最终都是要通过行为人以外的国家工作人员的职务上的行为发生作用。首先,职务行为必须是国家工作人员的职务行为,如果行为人通过非国家工作人员,例如,通过非国有公司、企业的管理人员的职务行为为请托人谋取利益,则不构成本罪。其次,这里的职务上行为与受贿罪中规定的职务上的便利条件存在明显的区别,它仅仅包括利用职务上主管、负责、承办某项公共事务的职权而实施的行为,而不包括间接利用职务上的便利的情形。由于该职务行为是为请托人谋取不正当利益,而正当行使职权的行为基本上都是为他人谋取正当利益的行为,所以这里的职务行为一般表现为滥用职权、超越职权、严重违反程序与故意不履行职权等情形。最后,行为人没有直接为请托人谋取利益,因为无论是与国家工作人员有密切关系的人还是离职后的国家工作人员及其关系密切人,都不具有相应职权,即使是与现任或离职后的国家工作人员关系密切的人员具有国家工作人员的身份,也并不直接主管、负责、承办请托人请托的事项,因此只能利用其他国家工作人员职务上的行为。

c. 索取或收受请托人财物

索取贿赂包括要求、索要财物,既包括以明示的方式向请托人要求、索要,也包括以暗示的方式向请托人索要。索取具有两个特点：一是主动性，是受贿人先提出贿赂的要求；二是由索要与收取两个行为构成，应该说是一种复合行为。收受，是指被动地收取。因此，与索取相比，收受的最大特点就是其被动性。因为索取是受贿人主动提出，而收受则是在行贿人主动交付贿赂的情况下，消极地接受。

从以上利用影响力受贿罪的行为来看，其与受贿罪的行为之间的区分是十分明显的。受贿罪是利用本人的职权或者地位形成的便利条件索取或者收受财物。而利用影响力受贿罪则是利用他人的职权或者地位形成的影响力索取或者收受财物。

3）主观违法要素的区分

受贿罪的主观违法要素是为他人谋取利益，这里的利益既包括正当利益，又包括不正当利益。而利用影响力受贿罪的主观违法要素是为他人谋取不正当利益。这里的不正当利益，应当根据有关司法解释予以认定。1999年最高人民法院、最高人民检察院《关于在办理受贿犯罪大要案的同时要严肃查处行贿犯罪分子的通知》规定："谋取不正当利益"是指谋取违反法律、法规、国家政策和国务院各部门规章规定的利益，以及要求国家工作人员或者有关单位提供违反法律、法规、国家政策和国务院各部门规章规定的帮助或者方便条件。因此，不正当利益可以分为两种：一种是非法利益，另一种是非法手段获取的利益。第二种利益又包括两种情况：一种是不应得利益，即请托人在正常情况下没有条件取得的利益；另一种是不确定利益，即根据法律、政策等任何人采取合法正当的手段都可以取得的利益，但利益的归属尚处于不确定之中。① 不确定利益本身可能并不违背法律、法规的要求，属于合法利益，但是请托人利用国家工作人员不正当的职务行为予以谋取，从而侵犯了本罪的法益——国家工作人员职务行为的正当性和纯洁性，因此谋取该利益也属于本罪所指的谋取

---

① 马克昌. 论斡旋受贿罪. 浙江社会科学，2006（3）.

不正当利益。从以上受贿罪与利用影响力受贿罪的主观违法要素的内容来看，两罪存在明显的区分。

案例 43 - 2 　　　　　　　　**潘玉梅、陈宁受贿案**

（法例第 3 号）

2003 年 8、9 月间，被告人潘玉梅、陈宁分别利用担任江苏省南京市栖霞区迈皋桥街道工委书记、迈皋桥办事处主任的职务便利，为南京某房地产开发有限公司总经理陈某在迈皋桥创业园区低价获取 100 亩土地使用权等提供帮助，并于 9 月 3 日分别以其亲属名义与陈某共同注册成立南京多贺工贸有限责任公司（简称"多贺公司"），以"开发"上述土地。潘玉梅、陈宁既未实际出资，也未参与该公司经营管理。2004 年 6 月，陈某以多贺公司的名义将该公司及其土地使用权转让给南京某体育用品有限公司，潘玉梅、陈宁以参与利润分配名义，分别收受陈某给予的 480 万元。2007 年 3 月，陈宁因潘玉梅被调查，在美国出差期间安排其驾驶员退给陈某 80 万元。案发后，潘玉梅、陈宁所得赃款及赃款收益均被依法追缴。

2004 年 2 月至 10 月，被告人潘玉梅、陈宁分别利用担任迈皋桥街道工委书记、迈皋桥办事处主任的职务之便，为南京某置业发展有限公司在迈皋桥创业园购买土地提供帮助，并先后 4 次各收受该公司总经理吴某某给予的 50 万元。

2004 年上半年，被告人潘玉梅利用担任迈皋桥街道工委书记的职务便利，为南京某发展有限公司受让金桥大厦项目减免 100 万元费用提供帮助，并在购买对方开发的一处房产时接受该公司总经理许某某为其支付的房屋差价款和相关税费 61 万余元（房价含税费 121.081 7 万元，潘支付 60 万元）。2006 年 4 月，潘玉梅因检察机关从许某某的公司账上已掌握其购房仅支付部分款项的情况而补还给许某某 55 万元。

此外，2000 年春节前至 2006 年 12 月，被告人潘玉梅利用职务便利，先后收受迈皋桥办事处一党支部书记兼南京某商贸有限责任公司总经理高某某人民币

201 万元和美元 49 万元、浙江某房地产集团南京置业有限公司范某某美元 1 万元。2002 年至 2005 年间，被告人陈宁利用职务便利，先后收受迈皋桥办事处一党支部书记高某某 21 万元、迈皋桥办事处副主任刘某 8 万元。

综上，被告人潘玉梅收受贿赂人民币 792 万余元、美元 50 万元（折合人民币 398.123 4 万元），共计收受贿赂 1 190.2 万余元；被告人陈宁收受贿赂 559 万元。

江苏省南京市中级人民法院于 2009 年 2 月 25 日以（2008）宁刑初字第 49 号刑事判决，认定被告人潘玉梅犯受贿罪，判处死刑，缓期二年执行，剥夺政治权利终身，并处没收个人全部财产；被告人陈宁犯受贿罪，判处无期徒刑，剥夺政治权利终身，并处没收个人全部财产。宣判后，潘玉梅、陈宁提出上诉。江苏省高级人民法院于 2009 年 11 月 30 日以同样的事实和理由作出（2009）苏刑二终字第 0028 号刑事裁定，驳回上诉，维持原判，并核准一审以受贿罪判处被告人潘玉梅死刑，缓期二年执行，剥夺政治权利终身，并处没收个人全部财产的刑事判决。

法院生效裁判认为：关于被告人潘玉梅、陈宁及其辩护人提出二被告人与陈某共同开办多贺公司开发土地获取"利润"480 万元不应认定为受贿的辩护意见。经查，潘玉梅时任迈皋桥街道工委书记，陈宁时任迈皋桥街道办事处主任，对迈皋桥创业园区的招商工作、土地转让负有领导或协调职责，二人分别利用各自职务便利，为陈某低价取得创业园区的土地使用权等提供了帮助，属于利用职务上的便利为他人谋取利益；在此期间，潘玉梅、陈宁与陈某商议合作成立多贺公司用于开发上述土地，公司注册资金全部来源于陈某，潘玉梅、陈宁既未实际出资，也未参与公司的经营管理。因此，潘玉梅、陈宁利用职务便利为陈某谋取利益，以与陈某合办公司开发该土地的名义而分别获取的 480 万元，并非所谓的公司利润，而是利用职务便利使陈某低价获取土地并转卖后获利的一部分，体现了受贿罪权钱交易的本质，属于以合办公司为名的变相受贿，应以受贿论处。

关于被告人潘玉梅及其辩护人提出潘玉梅没有为许某某实际谋取利益的辩护意见。经查，请托人许某某向潘玉梅行贿时，要求在受让金桥大厦项目中减免

100万元的费用，潘玉梅明知许某某有请托事项而收受贿赂；虽然该请托事项没有实现，但"为他人谋取利益"包括承诺、实施和实现不同阶段的行为，只要具有其中一项，就属于为他人谋取利益。承诺"为他人谋取利益"，可以从为他人谋取利益的明示或默示的意思表示予以认定。潘玉梅明知他人有请托事项而收受其财物，应视为承诺为他人谋取利益，至于是否已实际为他人谋取利益或谋取到利益，只是受贿的情节问题，不影响受贿的认定。

关于被告人潘玉梅及其辩护人提出潘玉梅购买许某某的房产不应认定为受贿的辩护意见。经查，潘玉梅购买的房产，市场价格含税费共计应为121万余元，潘玉梅仅支付60万元，明显低于该房产交易时当地市场价格。潘玉梅利用职务之便为请托人谋取利益，以明显低于市场的价格向请托人购买房产的行为，是以形式上支付一定数额的价款来掩盖其受贿权钱交易本质的一种手段，应以受贿论处，受贿数额按照涉案房产交易时当地市场价格与实际支付价格的差额计算。关于被告人潘玉梅及其辩护人提出潘玉梅购买许某某开发的房产，在案发前已将房产差价款给付了许某某，不应认定为受贿的辩护意见。经查，2006年4月，潘玉梅在案发前将购买许某某开发房产的差价款中的55万元补给许某某，相距2004年上半年其低价购房有近两年时间，没有及时补还巨额差价；潘玉梅的补还行为，是由于许某某因其他案件被检察机关找去谈话，检察机关从许某某的公司账上已掌握潘玉梅购房仅支付部分款项的情况后，出于掩盖罪行目的而采取的退赃行为。因此，潘玉梅为掩饰犯罪而补还房屋差价款，不影响对其受贿罪的认定。

综上所述，被告人潘玉梅、陈宁及其辩护人提出的上述辩护意见不能成立，不予采纳。潘玉梅、陈宁作为国家工作人员，分别利用各自的职务便利，为他人谋取利益，收受他人财物的行为均已构成受贿罪，且受贿数额特别巨大，但同时鉴于二被告人均具有归案后如实供述犯罪、认罪态度好，主动交代司法机关尚未掌握的同种余罪，案发前退出部分赃款，案发后配合追缴涉案全部赃款等从轻处罚情节，故一、二审法院依法作出如上裁判。

本案的裁判要点指出：（1）国家工作人员利用职务上的便利为请托人谋取利益，并与请托人以"合办"公司的名义获取"利润"，没有实际出资和参与经营管理的，以受贿论处。（2）国家工作人员明知他人有请托事项而收受其财物，视为承诺"为他人谋取利益"，是否已实际为他人谋取利益或谋取到利益，不影响受贿的认定。（3）国家工作人员利用职务上的便利为请托人谋取利益，以明显低于市场的价格向请托人购买房屋等物品的，以受贿论处，受贿数额按照交易时当地市场价格与实际支付价格的差额计算。（4）国家工作人员收受财物后，因与其受贿有关联的人、事被查处，为掩饰犯罪而退还的，不影响认定受贿罪。

释评

受贿罪是刑法中的一个重要罪名，也是在司法实践中认定较为复杂的一个罪名。尤其是在现实生活中出现了一些新类型的受贿犯罪，对于受贿罪的定罪量刑都带来一定的困难。为此，《意见（三）》对于新类型的受贿案件中的法律适用问题提出了具体的处理意见。潘玉梅、陈宁受贿案就是在上述《意见》发布以后，适用该《意见》形成裁判要旨的一个案例。该案的裁判要点在《意见（三）》中大都已经作了规定，该案的裁判要点在一定程度上是《意见（三）》的适用结果。在这个意义上说，该案并没有创制新的司法规则。尽管如此，该案还是对于司法机关正确地认定新类型的受贿罪具有指导意义。以下对该案涉及的四个裁判要点进行法理的分析。

1. 国家工作人员利用职务上的便利为请托人谋取利益，并与请托人以"合办"公司的名义获取"利润"，没有实际出资和参与经营管理的，以受贿论处。

受贿罪的客观行为是收受财物，这里的收受财物是指无对价地取得他人的财物。然而，在现实生活中，出现了各种较为隐蔽的收受财物的行为方式，其中之一就是以合作经营获取利润的名义无偿地取得他人财物。对此，《意见（三）》第3条对以开办公司等合作投资名义收受贿赂问题作了以下明文规定："国家工作人员利用职务上的便利为请托人谋取利益，由请托人出资，'合作'开办公司或者进行其他'合作'投资的,以受贿论处。受贿数额为请托人给国家工作人员的出资额。国家工作人员利用职务上的便利为请托人谋取利益,以合作开办公司或者其他合作投资的名义获取'利润',没有实际出资和参与管理、经营的,以受贿论处。"以上规定涉及两种情形:一是在合作开办公司或者进行其他合作投资活动中,国家工作人员没有实际出资,而是请托人出资,由此获得所谓合办公司的股权或者其他合作投资的份额。在这种情况下,出资额即为受贿数额。这是一种无偿取得公司股权或者其他投资份额的受贿方式,相当于收受干股。二是在合作开办公司或者进行其他合作投资活动中,没有实际出资,也未参与管理、经营,而获取利润。在这种情况下,对于获取利润行为应以受贿论处。这是一种名为获取利润的变相受贿行为。由此可见,以上两种合作经营型的受贿行为,在性质上存在一定的区分:前者是以出资名义受贿,其受贿数额就是出资额;后者是以获取利润的名义受贿,其受贿数额就是获取的利润数额。这里尤其需要指出,在前一种情况下,以出资名义受贿,其既可能参与了公司的管理、经营活动,也可能没有参与公司的管理、经营活动。但是,无论是否参与了管理、经营活动,国家工作人员从公司获取利润,则该利润都不能再视为受贿数额。而在后一种情况下,以获取利润的名义受贿,其不仅没有出资,而且没有参与管理、经营,其所获取的利润完全是一种无对价取得的财物。在这种情况下,为什么该国家工作人员在公司的出资也是虚假的,却不是像前一种情形那样将出资额认定为受贿数额,而是将获取的利润认定为受贿数额?关于这个问题,如果仅从文字表述来看是不太容易理解的。即:前后两种情形都获取了利润,为什么第一种情形按照出资额计算受贿数额,第二种情形却按照所获取的利润计算受贿数额?通过潘玉梅、陈宁案,可以对上述问题获得较为明确的认识。潘玉梅、陈宁案涉及的是以上第二种情形,其裁判要点与《意见(三)》的表述也是极为近似的。从潘玉梅、陈宁案的案情来看,2003年8、9月间,被告人潘玉梅、陈宁分别利用担任江苏省南京市栖霞区迈皋桥街道工委书记、迈皋桥办事处主任的职务便利,为南京某房地产开发有限公司总经理陈某在迈皋桥创业园区低价获取100亩土地等提供帮助，并于 9 月 3 日分别以其亲属名义与陈某共同注册成立多贺公司，以"开发"上述土地。潘玉梅、陈宁既未实际出资，也未参与该公司经营管理。2004 年 6 月，陈某以多贺公司的名义将该公司及其土地转让给南京某体育用品有限公司，潘玉梅、陈宁以参与利润分配名义，分别收受陈某给予的 480 万元。由此可见，在该案中，所谓利润并非经营所获取的分红性质的利润，而是将公司以及资产转让以后的收益。潘玉梅、陈宁是以参与利润分配的名义获取的收益，与具有分红性质的利润是两个不同的概念。如果在该案中，潘玉梅、陈宁名义上出资，也没有参与管理、经营，却以利润的名义获取分红，则其行为属于前一种性质的受贿，其受贿数额应以出资数额计算。根据《意见（三）》的规定，两种以合作开办公司或者进行其他合作投资名义进行的受贿，在成立条件上存在一定的差异：前者只要求名义出资，后者则不仅要求没有出资，而且要求没有参与管理、经营活动。在这之间到底存在何种区别呢？因为《意见（三）》对于前者，没有要求没有参与管理、经营活动的条件，因此，即使参与了管理、经营活动也构成受贿罪。之所以如此理解，是因为受贿对象是出资额，与此后是否参与管理、经营活动无关，只要公司成立，其受贿犯罪已经既遂。根据出资所获取的利润，是其所收受的出资的衍生物，不能再次认定为受贿数额。正如在挪用公款罪中，行为人将挪用的公款存入银行所获的利息收入，不能再次计算为犯罪数额一样。更何况，《意见（三）》第 2 条关于收受干股型的受贿罪，对于转让干股获取的红利，是按照贿赂款的孳息处理的。对此，我国学者指出："对于国家工作人员收受请托人出资额后又按照该出资额比例收受利润的，情况与根据股份获得分红类似，也应该按照《意见》第 2 条规定的上述认定原则办理，即将所收利润按照受贿孳息办理，这也是为了保持《意见》内部相似情况认定精神的一致性。"[1] 这一观点，我认为是正确的。但在后者的情况下，没有出资并且没有参与管理、经营活动，以利润的名义获取的公司整体转让以后的收益，应认定为受贿数额。如果虽

---

① 郭竹梅. 受贿罪新型暨疑难问题研究. 北京：中国检察出版社，2009：305.

然没有出资但参与了管理、经营活动，无论是以利润的名义收取分红，还是获取公司整体转让以后的收益，我认为都应当以其出资额认定为受贿数额。只有在既没有出资也没有参与公司管理、经营活动的情况下，其以利润的名义获取的公司整体转让以后的收益才能认定为受贿数额。

2. 国家工作人员明知他人有请托事项而收受其财物，视为承诺"为他人谋取利益"，是否已实际为他人谋取利益或谋取到利益，不影响受贿的认定。

这一裁判要点涉及受贿罪的为他人谋取利益这一要件的司法认定问题。根据我国《刑法》第385条的规定，受贿可以分为收受财物与索取财物两种情形：前者要求为他人谋取利益，后者则不要求为他人谋取利益。在要求为他人谋取利益的情况下，如何理解这里的为他人谋取利益的含义呢？对此，我国刑法学界始终是存在争议的，我国学者把这种争议归纳为旧客观要件说、主观要件说与新客观要件说[1]，这是颇为形象的。旧客观要件说认为，为他人谋取利益是受贿罪的客观要件，即行为人必须实施为他人谋取利益的行为，如果国家工作人员收受财物但事实上并没有为他人谋取利益，就不成立受贿罪。同时认为，为他人谋取利益是否已经实现，并不影响受贿罪的成立。主观要件说认为，为他人谋取利益是受贿罪的主观要件，即构成受贿罪以行为人主观上具有为他人谋取利益的心理态度就够了，并不要求具体实施为他人谋取利益的行为。新客观要件说认为，为他人谋取利益是受贿罪的客观要件，只是其内容是许诺为他人谋取利益。在以上三种观点中，其实主观要件说也是将许诺为他人谋取利益作为其内容的，只不过认为许诺是主观要件而已。例如，我和王作富教授较早提出了主观要件说，并且把其内容归结为许诺或者答应，指出："为他人谋取利益，只是行贿人与受贿人之间货币与权力互相交换达成的一种默契。就行贿人来说，是对受贿人的一种要求；就受贿人来说，是对行贿人的一种许诺或者答应。因此，为他人谋取利益只是受贿人的一种心理状态，属于主观要件的范畴，而不像通行观点所说的那样是受贿

---

① 黎宏. 刑法学. 北京：法律出版社，2012：955.

罪的客观要件。"① 新客观要件说之提出，是认为许诺或者答应本身都是客观要件的内容而非主观要件，相对于要求实施为他人谋取利益行为的客观要件说，这是一种新客观要件说。在这个意义上，主观要件说与新客观要件说在对为他人谋取利益的内容理解上其实已经没有区别。这种所谓新客观要件说为某些学者所主张，例如张明楷教授指出："'为他人谋取利益'仍然是受贿罪的客观构成要件要素，其内容的最低要求是许诺为他人谋取利益。国家工作人员在非法收受他人财物之前或者之后许诺为他人谋取利益，就在客观上形成了以权换利的约定，同时使人们产生以下认识：国家工作人员的职务行为是可以收买的，只要给予财物，就可以使国家工作人员为自己谋取各种利益。这本身就使职务行为的不可收买性受到了侵害。这样理解，也符合刑法的规定：为他人谋取利益的行为本身是一种行为，故符合刑法将其规定为客观构成要件要素的表述。"② 从以上论述可以看出，符合刑法条文的规定是主张为他人谋取利益属于客观要件的主要理由之一，也是新客观要件说批驳主观要件说的根据。例如，我国学者黎宏教授指出："'主观要件说'的缺陷也是极为明显的。从为他人谋取利益这句话本身来讲，应该说，它是受贿罪的客观要件。因为，很明显，它所描述的是一种行为。'为他人'是用来说明'谋取利益'这种行为是为谁实施的。因此，从法律规定上来看，为他人谋取利益应当是受贿罪的客观要件。"③ 但是，如果把为他人谋取利益视为客观要件，也是受贿罪构成要件中的行为，那么它与收受财物行为之间究竟是一种什么关系？是否意味着受贿罪的构成要件中存在双重行为？这些问题在刑法理论上是难以解决的。当然，将许诺或者答应视为主观要件的内容，也确实存在瑕疵，因为在一定意义上说，许诺或者答应的确是一种行为。因此，应该把为他人谋取利益的规定理解为是行为人的主观要素，而许诺或者答应只不过是这一主观要素的客观显现而已。而且，为他人谋取利益的实现行为也是这一主观要素的客

---

① 王作富，陈兴良. 受贿罪构成新论. 政法论坛，1991 (1).
② 张明楷. 刑法学. 4 版. 北京：法律出版社，2011：1068.
③ 黎宏. 刑法学. 北京：法律出版社，2011：955.

观显现。它们的作用在于印证主观要素的存在，而在法律上并不要求。此后，我采用目的犯理论来解释为他人谋取利益，指出："为他人谋取利益，在受贿罪中只是一种主观上的'意图'。受贿罪由为他人谋取利益之意图而构成，是短缩的二行为犯。这里的二行为，一是指受贿行为，二是指为他人谋取利益的行为。为他人谋取利益并不能由受贿行为本身实现，而有赖于将这一意图付诸实施。但为他人谋取利益这一行为又不是受贿罪本身的行为，因而称为短缩的二行为犯，以与纯正的二行为犯相区别。立法者之所以规定短缩的二行为犯，是为了防止其他违法犯罪的发生。也就是说，根据法律的规定，不待其他违法犯罪发生（即只有其他违法犯罪之意图），就足以构成本罪。在受贿罪中，为他人谋取利益之意图，对于受贿行为来说是动机，而对于为他人谋取利益的行为来说则是目的。"[①]在这个意义上，我们可以把原先的主观要件说称为旧主观要件说，而把目的犯意义上的主观要件说称为新主观要件说。对于刑法规定的解释，我认为不能机械地拘泥于字面，而是要根据刑法教义学的理论对其加以塑造。从刑法的文字来看，确实应当理解为客观行为，但刑法规定的是为他人谋取利益这一主观意图的实现行为，真正应当纳入受贿罪的构成要件的是主观要素。在这个意义上，我认为我国刑法规定的受贿罪是一种隐性的目的犯，可以从为他人谋取利益这一主观目的的实现行为推导出行为人主观上的目的。尽管在刑法学界对于为他人谋取利益这一要件的性质存在争议，但在司法解释中对于为他人谋取利益的解释逐渐明确。例如2003年11月13日最高人民法院《全国法院审理经济犯罪案件工作座谈会纪要》对为他人谋取利益作了以下解释："为他人谋取利益包括承诺、实施和实现三个阶段的行为。只要具有其中一个阶段的行为，如国家工作人员收受他人财物时，根据他人提出的具体请托事项，承诺为他人谋取利益的，就具备了为他人谋取利益的要件。明知他人有具体请托事项而收受其财物的，视为承诺为他人谋取利益。"在这一规定中，承诺、实施和实现当然都是客观行为，但在明知他人有

---

① 陈兴良. 贿赂罪谋取利益之探求. 法学与实践，1993（5）.

具体请托事项而收受其财物的情况下，客观上并无行为，司法解释规定视为承诺为他人谋取利益。对此，我认为可以解释为为他人谋取利益是一种主观要件。因为在没有客观行为的情况下，仅仅明知他人有具体请托事项就视为具备了为他人谋取利益这一要件。在这种情况下，还把为他人谋取利益解释为客观要件就十分勉强。

在司法实践中，对于"明知他人有具体请托事项而收受其财物的，视为承诺为他人谋取利益"这一规定如何认定的问题，我认为还是值得探讨的。主要问题在于：对于上述规定中的"具体请托事项"如何理解。从目前有些案例来看，对这里的"具体请托事项"作了较为宽泛的理解，从而使为他人谋取利益这一要件所具有的规范功能几乎丧失殆尽。例如在成都市人民检察院诉刘爱东贪污、受贿案（载《最高人民法院公报》2004年卷）提炼的裁判摘要中指出："根据《刑法》第三百八十五条第一款的规定，国家工作人员明知他人有具体请托事项，仍利用职务之便收受其财物的，虽尚未为他人谋取实际利益，其行为亦构成受贿罪。"这一裁判摘要当然是正确的，但该案中涉及的案情是："王某某、张某某是一建公司、市政公司的负责人，二人给当时分管建委和城建工作的刘爱东分别送钱时请刘多关照，送钱的意图是明显的，即想在项目承建上得到刘爱东的照顾。刘爱东在供述中承认其明白二人送钱的这一意图，但仍收取了这10万元现金，是以收钱的行为向送钱人承诺，要为送钱人谋取利益。刘爱东后来虽未实际给王某某、张某某谋取利益，但其收取二人钱财的行为，符合受贿罪中权钱交易的本质特征"①。在这一案情中，只是一般性的请求在项目承建上得到照顾，这是否就是司法解释所规定的"具体请托事项"呢？这是值得质疑的。而在潘玉梅、陈宁案中，请托人许某某向潘玉梅行贿时，要求在受让金桥大厦项目中减免100万元的费用，潘玉梅明知许某某有请托事项而收受贿赂；虽然该请托事项没有实现，但"为他人谋取利益"这一要件已经具备。在这一认定中，存在"在受让金

---

① 最高人民法院公报：2004年卷. 北京：人民法院出版社，2005：334.

桥大厦项目中减免100万元的费用"这一具体请托事项，因而可以认定为具备为他人谋取利益的要件。因此，在为他人谋取利益的"具体请托事项"的认定中，如何理解请托事项的具体性，关系到受贿罪的成立。从目前的司法实践情况来看，往往是只要请托人与受财人之间具有职务上的相关性，例如属于行政上的相对人，在予以照顾等这样十分笼统的请求下，就视为明知有具体请托事项而收受，认定其收受行为具备了为他人谋取利益的要件。这样一种对具体请托事项的理解，无形之间消解了为他人谋取利益这一受贿罪的构成要件，因而有所不妥。我们将潘玉梅、陈宁受贿案与刘爱东受贿案相比可以看出，前者的请托事项是具体的，而后者的请托事项并不具体。潘玉梅、陈宁受贿案作为指导性案例，虽然在裁判要旨的表述上与刘爱东受贿案似乎相同，都是在一定程度上重复了司法解释的规定；但在请托事项具体细节上的差异，对于司法机关正确认定受贿罪的为他人谋取利益这一要件仍然具有重要的参考价值。

3. 国家工作人员利用职务上的便利为请托人谋取利益，以明显低于市场的价格向请托人购买房屋等物品的，以受贿论处，受贿数额按照交易时当地市场价格与实际支付价格的差额计算。

以低于市场价格购买房屋等物品的形式受贿，也是受贿罪的一种新类型，司法解释称为以交易形式收受贿赂。对此，《意见（三）》第2条规定："国家工作人员利用职务上的便利为请托人谋取利益，以下列交易形式收受请托人财物的，以受贿论处：（1）以明显低于市场的价格向请托人购买房屋、汽车等物品的；（2）以明显高于市场的价格向请托人出售房屋、汽车等物品的；（3）以其他交易形式非法收受请托人财物的。"《意见（三）》还规定："受贿数额按照交易时当地市场价格与实际支付价格的差价计算。"这种以交易形式构成的受贿罪的认定，难点在于：（1）如何确定这里的市场价格？（2）如何确定这里的交易时点？（3）如何确定这里的"明显"低于或者高于市场价格？

关于以上第一点，这里的市场价格是差价的基准价，其如何确定对于以交易形式构成的受贿罪的认定具有重要意义。应当说，由于交易对象的差别，其市场价格也是有所不同的。尤其是各类房屋等商品，存在程度不等的优惠价。在这种情况下，以最低优惠价作为市场价格，我认为是较为合理的。关于这一点，《意见（三）》规定："前款所列市场价格包括商品经营者事先设定的不针对特定人的最低优惠价。根据商品经营者事先设定的各种优惠交易条件，以优惠价格购买商品的，不属于受贿。"在这一规定中，在作为以交易形式受贿的数额计算的基准价的确定上，强调了两个条件，这就是（1）事先设定；（2）不针对特定人。据此，可以把以交易形式构成的受贿与以优惠价格购买商品的界限予以划清，因而是可取的。

关于以上第二点，市场价格的确定应该以交易时及交易地作为工具。在一般情况下，交易的时间与地点是单一的，因此也是容易确定的。但是，在某些情况下，交易的时间与地点可能是较为复杂的。例如购买商品房，其价格是以口头约定时计算，还是以合同签订时计算，或者以房屋交付时计算？这就是一个较为复杂的问题。因为在这几个时点，房屋的市场价格是波动的，按照不同的时点，其市场价格是有所不同的。对于，我认为应该按照合同签订时确定市场价格才是较为合理的。

关于以上第三点，即明显低于或者高于市场价格的问题，具有一定的裁量性。在以往的司法实践中，关于明显低于成本价格的认定曾经以成本价作为基准。也就是说，只有在低于成本价格的情况下，才能认定为低于市场价格。我认为，按照成本价计算显然是不合适的。只要低于或者高于市场价格的幅度较大，就应当将差距认定为以交易形式构成的受贿罪的犯罪数额。在潘玉梅、陈宁受贿案中，潘玉梅购买的房产，市场价格含税费共计应为121万余元，潘玉梅仅支付60万元，明显低于该房产交易时当地市场价格。尽管这里的房屋的市场价格是如何计算出来的，案例没有说明，但从市场价格为121万元，而潘玉梅仅支付60万元的这一差距而言，可以说是明显低于市场价格，将其差价认定为受贿数额是完全正确的。

4. 国家工作人员收受财物后，因与其受贿有关联的人、事被查处，为掩饰犯罪而退还的，不影响认定受贿罪。

一般情况下，国家工作人员利用职务便利为他人谋取利益以后，收受他人财物，其受贿罪即为既遂。既遂以后如何处置财物，并不影响受贿罪的成立。当然，也有一些例外的情况，在对行为人定罪或者量刑时是应当考虑的。例如，收受财物以后上交的，是否构成受贿罪，就是一个较为复杂的问题。其实，除了上交的以外，还有一个退还的问题。如果及时退还，就不能认为是受贿既遂以后的行为，而是应当视为拒贿的行为，其行为不构成受贿罪。同样，收受他人财物以后及时上交，也是一种拒贿行为，其行为不构成受贿罪。对此，《意见（三）》第9条规定："国家工作人员收受请托人财物后及时退还或者上交的，不是受贿。"我认为，这一规定是完全正确的。但是，这里的退还与上交必须是及时的。这里的及时，是指立即或者马上的意思。如果国家工作人员在收受他人财物以后，不是立即退还或者马上上交，而是在行将案发之际或者案发以后，为掩盖受贿罪行而退还或者上交，则仍然构成受贿罪。对此，《意见（三）》第9条规定："国家工作人员受贿后，因自身或者与其受贿有关联的人、事被查处，为掩盖犯罪而退还或者上交的，不影响认定受贿罪。"应该说，这一规定是正确的，对于区分受贿犯罪的罪与非罪界限具有重要意义。

在潘玉梅、陈宁受贿案中，潘玉梅购买许某某开发的房产，在案发前已将房产差价款给付了许某某，对此是否认定为受贿罪，是在控辩之间存在争议的问题。法院认定，2006年4月，潘玉梅在案发前将购买许某某开发房产的差价款中的55万元补给许某某，相距2004年上半年其低价购房有近两年时间，没有及时补还巨额差价；潘玉梅的补还行为，是由于许某某因其他案件被检察机关找去谈话，检察机关从许某某的公司账上已掌握潘玉梅购房仅支付部分款项的情况后，出于掩盖罪行目的而采取的退赃行为。因此，潘玉梅为掩饰犯罪而补还房屋差价款，不影响对其受贿罪的认定。从以上叙述尚不能完全看出，潘玉梅购买房屋的差价款在2004年购买房屋时在房屋开发商那里，是已经平账还是仍然挂账。我认为，只有在已经平账的情况下，其两年后因许某某被查而补交差价的行为，才不影响受贿罪的认定。但如果没有平账，在开发商的账目上显示只是交了一部分购房款，其余的购房款没有交齐，那么，在这种情况下，应当视为是欠账，是一种债务关系。其行为是否构成受贿罪，要根据是否属于名为欠账实为受贿来确定。因此，其补交房款的行为不能一概视为受贿以后为掩盖罪行而实施的退还行为。

（四）处罚

根据《刑法》第383条［《刑法修正案（九）》第43条］之规定，对犯受贿罪的，根据情节轻重，分别依照下列规定处罚。

1. 受贿数额较大或者有其他较重情节的，处3年以下有期徒刑或者拘役，并处罚金。根据前引《解释（二）》第1条的规定，这里的数额较大，是指受贿数额在3万元以上不满20万元。这里的其他较重情节，是指具有下列情形之一：（1）多次索贿的；（2）为他人谋取不正当利益，致使公共财产、国家和人民利益遭受损失的；（3）为他人谋取职务提拔、调整。（4）曾因贪污、受贿、挪用公款受过党纪、行政处分的；（5）曾因故意犯罪受过刑事追究的；（6）赃款赃物用于非法活动的；（7）拒不交代赃款赃物去向或者拒不配合追缴工作，致使无法追缴的；（8）造成恶劣影响或者其他严重后果的。

2. 受贿数额巨大或者有其他严重情节的，处3年以上10年以下有期徒刑，并处罚金或者没收财产。根据前引《解释（二）》第2条的规定，这里的数额巨大是指受贿数额在20万元以上不满300万元，这里的其他严重情节，是指具有下列情形之一：（1）多次索贿的；（2）为他人谋取不正当利益，致使公共财产、国家和人民利益遭受损失的；（3）为他人谋取职务提拔、调整。（4）曾因贪污、受贿、挪用公款受过党纪、行政处分的；（5）曾因故意犯罪受过刑事追究的；（6）赃款赃物用于非法活动的；（7）拒不交代赃款赃物去向或者拒不配合追缴工作，致使无法追缴的；（8）造成恶劣影响或者其他严重后果的。

3. 受贿数额特别巨大或者有其他特别严重情节的，处10年以上有期徒刑或者无期徒刑，并处罚金或者没收财产；数额特别巨大，并使国家和人民利益遭受特别重大损失的，处无期徒刑或者死刑，并处没收财产。根据前引《解释（二）》第3条的规定，这里的数额特别巨大，是指受贿数额在300万元以上。这里的其他特别严重情节，是指具有下列情形之一：（1）多次索贿的；（2）为他人谋取不正当利益，致使公共财产、国家和人民利益遭受损失的；（3）为他人谋取职务提拔、调整的。（4）曾因贪污、受贿、挪用公款受过党纪、行政处分的；（5）曾因故意犯罪受过刑事追究的；（6）赃款赃物用于非法活动的；（7）拒不交代赃款赃物去向或者拒不配合追缴工作，致使无法追缴的；（8）造成恶劣影响或者其他严重后果的。

从轻、减轻或者免除处罚事由 犯受贿罪，在提起公诉前如实供述自己罪行、真诚悔罪、积极退赃，避免、减少损害结果的发生，有前述第一项规定情形的，可以从轻、减轻或者免除处罚；有第二项、第三项规定情形的，可以从轻处罚。

终身监禁 犯受贿罪被判处死刑缓期执行的，人民法院根据犯罪情节等情况可以同时决定在其死刑缓期执行2年期满依法减为无期徒刑后，终身监禁，不得减刑、假释。

四、单位受贿罪

（一）概念

单位受贿罪是指国家机关、国有公司、企业、事业单位、人民团体，索取、非法收受他人财物，为他人谋取利益，情节严重的行为。

（二）构成

1. 罪体

主体 单位受贿罪的主体是国家机关、国有公司、企业、事业单位、人民团体。集体经济组织、中外合资企业、中外合作企业、外商独资企业和私营企业不能成为单位受贿罪的主体。单位受贿罪的主体包括单位的内设机构，对此，2006 年 4 月 12 日最高人民检察院法律政策研究室曾经作出《关于国有单位的内设机构能否构成单位受贿罪主体问题的答复》，指出："国有单位的内设机构利用其行使职权的便利，索取、非法收受他人财物并归该内设机构所有或者支配，为他人谋取利益，情节严重的，依照刑法第三百八十七条的规定以单位受贿罪追究刑事责任。上述内设机构在经济往来中，在账外暗中收受各种名义的回扣、手续费的，以受贿论。"在司法实践中，对于国有单位内设机构受贿的，应当按照上述规定处理。此外，国有单位的分支机构受贿的，也应以单位受贿罪论处。

行为　单位受贿行为有以下两种情形：（1）索取、非法收受他人财物；（2）在经济往来中，在账外暗中收受各种名义的回扣、手续费。

2. 罪责

单位受贿罪的罪责形式是故意，并且具有非法占有财物的目的。这里的故意，是指单位明知是受贿行为而有意实施的主观心理状态。

3. 罪量

单位受贿罪的罪量要素是情节严重。根据 1999 年 9 月 16 日最高人民检察院《关于人民检察院直接受理立案侦查案件立案标准的规定（试行）》（以下简称《立案标准》）的规定，涉嫌下列情形之一的，应予立案：（1）单位受贿数额在 10 万元以上的；（2）单位受贿数额不满 10 万元，但具有下列情形之一的：1）故意刁难、要挟有关单位、个人，造成恶劣影响的；2）强行索取财物的；3）致使国家或者社会利益遭受重大损失的。因此，凡具有上述情形的，应视为单位受贿情节严重。

（三）处罚

根据《刑法》第 387 条之规定，犯本罪的，对单位判处罚金，并对其直接负责的主管人员和其他直接责任人员，处 5 年以下有期徒刑或者拘役。

五、利用影响力受贿罪

（一）概念

利用影响力受贿罪是指国家工作人员的近亲属或者其他与该国家工作人员关系密切的人，通过该国家工作人员职务上的行为，或者利用该国家工作人员职权或者地位形成的便利条件，以及离职的国家工作人员或者近亲属以及其他与其关系密切的人，利用该离职的国家工作人员原职权或者地位形成的便利条件，通过其他国家工作人员职务上的行为，为请托人谋取不正当利益，索取请托人财物或者收受请托人财物，数额较大或者有其他较重情节的行为。

（二）构成

1. 罪体

主体　利用影响力受贿罪的主体是国家工作人员的近亲属或者其他与该国家工作人员关系密切的人，以及离职的国家工作人员或者其近亲属以及其他与其关系密切的人。

行为　利用影响力受贿罪的行为是通过国家工作人员职务上的行为，或者利用国家工作人员职权、地位形成的便利条件，或者利用离职的国家工作人员原职权或者地位形成的便利条件，通过其他国家工作人员职务上的行为，为请托人谋取不正当利益，索取请托人财物或者收受请托人的财物。

2. 罪责

利用影响力受贿罪的罪责形式是故意。这里的故意，是指明知是利用影响力受贿的行为而有意实施的主观心理状态。

3. 罪量

利用影响力受贿罪的罪量要素是数额较大或者有其他较重情节。根据《解释（二）》第10条第1款的规定，利用影响力受贿罪的定罪量刑适用标准，参照本解释关于受贿罪的规定执行。因此，这里的数额较大，是指受贿数额在3万元以上不满 20 万元。这里的其他较重情节，是指具有下列情形之一：（1）多次索贿的；（2）为他人谋取不正当利益，致使公共财产、国家和人民利益遭受损失的；（3）为他人谋取职务提拔、调整的。（4）曾因贪污、受贿、挪用公款受过党纪、行政处分的；（5）曾因故意犯罪受过刑事追究的；（6）赃款赃物用于非法活动的；（7）拒不交代赃款赃物去向或者拒不配合追缴工作，致使无法追缴的；（8）造成恶劣影响或者其他严重后果的。

（三）处罚

根据《刑法》第 388 条之一〔《刑法修正案（七）》第 13 条〕之规定，犯本罪的，处 3 年以下有期徒刑或者拘役，并处罚金；数额巨大或者有其他严重情节的，处 3 年以上 7 年以下有期徒刑，并处罚金；数额特别巨大或者有其他特别严重情节的，处 7 年以上有期徒刑，并处罚金或者没收财产。

加重处罚事由　犯本罪而数额巨大或者有其他严重情节的，是本罪的加重处罚事由。这里的数额巨大是指受贿数额在 20 万元以上不满 300 万元，这里的其他严重情节，是指具有下列情形之一：（1）多次索贿的；（2）为他人谋取不正当利益，致使公共财产、国家和人民利益遭受损失的；（3）为他人谋取职务提拔、调整的。（4）曾因贪污、受贿、挪用公款受过党纪、行政处分的；（5）曾因故意犯罪受过刑事追究的；（6）赃款赃物用于非法活动的；（7）拒不交代赃款赃物去向或者拒不配合追缴工作，致使无法追缴的；（8）造成恶劣影响或者其他严重后果的。

特别加重处罚事由　犯本罪而数额特别巨大或者有其他特别严重情节的，是本罪的特别加重处罚事由。这里的数额特别巨大，是指受贿数额在 300 万元以上。这里的其他特别严重情节，是指具有下列情形之一：（1）多次索贿的；（2）为他人谋取不正当利益，致使公共财产、国家和人民利益遭受损失的；（3）为他人谋取职务提拔、调整的。（4）曾因贪污、受贿、挪用公款受过党纪、行政处分的；（5）曾因故意犯罪受过刑事追究的；（6）赃款赃物用于非法活动的；（7）拒不交代赃款赃物去向或者拒不配合追缴工作，致使无法追缴的；

（8）造成恶劣影响或者其他严重后果的。

六、行贿罪

（一）概念

行贿罪是指为谋取不正当利益，给予国家工作人员以财物的行为。

（二）构成

1. 罪体

行为 行贿罪的行为是给予国家工作人员以财物。这里的给予是指交付财物，以作为国家工作人员为其谋取不正当利益的对价。

客体 行贿对象是国家工作人员，这是行贿罪与对非国家工作人员行贿罪的根本区别之所在。

2. 罪责

行贿罪的罪责形式是故意，并且具有谋取不正当利益的目的。这里的故意，是指明知是谋取不正当利益而向国家工作人员行贿的行为而有意实施的主观心理状态。

目的犯 行贿罪是法定的目的犯，只有具有谋取不正当利益的目的，才构成本罪。这里的谋取不正当利益，根据 2012 年 12 月 26 日最高人民法院、最高人民检察院《关于办理行贿刑事案件具体应用法律若干问题的解释》［以下简称《解释（四）》］第 12 条的规定，是指行贿人谋取的利益违反法律、法规、规章、政策规定，或者要求国家工作人员违反法律、法规、规章、政策、行业规范的规定，为自己提供帮助或者方便条件。违背公平、公正原则，在经济、组织人事管理等活动中，谋取竞争优势的，应当认定为谋取不正当利益。

3. 罪量

对于行贿罪的罪量要素，刑法未作规定。但这并不等于无论行贿数额大小，一概构成犯罪。根据前引《解释（二）》第 7 条的规定，为谋取不正当利益，向国家工作人员行贿，数额在 3 万元以上的，应当依照《刑法》第 390 条的规定追究刑事责任。行贿数额在 1 万元以上不满 3 万元，具有下列情形之一的，应当依照《刑法》第 390 条的规定以行贿罪追究刑事责任：（1）向 3 人以上行贿的；（2）将违法所得用于行贿的；（3）通过行贿谋取职务提拔、调整的；（4）向负有食品、药品、安全生产、环境保护等监督管理职责的国家工作人员行贿，实施非法活动的；（5）向司法工作人员行贿，影响司法公正的；（6）造成经济损失数额在 50 万元以上不满 100 万元的。

（三）认定

1. 商业行贿

商业行贿是行贿罪的一种特殊表现形式，指在经济往来中，违反国家规定，给予国家工作人员以财物，数额较大，或者违反国家规定，给予国家工作人员以各种名义的回扣、手续费的行为。商业行贿不同于普通行贿之处在于它发生在经济往来这一特定领域。应当指出，刑法对商业行贿并未规定为谋取不正当利益的目的。那么商业行贿构成犯罪是否在主观上不要求具有这一目的呢？回答是否定的。在经济交往中，无论是违反国家规定给予国家工作人员以财物，还是违反国家规定给予国家工作人员以各种名义的回扣、手续费，构成行贿罪主观上都必须具有谋取不正当利益的目的。若无此种目的，不构成行贿罪。

2. 罪体排除事由

根据刑法规定，因勒索给予国家工作人员以财物，没有获得不正当利益的，不是行贿。从刑法理论上说，这是一种罪体排除事由。在这种情况下，虽然行为人给予国家工作人员财物，但这种给予财物是因勒索交付，并且没有获得不正当利益，因而不是行贿。这里的不是行贿，不仅指其给予国家工作人员财物的行为不构成行贿罪，而且这种行为不具有行贿的性质。在认定这种罪体排除事由的时候，要注意掌握两个条件：一是被索勒，指被索要或者被敲诈勒索。二是没有获得不正当利益，指行为人主观上是为谋取不正当利益，但最后没有获得该不正当利益。

（四）处罚

根据《刑法》第 390 条［《刑法修正案（九）》第 45 条］第 1 款之规定，犯本罪的，处 5 年以下有期徒刑或者拘役；因行贿谋取不正当利益，情节严重的，或者使国家利益遭受重大损失的，处 5 年以上 10 年以下有期徒刑；情节特别严重的，处 10 年以上有期徒刑或者无期徒刑，可以并处没收财产。

加重处罚事由　犯行贿罪而谋取不正当利益，情节严重的，或者使国家利益遭受重大损失的，是本罪的加重处罚事由。这里的情节严重，根据前引《解释（二）》第 8 条的规定，是指具有下列情形之一：（1）行贿数额在 100 万元以上不满 500 万元的；（2）行贿数额在 50 万元以上不满 100 万元，并具有本解释第 7 条第 2 款第 1 项至第 5 项规定的情形之一的；（3）其他严重的情节。这里的使国家利益遭受重大损失，是指造成经济损失数额在 100 万元以上不满 500 万元。

特别加重处罚事由　犯行贿罪而情节特别严重，或者使国家利益遭受特别重大损失。是本罪的特别加重处罚事由。这里的情节特别严重，根据前引《解释（二）》第 9 条的规定，是指具有下列情形之一：（1）行贿数额在 500 万元以上的；（2）行贿数额在 250 万元以上不满 500 万元，并具有本解释第 7 条第 2 款第 1 项至第 5 项规定的情形之一的；（3）其他特别严重的情节。这里的使国家利益遭受特别重大损失，是指造成经济损失数额在 500 万元以上。

从轻、减轻或者免除处罚事由　根据《刑法》第 390 条［《刑法修正案（九）》第 45 条］第 2 款的规定，行贿人在被追诉前主动交代行贿行为的，可以从轻或者减轻处罚。其中，犯罪较轻的，对侦破重大案件起关键作用的，或者有重大立功表现的，可以减轻或者免除处罚。

七、对有影响力的人行贿罪

（一）概念

对有影响力的人行贿罪是指为谋取不正当利益，向国家工作人员的近亲属或者其他与该国家工作人员关系密切的人，或者向离职的国家工作人员或者其近亲属以及其他与其关系密切的人行贿的行为。

（二）构成

1. 罪体

行为 对有影响力的人行贿罪的行为是行贿。这里的行贿是指交付财物。

客体 对有影响力的人行贿罪的客体是有影响力的人。这类的有影响力的人，是指国家工作人员的近亲属或者其他与该国家工作人员关系密切的人，或者离职的国家工作人员或者其近亲属以及其他与其关系密切的人。

2. 罪责

对有影响力的人行贿罪的罪责形式是故意。这里的故意，是指明知是有影响力的人而有意对其行贿的主观心理状态。

3. 罪量

对于对有影响力的人行贿罪的罪量要素，刑法未作规定。但这并不等于无论行贿数额大小，一概构成犯罪。根据前引《解释（二）》第10条第2款的规定，对有影响力的人行贿罪的定罪量刑适用标准，参照本解释关于行贿罪的规定执行。因此，对有影响力的人行贿罪以3万元作为定罪标准。此外，前引《解释（二）》还规定，行贿数额在1万元以上不满3万元，具有下列情形之一的，应当依照《刑法》第390条的规定以行贿罪追究刑事责任：（1）向3人以上行贿的；（2）将违法所得用于行贿的；（3）通过行贿谋取职务提拔、调整的；（4）向负有食品、药品、安全生产、环境保护等监督管理职责的国家工作人员行贿，实施非法活动的；（5）向司法工作人员行贿，影响司法公正的；（6）造成经济损失数额在50万元以上不满100万元的。

（三）处罚

根据《刑法》第390条之一〔《刑法修正案（九）》第46条〕之规定，犯本罪的，处3年以下有期徒刑，并处罚金；情节严重的，或者使国家利益遭受重大损失的，处3年以上7年以下有期徒刑，并处罚金；情节特别严重的，或者使国家利益遭受特别重大损失的，处 7 年以上 10 年以下有期徒刑，并处罚金。单位犯前款罪的，对单位判处罚金，并对其直接负责的主管人员和其他直接责任人员，处 3 年以下有期徒刑或者拘役，并处罚金。根据《解释（二）》第 10 条第 3 款的规定，单位对有影响力的人行贿数额在 20 万元以上的，应当以对有影响力的人行贿罪追究刑事责任。

加重处罚事由 犯本罪而情节严重的或者使国家利益遭受重大损失，是本罪的加重处罚事由。这里的情节严重，是指：（1）行贿数额在 100 万元以上不满 500 万元的；（2）行贿数额在 50 万元以上不满 100 万元，并具有本解释第 7 条第 2 款第 1 项至第 5 项规定的情形之一的；（3）其他严重的情节。这里的使国家利益遭受重大损失，是指造成经济损失数额在 100 万元以上不满 500 万元。

特别加重处罚事由 犯本罪而情节特别严重或者使国家利益遭受特别重大损失，是本罪的特别加重处罚事由。这里的情节特别严重，是指：（1）行贿数额在 500 万元以上的；（2）行贿数额在 250 万元以上不满 500 万元，并具有本解释第 7 条第 2 款第 1 项至第 5 项规定的情形之一的；（3）其他特别严重的情节。这里的使国家利益遭受特别重大损失，是指造成经济损失数额在 500 万元以上。

八、对单位行贿罪

（一）概念

对单位行贿罪是指为谋取不正当利益，给予国家机关、国有公司、企业、事业单位、人民团体以财物，或者在经济往来中，违反国家规定，给予各种名义的回扣、手续费的行为。

（二）构成

1. 罪体

行为 对单位行贿罪的行为具有以下两种表现形式：一是为谋取不正当利益，给予国家机关、国有公司、企业、事业单位、人民团体以财物。二是在经济往来中，违反国家规定，给予各种名义的回扣、手续费。

客体　对单位行贿罪的客体是单位，因而区别于以自然人为客体的普通行贿罪。这里的单位，根据刑法规定，是指国家机关、国有公司、企业、事业单位、人民团体，而不包括其他非国有单位。

2. 罪责

对单位行贿罪的罪责形式是故意，并且具有谋取不正当利益的目的。这里的故意，是指明知是对单位行贿行为而有意实施的主观心理状态。

目的犯　对单位行贿罪是法定的目的犯，只有具有谋取不正当利益的目的，才构成本罪。根据前引司法解释的规定，是指谋取违反法律、法规、国家政策和国务院各部门规章规定的利益，以及要求国家工作人员提供违反法律、法规、国家政策和国务院各部门规章的帮助或者方便条件。

3. 罪量

对单位行贿罪的罪量要素，刑法未作规定。参照《立案标准》的规定，对单位行贿涉嫌下列情形之一的，应予定罪：（1）个人行贿数额在 10 万元以上、单位行贿数额在 20 万元以上的；（2）个人行贿数额不满 10 万元、单位行贿数额在 10 万元以上不满 20 万元，但具有下列情形之一的：1）为谋取非法利益而行贿的；2）向 3 个以上单位行贿的；3）向党政机关、司法机关、行政执法机关行贿的；4）致使国家或者社会利益遭受重大损失的。

（三）处罚

根据《刑法》第 391 条第 1 款［《刑法修正案（九）》第 47 条］之规定，犯本罪的，处 3 年以下有期徒刑或者拘役，并处罚金。第 2 款规定，单位犯前款罪的，对单位判处罚金，并对其直接负责的主管人员和其他直接责任人员，依照前款的规定处罚。

九、介绍贿赂罪

（一）概念

介绍贿赂罪是指向国家工作人员介绍贿赂，情节严重的行为。

（二）构成

1. 罪体

行为　介绍贿赂行为是指在行贿人与受贿人之间沟通关系、撮合条件，使贿赂行为得以实现。

客体　介绍贿赂罪的客体是国家工作人员，既不包括其他非国家工作人员，也不包括单位。

2. 罪责

介绍贿赂罪的罪责形式是故意，个人是否具有牟利动机在所不问。这里的故意，是指明知是介绍贿赂的行为而有意实施的主观心理状态。

3. 罪量

介绍贿赂罪的罪量要素是情节严重。这里的情节严重，参照《立案标准》的规定，是指具有下列情形之一：（1）介绍个人向国家工作人员行贿，数额在 2 万元以上的；介绍单位向国家工作人员行贿，数额在 20 万元以上的；（2）介绍贿赂数额不满上述标准，但具有下列情形之一的：1）为使行贿人获取非法利益而介绍贿赂的；2）3 次以上或者为 3 人以上介绍贿赂的；3）向党政领导、司法工作人员、行政执法人员介绍贿赂的；4）致使国家或者社会利益遭受重大损失的。

（三）处罚

根据《刑法》第 392 条第 1 款［《刑法修正案（九）》第 48 条］之规定，犯本罪的，处 3 年以下有期徒刑或者拘役，并处罚金。第 2 款规定，介绍贿赂人在被追诉前主动交代介绍贿赂行为的，可以减轻处罚或者免除处罚。

自首的特别规定　根据《刑法》第 392 条第 2 款的规定，介绍贿赂人在被追诉前主动交代介绍贿赂行为的，可以减轻处罚或者免除处罚。这是关于介绍贿赂罪自首的特别规定。

十、单位行贿罪

（一）概念

单位行贿罪是指公司、企业、事业单位、机关、团体为谋取不正当利益而行贿，或者违反国家规定，给予国家工作人员回扣、手续费，情节严重的行为。

（二）构成

1. 罪体

主体　单位行贿罪的主体是单位，这里的单位指公司、企业、事业单位、机关、团体，既包括国有单位，又包括非国有单位。

行为　单位行贿罪的行为具有以下两种表现形式：一是为谋取不正当利益给予国家工作人员以财物；二是违反国家规定，给予国家工作人员以回扣、手续费。

2. 罪责

单位行贿罪的罪责形式是故意，并且具有为单位谋取不正当利益的目的。这里的故意，是指单位明知是行贿行为而有意实施的主观心理状态。根据刑法规定，因行贿取得的违法所得归个人所有的，应以个人行贿罪论处。

目的犯　单位行贿罪是法定的目的犯，只有具有谋取不正当利益的目的，才构成本罪。这里的谋取不正当利益，根据前引司法解释的规定，是指谋取法律、法规、国家政策和国务院各部门规章规定的利益，以及要求国家工作人员提供违反法律、法规、国家政策和国务院各部门规章的帮助或者方便条件。

3. 罪量

单位行贿罪的罪量要素是情节严重，这里的情节严重，参照《立案标准》的规定，是指具有下列情形之一：（1）单位行贿数额在 20 万元以上的；（2）单位为谋取不正当利益而行贿，数额在 10 万元以上不满 20 万元，但具有下列情形之一的：1）为谋取非法利益而行贿的；2）向 3 人以上行贿的；3）向党政领导、司法工作人员、行政执法人员行贿的；4）致使国家或者社会利益遭受重大损失的。

（三）处罚

根据《刑法》第 393 条［《刑法修正案（九）》第 49 条］之规定，犯本罪的，对单位判处罚金，并对其直接负责的主管人员和其他直接责任人员，处 5 年以下有期徒刑或者拘役，并处罚金。

十一、巨额财产来源不明罪

（一）概念

巨额财产来源不明罪是指国家工作人员的财产或者支出明显超出合法收入，差额巨大，而本人又不能说明其来源合法的行为。

（二）构成

1. 罪体

主体　巨额财产来源不明罪的主体是国家工作人员。

行为　巨额财产来源不明罪的行为是国家工作人员的财产或者支出明显超出合法收入，差额巨大，而本人又不能说明其来源的合法性。关于本罪行为形式，在刑法理论上存在争议。第一种观点认为，本罪行为方式是持有，因此本罪是持有型犯罪，即国家工作人员持有来源不明的财产。第二种观点认为本罪行为方式是不作为，因此本罪是不作为犯罪，即国家工作人员不履行来源不明财产的说明义务。我认为，从现行刑法规定来看，将本罪的行为方式理解为持有较为妥当。在本罪的客观行为中，国家工作人员持有明显超出合法收入的财产，并且差额巨大，是构成犯罪的关键。而本人不能说明其来源的合法性，是本罪构成的另一个条件。如果本人能够说明其财产来源的合法性，则不构成本罪。只有在本人不能说明其来源的合法性的情况下，才能表明其所拥有的财产系非法所得，因而构成犯罪。这里的不能说明，根据《纪要》的规定，包括以下四种情形：（1）行为人拒不说明财产来源；（2）行为人无法说明财产的具体来源；（3）行为人所说的财产来源经司法机关查证并不属实；（4）行为人所说的财产来源因线索不具体等原因，司法机关无法查实，但能排除存在来源合法的可能性和合理性的。关于国家工作人员持有明显超出合法收入的财产，这里的合法收入包括法定收入、兼职收入以及各种灰色收入，包括货币收入、实物收入以及期权等其他收入。

客体　巨额财产来源不明罪的客体是非法所得。《刑法》第 395 条明确规定，对于本人不能说明来源的差额巨大财产，对于差额部分以非法所得论。根据《纪要》的规定，这里的非法所得，一般是指行为人的全部财产与能够认定的所有支出的总和减去能够证实的有真实来源的所得。在具体计算时，应注意以下三个问题：（1）应把国家工作人员个人财产和与其共同生活的家庭成员的财产、支出等一并计算，而且一并减去他们所有的合法收入以及确属与其共同生活的家庭成员个人的非法收入。（2）行为人所有的财产包括房产、家具、生活用品、学习用品及股票、债券、存款等不动产和动产；行为人的支出包括合法支出和不合法的支出，包括日常生活、工作、学习费用、罚款及向他人行贿的财物等；行为人的合法收入包括工资、奖金、稿酬、继承等法律和政策允许的各种收入。（3）为了便于计算犯罪数额，对于行为人的财产和合法收入，一般可以从行为人有比较确定的收入和财产时开始计算。

2. 罪责

巨额财产来源不明罪的罪责形式是故意。这里的故意是指国家工作人员对本人占有的明显超出其合法收入的差额巨大的财产是在明知的情况下予以占有，并且不能说明其合法来源的主观心理状态。

3. 罪量

巨额财产来源不明罪的罪量要素是持有的财产与合法收入的财产之间差额巨大。这里的差额巨大，根据《立案标准》的规定，是指 30 万元以上。未达到这一数额标准的，不构成本罪。在司法实践中计算巨额财产来源不明罪的犯罪数额时，可将行为人的全部财产与以往所有支出的总和减去已认定的犯罪所得（例如贪污、受贿数额）、合法收入及非法所得，剩余的就是来源不明的财产。

（三）处罚

根据《刑法》第 395 条第 1 款［《刑法修正案（七）》第 14 条］之规定，犯本罪的，处 5 年以下有期徒刑或者拘役；差额特别巨大的，处 5 年以上 10 年以下有期徒刑。财产的差额部分予以追缴。

十二、隐瞒境外存款罪

（一）概念

隐瞒境外存款罪是指国家工作人员违反国家规定，故意隐瞒不报在境外的存款，数额较大的行为。

（二）构成

1. 罪体

主体 隐瞒境外存款罪的主体是国家工作人员。

行为 隐瞒境外存款罪的行为是国家工作人员在境外的存款，应当依照国家规定申报而隐瞒不报，因此本罪的行为方式是不作为。

客体 隐瞒境外存款罪的客体是境外存款。这里的境外存款，既包括在国外的存款，也包括在我国港、澳、台地区的存款。

2. 罪责

隐瞒境外存款罪的罪责形式是故意。这里的故意是指国家工作人员明知自己在境外的存款依照国家规定应当申报而故意隐瞒不予申报的主观心理状态。

3. 罪量

隐瞒境外存款罪的罪量要素是数额较大。这里的数额较大，参照《立案标准》的规定，是指折合人民币数额 30 万元以上。

（三）处罚

根据《刑法》第 395 条第 2 款之规定，犯本罪的，处 2 年以下有期徒刑或者拘役；情节较轻的，由其所在单位或者上级主管机关酌情给予行政处分。

十三、私分国有资产罪

（一）概念

私分国有资产罪是指国家机关、国有公司、企业、事业单位、人民团体，违反国家规定，以单位名义将国有资产集体私分给个人，数额较大的行为。

（二）构成

1. 罪体

主体 私分国有资产罪的主体是国家机关、国有公司、企业、事业单位、人民团体，非国有单位不能成为本罪的主体。

行为 私分国有资产罪的行为是指违反国家规定，以单位名义，将国有资产集体私分给个人。这里的违反国家规定，是指违反国家有关管理、使用、保护国有资产方面的法律、行政法规规定。这里的以单位名义集体私分，是指由单位领导个人或者经领导集体讨论作出决定，将国有资产分给单位全体职工或者绝大多数职工。

客体 私分国有资产罪的客体是国有资产。这里的国有资产是指国家依法取得和认定的，或者国家以各种形式对企业投资和投资收益、国家向行政事业单位拨款等形成的资产。

2. 罪责

私分国有资产罪的罪责形式是故意。这里的故意，是指明知是国有资产而予以私分的主观心理状态。

3. 罪量

私分国有资产罪的罪量要素是数额较大。这里的数额较大，参照《立案标准》的规定，是指累计数额 10 万元以上。

（三）认定

私分国有资产罪与贪污罪，这里主要是指与共同贪污如何区分，这对于正确地认定私分国有资产罪具有重要意义。我认为，两罪的区分主要表现在以下四个方面。

1. 是否具有公开性

一般来说，私分国有资产行为都是以发奖金、购买商业保险等公开名义进行的，因而在单位内部往往是众所周知的。而贪污行为都是秘密的，国家工作人员利用职务上的便利，采取隐蔽方法，将公共财物非法地据为己有。

2. 是否经过一定程序

私分国有资产是以国家机关、国有公司、企业、事业单位、人民团体的名义实施的。因此往往是由单位领导个人或者经领导集体经过了一定的讨论决定的程序。而在共同贪污的情况下，即使是经某些人密谋决定，也不能视为是经过一定程序，而只是个别人或者少数人的决定。

3. 是否记过账目

私分国有资产由于采取公开的方式，因而所分国有资产的情况，例如数额、人数等，均在账目上有所反映，是公开入账的。但贪污则是采取隐蔽方式，将账做平，在账目上没有反映贪污的财物。

4. 是否分给全体或者绝大多数职工

私分国有资产罪与贪污罪相比，在非法获取公共财物的人员范围上存在明显区分。一般来说，私分国有资产是在单位内部全体职工或者绝大多数职工中进行集体私分，而共同贪污则只是在少数人之间对公共财物进行瓜分。对于私分国有资产罪来说，是否在全体或者绝大多数职工中进行私分这一要件具有重要意义。前引《意见（一）》第 2 条关于国有公司、企业在改制过程中隐匿公司、企业财产归职工集体持股的改制后公司、企业所有的行为的处理规定指出："国有公司、企业违反国家规定，在改制过程中隐匿公司、企业财产，转为职工集体持股的改制后公司、企业所有的，对其直接负责的主管人员和其他直接责任人员，依照刑法第三百九十六条第一款的规定，以私分国有资产罪定罪处罚。改制后的公司、企业中只有改制前公司、企业的管理人员或者少数职工持股，改制前公司、企业的多数职工未持股的，依照本意见第一条的规定，以贪污罪定罪处罚。"由此可见，本单位全体或者绝大多数职工是否人人有份，是私分国有资产罪的本质特征之一。

（四）处罚

根据《刑法》第 396 条第 1 款之规定，犯本罪的，对其直接负责的主管人员和其他直接责任人员，处 3 年以下有期徒刑或者拘役，并处或者单处罚金；数额巨大的，处 3 年以上 7 年以下有期徒刑，并处罚金。

加重处罚事由　犯私分国有资产罪而数额巨大的，是本罪的加重处罚事由。

十四、私分罚没财物罪

（一）概念

私分罚没财物罪是指司法机关、行政执法机关违反国家规定，将应当上缴国家的罚没财物，以单位名义集体私分给个人的行为。

（二）构成

1. 罪体

主体　私分罚没财物罪的主体是司法机关、行政执法机关。这里的司法机关应作广义理解，包括公安机关、国家安全机关、检察机关、审判机关和监狱管理机关。行政执法机关是指政府所属的工商、税务、海关、质量监督、卫生检疫、交通管理、环境保护等机关。

行为　私分罚没财物罪的行为是违反国家规定，将应当上缴国家的罚没财物，以单位名义集体私分给个人。这里的违反国家规定，是指违反国家关于罚没财物应当上缴国家的有关法律、行政法规的规定。

客体　私分罚没财物罪的客体是罚没财物。这里的罚没财物，是指司法机关在办理刑事案件过程中追缴、没收犯罪嫌疑人、被告人的财物和对犯罪分子判处的罚金、没收的财产，以及行政执法机关在行政执法活动中没收和处罚收缴的财物、罚款。应当指出，这里的罚没财物必须是应当上缴国家，司法机关、行政执法机关隐瞒不报、私自截留的罚没财物。如果是经地方财政同意按比例予以返还的罚没财物，即使违反收支两条线等国家有关规定，属于违反财经纪律的行为，也不构成犯罪。

2. 罪责

私分罚没财物罪的罪责形式是故意。这里的故意，是指明知是罚没财物而予以私分的主观心理状态。

3. 罪量

私分罚没财物罪的罪量要素是数额较大。这里的数额较大，参照《立案标准》的规定，是指私分罚没财物累计数额在 10 万元以上。

（三）处罚

根据《刑法》第 396 条第 2 款之规定，犯本罪的，对直接负责的主管人员和其他直接责任人员，处 3 年以下有期徒刑或者拘役，并处或者单处罚金；数额巨大的，处 3 年以上 7 年以下有期徒刑，并处罚金。

加重处罚事由　犯私分罚没财物罪而数额巨大的，是本罪的加重处罚事由。

第四十四章

渎职罪

第一节 渎职罪概述

一、概念

渎职罪是指国家机关工作人员利用职务上的便利，滥用职权、玩忽职守、徇私舞弊，妨害国家机关的正常活动，致使国家和人民的利益遭受重大损失的行为。

二、罪名

渎职罪是《刑法》分则第九章规定之罪，原《刑法》从第 397 条至第 419 条共 23 个条文，规定了 33 个罪名。此外，《刑法修正案（四）》第 8 条增设了第 399 条第 3 款（原第 3 款顺延为第 4 款），补充规定了 2 个罪名；《刑法修正案（六）》增设了1个罪名；《刑法修正案（八）》第49条增设了第408条之一，补充规定了1个罪名。本章共计37个罪名，这些罪名是：（1）滥用职权罪；（2）玩忽职守罪；（3）故意泄露国家秘密罪；（4）过失泄露国家秘密罪；（5）徇私枉法罪；（6）民事、行政枉法裁判罪；（7）执行判决、裁定失职罪；（8）执行判决、裁定滥用职权罪；（9）枉法仲裁罪；（10）私放在押人员罪；（11）失职致使在押人员脱逃罪；（12）徇私舞弊减刑、假释、暂予监外执行罪；（13）徇私舞弊不移交刑事案件罪；（14）滥用管理公司、证券职权罪；（15）徇私舞弊不征、少征税款罪；（16）徇私舞弊发售发票、抵扣税款、出口退税罪；（17）违法提供出口退税凭证罪；（18）国家机关工作人员签订、履行合同失职被骗罪①；（19）违法发放林木采伐许可证罪；（20）环境监管失职罪；（21）食品、药品监管渎职罪②；（22）传染病防治失职罪；（23）非法批准征收、征用、占用土地罪③；（24）非法低价出让国有土地使用权罪；（25）放纵走私罪；（26）商检徇私舞弊罪；（27）商检失职罪；（28）动植物检疫徇私舞弊罪；（29）动植物检疫失职罪；（30）放纵制售伪劣商品犯罪行为罪；（31）办理偷越国（边）境人员出入境证件罪；（32）放行偷越国（边）境人员罪；（33）不解救被拐卖、绑架妇女、儿童罪；（34）阻碍解救被拐卖、绑架妇女、儿童罪；（35）帮助犯罪分子逃避处罚罪；（36）招收公务员、学生徇私舞弊罪；（37）失职造成珍贵文物损毁、流失罪。

---

① 最高人民法院、最高人民检察院2002年3月15日《关于执行〈中华人民共和国刑法〉确定罪名的补充规定》，将原国家机关工作人员签订、履行合同失职罪修改为国家机关工作人员签订、履行合同失职被骗罪。

② 最高人民法院、最高人民检察院2021年2月27日《关于执行〈中华人民共和国刑法〉确定罪名的补充规定（七）》，取消食品监管渎职罪罪名，修改为食品、药品监管渎职罪。

③ 最高人民法院、最高人民检察院2015年10月30日《关于执行〈中华人民共和国刑法〉确定罪名的补充规定（六）》，取消非法批准征用、占用土地罪罪名，修改为非法批准征收、征用、占用土地罪。

三、法定刑

渎职罪法定最高刑是有期徒刑 15 年，大部分罪名规定了拘役。

第二节　渎职罪分述

一、滥用职权罪

（一）概念

滥用职权罪是指国家机关工作人员超越职权，违法决定、处理无权决定、处理的事项，或者违反规定处理公务，致使公共财产、国家和人民利益遭受重大损失的行为。

（二）构成

1. 罪体

主体　滥用职权罪的主体是国家机关工作人员。这里的国家机关工作人员是指在国家机关中从事公务的人员，包括各级国家权力机关、行政机关、审判机关、检察机关和军事机关中从事公务的人员。其他根据法律规定，参照国家公务员法进行管理的人员，应当以国家机关工作人员论。1997 年刑法对渎职罪的主体限制较严，而司法解释对个别犯罪的主体作了扩大解释，不无越权之嫌，由此2002 年 12 月 28 日全国人大常委会通过《关于〈中华人民共和国刑法〉第九章渎职罪主体适用问题的解释》（以下简称《立法解释》）对渎职罪的主体作出了立法解释，规定："在依照法律、法规规定行使国家行政管理职权的组织中从事公务的人员，或者在受国家机关委托代表国家机关行使职权的组织中从事公务的人员，或者虽未列入国家机关人员编制但在国家机关中从事公务的人员，在代表国家机关行使职权时，有渎职行为，构成犯罪的，依照刑法关于渎职罪的规定追究刑事责任。"根据这一《立法解释》，滥用职权罪的主体亦包括上述人员。

案例 44-1 **陈某、林某、李甲滥用职权案**

（检例第 5 号）

被告人陈某，男，1946 年出生，原系上海市奉贤区四团镇推进小城镇社会保险（以下简称"镇保"）工作领导小组办公室负责人。

被告人林某，女，1960 年出生，原系上海市奉贤区四团镇杨家宅村党支部书记、村民委员会主任、村镇保工作负责人。

被告人李甲（曾用名李乙），男，1958 年出生，原系上海市奉贤区四团镇杨家宅村党支部委员、村民委员会副主任、村镇保工作经办人。

2004 年 1 月至 2006 年 6 月期间，被告人陈某利用担任上海市奉贤区四团镇推进镇保工作领导小组办公室负责人的职务便利，被告人林某、李甲利用受上海市奉贤区四团镇人民政府委托分别担任杨家宅村镇保工作负责人、经办人的职务便利，在从事被征用农民集体所有土地负责农业人员就业和社会保障工作过程中，违反相关规定，采用虚增被征用土地面积等方法徇私舞弊，共同或者单独将杨家宅村、良民村、横桥村 114 名不符合镇保条件的人员纳入镇保范围，致使奉贤区四团镇人民政府为上述人员缴纳镇保费用共计人民币 600 余万元、上海市社会保险事业基金结算管理中心（以下简称"市社保中心"）为上述人员实际发放镇保资金共计人民币 178 万余元，并造成了恶劣的社会影响。其中，被告人陈某共同及单独将 71 名不符合镇保条件人员纳入镇保范围，致使镇政府缴纳镇保费用共计人民币 400 余万元、市社保中心实际发放镇保资金共计人民币 114 万余元；被告人林某共同及单独将 79 名不符合镇保条件人员纳入镇保范围，致使镇政府缴纳镇保费用共计人民币 400 余万元、市社保中心实际发放镇保资金共计人民币 124 万余元；被告人李甲共同及单独将 60 名不符合镇保条件人员纳入镇保范围，致使镇政府缴纳镇保费用共计人民币 300 余万元，市社保中心实际发放镇保资金共计人民币 95 万余元。

2008 年 4 月 15 日，陈某、林某、李甲因涉嫌滥用职权罪由上海市奉贤区人民检察院立案侦查，陈某于 4 月 15 日被刑事拘留，4 月 29 日被逮捕，林某、李甲于 4 月 15 日被取保候审，6 月 27 日侦查终结移送审查起诉。2008 年 7 月 28 日，上海市奉贤区人民检察院以被告人陈某、林某、李甲犯滥用职权罪向奉贤区人民法院提起公诉。2008 年 12 月 15 日，上海市奉贤区人民法院经审理认为被告人陈某身为国家机关工作人员，被告人林某、李甲作为在受国家机关委托代表国家机关行使职权的组织中从事公务的人员，在负责或经办被征地人员就业和保障工作过程中，故意违反有关规定，共同或擅自将不符合镇保条件的人员纳入镇保范围，致使公共财产遭受重大损失，并造成恶劣社会影响，其行为均已触犯刑法，构成滥用职权罪，且有徇个人私情、私利的徇私舞弊情节。其中被告人陈某、林某情节特别严重。犯罪后，三被告人在尚未被司法机关采取强制措施时，如实供述自己的罪行，属自首，依法可从轻或减轻处罚。一审判决被告人陈某犯滥用职权罪，判处有期徒刑 2 年；被告人林某犯滥用职权罪，判处有期徒刑 1 年 6 个月，宣告缓刑 1 年 6 个月；被告人李甲犯滥用职权罪，判处有期徒刑 1 年，宣告缓刑 1 年。一审判决后，被告人林某提出上诉。上海市第一中级人民法院二审终审裁定，驳回上诉，维持原判。

本案的裁判要旨指出：随着我国城镇建设和社会主义新农村建设逐步深入推进，村民委员会、居民委员会等基层组织协助人民政府管理社会发挥越来越重要的作用。实践中，对村民委员会、居民委员会等基层组织人员协助人民政府从事行政管理工作时，滥用职权、玩忽职守构成犯罪的，应当依照刑法关于渎职罪的规定追究刑事责任。

释评

本案的裁判要旨确立了村基层组织人员可以成为渎职罪主体的规则。根据《刑法》第 93 条的规定，村基层组织人员并不是国家工作人员，只有在协助人民政府从事行政管理工作时，根据 2000 年 4 月 29 日全国人大常委会《关于

〈中华人民共和国刑法〉第九十三条第二款的解释》，其属于《刑法》第93条第2款规定的"其他依照法律从事公务的人员"，因而以国家工作人员论。根据我国《刑法》的规定，渎职罪的主体是国家机关工作人员，现在检例第5号案例将在特殊情况下以国家工作人员论的村基层组织人员进一步解释为国家机关工作人员，实际上是国家机关工作人员与国家工作人员相等同，在相当程度上扩张了渎职罪的主体范围。

行为 滥用职权罪的行为是滥用职权。滥用职权行为在客观上表现为以下两种情形：一是违反法律规定的权限行使职权。任何权力都有一定的边界，因此，国家机关工作人员在行使职权的时候，必须严格在法律规定范围内行使而不得超越法律的限度。违反法律规定的权限行使职权就是一种滥用职权的行为。二是违反法律规定的程序行使职权。任何权力都必须根据一定的程序行使，违反法律规定的程序行使职权也是一种滥用职权的行为。

2. 罪责

滥用职权罪的罪责形式是故意。这里的故意是指明知是滥用职权的行为而有意实施的主观心理状态。在刑法理论上，对于滥用职权罪的罪过形式是故意还是过失存在争议。过失论者认为滥用职权的行为虽然是故意的，但行为人对于损害结果是过失的，应以过失犯罪论处。也有个别学者认为，滥用职权罪的罪过形式既可能是过失，也可能是间接故意，是一种复合罪过。我认为，滥用职权是以明知是违反法律规定的权限和违反法律规定的程序而滥用职权，或者明知是应当履行职责而不实施职务行为，这种滥用职权行为显然是故意实施的。至于致使公共财产、国家和人民利益遭受重大损失，并非是滥用职权罪的结果，而是滥用职权罪的罪量。也就是说，滥用职权行为本身是故意的，但并非只要实施了滥用职权行为就构成犯罪，而是只有在致使公共财产、国家和人民利益遭受重大损失的情况下才构成犯罪。因此，不能根据行为人对致使公共财产、国家和人民利益遭受重人损失的主观心理状态来确定本罪的罪责形式。

3. 罪量

滥用职权罪的罪量要素是致使公共财产、国家和人民利益遭受重大损失。这里的致使公共财产、国家和人民利益遭受重大损失，根据 2012 年 12 月 7 日最高人民法院、最高人民检察院《关于办理渎职刑事案件适用法律若干问题的解释（一）》[以下简称《解释（一）》]第 1 条第 1 款的规定，是指具有下列情形之一的：（1）造成死亡 1 人以上，或者重伤 3 人以上，或者轻伤 9 人以上，或者重伤 2 人、轻伤 3 人以上，或者重伤 1 人、轻伤 6 人以上的；（2）造成经济损失 30 万元以上的；（3）造成恶劣社会影响的；（4）其他致使公共财产、国家和人民利益遭受重大损失的情形。此外，根据前引《解释（一）》第 8 条的规定，这里的经济损失是指渎职犯罪或者与渎职犯罪相关联的犯罪立案时已经实际造成的财产损失，包括为挽回渎职犯罪所造成损失而支付的各种开支、费用等。立案后至提起公诉前持续发生的经济损失，应一并计入渎职犯罪造成的经济损失。债务人经法定程序被宣告破产，债务人潜逃、去向不明，或者因行为人的责任超过诉讼时效等，致使债权已经无法实现的，无法实现的债权部分应当认定为渎职犯罪的经济损失。渎职犯罪或者与渎职犯罪相关联的犯罪立案后，犯罪分子及其亲友自行挽回的经济损失，司法机关或者犯罪分子所在单位及其上级主管部门挽回的经济损失，或者因客观原因减少的经济损失，不予扣减，但可以作为酌定从轻处罚的情节。

（三）认定

1. 法条竞合

《刑法》第 397 条的"本法另有规定的，依照规定"，是对滥用职权罪的法条竞合的规定。其中又可以分为两种情形：一是普通滥用职权罪的法条竞合。在这种情况下，普通滥用职权罪是普通法，而违法发放林木采伐许可证罪等具体的滥用职权罪是特别法。根据特别法优于普通法的原则，在这种情况下，应当适用特别法而不按普通法定罪处罚。对此，根据前引《解释（一）》第 2 条第 1 款的规定："国家机关工作人员实施滥用职权或者玩忽职守犯罪行为，触犯刑法分则第九章第三百九十八条至第四百一十九条规定的，依照该规定定罪处罚。"二是徇私舞弊犯滥用职权罪的法条竞合。在这种情况下，徇私舞弊犯滥用职权罪是普通法，而徇私舞弊等具体的滥用职权罪是特别法。根据特别法优于普通法的原则，在这种情况下，应适用特别法而不按普通法定罪处罚。但是，根据前引《解释（一）》第2条第2款的规定："国家机关工作人员滥用职权或者玩忽职守，因不具备徇私舞弊等情形，不符合刑法分则第九章第三百九十八条至第四百一十九条的规定，但依法构成第三百九十七条规定的犯罪的，以滥用职权罪或者玩忽职守罪定罪处罚。"

2. 数罪并罚

根据前引《解释（一）》第3条的规定："国家机关工作人员实施渎职犯罪并收受贿赂，同时构成受贿罪的，除刑法另有规定外，以渎职犯罪和受贿罪数罪并罚。"

3. 共犯

根据前引《解释（一）》第4条的规定："国家机关工作人员实施渎职行为，放纵他人犯罪或者帮助他人逃避刑事处罚，构成犯罪的，依照渎职罪的规定定罪处罚。国家机关工作人员与他人共谋，利用其职务行为帮助他人实施其他犯罪行为，同时构成渎职犯罪和共谋实施的其他犯罪共犯的，依照处罚较重的规定定罪处罚。国家机关工作人员与他人共谋，既利用其职务行为帮助他人实施其他犯罪，又以非职务行为与他人共同实施该其他犯罪行为，同时构成渎职犯罪和其他犯罪的共犯的，依照数罪并罚的规定定罪处罚。"此外，第5条还规定："国家机关负责人员违法决定，或者指使、授意、强令其他国家机关工作人员违法履行职务或者不履行职务，构成刑法分则第九章规定的渎职犯罪的，应当依法追究刑事责任。以'集体研究'形式实施的渎职犯罪，应当依照刑法分则第九章的规定追究国家机关负有责任的人员的刑事责任。对于具体执行人员，应当在综合认定其行为性质、是否提出反对意见、危害结果大小等情节的基础上决定是否追究刑事责任和应当判处的刑罚。"

（四）处罚

根据《刑法》第 397 条第 1 款之规定，犯本罪的，处 3 年以下有期徒刑或者拘役；情节特别严重的，处 3 年以上 7 年以下有期徒刑。本法另有规定的，依照规定。该条第 2 款规定，国家机关工作人员徇私舞弊，犯前款罪的，处 5 年以下有期徒刑或者拘役；情节特别严重的，处 5 年以上 10 年以下有期徒刑。本法另有规定的，依照规定。

加重处罚事由　犯滥用职权罪而情节特别严重的，是本罪的加重处罚事由。这里的情节特别严重，根据前引《解释（一）》第 1 条第 2 款的规定，是指具有下列情形之一的：（1）造成伤亡达到前款第 1 项规定人数 3 倍以上的；（2）造成经济损失 150 万元以上的；（3）造成前款规定的损失后果，不报、迟报、谎报或者授意、指使、强令他人不报、迟报、谎报事故情况，致使损失后果持续、扩大或者抢救工作延误的；（4）造成特别恶劣社会影响的；（5）其他特别严重的情节。

徇私舞弊犯滥用职权罪的处罚　《刑法》第 397 条第 2 款规定了国家机关工作人员徇私舞弊犯前款罪的法定刑。我认为，因徇私舞弊只能由故意构成，所以这里规定的犯前款罪，应当理解为犯滥用职权罪而不包括犯玩忽职守罪。根据前引《立案标准》的规定，徇私舞弊是指国家机关工作人员为徇私情、私利，故意违背事实和法律，伪造材料，隐瞒情况，弄虚作假的行为。这里的徇私，根据《纪要》的规定，应理解为徇个人私情、私利。国家机关工作人员为了本单位的利益，实施滥用职权行为，构成犯罪的，依照《刑法》第 397 条第 1 款的规定定罪处罚。

二、玩忽职守罪

（一）概念

玩忽职守罪是指国家机关工作人员严重不负责任，不履行或者不认真履行职责，致使公共财产、国家和人民利益遭受重大损失的行为。

（二）构成

1. 罪体

主体　玩忽职守罪的主体是国家机关工作人员。2000 年 10 月 9 日，最高人民检察院《关于合同制民警能否成为玩忽职守罪主体问题的批复》规定，根据《刑法》第 93 条第 2 款的规定，合同制民警在依法执行公务期间，属其他依照法律从事公务的人员，应以国家机关工作人员论。对合同制民警在依法执行公务活动中的玩忽职守行为，符合《刑法》第 397 条规定的玩忽职守罪构成要件的，依法以玩忽职守罪追究刑事责任。此外，前引《立法解释》规定的人员当然包括在玩忽职守罪的主体范围内。

行为　玩忽职守罪的行为是不履行或者不认真履行职责。因此，玩忽职守行为可以分为以下两种情形：一是不履行职责，这是一种不作为的玩忽职守行为，表现为行为人应当履行而且能够履行但不履行其职责。这种情形，包括擅离职守、放弃职守、拒绝履行职守和不及时履行职守等。二是不认真履行职责。在这种情况下，行为人虽然履行了职责，但不严肃认真地对待其职责，以致错误地履行了职责。

结果　玩忽职守罪的结果是致使公共财产、国家和人民利益遭受重大损失。

2. 罪责

玩忽职守罪的罪责形式是过失。这里的过失，是指应当预见自己玩忽职守的行为可能致使公共财产、国家和人民利益遭受重大损失，因为疏忽大意而没有预见，或者已经预见而轻信能够避免，以致发生这种结果的主观心理状态。

3. 罪量

玩忽职守罪的罪量要素，根据前引《解释（一）》第 1 条第 1 款的规定，是指具有下列情形之一的：（1）造成死亡 1 人以上，或者重伤 3 人以上，或者轻伤 9 人以上，或者重伤 2 人、轻伤 3 人以上，或者重伤 1 人、轻伤 6 人以上的；（2）造成经济损失 30 万元以上的；（3）造成恶劣社会影响的；（4）其他致使公共财产、国家和人民利益遭受重大损失的情形。

（三）认定

《刑法》第397条的"本法另有规定的，依照规定"，是对玩忽职守罪的法条竞合的规定。其中，玩忽职守罪是普通法，而环境监管失职罪等具体的玩忽职守罪是特别法。根据特别法优于普通法的原则，在这种情况下，应当适用特别法而不按普通法定罪处罚。

（四）处罚

根据《刑法》第397条第1款之规定，犯本罪的，处3年以下有期徒刑或者拘役；情节特别严重的，处3年以上7年以下有期徒刑。

加重处罚事由　犯本罪而情节特别严重的，是本罪的加重处罚事由。这里的情节特别严重，根据前引《解释（一）》第1条第2款的规定，是指具有下列情形之一的：（1）造成伤亡达到前款第1项规定人数3倍以上的；（2）造成经济损失150万元以上的；（3）造成前款规定的损失后果，不报、迟报、谎报或者授意、指使、强令他人不报、迟报、谎报事故情况，致使损失后果持续、扩大或者抢救工作延误的；（4）造成特别恶劣社会影响的；（5）其他特别严重的情节。

三、故意泄露国家秘密罪

（一）概念

故意泄露国家秘密罪是指国家机关工作人员或者非国家机关工作人员违反保守国家秘密法，故意使国家秘密被不应知悉者知悉，或者故意使国家秘密超出限定的接触范围，情节严重的行为。

（二）构成

1. 罪体

主体　故意泄露国家秘密罪的主体是国家机关工作人员。根据刑法规定，非国家机关工作人员也可以成为本罪的主体。

行为　故意泄露国家秘密罪的行为是违反保守国家秘密法，故意泄露国家秘密。这里的泄露国家秘密，包括以下两种情形：一是故意使国家秘密被不应知悉者知悉，二是故意使国家秘密超出限定的接触范围。这两种情形，前者是泄露给特定的人，后者是泄露给不特定的人，两者都属于泄露。2001年1月17日《最高人民法院关于审理为境外窃取、刺探、收买、非法提供国家秘密、情报案件具体应用法律若干问题的解释》第6条规定，将国家秘密通过互联网予以发布，情节严重的，依照《刑法》第398条的规定定罪处罚。因此，通过互联网发布也是本罪的行为方式。

客体　故意泄露国家秘密罪的客体是国家秘密。这里的国家秘密是指关系国家安全和利益，依照法定程序确定，在一定的时间内只限一定范围的人员知悉的事项。根据《保守国家秘密法》第9条的规定，国家秘密主要包括：（1）国家事务的重大决策中的秘密事项；（2）国防建设和武装力量活动中的秘密事项；（3）外交和外事活动中的秘密事项以及对外承担保密义务的事项；（4）国民经济和社会发展中的秘密事项；（5）科学技术中的秘密事项；（6）维护国家安全活动和追查刑事犯罪中的秘密事项；（7）经国家保密行政管理部门确定的其他秘密事项。根据《保守国家秘密法》第10条的规定，国家秘密的密级分为绝密、机密、秘密三级：绝密级国家秘密是指最重要的国家秘密，泄露会使国家安全和利益遭受特别严重的损害；机密级国家秘密是指重要的国家秘密，泄露会使国家安全和利益遭受严重的损害；秘密级国家秘密是指一般的国家秘密，泄露会使国家安全和利益遭受损害。

2. 罪责

故意泄露国家秘密罪的罪责形式是故意。这里的故意，是指明知是泄露国家秘密的行为而有意实施的主观心理状态。

3. 罪量

故意泄露国家秘密罪的罪量要素是情节严重。这里的情节严重，参照前引《立案标准》的规定，是指具有下列情形之一的：（1）泄露绝密级国家秘密1项

（件）以上的；（2）泄露机密级国家秘密 2 项（件）以上的；（3）泄露秘密级国家秘密 3 项（件）以上的；（4）向非境外机构、组织、人员泄露国家秘密，造成或者可能造成危害社会稳定、经济发展、国防安全或者其他严重危害后果的；（5）通过口头、书面或者网络等方式向公众散布、传播国家秘密的；（6）利用职权指使或者强迫他人违反国家保守秘密法的规定泄露国家秘密的；（7）以牟取私利为目的泄露国家秘密的；（8）其他情节严重的情形。

（三）处罚

根据《刑法》第 398 条之规定，犯本罪的，处 3 年以下有期徒刑或者拘役；情节特别严重的，处 3 年以上 7 年以下有期徒刑。

加重处罚事由 犯故意泄露国家秘密罪而情节特别严重的，是本罪的加重处罚事由。这里的情节特别严重，是指泄露国家秘密已经造成严重后果的；泄露国家重要机密的；泄露国家秘密的次数多或者数量大的；向多人泄露国家秘密，危害严重的等。

四、过失泄露国家秘密罪

（一）概念

过失泄露国家秘密罪是指国家机关工作人员或者非国家机关工作人员违反保守国家秘密法，过失泄露国家秘密；或者遗失秘密文件，致使国家秘密被不应知悉者知悉或者超出限定的接触范围，情节严重的行为。

（二）构成

1. 罪体

主体 过失泄露国家秘密罪的主体是国家机关工作人员。根据刑法规定，非国家机关工作人员也可以成为本罪的主体。

行为 过失泄露国家秘密罪的行为是将国家秘密无意地泄露给不应知悉者或者遗失秘密文件而使国家秘密超出限定的接触范围。

客体　过失泄露国家秘密罪的客体是国家秘密。

2. 罪责

过失泄露国家秘密罪的罪责形式是过失。这里的过失，是指行为人应当预见自己的行为可能造成国家秘密的泄露，造成危害国家安全和利益的后果，因为疏忽大意而没有预见，或者已经预见而轻信能够避免，以致在保管、携带、传送国家秘密的过程中，使国家秘密外传或者遗失的主观心理状态。

3. 罪量

过失泄露国家秘密罪的罪量要素是情节严重。这里的情节严重，参照前引《立案标准》的规定，是指具有下列情形之一的：（1）泄露绝密级国家秘密 1 项（件）以上的；（2）泄露机密级国家秘密 3 项（件）以上的；（3）泄露秘密级国家秘密 4 项（件）以上的；（4）违反保密规定，将涉及国家秘密的计算机或者计算机信息系统与互联网相连接，泄露国家秘密的；（5）泄露国家秘密或者遗失国家秘密载体，隐瞒不报、不如实提供有关情况或者不采取补救措施的；（6）其他情节严重的情形。

（三）处罚

根据《刑法》第 398 条之规定，犯本罪的，处 3 年以下有期徒刑或者拘役；情节特别严重的，处 3 年以上 7 年以下有期徒刑。

加重处罚事由　犯过失泄露国家秘密罪而情节特别严重的，是本罪的加重处罚事由，这里的情节特别严重，是指泄露国家秘密已经造成严重后果的；泄露国家重要机密的；泄露国家秘密的次数多或者数量大的；向多人泄露国家秘密，危害严重的等。

五、徇私枉法罪

（一）概念

徇私枉法罪是指司法工作人员徇私枉法、徇情枉法，对明知是无罪的人而使他受追诉、对明知是有罪的人而故意包庇不使他受追诉，或者在刑事审判活动中故意违背事实和法律作枉法裁判的行为。

（二）构成

1. 罪体

主体　徇私枉法罪的主体是司法工作人员。根据《刑法》第 94 条的规定，司法工作人员是指有侦查、检察、审判、监管职责的工作人员。

行为　徇私枉法罪的行为是在刑事诉讼活动中，违背事实和法律作枉法裁判。这里的违背事实和法律，是指不忠于事实真相、不遵守法律规定。根据刑法规定，徇私枉法行为包括以下两种情形：一是对明知是无罪的人而使他受追诉，或者对明知是有罪的人而故意包庇不使他受追诉。这里的追诉，是指从立案到向法院提起公诉的司法行为，因此，这种行为的主体一般是承担追诉职责的侦查、检察和监管人员。二是在刑事审判活动中故意违背事实和法律作枉法裁判。这里的枉法裁判包括把有罪的人判为无罪，把无罪的人判为有罪，轻罪重判或者重罪轻判。因此，这一行为的主体是审判人员。在认定徇私枉法行为的时候，可以参照《立案标准》的规定。根据这一规定，徇私枉法行为涉嫌下列情形之一的，应予立案：（1）对明知是没有犯罪事实或者其他依法不应当追究刑事责任的人，采取伪造、隐匿、毁灭证据或者其他隐瞒事实、违反法律的手段，以追究刑事责任为目的立案、侦查、起诉、审判的；（2）对明知是有犯罪事实需要追究刑事责任的人，采取伪造、隐匿、毁灭证据或者其他隐瞒事实、违反法律的手段，故意包庇使其不受立案、侦查、起诉、审判的；（3）采取伪造、隐匿、毁灭证据或者其他隐瞒事实、违反法律的手段，故意使罪重的人受较轻的追诉，或者使罪轻的人受较重的追诉的；（4）在立案后，采取伪造、隐匿、毁灭证据或者其他隐瞒事实、违反法律的手段，应当采取强制措施而不采取强制措施，或者虽然采取强制措施，但中断侦查或者超过法定期限不采取任何措施，实际放任不管，以及违法撤销、变更强制措施，致使犯罪嫌疑人、被告人实际脱离司法机关侦控的；（5）在刑事审判活动中故意违背事实和法律，作出枉法判决、裁定，即有罪判无罪、无罪判有罪，或者重罪轻判、轻罪重判的；（6）其他徇私枉法应予追究刑事责任的情形。

2. 罪责

徇私枉法罪的罪责形式是故意。这里的故意，是指行为人明知自己的行为是违背事实和法律的行为而有意实施的主观心理状态。本罪的犯罪动机是徇私、徇情。徇私是指徇个人私利，徇情是指徇亲友私情。

（三）认定

本罪属于司法工作人员的渎职犯罪，因此在一般情况下，本罪只能由司法工作人员构成。但在某些情况下，非司法工作人员可以成为本罪的共犯。对此，2003 年 4 月 16 日最高人民检察院法律政策研究室《关于非司法工作人员是否可以构成徇私枉法罪共犯问题的答复》指出，非司法工作人员与司法工作人员勾结，共同实施徇私枉法行为，构成犯罪的，应当以徇私枉法罪的共犯追究刑事责任。

（四）处罚

根据《刑法》第 399 条第 1 款之规定，犯本罪的，处 5 年以下有期徒刑或者拘役；情节严重的，处 5 年以上 10 年以下有期徒刑；情节特别严重的，处 10 年以上有期徒刑。该条第 4 款规定，司法工作人员收受贿赂，有徇私枉法行为的，同时又构成本法第 385 条规定之罪的，依照处罚较重的规定定罪处罚。

加重处罚事由 犯徇私枉法罪而情节严重的，是本罪的加重处罚事由。这里的情节严重，是指犯罪手段恶劣，严重损害公民合法权益的，因其徇私枉法而按无罪处理或者被宣告无罪的人重新犯罪的，造成严重的社会影响的等。

贪赃枉法的处罚 根据刑法规定，司法工作人员贪赃枉法，有徇私枉法行为而又有受贿行为的，依照处罚较重的规定定罪处罚。这是对徇私枉法罪与受贿罪之牵连犯的处罚原则的规定。在索取或者收受请托人的财物以后，为请托人谋取利益的行为又触犯了徇私枉法罪，在刑法理论上是牵连犯。根据《刑法》第 399 条第 4 款的规定，对于这种牵连犯，应当采取从一重罪处断的原则。

六、民事、行政枉法裁判罪

（一）概念

民事、行政枉法裁判罪是指司法工作人员在民事、行政审判活动中，故意违背事实和法律作枉法裁判，情节严重的行为。

（二）构成

1. 罪体

主体 民事、行政枉法裁判罪的主体是司法工作人员，即从事民事、行政审判活动的审判人员。

行为 民事、行政枉法裁判罪的行为是故意违背事实和法律，在民事、行政审判活动中作枉法裁判。这里的违背事实和法律，是指不忠于事实真相和不遵守法律规定。民事审判，指依法适用民事诉讼法审判案件的活动，包括民事案件、海事案件和经济案件的审判。行政审判，指适用行政诉讼法审判案件的活动，即行政案件的审判。裁判，包括判决、裁定和决定。枉法裁判是指该胜诉的判败诉，该败诉的判胜诉等。

2. 罪责

民事、行政枉法裁判罪罪责形式是故意。这里的故意，是指在民事、行政审判活动中，明知是违背事实和法律的枉法裁判行为而有意实施的主观心理状态。

3. 罪量

民事、行政枉法裁判罪的罪量要素是情节严重。这里的情节严重，参照前引《立案标准》的规定，是指具有下列情节之一的：（1）枉法裁判，致使当事人或者其近亲属自杀、自残造成重伤、死亡，或者精神失常的；（2）枉法裁判，造成个人财产直接经济损失 10 万元以上，或者直接经济损失不满 10 万元，但间接经济损失 50 万元以上的；（3）枉法裁判，造成法人或者其他组织财产直接经济损失 20 万元以上，或者直接经济损失不满 20 万元，但间接经济损失 100 万元以上的；（4）伪造、变造有关材料、证据，制造假案枉法裁判的；（5）串通当事人制造伪证、毁灭证据或者篡改庭审笔录而枉法裁判的；（6）徇私情、私利，明知是伪造、变造的证据予以采信，或者故意对应当采信的证据不予采信，或者故意违反法定程序，或者故意错误适用法律而枉法裁判的；（7）其他情节严重的情形。

（三）处罚

根据《刑法》第 399 条第 2 款之规定，犯本罪的，处 5 年以下有期徒刑或者拘役；情节特别严重的，处 5 年以上 10 年以下有期徒刑。第 4 款规定，司法工作人员收受贿赂，有民事、行政裁判枉法行为的，同时又构成本法第 385 条规定之罪的，依照处罚较重的规定定罪处罚。

加重处罚事由　犯民事、行政枉法裁判罪而情节特别严重的，是本罪的加重处罚事由。这里的情节特别严重，是指造成公民财产或者法人或者其他组织的财产特别重大损失的，造成特别严重后果的等。

贪赃枉法的处罚　根据刑法规定，司法工作人员贪赃枉法，有民事、行政枉法裁判行为而又有受贿行为的，依照处罚较重的规定定罪处罚。这是对民事、行政枉法裁判罪与受贿罪之牵连犯的处罚原则的规定。在索取或者收受请托人的财物以后，为请托人谋取利益的行为又触犯了民事、行政枉法裁判罪，在刑法理论上是牵连犯。根据《刑法》第 399 条第 4 款的规定，对于这种牵连犯，应当采取从一重罪处断的原则。

七、执行判决、裁定失职罪

（一）概念

执行判决、裁定失职罪是指司法工作人员在执行判决、裁定活动中，严重不负责任，不依法采取诉讼保全措施、不履行法定执行职责，致使当事人或者他人的利益遭受重大损失的行为。

（二）构成

1. 罪体

主体　执行判决、裁定失职罪的主体是司法工作人员。

行为　执行判决、裁定失职罪的行为是执行判决、裁定活动中，严重不负责任，不依法采取诉讼保全措施，不履行法定执行职责。这里的不依法采取诉讼保全措施、不履行法定执行职责，是指执行申请人提交了诉讼保全的申请，并且提供了被执行人的财产线索，而行为人不依法采取诉讼保全措施，或者对应当执行并且有条件执行的案件不积极采取措施执行，而是敷衍了事，拖延执行。

结果　执行判决、裁定失职罪的结果是致使当事人或者其他人的利益遭受重大损失。这里的当事人，是指民事执行案件、经济执行案件的当事人。其他人，是指与民事执行案件、经济执行案件存在利益关联性的人员。

2. 罪责

执行判决、裁定失职罪的罪责形式是过失。这里的过失，是指应当预见到执行判决、裁定失职行为可能致使当事人或者其他人的利益遭受重大损失，因为疏忽大意而没有预见，或者已经预见而轻信能够避免，以致发生这种结果的主观心理状态。

3. 罪量

执行判决、裁定失职罪的罪量要素，参照前引《立案标准》的规定，是指具有下列情形之一：（1）致使当事人或者其近亲属自杀、自残造成重伤、死亡，或者精神失常的；（2）造成个人财产直接经济损失 15 万元以上，或者直接经济损失不满 15 万元，但间接经济损失 75 万元以上的；（3）造成法人或者其他组织财产直接经济损失 30 万元以上，或者直接经济损失不满 30 万元，但间接经济损失 150 万元以上的；（4）造成公司、企业等单位停业、停产 1 年以上，或者破产的；（5）其他致使当事人或者其他人的利益遭受重大损失的情形。

（三）处罚

根据《刑法》第 399 条第 3 款［《刑法修正案（四）》第 8 条］之规定，犯本罪的，处 5 年以下有期徒刑或者拘役；致使当事人或者其他人的利益遭受特别重大损失的，处 5 年以上 10 年以下有期徒刑。

加重处罚事由 犯执行判决、裁定失职罪而致使当事人或者他人利益遭受特别重大损失的，是本罪的加重处罚事由。

八、执行判决、裁定滥用职权罪

（一）概念

执行判决、裁定滥用职权罪是指司法工作人员在执行判决、裁定活动中，滥用职权，不依法采取诉讼保全措施、不履行法定执行职责，或者违法采取诉讼保全措施、强制执行措施，致使当事人或者他人的利益遭受重大损失的行为。

（二）构成

1. 罪体

主体 执行判决、裁定滥用职权罪的主体是司法工作人员。

行为 执行判决、裁定滥用职权罪的行为是执行判决、裁定活动中，滥用职权，不依法采取诉讼保全措施、不履行法定执行职责，或者违法采取诉讼保全措施、强制执行措施。这里的违法采取诉讼保全措施、强制执行措施，是指故意超标查封、扣押、冻结被执行人的可分割财产；错误变更或者追加被执行主体；为谋私利或者为一方当事人利益，违反有关规定，在选定审计、评估、拍卖、鉴定等中介机构时弄虚作假；故意违反法律规定对被执行人、协助执行人以及其他人采取拘传、拘留、罚款等强制措施；指使或者暗示有关部门、有关人员在评估、拍卖中违反国家规定，故意压低或者抬高价格，损害当事人利益等。

2. 罪责

执行判决、裁定滥用职权罪的罪责形式是故意。这里的故意，是指明知是滥用执行判决、裁定职权的行为而有意实施的主观心理状态。

3. 罪量

执行判决、裁定滥用职权罪的罪量要素是致使当事人或者他人的利益遭受重大损失。这里的致使当事人或者他人的利益遭受重大损失，参照前引《立案标准》的规定，是指具有下列情形之一：（1）致使当事人或者其近亲属自杀、自残造成重伤、死亡，或者精神失常的；（2）造成个人财产直接经济损失 10 万元以上，或者直接经济损失不满 10 万元，但间接经济损失 50 万元以上的；（3）造成法人或者其他组织财产直接经济损失 20 万元以上，或者直接经济损失不满 20 万元，但间接经济损失 100 万元以上的；（4）造成公司、企业等单位停业、停产 6 个月以上，或者破产的；（5）其他致使当事人或者其他人的利益遭受重大损失的情形。

（三）处罚

根据《刑法》第 399 条第 3 款［《刑法修正案（四）》第 8 条］之规定，犯本罪的，处 5 年以下有期徒刑或者拘役；致使当事人或者其他人的利益遭受特别重大损失的，处 5 年以上 10 年以下有期徒刑。第 4 款规定，司法工作人员收受贿赂，有滥用执行判决、裁定职权行为的，同时又构成本法第 385 条规定之罪的，依照处罚较重的规定定罪处罚。

加重处罚事由　犯执行判决、裁定滥用职权罪而致使当事人或者他人的利益遭受特别重大损失的，是本罪的加重处罚事由。

贪赃枉法的处罚　根据刑法规定，司法工作人员贪赃枉法，有滥用执行判决、裁定职权罪行为而又有受贿行为的，依照处罚较重的规定定罪处罚。这是对执行判决、裁定滥用职权罪与受贿罪之牵连犯的处罚原则的规定。在索取或者收受请托人的财物以后，为请托人谋取利益的行为又触犯了执行判决、裁定滥用职权罪，在刑法理论上是牵连犯。根据《刑法》第 399 条第 4 款的规定，对于这种牵连犯，应当采取从一重罪处断的原则。

九、枉法仲裁罪

（一）概念

枉法仲裁罪是指依法承担仲裁职责的人员，在仲裁活动中故意违背事实和法律作枉法裁决，情节严重的行为。

（二）构成

1. 罪体

主体 枉法仲裁罪的主体是依法承担仲裁职责的人员。这里的依法承担仲裁职责的人员，是指根据法律、行政法规和部门规章的规定承担仲裁职责的人员，包括依据《仲裁法》的规定，在独立于行政机关、与行政机关没有隶属关系的仲裁委员会对民商事争议承担仲裁职责的人员，以及依据《劳动法》《公务员法》《体育法》《劳动争议调解仲裁法》等规定，在有政府行政主管部门代表参加组成的仲裁机构中对法律、行政法规、部门规章规定的特殊争议承担仲裁职责的人员。

行为 枉法仲裁罪的行为是在仲裁活动中故意违背事实和法律作枉法裁决。

2. 罪责

枉法仲裁罪的罪责形式是故意。这里的故意，是指明知是枉法仲裁的行为而有意实施的主观心理状态。

3. 罪量

枉法仲裁罪的罪量要素是情节严重。这里的情节严重，是指枉法仲裁次数多、危害大或者有其他严重情节。

（三）处罚

根据《刑法》第 399 条之一［《刑法修正案（六）》第 20 条］之规定，犯本罪的，处 3 年以下有期徒刑或者拘役；情节特别严重的，处 3 年以上 7 年以下有期徒刑。

加重处罚事由　犯枉法仲裁罪而情节特别严重的，是本罪的加重处罚事由。这里的情节特别严重，是指枉法仲裁的次数特别多、危害特别大或者有其他特别严重情节。

十、私放在押人员罪

（一）概念

私放在押人员罪是指司法工作人员私放在押（包括在羁押场所和押解途中）的犯罪嫌疑人、被告人或者罪犯的行为。

（二）构成

1. 罪体

主体　私放在押人员罪的主体是司法工作人员。根据 2001 年 3 月 2 日最高人民检察院的解释，工人等非监管机关在编监管人员被监管机关聘用受委托履行监管职责的，也可以成为本罪的主体。根据《立法解释》的规定，上述人员当然包括在私放在押人员罪的主体范围内。

行为　私放在押人员罪的行为是私放在押的犯罪嫌疑人、被告人或者罪犯的行为。私放，是指非法地擅自将在押人员释放使其脱离监管机关的监控范围。在押，既包括监管在看守所、监狱等固定场所，也包括监管在押解途中或者在监管场所以外的劳动、作业等临时场所。私放在押人员行为，根据前引《立案标准》的规定，具有下列情形之一的，应予立案：（1）私自将在押的犯罪嫌疑人、被告人、罪犯放走，或者授意、指使、强迫他人将在押的犯罪嫌疑人、被告人、罪犯放走的；（2）伪造、变造有关法律文书、证明材料，以使在押的犯罪嫌疑人、被告人、罪犯逃跑或者被释放的；（3）为私放在押的犯罪嫌疑人、被告人、罪犯，故意向其通风报信、提供条件，致使该在押的犯罪嫌疑人、被告人、罪犯脱逃的；（4）其他私放在押的犯罪嫌疑人、被告人、罪犯应予追究刑事责任的行为。

客体　私放在押人员罪的客体是在押人员。这里的在押人员，是指犯罪嫌疑人、被告人或者罪犯。

2. 罪责

私放在押人员罪的罪责形式是故意。这里的故意，是指明知自己的行为会使在押人员脱逃而有意实施的主观心理状态。本罪的动机大多是徇私、徇情。

（三）处罚

根据《刑法》第 400 条第 1 款之规定，犯本罪的，处 5 年以下有期徒刑或者拘役；情节严重的，处 5 年以上 10 年以下有期徒刑；情节特别严重的，处 10 年以上有期徒刑。

加重处罚事由　犯私放在押人员罪而情节严重的，是本罪的加重处罚事由。这里的情节严重，是指私放罪行严重的罪犯，包括私放被判处死刑、无期徒刑的犯罪嫌疑人、被告人；私放在押人员多人、多次的；在押人员被私放后实施犯罪、危害社会的；在押人员被私放后，对检举人、控告人、证人或者司法工作人员打击报复的；造成其他严重后果的等。

特别加重处罚事由　犯私放在押人员罪而情节特别严重的，是本罪的特别加重处罚事由。这里的情节特别严重，是指私放犯有特别严重罪行的罪犯，私放人数、次数特别多的，或者造成其他特别严重后果的等。

十一、失职致使在押人员脱逃罪

（一）概念

失职致使在押人员脱逃罪是指司法工作人员由于严重不负责任，不履行或者不认真履行职责，致使在押（包括在羁押场所和押解途中）的犯罪嫌疑人、被告人或者罪犯脱逃，造成严重后果的行为。

（二）构成

1. 罪体

主体　失职致使在押人员脱逃罪的主体是司法工作人员。根据 2000 年 9 月

19 日最高人民法院《关于未被公安机关正式录用的人员、狱医能否构成失职致使在押人员脱逃罪主体问题的批复》（已失效）的规定，对于未被公安机关正式录用，受委托履行监管职责的人员，由于严重不负责任，致使在押人员脱逃，造成严重后果的，应当依照《刑法》第 400 条第 2 款的规定定罪处罚。根据上述规定，虽非司法工作人员，但受委托履行监管职责的人员，也可以成为本罪的主体。根据《立法解释》的规定，上述人员当然包括在失职致使在押人员脱逃罪的主体范围内。

行为　失职致使在押人员脱逃罪的行为是由于严重不负责任，致使在押的犯罪嫌疑人、被告人或者罪犯脱逃。这里的严重不负责任，是指不履行或者不正确履行其职务。致使在押人员脱逃，是指致使在押人员逃出、摆脱司法机关及其人员的实际控制范围。

客体　失职致使在押人员脱逃罪的客体是在押人员。

结果　失职致使在押人员脱逃罪的结果是在押人员从羁押场所或者押解途中脱逃。

2. 罪责

失职致使在押人员脱逃罪的罪责形式是过失。这里的过失是指应当预见自己严重不负责任会使在押人员脱逃，由于疏忽大意而没有预见，或者已经预见而轻信能够避免，致使在押人员脱逃的主观心理状态。

3. 罪量

失职致使在押人员脱逃罪的罪量要素是造成严重后果。这里的造成严重后果，参照前引《立案标准》的规定，造成严重后果是指具有下列情形之一的：（1）致使依法可能判处或者已经判处 10 年以上有期徒刑、无期徒刑、死刑的犯罪嫌疑人、被告人、罪犯脱逃的；（2）致使犯罪嫌疑人、被告人、罪犯脱逃 3 人次以上的；（3）犯罪嫌疑人、被告人、罪犯脱逃以后，打击报复报案人、控告人、举报人、被害人、证人和司法工作人员等，或者继续犯罪的；（4）其他致使在押的犯罪嫌疑人、被告人、罪犯脱逃，造成严重后果的情形。

（三）处罚

根据《刑法》第 400 条第 2 款之规定，犯本罪的，处 3 年以下有期徒刑或者拘役；造成特别严重后果的，处 3 年以上 10 年以下有期徒刑。

加重处罚事由 犯失职致使在押人员脱逃罪而造成特别严重后果的，是本罪的加重处罚事由。这里的特别严重后果，是指在押人员脱逃后实施严重暴力犯罪的；造成极为恶劣的社会影响的；在押人员脱逃中杀死、伤害多人的；致使被判死刑、无期徒刑、10 年以上有期徒刑等重刑的罪犯以及可能被判处死刑、无期徒刑的犯罪嫌疑人、被告人脱逃的等。

十二、徇私舞弊减刑、假释、暂予监外执行罪

（一）概念

徇私舞弊减刑、假释、暂予监外执行罪是指司法工作人员徇私舞弊，对不符合减刑、假释、暂予监外执行条件的罪犯予以减刑、假释、暂予监外执行的行为。

（二）构成

1. 罪体

主体 徇私舞弊减刑、假释、暂予监外执行罪的主体是司法工作人员。

行为 徇私舞弊减刑、假释、暂予监外执行罪的行为是徇私舞弊对不符合减刑、假释、暂予监外执行条件的罪犯，予以减刑、假释或者暂予监外执行。不符合减刑、假释、暂予监外执行条件，应当根据法律规定予以确认。徇私舞弊表现为为徇私情，行为人采取虚构事实、隐瞒真相、伪造条件等手段，将不符合法定条件的罪犯予以减刑、假释或者暂予监外执行。徇私舞弊行为，根据前引《立案标准》的规定，具有下列情形之一的，应予立案：（1）刑罚执行机关的工作人员对不符合减刑、假释、暂予监外执行条件的罪犯，捏造事实，伪造材料，违法报请减刑、假释、暂予监外执行的；（2）审判人员对不符合减刑、假释、暂予监外

执行条件的罪犯，徇私舞弊，违法裁定减刑、假释或者违法决定暂予监外执行的；（3）监狱管理机关、公安机关的工作人员对不符合暂予监外执行条件的罪犯，徇私舞弊，违法批准暂予监外执行的；（4）不具有报请、裁定、决定或者批准减刑、假释、暂予监外执行权的司法工作人员利用职务上的便利，伪造有关材料，导致不符合减刑、假释、暂予监外执行条件的罪犯被减刑、假释、暂予监外执行的；（5）其他徇私舞弊减刑、假释、暂予监外执行应予追究刑事责任的情形。

2. 罪责

徇私舞弊减刑、假释、暂予监外执行罪的罪责形式是故意。这里的故意，是指明知不符合法定条件而予以减刑、假释或者暂予监外执行的主观心理状态。本罪须出于徇私的动机。

（三）处罚

根据《刑法》第 401 条之规定，犯本罪的，处 3 年以下有期徒刑或者拘役；情节严重的，处 3 年以上 7 年以下有期徒刑。

十三、徇私舞弊不移交刑事案件罪

（一）概念

徇私舞弊不移交刑事案件罪是指行政执法人员徇私舞弊，对依法应当移交司法机关追究刑事责任的案件不移交，情节严重的行为。

（二）构成

1. 罪体

主体 徇私舞弊不移交刑事案件罪的主体是行政执法人员。这里的行政执法人员是指依法行使行政执法权的国家机关工作人员。根据《立法解释》，这里的行政执法人员，不仅包括国家机关中的行政执法人员，而且包括在依照法律、法规规定行使国家行政管理职权的组织中的行政执法人员，或者在受国家机关委托代表国家机关行使职权的组织中行使职权的行政执法人员，或者虽未列入国家机关人员编制但在国家机关中行使职权的行政执法人员。

行为 徇私舞弊不移交刑事案件罪的行为是徇私舞弊，对依法应当移交司法机关追究刑事责任的案件不移交。依法应当移交，是指根据法律规定已经构成犯罪需要移交司法机关追究刑事责任。不移交，是指不向司法机关移送案件。本罪的行为方式是不作为，即不履行移交义务。

客体 徇私舞弊不移交刑事案件罪的客体是刑事案件。这里的刑事案件，是指经立案、查证犯罪嫌疑人实施了一定的犯罪行为，依法应当追究刑事责任的案件。

2. 罪责

徇私舞弊不移交刑事案件罪的罪责形式是故意。这里的故意，是指明知他人的行为已经构成犯罪，应当移交司法机关追究刑事责任而故意不移交，使他人逃避法律追究的主观心理状态。本罪须出于徇私的动机。

3. 罪量

徇私舞弊不移交刑事案件罪的罪量要素是情节严重。参照前引《立案标准》的规定，情节严重是指具有下列情形之一的：（1）对依法可能判处3年以上有期徒刑、无期徒刑、死刑的犯罪案件不移交的；（2）不移交刑事案件涉及3人次以上的；（3）司法机关提出意见后，无正当理由仍然不予移交的；（4）以罚代刑，放纵犯罪嫌疑人，致使犯罪嫌疑人继续进行违法犯罪活动的；（5）行政执法部门主管领导阻止移交的；（6）隐瞒、毁灭证据，伪造材料，改变刑事案件性质的；（7）直接负责的主管人员和其他直接责任人员为牟取本单位私利而不移交刑事案件，情节严重的；（8）其他情节严重的情形。

（三）处罚

根据《刑法》第402条之规定，犯本罪的，处3年以下有期徒刑或者拘役；造成严重后果的，处3年以上7年以下有期徒刑。

加重处罚事由 犯徇私舞弊不移交刑事案件罪而造成严重后果的，是本罪的加重处罚事由。这里的造成严重后果，是指因不移交刑事案件而严重妨碍其他刑事案件侦破或者审判的；应当移交的刑事案件涉及重大犯罪的；造成极为恶劣的社会影响的等。

十四、滥用管理公司、证券职权罪

（一）概念

滥用管理公司、证券职权罪是指国家主管部门的国家机关工作人员，徇私舞弊，滥用职权，对不符合法律规定条件的公司设立、登记申请或者股票、债券发行、上市申请，予以批准或者登记，致使公共财产、国家和人民利益遭受重大损失的行为。

（二）构成

1. 罪体

主体　滥用管理公司、证券职权罪的主体是国家主管部门的国家机关工作人员。这里的国家主管部门的国家机关工作人员，是指工商行政管理、人民银行、证券管理等国家有关主管部门中对公司设立、登记申请或者股票、债券发行、上市申请具有批准或者登记职权的国家机关工作人员。根据刑法规定，上级部门直接负责的主管人员也可以成为本罪的主体。

行为　滥用管理公司、证券职权罪的行为是滥用职权，对不符合法律规定条件的公司设立、登记申请或者股票、债券发行、上市申请，予以批准或者登记。这里的不符合法律规定条件，是指违反公司法和有关法规关于公司设立、登记申请或者股票、债券发行、上市申请的必备条件。对不符合上述条件，依法不应批准、登记的申请予以批准、登记，这是一种滥用职权的行为。此外，上级部门直接负责的主管人员强令登记机关及其工作人员实施上述行为的，也构成本罪。

2. 罪责

滥用管理公司、证券职权罪的罪责形式是故意。这里的故意，是指明知是滥用管理公司、证券职权的行为而有意实施的主观心理状态。本罪须出于徇私的动机。

3. 罪量

滥用管理公司、证券职权罪的罪量要素是致使公共财产、国家和人民利益遭受重大损失。这里的致使公共财产、国家和人民利益遭受重大损失，参照前引《立案标准》的规定，是指具有下列情形之一：（1）造成直接经济损失 50 万元以上的；（2）工商管理部门的工作人员对不符合法律规定条件的公司设立、登记申请，违法予以批准、登记，严重扰乱市场秩序的；（3）金融证券管理机构工作人员对不符合法律规定条件的股票、债券发行、上市申请，违法予以批准，严重损害公众利益，或者严重扰乱金融秩序的；（4）工商管理部门、金融证券管理机构的工作人员对不符合法律规定条件的公司设立、登记申请或者股票、债券发行、上市申请违法予以批准或者登记，致使犯罪行为得逞的；（5）上级部门、当地政府直接负责的主管人员强令登记机关及其工作人员，对不符合法律规定条件的公司设立、登记申请或者股票、债券发行、上市申请予以批准或者登记，致使公共财产、国家或者人民利益遭受重大损失的；（6）其他致使公共财产、国家和人民利益遭受重大损失的情形。

（三）处罚

根据《刑法》第 403 条之规定，犯本罪的，处 5 年以下有期徒刑或者拘役。

十五、徇私舞弊不征、少征税款罪

（一）概念

徇私舞弊不征、少征税款罪是指税务机关工作人员徇私舞弊，不征或者少征应征税款，致使国家税收遭受重大损失的行为。

（二）构成

1. 罪体

主体 徇私舞弊不征、少征税款罪的主体是税务机关的工作人员。这里的税务机关的工作人员，是指在税务机关从事税收征收管理工作的国家机关工作人员。

行为　徇私舞弊不征、少征税款罪的行为是徇私舞弊不征、少征税款。这里的不征，是指对依据税法应当征收的税款不予以征收。少征，是指对依据税法应当征收的税款虽然征收，但未达到或者少于法定或者税收机关确定的征收数额。

客体　徇私舞弊不征、少征税款罪的客体是应征税款。这里的应征税款，是指国家有关税收的法律、法规根据纳税主体、征税对象、税率等指标而确定的，税收机关必须征收的纳税款额。是否属于应征税款，应当根据税法的具体规定进行判断。

2. 罪责

徇私舞弊不征、少征税款罪的罪责形式是故意。这里的故意，是指明知是徇私舞弊不征、少征税款的行为而有意实施的主观心理状态。本罪须出于徇私的动机。

3. 罪量

徇私舞弊不征、少征税款罪的罪量要素是致使国家税收遭受重大损失。这里的致使国家税收遭受重大损失，参照前引《立案标准》的规定，是指具有下列情节之一：（1）徇私舞弊不征、少征应征税款，致使国家税收损失累计达 10 万元以上的；（2）上级主管部门工作人员指使税务机关工作人员徇私舞弊不征、少征应征税款，致使国家税收损失累计达 10 万元以上的；（3）徇私舞弊不征、少征应征税款不满 10 万元，但具有索取或者收受贿赂或者其他恶劣情节的；（4）其他致使国家税收遭受重大损失的情形。

（三）处罚

根据《刑法》第 404 条之规定，犯本罪的，处 5 年以下有期徒刑或者拘役；造成特别重大损失的，处 5 年以上有期徒刑。

加重处罚事由　犯徇私舞弊不征、少征税款罪而造成特别重大损失的，是本罪的加重处罚事由。这里的造成特别重大损失，是指给国家税收造成的直接经济损失特别重大。

十六、徇私舞弊发售发票、抵扣税款、出口退税罪

（一）概念

徇私舞弊发售发票、抵扣税款、出口退税罪是指税务机关工作人员违反法律、行政法规的规定，在办理发售发票、抵扣税款、出口退税工作中，徇私舞弊，致使国家利益遭受重大损失的行为。

（二）构成

1. 罪体

主体　徇私舞弊发售发票、抵扣税款、出口退税罪的主体是税务机关工作人员。

行为　徇私舞弊发售发票、抵扣税款、出口退税罪的行为是违反法律、行政法规的规定，在办理发售发票、抵扣税款、出口退税工作中，徇私舞弊。在上述工作中徇私舞弊，是指对不应发售发票的，予以发售；对不应抵扣或者应少抵扣税款的，擅自抵扣或者多抵扣；对不应出口退税或者应少出口退税的，违法予以退税或者多退税。

2. 罪责

徇私舞弊发售发票、抵扣税款、出口退税罪的罪责形式是故意。这里的故意，是指明知是徇私舞弊发售发票、抵扣税款、出口退税的行为而有意实施的主观心理状态。本罪须出于徇私的动机。

3. 罪量

徇私舞弊发售发票、抵扣税款、出口退税罪的罪量要素是致使国家利益遭受重大损失。这里的致使国家利益遭受重大损失，参照前引《立案标准》的规定，是指具有下列情形之一的：（1）徇私舞弊，致使国家税收损失累计达 10 万元以上的；（2）徇私舞弊，致使国家税收损失累计不满 10 万元，但发售增值税专用发票 25 份以上或者其他发票 50 份以上或者增值税专用发票与其他发票合计 50

份以上，或者具有索取、收受贿赂或者其他恶劣情节的；（3）其他致使国家利益遭受重大损失的情形。

（三）处罚

根据《刑法》第 405 条第 1 款之规定，犯本罪的，处 5 年以下有期徒刑或者拘役；致使国家利益遭受特别重大损失的，处 5 年以上有期徒刑。

加重处罚事由　犯徇私舞弊发售发票、抵扣税款、出口退税罪致使国家利益遭受特别重大损失，是本罪的加重处罚事由。这里的造成特别重大损失，是指给国家税收造成特别重大损失。

十七、违法提供出口退税凭证罪

（一）概念

违法提供出口退税凭证罪是指海关、外汇管理等国家机关工作人员违反国家规定，在提供出口货物报关单、出口收汇核销单等出口退税凭证的工作中徇私舞弊，致使国家利益遭受重大损失的行为。

（二）构成

1. 罪体

主体　违法提供出口退税凭证罪的主体是海关、外汇管理等国家机关工作人员，例如海关、外贸主管部门的工作人员。

行为　违法提供出口退税凭证罪的行为是违反国家规定，在提供出口货物报关单、出口收汇核销单等出口退税凭证工作中徇私舞弊。

客体　违法提供出口退税凭证罪的客体是出口退税凭证。这里的出口退税凭证，是指可以用于出口退税的有关单据。例如，出口退税报关单、出口收汇核销单等。

2. 罪责

违法提供出口退税凭证罪的罪责形式是故意。这里的故意，是指明知是违法提供出口退税凭证的行为而有意实施的主观心理状态。本罪须出于徇私的动机。

3. 罪量

违法提供出口退税凭证罪的罪量要素是致使国家利益遭受重大损失。这里的致使国家利益遭受重大损失，参照前引《立案标准》的规定，是指具有下列情形之一的：（1）徇私舞弊，致使国家税收损失累计达 10 万元以上的；（2）徇私舞弊，致使国家税收损失累计不满 10 万元，但具有索取、收受贿赂或者其他恶劣情节的；（3）其他致使国家利益遭受重大损失的情形。

（三）处罚

根据《刑法》第 405 条第 2 款之规定，犯本罪的，依照前款规定处罚，即处 5 年以下有期徒刑或者拘役；致使国家利益遭受特别重大损失的，处 5 年以上有期徒刑。

加重处罚事由 犯违法提供出口退税凭证罪致使国家利益遭受特别重大损失，是本罪的加重处罚事由。这里的造成特别重大损失，是指给国家税收造成特别重大损失。

十八、国家机关工作人员签订、履行合同失职被骗罪

（一）概念

国家机关工作人员签订、履行合同失职被骗罪是指国家机关工作人员在签订、履行合同过程中，因严重不负责任被诈骗，致使国家利益遭受重大损失的行为。

（二）构成

1. 罪体

主体 国家机关工作人员签订、履行合同失职被骗罪的主体是国家机关工作人员以及立法解释规定的人员。

行为 国家机关工作人员签订、履行合同失职被骗罪的行为是在签订、履行

合同过程中，因失职被诈骗。这里的失职，是指严重不负责任，即不履行或者不正确履行签订、履行合同时应尽的职责。

客体　国家机关工作人员签订、履行合同失职被骗罪的客体是国家利益。

结果　国家机关工作人员签订、履行合同失职被骗罪的结果是致使国家利益遭受重大损失。

2. 罪责

国家机关工作人员签订、履行合同失职被骗罪的罪责形式是过失。这里的过失，是指应当预见自己严重不负责任可能发生被诈骗致使国家利益遭受重大损失的结果，由于疏忽大意而没有预见，或者已经预见而轻信能够避免，以致发生这种结果的主观心理状态。

3. 罪量

国家机关工作人员签订、履行合同失职被骗罪的罪量要素是致使国家利益遭受重大损失。这里的重大损失，参照前引《立案标准》的规定，是指具有下列情形之一的：（1）造成直接经济损失 30 万元以上，或者直接经济损失不满 30 万元，但间接经济损失 150 万元以上的；（2）其他致使国家利益遭受重大损失的情形。

（三）处罚

根据《刑法》第 406 条之规定，犯本罪的，处 3 年以下有期徒刑或者拘役；致使国家利益遭受特别重大损失的，处 3 年以上 7 年以下有期徒刑。

加重处罚事由　犯国家机关工作人员签订、履行合同失职被骗罪致使国家利益遭受特别重大损失，是本罪的加重处罚事由。这里的造成特别重大损失，是指造成直接经济损失特别重大。

十九、违法发放林木采伐许可证罪

（一）概念

违法发放林木采伐许可证罪是指林业主管部门的工作人员违反森林法的规

定，超过批准的年采伐限额发放林木采伐许可证或者违反规定滥发林木采伐许可证，情节严重，致使森林遭受严重破坏的行为。

（二）构成

1. 罪体

主体　违法发放林木采伐许可证罪的主体是林业主管部门的工作人员，主要是指林业主管部门负有发放林木采伐许可证职责的工作人员。

行为　违法发放林木采伐许可证罪的行为是违反森林法的规定，超过批准的年采伐限额发放林木采伐许可证或者违反规定滥发林木采伐许可证。这里的违反森林法的规定，是指违反森林法关于发放林木采伐许可证的规定。本罪行为表现为两种情形：一是超过批准的年采伐限额发放采伐许可证；二是违反规定滥发林木采伐许可证。

客体　违法发放林木采伐许可证罪的客体是林木采伐许可证。这里的林木采伐许可证，是指林业主管部门颁发的，允许一定期限内采伐林木的许可凭证。

2. 罪责

违法发放林木采伐许可证罪的罪责形式是故意。这里的故意，是指明知超过批准的年采伐限额而故意发放林木采伐许可证，或者明知违反规定而故意滥发林木采伐许可证的主观心理状态。

3. 罪量

违法发放林木采伐许可证的罪量要素是情节严重，致使森林遭受严重破坏。这里的情节严重，致使森林遭受严重破坏，根据 2000 年 11 月 22 日最高人民法院《关于审理破坏森林资源刑事案件具体应用法律若干问题的解释》，是指具有下列情形之一的：（1）发放林木采伐许可证允许采伐数量累计超过批准的年采伐限额，导致林木被采伐数量在 10 立方米以上的；（2）滥发林木采伐许可证，导致林木被滥伐 20 立方米以上的；（3）滥用林木采伐许可证，导致珍贵树木被滥伐的；（4）批准采伐国家禁止采伐的林木，情节恶劣的；（5）其他情节严重的情形。参照《立案标准》的规定，是指具有下列情形之一的：（1）发放林木采伐许可证允许采伐数量累计超过批准的年采伐限额，导致林木被超限额采伐 10 立方米以上的；(2)滥发林木采伐许可证，导致林木被滥伐 20 立方米以上，或者导致幼树被滥伐 1 000 株以上的；(3)滥发林木采伐许可证，导致防护林、特种用途林被滥伐 5 立方米以上，或者幼树被滥伐 200 株以上的；(4)滥发林木采伐许可证，导致珍贵树木或者国家重点保护的其他树木被滥伐的；(5)滥发林木采伐许可证，导致国家禁止采伐的林木被采伐的；(6)其他情节严重，致使森林遭受严重破坏的情形。

（三）处罚

根据《刑法》第 407 条之规定，犯本罪的，处 3 年以下有期徒刑或者拘役。

二十、环境监管失职罪

（一）概念

环境监管失职罪是指负有环境保护监督管理职责的国家机关工作人员严重不负责任，导致发生重大环境污染事故，致使公私财产遭受重大损失或者造成人身伤亡的严重后果的行为。

（二）构成

1. 罪体

主体 环境监管失职罪的主体是负有环境保护监督管理职责的国家机关工作人员。这里的负有环境保护监督管理职责的国家机关工作人员，是指在国务院环境保护行政主管部门、县级以上地方人民政府环境保护行政主管部门从事环境保护监督管理工作的人员，以及在国家海洋行政主管部门、港务监督、渔政渔港监督、军队环境保护部门和各级公安、交通、铁道、民航管理部门中，依照有关法律的规定对环境污染防治实施监督管理的人员。

行为 环境监管失职罪的行为是严重不负责任，导致发生重大环境污染事故。这里的重大环境污染事故是指造成大气、水源、海洋、土地等环境质量严重不符合国家规定标准，造成公私财产重大损失或者人身伤亡的严重事件。

客体 环境监管失职罪的客体是财产和人身。

结果 环境监管失职罪的结果是致使公私财产遭受重大损失或者造成人身伤亡的严重后果。

2. 罪责

环境监管失职罪的罪责形式是过失。这里的过失，是指应当预见自己严重不负责任可能导致发生重大污染事故，因为疏忽大意而没有预见，或者已经预见而轻信能够避免，以致这种结果发生的主观心理状态。

3. 罪量

环境监管失职罪的罪量要素是致使公私财产遭受重大损失或者造成人身伤亡的后果。这里的致使公私财产遭受重大损失或者造成人身伤亡的严重后果，根据 2016 年 12 月 23 日最高人民法院、最高人民检察院《关于办理环境污染刑事案件适用法律若干问题的解释》第 2 条的规定，是指致使公私财产损失 30 万元以上，或者具有下列情形之一的：（1）造成生态环境特别严重损害的；（2）致使县级以上城区集中式饮用水水源取水中断 12 小时以上的；（3）致使基本农田、防护林地、特种用途林地 150 亩以上，其他农用地 30 亩以上，其他土地 60 亩以上基本功能丧失或者遭受永久性破坏的；（4）致使森林或者其他林木死亡 150 立方米以上，或者幼树死亡 7 500 株以上的；（5）致使疏散、转移群众 15 000 人以上的；（6）致使 100 人以上中毒的；（7）致使 10 人以上轻伤、轻度残疾或者器官组织损伤导致一般功能障碍的；（8）致使 3 人以上重伤、中度残疾或者器官组织损伤导致严重功能障碍的。

（三）处罚

根据《刑法》第 408 条之规定，犯本罪的，处 3 年以下有期徒刑或者拘役。

二十一、食品、药品监管渎职罪

（一）概念

食品、药品监管渎职罪是指负有食品、药品安全监督管理职责的国家机关工作人员，滥用职权或者玩忽职守，造成严重后果或者有其他严重情节的行为。

（二）构成

1. 罪体

主体 食品、药品监管渎职罪的主体是负有食品、药品安全监督管理职责的国家机关工作人员。这里的负有食品、药品安全监督管理职责的国家机关工作人员，主要包括在国务院和各级地方人民政府及卫生行政、农业行政、质量监管、工商行政管理、食品药品监督管理等部门负有食品安全监督管理职责的工作人员。

行为 食品、药品监管渎职罪的行为是滥用职权或者玩忽职守。根据《刑法》第408条之一［《刑法修正案（十一）》第45条］的规定，本罪行为是指具有下列情形之一的：（1）瞒报、谎报食品安全事故、药品安全事件的；（2）对发现的严重食品药品安全违法行为未按规定查处的；（3）在药品和特殊食品审批审评过程中，对不符合条件的申请准予许可的；（4）依法应当移交司法机关追究刑事责任不移交的；（5）有其他滥用职权或者玩忽职守行为的。

2. 罪责

食品、药品监管渎职罪的罪责形式是故意或者过失。在滥用职权构成本罪的情况下，罪责形式是故意。在玩忽职守构成本罪的情况下，罪责形式是过失。例如，《刑法》列举的上述五种本罪行为中，其中前四种行为是滥用职权，行为人的主观心理状态是故意。

3. 罪量

食品、药品监管渎职罪的罪量要素是造成严重后果或者有其他严重情节。这里的造成严重后果，在司法实践中是指导致发生重大食品安全事故（II级）或者重大药品安全事件（II级）；其他严重情节是指造成重大社会影响的食品、药品安全舆论事件。

（三）处罚

根据《刑法》第408条之一［《刑法修正案（八）》第49条、《刑法修正案

（十一）》第 45 条〕第 1 款之规定，犯本罪的，处 5 年以下有期徒刑或者拘役；造成特别严重后果或者有其他特别严重情节的，处 5 年以上 10 年以下有期徒刑。第 2 款规定，徇私舞弊犯本罪的，从重处罚。

加重处罚事由 犯食品、药品监管渎职罪而造成特别严重后果或者有其他特别严重情节的，是本罪的加重处罚事由。这里的造成特别严重后果，既包括导致特别重大的食品、药品安全事故，也包括造成其他特别严重的后果。

从重处罚事由 犯食品、药品监管渎职罪而徇私舞弊的，是本罪的从重处罚事由。这里的徇私舞弊，是指为徇个人私利或者亲友私情而滥用职权或玩忽职守。

二十二、传染病防治失职罪

（一）概念

传染病防治失职罪是指从事传染病防治的政府卫生行政部门的工作人员严重不负责任，导致传染病传播或者流行，情节严重的行为。

（二）构成

1. 罪体

主体 传染病防治失职罪的主体是从事传染病防治的政府卫生行政部门的工作人员。这里的从事传染病防治的政府卫生行政部门的工作人员，是指在各级政府卫生行政部门中对传染病的防治工作负有统一监督管理职责的人员。

客体 传染病防治失职罪的客体是传染病。

行为 传染病防治失职罪的行为是在传染病防治工作中，严重不负责任，未能履行传染病防治职责。

结果 传染病防治失职罪的结果是导致传染病传播或者流行。这里的传染病传播或者流行，是指传染病防治法中规定的甲类、乙类或者丙类传染病疫情在一定范围内广泛散布或者蔓延。

2. 罪责

传染病防治失职罪的罪责形式是过失。这里的过失，是指应当预见自己严重不负责任可能导致传染病传播或者流行的结果，由于疏忽大意而没有预见，或者已经预见而轻信能够避免，以致发生这种结果的主观心理状态。

3. 罪量

传染病防治失职罪的罪量要素，参照前引《立案标准》的规定，是指具有下列情形之一：（1）导致甲类传染病传播的；（2）导致乙类、丙类传染病流行的；（3）因传染病传播或者流行，造成人员重伤或者死亡的；（4）因传染病传播或者流行，严重影响正常的生产、生活秩序的；（5）在国家对突发传染病疫情等灾害采取预防、控制措施后，对发生突发传染病疫情等灾害的地区或者突发传染病病人、病原携带者、疑似突发传染病病人，未按照预防、控制突发传染病疫情等灾害工作规范的要求做好防疫、检疫、隔离、防护、救治等工作，或者采取的预防、控制措施不当，造成传染范围扩大或者疫情、灾情加重的；（6）在国家对突发传染病疫情等灾害采取预防、控制措施后，隐瞒、缓报、谎报或者授意、指使、强令他人隐瞒、缓报、谎报疫情、灾情，造成传染范围扩大或者疫情、灾情加重的；（7）在国家对突发传染病疫情等灾害采取预防、控制措施后，拒不执行突发传染病疫情等灾害应急处理指挥机构的决定、命令，造成传染范围扩大或者疫情、灾情加重的；（8）其他情节严重的情形。根据2003年5月14日最高人民法院、最高人民检察院《关于办理妨害预防、控制突发传染病疫情等灾害的刑事案件的具体应用法律若干问题的解释》第16条第2款的规定，在国家对突发性传染病疫情等灾害采取预防、控制措施后，具有下列情形之一的，属于情节严重：（1）对发生突发性传染病疫情等灾害地区或者突发性传染病病人、病原携带者、疑似突发性传染病病人，未按照预防、控制突发性传染病疫情等灾害工作规范要求做好防疫、检疫、隔离、防护、救治等工作，或者采取的预防、控制措施不当，造成传染病范围扩大或者疫情、灾情加重的；（2）隐瞒、缓报、谎报或者授意、指使、强令他人隐瞒、缓报、谎报疫情、灾情，造成传染病范围扩大或者疫情、灾情加重的；（3）拒不执行突发传染病疫情等灾害应急处理指挥机构的决定、命令，造成传染范围扩大或者疫情、灾情加重的；（4）具有其他严重情节的。

（三）处罚

根据《刑法》第 409 条之规定，犯本罪的，处 3 年以下有期徒刑或者拘役。

二十三、非法批准征收、征用、占用土地罪

（一）概念

非法批准征收、征用、占用土地罪是指国家机关工作人员徇私舞弊，违反土地管理法规，滥用职权，非法批准征收、征用、占用土地，情节严重的行为。

（二）构成

1. 罪体

主体　非法批准征收、征用、占用土地罪的主体是国家机关工作人员以及《立法解释》规定的人员。

行为　非法批准征收、征用、占用土地罪的行为是违反土地管理法规、滥用职权，非法批准征收、征用、占用土地。这里的非法批准征收、征用、占用土地，是指对不符合法定条件的征收、征用、占用土地的申请予以批准。

客体　非法批准征收、征用、占用土地罪的客体是土地。这里的土地，包括基本农田、基本农田以外的耕地和其他土地。

2. 罪责

本罪的罪责形式是故意。这里的故意，是指明知是非法批准征收、征用、占用土地的行为而有意实施的主观心理状态。本罪须出于徇私的动机。

3. 罪量

非法批准征收、征用、占用土地罪的罪量要素是情节严重。根据 2000 年 6 月 19 日最高人民法院《关于审理破坏土地资源刑事案件具体应用法律若干问题

的解释》[以下简称《解释（二）》]第4条的规定①，这里的情节严重是指具有以下情形之一的：（1）非法批准征收、征用、占用基本农田10亩以上的；（2）非法批准征收、征用、占用基本农田以外的耕地30亩以上的；（3）非法批准征收、征用、占用其他土地50亩以上的；（4）虽未达到上述数量标准，但非法批准征收、征用、占用土地造成直接经济损失30万元以上；造成耕地大量毁坏等恶劣情节的。此外，2005年12月26日最高人民法院《关于审理破坏林地资源刑事案件具体应用法律若干问题的解释》[以下简称《解释（三）》]第2条规定：国家机关工作人员徇私舞弊，违反土地管理法规，滥用职权，非法批准征收、征用、占用林地，具有下列情形之一的，属于《刑法》第410条规定的"情节严重"：（1）非法批准征收、征用、占用防护林地、特种用途林地数量分别或者合计达到10亩以上；（2）非法批准征收、征用、占用其他林地数量达到20亩以上；（3）非法批准征收、征用、占用林地造成直接经济损失数额达到30万元以上，或者造成本条第1项规定的林地数量分别或者合计达到5亩以上或者本条第2项规定的林地数量达到10亩以上毁坏。参照前引《立案标准》的规定，是指具有下列情形之一：（1）非法批准征收、征用、占用基本农田10亩以上的；（2）非法批准征收、征用、占用基本农田以外的耕地30亩以上的；（3）非法批准征收、征用、占用其他土地50亩以上的；（4）虽未达到上述数量标准，但造成有关单位、个人直接经济损失30万元以上，或者造成耕地大量毁坏或者植被遭到严重破坏的；（5）非法批准征收、征用、占用土地，影响群众生产、生活，引起纠纷，造成恶劣影响或者其他严重后果的；（6）非法批准征收、征用、占用防护林地、特种用途林地分别或者合计10亩以上的；（7）非法批准征收、征用、占用其他林地20亩以上的；（8）非法批准征收、征用、占用林地造成直接经济损失

---

① 2009年8月27日全国人大常委会《关于修改部分法律的决定》，将《刑法》第410条以及全国人大常委会《关于〈中华人民共和国刑法〉第二百二十八条、第三百四十二条、第四百一十条的解释》中的"征用"修改为"征收、征用"。为此，在本书引用此前发布的司法解释中的"征用"时均修改为"征收、征用"。特此说明。

30 万元以上，或者造成防护林地、特种用途林地分别或者合计 5 亩以上或者其他林地 10 亩以上毁坏的；（9）其他情节严重的情形。

（三）处罚

根据《刑法》第 410 条之规定，犯本罪的，处 3 年以下有期徒刑或者拘役；致使国家或者集体利益遭受特别重大损失的，处 3 年以上 7 年以下有期徒刑。

加重处罚事由 犯非法批准征收、征用、占用土地罪而致使国家或者集体利益遭受特别重大损失的，是本罪的加重处罚事由。这里的特别重大损失，根据前引《解释（二）》第 5 条的规定，是指具有下列情形之一的：（1）非法批准征收、征用、占用基本农田 20 亩以上的；（2）非法批准征收、征用、占用基本农田以外的耕地 60 亩以上的；（3）非法批准征收、征用、占用其他土地 100 亩以上的；（4）非法批准征收、征用、占用土地，造成基本农田 5 亩以上、其他耕地 10 亩以上严重毁坏的；（5）非法批准征收、征用、占用土地造成直接经济损失 50 万元以上等恶劣情节的。此外，根据前引《解释（三）》第 3 条的规定，具有下列情形之一的，属于特别重大损失：（1）非法批准征收、征用、占用防护林地、特种用途林地数量分别或者合计达到 20 亩以上；（2）非法批准征收、征用、占用其他林地数量达到 40 亩以上；（3）非法批准征收、征用、占用林地造成直接经济损失数额达到 60 万元以上，或者造成本条第 1 项规定的林地数量分别或者合计达到 10 亩以上或者本条第 2 项规定的林地数量达到 20 亩以上毁坏。

二十四、非法低价出让国有土地使用权罪

（一）概念

非法低价出让国有土地使用权罪是指国家机关工作人员徇私舞弊，违反土地管理法规，滥用职权，非法低价出让国有土地使用权，情节严重的行为。

（二）构成

1. 罪体

主体　非法低价出让国有土地使用权罪的主体是国家机关工作人员以及《立法解释》规定的人员。

行为　非法低价出让国有土地使用权罪的行为是违反土地管理法规，滥用职权，非法低价出让国有土地使用权。这里的非法低价出让国有土地使用权，是指违反土地管理法，将属于国有的土地使用权以低于其本身的价值非法转让给他人使用。

客体　非法低价出让国有土地使用权罪的客体是国有土地使用权。

2. 罪责

非法低价出让国有土地使用权罪的罪责形式是故意。这里的故意，是指明知是非法低价出让国有土地使用权的行为而有意实施的主观心理状态。本罪须出于徇私的动机。

3. 罪量

非法低价出让国有土地使用权罪的罪量要素是情节严重。这里的情节严重，根据《解释（二）》第 6 条的规定，是指具有下列情节之一：（1）出让国有土地使用权面积在 30 亩以上，并且出让价额低于国家规定的最低价额标准的 60% 的；（2）造成国有土地资产流失价额在 30 万元以上的。此外，根据前引《解释（三）》第 4 条的规定，国家机关工作人员徇私舞弊，违反土地管理法规，非法低价出让国有林地使用权，具有下列情形之一的，属于情节严重：（1）林地数量合计达到 30 亩以上，并且出让价额低于国家规定的最低价额标准的 60%；（2）造成国有资产流失价额达到 30 万元以上。参照前引《立案标准》，是指具有下列情形之一：（1）非法低价出让国有土地 30 亩以上，并且出让价额低于国家规定的最低价额标准的 60% 的；（2）造成国有土地资产流失价额 30 万元以上的；（3）非法低价出让国有土地使用权，影响群众生产、生活，引起纠纷，造成恶劣影响或者其他严重后果的；（4）非法低价出让林地合计 30 亩以上，并且出让价额低于国家规定的最低价额标准的 60％的；（5）造成国有资产流失 30 万元以上的；（6）其他情节严重的情形。

（三）处罚

根据《刑法》第 410 条之规定，犯本罪的，处 3 年以下有期徒刑或者拘役；致使国家或者集体利益遭受特别重大损失的，处 3 年以上 7 年以下有期徒刑。

加重处罚事由 犯非法低价出让国有土地使用权罪而致使国家或者集体利益遭受特别重大损失的，是本罪的加重处罚事由。这里的特别重大损失，根据《解释（二）》第 7 条的规定，是指具有下列情形之一的：（1）非法低价出让国有土地使用权面积在 60 亩以上的，并且出让价额低于国家规定的最低价额标准的 40％的；（2）造成国有土地资产流失在 50 万元以上的。此外，根据《解释（三）》第 5 条的规定，非法低价出让国有林地使用权，造成国有资产流失价额达到 60 万元以上的，属于特别重大损失。

二十五、放纵走私罪

（一）概念
放纵走私罪是指海关工作人员徇私舞弊，放纵走私，情节严重的行为。

（二）构成

1. 罪体

主体 放纵走私罪的主体是海关工作人员。这里的海关工作人员，是指在海关机构中从事业务的人员。

行为 放纵走私罪的行为是徇私舞弊，放纵走私。这里的放纵走私，是指对应当查缉的走私货物、物品不予查缉，或者对应当追究法律责任的走私人员不予追究。

客体 放纵走私罪的客体是走私。

2. 罪责

放纵走私罪的罪责形式是故意。这里的故意，是指明知是放纵走私的行为而有意实施的主观心理状态。本罪须出于徇私的动机。

3. 罪量

放纵走私罪的罪量要素是情节严重。这里的情节严重，参照前引《立案标准》的规定，是指具有下列情形之一：（1）放纵走私犯罪的；（2）因放纵走私致使国家应收税额损失累计达 10 万元以上的；（3）放纵走私行为 3 起次以上的；（4）放纵走私行为，具有索取或者收受贿赂情节的；（5）其他情节严重的情形。

（三）认定

放纵走私罪是对走私的一种帮助行为，但刑法将其规定为一个独立罪名，不把这种放纵走私行为视为走私罪的共犯。根据 2002 年 7 月 8 日最高人民法院、最高人民检察院、海关总署《办理走私刑事案件适用法律若干问题的意见》（以下简称《意见》）第 16 条第 1 款的规定，放纵走私行为，一般是消极的不作为。如果海关工作人员与走私分子通谋，在放纵走私过程中以积极的行为配合走私分子逃避海关监管或者在放纵走私之后分得赃款的，应以共同走私犯罪追究刑事责任。

（四）处罚

根据《刑法》第 411 条之规定，犯本罪的，处 5 年以下有期徒刑或者拘役；情节特别严重的，处 5 年以上有期徒刑。

加重处罚事由　犯放纵走私罪而情节特别严重的，是本罪的加重处罚事由。这里的情节特别严重，是指放纵重大走私犯罪的；放纵走私人数、次数特别多的；因放纵走私致使国家应收税额损失特别重大的；造成特别严重后果的等。

数罪并罚　根据前引《意见》第 16 条第 2 款的规定，海关工作人员收受贿赂又放纵走私的，应以受贿罪和放纵走私罪数罪并罚。

二十六、商检徇私舞弊罪

（一）概念

商检徇私舞弊罪是指国家商检部门、商检机构的工作人员徇私舞弊，伪造检验结果的行为。

（二）构成

1. 罪体

主体 商检徇私舞弊罪的主体是国家商检部门、商检机构的工作人员。这里的国家商检部门、商检机构的工作人员，是指在国务院设立的进出口商品检验部门中从事进出口商品检验工作的人员，以及在国家商检部门设在各地的进出口商品检验机构中管理所辖地区的进出口商品检验工作的人员。

行为 商检徇私舞弊罪的行为是徇私舞弊，伪造检验结果。这里的伪造检验结果是指对商品检验的单证、印章、标志、封识、质量认证标志和商品的质量、数量、规格、重量、包装以及安全、卫生指标等内容作不真实的记载。根据《立案标准》的规定，有下列情形之一的应予立案：（1）采取伪造、变造的手段对报检的商品的单证、印章、标志、封识、质量认证标志等作虚假的证明或者出具不真实的证明结论的；（2）将送检的合格商品检验为不合格，或者将不合格商品检验为合格的；（3）对明知是不合格的商品，不检验而出具合格检验结果的；（4）其他伪造检验结果应予追究刑事责任的情形。

客体 商检徇私舞弊罪的客体是商检结果。

2. 罪责

商检徇私舞弊罪的罪责形式是故意。这里的故意，是指明知是商检徇私舞弊的行为而有意实施的主观心理状态。本罪须出于徇私的动机。

（三）处罚

根据《刑法》第 412 条第 1 款之规定，犯本罪的，处 5 年以下有期徒刑或者拘役；造成严重后果的，处 5 年以上 10 年以下有期徒刑。

加重处罚事由　犯商检徇私舞弊罪而造成严重后果的，是本罪的加重处罚事由。这里的造成严重后果，是指致使不合格的商品进口或者出口，给国家利益造成严重损失，例如进口的商品因不合格给国家造成严重经济损失；或者因出口的商品不合格，外方向我索赔，致使赔偿数额巨大的等。

二十七、商检失职罪

（一）概念

商检失职罪是指国家商检部门、商检机构的工作人员严重不负责任，对应当检验的物品不检验，或者延误检验出证、错误出证，致使国家利益遭受重大损失的行为。

（二）构成

1. 罪体

主体　商检失职罪的主体是国家商检部门、商检机构的工作人员。

行为　商检失职罪的行为是严重不负责任，对应当检验的物品不检验，或者延误检验出证、错误出证。由此可见，商检失职行为分为以下三种情形：（1）对应当检验的物品不检验，即对国家商检部门根据对外贸易发展的需要，制定、调整并公布，列入《商检机构实施检验的进出口商品种类表》的进出口商品和其他法律、行政法律规定须经商检机构检验的进出口商品而不检验。（2）延误检验出证，即在对外贸易合同约定的索赔期限内没有检验完毕。（3）错误出证，即检验结果与事实不相符合的出证。

客体　商检失职罪的客体是国家利益。

结果　商检失职罪的结果是致使国家利益遭受重大损失。

2. 罪责

商检失职罪的罪责形式是过失。这里的过失，是指应当预见商检失职行为可能使国家利益遭受重大损失的结果，因疏忽大意而没有预见，或者已经预见而轻信能够避免，以致发生这种结果的主观心理状态。

3. 罪量

商检失职罪的罪量要素，是致使国家利益遭受重大损失。这里的重大损失，参照前引《立案标准》的规定，是指具有下列情形之一：（1）致使不合格的食品、药品、医疗器械等商品出入境，严重危害生命健康的；（2）造成个人财产直接经济损失 15 万元以上，或者直接经济损失不满 15 万元，但间接经济损失 75 万元以上的；（3）造成公共财产、法人或者其他组织财产直接经济损失 30 万元以上，或者直接经济损失不满 30 万元，但间接经济损失 150 万元以上的；（4）未经检验，出具合格检验结果，致使国家禁止进口的固体废物、液态废物和气态废物等进入境内的；（5）不检验或者延误检验出证、错误出证，引起国际经济贸易纠纷，严重影响国家对外经贸关系，或者严重损害国家声誉的；（6）其他致使国家利益遭受重大损失的情形。

（三）处罚

根据《刑法》第 412 条第 2 款之规定，犯本罪的，处 3 年以下有期徒刑或者拘役。

二十八、动植物检疫徇私舞弊罪

（一）概念

动植物检疫徇私舞弊罪是指动植物检疫机关的检疫人员徇私舞弊，伪造检疫结果的行为。

（二）构成

1. 罪体

主体　动植物检疫徇私舞弊罪的主体是动植物检疫机关的检疫人员。这里的动植物检疫机关的检疫人员，是指国务院设立的动植物检疫机关中，从事进出境动植物检疫工作的人员，以及国家动植物检疫机关在对外开放的口岸和进出境动植物检疫业务集中的地点设立的口岸动植物检疫机关中，具体实施进出境动植物检疫工作的人员。

行为　动植物检疫徇私舞弊罪的行为是徇私舞弊，伪造检疫结果。这里的伪造检疫结果是指采取伪造、变造的手段对检疫的单证、印章、标志、封识等作虚假的证明或者出示不真实的结论。根据前引《立案标准》的规定，涉嫌下列情形之一的，应予立案：（1）采取伪造、变造的手段对检疫的单证、印章、标志、封识等作虚假的证明或者出具不真实的结论的；（2）将送检的合格动植物检疫为不合格，或者将不合格动植物检疫为合格的；（3）对明知是不合格的动植物，不检疫而出具合格检疫结果的；（4）其他伪造检疫结果应予追究刑事责任的情形。

客体　动植物检疫徇私舞弊罪的客体是动植物检疫结果。

2. 罪责

动植物检疫徇私舞弊罪的罪责形式是故意。这里的故意，是指在动植物检疫过程中，明知是徇私舞弊、伪造检疫结果的行为而有意实施的主观心理状态。本罪须出于徇私的动机。

（三）处罚

根据《刑法》第413条第1款之规定，犯本罪的，处5年以下有期徒刑或者拘役；造成严重后果的，处5年以上10年以下有期徒刑。

加重处罚事由　犯动植物检疫徇私舞弊罪而造成严重后果的，是本罪的加重处罚事由。这里的造成严重后果，是指致使带有传染病、寄生虫病和植物危险性病、虫、杂草传入或者传出国境，引起重大疫情或者使国家蒙受重大损失等。

二十九、动植物检疫失职罪

（一）概念

动植物检疫失职罪是指动植物检疫机关的检疫人员严重不负责任，对应当检疫的检疫物不检疫，或者延误检疫出证、错误出证，致使国家利益遭受重大损失的行为。

（二）构成

1. 罪体

主体　动植物检疫失职罪的主体是动植物检疫机关的检疫人员。

行为　动植物检疫失职罪的行为是严重不负责任，对应当检疫的检疫物不检疫，或者延误检疫出证，由此可见，本罪的行为包括以下三种情形：（1）对应当检疫的检疫物不检疫，即对国家有关进出境动植物检疫的法律和行政法规规定应当检疫的物品不进行检疫。（2）延误检疫出证，即对报检的动植物、动植物产品或其他检疫物没有在规定的时间内签发检疫单证，耽误了检疫结论的出示。（3）错误出证，即检疫的结果与事实相违背，错误地签发检疫单证。

客体　动植物检疫失职罪的客体是国家利益。

结果　动植物检疫失职罪的结果是致使国家利益遭受重大损失。

2. 罪责

动植物检疫失职罪的罪责形式是过失。这里的过失，是指应当预见到自己的动植物检疫失职行为可能致使国家利益遭到重大损失，由于疏忽大意而没有预见，或者已经预见而轻信能够避免，以致发生这种结果的主观心理状态。

3. 罪量

动植物检疫失职罪的罪量要素，是致使国家利益遭受重大损失。这里的重大损失，参照前引《立案标准》的规定，是指具有下列情形之一的：（1）导致疫情发生，造成人员重伤或者死亡的；（2）导致重大疫情发生、传播或者流行的；（3）造成个人财产直接经济损失 15 万元以上，或者直接经济损失不满 15 万元，但间接经济损失 75 万元以上的；（4）造成公共财产或者法人、其他组织财产直接经济损失 30 万元以上，或者直接经济损失不满 30 万元，但间接经济损失 150 万元以上的；（5）不检疫或者延误检疫出证、错误出证，引起国际经济贸易纠纷，严重影响国家对外经贸关系，或者严重损害国家声誉的；（6）其他致使国家利益遭受重大损失的情形。

（三）处罚

根据《刑法》第413条第2款之规定，犯本罪的，处3年以下有期徒刑或者拘役。

三十、放纵制售伪劣商品犯罪行为罪

（一）概念

放纵制售伪劣商品犯罪行为罪是指对生产、销售伪劣商品犯罪行为负有追究责任的国家机关工作人员，徇私舞弊，不履行法律规定的追究职责，情节严重的行为。

（二）构成

1. 罪体

主体 放纵制售伪劣商品犯罪行为罪的主体是对生产、销售伪劣商品犯罪行为负有追究责任的国家机关工作人员，主要是指工商行政管理人员、司法工作人员等。

行为 放纵制售伪劣商品犯罪行为罪的行为是徇私舞弊，不履行法律规定的追究职责，即为徇私情，对法律赋予的应当对有生产、销售伪劣商品犯罪行为的公司、企业、事业单位或者个人进行追究和处罚的职责不予履行。

客体 放纵制售伪劣商品犯罪行为罪的客体是制售伪劣商品的犯罪行为。这里的制售伪劣商品的犯罪行为，是指《刑法》分则第三章第一节规定的生产、销售伪劣商品。

2. 罪责

放纵制售伪劣商品犯罪行为罪的罪责形式是故意。这里的故意，是指明知是放纵制售伪劣商品犯罪行为的行为而有意实施的主观心理状态。本罪须出于徇私的动机。

3. 罪量

放纵制售伪劣商品犯罪行为罪的罪量要素是情节严重。根据 2001 年 4 月 9 日最高人民法院、最高人民检察院《关于办理生产、销售伪劣商品刑事案件具体应用法律若干问题的解释》的规定，情节严重是指具有下列情形之一的：（1）放纵生产、销售假药或者有毒、有害食品犯罪行为的；（2）放纵依法可能判处 2 年有期徒刑以上刑罚的生产、销售伪劣商品犯罪行为的；（3）对 3 个以上有生产、销售伪劣商品犯罪行为的单位或者个人不履行追究职责的；（4）致使国家和人民利益遭受重大损失或者造成恶劣影响的。根据《立案标准》的规定，涉嫌下列行为的应予立案：（1）放纵生产、销售假药或者有毒、有害食品犯罪行为的；（2）放纵生产、销售伪劣农药、兽药、化肥、种子犯罪行为的；（3）放纵依法可能判处 3 年有期徒刑以上刑罚的生产、销售伪劣商品犯罪行为的；（4）对生产、销售伪劣商品犯罪行为不履行追究职责，致使生产、销售伪劣商品犯罪行为得以继续的；（5）3 次以上不履行追究职责，或者对 3 个以上有生产、销售伪劣商品犯罪行为的单位或者个人不履行追究职责的；（6）其他情节严重的情形。

（三）处罚

根据《刑法》第 414 条之规定，犯本罪的，处 5 年以下有期徒刑或者拘役。

三十一、办理偷越国（边）境人员出入境证件罪

（一）概念

办理偷越国（边）境人员出入境证件罪是指负责办理护照、签证以及其他出入境证件的国家机关工作人员，对明知是企图偷越国（边）境的人员，予以办理出入境证件的行为。

（二）构成

1. 罪体

主体 办理偷越国（边）境人员出入境证件罪的主体是负责办理护照、签证

以及其他出入境证件的国家机关工作人员。这里的负责办理护照、签证以及其他出入境证件的国家机关工作人员，是指在外交部或者外交部授权的地方外事部门、港务监督局或者港务监督局授权的港务监督部门以及公安部或者外交部授权的地方公安机关中从事办理护照、签证以及其他出入境证件工作的人员。

行为　办理偷越国（边）境人员出入境证件罪的行为是对企图偷越国（边）境的人员，予以办理出入境证件。办理出入境证件是指为偷越国（边）境的人员发放有效的出入境证件。

客体　办理偷越国（边）境人员出入境证件罪的客体是偷越国（边）境证件。这些证件包括：（1）护照。这里的护照是指一国的政府主管机关发给本国出国履行公务、旅行或者在外居留的公民，用以证明其国籍和身份的证件，包括外交护照、公务护照和普通护照。（2）签证。这里的签证，是指一国国内或驻国外主管机关在本国或者外国公民所持的护照或者其他旅行证件上签证、盖章，表示准许其出入本国国境或者过境的手续。（3）其他出入境证件。这里的其他出入境证件，是指除护照以外其他用于出入境或过境的证明性文件，主要包括边防证、海关证和过境证等。

2. 罪责

办理偷越国（边）境人员出入境证件罪的罪责形式是故意。这里的故意，是指明知是办理偷越国（边）境人员出入境证件的行为而有意实施的主观心理状态。

（三）处罚

根据《刑法》第 415 条之规定，犯本罪的，处 3 年以下有期徒刑或者拘役；情节严重的，处 3 年以上 7 年以下有期徒刑。

加重处罚事由　犯办理偷越国（边）境人员出入境证件罪而情节严重的，是本罪的加重处罚事由。这里的情节严重，是指多次或给多人办理出入境证件的，造成严重后果的等。

三十二、放行偷越国（边）境人员罪

（一）概念

放行偷越国（边）境人员罪是指边防、海关等国家机关工作人员，对明知是偷越国（边）境的人员，而予以放行的行为。

（二）构成

1. 罪体

主体　放行偷越国（边）境人员罪的主体是边防、海关等国家机关工作人员。

行为　放行偷越国（边）境人员罪的行为是对明知是偷越国（边）境的人员，而予以放行，即明知是采取持伪造、变造的护照、偷渡等手段偷越国（边）境的人员，而故意予以放行。

客体　放行偷越国（边）境人员罪的客体是偷越国（边）境人员。

2. 罪责

放行偷越国（边）境人员罪的罪责形式是故意。这里的故意，是指明知是偷越国（边）境人员而予以放行的主观心理状态。

（三）处罚

根据《刑法》第415条之规定，犯本罪的，处3年以下有期徒刑或者拘役；情节严重的，处3年以上7年以下有期徒刑。

加重处罚事由　犯放行偷越国（边）境人员罪而情节严重的，是本罪的加重处罚事由。这里的情节严重，是指多次或给多人放行的，造成严重后果的等。

三十三、不解救被拐卖、绑架妇女、儿童罪

（一）概念

不解救被拐卖、绑架的妇女、儿童罪是指负有解救职责的国家机关工作人

员，接到被拐卖、绑架的妇女、儿童及其家属的解救要求或者接到其他人的举报，而对被拐卖、绑架的妇女、儿童不进行解救，造成严重后果的行为。

（二）构成

1. 罪体

主体　不解救被拐卖、绑架的妇女、儿童罪的主体是对被拐卖、绑架的妇女、儿童负有解救职责的国家机关工作人员。这里的国家机关工作人员，是指负有解救被拐卖、绑架的妇女、儿童职责的国家机关工作人员，主要是指公安机关的工作人员。

行为　不解救被拐卖、绑架的妇女、儿童罪的行为是接到被拐卖、绑架的妇女、儿童及其家属的解救要求或者接到其他人的举报，而对被拐卖的妇女、儿童不进行解救。本罪的行为方式是不作为，即根据职责要求应当进行解救而不予解救。

客体　不解救被拐卖、绑架的妇女、儿童罪的客体是被拐卖、绑架的妇女、儿童。

2. 罪责

不解救被拐卖、绑架的妇女、儿童罪的罪责形式是故意。这里的故意，是指明知是被拐卖、绑架的妇女、儿童而有意不进行解救的主观心理状态。

3. 罪量

不解救被拐卖、绑架的妇女、儿童罪的罪量要素是造成严重后果。这里的造成严重后果，参照前引《立案标准》的规定，是指具有下列情形之一的：（1）导致被拐卖、绑架的妇女、儿童或者其家属重伤、死亡或者精神失常的；（2）导致被拐卖、绑架的妇女、儿童被转移、隐匿、转卖，不能及时进行解救的；（3）对被拐卖、绑架的妇女、儿童不进行解救3人次以上的；（4）对被拐卖、绑架的妇女、儿童不进行解救，造成恶劣社会影响的；（5）其他造成严重后果的情形。

（三）处罚

根据《刑法》第416条第1款之规定，犯本罪的，处5年以下有期徒刑或者拘役。

三十四、阻碍解救被拐卖、绑架妇女、儿童罪

（一）概念

阻碍解救被拐卖、绑架妇女、儿童罪是指负有解救职责的国家机关工作人员利用职务阻碍解救的行为。

（二）构成

1. 罪体

主体　阻碍解救被拐卖、绑架妇女、儿童罪的主体是负有解救职责的国家机关工作人员。

行为　阻碍解救被拐卖、绑架妇女、儿童罪的行为是利用职务阻碍解救。这里的阻碍解救是指阻止和干扰解救工作的进行。因此，阻碍解救具有以下两种情形：一是阻止，即利用主管、分管解救工作的职务之便，不让进行解救或者给解救活动设置障碍。二是干扰，即将自己因职务关系掌握的解救计划、行动方案故意泄露给他人，使解救受阻。根据最高人民检察院关于立案标准的规定，阻碍解救被拐卖、绑架妇女、儿童行为涉嫌下列情形之一的，应予立案：（1）利用职权，禁止、阻止或者妨碍有关部门、人员解救被拐卖、绑架的妇女、儿童的；（2）利用职务上的便利，向拐卖、绑架或者收买者通风报信，妨碍解救工作正常进行的；（3）其他利用职务阻碍解救被拐卖的妇女、儿童的行为。

客体　阻碍解救被拐卖、绑架妇女、儿童罪的客体是解救被拐卖、绑架妇女、儿童罪的活动。

2. 罪责

阻碍解救被拐卖、绑架妇女、儿童罪的罪责形式是故意。这里的故意，是指明知是阻碍解救被拐卖、绑架妇女、儿童的行为而有意实施的主观心理状态。

（三）处罚

根据《刑法》第 416 条第 2 款之规定，犯本罪的，处 2 年以上 7 年以下有期

徒刑；情节较轻的，处 2 年以下有期徒刑或者拘役。

减轻处罚事由 犯阻碍解救被拐卖、绑架妇女、儿童罪而情节较轻的，是本罪的减轻处罚事由。这里的情节较轻，是指没有造成严重后果的情形，例如解救活动没有实际受到阻碍的，没有造成恶劣社会影响的等。

三十五、帮助犯罪分子逃避处罚罪

（一）概念

帮助犯罪分子逃避处罚罪是指有查禁犯罪活动职责的国家机关工作人员，向犯罪分子通风报信、提供便利，帮助犯罪分子逃避处罚的行为。

（二）构成

1. 罪体

主体 帮助犯罪分子逃避处罚罪的主体是有查禁犯罪活动职责的国家机关工作人员。这里的有查禁犯罪活动职责的国家机关工作人员，是指国家安全机关、公安机关、检察机关中负有查禁犯罪活动职责的司法工作人员。

行为 帮助犯罪分子逃避处罚罪的行为是向犯罪分子通风报信、提供便利，帮助犯罪分子逃避处罚。这里的通风报信，是指直接向犯罪分子或者通过其亲友向犯罪分子泄露、告知或通报有关部门查禁犯罪活动的部署、措施、计划以及时间、地点等情况。提供便利是指为犯罪分子提供隐藏处所、交通工具、通讯设备、钱物等便利条件。采用上述两种手段，帮助犯罪分子逃避处罚。根据前引《立案标准》的规定，帮助犯罪分子逃避处罚行为涉嫌下列情形之一的，应予立案：（1）向犯罪分子泄露有关部门查禁犯罪活动的部署、人员、措施、时间、地点等情况的；（2）向犯罪分子提供钱物、交通工具、通讯设备、隐藏处所等便利条件的；（3）向犯罪分子泄露案情的；（4）帮助、示意犯罪分子隐匿、毁灭、伪造证据，或者串供、翻供的；（5）其他帮助犯罪分子逃避处罚应予追究刑事责任的情形。此外，根据 1998 年 5 月 8 日最高人民法院、最高人民检察院、公安部、国家工商行政管理局《关于依法查处盗窃、抢劫机动车案件的规定》第10条的规定，公安人员对盗窃、抢劫的机动车辆，非法提供机动车牌证或者为其取得机动车牌证提供便利，帮助犯罪分子逃避处罚的，依照本罪的规定处罚。

客体 帮助犯罪分子逃避处罚罪的客体是犯罪分子。

2. 罪责

帮助犯罪分子逃避处罚罪的罪责形式是故意。这里的故意，是指明知是帮助犯罪分子逃避处罚的行为而有意实施的主观心理状态。本罪具有帮助犯罪分子逃避处罚的目的。

（三）处罚

根据《刑法》第417条之规定，犯本罪的，处3年以下有期徒刑或者拘役；情节严重的，处3年以上10年以下有期徒刑。

加重处罚事由 犯帮助犯罪分子逃避处罚罪情节严重的，是本罪的加重处罚事由。这里的情节严重，是指多次向犯罪分子或者向多名犯罪分子通风报信、提供便利的，致使罪行严重的犯罪分子逃避处罚的，造成恶劣社会影响的等。

三十六、招收公务员、学生徇私舞弊罪

（一）概念

招收公务员、学生徇私舞弊罪是指国家机关工作人员在招收公务员、学生工作中徇私舞弊，情节严重的行为。

（二）构成

1. 罪体

主体 招收公务员、学生徇私舞弊罪的主体是国家机关工作人员以及《立法解释》规定的人员。

行为 招收公务员、学生徇私舞弊罪的行为是在招收公务员、学生工作中徇私舞弊。这里的徇私舞弊，是指利用职权，弄虚作假，为亲友徇私情，将不合格

的人员冒充合格人员予以录用、招收，或者对于合格人员应当予以录用、招收而不予录用、招收。

2. 罪责

招收公务员、学生徇私舞弊罪的罪责形式是故意。这里的故意，是指明知是招收公务员、学生徇私舞弊行为而有意实施的主观心理状态。本罪须出于徇私的动机。

3. 罪量

招收公务员、学生徇私舞弊罪的罪量要素是情节严重。这里情节严重，参照前引《立案标准》的规定，是指具有下列情形之一的：（1）徇私舞弊，利用职务便利，伪造、变造人事、户口档案、考试成绩或者其他影响招收工作的有关资料，或者明知是伪造、变造的上述材料而予以认可的；（2）徇私舞弊，利用职务便利，帮助5名以上考生作弊的；（3）徇私舞弊招收不合格的公务员、学生3人次以上的；（4）因徇私舞弊招收不合格的公务员、学生，导致被排挤的合格人员或者其近亲属自杀、自残造成重伤、死亡，或者精神失常的；（5）因徇私舞弊招收公务员、学生，导致该项招收工作重新进行的；（6）其他情节严重的情形。

（三）处罚

根据《刑法》第418条之规定，犯本罪的，处3年以下有期徒刑或者拘役。

三十七、失职造成珍贵文物损毁、流失罪

（一）概念

失职造成珍贵文物损毁、流失罪是指国家机关工作人员严重不负责任，造成珍贵文物损毁或者流失，后果严重的行为。

（二）构成

1. 罪体

主体　失职造成珍贵文物损毁、流失罪的主体是国家机关工作人员以及《立

法解释》规定的人员。

行为　失职造成珍贵文物损毁、流失罪的行为是严重不负责任，造成珍贵文物损毁或者流失，即对自己管理、运输、使用的珍贵文物，不认真管理和保管，或者对可能造成珍贵文物损毁或者流失的隐患，不采取措施，致使珍贵文物破坏、损坏或者毁灭，无法恢复原状；或者致使珍贵文物丢失、流传到境外。

客体　失职造成珍贵文物损毁、流失罪的客体是珍贵文物。根据 2005 年 12 月 29 日全国人大常委会《关于〈中华人民共和国刑法〉有关文物的规定适用于具有科学价值的古脊椎动物化石、古人类化石的解释》的规定，具有科学价值的古脊椎动物化石、古人类化石也是本罪的客体。

结果　失职造成珍贵文物损毁、流失罪的结果是珍贵文物的损毁或者流失。

2. 罪责

失职造成珍贵文物损毁、流失罪的罪责形式是过失。这里的过失，是指应当预见到严重不负责任的行为会造成珍贵文物损毁或者流失等严重的结果，因疏忽大意而没有预见，或者已经预见而轻信能够避免，以致发生这种结果的主观心理状态。

3. 罪量

失职造成珍贵文物损毁、流失罪的罪量要素是后果严重。这里的后果严重，参照前引《立案标准》的规定，是指具有下述情形之一的：（1）导致国家一、二、三级珍贵文物损毁或者流失的；（2）导致全国重点文物保护单位或者省、自治区、直辖市级文物保护单位的本体严重损毁或灭失的；（3）其他后果严重的情形。

（三）处罚

根据《刑法》第 419 条之规定，犯本罪的，处 3 年以下有期徒刑或者拘役。

第四十五章

军人违反职责罪

第一节　军人违反职责罪概述

一、概念

军人违反职责罪是指军人违反职责，危害国家军事利益，依照法律应当受刑罚处罚的行为。

二、罪名

军人违反职责罪是《刑法》分则第十章规定之罪，从第 420 条至第 451 条共 32 个条文，规定了 31 个罪名。这些罪名是：（1）战时违抗命令罪；（2）隐瞒、谎报军情罪；（3）拒传、假传军令罪；（4）投降罪；（5）战时临阵脱逃罪；（6）擅离、玩忽军事职守罪；（7）阻碍执行军事职务罪；（8）指使部属违反职责罪；（9）违令作战消极罪；（10）拒不救援友邻部队罪；（11）军人叛逃罪；（12）非法获取军事秘密罪；（13）为境外窃取、刺探、收买、非法提供军事秘密罪；（14）故意泄露军事秘密罪；（15）过失泄露军事秘密罪；（16）战时造谣惑众罪；（17）战时自伤罪；（18）逃离部队罪；（19）武器装备肇事罪；（20）擅自改变武器装备编配用途罪；（21）盗窃、抢夺武器装备、军用物资罪；（22）非法出卖、转让武器装备罪；（23）遗弃武器装备罪；（24）遗失武器装备罪；（25）擅自出卖、转让军队房地产罪；（26）虐待部属罪；（27）遗弃伤病军人罪；（28）战时拒不救治伤病军人罪；（29）战时残害居民、掠夺居民财物罪；（30）私放俘虏罪；（31）虐待俘虏罪。

《刑法》第 450 条［《刑法修正案（十一）》第 47 条］规定，本章适用于中国人民解放军的现役军官、文职干部、士兵及具有军籍的学员和中国人民武装警察部队的现役警官、文职干部、士兵及具有军籍的学员以及文职人员、执行军事任务的预备役人员和其他人员。

三、法定刑

军人违反职责罪的法定最高刑是死刑，共有 10 个死刑罪名。其他罪名规定了无期徒刑、有期徒刑、拘役。

第二节　军人违反职责罪分述

一、战时违抗命令罪

（一）概念

战时违抗命令罪是指战时违抗命令，对作战造成危害的行为。

（二）构成

1. 罪体

行为　战时违抗命令罪的行为是在战时违抗命令。这里的违抗命令，是指主观上出于故意，客观上违背、抗拒首长、上级职权范围内的命令，包括拒绝接受命令，或者不按照命令的具体要求行动等。

客体　战时违抗命令罪的客体是命令。这里的命令是指首长、上级在职权范围内以口头或者书面的形式向部属作出的指示、决定或者要求。

时间　战时违抗命令罪构成的特定时间是战时。这里的战时，根据《刑法》第451条的规定，是指国家宣布进入战争状态、部队受领作战任务或者遭敌突然袭击时。部队执行戒严任务或者处理突发性暴力事件时，以战时论。

2. 罪责

战时违抗命令罪的罪责形式是故意。这里的故意，是指明知是违抗上级命令的行为而有意实施的主观心理状态。

3. 罪量

战时违抗命令罪的罪量要素是对作战造成危害。这里的对作战造成危害，参照2013年2月26日最高人民检察院、解放军总政治部《军人违反职责罪案件立案标准的规定》（以下简称《军职立案标准》）第1条的规定，是指具有下列情形之一的：（1）扰乱作战部署或者贻误战机的；（2）造成作战任务不能完成或者迟缓完成的；（3）造成我方人员死亡1人以上，或者重伤2人以上，或者轻伤3人以上的；（4）造成武器装备、军事设施、军用物资损毁，直接影响作战任务完成的；（5）对作战造成其他危害的。

（三）处罚

根据《刑法》第421条之规定，犯本罪的，处3年以上10年以下有期徒刑；致使战斗、战役遭受重大损失的，处10年以上有期徒刑、无期徒刑或者死刑。

加重处罚事由　犯战时违抗命令罪而致使战斗、战役遭受重大损失的，是本罪的加重处罚事由。这里的致使战斗、战役遭受重大损失，是指造成我军人员重大伤亡，武器装备、军事设施和军用物资严重损失，直至战斗、战役失利等。

二、隐瞒、谎报军情罪

（一）概念

隐瞒、谎报军情罪是指故意隐瞒、谎报军情，对作战造成危害的行为。

（二）构成

1. 罪体

行为 隐瞒、谎报军情罪的行为是隐瞒、谎报军情。这里的隐瞒军情是指将应当向首长、上级报告的军事情况隐瞒不报。谎报军情是指用编造或者篡改的军事情况欺骗首长、上级。上述隐瞒军情与谎报军情是选择性行为，实施其中之一即可构成本罪；两者同时实施，例如既隐瞒真实的军情又谎报虚假的军情，也不构成数罪。

客体 隐瞒、谎报军情罪的客体是军情。这里的军情是指与作战有关的我军、友军和敌军的情报及其他重要信息，例如敌军的兵力、装备、部署、活动等情况；我军的兵员、装备、作战准备、战斗进展等情况；战区的地形、地貌、水文、气象等自然情况，以及与军事有关的政治、经济、科技等方面的情况。

2. 罪责

隐瞒、谎报军情罪的罪责形式是故意，即明知是隐瞒、谎报军情的行为而有意实施的主观心理状态。

3. 罪量

隐瞒、谎报军情罪的罪量要素是对作战造成危害。这里的对作战造成危害，参照前引《军职立案标准》第2条的规定，是指具有下列情形之一的：（1）造成首长、上级决策失误的；（2）造成作战任务不能完成或者迟缓完成的；（3）造成我方人员死亡1人以上，或者重伤2人以上，或者轻伤3人以上的；（4）造成武器装备、军事设施、军用物资损毁，直接影响作战任务完成的；（5）对作战造成其他危害的。

（三）处罚

根据《刑法》第 422 条之规定，犯本罪的，处 3 年以上 10 年以下有期徒刑；致使战斗、战役遭受重大损失的，处 10 年以上有期徒刑、无期徒刑或者死刑。

加重处罚事由　隐瞒、谎报军情犯罪而致使战斗、战役遭受重大损失的，是本罪的加重处罚事由。这里的致使战斗、战役遭受重大损失，是指造成我方人员重大伤亡，武器装备、军事设施和军用物资严重损失，直至战斗、战役失利等。

三、拒传、假传军令罪

（一）概念

拒传、假传军令罪是指负有传递军令职责的军人，明知是军令而故意拒绝传递；或者故意伪造、篡改军令，或者明知是伪造、篡改的军令而予以传递或者发布，对作战造成危害的行为。

（二）构成

1. 罪体

行为　拒传、假传军令的行为是拒绝传递军令或者传递虚假的军令。这里的拒传军令是指负有传递军令职责的军人，明知是与作战有关的命令、指示，而故意拒绝传递或者拖延传递，对作战造成危害的行为。假传军令是指军人故意伪造、篡改军令并予以传达或发布，或者明知是伪造、篡改的军令而予以传递或者发布，对作战造成危害的行为。上述拒传军令与假传军令是选择性行为，实施其中之一即可构成本罪；两者同时实施，例如既拒绝传递军令又传递了虚假的军令，也不构成数罪。

客体　拒传、假传军令罪的客体是军令。这里的军令是指与部队军事活动有关的命令、指示等，例如战时部队开进、集结，兵力部署，火力配置，战斗梯队编成，协同计划，保障方案等涉及作战准备和实施的内容。

2. 罪责

拒传、假传军令罪的罪责形式是故意。这里的故意，是指明知是拒传、假传军令的行为而有意实施的主观心理状态。

3. 罪量

拒传、假传军令罪的罪量要素是对作战造成危害。这里的对作战造成危害，参照前引《军职立案标准》第 3 条的规定，是指具有下列情形之一的：（1）造成首长、上级决策失误的；（2）造成作战任务不能完成或者迟缓完成的；（3）造成我方人员死亡 1 人以上，或者重伤 2 人以上，或者轻伤 3 人以上的；（4）造成武器装备、军事设施、军用物资损毁，直接影响作战任务完成的；（5）对作战造成其他危害的。

（三）处罚

根据《刑法》第 422 条之规定，犯本罪的，处 3 年以上 10 年以下有期徒刑；致使战斗、战役遭受重大损失的，处 10 年以上有期徒刑、无期徒刑或者死刑。

加重处罚事由　犯拒传、假传军令罪而致使战斗、战役遭受重大损失的，是本罪的加重处罚事由。这里的致使战斗、战役遭受重大损失，是指造成我军人员重大伤亡，武器装备、军事设施和军用物资严重损失，直至战斗、战役失利等。

四、投降罪

（一）概念

投降罪是指在战场上，自动放下武器，投降敌人的行为。

（二）构成

1. 罪体

行为　投降罪的行为是自动放下武器，向敌人投降。这里的自动放下武器，是指可以使用武器进行有效抵抗而自动放弃抵抗。这里的向敌人投降，是指向敌对一方表示屈服。

客体　投降罪的客体是敌人。这里的敌人，是指在交战中敌对的一方。

地点　投降罪构成于特定地点，即在战场上，因此本罪只能发生在敌我双方直接交战的场合。

2. 罪责

投降罪的罪责形式是故意。这里的故意，是指明知是放下武器向敌人投降的行为而有意实施的主观心理状态。

（三）处罚

根据《刑法》第 423 条第 1 款之规定，犯本罪的，处 3 年以上 10 年以下有期徒刑；情节严重的，处 10 年以上有期徒刑或者无期徒刑。第 2 款规定，投降后为敌人效劳的，处 10 年以上有期徒刑、无期徒刑或者死刑。

加重处罚事由　犯投降罪而情节严重的或者投降后为敌人效劳的，是本罪的加重处罚事由。这里的情节严重，是指指挥人员或者其他负有重要职责的人员投降的；在紧要关头或者危急时刻投降的；率领部队或者部属投降的；胁迫他人投降的；策动多人或者策动指挥人员和其他负有重要职责的人员投降的；携带重要武器装备投降的；因投降导致战斗、战役遭受重大损失等情形。这里的为敌人效劳，是指主动向敌人提供我军重要军事秘密，积极为敌人出谋划策，煽动、勾引我军被俘人员叛变投敌，接受敌人派遣任务，主动要求参加敌军与我军作战等情形。

五、战时临阵脱逃罪

（一）概念

战时临阵脱逃罪是指在战斗或者在接受作战任务后，逃离战斗岗位的行为。

（二）构成

1. 罪体

行为　战时临阵脱逃罪的行为是临阵脱逃。这里的临阵脱逃是指部队已经受领战斗任务，进入待命出击的地域及战场而脱离岗位逃避参加战斗。

时间 战时临阵脱逃罪构成的时间是战时。这里的战时，既包括正在进行战斗时，也包括受领了具体的战斗任务正在准备实施时。

2. 罪责

战时临阵脱逃罪的罪责形式是故意。这里的故意，是指明知是临阵脱逃的行为而有意实施的主观心理状态。

（三）处罚

根据《刑法》第 424 条之规定，犯本罪的，处 3 年以下有期徒刑；情节严重的，处 3 年以上 10 年以下有期徒刑；致使战斗、战役遭受重大损失的，处 10 年以上有期徒刑、无期徒刑或者死刑。

加重处罚事由 犯战时临阵脱逃罪而情节严重的，是本罪的加重处罚事由。这里的情节严重，是指指挥人员或者其他负有重要职责人员临阵脱逃的；在紧要关头或者危急时刻临阵脱逃的；率领部队或者部属临阵脱逃的；携带重要武器装备临阵脱逃的；胁迫他人临阵脱逃的；策动多人或策动指挥人员和其他负有重要职责的人员临阵脱逃的等。

特别加重处罚事由 犯战时临阵脱逃罪而致使战斗、战役遭受重大损失的，是本罪的特别加重处罚事由。这里的致使战斗、战役遭受重大损失，主要是指造成我军人员重大伤亡，武器装备、军事设施和军用物资严重损失，直至战斗、战役失利等。

六、擅离、玩忽军事职守罪

（一）概念

擅离、玩忽军事职守罪是指指挥人员和值班、值勤人员擅自离开正在履行职责的岗位，或者在履行职责的岗位上，严重不负责任，不履行或者不正确履行职责，造成严重后果的行为。

（二）构成

1. 罪体

主体 擅离、玩忽军事职守罪的主体是指挥人员、值班、值勤人员。指挥人员是指对部队或者部属负有组织、领导、管理职责的人员。专业主管人员在其业务管理范围内，视为指挥人员。值班人员是指军队各单位、各部门为保持指挥或者履行职责不间断而设立的、负责处理本单位、本部门特定事务的人员。值勤人员是指正在担任警卫、巡逻、观察、纠察、押运等勤务工作的人员。

行为 擅离、玩忽军事职守罪的行为是擅离职守或者玩忽职守。这里的擅离职守是指擅自离开正在履行职责的岗位。这里的玩忽职守是指在履行职责的岗位上，严重不负责任，不履行或者不正确履行职责。

结果 擅离、玩忽军事职守罪的结果是使军事职守受到损害。

2. 罪责

擅离、玩忽军事职守罪的罪责形式是过失。这里的过失，是指应当预见到擅离职守、玩忽职守的行为可能造成危害后果，因为疏忽大意而没有预见，或者已经预见而轻信能够避免，以致发生这种结果的主观心理状态。

3. 罪量

擅离、玩忽军事职守罪的罪量要素是造成严重后果。擅离、玩忽军事职守造成严重后果，参照前引《军职立案标准》第 6 条的规定，是指具有下列情形之一的：（1）造成重大任务不能完成或者迟缓完成的；（2）造成死亡 1 人以上，或者重伤 3 人以上，或者重伤 2 人、轻伤 4 人以上，或者重伤 1 人、轻伤 7 人以上，或者轻伤 10 人以上的；（3）造成枪支、手榴弹、爆炸装置或者子弹 10 发、雷管 30 枚、导火索或者导爆索 30 米、炸药 1 千克以上丢失、被盗，或者不满规定数量，但后果严重的，或者造成其他重要武器装备、器材丢失、被盗的；（4）造成武器装备、军事设施、军用物资或者其他财产损毁，直接经济损失 30 万元以上，或者直接经济损失、间接经济损失合计 150 万元以上的；（5）造成其他严重后果的。

（三）处罚

根据《刑法》第 425 条第 1 款之规定，犯本罪的，处 3 年以下有期徒刑或者拘役；造成特别严重后果的，处 3 年以上 7 年以下有期徒刑。第 2 款规定，战时犯本罪的，处 5 年以上有期徒刑。

加重处罚事由之一　犯擅离、玩忽军事职守罪而造成特别严重后果的，是本罪的加重处罚事由之一。这里的造成特别严重后果，是指贻误重要战机，严重影响部队完成重要任务，造成部队人员重大伤亡，武器装备、军事设施、军用物资或者其他财产严重毁损，发生其他重大责任事故等。

加重处罚事由之二　战时犯擅离、玩忽军事职守罪的，是本罪的加重处罚事由之二。因为战时犯本罪，将会造成严重的后果，所以立法者规定了较平时更重的法定刑。

七、阻碍执行军事职务罪

（一）概念

阻碍执行军事职务罪是指以暴力、威胁方法，阻碍指挥人员、值班、值勤人员执行职务的行为。

（二）构成

1. 罪体

行为　阻碍执行军事职务罪的行为是以暴力、威胁方法，阻碍执行职务。这里的暴力是指使用捆绑、拘禁、殴打、伤害及其他方法危害人身安全或者限制人身自由，或者强行毁坏装备、设施和财物，使对方不能正常执行职务的行为。威胁是指以实施暴力、逼迫、恫吓等方式，使对方不能正常执行职务的行为。执行职务，是指指挥人员、值班、执勤人员正在履行特定职责。

客体　阻碍执行军事职务罪的客体是正在执行职务的部队指挥人员或者值班、值勤人员。

2. 罪责

阻碍执行军事职务罪的罪责形式是故意。这里的故意，是指明知是对正在执行职务的指挥人员、值班、值勤人员施以暴力、威胁，阻碍其执行职务的行为而有意实施的主观心理状态。

（三）处罚

根据《刑法》第 426 条 ［《刑法修正案（九）》第 50 条］ 之规定，犯本罪的，处 5 年以下有期徒刑或者拘役；情节严重的，处 5 年以上 10 年以下有期徒刑；情节特别严重的，处 10 年以上有期徒刑或者无期徒刑。战时从重处罚。

加重处罚事由　犯阻碍执行军事职务罪而情节严重的，是本罪的加重处罚事由。这里的情节严重，是指聚众阻碍执行职务的首要分子，使用武器装备阻碍执行职务的，在紧要关头或者危急时刻阻碍执行职务的，阻碍担负重要职责的指挥人员或者值班、值勤人员执行职务的，阻碍执行职务造成严重后果的等。

特别加重处罚事由　犯阻碍执行军事职务罪而情节特别严重的，是本罪的特别加重处罚事由。这里的情节特别严重，是指聚众使用武器装备阻碍执行职务的，在紧要关头或者危急时刻阻碍担负重要职责的指挥人员或者值班、值勤人员执行职务的，阻碍执行职务造成特别严重后果的，等等。

从重处罚事由　战时犯阻碍执行军事职务罪的，是本罪的从重处罚事由。

八、指使部属违反职责罪

（一）概念

指使部属违反职责罪是指指挥人员滥用职权，指使部属进行违反职责的活动，造成严重后果的行为。

（二）构成

1. 罪体

行为　指使部属违反职责罪的行为是滥用职权，指使部属进行违反职责的活动。这里的滥用职权，是指不正当地运用职务上的权力，超越职权，违法决定、处理无权决定、处理的事项，或者违反规定处理业务。指使部属进行违反职责的活动，是指使部属实施违反军人共同职责、一般职责或者专业职责的行为。

客体 指使部属违反职责罪的客体是部属。

2. 罪责

指使部属违反职责罪的罪责形式是故意。这里的故意，是指明知是滥用职权，指使部属进行违反职责活动的行为而有意实施的主观心理状态。

3. 罪量

指使部属违反职责罪的罪量要素是造成严重后果。这里的严重后果，参照前引《军职立案标准》第 8 条的规定，是指具有下列情形之一的：（1）造成重大任务不能完成或者迟缓完成的；（2）造成死亡 1 人以上，或者重伤 2 人以上，或者重伤 1 人、轻伤 3 人以上，或者轻伤 5 人以上的；（3）造成武器装备、军事设施、军用物资或其他财产损毁，直接经济损失 20 万元以上，或者直接经济损失、间接经济损失合计 100 万元以上的；（4）造成其他严重后果的。

（三）处罚

根据《刑法》第 427 条之规定，犯本罪的，处 5 年以下有期徒刑或者拘役；情节特别严重的，处 5 年以上 10 年以下有期徒刑。

加重处罚事由 犯指使部属违反职责罪而情节特别严重的，是本罪的加重处罚事由。这里的情节特别严重，是指造成的后果特别严重的，战时指使部属违反职责的，指使建制部队（分队）违反职责的，不顾部属的反对指使部属违反职责的等。

九、违令作战消极罪

（一）概念

违令作战消极罪是指指挥人员违抗命令，临阵畏缩，作战消极，造成严重后果的行为。

（二）构成

1. 罪体

主体　违令作战消极罪的主体是指挥人员，即对部队和部属负有领导、管理职责的军人。

行为　违令作战消极罪的行为是违抗命令，临阵畏缩，作战消极。这里的违抗命令，临阵畏缩，作战消极，是指在作战中故意违背、抗拒执行首长、上级的命令，面临战斗任务而畏难怕险，怯战怠战，行为消极。

2. 罪责

违令作战消极罪的罪责形式是故意。这里的故意，是指明知是违令作战消极的行为而有意实施的主观心理状态。

3. 罪量

违令作战消极罪的罪量要素是造成严重后果。这里的造成严重后果，参照前引《军职立案标准》第 9 条的规定，是指具有下列情形之一的：（1）扰乱作战部署或者贻误战机的；（2）造成作战任务不能完成或者迟缓完成的；（3）造成我方人员死亡 1 人以上，或者重伤 2 人以上，或者轻伤 3 人以上的；（4）造成武器装备、军事设施、军用物资或者其他财产损毁，直接经济损失 20 万元以上，或者直接经济损失、间接经济损失合计 100 万元以上的；（5）造成其他严重后果的。

（三）处罚

根据《刑法》第 428 条之规定，犯本罪的，处 5 年以下有期徒刑；致使战斗、战役遭受重大损失或者有其他特别严重情节的，处 5 年以上有期徒刑。

加重处罚事由　犯违令作战消极罪而致使战斗、战役遭受重大损失的或者有其他特别严重情节的是本罪的加重处罚事由。这里的致使战斗、战役遭受重大损失，是指造成我军人员重大伤亡，武器装备、军事设施或者军用物资严重损失，直至战斗、战役失利等。这里的特别严重情节，是指造成特别严重后果的，执行重要作战任务行动消极的，在紧要关头或者危急时刻作战消极的，煽动、串通其他部队和人员消极怠战的，等等。

十、拒不救援友邻部队罪

（一）概念

拒不救援友邻部队罪是指指挥人员在战场上，明知友邻部队面临被敌人包围、追击或者阵地将被攻陷等危急情况请求救援，能救援而不救援，致使友邻部队遭受重大损失的行为。

（二）构成

1. 罪体

主体 拒不救援友邻部队罪的主体是指挥人员，即对部队和部属负有领导、管理职责的军人。

行为 拒不救援友邻部队罪的行为是明知友邻部队处境危急请求救援，能救援而不救援。这里的能救援而不救援，是指根据当时自己部队（分队）所处的环境、作战能力及所担负的任务，有条件组织救援却没有组织救援。

客体 拒不救援友邻部队罪的客体是友邻部队。这里的友邻部队，是指由于驻地、配置地域或者执行任务而相邻，没有隶属关系的部队（分队）。

地点 拒不救援友邻部队罪构成的特定地点是战场。

2. 罪责

拒不救援友邻部队罪的罪责形式是故意。这里的故意，是指明知是友邻部队处境危急请求救援，能救援而不救援的行为而有意实施的主观心理状态。

3. 罪量

拒不救援友邻部队罪的罪量要素是致使友邻部队遭受重大损失。这里的重大损失，参照前引《军职立案标准》第10条的规定，是指具有下列情形之一的：（1）造成战斗失利的；（2）造成阵地失陷的；（3）造成突围严重受挫的；（4）造成我方人员死亡3人以上，或者重伤10人以上，或者轻伤15人以上的；（5）造成武器装备、军事设施、军用物资损毁，直接经济损失100万元以上的；（6）造成其他重大损失的。

（三）处罚

根据《刑法》第 429 条之规定，犯本罪的，处 5 年以下有期徒刑。

十一、军人叛逃罪

（一）概念

军人叛逃罪是指军人在履行公务期间，擅离岗位，叛逃境外或者在境外叛逃，危害国家军事利益的行为。

（二）构成

1. 罪体

行为　军人叛逃罪的行为是擅离岗位，叛逃境外或者在境外叛逃。这里的叛逃境外，是指通过合法或者非法手段叛逃境外的行为。叛逃至外国驻华使馆、领馆的，应以叛逃境外论。在境外叛逃，是指在境外履行国家、国防事务以及其他军事事务期间，擅自离队或者与派出单位和有关部门脱离关系，并滞留不归的行为。

时间　军人叛逃罪构成的特定时间是在履行公务期间。如果因私合法出境后与派出单位和有关部门脱离关系，并滞留境外不归的，属于出走而不应认定为在境外叛逃。

2. 罪责

军人叛逃罪的罪责形式是故意。这里的故意，是指明知是叛逃行为而有意实施的主观心理状态。

3. 罪量

军人叛逃罪的罪量要素是危害国家军事利益。这里的危害国家军事利益，参照前引《军职立案标准》第 11 条的规定，是指具有下列情形之一的：（1）因反对国家政权和社会主义制度而出逃的；（2）掌握、携带军事秘密出境后滞留不归的；（3）申请政治避难的；（4）公开发表叛国言论的；（5）投靠境外反动机构或者组织的；（6）出逃至交战对方区域的；（7）进行其他危害国家军事利益活动的。

（三）处罚

根据《刑法》第 430 条第 1 款之规定，犯本罪的，处 5 年以下有期徒刑或者拘役；情节严重的，处 5 年以上有期徒刑。第 2 款规定，驾驶航空器、舰船叛逃的，或者有其他特别严重情节的，处 10 年以上有期徒刑、无期徒刑或者死刑。

加重处罚事由　犯军人叛逃罪而情节严重的，是本罪的加重处罚事由。这里的情节严重，是指指挥人员和其他担负重要职责的人员叛逃的；策动他人叛逃的；携带军事秘密叛逃的；战时叛逃的等。

特别加重处罚事由　犯军人叛逃罪而驾驶航空器、舰船叛逃的或者有其他特别严重情节的，是本罪的特别加重处罚事由。这里的特别严重情节，是指劫持航空器、舰船叛逃的；胁迫他人叛逃的；策动多人或者策动指挥人员和其他负有重要职责的人员叛逃的；携带重要或者大量军事秘密叛逃的；叛逃后积极从事危害国家安全和国防利益活动的；等等。

十二、非法获取军事秘密罪

（一）概念

非法获取军事秘密罪是指违反国家和军队的保密规定，采取窃取、刺探、收买方法，非法获取军事秘密的行为。

（二）构成

1. 罪体

行为　非法获取军事秘密罪的行为是以窃取、刺探、收买方法，非法获取军事秘密。这里的窃取，是指采取秘密手段，获取军事秘密的行为；刺探，是指搜集、侦察、探听军事秘密的行为；收买，是指以金钱或者财物与他人交换，获取军事秘密的行为。

客体 非法获取军事秘密罪的客体是军事秘密。这里的军事秘密，是指关系国防安全和军事利益，依照规定的权限和程序确定，在一定时间内只限一定范围的人员知悉的事项。内容包括：（1）国防和武装力量建设规划及其实施情况；（2）军事部署，作战、训练以及处置突发事件等军事行动中需要控制知悉范围的事项；（3）军事情报及其来源，军事通信、信息对抗以及其他特种业务的手段、能力，密码以及有关资料；（4）武装力量的组织编制，部队的任务、实力、状态等情况中需要控制知悉范围的事项，特殊单位以及师级以下部队的番号；（5）国防动员计划及其实施情况；（6）武器装备的研制、生产、配备情况和补充、维修能力，特种军事装备的战术技术性能；（7）军事学术和国防科学技术研究的重要项目、成果及其应用情况中需要控制知悉范围的事项；（8）军队政治工作中不宜公开的事项；（9）国防费分配和使用的具体事项，军事物资的筹措、生产、供应和储备等情况中需要控制知悉范围的事项；（10）军事设施及其保护情况中不宜公开的事项；（11）对外军事交流与合作中不宜公开的事项；（12）其他需要保密的事项。

2. 罪责

非法获取军事秘密罪的罪责形式是故意。这里的故意，是指明知是非法获取军事秘密的行为而有意实施的主观心理状态。

（三）处罚

根据《刑法》第 431 条第 1 款之规定，犯本罪的，处 5 年以下有期徒刑；情节严重的，处 5 年以上 10 年以下有期徒刑；情节特别严重的，处 10 年以上有期徒刑。

加重处罚事由 犯非法获取军事秘密罪而情节严重的，是本罪的加重处罚事由。这里的情节严重，是指利用职权非法获取军事秘密的；从作战、机要、保密等重要部门非法获取军事秘密的；非法获取大量或者重要军事秘密的；非法获取军事秘密的手段特别恶劣的；战时非法获取军事秘密的；将非法获取的军事秘密又泄露的；非法获取军事秘密造成严重后果的等。

特别加重处罚事由 犯非法获取军事秘密罪而情节特别严重的，是本罪的特别加重处罚事由。这里的情节特别严重，是指利用职权非法获取大量或者重要军事秘密的；从作战、机要、保密等重要部门非法获取大量或者重要军事秘密的；非法获取特别重要的军事秘密的；为敌人非法获取军事秘密的；非法获取的大量或者重要军事秘密又泄露的；非法获取军事秘密造成特别严重后果的等。

十三、为境外窃取、刺探、收买、非法提供军事秘密罪

（一）概念

为境外窃取、刺探、收买、非法提供军事秘密罪是指违反国家和军队的保密规定，为境外的机构、组织、人员窃取、刺探、收买、非法提供军事秘密的行为。

（二）构成

1. 罪体

行为 为境外窃取、刺探、收买、非法提供军事秘密罪的行为是为境外的机构、组织、人员窃取、刺探、收买、非法提供军事秘密。这里的境外机构、组织、人员，是指境外企图搜集我国情报的一切机构、组织和人员。非法提供，是指违反国家和军队的保密规定，未经批准，擅自提供或者故意泄露军事秘密的行为。

客体 为境外窃取、刺探、收买、非法提供军事秘密罪的客体是军事秘密。

2. 罪责

为境外窃取、刺探、收买、非法提供军事秘密罪的罪责形式是故意。这里的故意，是指明知是为境外的机构、组织、人员窃取、刺探、收买、非法提供军事秘密的行为而有意实施的主观心理状态。

（三）处罚

根据《刑法》第 431 条第 2 款［《刑法修正案（十一）》第 46 条」之规定，

犯本罪的，处5年以下有期徒刑；情节严重的，10年以上有期徒刑、无期徒刑或者死刑。

加重处罚事由　犯为境外窃取、刺探、收买、非法提供军事秘密罪而情节严重，是本罪的加重处罚事由。

十四、故意泄露军事秘密罪

（一）概念

故意泄露军事秘密罪是指违反保守国家和军队的保密规定，故意使军事秘密被不应知悉者知悉或者超出了限定的接触范围，情节严重的行为。

（二）构成

1. 罪体

行为　故意泄露军事秘密罪的行为是故意泄露军事秘密。这里的故意泄露，是指有意地使不应知悉者知悉或者超出了限定的接触范围，至于泄露的方法并无限制。

客体　故意泄露军事秘密罪的客体是军事秘密。军事秘密的载体，包括文件、资料、图表、书刊等纸质载体和光盘、硬盘、软盘、音像磁带等磁介质载体以及重要的内部网络信息等。

结果　故意泄露军事秘密罪的结果是军事秘密被泄露。

2. 罪责

故意泄露军事秘密罪的罪责形式是故意。这里的故意，是指明知是泄露军事秘密的行为而有意实施的主观心理状态。

3. 罪量

故意泄露军事秘密罪的罪量要素是情节严重。这里的情节严重，参照前引《军职立案标准》第14条的规定，是指具有下列情形之一的：（1）泄露绝密级或者机密级军事秘密1项（件）以上的；（2）泄露秘密级军事秘密3项（件）以上的；（3）向公众散布、传播军事秘密的；（4）泄露军事秘密造成严重危害后果的；（5）利用职权指使或者强迫他人泄露军事秘密的；（6）负有特殊保密义务的人员泄密的；（7）以牟取私利为目的泄露军事秘密的；（8）执行重大任务时泄密的；（9）有其他情节严重行为的。

（三）处罚

根据《刑法》第432条第1款之规定，犯本罪的，处5年以下有期徒刑或者拘役；情节特别严重的，处5年以上10年以下有期徒刑。第2款规定，战时犯本罪的，处5年以上10年以下有期徒刑；情节特别严重的，处10年以上有期徒刑或者无期徒刑。

加重处罚事由 犯故意泄露军事秘密罪而情节特别严重的，是本罪的加重处罚事由。这里的情节特别严重，是指机要、保密人员或者其他负有特殊保密职责的人员泄露大量或者重要军事秘密的；出卖大量或者重要军事秘密的；泄露特别重要的军事秘密的；因泄露军事秘密而造成特别严重后果的等。

特别加重处罚事由 战时犯故意泄露军事秘密罪，是本罪的特别加重处罚事由。

十五、过失泄露军事秘密罪

（一）概念

过失泄露军事秘密罪是指违反国家和军队的保密规定，过失泄露军事秘密，致使军事秘密被不应知悉者知悉或者超出了限定的接触范围，情节严重的行为。

（二）构成

1. 罪体

行为 过失泄露军事秘密罪的行为是过失泄露军事秘密。这里的过失泄露军事秘密，是指过失泄露军事秘密或者遗失军事秘密载体，致使军事秘密被不应知悉的人知悉或者超出了限定的接触范围。

客体 过失泄露军事秘密罪的客体是军事秘密。

结果　过失泄露军事秘密罪的结果是军事秘密被泄露。

2. 罪责

过失泄露军事秘密罪的罪责形式是过失。这里的过失，是指应当预见自己的行为可能泄露军事秘密，因为疏忽大意而没有预见，或者已经预见而轻信能够避免，以致发生这种结果的主观心理状态。

3. 罪量

过失泄露军事秘密罪的罪量要素是情节严重。这里的情节严重，参照前引《军职立案标准》第 15 条的规定，是指具有下列情形之一的：（1）泄露绝密级军事秘密 1 项（件）以上的；（2）泄露机密级军事秘密 3 项（件）以上的；（3）泄露秘密级军事秘密 4 项（件）以上的；（4）负有特殊保密义务的人员泄密的；（5）泄露军事秘密或者遗失军事秘密载体，不按照规定报告，或者不如实提供有关情况，或者未及时采取补救措施的；（6）有其他情节严重行为的。

（三）处罚

根据《刑法》第 432 条第 1 款之规定，犯本罪的，处 5 年以下有期徒刑或者拘役；情节特别严重的，处 5 年以上 10 年以下有期徒刑。第 2 款规定，战时犯本罪的，处 5 年以上 10 年以下有期徒刑；情节严重的，处 10 年以上有期徒刑或者无期徒刑。

加重处罚事由　犯过失泄露军事秘密罪而情节特别严重的或者战时犯本罪的是本罪的加重处罚事由。这里的情节特别严重，是指使大量军事秘密泄露的；造成核心军事秘密泄露的；造成了战斗、战役遭受重大损失的等。

特别加重处罚事由　战时犯过失泄露军事秘密罪，是本罪的特别加重处罚事由。

十六、战时造谣惑众罪

（一）概念

战时造谣惑众罪是指在战时造谣惑众，动摇军心的行为。

（二）构成

1. 罪体

行为 战时造谣惑众罪的行为是造谣惑众，动摇军心。这里的造谣惑众，动摇军心，是指故意编造、散布谎言，煽动怯战、厌战或者恐怖情绪，蛊惑官兵，造成或者足以造成部队情绪恐慌，士气不振，军心涣散。

时间 战时造谣惑众罪构成的特定时间是战时，平时有上述行为的不构成本罪。

2. 罪责

战时造谣惑众罪的罪责形式是故意。这里的故意，是指明知是散布谎言、动摇军心的行为而有意实施的主观心理状态。

（三）处罚

根据《刑法》第 433 条 [《刑法修正案（九）》第 51 条] 之规定，犯本罪的，处 3 年以下有期徒刑；情节严重的，处 3 年以上 10 年以下有期徒刑；情节特别严重的，处 10 年以上有期徒刑或者无期徒刑。

加重处罚事由 犯战时造谣惑众罪而情节严重的，是本罪的加重处罚事由。这里的情节严重，是指指挥人员造谣惑众的；谣言散布范围广泛的；谣言内容煽动性大的；在紧要关头或者危急时刻造谣惑众的；引起部队混乱、指挥失控、多人逃亡等严重后果的等。

特别加重处罚事由 犯战时造谣惑众罪而情节特别严重的，是本罪的特别加重处罚事由。这里的情节特别严重，是指勾结敌人，与敌人暗中串通、配合。勾结敌人犯本罪，情节特别严重的，还可以判处死刑。这里的情节特别严重，是指勾结敌人造谣惑众，造成部队军心涣散、部队怯战、厌战或者引起其他严重后果的等。

十七、战时自伤罪

（一）概念

战时自伤罪是指在战时为了逃避军事义务，故意伤害自己身体的行为。

（二）构成

1. 罪体

行为　战时自伤罪的行为是指为了逃避军事义务而自伤身体。这里的逃避军事义务，是指逃避临战准备、作战行动、战场勤务和其他作战保障任务等与作战有关的义务。自伤身体，是指故意地伤害自己的身体，包括加重已有的伤害。

结果　战时自伤罪的结果是逃避履行军事义务。这里的逃避履行军事义务，是指逃避临战准备、作战行动、战场勤务和其他作战保障任务等与作战有关的义务。

时间　战时自伤罪构成的特定时间是战时。

2. 罪责

战时自伤罪的罪责形式是故意。这里的故意，是指明知伤害自己的身体会造成无法履行军事义务的危害结果，并且希望或者放任这种危害结果发生。

（三）处罚

根据《刑法》第 434 条之规定，犯本罪的，处 3 年以下有期徒刑；情节严重的，处 3 年以上 7 年以下有期徒刑。

加重处罚事由　犯战时自伤罪而情节严重的，是本罪的加重处罚事由。这里的情节严重，是指指挥人员或者其他负有重要职责的人员自伤的；紧要关头或者危急时刻自伤的；因自伤造成严重后果的等。

十八、逃离部队罪

（一）概念

逃离部队罪是指违反兵役法规，逃离部队，情节严重的行为。

（二）构成

1. 罪体

行为　逃离部队罪的行为是违反兵役法规，逃离部队。这里的违反兵役法规，是指违反国防法、兵役法和军队条令以及其他有关兵役方面的法律规定。逃离部队，是指擅自离开部队或者经批准外出逾期拒不归队。根据 2000 年 9 月 28 日最高人民法院、最高人民检察院《关于对军人非战时逃离部队的行为能否定罪处罚问题的批复》的规定，军人违反兵役法规，在非战时逃离部队，情节严重的，应以本罪定罪处罚。

2. 罪责

逃离部队罪的罪责形式是故意。这里的故意，是指明知是逃离部队的行为而有意实施的主观心理状态。

3. 罪量

逃离部队罪的罪量要素是情节严重。这里的情节严重，参照前引《军职立案标准》第 18 条的规定，是指具有下列情形之一的：（1）逃离部队持续时间达 3 个月以上或者 3 次以上或者累计时间达 6 个月以上的；（2）担负重要职责的人员逃离部队的；（3）策动 3 人以上或者胁迫他人逃离部队的；（4）在执行重大任务期间逃离部队的；（5）携带武器装备逃离部队的；（6）有其他情节严重行为的。

（三）处罚

根据《刑法》第 435 条第 1 款之规定，犯本罪的，处 3 年以下有期徒刑或者拘役。第 2 款规定，战时犯本罪的，处 3 年以上 7 年以下有期徒刑。

加重处罚事由　战时犯逃离部队罪的，是本罪的加重处罚事由。

十九、武器装备肇事罪

（一）概念

武器装备肇事罪是指违反武器装备使用规定，情节严重，因而发生责任事故，致人重伤、死亡或者造成其他严重后果的行为。

（二）构成

1. 罪体

行为　武器装备肇事罪的行为是违反武器装备使用规定，情节严重。这里的情节严重，是指故意违背武器装备的使用规定，或者在使用过程中严重不负责任的行为，包括作为和不作为。

客体　武器装备肇事罪的客体是武器装备。这里的武器装备，是实施和保障军事行动的武器、武器系统和军事技术器材的统称。

结果　武器装备肇事罪的结果是武器装备发生责任事故，致人重伤、死亡或者造成其他严重后果。这里的责任事故，是指因违反规章制度的失职行为而造成的事故。其他严重后果，是指武器装备的毁损、重大财产损失，因武器装备肇事而引起爆炸、火灾、大面积污染等或者其他重大损失。

2. 罪责

武器装备肇事罪的罪责形式是过失。这里的过失，是指应当预见到违反武器装备使用规定可能发生责任事故，造成严重后果，因疏忽大意而没有预见，或者已经预见但轻信能够避免，以致发生这种结果的主观心理状态。

3. 罪量

武器装备肇事罪的罪量要素，参照前引《军职立案标准》第 19 条的规定，造成以下后果的，构成本罪：（1）影响重大任务完成的；（2）造成死亡 1 人以上，或者重伤 2 人以上，或者轻伤 3 人以上的；（3）造成武器装备、军事设施、军用物资或者其他财产损毁，直接经济损失 30 万元以上，或者直接经济损失、间接经济损失合计 150 万元以上的；（4）严重损害国家和军队声誉，造成恶劣影响的；（5）造成其他严重后果的。

（三）认定

1. 本罪与过失致人重伤等犯罪的区分

根据 1988 年 10 月 19 日中国人民解放军军事法院《关于审理军人违反职责罪案件中几个具体问题的处理意见》（以下简称《意见》），军职人员在执勤、训练、作战中使用、操作武器装备，或者在管理、维修、保养武器装备的过程中，违反武器装备使用规定和操作规程，情节严重，因而发生重大责任事故，致人重伤、死亡或者造成其他严重后果的，以武器装备肇事罪论处；凡违反枪支、弹药管理使用规定，私自携带枪支、弹药外出，因玩弄而造成走火或者爆炸，致人重伤、死亡或者使公私财产遭受重大损失的，分别以过失致人重伤罪、过失致人死亡罪或者过失爆炸罪论处。

2. 本罪与交通肇事罪的区分

根据前引《意见》的规定，军职人员驾驶军用装备车辆，违反武器装备使用规定和操作规程，情节严重，因而发生重大责任事故，致人重伤、死亡或者造成其他严重后果的，即使同时违反交通运输规章制度，也应当以武器装备肇事罪论处；如果仅因违反交通运输规章制度而发生重大事故，致人重伤、死亡或者使公私财产遭受重大损失的，则以交通肇事罪论处。

（四）处罚

根据《刑法》第 436 条之规定，犯本罪的，处 3 年以下有期徒刑或者拘役；后果特别严重的，处 3 年以上 7 年以下有期徒刑。

加重处罚事由　犯武器装备肇事罪而后果特别严重的，是本罪的加重处罚事由。这里的后果特别严重，是指毁损重要武器装备的；造成多人伤亡的；致使国家财产遭受重大损失的等。

二十、擅自改变武器装备编配用途罪

（一）概念

擅自改变武器装备编配用途罪是指违反武器装备管理规定，未经有权机关批准，擅自将编配的武器装备改作其他用途，造成严重后果的行为。

（二）构成

1. 罪体

行为　擅自改变武器装备编配用途罪的行为是违反武器装备的管理规定，擅自改变武器装备的编配用途。这里的违反武器装备的管理规定，是指违反武器装备的动用权限、编配用途、使用范围等管理规定。擅自改变武器装备的编配用途，是指未经上级批准而自行将用于某一用途的武器装备改作其他用途。

客体　擅自改变武器装备编配用途罪的客体是武器装备。

结果　擅自改变武器装备编配用途罪的结果是指武器装备编配用途被改变而造成严重后果。

2. 罪责

擅自改变武器装备编配用途罪的罪责形式是过失。这里的过失，是指应当预见到自己违反武器装备管理规定改变武器装备编配用途的行为可能造成严重后果，由于疏忽大意而没有预见，或者已经预见而轻信能够避免，以致发生这种后果的主观心理状态。

3. 罪量

擅自改变武器装备编配用途罪的罪量要素是造成严重后果。这里的严重后果，参照前引《军职立案标准》第 20 条的规定，是指具有下列情形之一的：（1）造成重大任务不能完成或者迟缓完成的；（2）造成死亡 1 人以上，或者重伤 3 人以上，或者重伤 2 人、轻伤 4 人以上，或者重伤 1 人、轻伤 7 人以上，或者轻伤 10 人以上的；（3）造成武器装备、军事设施、军用物资或者其他财产损毁，直接经济损失 30 万元以上，或者直接经济损失、间接经济损失合计 150 万元以上的；（4）造成其他严重后果的。

（三）处罚

根据《刑法》第 437 条之规定，犯本罪的，处 3 年以下有期徒刑或者拘役；造成特别严重后果的，处 3 年以上 7 年以下有期徒刑。

加重处罚事由　犯擅自改变武器装备编配用途罪而造成特别严重后果的，是本罪的加重处罚事由。这里的特别严重后果，是指毁损重要武器装备的，伤亡多人的，严重影响部队执行重要任务的等。

二十一、盗窃、抢夺武器装备、军用物资罪

（一）概念

盗窃、抢夺武器装备、军用物资罪是指以非法占有为目的，盗窃、抢夺武器装备或者军用物资的行为。

（二）构成

1. 罪体

行为 盗窃、抢夺武器装备、军用物资罪的行为是盗窃、抢夺武器装备、军用物资。

客体 盗窃、抢夺武器装备、军用物资罪的客体是武器装备、军用物资。这里的武器装备，是指实施和保障军事行动的武器、武器系统和军事技术器材的统称。《刑法》第438条第2款规定，盗窃、抢夺枪支、弹药、爆炸物的，依照本法第127条规定的盗窃、抢夺枪支、弹药、爆炸物罪论处。因此，作为本罪客体的武器装备不包括枪支、弹药、爆炸物。军用物资，是指除武器装备以外专供武装力量使用的各种物资的统称，包括装备器材、军需物资、医疗物资、油料物资、营房物资等。

2. 罪责

盗窃、抢夺武器装备、军用物资罪的罪责形式是故意。这里的故意，是指明知是盗窃、抢夺武器装备、军用物资的行为而有意实施的主观心理状态。

（三）处罚

根据《刑法》第438条第1款之规定，犯本罪的，处5年以下有期徒刑或者拘役；情节严重的，处5年以上10年以下有期徒刑；情节特别严重的，处10年以上有期徒刑、无期徒刑或者死刑。

加重处罚事由 犯盗窃、抢夺武器装备、军用物资罪而情节严重的，是本罪的加重处罚事由。这里的情节严重，是指盗窃、抢夺重要或者多件武器装备的；盗窃、抢夺军用物资数额巨大的；战时盗窃、抢夺武器装备、军用物资的；严重影响部队完成任务的；采取破坏性方法盗窃造成部队严重损失的；等等。

特别加重处罚事由 犯盗窃、抢夺武器装备、军用物资罪而情节特别严重的，是本罪的特别加重处罚事由。这里的情节特别严重，是指盗窃、抢夺多件重要武器装备或者大量武器装备的；盗窃、抢夺军用物资罪数额特别巨大的；严重影响部队完成重要任务的；采取破坏性方法盗窃造成部队特别严重损失的等。

二十二、非法出卖、转让武器装备罪

（一）概念

非法出卖、转让武器装备罪是指非法出卖、转让武器装备的行为。

（二）构成

1. 罪体

行为 非法出卖、转让武器装备罪的行为是非法将军队的武器装备出卖或者转让给他人。这里的非法出卖或者转让，是指违反武器装备管理规定，未经有权机关批准，擅自用武器装备换取金钱、财物或者将武器装备馈赠他人。

客体 非法出卖、转让武器装备罪的客体是军队的武器装备，即部队在编的、正在使用的以及储存备用的武器装备。

2. 罪责

非法出卖、转让武器装备罪的罪责形式是故意。这里的故意，是指明知是非法出卖、转让武器装备的行为而有意实施的主观心理状态。

3. 罪量

非法出卖、转让武器装备罪的罪量要素，刑法未作规定。但根据前引《立案标准》第 22 条的规定，具有下列情形之一的才构成本罪：（1）非法出卖、转让

枪支、手榴弹、爆炸装置的；（2）非法出卖、转让子弹 10 发、雷管 30 枚、导火索或者导爆索 30 米、炸药 1 千克以上，或者不满规定数量，但后果严重的；（3）非法出卖、转让武器装备零部件或者维修器材、设备，致使武器装备报废或者直接经济损失 30 万元以上的；（4）非法出卖、转让其他重要武器装备的。

（三）处罚

根据《刑法》第 439 条之规定，犯本罪的，处 3 年以上 10 年以下有期徒刑；出卖、转让大量武器装备或者有其他特别严重情节的，处 10 年以上有期徒刑、无期徒刑或者死刑。

加重处罚事由　犯非法出卖、转让武器装备罪而出卖、转让大量武器装备的或者有其他特别严重情节的，是本罪加重处罚事由。这里的特别严重情节，是指出卖、转让重要武器装备的；战时出卖、转让武器装备的；致使武器装备流散社会造成严重后果的；严重影响部队完成重要任务的；出卖、转让给境外的机构、组织、人员的等。

二十三、遗弃武器装备罪

（一）概念

遗弃武器装备罪是指负有履行保管、使用武器装备义务的军人，违抗命令，故意遗弃武器装备的行为。

（二）构成

1. 罪休

行为　遗弃武器装备罪的行为是违抗命令，遗弃武器装备。这里的违抗命令，是指违反并拒不执行上级的命令。这里的遗弃，是指故意丢掉，弃置不顾。

客体　遗弃武器装备罪的客体是武器装备。这里的武器装备，是指行为人依法持有或有权管理的、能够供部队使用的武器装备，包括暂时损坏但能够修复的武器装备。

2. 罪责

遗弃武器装备罪的罪责形式是故意。这里的故意，是指明知是遗弃武器装备的行为而有意实施的主观心理状态。

3. 罪量

遗弃武器装备罪的罪量要素，刑法未作规定。根据前引《军职立案标准》第23条的规定，具有下列情形之一的才构成本罪：（1）遗弃枪支、手榴弹、爆炸装置的；（2）遗弃子弹10发、雷管30枚、导火索或者导爆索30米、炸药1千克以上，或者不满规定数量，但后果严重的；（3）遗弃武器装备报废或者直接经济损失30万元以上的；（4）遗弃其他重要武器装备的。

（三）处罚

根据《刑法》第440条之规定，犯本罪的，处5年以下有期徒刑或者拘役；遗弃重要或者大量武器装备的，或者有其他严重情节的，处5年以上有期徒刑。

加重处罚事由　犯遗弃武器装备罪而遗弃重要或者大量武器装备的或者有其他严重情节的，是本罪的加重处罚事由。这里的重要武器装备，是指部队的主要武器装备和其他在作战中急需或者必不可少的武器装备。这里的其他严重情节，是指指挥人员带头遗弃的；煽动他人遗弃的；战时遗弃的；严重影响部队完成任务的；造成严重后果的等。

二十四、遗失武器装备罪

（一）概念

遗失武器装备罪是指遗失武器装备，不及时报告或者有其他严重情节的行为。

（二）构成

1. 罪体

行为　遗失武器装备罪的行为是遗失武器装备。这里的遗失，是指在武器装备的操作、使用、维护、修理、保养、运送等过程中，因疏忽大意或者过于自信而造成武器装备丢失。

客体 遗失武器装备罪的客体是武器装备。

2. 罪责

遗失武器装备罪的罪责形式是过失。这里的过失，是指应当预见到自己的行为可能造成部队武器装备遗失的危害结果，由于疏忽大意而没有预见，或者已经预见而轻信能够避免，以致发生这种结果的主观心理状态。

3. 罪量

遗失武器装备罪的罪量要素是不及时报告或者有其他严重情节。这里的不及时报告，是指丢失武器装备后不按有关规定如实向首长、上级报告，因而丧失追查、寻找武器装备的机会。其他严重情节，是指遗失武器装备严重影响重大任务完成的；给人民群众生命财产安全造成严重危害的；遗失的武器装备被敌人或者境外的机构、组织和人员或者国内恐怖组织和人员利用，造成严重后果或者恶劣影响的；遗失的武器装备数量多、价值高的；战时遗失的；等等。

（三）处罚

根据《刑法》第 441 条之规定，犯本罪的，处 3 年以下有期徒刑或者拘役。

二十五、擅自出卖、转让军队房地产罪

（一）概念

擅自出卖、转让军队房地产罪是指违反军队房地产管理和使用规定，未经有权机关批准，擅自出卖、转让军队房地产，情节严重的行为。

（二）构成

1. 罪体

行为 擅自出卖、转让军队房地产罪的行为是违反军队房地产管理和使用规定，擅自出卖、转让军队房地产。这里的擅自出卖、转让军队房地产，是指未经

有权机关依法批准，有偿或者无偿地改变军队房地产的产权关系。

客体　擅自出卖、转让军队房地产罪的客体是军队房地产。这里的军队房地产，是指依法由军队使用、管理的土地及其地上地下用于营房保障的建筑物、构筑物、附属设施设备，以及其他附着物。

2. 罪责

擅自出卖、转让军队房地产罪的罪责形式是故意。这里的故意，是指明知是擅自出卖、转让军队房地产的行为而有意实施的主观心理状态。

3. 罪量

擅自出卖、转让军队房地产罪的罪量要素是情节严重。这里的情节严重，参照前引《军职立案标准》第 25 条的规定，是指具有下列情形之一的：（1）擅自出卖、转让军队房地产价值 30 万元以上的；（2）擅自出卖、转让军队房地产给境外的机构、组织、人员的；（3）擅自出卖、转让军队房地产严重影响部队正常战备、训练、工作、生活和完成军事任务的；（4）擅自出卖、转让军队房地产给军事设施安全造成严重危害的；（5）有其他情节严重行为的。

（三）处罚

根据《刑法》第 442 条之规定，犯本罪的，对直接责任人员，处 3 年以下有期徒刑或者拘役；情节特别严重的，处 3 年以上 10 年以下有期徒刑。

加重处罚事由　犯擅自出卖、转让军队房地产罪而情节特别严重的，是本罪的加重处罚事由。这里的情节特别严重，是指出卖、转让的数量巨大的；出卖、转让特别重要的房地产的；出卖、转让给境外的机构、组织、人员，造成不可挽回的严重损失的；导致部队不能正常训练、工作和生活的等。

二十六、虐待部属罪

（一）概念

虐待部属罪是指滥用职权，虐待部属，情节恶劣，致人重伤、死亡或者造成其他严重后果的行为。

（二）构成

1. 罪体

行为 虐待部属罪的行为是滥用职权，虐待部属。这里的滥用职权，是指超越职责权限，不正当地行使职权。虐待部属，是指采取殴打、体罚、冻饿或者其他有损身心健康的手段，折磨、摧残部属。

客体 虐待部属罪的客体是部属。

结果 虐待部属罪是结果犯，只有情节恶劣，致人重伤、死亡或者造成其他严重后果的才构成犯罪。参照前引《军职立案标准》第 26 条的规定，这里的情节恶劣，是指虐待手段残酷的；虐待 3 人以上的；虐待部属 3 次以上的；虐待伤病残部属的；等等。这里的其他严重后果，是指部属不堪忍受虐待而自杀、自残造成重伤或者精神失常的；诱发其他案件、事故的；导致部属 1 人逃离部队 3 次以上，或者 2 人以上逃离部队的；造成恶劣影响的；等等。

2. 罪责

虐待部属罪的罪责形式是故意。这里的故意是指明知自己虐待部属的行为会致人重伤或者造成其他严重后果，并且希望或者放任这种危害结果发生的主观心理状态。

（三）处罚

根据《刑法》第 443 条之规定，犯本罪的，处 5 年以下有期徒刑或者拘役；致人死亡的，处 5 年以上有期徒刑。

加重处罚事由 犯虐待部属罪而致人死亡的，是本罪的加重处罚事由。这里的致人死亡，是指因虐待行为直接导致被害人死亡，例如殴打致死，有病不让治疗导致病情恶化而死亡等。

二十七、遗弃伤病军人罪

（一）概念

遗弃伤病军人罪是指在战场上故意遗弃我方伤病军人，情节恶劣的行为。

（二）构成

1. 罪体

行为　遗弃伤病军人罪的行为是在战场上将伤病军人遗弃。这里的遗弃是对有条件救护的伤病军人弃置不顾，因而本罪的行为方式是不作为。

客体　遗弃伤病军人罪的客体是伤病军人。这里的伤病军人，是指我军因伤、因病需要他人给予救护的人员。

地点　遗弃伤病军人罪构成的特定地点是在战场上。

2. 罪责

遗弃伤病军人罪的罪责形式是故意。这里的故意，是指明知是遗弃伤病军人的行为而有意实施的主观心理状态。

3. 罪量

遗弃伤病军人罪的罪量要素是情节恶劣。这里的情节恶劣，参照前引《军职立案标准》第 27 条的规定，是指具有下列情形之一的：（1）为挟嫌报复而遗弃伤病军人的；（2）遗弃伤病军人 3 人以上的；（3）导致伤病军人死亡、失踪、被俘的；（4）有其他恶劣情节的。

（三）处罚

根据《刑法》第 444 条之规定，犯本罪的，对直接责任人员，处 5 年以下有期徒刑。

二十八、战时拒不救治伤病军人罪

（一）概念

战时拒不救治伤病军人罪是指战时在救护治疗职位上，有条件救治而拒不救治危重伤病军人的行为。

（二）构成

1. 罪体

行为　战时拒不救治伤病军人罪的行为是战时有条件救治而拒不救治危重伤

病军人，因而本罪的行为方式是不作为。这里的有条件救治而拒不救治，是指根据伤病军人的伤情或者病情，结合救护人员的技术水平、医疗单位的医疗条件及当时的客观环境等因素，能够给予救治而拒绝抢救、治疗。

客体　战时拒不救治伤病军人罪的客体是伤病军人。

时间　战时拒不救治伤病军人罪构成的特定时间是战时，非战时不构成本罪。

2. 罪责

战时拒不救治伤病军人罪的罪责形式是故意。这里的故意，是指明知是拒不救治危重伤病军人的行为而有意实施的主观心理状态。

（三）处罚

根据《刑法》第445条之规定，犯本罪的，处5年以下有期徒刑或者拘役；造成伤病军人重残、死亡或者有其他严重情节的，处5年以上10年以下有期徒刑。

加重处罚事由　犯战时拒不救治伤病军人罪而造成伤病军人重残、死亡的或者有其他严重情节的，是本罪的加重处罚事由。这里的其他严重情节，是指挟嫌报复拒不救治的；拒不救治重要伤病军人的；煽动其他医务人员共同拒不救治的；引起官兵强烈义愤造成严重事件的等。

二十九、战时残害居民、掠夺居民财物罪

（一）概念

战时残害居民、掠夺居民财物罪是指战时在军事行动地区残害无辜居民或者掠夺无辜居民财物的行为。

（二）构成

1. 罪体

行为　战时残害居民、掠夺居民财物罪的行为是战时在军事行动地区，残害无辜居民或者掠夺无辜居民财物。这里的残害，是指殴打、体罚、虐待、监禁、奸淫、杀伤等侵害人身权利的行为。掠夺，是指抢劫、抢夺、敲诈勒索等侵害财产权利的行为。

客体　战时残害居民、掠夺居民财物罪的客体是无辜居民及其财物。这里的无辜居民，是指对我军无敌对行动的平民。

时间　战时残害居民、掠夺居民财物罪构成的特定时间是战时。

地点　战时残害居民、掠夺居民财物罪构成的特定地点是军事行动地区。这里的军事行动地区，是指我国作战区域，包括境内和境外。

2. 罪责

战时残害居民、掠夺居民财物罪的罪责形式是故意。这里的故意，是指明知是残害无辜居民、掠夺无辜居民财物的行为而有意实施的主观心理状态。

3. 罪量

战时残害居民、掠夺居民财物罪的罪量要素，刑法未作规定。根据前引《立案标准》第 29 条的规定，战时残害居民涉嫌下列情形之一的，应予立案：(1) 故意造成无辜居民死亡、重伤或者轻伤 3 人以上的；(2) 强奸无辜居民的；(3) 故意损毁无辜居民财物价值 5 000 元以上，或者不满规定数额，但手段恶劣、后果严重的。战时掠夺居民财物涉嫌下列情形之一的，应予立案：(1) 抢劫无辜居民财物的；(2) 抢夺无辜居民财物价值 2 000 元以上，或者不满规定数额，但手段恶劣、后果严重的。

（三）处罚

根据《刑法》第 446 条之规定，犯本罪的，处 5 年以下有期徒刑；情节严重的，处 5 年以上 10 年以下有期徒刑；情节特别严重的，处 10 年以上有期徒刑、无期徒刑或者死刑。

加重处罚事由　犯战时残害居民、掠夺居民财物罪而情节严重的，是本罪的加重处罚事由。这里的情节严重，是指聚众残害无辜居民、掠夺无辜居民财物的首要分子；残害无辜居民多人的；掠夺无辜居民财物数额巨大的；残害无辜居民手段恶劣的；严重影响我军军事行动的；造成其他严重后果的等。

特别加重事由　犯战时残害居民、掠夺居民财物罪而情节特别严重的，是本罪的特别加重事由。这里的情节特别严重，是指残害大批无辜居民的；残害无辜居民手段特别恶劣的；掠夺无辜居民财物数额特别巨大的；严重影响我军重要军事行动的；造成其他特别严重后果的等。

三十、私放俘虏罪

（一）概念

私放俘虏罪是指擅自将俘虏放走的行为。

（二）构成

1. 罪体

行为　私放俘虏罪的行为是擅自将俘虏放走。这里的私放，是指未经批准擅自释放。

客体　私放俘虏罪的客体是俘虏。这里的俘虏，是指在作战中被我方俘获的敌方武装人员及其他为武装部队服务的人员。

2. 罪责

私放俘虏罪的罪责形式是故意。这里的故意，是指明知是私放俘虏的行为而有意实施的主观心理状态。

（三）处罚

根据《刑法》第447条之规定，犯本罪的，处5年以下有期徒刑；私放重要俘虏、私放俘虏多人或者有其他严重情节的，处5年以上有期徒刑。

加重处罚事由　犯私放俘虏罪而私放重要俘虏、私放俘虏多人或者有其他严重情节的，是本罪的加重处罚事由。这里的重要俘虏，是指私放俘虏中的中、高级军官、掌握重要秘密的人员，或者专为了解敌情而抓的俘虏等。这里的私放俘虏多人，是指私放俘虏3人以上。这里的其他严重情节，是指暴露我军秘密的，收受俘虏财物的，造成严重后果的等。

三十一、虐待俘虏罪

（一）概念

虐待俘虏罪是指虐待俘虏，情节恶劣的行为。

（二）构成

1. 罪体

行为　虐待俘虏罪的行为是虐待俘虏。这里的虐待，是指采取不人道的生活待遇，打骂、体罚、折磨及施以其他酷刑，强迫从事危险性或屈辱性的工作等方法，摧残、折磨俘虏。

客体　虐待俘虏罪的客体是俘虏。

2. 罪责

虐待俘虏罪的罪责形式是故意。这里的故意，是指明知是虐待俘虏的行为而有意实施的主观心理状态。

3. 罪量

虐待俘虏罪的罪量要素是情节恶劣。这里的情节恶劣，参照前引《立案标准》第31条的规定，是指具有下列情形之一的：（1）指挥人员虐待俘虏的；（2）虐待俘虏3人以上，或者虐待俘虏3次以上的；（3）虐待俘虏手段特别残忍的；（4）虐待伤病俘虏的；（5）导致俘虏自杀、逃跑等严重后果的；（6）造成恶劣影响的；（7）有其他恶劣情节的。

（三）处罚

根据《刑法》第448条之规定，犯本罪的，处3年以下有期徒刑。

附录一
罪名一览表

刑法条文	罪　名	序号
	第一章　危害国家安全罪	
第 102 条	背叛国家罪	1
第 103 条第 1 款	分裂国家罪	2
第 103 条第 2 款	煽动分裂国家罪	3
第 104 条	武装叛乱、暴乱罪	4
第 105 条第 1 款	颠覆国家政权罪	5
第 105 条第 2 款	煽动颠覆国家政权罪	6
第 107 条	资助危害国家安全犯罪活动罪	7
第 108 条	投敌叛变罪	8
第 109 条	叛逃罪	9
第 110 条	间谍罪	10
第 111 条	为境外窃取、刺探、收买、非法提供国家秘密、情报罪	11
第 112 条	资敌罪	12

续表

刑法条文	罪　名	序号
	第二章　危害公共安全罪	
第114条、第115条第1款	放火罪	13
	决水罪	14
	爆炸罪	15
	投放危险物质罪	16
	以危险方法危害公共安全罪	17
第115条第2款	失火罪	18
	过失决水罪	19
	过失爆炸罪	20
	过失投放危险物质罪	21
	过失以危险方法危害公共安全罪	22
第116条、第119条第1款	破坏交通工具罪	23
第117条、第119条第1款	破坏交通设施罪	24
第118条、第119条第1款	破坏电力设备罪	25
	破坏易燃易爆设备罪	26
第119条第2款	过失损坏交通工具罪	27
	过失损坏交通设施罪	28
	过失损坏电力设备罪	29
	过失损坏易燃易爆设备罪	30
第120条	组织、领导、参加恐怖组织罪	31
第120条之一	帮助恐怖活动罪	32
第120条之二	准备实施恐怖活动罪	33
第120条之三	宣扬恐怖主义、极端主义、煽动实施恐怖活动罪	34

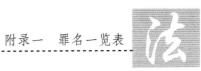

续表

刑法条文	罪　名	序号
第120条之四	利用极端主义破坏法律实施罪	35
第120条之五	强制穿戴宣扬恐怖主义、极端主义服饰、标志罪	36
第120条之六	非法持有宣扬恐怖主义、极端主义物品罪	37
第121条	劫持航空器罪	38
第122条	劫持船只、汽车罪	39
第123条	暴力危及飞行安全罪	40
第124条第1款	破坏广播电视设施、公用电信设施罪	41
第124条第2款	过失损坏广播电视设施、公用电信设施罪	42
第125条第1款	非法制造、买卖、运输、邮寄、储存枪支、弹药、爆炸物罪	43
第125条第2款	非法制造、买卖、运输、储存危险物质罪	44
第126条	违规制造、销售枪支罪	45
第127条第1款、第2款	盗窃、抢夺枪支、弹药、爆炸物、危险物质罪	46
第127条第2款	抢劫枪支、弹药、爆炸物、危险物质罪	47
第128条第1款	非法持有、私藏枪支、弹药罪	48
第128条第2款、第3款	非法出租、出借枪支罪	49
第129条	丢失枪支不报罪	50
第130条	非法携带枪支、弹药、管制刀具、危险物品危及公共安全罪	51
第131条	重大飞行事故罪	52
第132条	铁路运营安全事故罪	53
第133条	交通肇事罪	54
第133条之一	危险驾驶罪	55
第133条之二	妨害安全驾驶罪	56
第134条第1款	重大责任事故罪	57

续表

刑法条文	罪　名	序号
第 134 条第 2 款	强令组织他人违章冒险作业罪	58
第 134 条之一	危险作业罪	59
第 135 条	重大劳动安全事故罪	60
第 135 条之一	大型群众性活动重大安全事故罪	61
第 136 条	危险物品肇事罪	62
第 137 条	工程重大安全事故罪	63
第 138 条	教育设施重大安全事故罪	64
第 139 条	消防责任事故罪	65
第 139 条之一	不报、谎报安全事故罪	66
第二章　破坏社会主义市场经济秩序罪		
第一节　生产、销售伪劣商品罪		
第 140 条	生产、销售伪劣产品罪	67
第 141 条	生产、销售、提供假药罪	68
第 142 条	生产、销售、提供劣药罪	69
第 142 条之一	妨害药品管理罪	70
第 143 条	生产、销售不符合安全标准的食品罪	71
第 144 条	生产、销售有毒、有害食品罪	72
第 145 条	生产、销售不符合标准的医用器材罪	73
第 146 条	生产、销售不符合安全标准的产品罪	74
第 147 条	生产、销售伪劣农药、兽药、化肥、种子罪	75
第 148 条	生产、销售不符合卫生标准的化妆品罪	76
第二节　走私罪		
第 151 条第 1 款	走私武器、弹药罪	77
	走私核材料罪	78
	走私假币罪	79

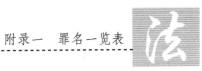

续表

刑法条文	罪 名	序号
第2款	走私文物罪	80
	走私贵重金属罪	81
	走私珍贵动物、珍贵动物制品罪	82
第3款	走私国家禁止进出口的货物、物品罪	83
第152条第1款	走私淫秽物品罪	84
第2款	走私废物罪	85
第153条	走私普通货物、物品罪	86
	第三节 妨害对公司、企业的管理秩序罪	
第158条	虚报注册资本罪	87
第159条	虚假出资、抽逃出资罪	88
第160条	欺诈发行证券罪	89
第161条	违规披露、不披露重要信息罪	90
第162条	妨害清算罪	91
第162条之一	隐匿、故意销毁会计凭证、会计账簿、财务会计报告罪	92
第162条之二	虚假破产罪	93
第163条	非国家工作人员受贿罪	94
第164条第1款	对非国家工作人员行贿罪	95
第2款	对外国公职人员、国际公共组织官员行贿罪	96
第165条	非法经营同类营业罪	97
第166条	为亲友非法牟利罪	98
第167条	签订、履行合同失职被骗罪	99
第168条	国有公司、企业、事业单位人员失职罪	100
	国有公司、企业、事业单位人员滥用职权罪	101
第169条	徇私舞弊低价折股、出售国有资产罪	102
第169条之一	背信损害上市公司利益罪	103

续表

刑法条文	罪　　名	序号
第四节　破坏金融管理秩序罪		
第170条	伪造货币罪	104
第171条第1款	出售、购买、运输假币罪	105
第2款	金融工作人员购买假币、以假币换取货币罪	106
第172条	持有、使用假币罪	107
第173条	变造货币罪	108
第174条第1款	擅自设立金融机构罪	109
第2款	伪造、变造、转让金融机构经营许可证、批准文件罪	110
第175条	高利转贷罪	111
第175条之一	骗取贷款、票据承兑、金融票证罪	112
第176条	非法吸收公众存款罪	113
第177条	伪造、变造金融票证罪	114
第177条之一第1款	妨害信用卡管理罪	115
第2款	窃取、收买、非法提供信用卡信息罪	116
第178条第1款	伪造、变造国家有价证券罪	117
第2款	伪造、变造股票、公司、企业债券罪	118
第179条	擅自发行股票、公司、企业债券罪	119
第180条第1款	内幕交易、泄露内幕信息罪	120
第4款	利用未公开信息交易罪	121
第181条第1款	编造并传播证券、期货交易虚假信息罪	122
第2款	诱骗投资者买卖证券、期货合约罪	123
第182条	操纵证券、期货市场罪	124
第185条之一第1款	背信运用受托财产罪	125
第2款	违法运用资金罪	126
第186条	违法发放贷款罪	127

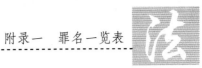

续表

刑法条文	罪 名	序号
第 187 条	吸收客户资金不入账罪	128
第 188 条	违规出具金融票证罪	129
第 189 条	对违法票据承兑、付款、保证罪	130
第 190 条	逃汇罪	131
全国人大常委会《关于惩治骗购外汇、逃汇和非法买卖外汇犯罪的决定》第 1 条	骗购外汇罪	132
第 191 条	洗钱罪	133
	第五节 金融诈骗罪	
第 192 条	集资诈骗罪	134
第 193 条	贷款诈骗罪	135
第 194 条第 1 款	票据诈骗罪	136
第 2 款	金融凭证诈骗罪	137
第 195 条	信用证诈骗罪	138
第 196 条	信用卡诈骗罪	139
第 197 条	有价证券诈骗罪	140
第 198 条	保险诈骗罪	141
	第六节 危害税收征管罪	
第 201 条	逃税罪	142
第 202 条	抗税罪	143
第 203 条	逃避追缴欠税罪	144
第 204 条第 1 款	骗取出口退税罪	145
第 205 条	虚开增值税专用发票、用于骗取出口退税、抵扣税款发票罪	146
第 205 条之一	虚开发票罪	147
第 206 条	伪造、出售伪造的增值税专用发票罪	148

续表

刑法条文	罪　名	序号
第 207 条	非法出售增值税专用发票罪	149
第 208 条第 1 款	非法购买增值税专用发票、购买伪造的增值税专用发票罪	150
第 209 条第 1 款	非法制造、出售非法制造的用于骗取出口退税、抵扣税款发票罪	151
第 2 款	非法制造、出售非法制造的发票罪	152
第 3 款	非法出售用于骗取出口退税、抵扣税款发票罪	153
第 4 款	非法出售发票罪	154
第 210 条之一	持有伪造的发票罪	155
第七节　侵犯知识产权罪		
第 213 条	假冒注册商标罪	156
第 214 条	销售假冒注册商标的商品罪	157
第 215 条	非法制造、销售非法制造的注册商标标识罪	158
第 216 条	假冒专利罪	159
第 217 条	侵犯著作权罪	160
第 218 条	销售侵权复制品罪	161
第 219 条	侵犯商业秘密罪	162
第 219 条之一	为境外窃取、刺探、收买、非法提供商业秘密罪	163
第八节　扰乱市场秩序罪		
第 221 条	损害商业信誉、商品声誉罪	164
第 222 条	虚假广告罪	165
第 223 条	串通投标罪	166
第 224 条	合同诈骗罪	167
第 224 条之一	组织、领导传销活动罪	168
第 225 条	非法经营罪	169
第 226 条	强迫交易罪	170

续表

刑法条文	罪　名	序号
第 227 条第 1 款	伪造、倒卖伪造的有价票证罪	171
第 2 款	倒卖车票、船票罪	172
第 228 条	非法转让、倒卖土地使用权罪	173
第 229 条第 1 款、第 2 款	提供虚假证明文件罪	174
第 3 款	出具证明文件重大失实罪	175
第 230 条	逃避商检罪	176
第四章　侵犯公民人身权利、民主权利罪		
第 232 条	故意杀人罪	177
第 233 条	过失致人死亡罪	178
第 234 条	故意伤害罪	179
第 234 条之一	组织出卖人体器官罪	180
第 235 条	过失致人重伤罪	181
第 236 条	强奸罪	182
第 236 条之一	负有照护职责人员性侵罪	183
第 237 条第 1 款	强制猥亵、侮辱罪	184
第 3 款	猥亵儿童罪	185
第 238 条	非法拘禁罪	186
第 239 条	绑架罪	187
第 240 条	拐卖妇女、儿童罪	188
第 241 条第 1 款	收买被拐卖的妇女、儿童罪	189
第 242 条第 2 款	聚众阻碍解救被收买的妇女、儿童罪	190
第 243 条	诬告陷害罪	191
第 244 条	强迫劳动罪	192
第 244 条之一	雇用童工从事危重劳动罪	193

续表

刑法条文	罪　名	序号
第 245 条	非法搜查罪	194
	非法侵入住宅罪	195
第 246 条	侮辱罪	196
	诽谤罪	197
第 247 条	刑讯逼供罪	198
	暴力取证罪	199
第 248 条	虐待被监管人罪	200
第 249 条	煽动民族仇恨、民族歧视罪	201
第 250 条	出版歧视、侮辱少数民族作品罪	202
第 251 条	非法剥夺公民宗教信仰自由罪	203
	侵犯少数民族风俗习惯罪	204
第 252 条	侵犯通信自由罪	205
第 253 条第 1 款	私自开拆、隐匿、毁弃邮件、电报罪	206
第 253 条之一	侵犯公民个人信息罪	207
第 254 条	报复陷害罪	208
第 255 条	打击报复会计、统计人员罪	209
第 256 条	破坏选举罪	210
第 257 条	暴力干涉婚姻自由罪	211
第 258 条	重婚罪	212
第 259 条第 1 款	破坏军婚罪	213
第 260 条	虐待罪	214
第 260 条之一	虐待被监护、看护人罪	215
第 261 条	遗弃罪	216
第 262 条	拐骗儿童罪	217
第 262 条之一	组织残疾人、儿童乞讨罪	218

续表

刑法条文	罪 名	序号
第262条之二	组织未成年人进行违反治安管理活动罪	219
	第五章 侵犯财产罪	
第263条	抢劫罪	220
第264条	盗窃罪	221
第266条	诈骗罪	222
第267条第1款	抢夺罪	223
第268条	聚众哄抢罪	224
第270条	侵占罪	225
第271条第1款	职务侵占罪	226
第272条第1款	挪用资金罪	227
第273条	挪用特定款物罪	228
第274条	敲诈勒索罪	229
第275条	故意毁坏财物罪	230
第276条	破坏生产经营罪	231
第276条之一	拒不支付劳动报酬罪	232
	第六章 妨害社会管理秩序罪	
	第一节 扰乱公共秩序罪	
第277条	妨害公务罪	233
第277条第5款	袭警罪	234
第278条	煽动暴力抗拒法律实施罪	235
第279条	招摇撞骗罪	236
第280条第1款	伪造、变造、买卖国家机关公文、证件、印章罪	237
	盗窃、抢夺、毁灭国家机关公文、证件、印章罪	238
第2款	伪造公司、企业、事业单位、人民团体印章罪	239
第3款	伪造、变造、买卖身份证件罪	240

续表

刑法条文	罪　名	序号
第 280 条之一	使用虚假身份证件、盗用身份证件罪	241
第 280 条之二	冒名顶替罪	242
第 281 条	非法生产、买卖警用装备罪	243
第 282 条第 1 款	非法获取国家秘密罪	244
第 2 款	非法持有国家绝密、机密文件、资料、物品罪	245
第 283 条	非法生产、销售专用间谍器材、窃听、窃照专用器材罪	246
第 284 条	非法使用窃听、窃照专用器材罪	247
第 284 条之一第 2 款	组织考试作弊罪	248
第 3 款	非法出售、提供试题、答案罪	249
第 4 款	代替考试罪	250
第 285 条第 1 款	非法侵入计算机信息系统罪	251
第 2 款	非法获取计算机信息系统数据、非法控制计算机信息系统罪	252
第 3 款	提供侵入、非法控制计算机系统程序、工具罪	253
第 286 条	破坏计算机信息系统罪	254
第 286 条之一	拒不履行信息网络安全管理义务罪	255
第 287 条之一	非法利用信息网络罪	256
第 287 条之二	帮助信息网络犯罪活动罪	257
第 288 条	扰乱无线电通讯管理秩序罪	258
第 290 条第 1 款	聚众扰乱社会秩序罪	259
第 2 款	聚众冲击国家机关罪	260
第 3 款	扰乱国家机关工作秩序罪	261
第 4 款	组织、资助非法聚集罪	262
第 291 条	聚众扰乱公共场所秩序、交通秩序罪	263
第 291 条之一第 1 款	投放虚假危险物质罪	264
	编造、故意传播虚假恐怖信息罪	265

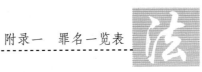

续表

刑法条文	罪　名	序号
第291条之二	高空抛物罪	266
第2款	编造、故意传播虚假信息罪	267
第292条第1款	聚众斗殴罪	268
第293条	寻衅滋事罪	269
第293条之一	非法催收债务罪	270
第294条第1款	组织、领导、参加黑社会性质组织罪	271
第2款	入境发展黑社会组织罪	272
第3款	包庇、纵容黑社会性质组织罪	273
第295条	传授犯罪方法罪	274
第296条	非法集会、游行、示威罪	275
第297条	非法携带武器、管制刀具、爆炸物参加集会、游行、示威罪	276
第298条	破坏集会、游行、示威罪	277
第299条	侮辱国旗、国徽、国歌罪	278
第299条之一	侵害英雄烈士名誉、荣誉罪	279
第300条第1款	组织、利用会道门、邪教组织、利用迷信破坏法律实施罪	280
第2款	组织、利用会道门、邪教组织、利用迷信致人重伤、死亡罪	281
第301条第1款	聚众淫乱罪	282
第2款	引诱未成年人聚众淫乱罪	283
第302条	盗窃、侮辱、故意毁坏尸体、尸骨、骨灰罪	284
第303条第1款	赌博罪	285
第2款	开设赌场罪	286
第3款	组织参与国（境）外赌博罪	287
第304条	故意延误投递邮件罪	288
	第二节　妨害司法罪	
第305条	伪证罪	289

续表

刑法条文	罪　名	序号
第 306 条	辩护人、诉讼代理人毁灭证据、伪造证据、妨害作证罪	290
第 307 条第 1 款	妨害作证罪	291
第 2 款	帮助毁灭、伪造证据罪	292
第 307 条之一	虚假诉讼罪	293
第 308 条	打击报复证人罪	294
第 308 条之一第 1 款	泄露不应公开的案件信息罪	295
第 3 款	披露、报道不应公开的案件信息罪	296
第 309 条	扰乱法庭秩序罪	297
第 310 条	窝藏、包庇罪	298
第 311 条	拒绝提供间谍犯罪、恐怖主义犯罪、极端主义犯罪证据罪	299
第 312 条	掩饰、隐瞒犯罪所得、犯罪所得收益罪	300
第 313 条	拒不执行判决、裁定罪	301
第 314 条	非法处置查封、扣押、冻结的财产罪	302
第 315 条	破坏监管秩序罪	303
第 316 条第 1 款	脱逃罪	304
第 2 款	劫夺被押解人员罪	305
第 317 条第 1 款	组织越狱罪	306
第 2 款	暴动越狱罪	307
	聚众持械劫狱罪	308
第三节　妨害国（边）境管理罪		
第 318 条	组织他人偷越国（边）境罪	309
第 319 条	骗取出境证件罪	310
第 320 条	提供伪造、变造的出入境证件罪	311
	出售出入境证件罪	312
第 321 条	运送他人偷越国（边）境罪	313

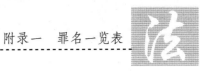

续表

刑法条文	罪　名	序号
第 322 条	偷越国（边）境罪	314
第 323 条	破坏界碑、界桩罪	315
	破坏永久性测量标志罪	316
	第四节　妨害文物管理罪	
第 324 条第 1 款	故意损毁文物罪	317
第 2 款	故意损毁名胜古迹罪	318
第 3 款	过失损毁文物罪	319
第 325 条	非法向外国人出售、赠送珍贵文物罪	320
第 326 条	倒卖文物罪	321
第 327 条	非法出售、私赠文物藏品罪	322
第 328 条第 1 款	盗掘古文化遗址、古墓葬罪	323
第 2 款	盗掘古人类化石、古脊椎动物化石罪	324
第 329 条第 1 款	抢夺、窃取国有档案罪	325
第 2 款	擅自出卖、转让国有档案罪	326
	第五节　危害公共卫生罪	
第 330 条	妨害传染病防治罪	327
第 331 条	传染病菌种、毒种扩散罪	328
第 332 条	妨害国境卫生检疫罪	329
第 333 条第 1 款	非法组织卖血罪	330
	强迫卖血罪	331
第 334 条第 1 款	非法采集、供应血液、制作、供应血液制品罪	332
第 2 款	采集、供应血液、制作、供应血液制品事故罪	333
第 334 条之一	非法采集人类遗传资源、走私人类遗传资源材料罪	334
第 335 条	医疗事故罪	335
第 336 条第 1 款	非法行医罪	336

续表

刑法条文	罪　名	序号
第2款	非法进行节育手术罪	337
第336条之一	非法植入基因编辑、克隆胚胎罪	338
第337条	妨害动植物防疫、检疫罪	339
第六节　破坏环境资源保护罪		
第338条	污染环境罪	340
第339条第1款	非法处置进口的固体废物罪	341
第2款	擅自进口固体废物罪	342
第340条	非法捕捞水产品罪	343
第341条第1款	危害珍贵、濒危野生动物罪	344
第2款	非法狩猎罪	345
第3款	非法猎捕、收购、运输、出售陆生野生动物罪	346
第342条	非法占用农用地罪	347
第342条之一	破坏自然保护地罪	348
第343条第1款	非法采矿罪	349
第2款	破坏性采矿罪	350
第344条	危害国家重点保护植物罪	351
第344条之一	非法引进、释放、丢弃外来入侵物种罪	352
第345条第1款	盗伐林木罪	353
第2款	滥伐林木罪	354
第3款	非法收购、运输盗伐、滥伐的林木罪	355
第七节　走私、贩卖、运输、制造毒品罪		
第347条	走私、贩卖、运输、制造毒品罪	356
第348条	非法持有毒品罪	357
第349条第1款、第2款	包庇毒品犯罪分子罪	358

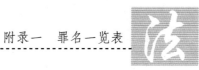

续表

刑法条文	罪　　名	序号
第1款	窝藏、转移、隐瞒毒品、毒赃罪	359
第350条	非法生产、买卖、运输制毒物品、走私制毒物品罪	360
第351条	非法种植毒品原植物罪	361
第352条	非法买卖、运输、携带、持有毒品原植物种子、幼苗罪	362
第353条第1款	引诱、教唆、欺骗他人吸毒罪	363
第2款	强迫他人吸毒罪	364
第354条	容留他人吸毒罪	365
第355条	非法提供麻醉药品、精神药品罪	366
第355条之一	妨害兴奋剂管理罪	367
第八节　组织、强迫、引诱、容留、介绍卖淫罪		
第358条第1款	组织卖淫罪	368
	强迫卖淫罪	369
第3款	协助组织卖淫罪	370
第359条第1款	引诱、容留、介绍卖淫罪	371
第2款	引诱幼女卖淫罪	372
第360条第1款	传播性病罪	373
第九节　制造、贩卖、传播淫秽物品罪		
第363条第1款	制作、复制、出版、贩卖、传播淫秽物品牟利罪	374
第2款	为他人提供书号出版淫秽书刊罪	375
第364条第1款	传播淫秽物品罪	376
第2款	组织播放淫秽音像制品罪	377
第365条	组织淫秽表演罪	378
第七章　危害国防利益罪		
第368条第1款	阻碍军人执行职务罪	379
第2款	阻碍军事行动罪	380

续表

刑法条文	罪　名	序号
第369条第1款	破坏武器装备、军事设施、军事通信罪	381
第2款	过失损坏武器装备、军事设施、军事通信罪	382
第370条第1款	故意提供不合格武器装备、军事设施罪	383
第2款	过失提供不合格武器装备、军事设施罪	384
第371条第1款	聚众冲击军事禁区罪	385
第2款	聚众扰乱军事管理区秩序罪	386
第372条	冒充军人招摇撞骗罪	387
第373条	煽动军人逃离部队罪	388
	雇用逃离部队军人罪	389
第374条	接送不合格兵员罪	390
第375条第1款	伪造、变造、买卖武装部队公文、证件、印章罪	391
	盗窃、抢夺武装部队公文、证件、印章罪	392
第2款	非法生产、买卖武装部队制式服装罪	393
第3款	伪造、盗窃、买卖、非法提供、非法使用武装部队专用标志罪	394
第376条第1款	战时拒绝、逃避征召、军事训练罪	395
第2款	战时拒绝、逃避服役罪	396
第377条	战时故意提供虚假敌情罪	397
第378条	战时造谣扰乱军心罪	398
第379条	战时窝藏逃离部队军人罪	399
第380条	战时拒绝、故意延误军事订货罪	400
第381条	战时拒绝军事征收、征用罪	401
	第八章　贪污贿赂罪	
第382条	贪污罪	402
第384条	挪用公款罪	403
第385条	受贿罪	404

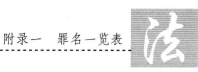

续表

刑法条文	罪　名	序号
第 387 条	单位受贿罪	405
第 388 条之一	利用影响力受贿罪	406
第 389 条	行贿罪	407
第 390 条之一	对有影响力的人行贿罪	408
第 391 条	对单位行贿罪	409
第 392 条	介绍贿赂罪	410
第 393 条	单位行贿罪	411
第 395 条第 1 款	巨额财产来源不明罪	412
第 2 款	隐瞒境外存款罪	413
第 396 条第 1 款	私分国有资产罪	414
第 2 款	私分罚没财物罪	415
第九章　渎职罪		
第 397 条	滥用职权罪	416
	玩忽职守罪	417
第 398 条	故意泄露国家秘密罪	418
	过失泄露国家秘密罪	419
第 399 条第 1 款	徇私枉法罪	420
第 2 款	民事、行政枉法裁判罪	421
第 3 款	执行判决、裁定失职罪	422
	执行判决、裁定滥用职权罪	423
第 399 条之一	枉法仲裁罪	424
第 400 条第 1 款	私放在押人员罪	425
第 2 款	失职致使在押人员脱逃罪	426
第 401 条	徇私舞弊减刑、假释、暂予监外执行罪	427
第 402 条	徇私舞弊不移交刑事案件罪	428

续表

刑法条文	罪 名	序号
第 403 条	滥用管理公司、证券职权罪	429
第 404 条	徇私舞弊不征、少征税款罪	430
第 405 条第 1 款	徇私舞弊发售发票、抵扣税款、出口退税罪	431
第 2 款	违法提供出口退税凭证罪	432
第 406 条	国家机关工作人员签订、履行合同失职被骗罪	433
第 407 条	违法发放林木采伐许可证罪	434
第 408 条	环境监管失职罪	435
第 408 条之一	食品、药品监管渎职罪	436
第 409 条	传染病防治失职罪	437
第 410 条	非法批准征收、征用、占用土地罪	438
	非法低价出让国有土地使用权罪	439
第 411 条	放纵走私罪	440
第 412 条第 1 款	商检徇私舞弊罪	441
第 2 款	商检失职罪	442
第 413 条第 1 款	动植物检疫徇私舞弊罪	443
第 2 款	动植物检疫失职罪	444
第 414 条	放纵制售伪劣商品犯罪行为罪	445
第 415 条	办理偷越国（边）境人员出入境证件罪	446
	放行偷越国（边）境人员罪	447
第 416 条第 1 款	不解救被拐卖、绑架妇女、儿童罪	448
第 2 款	阻碍解救被拐卖、绑架妇女、儿童罪	449
第 417 条	帮助犯罪分子逃避处罚罪	450
第 418 条	招收公务员、学生徇私舞弊罪	451
第 419 条	失职造成珍贵文物损毁、流失罪	452

续表

刑法条文	罪　名	序号
	第十章　军人违反职责罪	
第421条	战时违抗命令罪	453
第422条	隐瞒、谎报军情罪	454
	拒传、假传军令罪	455
第423条	投降罪	456
第424条	战时临阵脱逃罪	457
第425条	擅离、玩忽军事职守罪	458
第426条	阻碍执行军事职务罪	459
第427条	指使部属违反职责罪	460
第428条	违令作战消极罪	461
第429条	拒不救援友邻部队罪	462
第430条	军人叛逃罪	463
第431条第1款	非法获取军事秘密罪	464
第2款	为境外窃取、刺探、收买、非法提供军事秘密罪	465
第432条	故意泄露军事秘密罪	466
	过失泄露军事秘密罪	467
第433条	战时造谣惑众罪	468
第434条	战时自伤罪	469
第435条	逃离部队罪	470
第436条	武器装备肇事罪	471
第437条	擅自改变武器装备编配用途罪	472
第438条	盗窃、抢夺武器装备、军用物资罪	473
第439条	非法出卖、转让武器装备罪	474
第440条	遗弃武器装备罪	475
第441条	遗失武器装备罪	476

续表

刑法条文	罪　名	序号
第 442 条	擅自出卖、转让军队房地产罪	477
第 443 条	虐待部属罪	478
第 444 条	遗弃伤病军人罪	479
第 445 条	战时拒不救治伤病军人罪	480
第 446 条	战时残害居民、掠夺居民财物罪	481
第 447 条	私放俘虏罪	482
第 448 条	虐待俘虏罪	483

附录二

刑法规范性文件索引

（以颁布日期为序）

序号	颁布日期	颁布单位	名　称
1	1997 年 3 月 14 日	第八届全国人大第五次会议	《中华人民共和国刑法》
2	1998 年 12 月 29 日	全国人大常委会	《关于惩治骗购外汇、逃汇和非法买卖外汇犯罪的决定》
3	1999 年 12 月 25 日	全国人大常委会	《中华人民共和国刑法修正案》
4	2001 年 8 月 31 日	全国人大常委会	《中华人民共和国刑法修正案（二）》
5	2001 年 12 月 29 日	全国人大常委会	《中华人民共和国刑法修正案（三）》
6	2002 年 12 月 28 日	全国人大常委会	《中华人民共和国刑法修正案（四）》
7	2005 年 2 月 28 日	全国人大常委会	《中华人民共和国刑法修正案（五）》
8	2006 年 6 月 29 日	全国人大常委会	《中华人民共和国刑法修正案（六）》
9	2009 年 2 月 28 日	全国人大常委会	《中华人民共和国刑法修正案（七）》
10	2011 年 2 月 25 日	全国人大常委会	《中华人民共和国刑法修正案（八）》
11	2015 年 8 月 29 日	全国人大常委会	《中华人民共和国刑法修正案（九）》
12	2017 年 11 月 4 日	全国人大常委会	《中华人民共和国刑法修正案（十）》
13	2020 年 12 月 26 日	全国人人常委会	《中华人民共和国刑法修正案（十一）》

附录三

立法解释索引①

（以发布日期为序）

序号	发布日期	发布单位	名　称
1	2000 年 4 月 29 日	全国人大常委会	《关于〈中华人民共和国刑法〉第九十三条第二款的解释》
2	2001 年 8 月 31 日	全国人大常委会	《关于〈中华人民共和国刑法〉第二百二十八条、第三百四十二条、第四百一十条的解释》
3	2002 年 1 月 14 日	全国人大常委会法制工作委员会	《关于对"隐匿、销毁会计凭证、会计账簿、财务会计报告构成犯罪的主体范围"问题的答复意见》
4	2002 年 4 月 28 日	全国人大常委会	《关于〈中华人民共和国刑法〉第二百九十四条第一款的解释》
5	2002 年 4 月 28 日	全国人大常委会	《关于〈中华人民共和国刑法〉第三百八十四条第一款的解释》

832

续表

序号	发布日期	发布单位	名称
6	2002 年 7 月 24 日	全国人大常委会法制工作委员会	《关于已满十四周岁不满十六周岁的人承担刑事责任范围问题的答复意见》
7	2002 年 8 月 29 日	全国人大常委会	《关于〈中华人民共和国刑法〉第三百一十三条的解释》
8	2002 年 12 月 28 日	全国人大常委会	《关于〈中华人民共和国刑法〉第九章渎职罪主体适用问题的解释》
9	2004 年 12 月 29 日	全国人大常委会	《关于〈中华人民共和国刑法〉有关信用卡规定的解释》
10	2005 年 12 月 29 日	全国人大常委会	《关于〈中华人民共和国刑法〉有关文物的规定适用于具有科学价值的古脊椎动物化石、古人类化石的解释》
11	2005 年 12 月 29 日	全国人大常委会	《关于〈中华人民共和国刑法〉有关出口退税、抵扣税款的其他发票规定的解释》
12	2014 年 4 月 24 日	全国人大常委会	《关于〈中华人民共和国刑法〉第三十条的解释》
13	2014 年 4 月 24 日	全国人大常委会	《关于〈中华人民共和国刑法〉第一百五十八条、第一百五十九条的解释》
14	2014 年 4 月 24 日	全国人大常委会	《关于〈中华人民共和国刑法〉第三百四十一条、第三百一十二条的解释》
15	2014 年 4 月 24 日	全国人大常委会	《关于〈中华人民共和国刑法〉第二百六十六条的解释》
16	2017 年 11 月 26 日	全国人大常委会法制工作委员会	《关于对被告人在罚金刑执行完毕前又犯新罪的罚金应否与未执行完毕的罚金适用数罪并罚问题的答复意见》

附录四

司法解释索引①

（以发布日期为序）

序号	发布日期	发布单位	名称
1	1984 年 4 月 26 日	最高人民法院、最高人民检察院、公安部	《关于当前办理强奸案件中具体应用法律的若干问题的解答》
2	1986 年 7 月 10 日	全国人大常委会法制工作委员会、最高人民法院、最高人民检察院、司法部	《关于劳教工作干警适用刑法关于司法工作人员规定的通知》
3	1996 年 10 月 17 日	最高人民法院	《关于适用〈全国人民代表大会常务委员会关于惩治虚开、伪造和非法出售增值税专用发票犯罪的决定〉的若干问题的解释》

---

① 本索引除最高人民法院、最高人民检察院的正式司法解释以外，还包括最高人民法院、最高人民检察院内设机构（例如研究室等）对有关问题的解释性意见，以及最高人民法院、最高人民检察院与其他机关联合下发的具有司法解释性质的规范性文件。已废止的司法解释不再收入。

续表

序号	发布日期	发布单位	名称
4	1997 年 4 月 22 日	国家计划委员会、最高人民法院、最高人民检察院、公安部	《扣押、追缴、没收物品估价管理办法》
5	1997 年 10 月 6 日	最高人民检察院	《关于检察工作中具体适用修订刑法第十二条若干问题的通知》
6	1997 年 12 月 31 日	最高人民法院	《关于对故意伤害、盗窃等严重破坏社会秩序的犯罪分子能否附加剥夺政治权利问题的批复》
7	1998 年 1 月 13 日	最高人民法院	《关于适用刑法第十二条几个问题的解释》
8	1998 年 4 月 17 日	最高人民法院	《关于处理自首和立功具体应用法律若干问题的解释》
9	1998 年 4 月 29 日	最高人民法院	《关于审理挪用公款案件具体应用法律若干问题的解释》
10	1998 年 5 月 8 日	最高人民法院、最高人民检察院、公安部、国家工商行政管理局	《关于依法查处盗窃、抢劫机动车案件的规定》
11	1998 年 11 月 3 日	最高人民检察院	《关于将公务用枪用作借债质押的行为如何适用法律问题的批复》
12	1998 年 11 月 27 日	最高人民检察院法律政策研究室	《关于保险诈骗未遂能否按犯罪处理问题的答复》
13	1998 年 12 月 17 日	最高人民法院	《关于审理非法出版物刑事案件具体应用法律若干问题的解释》
14	1999 年 3 月 4 日	最高人民法院、最高人民检察院	《关于在办理受贿犯罪大要案的同时要严肃查处严重行贿犯罪分子的通知》
15	1999 年 6 月 25 日	最高人民法院	《关于村民小组组长利用职务便利非法占有公共财物行为如何定性问题的批复》

续表

序号	发布日期	发布单位	名称
16	1999 年 6 月 25 日	最高人民法院	《关于审理单位犯罪案件具体应用法律有关问题的解释》
17	1999 年 9 月 6 日	最高人民法院	《关于审理倒卖车票刑事案件有关问题的解释》
18	1999 年 9 月 16 日	最高人民检察院	《关于人民检察院直接受理立案侦查案件立案标准的规定（试行）》
19	1999 年 10 月 27 日	最高人民法院	《全国法院维护农村稳定刑事审判工作座谈会纪要》
20	2000 年 1 月 3 日	最高人民法院	《关于审理拐卖妇女案件适用法律有关问题的解释》
21	2000 年 2 月 16 日	最高人民法院	《关于对受委托管理、经营国有财产人员挪用国有资金行为如何定罪问题的批复》
22	2000 年 3 月 15 日	最高人民检察院	《关于国家工作人员挪用非特定公物能否定罪的请示的批复》
23	2000 年 3 月 20 日	最高人民法院、最高人民检察院、公安部、民政部、司法部、全国妇联	《关于打击拐卖妇女儿童犯罪有关问题的通知》
24	2000 年 4 月 4 日	最高人民法院	《全国法院审理毒品犯罪案件工作座谈会纪要》
25	2000 年 4 月 24 日	最高人民检察院	《关于以暴力、威胁方法阻碍事业编制人员依法执行行政执法职务是否可对侵害人以妨害公务罪论处的批复》
26	2000 年 5 月 12 日	最高人民法院	《关于审理扰乱电信市场管理秩序案件具体应用法律若干问题的解释》

续表

序号	发布日期	发布单位	名称
27	2000 年 6 月 19 日	最高人民法院	《关于审理破坏土地资源刑事案件具体应用法律若干问题的解释》
28	2000 年 6 月 30 日	最高人民法院	《关于审理贪污、职务侵占案件如何认定共同犯罪几个问题的解释》
29	2000 年 7 月 13 日	最高人民法院	《关于国家工作人员利用职务上的便利为他人谋取利益离退休后收受财物行为如何处理问题的批复》
30	2000 年 7 月 13 日	最高人民法院	《关于对为索取法律不予保护的债务非法拘禁他人行为如何定罪问题的解释》
31	2000 年 7 月 20 日	最高人民法院	《关于如何理解刑法第二百七十二条规定的"挪用本单位资金归个人使用或者借贷给他人"问题的批复》
32	2000 年 9 月 8 日	最高人民法院	《关于审理伪造货币等案件具体应用法律若干问题的解释》
33	2000 年 9 月 19 日	最高人民法院	《关于未被公安机关正式录用的人员、狱医能否构成失职致使在押人员脱逃罪主体问题的批复》
34	2000 年 9 月 30 日	最高人民法院	《关于审理单位犯罪案件对其直接负责的主管人员和其他直接责任人员是否区分主犯、从犯问题的批复》
35	2000 年 10 月 9 日	最高人民检察院	《关于合同制民警能否成为玩忽职守罪主体问题的批复》
36	2000 年 10 月 9 日	最高人民检察院	《关于挪用尚未注册成立公司资金的行为适用法律问题的批复》
37	2000 年 11 月 15 日	最高人民法院	《关于审理交通肇事刑事案件具体应用法律若干问题的解释》

续表

序号	发布日期	发布单位	名称
38	2000 年 11 月 22 日	最高人民法院	《关于审理破坏森林资源刑事案件具体应用法律若干问题的解释》
39	2000 年 11 月 22 日	最高人民法院	《关于审理抢劫案件具体应用法律若干问题的解释》
40	2000 年 11 月 27 日	最高人民法院	《关于审理破坏野生动物资源刑事案件具体应用法律若干问题的解释》
41	2000 年 12 月 5 日	最高人民法院	《关于审理黑社会性质组织犯罪的案件具体应用法律若干问题的解释》
42	2000 年 12 月 5 日	最高人民法院、最高人民检察院	《关于对军人非战时逃离部队的行为能否定罪处罚问题的批复》
43	2000 年 12 月 5 日	最高人民法院	《关于对变造、倒卖变造邮票行为如何适用法律问题的解释》
44	2000 年 12 月 13 日	最高人民法院	《关于适用财产刑若干问题的规定》
45	2001 年 1 月 17 日	最高人民法院	《关于审理为境外窃取、刺探、收买、非法提供国家秘密、情报案件具体应用法律若干问题的解释》
46	2001 年 1 月 21 日	最高人民法院	《全国法院审理金融犯罪案件工作座谈会纪要》
47	2001 年 3 月 2 日	最高人民检察院	《关于工人等非监管机关在编监管人员私放在押人员行为和失职致使在押人员脱逃行为适用法律问题的解释》
48	2001 年 4 月 9 日	最高人民法院、最高人民检察院	《关于办理生产、销售伪劣商品刑事案件具体应用法律若干问题的解释》

续表

序号	发布日期	发布单位	名称
49	2001 年 4 月 10 日	最高人民法院	《关于情节严重的传销或者变相传销行为如何定性问题的批复》
50	2001 年 5 月 23 日	最高人民法院	《关于在国有资本控股、参股的股份有限公司中从事管理工作的人员利用职务便利非法占有本公司财物如何定罪问题的批复》
51	2001 年 5 月 23 日	最高人民法院	《关于抢劫过程中故意杀人案件如何定罪问题的批复》
52	2001 年 6 月 11 日	最高人民检察院	《关于构成嫖宿幼女罪主观上是否需要具备明知要件的解释》
53	2001 年 7 月 3 日	最高人民法院、最高人民检察院	《关于办理伪造、贩卖伪造的高等院校学历、学位证明刑事案件如何适用法律问题的解释》
54	2001 年 12 月 7 日	最高人民法院、最高人民检察院	《关于适用刑事司法解释时间效力问题的规定》
55	2002 年 3 月 15 日	最高人民法院、最高人民检察院	《关于执行〈中华人民共和国刑法〉确定罪名的补充规定》
56	2002 年 7 月 8 日	最高人民法院、最高人民检察院、海关总署	《办理走私刑事案件适用法律若干问题的意见》
57	2002 年 7 月 9 日	最高人民检察院	《关于涉嫌犯罪单位被撤销、注销、吊销营业执照或者宣告破产的应如何进行追诉问题的批复》
58	2002 年 8 月 9 日	最高人民检察院	《关于单位有关人员组织实施盗窃行为如何适用法律问题的批复》
59	2002 年 8 月 16 日	最高人民法院、最高人民检察院	《关于办理非法生产、销售、使用禁止在饲料和动物饮用水中使用的药品等刑事案件具体应用法律若干问题的解释》

续表

序号	发布日期	发布单位	名称
60	2002 年 9 月 17 日	最高人民法院	《关于审理骗取出口退税刑事案件具体应用法律若干问题的解释》
61	2002 年 9 月 18 日	最高人民检察院	《关于盗窃骨灰行为如何处理问题的答复》
62	2002 年 10 月 24 日	最高人民检察院	《关于通过伪造证据骗取法院民事裁判占有他人财物的行为如何适用法律问题的答复》
63	2002 年 11 月 5 日	最高人民法院	《关于审理偷税抗税刑事案件具体应用法律若干问题的解释》
64	2003 年 1 月 28 日	最高人民检察院	《关于挪用失业保险基金和下岗职工基本生活保障资金的行为适用法律问题的批复》
65	2003 年 5 月 14 日	最高人民法院、最高人民检察院	《关于办理妨害预防、控制突发传染病疫情等灾害的刑事案件具体应用法律若干问题的解释》
66	2003 年 5 月 29 日	最高人民法院	《关于审理非法采矿、破坏性采矿刑事案件具体应用法律若干问题的解释》
67	2003 年 9 月 4 日	最高人民法院、最高人民检察院	《关于办理非法制造、买卖、运输、储存毒鼠强等禁用剧毒化学品刑事案件具体应用法律若干问题的解释》
68	2003 年 9 月 22 日	最高人民法院	《关于挪用公款犯罪如何计算追诉期限问题的批复》
69	2004 年 3 月 26 日	最高人民法院	《关于被告人对行为性质的辩解是否影响自首成立问题的批复》
70	2004 年 3 月 26 日	最高人民法院	《关于在林木采伐许可证规定的地点以外采伐本单位或者本人所有的森林或者其他林木的行为如何适用法律问题的批复》

续表

序号	发布日期	发布单位	名称
71	2004 年 9 月 3 日	最高人民法院、最高人民检察院	《关于办理利用互联网、移动通讯终端、声讯台制作、复制、出版、贩卖、传播淫秽电子信息刑事案件具体应用法律若干问题的解释（一）》
72	2004 年 12 月 8 日	最高人民法院、最高人民检察院	《关于办理侵犯知识产权刑事案件具体应用法律若干问题的解释》
73	2004 年 12 月 30 日	最高人民法院	《关于审理破坏公用电信设施刑事案件具体应用法律若干问题的解释》
74	2005 年 5 月 11 日	最高人民法院、最高人民检察院	《关于办理赌博刑事案件具体应用法律若干问题的解释》
75	2005 年 6 月 8 日	最高人民法院	《关于审理抢劫、抢夺刑事案件适用法律若干问题的意见》
76	2006 年 7 月 26 日	最高人民检察院	《关于渎职侵权犯罪案件立案标准的规定》
77	2007 年 1 月 15 日	最高人民法院、最高人民检察院	《关于办理盗窃油气、破坏油气设备等刑事案件具体应用法律若干问题的解释》
78	2007 年 4 月 5 日	最高人民法院、最高人民检察院	《关于办理侵犯知识产权刑事案件具体应用法律若干问题的解释（二）》
79	2007 年 5 月 9 日	最高人民法院、最高人民检察院	《关于办理与盗窃、抢劫、诈骗、抢夺机动车相关刑事案件具体应用法律若干问题的解释》
80	2007 年 6 月 26 日	最高人民法院	《关于审理危害军事通信刑事案件具体应用法律若干问题的解释》
81	2007 年 7 月 8 日	最高人民法院、最高人民检察院	《关于办理受贿刑事案件适用法律若干问题的意见》

续表

序号	发布日期	发布单位	名称
82	2007 年 8 月 15 日	最高人民法院	《关于审理破坏电力设备刑事案件具体应用法律若干问题的解释》
83	2007 年 10 月 25 日	最高人民法院、最高人民检察院	《关于执行〈中华人民共和国刑法〉确定罪名的补充规定（三）》
84	2007 年 12 月 26 日	最高人民法院、最高人民检察院、公安部	《办理毒品犯罪案件适用法律若干问题的意见》
85	2008 年 1 月 2 日	最高人民法院、最高人民检察院、公安部、中国证券监督管理委员会	《关于整治非法证券活动有关问题的通知》
86	2008 年 4 月 18 日	最高人民检察院	《关于拾得他人信用卡并在自动柜员机（ATM 机）上使用的行为如何定性问题的批复》
87	2008 年 6 月 25 日	最高人民检察院、公安部	《关于公安机关管辖的刑事案件立案追诉标准的规定（一）》
88	2008 年 9 月 22 日	最高人民法院、最高人民检察院	《关于办理非法采供血液等刑事案件具体应用法律若干问题的解释》
89	2008 年 11 月 20 日	最高人民法院、最高人民检察院	《关于办理商业贿赂刑事案件适用法律若干问题的意见》
90	2009 年 1 月 7 日	最高人民检察院	《关于公证员出具公证书有重大失实行为如何适用法律问题的批复》
91	2009 年 3 月 20 日	最高人民法院、最高人民检察院	《关于办理职务犯罪案件认定自首、立功等量刑情节若干问题的意见》
92	2009 年 5 月 25 日	最高人民法院	《关于在执行附加刑剥夺政治权利期间犯新罪应如何处理的批复》
93	2009 年 6 月 23 日	最高人民法院、最高人民检察院、公安部	《关于办理制毒物品犯罪案件适用法律若干问题的意见》
94	2009 年 9 月 11 日	最高人民法院	《关于醉酒驾车犯罪法律适用问题的意见》

续表

序号	发布日期	发布单位	名称
95	2009 年 11 月 4 日	最高人民法院	《关于审理洗钱等刑事案件具体应用法律若干问题的解释》
96	2009 年 11 月 16 日	最高人民法院	《关于修改〈最高人民法院关于审理非法制造、买卖、运输枪支、弹药、爆炸物等刑事案件具体应用法律若干问题的解释〉的决定》
97	2009 年 12 月 9 日	最高人民法院、最高人民检察院、公安部	《办理黑社会性质组织犯罪案件座谈会纪要》
98	2010 年 2 月 2 日	最高人民法院、最高人民检察院	《关于办理利用互联网、移动通讯终端、声讯台制作、复制、出版、贩卖、传播淫秽电子信息刑事案件具体应用法律若干问题的解释（二）》
99	2010 年 3 月 2 日	最高人民法院、最高人民检察院	《关于办理非法生产、销售烟草专卖品等刑事案件具体应用法律若干问题的解释》
100	2010 年 3 月 15 日	最高人民法院、最高人民检察院、公安部、司法部	《关于依法惩治拐卖妇女儿童犯罪的意见》
101	2010 年 8 月 31 日	最高人民法院、最高人民检察院、公安部	《关于办理网络赌博犯罪案件适用法律若干问题的意见》
102	2010 年 10 月 20 日	最高人民法院	《关于审理伪造货币等案件具体应用法律若干问题的解释（二）》
103	2010 年 12 月 2 日	最高人民法院、最高人民检察院	《关于办理国家出资企业中职务犯罪案件具体应用法律若干问题的意见》
104	2010 年 12 月 22 日	最高人民法院	《关于处理自首和立功若干具体问题的意见》
105	2011 年 1 月 10 日	最高人民法院、最高人民检察院、公安部	《关于办理侵犯知识产权刑事案件适用法律若干问题的意见》

续表

序号	发布日期	发布单位	名称
106	2011 年 3 月 1 日	最高人民法院、最高人民检察院	《关于办理诈骗刑事案件具体应用法律若干问题的解释》
107	2011 年 4 月 25 日	最高人民法院	《关于〈中华人民共和国刑法修正案（八）〉时间效力问题的解释》
108	2011 年 4 月 28 日	最高人民法院、最高人民检察院、公安部、司法部	《关于对判处管制、宣告缓刑的犯罪分子适用禁止令有关问题的规定（试行）》
109	2011 年 6 月 7 日	最高人民法院	《关于审理破坏广播电视设施等刑事案件具体应用法律若干问题的解释》
110	2011 年 7 月 20 日	最高人民法院、最高人民检察院	《关于办理妨害武装部队制式服装、车辆号牌管理秩序等刑事案件具体应用法律若干问题的解释》
111	2011 年 8 月 1 日	最高人民法院、最高人民检察院	《关于办理危害计算机信息系统安全刑事案件应用法律若干问题的解释》
112	2012 年 3 月 29 日	最高人民法院、最高人民检察院	《关于办理内幕交易、泄露内幕信息刑事案件具体应用法律若干问题的解释》
113	2012 年 5 月 16 日	最高人民检察院、公安部	《关于公安机关管辖的刑事案件立案追诉标准的规定（三）》
114	2012 年 11 月 2 日	最高人民法院	《关于审理破坏草原资源刑事案件应用法律若干问题的解释》
115	2012 年 12 月 7 日	最高人民法院、最高人民检察院	《关于办理渎职刑事案件适用法律若干问题的解释（一）》
116	2012 年 12 月 12 日	最高人民法院、最高人民检察院	《关于办理妨害国（边）境管理刑事案件应用法律若干问题的解释》
117	2012 年 12 月 26 日	最高人民法院、最高人民检察院	《关于办理行贿刑事案件具体应用法律若干问题的解释》

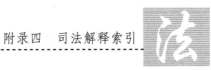

续表

序号	发布日期	发布单位	名称
118	2013 年 1 月 16 日	最高人民法院	《关于审理拒不支付劳动报酬刑事案件适用法律若干问题的解释》
119	2013 年 2 月 26 日	最高人民检察院、解放军总政治部	《军人违反职责罪案件立案标准的规定》
120	2013 年 4 月 2 日	最高人民法院、最高人民检察院	《关于办理盗窃刑事案件适用法律若干问题的解释》
121	2013 年 5 月 21 日	最高人民法院、最高人民检察院、公安部、农业部、食品药品监督总局	《关于进一步加强麻黄草管理，严厉打击非法买卖麻黄草等违法犯罪活动的通知》
122	2013 年 7 月 15 日	最高人民法院、最高人民检察院	《关于办理寻衅滋事刑事案件适用法律若干问题的解释》
123	2013 年 8 月 30 日	最高人民法院、最高人民检察院、公安部、国家安全部、司法部	《人体损伤程度鉴定标准》
124	2013 年 9 月 6 日	最高人民法院、最高人民检察院	《关于办理利用信息网络实施诽谤等刑事案件适用法律若干问题的解释》
125	2013 年 9 月 18 日	最高人民法院	《关于审理编造、故意传播虚假恐怖信息刑事案件适用法律若干问题的解释》
126	2013 年 10 月 23 日	最高人民法院、最高人民检察院、公安部、司法部	《关于依法惩治性侵害未成年人犯罪的意见》
127	2013 年 11 月 11 日	最高人民法院、最高人民检察院	《关于办理抢夺刑事案件适用法律若干问题的解释》
128	2013 年 12 月 18 日	最高人民法院、最高人民检察院、公安部	《关于办理醉酒驾驶机动车刑事案件适用法律若干问题的意见》

续表

序号	发布日期	发布单位	名称
129	2014 年 3 月 14 日	最高人民法院、最高人民检察院、公安部、国家安全部	《关于依法办理非法生产销售使用"伪基站"设备案件的意见》
130	2014 年 3 月 25 日	最高人民法院、最高人民检察院、公安部	《关于办理非法集资刑事案件适用法律若干问题的意见》
131	2014 年 3 月 26 日	最高人民法院、最高人民检察院、公安部	《关于办理利用赌博机开设赌场案件适用法律若干问题的意见》
132	2014 年 4 月 17 日	最高人民检察院	《关于强迫借贷行为适用法律问题的批复》
133	2014 年 8 月 12 日	最高人民法院、最高人民检察院	《关于办理走私刑事案件适用法律若干问题的解释》
134	2015 年 2 月 15 日	最高人民检察院	《关于强制隔离戒毒所工作人员能否成为虐待被监管人罪主体问题的批复》
135	2015 年 3 月 2 日	最高人民法院、最高人民检察院、公安部、司法部	《关于依法办理家庭暴力犯罪案件的意见》
136	2015 年 10 月 27 日	最高人民检察院	《关于地质工程勘测院和其他履行勘测职责的单位及其工作人员能否成为刑法第二百二十九条规定的有关犯罪主体的批复》
137	2015 年 12 月 14 日	最高人民法院、最高人民检察院	《关于办理危害生产安全刑事案件适用法律若干问题的解释》
138	2016 年 1 月 6 日	最高人民法院	《关于审理抢劫刑事案件适用法律若干问题的指导意见》
139	2016 年 4 月 6 日	最高人民法院	《关于审理毒品犯罪案件适用法律若干问题的解释》
140	2016 年 4 月 18 日	最高人民法院、最高人民检察院	《关于办理贪污贿赂刑事案件适用法律若干问题的解释》

续表

序号	发布日期	发布单位	名称
141	2016 年 6 月 20 日	最高人民法院	《关于防范和制裁虚假诉讼的指导意见》
142	2016 年 11 月 14 日	最高人民法院	《关于办理减刑、假释案件具体应用法律的规定》
143	2016 年 11 月 28 日	最高人民法院、最高人民检察院	《关于办理非法采矿、破坏性采矿刑事案件适用法律若干问题的解释》
144	2016 年 12 月 19 日	最高人民法院、最高人民检察院、公安部	《关于办理电信网络诈骗等刑事案件适用法律若干问题的意见》
145	2016 年 12 月 19 日	最高人民法院	《关于审理非法行医刑事案件具体应用法律若干问题的解释》
146	2016 年 12 月 21 日	最高人民法院	《关于审理拐卖妇女儿童犯罪案件具体应用法律若干问题的解释》
147	2016 年 12 月 23 日	最高人民法院、最高人民检察院	《关于办理环境污染刑事案件适用法律若干问题的解释》
148	2017 年 1 月 25 日	最高人民法院、最高人民检察院	《关于办理组织、利用邪教组织破坏法律实施等刑事案件适用法律若干问题的解释》
149	2017 年 5 月 8 日	最高人民法院、最高人民检察院	《关于办理侵犯公民个人信息刑事案件适用法律若干问题的解释》
150	2017 年 6 月 27 日	最高人民法院、最高人民检察院	《关于办理扰乱无线电通讯管理秩序等刑事案件适用法律若干问题的解释》
151	2017 年 7 月 7 日	最高人民检察院、公安部	《关于公安机关管辖的刑事案件立案追诉标准的规定（一）的补充规定》
152	2017 年 7 月 21 日	最高人民法院、最高人民检察院	《关于办理组织、强迫、引诱、容留、介绍卖淫刑事案件适用法律若干问题的解释》

续表

序号	发布日期	发布单位	名称
153	2017 年 7 月 26 日	最高人民检察院	《关于贪污养老、医疗等社会保险基金能否适用〈最高人民法院、最高人民检察院关于办理贪污贿赂刑事案件适用法律若干问题的解释〉第一条第二款第一项规定的批复》
154	2017 年 11 月 22 日	最高人民法院、最高人民检察院	《关于利用网络云盘制作、复制、贩卖、传播淫秽电子信息牟利行为定罪量刑问题的批复》
155	2018 年 1 月 16 日	最高人民法院、最高人民检察院、公安部、司法部	《关于办理黑恶势力犯罪案件若干问题的指导意见》
156	2018 年 3 月 8 日	最高人民法院、最高人民检察院	《关于涉以压缩气体为动力的枪支、气枪铅弹刑事案件定罪量刑问题的批复》
157	2018 年 3 月 16 日	最高人民法院、最高人民检察院、公安部、司法部	《关于办理恐怖活动和极端主义犯罪案件适用法律若干问题的意见》
158	2018 年 8 月 22 日	最高人民法院	《关于虚开增值税专用发票罪定罪量刑标准有关问题的通知》
159	2018 年 9 月 28 日	最高人民法院、最高人民检察院、公安部	《关于办理盗窃油气、破坏油气设备等刑事案件具体应用法律若干问题的意见》
160	2018 年 11 月 28 日	最高人民法院、最高人民检察院	《关于办理妨害信用卡管理刑事案件具体应用法律若干问题的解释》
161	2019 年 1 月 8 日	最高人民法院、最高人民检察院、公安部	《关于依法惩治妨害公共交通工具安全驾驶违法犯罪行为的指导意见》
162	2019 年 1 月 30 日	最高人民法院、最高人民检察院、公安部	《关于办理非法集资刑事案件若干问题的意见》

续表

序号	发布日期	发布单位	名称
163	2019 年 2 月 28 日	最高人民法院、最高人民检察院、公安部、司法部	《关于办理恶势力刑事案件若干问题的意见》
164	2019 年 2 月 28 日	最高人民法院、最高人民检察院、公安部、司法部	《关于办理实施"软暴力"的刑事案件若干问题的意见》
165	2019 年 2 月 28 日	最高人民法院、最高人民检察院、公安部、司法部	《关于办理"套路贷"刑事案件若干问题的意见》
166	2019 年 6 月 27 日	最高人民法院、最高人民检察院	《关于办理利用未公开信息交易刑事案件具体适用法律若干问题的解释》
167	2019 年 6 月 27 日	最高人民法院、最高人民检察院	《关于办理操纵证券、期货市场刑事案件具体适用法律若干问题的解释》
168	2019 年 7 月 23 日	最高人民法院、最高人民检察院、公安部、司法部	《关于办理利用信息网络实施黑恶势力犯罪刑事案件若干问题的意见》
169	2019 年 9 月 2 日	最高人民法院、最高人民检察院	《关于办理组织开始作弊等刑事案件适用法律若干问题的解释》
170	2019 年 10 月 21 日	最高人民法院、最高人民检察院	《关于办理非法利用信息网络、帮助信息网络犯罪活动等刑事案件适用法律若干问题的解释》
171	2019 年 10 月 21 日	最高人民法院	《关于依法妥善审理高空抛物、坠物案件的意见》
172	2019 年 11 月 18 日	最高人民法院	《关于审理走私、非法经营、非法使用兴奋剂刑事案件适用法律若干问题的解释》

续表

序号	发布日期	发布单位	名称
173	2020 年 1 月 7 日	最高人民法院、最高人民检察院	《关于缓刑犯在考验期满后五年内再犯应当排除有期徒刑以上刑罚之罪应否认定为累犯问题的批复》
174	2020 年 2 月 6 日	最高人民法院、最高人民检察院、公安部、司法部	《关于依法惩治妨害新型冠状病毒疫情防控违法犯罪的意见》
175	2020 年 2 月 20 日	最高人民法院、最高人民检察院、公安部、司法部、生态环境部	《关于办理环境污染刑事案件有关问题座谈会纪要》
176	2020 年 3 月 13 日	最高人民法院、最高人民检察院、公安部、海关总署	《关于进一步加强国境卫生检疫工作依法惩治妨害国境卫生检疫违法犯罪的意见》
177	2020 年 8 月 28 日	最高人民法院、最高人民检察院、公安部	《关于依法适用正当防卫制度的指导意见》
178	2020 年 9 月 17 日	最高人民检察院、公安部	《关于修改侵犯商业秘密刑事案件立案追诉标准的决定》
179	2020 年 10 月 16 日	最高人民法院、最高人民检察院、公安部	《办理跨境赌博犯罪案件若干问题的意见》
180	2020 年 12 月 17 日	最高人民法院、最高人民检察院、公安部、农村农业部	《依法惩治长江流域非法捕捞等违法犯罪的意见》
181	2020 年 12 月 18 日	最高人民法院、最高人民检察院、公安部、司法部	《依法惩治非法野生动物交易犯罪的指导意见》
182	2021 年 3 月 4 日	最高人民法院、最高人民检察院、公安部、司法部	《关于进一步加强虚假诉讼犯罪惩治工作的意见》
183	2021 年 8 月 9 日	最高人民法院、最高人民检察院	《关于办理窝藏、包庇刑事案件适用法律若干问题的解释》

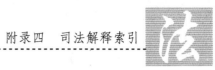

续表

序号	发布日期	发布单位	名称
184	2022 年 3 月 4 日	最高人民法院、最高人民检察院	《关于办理危险药品安全刑事案件法律若干问题的解释》
185	2022 年 4 月 6 日	最高人民检察院、公安部	《关于公安机关管辖的刑事案件立案追诉标准（二）》
186	2022 年 4 月 6 日	最高人民法院、最高人民检察院	《关于办理破坏野生动物资源刑事案件适用法律若干问题的解释》

附录五

指导案例索引

（按照引用顺序排列）

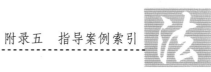

下册

后　记

　　作为本科刑法教科书，《规范刑法学》一书提供的是关于刑法的基本知识。本科是初习刑法的阶段，我始终认为，初习刑法应当始于刑法规范。只有从刑法规范出发，经过刑法规范的熏陶，最终回归刑法规范，才是学习刑法的必由之路。因此，刑法规范既是出发点又是归宿。在本科阶段，通过规范刑法学的学习，熟知本国刑法规范，更为重要的是奠定刑法的规范意识，从而完成刑法的入门。《规范刑法学》作为以法律评注为内容的刑法教科书，尽管具有刑法教义学的性质，但并不意味着只是单纯的法条注释，而是采用刑法法理去阐述刑法规范，因此，刑法法理仍然是《规范刑法学》不可或缺的内容。在本书中，就是围绕刑法规范进行法理阐述的，因而未涉及那些脱离刑法规范的纯法理，从而使本书与《本体刑法学》相区分。我认为，刑法教科书如同刑法理论一样，是有层次之分的。《规范刑法学》作为一本以规范为中心的刑法教科书，其内容贴近刑法规范，因而更容易理解，其作为本科刑法教科书是适宜的。由教科书的性质所决定，本书虽然具有我个人的体系建构与逻辑叙述的风格，但它以通说为陈述的主线，除少数问题外，基本没有涉及刑法理论上的学术争议，因而也就没有采用注释。《本体刑法学》就是想写成一部具有最多注释的刑法著作，而于《规范刑法学》我则想写成一部没有注释的刑法著作，两者相映成趣，也是我对各种叙述形式的颇有意思的尝试。当然，没有注释也与本书的定位相关。本科生刚开始学习刑法，给出一种明白无误的刑法知识是十分必要的，只有在入门以后才需要对刑法理论上的各种烦琐的学术争论进行了解。

在《规范刑法学》一书的写作过程中，得到许多人的帮助，我的学生方鹏、邱传忠、孙运梁、葛磊等人在书稿的校对上付出了辛勤的劳动，尤其是方鹏还为我整理附录，使本书内容更为完整。本书的出版还获益于中国政法大学出版社策划部主任李克非先生的热情约稿和辛勤审读。1990 年前后克非在中国人民大学法学院攻读刑法专业硕士研究生时，与我有师生之谊。此次策划出版个人独著法学教科书，向我约稿，从而启动了本书的写作，在此深表谢意。

《规范刑法学》是以刑法规范为中心的刑法教科书，而刑法规范是生生不息地变动着的，我期望本书能够随着刑法规范的更新而不断地修订，从而成为我国刑法演进的历史见证。

陈兴良

2003 年 5 月 20 日

谨识于北京海淀蓝旗营寓所

图书在版编目（CIP）数据

规范刑法学. 下册 / 陈兴良著. --5 版. --北京：
中国人民大学出版社，2023.1
（刑法学文丛）
ISBN 978-7-300-31126-5

Ⅰ.①规…　Ⅱ.①陈…　Ⅲ.①刑法－法学－研究－中
国　Ⅳ.①D924.01

中国版本图书馆 CIP 数据核字（2022）第 208974 号

刑法学文丛
规范刑法学（第五版）（下册）
陈兴良　著
Guifan Xingfaxue

出版发行	中国人民大学出版社				
社　　址	北京中关村大街 31 号		**邮政编码**	100080	
电　　话	010 - 62511242（总编室）		010 - 62511770（质管部）		
	010 - 82501766（邮购部）		010 - 62514148（门市部）		
	010 - 62515195（发行公司）		010 - 62515275（盗版举报）		
网　　址	http://www.crup.com.cn				
经　　销	新华书店				
印　　刷	涿州市星河印刷有限公司		**版　　次**	2008 年 6 月第 1 版	
规　　格	170 mm×228 mm　16 开本			2023 年 1 月第 4 版	
印　　张	53.75 插页 4		**印　　次**	2023 年 1 月第 1 次印刷	
字　　数	772 000		**定　　价**	498.00 元（全两册）	